CW01641847

ACTES
DU 5e COLLOQUE INTERNATIONAL
UISPP, COMMISSION XII

(Grenoble, 18-23 septembre 1995)

L'EUROPE
DES DERNIERS CHASSEURS

Épipaléolithique et Mésolithique

Actes du 5e Colloque International UISPP,
Commission XII
Grenoble, 18-23 septembre 1995

Lecture et mise en forme des textes :

Pierre Bintz, Jacqueline Gaudey, Henri-Georges Naton,
André Thévenin, Anne Westphal

Saisie et mise en page des textes :
Henri-Georges Naton,
Institut Dolomieu,
Université Joseph Fourier, Grenoble I

Traductions et corrections des textes anglais :
Jacqueline Gaudey,
Ingénieur traductions, corrections

Couverture :
Le site Mésolithique et Néolithique d'altitude de l'Aulp-du-Seuil
à Saint-Bernard-du-Touvet (Isère, massif de la Chartreuse, France),
photo de P. Bintz

Réalisé avec le concours :
du ministère de la Culture, du Conseil général de l'Isère,
et des universités Joseph Fourier et Pierre Mendès-France,
Grenoble 1 et 2

Conseil Général
de l'Isère

Ministère
Culture
Direction
du patrimoine

SCIENCES
HUMAINES
PIERRE
MENDES

GRENOBLE 1
UNIVERSITE
JOSEPH FOURIER
SCIENCES. TECHNOLOGIE. MEDECINE

Ministère de l'Éducation nationale, de la Recherche et de la Technologie
Comité des travaux historiques et scientifiques

L'EUROPE DES DERNIERS CHASSEURS

Épipaléolithique et Mésolithique

Édité par André Thévenin

Sous la direction scientifique de Pierre Bintz

UMR 6636 de l'université de Provence à Aix-en-Provence

Paris
Éditions du CTHS
1999

Catalogage Électre-Bibliographie (avant publication)
UNION INTERNATIONALE DES SCIENCES PRÉHISTORIQUES
ET PROTOHISTORIQUES
L'Europe des derniers chasseurs : épipaléolithique et mésolithique : actes du 5e colloque international UISPP, commission XII, Grenoble, 18-23 septembre 1995 / éd. André Thévenin ; dir. scientifique de Pierre Bintz. – Paris ; éd. du CTHS, 1999 – (Documents préhistoriques ; 11)
ISBN 2-7355-0407-7

RAMEAU :	épipaléolithique : Europe : congrès mésolithique : Europe : congrès Europe : antiquités préhistoriques : congrès
DEWEY :	930.2 : Mondes anciens. Archéologie préhistorique
Public concerné :	professionnel, spécialiste

Institut Dolomieu, l'université Joseph Fourier, Grenoble 1, 15, rue Maurice-Gignoux, 38031 Grenoble
Équipe de Recherche des Peuplements et Paléoenvironnements alpins (ERPPA) de l'URA 164 du CNRS, Université de Provence à Aix-en-Provence.

ISBN : 2-7355-0407-7

SODIS : F30347.1
Collection : Documents préhistoriques n° 12
Section : Pré- et protohistoire

PRÉFACE

En 1990, le ministère de la Culture et de la Communication publiait le bilan, dressé par le Conseil supérieur de la recherche archéologique, de l'activité de terrain pour la période 1985-1989 et préconisait de nouvelles orientations pour la programmation de la recherche durant les quatre années suivantes, de 1990 à 1993[1]. Concernant le programme *Mésolithique et Processus de néolithisation*, alors p. 10, on soulignait « l'importance d'une bonne connaissance des milieux naturels pour apprécier la manière dont les cultures épipaléolithiques, puis mésolithiques, s'inscrivent en rupture ou, en revanche, au sein d'un processus continu de réadaptation écologique par rapport à celles de la fin des Temps glaciaires ». On avançait l'idée que « les secteurs de moyenne montagne (arcs jurassien et alpin, Massif central, Pyrénées), aux caractères climatiques et mésologiques marqués suscitant des réponses accusées, apparaissent comme des aires privilégiées pour l'étude de ces phénomènes dans la mesure où elles sont susceptibles de livrer des séquences stratigraphiques dilatées ». De même insistait-on sur l'étude nécessaire de sites de plein air à même de témoigner d'activités spécialisées, localisées dans l'espace et le temps, et sur l'intérêt du recours aux méthodes ethnologiques pour interpréter les données mésologiques et culturelles.

Dans cette perspective, les travaux conduits par Pierre Bintz en Vercors, au Pas-de-la-Charmatte puis au Pas-de-l'Échelle, ainsi qu'en Chartreuse (groupe de l'Aulp-du-Seuil) ont permis de mettre en évidence l'exploitation conjointe de ressources végétales et animales spécialisées au Mésolithique, avec apparition de la céramique au sein d'ensembles lithiques à trapèzes. De même les recherches coordonnées par J.-L. Voruz dans le cadre d'un projet collectif de recherche centré sur le bassin supérieur du Rhône, ont-elles conduit à reconnaître une néolithisation précoce, aux confins de la sphère cardiale et de l'aire de répartition de la céramique du type de La Hoguette ? Par ailleurs, l'enquête pluridisciplinaire patiemment menée dans la moyenne vallée du Rhône par l'équipe du Centre d'archéologie préhistorique de Valence a donné lieu à l'établissement d'un cadre naturaliste et chronostratigraphique régional, extrêmement précis, qui permet de raisonner en termes prospectifs et de situer chaque point de découverte au sein d'une séquence documentée.

Il importait de dresser le bilan de ces travaux et de les replacer dans une perspective plus large en s'appuyant sur les acquis de vingt années de recherches sur l'Épipaléolithique et le Mésolithique européen. À cet égard, le fait de rassembler, à Grenoble sous l'égide de trois universités – dont celle de Varsovie – et du ministère de la Culture, cent soixante-quinze spécialistes issus de vingt-deux pays européens autour d'environ quatre-vingt-quinze communications orales ou par affiches et ce durant une semaine, a constitué un premier tour de force dans la mesure où le congrès de la commission du Mésolithique de l'UISPP s'était jusqu'alors tenu en Europe septentrionale (Varsovie en 1973, Potsdam en 1978, Edimbourg en 1985 et Louvain en 1990). Organiser, avec le concours des chercheurs locaux réunis au sein du CDPA et du GIRPPA, deux excursions en Vercors et en Chartreuse, une exposition accompagnée de maquettes inédites au Musée dauphinois, a donné à cette réunion scientifique un éclat et un rayonnement exceptionnels. D'autant que quatre volumes préliminaires (résumés des communications, deux livrets-guides d'excursions et

1. C. Goudineau (collectif, sous la direction de), *La Recherche archéologique en France, livrets - 1985-1990,* Paris, ministère de la Culture et de la Communication, 286 pages, p. 89, 90.

un catalogue d'exposition) regroupant 640 pages de textes richement illustrés sont venus constituer un appareil critique et documentaire rarement réuni. On retiendra aussi la volonté d'ouvrir cette manifestation au plus large public, par le biais d'une exposition fondée sur une mise en scène élaborée et d'un catalogue au discours résolument accessible.

Le déroulement des débats a révélé la diversité et la fécondité des recherches poursuivies tant dans la zone méditerranéenne, qu'en Europe centrale et orientale, Europe du Nord, et, comme on l'escomptait, l'apport du massif alpin et, en général, des zones de montagnes, s'est révélé décisif. Des synthèses régionales inédites concernant le Sud-Ouest et le Sud-Est de la France, l'Italie, la Suisse, le Portugal et l'Espagne ont été présentées. L'accent a été mis sur des groupes nouvellement identifiés dans les Apennins, les Alpes centrales, le Jura français, les monts Cantabriques, mais aussi au Luxembourg, aux Pays-Bas et en Belgique,... Des découvertes récentes ont été évoquées en Norvège, dans les îles de l'Europe atlantique, dans les Balkans, en Russie et en Ukraine. L'ensemble concourt à donner une vision renouvelée de l'Europe des débuts de l'Holocène : expansion généralisée des groupes humains vers des zones jusqu'alors inexplorées, conquête des sites d'altitude, 1 800 mètres et jusqu'à 2 000 mètres ou 2 300 mètres, dans le cadre d'économies diversifiées à vocation complémentaire. Ce cloisonnement organisationnel pouvant d'ailleurs bien être à l'origine d'une multiplicité d'entités culturelles originales.

Pour que le succès soit complet il fallait assurer la publication rapide des actes. Ce sera chose faite en 1999, soit juste quatre ans après la tenue du colloque, et cela constitue un ultime sujet de satisfaction pour l'équipe organisatrice qui a, une nouvelle fois, trouvé un soutien efficace auprès du Comité des travaux historiques et scientifiques. Ce beau volume regroupant soixante-huit contributions en près de 600 pages, constituera longtemps une référence et servira de base aux travaux du prochain congrès de l'UISPP sur ce thème, prévu en Suède pour l'an 2000.

Jean-Pierre DAUGAS
Conservateur régional de l'archéologie
de Rhône-Alpes.

LISTE DES AUTEURS

AFFOLTER Jehanne
Service Cantonal d'Archéologie de Neuchâtel, Dîme 86, CH-2000 NEUCHÂTEL ; Laboratoire de Préhistoire et Paléoécologie du Quaternaire de l'EPHE, Centre des Sciences de la Terre, 6 bd Gabriel, F-21000 DIJON

AGOSTINI Silvano
Soprintendenza Archeologica dell'Abruzzo
Villa Comunale 2, I-66100 CHIETI

ANGELUCCI Diego E.
Università di Ferrara, Dip. to Scienze Geologiche e Paleontologiche, Corso Ercole I d'Este 32, I-44100 FERRARA ; e-mail : agd@dns.unife.it

ARGANT Jacqueline
ARPA, Centre des Sciences de la Terre, 27-43 Bd. du 11/11, F-69622 VILLEURBANNE CEDEX

ARIAS-CABAL Pablo
Universiidad de Cantabriqa : Departamenta de Ciencias Històricas, Avda Los Castros, s/n, E-39005 SANTANDER

BAALES Michael
Römisch-Germanisches Zentralmuseum Mainz Schloss Monrepos, D-56567 NEUWIED

BANG-ANDERSEN Sveinung
Museum of Archaeology, STAVANGER, Norway ; e-mail : Bjornm@Ark.museum.no

BARBAZA Michel
Maison de la Recherche, Université de Toulouse-Le Mirail, F-31058 TOULOUSE CEDEX ; e-mail : barbaza@mail.cict.fr

BARTOLOMEI Giorgio
Università di Venezia, Dip. to di Studi Storici, Calle del Piovan – Palazzo Gritti, San Marco 2546, I-20124 VENEZIA

BERGADÀ Ma Mercè
SERP. Departement de Prehistòria, Història Antiga i Arqueologia, Universidat de Barcelona, Baldiri Reixac, s/n., E-08028 BARCELONA ; e-mail : bergada@trivium.gh.ub.es

BERGENSTRAHLE Ingrid
Institute of Archaeology, University of Lund, Riksantikvarieämbetet UV Syd Akergränden 8, 226 60 LUND, Sweden

BINTZ Pierre
Université Joseph Fourier, Institut Dolomieu, 15, rue Maurice Gignoux, F-38031 GRENOBLE ; UMR 6636 du CNRS, Université de Provence, AIX-EN-PROVENCE ; e-mail : pbintz@ujf-grenoble.fr

BOAZ Joel S.
University Museum of Antiquities, University of Oslo, Frederiks gate 3, 0164 OSLO ; e-mail : joel.boaz@iakn.uio.no

BONSALL Clive
Department of Archaeology, University of Edinburgh, Old High School, Infirmary Street, U. K. Edinburgh, EH1 1LT ; e-mail : cbonsall@hsy1.ssc.ed.ac.uk

BORONEANT Vasile
Strada Saradei 53–61, Bl. A9, Sc. B, Ap. 74, BUCURESTI 78456, Roumanie

BRIDAULT Anne
Laboratoire d'Anatomie Comparée, 55 rue Buffon, F-75005 PARIS

BRIOIS François
Centre d'Anthropologie des Sociétés Rurales, CNRS, 56, rue du Taur, F-31000 TOULOUSE

BROGLIO Alberto
Università di Ferrara, Dip.to Scienze Geologiche e Paleontologiche, Corso Ercole I d'Este 32, I-44100 FERRARA

BUI-THI-MAÏ
CRA du CNRS, Laboratoire de Palynologie, Sophia Antipolis, F-06560 VALBONNE

BUROV Grigoriy M.
Kuybysheva Str. 31, Apt. 132, SIMFEROPOL, Ukraine

CAILLAT Bernard
Domaine de la Falque, F-38470 VINAY

CASSOLI Pier Francesco
Laboratori di Paleontologia e Archeozoologia, Museo Preistorico e Etnografico « L. Pigorini », Viale Lincoln 3, I-00144 ROMA

CHAIX Louis
Muséum d'Histoire Naturelle, CP 6434, CH-1211 GENÈVE ; e-mail : chaix@mail.ville-ge.ch

CHOLLET André
63 Grand'rue Chateauneuf, F-86100 CHATELLERAULT

CLARK Geoffrey A.
Department of Anthropology, Arizona State University, TEMPE, AZ 85287-2402, USA

COUBRAY Sylvie
Université Paris-I, 12, place du Panthéon, F-75231 PARIS CEDEX 05

COURTAUD Patrice
Min. Culture, URA 376 du CNRS, Laboratoire d'Anthropologie, Université de Bordeaux I, avenue des Facultés, F-33405 TALENCE CEDEX

CREMILLIEUX André
Musée, F-43150 MONASTIER s/GAZEILLE

CROMBÉ Philippe
Universiteit Gent Vakgroep Archeologie en Oude Geschiedenis van Europa, Blandijnberg 2, B-9000 GENT

CUPILLARD Christophe
Ingénieur d'études, Service Régional de l'Archéologie de Franche-Comté, 9 bis, rue Charles Nodier, F-25043 BESANÇON CEDEX

DALMERI Giampaolo
Museo Tridentino di Scienze Naturali
Via Calepina 14,
I-38100 TRENTO

DAVID Eva
Laboratoire d'Ethnologie Préhistorique URA 275 du CNRS, 44 rue de l'Amiral Mouchez, F-75014 PARIS

DE BIE Marc
Instituut voor het Archeologisch
Patrimonium, ca, Laboratorium voor Prehistorie
Redingenstraat 16 bis, B-3000 LEUVEN ;
e-mail : Marc.DeBie@geo.kuleuven.ac.be

DELPUECH André
SRA de Guadeloupe, 14, rue Maurice Marie-Claire, F-97100 BASSE-TERRE

DIMITRIJEVIC Vesna
Institute of Regional Geology and Palaeontology, Faculty of Mining and Geology, Kamenicka 6, BELGRADE, Yugoslavia

DOMENECH FAUS Elisa
c/o Padre Luis Fullana, 10, E-03820 COCENTAINA

DUCROCQ Thierry
AFAN, ERA 37 du CNRS, 54, rue de Cachy, F-80090 AMIENS

DUDAY Henri
Min. Culture, URA 376 du CNRS, Laboratoire d'Anthropologie, Université de Bordeaux I,
avenue des Facultés, F-33405 TALENCE CEDEX

ÉVIN Jacques
Centre de Datation par le Radiocarbone, Université Claude Bernard, LYON 1, 43, bd du 11-Novembre, F-69622 VILLEURBANNE CEDEX ;
e-mail : evin@cismsun.univ-lyon1.fr

FEDELE Francesco G.
Museo d'Anthropologia, Universita Federico II,
via Mezzocannone 8, I-80134 NAPOLI

FIORE Ivana
Soprintendenza Speciale al Museo Preistorico ed Etnografico « L. Pigorini », Laboratorio di Paleontologia ed Archeozoologia Viale Lincoln, 3, I-00144 ROMA

FLOSS Harald
Musée des Ursulines, 20, rue des Ursulines, F-71000 MÂCON

FONTANA Laure
URA 1415 du CNRS ; Le Champel, F-63490 BROUSSE

FORSBERG Lars
Department of Archaeology, Umea University,
90187 UMEA, Suède

FORTIN Philippe
Centre de Datation par le Radiocarbone, Université Claude Bernard, LYON 1, 43, bd du 11-Novembre, F-69622 VILLEURBANNE CEDEX ;
e-mail : fortin@cismsun.univ-lyon1.fr

FOUÉRÉ Pierriq
Institut du Quaternaire, avenue des Facultés, F-33405 TALENCE

FRIGO Giovanni
via Chiesa 44, I-36012 ASIAGO VI

FUGLESTVEDT Ingrid
Museum of Archaeology, STAVANGER, Norway ;
e-mail : ifu@ark.museum.no

FULLOLA I PERICOT Josep M[a]
Département de Préhistoire, Histoire ancienne
et Archéologie, Faculté d'Histoire Géographie, directeur du SERP, Université de Barcelone, rue Baldiri-Reixac s/n, E-08028 BARCELONE ; e-mail : fullola@trivium.gh.ub.es

GARCIA-ARGÜELLES I ANDREU Pilar
Département de Préhistoire, Histoire Ancienne
et Archéologie, Université de Barcelone, rue Baldiri Reixac s/n, E-08028 BARCELONE ;
e-mail : pilar@trivium.gh.ub.es

GAUTIER Achilles
Universiteit Gent, Paleontologie, Krijgslaan 281/58, B-9000 GENT

GEHLEN Birgit
An der Lay 4, D-545780 KERPEN-LOOGH (Eifel)

GIRARD Michel
CRA du CNRS, Laboratoire de Palynologie,
Sophia Antipolis, F-06560 VALBONNE

GIRAUDI Carlo
ENEA, Ente per le Nuove Tecnologie, Energia e Ambiente, CRE Casaccia, C.P. 2400, I-00100 ROMA A.D.

GONZALEZ URQUIJO Jesús Emilio
Universidad de Cantabria, Av. de los Castros,
s/n SANTANDER (Cantabria) Espagne

GRØN Ole
National Museum (NMF), Havnevej 7, PO Box 317, 4000 ROSKILDE, Denmark ;
e-mail : ole.gron@vip.cybercity.dk

GRUNWALD Catherine
ERPPA, Institut Dolomieu,
15 rue Maurice Gignoux, F-38000 GRENOBLE

GUSI Francesc
Service de Recherche Archéologique et Préhistorique, Conseil Général de Castellón, BP 316, E-12071 CASTELLÓ

HANTAÏ Anna
Laboratoire d'Ethnologie Préhistorique, URA. 275 du CNRS, 44 rue de l'Amiral Mouchez, 75014 PARIS

HEINZ Christine
ESA 5059 CNRS, Paléobotanique, Environnement, Archéologie, Institut de Botanique, 163, rue Auguste-Broussonnet, F-34000 MONTPELLIER ;
e-mail : heinz@univ-montp2.fr

HUCHET André
Hautefeuille, F-89220 SAINT-PRIVÉ

IBANEZ ESTEVEZ Juan José
Universidad Autonoma de Barcelona, ERA 17 du CNRS, Jalès, BERRIAS, F-07130

IMPROTA Salvatore
Università degli Studi di Roma « La Sapienza », Dip. to di Fisica, P. le A. Moro 2, I- 00185 ROMA

JACCOTTEY Luc
Mairie de Taxenne, F-39350 TAXENNE

JACKES Mary
Department of Anthropology, University of Alberta, EDMONTON, AB, Canada T6G 2H4 ;
e-mail : mjackes@gpu.srv.ualberta.ca

KARAVANIC Ivor
Department of Archaeology, Faculty of Philosophy University of Zagreb, I. Lucica 3 HR-10000 ZAGREB, Croatia

KNUTSSON Kjel
Department of archaeology, Uppsala university, Gustavianum, 75310 UPPSALA, Suède

LACROIX Philippe
Université de Liège, Service de Préhistoire, pl. du XX août 7, Bat. A1, B-4000 LIÈGE

LANFRANCHI François de
Centre d'Études et de Recherches Archéologiques en Alta Rocca, F-20170 LEVIE

LARSSON Lars
Arkeologiska Institutionen, Sandgatan 1, S-22350 LUND

LE LICON Gwënaelle
Laboratoire d'Ethnologie Préhistorique, URA. 275 du CNRS, 44, rue de l'Amiral Mouchez, 75014 PARIS

LÉOTARD Jean-Marc
Université de Liège, Service de Préhistoire, pl. du XX août 7, Bat. A1, B-4000 LIÈGE

LILLIE Malcolm
Department of Archaeology University of Sheffield, Northgate House, West Street, U. K. SHEFFIELD, S1 4 ET

LINDGREN Christina
Central Board of National Antiquities, UV Stockholm, Box 171 93, S-104 62 STOCKHOLM, Sweden ;
e-mail : uv.st.cln@rahsm.se

LOZOVSKI Vladimir
Institute of Archaeology, Uljanova 19, 117036, MOSCOW B 36, Russia

LUBELL David
Department of Anthropology University of Alberta, EDMONTON, AB, Canada T6G 2H4 ;
e-mail : david.lubell@ualberta.ca

MACKLIN Mark
School of Geography, University of Leeds, U. K. LEEDS, LS2 9JT

MARCHAND Grégor
Centre de Recherches Protohistoriques de L'Université de Paris I, Kerfourcher, F-29300 TREMEVEN

MARTELLO Gian Vittorio
via Dante 30, I-36012 ASIAGO VI

MARTIN Hélène
GRP, Laboratoire de Préhistoire, Université de Toulouse-Le-Mirail, F-31058 TOULOUSE CEDEX

MASPERO Alfio
Musei Civivi di Como, Laboratorio di Atcheobiologia, P. le Medaglie d'Oro 1, I-22100 COMO

MCSWEENEY Kathleen
Department of Archaeology, University of Edinburgh, Old High School, Infirmary Street, U.K. EDINBURGH, EH1 1LT

MIHAILOVIC Dusan
Center for Archaeological Research, Faculty of Philosophy, Cika Ljubina 18-20, BELGRADE, Yugoslavia

MORA Rafael
Universitat Autònoma de Barcelona, Departament d'Antropologia Social i Prehistoria, E-08291 BARCELONA

MUSACCHIO Alberto
Dipartimento di Scienze dell'Antichità, Università di Roma, « La Sapienza » Via Palestro 63, I-00185 ROMA

MUSSI Margherita
Dipartimento di Scienze dell'Antichità, Università di Roma, « La Sapienza » Via Palestro 63, I-00185 Roma ;
e-mail : mussi@itcaspur.caspur.it

NADAL I LORENZO Jordi
Dépt. de Préhistoire, Hist. Ancienne et Archéologie, Fac. Hist. Géogr., Univ. de Barcelone, rue Baldiri-Reixac s/n, E-08028 BARCELONE

NOTINI Paolo
Dipartimento di Scienze Archeologiche, Via S. Maria 53, I-56100 PISA

OLARIA Carme
Professeur agrégé de Préhistoire, Laboratoire d'Archéologie Préhistorique, Université Jaume I., BP 224, E-12080 CASTELLÓ

ORPHAL Jonathan
Department of Anthropology, University of New Mexico, ALBUQUERQUE, NM 87131, USA

OTTE Marcel
Université de Liège, Service de Préhistoire, pl. du XX août 7, Bat. A1, B-4000 LIÈGE

PALLARÉS Maria
Universitat Autònoma de Barcelona, Departament d'Antropologia Social i Prehistoria, E-08291 BARCELONA ; e-mail : maria.pallares@cc.uab.es

PAUNOVIC Maja
Institute of Paleontology and Quaternary Geology, Croatian Academy of Sciences and Arts, A. Kovacica 5/II HR-10000 ZAGREB, Croatia

PAYTON Robert
Department of Agriculture and Environmental Science, King George VI Building, University of Newcastle upon Tyne, U. K. NEWCASTLE-UPON-TYNE, NE1 7RU

PELLETIER David
ERPPA, Institut Dolomieu, 15 rue Maurice Gignoux, F-38000 GRENOBLE ; UMR 6636 du CNRS, Université de Provence, AIX-EN-PROVENCE

PERESANI Marco
Università di Ferrara, Dipartimento di Scienze Geologiche e Paleontologiche, Corso Ercole I d'Este 32, I-44100 Ferrara ; e-mail : v97@dns.unife.it

PERNAUD Jean-Marie
Institut de Botanique, Université de Montpellier II, 163 rue A. Broussonet, F-34000 MONTPELLIER

PHILIBERT Sylvie
Centre d'Anthropologie, UMR 150 du CNRS, 56 rue du Taur, F-31000 TOULOUSE

PICAVET Régis
Concourdan, F-38250 VILLARD-de-LANS

PIGNAT Gervaise
DTPAT, Section des Monuments Historiques et Archéologie, Place de la Riponne 10, CH-1014 LAUSANNE

RADOVANOVIC Ivana
Department of Archeolaeology, Faculty of Philosofy, Cika-Ljubina 18-20, 11000 BELGRADE, Yugoslavia

RICHARD Hervé
Chargé de recherche au CNRS, Laboratoire de Chrono-écologie, UPR 7557 du CNRS, UFR des Sciences et Techniques, 16 route de Gray F-25030 BESANÇON CEDEX

ROBIN Karine
AFAN Grand Sud-Ouest

ROTH Helga
c/o Dr. H. Wagner, Str. 10, D-78464 KONSTANZ

ROZOY Jean-Georges
26 rue du Petit-Bois, F-08000 CHARLEVILLE-MÉZIÈRES

SIMON Christian
Département d'Anthropologie et d'Écologie, Univ. de Genève, 12 rue Gustave Révilliod, CH-1227 GENÈVE

SOROKIN Aleksey N.
Institute of Archaeology, Academy of Sciences of Russia, Dm. Uljanova 19, MOSCOW 117036, Russie

SPIER Fernand
35 rue du Cimetière, L-1338 LUXEMBOURG

STRAUS Lawrence
Department of Anthropology, University of New Mexico, ALBUQUERQUE, NM 87131, USA ; e-mail : lstrauss@unm.edu

STREET Martin
Römisch-Germanisches Zentralmuseum Mainz Schloss Monrepos, D-56567 NEUWIED

SUMMERS Jennifer
Department of Anthropology, University of New Mexico, ALBUQUERQUE, NM 87131, USA

SURMELY Frédéric
Service Régional de l'Archéologie d'Auvergne, URA 1562 du CNRS, 4 r. Pascal, F-63000 CLERMONT-FERRAND ; e-mail : surmely@auvergne.culture.fr

TAGLIACOZZO Antonio
Laboratori di Paleontologia e Archeozoologia, Museo Preistorico e Etnografico « L. Pigorini », Viale Lincoln 3, I-00144 ROMA

THÉVENIN André
2 place du Moulin des Prés, F-70000 VESOUL

THIÉBAULT Stéphanie
Univ. Paris X, URA 7477 du CNRS
Maison Girouves
21 allée de l'Université, F-92023 NANTERRE CEDEX

TOZZI Carlo
Dipartimento di Scienze Archeologiche, Via S. Maria 53, I-56100 PISA ; e-mail : tozzi@arch.unipi.it

VALDEYRON Nicolas
Maison de la Recherche, Université de Toulouse-Le Mirail, F-31058 TOULOUSE CEDEX

VALENTIN Frédérique
Institut de Paléontologie Humaine, 1 rue René Panhard, F-75013 PARIS

VALENTIN Boris
Laboratoire d'Ethnologie Préhistorique, 44 rue de l'Amiral Mouchez, F-75014 PARIS ; 3 rue Michelet, F-75006 PARIS

VAQUER Jean
Centre d'Anthropologie des Sociétés Rurales, CNRS, 56 rue du Taur, F-31000 TOULOUSE

VERJUX Christian
Service régional de l'Archéologie du Centre, 6 rue de la Manufacture, F-45000 ORLÉANS

VERMEERSCH Pierre M.
Katolieke Universiteit Leuven, Redingenstraat 16 bis, B-3000 LEUVEN ; e-mail : Pierre.Vermeersch@geo.kuleuven.ac.be

VIGNE Jean-Denis
URA 1415 du CNRS, Muséum National d'Histoire Naturelle, Laboratoire d'Anatomie Comparée, 55 rue Buffon, F-75005 PARIS ; e-mail : vigne@cimrs1.mnhn.fr

WEISS Michel-Claude
Centre de Recherches Corses, Palazzu Naziunale, Université de Corse, BP 52, F-20250 CORTE

WINIGER Ariane
DTPAT, Section des Monuments Historiques et Archéologie, Place de la Riponne 10, CH-1014 LAUSANNE

ZVELEBIL Marek
Department of Archaeology, University of Sheffield, Northgate House, West Street, U. K. SHEFFIELD, S1 4 ET

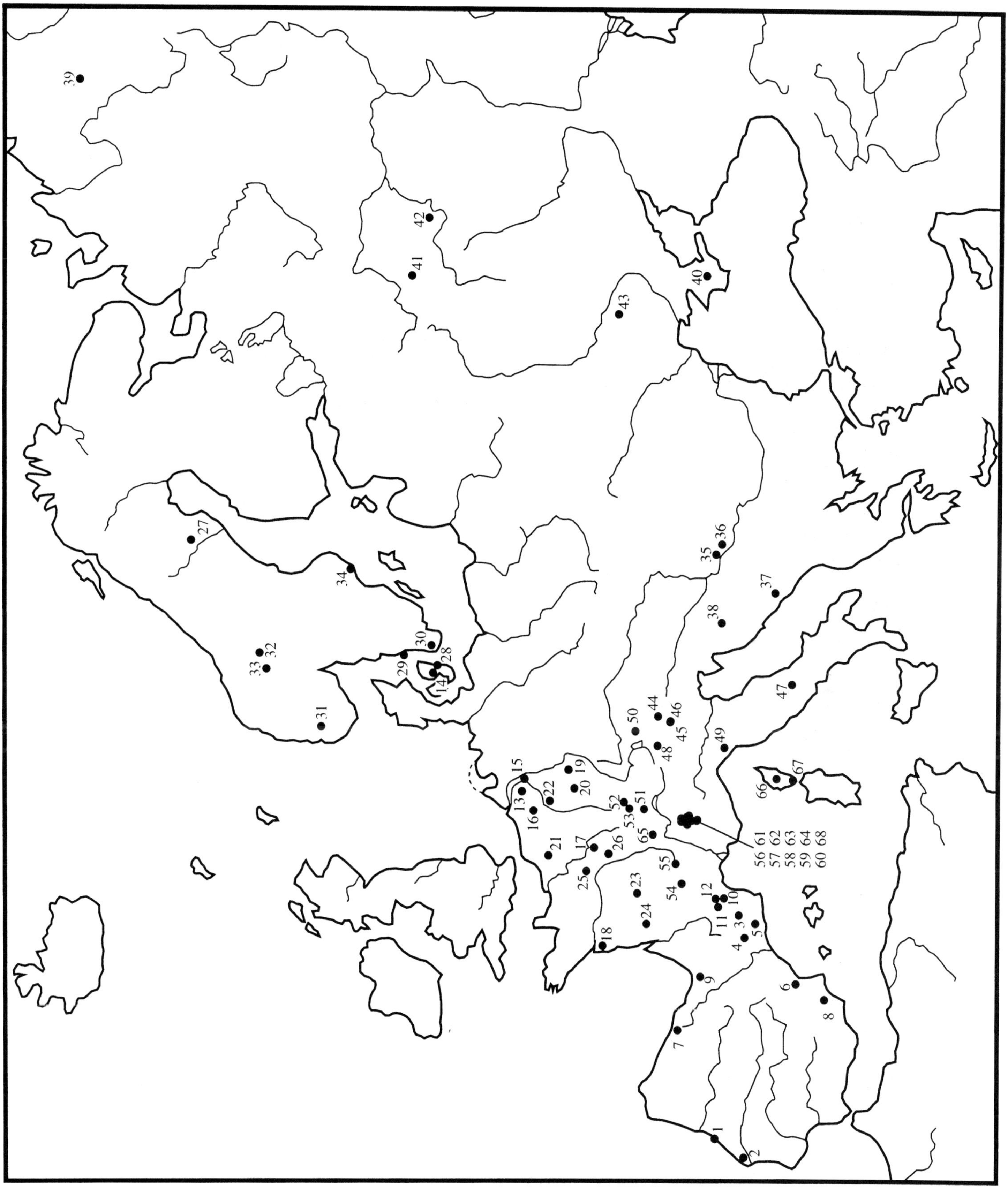

Les numéros renvoient à la table des matières.

L’homme, le peuplement

L'ÉPIPALÉOLITHIQUE ET LE MÉSOLITHIQUE EN FRANCE ET RÉGIONS VOISINES

THE EPIPALAEOLITHIC AND THE MESOLITHIC IN FRANCE AND ADJACENT REGIONS

André Thévenin

Résumé. – Concernant la France et les régions proches, l'Épipaléolithique et le Mésolithique sont présentés d'une manière très générale. Si les pointes à dos courbe (aziliennes et Federmesser) sont omniprésentes à l'Alleröd, on constate qu'elles apparaissent bien avant dans des contextes où le renne est parfois bien présent. Au Dryas III, on observe depuis peu une présence ahrensbourgienne assez bien marquée dans le Nord-Est de la France, mais les pointes à dos courbe sont toujours utilisées, sous des formes différentes (pointes de Malaurie par exemple) ou diminutives. Avec le Préboréal et le Boréal, le substrat culturel joue toujours un rôle très important dans les différentes phases du Mésolithique.

Mots clés : Épipaléolithique, Mésolithique, Alleröd, Dryas III, Préboréal, Boréal, pointes à dos courbe, Ahrensbourgien, armatures microlithiques.

Abstract. – Concerning France and adjacent regions, the Epipalaeolithic and Mesolithic are presented in a very general way. If curved-backed points (Azilian and Federmesser) are omnipresent in the Alleröd, they can be observed to appear much earlier, in contexts where the reindeer is sometimes quite present. In Dryas III one has recently noticed rather well-marked ahrensburgian presence in Northeastern France, but curved-backed points are still used in different forms (e.g. Malaurie points) or diminutive forms. With the Preboreal and Boreal the cultural substratum still plays a very important part in the various stages of the Mesolithic.

Key words : Epipalaeolithic, Mesolithic, Alleröd, Dryas III, Preboreal, Boreal, curved-backed points, Ahrensburgian, microlithic points.

LES DONNÉES « CLASSIQUES » SUR L'ÉPIPALÉOLITHIQUE ET LE MÉSOLITHIQUE

L'Épipaléolithique est généralement considéré comme une phase culturelle située entre la fin du Paléolithique supérieur *s.s.* (c'est-à-dire la fin du Magdalénien) et le Mésolithique. L'Épipaléolithique regroupe les « cultures » à pointes à dos courbe de l'Alleröd (« aziliennes » et Federmesser), ainsi que les cultures du Dryas III (Ahrensbourgien, groupes à pointes à dos courbe « aziliennes », à pointes de Malaurie, des Blanchères, etc.). Sur la fin du Dryas III (et même certainement durant le Dryas III avec le Montadien) apparaissent les premiers ensembles mésolithiques comme à la Fru, en Savoie (Pion, 1994).

Le Mésolithique correspond à l'ensemble des industries caractérisées par l'abondance des armatures microlithiques pointues, qu'elles soient géométriques ou non. Il couvre les phases climatiques du Préboréal (10 000-8 800 BP), du Boréal (8 800-7 500 BP) et le début de l'Atlantique (de 7 500 à 6 450 BP environ).

Quatre phases ont été reconnues pour le Mésolithique :

– le Mésolithique ancien : suivant les auteurs, il correspond à des faciès nombreux ou à des groupes suivant les armatures utilisées. Ces faciès ou groupes sont issus de

L'Europe des derniers chasseurs, 5ᵉ Colloque international UISPP, 18-23 septembre 1995, p. 17-24.

substrats épipaléolithiques divers (« Mésolithiques anciens » dérivés de l'Ahrensbourgien, « Mésolithiques anciens » dérivés des groupes à pointes à dos courbe, « Mésolithique ancien sauveterrien » dérivé de l'Épigravettien...). La durée du Mésolithique ancien est en principe celle du Préboréal ;

– avec le Mésolithique moyen, dans la plus grande partie de la France septentrionale c'est la généralisation de la pointe à base transversale. Dans la partie méridionale, on assiste au développement du Sauveterrien avec triangles scalènes à trois côtés retouchés dits triangles de Montclus (Sauveterrien moyen ou Montclusien). Le Mésolithique moyen correspond à la plus grande partie du Boréal ;

– le Mésolithique récent (7 800-6 700 BP) est caractérisé par l'utilisation de traits armés de microlithes en forme de trapèzes, obtenus à partir de lames ou de lamelles très régulières (débitage dit de Montbani) ;

– le Mésolithique final (6 700-6 450 BP), phase ultime du Mésolithique avant la néolithisation, voit l'utilisation des armatures évoluées (avec retouche inverse plate) qui présentent de nombreuses variétés : pointes de Bavans, pointes de Sonchamp, flèches de Belloy, pointes de Gazel, etc.).

C'est dans le droit fil de ces données « classiques », exposées lors de la première table ronde sur le Mésolithique en 1986 à Besançon (Aimé *et al.*, 1989), qu'a été présentée récemment une synthèse sur l'Épipaléolithique et le Mésolithique de l'Est de la France, replacés dans le contexte national (Thévenin, 1990 ; 1991).

QUELQUES PROBLÉMATIQUES NOUVELLES SUR LES GROUPES ET LEURS TERRITOIRES

Sans vouloir entrer dans le détail, il faut bien admettre que la multiplicité des fouilles a permis de mieux comprendre les implantations humaines, et surtout de mieux les décoder. Dans le Néolithique ancien rubané, certains sites, par exemple Rosheim, ont été interprétés comme « lieux de rencontre » aux fonctions encore difficiles à préciser (Jeunesse, 1992). Fait plus surprenant encore, à Wettolsheim « Ricoh », deux groupes aux styles de décoration différents ont cohabité pendant plusieurs générations et l'on note l'absence de contamination réciproque (Jeunesse, 1995).

Des présences simultanées ou non, des successions alternées, répétitives, espacées mais bien individualisées avaient été décelées récemment à l'analyse des industries de la couche Q d'Oberlarg par exemple (Thévenin, 1994 ; 1995a). D'autres sites mésolithiques ont été également interprétés comme « lieux de rencontre » aux fonctions également difficiles à préciser, comme Trémont-sur-Saulx, dans la Meuse (Guillot, Thévenin, 1995, fig. 5). Les exemples pourraient être multipliés.

De nombreuses observations ont ainsi amené à faire un certain nombre de propositions (Thévenin, 1995a ; 1995c ; Hans, Thévenin, 1993), en partant du postulat de la spécificité des armatures : « L'armature est un facteur d'identité en Préhistoire ». Ces propositions, corollaires ou conséquences théoriques du postulat, concernent à la fois les armatures elles-mêmes et le peuplement. On se reportera directement aux travaux cités précédemment pour le détail de ces propositions.

LES GROUPES ÉPIPALÉOLITHIQUES DE L'ALLERÖD ET DU DRYAS III

Durant l'Alleröd s'observe le phénomène de l'azilianisation, qui peut être défini comme la généralisation de l'utilisation de l'arc sur notre territoire. Cette généralisation n'est pas un phénomène « culturel » mais davantage un phénomène « cynégétique » général : la flèche, le trait, la sagaie sont terminés par une pointe à dos courbe (monopointe ou bipointe). Cependant, celle-ci peut varier légèrement suivant les régions (donc suivant les groupes). De ce fait, c'est également un phénomène « culturel ».

Classiquement, on reconnaît deux grands ensembles pour la France :

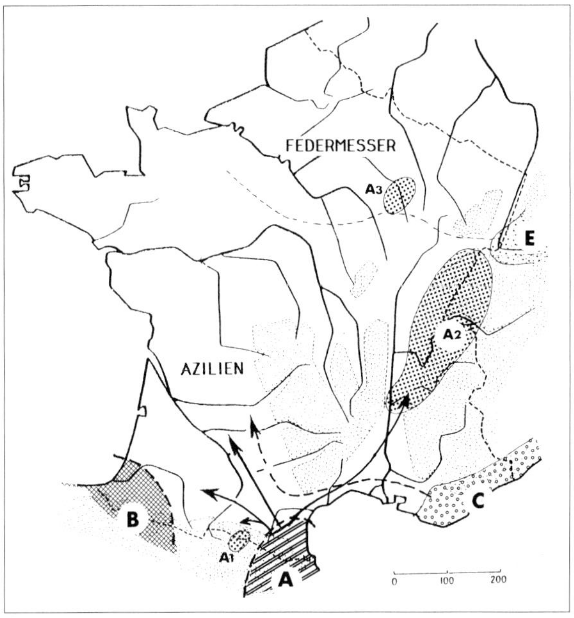

Figure 1. – Carte schématique de la France et régions limitrophes à l'Alleröd. À l'Alleröd, les pointes à dos courbe (« aziliennes » ou Federmesser) sont utilisées *sur tout le territoire français et régions limitrophes* pour armer les traits de chasse, avec en corollaire l'emploi de l'arc, à l'exception de la zone orientale des Pyrénées, où le Magdalénien perdure (zone B avec Troubat, Arudy, Dufaure...). En A. Zone présumée de formation très précoce de « l'Azilien », avec les axes de diffusion et les zones *ante*-Alleröd à pointes à dos courbe. A1. Balma Margineda. A2. Nord des Alpes, massif du Jura, plaine suisse. A3. Sud de la Meuse, Haute-Marne avec Eclaron. En E. Sur le coude du Rhin, pointes à dos anguleux (Oberlarg, Zigeunerfels). En C. Zone de l'Épigravettien (Bouvérien) et diffusion très précoce (Bölling) vers l'ouest (le Roc-Troué, les Fieux).

– l'« Azilien », sur la partie située au-dessous de la Loire ;

– les groupes à Federmesser, dans la partie septentrionale de la France.

En fait, pour certains chercheurs, la dualité Azilien-Federmesser ne paraît pas s'imposer ; ils proposent de ne retenir que le terme « Azilien » (Bosinski, Street, Baales, 1995).

Le phénomène de l'azilianisation est fort complexe, comme le montreront les deux exemples des Pyrénées et de la Suisse, qui seront seuls retenus pour cet article.

Dans les Hautes-Pyrénées, des travaux récents à la grotte-abri du Moulin, à Troubat (Barbaza, 1995) montrent que le Magdalénien final perdure durant tout l'Alleröd et que l'Azilien classique (couche 6) correspond au Dryas III, et ceci sur des bases sérieuses tirées des sciences annexes et sur des datations C14. L'Azilien évolué (couche 5), daté du début du IXe millénaire, conserve l'ensemble des caractères de la couche précédente, mais inclut une part non négligeable d'armatures géométriques, certainement intrusives. Cette phase peut être considérée comme le substitut naturel du Sauveterrien, par ailleurs bien connu à ce moment-là. Le Sauveterrien moyen « montclusien » à armatures hyperpygmées (couches 4 et 3) clôt la série stratigraphique de Troubat (Barbaza, 1995, p. 315).

La situation paraît assez proche, mis à part la présence du renne qui semble bien implanté (Altuna, Mariezkurrena, *in* Straus, 1995, p. 193) dans le gisement de Dufaure dans les Landes (Straus, 1995) et dans celui, contigu, de Duruthy : le Magdalénien final y est Alleröd et l'Azilien n'y apparaît en force qu'avec le Dryas III.

Cependant, à la base du remplissage archéologique de la Balma Margineda en Andorre (couche 10), datée de la fin du XIIIe millénaire BP (donc *ante*-Alleröd) par plusieurs datations convergentes (Guilaine *et al.*, 1985 ; Barbaza, 1995, p. 322), a été mise en évidence une industrie qui pourrait présenter tous les caractères d'un Azilien ancien.

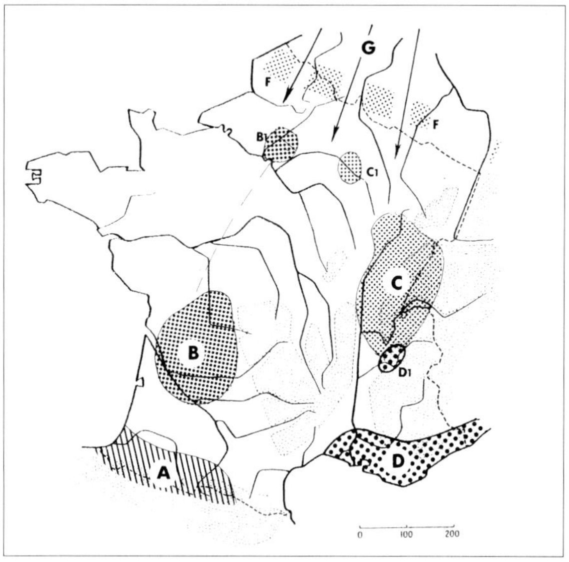

Figure 2. – Carte schématique de la France et régions limitrophes au Dryas III. L'Azilien se développe dans les Pyrénées (zone A). Dans le Sud-Ouest et ses marges, le Laborien avec les pointes de Malaurie et l'Épilaborien avec pointes à dos rectiligne (zone B) et des enclaves éloignées comme B1 (Vieux-Moulin...). En C. Zone à pointes à dos courbe ou autres et localisations plus éloignées (C1, Courcelles-en-Montagne, Cousances-les-Forges). Intrusion de l'Ahrensbourgien (G) dans le tissu lâche du peuplement à Federmesser (représenté schématiquement par F). Sur la bordure méditerranéenne, le Montadien (zone D) avec ses armatures microlithiques. Dans certains secteurs, apparition très précoce (fin du Dryas III) du Mésolithique ancien dans le Nord des Alpes comme à la Fru (D1), certainement également en Ariège, Aveyron, Lot.

L'Azilien, bien connu dans le Nord des Alpes (Bintz, 1989 ; Bintz *et al.*, 1994 ; Pion, 1994 ; Pion *et al.*, 1990), dans le Massif jurassien et ses abords (Thévenin, 1982), et replacé à l'Alleröd ou au Dryas II, a cependant des racines beaucoup plus anciennes. Des fouilles récentes en Suisse, menées dans les meilleures conditions, ont permis de mettre en évidence une utilisation de ces mêmes pointes à dos courbe dès le Bölling et ceci grâce à l'apport des sciences annexes et de datations C14, sur de bonnes séquences stratigraphiques. En effet, en bordure du lac de Neuchâtel, à Champréveyres, commune de Hauterive, un petit ensemble lithique azilien est daté d'environ 12 300 BP, date moyenne de deux dates obtenues, soit 12 120 ± 170 BP (UZ-2264) et 12 550 ± 130 BP (UZ-2170). La faune est dominée par le cerf, le renne est absent. Pour Denise Leesch, le complexe azilien se développe en Suisse à partir de 12 300 BP (Leesch, 1993, p. 164).

On assiste ainsi sur l'Est de la France et sur la Suisse à une utilisation très précoce des pointes à dos courbe et certainement de l'arc par corollaire. Cette nouveauté n'est probablement pas apparue dans ce grand secteur, mais il n'est pas facile de cerner la zone nucléaire d'où a diffusé ce nouveau type d'armature. Cette zone semble localisée, avec de fortes probabilités, quelque part entre les Pyrénées et le triangle Alpes du Nord/Jura/plaine suisse. Ce pourrait être en Languedoc (Thévenin, Welté, 1995 ; Thévenin, 1995a) ou au Nord-Est de la péninsule Ibérique (Barbaza, 1995, p. 322).

Avec le Dryas III, on observe soit une persistance des pointes à dos courbe (avec diminution de taille et sans modification morphologique notable) – comme dans le Nord des Alpes, l'Est de la France et les Pyrénées –, soit l'apparition de nouvelles formes de pointes à dos (pointes de Malaurie, pointes à dos rectiligne de l'Épilaborien...) – principalement dans le Sud-Ouest, mais avec quelques îlots isolés plus au nord. Le Dryas III est cependant la grande période d'utilisation des pointes à soie, ahrensbourgiennes ou apparentées, dans les zones septentrionales de l'Europe. Pendant très longtemps, l'Ahrensbourgien n'a été connu que par quelques pièces isolées. La découverte du gisement des Quatre-Arpents à Saint-Privé, dans l'Yonne (Huchet, Thévenin, 1997), avec celle de nombreuses pièces isolées (Thévenin, 1996) modifie radicalement le paysage archéologique de l'Est de la France au Dryas III.

Pour ces mêmes zones septentrionales, il avait été implicitement admis que les groupes autochtones à pointes à dos courbe (Federmesser) avaient disparu. La multiplicité des découvertes ahrensbourgiennes pourrait aller en ce sens, puisque l'on voit le domaine ahrensbourgien s'élargir considérablement. En fait, si les conditions climatiques du Dryas III ont été telles que rennes et hommes, vivant plus au nord, ont dû migrer vers le sud et occuper la Belgique, les Pays-Bas, le Nord de l'Allemagne, les groupes ahrensbourgiens se sont installés dans le tissu lâche du peuplement à Federmesser. Sans négliger les influences réciproques, on peut avancer que tous ces groupes ont continué à vivre suivant leurs propres coutumes et à chasser suivant leurs propres techniques et procédés. Cette double continuité culturelle se retrouve d'ailleurs au Préboréal dans le Mésolithique ancien du Nord de la France et celui de la Belgique : Mésolithique ancien dérivé de l'Ahrensbourgien, Mésolithique ancien dérivé des groupes à Federmesser et à pointes à dos courbe (Thévenin, 1994 ; 1995b ; 1995c).

Pour conclure, lorsqu'on arrive à l'Alleröd, le phénomène de l'azilianisation est dans sa pleine phase d'expansion, même si des secteurs semblent figés et restent dans la tradition magdalénienne, comme les Pyrénées centrales et occidentales. Mais ce qui diffuse, ce n'est pas à proprement parler une « culture ». En fait, dans une ambiance évolutive générale des techniques, les différents substrats magdaléniens adoptent la pointe à dos courbe. Quelques sites (Champréveyres, la Balma Margineda...) montrent une utilisation très précoce de la pointe à dos courbe, et ceci dans deux secteurs très éloignés. Ces deux entités « aziliennes » dérivent certainement d'un centre unique localisé quelque part entre le Nord-Est de l'Espagne et le Languedoc. Cette séparation aurait certainement eu lieu très tôt, ce qui expliquerait la présence de harpons aziliens apparus en domaine magdalénien pyrénéen et ses marges, leur absence à l'Est du Rhône, ainsi que la diffusion des thèmes schématiques de l'art azilien.

Il ne faut pas oublier que l'Épigravettien (Bouvérien) est toujours présent à l'Alleröd sur la bordure méditerranéenne méridionale et qu'il a diffusé, certainement dès le Bölling, en direction de l'ouest (le Roc-Troué, les Fieux...).

La crise climatique du Dryas III va modifier considérablement le peuplement. On observera :

– une continuité « culturelle » dans l'Est de la France et le Nord des Alpes des groupes à pointes à dos courbe ;

– une mise en place tardive de l'Azilien pyrénéen dans les Pyrénées ;

– l'apparition de nouvelles formes d'armatures à dos courbe dans le Sud-Ouest et dans quelques secteurs isolés situés plus au nord : pointes de Malaurie, puis pointes à dos rectiligne ;

– l'intrusion des groupes ahrensbourgiens qui cohabiteront avec les groupes à Federmesser, comme on l'a vu précédemment.

Ce *melting-pot* annonce le peuplement du Mésolithique ancien au Préboréal.

Le phénomène fort complexe de l'azilianisation, comme certainement l'ensemble des phénomènes en préhistoire, ne peut être saisi et compris – vu la faiblesse du peuplement, la géographie très particulière de la France... et les comportements humains – qu'à partir d'un domaine très élargi.

LES GRANDES LIGNES DU PEUPLEMENT AU MÉSOLITHIQUE

Dans le cadre de cet article, ne seront traités que quelques problèmes relatifs au Mésolithique.

Une carte schématique du peuplement au Mésolithique ancien de la France et des régions voisines montre notre territoire divisé en trois parties :

– dans la partie septentrionale, un Mésolithique ancien dérivé de l'Ahrensbourgien ;

– dans la partie méridionale, le Sauveterrien ancien dérivé de l'Épigravettien ;

– dans la partie médiane, au niveau du 47e parallèle, une partie touchée ni par l'Ahrensbourgien, ni par le Sauveterrien. C'est la partie du domaine des groupes à pointes à dos courbe qui a eu son évolution propre.

En fait, cette tripartition n'est pas parfaite. En effet, dans la partie septentrionale, en plus des groupes dérivés de l'Ahrensbourgien à pointes à base naturelle très abondantes (groupe de Neerharen, de Sougné), on trouve, enclavés, des groupes utilisateurs de segments (groupe de Hailles, de l'Ourlaine). Cette dualité culturelle est le résultat du peuplement du Dryas III, qui voit cohabiter groupes à Federmesser et groupes ahrensbourgiens intrusifs.

Dans la partie méridionale, on se posait également des questions sur la présence dans certains gisements (Saint-Mitre à Reillanne dans les Alpes de Haute-Provence, par exemple) de très nombreuses pointes à base transversale et segments alors que ces armatures sont plutôt discrètes dans le Sauveterrien. Comme précédemment, la réponse est identique : Saint-Mitre dériverait davantage de groupes à pointes à dos courbe qui ont été peu influencés par l'Épigravettien local (Bouvérien), qui très tôt, certainement dès le Bölling, a progressé vers l'ouest pour donner le Sauveterrien.

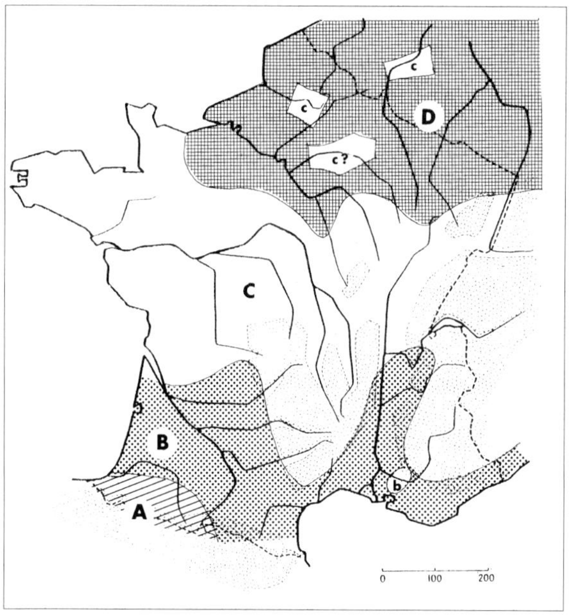

Figure 3. – Carte schématique de la France et des régions limitrophes au Préboréal. A. Dans les Pyrénées, persistance de l'Azilien comme à Troubat. B. Zone du Sauveterrien ancien dérivant de l'Épigravettien, avec parfois secteurs à forte présence de segments et de petites pointes à base transversale (b, Saint-Mitre). C. Zone à Mésolithique ancien dérivant des groupes à pointes à dos courbe, zone touchée ni par l'Ahrensbourgien ni par le Sauveterrien. Ce type de Mésolithique se retrouve parfois enclavé (c, groupes de Hailles, de l'Ourlaine, du Tardenois ?) dans la partie plus septentrionale. D. Dans la partie septentrionale, Mésolithique ancien dérivé de l'Ahrensbourgien.

Dans la zone médiane, on va également trouver, parfois très éloignés les uns des autres :

– des groupes à segments (Oberlarg couche Q en partie, Culoz) ;

– des groupes à triangles isocèles et pointes à base transversale (Montbert, Autry-le-Châtel) ;

– des groupes à triangles isocèles, à pointes à base transversale et à segments (Beauchamps-sur-Huillard, Rolampont...).

Toutes ces constatations amènent à admettre que le substrat épipaléolithique joue un grand rôle dans l'évolution. À « l'effet de convergence » qui fait penser à une évolution aléatoire – ce qui est parfois avancé par les chercheurs –, il semble judicieux de préférer le principe « d'effet de similitude ».

L'effet de similitude, qui découle de la règle de filiation directe, l'un des corollaires du postulat de la spécificité des armatures, peut se définir ainsi : « À tout substrat épipaléolithique X, correspond au Mésolithique ancien une industrie à armatures X' ».

On aurait ainsi au Mésolithique ancien une phase d'adoption des microlithes. La flèche doit être armée d'un ou de plusieurs microlithe(s). C'est donc un phénomène cynégétique général, lié à un courant interculturel. À cette adoption de petits éléments, se superpose l'adaptation au substrat propre. Le microlithe dérivera d'une armature spécifique utilisée par le groupe. La mésolithisation a donc également une connotation « culturelle », puisque la morphologie du ou des microlithe(s) conserve partiellement celle d'armatures plus anciennes et devient ainsi spécifique. Il est fort possible qu'il y ait également interactions ou influences entre groupes.

Au Mésolithique moyen, on observe, dans la partie septentrionale de la France et régions voisines, la généralisation de l'emploi de la pointe à base transversale, armature certainement plus performante que les autres. À première vue, on peut concevoir cette généralisation comme un phénomène cynégétique non « culturel ». En fait chaque groupe va concevoir cette armature à son idée, d'où des styles : c'est donc également un phénomène « culturel ».

Les pointes à retouche couvrante ou feuilles de gui, associées à de longues lamelles à dos, seront, au même moment, exclusives plus au nord dans certains sites belges. Leur présence en nombre important dans quelques gisements du Nord de la France et de l'Aisne fait penser

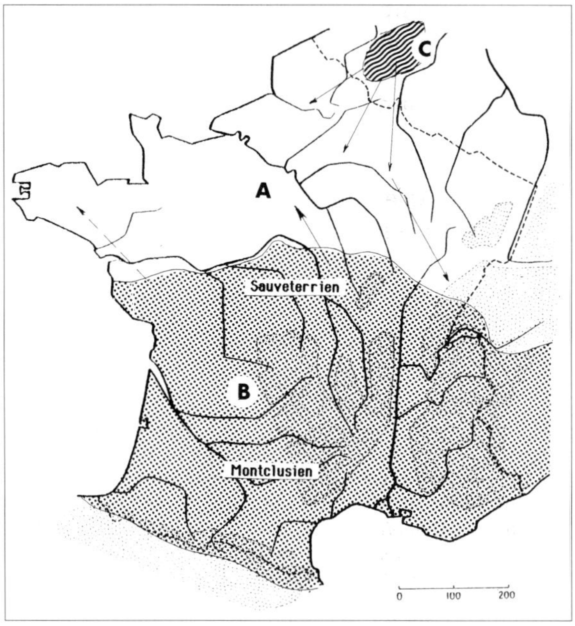

Figure 4. – Carte schématique de la France et régions limitrophes dans les débuts du Boréal. A. Zone de généralisation de la pointe à base transversale (pointes du Tardenois, pointes de Beaugency, pointes trapues de la Lorraine et du Luxembourg...). B. Zone de présence ou de pénétration sauveterrienne : dans la partie méridionale, évolution sur place en Montclusien ; plus au nord, déplacements avec évolution faible ou différente (Sauveterrien à grandes pointes de Sauveterre ou pointes de Chateaubriand). C. Groupes utilisateurs de pointes à retouche couvrante et longues lamelles à dos étroits (déplacements épisodiques et contacts).

à des occupations temporaires de sites par des groupes porteurs de ce type d'armature (La Chaussée-Tirancourt, la Chambre-des-Fées, la Baillette...).

Dans la partie méridionale de la France, on passe par filiation directe du Sauveterrien ancien au Montclusien (ou Sauveterrien moyen). Plus au nord, la situation du Sauveterrien semble éclaircie. Elle correspond à une avancée rapide de cette « culture » sur une grande partie du Massif jurassien mais également entre Loire et Seine. Dans sa progression vers le nord et particulièrement entre Loire et Seine, le Sauveterrien semble avoir conservé certains caractères du Sauveterrien ancien et avoir évolué quelque peu différemment.

La phase du Mésolithique récent à trapèzes semble la suite logique de la précédente. C'est une phase d'adoption ou de non-adoption du trapèze, le trapèze pouvant être considéré comme le résultat de la simplification d'une armature composite avec pointe et barbelure (Thévenin, 1990, fig. 5). C'est donc un phénomène « cynégétique » général interculturel, mais avec connotation identitaire, puisqu'apparaissent des formes régionales d'armatures.

Dans l'état actuel de la recherche, le Mésolithique final aux nombreuses formes d'armatures évoluées (trapèzes à retouche inverse plate, pointes de Bavans, pointes de Sonchamp, armatures à éperon, flèches de Dreuil, pointes de Gazel...) est encore d'approche difficile (Thévenin, 1995d), ainsi que comprendre les processus d'apparition de la plupart de ces armatures. Une seule certitude : ces armatures à retouche inverse plate n'existent pas à l'est du Rhin.

BIBLIOGRAPHIE

AIMÉ (G.) *et al.*, Épipaléolithique et Mésolithique entre Ardennes et Alpes : les grandes lignes des résultats actuels. *Actes*, table ronde de Besançon 1986 : « Épipaléolithique et Mésolithique entre Ardennes et Massif Alpin », *Mémoires de la Société d'Agriculture, Lettres, Sciences et Arts de la Haute-Saône, Archéologie 2*, 1989, p. 7-15, 7 fig.

ALTUNA (J.), MARIEZKURRENA (K.), Les restes osseux de macromammifères. *In* : L. G. STRAUS (dir.), Les derniers chasseurs de rennes du monde pyrénéen. L'abri Dufaure : un gisement tardiglaciaire en Gascogne. *Mémoires de la Société préhistorique française*, t. 22, 1995, p. 181-211, 8 fig., 24 tabl.

BARBAZA (M.), Le Magdalénien supérieur final et l'Azilien dans les Pyrénées centrales. La grotte-abri du Moulin à Troubat (Hautes-Pyrénées) et son contexte. *Actes*, CXVIII[e] Congrès national des sociétés historiques et scientifiques, Pau 1993 : « Pyrénées préhistoriques. Arts et Sociétés », 1995, p. 319-326, 5 fig., 2 tabl.

BINTZ (P.), Mésolithique et Épipaléolithique des Alpes du Nord, du Jura méridional et leur piémont. *Le Temps de la Préhistoire*, t. 1, éd. SPF/Archéologia, 1989, p. 356-358, 1 fig.

BINTZ (P.) *et al.*, Les grottes Jean-Pierre I et II à Saint-Thibaud-de-Couz (Savoie) : paléoenvironnement et cultures du Tardiglaciaire à l'Holocène dans les Alpes du Nord. *Gallia Préhistoire*, t. 36, 1994, p. 145-266, 51 fig., 40 tabl.

BOSINSKI (G.), STREET (M.), BAALES (M.), The Palaeolithic and Mesolithic of the Rhineland. *In* : W. SCHIRMER (ed.), *Quaternary Field Trips in Central Europe*, vol. II, 1995, p. 832-999.

GUILAINE (J.) *et al.*, Aux origines du peuple andorran. *Histoire et Archéologie, les Dossiers*, n° 96, p. 9-15, 8 fig.

GUILLOT (G., O.), THÉVENIN (A.), Les gisements préhistoriques de Trémont-sur-Saulx/Beurey-sur-Saulx (Meuse) : Mésolithique moyen, Néolithique moyen et final. *Actes*, table ronde d'Ancerville 1989 : « Épipaléolithique et Mésolithique entre Seine et Rhin », *Annales littéraires de l'université de Besançon*, n° 567, 1995, p. 145-155, 8 fig.

HANS (J.-M.), THÉVENIN (A.), Magdalénien final en Lorraine et peuplement du Nord-Est de la France et régions limitrophes entre Dryas I et Alleröd. *Revue archéologique de l'Est*, t. 44, 1993, p. 3-29, 12 fig.

HUCHET (A.), THÉVENIN (A.), De l'Ahrensbourgien à Saint-Privé. Actes Colloque de Chaumont 1994. Le Paléolithique supérieur de l'est de la France : de l'Aurignacien à l'Ahrensbourgien. Mémoires de la Société archéologique champenoise, n° 13, 1997, p. 157-165, 5 fig.

JEUNESSE (Ch.), La civilisation du loess. *Il y a 7 000 ans, l'Alsace*. Catalogue d'exposition, Rosheim et Strasbourg 1992. Zimmersheim édit. Association pour la promotion de la recherche archéologique en Alsace, 1992, p. 33-36, 46-63.

Contribution à l'étude de la variabilité régionale au sein de Rubané. L'exemple du sud de la plaine du Rhin supérieur. *Cahiers de l'Association pour la promotion de la recherche archéologique en Alsace*, t. 11, 1995, p. 1-22, 13 fig., 1 tabl.

LEESCH (D.), Le Paléolithique supérieur récent. *La Suisse du Paléolithique à l'aube du Moyen Âge. Paléolithique et Mésolithique, SPM 1*, 1993, p. 153-164, 7 fig.

PION (G.), La séquence mésolithique de l'aire III de l'abri de la Fru. Situation chrono-industrielle et paléoenvironnementale. *Actes*, table ronde de Chambéry 1992, Association départementale pour la recherche archéologique en Savoie, 1994, p. 185-197, 2 fig.

PION (G.) *et al.*, L'abri de la Fru à Saint-Christophe (Savoie). *Gallia Préhistoire*, t. 32, 1990, p. 65-123, 54 fig.

THÉVENIN (A.), Rochedane. L'Azilien, l'Épipaléolithique de l'Est de la France et les civilisations épipaléolithiques de l'Europe occidentale. *Mémoires de la faculté des Sciences sociales de Strasbourg I*, 2 vol., 1982, 845 p., 329 fig.

Du Dryas III au début de l'Atlantique. Pour une approche méthodologique des industries et des territoires dans l'Est de la France (Ire part.). *Revue archéologique de l'Est*, t. 41, fasc. II, 1990, p. 177-212, 29 fig.

Du Dryas III au début de l'Atlantique. Pour une approche méthodologique des industries et des territoires dans l'Est de la France (IIe part.). *Revue archéologique de l'Est*, t. 42, fasc. I, 1991, p. 1-61, 35 fig.

Le Mésolithique ancien de l'Est de la France. Nouvelle approche. *Actes*, table ronde de Chambéry 1992 : *Mésolithique entre Rhin et Méditerranée,* Association départementale pour la recherche archéologique en Savoie, Chambéry, 1994, p. 135-149, 10 fig.

Le peuplement de l'Est de la France du Tardiglaciaire au début du Postglaciaire. *Actes*, table ronde d'Ancerville 1989 : « Épipaléolithique et Mésolithique entre Seine et Rhin », *Annales littéraires de l'université de Besançon*, n° 567, 1995a, p. 213-273, 33 fig.

L'Épipaléolithique et le Mésolithique de l'Yonne. *Actes*, table ronde de Passy, « Épipaléolithique et Mésolithique du Sénonais et des régions voisines », *Cahiers*

de la Société archéologique de Sens, n° 2, 1995b, p. 209-219, 7 fig.
Pour une réinterprétation des données en Préhistoire. *Actes,* colloque d'Ambérieu-en-Bugey 1992 : « Chronologies néolithiques de 6000 à 2000 avant notre ère dans le bassin rhodanien », *Documents du Département d'Anthropologie de l'université de Genève*, n° 20, Ambérieu-en-Bugey, éd. Société préhistorique rhodanienne, 1995c, p. 27-30.
Mésolithique récent, Mésolithique final, Néolithique ancien dans le quart nord-est de la France. Pour une réinterprétation des données. *Revue archéologique de Picardie*, n° spéc. 9, 1995d, p. 3-15, 6 fig.
« Azilien » et Ahrensbourgien dans l'Est de la France : le point sur la question. *Actes*, colloque de Dijon 1995 : « Paléolithique supérieur entre Seine et Rhin », *Cahiers archéologiques de Bourgogne,* n° 6, 1996, p. 199-130, 4 fig.
THÉVENIN (A.), WELTÉ (A.-C.), Azilien et art azilien : le problème des origines. *Actes,* CXVIII[e] Congrès national des sociétés historiques et scientifiques, Pau 1993 : « Pyrénées préhistoriques. Arts et Sociétés », 1995, p. 597-610, 6 fig.

LES DATATIONS RADIOCARBONE DE L'ÉPIPALÉOLITHIQUE ET DU MÉSOLITHIQUE FRANÇAIS

RADIOCARBON DATES OF THE FRENCH EPIPALAEOLITHIC AND MESOLITHIC

Philippe Fortin, Jacques Évin

Résumé. – On présente plusieurs tableaux et graphiques recensant toutes les datations disponibles pour l'Épipaléolithique et le Mésolithique français. Leur transposition en années réelles, par les nouvelles courbes de correction dendrochronologiques couvrant tout le début de l'Holocène, montre un allongement de la durée des cultures. Mais les perturbations, qui se sont produites dans la teneur en C14 au cours du Dryas récent et au début du Préboréal, rendent difficilement interprétables avec précision toutes les datations du Xe millénaire av. J.-C.

Mots clés : datation radiocarbone, Épipaléolithique, Mésolithique, calibration, dendrochronologie.

Abstract. – Several tables and graphs summarize the radiocarbon dates of the French Epipalaeolithic and Mesolithic. Their calibration in calendar years, using the new calibration curve covering the Early Holocene, shows a lenthening of both cultures. However the disturbances that occured in the radiocarbon content in the atmosphere during the Late Dryas and the beginning of the Preboreal exclude any precision in absolute chronology in the 10th millenium calBC.

Key words : radiocarbon datation, Epipalaeolithic, Mesolithic, calibration, dendrochronology.

L'ENSEMBLE DES DATATIONS DISPONIBLES

Depuis la réalisation des premières datations radiocarbone sur des échantillons de matière carbonée provenant des sites du Mésolithique ou de l'Épipaléolithique, on sait que la durée de ces cultures a été assez longue, de l'ordre de plusieurs millénaires.

Peu de faciès culturels différencient cette période pour laquelle les sites sont assez peu nombreux. De ces deux faits, il résulte que bien peu de datations ont été demandées pour le Mésolithique et l'Épipaléolithique si on compare avec les très grandes séries obtenues sur les sites du Magdalénien final (Évin, 1995) ou du Néolithique (Évin, Fortin, Oberlin, 1992). En effet, on ne totalise actuellement, dans la banque de données BANADORA (banque nationale de données radiocarbone) du Centre de datation par le radiocarbone de Lyon, que 1 054 dates entre 6 000 et 11 000 BP, c'est-à-dire sur cinq millénaires (en calendrier radiocarbone), soit moins de 200 ans par millénaire (fig. 1).

Beaucoup de datations réalisées dans les années 1960 ou 1970 ont des marges statistiques assez grandes, parfois de plusieurs siècles (fig. 2). Évidemment le graphique montre de plus grandes marges pour les temps les plus reculés, comme la précision absolue de chaque datation est inversement proportionnelle à son ancienneté. Mais il est possible que ce soit dû au fait que les sites les plus anciens du Mésolithique, correspondant au Préboréal, livrent souvent des échantillons de petite taille et que, avant l'emploi des accélérateurs, les laboratoires de datation disposaient pour chaque datation de trop peu de carbone.

Faire le bilan de ces 1 054 datations est ainsi assez décevant. Il en résulte une certaine

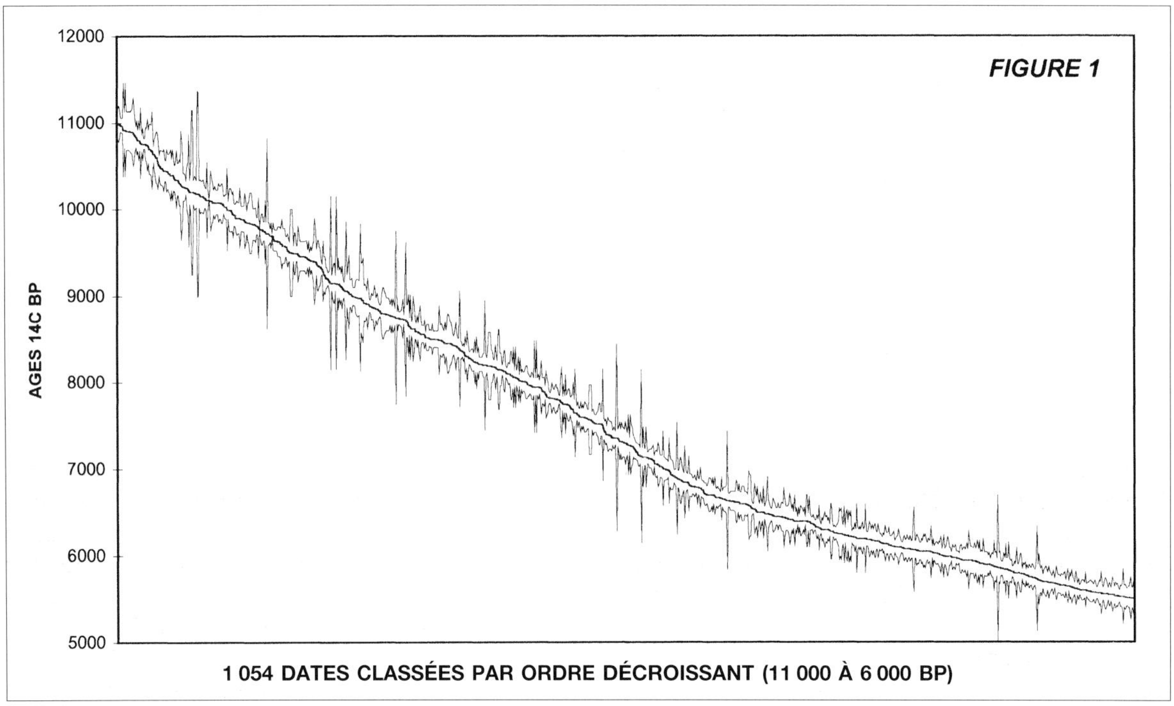

Figure 1. – Dates radiocarbone de l'Épipaléolithique et du Mésolithique français.

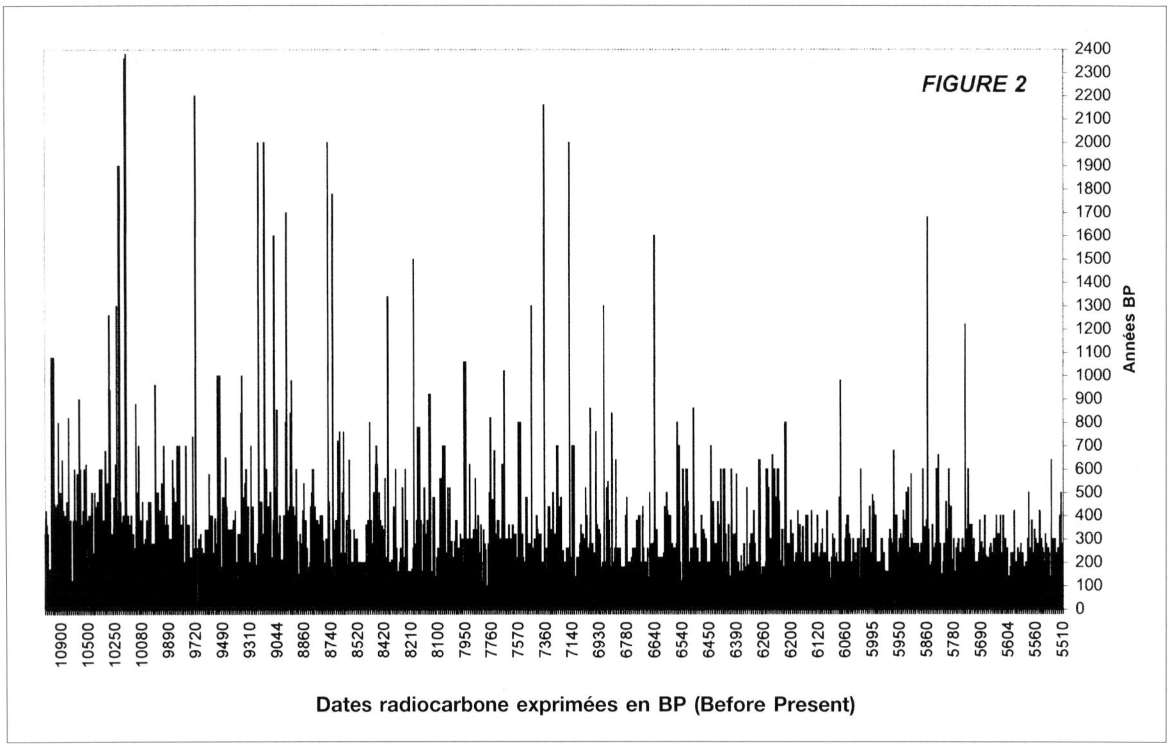

Figure 2. – Espace temporel donné par la marge statistique de chacune des dates radiocarbone.

monotonie pour l'ensemble de la période et pour toute la France. Contrairement à ce que l'on a pour les cultures précédentes ou suivantes, il n'est pas possible de distinguer par sous-culture ou par région des ensembles cohérents de datations montrant des évolutions.

Pour avoir un bilan plus significatif, il faudrait augmenter et trier les datations prises en compte. Il faudrait obtenir beaucoup plus de datations avec des plages statistiques plus réduites : les laboratoires, en mesurant par comptage de radioactivité ou par spectrométrie de masse (accélérateurs), donnent actuellement pour cette période des plages de ± 60 années C14. Il faudrait éliminer toutes les datations présentant une mauvaise fiabilité physico-chimique et une mauvaise représentativité archéologique, comme cela avait été fait pour les datations portant sur la même époque mais au Proche-Orient (Aurenche, Évin et Gasco, 1987).

LA CALIBRATION DES DATATIONS À PARTIR DES DONNÉES DE LA DENDROCHRONOLOGIE

Le bref bilan des données disponibles sur le Mésolithique et l'Épipaléolithique qui vient d'être fait, l'a été en ne considérant que les datations exprimées en BP ; c'est-à-dire avant la correction (ou calibration) qui ramène les dates C14 en des dates exprimées en années solaires ou calendaires (et par conséquent exprimables en « av. ou ap. J.-C. »). La courbe qui permet cette rectification est basée sur les données de la dendrochronologie : on a mesuré avec une très grande précision la teneur en C14 de fragments d'arbres fossiles dont l'âge exact avait été déterminé par le comptage de leurs cernes de croissance. On tente ainsi de remonter au plus loin dans le passé et, pour l'instant on atteint la limite Pléistocène/Holocène, soit la fin du Dryas récent. Au-delà, la correction devient bien plus imprécise car elle est effectuée à partir d'une courbe tracée sur la base de quelques datations à l'uranium-thorium sur des coraux (Bard *et al.*, 1993). La figure 3 montre cette courbe et illustre bien cette différence entre les temps où la correction peut être faite de façon précise (après 9 500 av. J.-C. soit vers 10 000 BP) et ceux où on ne peut encore avoir qu'une idée assez approximative de l'écart entre le temps exprimé en BP C14 et les âges en années réelles.

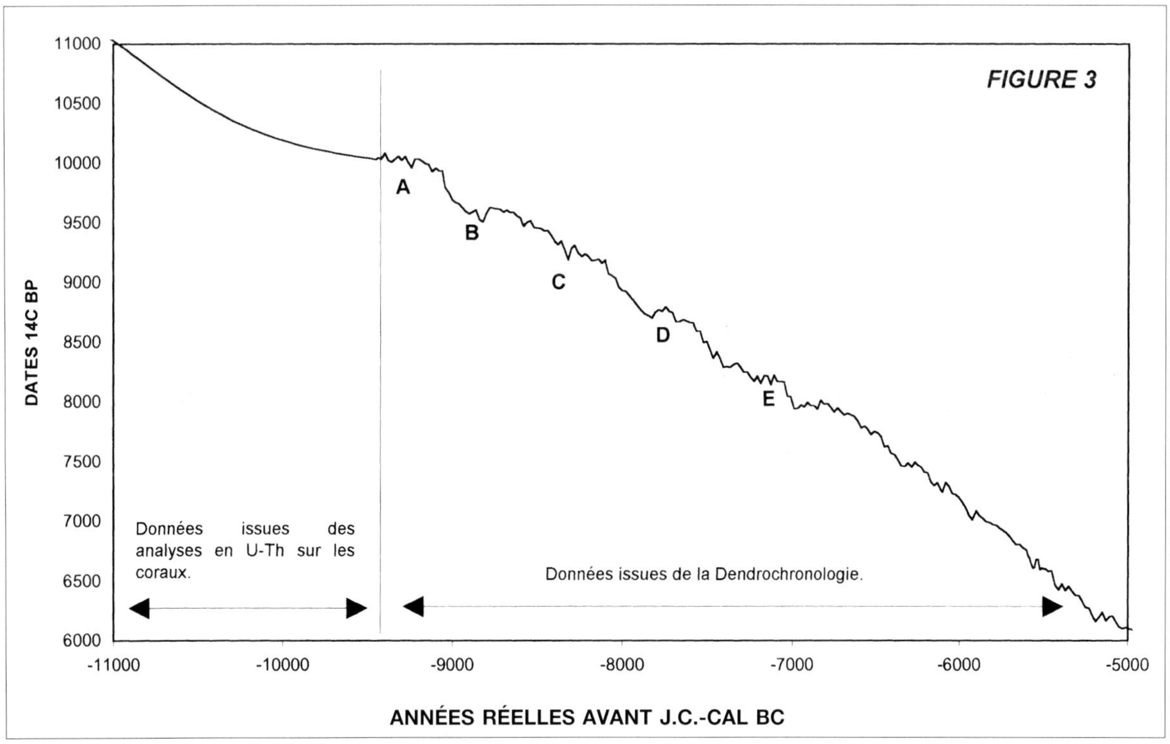

Figure 3. – Courbe de calibration d'après Stuiver, Reimer, 1993.

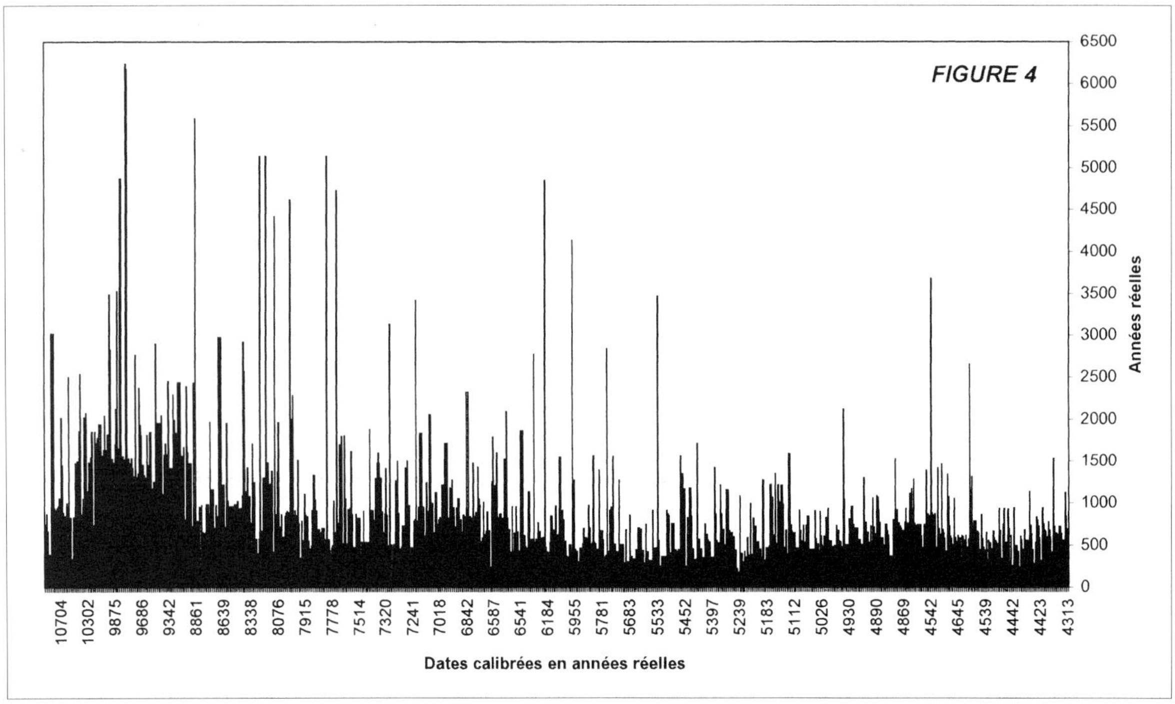

Figure 4. – Espace temporel donné par l'intervalle de dates issu de la calibration de chaque date radiocarbone.

Trois observations d'importance doivent être faites :

– d'une part la correction de chaque date en un intervalle en années réelles allonge la plage d'incertitude (comparaison entre les figures 2 et 4). Ainsi, pour chaque date après correction la plage de temps en années réelles est assez longue du fait, signalé ci-dessus, que les dates ici prises en compte ont généralement une grande marge d'erreur (comparaison entre les figures 2 et 3) ;

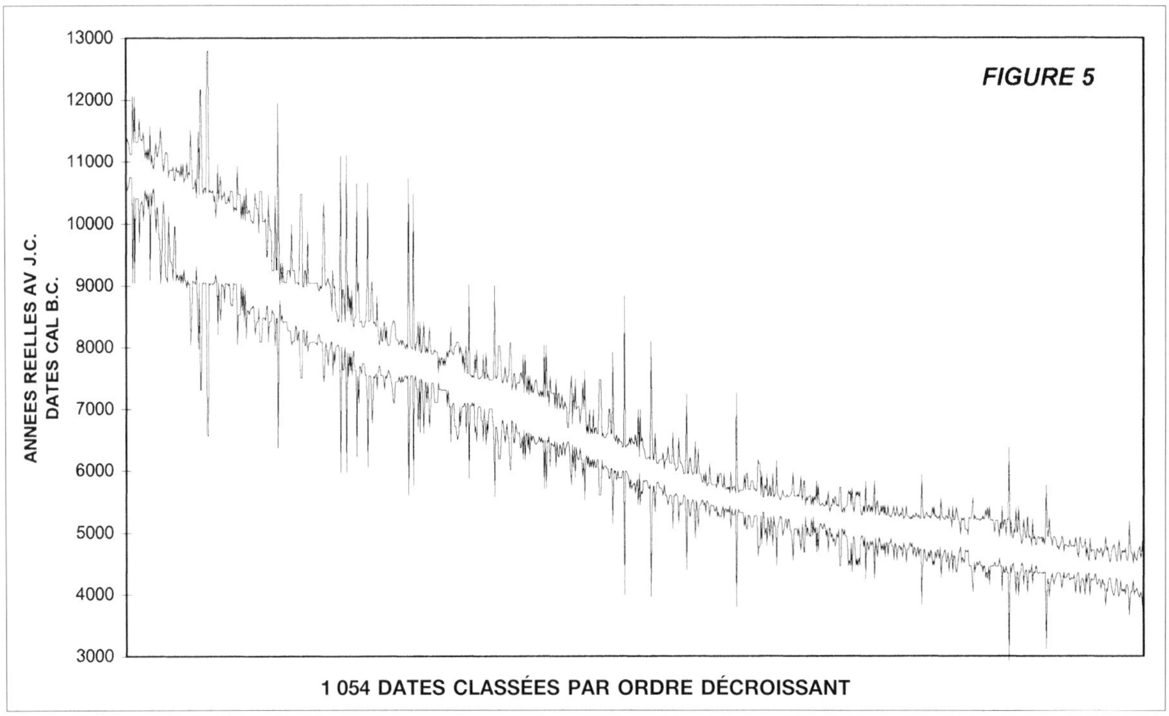

Figure 5. – Dates radiocarbone de l'Épipaléolithique et du Mésolithique français.

– d'autre part la plage de temps en années réelles couverte par l'Épipaléolithique et le Mésolithique est nettement plus longue que lorsqu'elle est exprimée en BP. Il faut donc en conclure que réellement la période considérée a duré au moins un millénaire de plus que ce que le radiocarbone laissait supposer ;

– enfin on voit sur la courbe se dessiner des irrégularités, des « plateaux » qui traduisent des fluctuations importantes de la teneur en radiocarbone dans l'atmosphère. Un tel plateau est bien connu à l'Âge du Fer et rend la méthode du C14 presque inopérante au cours des IIIe au VIIe siècles av. J.-C. Les données nouvelles de la calibration (Stuiver et Reimer, 1993) montrent que de tels plateaux existent autour de 7 000, 7 800, 8 700, et surtout pendant presque tout le Xe millénaire.

PRÉCISION DE LA CHRONOMÉTRIE SUIVANT LES PÉRIODES

Chaque plateau dans la courbe de correction entraîne un allongement de la plage de date en années réelles par rapport à celle exprimée simplement en BP. En effet, aux endroits où la courbe est proche d'une ligne horizontale, à chaque date BP correspondent plusieurs dates en années réelles. En comparant les figures 1 et 5, on voit bien que pour certaines époques toutes les plages d'incertitude des dates corrigées en années réelles sont très allongées. Les plages ne seraient courtes que si l'on pouvait avoir une précision de la date BP extraordinairement réduite à 20 ou 30 ans, ce qui est encore inaccessible dans l'état actuel des appareils de mesure (compteurs ou accélérateur). Il est donc impossible d'atteindre, pour ces époques, des précisions intéressantes avec le radiocarbone, et toute tentative d'interprétation des séries de datation, même en les multipliant, reste donc liée à une obligation de prudence quant à des conclusions trop rigoureuses, quant à une chronostratigraphie trop fine.

Toute la seconde partie du Mésolithique, de 8 500 à 6 500 av. J.-C., est une période favorable à l'emploi du radiocarbone sauf pendant quelques siècles autour de 8 200, 7 800 et 6 900 av. J.-C.

Par contre il s'est produit trois importantes fluctuations, une au début, une à la fin du Xe millénaire av. J.-C. et l'autre au premier tiers du IXe ; si bien que de 9 500 à 8 500 av. J.-C., deux plateaux limitent la précision des datations : on a la période défavorable la plus longue de toute la plage de temps couverte par le radiocarbone.

De plus, avant 9 500 av. J.-C., les données de la dendrochronologie sont encore fragmentaires et celles dues à l'uranium-thorium trop imprécises pour qu'on puisse avoir là aussi des plages étroites en dates corrigées.

CONCLUSION

Malgré l'existence de plus de mille datations, on voit donc que des synthèses amenant à ces conclusions chronologiques précises sont impossibles. Toutes les dates restent affectées d'une marge d'incertitude trop grande. Après correction, la situation reste identique pour la deuxième partie de la période considérée, c'est-à-dire après 8 500 av. J.-C. (environ 9 700 C14 BP) ; elle empire avant cette date-là : donc tout le Xe millénaire av. J.-C., soit la fin de l'Épipaléolithique ou le début du Mésolithique, ne peut être rigoureusement datée par le C14.

Des progrès seront sûrement réalisés dans la précision des mesures, ce qui améliorera encore la situation pour les périodes les plus récentes, mais il y a peu à espérer pour ce Xe millénaire av. J.-C., qui restera le plus mauvais millénaire de la période où l'on peut appliquer la méthode de datation par le C14.

BIBLIOGRAPHIE

AURENCHE (O.), ÉVIN (J.), GASCO (J.), Une séquence chronologique dans le Proche-Orient de 12 000 à 3 700 BC et sa relation avec les données du radiocarbone. *BAR International Series 379 (i)*, part. I, 1987, p. 21-31.

BINTZ (P.), ÉVIN (J.), Les datations radiométriques : les grottes Jean-Pierre I et II à Saint-Thibaud-de-Couz (Savoie). *Gallia Préhistoire*, t. 36, 1994, p. 9-14.

ÉVIN (J.), Les datations radiocarbone de l'abri Dufaure : les derniers chasseurs de rennes du monde pyrénéen. *Mémoire de la Société préhistorique française*, t. 22, 1995, p. 29-32.

ÉVIN (J.), FORTIN (P.), OBERLIN (C.), Calibration et modes de représentation des datations radiocarbone concernant le Néolithique de l'Est et du Sud-Est de la France. *Actes*, colloque d'Ambérieu-en-Bugey 1992 : « Chronologies néolithiques de 6 000 à 2 000 avant notre ère dans le bassin rhodanien », *Documents du Département d'Anthropologie de l'université de Genève*, 1992, p. 31-39.

SITUATION DES SQUELETTES DE LA CHAUSSÉE-TIRANCOURT (SOMME, FRANCE) ET DU BICHON (NEUCHÂTEL, SUISSE) DANS LE CADRE DES POPULATIONS ÉPIPALÉOLITHIQUES ET MÉSOLITHIQUES D'EUROPE : ANALYSE PRÉLIMINAIRE

SITUATION OF SKELETONS OF THE CHAUSSÉE-TIRANCOURT (SOMME, FRANCE) AND OF THE BICHON (NEUCHÂTEL, SUISSE) IN THE FRAMEWORK OF EUROPE EPIPALAEOLITHIC AND MESOLITHIC POPULATIONS : PRELIMINARY ANALYSIS

Frédérique Valentin, Helga Roth et Christian Simon

Résumé. – La variabilité morphologique des populations épipaléolithiques et mésolithiques d'Europe est appréciée ici d'un point de vue diachronique et synchronique. Les sujets du Petit-Marais de La Chaussée-Tirancourt (France) et du Bichon (Suisse) sont situés relativement à la variabilité des populations contemporaines. La méthode statistique utilisée est l'analyse en composantes principales appliquée aux échantillons masculins. Pour chaque groupe, les ellipses de probabilités à 80 % ont été calculées avec les composantes principales de l'ensemble des sujets de chaque groupe. Ce type de représentation semble le plus approprié pour visualiser la variabilité à l'intérieur de chaque population. Trois analyses ont été effectuées. Elles se rapportent au calvarium (7 groupes, 488 sujets), au squelette post-crânien (5 groupes, 158 sujets) et à une évaluation de la stature.

Les groupes du Mésolithique européen se caractérisent 1) par une faible variabilité faciale allant dans le sens de l'augmentation du nombre de sujets dont la face et les orbites sont plus étroits et le nez plus long, 2) par une forte variabilité de la longueur des os longs, 3) par une réduction de la stature selon un gradient géographique allant de l'Italie au Portugal. Il est, néanmoins, difficile de conclure quant à la position des sujets du Petit-Marais et du Bichon. En revanche, une hypothèse concernant le peuplement mésolithique européen peut être proposée : le groupe Sud, dont les groupes de l'Est et du Centre seraient issus, semble dériver du Paléolithique supérieur.

Mots clés : Épipaléolithique, Mésolithique, anthropologie, analyse en composantes principales.

Abstract. – The morphological variability of European Epipalaeolithic and Mesolithic populations is evaluated here from a diachronical and synchronical viewpoint, and the subjects from the Petit-Marais of the Chaussée-Tirancourt and from the Bichon cave are situated relatively to the variability of contemporaneous populations.

We used a classical statistical method, that is a principal component analysis based on male populations. We calculated 80 % probability ellipses with the principal components of all the subjects from each group. This type of representation seems to us to be the most appropriate for visualising the variability inside each population. We have made three analyses concerning the calvarium (488 subjets into seven groups) and the post-cranial skeleton (158 subjects into five groups) and an evaluation of the stature.

The European Mesolithic group is caracterised firstly by a low facial variability heading towards a rise in the number of subjects whose face and orbits are narrower and whose nose is longer, and secondly by a great variability in long bone length, accompanied by a decrease in height that follows a geographic gradient going from Italy to Portugal. As to the position of our two skeletons, it is difficult to conclude since there is a very strong individual variability in these ancient populations that explains our disinclination for formulating necessarily hazardous hypotheses.

However, we believe that it is possible to propose a hypothesis on the populating of Mesolithic Europe. According to our analyses, the southern group appears to derive directly from the Palaeolithic. We can also suppose that the Eastern and Central groups derive from the former.

To check this hypothesis, it is important to have at our disposal a larger data corpus and to revise seriously the problem of skeleton dating.

Key words : Epipalaeolithic, Mesolithic, anthropology, principal component analysis.

INTRODUCTION

La nouvelle découverte du squelette mésolithique du Petit-Marais (La Chaussée-Tirancourt, Somme, France) ainsi que la découverte du reste du squelette post-crânien azilien du Bichon (La Chaux-de-Fonds, Neuchâtel, Suisse) nous ont incités à les replacer parmi les populations épipaléolithiques et mésolithiques d'Europe.

CONTEXTE ARCHÉOLOGIQUE

Le vaste gisement de plein air du Petit-Marais de La Chaussée-Tirancourt (Somme, France) fouillé par T. Ducrocq et son équipe (Ducrocq *et al.*, 1991 ; Ducrocq, 1993) regroupe une grande diversité de vestiges et de structures révélant à la fois des activités domestiques et des activités funéraires. La fosse F4 a livré la presque totalité des ossements bien conservés d'un seul individu, inhumé en sépulture secondaire (Ducrocq *et al.*, 1996). La datation d'une portion de diaphyse fémorale de cet individu donne un âge de 9 020 ± 100 ans BP (GifA-92523).

Le squelette du Bichon (La Chaux-de-Fonds, Neuchâtel, Suisse), fouillé par R. Gigon et F. Gallay en 1959-1960 (Gigon, 1956) et plus récemment par Ph. Morel et M. Egloff en 1991-1992 (Morel, 1993), provient d'une grotte sur le flanc de la vallée du Doubs. C'est dans un étroit boyau que le squelette fut trouvé en connexion partielle et en relation étroite avec les os d'un ours brun. Les datations effectuées sur les os humains sont de 11 610 ± 110 BP (ETH-8774) sur le fémur et 11 760 ± 110 BP (ETH-8773) sur le tibia. Ces datations situent le squelette dans l'Épipaléolithique (Azilien).

BRÈVE DESCRIPTION MORPHOLOGIQUE DES DEUX FOSSILES

Le sujet découvert au Petit-Marais de La Chaussée-Tirancourt est un adulte mature de sexe masculin (Valentin, 1995). Son squelette est remarquable par :

– l'aspect robuste avec, entre autres, des crêtes sus-mastoïdiennes volumineuses et les grandes dimensions du crâne, long, haut et modérément large qui le rapprocheraient des sujets de Téviec et d'Hoëdic ;

– sa stature, évaluée à 169,6 cm par la méthode de Pearson, qui est élevée contrairement à celles estimées pour les autres sujets mésolithiques de France.

Le squelette du Bichon appartient à un jeune adulte (20-25 ans) de sexe masculin (Sauter, 1956). Il est caractérisé par un crâne d'aspect moins robuste que celui du Petit-Marais, avec cependant des insertions musculaires marquées (fortes crêtes sus-mastoïdiennes). Il montre des dimensions crâniennes grandes avec un crâne long, mais assez large et de faible hauteur. Sa face est assez large et ses orbites rectangulaires. La taille estimée par la méthode de Pearson est plutôt faible (163,7 cm), ce qui le situe parmi les plus petites statures du Paléolithique supérieur et de l'Épipaléolithique.

SITUATION DES DEUX FOSSILES DANS LES POPULATIONS DE L'ÉPIPALÉOLITHIQUE ET DU MÉSOLITHIQUE

La méthode statistique utilisée est l'analyse en composantes principales basée sur les populations masculines. Nous avons calculé ensuite des ellipses de probabilité à 80 % avec les composantes principales de l'ensemble des sujets de chaque groupe. Ce type de représen-

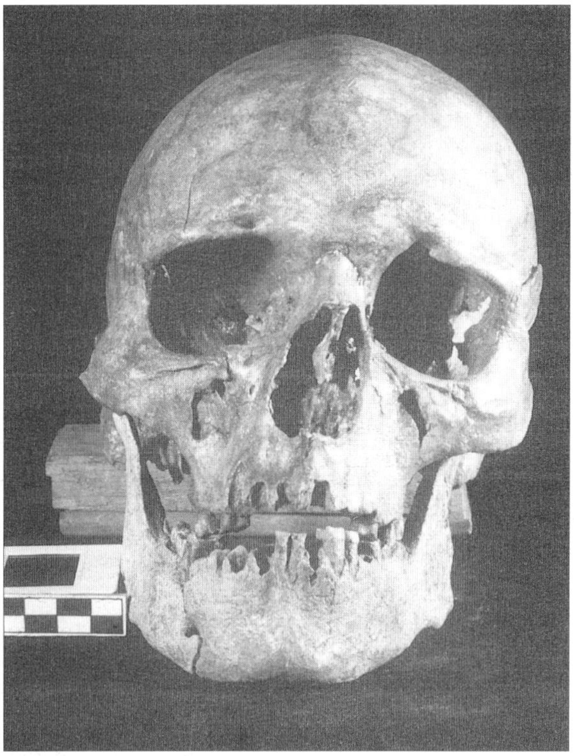

A

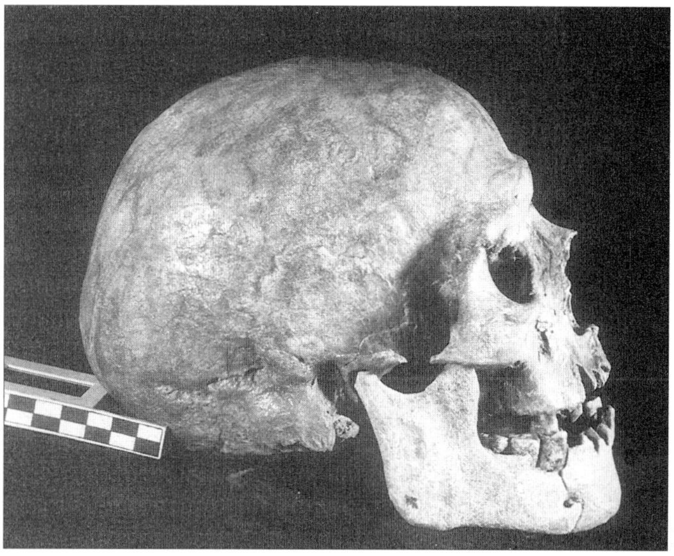

B

Figure 1. – Crâne du Petit-Marais de La Chaussée-Tirancourt, Somme, France (photo IPH, J-P. Kauffmann). A. *Norma facialis*, B. *Norma lateralis*.

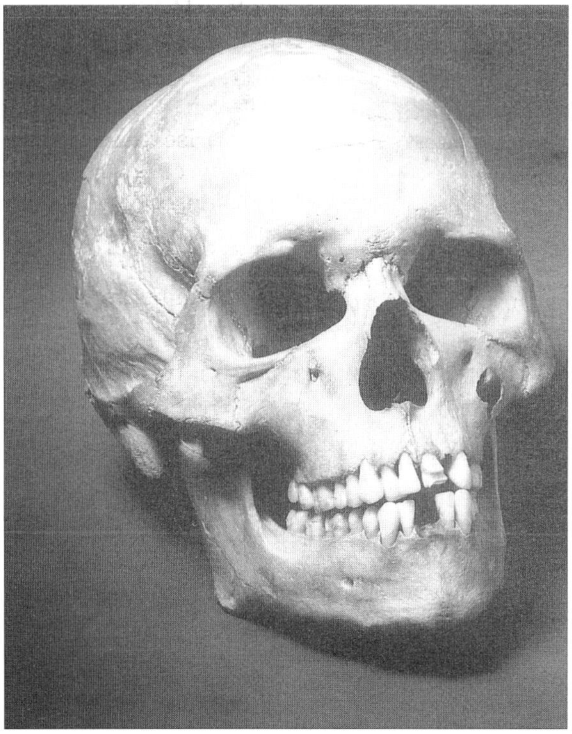

Figure 2. – Crâne du Bichon, La Chaux-de-Fonds, Neuchâtel, Suisse (photo Y. André, Neuchâtel). Vue latéro-faciale.

tation nous semble le plus approprié pour visualiser la variabilité à l'intérieur de chaque population. Nous avons effectué trois analyses sur le crâne, le squelette post-crânien et l'évaluation de la stature.

Analyse du crâne

Nous avons formé sept groupes géographiques et chronologiques : 1. Paléolithique (Paléolithique et Épipaléolithique d'Europe et du Proche-Orient) + le Bichon. 2. Mésolithique de l'Est (pays baltes, Ukraine et pays scandinaves). 3. Mésolithique du Centre (France, Allemagne, Autriche et Suisse) + Petit-Marais. 4. Mésolithique du Sud (Italie, Espagne, Portugal, Yougoslavie). 5. Mésolithique et Épipaléolithique d'Afrique du Nord. 6. Mésolithique du Proche-Orient. 7. Néolithique ancien (Rubané). Soient 488 sujets au total.

L'analyse en composantes principales (fig. 3) portant sur les dimensions du crâne et de la face met d'emblée en évidence que l'ellipse équiprobable (à 80 %) du groupe paléolithique présente deux particularités. Elle est étendue et allongée parallèlement à l'axe 1 qui exprime la variabilité de la face et elle contient, en grande partie, les ellipses des autres groupes étudiés : Mésolithique d'Europe, d'Afrique du Nord, du Proche-Orient et du Néolithique ancien (Rubané).

Dans ce contexte, le groupe mésolithique européen est caractérisé par une face moins variable que celle des sujets paléolithiques.

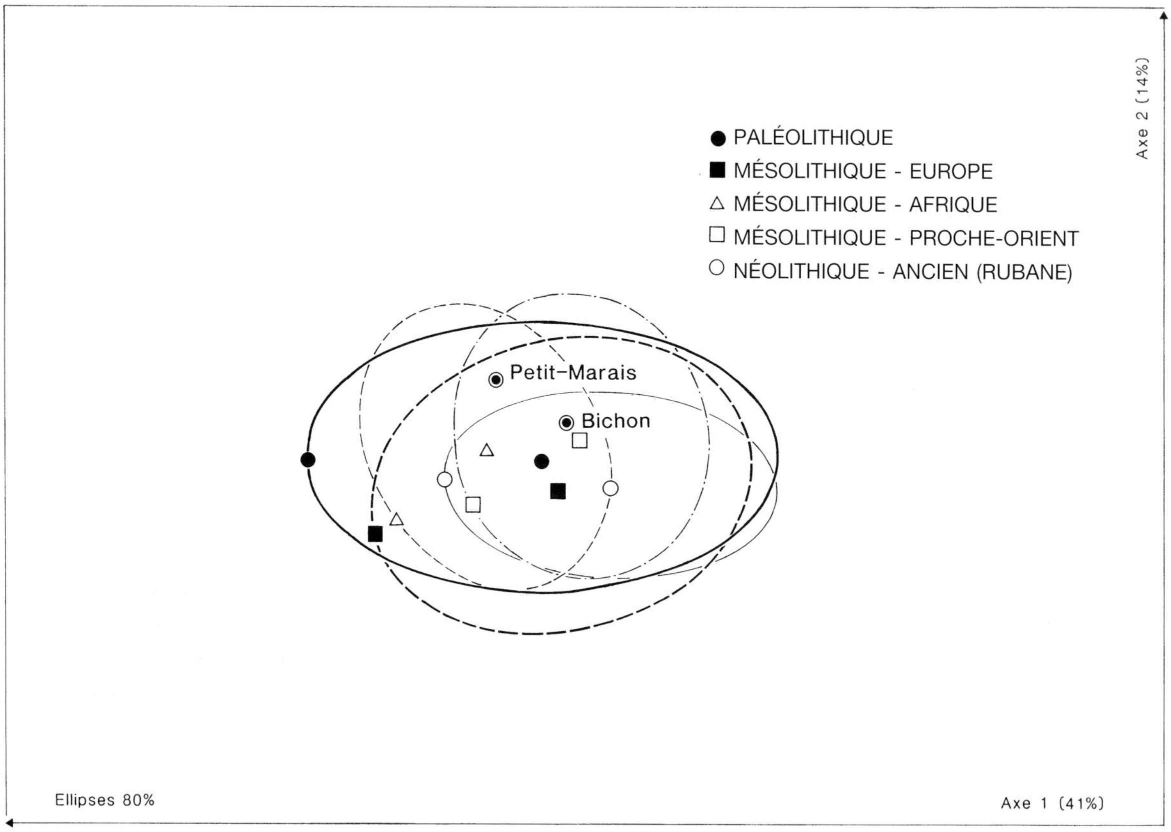

Figure 3. – Variabilité de la morphologie crânienne des populations du Mésolithique d'Europe comparativement à celles, d'une part de populations du Paléolithique et du Néolithique ancien, et d'autre part de populations épipaléolithiques et mésolithiques d'Afrique du Nord et du Proche-Orient, et situation des crânes du Petit-Marais et du Bichon. Analyse en composantes principales basée sur 5 variables crâniennes (M1, M8, M9, M10, M20) et 6 variables faciales (M45, M48, M51, M52, M54, M55) et 488 sujets. Les ellipses de probabilité englobent 80 % des individus (dessin Y. Reymond).

Cette dernière tend à être plus étroite avec des orbites plus étroites et un nez plus long. Le groupe du Néolithique ancien, dont la variabilité est plus faible, présente une face encore plus réduite.

Comparativement aux populations épipaléolithiques et mésolithiques d'Afrique du Nord et du Proche-Orient, les sujets du Mésolithique européen montrent une variabilité faciale semblable. En revanche, exprimée par l'axe 2, la présence d'individus dont le crâne est plus étroit avec un frontal plus étroit et des orbites plus hautes, singularise ce dernier groupe. Remarquons aussi que, par rapport aux sujets paléolithiques, le groupe africain du Nord offre une face plus large que celle du groupe Proche-Orient.

Le découpage du groupe mésolithique d'Europe en trois grandes unités géographiques (Est, Centre et Sud) permet d'affiner l'analyse. La figure 4 montre que la variabilité morphologique observée au sein de ce groupe dépend à la fois des caractéristiques du groupe Est et de celles du groupe Centre. D'un autre côté, l'ellipse représentant le groupe Sud a la même forme et est incluse dans celle symbolisant le groupe paléolithique.

Les sujets dont le crâne et le frontal sont étroits et les orbites hautes, déjà signalés dans la figure 1, appartiennent au groupe Est qui est en majorité composé d'individus provenant d'Ukraine et des pays baltes. Par ailleurs, le groupe Centre se caractérise par un élargissement du crâne cérébral et du frontal, et des orbites plutôt basses.

Le crâne du Petit-Marais se situe en limite de l'ellipse de ce groupe pour se rapprocher des Mésolithiques du Sud et des

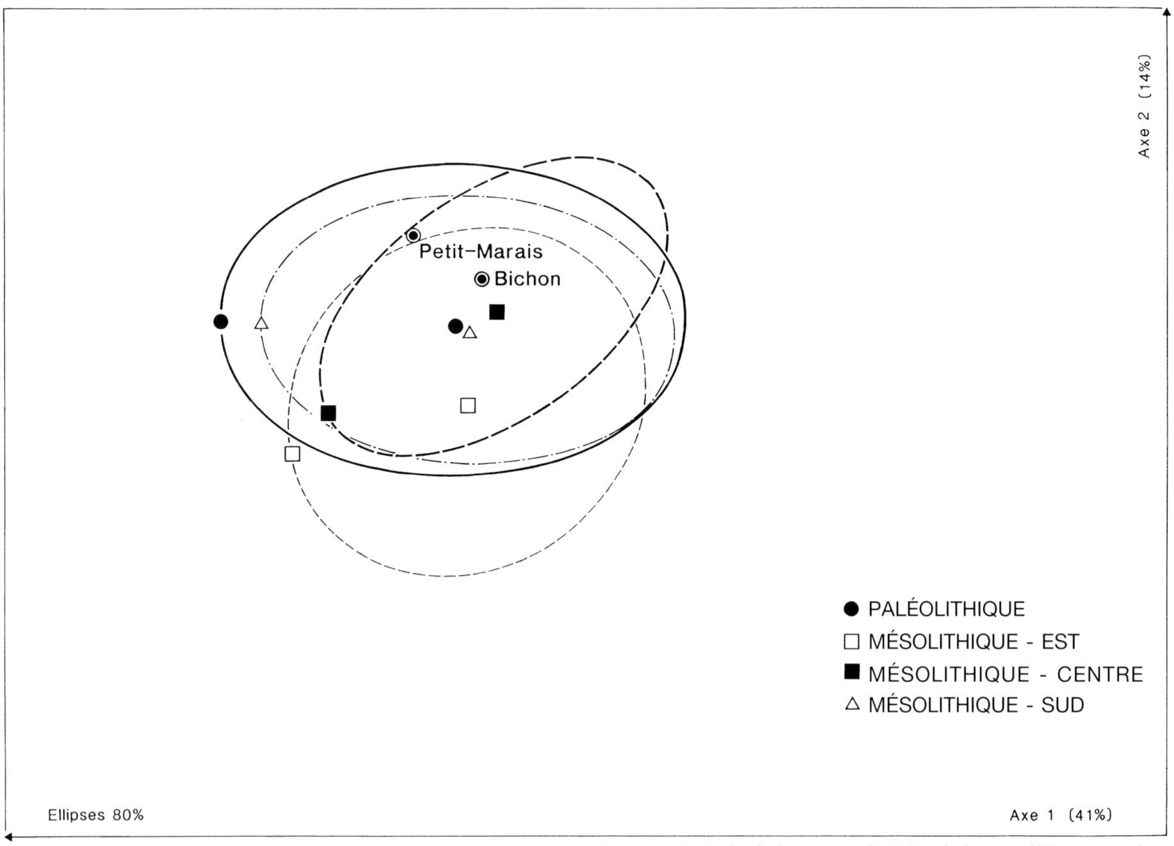

Figure 4. – Variabilité de la morphologie crânienne des populations du Paléolithique et du Mésolithique d'Europe selon un découpage géographique Nord-Sud, et situation des crânes du Petit-Marais et du Bichon. Analyse en composantes principales basée sur 5 variables crâniennes (M1, M8, M9, M10, M20) et 6 variables faciales (M45, M48, M51, M52, M54, M55) et 488 sujets. Les ellipses de probabilité englobent 80 % des individus (dessin Y. Reymond).

sujets du Paléolithique. En revanche, le crâne du Bichon, compris dans le groupe paléolithique, est proche des centroïdes de tous les groupes, c'est-à-dire que ses dimensions sont moyennes par rapport à l'ensemble des groupes.

Squelette post-crânien

L'analyse du squelette post-crânien comporte cinq groupes : 1. Paléolithique (Paléolithique et Épipaléolithique de l'Europe et du Proche-Orient) + le Bichon. 2. Mésolithique du Portugal. 3. Mésolithique d'Italie et de Yougoslavie. 4. Mésolithique de France et de Suisse + Petit-Marais. 5. Mésolithique et Épipaléolithique d'Afrique du Nord, comptant 158 sujets en tout.

La figure 5 montre une variabilité beaucoup plus étendue chez les sujets mésolithiques que chez ceux du Paléolithique. Les ellipses des populations mésolithiques sont orientées suivant l'axe 1 qui traduit la variation de la stature. L'axe 2 par contre indique une variation de la robustesse (diamètres, périmètres). Le groupe Paléolithique montre surtout une grande variabilité de la robustesse, plus importante qu'au Mésolithique.

Le groupe Italie-Yougoslavie est formé des sujets les plus grands de la série mésolithique analysée, alors que les groupes France-Suisse et Portugal se composent en majorité de sujets de petite taille. Le groupe du Portugal, représenté par une ellipse de surface réduite, est très homogène, sans doute parce qu'il correspond à un site uniquement. Par ailleurs, le groupe d'Afrique du Nord est celui qui se

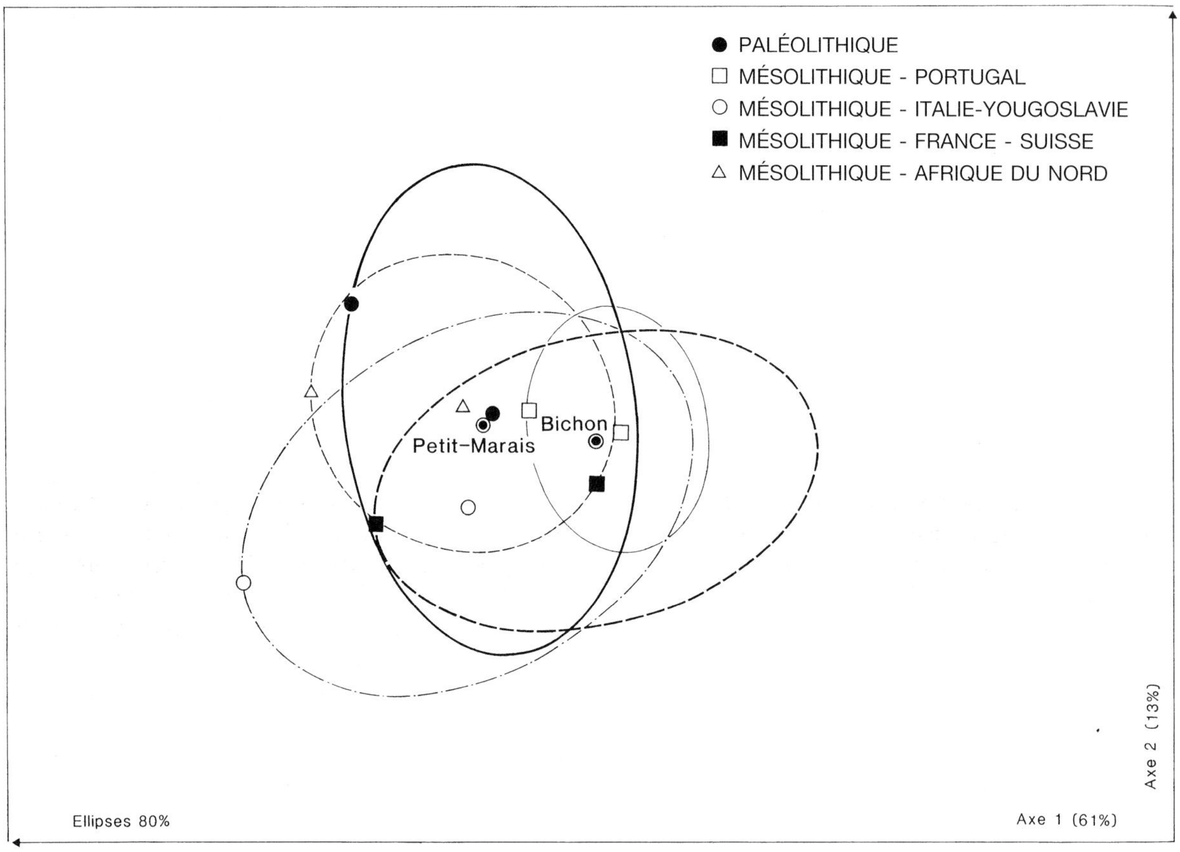

Figure 5. – Variabilité de la morphologie du squelette post-crânien des populations du Mésolithique d'Europe selon un découpage régional comparativement à celui du Paléolithique, et situation des sujets du Petit-Marais et du Bichon. Analyse en composantes principales basée sur 10 variables post-crâniennes (Humérus ; M1, M5, M6, Ulna ; M1, Fémur ; M1, M9, M10, Tibia ; M1, M8, M9) et 158 sujets. Les ellipses de probabilité englobent 80 % des individus (dessin Y. Reymond).

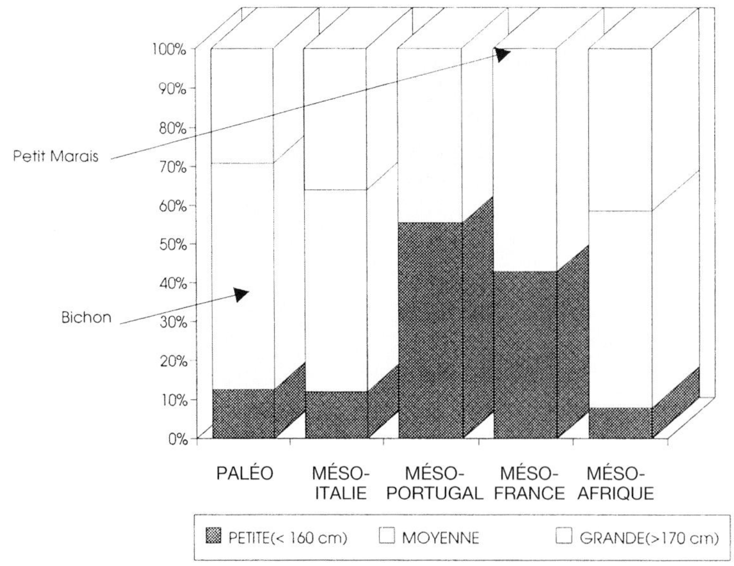

Figure 6. – Histogramme cumulé des statures (méthode de Pearson) réparties en classes des populations du Mésolithique d'Europe selon un découpage régional, ainsi que celles du Paléolithique, de l'Épipaléolithique et du Mésolithique d'Afrique du Nord.

rapproche le plus du Paléolithique avec des individus de grande taille et de robustesse modérée. Le sujet du Bichon, petit et moyennement robuste, est proche des centroïdes des sujets portugais alors que le sujet du Petit-Marais se trouve à proximité de ceux d'Afrique du Nord et du Paléolithique, indiquant une morphologie semblable à celle de ces populations.

La figure 6 présente un histogramme cumulé des statures calculées par la méthode de Pearson et réparties selon la classification de Martin, qui permet de visualiser ces résultats.

CONCLUSION

Les groupes du Mésolithique européen se caractérisent d'une part par une faible variabilité faciale allant dans le sens de l'augmentation du nombre de sujets dont la face et les orbites sont plus étroites et le nez plus long, et d'autre part par une forte variabilité de la longueur des os longs. On note une réduction de la stature selon un gradient géographique allant de l'Italie vers le Portugal. Quant à la position de nos deux squelettes, il est difficile de conclure car il existe une très forte variabilité individuelle. Par ailleurs, il est difficile de mettre en relation données crâniennes et post-crâniennes car elles ne portent pas sur les mêmes échantillons.

Il nous semble néanmoins possible de proposer une hypothèse sur le peuplement mésolithique de l'Europe. Ainsi sur la base de nos analyses, le groupe du Sud semble dériver directement du Paléolithique supérieur et il paraît possible de supposer que les groupes de l'Est et du Centre en seraient issus. Pour conforter cette hypothèse, il est important de disposer d'un corpus de données plus large et de reprendre assez sérieusement le problème des datations des squelettes.

BIBLIOGRAPHIE

DUCROCQ (T.), Fouille d'un important gisement mésolithique au Petit-Marais de La Chaussée-Tirancourt (Somme, France). *Notae Praehistoricae* 12, 1993, p. 65-72.

DUCROCQ (T.), BRIDAULT (A.), MUNAUT (A. V.), Un gisement mésolithique exceptionnel dans le Nord de la France : le Petit-Marais de La Chaussée-Tirancourt. *Bulletin de la Société préhistorique française*, t. 9, 1991, p. 272-275.

DUCROCQ (T.), LE GOFF (I.), VALENTIN (F.), La sépulture secondaire mésolithique de La Chaussée-Tirancourt (Somme). *Bulletin de la Société préhistorique française*, t. 93, n° 2, 1996, p. 211-216.

GIGON (R.), La grotte préhistorique du Bichon (La Chaux-de-Fonds, Neuchâtel). *Archives suisses d'anthropologie générale* 21, 1956, p. 97-111.

MOREL (P.), Une chasse à l'ours il y a 12 000 ans : nouvelle découverte à la grotte du Bichon (La Chaux-de-Fonds). *Archéologie suisse* 16, 1, 1993, p. 110-117.

SAUTER (M. R.), Le squelette préhistorique de la grotte du Bichon (Côtes-du-Doubs, La Chaux-de-Fonds, Neuchâtel). Caractères cranio-faciaux. *Archives des Sciences (Genève)* 9, 3, 1956, p. 330-335.

VALENTIN (F.), Le squelette mésolithique du Petit-Marais de La Chaussée-Tirancourt (Somme, France). *C.R. Académie des Sciences de Paris* 321, série 2a, 1995.

LE MODE DE VIE AU MÉSOLITHIQUE
THE MESOLITHIC WAY OF LIFE

Jean-Georges Rozoy

Résumé. – Arc et flèche déterminent technique (du silex, de la chasse) et mode de vie. Chasse des plus grands animaux du milieu, les coquilles sont un appoint gustatif. Petites bandes (2 ou 3 familles nucléaires, donc exogamie), groupées en tribus dialectales (1 000 à 3 000 personnes sur 10 000 à 30 000 km^2), endogames à 80 %, occupant l'espace en entier. Population 5 fois plus nombreuse qu'au Magdalénien. Organisation sociale au niveau de la bande. Frontières perméables entre les cultures. Sépultures dans les habitats, cimetières au stade récent. Type physique dérivé du Cro-Magnon, en voie de brachycéphalisation. Psychisme en fort progrès (abstraction). Individualisme basé sur la famille nucléaire qui est encore la base de la société.

Mots clés : abstraction, arc et flèche, nomadisme culturel, famille nucléaire, démographie.

Abstract. – Bow and arrow, after being invented again, and used largely, determined changes in technique and in the way of life. The biggest animals in the environment were hunted, without exclusive specialization. Shells were nothing else than extra-titbits. Small bands (10 to 15 persons, 2 or 3 nuclear families, exogamy then), grouped into dialectid tribes (1,000 to 3,000 persons on 10,000 to 30,000 km^2), endogamous up to 80 %, occupying the ground entirely for the first time. Population 5 times more numerous than during the Magdalenian, the main difference being total and equal occupation of the ground : one site every 5 or 6 km^2. One half of the people could live until 60. Cultural nomadism : short time open-air sites, with people frequently coming back. Very small division of labour. Individual murders attested, but no sign of any real wars nor domination. Social organization at band-level. Loose limits between cultures, allowing quick circulation of inventions. Isolated burials in dwelling sites. Ochre used. Cemeteries at the recent stage (it was something new, then). Homogeneous physical type, derived from Cro-Magnon, on the way towards brachycephalisation. Art and ideology have become abstract, they were centred on human world, dominating animals ; motherhood puzzles have disappeared, there were scenes. Ornaments with binary composition, showing dichotomic conception of the world. Strong progress of psychism, bound to that of brain. Individualism based on the nuclear family, which is still the basis of society.

Key words : abstraction, bow and arrow, cultural nomadism, nuclear family, demography.

LES MODES DE CHASSE

La chasse est l'activité essentielle de l'humanité avant le Néolithique, surtout dans nos régions où l'appoint alimentaire des végétaux est minime et saisonnier. Elle détermine une grande part des outils et influence très fortement l'organisation sociale et l'idéologie. L'arc et la flèche sont au Mésolithique le moyen principal et presque unique de subsistance (Rozoy, 1978, chap. XXI). Leur grande efficacité (Fischer, 1989) et leur généralisation ont entraîné dans la vie des chasseurs des changements considérables et font du Mésolithique une période autonome, décisive dans notre évolution culturelle (Rozoy, 1989, 1993).

La microlithisation des armatures est la conséquence de l'invention de l'arc : au lieu des pointes en os ou en bois de renne de 15 à 30 g, adaptées à des sagaies de 200 ou 300 g, il faut sur une flèche de 20 g, qui vole à 100 km/h, des armatures de 0,5 à 2 g, vite taillées, vite montées, très performantes (Rozoy, 1992c). Il faut aussi redresser et lisser les hampes des flèches. La panoplie des outils change du tout au tout : plus besoin de burins (1 ou 2 % au lieu de 30 à 50 %) ni de grandes lames de silex pour les grattoirs, mais des lamelles plus fines pour y couper des armatures ; le débitage change en proportion

(Fagnart, 1993). On sait débiter sans préparation compliquée (Walczak, 1995). On fait des grattoirs plus courts, très probablement emmanchés. La plupart des groupes utilisent des éclats retouchés n'importe où, sans forme définie.

La transition prendra 500 à 1 000 ans. On fera d'abord les pointes à la mode paléolithique du bord abattu, en contournant le bout de la lamelle, d'où une seule classe d'armatures, mais avec quantité de variantes : Aziliens (du Périgord, des Pyrénées) et Aziloïdes de toute l'Europe (Tjongérien, Creswellien évolué, cultures à Federmesser). Puis on évitera de couper la lamelle, en franchissant les arêtes, d'où la pointe à troncature oblique, qui remplace les pointes à dos, et de multiples combinaisons : géométriques (triangles isocèles, puis scalènes, segments de cercle, plus tard trapèzes) ou non : pointes de Sauveterre, pointes du Tardenois et leurs variantes, feuilles de gui dans le Nord, armatures à éperon dans l'Ouest, flèches de Montclus et du Châtelet dans la moitié sud de la France. Ces variantes infinies sont des modes locales pour le même emploi, nous permettant de distinguer les cultures régionales. Il y aura désormais partout au moins deux classes d'armatures en usage à la fois, et plus souvent trois ou quatre (Rozoy, 1992d), témoins d'une plus grande diversification des flèches. En Europe du Nord, on utilisera longtemps des pointes barbelées en bois de cerf, taillées au burin, à côté des armatures de silex (Verhart, 1990). Vers 7 800 BP (non calibré) se répand une invention (que nous ne savons pas préciser) dans la technique de l'arc et de la flèche, qui entraîne la fabrication de trapèzes typiques et de lames plus régulières, du style de Montbani.

Les tactiques de chasse laissent peu de traces. L'approche est attestée, au Préboréal et au Boréal, par des masques découpés dans des têtes de cerfs (Clark, 1954 ; Gramsch, 1973). L'arc y est un avantage manifeste, par sa précision et par l'absence de mouvement effrayant les bêtes. Des bâtons de jet ont été trouvés dans les tourbes nordiques. La combinaison de l'embuscade et du rabattage, probablement la technique de base, est figurée sur les peintures du Levant espagnol (fig. 1). Des pièges sont attestés, non pas des fosses, jamais constatées, mais des pièges à ressort (Vis, Bourov, 1973, 1990). Des filets ont été trouvés

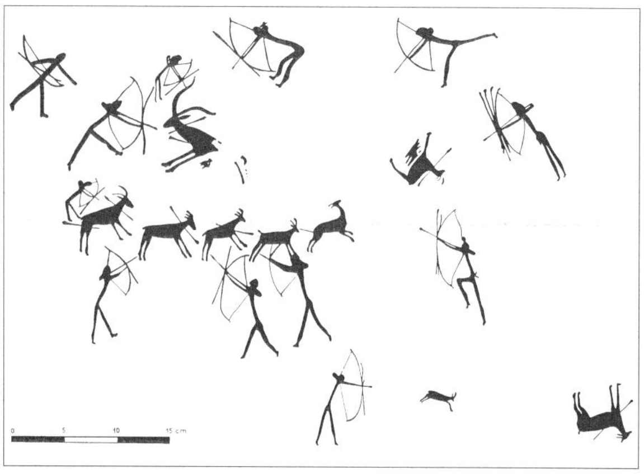

Figure 1. – Chasse au cerf, Levant espagnol. Cueva de los Caballos (Valtorta), d'après Obermaier et Wernert 1919. Comme à Araña, c'est le massacre de toute une harde. Il n'y aurait rien d'étonnant à ce qu'un chasseur reçoive une flèche dans la poitrine, comme le sujet K5 de Téviec (mais celui-ci en avait reçu une aussi dans le dos...).

dans la tourbe (Gramsch, 1989), ils ont pu servir pour le poisson, mais aussi pour des mammifères. La présence d'os de petits oiseaux fait conclure à leur piégeage (lacets, filets...). La pêche est difficile à mettre en évidence. Les restes de poisson (saumons, truites) abondent dans quelques sites au bord de rivières moyennes, mais la répartition d'ensemble des gisements n'est pas orientée sur l'eau. Des pagaies attestent la navigation fluviale, mais les poissons trouvés dans les sites près de la mer sont ceux que l'on peut prendre du rivage. La grande dispersion des sites, plus réduits qu'au Magdalénien, fait conclure après les Aziloïdes à l'abandon des systèmes logistiques en faveur d'une mobilité résidentielle (Rozoy, 1995f).

ÉQUILIBRE ÉCOLOGIQUE

Les animaux présents étaient bien plus nombreux qu'au Magdalénien. Au lieu de 5 rennes au km^2 (200 à 400 kg de viande) il y a 4 à 8 cerfs (420 à 840 kg de viande), plus 2 sangliers (120 kg) et 10 chevreuils (130 kg). L'aurochs était peut-être plus abondant dans un climat plus doux. Élan, cerf géant, bison d'Europe remplaçaient avantageusement le cheval. Dans un rayon de deux heures de marche (10 km), il y avait autour d'un groupe d'archers 1 200 cerfs (sur l'effectif minimal de 4 au km^2), 600 sangliers et 3 000 chevreuils. Cela aurait permis une vie sédentaire, en ne tuant chaque année que 15 à 20 % des bêtes, taux limite pour permettre la survie des espèces (Rozoy, 1978, chap. XXI).

Les proportions de viandes des différents gibiers, d'après les nombres de restes osseux trouvés dans les couches, sont au mieux estimées en poids, sur une moyenne de 60 % de viande par bête abattue. Les archers ont chassé les plus grands animaux du milieu : aurochs, cheval dans les époques ou les zones pas trop boisées, mais on trouve encore de l'aurochs au Boréal dans la Somme (Ducrocq, 1995) et dans l'Ardenne (Cordy, 1976). Renne et cerf géant à Remouchamps (Dewez, 1974a), bouquetin (en montagne), cerf et sanglier ensuite dans la généralité des cas : le sanglier domine au Préboréal et au Boréal (forêt claire), le cerf à l'Atlantique (forêt plus fermée) ; cela correspond à la fréquence des espèces (Barrière, 1973-1974 ; Rozoy, 1978). Le chevreuil, trop petit, a été très peu utilisé. Castor, loutre, lapin et tous animaux petits n'ont été que des appoints gustatifs, comme les coquillages de mer, qui ne peuvent fournir plus de 3 % des calories nécessaires (Peterssen, 1922 ; Rozoy, 1978, p. 1035), ou les escargots. Martre, blaireau, putois, loup, renard, lynx sont chassés pour leur fourrure. Ours dans un seul site connu (Bandi, 1963 ; Rozoy, 1978). Nos archers chassent de grands herbivores, sans crainte des plus dangereux (aurochs). Si l'on ne compte que 20 % de viande par bête (la bonne viande à rôtir), la place des petits animaux (lapin compris) reste minime. L'homme est alors un prédateur parmi les autres, ne prélevant pas beaucoup plus que le loup : 5 à 7 % des animaux chassés. Aucune espèce n'a été exterminée, ils n'avaient pas même à s'en préoccuper. La diversification des sources de

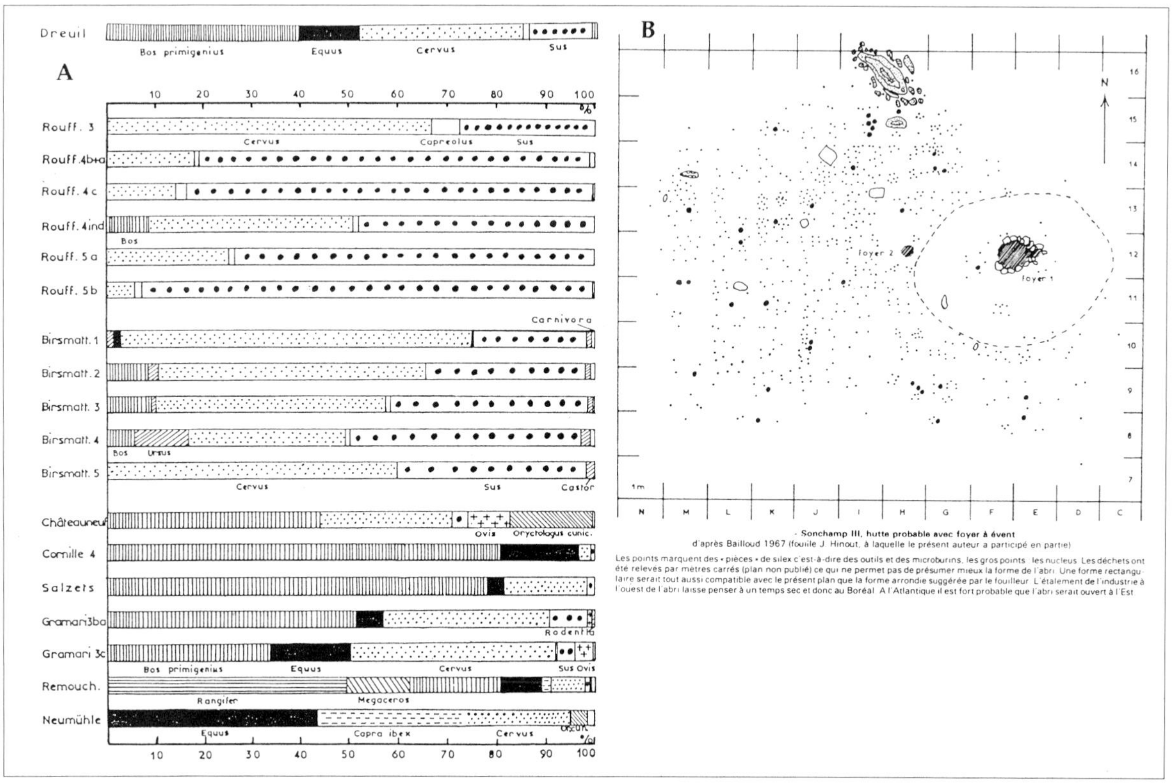

Figure 2. – A. Proportions de viandes consommées par les archers. Toujours au moins deux sources de viande, souvent plus. À Birsmatten comme à Rouffignac, balancement entre le cerf et le sanglier. Mais l'aurochs intervient aussi bien dans le Midi qu'au Nord. La place des petits animaux est faible, celle des coquilles est trop minime pour être figurée.

B. La cabane de Sonchamp III (fouilles J. Hinout). Il est difficile de dire si cette cabane était ovale ou rectangulaire, en tout cas elle était petite. L'étalement de l'industrie à l'ouest laisse penser à un temps sec et donc au Boréal, ce qui concorde avec la typologie des outils (stade moyen). À l'Atlantique, plus mouillé, l'abri serait probablement ouvert à l'Est.

viande est systématique : toujours au moins deux sources principales, souvent trois ou quatre, donc aucune orientation vers un seul animal, aucun prélude à la domestication (fig. 2A). Le choix est beaucoup plus varié qu'au Paléolithique supérieur où le renne (parfois le cheval) fournit souvent 80 ou 90 % de la viande, dans une steppe froide avec des animaux très divers. « Une économie d'abondance relative » (Bridault, 1994).

La place de la pêche est mal connue. Il y a des restes de saumon et de truite (les plus visibles) dans des sites de bord de rivière, qui ne sont pas les plus nombreux, et ont fourni aussi cerf et sanglier. À Montclus (Escalon, 1966 ; Rozoy, 1978), l'industrie du silex est normale, donc faible degré de spécialisation (mais à Lautereck, Taute 1966, l'industrie est spéciale). La pêche a pu (Lee, 1968) fournir entre 25 et 75 % des ressources, les données plaident plus pour 25 % que pour 75 %.

Les végétaux, dans nos climats, sont marginaux dans l'alimentation avant la culture. 400 espèces sont comestibles, la plupart très peu énergétiques, et toutes trop saisonnières pour compter. Les noisettes sont souvent trouvées (mais ce sont les cachettes des écureuils), les noix d'eau aux Pays-Bas, et quelques graines récoltées (sans culture) dans le Midi (Vaquer et Barbaza, 1987). La récolte du miel est attestée par les peintures du Levant espagnol. Les végétaux n'apportent pas plus de 5 % des calories nécessaires. L'influence humaine sur la végétation a été très faible : quelques incendies accidentels, mais pas de défrichement systématique ni maintenu, pas de début de passage à la culture, au total l'influence est minime.

LA VIE EN PETITS GROUPES

Les archers ont vécu dans les sites les plus divers, plus qu'à toute autre époque ou culture. Leurs traces sont dans tous les environnements, mais un peu plus souvent loin de l'eau et en hauteur (Kwamme et Jochim, 1989), en plein air surtout ; les abris et les entrées de grottes donnent des stratigraphies. Les vrais sites de rivages ont été détruits par la remontée de la mer, les amas de coquilles des côtes actuelles attestent la fréquentation des plages voisines. Ces hommes des bois ont vécu également sur tous les terrains, d'ailleurs les sous-sols différents portent, sauf cas extrêmes, des forêts très analogues et surtout les mêmes espèces animales. Le terrain était occupé en entier, pour la première fois dans l'aventure humaine, car les Paléolithiques se cantonnaient dans quelques biotopes favorables (Rozoy, 1992b, 1995c).

Les gisements sont plus petits qu'au Paléolithique. Les grands sites (50 m et plus) sont des coalescences de sites moyens ou petits. La forme ovale des concentrations de silex (Rozoy et Slachmuylder, 1990 ; Rozoy, 1995d) évoque pour ces campements une structuration assez élaborée. Beaucoup de sites moyens comportent plusieurs foyers ou/et plusieurs niveaux et résultent de campements successifs des mêmes archers revenant périodiquement utiliser la même clairière (Parent, 1971, 1972, 1973 ; Rozoy, 1978, p. 461-477). Les traces de cabanes dépassent rarement 10 m^2 (fig. 2B) et ne sont jamais groupées, de nombreux abris naturels très petits ont été utilisés. Les groupes élémentaires auraient donc rarement dépassé 10 à 15 personnes – soit 2 ou 3 familles nucléaires (voir 4 pour les effectifs de population).

Les structures observées dans les sites sont peu spectaculaires : de très vagues traces de tentes ou de cabanes (Blankholm, 1981 ; Escalon, 1966 ; Rozoy, 1978, p. 295), dont on ne peut dire si elles sont rondes ou rectangulaires. Les foyers sont rarement construits avec des pierres, le plus souvent de simples traces charbonneuses à même le sol. Leur multiplicité dans un même site laisse hésiter entre des passages successifs et des activités diverses. Il y a dans les sites sableux quelques fosses dont la destination demeure inconnue à cause de la percolation. À l'Allée Tortue (Rozoy et Slachmuylder, 1990), il y a des amas de meulière élevés sur certaines fosses, ce sont peut-être des monuments funéraires analogues à ceux de Téviec et Hoédic. Deux sites ont fourni des bucrânes d'aurochs enterrés.

La durée d'occupation des sites est difficile à préciser : « 10 personnes pendant trois mois ou 20 personnes pendant six semaines ? » (adapté de Bordes, 1972). Sous les abris, on trouve une centaine d'outils par siècle. Ce sont des passages répétés (un jour ou deux, sinon il y aurait des structures), mais on y a fait les mêmes activités peu spécialisées qu'en plein air (les compositions des outillages sont les mêmes). La vie normale était celle du camp de plein air, qui pour laisser plusieurs centaines d'outils a dû durer quelques mois. En une seule fois ? Peu probable à cause de la multiplicité des foyers. Nous n'avons pas d'indices sérieux d'activités spécialisées ni même saisonnières.

Le nomadisme était purement culturel : ils revenaient aux mêmes points dans des lieux bien connus qui portaient certainement des noms, ils campaient au même endroit du site où ils avaient leurs habitudes, peut-être leurs traditions et leurs légendes. Ils auraient pu vivre sédentaires, disposant dans le rayon de deux heures de marche de 160 tonnes de viande, dont 30 abattables sans raréfier le gibier (plus les petits animaux et le poisson, voir 2), alors que 20 personnes n'en consomment que 9 tonnes par an. Même en tenant compte du gaspillage, 2 ou 3 camps de base auraient suffi, qui auraient laissé des traces bien plus fortes que ce que nous trouvons. Comme la plupart des peuples chasseurs subactuels (Constandse-Westermann, 1995), les archers mésolithiques ont déménagé beaucoup plus souvent, sans nécessité économique : c'est un état d'esprit.

LA POPULATION A BEAUCOUP AUGMENTÉ

La capacité nutritive maximale du territoire est, pour estimer le nombre d'habitants, le seul mode de calcul acceptable (très approximatif). Les animaux consommés sont 4 cerfs (minimum) et 2 sangliers au km^2. On peut tuer sans risque de disparition un animal sur six, qui fournit 60 % de viande. Les besoins moyens sont de 2 500 calories par personne et par jour, soit 1,2 kg de viande. La population effective ne suit que de loin la capacité nutritive théorique. En tenant compte aussi de la pêche et du gaspillage, 30 000 à 70 000 rations sont réellement disponibles en France : 50 000 habitants en France à l'Atlantique, peut-être moitié plus au Boréal (Rozoy, 1978, p. 1064-1066). C'est juste un ordre de grandeur, mais un abîme nous sépare des chasseurs mésolithiques : l'agglomération de Périgueux répartie sur toute la France, 500 personnes par département, soit 25 à 50 groupes de 10 à 20 personnes (enfants compris), ou encore deux groupes de 15 personnes par canton.

Les gisements sont beaucoup plus nombreux qu'au Paléolithique, dans un rapport énorme qui compense très largement leur petite taille. La population dépasse très fortement celle du Magdalénien, culture la plus abondante de tout le Paléolithique. Recensements et prospections (Kwamme et Jochim, 1989 ; Rahir, 1903 ; Fagnart, 1993) montrent un site mésolithique pour 5 à 6 km^2. Après divers correctifs (Rozoy, 1992c), l'augmentation des populations totales par rapport au Magdalénien atteint quatre à cinq fois plus pour le Boréal ou l'Atlantique, avant la néolithisation. Le Périgord est la seule région où les populations du Magdalénien supérieur avaient atteint une densité comparable à celle du Mésolithique. La différence entre le Magdalénien et le Mésolithique est essentiellement dans l'occupation totale du terrain, il n'y a plus au Mésolithique ces immenses espaces vides entre les groupes (Bordes, 1968, p. 235), chaque groupe régional (tribu, probablement) a des voisins qu'il connaît et fréquente. En témoigne la très rapide diffusion à travers toute l'Europe des grandes inventions, comme localement celle des petites particularités typologiques qui permettent de sentir au niveau des frontières interculturelles des influences réciproques.

La composition des groupes élémentaires est indiquée par les nécropoles, qui n'existent qu'aux stades récent et final à trapèzes. La moitié de la population vivait jusqu'à 60 ans (Masset, 1974). Une bande pouvait comprendre 2 personnes de ± 60 ans, 3 autour de 45 ans, 3 autour de 30 ans, 4 autour de 15 ans et 6 enfants, soit un enfant sur 3 (proportion constatée à Téviec et Hoédic). Ces bandes étaient exogames, par manque de possibilités objectives dans le groupe. On a souvent postulé des réunions des bandes laissant des « sites d'agglomération » pour lesquels les « grands » sites seraient des candidats évidents... s'ils ne se composaient de multiples sites moyens ou même petits dont la contemporanéité n'est aucunement assurée. Nous n'avons actuellement en France aucun signe objectif de telles pratiques, qui sont cependant vraisemblables.

Les cultures régionales, couvrant 10 000 à 30 000 km^2 (fig. 3A), montrent une constante stabilité d'outillage (Rozoy, 1991b, 1994). Par la parure, Newell *et al.* (1990) retrouvent des surfaces analogues. Cette mosaïque spatiale (Rozoy, 1992a, 1995e) est certainement le reflet des unités sociales, probablement fondées sur une endogamie (à 80 %) et une communauté de langage. Ces groupes régionaux comptaient de 1 000 à 3 000 personnes, au-delà il y avait subdivision en deux cultures-filles, c'est le cas au stade moyen pour le Tardenoisien de part et d'autre de la Seine. Les cultures correspondaient à des « tribus » de chasseurs, mais sans aucun signe de centres de décision plus importants ou plus riches comme il y en a dans les tribus de producteurs. L'organisation était certainement au niveau de la bande (Service, 1971) et non à celui de la « tribu » (Constandse-Westermann et Newell, 1989 ; Newell, 1995a, 1995b). Il s'agit donc plutôt de *peuples* qui n'ont guère d'équivalents actuels.

SOCIOLOGIE, RAPPORTS INTERCULTURELS

La division du travail n'a pas laissé de traces perceptibles. Les archers ont sûrement harponné le saumon lors de sa migration, mangé des champignons et des noisettes à l'automne, etc., mais nous ne trouvons aucun site spécialisé à ces fins, avec des outillages particuliers. Les détails typologiques sont toujours groupés géographiquement, avec des spécificités de style excluant l'interprétation par des déplacements saisonniers des mêmes chasseurs allant d'une région à l'autre : ils changeraient peut-être d'outillage, mais non de style. De la division du travail entre les sexes, générale chez les peuples chasseurs subactuels, le seul témoignage indirect est l'absence totale de femmes et d'enfants dans les sépultures en grottes ou abris. Les grottes semblent n'avoir été utilisées que très brièvement lors d'expéditions de chasse, elles fournissent les mêmes outils que les sites de plein air, donc faible spécialisation du travail entre les sexes.

Le régime matrimonial n'a pas laissé de traces positives. La petite dimension des abris et des campements évoque de petits groupes de 10 à 20 personnes qui pouvaient comprendre deux ou trois générations. Il est très probable que la famille nucléaire ait été la base de la société (un couple et ses enfants). Dans un tel groupe il n'y a place que pour deux ou trois familles, et l'exogamie est certaine, faute de choix. La proscription de l'inceste, si générale, est aussi à présumer, et l'unité culturelle des groupes régionaux sur 100 à 200 km suppose une large circulation humaine dans cet espace. Les détails nous échappent complètement. Nous ignorons les classes ou castes, les nécessaires échanges de personnes, la stabilité (ou non) des unions, sans espoir de même aborder ces questions, pain quotidien des ethnologues.

Des meurtres sont attestés par la présence d'armatures de flèches dans les os de quelques squelettes. Il peut s'agir d'accidents de chasse... réels ou simulés (voir les sépultures doubles et triples). Cela demeure des cas isolés, il n'y a pas trace de guerre véritable, qui n'apparaîtra en France qu'à l'Âge du Bronze. Aucune forme de domination n'aurait de sens dans une société où il n'y a pas de réserves à voler, où le dominé peut partir avec son arc et vivre loin du dominateur dans une forêt non bornée, non jalonnée, non divisée, où le gibier abonde. Il n'y a pas de cabanes plus riches ou de tombes princières. Comme dans toutes les sociétés de chasseurs actuels, le chef est celui qui sait persuader, conseiller. La cohésion du groupe est plus importante que la dominance. L'absence de tout centre plus riche ou plus dense exclut l'idée d'autorité gestionnaire au niveau de la culture. L'organisation sociale est établie au niveau de la bande (groupe élémentaire), certainement beaucoup moins complexe que dans des tribus de 800 membres avec problèmes de propriété ou de réserves. « L'organisation qui assume tous les rôles est la famille elle-même » (Service, 1968).

Les cultures archéologiques sont-elles des tribus ou des peuples ? Les lots d'outillage, cohérents sur des surfaces de 10 000 à 30 000 km^2, impliquent une unité sociale d'ordre plus élevé, au-dessus de la bande (Rozoy, 1995e). Chaque culture occupe un espace défini, assez stable sur des millénaires, pouvant nourrir 30 à 300 bandes de 10 à

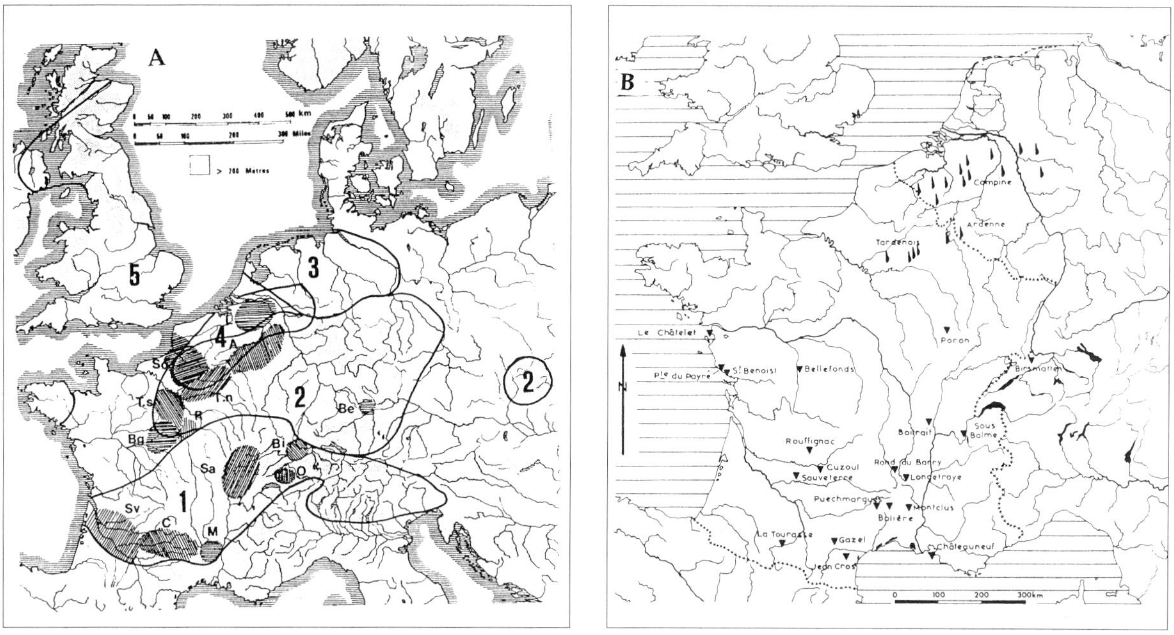

Figure 3. – A. Les cultures mésolithiques selon Rozoy et selon Kozlowski. B. Deux phénomènes interculturels. Les cultures selon Rozoy sont des sous-ensembles des grandes divisions de S. K. Kozlowski. Du Nord au Sud : Limbourgien, Ardennien, Culture de la Somme, Tardenoisien-Nord et -Sud, Beaugencien, Beuron, Birsmatten, Ogens, Groupe de la Saône, Sauveterrien, Groupe des Causses, Montclusien. B. Les armatures à retouche couvrante aux stades moyen et récent diffusent au Nord dans sept ou huit cultures (y compris dans l'Est de la France). Les flèches de Montclus et du Châtelet au stade final s'étendent au Sud sur dix ou quinze cultures.

20 personnes, soit 800 à 5 000 personnes par culture (l'industrie lithique du Sauveterrien semble homogène sur 200 000 km^2, mais une subdivision ultérieure par d'autres méthodes demeure probable, Rozoy, 1995a). La cohésion technique maintenue de siècle en siècle atteste des rapports constants, intenses et préférentiels entre les bandes au sein de la culture. La distribution égale des caractères génétiques en Europe suppose une communauté de reproduction beaucoup plus large, l'endogamie de la culture devait donc être limitée (80 % ?). Plus que de tribus (organe type des premiers producteurs), il s'agit donc de *peuples* qui n'ont plus guère d'équivalents actuels.

Rapports entre les cultures : on perçoit sur les marges des territoires des influences nettes, qui demeurent marginales. Tel type spécial d'outil ou d'armature, courant dans une culture, est trouvé dans la voisine, ne pénétrant en général que de quelques kilomètres, et beaucoup moins abondant. Les frontières étaient perméables, le montre aussi la diffusion rapide dans toute l'Europe des grandes inventions : l'arc, la troncature oblique, les trapèzes, et de certains types d'outils dans cinq ou dix cultures voisines (fig. 3B). Mais, hors ces grands cas, les rapports restent individuels, concernant les groupes et surtout les personnes proches de la frontière. Déplacements et échanges sont attestés par la diffusion de certains matériaux ou objets (parure surtout, allant jusqu'à 500 km). Ils ont un caractère personnel et ne portent que sur le superflu, influant sur les rapports d'identification culturelle, jamais sur l'économie de base.

SÉPULTURES, ANTHROPOLOGIE PHYSIQUE

Comme au Paléolithique, on trouve dans les couches mésolithiques de toutes les périodes, partout en France et en Europe, des restes anatomiques isolés et des sépultures isolées, celles-ci parfois remaniées par des tombes ultérieures, ce qui n'en fait pas des nécropoles. Le fait nouveau est constitué, aux stades récent et final seulement, par les cimetières, qui sont les premiers dans l'histoire de l'humanité.

Les restes humains isolés comprennent toujours des os de la tête. La rareté et la nature des autres os présents montrent qu'il ne s'agit pas d'une conservation différentielle, un choix a été opéré par les Préhistoriques (Rozoy, 1978, chap. XXI). Le choix du crâne (intact à l'origine) fait écarter l'idée d'anthropophagie. Magie, religion, culte des ancêtres ? En tout cas pratiques d'ordre idéologique, impliquant des reliques céphaliques. La personnalité humaine était déjà considérée comme essentiellement céphalique et probablement psychique (mais la tête porte les organes des sens, il pouvait y avoir confusion entre un chasseur à bonne vue, bonne ouïe et un chasseur adroit ou malin). La plupart des nécropoles comportent aussi des tombes vides (cénotaphes).

Les sépultures isolées sont presque toutes dans des abris ou grottes : c'est un biais dû à la nature calcaire de ces sites conservant les os, et aux méthodes de recherche anciennes, qui ont favorisé grottes et sables. On commence à en trouver dans de grands habitats calcaires de plein air (Ducrocq, 1995 ; Verjux, 1995). Très peu sont isolées : même en cas d'accident au cours d'une chasse, l'on enterrait dans le plus proche endroit connu et fréquenté. Après l'Azilien, toutes les sépultures en grottes et abris sont masculines : les grottes n'étaient utilisées que lors d'expéditions de chasse effectuées par les hommes. C'est un changement, car à l'Azilien, dans un climat déjà clément, et avec l'arc, on trouve encore des femmes enterrées dans les grottes : le mode de vie paléolithique n'a cédé que lentement, c'en est un témoin de plus.

Les cimetières ne sont connus qu'au stade récent, et la plupart au stade final. En France (Péquart, 1937, 1954) comme au Portugal (Roche, 1972, 1989), ils étaient dans des amas de coquilles, or les amas éventuels des stades antérieurs sont noyés (remontée de la mer). Divers cimetières de plein air sans coquilles (Danemark : Albrethsen et Petersen, 1977 ;

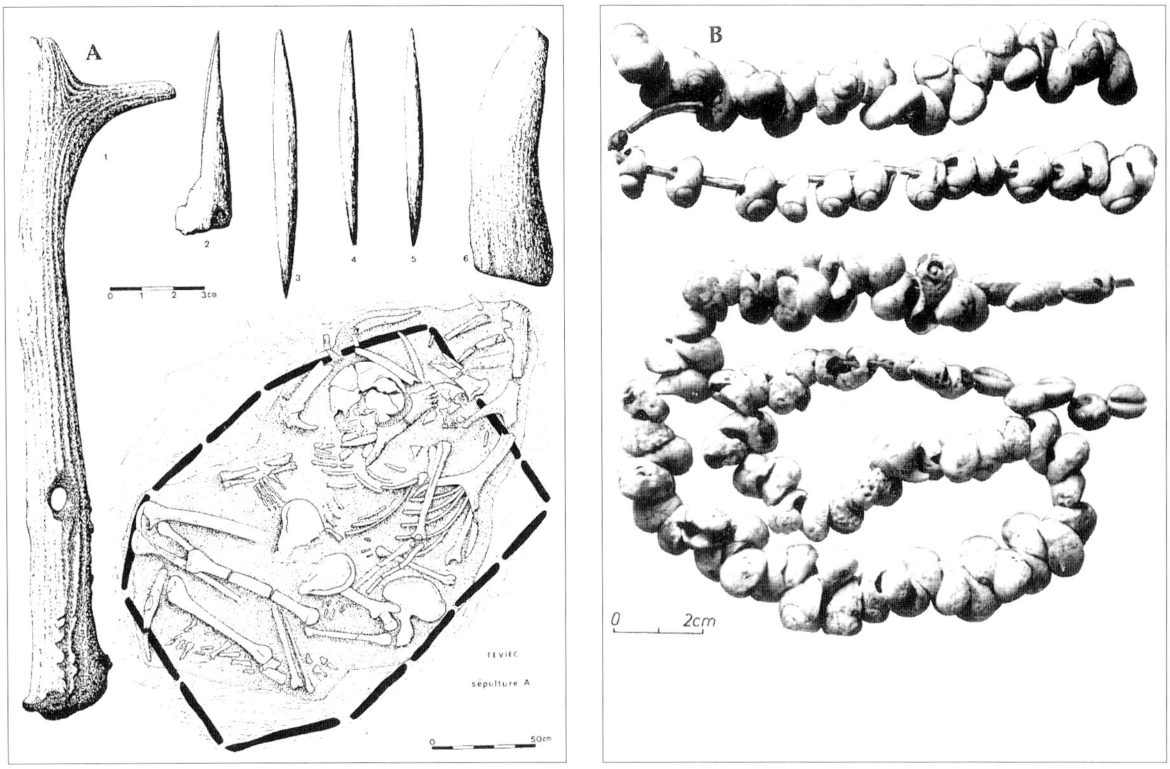

Figure 4. – A. Téviec, d'après Péquart (1937). Sépulture A sous bois de cerf, divers outils. B. Collier de coquilles de Téviec. Partie d'un collier de Téviec : *Trivia* (au centre, à droite) et *Littorina* (autour). C'est un collier de femme, avec dominance de *Littorina*, qui « évoque les croches de cerf » (Taborin, 1974). Pour un homme il y aurait dominance de *Trivia* (le « pucelage ») : cette complémentarité binaire, comme au Paléolithique, révèle toute une conception du monde – mais dominé maintenant par les humains.

Suède : Larsson, 1989 ; Lettonie : Zagorskis, 1974, Rozoy, 1975 ; Roumanie : Boroneant, 1973, 1990) sont aussi des stades récent et final, aucun n'a été trouvé pour une époque plus ancienne ; la période à trapèzes aurait donc vraiment inventé d'enterrer les gens côte à côte. Et peut-être de les enterrer tous, ce qui ne semble pas le cas auparavant.

Les sépultures doubles et triples comprennent toujours un enfant. Un bébé pouvait être condamné par la mort de sa mère, mais il y a de grands enfants et même (à Bögebakken) deux adultes, cela évoque le meurtre rituel pour fournir un compagnon au défunt ou venger une mort suspecte. Il y a trop de tels cas pour qu'on puisse douter du sacrifice, d'ailleurs un adulte sacrifié de Bögebakken avait été tué d'une flèche dans la nuque. À nouveau, les archers mésolithiques sont beaucoup plus complexes qu'on ne le croyait.

La position contractée du défunt est en France la règle générale, mais non absolue : au stade moyen il y a plusieurs sépultures en position allongée. Ce n'est donc pas une question d'économie de travail pour creuser la fosse, mais une motivation idéologique et un phénomène interculturel. Des coffrages existaient dans plusieurs grottes ou abris où des dalles étaient disponibles, ailleurs le défunt est parfois protégé par des bois de cerf (fig. 4A), ou un monument est érigé par accumulation de pierres. Il peut y avoir des offrandes funéraires : mâchoires de cerf ou de sanglier, outils ou flèches déposés près du corps. Le défunt avait le nécessaire pour une vie de l'autre monde très semblable à celle d'ici-bas, avec les mêmes besoins.

La parure des défunts, souvent abondante, était celle portée sinon dans la vie quotidienne, du moins les jours de fête (traces d'un long usage). Sa composition binaire systématique selon le sexe (Taborin, 1974) montre une valeur idéologique : magie ou symbolisme (ou les deux), cette dualité indique une conception dichotomique du monde comme il en a été évoquée une pour le Paléolithique, mais nous n'en voyons pas plus la nature des deux pôles. L'usage de l'ocre est fréquent, sans qu'on puisse affirmer la continuité depuis le Paléolithique.

Le type anthropologique est en France celui de Téviec, de petite taille, nettement dérivé de celui de Cro-Magnon, mais en voie de brachycéphalisation. L'ensemble est très homogène sur une grande surface (Newell *et al.*, 1979), ce qui confirme les relations constantes (avec intermariages) entre les groupes. Mais les Danois de Bögebakken étaient nettement plus grands.

ART ET IDÉOLOGIE

Les décors figuratifs ont disparu en France dès l'Azilien. Ils étaient des symboles, encore sous forme concrète, avec des symboles plus abstraits. Ces motifs abstraits subsistent seuls au Mésolithique. Les archers avaient l'habitude d'incinérer ces objets (Rozoy, 1978, p. 1138). C'est gênant pour la recherche, mais hautement spirituel.

Les gravures abstraites comprennent des séries de traits courts (« marques de chasse ») répondant probablement à plusieurs soucis différents. Des pièces analogues chez des chasseurs subactuels servaient d'aide-mémoire à des jeux de hasard, divinatoires ou non (Dewez, 1974b). C'est un exemple des multiples possibilités, toutes indémontrables. Pour le début du Mésolithique, on dispose à Remouchamps (Dewez, 1974a ; Rozoy, 1978, p. 145) d'un os gravé de cupules groupées par 5, qui prouve l'existence, au moins pour quelques intiés, d'une base de numération, mais la numération du second ordre n'est pas attestée. C'est un pas de plus sur « la route de l'abstraction » (Bordes, 1970). Il y a aussi des quadrillages, rares au Paléolithique, et dont plusieurs couvrent toute la pièce : une valeur purement décorative est plausible, toujours sans démonstration (Barrière, 1973-1974 ; Rozoy, 1978). Il y a enfin des motifs organisés : damiers, chevrons, motifs dérivés de filets de pêche, décors pointillés, cercles... (Rozoy, 1978, p. 1048 et 1136 ; Bagniewski, 1990) et des traits gravés sans ordre, mais souvent parallèles.

La parure personnelle porte une valeur idéologique, elle n'est pas uniquement décorative. À Téviec et Hoédic (Taborin, 1974), il y a entre les coquilles de Trivia et de *Littorina* des colliers (fig. 4B) une complémentarité binaire (opposée selon le sexe) retrouvée ailleurs sous une autre forme. Magie ou symboles, cela indique une division binaire du monde, comme au Paléolithique supérieur, mais le monde animal n'est plus dominant. Il y a de nombreuses sortes d'objets de parure et quelques pendeloques. L'ocre, surtout rouge, est présent comme au Paléolithique supérieur, en poudre et en bâtons, moins abondant toutefois, il n'est pas certain que ce soit en continuité avec le passé. Cela évoque d'improuvables décors corporels... ou son emploi pour la conservation des peaux. Des galets, parfois ocrés, ont pu avoir un rôle non strictement matériel dont le sens nous échappe.

Le psychisme des Mésolithiques est dominé par l'abstraction et il est centré sur le monde humain. C'est par rapport au Paléolithique une évolution et un couronnement : les figures réalistes ne sont plus nécessaires, les symboles abstraits les remplacent totalement en France. Dans d'autres régions subsistent des figurations, mais plus stylisées : les intéressés étaient capables de les identifier. C'est une autre preuve du niveau supérieur atteint dans l'abstraction. Le cerveau humain a poursuivi son évolution (Rozoy, 1995b). Ce graphisme atteint une maîtrise d'expression, une vivacité du mouvement, de la vie, jamais obtenue au Paléolithique (fig. 1). C'est de l'art pour le plaisir, mais moins sensuel, beaucoup plus contrôlé rationnellement, plus intellectuel, le cortex cérébral y intervient plus que l'hypothalamus, centre de l'émotivité. Dans ces scènes, l'action humaine est principale, les animaux sont clairement dominés. Il y a une nette distanciation de la Nature, l'homme commence à s'en sentir maître et possesseur.

Les figurations humaines sont maintenant réalistes. Inconnues en France, il y en a en Italie (Graziosi, 1975), aux Pays-Bas (Rozoy, 1978, p. 1133), par dizaines au Danemark (sur os, Rozoy, 1978, p. 1048) et par centaines au Levant espagnol (sur parois rocheuses, fig. 1). Ces quatre régions ont des styles et techniques différents qui soulignent l'autonomie des cultures mésolithiques, contrastant avec l'unité du Magdalénien en art comme en industrie lithique. En Espagne et au Danemark, il y a des scènes, des groupements de personnes, absents au Paléolithique. La crainte a disparu, qui conduisait les Paléolithiques (maîtres en réalisme pour les animaux) à figurer les humains en caricatures, ou à les rayer de multiples traits pour les cacher (Airvaux et Pradel, 1984). Abandonnées aussi, les figurations féminines sans tête ni pied, hypertrophiant le bas-ventre, qui manifestaient un souci envers les maternités dont probablement l'origine lointaine (le rôle de l'homme) n'était pas saisie. Ces progrès mentaux (Rozoy, 1991a) et une meilleure compréhension des phénomènes de la vie seront des atouts capitaux pour passer à la production.

Les mutations sociales induites par l'arc vont de pair avec ces changements psychiques. Le collectivisme obligé des Paléolithiques, vivant en forts groupes de 50 à 80 humains où chaque personne comptait moins que la cohésion de la bande, cède la place à un individualisme basé sur la famille nucléaire. Celle-ci demeure de nos jours, pardelà la collectivisation des producteurs, la base de la société.

BIBLIOGRAPHIE

ALBRETHSEN (S. E.), PETERSEN (E. B.), Excavation of a Mesolithic Cemetery at Vedbaek, Denmark. *Acta Archaeologica* 47, Copenhague, 1977, 28 p.

AIRVAUX (J.), PRADEL (L.), Gravure d'une tête humaine de face dans le Magdalénien III de la Marche, commune de Lussac-les-Châteaux (Vienne). *Bulletin de la Société préhistorique française*, t. 81, n° 7, 1984, p. 212-215.

BAGNIEWSKI (Z.), Maglemose-Kultureinflüsse in Mitteleuropa. *In :* P. VERMEERSCH et P. VAN PEER (dir.), *Contributions to the Mesolithic in Europe. Papers presented at the 4th International Symposium, Leuven 1990*, Leuven University, 30 cm, 1990, 474 p., p. 345-353.

BANDI (H. G.), Birsmatten Basisgrotte. *Acta Bernensia* 1, éd. Stämpfli, Bern, 31 cm, 1963, p. 515.

BARRIÈRE (C.), Rouffignac, l'archéologie. *Travaux de l'Institut d'Art préhistorique de la faculté des lettres et sciences humaines de Toulouse*, vol. XV (1973), 1973-1974, p. 1-160, et vol. XVI (1974), p. 1-145.

BLANKHOLM (H. P.), Aspects of the Maglemose Settlements in Denmark. *Mesolithikum in Europa* 2, Veröffentlichungen des Museums für Ur- und Frühgeschichte Potsdam 14/15, 1981, p. 401-404.

BORDES (F.), *Le Paléolithique dans le monde*, Hachette, Paris, 1968, 256 p., 78 fig.

Les maîtres de la pierre. *Sciences et Avenir,* n° spéc. : « La vie préhistorique », 1970, p. 12-25.

BORDES (F.), RIGAUD (J.-P.), SONNEVILLE-BORDES DE (D). Des buts, problèmes et limites de l'archéologie paléolithique. *Quaternaria* XVI, 1972, p. 15-34.

BORONEANT (V.), Recherches archéologiques sur la culture de Schela Cladovei de la zone des Portes de fer. *Dacia* n.s. XVII, 1973, p. 5-39.

Les enterrements de Schela Cladovei. *In* : P. VERMEERSCH et P. VAN PEER (dir.), *Contributions to the Mesolithic in Europe. Papers presented at the 4th Inter-*

national Symposium, Leuven, Leuven University, 30 cm, 1990, 474 p., p. 121-125.

BOUROV (G. M.) (dir. S. K. KOZLOWSKI), Die mesolithischen Kulturen im Aüsserten Europaïschen Nordosten. *The Mesolithic in Europe I*, Warszawa, 1973, p. 129-149.

BOUROV (G. M.), Die Holzgeräte des Siedlungsplatzes Visl als Grundlage für die Periodisierung des Mesolithikums in Norden des Europaïschen Teils des UdSSR. *In :* P. VERMEERSCH et P. VAN PEER (dir.), *Contributions to the Mesolithic in Europe. Papers presented at the 4th International Symposium, Leuven 1990*, Leuven University, 30 cm, 1990, 474 p., p. 335-344.

BRIDAULT (A.), Les économies de chasse épipaléolithiques et mésolithiques dans le Nord et l'Est de la France : nouvelles analyses. *Anthropozoologica* 19, 1994, p. 55-67.

CLARK (J. G. D.), *Excavations at Star Carr, an Early Mesolithic Site at Seamer near Scarborough, Yorkshire*, Cambridge University Press, 28 cm, 1954, 200 p., 80 fig., 24 pl. h. t. (réédité en 1971).

CONSTANDSE-WESTERMANN (T.), NEWELL (R. R.), Variabilité pour la durée d'occupation, la mobilité et la démographie dans 70 sociétés analogues. *Actes*, CXIX^{e} Congrès national des sociétés historiques et scientifiques, Amiens 1994 : *Le Tardiglaciaire en Europe du Nord-Ouest*, CTHS, 1997, p. 469-480.

CONSTANDSE-WESTERMANN (T.), NEWELL (R. R.), Social and Biological Aspects of the Western European Mesolithic Population Structure : a Comparison with the Demography of North American Indians. *In :* C. BONSALL (dir.), *The Mesolithic in Europe. Papers presented at the 3rd International Symposium, Edinburgh 1985*, Edinburgh University, 30 cm, 1989, 645 p., p. 106-115.

CORDY (J. M.), Étude des faunes attribuées au site mésolithique de la Roche-aux-Faucons (province de Liège). *Bulletin de la Société royale belge d'Anthropologie et Préhistoire,* 1976, p. 75-76.

DEWEZ (M.) *et al.*, Nouvelles recherches à la grotte de Remouchamps. *Bulletin de la Société royale belge d'Anthropologie et Préhistoire* 85, 1974a, p. 5-160.

DEWEZ (M.), New Hypotheses Concerning Two Engraved Bones from la grotte de Remouchamps, Belgium. *World Archaeology*, Londres, vol. V, 1974b, p. 337-345.

DUCROCQ (T.), Le Mésolithique du bassin de la Somme. *Actes*, CXIX^{e} Congrès national des sociétés historiques et scientifiques, Amiens 1994 : *Le Tardiglaciaire en Europe du Nord-Ouest*, CTHS, 1997, p. 107-121.

ESCALON DE FONTON (M.), Du Paléolithique supérieur au Mésolithique dans le Midi méditerranéen. *Bulletin de la Société préhistorique française,* 1966, p. 66-180.

FAGNART (J.-P.), *Le Paléolithique supérieur récent et final du Nord de la France dans son cadre paléoclimatique.* Thèse, université des sciences et technologie de Lille, 30 cm, 2 vol., 1993, 567 p.

FISCHER (A.), Hunting with Flint-Tipped Arrows : Results and Experiences from Practical Experiments. *In :* C. BONSALL (dir.), *The Mesolithic in Europe. Papers presented at the 3rd International Symposium, Edinburgh 1985*, Edinburgh University, 30 cm, 1989, 645 p., p. 29-39.

GRAMSCH (B.), *Das Mesolithikum im Flachland zwischen Elbe und Oder.* Veröffentlichungen des Museums für Ur- und Frühgeschichte Potsdam 7, 30 cm, 1973, 172 p.

Excavations near Friesack : an Early Mesolithic Marshland Site in the Northern Plain of Central Europe. *In* : C. BONSALL (dir.), *The Mesolithic in Europe. Papers presented at the 3rd International Symposium, Edinburgh 1985*, Edinburgh University, 30 cm, 1989, p., 645 p. 313-334.

GRAZIOSI (P.), Nuove manifestazioni d'arte mesolitica e neolitica nel riparo Gaban presso Trento. *Rivista di Scienze prehistoriche*, 1975, p. 237-278.

KWAMME (K. L.), JOCHIM (M. A.), The Environmental Basis of Mesolithic Settlement. *In :* P. VERMEERSCH et P. VAN PEER (dir.), *Contributions to the Mesolithic in Europe. Papers presented at the 4th International Symposium, Leuven 1990*, Leuven University, 30 cm, 1990, 474 p., p. 1-12.

LARSSON (L.), Late Mesolithic Settlements and Cemeteries at Skateholm, Southern Sweden. *In :* C. BONSALL (dir.), *The Mesolithic in Europe. Papers presented at the 3rd International Symposium, Edinburgh 1985*, Edinburgh University, 30 cm, 1989, 645 p., p. 367-378.

LEE (R. B.), What Hunters Do for a Living. *Man the Hunter*, éd. Lee & De Vore, Chicago, Aldine, 1968, p. 30-48.

MASSET (C.), *Problèmes de démographie préhistorique.* Thèse polygraph. université de Paris I, 30 cm, 1974, 255 p.

NEWELL (R. R.) *sous presse*, Rôle de la recherche ethnographique dans le diagnostic du comportement à l'Âge de la Pierre. Systèmes et organisation des établissements. *Actes*, CXIX^{e} Congrès national des sociétés historiques et scientifiques, Amiens 1994 : *Le Tardiglaciaire en Europe du Nord-Ouest*, CTHS, 1997, p. 455-467.

Sous presse, Pertinence de l'analyse ethnographique pour l'étude du Paléolithique tardif et du Mésolithique : types et systèmes d'établissements et utilisation du terrain. *Actes*, CXIX^{e} Congrès national des sociétés historiques et scientifiques, Amiens 1994 : *Le Tardiglaciaire en Europe du Nord-Ouest*, CTHS, 1997, p. 481-494.

NEWELL (R. R.), KIELMAN (D.), CONSTANDSE-WESTERMANN (T.) *et al.*, *An Inquiry into the Ethnic Resolution of Mesolithic Regional Groups. The Study of their Decorative Ornaments in Time and Space.* Leiden, New York, Köbenhavn, Köln, 24 cm, 1990, 488 p.

NEWELL (R. R.), CONSTANDSE-WESTERMANN (T.), MEIKLEJOHN (C.), The Skeletal Remains of Mesolithic Man in Western Europe : an Evaluative Catalog. *Journal of Human Evolution 8*, 1979, p. 1-228.

PARENT (R.), Le peuplement préhistorique entre la Marne et l'Aisne. *Travaux de l'Institut d'Art préhistorique de la faculté des lettres et sciences humaines de Toulouse*, vol. XIII (1971), 1971-1972, p. 1-377, et vol. XIV (1972), p. 1-199.

Nouvelles fouilles sur le site tardenoisien de Montbani (Aisne). *Bulletin de la Société préhistorique française*, 1972, p. 508-532.

Fouille d'un atelier tardenoisien à la Sablonnière de Coincy. *Bulletin de la Société préhistorique française,* 1973, p. 337-351.

PÉQUART (M.), SAINT-JUST, *Hoëdic*, éd. De Sikkel, Anvers, 29,5 cm, 1954, 92 p., 42 fig., 10 pl.

PÉQUART (M.), SAINT-JUST, BOULE (M.), VALOIS (H. V.), Téviec, station-nécropole mésolithique du Morbihan. *Archives de l'Institut de Paléontologie Humaine* 18, Masson, Paris, 1937, 227 p., 70 fig., 19 pl.

PETERSSEN (C. G. J.), Om Tidbestesemelse og ernaeringsforhold i den aeldre Stenalder i Danmark (texte danois, mais résumé anglais). *(Det) Kongelige Danske Videnskabernes Selskab. Biologische Meddelelser* II, 9, 1922.

RAHIR (E.), LOE (A.) DE, Note sur l'exploration des plateaux de l'Amblève au point de vue préhistorique. *Mémoires de la Société d'Anthropologie de Bruxelles* 22, 1903, n° 3, 10 p.

ROCHE (J.), Les amas coquilliers (*concheiros*) mésolithiques de Muge (Portugal). *Die Anfänge des Neolithikums vom Orient bis Nordeuropa. Fundamenta Reihe A, Band 3* (Köln), 1972, p. 72-107 et 7 pl. h. t.

Spatial Organisation in the Mesolithic Sites of Muge, Portugal. *In :* C. BONSALL (dir.), *The Mesolithic in Europe. Papers presented at the 3rd International Symposium, Edinburgh 1985*, Edinburgh University, 30 cm, 1989, 645 p., p. 607-613.

ROZOY (J.-G.), Compte rendu de F. Zagorskis et T. Zagorska (Arheologia un Etnografia, Riga 1974) *Bulletin de la Société préhistorique française*, 1975, p. 8-9.

Les derniers chasseurs. L'Épipaléolithique en France et en Belgique. Essai de synthèse, éd. Rozoy, Charleville, 30 cm, 3 vol., 1978, 1 500 p., 6 500 objets figurés.

The Revolution of the Bowmen in Europe. *In :* C. BONSALL (dir.), *The Mesolithic in Europe. Papers presented at the 3rd International Symposium, Edinburgh 1985*, Edinburgh University, 30 cm, 1989, 645 p., p. 13-28.

Nature et conditions de la néolithisation : la fin de l'Epipaléolithique (« Mésolithique ») au Nord de la Loire. *Actes*, CXIIIe Congrès national des sociétés historiques et scientifiques, Strasbourg 1988 : *Mésolithique et néolithisation en France et dans les régions limitrophes,* CTHS, Paris, 1991a, p. 403-423.

La délimitation des groupes humains épipaléolithiques. *Actes*, table ronde de Beaufort, *Bulletin de la Société préhistorique du Luxembourg 12,* 1991b, p. 65-85.

L'évolution en mosaïque. Les changements à l'Épipaléolithique. *Bulletin de la Société préhistorique française*, t. 89, 1992a, p. 19-25.

The Magdalenian in Europe. Demography, Regional Groups. *Préhistoire européenne, European Prehistory* 1, Liège, 1992b, p. 67-82.

Le propulseur et l'arc chez les chasseurs préhistoriques. Techniques et démographies comparées. *Paléo* 4, Les Eyzies, 1992c, p. 175-193.

Le montage des armatures sur les flèches épipaléolithiques. *Revue archéologique de l'Est* 161, 1992d, p. 29-38.

Les archers épipaléolithiques : un important progrès. Contribution à l'histoire des idées sur la « période de transition ». *Paléo* 5, Les Eyzies, 1993, p. 263-279.

Techniques de délimitation des cultures épipaléolithiques : la culture de la Somme. *Actes*, CXVIe Congrès national des sociétés historiques et scientifiques, Chambéry, CTHS, Paris, 1994, p. 85-105.

Le Sauveterrien, colloque international. *Bulletin de la Société préhistorique française*, 1995a, p. 19-21.

Évolution récente du cerveau humain, coll. « Nature et Culture », Liège, 1993, 1995b, p 1007-1042.

Sous presse, Séjours d'été en Ardenne des Magdaléniens du Bassin parisien. *Actes*, colloque de Chaumont 1994 : « Paléolithique supérieur de l'est de la France : Aurignacien, *De l'Aurignacien à l'Ahrensbourgien*. Mémoires de la Société archéologique champenoise, n° 13, 1997, p. 139-156.

En préparation Les Concentrations de silex du Tillet à Cires-les-Mello (Oise), 1995d.

Territoires sociaux et environnement en France du Nord et en Belgique de 14 000 à 6 000 BP. *Actes*, CXIXe Congrès national des sociétés historiques et scientifiques, Amiens 1994 : *Le Tardiglaciaire en Europe du Nord-Ouest,* 1997, CTHS, p. 429-454.

Sous presse, How France was Peopled Between 13 000 and 8 000 BP. *Human adaptations across the Pleistocene-Holocene transition,* Berlin Symposium of the International Union for Quaternary research (INQUA), 1995f.

ROZOY (J.-G.), SLACHMUYLDER (J.-L.), L'Allée Tortue à Fère-en-Tardenois (Aisne, France), site éponyme du Tardenoisien récent. *In :* P. VERMEERSCH et P. VAN PEER (dir.), *Contributions to the Mesolithic in Europe. Papers presented at the 4th International Symposium, Leuven 1990*, Leuven University, 30 cm, 1990, 474 p., p. 423-434.

SERVICE (R.), *The Hunters*, Foundation of Modern Anthropology series, Prentice Hall, Londres, 1968.

Primitive Social Organisation. An Evolutionary Perspective, Random House, New York, 1971.

TABORIN (Y.), La parure en coquillage de l'Épipaléolithique au Bronze ancien en France, 1re partie. *Gallia Préhistoire*, t. 17, n° 1, 1974, p. 101-179.

TAUTE (W.), Das Felsdach Lautereck, eine mesolithische-neolithische-bronzezeitliche Stratigraphie an den oberen Donau. *Paleohistoria* 12, Groningen, 1966, p 483-504.

VAQUER (J.), BARBAZA (M.), Cueillette ou horticulture mésolithique : la Balma de l'Abeurador. *Actes*, colloque international de Montpellier : *Premières communautés paysannes en Méditerranée occidentale*, CNRS, Paris, 1987, p. 231-242.

VERHART (L.), Stone Age Bone and Antler Points as Indicators for « Social Territories » in the European Mesolithic. *In :* P. VERMEERSCH et P. VAN PEER (dir.), *Contributions to the Mesolithic in Europe. Papers presented at the 4th International Symposium, Leuven 1990*, Leuven University, 30 cm, 1990, 474 p., p. 139-151.

VERJUX (C.), DUBOIS (J.P.), Rites funéraires mésolithiques à Auneau (Eure et Loir). *Actes*, CXIXe Congrès national des sociétés historiques et scientifiques, Amiens 1994 : *Le Tardiglaciaire en Europe du Nord-Ouest*, 1997, CTHS, p. 265-277.

WALCZAK (J.), *Le débitage du silex au Mésolithique : débitages comparés de la Roche-à-Fépin (Ardennes) et de Tigny (Aisne).* Mémoire de maîtrise, université de Nanterre, 1996, 90 p.

ZAGORSKIS (F.), Typologie et chronologie du cimetière de l'Âge de la Pierre de Zvejniecki. *Arheologia un Etnografia XI*. Riga (Latvia), 1974.

Pyrénées,
Espagne et Portugal

LE MÉSOLITHIQUE DE LA CÔTE ATLANTIQUE IBÉRIQUE : TENDANCES RÉCENTES

THE MESOLITHIC OF ATLANTIC COASTAL IBERIA : RECENT TRENDS

Geoffrey A. Clark

Résumé. – Après un intervalle d'environ deux décennies (1960-1980), et en partie à cause du remplacement des générations, les recherches sur les adaptations des cueilleurs-chasseurs du Mésolithique et de la fin du Paléolithique supérieur le long des côtes atlantiques ibériques ont été le sujet d'efforts renouvelés. Conduit sous un paradigme écofonctionnaliste largement défini, ce travail entrepris après 1980 a fourni une vision beaucoup plus complète de la variabilité interrégionale qu'auparavant. Bien que des différences soient apparentes dans la chronologie et les détails des adaptations mésolithiques le long de la côte cantabrique d'Espagne et de la côte atlantique du Portugal, des procédés similaires de diversification de ressources et d'intensification peuvent être documentés dans ces deux régions.

Mots clés : péninsule Ibérique, paléoéconomie, technologie lithique, art, transition Mésolithique-Néolithique.

Abstract. – After a lapse of about two decades (1960-1980), and partly because of generational replacement, late upper palaeolithic and mesolithic hunter-gatherer adaptations along the atlantic coasts of Iberia have been the subject of renewed research efforts. Conducted under a broadly-defined ecofunctionalist paradigm, this post-1980 work has yielded a much more complete picture of intraregional variability than was available previously. Although differences are apparent in the timing and details of mesolithic adaptations along the cantabrian coast of Spain and the atlantic coast of Portugal, similar processes of resource diversification and intensification can be documented in both areas.

Key words : Iberia, palaeoeconomy, lithic technology, art, Mesolithic-Neolithic transition.

INTRODUCTION

This essay is a much abridged version of a longer paper to appear in *The Mesolithic of the Atlantic Façade* (González Morales, Clark n. d.). The objective here is to summarize common features of Iberian mesolithic research and to offer tentative explanations for what I take to be the key questions in this research tradition. In the longer essay, I develop an integrated approach to these questions that seeks to explain them all. Whether or not it is realistic to attempt to do this should perhaps be the basis for further discussion. Since I see archaeology as a « science-like » endeavour, I tend to regard general explanations as a « regulatory ideal » – something to strive for (Clark, 1993). Others, who view archaeology as « history-like », might not agree that it is possible or even worthwhile to do this.

PATTERNS IN THE MESOLITHIC OF IBERIA THAT DEMAND EXPLANATION

Despite differences of scale and timing, differences in the specifics of the regional ecologies, and differences in the tempo and history of investigation, it appears to me that broadly similar processes are taking place over the 20-7 kyr BP interval along the atlantic coasts of Spain and Portugal. Moreover, I think these processes can be generalized for large parts of Western Coastal Europe, including France and the Low Countries, the British Isles and Scandinavia. The big question is : what do these apparent similarities in pattern tell us about hunter-gatherer adaptations in general and mesolithic adaptations in particular, and where do the latter fit in the long-term evolutionary ecology of Western Coastal Europe ? An arbitrary « slice » of a temporal continuum, the Mesolithic only makes sense when viewed from the perspective of the pleniglacial maximum. The salient features that must be explained are (1) vectored changes in the palaeo economy in the direction of resource intensification manifest in increasing dietary diversity, (2) the common aspects of lithic technologies – notably the widely-observed dichotomy between large, crude, cobble and flake dominated assemblages and diminutive microlithic bladelet industries (more generally, the appearance of microlithic technologies), (3) the comings and goings of the « art » (why does it show up when and where it does in the European context, and why does parietal art disappear at the LUP-Mesolithic boundary ?), and (4) the transition to domestication economies, different in timing and detail but similar in pattern over large areas of Western Europe (tabl. 1).

Salient features of the Iberian coastal mesolithic that call for explanation
Vectored changes in the paleoeconomy in the direction of resource intensification manifest in increasing dietary diversity
The common aspects of the lithic technologies – The dichotomy between large, crude, cobble and flake tools made in quartzite and microlithic bladelet technologies made in flint
The comings and goings of the 'art' – Why it shows up when and where it does, and why parietal art apparently disappears at the upper paleolithic-mesolithic boundary
The transition to domestication economies – Different in timing and detail but similar in pattern in atlantic coastal Iberia

Table I

RESEARCH PROTOCOLS

Post-1980 mesolithic research in Iberia seems to be characterized by broadly similar research protocols emphasizing ecological-functionalist explanations for pattern – explanations that can be subsumed under the tenets of evolutionary ecology and that are grounded in « adaptationist » biases (Mithen, 1993). While this shared perspective is a considerable strength of the mesolithic research traditions of Spain and Portugal, it is also a potential weakness. If it is acknowledged that we have adopted an adaptationist programme, we should ask ourselves what that really means. Are there any viable alternatives to the ecofunctionalist biases that underlie Iberian mesolithic research ? Do these biases preclude the possibility of getting at certain kinds of social information ? Do they allow us to access the ideological domain ? Can they explain the widespread and nearly contemporaneous appearance of microlithic technologies after *ca.* 20 kyr BP ? What does the elaboration of microlithic technologies mean in terms of human adaptation ? Most generally, is it possible to come up with a comprehensive scenario for mesolithic adaptations that explains their salient features and that is at the same time more compelling than the post hoc accommodative arguments that have prevailed in the literature ? I believe the answer is a qualified « yes », acknowledging the many empirical insufficiencies that preclude putting such a scenario to a rigorous test.

REGIONAL DEMOGRAPHY AND SUBSISTANCE INTENSIFICATION

The cornerstone of this scenario is the idea that patterns observed in Iberia over the 20-7 kyr BP interval were ultimately determined by changes in regional demography and by the consequent population-resource imbalances that they entailed. The proximate cause of these patterns is population displacements in Northern and Central Europe brought about by climatic severity during the pleniglacial maximum. As many workers have noted (Jochim, 1983), this would have led to increases in population densities in the southwestern European refugia, the best documented of which is the Franco-Cantabrian one, comprising a 340 000 km^2 area of southwestern France, and the topographically-bounded north-Spanish coastal strip (19 800 km^2). These geographically constrained areas already sustained relatively high population densities prior to the Late Glacial Maximum, and the influx of immigrants would have created selective pressures for ways to broaden the human food niche, setting in motion a process which culminated (in terms of dietary diversity) in the « broad spectrum » economies of the Mesolithic. Seen from this perspective, the Neolithic is nothing more than a « worst case scenario » that comes about when foragers have run out of options for further diversification, so that domestication (perhaps the ultimate form of dietary intensification) is the only alternative available to them (Clark, 1987).

The « neolithization » of Atlantic Europe is very partial and late *vis-à-vis* that of Mediterranean Europe. The reason has nothing to do with the westward march of neolithic colonizers, as has sometimes been suggested (Ammerman, Cavalli Sforza, 1984), but rather with the fact that foragers are very flexible in terms of dietary choice and, under conditions of increasing stress, select resources in a predictable way so that energy expended in doing so is kept to a minimum (the « least cost selection assumption » of many ecologists). This means that foragers will respond to stress by diversifying their resource base by the sequential addition of higher cost, lower yield resources (like shellfish) and by overexploitation (often to the point of diminishing returns) of « traditional » dietary staples (like red deer). This process invariably occurs at the expense of efficiency in resource extraction, but generally does not approach the massive labour inputs of full-blown agricultural societies (Cohen, 1977 ; Christenson, 1980 ; Redding, 1988).

The Iberian data document this process of diversification and intensification as well as might be expected, given the vagaries of preservation, sampling error, tempo of research etc. Over time, environmental change (notably marine transgression) combined with population growth forced Iberian foragers to go further down the trophic pyramid, procuring greater quantities of « expensive » (high cost, low yield) resources like shellfish, and searching for ways to wring more nutrients out of « traditional » resources like red deer in order to feed a growing regional population. This process has been well-documented in the 14 000-year sequence (21-7 kyr BP) at La Riera cave, in Northern Spain (Straus, Clark, 1986).

The timing of the onset of these processes after 20 kyr BP is scarcely coincidental. They were set in motion by the pleniglacial depopulation of large parts of Northern and Central Europe, and the resultant influx of immigrants into the Franco-Cantabrian refugium. Evidence for precocious social complexity (sedentism, structures, cemeteries) seen in the Tagus and Sado estuaries – unique in the Iberian context – can be explained by social circumscription and the closing of social networks due to « packing » of an already densely populated, resource-rich estuarine environment. The cemeteries probably represent the appearance of corporate descent groups « staking a claim » to the right of eminent domain over an increasingly-circumscribed economic territory, as Arthur Saxe argued in the early 1970s (Saxe, 1971 ; Clark, Neeley, 1987).

COMMON ASPECTS OF THE LITHIC TECHNOLOGIES

The dichotomy between large, crude, quartzite « heavy duty » tools, and small, microlith-dominated flint industries is a pattern that goes back in time to the Last Glacial Maximum (*ca.* 20 kyr BP), if not before. It reflects different activity suites, and the constraints on artifact form imposed by a fundamental raw-material dichotomy between fine-grained, cryptocrystalline, siliceous rocks like flint and chert and tough, coarse-grained igneous and metamorphic rocks like basalt and quartzite. The appearance of microlith-dominated assemblages can most satisfactorily be explained by time-stress, which would have selected for flexible, « plug-in, pull-out » technologies, in the words of David Clarke (1978). In the Iberian context, the demographic and social conditions that resulted in the appearance of microlithic assemblages apparently did not exist much before 20 kyr BP.

The time-stress model was originally developed by Robin Torrence (1983, 1989), who suggested that microlith-dominated technologies maximized the efficient use of time by reducing resource acquisition and processing costs. Time-stress is a function of the duration of time that a resource is available for exploitation, determined by the kind of resource being exploited and where that resource « fits » among the competing demands of other resource procurement systems. Efficiency should, therefore, vary as a function of resource availability and accessibility.

The time-stress model defines more specialized technologies as those with greater tool diversity and complexity, and predicts that they would be found in highly seasonal environments characterized by limited periods of resource availability and by less accessible resources (*i. e.*, mobile animals). More generalized technologies are those with reduced tool diversity and complexity, expected to occur most commonly in less or non-seasonal (tropical) environments with longer periods of resource availability and more accessible resources (*i. e.*, immobile plants). Microlith-dominated industries like the Azilian would be the quintessential example of a specialized technology, comprised of interchangeable parts, maximally flexible and very probably produced by a broadly generalizable reduction sequence (Neeley, Barton, 1994). Simple cobble and flake-dominated assemblages like the Asturian would correspond reasonably well to Torrence's definition of a generalized technology, perhaps oriented toward the procurement of plants (Vierra, 1995).

THE COMINGS AND GOINGS OF THE ART

An inability to deal with non-technological aspects of adaptation like « art » is frequently cited as a defect of the ecofunctionalist program (González Morales, 1991). What does the apparent disappearance of parietal art in the Mesolithic imply, given a continuation of the portable art ? Barton, Cohen and I have taken up this question in two recent papers (Clark *et al.*, 1996 ; Barton *et al.*, 1994). Basically, we adopt an information exchange perspective on the art, and argue that the two broad art categories are monitoring two different aspects of Franco-Cantabrian social geography, manifest at two different scales. We view the incidence of parietal art as an index of the volume of information flow circulating through channels cut by alliance networks, an idea that originated with Clive Gamble (1986, 1991). More concretely, the pattern is caused by (1) the closing of social networks during the Last Glacial Maximum in the Franco-Cantabrian refugium, due to an influx of people, with a concomitant rise in population density and increasing territoriality, followed by (2) the subsequent relaxation of selective pressures favouring the expression of Wiessner (1983) « emblemic style » – the parietal art is an example of emblemic style – during the post-Glacial, as people spread out once again over the surface of the land.

THE NEOLITHIC TRANSITION

My explanation for the transition to domestication economies derives directly from the model of economic intensification outlined above. On any index of efficiency, full-blow domestication economies are inefficient and labour intensive ; humans, on the other hand, are fundamentally lazy – they do not invest any more effort in the food quest than they have to. I see domestication as a « last resort » forced on those foragers

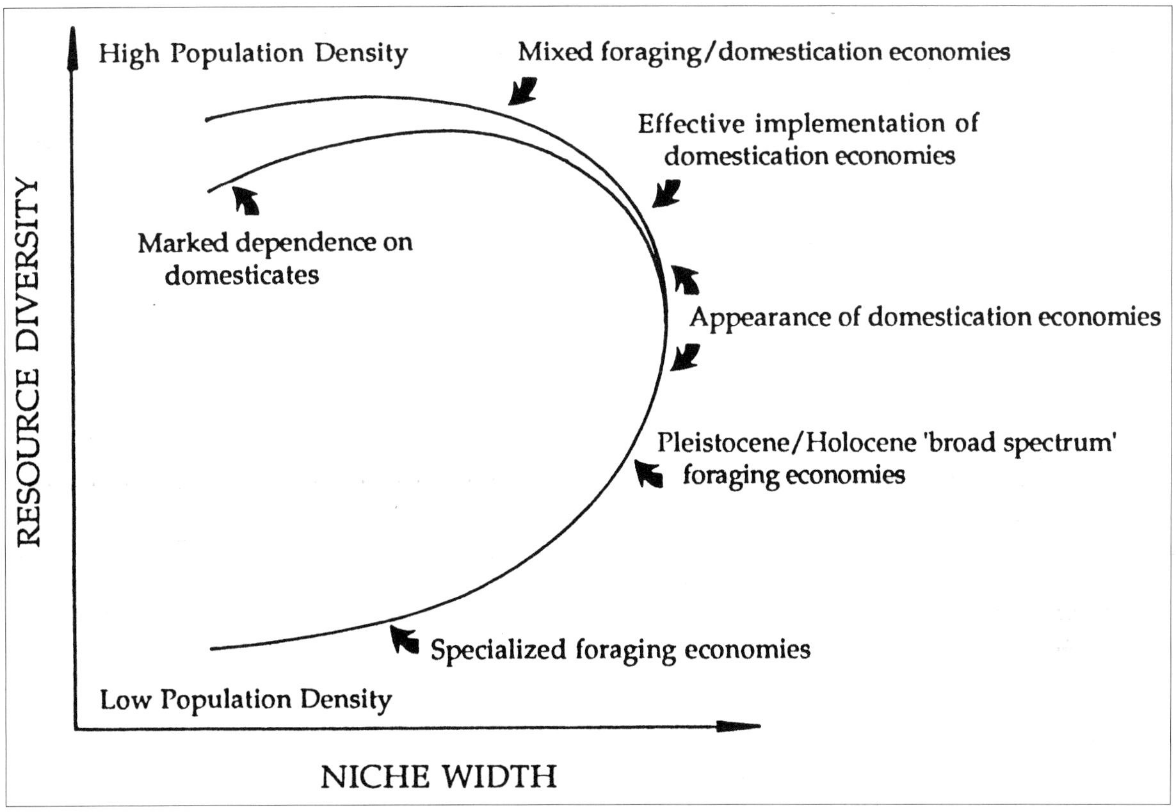

Figure 1. – Theoretical relationship between niche width and resource diversity under conditions of population growth and with the least-cost selection assumption in effect (from Clark 1987, p. 286).

who have run out of options for further dietary diversification. Domestication is perhaps the ultimate form of dietary intensification, and reliance upon domesticates becomes the only remaining option, given a knowledge of domesticated plants and animals introduced from elsewhere (fig. 1). The ultimate cause of the transition, though, is population-resources imbalances that, in the Iberian context, can be traced back more than 20,000 years to the Last Glacial Maximum.

CONCLUSIONS

I suggest that the four features of Iberian mesolithic research presented in tabl. 1 are, in some fundamental sense, *the* questions pertinent to *all* mesolithic research. It should not be forgotten that the Mesolithic is an arbitrary concept defined by several generations of European prehistorians (Zvelebil [1986] for definitions). Although the first three quarters of the century were characterized by much diversity, since the early 1980s, these definitions have tended to converge on time. The beginning of the Mesolithic is usually defined according to geochronological criteria (10-12 kyr BP, or the Pleistocene-Holocene boundary as recognized by Quaternary science). Its ending corresponds to the local appearance of domestication economies (occasionally, as in Eastern Europe, with the appearance of pottery). This consensus about the temporal span of the Mesolithic excepted, however, the *content* of mesolithic research is largely determined by the biases and preconceptions of the regional intellectual traditions involved in doing it. In this short essay, I describe one of these research traditions – the one concerned with mesolithic research along the atlantic coasts of Spain and Portugal.

As some readers might know, it has been my contention that there are definable differences and similarities in the ways in which researchers from different intellectual traditions go about their work (papers in Clark, 1991). These differences are grounded in overlapping but partly discrete « packages » of preconceptions and biases about the nature of the human past (in this case, mesolithic adaptations). There is also an historical component to archaeological research traditions in that they change over time, both within and across regions (Clark, 1993). I take these facts to be self-evident (why, after all, should archaeology be different from any other intellectual pursuit ?). A general lack of concern with epistemology in the various mesolithic research traditions, however, stands in the way of consensus about fundamental issues related to causality. There is no easy solution to this dilemma, but one thing is clear : if consensus is elusive, it is because the biases and preconceptions that underlie these research traditions are seldom subjected to critical scrutiny. About all we can really do is to try to make them explicit.

REFERENCES

AMMERMAN (A.), CAVALLI-SFORZA (L. L.), *The Neolithic Transition and the Genetics of Population*, Princeton University Press, Princeton, 1984.

BARTON (C. M.), CLARK (G. A.), COHEN (A.), Art as Information : Explaining Upper Palaeolithic Art in Western Europe. *World Archaeology* 26, 2, 1994, p. 185-207.

CHRISTENSON (A.), Change in the Human Niche in Response to Population Growth. *In* : T. EARLE, A. CHRISTENSON (eds.), *Modeling Change in Prehistoric Subsistence Economies*, Academic Press, New York, 1980, p. 31-72.

CLARK (G. A.), From the Mousterian to the Metal Ages : Long-Term Change in the Human Diet of Cantabrian Spain. *In* : O. SOFFER (ed.), *The Pleistocene Old World : Regional Perspectives*, Plenum, New York, 1987, p. 293-316.

Paradigms in Science and Archaeology. *Journal of Archaeological Research* 1, 3, 1993, p. 203-234.

n.d., The Iberian Mesolithic in the European Context. *In* : M. GONZALEZ MORALES, G. A. CLARK (eds.), *The Mesolithic of the Atlantic Façade*, Oxbow Books, Oxford.

Perspectives on the Past : Theoretical Biases in Mediterranean Hunter-Gatherer Research, University of Pennsylvania Press, Philadelphia, 1991.

CLARK (G. A.), NEELEY (M. P.), Social Differentiation in European 1991 Mesolithic Burial Data. *In* : P. ROWLEY-CONWY, M. ZVELEBIL, H. P. BLANKHOLM (eds.), *Mesolithic Northwest Europe : Recent Trends*, John R. Collis, Sheffield, 1987, p. 121-130.

CLARK (G. A.), BARTON (C. M.), COHEN (A.), Explaining Art in the Franco-Cantabrian Refugium : an Information Exchange Model. *In* : D. MEYER, P. DAWSON (eds.), *Debating Complexity : Proceedings of the 26th Annual Chacmool Conference*, Archaeological Association of the University of Calgary, Calgary, 1996, p. 241-253.

CLARKE (D.), *The Mesolithic in Europe*, Duckworth, London, 1978.

COHEN (M. N.), *The Food Crisis in Prehistory*, Yale University Press, New Haven, 1977.

GAMBLE (C.), *The Palaeolithic Settlement of Europe*, Cambridge University Press, Cambridge, 1986.

The Social Context for European Palaeolithic Art. *Proceedings of the Prehistoric Society* 57, 1, 1991, p. 3-16.

GONZALEZ MORALES (M.), CLARK (G. A.) (eds) *n.d. The Mesolithic of the Atlantic Facade*, Oxbow Books, Oxford.

GONZALEZ MORALES (M.), From Hunter-Gatherers to Food Producers in Northern Spain : Smooth Adaptive Shifts or Revolutionary Change in the Mesolithic. *In* : G. A. CLARK (ed.), *Perspectives on the Past*, University of Pennsylvania Press, Philadelphia, 1991, p. 204-216.

JOCHIM (M.), Palaeolithic Cave Art in Ecological Perspective. *In* : G. N. BAILEY (ed.), *Hunter-Gatherer Economy in Prehistory*, Cambridge University Press, Cambridge, 1983, p. 212-219.

MITHEN (S.), Individuals, Groups and the Palaeolithic Record : a Reply to Clark. *Proceedings of the Prehistoric Society* 59, 1993, p. 393-398.

NEELEY (M. P.), BARTON (C. M.), A New Approach to Interpreting Late Pleistocene Microlith Industries in Southwest Asia. *Antiquity* 68, 259, 1994, p. 275-288.

REDDING (R.), A General Explanation of Subsistence Change : from Hunting and Gathering to Food Production. *Journal of Anthropological Archaeology* 7, 1, 1988, p. 56-97.

SAXE (A.), Social Dimensions of Mortuary Practices in a Mesolithic Population from Wadi Halfa, Sudan. *Memoirs of the Society for American Archaeology* 25, 1971, p. 39-57.

STRAUS (L. G.), CLARK (G. A.) (eds), *La Riera Cave : Stone Age Hunter-Gatherer Adaptations in Northern Spain*, Arizona State University Anthropological Research Papers n° 36, Tempe, 1986.

TORRENCE (R.), Time-Budgeting and Hunter-Gatherer Technology. *In* : G. N. BAILEY (ed.), *Hunter-Gatherer Economy in Prehistory*, Cambridge University Press, Cambridge, 1983, p. 11-22.

Re-Tooling Towards a Behavioural Theory of Stone Tools. *In* : R. TORRENCE (ed.), *Time, Energy and Stone Tools*, Cambridge University Press, Cambridge, 1989, p. 57-66.

VIERRA (B.), *Subsistence Diversification and the Evolution of Microlithic Technologies : a Study of the Portuguese Mesolithic*, Arizona State University Anthropological Research Papers n° 47, Tempe, 1995.

WIESSNER (P.), Style and Social Information in Kalahari San Projectile Points., *American Antiquity* 48, 2, 1983 p. 253-276.

ZVELEBIL (M.), Mesolithic Prelude and Neolithic Revolution. *In* : M. ZVELEBIL (ed.), *Hunters in Transition*, Cambridge University Press, Cambridge, 1986, p. 5-16.

BIOLOGIE DU SQUELETTE HUMAIN ET LA TRANSITION MÉSO-NÉOLITHIQUE AU PORTUGAL

HUMAN SKELETAL BIOLOGY AND THE MESOLITHIC-NEOLITHIC TRANSITION IN PORTUGAL

Mary Jackes, David Lubell

Résumé. – Les données provenant des collections ostéologiques humaines portugaises (NMI~580) datées entre 8 000 cal BP et 4 500 cal BP ont fourni des évidences d'une diminution dans la taille des dents qui n'est pas associée avec une diminution dans la taille du corps. La robustesse des éléments osseux postcrâniens ne montre pas une tendance définie à travers le temps. Les analyses multivariées de la forme, la mesure des os longs, des caractéristiques métriques des dents et du squelette, ainsi que les mesures crâniennes indiquent globalement des relations complexes entre les échantillons squelettiques du Mésolithique et du Néolithique portugais. Il n'y a aucune évidence consistante pour un remplacement complet de la population contemporaine de la transition économique. Les différences entre les échantillons mésolithiques de Moita do Sebastião et Cabeço da Arruda, ainsi que l'hétérogénéité dans les échantillons néolithiques de Casa da Moura, Feteira, Fontainhas, Furninha et Melides suggèrent que l'on a besoin d'une compréhension plus nette des différences à l'intérieur de la population mésolithique avant de pouvoir arriver à une conclusion définitive sur les rapports entre populations à travers la transition au Néolithique.

Mots clés : ostéologie, Portugal, Mésolithique, Néolithique, distance génétique.

Abstract. – Data from human skeletal samples (total MNI~580) from Portugal dating between 8,000 cal BP and 4,500 cal BP provide evidence of reduction in tooth size, but no associated reduction in overall body size. The robusticity of postcranial elements shows no clear trend through time. Multivariate analyses of shape and size of long bones, of dental and postcranial metrical characteristics, and of cranial measurements, all indicate complicated relationships amongst mesolithic and neolithic Portuguese human skeletal samples. There is no consistent evidence for a wholesale replacement of population associated with the economic transition. Differences between the mesolithic samples from Moita do Sebastião and Cabeço da Arruda, together with neolithic heterogeneity in the samples from Casa da Moura, Feteira, Fontainhas, Furninha and Melides, suggest that we need a much clearer understanding of mesolithic population differences before we can arrive at firm conclusions about population relationships across the transition to the Neolithic.

Key words : osteology, Portugal, Mesolithic, Neolithic, genetic distance.

PROBLEM

Is it possible to identify biological differences between two archaeological populations living in the same geographical area during a period of economic transition ? If identified, can these differences be reliably attributed either to population replacement or to the change in diet and lifestyle ?

MATERIALS AND METHODS

Data from three mesolithic and eight neolithic Portuguese human skeletal samples (total MNI~580 ; fig. 1 and 2) show a reduction in tooth size, but no associated reduction in overall body size. Robusticity of postcranial elements shows no clear trend through time.

Analyses of postcranial bone shape (indices of transverse and sagittal dimensions) and size (transverse shaft diameters), of dental and cranial measurements, and of non-metrical traits, all indicate that there is no simple explanation for the similarities and the differences amongst these samples.

The chronology shown in figure 2 is based on data given in Lubell *et al.* (1994, tab. 1), all determined on human bone collagen (with additional information on Caldeirão from Zilhão, 1992). The weighted mean of Casa da Moura II, III, IV is 5,006 ± 45 uncal BP (5,734 cal BP), but the date for Casa da Moura used in Lubell *et al.* (1994) is based on the weighted mean of all four available dates, including Casa da Moura I (6869 cal BP, see also Straus *et al.*, 1988). Our choice of date for Casa da Moura here is founded on direct dating of three skeletons which we assume represent the majority of individuals we analyzed, all excavated by Delgado (1867), and takes into account Zilhão's opinion that archaeologically the site should be given a younger, rather than an older, date. We assume that Casa da Moura and Furninha were contemporaneous : Zilhão (*in litt.* 10.12.95) states that at both sites « most of the

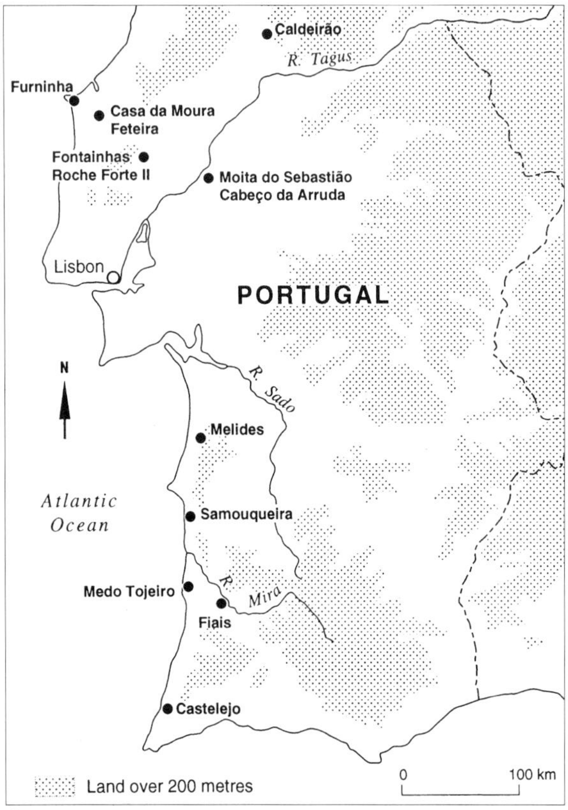

Figure 1. – Central and Southern Portugal showing location of sites discussed in text.

SITE	CALIBRATED YEARS BP	DATE	MNI
Mesolithic			
Moita do Sebastião	7597-8037	7900	79
Cabeço da Arruda	7224-7783	7600	97
Samouqueira	7224		2
Neolithic			
Caldeirão NA1	6668-6810		13
Caldeirão NA2	6965-7225		6
Furninha	est. 5500-6900	6000	43
Casa da Moura	5595-6869	5700	214
Melides (Lagares)	6144		29
Melides (Zambujal)	4989		51
Feteira (partial)	4660-5297		30
Fontainhas	4724		17

Figure 2. – Dates and sample sizes for sites discussed in text.

Site[a]	n	M_2 wear levels			
		2	3	4	5
Moita do Sebastião	12	0	4	6	2
Cabeço da Arruda	13	5	1	3	3
Furninha	8	5	2	1	0
Casa da Moura	15	4	7	3	1
Melides (Zambujal)	3	3	0	0	0

Table 1. – Wear on M2 when wear on M1 is 5 a. Fontainhas and Feteira are not included here, since n = 2 in each case. For Fontainhas, the two second molars are from one individual with extensive chipping and abscessing, and the left side wear appears greater than the right because of this trauma. For Feteira, the two second molars represent stratigraphic Levels I and III (more than 600 years). The Feteira sample used in the diagrams presented here is from Level I (Zilhão, 1984), dated at 4,660 cal BP. Levels II and III are represented by very small samples. Level II is dated at 5,297 cal BP, and Level III is undated.

archaeological material... is of late neolithic age », although an epicardial component exists in both. The mesolithic and neolithic sites analyzed here were all utilized over long time periods, perhaps as long as 2,000 years in some cases, possibly masking biological variations resulting from trends through time.

Figure 3 illustrates why, in this paper, we give Furninha an estimated date slightly older than Casa da Moura : no collagen remained in the Furninha sample submitted for dating, therefore no radiocarbon date is available, but on the basis of figure 3 a predicted date older than the Casa da Moura skeletal sample is reasonable. Data on percent of tooth surfaces with caries and the occlusal/approximal caries ratio suggest that Furninha lies on the trend line between Arruda and Casa da Moura (Lubell *et al.*, 1994, fig. 9a). No categorical statements can be made because analysis of wear on the M1, relative to the M2 wear, indicates that Furninha dentitions have a slightly slower attrition rate than those from Casa da Moura (tab. 1). It is important to have some indication of rates of wear, since attrition is a determinant of occlusal caries rates, but the paucity of dentitions *in situ* in the bone makes detailed comparisons of wear difficult. No cranial material suitable for craniometric study survived

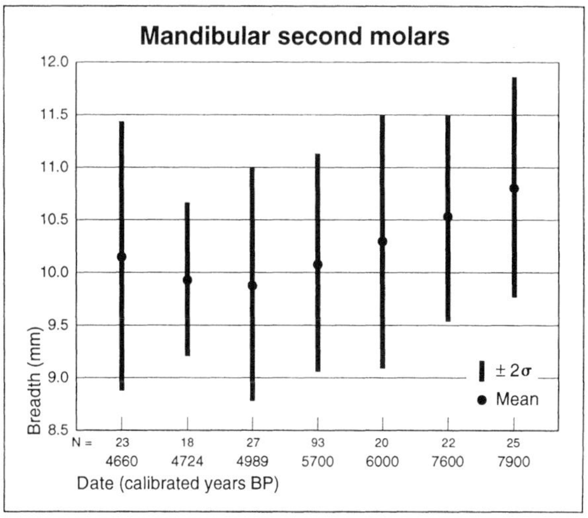

Figure 3. – Mean breadth (mm) of mandibular second molars.

from Furninha, and no dental material was available in the sample from Melides (Lagares) ; thus we have lacunae in our information, hindering our analyses. Nevertheless, data regarding caries presented in Lubell *et al.* 1994 place the Furninha dental sample with Casa da Moura and distinguish it from later material representing the Neolithic of the Portuguese Estremadura (Feteira and Fontainhas).

ANALYSES AND RESULTS

Reduction in tooth size over time in archaeological populations appears to have been common during the Late Pleistocene and Early Holocene, and is often associated with the change from foraging to food production. In Portugal, a reduction has been observed within mesolithic populations by Meiklejohn (Meiklejohn, Schentag, 1988). The trend illustrated in figure 3 is based on lower second molars without major pathology or marked wear. The data used here come from teeth with wear levels of 0 to 5 (Lubell, Jackes, 1988, fig. 4), for which both length and breadth could be measured. Figure 3 and table 2 show that dental reduction continued across the transition into the Earlier Neolithic. While mean size changes, variances around the mean remain relatively homogeneous, suggesting that shifts in sexual dimorphism do not occur. Is the reduction in M2 dimensions simply a reflection of reduced body size ?

Femoral proximal shaft dimensions do not suggest reduced robusticity in neolithic populations (fig. 4 and tab. 2). Neolithic femora are variable, but always broader than mesolithic ones. However, long bones of the lower limb are susceptible to alterations in shape as a result of changes in activity. It is therefore necessary to analyze a post-cranial dimension which is neutral with regard to activity, and thus to examine the possibility that there is actually no change in skeletal robusticity over time.

The mid-shaft transverse diameter of third metatarsals is chosen as such a neutral dimension, and one for which adequate sample sizes are available. No trend is discernible (fig. 5).

If we examine the left humerus, a non-weight-bearing bone and less likely than the

Site	yrs cal BP	breadth of lower M2 (mm)			adult femoral proximal transverse diameter (mm)		
		Mean	s	n	Mean	s	n
Moita do Sebastião	7900	10.80	.524	25	30.18	1.862	63
Cabeço da Arruda	7600	10.52	.495	22	29.68	2.579	71
Melides (Lagares)	6144	-	-	-	31.67	2.099	24
Furninha	(6000)	10.29	.608	20	30.73	3.793	29
Casa da Moura	5700	10.09	.516	93	31.28	3.296	178
Melides (Zambujal)	4989	9.88	.522	27	30.78	2.938	36
Fontainhas	4724	9.93	.368	18	30.92	3.193	41
Feteira (level 1)	4660	10.16	.641	23	31.37	3.219	10

Table 2. – Breadth in mm of mandibular second molars and proximal femora.

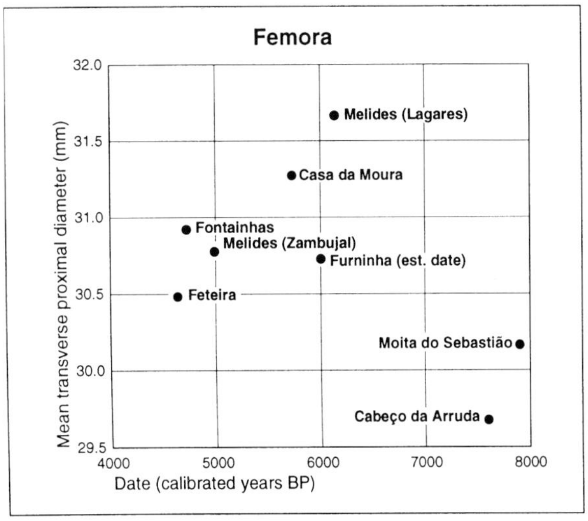

Figure 4. – Mean femoral transverse proximal diameter (mm).

right to be subject to activity-induced changes, there is again no trend (fig. 6). In fact, the situation is the reverse of what might be expected : the oldest sample (Moita do Sebastião) is the smallest. Furthermore, Moita is the only sample which differs significantly : Cabeço da Arruda, the other mesolithic sample, is clearly equivalent to the robust neolithic humeri dated around 6,000 cal BP.

Cluster analysis of humeral, tibial and femoral mid-shaft mass, and indices expressing shape, shows that the two mesolithic samples (Moita and Arruda) do not group together (fig. 7). The sites which contain the largest individuals (Lagares and Furninha) are clearly differentiated. The two mesolithic sites group in various ways according to the variables included in the analysis : they never

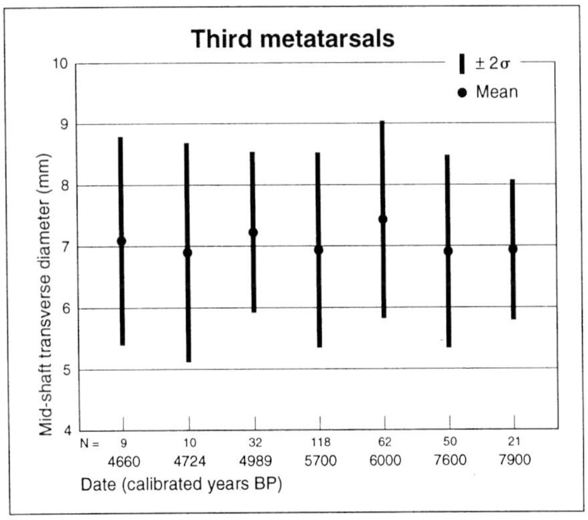

Figure 5. – Mean mid-shaft transverse diameter (mm) of third metatarsals.

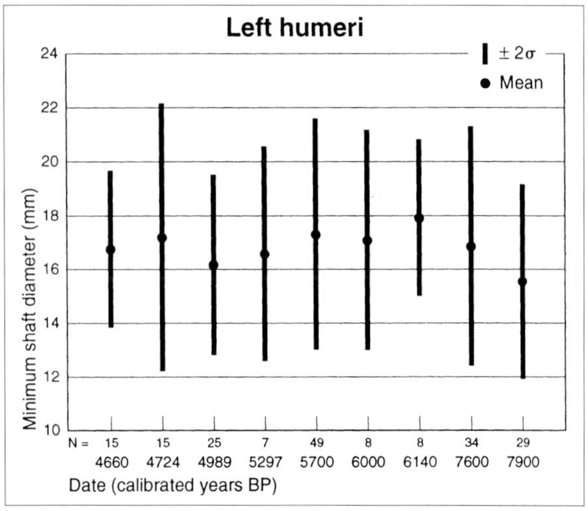

Figure 6. – Mean minimum shaft diameter (mm) of left humeri.

group together when long bone dimensions are used.

Analyses of cranial measurements also suggest that mesolithic populations of Central Portugal were neither homogeneous nor stable over time (fig. 8) : results again show no clear differentiation between mesolithic and neolithic samples, and lack of homogeneity within the Mesolithic. This result holds true even when other samples are introduced into the analysis as outliers, as, e.g., the mesolithic samples from Northern Europe used in this dendrogram.

Analysis of non-metrical traits provides more reliable evidence for genetic relationships. Figure 9 shows the results of an analysis of eight non-metrical traits which are assumed to be independent of environmental influences (Carabelli's cusp on M1 ; MB/DL cusp contact on M1, M2, and M3 ; cusp number on M2 ; left humerus septal aperture ; talus facet form ; calcaneus facet form), controlling for sample size by application of the city block measure. Figure 9 shows a close grouping of the mesolithic samples from Moita and Arruda, two sites located within 3 km of each other and overlapping in time. We would therefore expect them to demonstrate the genetic similarity shown by this analysis. The nearest neighbour to the mesolithic sites in the cluster diagram is Zambujal Cave at Melides, several hundred kilometers to the south and several thousand years later in time, thus suggesting genetic continuity south of the Tagus. Sites assumed to date around 6,000 cal BP from the Estremadura north of the Tagus then join the cluster. Our research does not therefore provide firm evidence for population replacement associated with the Mesolithic-Neolithic transition. Figure 9 suggests only that neolithic samples from north of the Tagus River dated after 5,000 cal BP are differentiated genetically from mesolithic samples, and that samples from sites south of the Tagus, whether Mesolithic or Neolithic, bear a closer genetic relationship to each other than they do to samples from sites north of the Tagus.

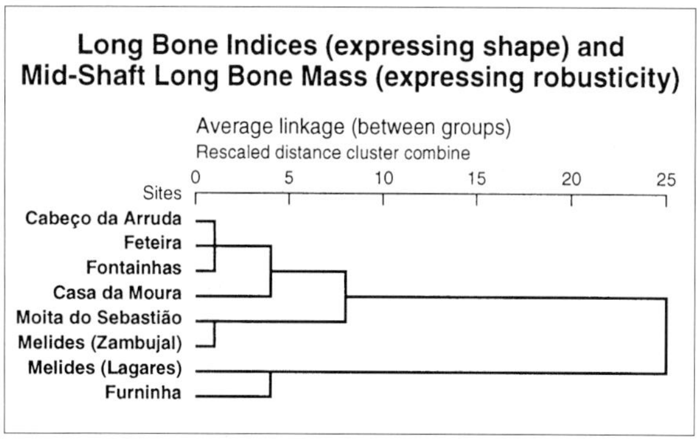

Figure 7. – Dendrogram of long bone shaft robusticity and shape.

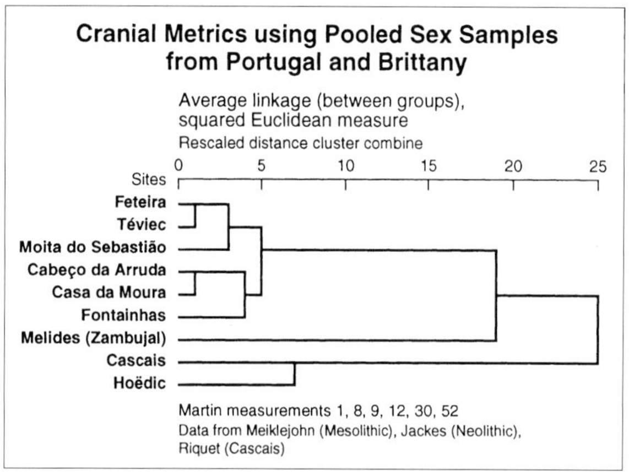

Figure 8. – Dendrogram of cranial metrics.

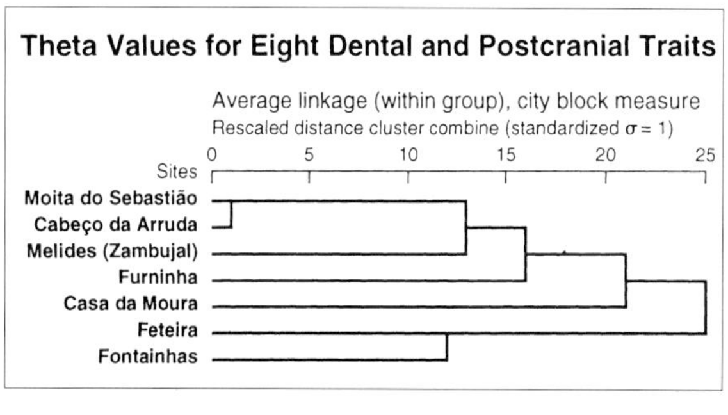

Figure 9. – Dendrogram of theta (q) values for dental and postcranial non-metrical traits.

SUMMARY AND CONCLUSIONS

Differences between the two mesolithic samples demonstrate the need for a clearer understanding of trends through time within the mesolithic population before we can arrive at firm conclusions about population relationships across the Mesolithic-Neolithic transition. While some data do indicate specific differences between mesolithic and neolithic populations in Central Portugal, overall there is no clear major discontinuity between skeletal samples from the Mesolithic and the Neolithic, whether in skeletal size and shape, or in non-metrical characteristics.

We are convinced that trends established in the Mesolithic continued into the Neolithic (Lubell *et al.*, 1994). Neither genetic replacement nor economic change at the Mesolithic-Neolithic transition provide an all-inclusive explanation for the conflicting trends that we have identified of reduction, increase or stability in the size of skeletal elements, and of homogeneity and heterogeneity in shape and non-metrical characteristics in Portuguese skeletons dating between 8,000 cal BP and 4,500 cal BP. Despite the fact that we report on a relatively large sample of skeletal and dental material, from a relatively restricted geographical area, the data are still not sufficient to provide incontrovertible evidence for either population replacement or continuity. We hypothesize, based on palaeodemographic analyses, that there was biological discontinuity and hence heterogeneity among small relatively sedentary mesolithic bands (Jackes n.d.), which resulted in the heterogeneity observed in the neolithic samples we have studied. The hypothesized mesolithic heterogeneity, maintained within succeeding neolithic groups, cannot be ignored in any attempt to interpret the human biology of the transition.

ACKNOWLEDGEMENTS

This paper is based on data collected for the project « Archaeology and Human Biology of the Mesolithic-Neolithic transition in Portugal », funded by the Social Sciences and Humanities Research Council of Canada through operating grants 410-84-0030 and 410-86-2017 to Lubell, Jackes and Meiklejohn, and by grants from the Advancement of Scholarship Fund and the Central Research Fund (University of Alberta) to Lubell. We thank Dr M. Ramalho (Serviços GeolWe thank D Humanities Research Council of Canada through operating g ; Dr C. Meiklejohn (University of Winnipeg) for permission to use his data ; and Dr J. Zilhão (Universidade de Lisboa) for the invitation to analyze the human remains from Caldeirão and Feteira as well as for comments on earlier versions of this paper.

REFERENCES

Delgado (J. F. N.), *Da existência provável do homem no nosso solo em tempos mui remotos provada pelo estudo das cavernas. I : Noticia acerca das grutas da Cesareda.* Estudos Geologicos, Commissão Geologica de Portugal, Lisboa, 1867.

Jackes (M. K.) (n. d.), Human biology and the first farmers of Western Europe. Paper read at the conference « Épipaléolithique et Mésolithique en Europe » (Grenoble, sept. 1995). Copies available upon request.

Lubell (D.), Jackes (M. K.), Portuguese Mesolithic-Neolithic Subsistence and Settlement. *Rivista di Antropologia,* supplemento del vol. LXVI, Roma, 1988, p. 231-248.

Lubell (D.), Jackes (M.), Schwarcz (H.), Knyf (M.), Meiklejohn (C.), The Mesolithic-Neolithic Transition in Portugal : Isotopic and Dental Evidence of Diet. *Journal of Archaeological Science* 21, 1994, p. 201-216.

Meiklejohn (C.), Schentag (C. T.), Dental Size in Two Portuguese Mesolithic Series and Their Implications. Abstract. *American Journal of Physical Anthropology* 75 (2), 1988, p. 249.

Riquet (R.), Anthropologie de quelques néolithiques portugais. *Homo* 23, 1972, p. 154-187.

Straus (L. G.), Altuna (J.), Jackes (M.), Kunst (M.), New Excavations in Casa da Moura (Serra del Rei, Peniche) and at the Abrigos de Bocas (Rio Maior), Portugal. *Arqueologia* 18, Porto, 1988, p. 65-95.

Zilhão (J.), A Gruta da Feteira (Lourinhã) : Escavação de salvamento de uma necrópole neolítica. *Trabalhos de Arqueologia* 1, Instituto Português do Património Cultural, Lisboa, 1984.

Gruta do Caldeirão - O Neolítico Antigo. *Trabalhos de Arqueologia* 6, Instituto Português do Património Cultural, Lisboa, 1992.

LES STRATÉGIES D'ORGANISATION DES COMMUNAUTÉS DE CHASSEURS-CUEILLEURS AU IXe MILLÉNAIRE BP DANS LES PYRÉNÉES ORIENTALES

ORGANIZATIONAL STRATEGIES OF HUNTER-GATHERER COMMUNITIES IN THE 9th MILLENNIUM BP ALONG THE EASTERN PYRENEES

Maria Pallarés, Rafael Mora

Résumé. – Cet article aborde l'étude de quelques occupations mésolithiques estivales-automnales dans les Pyrénées orientales, qui ont montré quelques stratégies d'organisation récurrentes en ce qui concerne l'occupation du territoire et la gestion des ressources et dont il est possible d'établir un modèle de comportement socio-économique.

Mots clés : Mésolithique, stratégies d'organisation, gestion des ressources, processus de production.

Abstract. – In this paper, we present an approach to some mesolithic late-summer/autumn seasonal occupations in the Eastern Pyrenees which show a series of recurring organizational strategies in terms of subsistence-settlement patterns and management of resources, from which a model of socio-economic behaviour can be drawn.

Key words : Mesolithic, organizational strategies, resource management, productive process.

The purpose of this paper is to explore the organizational strategies of hunter-gatherer communities during the 9th millennium BP in the context of the Eastern Pyrenees. Traditionally, this region has been characterized by the difficulty of fitting the rare documented complexes into the classic sequences established for both the South of France and the Mediterranean region of the Iberian peninsula. In the last few years, various projects conducted on both the Pyrenean and sub-Pyrenean slopes have provided new information which allow us to establish some recurring features in the settlement pattern and resource management for these hunter-gatherer groups. Sites which will be considered in this synthesis are the open air sites of La Font del Ros (Berga, Barcelona – Mora *et al.*, 1991), Sota Palou (Campdevànol, Girona – Carbonell *et al.*, 1985), and the rockshelters of Roc del Migdia (Vilanova de Sau, Barcelona – Rodríguez *et al.*, 1991) and Balma Guilanyà (Navès, LLeida – Terradas *et al.*, 1993), located in the Catalonian pre-Pyrenean uplands. These sites present some features analogous to the assemblages of Grotte de Dourgne (Fontanes-de-Sault, Aude – Guilaine *et al.*, 1993), Grotte des Adoutx (Caudies de Fenouillèdes – Barbaza, 1986), Caune d'Arques (Aude – Sacchi, 1972) and Roc d'En-Bertran (Camps-sur-Agly, Aude), on the French Pyrenean slopes (fig. 1, tab. 1).

Even though, in the last few years, typological studies have been gradually replaced by more dynamic approaches, such as the reconstruction of the complete processes by which artifacts are produced, distributed and used, in the field of Pyrenean mesolithic research most archaeologists still continue to spend too much effort on establishing cultural affiliations with regard to morphological variability and stylistic differences among lithic assemblages. This approach constantly tries to esta-

Site	Sample	Layer	Date BP	Reference
Font del Ros	UBAR-185 UBAR-165 UBAR-329 UBAR-397 Charcoal	-SG-	8 050 ± 150 BP 8 150 ± 150 BP 8 270 ± 200 BP 8 400 ± 180 BP	Mora *et alii.*, 1991
Font del Ros	UBAR-345 Charcoal	-SGA-	8 800 ± 360 BP	-
Roc del Migdia	UBAR-196 charcoal	-II-	8 190 ± 300 BP	Rodriguez & III, 1991
Sota Palou	UGRA-69 UGRA-124 charcoal	-	8 540 ± 180 BP 9 060 ± 380 BP	Carbonell *et alii.*, 1985
Balma Guilanyà	UGRA- charcoal	-C-	8 970 ±430 BP	-
Dourgne	MC 1108 shel	-C10-	8 620 ± 120 BPI	Guilaine *et alii.* 1993
Caune d'Arques	Gif-2415 shell	-C2b-	8 920 ± 200 BP	Sacchi, 1972
Roc d'en Bertran	MC-595 charcoal	-	8 100 ± 110 BP	Guilaine *et alii.*, 1993

Table 1. – Radiocarbon dates.

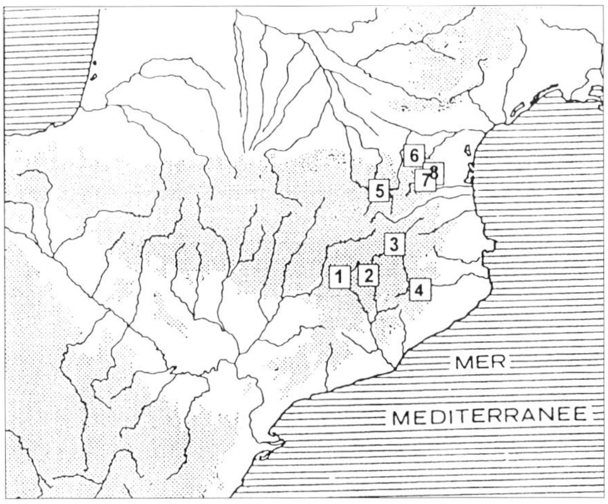

Figure 1. – Cartes de localisation des différents sites.
1. Balma de Guilanyà (Navès, Lleida).
2. Font del Ros (Berga, Barcelona).
3. Sota Palou (Campdevànol, Girona).
4. Roc del Migdia (Vilanova de Sau, Barcelona).
5. Abri du Roc de Dourgne (Fontanès de Sault, Aude).
6. Caune d'Arques (Arques, Aude).
7. Grotte des Adoutx (Caudiès-de-Fenouillèdes, Pyrénées Orientales).
8. Abri du Roc d'en Bertran (Camps sur l'Agly, Aude).

blish the relationship between « armatures » and « fonds communs », overvaluing the search for a series of discrete, ideal, static types, as in the case of « armatures », and thus ignoring both the dynamic features of lithic technology and the potential information which can be obtained from contextual data.

Through this kind of approach, local mesolithic facies have proliferated day-in day-out and, instead of establishing clear « cultural patterns », have contributed to creating a great confusion in the scientific community. Sites from the Eastern Sub-Pyrenean slopes have been considered « atypical », due to the lack of clear temporal diagnostic markers, and left outside the cultural seriations based on the model established by Fortea (Fortea, 1973) for the Spanish Mediterranean Epipaleolithic (which is still the reference for the study and classification of Catalonian mesolithic assemblages). On the other hand, sites from the French slopes have been fitted more or less by force into the Sauveterrian culture (Guilaine *et al.*, 1993), whose extent has thus been enlarged progressively until it covers 200,000 km^2, including the whole Pyrenean piedmont according to N. Valdeyron's recent thesis (Rozoy, 1995).

The problem lies, in our opinion, in the tendency to postulate a unique explanatory factor, forgetting that all the observed variability cannot be accounted for by the supposed cultural differences inferred from typology. Consequently, these approaches are too restricted to efficiently analyze archaeological contexts where lithic industries, their variation and their transformation result from the interaction of multiple factors (Perlès, 1989), since, in

Collins'words, variability is not only technological but « is strategic and situational » (Collins, 1993). Variability therefore reflects the complex interaction of a series of factors which potentially contribute to inter-assemblage difference, and which have been widely recognized in the research literature, such as the kind of activities performed in the settlement, occupation length and intensity, raw material restrictions, seasonal availability of foods and all the organizational difficulties set by the particular systems of settlement and mobility which constitute the productive and reproductive processes of a group. Only through an approach which takes into account all these factors would it be possible to isolate a series of recurring social features which allow us to understand the organizational strategies of Eastern Pyrenean hunter-gatherer communities through the 9th millennium BP.

The Sota Palou and Roc del Migia sites were considered rare or « atypical », as were in their turn the Caune d'Arques or the Grotte de Dourgne. However, when further sites with analogous features appear, such as the Font del Ros or Balma de Guilanyà, what before was « atypical » now becomes « typical », because there are features that recur in time and space, making the Mesolithic of this zone reappear as a more homogeneous ensemble.

All of these sites are middle mountain settlements situated in the headwater valleys of the Pyrenean-Mediterranean fluvial network, in the contact zone between the abrupt pre-Pyrenean mountains and the smoothed open valleys of the central Catalonian depression and the Roussillon. The orographic characteristics of these locations favour the existence of major biotopes rich with a great variety of animal, vegetable and mineral resources in the vicinity of each site, due to the growth of animal and vegetable biomass after the postglacial warming, and these resources were hunted and exploited extensively. With regard to hunting activities, the typical mixed faunal associations from the beginning of the Holocene in Mediterranean Europe have been documented : species from woodland biotopes (*Cervus elaphus, Sus scrofa scrofa*), open and scarped (*Capra pyrenaica*), open and flat (*Bos sp.*), together with abundant lagomorphs (*Oryctolagus cuniculus*) in some cases. The dual association of temperate forest-parkland animals and species from montane grasslands corresponds with the reconstruction of the vegetable environment. This shows a subalpine montane vegetation for Dourgne (C10) and Balma Guilanyà, both placed between the Late pre-Boreal and the start of the Boreal, with an association of *Juniperus* and *Pinus Sylvestris* that demonstrates the persistence of open vegetation areas and still cold climate. These pre-steppe formations already announce the climatic improvement which leads to the expansion of mesophile forest, represented in Font del Ros, Roc del Migdia and Sota Palou. These sites show typical woodland supra-Mediterranean vegetation, with a predominance of *Quercus* and *Corylus*, which reflects the early extension of oak woodland during the Postglacial (Jordà *et al.*, 1992).

The great number of carbonized macrobotanical remains recovered are evidence for the gathering of wild fruit, such as *Corylus corylus* in most sites, *Quercus sp.* (Roc del Migdia), and *Prunus spinosa* (Roc del Migdia, Font del Ros), as well as *Malus silvestris* and *Pyrus piraster* in Font del Ros (López, 1994). Another feature is the presence of a large number of grindstones for processing different plants and fruit. Their microwear analysis helps establish the importance of plant resources in the subsistence base of these groups. In Roc del Migdia, the ichthyological remains recovered, including *Rutilus rutilus*, *Barbus sp.* and *Angilla anguilla*, suggest the practice of fishing in watercourses surrounding the settlement. At Grotte des Adoutx, the great number of *Helix*, although in some cases occurring naturally in deposits of this temperate humid period, points to deliberate human collection and consumption of land snails (Sacchi, 1972), a phenomenon extensively documented in other sites of the Pyrenean domain.

All these data hint at some seasonal occupations of late summer-autumn, when there was a broad spectrum of food possibilities, including the hunting of large mammals, small game, seasonal fishing, collecting terrestrial molluscs and the gathering of wild fruit in the vicinity of settlements. The presence of different marine molluscs, including *Collumbella rustica* as well as *Dentalium sp.* and *Glycymeris violacescens* in locations more than 100 km from the seashore, suggests some kind of contact with the Mediterranean littoral. This is an evidence which should be considered in establishing the degree of mobility and exchange networks for these groups.

	Font del Ros		Sota Palou	Dourgne		Grotte des Adoutx		Balma Guilanyi	Roc del Migdia
Layer	-SG-	-SGA-	-	-C9-	-C10-	-C2d-	-C2c-	-C-	-II-
Quartz	37.50 %	29.42 %	59 %	56.2 %	75 %	74.5 %	86.9 %	39.7 %	57.7 %
Siliceous Rocks	47.33 % (1)	51.28 % (1)	10 %	11.8 %	7.4 %	16.9 %	10.6 %	35.4 %	31.3 %
Radiolarite	-	-	11 %	21.8 %	15.3 %	8.4 %	1.1 %	0.3 %	-
Limestone	7.80 %	8.84. %	-	-	-	-		16.6 %	9.7 %
Quartzite	4.60 %	8.52 %	-	2.5 %	0.37 %	-	1.1 %	3.8 %	-
Others	12.77 %	1.94 %	20 %	7.5 %	1.7 %	-	-	4.2 %	1.3 %
Total number of pieces	19.674	622	1 815	1 256	802	59	169	1 095	515 (2)

Table 2. – Raw material composition over the total number of knapped materials. 1. Siliceous rocks including radiolarites. 2. Counts made on raw material weight.

As far as lithic resource management is concerned, we observe appropriate manufacturing techniques adapted to the nature and availability of raw materials (Rodríguez *et al.*, 1991 ; Terradas, 1995). In all sites that have been systematically studied, prehistoric groups exploited local raw materials coming, in the main, from secondary deposits in river and stream terraces near the settlements. A great variety of lithologies are collected and processed, of which the commonest are vein quartz, siliceous rocks, sandstones, and quartzites (tab. 2). The physical properties of these materials, as well as the size, morphology and quality of the pebbles, impose some restrictions on the production of implements. Cryptocrystalline and vein quartz appear as irregular pebbles with numerous fissures, flaws and internal planes of weakness which result in fragments with amorphous morphologies. As far as flint is concerned, although some blocks present more conchoidal fractures, most of them are small in size and internally weakened, thus also providing irregular blanks with obtuse angles.

Raw material procurement shows evidence of minimization of effort invested in the acquisition. Rather than being tested prior to transportation to the settlement, they are merely collected in the surroundings and introduced, in most cases, without previous testing of their knapping suitability. At Font del Ros, refitting of some blocks of igneous rocks, among a large amount of introduced material, has shown that, after a first flaking attempt, the poor quality of the flaking products has resulted in the piece being considered unusable, and it has been rejected with minimal flaking. Collection of raw materials can therefore be seen as « non-selective » as far as the physical properties of raw materials are concerned, although other factors such as block size and morphology have been taken into account. These strategies in the management of lithic resources are understandable in terms of the proximity of material sources and the consequent low extraction costs. Since raw materials have been introduced as unmodified blocks, all the processing is carried out on site, resulting in a proliferation of blanks, debris and cortical elements.

Lithic production systems are characterised by minimal block preforming and a limited degree of striking platform preparation because, in most cases, natural surfaces (cortex and fracture planes) are used as striking platforms (Terradas, 1995). After the removal of a small number of flake blanks, cores are discarded with part of their surface unmodified. This fact can be explained by the abundance of locally available raw materials. The small number of extractions for each core is also reflected in the high proportion of cortical flakes which, in Roc del Migdia, represents 70 % of all specimens on quartz (Rodríguez, Yll, 1991). The proportion of blanks is, therefore, very low in relation to the large quantity of raw material introduced into the settlement. Even so, we think we can talk about a low production cost because of the proximity of resources and the consequent small investment in raw material transport and processing as has been pointed out by Terradas in his study of a 10 % sample from Font del Ros (Terradas, 1995). Lithic technological analysis of the Eastern Catalonian pre-Pyrenean sites reveals high variability in core reduction techniques. The most common groups of reduction techniques are : *a*) unipolarized systems, where a conical or cylindrical configuration is generated from a single striking platform ; *b*) parallel bipolarized systems, with two opposed striking platforms ; and *c*) orthogonal bipolarized systems, where platforms are perpendicular. Bifacial centripetal techniques and some multipolarized systems also occur, but in much lower proportion.

The microblade technique appears in all sites in low proportions, but it is especially common at Font del Ros, associated with groups *a*), *b*) and *c*). Terradas (1995) considers that the Font del Ros raw material characteristics enable bladelet production. However, a review of these materials, as well as a study of the complete assemblage, reveals an important aspect of this reduction system which encompasses 60 % of all cores made on flint. Pebbles of higher quality are selected to perform this more complex and productive core exploitation system. Indeed, microblade techniques are mainly performed on flint at Font del Ros, Roc del Migdia, Balma Guilanyà and layer C9 of Grotte de Dourgne (Guilaine *et al.*, 1993), in which, despite the small number of specimens, a conical microblade core with two striking platforms and some bladelets has been recorded. In each case, core preparation is not highly refined, and bladelets always have narrow cross-sections and irregular morphologies. Thus they do not seem to have been the object of systematic standardized production. Equally, while flint cores show a more intensive exploitation and a reduced amount of remaining cortical surface, limestone, quartz and quartzite correlate with the simplest unipolarized reduction sequences and are discarded after the removal of a small number of flakes.

Retouched pieces form a small percentage (between 2 % and 8 %) in relation to the total collection of knapped material. There is preferential selection of flint (81 % of the retouched pieces in Font del Ros, 77 % in Balma Guilanyà and 75 % in Roc del Migdia), and some simple manufacturing techniques that seem more related to maintaining the effectiveness of the edges for immediate needs and fitting to available supports than to the search for some specific tool design. The most common morphological groups are denticulates, notches, side-scrapers and *écaillés* (tab. 3). Geometric microliths are sometimes present, with one typical sauveterrian point in Dourgne (layer C10) and another in Adoutx along with a scalene triangle. In Font del Ros, there are a very small number of non-geometric microlithic forms with a very variable morphology.

Everything seems to point to an expedient technology which reduces costs associated with raw material collection and transport as well as the time invested in the manufacture and repair of work instruments. There are no factors which would justify a major labour investment in manufacturing technique and therefore we see adoption of the simplest solutions that satisfy the available resources and the nature of the activities to be performed.

	La Font del Ros		Sota Palou	Roc del Migdia	Balma Guilanyà
Layer	-SG-	-SGA-	-	-II-	-C-
Denticulates & Notches	186 (40.70 %)	11 (50 %)	30 (34.4 %)	6 (50 %)	17 (48.5 %)
Sidescrapers	126 (27.57 %)	5 (22.7 %)	18 (20.6 %)	1 (8.3 %)	13 (37.1 %)
Écailés	91 (19.91 %)	6 (27.2 %)	18 (20.6 %)	4 (33.3 %)	1 (2.8 %)
Endscrapers	22 (4.81 %)	-	-	1 (8.3 %)	3 (8.5 %)
Burins	17 (3.71 %)	-	14 (16 %)	-	-
Backed Points	3 (0.65 %)	-	3 (3.4 %)	-	1 (2.8 %)
Backed bladelets	2 (0.43 %)	-	3 (3.4 %)	-	-
Becs	6 (1.31 %)	-	1 (1.1 %)	-	-
Truncations	1 (0.21 %)	-	1 (1.1 %)	-	-
Foliaceous	3 (0.65 %)	-	2 (2.2 %)	-	-
Total number of pieces	457	22	90	12	35

Table 3. – Frequences of retouched pieces for some pre-Pyrenean collections.

Even though this kind of technological behaviour has sometimes been characterized as « opportunistic » (Terradas, 1995), this concept connotes, as pointed out by Nelson (1991), an unplanned technological response to an unanticipated need. In this respect, we prefer to use the concept of « expedient » technology (Binford, 1979), which can be defined as « a planned response to an expected task incorporating minimal technological preparation of tools and a short period of use » (Nelson, 1991). Although it is very difficult to propose independent criteria that separate these two strategies (Bousman, 1993), insofar as these kinds of occupation are part of the mobility strategies of these groups, and therefore depend on anticipatory knowledge of seasonal cycles and resource distribution, we think it more appropriate to consider them from a theoretical viewpoint as a planned response, supporting the notion of anticipatory organization rather than some random opportunistic behaviour implied by most adaptationist approaches.

To conclude, there are a number of late-summer/autumn seasonal occupations along the Eastern Pyrenees which show a series of recurring organizational strategies in terms of settlement patterns and management of resources, from which a model of socio-economic behaviour can be drawn. By scheduling the exploitation of different seasonal locations, the prehistoric groups who occupied this region during the 9th millennium BP were able to make full use of the richest supplies of animal and vegetable foods occurring during the late summer and autumn, exploiting valleys and plateaux with expediently organized technologies. Although some authors have considered these assemblages as merely a facies of « circumstance » or « fortune » (Barbaza, 1986), or an adaptation to local raw material conditions (Terradas, 1995), from our point of view it is excessively reductionist to consider lithic production strategies as the adaptive result purely of geological factors. Local parameters, such as quality and quantity of locally available materials, may impose some technological constraints, as pointed out above. However, they are not sufficient to explain the organization of lithic production processes, since these are social productions and therefore cannot break their links with the general socio-economic organizational strategies. We have seen that the use of relatively mediocre local raw material was no obstacle to produce some microlithic forms. Forthcoming studies will help to establish the relationship between these settlements and other Pyrenean contemporaneous occupations such as Balma Margineda (layer 4), in which there seems to be a major presence of triangles and trapezes made also on a similar rather poor raw material, associated to a supposed specialized ibex-hunting site (see Geddes *et al.*, 1986).

The model of some diversified subsistence strategies and expedient technologies we propose here is not exclusive. The fact that these kind of strategies are employed in this area does not imply that the same groups might not employ more standardized production strategies and more specialized economic activities elsewhere, depending on other factors imposed by subsistence-settlement organization and thus the interrelationship between occupations of different kind, duration and intensity. Instead of trying to always explain lithic variability by direct cultural differences, we must take into account the possibility to consider hunter-gatherer groups *sensu* Bousman (Bousman, 1993), existing on a continuum, with resource maximizers using « costly » technological devices at one end and work minimizers using « inexpensive » technologies at the other. These are merely different strategies that give solutions to different resource and organizational problems related to the productive process. Hunter-gatherer groups, as ethnography has shown, can perfectly well present a combination of both strategies.

ACKNOWLEDGEMENTS

We are very grateful to Ian Johnson for his revision of the English translation. The first author also acknowledges fundings from a FI grant of the Catalan Commission for Research and Technology (Dept. de Cultura, Generalitat de Catalunya).

REFERENCES

BARBAZA (M.), Réflexions sur les industries mésolithiques en quartz amorphe de la grotte de Coma-dels-Adoutx (Caudiès-de-Fenouillèdes, Pyrénées orientales). *Travaux de l'Institut d'Art préhistorique* XXVIII, Université de Toulouse II, 1986, p. 49-56.

La grotte des Adoutx à Caudiès-de-Fenouillèdes (Pyrénées orientales) et le Mésolithique des Corbières. *Gallia Préhistoire* 30, 1987-1988, p. 187-204.

BAMFORTH (D. B.), Technological Organization and Settlement Mobility. *American Antiquity* 51 (1), 1986, p. 319-342.

BINFORD (L.), Organization and Formation Processes : Looking at Curated Technologies. *Journal of Anthropological Research* 35, 1979, p. 255-273.

BOUSMAN, Hunter-Gatherer Adaptations, Economic Risk and Tool Design. *Lithic Tecnology* 19 (1,2), 1993, p. 59-85.

CARBONELL (E.) *et al.*, Sota Palou. Un centre d'intervenció prehistòrica postglaciar a l'aire lliure. *Serie Monogràfica del Centre d'Investigacions Arqueològiques de la Diputació de Girona* 5, 1985, 172 p.

COLLINS (M. B.), Comprehensive Lithic Studies : Context, Technology, Style, Attrition, Breakage, Use-Wear and Organic Residues. *Lithic Tecnology*, vol. XVIII, n° 1, 2, 1993, p. 87-93.

FORTEA (J.), *Los complejos mricolaminares y geométricos del Epipaleolítico mediterráneo español,* Salamanca, 1973, 550 p.

GEDDES (D.), GUILAINE (J.), COULAROU (J.), LE GALL, (O.), MARTZLUFF (M.), Postglacial Environments, Settlement and Subsistence in the Pyrenees : the Balma Margineda, Andorra. In : C. BONSALL (ed), *Mesolithic in Europe*, Hohn Donald, Edinburgh, 1986, p. 561-571.

GUILAINE (J.), BARBAZA (M.) GASCO (J.) GEDDES (D.) *et al.*, *Dourgne. Derniers chasseurs-cueilleurs et premiers éleveurs de la haute vallée de l'Aude*, éd. du CASR, EHESS-CNRS, Toulouse, 1993, 497 p.

JORDÁ (J. F.), MORA (R.), PIQUÉ (R.), La secuencia litoestratigráfica y arqueológica del yacimiento de la Font del Ros. *Cuaternario y Geomorfología* 6, Berga, Barcelona, 1992, p. 21-30.

LÓPEZ (V.), *Estudi paleocarpològic del jaciment prehistòric de la Font del Ros (Berga, Berguedà)*, Servei d'anàlisis arqueològiques, Bellaterra, 1993, 30 p.

MORA (R.), TERRADAS (X.), PARPAL (A.), PLANA (C.) *et al.*, Les ocupacions mesolítica I neolítica de la Font del Ros (Berga). *Tribuna d'Arqueologia* 1989-1990, Generalitat de Catalunya, 1991, p. 19-29.

NELSON (M.), The Study of Technological Organization. *In* : M. SCHIFFER (ed.), *Archaeological Method and Theory*, vol. III, University of Arizona Press, Tucson, 1991, p. 57-100.

PERLÈS (C.), In Search of Lithic Strategies : a Cognitive Approach to Prehistoric Chipped Stone Assemblages. *In* : J. C. GARDIN, C. PEEBLES (eds.), *Representations in archaeology*, Indiana University Press, 1989, p. 223-250.

RODRÍGUEZ (A.), YLL (E. I.), Materias primas y cadenas operativas en el yacimiento epipaleolítico de El Roc del Migdia (Vilanova de Sau, Barcelona). *In* : R. MORA, X. TERRADAS, A. PARPAL, C. PLANA (eds.), *Tecnología y cadenas operativas líticas*, Barcelona, 1991, p. 73-82.

In press, Evolución de la industria lítica en el yacimiento del Roc del Migdia (Vilanova de Sau, Barcelona, Catalunya) durante los últimos diez mil años. *1° Congresso de Arqueologia Peninsular*, Porto, vol. VIII, 1993, p. 105-118.

ROZOY (J.-G.), *Actes*, table ronde de Sauveterre-la-Lémance 1994 : « Le Sauveterrien ». *BSPF*, t. 92, n° 1, 1995, p. 19-21.

SACCHI (D.), Datage 14C d'un gisement mésolithique des Corbières : La Caune d'Arques (Aude). *Bulletin de la Société Préhistorique Française* 69/8, 1972, p. 229.

TERRADAS (X.), PALLARÉS (M.), MORA (R.), MARTÍNEZ (J.), Estudi preliminar de les ocupacions humanes de la balma de Guilanyà (Navès, Solsonès). *Revista d'Arqueologia de Ponent*, n° 3, 1993, p. 231-248.

TERRADAS (X.), Les estratègies implementades en la gestió dels recursos lítics al Pirineu oriental durant el IXe milleno BP. *Xe Colloqui internacional d'arqueologia de Puigcerdà,* Cultures i medi, 1994, p. 207-214.

Las estrategias de gestión de los recursos líticos del Prepirineo catalan en el IXe milenio BP : el asentamiento prehistórico de la Font del Ros (Berga, Barcelona). *Treballs d'Arqueologia* n° 3, Bellaterra, 1995, 206 p.

ENREGISTREMENT STRATIGRAPHIQUE PALÉOCLIMATIQUE D'UNE SÉQUENCE DU DÉBUT HOLOCÈNE DES PRÉ-PYRÉNÉES : GROTTE DU PARCO (ALÒS DE BALAGUER, LLEIDA, ESPAGNE)[1]

STRATIGRAPHICAL AND PALAEOCLIMATICAL RECORD OF AN EARLY HOLOCENE SEQUENCE OF THE PRE-PYRENEES : PARCO CAVE (ALÒS DE BALAGUER, LLEIDA, SPAIN)

Ma Mercè Bergadà

Résumé. – Nous présentons dans ce travail l'étude stratigraphique et micromorphologique de la séquence du début holocène de la grotte du Parco (Alòs de Balaguer, Lleida, Espagne) ; notamment des niveaux qui correspondent à l'Épipaléolithique, qui remonte à 10 190 BP (niv. Ia). Au point de vue du paléoenvironnement, on remarque qu'il existe à ce moment-là des conditions semi-arides et des périodes humides et froides avec des chutes de blocs et une augmentation du taux de sédimentation dû à des pluies torrentielles.

Mots clés : grotte du Parco, Pré-Pyrénées, Épipaléolithique, Holocène ancien, micromorphologie, paléoclimatologie.

Abstract. – In this paper we present a stratigraphical and micromorphological study of Parco cave (Alòs de Balaguer, Lleida, Spain) and its early holocene sequence ; principally the epipalaeolithic level, dated to 10,190 BP (niv. Ia). From the viewpoint of the paleoenvironment, we can observe semi-arid conditions with humidity and cold periods, the existence of block dips, and an increase in the sedimentation rate due to the effect of torrential rain.

Key words : Parco cave, Pre-Pyrenees, Epipalaeolithic, Early Holocene, micromorphology, palaeoclimatology.

1. INTRODUCTION

C'est de 1974 que datent les premiers travaux archéologiques effectués dans ce gisement sous la direction du docteur Maluquer de l'université de Barcelone et les résultats obtenus encouragèrent des recherches postérieures qui, depuis 1987, sont poursuivies par le docteur Josep Mª Fullola de la même université.

L'occupation du gisement va de l'Âge de Bronze jusqu'au Paléolithique supérieur (Magdalénien) et l'ensemble des fouilles des niveaux correspondant au Néolithique, au Chalcolithique et au Bronze furent dirigées par le docteur Maluquer.

Le docteur Maluquer (1983-1984) avait déjà remarqué, au cours de ses interventions, un niveau où se trouvaient des vestiges tels que des trapèzes ou des triangles (Maluquer, 1988), ce qui laissait supposer l'existence d'occupations épipaléolithiques dans ce gisement.

Mais ce n'est qu'en 1993 que fut localisé un niveau d'occupation épipaléolithique à l'intérieur de la grotte, selon un témoignage laissé par le docteur Maluquer. D'après le matériel récupéré (microburins, pointes à dos, lames à dos, grattoirs, troncatures, segments de cercle, triangles...), il correspondrait au faciès géométrique.

La datation par 14C situe ce niveau à 10 190 ± 100 BP (AMS. Tucson. University of Arizona).

1. Ce travail a été financé par le projet de recherche PB93-0741 de la DGICYT du ministère de l'Éducation et des Sciences.

2. SITUATION GÉOGRAPHIQUE ET STRUCTURE

La grotte du Parco se situe au sud du Dom de Sant Mamet (1 388 m) des chaînes marginales des Pré-Pyrénées, dans la commune d'Alòs de Balaguer (Lleida, Espagne) (fig. 1).

La grotte, tournée vers le nord, se trouve à 420 m au-dessus du niveau de la mer et à 120 m du fleuve, le Segre.

Le relief de la zone présente les formes caractéristiques d'un défilé avec un paysage calcaire, et de conglomérats de l'Oligocène, aux reliefs abrupts et escarpés.

Morphologiquement, le gisement est constitué d'une grotte qui communique vers l'ouest avec un abri. La cavité (objet de ce travail) est formée d'une seule galerie à la base triangulaire, d'une largeur de 4,50 m à l'entrée sur 10,50 m de profondeur. Elle peut être divisée en deux parties : la première, à l'extérieur, plus vaste (4,50 m) est formée par tout le dépôt sédimentaire et la seconde, à l'intérieur et plus étroite (2 m), est formée par une grande accumulation de blocs (Bergada, 1991 ; Bergada *et al.*, 1992).

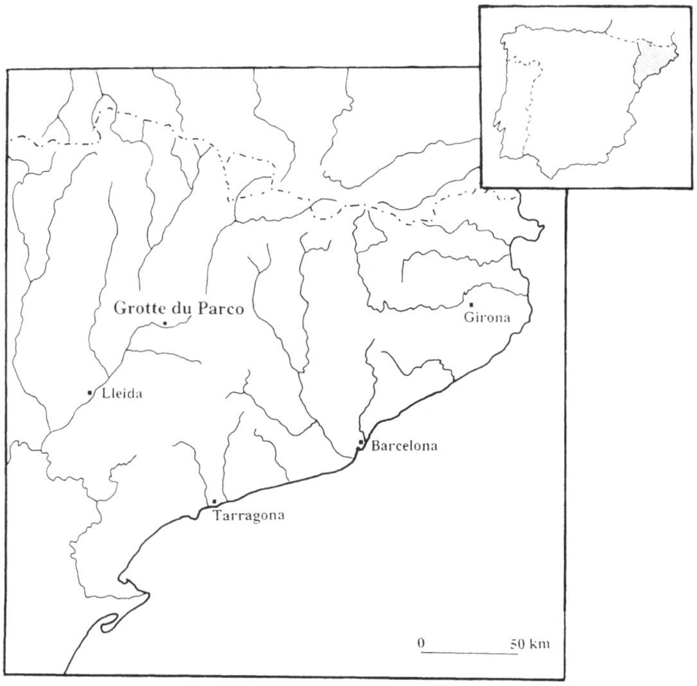

Figure 1. – Carte de localisation

3. SÉQUENCE STRATIGRAPHIQUE ET SÉDIMENTAIRE

3.1. Introduction

Au cours de ce travail, nous présenterons l'étude de la séquence stratigraphique et sédimentaire de la cavité en ce qui concerne l'occupation épipaléolithique. À l'intérieur de la cavité, c'est le profil est qui présente la séquence la plus complète (fig. 2).

3.2. Méthodologie

La méthodologie que nous avons suivie pour réaliser ce travail a consisté à faire la description stratigraphique-sédimentaire du profil en question, puis l'échantillonnage pour constituer des lames minces de 13,5 × 5,5 cm en vue des analyses micromorphologiques. Pour faire la description micromorphologique, nous avons suivi les critères et les principes employés par Bullock *et al.*, 1985 et par Courty *et al.*, 1989.

3.3. Description sédimentaire

La description sédimentaire est résumée dans le tableau suivant (fig. 3).

3.4. Interprétation

Niv. II. C'est un niveau formé par de faibles ruissellements et par une désagrégation de la paroi de la grotte avec des fragmentations des cailloutis typiques des conditions de gélivation. Il apparaît surtout dans les profils ouest et sud.

Niv. Ic. La formation de ce niveau est due à des circulations hydriques (ruissellement) ayant un flux plus ou moins intense. À la base de ce niveau apparaît toute une série de blocs qui étaient présents surtout dans le profil sud. Il y a aussi la formation de croûtes sédimentaires typiques des conditions semi-arides où le régime des précipitations est de type orageux. En même temps sont créées des conditions d'humidité (dissolution dans les roches détritiques) et de froid de par la structure de type lamellaire et l'accumulation de carbonate de calcium dans la partie inférieure des graviers.

Niv. Ib. La formation de ce niveau est due à des processus de ruissellement de faible intensité, mais elle reste très conditionnée par

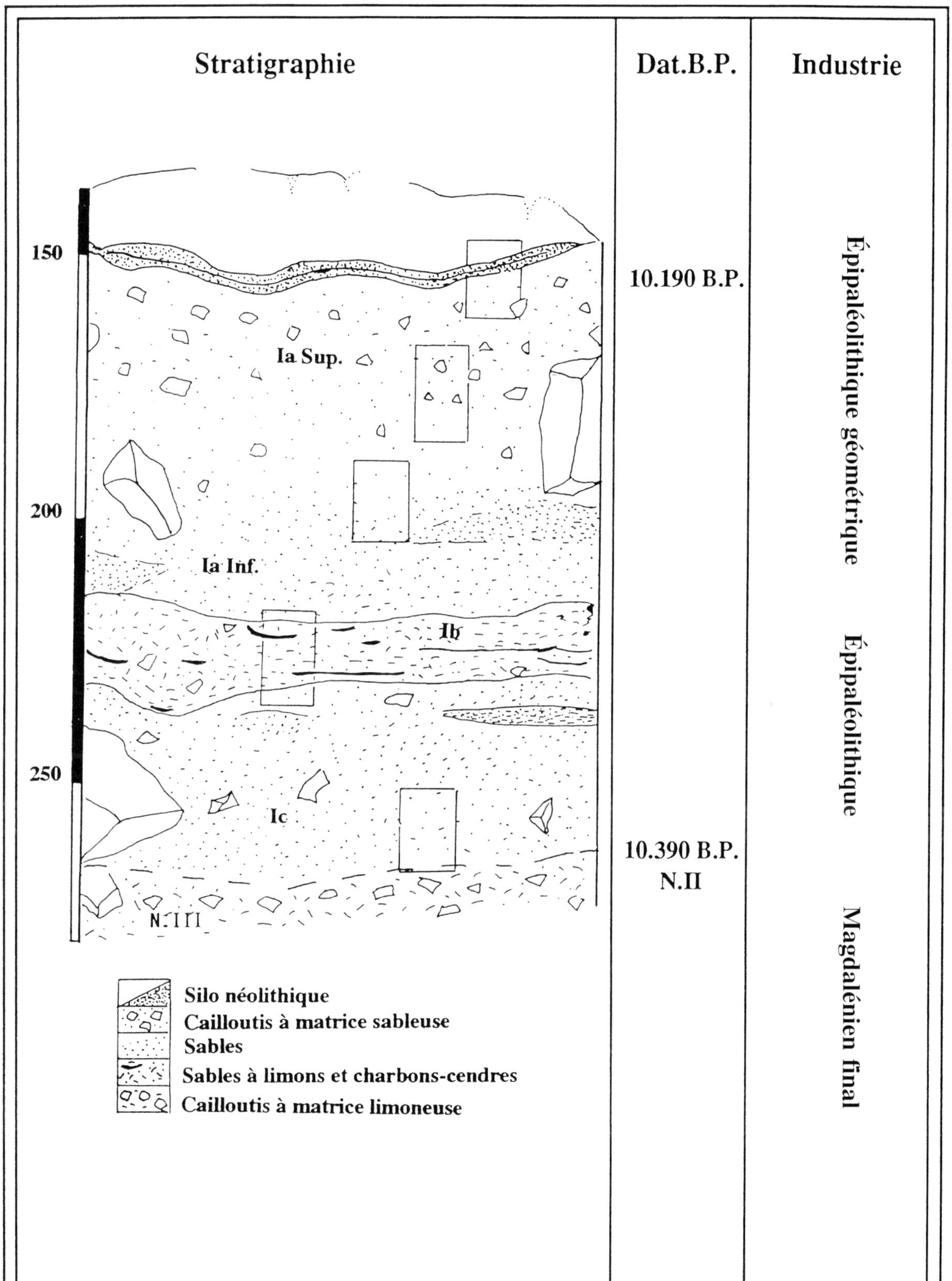

Figure 2. – Croquis stratigraphique de la coupe principale avec localisation des échantillons.

Niveau		Faciès	Couleur	Porosité	Caractères texturaux	Caractères structuraux	Conditions de dépôt
Ia	Ia.Sup	Sables et graviers à blocs	7,5 YR 6/6	15 %	Blocs et cailloutis à sables (625-300 µm) mal triés	Microstructure lamellaire et granulaire	Désagrégation des parois Faible remaniement par ruissellement
	Ia.Inf			8 %	Sables (500-250 µm) et limons calcitiques à croûtes sédimentaires	Microstructure massive Grano-classement moyen	Ruissellement d'intensité moyenne
	Ib		7,5 YR 6/2	20 %	Sables (250-63 µm) à limons et graviers	Microstructure spongieuse/vésiculaire	Ruissellement de faible intensité et par composants d'origine anthropique
	Ic		7,5 YR 6/6	8-15 %	Sables (500-450 µm) et limons calcitiques à croûtes sédimentaires et blocs	Microstructure polyédrique subangulaire/massive Grano-classement moyen	Ruissellement d'intensité moyenne. Vers la base de ce couche, il y a une chute des blocs
	II	Cailloutis à limons sableux	7,5 YR 6/4	30 %	Cailloutis et graviers à limon sableux	Microstructure grumeleuse	Désagrégation des parois Faible remaniement par ruissellement

* Les caractères minéralogiques et morphologiques de la fraction sableuse identifiée dans ces unités permettent de reconnaître des fragments de calcaire micritique, calcaire biogénique, conglomérat, quartz, feldspath, plagioclase et des paillettes de mica.

Figure 3. – Tableau synthétique des données pédo-sédimentaires des niveaux stratigraphiques I et II.

l'activité anthropique, comme le démontre surtout la présence de résidus d'origine végétale (charbonneux et cendreux).

Du point de vue paléoclimatique, on peut dire qu'il y a eu une ambiance d'humidité importante et de froid, ce que confirment aussi bien la structure sédimentaire de type spongieuse-vésiculaire, typique à des conditions humides et froides (Van Vliet-Lanoë, 1985), que les accumulations de matériel fin présent dans les vides ou encore les traces de dissolution des roches détritiques.

Niv. Ia. On a distingué ici plusieurs sous-niveaux :

– **niv. Ia inf. :** la dynamique de sédimentation est due à un processus de ruissellement de grande intensité ayant pour résultat des croûtes sédimentaires bien développées. Ce processus explique l'accumulation de matière fine autour des grains de sable, propre à un processus de lavage de matériaux au moment de la sédimentation, et on le remarque aussi dans la faible présence de matière d'origine anthropique qui a dû sûrement s'éroder. Les conditions marquant l'environnement seraient celles d'une certaine aridité ;

– **niv. Ia sup. :** il s'agit d'un niveau provenant de la désagrégation de la paroi de la grotte, provoquée certainement par des conditions froides (gel-dégel) et humides, comme nous le prouvent la structure sédimentaire de type lamellaire, structure formée par la ségrégation de glace en lentilles (Van Vliet-Lanoë, 1987 ; Mücher *et al.*, 1990), la fragmentation ainsi que la morphologie arrondie de la fraction détritique et l'activité biologique.

4. INTERPRÉTATION PALÉOCLIMATIQUE

Au niveau de contact entre le niveau II (Magdalénien supérieur final) et le niveau I (Épipaléolithique), en particulier dans les profils sud-ouest et dans une proportion moindre, dans le profil est, on remarque des blocs de calcaire et de conglomérat qui proviennent du plafond ou de la paroi de la cavité ; nous pensons que la cause de cette chute de blocs est de type climatique.

Comme nous le soulignions auparavant dans la description, le niveau I se caractérise

Niveau		Dat.B.P.	Periodes culturelles	Processus pédo-sédimentaires	Interprétation climatique
Ia	Ia.Sup.	10.190 B.P.	Épipaléolithique géométrique	Microstructure lamellaire Chute des blocs Fragmentation des éléments grossiers et leur arrondissement. Formation de barbes carbonatées à la base des éléments grossiers	Froid et humidité
	Ia.Inf.			Formation de croûtes sédimentaires	Conditions semi-arides*
Ib				Microstructure spongieuse/vésiculaire Dissolution de fragments calcaires Revêtements argileux microlités	Humidité importante et froid
Ic			Épipaléolithique	Formation de croûtes sédimentaires à microstructure lamellaire Dissolution de fragments calcaires Formation de barbes carbonatées à la base des éléments grossiers	Humidité et froid Conditions semi-arides*
II		10.390 B.P	Magdalénien final	Chute des blocs Fragmentation des éléments grossiers Formation de barbes carbonatées à la base des élements grossiers Dissolution de fragments calcaires	Froid et augmentation de la humidité

*Cette phase voit la mise en place d'une sédimentation sous l'effet des pluies torrentielles.

Figure 4. – Discussion et interprétation.

essentiellement par une puissance sédimentaire considérable (147 cm) par rapport au reste de la séquence sédimentaire du site. On a attribué culturellement ce niveau à une phase de l'Épipaléolithique et il est daté pour sa partie supérieure de 10 190 BP ; il correspond culturellement à un Épipaléolithique à géométriques. L'origine du dépôt est due à des processus de ruissellement de forte intensité à cause des précipitations sporadiques et de type orageux. Les conditions de l'environnement seraient semi-arides avec des fréquences d'humidité et de froid qui s'accentuent dans la partie supérieure du niveau (niv. Ia sup. z = 165-185 cm) comme l'indiquent l'augmentation des produits de désagrégation de la paroi de la grotte et une nouvelle chute de blocs, quoique de moindre intensité que précédemment.

D'un point de vue de paléoenvironnemental (fig. 4), nous avançons qu'à partir de 10 390 BP (niv. II) jusqu'à 10 190 BP (fin du Tardiglaciaire-début du Postglaciaire) il y a eu une augmentation des précipitations orageuses provoquant un taux élevé de sédimentation (érosion des versants), avec des conditions semi-arides et des périodes d'humidité et de froid.

BIBLIOGRAPHIE

Bergadà (M.), Fullola (J. M.), Serrat (D.), Montserrat (J.), Vilaplana (J. M.), Aproximación a la evolución paleoecológica del período Tardiglaciar y Postglaciar del Pirineo central (Ribagorza y Noguera). *Actes*, Reunión Nacional de Geoarqueología. Barcelona. 1990 a *Cuaternario y Geomorfología* 6, Geoforma, Zaragoza, 1992, p. 45-57.

Bergadà (Mª M.), Aproximaxió a l'estudi sedimentològic-paleoclimàtic d'un assentament prehistòric : la cova del Parco (Alòs de Balaguer, La Noguera). *Cypsela* IX, 1991, p. 33-48.

Bullock (P.), Fedoroff (N.), Jongerius (A.), Stoops (G.), Tursinat (T.), *Handbook for Soil Thin Section Description*, Waine Research Publ., Wolverhampton, 1985, 152 p.

Courty (M. A.), Goldberg (P.), MacPhail (R. I.), *Soils and Micromorphology in Archaelogy*, Cambridge University Press, 1989, 344 p.

MALUQUER DE MOTES (J.), Un jaciment paleolític a la comarca de La Noguera. *Pyrenae* 19-20, 1983-1984, p. 153-154.

Mig segle de recerques prehistòriques a les valls del Noguera Pallaresa i del Segre a les vores del Montsec. *Actes*, VIIe Colloqui Internacional de Puigcerdà. 1986, 1988, p. 17-24.

MÜCHER (H. J.), VAN VLIET-LANOË (B.), Application of Micromorphology in Quaternary Geology and Geomorphology. *First European Intensive Training Course on Soil Micromorphology*, May 1990, 14 p.

VAN VLIET-LANOË (B.), Frost effects in Soils. *In* : J. BOARDMAN (ed.), *Soils and Quaternary Landscape Evolution*, John Wiley & Sons Ltd, 1985, p. 117-158.

Dynamique périglaciaire actuelle et passée, apport de l'étude micromorphologique et de l'expérimentation. *Bulletin de l'Association française pour l'étude du Quaternaire*, 1987-3, 1987, p. 113-132.

L'ÉPIPALÉOLITHIQUE EN CATALOGNE : DONNÉES CULTURELLES ET PALÉOENVIRONNEMENTALES

THE EPIPALAEOLITHIC IN CATALONIA : CULTURAL AND PALAEOENVIRONMENTAL DATAS

Pilar Garcia-Argüelles i Andreu, Jordi Nadal i Lorenzo et Josep Mª Fullola i Pericot

Résumé. – Dans ce travail nous faisons le point de l'évolution des industries du début de l'Holocène dans le Nord-Est de la péninsule Ibérique. Partant de la fin du Magdalénien, nous exposons les données des moments épipaléolithiques microlamellaires et géométriques (équivalant aux Azilien et Sauveterrien français). L'économie et le paléoenvironnement de la zone ont été considérés en partant de nouvelles analyses archéozoologiques et paléovégétales faites dans des gisements comme la grotte du Parco ou les abris du Filador et Gai.

Mots clés : Épipaléolithique, péninsule Ibérique, Catalogne, industries lithiques, économie, paléoenvironnement.

Abstract. – In this paper we summarize the industrial evolution in the Early Holocene of the North-East of Iberia. Beginning in Late Magdalenian, we show the datas of the two epipalaeolithic phases, one with microbladelets and another with geometric elements (similars to French Azilian and Sauveterrian). Economy and palaeoenvironment have been considered from the new archaeozoological and palaeovegetal datas coming from sites like Parco cave and Filador and Gai rockshelters.

Key words : Epipalaeolithic, Iberia, Catalonia, lithic industries, economy, palaeoenvironment.

INTRODUCTION

Dans ce travail nous voulons faire connaître les nouvelles données de l'Épipaléolithique au Nord-Est de la péninsule Ibérique, et proposer un schéma évolutif de cette phase dans cette aire.

Jusqu'à présent le système chronoculturel de J. Fortea (1973) était globalement accepté pour toute la Méditerranée ibérique ; on y trouvait un « Épipaléolithique microlamellaire », synchronique avec l'Azilien pyrénéen et franco-cantabrique, mais sans industrie osseuse, et un « Épipaléolithique géométrique », parallèle au Sauveterrien classique français. Chronologiquement, ils se succédaient. La première période comprenait deux faciès, Sant Gregori et Mallaetes ; parmi les géométriques, Fortea proposait les faciès Filador et Cocina.

Les découvertes et les fouilles de ces dix dernières années nous ont donné la possibilité de mettre en question la validité de ce schéma, au moins pour la zone entre l'Èbre et les Pyrénées. La datation radiocarbone des gisements et l'apparition de nouveaux ensembles lithiques nous mènent à la situation actuelle, que nous exposerons par la suite (fig. 1).

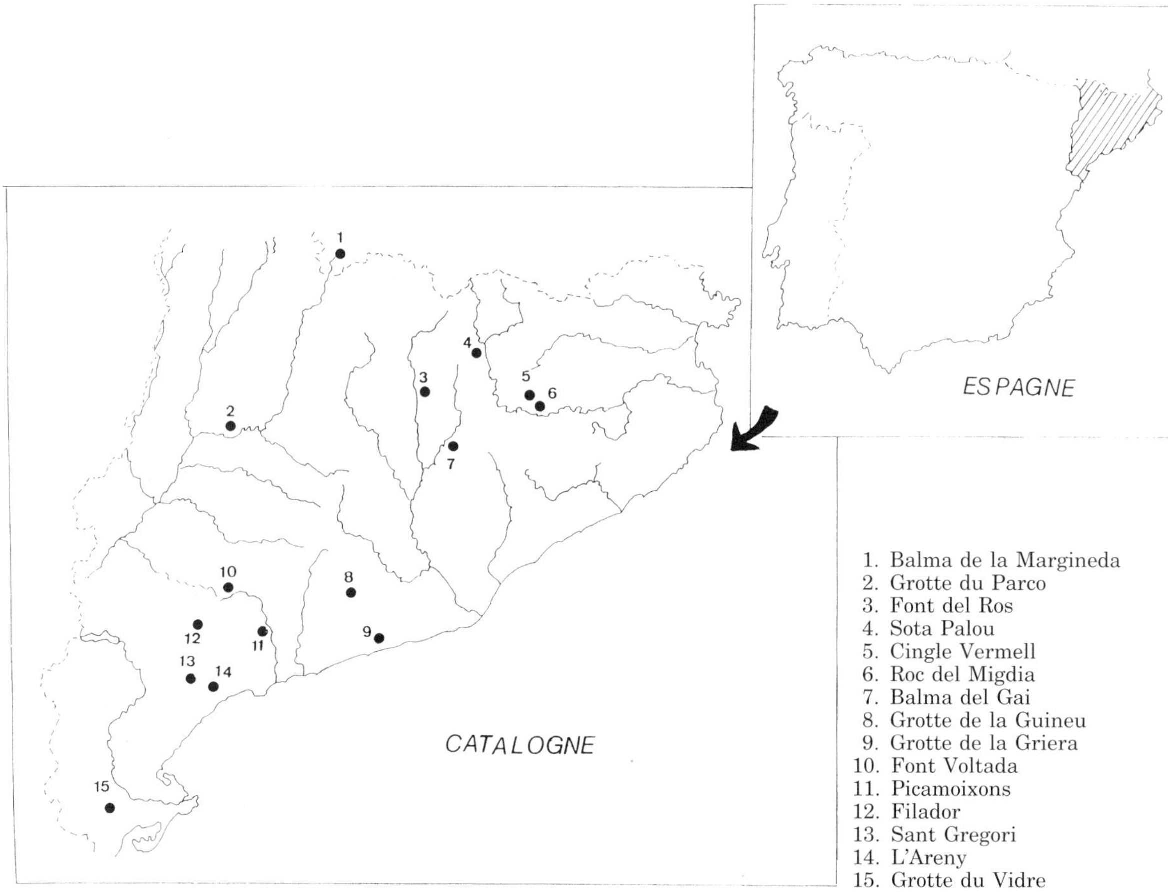

Figure 1. – Carte de la Catalogne, avec les gisements épipaléolithiques.

MATÉRIAUX ET CHRONOLOGIE

La filiation entre Magdalénien supérieur méditerranéen et Épipaléolithique microlamellaire nous semble assez nette dans toute la zone (Aura et Pérez Ripoll, 1992). Le problème en Catalogne est la pauvreté des séquences stratigraphiques magdaléniennes ; la Bora Gran de'n Carreras est une fouille ancienne (commencée en 1871 par P. Alsius), et sa riche industrie osseuse et lithique ne nous donne aucune indication sur l'évolution chronoculturelle. Seule la grotte du Parco nous a fourni une coupe où l'on a pu faire des analyses sédimentologiques et paléoclimatiques (Bergada, 1991) et isotopiques, avec les dates de 12 900 et 13 950 BP (couches 4 et 6) ; nous y avons fouillé une partie de la couche 2, avec de nombreux foyers, une aiguille à chas et des datations qui nous situent vers 10 500 BP (Fullola et Bergada, 1990 ; Fullola, Bergada et Bartroli, 1992).

Cette période se superpose avec les plus anciennes données microlamellaires de notre aire, que nous trouvons à l'abri de la Font Voltada, datée de 10 920 ± 240 BP (Mir et Freixas, 1993), dans les couches 8 et 9 de la Balma Margineda, en Andorre, datée de 10 620 ± 260 BP (Guilaine *et al.*, 1988 ; Geddes *et al.*, 1990), et dans la couche inférieure de la grotte du Vidre, datée de 10 740 ± 130 BP (Bosch, 1993).

Nous possédons d'autres données sur l'Épipaléolithique microlamellaire, comme les matériaux de l'abri de Picamoixons, datés entre 9 170 ± 80 et 11 055 ± 90 BP (Laubt, 1992), la couche 3b de la grotte de la Guineu, avec 9 850 ± 80 BP (Bartroli *et al.*, 1992), la couche

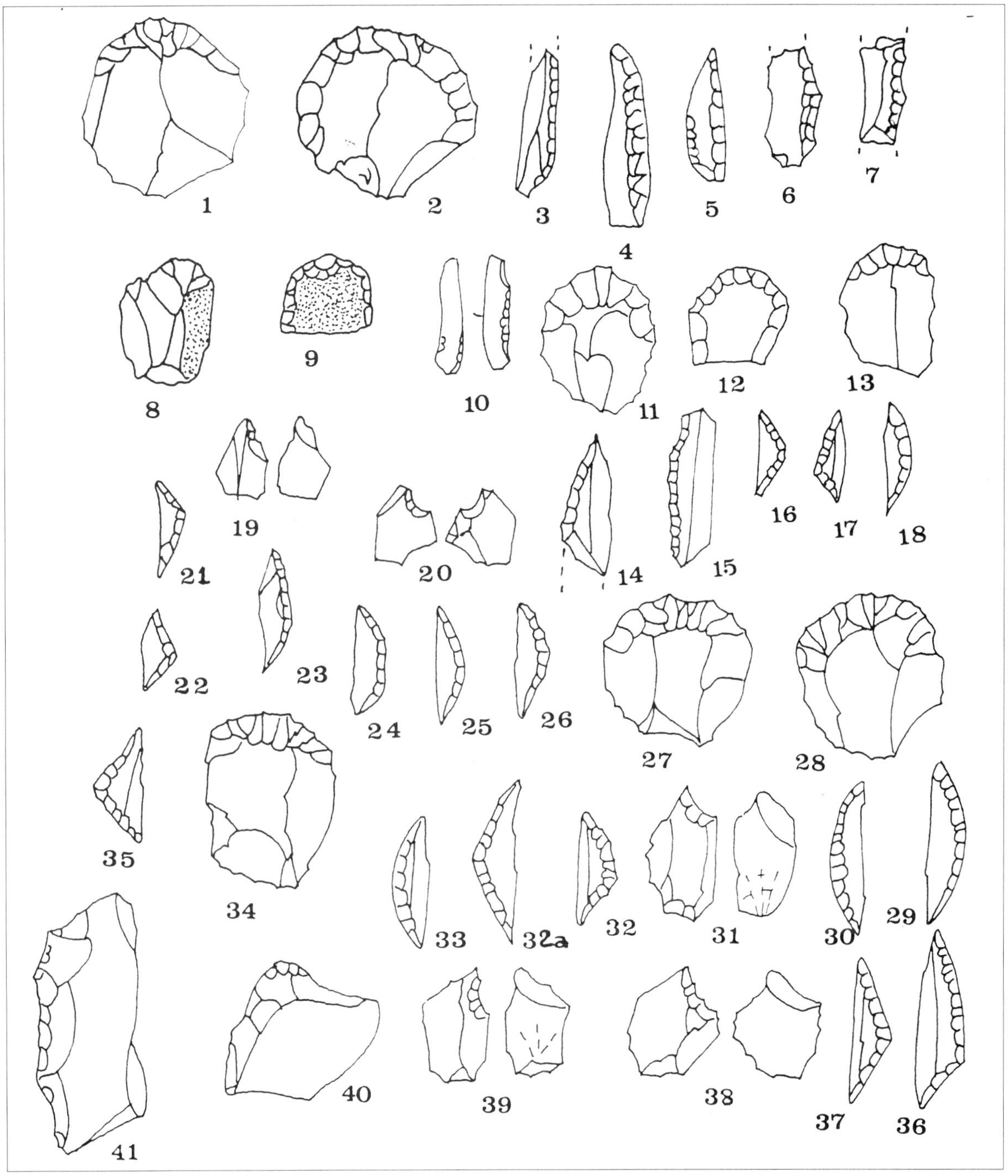

Figure 2. – 1-10. Éléments microlamellaires (grattoirs et lames à dos) de la grotte de la Guineu. 11-15. Éléments microlamellaires (grattoirs et lames à dos) de l'abri del Gai. 16-18. Éléments géométriques (triangles et segment) de l'abri del Gai. 19-26. Éléments géométriques (microburins, triangles et segments) de la grotte du Parco. 27-31. Éléments géométriques (grattoirs, segments et microburin) de la couche 4 de l'abri du Filador. 32-39. Éléments géométriques (segments, triangles, grattoirs et microburins) de la couche 7 de l'abri du Filador. 40-41. Grattoir et racloir de la Font del Ros.

1C de nos fouilles à Sant-Gregori (Garcia-Argüelles *et al.*, 1992), ou la couche 8-9, en cours de fouille, de l'abri du Filador (Garcia-Argüelles, 1990), déjà classée comme microlamellaire par Fortea (1973), partant de l'étude des matériaux des anciennes fouilles de S. Vilaseca dans sa couche 6 (Vilaseca, 1973, p. 60-63). Il faudrait mettre dans cette phase les matériaux du Cingle Vermell, daté à 9 760 ± 160 BP (Vila, 1985), l'Areny, l'Hort de la Boquera et les couches inférieures de la Balma del Gai.

Au Filador, à la Balma Margineda et à l'abri du Gai, nous observons le passage du microlamellaire au géométrique. Les hauts pourcentages de lamelles à bord abattu et la dominance des grattoirs sur les burins se transforment par une apparition de triangles et de segments et de la technique du microburin dans une période dont le début peut être placé au Xᵉ millénaire BP, même un peu avant, et qui va jusqu'à la moitié du IXᵉ.

L'Épipaléolithique géométrique est assez bien représenté dans le NE péninsulaire. À Margineda, nous trouvons une date de 9 250 ± 160 BP pour les couches 7 et 6, avec des scalènes, des segments, des microburins et de petits grattoirs. À Filador, la couche 7, datée à 9830 ± 160 BP, voit une dominance de microburins (32 %), avec plus de triangles que de segments ; dans la couche 4, de 9 460 ± 190 BP, la proportion triangles/segments est favorable aux segments, avec 43 % de microburins. On y trouve quelques galets peints (Fullola et Couraud, 1984) et des plaques de schiste avec des lignes gravées (Fullola, Viñas et Garcia-Argüelles, 1986). Dans la couche 1A (2) de la grotte du Parco nous avons pu identifier un ensemble avec plus de segments que de triangles, et où dominent les microburins. Nous avons daté cette couche de 10 190 ± 290 BP [cal BC 10 730, 8 950].

Le début de la transformation économique de l'Épipaléolithique est marqué par l'apparition du Mésolithique ou Épipaléolithique final à Margineda, couche 4, datée de 8 530 ± 420, 8 390 ± 150 et 8 210 ± 180 BP, où nous trouvons les seuls trapèzes du NE péninsulaire et sans microburins. La similitude avec Gazel ou Dourgne est nette. La couche 3 de l'abri du Filador pourrait être assimilée à cette période, mais sans trapèze, et encore avec des triangles isocèles et des microburins.

Dans ces phases les plus récentes, nous avons en Catalogne une série de gisements en abri ou en plein air qui nous offrent des industries s'accordant difficilement au schéma que nous venons d'exposer. La dominance de matières premières locales (quartz, quartzite, calcaires, lidite, etc.), sur lesquelles on trouve des outils comme les denticulés et les racloirs, a été documentée à Sota Palou, campement en plein air daté à 9 060 ± 380 et 8 540 ± 180 BP (Carbonell *et al.*, 1985), à la Font del Ros, similaire au précédent, daté à 8 150 ± 590 BP (Mora *et al.*, 1991 ; Terradas, 1995), au Roc del Migdia, un abri avec de nouvelles dates, entre 8 190 ± 320 et 7 280 ± 370 BP (Rodríguez et Yll, 1992, p. 76), qui mettent en question les attributions antérieures du XIIᵉ millénaire (Paz et Vila, 1988), et la Balma del Guilanyà, datée à 8020 (fig. 2).

ÉCONOMIE ET PALÉOENVIRONNEMENT

L'étude diachronique de l'économie de subsistance et du paysage pendant l'Épipaléolithique en Catalogne a rencontré des difficultés diverses. Il faut dire d'abord que les gisements que nous possédons, même s'ils sont chaque fois plus nombreux, ne sont pas suffisamment importants pour représenter la grande variété d'ambiances que nous trouvons en Catalogne. Chaque endroit étudié reflète normalement le petit territoire qui l'entoure. En plus, dans ce sens, la forte anthropisation de la zone a orienté les études vers des aires peu occupées, en général montagnardes ; si nous interprétions ces données de façon superficielle, elles pourraient faire penser à une occupation sélective, orientée vers ces endroits pendant la préhistoire. Pourtant, on peut dire le contraire, grâce à la présence de gisements côtiers ou subcôtiers fouillés anciennement, de possible chronologie épipaléolithique et/ou mésolithique : le camping Salou et la Cova du Solà du Pep, dans l'aire côtière de Tarragone (Vilaseca, 1973, p. 77-84) ou pour les récentes et chaque fois plus abondantes trouvailles de campements en plein air : Sota Palou (Carbonell *et al.*, 1984), la Font-du-Ros (Mora *et al.*, 1991) ou Picamoixons (Allué *et al.*, 1992).

À ce fait il faut ajouter d'autres difficultés au moment d'interpréter le registre. Il existe, par exemple, une importante quantité de gisements découverts et fouillés anciennement, sans distinctions stratigraphiques, et qui rendent impossibles les modernes études partant de la matière organique (pollen, anthracologie, microfaune). D'autres gisements ont souffert de graves processus post-dépositionnels qui ont provoqué des remaniements du matériel (Sant-Gregori, Areny) ou la disparition presque totale de la matière organique par le pH du sédiment (Filador, Colls). Finalement il faut dire que les gisements qui nous présentent les différents moments d'occupation humaine de la fin du Paléolithique supérieur jusqu'au Néolithique sont très peu nombreux, et ce sont les seuls qui permettent d'étudier des évolutions locales : la Balma Margineda en Andorre (Guilaine, 1988), l'abri du Filador, qui montre la mauvaise conservation de la matière organique que nous venons de signaler, ou la grotte du Parco, encore en fouille. Il faut tenir compte de ces problèmes dans toutes les interprétations sur l'évolution du paysage et de l'économie de subsistance entre la fin du Pléistocène et l'Holocène en Catalogne.

En ce qui concerne la faune, et plus spécialement la macrofaune, il faut dire qu'elle n'est pas très abondante pendant le Paléolithique supérieur ; la grande faune froide disparaît presque totalement au moment de la transition Solutréen/Magdalénien (Fullola *et al.*, sp.). C'est une phase de changement aussi dans les proportions de la chasse des équidés (*Equus caballus* et *Equus hydruntinus*) ; pendant le Magdalénien, le cheval a une présence importante dans quelques gisements de la zone septentrionale de la Catalogne (Bora Gran, Can Garriga) et il restera assez résiduel jusqu'à l'Épipaléolithique (Cova du Bolet, Picamoixons). Mais c'est pendant ce dernier moment du Paléolithique supérieur que nous pouvons observer déjà les animaux les plus chassés pendant l'Épipaléolithique en Catalogne : le cerf (*Cervus elaphus*) dans les occupations de plaine ou au fond des vallées, et le bouquetin (*Capra pyrenaica*) dans les aires de montagne. Nous voyons ce même processus dans d'autres zones du Bassin méditerranéen de la péninsule Ibérique, qui est antérieur au fur et à mesure que allons plus au sud (Aura et Pérez, 1992).

Pour arriver à voir des différences plus nettes entre le Magdalénien et l'Épipaléolithique, en ce qui concerne la subsistance d'origine animale, il faut se pencher sur la présence de petits vertébrés et de mollusques terrestres. Jusqu'à présent, et selon les gisements fouillés, les couches magdaléniennes et épi-magdaléniennes catalanes présentent des densités relativement faibles de restes de lapin (*Oryctolagus cuniculus*) et de coquilles de *Cepaea nemoralis*, même si ces éléments commencent à avoir une certaine importance à la Mallada, Parco, la Vall et Colls. Dans les zones les plus méridionales de la côte méditerranéenne de la péninsule Ibérique, l'exploitation intensive de lagomorphes et de gastéropodes terrestres est antérieure au passage Pléistocène/Holocène. Dans les gisements microlamellaires, au contraire, l'exploitation de lapins et d'escargots terrestres est abondante et domine Font Voltada, Guineu, Gai... où les restes de lapin sont normalement supérieurs aux 90 % de la faune (en nombre de restes). Ce fait donne une homogénéité aux gisements microlamellaires étudiés.

Il est plus difficile de trouver des normes économiques générales pour les occupations des faciès géométriques à cause de la rareté des gisements, répartis de façon irrégulière dans le territoire. Il semble, pourtant, que l'exploitation de lagomorphes (Griera) et d'escargots (Filador, couches 4 et 7 ; Margineda, couche 7) continue et se poursuive jusqu'au début du Néolithique (Bosch *et al.*, 1991). Le manque d'une certaine quantité supérieure de restes d'*Oryctolagus cuniculus* au Filador, pendant l'occupation géométrique, peut être interprété par la fonction spécifique du gisement, une occupation saisonnière (fin du printemps et/ou été) pour la chasse du bouquetin, ou à des processus dépositionnels qui ont permis la sédimentation (de type fluviatile), qui pourrait avoir déplacé les éléments osseux, de faible poids.

En ce qui concerne le paysage végétal, nous voyons, pendant ces périodes, une augmentation progressive de la couverture arboréenne ; on observe une prédominance du binôme *Pinus sylvestris* et *Juniperus*, qui, dès le Xe millénaire, est remplacé par des éléments plus thermophiles, spécialement de *Quercus, Acer* et *Corylus*. En association avec eux il nous semble qu'il existe une présence plus grande d'espèces animales forestières, propices à la chasse, *Sus scrofa* et *Capreolus capreolus*, même s'ils n'arrivent jamais à l'importance de *Cervus*. Les données carpologiques confirment en ce moment une utilisation des ressources végétales : nous trouvons des noisettes au Roc du Migdia, mais il y a aussi les fruits d'autres espèces, qui sont moins importantes dans les diagrammes palynologiques ou dans les résultats anthracologiques ; dans le gisement du Roc du Migdia et au Cingle Vermell, on a récupéré des restes de semences ou les fruits de *Pinus pinea, Juglans regia, Prunus spinosa,* et glands de différents *Quercus* (Vila, 1985 ; Yll *et al.*, 1994).

Les études de phytolites semblent nous démontrer que l'utilisation des ressources végétales pour l'économie de subsistance ne serait pas exclusivement basée sur les semences et les fruits ; on exploiterait aussi des rhizomes, des tubercules et des racines. Cette donnée est très bien attestée dans la couche 2 (qui possède déjà de la poterie) du Filador, avec la présence de *Phragmites communis* et d'*Agrostis* sp., qui pourraient avoir été consommées pendant cette phase et dans des époques antérieures (Juan, 1993, p. 31).

Pour finir, nous pouvons parler de l'utilisation des ressources animales pour d'autres finalités, pas directement liée à la subsistance. D'abord, il y a une utilisation d'éléments divers de malacologie marine – comme des éléments d'ornement et/ou fonctionnels. Il y a certaines espèces qui pourraient avoir une valeur constante dans l'espace et dans le temps, comme *Dentalium vulgare, Theodoxus fluviatilis* ou *Columbella rustica* ; ils ne sont jamais très abondants, mais sont presque toujours présents dans les gisements (Nadal *et al.*, 1993). Ce fait nous indique une grande mobilité des groupes de la côte vers l'intérieur, ou l'existence d'importants réseaux d'échange, en opposition avec les résultats des études de récolte de matières premières minérales qui, pour l'instant, semblent nous indiquer des aires d'exploitation très réduites, toujours proches du gisement.

CONCLUSIONS

De tout ce que nous venons d'exposer nous pouvons déduire une série de données qui nous schématisent l'origine, le développement et l'évolution postérieure de l'Épipaléolithique entre l'Èbre et les Pyrénées, au Nord-Est de la péninsule Ibérique.

Le passage du Magdalénien supérieur à l'Épipaléolithique microlamellaire se fait d'une façon lente, qui a conduit certains auteurs à récupérer le mot « Épimagdalénien » pour cette phase. Pour éviter les confusions avec la conception nord-pyrénéenne de ce mot, il faudrait, peut-être, parler d'un « Épimagdalénien méditerranéen », synchrone de la fin du Magdalénien supérieur et du début de l'Épipaléolithique microlamellaire. La couche 2 du Parco pourrait être un exemple de cette phase en Catalogne.

Comme dérivation immédiate, nous trouvons le complexe microlamellaire, qui arriverait, chez nous, jusqu'au début du Xᵉ millénaire. Pendant cette période nous voyons une substitution par les complexes géométriques d'allure sauveterrienne ; la date est assez ancienne, mais les données de Gai, Parco et Filador nous mènent à cette conclusion. Les moments les plus récents de l'Épipaléolithique, où il y a des trapèzes, ne sont pas encore apparus chez nous ; il y en a de très près, dans la zone du Bas-Aragon (Botiqueria, Costales, Pontet, Secans), ou à Cocina, plus au sud. Nous pouvons penser, en Catalogne, à une inexistence ou au fait que nous ne les avons pas trouvés. Dans ce schéma, similaire au Sauveterrien-Tardenoisien du Nord des Pyrénées, nous pouvons intégrer un autre phylum industriel parallèle, défini par l'abondance de denticulés et par l'utilisation de matières premières locales. Il ne faudrait donc pas utiliser le concept d'« atypique » ni de « mésolithique » pour différencier ces gisements ; peut-être la fonctionnalité pourrait aider à comprendre ces deux phylum, comme Pallarès et Mora l'ont proposé dans ce même colloque de Grenoble.

Ce travail a été financé par les projets de recherche PB93-0741 du ministère de l'Éducation et des Sciences et le SGR95-00279 de la Generalitat de Catalunya.

BIBLIOGRAPHIE

ALLUÉ (E.) *et al.*, Picamoixons, un assentament estratègic dels darrers caçadors – recol. lectors. *Arqueologia d'Intervenció* 1, ed. Museum d'Historia de la Ciutat de Tarragona et LAUT, Tarragone, 1992, 45 p., 25 fig.

AURA (J. E.), PÉREZ RIPOLL (M.), Tardiglaciar y Postglaciar en la región mediterránea de la Península Ibérica (13 500-8 500 BP) : transformaciones industriales y económicas. *Saguntum* 25, Valence, 1992, p. 25-47, 13 fig.

BARTROLI (R.), BERGADA (M. M.), CEBRIA (A.), FONTUGNE (M.), El model microlaminar/geomètric a la Catalunya meridional : aportacions del projecte de la Serra de Font-rubí (Alt Penedès). *IXe Colloqui Intrernacional d'Arqueologia de Puigcerdà*, ed. Institut d'Estudis Ceretans, Andorra, 1992, p. 34-37, 4 fig.

BERGADA (M. M.), Aproximació a l'estudi sedimentològic i paleoclimàtic d'un assentament prehistòric : la Cova del Parco (Alòs de Balaguer, La Noguera). *Cypsela* IX, Girone, 1991, p. 33-48, 18 fig., 2 tabl.

BOSCH (J.), Cronologia prehistòrica al curs inferior de l'Ebre. Primeres datacions absolutes. *Pyrenae* 24, ed. Dept. de Prehistoria, Hist. Ant. i Arqueol., Univ. de Barcelona, Barcelone, 1993, p. 53-56.

BOSCH (J.), MIRO (J.), MOLIST (M.), El marc històric i arqueològic dels orígens de l'agricultura a Catalunya. *Cota Zero*, n° 7, Vic, 1991, p. 77-87, 2 fig.

CARBONELL (E.) *et al.*, *Sota Palou, Campdevànol : un centre d'intervenció prehistòrica postglaciar a l'aire lliure*, ed. C. Inv. Preh. Dip. Girona, sèrie monogr. 5, Girone, 1985, 172 p., 36 fig.

FORTEA (J.), *Los complejos microlaminares y geométricos del Epipaleolítico mediterráneo español*. Memoire 4 du Sem. de Preh. y Arqueol., Univ. de Salamanca, Salamanca, 550 p., 114 fig., 2 cartes, résumés en français et en anglais, 1973.

FULLOLA (J. M.), BERGADA (M. M.), Estudi d'una estructura de combustió i revisió dels nivells paleolítics de la cova del Parco (Alòs de Balaguer, La Noguera, Lleida. *Arxiu de Prehistòria Llevantina* XX, vol. en hommage à Enrique Pla, ed. SIP, Valencia, p. 109-132, 8 fig., 2 graph., 13 notes, 1990.

FULLOLA (J. M.), BERGADA (M. M.), BARTROLI (R.), Primers resultats de l'estudi dels nivells de Paleolític Superior final de la cova del Parco (Alòs de Balaguer, La Noguera). *Tribuna d'Arqueologia 1990-1991*, ed. Servei d'Arqueologia de la Generalitat de Catalunya, Barcelone, 1992, p. 17-27, 2 fig.

FULLOLA (J. M.), BERGADA (M. M.), BURJACHS (F.), GARCIA-ARGÜELLES (P.), NADAL (J.), SOLER (N.) *sous presse*, Le Paléolithique supérieur méditerranéen ibérique ; approches paléoenvironnamentales, industrielles et artistiques. *Actes*, XXIVe Congrès préhistorique français, Carcassonne, sept. 1994.

FULLOLA (J. M.), COURAUD (C.), Le galet peint de l'abri du Filador (Catalogne, Espagne). *L'Anthropologie*, t. 83, 1, Paris, 1984, p. 119-123, 5 fig.

FULLOLA (J. M.), VIÑAS (R.), GARCIA-ARGÜELLES (P.), La plaque en ardoise gravée de l'abri du Filador (Catalogne, Espagne). *Cahiers ligures de Préhistoire et de Prototohistoire*, nouvelle série, n° 3, éd. Institut international d'études ligures, Bordighera-Carcassone, 1986, p. 145-156, 4 fig.

GARCIA-ARGÜELLES (P.), *Las industrias epipaleolíticas del sur de Cataluña : antecedentes, desarrollo y evolución hacia nuevas formas neolíticas*, Colección de Tesis Microfichadas, n° 625, Publicaciones de la Universidad de Barcelona, Barcelone, 1990, 700 p.

GARCIA-ARGÜELLES (P.), ADSERIAS (M.), BARTROLI (R.), BERGADA (M. M.), CEBRIA (A.), DOCE (R.), FULLOLA (J. M.), NADAL (J.), RIBÉ (G.), RODON (T.), VIÑAS (R.), Síntesis de los primeros resultados del programa sobre Epipaleolítico de la Cataluña central y meridional. *Aragón/litoral mediterráneo. Intercambios culturales durante la Prehistoria*, ed. Institución Fernando el Católico, Saragosse, 1992, p. 269-284, 5 fig., 1 table.

GEDDES (D.), GUILAINE (J.), COULAROU (J.), LE GALL (O.), MARTZLUFF (M.), Postglacial Environment, Settlement and Subsistence in the Pyrenees : the Balma Margineda, Andorra. *In* : *The Mesolithic in Europe,* 3rd International Symposium, Edinburgh, 1985, 1990, p. 561-571, 4 fig.

GUILAINE (J.) *et al.*, *Les recerques a la Balma Margineda (1979-1985)*, ed. Inst. d'Estudis Andorrans, Andorre, 1988, 144 p., 12 fig., 8 tabl.

JUAN (J.), Nuevos datos sobre la evolutionn du paisaje y los recursos vegetales en le Abric du Filador (Margalef de Montsant, Tarragona). *Pyrenae* 24, Barcelone, 1993, p. 23-33, 1 fig.

LAUBT, Relaciones depresión central-litoral catalán durante la Prehistoria : el centro de intervención de Picamoixons). *Aragón/litoral mediterráneo. Intercambios culturales durante la Prehistoria*, ed. Institución Fernando el Católico, Saragosse, 1992, p. 139-151, 6 fig., 4 pl.

MIR (A.), FREIXAS (A.), La Font Voltada, un yacimiento de finales del Paleolítico Superior en Montbrió de la Marca (La Conca de Barberà, Tarragona). *Cypsela* X, Girone, 1993, p. 13-21, 7 fig.

MORA (R.), TERRADAS (X.), PARPAL (A.), PLANA (C.), MARTIN (J.), FIGOLS (A.), ROCA (G.), Las ocupacions mesolítica i neolítica de la Font del Ros (Berga, Berguedà). *Tribuna d'Arqueologia 1989-1990*, ed. Serv. d'Arq., Gtat. de Catalunya, Barcelone, 1991, p. 19-29, 4 fig.

NADAL (J.), ESTRADA (A.) et GARCIA-ARGÜELLES (P.), Els elements d'ornamentació sobre malacologia dels nivells geomètrics del jaciment del Filador (Margalef de Montsant). *Gala* 2, Sant Feliu de Codines, 1993, p. 1-10, 3 fig.

PAZ (M. A.) et VILA (A.), Roc del Migdia, un jaciment mesolític atípic ? *Tribuna d'Arqueologia 1987-1988*, ed. Serv. d'Arq. de la Gtat., Barcelona, 1988, p. 133-143, 3 fig.

RODRIGUEZ (A.) et YLL (R.), Materias primas y cadenas operativas en el yacimiento epipaleolítico del Roc del Migdia (Vilanova de Sau, Barcelona). *Tecnología y Cadenas Operativas líticas*, *Treballs d'Arqueologia n° 1*, ed. UAB, Bellaterra, 1992, p. 73-82, 3 fig., 1 pl.

TERRADAS (X.), Las estrategias de gestión de los recursos líticos del Prepirineo catalán en el IX milenio BP : el asentamiento prehistórico de la Font del Ros (Berga, Barcelona). *Treballs d'Arqueologia n° 3*, ed. UAB, Bellaterra, 1995, 206 p., 36 fig.

VILA (A.), El Cingle Vermell : assentament de caçadors - recol. lectors del X^e milleni BP. *Excavacions Arqueològiques a Catalunya* 5, ed. Gtat. de Catalunya, Barcelona, 1985, 79 p., 35 fig., 15 tabl.

VILASECA (S.), *Reus y su entorno en la prehistoria,* ed. Rosa de Reus, 2 vol., Reus, 1973, 282 p.

YLL (E.), WATSON (J.) et PAZ (M. A.), Les darreres excavacions al Roc du Migdia (Vilanova de Sau, Osona) : estat de la qüestió i noves perspectives. *Tribuna d'Arqueologia 1992-1993*, Generalitat de Catalunya, Departament de Cultura, Barcelone, 1994, p. 15-24, 4 fig.

LES GROTTES DE MATUTANO ET DE FOSCA (CASTELLÓN, PAYS VALENCIEN) : DEUX EXEMPLES DE TRANSITION CHRONOCULTURELLE ENTRE 11 000 ET 9 000 BP DANS LA CONTRÉE MÉDITERRANÉENNE DE L'ESPAGNE

THE CAVES OF MATUTANO AND FOSCA (CASTELLÓN, NEAR VALENCE) : TWO EXAMPLES OF CHRONOCULTURAL TRANSITION BETWEEN 11,000 AND 9,000 BP IN THE MEDITERRANEAN LAND OF SPAIN

Carme Olaria, Francesc Gusi

Résumé. – La comparaison des grottes de Matutano (Épimagdalénien) et de Fosca (Épipaléolithique microlaminaire), à travers leurs complexes industriels lithiques, a permis d'établir un transfert de population des vallées pré-littorales jusque sur les hauts plateaux de l'intérieur montagneux.

Mots clés : Épimagdalénien, Épipaléolithique, typologie lithique, modèles économiques.

Abstract. – The comparison of the Matutano cave (Epimagdalenian) and the Fosca one (microlaminar Epipalaeolithic) through their complex industrial lythic factories has allowed to fix a population transfer from pre-litoral valleys up to high plains in the hilly interior.

Key words : Epimagdalenian, Epipalaeolithic, lithic typology, economic models.

La Cova Matutano (commune de Vilafamés) se trouve à la base du coteau d'une colline fortement karstifiée, à 351 m au-dessus du niveau de la mer, et à environ 15 m sur l'ancienne cuvette d'un ravin qui débouchait dans un bassin endoréique ou polje, de type lagunaire. Ce bassin, dont la formation sédimentaire devait dater de l'époque pléisto-holocène, se trouve dans un couloir longitudinal et étroit, parallèle à la chaîne de montagnes du littoral, à environ 6 km de la côte, à vol d'oiseau. Cette grande étendue plate est entourée d'un amphithéâtre montagneux d'une hauteur de 300 m de moyenne. L'abri actuel est constitué d'une salle de 13 × 8 × 4 m, au plan irrégulier, avec une grande entrée du côté ouest. Les conditions naturelles facilitent l'habitat permanent à l'intérieur du gisement. Cela est confirmé par une forte stratigraphie, qui atteint 3 m d'épaisseur en moyenne, avec de nombreux niveaux d'occupation et des structures de foyers.

Le spectre chronologique comprend jusqu'à 11 datations de C14, qui commencent à 13 960 ± 610 BP.

Dans ce travail nous présentons seulement la phase qui correspond à l'étape du Magdalénien final-Épimagdalénien, déterminée par les niveaux superficiels des trois secteurs dont la fouille a été réalisée jusqu'à la date actuelle.

Elle peut être datée aux environs de 11 000-10 500 BP, hypothétiquement, puisque des datations absolues n'ont pas été obtenues.

Le gisement de Cova Fosca (commune de Ares) se trouve situé à l'intérieur montagneux de la province de Castellón, à une altitude de 900 m au-dessus du niveau de la mer, et à environ 45 km du littoral. La cavité s'ouvre sur une grande faille rocheuse au pied d'un haut plateau entouré de profonds ravins où se trouvent situés les abris peints d'art levantin de Cova Remigia et Cingle de la Gasulla. Cet entourage forme un pays abrupt aux profondes vallées et avec des ravins étroits. La cavité, ouverte sur une falaise calcaire, est orientée vers le sud, et est constituée d'une salle subcirculaire qui mesure plus ou moins 24 × 16 × 5 m.

La séquence stratigraphique, dans cet habitat, atteint une moyenne de 2 m de puissance et présente une superposition de niveaux épipaléolithiques et néolithiques anciens. La fourchette chronologique de ces derniers comprend au total cinq datations absolues de 9 460 ± 160 BP à 7 100 BP.

La séquence que nous allons comparer aux niveaux épimagdaléniens de Matutano correspond à la phase III de Fosca, et appartient à l'Épipaléolithique microlaminaire (EM). Ces deux gisements sont séparés par une distance, à vol d'oiseau, d'environ 30 km. Cependant ils représentent deux modèles culturels différents, modèles chronologiquement bien délimités, et éloignés dans le temps, en hypothèse, d'environ 1 500 ans. Le milieu naturel de chacun d'eux, ainsi que son territoire d'exploitation économique, présente une spécificité forte. Cependant, et malgré leur séparation diachronique, nous avons pu observer de profondes ressemblances technologiques dans leur industrie lithique, ainsi que des moyens similaires dans l'exploitation des ressources.

En ce qui concerne les similitudes industrielles de leurs groupes typologiques (d'après la méthode de typologie analytique de Laplace), nous allons présenter dans ce travail une brève relation des effectifs de chacun des sites. Postérieurement, et en appliquant le calcul statistique du Khi carré et les distances ultramétriques, nous serons en mesure d'interpréter les relations existantes entre les matrices de chacun des groupes. Avant cela, nous tenons à présenter un tableau détaillé de chacun des types lithiques de ces deux emplacements.

Dans le cas des deux gisements, le Khi carré appliqué aux matrices de distances ultramétriques met en relation les grattoirs (G) avec les lames à dos (LD), puisque dans les deux séquences, une rupture fort significative est établie entre les deux groupes typologiques. De la même manière, les denticulés (D) sont mis en relation avec les bitroncatures (BT), et une rupture fort significative est également établie entre ces deux types. Deux nouvelles associations peuvent être vérifiées : entre les abrupts indifférenciés (A) et les pointes à dos (PD), de même entre les becs (B) et les écailles (E). Toutes les deux présentent une homogénéité totale dans les deux ensembles typologiques. Ainsi donc, le dendrogramme obtenu démontre une industrie dynamique que nous allons représenter de la manière suivante :

G + LD, + B, + P, + D + BT, + R, + A + PD, + T, + Bc + E, + LDT.

D'autre part, la séquence structurale dérivée de ces résultats se présente comme suit :

M-I : G///LD, B///P///D///BT///R///A, PD///T///Bc, E///LDT

F-III : G///LD, B///P///D///BT///R///A, PD, T, Bc, E, LDT

TIPO	G	D	R	P	A	T	Bc	L D	P D	L DT	BT	E	B
M-I	68 1	57 3	48 0	16	78	32 0	19	13 0	51	2	24	27	14 3
F-III	37	25	22	1	3	8	0	7	2	2	1	0	8

À travers ces séquences structurales comparées nous observons que des relations fort étroites sont établies entre les ruptures hautement significatives de G, LD, P, D et BT.

Nous savons donc que les caractéristiques prioritaires sont marquées par le groupe typologique des lames à dos (LD) et des grattoirs (G). En effet, les résultats d'une étude comparative réalisée sur un total de 15 gisements, celui de Matutano inclus, nous ont permis d'établir que, pour la période 12 000-11 000 BP, Magdalénien final/Épimagdalénien, qui correspond à la phase Matutano I, la plupart de ces gisements présentent un indice prédominant de lames à dos (LD) qui s'impose sur les indices des burins (B) et des grattoirs (G) ; l'indice des burins peut dépasser celui des grattoirs, mais en aucun cas celui des lames à dos ; en même temps, les denticulés (D) diminuent d'une manière significative.

D'autre part, une étude réalisée sur 15 gisements, parmi lesquels se trouve Fosca III, qui appartiennent à la période de 11 000-10 000 BP (Épipaléolithique microlaminaire I), démontre que les caractéristiques précédentes s'imposent définitivement avec force, et l'indice des lames à dos surpasse toujours celui des burins alors que les denticulés subissent un léger accroissement.

Ces caractéristiques, communes aux deux périodes, changent d'une manière drastique à partir de la période 10 000-9 000 BP, Épipaléolithique microlaminaire II. Ici, c'est l'indice du grattoir qui domine largement celui des lames à dos et celui des burins, et les denticulés augmentent d'une manière significative.

Donc, entre le Magdalénien final/Épimagdalénien et l'Épipaléolithique microlaminaire I, la continuité est basée sur une même tradition industrielle de production de lames à dos. Cette caractéristique commune est clairement démontrée, aussi bien dans Matutano I que dans Fosca III ; dans les deux cas, elle représente le même phyllum industriel lithique. Cela nous permet d'affirmer que sur le littoral méditerranéen de la péninsule Ibérique, la culture magdalénienne fit surgir un nouveau processus d'élaboration de technocomplexes lithiques qui allait figurer la nouvelle étape épipaléolithique, étape qui ne présentera de nouvelles caractéristiques typologiques propres qu'à partir du 10 000 BP.

Matutano I : Cette période représente la phase tempérée propre d'un climat pré-holocène – fin du Dryas II-début de l'Alleröd – avec une couverture forestière de pins, encore non déterminée, et des arbustes tels l'éphèdre, ainsi que des herbacées type *Poacees* et *Asteracees*. D'autre part, des pollens de fougère ont été enregistrés, ce qui peut indiquer un climat relativement humide, mais chaud. C'est ainsi que les études paléobotaniques, encore en cours de réalisation, indiquent que l'environnement de l'emplacement pourrait correspondre à un paysage ouvert, où auraient prédominé les herbacées et les bois de pins, accompagnés d'une végétation d'arbustes.

Pendant cette phase, l'éclosion économique démontre une éclosion pleine et totale de la diversité spécifique, avec une grande variété d'espèces animales, bien que la chasse du cerf constitue encore la base des ressources alimentaires. Néanmoins, le lapin et le lièvre forment à leur tour une base d'exploitation importante. Auprès de ces animaux et en moindre quantité se trouvent également les Capridés, Suidés, Équidés et quelques carnivores. Les bois et les phalanges des Cervidés constituent la plus grande partie des restes apportés à la cavité, beaucoup d'entre eux correspondant à des adultes, ce qui nous conduit à interpréter ce fait comme une chasse permanente, principalement de Lagomorphes. D'autre part, la présence d'une certaine quantité de restes de l'avifaune, tels la perdrix, le pigeon ramier, la grive, l'outarde, le faisan, etc., démontre la grande utilisation des oiseaux comme ressource alimentaire secondaire. L'outarde et la perdrix préfèrent habiter dans des endroits ouverts de prairie et de steppe, bien que l'outarde s'adapte parfaitement à la couverture de petits bois et de taillis, alors que le pigeon ramier occupe volontiers un paysage de bois touffus.

Les premières preuves d'emplacement démontrent une occupation continue de la cavité, avec de nombreuses structures d'habitat, identifiées par des grands logis, des étages, des réservoirs, etc.

L'industrie lithique atteint une grande diversité typologique caractérisée par l'importance des abrupts (A), qui surpassent toujours les burins (B).

L'industrie osseuse, hormis certains javelots et poinçons fabriqués en corne, va se développer d'une façon majoritaire en os pour la fabrication des outils domestiques à lame coupante, comme des brunissoirs et des cales.

L'organisation et la distribution de l'espace à l'intérieur de la cavité, ainsi que nombre de restes de faune de différentes espèces, nous permettent d'avancer qu'il s'agit d'un emplacement permanent de l'habitat, puisque la multiplicité des ressources subviendrait largement à leurs besoins annuels.

Fosca III : Cet emplacement correspond, au début de son occupation, au Préboréal, avec un paysage d'espèces humides et arborescentes, composées de bois d'ormes thermophiles à feuille caduque, d'aulnes, de châtaigniers et de bouleaux ; près de la cavité s'étendait un bois ouvert de conifères et de chênes, alternant avec de grandes clairières sur les versants rocheux. Ce territoire devait être formé de trois biotopes principaux. Sur la partie basse des vallées, ravinée jusqu'au pied de la cavité, devaient s'étendre les bois à feuille caduque, bois que les cerfs, les chevreuils, les sangliers, les ours bruns, les renards, les blaireaux, les écureuils et de façon saisonnière les lièvres devaient trouver les plus appropriés. Un deuxième biotope, proche de la grotte, avec le bois clair de conifères, et les clairières rocheuses, devait convenir aux chèvres, aurochs, lapins, loups, lynx et fouines. Et finalement, sur les hauts plateaux, au-dessus de 1 000 m, devait s'étendre une couverture herbacée où le cheval devait trouver son milieu adéquat.

L'économie est essentiellement basée sur la chasse au lapin, la principale base de son alimentation, suivie de la chèvre, du cerf et du cheval.

Dans cette phase, il n'a pas été trouvé de structure d'habitat clairement définie, ce qui conduit à penser que peut-être au début, l'occupation était saisonnière (9 460 ± 160 BP) pour devenir plus tard permanente, à un moment avancé de cette même phase, puisqu'au dernier niveau furent localisés des logis et des étages superposés, datés du 8 880 ± 200 BP.

Cette phase est caractérisée par une prédominance des grattoirs, des denticulés et des raclettes, même si les petites lames à dos (LD), les troncatures (T) et les burins (B) atteignent également un pourcentage élevé.

Curieusement, l'industrie osseuse est presque inexistante ; nous ignorons si cela est dû à des causes technoculturelles ou au hasard de la fouille.

Au colloque international sur « La position taxonomique et chronologique des industries à pointes à dos autour de la Méditerranée occidentale », qui eut lieu à Siena en 1983, nous avons présenté une communication ayant pour titre « Les industries à dos abattu des grottes Matutano et Fosca (Castellón, Espagne) ». Dans les conclusions de ladite communication, nous écrivions ce qui suit, que nous maintenons encore aujourd'hui : « L'existence d'une grande homogénéité entre les industries à dos abattu de Matutano et Fosca, qui nous montrent un unique phyllum commun typologique (il existe aussi de très grandes similitudes pour les industries, et on peut apprécier une évolution typologique sans rupture évidente) ce qui peut présenter deux alternatives : d'un côté, que c'étaient des groupes de la fin du Paléolithique qui occupèrent des territoires de l'intérieur montagneux, provenant des vallées pré-littorales. Et de l'autre, que les besoins d'exploitation du milieu facilitèrent le même type d'outils pour la production des produits de consommation sans qu'il existe aucun rapport culturel entre les deux groupes. Malgré tout, on a pu vérifier un curieux et étroit rapport technologique et typologique entre les deux groupes. »

Actuellement, nous tendons à croire, sous toute réserve, à la première des alternatives, c'est-à-dire qu'il y eut un lent repliement de la part des occupants de Matutano vers l'intérieur montagneux. N'oublions pas que la distance entre ces deux gisements peut être parcourue en remontant la vallée fluviale de la Rambla Carbonera, en sens inverse du cours d'eau pendant 40 km, endroit où son lit passe très près de la grotte Fosca, uni à un petit affluent connu comme le Barranco de la Gasulla, qui a son cours à 1 km seulement de la cavité.

Il est très possible que l'assèchement graduel du bassin endoréique lagunaire, proche du gisement de Matutano, ait pu avoir quelque influence sur la présence d'animaux migratoires qui se sont peu à peu déplacés vers les terres de montagne de l'intérieur.

Finalement nous voulons également mentionner la présence, à la Cueva Matutano, de l'art mobilier sur galet sur plusieurs niveaux du Magdalénien supérieur et de l'Épimagdalénien, avec une technique de gravure fine qui représentait certaines figures naturalistes d'animaux et des incisions linéaires. Près de Cova Fosca se trouve un complexe d'art rupestre naturaliste au style du Levant, connu comme Cova Remigia, et Cingle de la Gasulla et Raco Molero, entre autres gisements, avec des représentations de grands animaux isolés, peints en couleur rouge foncé, et d'autre part de nombreuses scènes cynégétiques d'archers à la poursuite d'animaux, appartenant vraisemblablement à une période postérieure.

Traduction : professeur Pilar Civera. Département Philologie. Université de Castellón.

BIBLIOGRAPHIE

AURA (J. E.) et PEREZ RIPOLL (M.), Tardiglaciar y Postglaciar en a región mediterránea de la Peninsula Ibérica (13500-8500 BP) : transformaciones industriales y económicas. *Saguntum* 25, Valencia, 1992, p. 25-47.

FORTEA (J.), *El Paleolítico y Epipaleolítico en la región central del mediterráneo peninsular : Estado de la cuestión industrial, Arqueología del País Valenciano. Panorama y Perspectivas*, Alicante, 1985, p. 31-52.

GUSI (F.), Reflexiones en torno al conocimiento actual del Paleolitico superior final y Epipaleolítico en las comarcas de Castellón, Replica a un estado de la cuestión irreflexivo. *Cuadernos de Prehistoria y Arqueología Castellonenses* 15, Castellón, 1990-1991, p. 21-25.

GUSI (F.) et OLARIA (C.), Les cultures méso-néolithiques du Maestrazgo de Castellón (Espagne). *Bulletin de la Société des Études et Recherches préhistoriques*, n° 30, 1980, p. 112-123.

GUSI (F.), OLARIA (C.) et CASABO (J.), Les industries à dos abattu des grottes Matutano et Fosca (Castellón, Espagne). *Rivista di scienze preistoriche*, vol. XXXVIII, fasc. I-II, 1983, p. 91-96.

OLARIA (C.), El yacimiento magdaleniense final de Cova Matutano (Castellón, España). *Actes*, XIIe Congrès international de la UISPP, Bratislava, 1993, p. 83-85.

Cova Fosca. Un asentamiento meso-neolítico de cazadores y pastores en la serranía del Alto Maestrazgo. *Monografies de Prehistòria i Arqueología Castellonenques*, 1988, 3 424 p.

OLARIA (C.), GUSI (F.), ESTEVEZ (J.), CASABO (J.) et ROVIRA (M. L.), El yacimiento magdaleniense de Cova Matutano (Villafamés, Castellón). Estudio del sondeo estratigráfico, 1979. *Cuadernos de Prehistoria y Arqueología Castellonenses* 8, 1981, p. 21-100.

OLARIA (C.), GUSI (F.) et WATSON (J.) *(sous presse)*, El asentamiento magdaleniense de Cova Matutano (Vilafamés, Castellón, España) en el contexto cronocultural del würm final del área mediterránea peninsular. *Actes*, congrès *El mon mediterrani després del Pleniglacial*, université de Barcelona-UISPP, Banoyles (Girona).

LA COLONISATION HOLOCÈNE DES MONTS CANTABRIQUES (ESPAGNE) : LE CAS DE LA RÉGION DES PICOS DE EUROPA

THE HOLOCENE COLONIZATION OF THE CANTABRIAN MOUNTAINS (SPAIN) : THE CASE OF THE PICOS DE EUROPA REGION

Pablo Arias-Cabal

Résumé. – On présente un panorama de l'évolution de la présence humaine dans des aires montagneuses de la région des Picos de Europa (Espagne) pendant la première moitié de l'Holocène, et spécialement pendant le Mésolithique.

Mots clés : Espagne, péninsule Ibérique, montagnes, économie, chasseurs-cueilleurs, large spectre.

Abstract. – The colonization of the Cantabrian mountains by Holocene hunter-gatherers seems to be an aspect of the broad-spectrum revolution. The earliest consistent evidences correspond to the Final Magdalenian and Azilian periods. During Mesolithic times, human presence is maintained, especially in middle mountain areas. From Neolithic onwards, stockbreeding permits an important increase of the exploitation of the mountains, mainly of the highest areas.

Key words : Spain, Iberia, mountains, economy, hunter-gatherers, broad-spectrum.

INTRODUCTION

L'un des traits classiques qui caractérise les groupes mésolithiques européens (de même que la majorité des communautés de chasseurs-cueilleurs avancés du monde) c'est le grand développement de l'exploitation du milieu littoral. Ce fait indéniable a sans doute mené les préhistoriens à porter moins d'attention sur les activités de ces groupes au milieu montagnard. Dans cette communication nous examinerons l'occupation des aires de montagne dans l'une des régions classiques du Mésolithique européen, caractérisée par les établissements côtiers et les amas coquilliers (concheros) : la zone de l'est des Asturies et l'occident des Cantabres où se développe entre 9 000 et 6 500 BP le complexe chronostratigraphique connu sous le nom d'Asturien (Vega del Sella, 1923 ; Clark, 1976 ; González Morales, 1982 ; Arias, 1991). Notre communication essaiera d'examiner l'importance de l'occupation d'un relief d'arrière-pays montagneux, les Picos de Europa, pendant cette période dans une perspective diachronique large, c'est-à-dire dans le cadre de l'occupation holocène de ces montagnes, depuis la fin du Paléolithique jusqu'au Néolithique.

On considérera ici comme région des Picos de Europa un rectangle de 60 × 40 km, compris entre les vallées des fleuves Sella et Nansa, et entre la côte et la ligne des sommets de la cordillère Cantabrique. C'est l'une des zones les plus montagneuses de la péninsule Ibérique, avec des contrastes écologiques et orographiques très marqués (en 28 km on passe du niveau de la mer à des altitudes au-dessus de 2 600 m, en traversant l'abrupte Sierra de Cuera (1 315 m à 8 km de la côte) et la profonde dépression prélittorale (le sillon de la vallée de la rivière Cares, à 125 m). Entre le massif des Picos de Europa et la ligne des sommets de la cordillère Cantabrique (1 311-2 536 m dans ce secteur) s'ouvre une autre dépression : la Liébana (293 m à Potes).

ESQUISSE DU PEUPLEMENT HOLOCÈNE DE LA RÉGION

La région qu'on vient de décrire est particulièrement riche en témoignages du Paléolithique supérieur, de l'Épipaléolithique et du Mésolithique. Malheureusement, l'étude diachronique de l'évolution du peuplement pendant l'Holocène est particulièrement difficile. En plus du fait qu'on a prospecté avec beaucoup plus d'intensité l'aire côtière que les montagnes, le principal problème vient de l'hétérogénéité des genres d'indices récupérés pour chaque période, et des propres critères d'attribution des gisements aux périodes, qui peuvent avoir conditionné excessivement la distribution spatiale observée. Donc, tandis que le Néolithique a été reconnu fondamentalement par des monuments mégalithiques, dont la tendance à se situer dans des lieux hauts (et aussi la plus grande probabilité de conservation hors des aires agricoles) est bien connue, les critères pour reconnaître le Mésolithique (amas coquilliers et pics asturiens) ont favorisé notamment la localisation de sites littoraux, par leur existence improbable à une certaine distance de la côte (le pic ayant été utilisé, on suppose, pour le ramassage des coquillages). Ainsi, tandis que le Mésolithique côtier tend à être surreprésenté dans l'échantillon (de plus, quelques pics et *concheros* non fouillés pourraient être néolithiques), celui de l'intérieur est impossible à identifier sans fouilles (jusqu'à présent très rares) ou, du moins, de larges ensembles industriels ou faunistiques. Il faut aussi ajouter les changements dans le genre d'habitat probablement consécutif à l'adoucissement climatique et les nouvelles stratégies économiques. Pour cela, les façons d'envisager le problème qui pourraient sembler objectives (évolution des moyennes des altitudes absolues des gisements, ou des indices d'énergie du relief dans ses alentours) sont inadéquates. Certes, l'altitude moyenne des gisements augmente du Magdalénien supérieur (113 m) au Néolithique (704 m), mais à notre avis, c'est très problématique de comparer un échantillon constitué par des grottes habitées avec un autre comportant en majorité des monuments mégalithiques dont le caractère rituel permet des localisations (par exemple à plus de 1 800 m) impensables pour un lieu d'habitat. Dans ce sens, l'apparente objectivité des chiffres pourrait nous conduire à de graves erreurs. Une solution possible, comme on verra plus loin, est de limiter l'échantillon néolithique aux lieux d'habitat, mais dans ce cas se présente un nouveau problème : les petites dimensions des échantillons (10 sites ou moins pour chaque période, le Mésolithique excepté).

Dans la région étudiée on connaît neuf gisements sûrs du Magdalénien supérieur (fig. 1), auxquels on doit ajouter une grotte à art pariétal attribuable à cette période (El Pindal). La plupart se situent à moins de 100 m d'altitude absolue, dans la plaine littorale (Tito Bustillo, La Riera, Cueto de la Mina, Bricia) ou dans des cours bas et amples des fleuves (Los Azules), avec une évidente préférence pour les lieux où la plaine littorale s'unit aux passages qui conduisent vers l'intérieur de la région, en traversant les chaînes littorales (vallée de la Sella, massif de la Llera). On trouve seulement deux gisements qui, sans dépasser 350 m, pénètrent résolument dans des montagnes escarpées : Collubil, dans une zone très abrupte, dans un petit affluent de la Sella, et Los Canes, dans le versant méridional de la Sierra de Cuera.

Les neuf gisements attribués à l'Azilien répètent en grande partie les tendances du Magdalénien supérieur (en fait, la plupart se situent dans des grottes ou abris avec des dépôts des deux périodes). La grande nouveauté vient d'un gisement enclavé dans un endroit vraiment de haute montagne, la grotte de La Uña (1 200 m d'altitude), dans le versant sud de la Cordillère, près d'un pas qui la traverse. La récente découverte de cet intéressant gisement (Bernaldo de Quirós et Neira, 1993) ouvre la question, encore insuffisamment documentée, sur la pénétration des groupes cantabriques du Tardiglaciaire vers la Meseta Centrale espagnole, dont on a trouvé aussi des indices dans d'autres gisements de chronologie imprécise, qui suggèrent la possibilité de ramener jusqu'au Magdalénien l'occupation de la zone.

Presque tous les indices mésolithiques correspondent au complexe asturien, dont on a catalogué dans la région près de 100 gisements, la plupart dans la plaine littorale. Cependant, on oublie souvent qu'il y a un nombre significatif de gisements dans des aires montagneuses ou abruptes. Ils sont particulièrement fréquents dans des vallées d'altitude modérée,

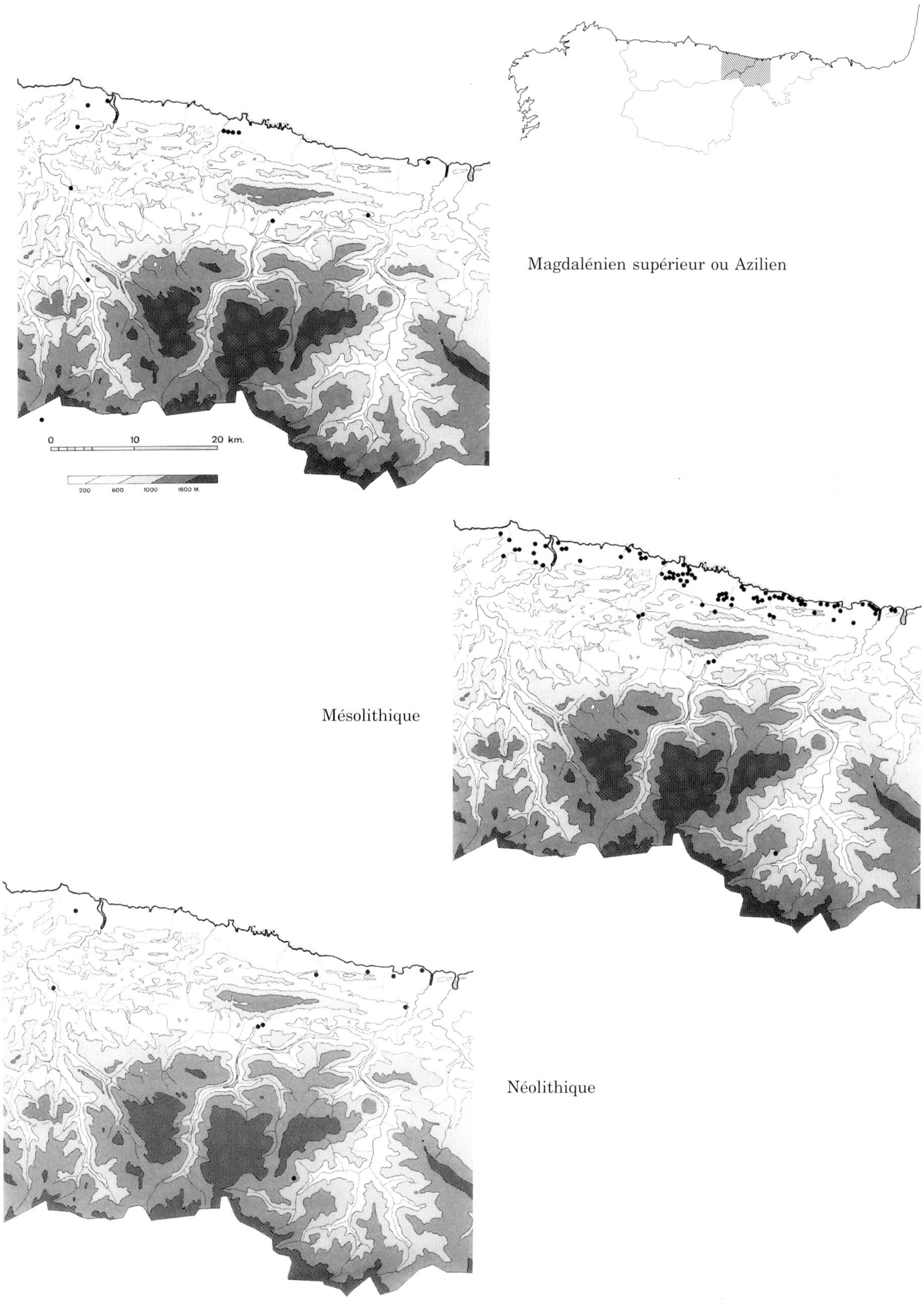

Figure 1. – Distribution des gisements archéologiques des périodes étudiées dans la région des Picos de Europa.

mais étroites, presque impénétrables, ou dans de petites mais abruptes chaînes proches de la côte (Junco, El Cierro, Cuetu Ventana, Pando, Ceñil, Cámara, El Palacio, Grandiella, Purón, Juan de Covera, Molino de Gasparín, Las Covariellas, Sierra Plana C, Cuesta de Pimiango). Il existe même des *concheros* qui s'inscrivent résolument dans des chaînes littorales, comme ceux de El Palacio et Cámara – à 8 km de la côte, dans la meilleure voie de communication vers la Dépression prélittorale – et surtout Torrevidiego, à 600 m d'altitude dans l'une des parties les plus escarpées de la Sierra de Cuera. Il faudrait aussi ajouter quelques gisements situés dans la bordure de la plaine littorale, juste à la base de la montagne (Colmenera, Grandiella, El Comontán). Cet ensemble de localisations montagnardes semble être orienté vers la chasse (probablement de caprinés comme le chamois [*Rupicapra rupicapra*] et le bouquetin [*Capra pyrenaica*]), ce qui semble être confirmé par la situation topographique de beaucoup d'entre eux dans des endroits appropriés au contrôle des troupeaux d'animaux ou à des embuscades (carrefours, gorges, petites vallées aveugles). Les conditions médiocres d'habitabilité de la plupart suggèrent qu'il s'agit de petits postes occasionnels de chasse plus que d'établissements permanents.

Récemment, on a ajouté aux témoignages précédents des gisements mésolithiques placés dans des aires intérieures, lesquelles techniquement ne sont pas « asturiennes » (elles n'ont pas fourni de pics et ne sont pas non plus strictement des amas coquilliers), mais qui montrent des indices de contacts avec la côte (abondance considérable de coquilles marines) et même des traits archéologiques communs avec l'Asturien (bâtons percés). Le site principal est le gisement sépulcral de la grotte de Los Canes (Arias et Garralda, 1996), auquel on pourrait ajouter quelques autres gisements en cours de fouille ou mal interprétés, comme La Mina, petit abri situé sur les bords de la Liébana, à 1 020 m d'altitude. Malgré son altitude modérée (325 m), Los Canes se situe dans l'une des aires les plus abruptes de la région, dans les flancs méridionaux escarpés de la Sierra de Cuera. Il faut noter que les abondantes coquilles marines du gisement doivent être arrivées par une voie qui traverse la Sierra de Cuera (ici 1 100 m à seulement 1,6 km du gisement, à vol d'oiseau), pour descendre immédiatement vers la côte (9,6 km plus bas). On peut se demander si nous sommes devant d'autres restes de l'activité des mêmes groupes qui avaient produit les amas coquilliers côtiers (« Asturien ») ou de communautés qui vivaient de façon permanente dans les montagnes, mais faisaient des expéditions occasionnelles vers la côte pour ramasser des coquillages.

Selon les données disponibles, il semble que pendant le Néolithique on assiste, pour la première fois dans l'histoire de la région cantabrique, à une colonisation effective des aires de haute montagne et à une intense occupation de celles de moyenne montagne, sans que cela présuppose, évidemment, l'abandon des zones littorales. Dans la région considérée ici, cela se traduit par les premiers indices archéologiques des aires les plus abruptes du massif des Picos de Europa (Pandébano, Barreda, Cabaña Remoña) – en dépassant dans quelques cas des altitudes de 1 500 m, et en atteignant 1 827 m (Riofrío) – et, en général, par une augmentation de l'altitude moyenne des gisements jusqu'à 704 m. Cependant, comme nous l'avons déjà remarqué, cette moyenne est très biaisée par les 212 monuments mégalithiques, dont l'altitude moyenne est de 769 m. Si nous prenons les gisements en grotte ou abri et les habitats en plein air (donnée la plus homogène avec l'échantillon des périodes précédentes), la différence est beaucoup moins importante (fig. 2). En fait, le contraste le plus notable se situe entre le Magdalénien supérieur et l'Azilien (de 113 à 226 m), tandis qu'après cette dernière période on peut parler d'une stagnation ou, en tout cas, d'un accroisse-

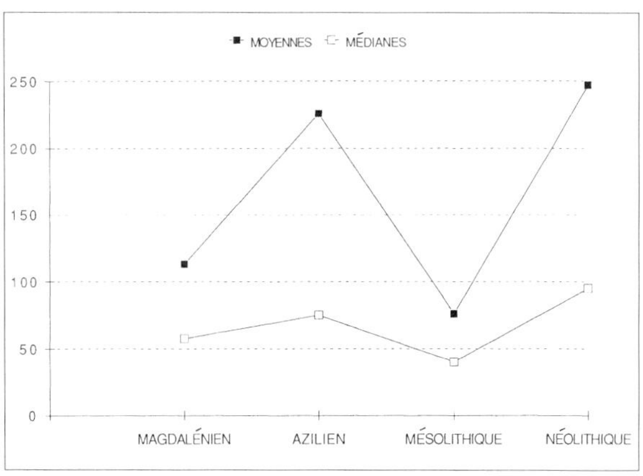

Figure 2. – Évolution des altitudes des gisements d'habitat dans la région des Picos de Europa.

ment très modéré jusqu'à 247 m des lieux d'habitat néolithiques (la donnée du Mésolithique – 78 m – étant sans doute biaisée pour les raisons déjà signalées). Si on prend les médianes pour éviter l'effet de quelques valeurs très hautes sur des échantillons petits, l'évolution est similaire : 57,5 m pour le Magdalénien supérieur, 75 m pour l'Azilien, 40 m pour le Mésolithique et 95 m pour le Néolithique. De toute façon, les distributions en altitude de gisements de toutes les périodes sont très semblables. Si on les compare avec la preuve statistique de Kolmogorov-Smirnov, le résultat de tous les pairs, c'est l'hypothèse nulle avec un niveau de signification au-dessus de 0,4.

COMPARAISON AVEC QUELQUES RÉGIONS MONTAGNARDES PROCHES

L'étude de la pénétration dans le milieu montagnard dans la moitié orientale de la région cantabrique est plus difficile, car la complexité du relief fait qu'on trouve des environnements franchement montagneux à très petite altitude et près de la côte, particulièrement au Pays basque. Cependant, on peut observer quelques tendances comparables à celles de la partie occidentale. Ainsi, pendant le Magdalénien supérieur, on trouve un bon nombre de gisements dans des zones montagneuses escarpées, souvent dans des extrémités de gorges qui communiquent avec l'intérieur de la Cordillère (Rascaño, Piélago, Silibranka, Lezetxiki). À l'Azilien on trouve un peuplement similaire, mais la pénétration vers les montagnes semble être plus intense, à en juger d'après des gisements situés dans des altitudes supérieures, comme Anton Koba, Kobatxo et surtout Urratxa, à 1 040 m dans le massif biscaïen du Gorbea. Malheureusement, l'échantillon des gisements mésolithiques est trop réduit pour le juger significatif. Il est pourtant intéressant de signaler que les gisements côtiers, malgré l'importance de quelques-uns (Santimamiñe), sont minoritaires. Les endroits typiques pour les sites sont des zones de contact entre divers milieux, pas très éloignées de la côte, mais proches des aires de montagne et de rochers. Ainsi, quelques gisements se situent dans des lieux peu élevés mais cependant montagneux, comme le prouve la vigueur du relief des alentours (Las Pajucas, El Tarrerón, Arenaza, Marizulo, Getaleuta) (Arias, 1991, p. 319-321). Finalement, la néolithisation est suivie d'une vraie invasion dans les montagnes, quoique l'information disponible s'appuie ici sur un genre de données difficilement comparable au modèle des temps précédents (gisements funéraires, en monuments mégalithiques comme en grottes).

Dans la Sierra de Encia-Urbasa – grand plateau à 900-1 000 m d'altitude environ, situé entre Alava et Navarre, dans le bassin de l'Èbre, non loin des limites de la région cantabrique –, on constate un processus analogue (Barandiarán et Vegas, 1990). Il y a quelques indices occasionnels des occupations paléolithiques relativement anciennes (Mugarduia Sur), mais c'est dans la transition vers l'Holocène qu'on trouve les premiers gisements importants (Portugain). Cependant, c'est dans le Néolithique que se produit une vraie explosion d'indices de présence humaine, avec un ample réseau de gisements, quelques-uns remarquables, comme l'habitat de plein air d'Urbasa XI, Fuente de los Mosquitos, Raso de Zatola, Igúrita ou Argutxi I. L'occupation mésolithique n'est pas bien établie. Cependant, on a proposé une attribution à cette période d'une partie des matériaux de quelques ensembles (par exemple Fuente de Eviso).

Dans le tiers occidental des Pyrénées, les gisements archéologiques qui précèdent la grande explosion du Néolithique sont peu abondants. Les indices sont encore plus rares lorsqu'on se réfère aux parties élevées de la chaîne. En fait, comme l'a montré P. Bahn (1984, p. 336) pour le versant français, l'endroit préféré d'emplacement des gisements est la confluence de la plaine et de la montagne, où les fleuves émergent des étroites vallées (par exemple, les gisements de la région d'Arudy, comme Poeymaü, Bignalats et autres). Cependant, on peut observer quelques tendances intéressantes. Ainsi, la présence d'un certain saut qualitatif dans la pénétration vers les hauteurs pendant le Magdalénien et l'Azilien – déjà signalé il y a quelques années par L. Méroc (1953) –, laquelle se retrouve dans des sites comme Sinhikole, Zatoya, Abauntz ou le gisement en plein air d'Artxilondo. Les vestiges d'occupation mésolithique sont relativement abondants, quoiqu'on ait aussi souligné les difficultés qui existent pour leur reconnaissance, par le manque de traits identificatifs clairs et la probable importance de l'habitat en plein air (Bahn, 1984). On peut signaler une certaine densité d'occupations en zones basses, mais considérablement montagneuses, comme les parties hautes des bassins de la Nivelle (Berroberria, Faardiko Lepo, Sorgiñen Leze, Uriogaina) ou le Saison (Ithelatseta), et aussi quelques gisements situés entre 900 et 1 000 m d'altitude, comme l'abri Etsaut I dans le versant septentrional, et, surtout, les importants gisements navarrais de Zatoya, Aizpea et Padre Areso dans la partie méridionale (Barandiarán et Cava, 1989 ; Barandiarán, 1995). En tout cas, dans l'aire pyrénéenne occidentale, il n'y a pas d'éléments concluants de changement par rapport au Magdalénien-Azilien ; c'est, une fois de plus, au Néolithique que le deuxième grand saut est attesté.

DISCUSSION

Il est hors de propos dans cette communication de discuter les causes de la pénétration généralisée dans les montagnes qu'on a observée pendant la fin du Magdalénien et l'Azilien. Sans doute, l'adoucissement du climat depuis l'Alleröd doit avoir contribué à permettre l'activité humaine régulière dans des aires jusqu'alors presque interdites. Cependant, le changement climatique (relatif, puisqu'il a été suivi par l'intense pulsation froide du Dryas III) permet le phénomène, mais n'explique pas tout puisqu'antérieurement il y avait des phases tempérées non suivies de ces effets. À notre avis, il est probable que cet adoucissement climatique concret ait été mis à profit par l'homme pour pénétrer dans les montagnes à la suite d'une tendance de la Préhistoire régionale : la réorientation de la stratégie économique vers une certaine diversification du spectre des niches de subsistance exploitées, laquelle se documente depuis les dernières phases du Paléolithique (Gonzalez Sainz, 1992). C'est dans ce contexte qu'il faut comprendre l'établissement de postes (probablement saisonniers et occasionnels) dans les aires de montagne et de rocher, orientés probablement sur la chasse de caprinés, dont les indices se sont accrus à cette époque face à ceux des cervidés, base des systèmes plus spécialisés des périodes précédentes.

Plus importants sont, pour les propos de cette communication, les modèles mésolithiques ci-dessus cités. Comme nous avons essayé de le montrer (Arias, 1991 et 1992), malgré les énormes amas coquilliers de *Patella* sp., *Monodonta lineata* et autres invertébrés d'estuaires, l'Asturien ne semble pas être le résultat d'un système spécialisé, mais un excellent exemple de la *broad spectrum revolution* (Flannery, 1969) du Mésolithique. Les gisements asturiens se situent à une distance excessive de la mer (moyenne : 1,80 km) pour être centrés sur l'exploitation d'une ressource aussi peu rentable à distance que le coquillage, à plus forte raison si nous considérons que cette moyenne est biaisée par de nombreux petits amas (sans doute des occupations occasionnelles) contigus à la côte. Les gisements avec de meilleures conditions d'habitabilité, et ceux qui ont fourni de grands dépôts probablement dérivés des occupations intenses, se situent d'habitude à 2-3 km de la côte actuelle (Cueto de la Mina, La Riera, El Penicial, Cuartamentero, El Aguila), tandis que près de la mer et dans les zones montagneuses et intérieures prédominent les petits gisements avec une habitabilité médiocre. Ce modèle d'aménagement du territoire semble approprié à un système économique qui donne la préférence à l'exploitation des ressources des forêts qui couvriraient la plaine littorale (cerf, sanglier, chevreuil, végétaux), tandis que l'exploitation du milieu marin et des aires de montagne voisines jouerait un rôle complémentaire et probablement saisonnier (rappelons que quelques analyses isotopiques ont montré le ramassage de patelles en hiver). Or, complémentarité ne doit pas être confondue avec insignifiance. Dans les systèmes d'économie à large spectre, rien (ou presque rien) n'est à rejeter. C'est justement la diversification, l'exploitation de la plus grande partie de ce que le milieu peut offrir qui constitue la clé du système économique ; et même le manque de parties relativement peu importantes peut ébranler tout le système (*cf.* par exemple, le cas danois commenté par P. Rowley-Conwy [1984]). Certes, les gisements de montagne sont minoritaires au Mésolithique mais, comme nous l'avons vu, pas aussi rare que cela pourrait sembler à première vue (20 % environ, ce qui n'est pas négligeable vu les conditions de leur découverte). D'autre part, il semble significatif que les densités les plus élevées des gisements de la plaine littorale se situent dans l'embouchure des vallées qui facilitent la pénétration vers l'intérieur, tandis que quelques zones presque dépourvues d'accès sont anormalement pauvres en indices de cette époque. Ceci suggère que la possibilité d'un accès relativement facile aux aires intérieures n'était pas une circonstance négligeable pour les habitants mésolithiques de la plaine côtière. En définitive, il semble que l'image conventionnelle de l'Asturien comme une adaptation côtière est une simplification de la réalité, et que les « typiques » *concheros* près de la mer ne sont plus qu'une partie d'un système économique plus large.

La comparaison avec des aires proches semble confirmer les hypothèses précédentes. Dans les trois zones examinées, on trouve, après une première présence humaine bien attestée dans la transition à l'Holocène, des indices – toujours difficiles à documenter, mais constants – de présence mésolithique dans les aires de montagne, plus parfois comme une continuité ou une densification dans des parties de moyenne montagne que comme un nouveau saut en avant dans la colonisation des aires élevées, pour lequel il n'y a pas d'évidence jusqu'à la néolithisation.

Il semble donc que le renforcement de la tendance à la diversification du spectre économique exploité, déjà amorcée au Tardiglaciaire (le trait le plus marquant de l'économie mésolithique) aurait provoqué une permanence de la présence humaine dans les zones montagneuses, surtout celles de moyenne montagne. Cependant, il semble que la pression des groupes mésolithiques (probablement intensifiée par l'accroissement démographique) a été plus intense sur le milieu côtier, car il était facile de trouver là une plus grande variété de ressources. La proximité des aires de rocher et de montagne dans une région au relief aussi complexe aurait permis d'exploiter plusieurs niches écologiques depuis les grands gisements de la plaine littorale, situés dans des vrais écotones, qui, à moins d'une heure de chemin, mèneraient jusqu'aux forêts, à la côte ou aux rochers.

Bien que la néolithisation de la région cantabrique ne semble pas avoir été le résultat d'un changement brusque, mais d'une lente transformation de la base économique et sociale des groupes de chasseurs-cueilleurs locaux, dans la perspective qui nous intéresse ici, les changements furent radicaux. Il est possible, comme nous l'avons signalé, que la grande visibilité archéologique des monuments mégalithiques ait exagéré l'importance de l'occupation des aires hautes, mais, en tout cas, le saut qualitatif est indéniable. Il est probable que l'introduction du bétail ait fourni aux groupes humains une autre manière de mettre en valeur les vastes zones de moyenne et de haute montagne, plus avantageuses que les seules activités de chasse et de cueillette. Il s'agit d'une manière d'exploiter l'environnement en complément à l'agriculture débutante qui, au niveau modéré dans lequel elle s'est développée (d'après les études archéozoologiques), ne devrait pas avoir été incompatible avec des stratégies de chasse et de cueillette traditionnelles.

CONCLUSIONS

Dans cette communication on a essayé de montrer que la colonisation des aires de montagne de la région des Picos de Europa est un phénomène associé au développement des tendances vers l'économie à large spectre entre les groupes des chasseurs-cueilleurs. Il n'est pas fortuit que la première colonisation effective se produise quand ces tendances commencent à être prédominantes, pendant la transition à l'Holocène, dans un contexte culturel Magdalénien supérieur-Azilien. C'est pendant ces périodes (notamment pendant l'Azilien) qu'on trouve systématiquement des preuves de présence humaine dans les hautes montagnes. Il semble probable qu'il s'agissait fondamentalement d'établissements non permanents, consacrés à la chasse de capridés.

Il semble que, face à l'idée traditionnelle d'un abandon des zones intérieures pendant l'Holocène ancien, les populations mésolithiques de la région ici étudiée (et, en général, celles du Nord de la péninsule Ibérique) n'ont pas rejeté l'exploitation des aires de montagne. La densité des activités humaines n'a jamais été aussi intense que sur la côte, dont la richesse et la diversité des ressources a été mieux adaptée à leur système économique, mais elle n'est pas négligeable non plus. Au contraire, comme on a essayé de le montrer, dans des aires si restreintes l'exploitation des montagnes n'est pas envisagée comme une alternative à celle de la côte, mais comme un complément. Certes, la plus grande partie de l'accroissement démographique doit avoir été établie sur la côte. Cependant les indices disponibles suggèrent une permanence de la présence humaine dans la dépression prélittorale et la montagne. On pourrait même, d'après ce que l'on a vu dans des zones voisines, proposer l'hypothèse d'une densification du réseau d'établissements dans les montagnes intermédiaires et littorales.

Ce serait, finalement, à partir du Néolithique que se consoliderait définitivement l'occupation des aires montagnardes, surtout dans les zones les plus hautes, mais alors sur une nouvelle base de subsistance : l'élevage, qui s'est poursuivi jusqu'à nos jours comme la principale ressource économique des zones de haute montagne de la région cantabrique.

BIBLIOGRAPHIE

ARIAS (P.), *De cazadores a campesinos. La transición al neolítico en la región cantábrica*, Santander : Servicio de Publicaciones de la Universidad de Cantabria, Asamblea Regional de Cantabria (serie *Universitaria* 6), 1991.

Estrategias económicas de las poblaciones del epipaleolítico avanzado y el neolítico en la región cantábrica. *In :* J. A. MOURE (dir.), *Elefantes, ciervos y ovicaprinos. Economía y aprovechamiento del medio en la Prehistoria de España y Portuga*, Santander : Servicio de Publicaciones de la Universidad de Cantabria, 1992, p. 163-184.

ARIAS (P.), GARRALDA (M. D.), Les sépultures épipaléolithiques de la Cueva de los Canes (Asturies, Espagne). *In* : M. OTTE (dir.), *Nature et Culture*, université de Liège (ERAUL 68), vol. II, 1996, p. 871-897.

BAHN (P.), *Pyrenean Prehistory. A Palaeoeconomical Survey of the French Sites*, Warminster : Aris & Phillips, 1984.

BARANDIARAN (I.), Los establecimientos de cazadores del la Prehistoria de Navarra. Del Paleolítico Medio a inicios del Neolítico. *Cuadernos de Arqueología de la Universidad de Navarra* 3, 1995, p. 53-84.

BARANDIARAN (I.), CAVA (A.), *El yacimiento prehistórico de Zatoya (Navarra). Evolución ambiental y cultural a fines del Tardiglaciar y en la primera mitad del Holoceno*, Pamplona : Departamento de Educación y Cultura del Gobierno de Navarra (*Trabajos de Arqueología Navarra* 8), 1989.

BARANDIARAN (I.), VEGAS (J. I.), *Los grupos humanos en la Prehistoria de Encia-Urbasa. Análisis cultural de asentamientos, sistemas de explotación, modos de vida y ritos desde el Neolítico hasta el final de la Edad Antigua*, San Sebastián : Eusko Ikaskuntza, 1990.

BERNALDO DE QUIROS (F.), NEIRA (A.), Occupations de haute montagne dans la région Cantabrique espagnole (nord-est de la province de Leòn). *Actes*, CXVIII^e^ Congrès national des sociétés historiques et scientifiques, Pau, 1993, p. 193-203.

CLARK (G. A.), *El Asturiense cantábrico*, Madrid : Instituto Español de Prehistoria, 1976.

FLANNERY (K. V.), Origins and Ecological Effects of Early Domestication in Iran and the Near East. *In :* P. J. UCKO, G. W. DIMBLEBY (dir.), *The Domestication and Exploitation of Plants and Animals*, Duckworth, Londres, 1969, p. 73-100.

GONZALEZ MORALES (M. R.), *El Asturiense y otras culturas locales. La explotación de las áreas litorales de la región cantábrica en los tiempos epipaleolíticos*, Santander : Centro de Investigación y Museo de Altamira, 1982.

GONZALEZ SAINZ (C.), Aproximación al aprovechamiento económico de las poblaciones cantábricas durante el Tardiglacial. *In :* J. A. MOURE (dir.), *Elefantes, ciervos y ovicaprinos. Economía y aprovechamiento del medio en la prehistoria de España y Portugal*, Santander : Servicio de Publicaciones de la Universidad de Cantabria, 1992, p. 129-147.

MÉROC (L.), La conquête des Pyrénées par l'homme et le rôle de la frontière pyrénéenne au cours des temps préhistoriques. *Actes*, Ier Congrès international de spéléologie, Paris, t. 4, sec. IV, 1953, p. 33-51.

ROWLEY-CONWY (P.), The Laziness of the Short-Distance Hunter : the Origins of Agriculture in Western Denmark. *Journal of Anthropological Archaeology* 3, 1984, p. 300-324.

VEGA DEL SELLA Conde de la, *El Asturiense. Nueva industria preneolítica*. Madrid : Comisión de Investigaciones Paleontológicas y Prehistóricas, 1923.

MODÈLES D'HABITAT ET SYSTÈMES DE PRODUCTION LITHIQUE DANS L'ÉPIPALÉOLITHIQUE DE LA PARTIE CENTRO-SEPTENTRIONALE DE LA PROVINCE D'ALICANTE (ESPAGNE)

HABITAT MODELS AND LITHIC PRODUCTION SYSTEMS IN THE EPIPALAEOLITHIC OF THE CENTRAL-NORTHERN PART OF THE ALICANTE PROVINCE

Elisa Domenech Faus

Résumé. – Au cours de l'étude technologique de l'industrie lithique des gisements épipaléolithiques à microlamelles et à géométriques, situés dans les montagnes du Nord et Nord-Ouest de la province d'Alicante, on a aperçu certains changements culturels et économiques survenus au début de l'Holocène.

Mots clés : Épipaléolithique microlaminaire, Épipaléolithique à géométriques, Holocène ancien, débitage lamellaire, consommation immédiate.

Abstract. – The technological study of the lithic industry of the microblade and geometric epipalaeolithic deposits situated in the northern and north-western mountains of the Alicante province has shown the occurrence of cultural and economic changes in the Early Holocene. The choice of flint, a raw material abundant in the area, reveals the mobility and specific needs of the groups of hunters. On the other hand, the complexity of environment exploitation in the Late Epipalaeolithic coincides with human occupation preferences for more open areas previously occupied during the preceding phase.

Key words : Microblade Epipalaeolithic, Geometric Epipalaeolithic, Early Holocene, blade manufacture, immediate consumption.

Traditionnellement, d'après la thèse de Javier Fortea, l'Épipaléolithique méditerranéen espagnol a été subdivisé en deux complexes lithiques : microlaminaire et géométrique. Le premier complexe est considéré comme un dérivé du Magdalénien supérieur avec les faciès Saint-Gregori et Mallaetes. Le deuxième, situé dans les périodes plus récentes, comprend les faciès Filador et Cocina, qui perdurent pendant le Néolithique (Fortea, 1973).

Les travaux récents de J. Juan Cabanilles confirment cette séquence à travers la stratigraphie de Tossal de la Roca : mise en évidence d'un Épipaléolithique initial microlaminaire, d'un Épipaléolithique moyen type Filador et d'un Épipaléolithique final de faciès Cocina (Juan, 1992).

Nous n'avons pas la prétention de discuter des questions chronologiques et séquentielles mais, au contraire, de montrer les différentes stratégies techno-économiques caractérisant les deux complexes.

LE CADRE GÉOGRAPHIQUE ET GÉOLOGIQUE

Au niveau administratif et historique, la région choisie est comprise dans las comarcas del Alcoià, Comtat, Marina Alta et Alt Vinalopó, traversées par deux rivières : le Serpis et le Vinalopó (fig. 1).

L'Alcoià-Comtat-Marina Alta appartient au système bétique oriental, secteur Prébétique extérieur (Rosello et Bernabé, 1978), tandis que l'Alt Vinalopó correspond au secteur Prébétique extérieur et intérieur, coïncidant avec la grande faille Valencienne qui sépare la tectonique Bétique de l'Ibérique. En plus, la tête du Vinalopó s'articule à l'est avec la vallée de Beneixama et Agres vers le Serpis.

Le relief de la région plus orientale (Alcoià-Comtat, Marina Alta) est constitué de grands anticlinaux orientés vers le nord-ouest (Sierra de Mariola et Sierra del Benicadell).

La région occidentale présente, avec des matériaux secondaires et tertiaires originaux de la Meseta, des séries autochtones avec structures plissées anticlinales et synclinales orientées vers le sud-ouest/nord-est. Il y a aussi un domaine stratigraphique représenté par des sédiments mésozoïques et spécialement du Crétacé (faciès avec des silex).

Dans les formations du Trias de la partie centrale de la zone, on constate des traces d'un régime lagunaire récent, produit par la rétention d'eau à cause de l'imperméabilité du Trias. Vers le sud on trouve quand même une région marécageuse, asséchée aujourd'hui par l'aménagement du bassin du Vinalapó.

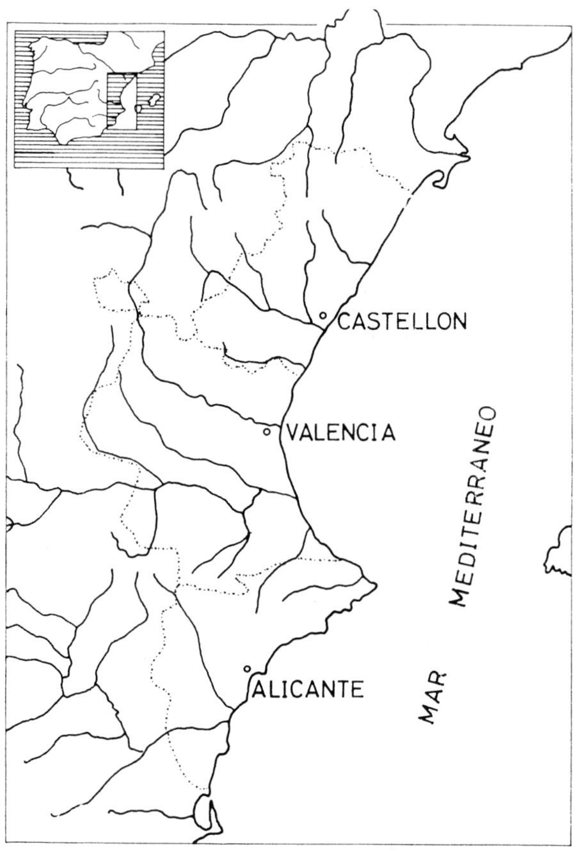

Figure 1. – Carte de la région de Valence et situation des trois provinces.

GISEMENTS DE L'ÉPIPALÉOLITHIQUE INITIAL

Cova Fosca (Vall d'Ebo) est une cavité située sur le ravin du Guerrer. Elle a deux entrées qui s'ouvrent sur une salle, dont l'intérieur donne accès à une galerie contenant des vestiges d'art rupestre paléolithique (Hernandez, Ferrer et Catala, 1988).

La documentation archéologique est livrée par un sondage effectué dans la salle. La séquence montre un niveau superficiel avec des restes humains du Chalcolithique, une couche du Néolithique cardial et une autre plus ancienne datée par chronologie relative de la transition Magdalénien supérieur-Épipaléolithique initial-microlaminaire (Domenech, 1990).

L'industrie osseuse est rare, et l'industrie lithique constitue l'unique élément d'identification culturelle. Elle est très riche en grattoirs sur lame ou produits de mise en forme, et comporte une importante production lamellaire.

Santa Maria (Castell de Castells) a été repéré à la suite de prospections d'Art rupestre de l'université d'Alicante et CEC sur le ravin de Famorca. Il s'agit d'une cavité ouverte dans du calcaire affleurant dans la partie inférieure d'un éperon de paroi rocheuse, dans un milieu très montagneux.

D'après le sondage réalisé, la séquence commence avec les couches 1 et 2 contenant du matériel néolithique, suivi par du matériel indéterminé, sans céramique et probablement remanié par les terriers des animaux. Ensuite on a les couches 4 et 5, caractérisées par un ensemble lithique considérable de l'Épipaléolithique initial-microlaminaire caractérisé par des grattoirs fabriqués sur lame ou produits de mise en forme, et aussi par deux pointes aziliennes et un débitage lamellaire sur silex du Crétacé (Domenech, 1990).

Par contre, le gisement du Tossal de la Roca (Vall d'Acalà) a fait l'objet d'une étude pluridisciplinaire : la sédimentologie sous la responsabilité de P. Fumanal (Fumanal, 1986), la palynologie par N. Lopez, la faune par R. Martinez Valle et M. Perez Ripoll (Villaverde et Martinez, 1992 ; Aura et Perez, 1992), l'anthracologie par P. Uzquiano, le tout sous la direction de C. Cacho (Cacho, Fumanal et Lopez, 1983).

C'est un abri sous roche situé sur le ravin du Pennegrí. Les fouilles récentes ont montré une séquence qui débute selon les datations absolues vers 7 000 BP pour un Épipaléolithique final, en continuant par un Épipaléolithique initial-moyen daté vers 9 000-8 000 BP, pour finir dans les niveaux plus anciens entre 14 000 et 12 000 BP avec un Magdalénien supérieur (Cacho, 1986).

L'industrie lithique est caractérisée par une prédominance de lamelles et microlamelles à dos en silex local du calcaire du Bertonien-Lutétien, taillée sur le silex, et dans une moindre mesure par la présence d'autres silex de meilleure qualité, d'origine plus éloignée, sans témoignage de taille *in situ* (Cacho, 1990, Garcia-Carrillo ; Cacho et Ripoll, 1991).

Néanmoins, dans les niveaux plus récents de l'Épipaléolithique moyen et final, la taille s'est faite presque en totalité sur silex local ou calcaire, surtout employés pour la fabrication de pièces macrolithiques, utilisation qui aura une perduration jusqu'au Néolithique.

Déjà dans la comarca del Alt Vinalopó, on commence avec le gisement en plein air de l'Épipaléolithique initial de Pinar de Tarruella (Villena). La plupart du matériel lithique a été ramassé en surface, déposé dans le fond des sables lacustres (Soler, 1968-1969 ; Fortea, 1973).

Pourtant, la grande quantité de matériel récolté a permis de reconstruire la chaîne opératoire de la production lamellaire, où l'on trouve des blocs testés ou des rognons exploités sans préparation pour la fabrication de lamelles (Domenech, 1993).

Dans la même zone se trouve la Cueva del Lagrimal, mais ouverte dans des calcaires de la sierra de Salinas. Le matériel appartient aux anciennes fouilles de Jose Mª Soler (Soler, 1991), qui a découvert des niveaux de l'Épipaléolithique initial et du Néolithique. Les premiers donnent aussi un débitage lamellaire sur une grande diversité de silex.

GISEMENTS DE L'ÉPIPALÉOLITHIQUE FINAL

Plus récents et avec une seule couche archéologique, ils sont représentés par les gisements de Cova D'el Mas del Gelat (Alcoi) et l'Abric del Barranc de les Calderes (Planes).

Le premier site est un abri sous roche situé sur le ravin des Canelons, tributaire du Serpis. Le matériel étudié provient d'un sondage effectué par M. Dolores Asquerino. On a une industrie lithique de caractère macrolithique où le débitage lamellaire est très rare (Asquerino, 1979 ; Domenech, 1990).

Situé dans le ravin de l'Encantá, le deuxième gisement, l'abri del Barranc de les Calderes, est un abri sous roche colmaté par les sédiments holocènes apportés par les crues du ruisseau.

Le sondage effectué a révélé une industrie macrolithique, datée par chronologie relative entre l'Épipaléolithique moyen-final et le Néolithique (fig. 2 et 3). Les pièces denticulées et les encoches sont taillées sur silex local ou sur calcaire, récoltés dans le lit du ruisseau ou obtenus à partir de veines stratifiées dans les parois rocheuses du ravin (Domenech, 1990, 1991).

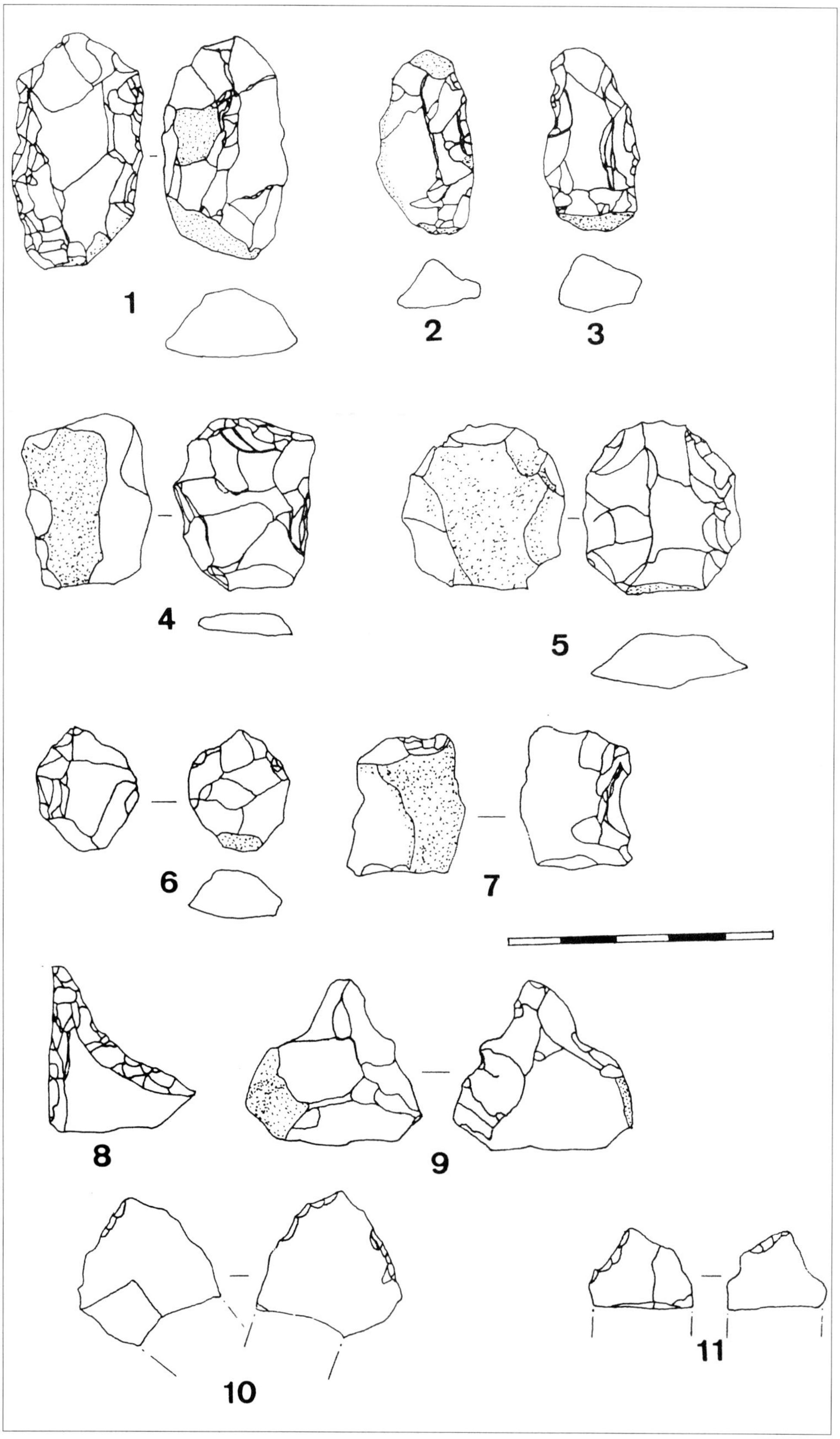

Figure 2. – Pièces macrolithiques et denticulées de l'abri del Barranc de les Calderes (Planes, Alicante).

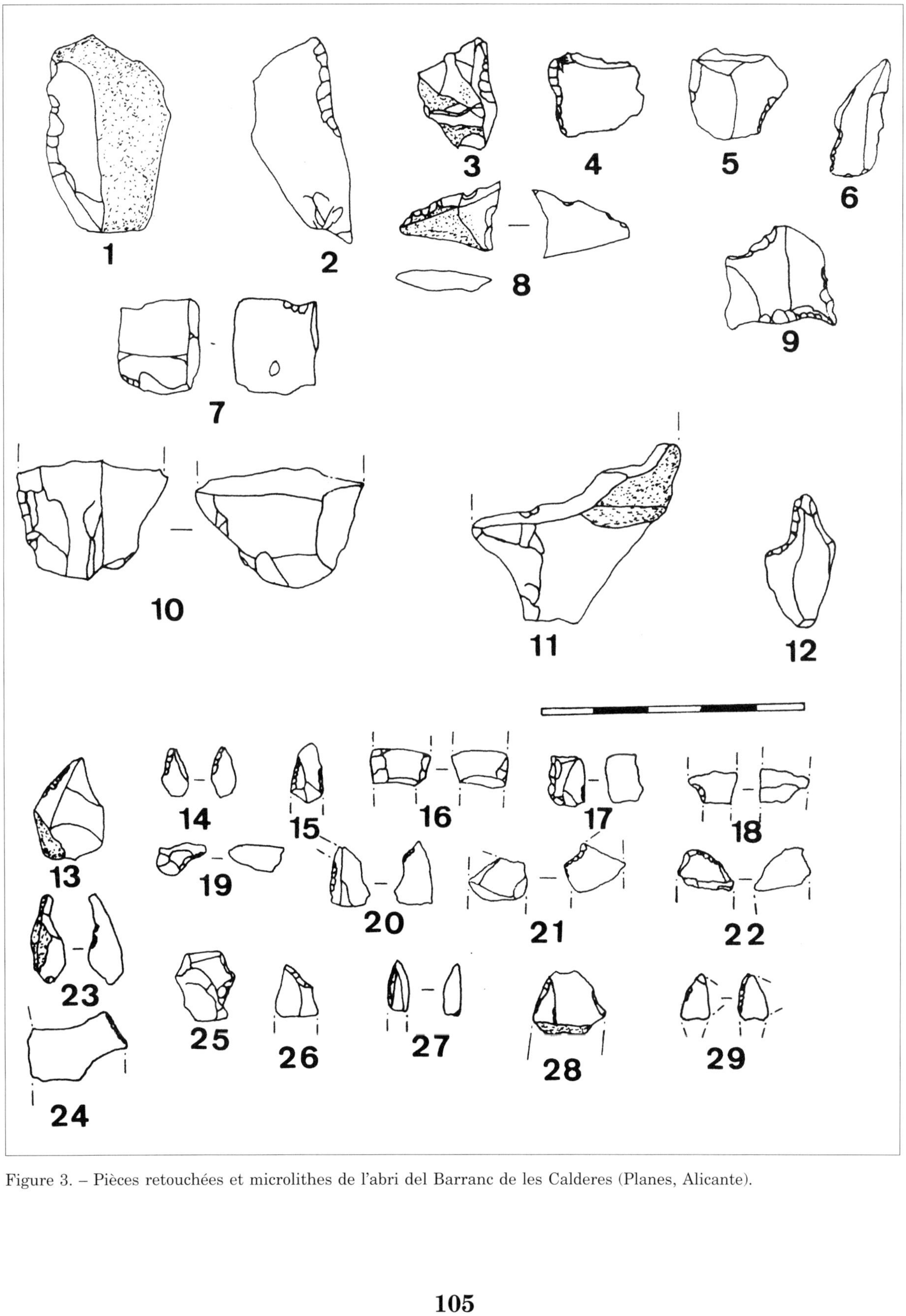

Figure 3. – Pièces retouchées et microlithes de l'abri del Barranc de les Calderes (Planes, Alicante).

DISCUSSION

À partir de ces données, on se rend compte de certains changements culturels et économiques survenus à l'Holocène initial.

Pour les groupes des chasseurs-cueilleurs de l'Épipaléolithique initial, le choix de silex, abondant dans la région, montre une mobilité et des besoins spécifiques. On observe une grande variabilité de types de cette matière dans tous les ensembles lithiques étudiés. Les sites d'habitation préférentiels, tels que Cova Fosca, Santa Maria et Tossal de la Roca, sont en grotte ou sous abri dans le milieu de montagne, alors que dans les zones intermédiaires avec des plaines, les campements sont établis en plein air (Pinar de Tarruella) autant que dans les abris rocheux (Cueva del Lagrimal). Les systèmes de production lithique obéissent aux modèles caractéristiques du Paléolithique supérieur, avec un important développement du débitage lamellaire.

Par contre, la complexité d'exploitation du milieu dans l'Épipaléolithique final coïncide avec des préférences d'occupations humaines en espaces plus ouverts, en plein air ou en abri sous roche, dont certains ont été déjà occupés dans la phase précédente. La spécialisation en plusieurs activités explique la diversité d'ensembles techno-économiques des différents gisements considérés.

On constate aussi un changement de stratégie dans l'approvisionnement des matières premières : à Barranc de les Calderes, il y a une production pour une consommation immédiate, où les sources d'approvisionnement en silex ne sont pas loin du site ; tandis qu'il y a des productions destinées à fabriquer des outils de longue durée avec une sélection de la matière première pour les lamelles supports des microlithes géométriques, comme au Tossal de la Roca.

Ces données contribuent à confirmer les résultats obtenus par les récents travaux sur le processus de néolithisation dans la région de Valence. Dans l'Épipaléolithique final, les activités humaines sont plus spécialisées par rapport à la phase antérieure.

D'ailleurs, le degré de complexité acquis par les comportements techniques témoigne d'une société changeante, laquelle aboutira au Néolithique avec l'introduction de techniques et comportements culturels nouveaux (Bernabeu, Aura et Badal, 1993).

BIBLIOGRAPHIE

AURA (J. E.), PEREZ (M.), Tardiglaciar y postglaciar en la región mediterránea de la Península Ibérica (13 500-8 500 BP) : transformaciones industriales y económicas. *Saguntum* 25, 1992, p. 25-47.

BERNABEU (J.), AURA (J. E.), BADAL (E.), *Al oeste del Eden. Las primeras sociedades agricolas en la Europa mediterránea*, Madrid, 1993.

CACHO (C.), Nuevos datos sobre la transición del Magdaleniense al Epipaleolitico en el Pais Valenciano : el Tossal de la Roca. *Boletin del Museo Arqueológico Nacional* (Madrid) IV, 2, 1986, p. 117-129.

Un premier essai d'étude des matières premières du Tossal de la Roca (Alicante, Espagne). *Cahiers du Quaternaire*, n° 17, 1990, p. 385-390.

CACHO (C.), FUMANAL (P.), LOPEZ (N.), Contribution du Tossal de la Roca (Alicante) à la chronostratigraphie du Paléolithique supérieur final dans la région de Valence (Espagne). *Actes*, colloque international de Sienne 1983 : « La position taxonomique et chronologique des industries à pointes à dos autour de la Méditerranée européenne », *RS Preistoriche* 38, 1983, p. 69-90.

DOMENECH (E.), Aportaciones al Epipaleolítico del norte de la Provincia de Alicante. *Alberri* 3, 1990, p. 15-166

Sous presse, El Epipaleolítico en el Abric 1 del Barranc de les Calderes (Planes, Alicante). *Actes*, XXI Congreso Nacional de Arqueología, Teruel, 8-11 oct. 1991.

Un yacimiento lítico de superficie : el Pinar de Tarruella (Villena). *Villena*, 1993, p. 11-12

FORTEA (J.), Los complejos microlaminares y geométricos del Epipaleolítico Mediterráneo Español. *Seminario de Prehistoria y Arqueologia, Memoria 4*, Salamanca, 1973, 550 p.

FUMANAL (P.), Sedimentologia y clima en el Pais Valenciano. las cuevas habitadas en el Cuaternario. *Trabajos Varios* 83, Valencia, 1986, 207 p.

GARCIA-CARRILLO (M.), CACHO (C.), RIPOLL (S.), Sobre la selección del silex y su aprovisionamiento en el Tossal de la Roca (Vall d'alcalá, Alicante). *Espacio, Tiempo y Forma*, Serie 2, Prehist. y Arqueol. t 4, 1991, p. 15-36.

HERNANDEZ (M.), FERRER (P.), CATALA (E.), *Arte rupestre en Alicante*, éd. Banco de Alicante, Grupo Banco Exterior, 1988, 312 p.

JUAN (J.), La neolitización de la vertiente mediterránea penin-sular. Modelos y problemas. *Aragón / Litoral mediterráeno. Relaciones culturales durante la Prehistoria,* Zaragoza, 1992, p. 255-268.

ROSELLO (M.), BERNABÉ (J. M.), *Geografia de la Provincia de Alicante*, éd. Excelentisima Diputación Provincial de Alicante, 1978.

SOLER (J. M.), La cueva pequeña de la Huesa Tacaña y el Mesolítico villenense. *Zephyrus* t. 19-20, 1968-1969, p. 33-37.

La Cuera del Lagrimal, Villena (Alicante). Yecla (Murcia), éd. Caja de Ahorros Provincial de Alicante, Alicante, 1991, 159 p.

VILLAVERDE (V.), MARTINEZ (R.), Características culturales y económicas del final del Paleolítico Superior en el Mediterráeno Español. *Transformaciones culturales y económicas durante el Tardiglaciar y el inicio del Holoceno en el ámbito mediterráneo*, éd. UIMP, 1992, Valencia.

FABRICATION ET UTILISATION DE L'OUTILLAGE À DOS À LA FIN DU PALÉOLITHIQUE SUPÉRIEUR AU PAYS BASQUE

ELABORATION AND USE OF BLADELET-TOOLS AT THE END OF UPPER PALAEOLITIC IN THE BASQUE COUNTRY

Jesús Emilio Gonzalez Urquijo et Juan José Ibanez Estevez

Résumé. – L'analyse de la fabrication et de la fonction de l'outillage à dos dans quelques sites magdaléniens et aziliens (12 000-10 000 BP) du Pays basque a montré la mise en œuvre de techniques d'élaboration très simples, l'outillage à dos étant utilisé pour fabriquer des projectiles (pointes et armatures) ou des couteaux composites pour la coupe de la viande et de la peau. Nous avons remarqué une certaine variabilité dans l'outillage à dos entre les différents sites, ce qui est mis en relation avec la fonction des sites eux-mêmes.

Mots clés : technologie lithique, tracéologie, outillage à dos, Magdalénien supérieur, Azilien, Pays basque.

Abstract. – The analysis of bladelet technology in several late magdalenian and azilian sites (12,000-10,000 BP) in the Basque country has shown that bladelets were used to arm composite knives and projectiles (points and barbs). The bigger bladelets were chosen for the first function, the smaller ones as barbs. Some differences between sites were detected, with respect to the significance of bladelet tools in each assemblage, the proportion of bladelet tools with impact traces and the existence of a specific production of bladelets from flake-cores. Probably this variability in lithic tool technology is due to differences in the function of particular sites.

Key words : lithic technology, use-wear analysis, bladelet-tools, Late Magdalenian, Azilian, Basque country.

Les pointes et les lamelles à dos constituent la plus grande partie de l'outillage retouché à la fin du Magdalénien et à l'Azilien. Dans la région de la côte cantabrique espagnole, cet outillage n'a été étudié que d'un point de vue typologique. En conséquence, le système de fabrication et l'utilisation de cet outillage sont très mal connus. Seule l'analyse fonctionnelle d'un échantillon d'outils provenant des niveaux du Magdalénien moyen du Rascaño et El Juyo (*ca.* 13 000 BP), réalisée par L. H. Keeley (1988), a apporté des informations sur ce type d'outils.

Au cours de ces dernières années, nous avons étudié les systèmes de fabrication et l'utilisation de l'outillage lithique dans quelques sites du Pays basque, datés des environs de 12 000-10 000 BP Dans cet article, nous allons présenter les résultats concernant l'outillage à dos, qui constitue le groupe d'outils le plus important numériquement au sein de ces séries.

Le site en grotte de Santa Catalina, situé à Lekeitio (Biscaye) et fouillé par E. Berganza, présente deux niveaux, l'un magdalénien final (autour de 12 000 BP) et l'autre azilien (autour de 11 000 BP, Berganza, com. pers.). Nous avons analysé la fonction de 479 pièces lithiques dont 76 lamelles à dos, 43 pointes à dos et 34 lamelles non retouchées (Ibáñez, 1993 ; Ibáñez *et al.*, 1993). Le site de Laminak II se situe à 6 km de Santa Catalina. Il s'agit d'une petite grotte avec des niveaux d'occupation datés entre 11 700 ± 140 BP et 10 380 ± 140 BP (Berganza et Arribas, 1994a). Nous avons réalisé l'étude des techniques de taille de l'outillage provenant de ce site et l'analyse de la fonction de 136 outils dont 33 lamelles à dos, 6 pointes à dos et 16 lamelles non retouchées. Le site de plein air de Berniollo (Subijana-Morillas, Alava), fouillé par A. Baldeón, montre un niveau d'occupation daté de 9 940 ± 490 BP. Dans ce site, nous avons étudié la technologie lithique et la fonction de 206 pièces dont 22 lamelles à dos, 12 pointes à dos et 15 lamelles non retouchées (González et Ibáñez, 1991 ; González et Ibáñez, 1993 ; González, 1993). À Berniollo, l'analyse de la répartition spatiale des restes lithiques a aussi apporté des informations sur des comportements technologiques (González, 1993).

Toutes ces études ont permis de déceler certaines constantes dans les stratégies de fabrication et d'utilisation de l'outillage à dos, bien que quelques différences entre les divers sites ont été aussi détectées. Constantes et différences seront exposées ici.

LES ÉLÉMENTS COMMUNS À L'OUTILLAGE À DOS

La fabrication de lamelles

Nous avons observé qu'au sein de la production de supports laminaires, il existe une production spécifique de lamelles. En effet, la distribution de la taille des produits laminaires est bimodale, la limite entre lames et lamelles se situant autour de 40 mm de longueur et 12 de largeur.

En général, les techniques de taille mises en œuvre sont assez simples. Les nucléus à lamelles sont élaborés sur des petits blocs ou des éclats épais. La préparation du bloc est très sommaire, lorsqu'elle existe : une demi-crête est aménagée pour l'obtention de la première lamelle. Nous constatons très rarement la mise en place d'un plan de frappe opposé pour l'entretien du nucléus. Par contre, les tablettes de réavivage sont assez courantes. Les nucléus abandonnés sans problèmes techniques évidents montrent que les plus petites lamelles désirées avaient une longueur comprise entre 20 et 15 mm.

La sélection de lamelles

La production de lamelles a pour but l'élaboration d'outillage à dos, puisqu'il n'existe aucun autre type d'outillage retouché réalisé sur lamelle. Les lamelles sélectionnées pour faire les lamelles et pointes à dos appartiennent au plein débitage. Les produits initiaux, corticaux, ou simplement irréguliers ne sont pas utilisés. Les lamelles non retouchées ne montrent pas de traces d'usure. Nous pouvons donc en conclure que les lamelles qui n'ont pas été choisies pour constituer l'outillage à dos ont été rejetées. Laminak II fait ici exception : dans un contexte de production expédiante de lames, quelques lamelles, les plus grandes, ont été utilisées pour couper de la viande ou de la peau.

L'utilisation

Les résultats de l'analyse fonctionnelle des outils à dos sont présentés dans le tableau 1.

Un nombre important de lamelles à dos montrent sur le tranchant brut des traces de boucherie ou de travail de la peau, en coupe ou en raclage. La présence de dos sur ces pièces et leurs petites tailles indiquent qu'elles devaient être emmanchées. Cette hypothèse est confortée par la découverte de lamelles emmanchées dans des contextes exceptionnels (Leroi-Gourhan et Allain, 1979 ; Telegin, 1968, cité en Odell, 1977 ; Owen, 1987 ; Nuzhnyi, 1993). Les lamelles à dos portant des traces de travail de matières animales tendres étaient donc les éléments d'outils composites, insérés

	Lamelles à dos		Pointes à dos	
	N	%	N	%
Traces d'impact	14	10	23	38
Boucherie/peau	50	38	11	18
Autres	6	5	1	2
Sans traces	61	46	27	44
Total	133	.	61	

Tableau 1. – Traces d'usure sur l'outillage à dos de Laminak II, Berniollo et Santa Catalina.

dans un manche. Ces instruments ont été utilisés principalement pour la boucherie. Dans les sites étudiés, des tranchants de lames participent aussi à cette tâche. Il est probable que les types d'activité de boucherie mis en œuvre avec les couteaux composites et avec les lames aient été différents. Pour les lames, plus grandes et robustes, les traces témoignent de contacts avec l'os, ce qui indiquerait qu'elles aient été plutôt utilisées pour la découpe primaire des animaux, tandis que les couteaux composites étaient destinés à la découpe secondaire de la viande – pour le stockage ou la consommation directe – ou à la découpe de petites bêtes.

Au sein d'un autre groupe de lamelles, nous observons des traces d'impact, produites par l'utilisation comme éléments de projectile. Dans la majorité des cas, les pièces montrent des fractures produites au moment de l'impact. Nous ne pouvons donc savoir avec certitude s'il s'agit de pointes à dos dont l'apex a disparu ou de lamelles à dos utilisées comme armatures. Dans trois cas, les pièces intactes montrent des stries d'impact, ce qui nous permet de conclure à leur utilisation comme armature de projectile (González et Ibáñez, 1994). Les lamelles à dos utilisées comme couteaux composites sont plus grandes que celles utilisées comme armatures de projectiles.

Si le groupe le plus important de lamelles à dos ne montre pas de traces d'usure, il est probable qu'une bonne partie d'entre elles ont dû être utilisées sans que des traces reconnaissables ne soient apparues. S'agit-il d'éléments de couteaux ou bien d'armatures ? Sans doute les deux à la fois. Cependant la taille de ces lamelles à dos, plus faible que celle des éléments à couteaux et proche de celle des armatures, nous amène à penser qu'une bonne partie de ces pièces sans traces est constituée par des armatures. Ce qui ne va pas à l'encontre des données expérimentales recueillies, puisque nous avons constaté une forte proportion d'armatures utilisées qui ne portent pas de traces.

Les pointes à dos ont servi principalement comme pointes de projectile. Leurs tailles, très variables, indiquent l'existence de différents types de projectiles, ce qui doit sans doute être mis en relation avec le type de bête chassée.

Pour d'autres pointes, des traces de boucherie ou de travail de la peau – coupe, raclage ou perforation – ont été observées. La morphologie pointue de ces pièces proviendrait de la morphologie initiale du support. Il s'agit, donc, de lamelles à dos pointues plus que de vraies pointes. Parmi elles, les pointes aziliennes sont nombreuses, les microgravettes étant plutôt utilisées comme pointes de projectile.

Les pointes qui n'ont pas de traces correspondent soit à des pointes de projectile qui n'ont pas développé de traces d'impact[1] (Moss, 1983 ; Fischer *et al.*, 1984) soit à des éléments de couteaux avec une faible utilisation.

En conclusion, nous pouvons affirmer qu'une partie de l'outillage à dos, les modules les plus importants, a été utilisée pour élaborer des couteaux composites destinés à travailler des matières animales tendres, tandis que d'autres lamelles ont été utilisées comme projectiles. Les pointes occupaient dans ce cas l'extrémité de la hampe et les lamelles à dos de petite taille étaient placées en armatures latérales. En outre, la distribution spatiale des restes lithiques à Berniollo montre une forte association entre les pointes de projectile, les lamelles à dos de petite taille, concentrées dans la zone de taille des supports lamellaires, tandis qu'une partie importante des lamelles à dos de plus grande taille sont associées à des lames qui portent des traces de boucherie et aux rares restes de faune préservés. Grâce à ces données spatiales, nous savons que nous nous trouvons en présence d'un poste de fabrication et d'entretien des armatures où les différentes tâches sont fortement imbriquées : production de lamelles, retouche, positionnement sur la hampe et recyclage des éléments abîmés.

L'utilisation de l'outillage à dos comme armatures ou éléments de couteaux a été évoquée pour d'autres sites de chronologie semblable, comme El Juyo, Verberie et Rascaño (Keeley, 1988 ; Symens, 1986), Pincevent (Moss et Newcomer, 1982 ; Plisson, 1985) ou Andernach II et Zigeurnesfels (Vaughan, 1987). À Paglicci, il a été aussi signalé des lamelles à dos plus petites utilisées comme armatures, tandis que les plus grandes ont servi pour couper des matières animales tendres (Donahue, 1988).

1. D'après nos expériences, après le premier tir, 27 % de pointes montrent des traces d'impact, 46 % après le deuxième et 68 % après le troisième.

LES DIFFÉRENCES OBSERVÉES ET UN ESSAI D'EXPLICATION

En dehors des constantes dans la fabrication et l'utilisation d'outillage à dos dont il a été question plus haut, une variabilité apparaît au sein des sites étudiés. La première différence concerne l'importance de la production de lamelles par rapport à l'ensemble de la production laminaire : à Laminak II, 85 % des produits laminaires sont des lamelles, contre 45 % à Berniollo. Les deux niveaux de Santa Catalina montrent des proportions intermédiaires, autour de 70 % pour l'Azilien et de 55 % pour le Magdalénien. Les pièces à dos constituent 71 % de l'outillage retouché à Laminak II et 45 % à Berniollo.

En ce qui concerne la production de lamelles, nous observons que deux types différents de supports ont été recherchés à Laminak II. La distribution des fréquences de longueur montre deux modes : l'un entre 15 et 20 mm, l'autre entre 30 et 35 mm. L'analyse de la longueur des lamelles initiales, provenant donc du début de l'exploitation, révèle aussi cette bimodalité : certaines exploitations commencent autour de 40 mm et d'autres autour de 25 mm. Nous avons constaté que la majorité des lamelles initiales provenant du type d'exploitation de lamelles de petite taille sont produites sur des nucléus sur éclat, car elles portent une partie de la face ventrale de l'éclat-nucléus.

À Berniollo, une stratégie différente a été mise en œuvre. Des lamelles entre 20 et 40 mm ont été taillées, et aucune césure dans la production n'a été observée. La plus grande partie des nucléus à lamelles sont taillés sur blocs. De très rares nucléus sur éclat montrent une longueur similaire à celle des nucléus sur blocs.

Une certaine particularité apparaît au niveau des traces d'usure pour l'outillage à dos de Laminak II. Dans ce site la proportion d'outils à dos avec des traces d'impact (35 %) est beaucoup plus importante que sur les autres sites (16 %).

Nous considérons que ces différences dans la fabrication et la fonction de l'outillage à dos sont liées à une variabilité inscrite au sein de l'ensemble des activités techniques mises en œuvre dans chaque site. Les besoins techniques différents vont entraîner des variabilités au sein de l'ensemble des outils. L'analyse technologique et fonctionnelle de l'industrie lithique de Berniollo a mis en évidence le développement d'une ample panoplie d'activités techniques dans le site, notamment la taille du silex, la fabrication et la réparation de l'outillage, le travail de la peau, des matières osseuses, du bois et de la boucherie. Nous avons constaté que toutes les séquences des chaînes opératoires de transformation de ces matières sont représentées, y compris les phases de travail les plus investies, comme la préparation des peaux. Berniollo présente un habitat où la majorité des activités techniques dont le groupe a besoin ont été développées. La production de l'outillage est donc conçue pour obtenir tous les types d'outils. Parmi cet outillage, les pièces à dos n'ont qu'une importance relative.

Par contre, le site de Laminak II est le résultat d'une série d'occupations d'une petite grotte (à peine 15 m^2) où la production de lamelles prédomine, tandis que les lames de qualité sont importées. La fabrication de l'outillage de chasse en bois de cerf est très importante. Le travail de la peau est réduit aux phases finales de la chaîne opératoire. Il s'agit donc d'un site plus spécialisé, orienté vers la capture de ressources animales – cerfs, bouquetins, chamois, mais aussi poissons et oiseaux (Berganza et Arribas, 1994b). Ces occupations requièrent la production d'outillage pour la chasse, où l'on trouve une bonne quantité de petites lamelles, utilisées comme armatures. Le choix d'une production de petites lamelles à partir de nucléus sur éclat permet d'obtenir les supports rapidement, avec très peu d'effort de mise en forme.

CONCLUSION

L'étude des caractéristiques communes et des éléments de variabilité des outillages à dos nous a permis d'obtenir quelques informations sur l'organisation technologique des chasseurs-cueilleurs à la fin du Paléolithique supérieur. D'un côté, une forte unité dans la conception générale de l'outillage à dos a été remarquée, c'est-à-dire dans la fabrication, les critères de sélection des supports et l'utilisation.

Malgré cette unité générale, nous avons constaté quelques comportements particuliers. Nous avons suggéré que quelques caractéristiques de l'industrie lithique – une production centrée sur la taille de lamelles, une forte proportion d'outillage à dos, dont une bonne partie avec traces d'impact, une production spécifique de lamelles à dos à partir de nucléus sur éclat – sont associées aux sites plus spécifiquement tournés vers l'exploitation des ressources animales. Autant de caractéristiques qui se trouvent absentes dans les sites comme Berniollo, où un éventail plus large des activités techniques du groupe est mis en œuvre.

REMERCIEMENTS

Nous voulons remercier L. Astruc et P. Anderson pour la correction du texte en français et du résumé en anglais.

BIBLIOGRAPHIE

BERGANZA (E.), ARRIBAS (J. L.), El asentamiento Paleolítico de Laminak II – Berriatua. Bizkaia. Excavación, cronología, análisis de la industria lítica y ósea. *Kobie* 21, 1994a, p. 7-84.

Cararacteríticas de las ocupaciones del yacimiento de Laminak II. *Kobie* 21, 1994b, p. 243-254.

BONAHUE (R. E.), Microwear Analysis and Site Function of Paglicci Cave, Level 4A. *World Archaeology* 19, 3, 1988, p. 357-375. Routledge & Kegan Paul, Londres.

FISCHER (A.), HANSEN (P. V.), RAMUSSEN (P.), Macro and Micro Wear Traces on Lithic Projectile Points. Experimental Results and Prehistoric Examples. *Journal of Danish Archaeology* 3, 1984, p. 19-46.

GONZALEZ (J. E.), IBANEZ (J. J.), La tecnología de talla laminar en el yacimiento epipaleolítico de Berniollo (Subijana-Morillas, Alava) *In* : R. MORA, X. TERRADAS, A. PARPAL y C. PLANA (dir.), *Tecnología y cadenas operativas líticas*, 1992, p. 201-221. Treballs d'Arqueología 1, Universitat autònoma de Barcelona.

Utilización del instrumental lítico y funcionalidad del asentamiento en el yacimiento de Berniollo (Alava, España). *In* : P. C. ANDERSON, S. BEYRIES, M. OTTE et H. PLISSON (dir.), Traces et fonction. Les gestes retrouvés. *ERAUL* 50, 1993, p. 97-104.

Metodología para el análisis funcional de instrumentos tallados en sílex. Cuadernos de Arqueología de Deusto 14. Universidad de Deusto, 1994.

Análisis funcional del utillaje en sílex del yacimiento magdaleniense de Laminak II (Berriatua, Bizkaia). *Kobie* 21, 1995, p. 154-171.

GONZALEZ (J. E.), La fabricación del utillaje lítico tallado en el yacimiento magdaleniense de Laminak II (Berriatua, Bizkaia). *Kobie* 21, 1995, p. 130-153.

Sous presse – From tool-use to site function — A new methodological strategy applied to Upper Paleolithic sites in the Basque Country. British Archaeological Report, International Series.

IBANEZ (J. J.), GONZALEZ (J. E.), Tecnología de talla en Laminak II. Estudio preliminar. *Kobie* 17, 1988, p. 25-46.

IBANEZ (J. J.), GONZALEZ (J. E.), RUIZ (R.), BERGANZA (E.), Huellas de uso en sílex en el yacimiento de Santa Catalina. Consideraciones sobre la manufactura del utillaje óseo y la funcionalidad del asentamiento. *In* : P. C. ANDERSON, S. BEYRIES, M. OTTE et H. PLISSON (dir.), Traces et fonction. Les gestes retrouvés. *ERAUL* 50, 1993, p. 225-234.

KEELEY (L. H.), Lithic Economy, Style and Use : a Comparison of Three Late Magdalenian Sites. *Lithic Technology* 17, 1, 1988, p. 19-25.

LEROI-GOURHAN (A.), ALLAIN (J.) (dir.), *Lascaux inconnu*, CNRS, Paris, 1979.

MOSS (E. H.), The Functional Analysis of Flint Implements. Pincevent and Pont d'Ambon : Two Cases Ctudies from the French Final Palaeolithic. *BAR International Series* 177, Oxford, 1983.

MOSS (E. H.), NEWCOMER (M. H.), Reconstruction of Stone Tool Use at Pincevent : Microwear and Experiments. *Studia Praehistorica Belgica* 2, 1982, p. 289-312.

NUZHNYI (D.), Projectile Weapons and Technical Progress in the Stone Age. *In* : P. C. ANDERSON, S. BEYRIES, M. OTTE et H. PLISSON (dir.), Traces et fonction. Les gestes retrouvés. *ERAUL* 50, 1993, p. 41-54.

ODELL (G. H.), *The Application of Microwear Analysis to the Lithic Component of an Entire Prehistoric Settlement : Methods, Problems and Functional Reconstructions*. Ph. D. Dissertation, University of Harvard, 1977.

OWEN (L. R.), Hafting Microblades : Examples from the Dorset Culture of the North American Artic. La main et l'outil. Manches et emmanchements préhistoriques. *Travaux de la Maison de l'Orient* 15, 1987, p. 147 150.

PLISSON (H.), *Étude fonctionnelle d'outillages lithiques préhistoriques par l'analyse des micro-usures. Recherche méthodologique et archéologique*. Thèse de 3e cycle, université de Paris I, 1985.

SYMENS (N.), A Functional Analysis of Selected Stone Artefacts from the Magdalenian Site at Verberie, France. *Journal of Field Archaeology* 13, 1986, p. 213-222.

LES TRANSFORMATIONS DU PAYSAGE VÉGÉTAL PYRÉNÉEN AU COURS DE L'ÉPIPALÉOLITHIQUE ET DU MÉSOLITHIQUE

CHANGES IN THE VEGETATION OF THE PYRENEES DURING THE EPIPALAEOLITHIC AND THE MESOLITHIC

Christine Heinz

Résumé. – Il est question ici de l'évolution des végétations au cours de l'Épipaléolithique et du Mésolithique, en contexte pyrénéen ; ces transformations du paysage végétal, assujetties pour l'essentiel à des facteurs climatiques, sont illustrées à travers l'étude anthracologique de cinq sites de référence. Le traitement par analyse multivariée (AFC), méthode privilégiée descriptive de tableaux d'effectifs, a pris en compte 56 niveaux archéologiques et les 40 taxons identifiés d'après l'anthracologie. Les événements majeurs des douze derniers millénaires sont alors soulignés : vers 12 000 BP, le paysage végétal dans lequel évolue l'homme est une fruticée à genévriers ou encore une forêt claire à pins sylvestres, voire à pins à crochets en Andorre ; puis, aux alentours de 10 500 BP, les végétations à la charnière Épipaléolithique-Mésolithique sont caractérisées par une richesse en taxons remarquable, significative d'une phase de transition pour laquelle diverses formations végétales sont perçues. Enfin, vers 9 000 BP, c'est un paysage forestier de type chênaie caducifoliée qui s'installe à moyenne altitude.

Mots clés : Pyrénées, paléoécologie, transformations du paysage végétal, anthracologie.

Abstract. – This paper deals with the vegetation dynamics during the Epipalaeolithic and Mesolithic in the Pyrenees. The transitions in the composition of the vegetation resulting from varying climatic influences are traced from the analysis of charcoal remains from selected reference sites. Data thus obtained are treated by multivariate analysis ; 56 archaeological levels and 40 taxa are taken into account. At around 12,000 BP the vegetation consisted of an open scrup of juniper or open forest of *Pinus sylvestris* or *Pinus uncinata* in Andorra. At around 10,500 BP, the vegetation at the Epipaleolithic-Mesolithic boundary was characterised by a marked diversity indicating a significant phase of transition and the formation of diverse vegetation types. Finally around 9,000 BP a forest vegetation characterised by deciduous oak developped at medium altitudes.

Key words : Pyrenees, palaeoecology, vegetation dynamics, charcoal analysis.

Cinq sites archéologiques de référence ont permis l'édification d'une base de données anthracologiques (fig. 1) : la grotte-abri du Moulin (Troubat, Hautes-Pyrénées, alt. 541 m, étage collinéen), la Balma Margineda (Sant Julia, Andorre, alt. 970 m, étage supraméditerranéen) et l'abri de Buholoup (Montbéraud, Haute-Garonne, alt. 350 m, étage collinéen). La Balma de l'Abeurador (Félines-Minervois, Hérault, alt. 560 m) et la Cauna de Gazel (Sallèles-Cabardes, Aude, alt. 240 m), en contexte mésoméditerranéen, sont considérées ici à titre comparatif.

Seuls les résultats obtenus à partir des prélèvements de bois carbonisé se rapportant à 56 niveaux archéologiques s'échelonnant entre l'Épipaléolithique et le Mésolithique final sont ici pris en considération. Vingt mille fragments de charbons de bois déterminés d'un point de vue anatomique ont permis l'identification de 40 taxons. La forte biodiversité est d'ores et déjà à souligner pour ces périodes et à corréler à divers biotopes parcourus et exploités par l'homme.

Le tableau 1 présente les 40 taxons ou variables actives et les 56 niveaux archéologiques ou individus actifs. Les fréquences absolues de chacune des variables actives dans les 56 niveaux constituent notre base de données.

les variables actives	
Pinus uncinata	Pin à crochets
Pinus sylvestris	Pin sylvestre
Betula sp.	Bouleau
Hippophae rhamnoides	Argousier
Prunus cf. amygdalus	Amandier
Juniperus sp.	Genévrier
Prunus cf. padus	Merisier à grappes
Abies alba	Sapin
Ilex aquifolium	Houx
Rhamnus alpina	Nerprun des Alpes
Rhamnus cathartica/saxatilis	Nerprun purgatif/des rochers
Cotoneaster sp.	Cotoneaster
Sambucus racemosa	Sureau à grappes
Taxus baccata	If
Daphne sp.	Daphne
Rosaceae pomoïdées	Rosaceae pomoïdées
Rosaceae prunoïdées	Rosaceae prunoïdées
Quercus fc	Chêne à feuillage caduc
Acer campestre	Érable champêtre
Hedera helix	Lierre
Prunus mahaleb	Prunier de Sainte Lucie
Prunus spinosa	Prunellier
Tilia sp.	Tilleul
Ulmus minor	Orme champêtre
Viburnum lantana	Mancienne
Sorbus sp.	Sorbier
Corylus avellana	Noisetier
Cornus sanguinea	Cornouiller sanguin
Buxus sempervirens	Buis
Crataegus sp.	Aubépine
Quercus ilex	Chêne vert
Rhamnus alaternus	Nerprun alaterne
Phillyrea sp.	Filaire
Arbutus unedo	Arbousier
Pistacia terebinthus	Pistachier térébinthe
Fraxinus excelsior	Frêne élevé
Légumineuses	Légumineuses
Monocotylédones	Monocotylédones
Populus sp.	Peuplier
Salix sp.	Saule
Alnus sp.	Aulne

Les individus actifs	*périodes culturelles*	*dates 14C BP*
La grotte-abri du Moulin (Troubat, Hautes Pyrénées)		
T8C	Magdalénien supérieur	
T8	Magdalénien supérieur	
T7b	Magdalénien final	11320 ± 410
T7a	Magdalénien final	
T6b	Azilien classique	
T6a	Azilien classique	
T5c	Azilien évolué	
T5b	Azilien évolué	8890 ± 75
T5a	Azilien évolué	
T4	Sauveterrien moyen	8880 ± 75
T3c	Sauveterrien moyen	8625 ± 80
T3b	Sauveterrien moyen	
L'abri de Buholoup (Montbéraud, Haute Garonne)		
B8	Azilien	
B7	Azilien	
B6c	Sauveterrien ancien	8425 ± 105
B6b	Sauveterrien ancien	
B6a	Sauveterrien ancien	8350 ±70
B5c	Sauveterrien moyen	
B5b	Sauveterrien moyen	8020 ± 70
B5a	Sauveterrien moyen	
B4c	Montclusien récent	
B4b	Montclusien récent	7645 ± 80
B4a	Montclusien récent	
La Balma Margineda (Sant Julia, Andorre)		
M10b	Azilien ancien	
M10a-b	Azilien ancien	
M8b	Azilien classique	
M8 poche	Azilien classique	
M8	Azilien classique	
M8 sup rosé	Azilien classique	
M8 sup	Azilien classique	
M7rosé	Azilien évolué	
M7c	Azilien évolué	
M7b	Azilien évolué	
M7-F7	Azilien évolué	
M7	Azilien évolué	
M6LB	Azilien évolué	10640 ± 260
M6	Azilien évolué	9250 ± 160
M5-M6	Mésolithique moyen	
M5	Mésolithique moyen	
M4--M5	Mésolithique moyen	
M4b	Mésolithique final	8530 ± 420
M4N	Mésolithique final	
M4	Mésolithique final	8210 ± 180

Les individus actifs	*périodes culturelles*	*dates 14C BP*
La Balma de l'Abeurador (Félines-Minervois, Hérault)		
A10	Magdalénien supérieur	
A9	Magdalénien supérieur	
A8	Azilien	10 480 ± 100
A7	Sauveterrien ancien	
A6	Sauveterrien moyen	
A5	Sauveterrien moyen	8740 ± 100
A3	Sauveterrien moyen	
AX	Sauveterrien moyen	8470 ± 90
La grotte Gazel (Sallèles-Cabardes, Aude)		
G7-G6	Magdalénien final	
G6	Magdalénien final	10 760 ± 190
G4	Azilien	
G3	Azilien	

Tableau 1. – Présentation, pour les 5 sites considérés, des variables actives (les taxons identifiés) et des individus actifs (les niveaux archéologiques).

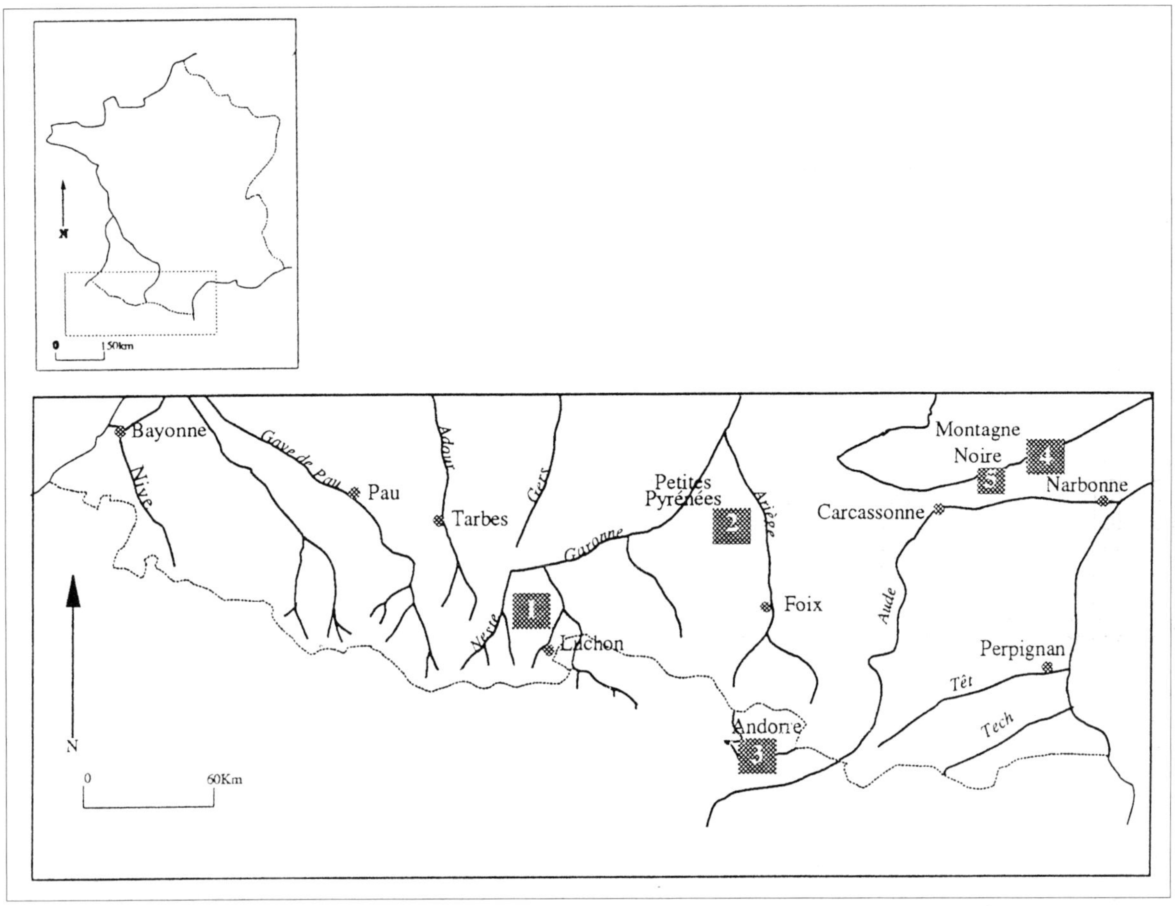

Figure 1. – Situation géographique des sites archéologiques. 1. La grotte-abri du Moulin (Troubat, Hautes-Pyrénées, alt. 541 m, étage collinéen). 2. L'abri de Buholoup (Montbéraud, Haute-Garonne, alt. 350 m, étage collinéen). 3. La Balma Margineda (Sant Julia, Andorre, alt. 970 m, étage supraméditerranéen). 4. La Balma de l'Abeurador (Félines-Minervois, Hérault, alt. 560 m, étage mésoméditerranéen). 5. La Cauna de Gazel (Sallèles-Cabardes, Aude, alt. 240 m, étage mésoméditerranéen).

Le traitement a constitué en une analyse multivariée de type AFC autrement dit « analyse factorielle des correspondances », méthode privilégiée descriptive de tableaux d'effectifs (Benzecri, 1980). Elle a pour objectif la recherche d'axes principaux qui exprimeraient au mieux la dispersion d'une population.

Considérons en premier lieu le plan 1-2 de l'AFC ; l'axe 1 définit 27,73 % et l'axe 2, 20,60 % de la variabilité totale des échantillons (fig. 2a). Seules les espèces et les niveaux archéologiques à forte contribution sont ici représentées.

Deux ensembles très nets sont distingués sur l'axe 2 : un paysage ouvert caractérisé par des végétations pionnières et un paysage forestier de type chênaie caducifoliée s'opposent en effet très nettement.

L'ensemble 1 comprend les espèces héliophiles de type montagnard sec voire subalpin telles le genévrier, le nerprun des Alpes, l'argousier, nerpruns purgatifs/des rochers, saules et bouleaux, Rosacées prunoïdées, et évoque une fruticée épineuse. L'argousier (*Hippophae rhamnoïdes*) est commun actuellement dans les Alpes, sur les éboulis, les berges des cours d'eau. Il peut s'élever jusqu'à plus de 1 800 m. Le genévrier se rapporte au genévrier commun et/ou au genévrier nain, espèces très résistantes au froid et à la sécheresse. Actuellement, le genévrier commun est considéré comme une espèce frugale, héliophile, très résistante au froid et à la sécheresse. Colonisatrice, elle marque en général un paysage en évolution.

Les niveaux archéologiques à forte contribution sont relatifs à la grotte-abri du Moulin (travaux sous la direction de M. Barbaza ; Barbaza, 1988) : il s'agit de T7a (Magdalénien terminal) T6b et T6a (Azilien classique).

En ce qui concerne le niveau T7a, le paysage végétal associé est ouvert, caractérisé pour l'essentiel par des espèces pionnières, héliophiles de type montagnard voire subalpin. Les autres niveaux relatifs à l'interstade tardiglaciaire, autrement dit T8 (Magdalénien supérieur) et T7b (Magdalénien terminal, 11 320 ± 410 BP) offrent une végétation comparable (Barbaza et Heinz, 1992).

Puis, dès les niveaux aziliens classiques T6b (10 770 ± 100 BP) et T6a, certains événements marquants quoique très discrets sont décelables : si la formation végétale prédominante est une fruticée à Rosacées (merisiers et sorbiers) et nerpruns, les fréquences relatives du genévrier sont en nette régression et les premiers chênes à feuillage caduc apparaissent (les fréquences relatives sont inférieures à 1), accompagnés de l'érable et de la mancienne (*Viburnum lantana*). Les sorbiers sont aussi mieux perçus : l'imprécision spécifique ne permet pas d'affirmer que cette meilleure perception est en corrélation directe avec celle de la chênaie. Les occurrences du pin sylvestre, jusque-là très discrètes, varient alors de 1 à 5 %.

À l'abri de Buholoup (travaux sous la direction de J. Vaquer et F. Briois), dès les niveaux aziliens (B8-B7), on note un paysage en mosaïque avec une fruticée à genévriers, Rosacées et nerpruns, et le développement simultané du noisetier et des premiers chênes à feuillage caduc. Le pin sylvestre est totalement absent. Ces données sont confirmées au Sauveterrien ancien (B6c) (8 425 ± 105 BP) où d'un point de vue quantitatif s'équilibrent ces deux milieux végétaux (Heinz inédit) : fruticée d'une part, chênaie caducifoliée d'autre part.

L'absence du pin sylvestre à l'interstade tardiglaciaire, sa discrétion au début du Postglaciaire et ce, pour les sites du Piémont garonnais, sont à souligner.

Il est intéressant de comparer ces données avec celles obtenues à la Cauna de Gazel en contexte actuel mésoméditerranéen (travaux sous la direction de D. Sacchi) et ce, pour les niveaux du Magdalénien final G7-G6, G6 (10 760 ± 190 BP). Le pin sylvestre, alors prédominant (35 à 50 %), et le genévrier sont accompagnés dans une moindre mesure par les Légumineuses. Bouleaux et saules sont alors plus discrets. L'apparition des chênes à feuillage caduc est alors enregistrée.

Ainsi, pour ces trois gisements, on note l'apparition (vers 10 500 BP) d'une formation plus forestière caractérisée par le chêne à feuillage caduc, et ce au sein d'une végétation héliophile : fruticée à genévriers, Rhamnacées et Rosacées à la grotte-abri du Moulin et à Buholoup, forêts claires à pins, genévriers et Légumineuses à Gazel (Heinz sous presse).

Le remplissage glacio-lacustre de Barbazan (450 m, Pyrénées centrales) a permis une approche très précise de la dynamique du paléoenvironnement de la vallée montagnarde de la Garonne de la fin des temps glaciaires à l'actuel (Andrieu, 1991). Très proche de la grotte-abri du Moulin, et même de Buholoup, à altitude comparable, ce travail interdisciplinaire au croisement de la palynologie, de la sédimentologie et des données isotopiques, offre matière à comparaison. Les espèces ligneuses seront tout particulièrement prises en compte.

L'interstade tardiglaciaire est marqué par le début de l'extension de *Juniperus* et l'essor des *Poacae*. La progression du genévrier dans les assemblages est associée à celle d'*Hippophae* et de *Betula* (-), et témoigne selon l'auteur de l'installation de fruticée arbustive près du site (Andrieu, 1991). Puis, un optimum de *Juniperus* et le début de l'extension de *Betula* sont notés à 12 700 ± 270 BP. Enfin, c'est une forte poussée de *Betula* et le modeste succès de *Pinus* qui caractérisent, à Barbazan, la fin de l'interstade tardiglaciaire. L'optimum de la dynamique forestière interstadiaire est daté à Barbazan de 11 590 ± 270 BP, ce qui est compatible avec les limites chronologiques de l'Europe du Sud (Beaulieu *et al.*, 1982 ; Beaulieu *et al.*, 1988). L'auteur souligne alors la place modeste du pin sylvestre dans les assemblages polliniques, ce qui est surprenant pour une espèce qui, à la même époque, caractérise bien les séquences polliniques du Nord des Pyrénées (Jalut *et al.*, 1982 ; Jalut *et al.*, 1988 ; Andrieu, 1987, 1991). Les convergences avec les données anthracologiques sont alors manifestes : le pin sylvestre a vraisemblablement joué un rôle discret dans le Piémont garonnais, contrairement à ce qui est enregistré, par exemple en Andorre (la Balma Margineda, étage bioclimatique supraméditerranéen) ou encore dans le pays de Sault occidental à la Cauna de Belvis (Belvis, Aude) à 960 m d'altitude.

Des formations pionnières de type montagnard sec dans lesquels le pin sylvestre est bien représenté ont été identifiées à Belvis, pour la période du Magdalénien final (12 270

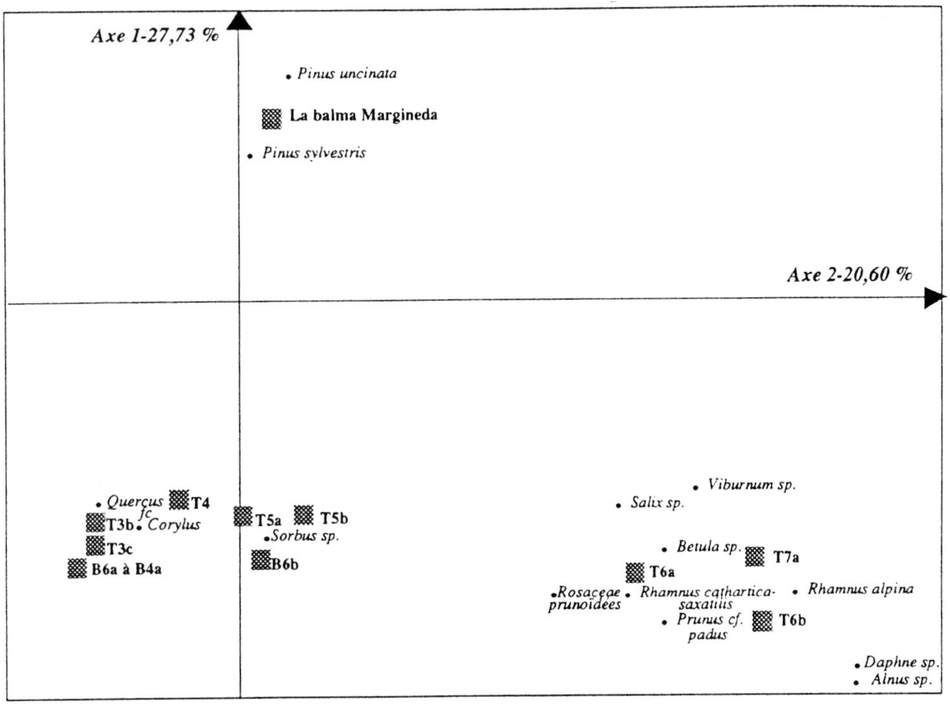

Figure 2a. – Analyse factorielle des correspondances - plan 1-2.

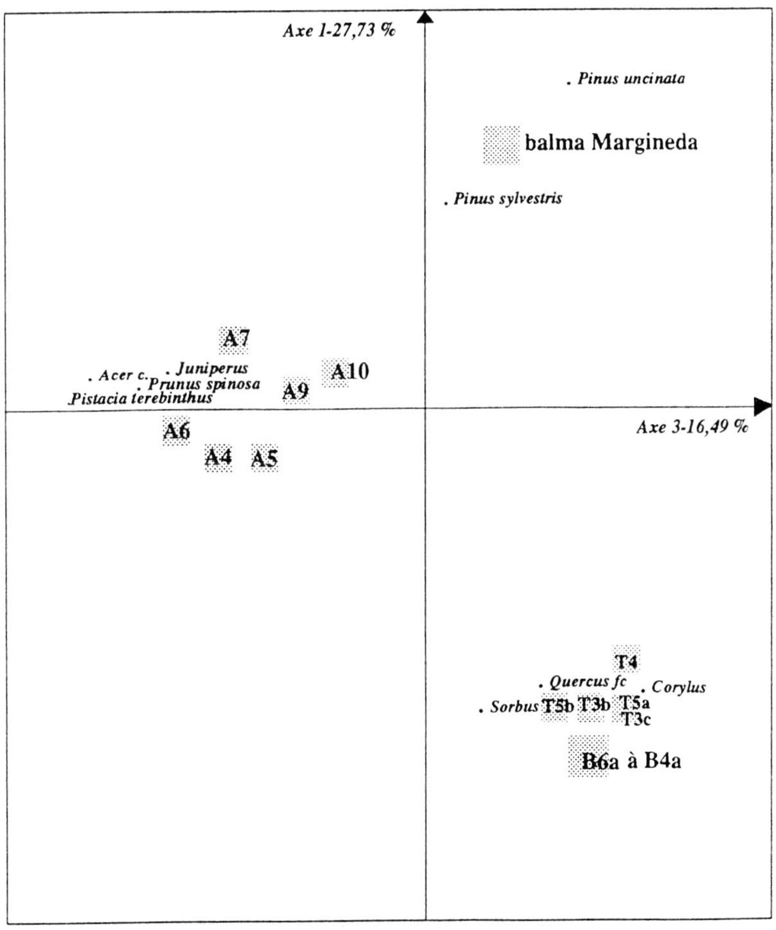

Figure 2b. – Analyse factorielle des correspondances - plan 1-3.

± 280 BP) à l'interstade tardiglaciaire (Heinz, sous presse). La diversification de l'environnement perçue par l'anthracologie est, par ailleurs, remarquable : si les formations pionnières de type montagnard sec dominent le spectre anthracologique avec *Pinus sylvestris*, *Juniperus* sp., *Betula*, *Rhamnus alpina*, *Sorbus aucuparia* et illustrent assez clairement les conditions environnementales régionales, un ensemble plus forestier et nettement mésophile de type montagnard humide (*Fagus sylvatica*, *Abies alba*) et même collinéen (*Quercus* à feuillage caduc, *Corylus avellana*, *Acer*, *Tilia*, *Ulmus*, *Buxus*) semble s'être maintenu à la faveur de conditions environnementales locales, notamment l'exposition sud, et illustre ainsi, l'existence de refuge de moyenne altitude.

À Barbazan, le Dryas récent est caractérisé par une chute des fréquences de *Betula* (Andrieu, 1991), une recrudescence des genévriers. Argousiers et nerpruns sont également présents. Puis au Préboréal, vers 10 300 BP si l'on considère les données de l'Europe du Sud (Beaulieu *et al.*, 1982 ; Beaulieu *et al.*, 1988), la phase de diffusion régionale de *Quercus* à feuillage caduc est notée. Puis, dans une phase préboréale d'expansion régionale de *Quercus*, l'auteur note « l'existence d'une mosaïque de végétation très complexe où devaient se côtoyer, en fonction des conditions topographiques et édaphiques, des lambeaux steppiques aux expositions les plus sèches, une brousse à *Juniperus* et *Hippophae* sur les moraines... » avec « régionalement quelques îlots forestiers dominés par *Quercus* » (Andrieu, 1991).

Le second ensemble individualisé sur l'axe 2 de l'AFC est relatif à un milieu végétal plus fermé et traduit la mise en place d'une chênaie à tonalité collinéenne (fig. 2a). Les espèces à forte contribution sont, en effet, le chêne à feuillage caduc, le sorbier et le noisetier. Deux sites archéologiques, la grotte-abri du Moulin et Buholoup expriment au mieux ces végétations. Il s'agit plus précisément des niveaux T5b (8 890 ± 75 BP), T5a, [Azilien évolué], T4 (8 625 ± 80 BP) (-), T3C, T3b [Sauveterrien moyen] pour le premier et B6b [Sauveterrien ancien], B6a, B5c, B5b, B5a [Sauveterrien moyen] B4c, B4b, B4a [Montclusien récent] pour le second.

À la grotte-abri du Moulin, dès 8 890 ± 75 BP, la courbe progressive du pin sylvestre, jusque-là discret, du noisetier et du chêne est significative (Barbaza et Heinz, 1992). Nerpruns et sorbiers régressent. Genévriers, saules et bouleaux disparaissent en T5b et T5a respectivement. Ainsi, une modification des conditions environnementales, en corrélation avec une augmentation des précipitations mais aussi des températures, a eu lieu – comme en témoignent la disparition des espèces pionnières, la colonisation forestière par le noisetier et l'installation d'une chênaie caducifoliée. La chênaie collinéenne, définitivement installée en T4, illustre un paysage végétal fermé ; le pin sylvestre, dont les fréquences sont de l'ordre de 10 %, est présent à proximité, un peu plus haut en altitude ou bien en interrelation avec la chênaie. Puis, dès le niveau T3c, le pin sylvestre et le noisetier, tous deux héliophiles, voient leurs occurrences diminuées ceci en relation avec un milieu forestier de plus en plus dense.

La formation végétale dominante est donc de type collinéen avec des influences encore montagnardes, soulignées en partie par le pin sylvestre. La situation biogéographique de la grotte-abri du Moulin explique l'absence des espèces méditerranéennes d'une part, et le rôle joué simultanément par le chêne à feuillage caduc et le noisetier vers 9 000 BP. Les nombreuses données palynologiques obtenues dans les Pyrénées (Jalut, 1977 ; Jalut, *et al.* 1988 ; Andrieu, 1991 ; Reille et Andrieu, 1991) montrent que les dates C14 en relation avec l'extension de *Quercus* et *Corylus* sont homogènes de l'ouest à l'est du versant nord des Pyrénées : au Pays basque au Moura de 10 100 ± 150 BP (Reille et Duplessy, 1990), dans les Pyrénées ariégeoises entre 9 950 ± 210 BP et 10 140 ± 300 BP (Jalut *et al.*, 1982).

À l'abri de Buholoup, dès les niveaux B6b (Sauveterrien ancien), et jusqu'à la fin de la séquence considérée ici, c'est-à-dire au Montclusien récent (7 645 ± 80), on suit l'installation d'un contexte forestier de type chênaie collinéenne qui devient vite prédominant.

Sur l'axe 1 de l'AFC (fig. 2a, 2b), l'originalité de la Balma Margineda (travaux sous la direction de Jean Guilaine, Guilaine *et al.*, 1985), en regard de tous les autres sites de référence, est évidente : il s'agit du seul site d'altitude (960 m) à proximité de massifs montagneux culminant à plus de 3 000 m (Heinz 1990, 1991). Les 20 niveaux archéologiques de ce site s'échelonnant entre l'Azilien ancien et le Mésolithique final présentent de fortes contributions. Deux espèces contribuent fortement : le pin sylvestre et le pin à crochets.

Les niveaux aziliens anciens (M10b, M10a-b) et aziliens classiques (M8b) de la Balma Margineda traduisent un paysage végétal ouvert original : le pin à crochets (noté *Pinus* type *uncinata*), chef de file de l'étage subalpin, le pin sylvestre (*Pinus* type *sylvestris*), celui de l'étage montagnard sec, et le genévrier sont enregistrés. La perception simultanée de ces deux contextes, montagnard sec (pins sylvestres et genévriers) et subalpin (pins à crochets), s'explique assez bien par la situation biogéographique ; actuellement, la série du pin à crochets se développe entre 1 800 et 2 400 m d'altitude sur le versant sud des Pyrénées. Son enregistrement à la Balma Margineda, vers 12 000 BP, à une altitude inférieure d'environ 800 m par rapport à l'actuel traduit notamment une végétation ouverte, claire, de type subalpine. Dès le niveau M6LB (10 640 ± 260 BP), on note la prédominance du pin à crochets ; le pin sylvestre est à son minimum, ainsi que le genévrier. Ainsi, la dynamique de végétation amorcée en C8b s'accentue ; les conditions climatiques sont ici les plus rigoureuses de toute la séquence ; les bords du Valira étaient sans doute plus boisés avec érables, manciennes et noisetiers.

L'apparition du sapin vers 9 000 BP, l'optimum des genévriers, l'équilibre des fréquences entre le pin sylvestre et le pin à crochets nous montrent que les conditions subalpines très dures reflétées jusque-là sont en train de changer. Le sapin est en effet le marqueur de l'étage montagnard humide. Enfin, vers 8 210 BP, l'extension des chênes à feuillage caduc est enregistrée ; la régression du pin à crochets atteint ses valeurs minimales, l'accroissement du pin sylvestre et tout un cortège de feuillus, tilleul, orme, sorbier, aubépine, bouleau, buis, lierre, houx, peuplier est noté. L'influence des chênaies supraméditerranéennes dans un contexte montagnard est maintenant évidente. Puis, au Mésolithique final, on note l'extension des chênes à feuillage caduc avec tout un cortège de feuillus, tilleul, orme, sorbier, aubépine, bouleau, buis, lierre, houx, peuplier. Cette chênaie favorisera la mise en place de sols forestiers riches en humus ; c'est dans ce contexte environnemental favorable que s'effectuera, environ mille ans plus tard, l'implantation néolithique.

Considérons maintenant, le plan 1-3 (fig. 2b) : sur l'axe 3, qui définit 16,49 % de la variabilité des échantillons. On remarque l'originalité de la Balma de l'Abeurador (travaux sous la direction de Jean Vaquer) ; elle est exprimée, nous le verrons, par un développement précoce des espèces mésoméditerranéennes, simultané à l'essor de la chênaie à tonalité nettement supraméditerranéenne.

À la Balma de l'Abeurador, la phase de transition entre les conditions typiquement sèches du Tardiglaciaire et les périodes plus tempérées qui vont suivre se traduit par un paysage en mosaïque (Heinz, 1990, 1991). Les niveaux du Paléolithique supérieur et de l'Épipaléolithique *pro parte* soulignent l'excellente représentation de *Pinus sylvestris*, accompagné de *Juniperus* sp. et *Prunus amygdalus*. Cette phase est corrélée à un milieu ouvert où les influences montagnardes sont sensibles et les conditions climatiques fraîches et sans doute encore sèches. Les données carpologiques témoignent de l'existence de landes à genévriers (*Juniperus communis/nana* et *Juniperus cf. sabina*) et *Arctostaphylos*, significatives d'un espace ouvert et d'un climat froid et sec (Heinz *et al.*, 1992). Cependant, et dès la base de la séquence, la présence de feuillus (chêne pubescent et cortège floristique associé) nous amène à considérer cette phase comme une période de transition, pour laquelle la végétation est en mosaïque. Cette diversification des biotopes exploités et parcourus par l'homme lors de l'approvisionnement en bois de feu est prise en compte, lorsque l'on s'interroge sur les économies de chasse et la gestion des territoires (Bridault, 1994). Puis une densification progressive du milieu est enregistrée vers 8 740 ± 90 BP. Une diminution très nette de *Pinus sylvestris* est enregistrée et *Prunus amygdalus* disparaît, *Juniperus* sp. est alors le taxon majeur. Parallèlement s'effectue le développement de *Quercus pubescens* accompagné de son cortège arbustif. Est ainsi mise en évidence une diversification du milieu végétal, avec l'installation progressive d'une chênaie caducifoliée, en corrélation avec l'amélioration climatique. Les taxons mésoméditerranéens *Quercus ilex*, *Rhamnus alaternus* et *Pistacia terebinthus* apparaissent alors.

En conclusion, le tableau 2 résume les principales dynamiques discutées ici : vers 12 000 BP, le paysage végétal dans lequel évolue l'homme est ouvert : fruticée à genévriers ou encore une forêt claire montagnarde à pins sylvestres à moyenne altitude. À la Balma Margineda le contexte sera alors subalpin (pins à crochets), compte tenu du décalage altitudinal.

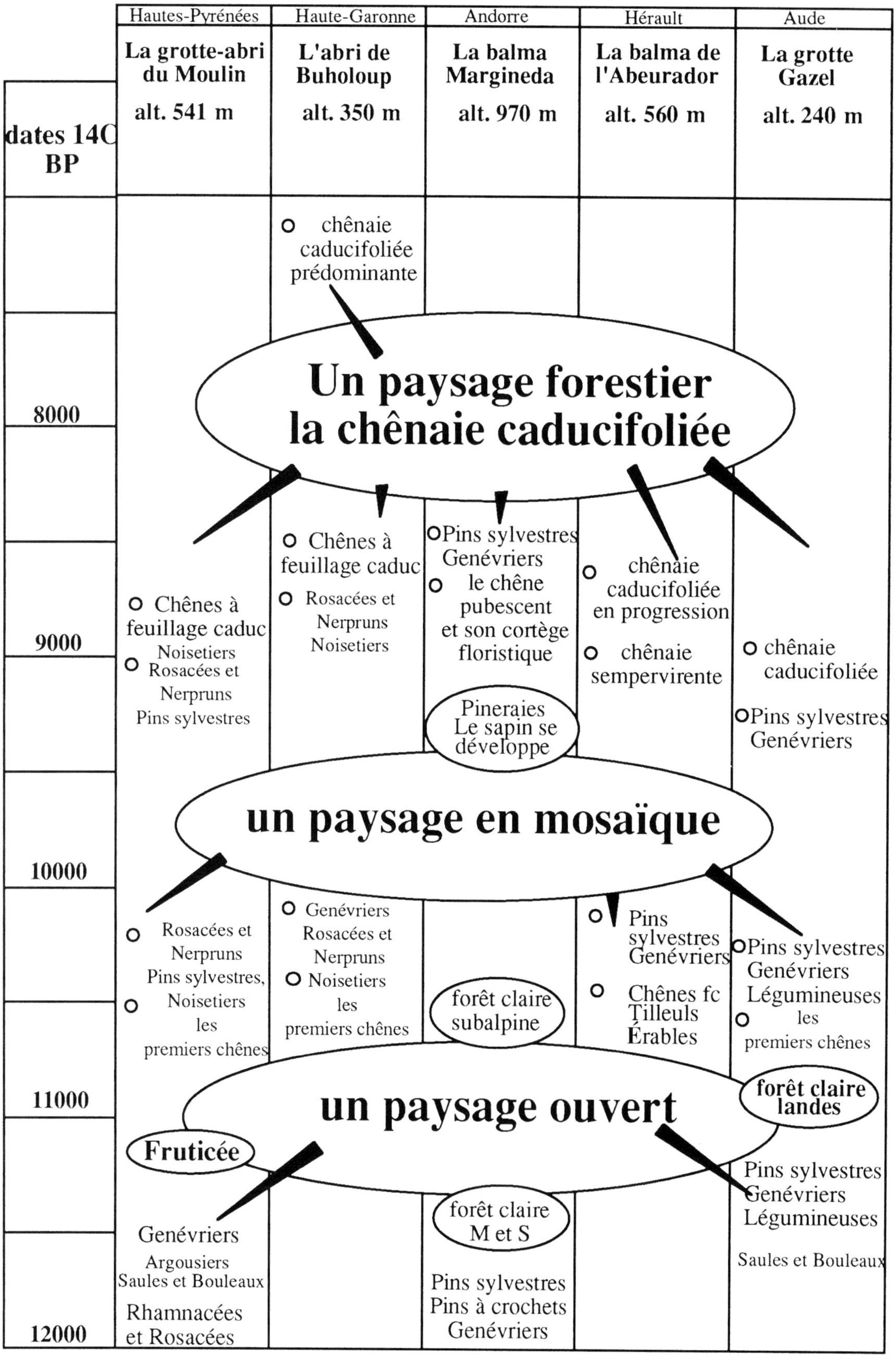

Tableau 2. – Les transformations du paysage végétal pyrénéen au cours des douze derniers millénaires d'après l'étude anthracologique.

Vers 10 500 BP, les végétations à la charnière Épipaléolithique-Mésolithique sont caractérisées par une richesse en taxons remarquable, significative d'une phase de transition pour laquelle diverses formations végétales sont perçues. Le paysage est alors en mosaïque.

Enfin, vers 9 000 BP, c'est un paysage forestier de type chênaie caducifoliée qui s'installe fortement à moyenne altitude. Elle est de type collinéenne dans le Piémont garonnais, supraméditerranéenne dans l'Aude (Gazel). En Andorre, l'installation de la chênaie caducifoliée est plus tardive vers 8 000 BP. Enfin, en contexte actuel mésoméditerranéen, à la Balma de l'Abeurador (Hérault) le développement de la chênaie caducifoliée supraméditerranéenne est accompagné de la mise en place, discrète et ce, jusqu'à la fin de séquence, de la chênaie sempervirente.

BIBLIOGRAPHIE

ANDRIEU (V.), Le paléoenvironnement du piémont nord-pyrénéen occidental de 27000 BP au Postglaciaire : la séquence de l'Estarrès (Pyrénées atlantiques, France) dans le bassin glaciaire d'Arudy. *C. R. Académie des sciences*, Paris, 304, II, 1987, p. 103-108.

Dynamique du paléoenvironnement de la vallée montagnarde de la Garonne (Pyrénées centrales, France) de la fin des temps glaciaires à l'actuel. Thèse, université de Toulouse II, 1991, 330 p.

BARBAZA (M.), La grotte-abri du Moulin à Troubat (Hautes-Pyrénées), premiers travaux et dispositions initiales de recherches. *Travaux de l'Institut d'Art préhistorique*, université de Toulouse-le-Mirail, vol. XXX, 1988, p. 7-38.

BARBAZA (M.), HEINZ (C.), La grotte-abri du Moulin (Troubat, Hautes-Pyrénées), environnement et archéologie. *Actes*, colloque international de Montpellier, 10-13 sept. 1991 : « Charcoal, Ancient Ecosystems and Human Impact », *Bulletin de la Société botanique n° 139, Actualités botaniques*, 1992, p. 685-695.

BEAULIEU (J.-L.) (de), PONS (A.), REILLE (M.), Recherches pollenanalytiques sur l'histoire de la végétation de la bordure nord du massif du Cantal (Massif central, France). *Pollen et Spores*, XXI (2), 1982, p. 251-300.

Histoire de la flore et de la végétation du Massif central (France) depuis la fin de la dernière glaciation. *Cahiers de Micropaléontologie,* 3-4, 1988, p. 5-36.

BENZECRI (J.-P.), *L'analyse des données*, t. 1, t. 2, Dunod, 3ᵉ éd., Paris, 1980, p. 1625-1632.

BRIDAULT (A.), Les économies de chasse épipaléolithiques et mésolithiques dans le Nord et l'Est de la France : nouvelles analyses. *Anthropozoologica* 19, 1994, p. 55-67

GUILAINE (J.), GEDDES (D.), BROCHIER (J.-E.), KRAUSS-MARGUET (I.) *et al.*, Évolution du Milieu pendant le Postglaciaire dans les Pyrénées andorranes : premiers résultats des recherches à la Balma Margineda. *Cahiers ligures de Préhistoire et de Protohistoire*, N. S., 2, 1985, p. 194-214.

HEINZ (C.), Dynamique des végétations holocènes en Méditerranée nord-occidentale d'après l'anthracoanalyse de sites préhistoriques : méthodologie et paléoécologie. *Paléobiologie continentale*, vol. XVI, n° 2, thèse, université de Montpellier II, 1990, 212 p.

Upper Pleistocene and Holocene Vegetation in the South of France and Andorra. Adaptations and First Ruptures : New Charcoal Analysis Data. *Review of Palaeobotany and Palynology* 69 (1991), Elsevier Science Publishers, Amsterdam, 1991, p. 299-324.

Sous presse – Quelques exemples pyrénéens illustrant les transformations du paysage végétal des quinze derniers millénaires. Xᵉ colloqui internacional d'Arqueologia de Puigcerda, *Homenatge al Profesor Jean Guilaine.*

HEINZ (C.), RUAS (M. P.), VAQUER (J.), Le site préhistorique de L'Abeurador (Félines-Minervois, Hérault) : archéologie et paléoécologie. *Actes*, colloque international de Montpellier, 10-13 sept. 1991 : « Charcoal, Ancient Ecosystems and Human Impact », *Bulletin de la Société botanique n° 139, Actualités botaniques*, 1992, p. 465-482.

JALUT (G.), Végétation et climat des Pyrénées méditerranéennes depuis quinze mille ans. *Archives d'Écologie préhistorique*, EHESS, université de Toulouse II, 1977, 141 p., 16 diag., 16 fig.

JALUT (G.), DELIBRIAS (G.), DAGNAC (J.), MARDONES (M.), BONHOURS (M.), A Palaeoecological Approach to the Last 21,000 Years in the Pyrenees : the Peat Bog of Freychinede (Alt. 1,350 m, Ariège, South France). *Palaeogeography, Palaeoclimatology, Palaeoecology* 40, 1982, p. 321-359.

JALUT (G.), ANDRIEU (V.), DELIBRIAS (G.), FONTUGNE (M.), PAGES (P.), Paleoenvironment of the Valley of Ossau (Western French Pyrénées) during the Last 27000 Years. *Pollen et Spores*, vol. XXX (1988), n° 3-4, 1988, p. 357-394.

REILLE (M.), ANDRIEU (V.), Données nouvelles sur l'histoire postglaciaire de la végétation des Pyrénées occidentales (France). *C.R. Académie des Sciences* 312, Paris, II, 1991, p. 97-103.

REILLE (M.), DUPLESSY (J.-C.), Tardiglaciaire et Holocène au Pays basque français : histoire de la végétation et chronologie dans une nouvelle séquence du Moura. *International conference,* 3-5 mai 1990, Vitoria-Gasteiz (Espagne). Universitad des Pais Vasco, Abstract, 1990.

L'ÉPIPALÉOLITHIQUE ET LE MÉSOLITHIQUE ENTRE MASSIF CENTRAL ET PYRÉNÉES

EPIPALAEOLITHIC AND MESOLITHIC BETWEEN MASSIF CENTRAL AND PYRENEES

Michel Barbaza, François Briois, Nicolas Valdeyron et Jean Vaquer

Résumé. – Plusieurs sites récemment fouillés entre le sud du Massif central, les Pyrénées et la Méditerranée sont à l'origine d'une meilleure connaissance des modalités d'adaptation aux nouvelles conditions de vie rencontrées, dans cette zone, par les groupes de chasseurs-cueilleurs-collecteurs de l'extrême fin du Paléolithique et du Mésolithique.

Selon les diverses sources documentaires souvent encore en voie d'élaboration ou en cours d'analyse, la période peut être classiquement rythmée en trois moments principaux. Le Magdalénien supérieur terminal, l'Azilien dans sa phase ancienne et l'Épimagdalénien, synchrones dans leurs développements, pourraient être dans leur diversité la traduction sur le plan culturel de l'organisation nouvelle et provisoire des sociétés paléolithiques finissantes. Les travaux sur le Sauveterrien ancien, le Sauveterrien moyen montclusien et la « culture à armatures larges » de type Gazel-Cuzoul ont contribué à élaborer un cadre cohérent, dans l'espace et dans le temps. Il constitue un préalable particulièrement favorable pour le développement des travaux de paléoécologie.

Alors que l'Azilien dans sa phase classique maintient encore un temps les genres de vie traditionnels, l'Azilien terminal des Pyrénées et de la montagne Noire, le Sauveterrien ancien en Aquitaine, vraisemblablement contemporains, inaugurent des comportements nouveaux. Ces groupes humains auraient pratiqué une sorte de diversification opportuniste des ressources en adaptation aux conditions nouvelles de la grande forêt tempérée et en réponse à la diversité écologique de la zone. Enfin, la néolithisation apparaîtrait dans ces premiers instants comme l'un de ces éléments de diversification. Il est clair cependant que la perception plus précise des comportements de ces groupes humains ne pourra être établie plus fermement qu'au travers d'un nombre plus important de sites que ceux qui sont actuellement disponibles.

Mots clés : Magdalénien supérieur terminal, Azilien, Épipaléolithique, Mésolithique, Sauveterrien, Montclusien, néolithisation, Pyrénées, Massif central.

Abstract. – Several recently excavated sites between the southern Massif central, the Pyrénées and the Mediterranean sea, contribute to a better understanding of the modalities of adaptation to new living conditions encontred in this zone by groups of hunters-gatherers collectors at the extreme end of the Palaeolithic era and during mesolithic times. According to different documentary sources, often still being elabored or analysed, the period can be classically divided in three principal moments. The Terminal Upper Magdalenian, the Azilian in its old phase and Epimagdalenian, synchronic in their developments, may be in their diversity on the cultural plan of the new and temporary organization of finishing paleolithic societies. Works on Early Sauveterrian, on Middle Sauveterrian Montclusian and the « large armatures culture » of the Gazel-Cuzoul kind contributed to the elaboration of coherent framworks in space and time. It constitutes a particularly favorable previous for the development of works on paleo-ecology. Whereas Azilian in its classical phase maintains for a time traditional life styles, Terminal Azilian in the Pyrénées and the Montagne Noire, Ancient Sauveterrian in Aquitaine, probably contemporary, inaugured new behaviour. These human groups may have practiced a maner of opportunistic diversification of resources in adaptation to new condition of temperate great forests and in response to the ecological diversity of the zone. Castly, neolithisation may have appeared in these first instants as one of these elements of diversification. It is clear, however, that a more precise perception of the behaviour of these human groups can not be more solidly established other than by a more important number of sites than those available today.

Key words : Upper Terminal Magdalenian, Azilian, Epipalaeolithic, Mesolithic, Sauveterrian, Montclusian, neolithisation, Pyrénées, Massif central.

LE CADRE NATUREL

La région considérée est partagée par les dispositions naturelles entre plusieurs ensembles structuraux juxtaposant plaines et montagnes selon la règle méditerranéenne. Elle est ordonnée selon un axe ouest-est, au nord par les contreforts méridionaux du Massif central que rythment les lourdes formes des vieux massifs cristallins et les plateaux calcaires caussenards, au sud par les Pyrénées, véritable toile de fond du paysage jusqu'à la Méditerranée. Les deux formations montagneuses se rapprochent au-dessus de la plaine audoise qui s'ouvre sur deux ensembles bien différents : le bas pays méditerranéen à l'est, et l'Aquitaine océanique à l'ouest. Placé dans la partie essentielle de l'isthme français, ce passage est aussi l'exutoire de nombreux cours d'eau au-delà de leurs débouchés montagnards. Quoique de longueur et d'importance très inégales, ils déterminent ainsi une double convergence de voies de communication depuis l'océan Atlantique et la Méditerranée.

L'ensemble se caractérise d'abord par les contrastes de ces paysages où se succèdent à faible distance la plaine et la haute montagne, le plateau calcaire et le fond de vallée encaissée, le Piémont et le bord de mer, la moyenne montagne et les dépressions humides. Mais cette grande diversité des cadres de vie organise aussi, au sein de ces quelque 40 000 km^2, les conditions d'une belle complémentarité écologique ; c'est vraisemblablement là une des raisons profondes d'y trouver, au moins pour le problème qui nous anime, une certaine unité.

LE PALÉOLITHIQUE SUPÉRIEUR TERMINAL ET L'ÉPIPALÉOLITHIQUE

Des études organisées sur ce terrain depuis près d'un quart de siècle (fouilles archéologiques et travaux de synthèse) ont permis de préciser peu à peu les cadres chronoculturels de l'Épipaléolithique, du Mésolithique et des prémices de la néolithisation (Barbaza, Gui-

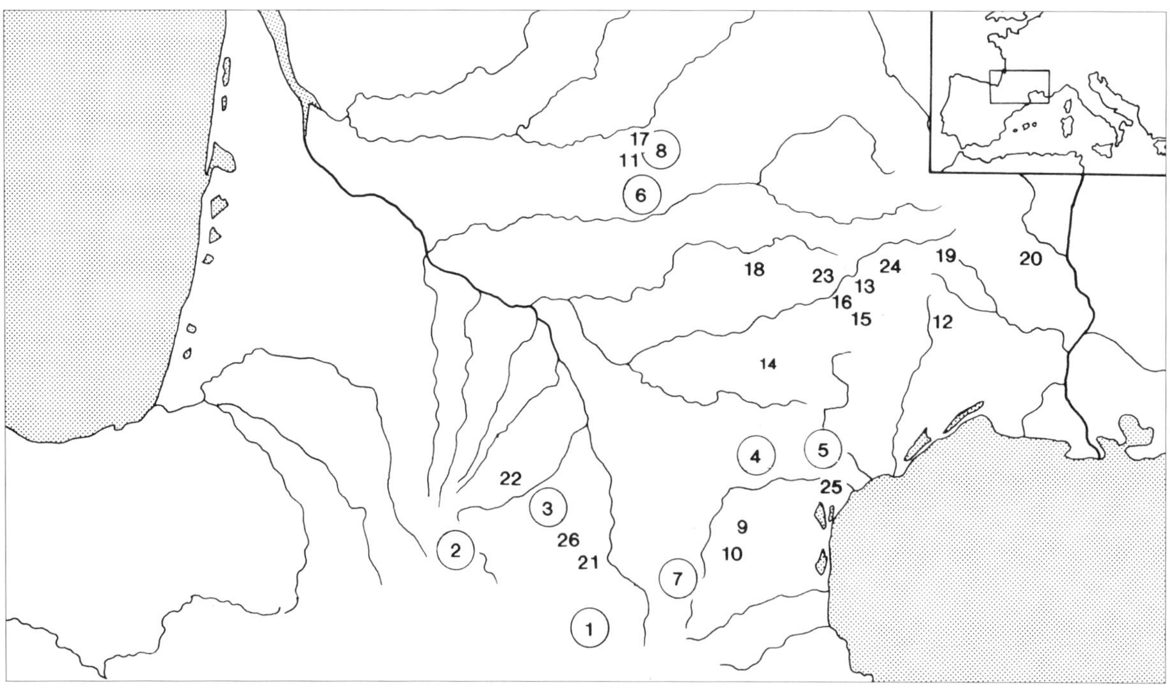

Figure 1. – Carte de situation des principaux gisements mentionnés dans le texte. 1. Balma Margineda. 2. Troubat. 3. Buholoup. 4. Gazel. 5. Abeurador. 6. Fontfaurès. 7. Dourgne. 8. Les Escabasses. 9. Arques. 10. Adoutx. 11. Sanglier. 12. Pialat. 13. Les Salzets. 14. Les Usclades. 15. Le Roc-Troué. 16. La Poujade. 17. Les Fieux. 18. Roquemissou. 19. La Bolière. 20. Montclus. 21. Rhodes II. 22. La Tourrasse. 23. La Vayssière. 24. Puechmargues. 25. Aussières. 26. Le mas d'Azil.

laine, Vaquer, 1984). Le sujet n'est pas bien sûr épuisé, mais des aspects fondamentaux ont été éclaircis et ont parfois largement contribué à la reconsidération de certaines grandes entités culturelles. Tout n'est pas dit sur les conditions de mise en place des industries postérieures au Magdalénien supérieur, mais la réalité d'une phase ancienne de l'Azilien, antérieure donc à la phase classique à harpons et galets peints, est confirmée par la fouille du niveau de base de la Balma Margineda en Andorre (Guilaine *et al.*, 1985). La couche 10 livre ainsi une industrie exclusivement lithique, typiquement azilienne selon la norme pyrénéenne, bien datée par plusieurs mesures convergentes de l'extrême fin du XIIIe millénaire BP. Un tel ensemble s'accorde bien avec les « foyers 5 et 6 » reconnus dans l'abri de Rhodes II à Arignac (Ariège), datés respectivement de 12 300 ± 150 BP et de 12 100 ± 150 BP (Clottes et Simonnet, 1979). L'industrie encore exclusivement lithique, là aussi, est en grande partie réalisée sur des roches locales de qualités diverses. Les excellentes conditions stratigraphiques de ces deux niveaux aziliens en renforcent naturellement les enseignements. En Andorre, l'Azilien ancien est recelé par la couche 10 qui est le niveau de base du remplissage archéologique ; elle est sous-jacente à une strate quasiment stérile (couche 9) qui est, elle-même, surmontée d'une couche livrant des vestiges lithiques et osseux typiquement aziliens (couche 8). Elle est datée de la fin du XIIe millénaire BP et du début du millénaire suivant. Les niveaux supérieurs attestent du maintien de la tradition azilienne avec une évolution, d'abord discrète (couche 7), puis plus affirmée et originale en adoptant (couche 6) les caractéristiques du Mésolithique à triangles catalan (Barbaza, 1989 ; Martzluff, 1993). Il est à noter que les galets peints ou gravés n'apparaissent que dans la couche 6, contexte résolument mésolithique, vraisemblablement contemporain du Sauveterrien ancien, et qu'il appartiendra aux chercheurs catalans de mieux définir.

En Ariège, les niveaux de l'Azilien ancien surmontent un horizon du Magdalénien supérieur. Pour Rhodes II et par rapport au Magdalénien, R. Simonnet notait que la remise en cause technologique avait été profonde, avec notamment l'usage généralisé de roches locales et un débitage lamellaire peu soigné. Cette rupture techno-typologique constituerait à l'évidence l'un des meilleurs arguments pour envisager, à l'encontre des conceptions habituelles, que les relations entre le Magdalénien, le Magdalénien supérieur au moins, et cette phase ancienne de l'Azilien devaient être suffisamment faibles pour que l'on puisse suspecter l'idée de filiation directe entre les deux ensembles. Quoi qu'il en soit exactement, il semble difficile de mettre, sans nuance ni réserve, sur le compte des transformations paléoclimatiques et environnementales le passage du Magdalénien à l'Azilien. La réalité d'un Magdalénien final associé à une faune très nettement post-würmienne renforcerait l'idée de l'indépendance assez prononcée de ces deux ensembles. En Languedoc, l'existence d'un Épimagdalénien est reconnue à la grotte Gazel (Sallèles-Cabardès, Aude), où la couche 6, datée de la première moitié du XIe millénaire et sus-jacente à une strate du Magdalénien moyen, livre une industrie lithique ne faisant apparaître, tant par sa structure que par les types d'outils qu'elle renferme, aucune différence avec les séries du Magdalénien supérieur tel qu'il est connu dans la région. Par rapport à ces dernières, on note toutefois que l'industrie osseuse classique a disparu tandis que la faune würmienne a cédé la place à de rares vestiges d'animaux « tempérés », notamment le cerf (*Cervus elaphus*) et le sanglier (*Sus scrofa*) accompagnés de quelques escargots (*Cepaea nemoralis*) (Sacchi, 1986). C'est une association tout à fait semblable qui a été mise en évidence dans la grotte-abri du Moulin à Troubat (Hautes-Pyrénées). La couche 7, qui représente le terme de l'évolution magdalénienne dans la cavité (couches 11 à 8), a été datée de 11 320 ± 410 BP (Ly-5272). Le mobilier lithique qui s'insère sans difficulté apparente dans le « faciès » magdalénien à microlithes nombreux (Bosselin et Djindjan, 1988) est associé à un outillage osseux abondant dans lequel se manifestent des harpons relativement nombreux et originaux. La faune est nettement « tempérée ». La présence d'escargots est indubitable quoique discrète.

L'Azilien – associant classiquement dans les Pyrénées une industrie lithique caractéristique composée de grattoirs microlithiques, de pointes à dos généralement symétriques et de pièces esquillées, d'un mobilier osseux abondant dominé par les harpons « plats », et de galets peints – est fortement représenté dans ce même site des Pyrénées centrales. Il y est daté de 10 770 ± 100 BP (Ly-5275). Cet ensemble s'établit en un parallèle particulièrement remarquable avec les données du « foyer 7 » de l'abri de Rhodes II (Simonnet, 1976), avec la phase III (couches D1 à D5) livrant « l'Azilien typique » de la grotte de la Tourasse (Orliac, 1975), de la couche F de la rive gauche du mas d'Azil (Piette, 1895 ; Girard, Moser, Orliac, 1979), de l'horizon B5 du Poëymau à Arudy (Livache *et al.*, 1984). Le parallèle peut également s'établir avec la couche 2 de Duruthy et la couche 3 de l'abri Dufaure à Sordes-l'Abbaye (Landes).

AZILO-SAUVETERRIEN OU AZILIEN TERMINAL ET SAUVETERRIEN ANCIEN ?

À Troubat, comme dans certains de ces sites, la présence azilienne semble se maintenir au début du Postglaciaire ; il en serait ainsi dans la couche 5 où les vestiges traditionnels sont mis au jour dans une formation en escargotière. Le niveau C5c a été daté de 9 700 ± 80 BP. (Ly-6405). Le caractère évolué de cet Azilien s'exprimerait au travers, d'une part, de l'apparition de triangles isocèles inconnus des phases anciennes et moyennes et, d'autre part, de la présence de pointes de Malaurie de dimensions diverses, souvent réduites, parmi d'autres types de pointes à dos (Barbaza, 1988 ; à paraître ; Barbaza et Heinz, 1992). Dans l'abri de Buholoup à Montbéraud (Haute-Garonne), les triangles isocèles apparaissent dans des assemblages à micro-pointes de Malaurie et rectangles qui évoquent l'Azilien évolué à affinités laboriennes tel qu'il est connu par exemple à l'abri du Pont-d'Ambon, à Bourdeilles en Dordogne (Célérier, 1993). Dans ces deux gisements des Pyrénées centrales, comme vraisemblablement sur la totalité de la chaîne en son versant nord, les occupations postérieures sont attribuables à un Mésolithique *moyen.* La succession d'un Azilien terminal à faible indice d'éléments sauveterriens, et d'un Sauveterrien moyen, pose le problème du degré de pénétration du Sauveterrien ancien en domaine pyrénéen.

LE SAUVETERRIEN CLASSIQUE

Plusieurs travaux de terrain dispersés sur l'ensemble de la région considérée sont à l'origine d'une vision plus approfondie du Mésolithique de la France méridionale. Elle ménage encore quelques plages d'incertitudes mais permet de proposer dès à présent un cadre général renouvelé et fiable. À la suite des travaux de synthèse du docteur Rozoy, on s'accordait à reconnaître une série de faciès organisant la géographie culturelle mésolithique en petites unités originales correspondant au territoire d'influence de petits groupes humains largement indépendants les uns des autres. Apparaissaient ainsi, entre autres faciès potentiels, le « Sauveterrien *stricto sensu* », le Montclusien et le Groupe des Causses, pour se limiter à la zone d'intérêt qui a été définie (Rozoy, 1978). Plusieurs facteurs se sont conjugués pour que se dessine une structuration nouvelle. Le premier relevait de l'existence en milieu caussenard, et notamment sur le site des Salzets en Aveyron (Maury et Lacas, 1965), d'un ensemble proche du Montclusien, particularité qui avait d'ailleurs été parfaitement notée par J. Guilaine. Le deuxième montrait, selon les enseignements de la Balma de l'Abeurador où les séries lithiques largement dominées par les armatures traduisent vraisemblablement la forte spécialisation du site, les limites – pour le Mésolithique – de constructions basées trop strictement sur les représentations proportionnelles d'outils et d'armatures. Ce site qui offre un remplissage archéologique, sans lacune majeure depuis le Magdalénien supérieur jusqu'au Mésolithique moyen, ne permet guère d'aller au-delà d'attributions chronoculturelles génériques (Vaquer, 1980 ; Vaquer, Barbaza, Vigneron, 1983 ; Vaquer, Barbaza, 1987) ; son grand intérêt est surtout dans la documentation paléoenvironnementale extrêmement diversifiée (Heinz, Ruas, Vaquer, 1992). Le troisième facteur portait sur la nature exacte d'un hypothétique Montclusien ancien, insaisissable à Montclus (Gard), mais qui se manifestait sous les traits d'un Sauveterrien ancien dans la grotte de

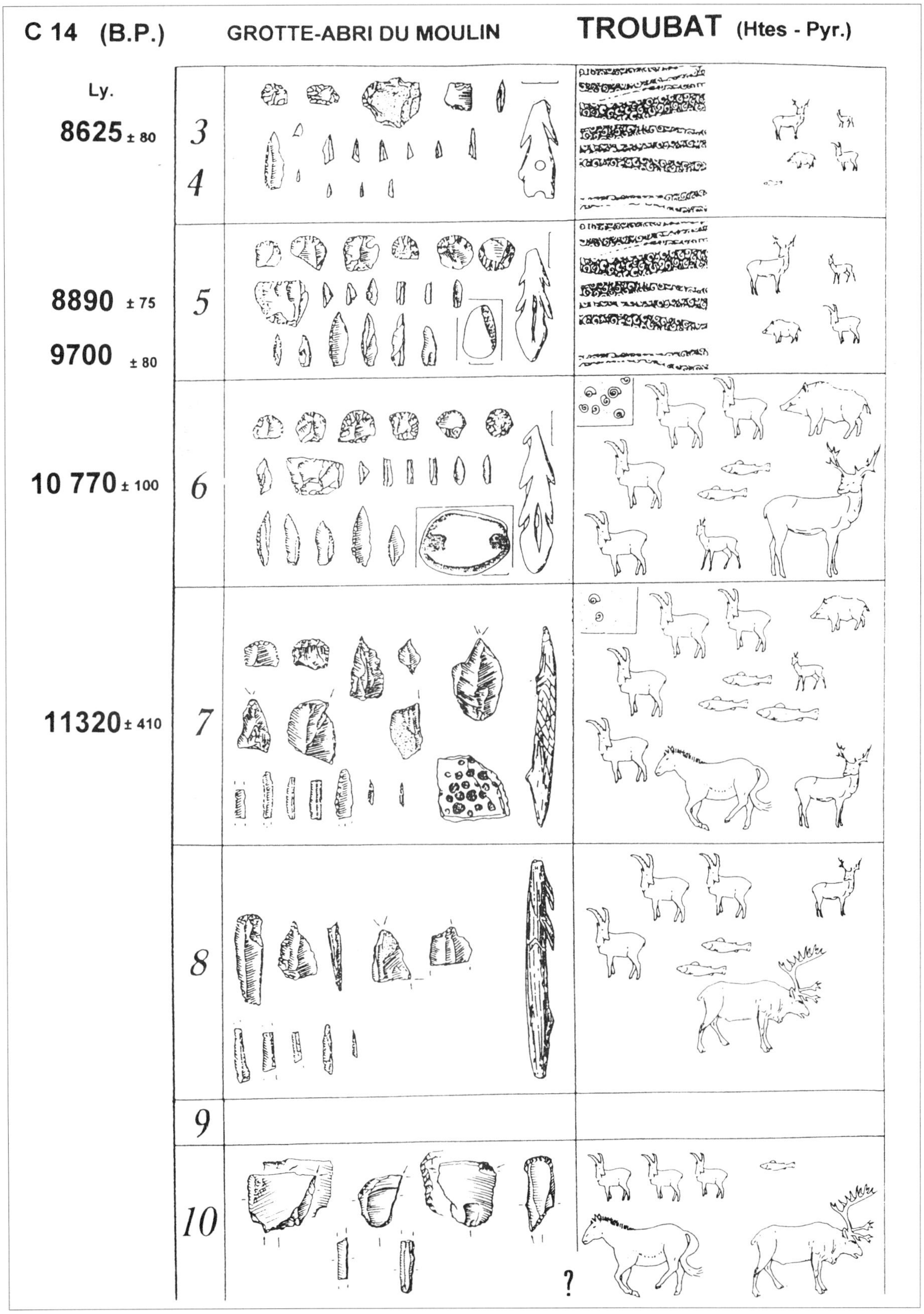

Figure 2. – Troubat (Hautes-Pyrénées). Tableau synoptique.

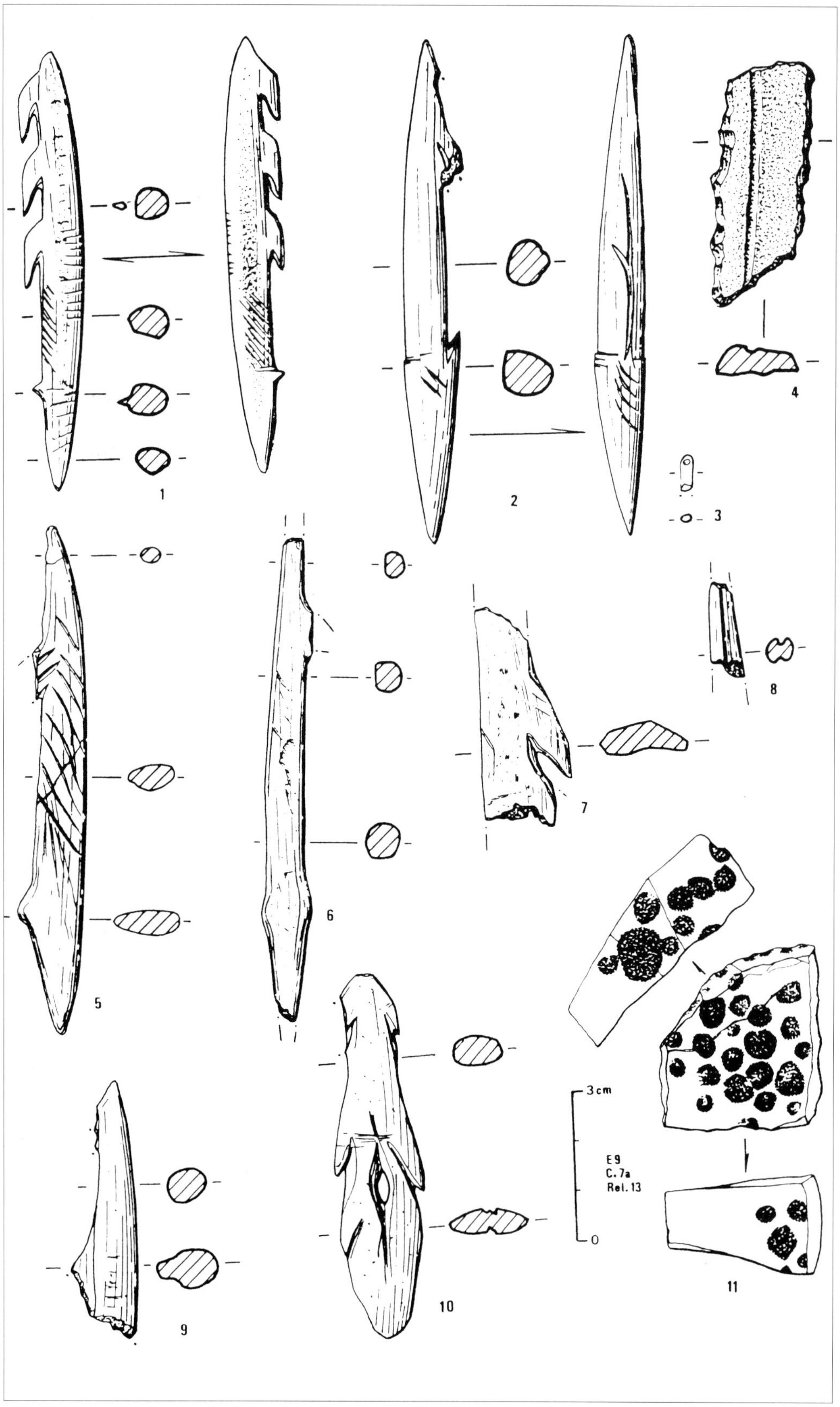

Figure 3. – Mobilier du Magdalénien supérieur terminal de Troubat.

l'abbé Pialat dans l'Hérault (Barbaza, 1981). Le quatrième et dernier facteur décisif a été donné par la stratigraphie de l'abri de Fontfaurès dans le Lot où, selon l'ancien schéma « partitioniste », se seraient succédé les industries (couche 6 et niveau C5c) du Sauveterrien ancien classique *stricto sensu* qui était censé ne pas pénétrer en Quercy, du Groupe des Causses (C5b) et, enfin, du Montclusien (C5a à C3) dont le domaine d'influence se limitait, toujours selon le même modèle, au Languedoc méditerranéen. Le caractère continu des séries lithiques, qui s'affirme à Fontfaurès tant au travers du débitage que des outils, contrariait fortement ce schéma culturel. On avait affaire non pas à trois cultures distinctes, mais bien à une seule et même industrie en évolution, passant du Sauveterrien ancien au Sauveterrien moyen ou Montclusien. Les anciens faciès à valeur géographique pouvaient dès lors devenir de parfaits faciès chronologiques (Barbaza *et al.*, 1991). Ainsi reconsidéré, le Sauveterrien, véritable entité culturelle homogène et cohérente, intéressait dans ses phases ancienne et moyenne un cadre sensiblement plus large que celui qui avait pu être envisagé : il concernait en fait la moitié méridionale de la France (Valdeyron, 1994). Les modalités de « sauveterrianisation » de substrats épipaléolithiques polymorphes posent le problème des conditions d'apparition puis de généralisation du Sauveterrien. Dans le cadre spatial de notre étude comme ailleurs dans son aire d'expression, il paraît s'imposer assez brutalement, c'est-à-dire sans réelles formes de transition, au cours de la première moitié du Xe millénaire, sous l'aspect d'une industrie lithique qui est d'une part, peu redevable dans ses fondements technologiques des modes épipaléolithiques de débitage laminaire et d'autre part, pourvoyeuse de formes nouvelles, originales au moins dans leur abondance, de triangles isocèles et scalènes. Cette phase ancienne bien observable en Aquitaine et ses marges (Fontfaurès, couche 6 datée de 9 650 ± 130 BP, Ly-4449), en Languedoc (Abeurador « Secteur Entrée » datée de 9 845 ± 115 et 9 755 ± 110 BP), comme elle l'est en Provence et de part et d'autre de la vallée du Rhône, a largement amorcé un mouvement d'uniformisation culturelle. Le Sauveterrien est la concrétisation de la « composante S » de S.K. Koslowski (Koslowski, 1976), à l'échelle de la moitié méridionale de la France. Ce phénomène n'est cependant que partiel dans les Pyrénées où il a pu se heurter à une perduration azilienne ainsi que le montrerait la base de la couche 6 de l'abri de Buholoup et la base de la couche 5 de Troubat. Dans ces niveaux, l'association d'une industrie lithique largement azilienne dans ses composantes et de quelques triangles scalènes et isocèles laisse la porte ouverte à plusieurs interprétations. Ces armatures pourraient ainsi traduire une concession faite par les derniers aziliens à la nouvelle pratique, ou selon une autre hypothèse concrétiser la présence, très discrète, d'une bande du Sauveterrien ancien en territoire azilien, selon la « loi d'allochtonie » énoncée par A. Thévenin (Thévenin, 1990).

Il faudra attendre la phase moyenne du Sauveterrien pour que le paysage culturel s'uniformise définitivement. Ce Sauveterrien moyen, ou Montclusien, qui se généralise au cours du IXe millénaire BP, détermine la phase classique du cycle. Celle-ci est marquée dans ses débuts par la régression des triangles isocèles et, dans une moindre mesure, des triangles scalènes ainsi que par l'apparition des triangles de Montclus. Ces derniers deviennent les armatures géométriques prépondérantes dans la seconde moitié du VIIIe millénaire et survivent à l'apparition des premiers trapèzes. Le Sauveterrien moyen est représenté par des sites nombreux parmi lesquels il est possible de citer en Aveyron : l'abri des Usclades, l'abri du Roc-Troué (Maury, 1992), la grotte de la Poujade, de la Vayssière, l'abri de Roquemissou (Arnal 1989 ; Bobœuf, 1994), dans le Lot : l'abri de Fontfaurès (Barbaza *et al.*, 1991), la grotte des Escabasses (Valdeyron, 1994), la grotte du Sanglier à Reilhac (Seronie-Vivien et Lemaire, 1993), l'abri de la Bolière en Lozère (Rozoy, 1978).

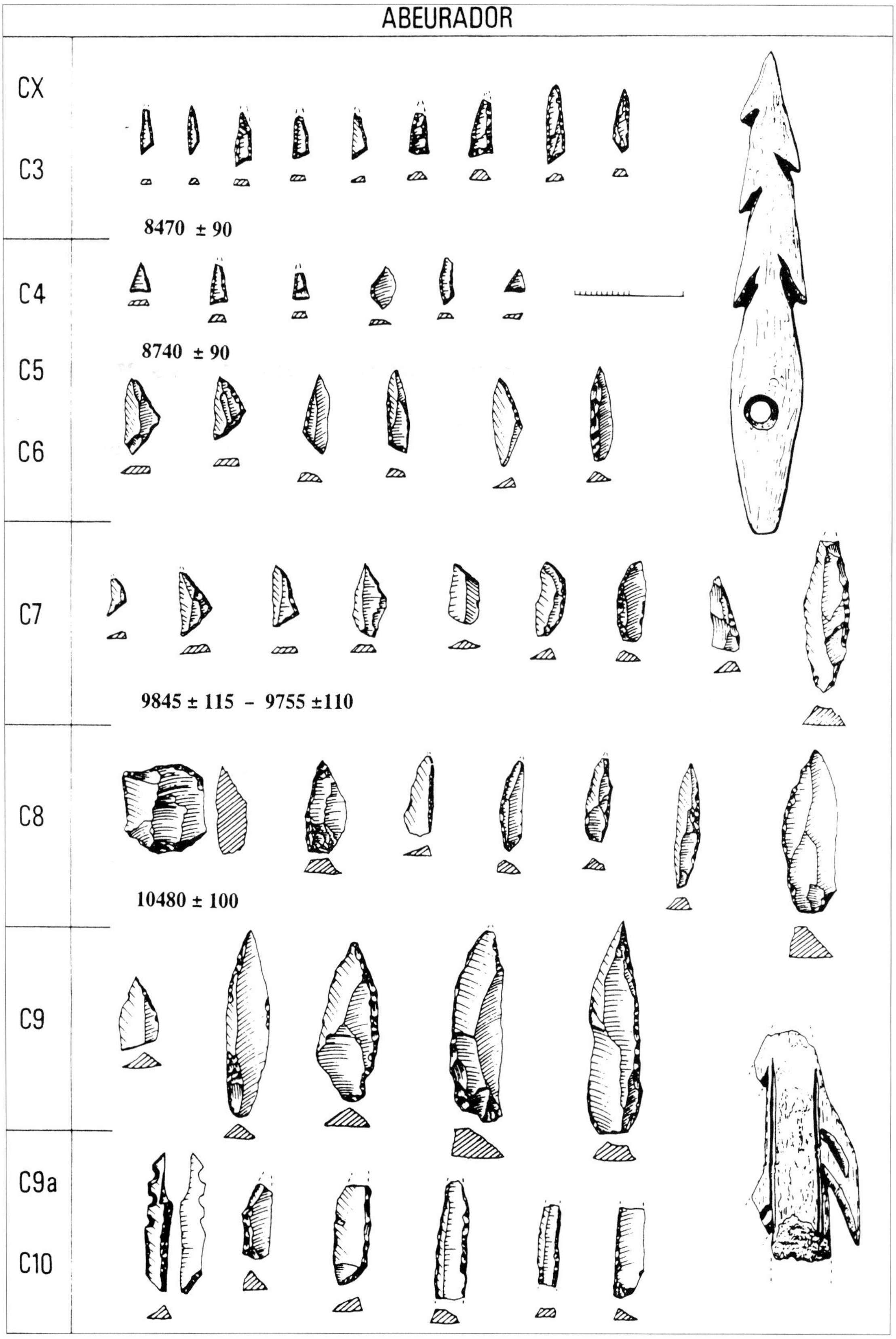

Figure 4. – Balma de l'Abeurador (Hérault). Tableau synoptique des industries.

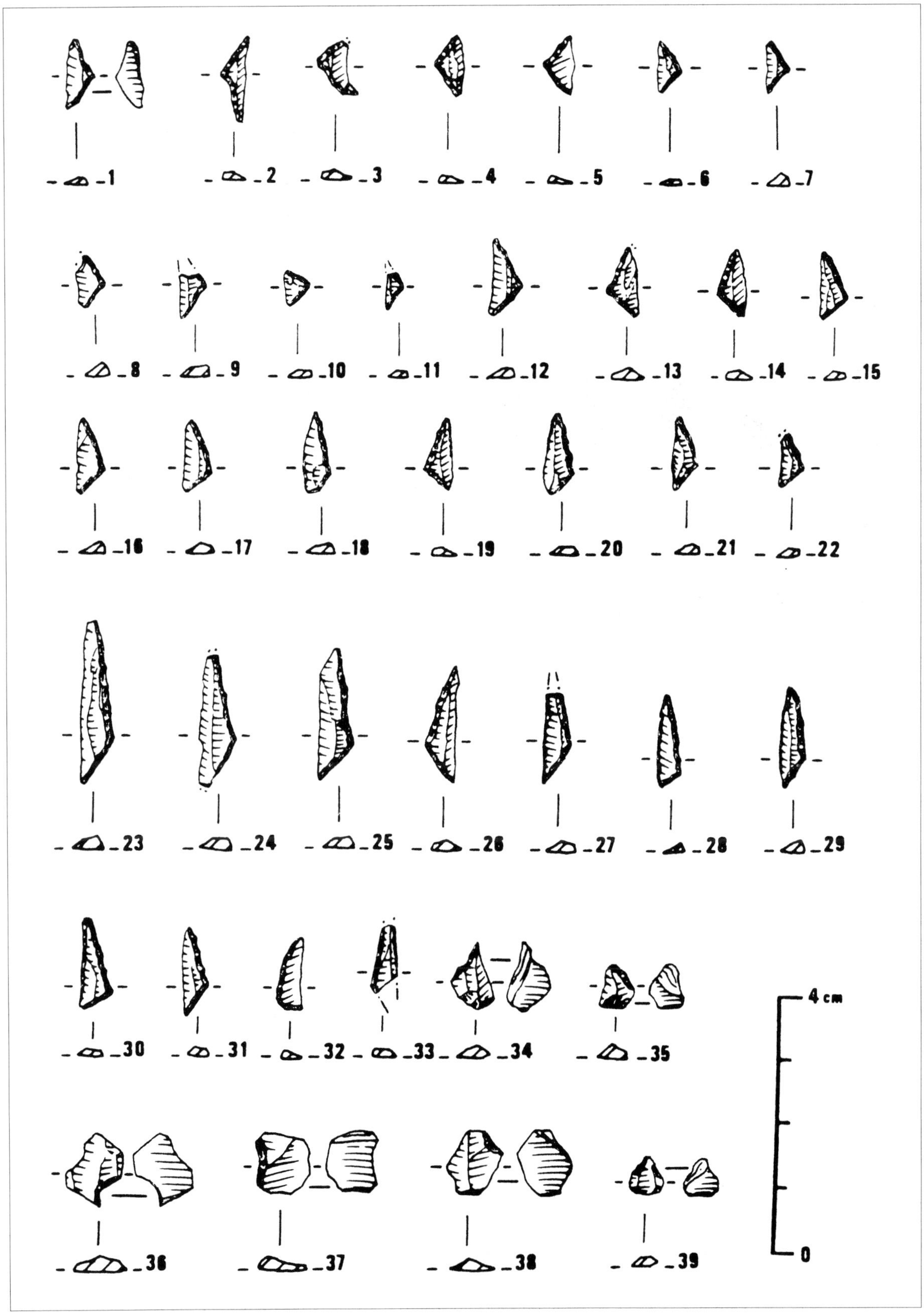

Figure 5. – Armatures du Sauveterrien ancien évolué de Fontfaurès (Lot).

LA COHÉRENCE TECHNOLOGIQUE SAUVETERRIENNE

Les diverses séquences disponibles dans le domaine d'étude ont permis d'aborder la question des industries lithiques sous un angle renouvelé intégrant l'étude des chaînes de production des outillages et les processus de fabrication des armatures qui retiendront ici notre attention. Cette approche, intégrée à celle de l'évolution morphologique des géométriques, permet de nuancer le débat concernant le modèle d'évolution des industries sur près de deux millénaires (de 8 500 à 6 500 BP).

Durant la phase ancienne du Sauveterrien à Fontfaurès, le système est fondé sur une économie des matières premières mettant en jeu à la fois l'utilisation de roches locales et des silex d'origine lointaine (Sénonien et Turonien du domaine aquitain). Ces derniers, représentés par des chaînes opératoires très incomplètes, traduisent un fort éclatement spatial de la chaîne opératoire et en même temps une forte mobilité des groupes en présence. La recherche de relais plus nombreux entre les sources de matières premières et les sites sera à terme nécessaire pour appréhender de manière plus précise ces déplacements. La production de lamelles obtenues selon un mode simplifié en percussion directe à la pierre tendre (Briois, *in* Barbaza *et al.*, 1991) intervient dans le cycle de fabrication d'armatures triangulaires microlithiques par la technique du microburin. Les sous-produits du débitage laminaire sont réemployés pour la fabrication de l'outillage du fonds commun. Au Sauveterrien moyen, on constate une forte utilisation de roches locales (Buholoup) ou régionales (Fontfaurès), moins diversifiées en rapport avec l'exploitation de niches écologiques sans doute plus réduites. Le système s'oriente de manière définitive vers une économie du débitage en privilégiant les supports de première intention (les lamelles) pour le façonnage des armatures, les autres éléments de la chaîne opératoire étant utilisés pour la réalisation d'un outillage peu élaboré (Briois, *à paraître*). Au milieu du VIIIe millénaire BP, on voit apparaître à Buholoup les premières armatures larges encore associées à des hypermicrolithes.

Dans les Pyrénées de l'Est, zone mal pourvue en roches siliceuses aisées à tailler, les industries réalisées dans des roches dures tenaces posent les bases d'un problème original. Des ensembles de cette nature ont été mis

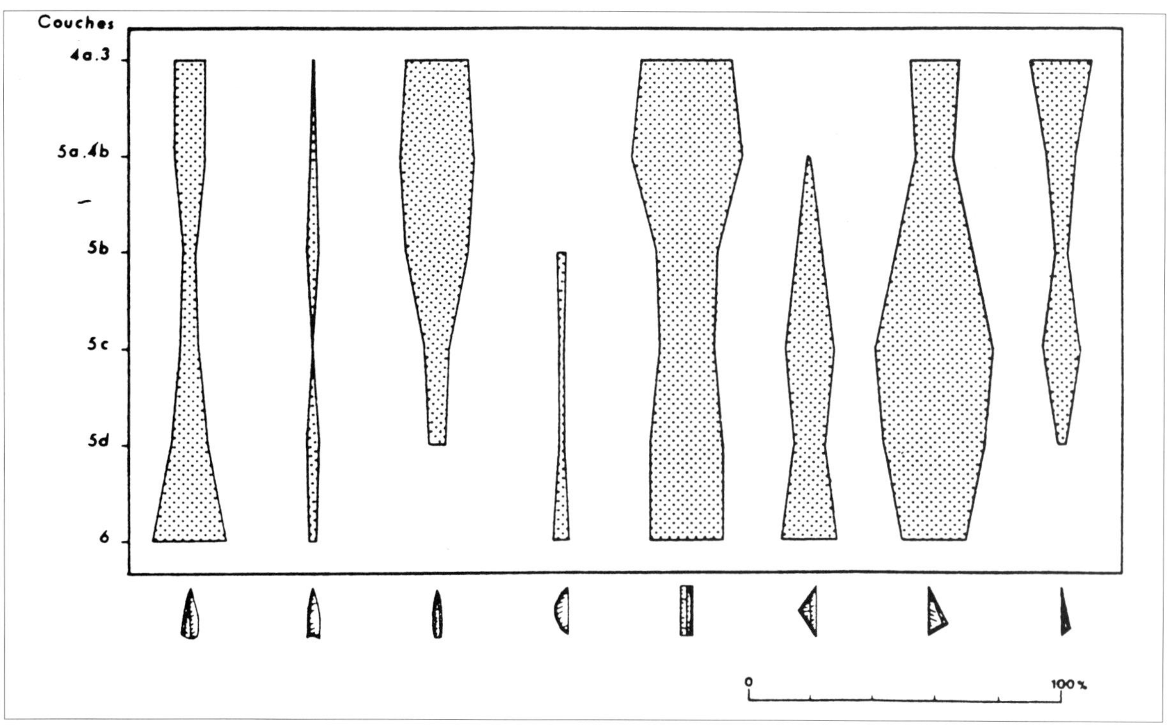

Figure 6. – Dynamique évolutive des armatures de Fontfaurès (Lot).

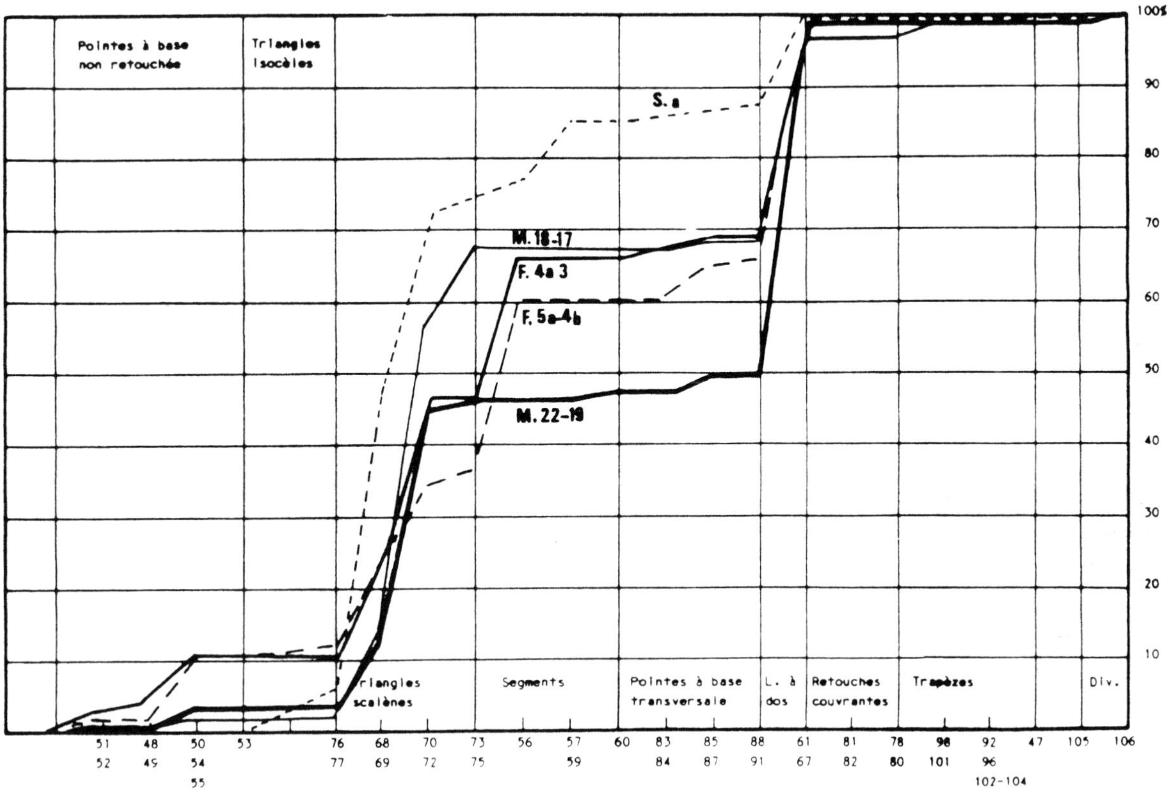

Figure 7. – Le Sauveterrien moyen ou Montclusien. Comparaison Fontfaurès, Montclus, Les Salzets.

au jour dans plusieurs gisements parmi lesquels ressortent l'abri de Dourgne (couche 10 datée de 8 620 ± 100 BP, MC1108), (Guilaine *et al.*, 1994), la grotte d'Arques (datée de 8 920 ± 200 BP, Gif-2415) (Sacchi, 1972) ou celle des Adoutx (Barbaza, 1988). L'utilisation dominante des roches locales, souvent du quartz filonien, confère aux outils du fonds commun une originalité certaine. Celle-ci nous semble cependant tout à fait insuffisante pour élever ces lots documentaires au-delà d'un simple faciès de circonstance, déterminé précisément par le défaut de silex et l'emploi de matériaux aisément accessibles ou largement disponibles dans les environs du site. Ailleurs, d'autres roches ont été travaillées de manière plus ou moins heureuse : chaille à l'abri des Salzets en Aveyron, silex de qualité médiocre et chaille à Fontbrégoua dans le Var, quartzite à l'abri de la Bolière en Lozère, silex médiocre à Rouffignac en Dordogne où l'outillage commun souvent macrolithique et le débitage dit « de Rouffignac » sont bien les traductions d'un faciès d'abondance voire de gaspillage ; quartzite encore à la Balma Margineda en Andorre, etc.

Lorsque le silex, vraisemblablement introduit sporadiquement à partir de gîtes éloignés, ou d'autres roches à grain fin, ont pu être utilisés, les outils obtenus retrouvent leurs caractéristiques typologiques habituelles à nos yeux : grattoirs microlithiques, perçoirs, burins... Leur faible nombre à côté d'un débitage apparemment prolifique en quartz et, plus encore, la grande rareté des armatures posent un problème manifestement plus difficile à considérer. Il suppose en effet que soient parfaitement connus et surtout compris les phénomènes de variations des armatures par rapport à l'ensemble de l'outillage au sein du Sauveterrien sous ses divers faciès chronologiques.

À ne considérer que les armatures, il serait particulièrement difficile de rapprocher les séries du Mésolithique moyen des Pyrénées de l'Est, de celles du site quercinois fort au total de près de 600 pièces de ce genre. En observant le bref inventaire établi à partir des trois sites des Pyrénées de l'Est (les Adoutx, Dourgne, Arques) limitons-nous, dans un premier temps, à remarquer que les formes représentées par les armatures, à un exemplaire souvent unique il est vrai, sont tout à fait compatibles avec le Sauveterrien moyen ou Montclusien. Le rapprochement avec le site de Troubat serait plus aisé en raison du faible nombre d'armatures livrées par ce gisement, en dépit de l'exploration d'une masse plus importante de sédiments archéologiques. Une comparaison de cette nature aurait également l'avantage considérable, car il s'agit là certainement d'une des clefs pour comprendre le problème posé par ces petits sites, de montrer que l'opposition essentielle, celle qui ne peut être réellement perçue que par la pratique effective de la fouille sur chacun des sites considérés, réside en réalité dans la puissance sans commune mesure des dépôts archéologiques « en escargotière » sur le site des Hautes-Pyrénées, et le phénomène n'est pas isolé dans les zones centrale et occidentale de la chaîne, par rapport aux très modestes nappes d'escargots reconnues dans les Pyrénées de l'Est. Elles dépendent, selon toute vraisemblance, dans cette partie occidentale des Pyrénées, d'occupations limitées en durée et en nombre, voire d'une présence unique et brève. Les pertes d'armatures intactes ou le rejet après changement d'armatures cassées, ainsi qu'elles apparaissent fréquemment, seraient, selon une certaine logique et au moins en partie, numériquement proportionnelles au temps total d'occupation du site ; à ce titre, il est facile de remarquer que les coquilles d'escargots, si un tel vestige peut servir raisonnablement d'élément d'appréciation sans la pondération d'un facteur écologique, se comptent par centaines ou par milliers dans les sites des Pyrénées de l'Est, et par centaines de milliers et par millions dans les Pyrénées centrales et occidentales ; à Troubat, les dénombrements réalisés dans la couche 3 datée de 8 625 ± 80 BP (Ly-5273), montrent que les coquilles globalement toujours très abondantes se présentent fréquemment par groupements de quelques milliers d'exemplaires associés plus ou moins nettement à des foyers souvent en partie démantelés. Chacun de ces ensembles, lorsqu'il est possible de les individualiser, est alors comparable quantitativement comme qualitativement aux accumulations qui nous préoccupent ici. Notons enfin qu'en leur sein même, les armatures y sont très rares voire absentes et que leur découverte s'effectue dans la continuité stratigraphique de ces accumulations mais le plus souvent en marge de leur zone, c'est-à-dire vers l'extérieur d'un abri encore protégé par un auvent rocheux largement surplombant et où, à l'inverse, les coquilles sont peu attestées.

À moins donc d'évoquer une très improbable influence des complexes géométriques espagnols, inconnus à ce jour sur le versant septentrional des Pyrénées, c'est bien, malgré l'originalité et les limites évidentes de la documentation, au Sauveterrien dans sa phase moyenne, soit le Sauveterrien moyen ou Montclusien, que nous rattachons les industries du Mésolithique moyen des Pyrénées de l'Est. La belle cohérence culturelle que révèle le Sauveterrien, depuis au moins le Massif alpin jusqu'à l'Aquitaine, nous conforte au moins pour l'instant dans cette opinion malgré le paradoxe flagrant qui apparaît lorsque l'on traite des sites de cette zone. Parmi les nombreuses questions qui se trouvent dès lors posées, apparaît avec de plus en plus d'insistance celle, difficile à traiter, relative à la fonction même de tels sites. Selon l'état actuel des connaissances, on pourrait être confronté à des groupes humains très réduits numériquement, ainsi que l'indique la taille des sites, vraisemblablement à forte mobilité et exploitant les massifs de moyenne montagne. Cette interrogation ne porte d'ailleurs pas spécifiquement sur les groupes du Mésolithique ancien et moyen et peut s'appliquer à l'étude du Mésolithique final voire, pour certains aspects, à celle du Néolithique ancien.

LES INDUSTRIES À ARMATURES LARGES

C'est sur le fonds sauveterrien, homogène malgré le paradoxe qui vient d'être décrit, que se développent les industries à trapèzes (Dourgne et Aussières) pour lesquelles l'essentiel de l'effort réside dans l'obtention de lamelles régulières en percussion indirecte sur des matériaux d'origine locale plutôt que dans les modes de façonnage des armatures (Briois, 1993). Ce processus technique va de pair avec la permanence de l'emploi de la technique du microburin. Tandis que cette chaîne de production est bien en place, d'autres comportements s'affirment sur des matériaux semblables, par la nette dégradation de la qualité du débitage (supports laminaires moins réguliers, plus courts et aussi plus épais), compensée par l'adoption de la retouche amincissante pour le façonnage de pointes triangulaires, dites « pointes de Gazel » (Barbaza, 1993a). Ce terme de passage est sensible à Dourgne, sans qu'il soit possible de savoir s'il s'agit d'un changement technologique progressif, ou si les deux types d'armatures résultent d'occupations multiples de groupes à tradition technique différente (Briois, 1993). Dans cette dernière hypothèse, il est intéressant de remarquer que cette forme de « juxtaposition » culturelle aurait eu lieu dans un cadre environnemental plutôt fermé. À Gazel, par contre, dans un gisement largement ouvert sur le couloir de l'Aude, la technique du microburin semble ignorée et les pointes triangulaires à retouches amincissantes sur éclats laminaires peu réguliers sont exclusives dans les niveaux du Mésolithique récent. Il est possible que cette focalisation sur la production d'un seul type d'armature, se produisant peu avant le premier Néolithique cardial ou péricardial, traduise un seuil technologique. C'est précisément sur ce fonds industriel généralisé à une part importante du bassin de l'Aude et représenté à Gazel avec ses caractères les plus affirmés, que se mettra en place le premier Néolithique qui adopte des concepts et techniques de débitage ainsi que des principes de façonnage des armatures peu différents. Dans cet espace géographique la néolithisation se marque par l'adoption exclusive de la flèche tranchante tandis que le reste de la production lithique se poursuit sans changement notable.

CONCLUSIONS ET PERSPECTIVES

Quoique discontinues et appliquées de manière non exclusive à l'Épipaléolithique et au Mésolithique, les recherches menées entre les marges de l'Aquitaine et la Méditerranée, entre le Massif central et les Pyrénées, ont établi peu à peu les éléments d'un modèle chronoculturel à peu près fiable. Elles ont contribué à poser un certain nombre de problèmes de même nature dans le cadre plus général de la France méridionale et du Nord de l'Espagne.

La question de l'origine de l'Azilien pyrénéen ne pourra réellement être traitée dans ses aspects fondamentaux que lorsque seront mieux connues les conditions de développement des faciès « aziloïdes » du Nord-Est de la péninsule Ibérique. Chronologie et typologie concourent pour que l'on s'efforce d'y rechercher les éléments dialectiques organisant la réflexion sur les dernières manifestations paléolithiques du versant septentrional des Pyrénées. Parmi les aspects déterminants, il faudra certainement d'abord retenir une certaine perduration magdalénienne au-delà des dernières manifestations du froid, selon l'exemple de la phase terminale du Magdalénien supérieur terminal cantabrique (Gonzalez-Sainz, 1989), et en corollaire, le caractère intrusif et ancien des premières manifestations aziliennes, sous la forme d'une industrie encore exclusivement lithique selon le modèle catalan. La phase classique de l'Azilien pyrénéen, à industrie osseuse et galets peints, est apparue ensuite. Elle aurait été suivie d'un Azilien évolué à affinités laboriennes puis sauveterriennes, au cours d'une phase transitionnelle dont la cohérence n'est pas encore exempte d'incertitudes.

Le Sauveterrien, qui lui fait suite selon des modalités encore incertaines, peut être désormais considéré comme une culture en évolution cohérente, dont les manifestations sont perçues sans variations géographiques majeures et sans grande concurrence sur la quasi-totalité de la moitié méridionale de la France. Les problèmes subsistant concernent principalement ses marges : géographiques d'abord dans ses relations avec les faciès mésolithiques contemporains (Sauveterriano, faciès sauveterroïde de Catalogne, de Poitou-Charentes, de l'Est de la France,...), chronologiques ensuite dans les modalités du processus de sauveterrianisation au cours du Xe millénaire BP, ainsi que dans la place prise par le Sauveterrien récent à trapèzes dans le concert des cultures du Mésolithique récent antérieures à la néolithisation. La carence de gisements susceptibles de soutenir une réflexion approfondie dans ce domaine se fait encore sévèrement ressentir.

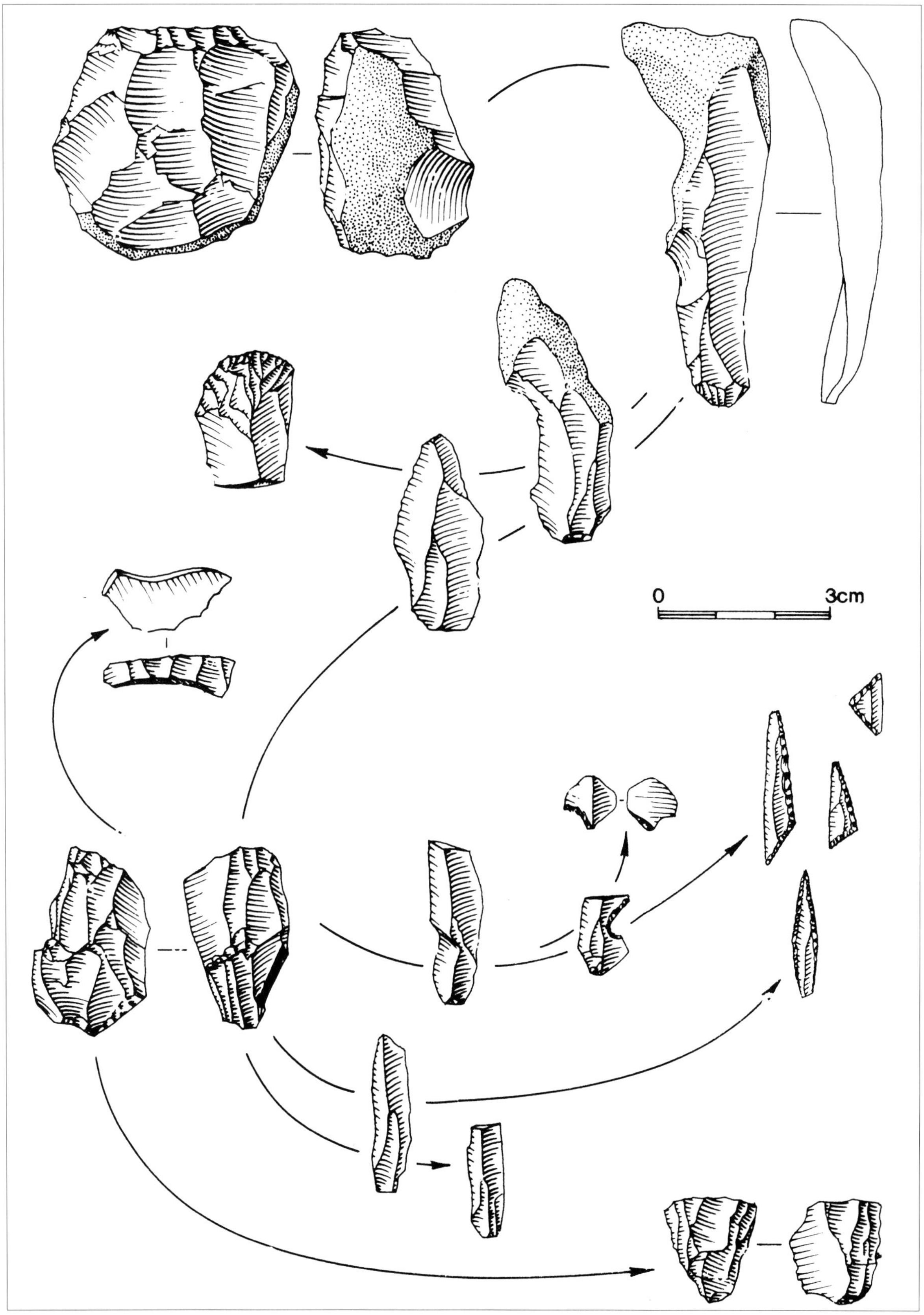

Figure 8. – Fontfaurès (Lot). Présentation d'une chaîne opératoire lithique orientée vers la production d'armatures microlithiques sur silex local en galet.

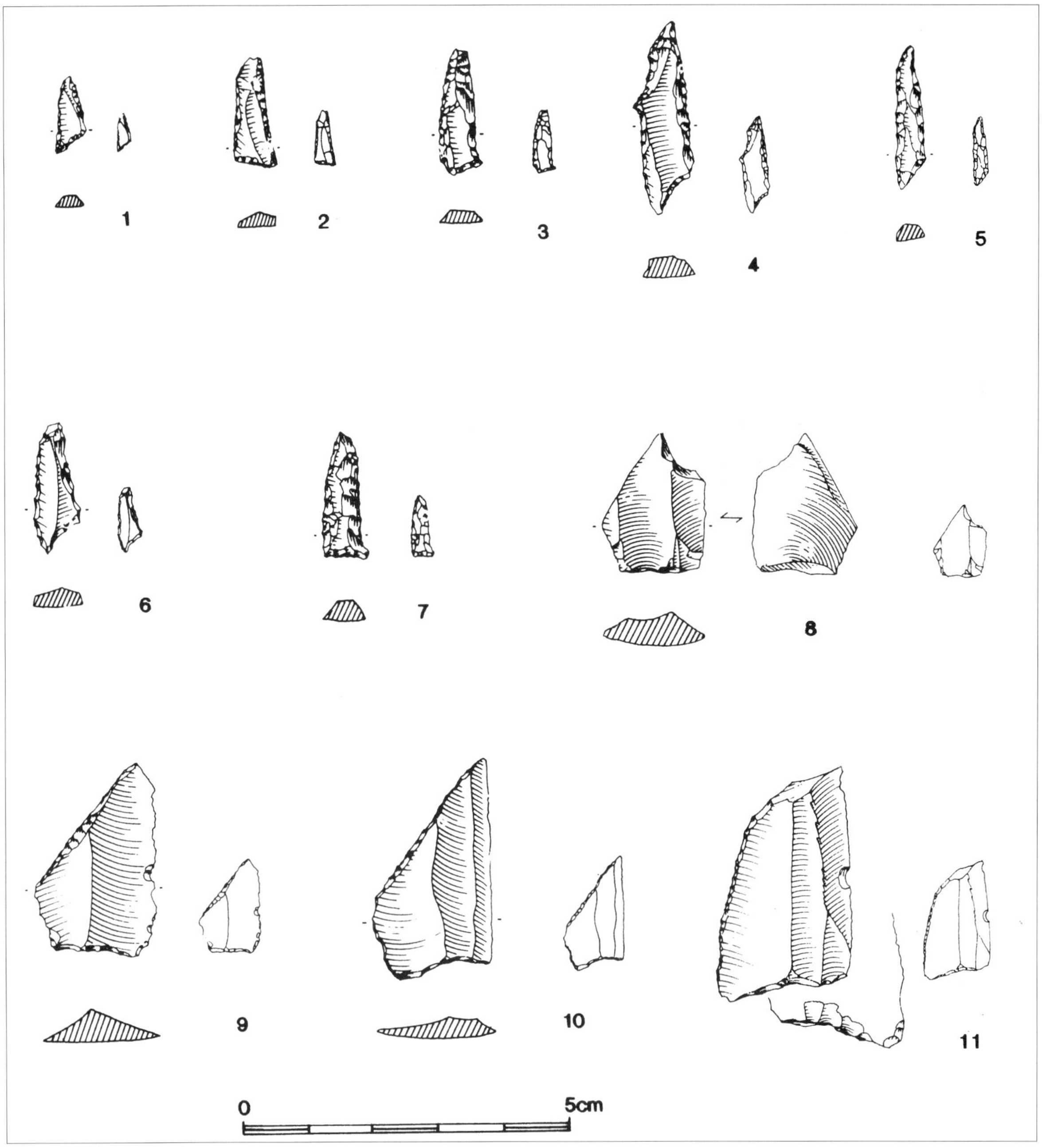

Figure 9. – Buholoup (Haute-Garonne). Armatures microlithiques de la couche 4.

Comme dans d'autres régions, avec des avancées et des retards, les recherches actuelles s'efforcent de replacer les hommes de l'Épipaléolithique et du Mésolithique dans leurs divers cadres de vie afin de tenter de comprendre les lignes de force de leurs comportements. Dans un environnement de plus en plus fermé par la progression de la grande forêt tempérée, nul doute qu'ils aient su adapter leurs systèmes de subsistance. S'il y a réellement une logique organisatrice de ces principes, une sorte de règle générale susceptible d'être perçue par les archéologues, elle requerra pour être comprise deux exigences fondamentales. La première relève du temps qu'il conviendra d'accorder à la réflexion collective. Celle-ci ne pourra se développer, à l'évidence, qu'à partir d'un nombre important de travaux de terrain portant sur des milieux aux vocations écologiques diverses. La seconde

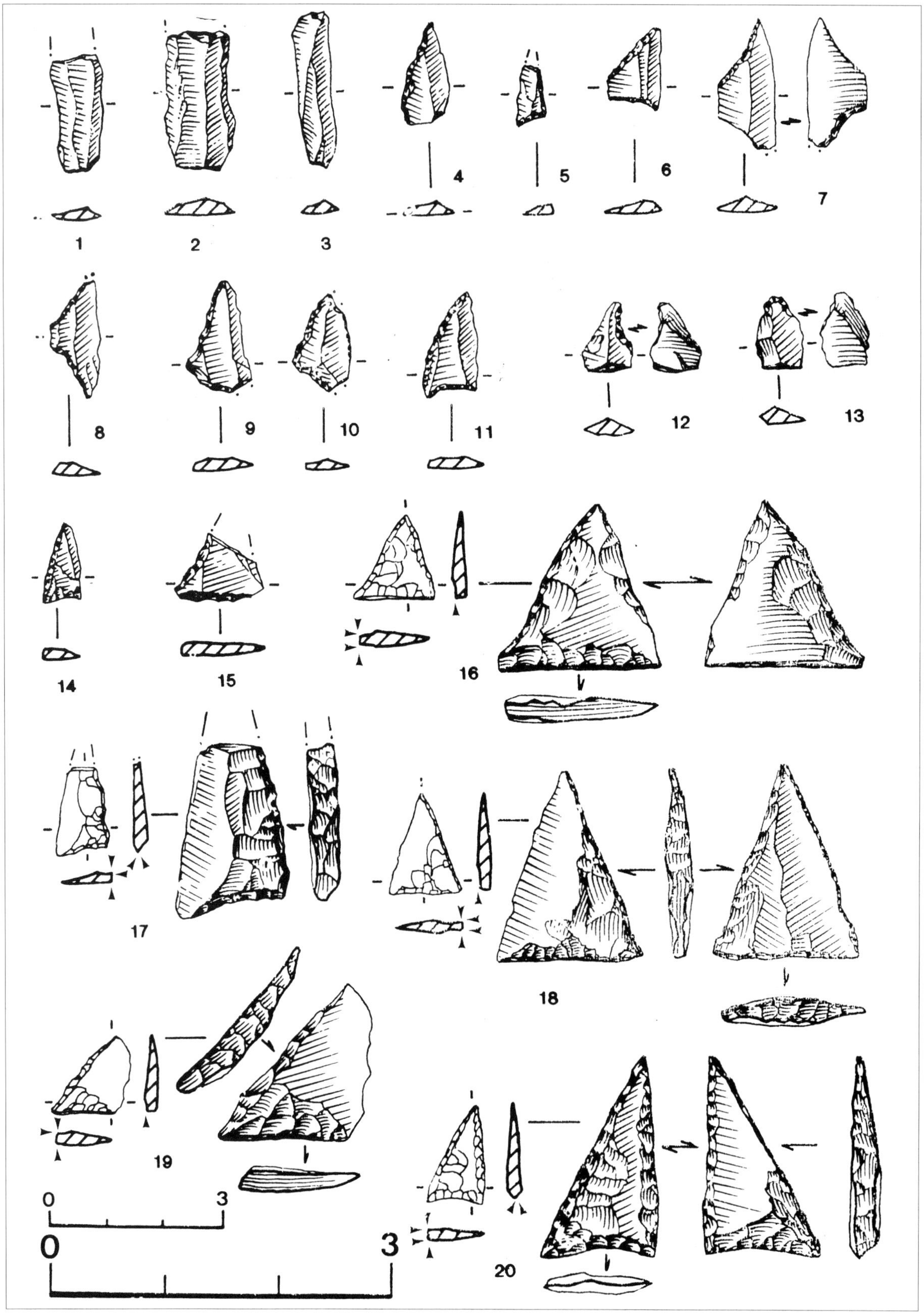

Figure 10. – Dourgne (Aude). Armatures larges de la couche 7. 16 à 20 : Pointes de Gazel.

impose du pragmatisme et écarte toute position dogmatique définissant *a priori* le Mésolithique soit comme un simple prolongement épipaléolithique de la période des « grands chasseurs » soit comme un prélude à la néolithisation. Ne semblerait-il pas que le Mésolithique d'Europe occidentale en général et le Sauveterrien en particulier présentent suffisamment de traits originaux dans les domaines géographiques, environnementaux, socio-économiques, techno-typologiques et idéologiques, pour qu'on puisse lui reconnaître une originalité certaine dans le temps et l'espace ?

Dans le fond, il suffit de nous persuader que l'intensification des relations avec le monde végétal telle qu'on la perçoit à l'Abeurador à travers de multiples espèces de fruits et de légumineuses (Vaquer, Geddes, Barbaza, Erroux, 1986), la cueillette systématique et peut-être le stockage des noisettes, la collecte intensive des escargots terrestres pratiquée dans les Pyrénées, comme ailleurs celle d'autres mollusques (Barbaza, 1994), mais aussi bien sûr la grande chasse, ne sont certainement pas des activités contradictoires. Elles traduisent la mise à profit de milieux aux vocations écologiques plus ou moins contrastées et complémentaires. En fonction de l'idée que l'on peut se faire d'une certaine géographie économique sauveterrienne, peut-être déjà effective et qui resterait à découvrir, il semble judicieux de penser qu'une meilleure connaissance des modalités d'utilisation opportuniste des ressources va de pair avec une meilleure perception des groupes humains dans leurs divers espaces de vie (diversité des habitats et complexité des territoires de parcours).

Grâce aux apports décisifs des travaux sur la micro-économie préhistorique (circulation et gestion des matières premières), des études faunistiques, des études de saisonnalité, des analyses tracéologiques, des études sur la consommation des végétaux, etc., grâce aussi bien sûr au développement des fouilles, quelques fragments du paysage ne tarderont pas à être reconnus ; de vastes secteurs, et notamment la haute montagne pyrénéenne, demanderont cependant encore des efforts renouvelés. Ce sera là l'une des excellentes tâches collectives pour les années à venir.

BIBLIOGRAPHIE

BAGOLINI (B.), Primi risultati delle ricerche sugli insediamenti epipaleolitici del Colbricon (Dolomiti). *Preistoria Alpina*, vol. XVIII, 1972, p. 107-149, 24 fig.

BAGOLINI (B.), BROGLIO (A.), LUNZ (R.), Le Mésolithique des Dolomites. *Atti*, tavola rotonda internazionale « Il popolamenta delle Alpi in eta mesolithica, VIII-V millennio a. C », Trento 1983, (red.) B. Bagolini. *Preistoria Alpina*, vol. XIX (1983), 1984, p. 15-36.

BAGOLINI (B.), DAMERI (G.), I siti mesolithici di Colbricon (Trentino), Analisi spazilae e fruizione del territorio. *Prehistoria Alpina*, vol. XXII, 1987, p. 7-188.

BARBAZA (M.), *Recherches sur l'Épipaléolithique en Languedoc et Catalogne*. Thèse de IIIe cycle EHESS, université de Toulouse, 480, 1981, p. dact., 105 fig.

Réflexions sur les industries mésolithiques en quartz amorphe de la grotte de Coma des Adoutx (Caudiès-de-Fenouillèdes, Pyrénées orientales). *Travaux de l'Institut d'Art préhistorique*, t. 28, université de Toulouse-Le Mirail, 1986, p. 49-54, 1 fig.

La grotte des Adoutx à Caudiès-de-Fenouillèdes (Pyrénées orientales) et le Mésolithique des Corbières. *Gallia Préhistoire*, t. 30, 1987-1988, 1988a, p. 187-204.

La grotte-abri du Moulin à Troubat (Hautes-Pyrénées). Premiers travaux. *Travaux de l'Institut d'Art préhistorique*, t. 30, PUM université de Toulouse-Le Mirail, 1988b, p. 5-39, 15 fig.

Cultures et Sociétés au Paléolithique terminal, au Mésolithique et au début du Néolithique ancien dans le Sud-Ouest de l'Europe. Mémoire d'habilitation à diriger des recherches, université de Toulouse-Le Mirail, 1989, 3 tomes, 1989, 1 192 pages (910 p. dact., 282 fig. au trait).

Technologie et cultures du Mésolithique moyen au Néolithique ancien dans les Pyrénées de l'Est. *In* : J. GUILAINE (dir.), *Dourgne. Derniers chasseurs-cueilleurs et premiers éleveurs de la haute vallée de l'Aude*, éd. du CASR, EHESS-CNRS, Toulouse, 1993, p. 425-441, 1 fig.

Europa di foresti. *In* : J. GUILAINE (dir.), *Storia d'Europa. Preistoria e Antichita*, Einaudi, Turin, 1994, p. 105-142.

Le Magdalénien supérieur final et l'Azilien dans les Pyrénées centrales. La grotte-abri du Moulin à Troubat (Hautes-Pyrénées) et son contexte. *Actes*, colloque de Pau, 1993. Pyrénées préhistoriques. Arts et Sociétés, CTHS, 1996, p. 311-326.

BARBAZA (M.), GUILAINE (J.), VAQUER (J.), Fondements chronoculturels du Mésolithique en Languedoc occidental. *L'Anthropologie*, t. 88, n° 33, 1984a, p. 345-365, 10 fig.

Le Mésolithique du Languedoc occidental. *Grupo de Estudos Arqueologicas do Porto* (Portugal), 1984b, p. 76-95, 10 fig.

BARBAZA (M.), HEINZ (C.), La grotte-abri du Moulin (Troubat, Hautes-Pyrénées). Environnement et archéologie. *Bulletin de la Société botanique française*, t. 139, Actualités botaniques, 1992, p. 685-695, 6 fig., 1 tabl.

BARBAZA (M.), VALDEYRON (N.), Les industries lithiques de l'abri de Fontfaurès à Lentillac-Lauzès (Lot) et la séquence chronoculturelle sauveterrienne. *L'Anthropologie*, t. 96 (1992), n° 1, 1991, p. 163-178.

BARBAZA (M.), VALDEYRON (N.), ANDRÉ (J.), BRIOIS (F.) *et al.*, Fontfaurès-en-Quercy. Contribution à l'étude du Sauveterrien. *Archives d'Écologie préhistorique* 11, Toulouse, 1991, 271 p., nbr. fig.

BIAGI (P.), CASTELLETI (L.), CREMASCHI (H.), SALA (B.), TOZZI (C.), Popolazione e territorio nell'Appennino tosco-Emiliano e nel Tratto centrale del bacino del Po, tra il IX ed il V millennio. *Emilia Preromana*, 13, 1980.

BOSSELIN (B.), DJINDJAN (F.), Un essai de structuration du Magdalénien français à partir de l'outillage lithique. *Bulletin de la Société préhistorique française*, t. 85, 1988 p. 304-331, 11 fig.

BRIOIS (F.), L'utilisation des matières premières lithiques taillées du Roc de Dourgne. *In* : J. GUILAINE (dir.), *Dourgne. Derniers chasseurs-cueilleurs et premiers éleveurs de la haute vallée de l'Aude*, éd. du CASR, EHESS-CNRS, Toulouse, 1993, p. 249-261.

à paraître Économie des matières premières, économie du débitage au Sauveterrien : l'exemple de Fontfaurès. *Actes*, table ronde de Sauveterre-la-Lémance 1994 : « Le Sauveterrien ».

BRIOIS (F.), VAQUER (J.), L'abri de Buholoup, p. *Bilan scientifique 1992*, DRAC Midi-Pyrénées, Service régional de l'Archéologie, 1992, p. 61.

à paraître L'abri de Buholoup. De l'Épipaléolithique au Néolithique ancien dans le piémont central des Pyrénées. *Actes*, table ronde de Sauveterre-la-Lémance : « Le Sauveterrien ».

CLOTTES (J.), SIMONNET (R.), Le Paléolithique final dans le bassin de Tarascon-sur-Ariège, d'après les gisements des Églises (Ussat) et de Rhodes II (Arignac). *Actes*, colloque international de Talence 1977 : *La fin des temps glaciaires en Europe*, éd. du CNRS, Paris, 1979, p. 647-659, 7 fig.

GIRARD (M.), MOSER (F.), ORLIAC (M.), Comparaison des gisements de la Tourasse (Haute-Garonne) et du Mas d'Azil (Ariège). *Actes*, colloque international de Talence 1977 : *La fin des temps glaciaires en Europe*, éd. du CNRS, Paris, 1979, p. 637-643, 4 fig.

GONZALEZ SAINZ (C.), *El Magdaleniense superior final de la region cantabrica*. Universidad de Cantabria, 1989, 318 p., 79 fig.

GUILAINE (J.) *et al.*, *Dourgne. Derniers chasseurs-cueilleurs et premiers éleveurs de la haute vallée de l'Aude*, éd. du CASR, EHESS-CNRS, Toulouse, 1993, 497 p., nbr. fig., nbr. tabl.

GUILAINE (J.), BARBAZA (M.), GASCO (J.), GEDDES (D.) *et al.*, L'abri du roc de Dourgne. Écologie des cultures du Mésolithique et du Néolithique ancien dans une vallée montagnarde des Pyrénées de l'Est. *Actes*, colloque international de Montpellier : *Premières communautés paysannes en Méditerranée occidentale*, éd. du CNRS, Paris, 1987, p. 545-554, 4 fig.

GUILAINE (J.), MARTZLUFF (M.), COULAROU (J.), ABELANET (J.) *et al.*, Aux origines du peuple andorran. *Histoire et Archéologie, Les Dossiers*, n° 96, 1985, p. 9-15, 8 fig.

HEINZ (C.), RUAS (M. P.), VAQUER (J.), La grotte de l'Abeurador (Félines-Minervois, Hérault) : paléoécologie d'après l'anthracologie et la carpologie. Les charbons de bois, les anciens écosystèmes et le rôle de l'homme. *Bulletin de la Société botanique de France*, t. 139, 1992, 2, 3, 4. p. 465-482, 5 fig.

KOZLOWSKI (S. K.), Les courants interculturels dans le Mésolithique d'Europe occidentale. *Actes*, colloque UISPP de Nice (XIXe commission) : *Les civilisations du VIIIe au Ve millénaire avant notre ère en Europe*, 1976, p. 135-160, 4 fig.

LIVACHE (M.), LAPLACE (G.), ÉVIN (J.), PASTOR (G.), Stratigraphie et datations par le radiocarbone des charbons, os et coquilles de la grotte du Poeymau à Arudy, Pyrénées-Atlantiques. *L'Anthropologie*, t. 88, 1984, p. 367-375, 5 fig., 1 tabl.

MARTZLUFF (M.), *Filiations et mutations des industries lithiques au début de l'Holocène dans les Pyrénées catalanes : Épipaléolithique, Mésolithique et Néolithique ancien à la Balma Margineda (Andorre) et en Roussillon (France, PO)*. Mémoire de doctorat nouveau régime, université de Perpignan, 5 tomes, 1993, 1 040 p., 535 fig., 49 tabl.

MAURY (J.), Premières indications sur la faune du gisement sauveterrien des Salzets. *Travaux de l'Institut d'Art préhistorique*, université de Toulouse-Le Mirail, t. 13, 1965, p. 89-91.

L'abri des Usclades. *Bilan scientifique 1991,* DRAC Midi-Pyrénées, Service régional de l'Archéologie, 1991, p. 53.

L'abri des Usclades. *Bilan scientifique 1992*, DRAC Midi-Pyrénées, Service régional de l'Archéologie, 1992a, p. 48-49.

MAURY (J.), LACAS (M.), Un gisement sauveterrien sur les grands Causses : l'abri des Salzets. *Bulletin de la Société préhistorique française*, 1965, p. 117-120, 1 fig.

ORLIAC (E.), (M.), La succession des industries à la grotte de la Tourasse (Saint-Martory, Haute-Garonne). *Bulletin de la Société préhistorique française*, t. 70, 1973, p. 66-68, 1 fig.

PIETTE (E.), Études d'ethnographie préhistorique. *L'Anthropologie*, t. 6, 1895, p. 276 -292.

ROZOY (J. G.), Les derniers chasseurs. *Bulletin de la Société archéologique champenoise* (n° spéc. juin), 3 tomes, 1978, 1 256 p., 294 fig., 259 pl., 80 tabl.

SACCHI (D.), Datage 14C d'un gisement mésolithique des Corbières : La Cauna d'Arques (Aude). *Bulletin de la Société préhistorique française*, t. 69, n° 8, 1972, p. 229.

Le Paléolithique supérieur du Languedoc occidental et du Roussillon. 21e suppl. à *Gallia Préhistoire*, 1986, 284 p., 204 fig.

SIMONNET (R.), Les civilisations de l'Épipaléolithique et du Mésolithique dans les confins pyrénéens de la Gascogne et du Languedoc. *La Préhistoire française*, éd. du CNRS, Paris, t. 2, 1976, p. 1413-1419, 4 pl.

THÉVENIN (A.), Du Dryas III au début de l'Atlantique : pour une approche méthodologique des industries et des territoires dans l'Est de la France. *Revue archéologique de l'Est*, éd du CNRS, 41, 1990, p. 177-212.

VALDEYRON (N.), La grotte des Escabasses. *Bilan scientifique 1992*, DRAC Midi-Pyrénées, Service régional de l'Archéologie, 1992, p. 105.

Le Sauveterrien. Culture et sociétés mésolithiques dans la France du Sud durant les Xe et IXe millénaires BP. Thèse de doctorat, université de Toulouse-Le Mirail, 1994, 581 p., 141 fig.

Le Sauveterrien de la grotte des Escabasses (Thémines, Lot). *Préhistoire quercinoise. Nouvelles études*, n° 2, 1995, p. 65-71.

VAQUER (J.), Innovation et inertie dans le processus de néolithisation en Languedoc occidental. *In :* J. CAUVIN (dir.), Néolithisations, *BAR International Series*, 1989, p. 187-197, 1 fig.

VAQUER (J.), BARBAZA (M.), Cueillette ou horticulture mésolithique : la Balma de l'Abeurador. *Actes*, colloque international de Montpellier : *Premières communautés paysannes en Méditerranée occidentale*, éd. du CNRS, Paris, 1987, p. 231-242, 6 fig.

VAQUER (J.), BARBAZA (M.), VIGNERON (E.), La grotte du roc des Tremouls, près l'Abeurador, Félines-Minervois (Hérault). Premiers résultats. *Actes*, XXIe Congrès préhistorique de France de Montauban-Cahors 1979, 1983, p. 298-301, 1 fig.

VAQUER (J.), GEDDES (D.), BARBAZA (M.), ERROUX (J.), Mesolithic Plant Exploitation at the Balma Abeurador (France). *Oxford Journal of Archaeology*, vol. V, n° 1, 1986, p. 1-18, 4 fig.

MODALITÉS D'OCCUPATION DES HABITATS ET TERRITOIRES MÉSOLITHIQUES PAR L'ANALYSE TRACÉOLOGIQUE DES INDUSTRIES LITHIQUES : L'EXEMPLE DE QUATRE SITES SAISONNIERS

OCCUPATIONAL MODALITIES OF SETTLEMENTS AND TERRITORIES USING USE-WEAR ANALYSIS OF LITHIC INDUSTRIES : EXAMPLES BY FOUR SEASONAL SITES

Sylvie Philibert

Résumé. – Sont présentés dans cet article quelques résultats préliminaires d'une approche palethnographique des communautés mésolithiques, de leur organisation économique et territoriale. Les grandes tendances technofonctionnelles des industries lithiques du Sauveterrien ancien, issues de quatre gisements du Sud de la France et d'Andorre, font apparaître l'unité des modes d'utilisation des outillages, mais aussi la variabilité des statuts des sites saisonniers eux-mêmes.

Mots clés : Sauveterrien ancien, industries lithiques, analyse fonctionnelle.

Abstract. – Here first results of a palethnographic study of mesolithic communities, their economic organisation and territory are presented. The general techno-functional trends of lithic industries of Early Sauveterrian, from four sites situated in South of France and Andorre, bring to light the unity of types of tool-use but also, the variability of the seasonal settlement rules themselves.

Key words : Early Sauveterrian, lithic industries, use-wear analysis.

INTRODUCTION

L'analyse fonctionnelle des outillages lithiques a été mise en œuvre pour une approche palethnographique des communautés mésolithiques et de leurs comportements techno-économiques. Appréhender l'espace des derniers chasseurs-cueilleurs demande que soit caractérisée la variabilité des industries, panoplies reflétant les diverses structures des groupes et leurs activités.

Seront présentés ici quelques résultats préliminaires d'une étude inter-sites, réalisée dans une perspective synchronique et diachronique, sur un ensemble de gisements s'insérant dans divers cadres paléo-environnementaux et paléo-économiques. Seront abordées plus particulièrement les grandes tendances des outillages durant ces occupations saisonnières au cours du stade ancien du Sauveterrien ancien et les implications que l'on peut envisager sur le plan territorial. Les données techno-fonctionnelles des outils font l'objet d'autres publications et ne seront pas détaillées dans cet article.

La base documentaire à laquelle il sera fait référence repose principalement sur quatre gisements : la Balma Margineda en Andorre, la grotte de l'Abeurador dans l'Hérault, l'abri de Buholoup en Haute-Garonne et l'abri de Fontfaurès dans le Lot.

Sur les quatre sites, l'analyse tracéologique a porté sur la quasi-totalité des outils retouchés (tabl. 1). Les produits de débitage présentaient des particularités qui nous ont amenés à pratiquer une sélection pour l'observation microscopique de ce matériel brut de façonnage. En effet les caractères morphométriques (taille, nature des tranchants) et/ou les conditions de conservation limitaient la possibilité de présence de traces d'utilisation sur ce type de support (*cf.* présentation des sites). Le site andorran de la Balma Margineda offrait un débitage constitué presque exclusivement de quartzite. Compte tenu des difficultés d'observation de ce type de roche pour laquelle un programme expérimental spécifique a été mené, seuls les produits bruts présentant des macro-stigmates ont été étudiés au microscope.

APPROCHE TECHNOFONCTIONNELLE DES OUTILLAGES ET DES SITES

L'abri sous roche de Buholoup se situe dans la vallée du Volp (Montbéraud, Haute-Garonne), voie naturelle de communication entre les hauts massifs du Couzerans et la plaine garonnaise. L'abri, de dimensions modestes, 7 × 5 m environ, s'ouvre à une centaine de mètres du cours du Volp (Vaquer et Briois, ce volume ; Briois et Vaquer, à paraître). Le stade ancien du Sauveterrien a été identifié en couche C6c. Malgré une datation de 8 425 ± 105 BP (Ly-6113), cette occupation est vraisemblablement attribuable à la phase du Préboréal. La période de fréquentation de cette escargotière se situe, selon les indications fournies par l'archéozoologie, l'ichtyologie et la carpologie, au début et en fin de bonne saison, c'est-à-dire au cours du printemps et de l'automne.

Les activités de débitage, importantes sur ce site, ont été réalisées aux dépens de silex local de qualité médiocre, présent sous forme de rognons à proximité immédiate de l'abri, dans les dépôts de pentes ou dans le lit du Volp. Le débitage de cette matière première a occasionné de nombreux débris et a conduit à la production d'éclats de petites dimensions à plage corticale et très souvent informes. L'absence de certains éléments semble indiquer que les préhistoriques ont effectué un prélèvement de différents types de supports (Briois, rapport de fouille). Un silex exogène a été apporté en faible quantité, sous forme d'objets finis, notamment des armatures.

À l'inverse des produits de débitage, les pièces retouchées sont peu nombreuses. Les outils du fonds commun sont rares et peu diversifiés, les armatures sont fréquemment déviées ou cassées en cours de façonnage. Les caractères de l'industrie lithique conduisent à émettre l'hypothèse selon laquelle les outillages ont été fabriqués et renouvelés sur le site (les matières premières étant abondantes aux alentours) sans toutefois être utilisés, et abandonnés sur place, du moins pour la plupart (Vaquer et Briois, à paraître).

L'analyse fonctionnelle s'est heurtée à de nombreux facteurs limitatifs dus aux fréquentes altérations de surface, désilicification profondes ou altération par le feu (62 %). Les rares activités dont témoigne l'industrie lithique ont néanmoins été identifiées. Elles concernent principalement l'acquisition des ressources alimentaires d'origine animale (tabl. 2).

La chasse est attestée par les stigmates d'impact des éléments de projectile, essentiellement les pointes, et représente plus de la moitié des bords actifs. Selon les restes fauniques, elle se rapporte au cerf et au chevreuil (Carrere, rapport de fouille). Les activités de désarmement des instruments de chasse pour la récupération des fûts ou des pré-hampes des flèches semblent avoir été réalisées sur le site.

Parmi les quelques outils communs, ce sont les tranchants bruts de supports laminaires ou lamellaires retouchés qui ont livré la plupart des traces d'usage. Ils ont servi à la découpe des matières carnées, de la viande, de la peau ou des tendons, pour le travail de boucherie. Certains indices pourraient indiquer que la viande n'a pas été consommée sur place, notamment le déficit des extrémités apicales des armatures avec traces d'impact par rapport aux extrémités basales, ainsi que des foyers parmi les nombreuses structures de combustion, qui ont pu servir à boucaner la viande.

Le travail de la peau et plus particulièrement la transformation en cuir, n'est pas identifié à l'exception d'un seul éclat qui a servi au raclage de peau plutôt humide.

À Buholoup, le mode d'exploitation des outillages, qui traduit effectivement la rareté des phases utilisation/abandon, semble lié au statut du site et au caractère éphémère des occupations. Il soulève également la question du transport des outillages. L'abri pourrait avoir servi de halte dans un parcours plus vaste intégrant la plaine et les hauts massifs pyrénéens.

L'abri de Fontfaurès s'ouvre à 215 m d'altitude, au pied d'une petite falaise dans les plateaux calcaires des Causses quercinois (Lentillac-Lauzès, Lot) et surplombe d'une dizaine de mètres le lit actuel de la Sagne (Barbaza *et al.*, 1991). Le stade ancien du Sauveterrien ancien, identifié dans l'industrie de la couche 6, est daté du début du Préboréal (Ly-4449 : 9 650 ± 130 BP). Selon les données fournies par les saisons de capture de l'ichtyofaune, trois vertèbres de cyprinidés, chevesne et vandoise, la période de fréquentation de l'abri pourrait se situer durant la première moitié de la bonne saison (Lignon *in* Barbaza *et al.*, 1991).

Le débitage, axé vers la production de lamelles, se compose d'une quantité élevée de débris, d'éclats informes ou inférieurs à 1 cm résultant soit du façonnage d'une pièce soit de la préparation d'un angle de chasse, dans une exploitation maximum de la matière première. Les supports bruts susceptibles d'être façonnés restent peu nombreux par rapport aux produits finis et suggèrent un fort taux de transformation (Briois *in* Barbaza *et al.*, 1991). Il existe un décalage entre le taux de transformation des produits de débitage et la faible proportion des outils ayant livré des traces d'utilisation, mais les conditions de conservation médiocre peuvent être invoquées (62 % d'altération). Cependant, le mode d'utilisation de l'outillage observé à Fontfaurès est sans doute à relier aux activités pratiquées sur le site qui, comme sur l'abri de Buholoup, mettent en œuvre des procédés techniques peu élaborés ne nécessitant pas des bords actifs spécifiques. C'est ce qui semble apparaître également au travers de la structure de l'industrie et des données fonctionnelles.

En effet, même si l'outillage du fonds commun est majoritaire face aux armatures (62 %), il reste essentiellement représenté par le groupe des lamelles retouchées et offre un important déficit en types classiques tels que grattoirs, perçoirs, burins, chacun n'étant attesté que par un exemplaire. Les occupants de l'abri ont sélectionné des supports dont le façonnage n'a nécessité que peu d'investissement, la plupart des pièces utilisées ne portent que quelques retouches. La morphologie des outils et l'interprétation fonctionnelle s'accordent pour caractériser un outillage de consommation immédiate, répondant à des besoins occasionnels, et abandonnés après usage.

Les éclats ont été faiblement utilisés, contrairement aux produits laminaires et lamellaires qui fournissent la plupart des bords actifs. À la sous-représentation des outils classiques du fonds commun, correspond l'absence des activités de transformation ou de maintenance notamment. Il semble donc que la structure particulière de l'industrie de Fontfaurès connaît, du moins en partie, une origine fonctionnelle.

L'ensemble de cet outillage a participé à l'exploitation sommaire des ressources animales essentiellement carnées (tabl. 2).

Les activités cynégétiques sont bien attestées par les stigmates d'impact observés sur près de la moitié des pointes et des géométriques. La chasse a porté sur une association de diverses espèces, typiques d'un site de plaine (cerf, chevreuil et sanglier), mais le nombre minimal d'individus reste faible. La répartition des restes anatomiques semble caractériser une zone d'abattage et un transfert des parties les plus charnues à l'extérieur du site (Martin *in* Barbaza *et al.*, 1991). Même si certaines activités de boucherie ont pu être pratiquées sur le site, notamment le dépeçage, le traitement des carcasses n'a pas été reconnu sur les outils.

Le travail des peaux n'a été identifié que par des actions de découpe de peau fraîche et sèche. Cette sous-représentation est probablement à mettre en relation avec la quasi-absence des grattoirs qui n'ont pas été remplacés par un autre type d'outil pour réaliser les étapes de la chaîne opératoire auxquelles ils sont habituellement destinés comme, par exemple, le corroyage. Le travail en cinématique transversale n'a pas été détecté. En même temps que les grattoirs, les phases de la transformation des peaux en cuir font donc également défaut. La préparation des peaux des animaux chassés fut vraisemblablement sommaire ou préliminaire.

Aucune activité ne semble être représentée par un processus opératoire complet.

Avec ses dimensions réduites (12 × 5 m) indiquant qu'il n'a pu accueillir qu'un nombre limité d'occupants et l'absence d'aménagement interne d'importance notable, l'abri de Fontfaurès apparaît, au terme de l'analyse fonctionnelle, comme une étape ou une halte avec des occupations de très brèves durées au sein d'un système de parcours longeant peut-être le cours de la rivière dans un axe nord-sud (Philibert *in* Barbaza *et al.*, 1991).

La Balma de l'Abeurador se situe en bordure sud du Massif central entre la plaine du Minervois et le sommet de la montagne Noire, à 50 km environ du rivage actuel de la côte méditerranéenne (Félines-Minervois, Hérault). La grotte, creusée à 560 m d'altitude, s'ouvre au Nord et aux intempéries par un vaste porche qui surplombe une vallée encaissée (Vaquer et Barbaza, 1987 ; Vaquer *et al.*, 1986). Dans le secteur central de la grotte où la séquence stratigraphique a été définie, la phase ancienne du Sauveterrien est attribuable, en couche 7, au début du Préboréal. Des vestiges d'une occupation contemporaine ont été retrouvés à l'entrée de la grotte. La documentation y est peu abondante et plus fréquemment altérée mais elle offre la même structure que dans le secteur central.

Les activités de débitage ont été très limitées sur ce site. Les éclats supérieurs à 3 cm et les lames sont très rares. Un seul nucléus a été retrouvé. Le caractère de ce débitage, notamment les micro-éclats très souvent pelliculaires qui constituent la majorité des produits bruts, traduit presque exclusivement le façonnage des armatures. Peut-être, à l'inverse du site de Buholoup, les occupants de la grotte ont-ils apporté avec eux des supports bruts prêts à être transformés.

À l'image de l'économie de débitage, la structure de l'industrie montre une spécialisation. Les outils du fonds commun, nettement sous-représentés (27 %), ne sont attestés que par quelques grattoirs, lamelles et éclats retouchés. Les armatures constituent donc la quasi-totalité de l'outillage de l'Abeurador, avec surtout des micro-pointes à dos, formes diminutives de pointes aziliennes, puis des triangles isocèles et scalènes.

La majorité des restes osseux appartient à des petits animaux tels que les lapins et les oiseaux. Des stries de décarnisation témoignent de l'action humaine (Vilette, rapport de fouille). L'origine de certaines espèces de l'avifaune et de l'ichtyofaune, les oiseaux aquatiques (canard colvert, sarcelle d'hiver et râle d'eau) et le saumon (Le Gall, 1984) pourrait indiquer l'exploitation de divers milieux écologiques présents dans un rayon d'une dizaine de kilomètres autour de la grotte, notamment les anciens marais du Minervois au sud et le Thoré, rivière tributaire de l'Atlantique, au nord. Cependant, il est également possible que les vertèbres de poissons proviennent de pelotes de déjection de rapaces qui sont attestées dans la grotte. L'une des particularités du site de l'Abeurador réside dans l'abondance remarquable des restes carbonisés de bois et de semences, notamment des légumineuses (Erroux, 1980 ; Heinz, 1991 ; Marinval, 1988). L'origine de la présence de ces graines dans la grotte reste à préciser et, si elles peuvent témoigner de la récolte des gousses pour l'alimentation, l'artisanat ou la pharmacopée, il n'est pas exclu qu'une partie provienne des rejets de viscères d'animaux chassés (Heinz, Ruas et Vaquer, 1992).

Dans le spectre technofonctionnel, les activités de boucherie, le travail des matières carnées tendres et de la peau ne concernent qu'un faible nombre de pièces (9) mais représentent plus des deux tiers des bords actifs hors impact (tabl. 2).

Le travail des matières carnées et la boucherie ont été identifiés sur les éléments lamellaires issus du lot des outils du fonds commun comme des armatures, et ont servi vraisemblablement au dépeçage et à la décarnisation, peut-être au traitement des carcasses d'oiseaux.

Les phases de la transformation de peau en cuir, correspondant généralement à des cinématiques transversales, sont rarement attestées à l'Abeurador. Seules deux pièces, un grattoir et un éclat retouché, portent les traces d'un travail de grattage ou de raclage sur des peaux sèches et pourraient avoir participé au processus de tannage.

Les activités cynégétiques sont révélées par des macro- ou micro-traces d'impact observées sur les pointes et sur les armatures géométriques. Les lamelles à dos ont préférentiellement été utilisées en éléments de couteaux comme les autres types de lamelles, et portent des stigmates correspondant à un système d'emmanchement parallèle. Les éléments perçants ont été choisis selon des critères morphométriques, notamment la largeur des supports. Cette sélection est vraisemblablement à mettre en rapport avec les modes d'insertion qui, par ailleurs, ont pu être approchés. Si la chasse constitue, en proportion du nombre de bords actifs identifiés, l'activité principale, le taux de fréquence d'impact, égal à 27 %, ne reflète qu'une activité cynégétique moyenne voire faible en comparaison des corpus expérimentaux. Il faut envisager la possibilité qu'une grande partie de ces armatures n'a pas été utilisée, ce qui pourrait trouver un écho dans la très faible représentation des vestiges de grands mammifères, bouquetins, cerfs et sangliers. Si l'on admet cette explication, il existe, à l'Abeurador, un fort décalage entre la spécialisation structurelle de l'industrie et sa destination technofonctionnelle, tout en restant dans le cadre probable d'une planification des activités.

Le statut de la grotte pourrait être fondé sur de brèves occupations, occupations opportunistes dans le cadre d'un parcours plus vaste entre Nord et Sud, depuis la plaine du Minervois vers la montagne Noire ou bien d'occupations déterminées pour l'exploitation d'un milieu et de ressources spécifiques, notamment l'avifaune (plumes) et peut-être les végétaux mais, pour ces derniers, ni leur cueillette ni leur traitement n'ont été confirmés par l'analyse tracéologique.

La Balma Margineda est un grand abri sous roche qui s'ouvre à une altitude de 970 m, près du hameau Aixovall dans la vallée du Valira en Andorre (Guilaine *et al.*, 1985, 1988, 1995 ; Geddes *et al.*, 1986). L'occupation du Mésolithique ancien, qui correspond à la couche 6, est attribuable selon une série de datations à la charnière Dryas III/Préboréal et au début du Préboréal (C6lb Ly-2843 : 10 640 ± 260 BP et C6sup. Ly-2842 : 9 250 ± 160 BP).

L'étude des nombreuses vertèbres de poissons, des truites notamment, a permis de caractériser des captures estivales, du mois de mars à fin novembre (Le Gall *in* Guilaine *et al.*, 1995). Même si pour ce type de vestiges, saison de capture n'est pas forcément synonyme de saison d'occupation, il est probable que les habitants de la Balma Margineda ont pratiqué la pêche dans la rivière toute proche. L'analyse cémento-chronologique réalisée sur les dents de bouquetins atteste une fréquentation de l'abri à la fin de la bonne saison, en automne (Martin, 1993).

Les matières premières utilisées à la Balma Margineda sont très variées et d'origine locale. Dans les niveaux mésolithiques, le quartzite domine aux côtés du silex (respectivement 60 et 20 %).

L'industrie est essentiellement constituée d'éclats. La phase ancienne du Mésolithique est marquée par une forte tendance à l'hypermicrolithisation des armatures qui sont dominées par les pointes façonnées en bout d'éclat ou de lamelles par la technique du microburin. Elles sont accompagnées de nombreux outils du fonds commun, notamment des grattoirs souvent microlithiques et des pièces, de facture plus robuste, ébréchées, retouchées, encochées ou tronquées (Martzluff, 1993).

Les vestiges fauniques, abondants, témoignent d'une chasse spécialisée au bouquetin. La viabilité de cet habitat est inhérente à la saison d'occupation. Durant l'automne, les bouquetins se rassemblent pour la parade qui précède le rut et deviennent vulnérables, plus distraits. C'est également la période où les animaux ont atteint leur poids maximum en viande (Martin, 1993). L'étude des traces sur les ossements a permis d'approcher les techniques de boucherie (Geddes *in* Guilaine *et al.*, 1995 ; Geddes *et al.*, 1986). Deux types de stigmates ont été observés : des stries courtes, perpendiculaires à l'axe longitudinal de l'os et situées près des épiphyses, correspondant à la désarticulation de l'animal aux endroits où les bouchers devaient trancher les tendons, les ligaments et les capsules articulaires ; et des stries larges, développées selon l'axe longitudinal des diaphyses résultant du débitage des masses musculaires.

Les activités de cueillette ont été reconnues dans les niveaux mésolithiques. La plupart des végétaux, comme la mâche, l'aubépine, l'églantier, le pistachier et la viorne flexible, ont été cueillis dans les alentours du site. L'abondance des restes de péricarpes de noisettes suggère que ces fruits furent largement collectés (Marinval, 1988), mais aucune évidence archéologique ne permet de confirmer l'existence de la pratique du stockage.

L'abri de la Margineda offre, à l'inverse des autres gisements, un outillage relativement bien exploité, 41 % des pièces observées ont livré des traces d'usage hors stigmates d'emmanchement (tabl. 2). Le taux d'utilisation des outils communs atteint 49,5 %, ce qui est vraisemblablement révélateur d'une activité relativement intense sur l'habitat (activité de transformation ou « domestique » par rapport aux activités cynégétiques) et concorde avec les résultats des analyses micro-sédimentologiques (Brochier *in* Guilaine *et al.*, 1985).

La chasse est représentée par les pointes et les géométriques sur lesquels ont été identifiés les stigmates d'un fonctionnement en éléments de projectile, qui constituent la moitié des bords actifs sur l'ensemble de l'outillage. Le taux de fréquence d'impact s'élève à 38,6 %. Chaque type d'armature avec trace d'impact présente une forte standardisation morphométrique répondant à un projet fonctionnel de la même façon que sur le site de l'Abeurador. L'intégrité de la chaîne opératoire cynégétique semble rompue. Les fragments basaux, parties emmanchées des armatures qui restent fichées dans les hampes de flèches et sont ramenées sur le site avec les instruments de chasse, ne sont plus attestés dans les niveaux du Sauveterrien ancien. Cette rupture pourrait refléter un transfert des activités de réarmement à l'extérieur du campement, peut-être sur la halte de chasse elle-même (Philibert, 1995b).

Les activités de boucherie sont quantitativement bien attestées (43 % des bords actifs hors impact) et sont caractérisées par plusieurs opérations techniques – dépeçage, désarticulation, décarnisation –, également identifiées sur les restes osseux par des traces de raclage et de sciage. Les éclats retouchés, les éléments tronqués et les produits bruts ont été sélectionnés selon la nature de leurs tranchants (matière première, angle de taillant) pour effectuer les différentes tâches. De façon générale, les tranchants sur supports en roches fines ont été choisis pour le travail des matières tendres. Les tranchants sur quartzite ont été privilégiés pour les tâches nécessitant une plus forte résistance, la désarticulation ou le raclage des matières osseuses.

Enfin, le traitement des peaux qui a impliqué près de la moitié des bords actifs (49 % hors impact) semble représenté, à l'exception de l'écharnage, par plusieurs étapes de la chaîne opératoire. Les grattoirs et micro-grattoirs constituent un type d'outil spécialisé dans le raclage des peaux sèches ou en cours de séchage qui ont été, dans certains cas, travaillées avec un abrasif, pour leur transformation en cuir. Quelques grattoirs, parmi les plus diminutifs, portant des traces d'hématite (Menu et Walter, à paraître) sur le front retouché actif, pourraient avoir participé à un travail de finition sur peau sèche ou tannée (Philibert, 1994). La mise en œuvre d'un processus technique complexe traduit, sans doute, un temps d'occupation relativement long sur cet habitat.

L'ensemble des données obtenues à la Balma Margineda semble refléter un camp de boucherie, un site à viande destiné à l'acquisition de réserves, un habitat de type intermédiaire entre camps de base et camps de chasse avec un séjour d'occupation relativement long, peut-être un camp de base secondaire (Philibert, 1995a). Ce mode d'occupation suggère la variabilité des statuts des sites saisonniers eux-mêmes.

CARACTÈRES GÉNÉRAUX DES OUTILLAGES ET APPROCHE INTER-SITES

Certains traits communs à l'ensemble des industries issues des différents sites peuvent être dégagés. Ils concernent essentiellement la façon dont ont été employés ces outillages et le comportement des hommes face à leurs productions lithiques dans le cadre de ces occupations saisonnières.

Le mode d'utilisation des outils se traduit généralement par des supports relativement peu exploités. On note la rareté des évidences d'avivage des bords actifs, des utilisations secondaires et des utilisations multiples (un seul bord actif par outil), ainsi qu'un développement modéré des usures sauf sur certains grattoirs. L'outil est abandonné avant qu'il ne devienne inopérant.

Lorsque l'on considère les rapports entre les transformations des supports et la nature du bord actif, en excluant les éléments de projectile, deux groupes d'outils peuvent être distingués, groupes qui correspondent à deux grands types d'utilisation.

Les outils utilisés sur le bord retouché ont été employés généralement pour un travail transversal sur de la peau ou des matières dures, comme les matières osseuses. Les autres ont servi pour des actions longitudinales sur des matières résistantes, comme la carcasse (désarticulation) ou les tissus osseux. Dans ce groupe, les grattoirs pèsent de manière très importante. Comme cela a pu être observé dans d'autres contextes, la spécialisation de ce type de pièce se traduit par un usage quasi exclusif sur la face inverse du front retouché pour le travail des peaux. Aux côtés des grattoirs, on trouve essentiellement des outils sur éclats, coches, éclats retouchés et tronqués.

	Buholoup		Fontfaurès		Abeurador		Margineda	
	Pièces observées	Nb avec trace	Pièces observées	Nb avec trace	Pièces observées	Nb avec trace	Pièces observées	Nb avec trace
Burin			1		2		17	7
Perçoir	1							
Grattoir	1		1	1	4	1	47	27
Éclat retouché	10	1	3		10	2	13	8
Éclat tronqué			1		2	1	14	6
Éclat denticulé	2				1			
Lame retouchée	2	2	3	1	1		3	2
Lame tronquée	1	1	4					
Lame à coche			2	2				
Lamelle retouchée	2		7		3		1	0
Lamelle tronquée	3	2	5	1	7	3	15	4
Lamelle à coche			1					
Lamelle à ret. alterne	1				5	1		
Lamelle bordée					8	1		
Lamelle cassée /coche			5		3			
Fragment d'outil	1							
Pièce esquillée	4							
Débitage			11	2	7	1	9	5
Chute de burin	6							
Total outils communs	34	6	44	7	53	10	119	59
Lamelle à dos	5		9	1	19	1	15	1
Lamelle à dos tronquée	2				5	1		
Pointe à ret. unilatérale	20	8	3	2	38	14	33	17
Pointe à ret. bilatérale	6	2			7			
Pointe à troncature			9	1	11		50	17
Pointe triangulaire					3	1		
Triangle isocèle			5	4	12	6	24	12
Triangle scalène	2		9	5	13	4	23	9
Triangle scalène allongé	1	1	3	1	4	1		
Triangle scal. all. à p.c.c.	1				2	1		
Triangle de Montclus	4	1			2			
Segment			4	2	4		35	9
Frag. de microlithe	13		5	1	46	13	3	1
Total armatures	54	12	47	17	166	42	183	66
Ensemble	88	18	91	24	219	52	302	125

Tableau 1. – Liste typologique du matériel analysé.

Les outils retouchés utilisés sur un bord brut constituent, en l'absence des grattoirs, l'ensemble le plus conséquent. Ils ont servi, comme les produits de débitage, préférentiellement pour des actions longitudinales sur des matières tendres, matières carnées, peau, viande. Dans ces lots on trouve principalement des outils sur lames et lamelles, y compris des lamelles à dos, et notamment la gamme des pièces tronquées. La plupart du temps d'ailleurs, la troncature ne constitue pas un bord actifs mais participe au système d'emmanchement, avec une insertion parallèle en élément de couteau.

Quant aux armatures, elles portent exclusivement, à l'exception des lamelles à dos, les traces d'un fonctionnement en élément de projectile. Les différents types de microlithes, géométriques et non géométriques ont, semble-t-il, occupé une place plus ou moins spécifique dans le système complexe que constituait l'extrémité active des flèches. Les pointes livrent des stigmates d'une insertion en élément perçant, indépendamment de leur morphologie. Toutefois les données dimensionnelles des pointes avec traces d'impact montrent sur certains sites, notamment à la Balma Margineda et à la grotte de l'Abeurador, une standardisation, plus sensible pour les largeurs que pour les longueurs, qui correspond sans doute à un projet fonctionnel vraisemblablement en rapport avec le mode d'insertion et le diamètre des fûts des flèches. Les armatures géométriques ont joué le rôle d'éléments latéraux avec, pour les triangles scalènes, une insertion par la grande base. Néanmoins, certains types d'armatures, en particulier les micro-pointes triangulaires et les grands triangles scalènes allongés, connaissent une variabilité techno-fonctionnelle plus grande.

L'unité qui se dessine sur ces sites, au travers des modes de fonctionnement des outils communs et des armatures, encourage à interpréter les variabilités structurelles des outillages comme la traduction de différences dans la nature d'occupation des habitats. Il a pu être observé en effet que les outils du fonds commun, généralement peu nombreux voire sous-représentés à l'Abeurador ou encore amputés des types « classiques » à Fontfaurès, n'ont pas été remplacés par d'autres pièces pour réaliser les tâches dans lesquelles ils sont généralement impliqués. Cependant il peut exister un décalage entre la spécialisation d'une industrie et les activités qui ont réellement été pratiquées sur le site, comme cela a pu être observé à propos des armatures de la Balma de l'Abeurador.

Sur ces habitats, les outillages ont servi presque exclusivement à l'acquisition des ressources alimentaires d'origine animale et à l'exploitation des matières carnées, viande et peau.

Le travail des matières minérales n'a pas été identifié ; celui des tissus osseux, peu attesté, est souvent attribuable au raclage et à la découpe des carcasses durant les activités de boucherie.

Le travail des végétaux n'est presque pas représenté. L'absence du travail du bois pose des problèmes particuliers, et notamment celui de la fabrication et de la réfection des instruments de chasse. Il est bien sûr possible d'invoquer, pour expliquer cette absence, un biais lié à l'échantillonnage et notamment à la sélection des produits bruts de débitage. Sur le site mésolithique de Berniollo par exemple (Gonzalez Urquijo et Ibanez Estevez, 1993), le travail du bois a été réalisé en grande majorité au moyen de supports bruts. Cependant, le phénomène n'est jamais exclusif et l'on aurait sans doute identifié ce type de poli, bien caractéristique selon les données expérimentales, à la fois sur les rares produits de débitage susceptibles d'avoir été utilisés et sur des outils comme les éclats retouchés, encochés ou denticulés. Des problèmes de conservation différentielle peuvent également être évoqués mais cela semble peu probable dans des proportions telles que toutes les micro-usures aient disparu, sur tous les gisements et en particulier sur les sites de l'Abeurador et de la Margineda où la documentation lithique présente un excellent état de surface. Il faut donc envisager la possibilité que les activités de fabrication des armes de chasse n'aient pas impliqué des outils de pierre ou bien qu'elles n'aient pas été réalisées sur ce type d'habitat, mais peut-être sur les sites hivernaux ou connaissant un statut différent – comme d'ailleurs le gisement de Berniollo, campement de plein air en bord de rivière qui a été fréquenté de manière relativement prolongée et stable, pour la production d'outillages.

Outre le travail des peaux, notamment à la Balma Margineda, on observe la faible représentation des activités de manufacture, de maintenance ou de transformation (la perforation, le rainurage), ce qui pourrait également caractériser les occupations saisonnières spécialisées. Ainsi, la plupart du temps, il n'a pas été possible d'établir un lien entre des outillages de pierre et les rares instruments en matières osseuses ou les éléments de parure retrouvés dans les contextes archéologiques.

Des différences dans la nature d'occupation des habitats sont partiellement perceptibles au regard des spectres technofonctionnels qui peuvent montrer des variations de la part de représentation de chaque activité. On note par exemple l'importance du travail des peaux et des activités de boucherie à la Margineda par rapport aux autres gisements.

Ces spectres technofonctionnels ne recouvrent pas forcément les mêmes données quali-

	Buholoup	Fontfaurès	Abeurador	Margineda
Raclage de peau sèche			2	7
Raclage de peau humide	1			21
Raclage de peau				2
Raclage de matière carnée				1
Découpe de peau sèche	1	2	1	2
Découpe de peau		3		
Découpe de peau fraîche		2	3	1
Découpe de viande	1		2	6
Découpe de matière carnée	1		1	5
Découpe de carcasse (V+Os)				9
Sciage d'os frais				1
Raclage de d'os frais				6
Raclage de matière dure animale		1		1
Sciage de matière dure animale				1
Rainurer une matière dure animale				2
Perforer une matière dure animale			1	
Amenuiser du bois végétal			1	
Indéterminé	2	2	2	
Impact	12	16	39	65
Nombre de bords actifs	18	26	52	130

Tableau 2. – Répartition des activités en nombre de bords actifs.

tatives. L'étendue de la gamme des activités pratiquées et surtout, la nature des étapes des chaînes opératoires lorsqu'elles ont pu être approchées, permettent de proposer des hypothèses pour la reconstitution du statut des sites, et d'entrevoir la variabilité des habitats. Il est bien sûr nécessaire d'aborder ces interprétations dans une perspective interdisciplinaire et de garder à l'esprit certaines limites inhérentes, entre autres, à la conservation des micropolis d'usage, au transport des outils, à la représentativité de certaines activités qui ont pu être pratiquées à l'extérieur du site ou au moyen d'instruments qui n'ont pas été identifiés (matière périssable, galet...).

L'abri de Buholoup, l'abri de Fontfaurès et, avec plus de nuances, la grotte de l'Abeurador, semblent avoir connu un statut technofonctionnel assez proche fondé sur des occupations de brève durée, jouant le rôle d'étape ou de halte dans un parcours plus vaste. Ils ont en commun des outillages peu exploités, essentiellement consacrés aux activités d'acquisition, et la très faible représentation des dernières étapes de la transformation des peaux en cuir. Leur position géographique ou topographique est sans doute un élément déterminant. Ainsi, les abris de Buholoup et de Fontfaurès sont situés à proximité de cours d'eau qui devaient constituer des axes de circulation privilégiés. L'abri de la Margineda présente de manière très générale les mêmes pôles d'activités que les trois autres gisements, ce pourquoi il ne peut être qualifié de camp de base, notamment en l'absence des tâches de maintenance. Cependant, un faisceau de données permet de le distinguer. Il a livré en particulier un outillage diversifié et bien exploité, des activités – la boucherie et le travail des peaux – quantitativement bien attestées et représentées par plusieurs étapes de la chaîne opératoire. La nature des phases du traitement des peaux pratiquées sur les sites constitue, en effet, l'un des critères pour leur caractérisation techno-fonctionnelle (Keeley, 1988). À la Balma Margineda, l'importance des activités de transformation des peaux en cuir, et peut-être le travail de finition à l'hématite procédant vraisemblablement d'un processus technique complexe, traduit un temps d'occupation relativement long sur cet habitat qui pourrait s'apparenter à un camp de base secondaire.

CONCLUSION

Ces quelques résultats préliminaires tendent à révéler l'homogénéité des industries lithiques durant ces premières occupations mésolithiques au travers des modes d'exploitation et d'utilisation des outils, reflet probable de « l'entité sauveterrienne ». Mais en même temps, ils suggèrent la variabilité des statuts des sites saisonniers eux-mêmes et la complexité des comportements techno-économiques des derniers chasseurs-cueilleurs, des réseaux de sites et des types de mobilité qui ont pu varier d'un espace à l'autre en fonction des biotopes exploités ou des groupes humains.

BIBLIOGRAPHIE

BARBAZA (M.), VALDEYRON (N.), ANDRÉ (J.), BRIOIS (F.) *et al.*, Fontfaurès-en-Quercy. Contribution à l'étude du Sauveterrien. *Archives d'Écologie préhistorique*, EHESS, n° 11, 1991, 271 p.

BRIOIS (F.), VAQUER (J.) *à paraître*, L'abri de Buholoup. De l'Épipaléolithique au Néolithique ancien dans le piedmont central des Pyrénées. *Actes*, table ronde internationale de Sauveterre-la-Lémance 1994 : *Le Sauveterrien.*

ERROUX (J.), Les graines préhistoriques de la grotte de l'Abeurador. *Les dossiers de l'Archéologie,* n° 44, 1980, p. 20-21.

GEDDES (D.), GUILAINE (J.), COULAROU (J.), LE GALL (O.), MARTZLUFF (M.), Postglacial Environnements, Settlement and Subsistence in the Pyrénées : the Balma Margineda, Andorre. *In* : C. BONSALL (dir.), *Mesolithic in Europe. Actes*, 3rd International Symposium, Edinburgh, 1985, 1986, p. 561-571.

GONZALEZ URQUIJO (J. E.), IBANEZ ESTEVEZ (J. J.), Utilizacion del instrumental litico y functionalidad del asentamiento en el yacimiento de Berniollo (Alava, Espana). *In* : P. ANDERSON-GERFAUD, S. BEYRIES, M. OTTE et H. PLISSON (dir.), *Traces et fonction : les gestes retrouvés*, ERRAUL, Études et Recherches de l'université de Liège, vol. L, t. 1, 1993, p. 97-104.

GUILAINE (J.), MARTZLUFF (M.), COULAROU (J.), ABELANET *et al.*, Aux origines du peuple andorran. *Les Dossiers Histoire et Archéologie*, Le domaine archéologique d'Andorre, n° 96, 1985, p. 10-15.

GUILAINE (J.), MARTZLUFF (M.), ANDRÉ (J.), BARNETT (W. K.), *et al.*, *Les escavacions a la Balma de la Margineda (1979-1991)*, t. 1, 2, 3, Edicions del Govern d'Andorra, Institut d'Estudis Andorrans. Centre de Perpinyà, Andorra, 1995.

HEINZ (C.), Upper Pleistocene and Holocene Vegetation in the South of France and Andorra. Adaptations and First Ruptures : New Charcaol Analysis Data. *Review of Palaeobotany and Palynology* 69, 1991, p. 299-324.

HEINZ (C.), RUAS (M. P.), VAQUER (J.), La grotte de l'Abeurador (Félines-Minervois, Hérault) : paléoécologie d'après l'anthracologie et la carpologie. *Bulletin de la Société botanique de France*, Actualité botanique (2/3/4), t. 139, 1992, p. 465-482.

KEELEY (L. H.), Lithic Economy, Style and Ase : a Comparison of Three Late Magdalenian Sites. *Lithic Technology* 17, 1, 1988, p. 19-25.

LE GALL (O.), L'exploitation de l'ichthyofaune par les Paléolithiques. Quelques exemples. *In* : N. DESSE-BERSET (dir.), *Actes*, table ronde de Sophia Antipolis-Valbonne 1983 : « IIe Rencontres d'archéo-ichthyologie ». *Notes et Monographies techniques*, n° 16, CRA-CNRS, 1984, p. 89-112.

MARINVAL (P.), *L'alimentation végétale en France du Mésolithique jusqu'à l'Âge du Fer*, CNRS, 1988, 189 p.

MARTIN (H.), *Nouveaux milieux, nouveaux chasseurs : une approche des comportements au Postglaciaire à travers l'étude des saisons de capture du gibier.* Thèse nouveau régime, université de Toulouse-le-Mirail, 1993, 333 p.

MARTZLUFF (M.), *Filiations et mutations des industries lithiques au début de l'Holocène dans les Pyrénées catalanes : Épipaléolithique-Mésolithique et Néolithique ancien à la Balma Margineda (Andorre) et en Roussillon (France-P. O).* Mémoire de doctorat nouveau régime. université de Perpignan, 5 tomes, 1993, 1 038 p.

MENU (M.), WALTER (P.) *à paraître* Recherches et usages de couleurs à la Balma Margineda. *In* : J. GUILAINE et *al.* : *Les escavacions a la Balma de la Margineda (1979-1991)*, Edicions del Govern d'Andorra, Institut d'Estudis Andorrans. Centre de Perpinyà, Andorra.

PHILIBERT (S.), L'ocre et le traitement des peaux : révision d'une conception traditionnelle par l'analyse fonctionnelle des grattoirs ocrés de la Balma Margineda (Andorre). *L'Anthropologie*, t. 98, n° 2-3, 1994, p. 447-453.

Les derniers chasseurs-cueilleurs dans les Pyrénées andorranes. Analyse fonctionnelle de l'industrie lithique du Mésolithique ancien de la Balma Margineda. *L'Anthropologie*, t. 99, n° 1, 1995a, p. 89-103.

Approche technofonctionnelle et territoriale de la Balma Margineda, en Andorre, durant le Mésolithique ancien. *Actes*, X^e colloque international d'archéologie de Puigcerdà et Osseja 1994 : *Cultures et milieu. De la préhistoire au Moyen Âge, Vingt ans d'archéologie pyrénéenne. Hommage au professeur J. Guilaine*, 1995b, p. 113-118.

VAQUER (J.), BARBAZA (M.), Cueillette ou horticulture mésolithique : la Balma de l'Abeurador. *Actes*, colloque international de Montpellier : *Premières communautés paysannes en Méditerranée occidentale*, CNRS, Paris, 1987, p. 231-242.

VAQUER (J.), GEDDES (D.), BARBAZA (M.), ERROUX (J.), Mesolithic Plant Exploitation at the Balma Abeurador (France). *Oxford Journal of Archaeology*, vol. V, n° 1, 1986, p. 1-18.

Europe tempérée :
de la Bretagne à l'Elbe

PROCESSUS POST-DÉPOSITIONNELS SUR DES SITES ÉPIPALÉOLITHIQUES ET MÉSOLITHIQUES EN RÉGIONS SABLEUSES DE L'EUROPE DE L'OUEST

POSTDEPOSITIONAL PROCESSES ON EPIPALAEOLITHIC AND MESOLITHIC SITES IN THE SANDY AREA OF WESTERN EUROPE

Pierre M. Vermeersch[1]

Résumé. – Dans de très nombreux sites de l'Épipaléolithique et du Mésolithique en région sableuse, une importante dispersion verticale du matériel archéologique à l'intérieur des horizons pédologiques peut être observée. Des fouilles au site ahrensbourgien de Zonhoven-Molenheide II font comprendre les processus responsables de cette situation. L'horizon d'occupation de ces sites est généralement détruit par des activités modernes, mais il coïncidait avec la surface actuelle du sol. Un enfouissement des artefacts par l'activité des vers de terre et des hannetons eut lieu durant l'Holocène inférieur, quand les sites possédaient encore une couverture forestière. Il semblerait qu'il faille également tenir compte d'une dispersion du matériel archéologique dans le plan horizontal. Cet état de choses rend l'interprétation spatiale du matériel archéologique fort difficile.

Mots clés : Mésolithique, Épipaléolithique, bioturbation, géoarchéologie.

Abstract. – For most epipalaeolithic and mesolithic sites in the sandy areas of Northwestern Europe, where an important vertical artefact scatter occurs, the present surface acted as the prehistoric occupation horizon. That original horizon is now mostly destroyed by human activity. If ploughing was not too deep, an important part of the archaeological artefacts may have been preserved below the surface. Excavations of an ahrensburgian site in an area, that was never ploughed, gives us some clues for understanding the processes involved. It appears that the archaeological material is no longer in its original position and should not be considered as remains in primary context. It underwent, due to bioturbation, a movement down from the surface but suffered also a horizontal displacement of unknown magnitude. Interpretation of the intra-site horizontal patterns of archaeological materials on such sites will remain difficult.

Key words : Mesolithic, Epipalaeolithic, faunaturbation, geoarchaeology.

INTRODUCTION

In the sandy landscapes of Western Europe, many late palaeolithic and mesolithic sites have been excavated. Often, publications of such sites include distribution plans of the archaeological remains, which normally, because of the low pH of the sandy matrix, are devoid of bone materials. Such distribution plans are the basis for an interpretation of intra-site activities. According to De Bie (1993), many archaeologists nowadays agree on detailed spatial recording of artefacts at such sites, although they often fail to achieve major standards regarding the procedures applied in the analysis of the spatial record. The search for intra-site spatial patterns may be *à la mode* and obligatory in current site-reports, yet few of the methods proposed are widely accepted. Yet, evaluation of the spatial analysis methods should be preceded by a critical analysis of the value of the recorded

1. This text presents results of the Belgian Programme on Inter-university Poles of Attraction n° 28, initiated by the Belgian State, Prime Minister's Office, Science Policy Programming, and by research funds from the Belgian National Fund for Scientific Research (S 2/5 – ADG. D 7.8993). The author's acknowledges with thanks discussions on an earlier draf with D. Huyge and M. De Bie. The scientific responsibility is assumed by its author.

spatial distribution of the archaeological remains. To what extent do the distribution plans represent a real distribution of artefacts during the occupation period ?

All field workers in the sandy zones of Northwestern Europe are certainly aware of the important vertical scatter of the archaeological remains within the pedological horizons. A question of utmost importance to be addressed is : Where was the original occupation horizon ? Is it still preserved ? Wood and Johnson (1978) have stated that « a reasonably accurate assessment of the pedoturbatory history of the soils and sediments at every archaeological site is absolutely prerequisite to valid archaeological interpretations ». I fully agree with that statement, but I observe that only occasionally such questions are addressed by those who publish site reports.

FIELD OBSERVATIONS

Most often, artefacts from epipalaeolithic and mesolithic sites in the sandy area of Western Europe have a vertical scatter of more than 0.30 m within the A2-B2-horizons of a spodosol. Problems with 14C-dating of charcoal, which was assumed to be coeval with the artefacts on a same level in the profiles, suggest that often several diachronous elements are mixed. Such problems can easily be illustrated by sites such as Hengistbury in Great-Britain and Rekem in Belgium. Indeed, at Hengistbury, 14C-dates have been obtained by AMS on charcoal fragments collected in the same horizons as the flints. Results are clearly not in connection with late palaeolithic occupations (Barton, 1990). Similar observations have been made at Rekem (Lauwers, 1988 ; Gowlett *et al.*, 1987). Here, a convenient date, being 11,350 ± 150 BP (OxA-942), is provided by AMS dating of the resin attached to a Tjongerpoint. Four other dates on charcoal from the artefact horizon have a large scatter and are not related to the ABP-complex assemblage. The question thus arises how to interpret such situations.

The role of deflation and later sand accumulations has often been invoked to explain why artefacts are situated at some depth below the present surface (Gullentops, Dickens 1982 ; Gullentops 1992). Already in 1975, I have suggested several possibilities in which aeolian activity seemed to be important (Vermeersch, 1975, 1976, 1977). Occasionally, during the excavations, one has the impression that the original occupation surface can be traced by the vertical position of large manuports such as hearth stones, which sometimes coincide with the maximal vertical artefact concentration. This was the situation at the site of Neerharen-De Kip (Lauwers, Vermeersch, 1982). There, the mesolithic occupation level was probably covered by aeolian sand. On other sites, such as Weelde-Paardsdrank V, similar processes have been assumed (Gullentops, Dickens, 1982). In my opinion, however, such assumptions are in contradiction with the vegetation cover during the Late Boreal and the Early Atlantic, period of the late mesolithic occupation at that site, which is presumed to be wooded, preventing local aeolian activity. Similar discussions have occurred for the site of Brecht-Moordenaarsven II (Vermeersch, Lauwers, Gendel, 1993). This is the case on most sites. Often, no answer is given to the question where to localise the original occupation horizon.

Trampling was often invoked as an important process to lower artefacts into sediments. However, contrary to what had been expected, a trampling experiment by Barton (1987) revealed that few of the pieces from an artefact scattered on a sandy surface had travelled more than one or two centimetre downwards from their original positions. One may consequently presume that, at the time of abandonment, due to the effects of trampling, artefacts would have been present in a relatively narrow band, at and just under the surface. It is reasonable to assume that within relatively small areas this band was more or less horizontal. Trampling can not be held responsible for the deeper position of the artefacts.

At Hengistbury, a late palaeolithic site in Southeast England, the artefacts occur in a very gently undulating band, 40 to 50 cm thick. Collcutt *et al.* (1990) initiated some research on the vertical artefact scatter. They arrived at the conclusion that the dominant processes producing vertical dispersal of the artefacts were various types of biological activity. Larger scale effects, such as those resulting from major burrowing and treefall events, were localised and may be recognised by particular distribution patterns and often by sedimentary features. We will not discuss in more detail the effects of wind fall, creating specific vertical scatters. This has recently been reviewed by Crombé (1993).

It was the smaller scale effects, cumulated over relatively long periods, which caused the general vertical distribution pattern to develop. Such effects can be divided into two main categories :

1) direct displacement of at least the smallest artefacts by biological agents,

2) the creation of small (millimeter scale) voids in the sandy sediment by biological agents followed by the collapse of these voids, allowing differential movement of artefacts, movement powered by gravity but governed by the intrinsic properties of individual pieces (weight, shape, orientation, surface texture, etc.).

Due to the smaller scale effects of the bioturbation, artefacts obtained their present vertical scatter (Collcutt *et al.*, 1990).

The authors invoke aeolian activity (deflation and accumulation) to explain the present buried position of the western concentration (ABP-complex) at Hengistbury. There is, however, no need to invoke such processes for interpreting that buried position. Smaller scale effects provide a sufficient explanation.

Recent observations at Zonhoven-Molenheide II have produced opportunities for a better understanding of artefact burying processes. This site has been created by an ahrensburgian band and is dated by AMS on charcoal at 10,760 ± 40 (UTC-3720). It served as a hunting camp of short duration (Vermeersch, Creemers, 1994 ; Peleman *et al.*, 1994).

The site location on the edge of the Kempen plateau offered possibilities of exploiting two different landscapes : that of the dry Kempen plateau and that of sandy wetlands to the west. Just adjacent to the site, a diffuse well lets seep some water to the surface.

The site is situated on oligocene sands that are covered by a nearly continuous thin layer of coarse gravels, which are a remnant of a very eroded middle pleistocene Meuse terrace. On top of the gravel, about 0.5 to 1 m of homogenised sands occur. The upper sands are clearly not of aeolian origin but present a texture identical to that of the oligocene deposits. This situation suggests that the stratigraphical succession is the result of mass movements over very long periods. In the excavated area, the gravel layer is interrupted by a more or less circular gap (fig. 1) at whose edges the gravels are slightly dipping. The gap in the gravel cover is probably the result of cryoturbational activity with formation of a nonsorted circle, one of patterned ground forms described by Washburn (1973), where the material of the central areas in some forms has risen from depth. Common diameters of 0.5-3 m for such nonsorted circles fit with a diameter of 2.5 m for the gap at the site. The formation of the gap is related to conditions of the Last Ice Age, anterior to the ahrensburgian occupation.

The area was never under agriculture, and consequently the original A-horizons are well preserved. Presently, a humic-iron spodosol (orthic podzol) has developed, but traces of an older soil, maybe a leptic podzol, are still visible. In the present soil, very few traces of faunal activity can be detected. During the excavations, no traces of soil animals have been encountered. The soil seems to be void of animal life. Roots are concentrated in the A1 and in the Bh-horizon. The late holocene soil horizons are adapted to the position of the gravel layer. Where a gravel deposit is present, the Bh is coinciding with it ; when it is absent, the A2 horizon is much thicker. Vertical artefact distribution is also clearly related to the presence of the gravel layer. Where the gravel layer is present, artefacts are scattered from the present surface (the original A1 horizon of the soil) down into the top of the gravel layer (fig. 2). When the gravel layer is absent, artefacts have a much more important vertical scatter and can reach a depth of 120 cm below the top of the A1.

The older soil attests conditions that were less acid than the present ones. Such conditions existed all over the sandy area, anterior to the heath vegetation, that started, due to human clearing of the original atlantic forest, to cover the area from the Bronze Age on (Munaut, 1967). This resulted in an increased elluviation of raw humus and the formation of the present orthic podzol (Scheys, 1954). In the BC-horizon of that pre-bronze age soil, which often can be found below the BF-horizon of the present soil, numerous animal burrows can be observed.

There are no reasons to believe that prehistoric man made a pit through the gravel layer dumping his artefacts in it. I believe that the

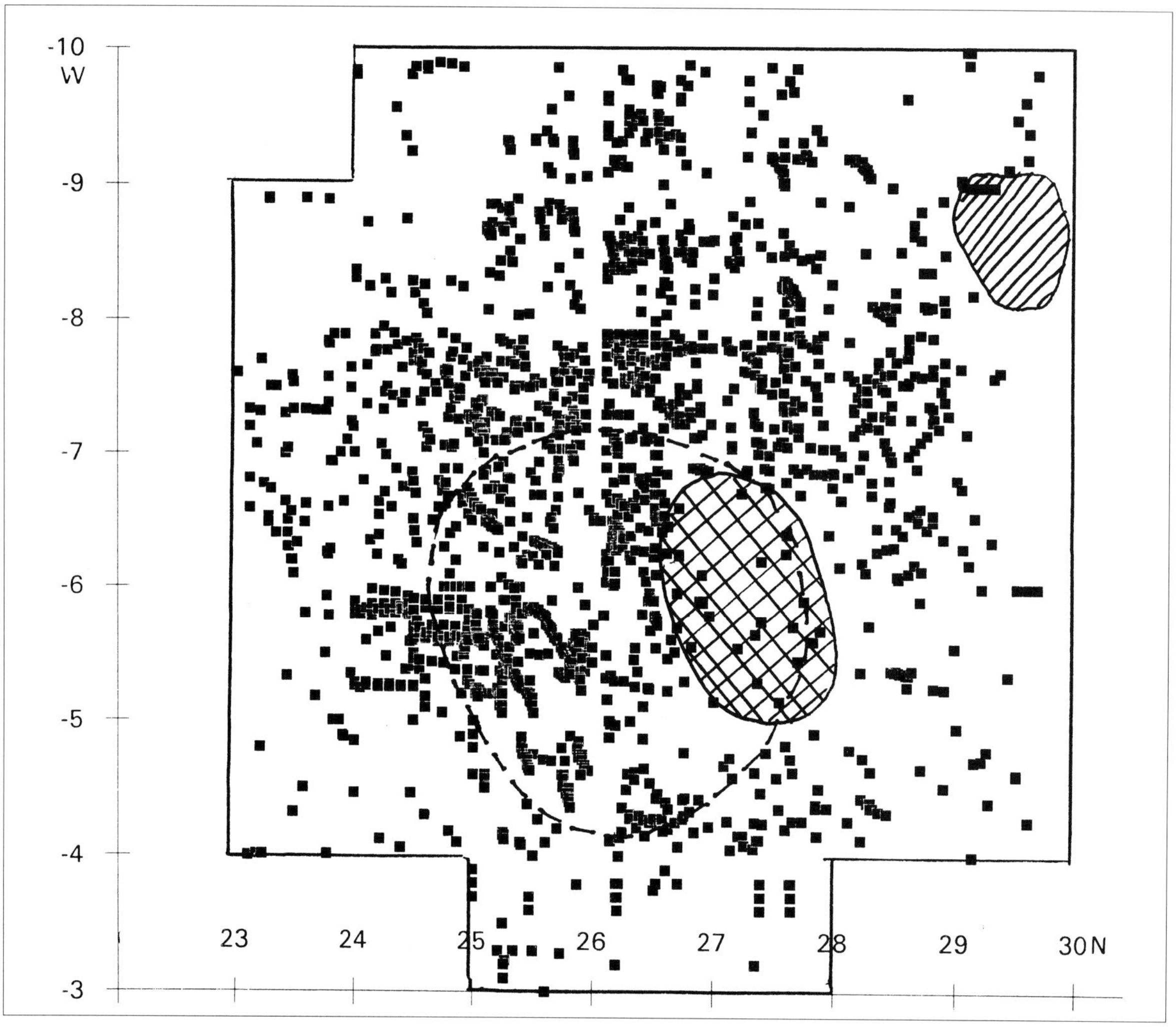

Figure 1. – Zonhoven-Molenheide II. Horizontal artefact distribution ; dashed line follows the outer limit of the hole in the gravel layer ; hached area is a large stone ; crosshatched area is a recent pit.

disclosed phenomenon, and especially the important vertical artefact scatter in the gap, is related to postdepositional processes, which are mainly the flora- and faunaturbation. The question is of course when and how this turbation could have occurred, as, in its present state, the soil is nearly devoid of burrowing animals. High magnification microwear analysis has been performed on the artefacts, which are, macroscopically, in a very fresh state of preservation (Rots, 1996). Use wear was present but not always easily recognisable because of the presence of an important post-depositional weathering of the flint surface, due to friction of sand particles on the artefact surface. This surface weathering suggests that artefacts underwent an important movement inside the deposits.

Atkinson R. (1957) and more recently Armour-Chelu, Andrews (1994) have attracted attention to the effects of earthworm burrowing. On the one hand, soil is brought up to the surface as worm-casts and gradually accumulates there, while on the other hand disused burrows below the surface are constantly collapsing, thus producing local subsidences of the overlaying soil. The net effect of these two related processes is to cause objects laying on the surface to sink below it, while the absolute level of the surface remains unchanged. The resultant rate of sinking of stones and other bodies may amount to as much as 5 mm annually (Cornwall, 1958, p. 52).

According to Stein (1983), soils with medium textures create the best habitats for earthworms. Moisture must be available all year.

Earthworms require an abundant food source. Tolerance to changes in acidity varies widely depending on the species involved, but most species cannot tolerate pH values below 5. Such conditions, if not optimal, were probably present at Zonhoven-Molenheide II under forest cover. Nowadays, since the installation of very acid conditions, life has become impossible for earthworms, and they have disappeared. It is quite possible that, under forest conditions of the Early Holocene, earthworm population was quite extensive. Their activity can be held responsible for moving down artefacts.

We also have to take into account the burrowing activity by cockchafers and/or dung chafers. The presence of their burrowings can be observed in the lower horizons, where parts of the original forest soil have been preserved (De Bakker, Edelman-Vlam, 1976).

If applied to the situation at Zonhoven-Molenheide II, the vertical artefact scatter, observed in the field, can be the result of burrowing activity by earthworms and chafers. This activity started when the vegetation was rich enough, which may have been, in this case, the onset of the Holocene. Earthworm and chafer activity resulted in bringing down the artefacts from the surface. The depth of the vertical scatter is here delimited by the gravel deposit that prevents animal burrowing below. Where the gravel layer was absent, in the area of the nonsorted circle, the compaction of the deposits may have been reduced, facilitating a deeper burrowing activity. Faunaturbation came to an end when the forest was cleared and heath vegetation was established, probably with the onset of the Subboreal (Munaut, 1967).

At Zonhoven-Molenheide II, no deposits have accumulated on the surface since the Ahrensburgian people left the site. During the excavations, it became clear that artefacts occurred from the present surface down. Such a situation infers that the human occupation occurred on that present surface, from where artefacts have been moved down.

If we may presume that, on most sites, no sediment accumulation occurred since the onset of the Holocene, then we have to accept that on those sites the epipalaeolithic and mesolithic occupation horizon coincided with the present soil surface. At most sites in the sandy area in Western Europe, however, the original early holocene surface was destroyed by erosion or by ploughing, preventing the observation that artefacts occur down below the surface. If there was enough time between the occupation and the destruction of the original surface, situation that fits most of the epipalaeolithic and mesolithic sites, artefacts were already moving down into the soil horizons and have consequently (partially) been preserved from destruction.

If there was, as probably was often the case, reoccupation at the same site during the Early Holocene, remains of both occupations moved down, eventually collapsing into a single artefact horizon. This resulted in mixing up the archaeological remains of the successive occupations. We presume that such was the case at the site of Brecht-Moordenaarsven II, where remains of a middle mesolithic occupation were mixed with those of a late mesolithic occupation (Vermeersch, Lauwers, Gendel, 1992).

We did not yet discuss the effects of the faunaturbation on the horizontal scatter of the artefacts. For obvious reasons, it is much more difficult to collect data on such processes. Many archaeologists, aware of the problems of the vertical scatter of artefacts, assume that the present horizontal distribution of the archaeological material is still more or less representative of the original artefact distribution. They therefore utilise distribution maps of the present horizontal scatter as a basis for spatial analysis of prehistoric site functions.

An experiment described by Armour-Chelu and Andrews (1994) indicates, however, that deep-burrowing earthworms such as *Lumbricus terrestris* can disperse small mammal remains both horizontally and vertically. Movement of bones occurred incidentally as leaves were dragged into burrows and probably also by movement of earth in the course of burrowing and movement through voids in the soil. Dispersal was limited by the size of the experimental set up but attained, over a period of only two years, at least 20 cm vertically and 15 cm horizontally. Smaller bones tended to disperse to a greater depth than larger bones. In this experiment, vertical scatter seems to be of greater magnitude than horizontal displacements. It, nevertheless, became clear that faunaturbation can be held responsible for some horizontal artefact scattering.

More experiments are needed to assess, the impact of the faunaturbation on the vertical and horizontal displacement velocities, in relation to shape and weight of the archaeological remains.

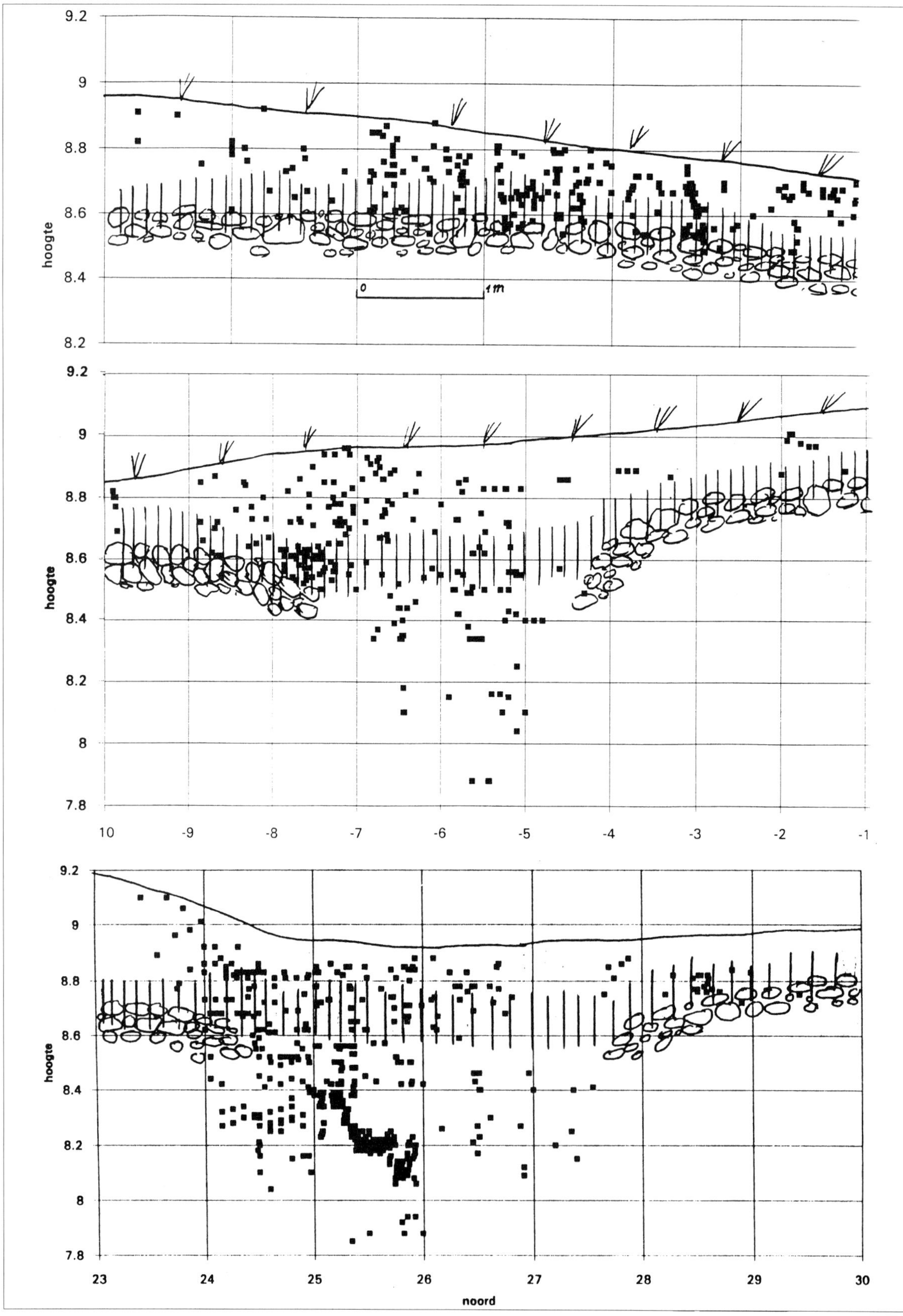

Figure 2. – Zonhoven-Molenheide II. Three profiles through the artefact concentration ; vertical hatching corresponds with the B soil horizon.

CONCLUSIONS

For most of the epipalaeolithic and mesolithic sites in the sandy area of north-western Europe, where an important vertical artefact scatter occurs, the present surface acted as the prehistoric occupation horizon. That original horizon is now mostly destroyed by human activity. If ploughing was not too deep, an important part of the archaeological artefacts may be preserved below the surface. They are, however, not any more in their original position and should not be considered as remains in primary context. They underwent a movement down from the surface but suffered also a horizontal displacement of unknown magnitude.

We always face the possibilities of a superposition of several prehistoric occupations on the same spot. Until now, we have no methods to split up such collections. On some occasions, such as at Brecht-Moordenaarsven II (Vermeersch *et al.*, 1992), it was tried. One is never sure about the value of the results of such a splitting. It is my feeling that it will always be difficult to make judgements about the homogeneity of the excavated material of larger sites.

We should be very careful in interpreting the intra-site horizontal patterns of archaeological materials. Research will be facilitated if the remains belong to a single occupation. But, how can we be sure ? A very small occupation scatter can eventually be an indication that the site has been occupied only during a very restricted period. Such an artefact scatter can be the result of a specialised activity. In those situations, only a limited aspect of total material variability may be present, thus limiting the scope of inter-site typological and technological comparisons.

REFERENCES

ARMOUR-CHELU (M.), ANDREWS (P.), Some Effects of Bioturbation by Earthworms. *Journal of Archaeological Science* 21, 1994, p. 433-443.

ATKINSON (R. L. C.), Worms and Weathering. *Antiquity* 31, 1957, p. 219-233.

BARTON (R. N. E.), Vertical Distribution of Artefacts and Some Post-Depositional Factors Affecting Site Formation. *In :* P. ROWLEY-CONWY, M. ZVELEBIL and H. P. BLANKHOLM (eds), *Mesolithic Northwest Europe : Recent Trends,* University of Sheffield, 1987, p. 55-62.

Hengisthury Head, Dorset. Vol. 2 : The Late Upper Palaeolithic, Early Mesolithic sites. *Oxford University Committee for Archaeology Monograph* 34, Oxford, 1992.

COLLCUTT (S. N.), BARTON (R. N. E.), BERGMAN (C. A.), Refitting in Context : a Taphonomic Case Study from a Late Upper Palaeolithic Site in Sands on Hengistbury Head, Dorset. *In :* E. CZIESLA, S. EICKHOFF, N. D. ARTS, *Winter The Big Puzzle,* Holos, Bonn, 1990, p. 219-236.

CROMBÉ (P.), Tree-Fall Features on Final Palaeolithic and Mesolithic Sites Situated on Sandy Solls : How to Deal with It. *Helinium* 28, 1993, p. 50-66.

DE BAKKER (H.), EDELMAN-VLAM (A. W.), De Nederlandse bodem in kleur. *Stichting voor Bodemkartering,* Wageningen, 1976.

DE BIE (M.), Compte rendu of D. Stapert 1992 – Rings and Sectors : Intrasite Spatial Analysis of Stone Age Sites. Groningen. *Helinium* 33, 1993, p. 138-141.

GOWLETT (J. A. J.) *et al.*, Radiocarbon Dates from the Oxford AMS System : Archaeometry Datelist 5. *Archaeometry* 29, 1, 1987, p. 126-127.

GULLENTOPS (F.), DICKENS (C.), The Dune Top. *In :* D. HUYGE, P. M. VERMEERSCH, Late Mesolithic Settlement at Weelde-Paardsdrank. *Studia Praehistorica Belgica* 1, 1982, p. 125-132.

GULLENTOPS (F.), Sedimentology of a Profile at Brecht-Moordenaarsven II. *In :* P. M. VERMEERSCH, R. LAUWERS, P. GENDEL, The Late Mesolithic Sites of Brecht-Moordenaarsven (Belgium). *Helinium* 32, 1992, p. 8-10.

LAUWERS (R.), Le gisement tjongerien de Rekem (Belgique). Premier bilan d'une analyse spatiale. *In :* M. OTTE (ed.), *Actes,* colloque de Liège : « De la Loire à l'Oder. Les civilisations du Paléolithique final dans le Nord-Ouest européen », décembre 1985. *BAR International Series,* 444, Oxford, 1988, p 217- 234.

LAUWERS (R.), VERMEERSCH (P. M.), Un site du Mésolithique ancien à Neerharen-De Kip. *In :* P. M. VERMEERSCH (ed.) Contributions to the Study of the Mesolithic of the Belgian Lowland. *Studia Praehistorica Belgica* 1, 1982, p. 15-52.

MUNAUT (A. V.), Recherches paléoécologiques en Basse et Moyenne Belgique. *Acta Geographica Lovaniensia 6,* 1967.

PELEMAN (C.), VERMEERSCH (P. M.), LUYPAERT (I.), Ahrensburg nederzetting te Zonhoven-Molenheide II. *Notae Praehistoricae* 14, 1994, p. 73-80.

ROTS (V.), *Gebruikssporenonderzoek op silexartefacten van de Ahrensburgnederzetting te Zonhoven* (unpublished M.A. thesis), K.U. Leuven, 1996.

SCREYS (G.), DUDAL (R.), BAYENS (L.), Une interprétation de la morphologie de podzols humo-ferriques, *Trans. Fifth Intern. Congr. Soil Sci.* Leopoldville, 4, 1954, p. 274-281.

STAPERT (D.), Within the Tent or Outside ? Spatial Patterns in Late Palaeolithic Sites. *Helinium* 30, 1990, p. 14-35.

Rings and Sectors : Intrasite Spatial Analysis of Stone Age Sites, Groningen (unpublished Ph D thesis), 1992.

STEIN (J. K.), Earthworm Activity : a Source of Potential Disturbance of Archaeological Sediments. *American Antiquity* 48, 1983, p. 277-289.

VERMEERSCH (P. M.), De biostratigrafische en lithografische positie van de epipaleolithische en mesolithische industrieën in Laag België. *XLIII Congres, Sint Niklaas Waas, 1974. Annalen*, Federatie van Kringen voor Oudheidkunde en Geschiedenis van België, Sint Niklaas, 1975, p. 66-71.

La position lithostratigraphique et chronostratigraphique des industries épipaléolithiques et mésolithiques en Basse Belgique. *Actes*, Congrès préhistorique de France, XXe session, Provence, 1974, 1976, p. 616-621.

Die stratigraphischen Probleme der postglazialen Kulturen in Dünengebieten. *Quartär* 27/28, 1977, p. 103-109.

VERMEERSCH (P. M.), CREEMERS (G.), Early Mesolithic Site at Zonhoven-Molenheide. *Notae Praehistoricae* 13, 1994, p. 63-69.

VERMEERSCH (P. M.), LAUWERS (R.), GENDEL (P.), The Late Mesolithic Sites of Brecht-Moordenaarsven (Belgium). *Helinium* 32, 1992, p. 3-77.

WASHBURN (A. L.), *Periglacial processes and environments*, Edward Arnold, London, 1973.

APPROCHE TECHNOLOGIQUE DES INDUSTRIES EN MATIÈRES DURES ANIMALES DU MÉSOLITHIQUE DANOIS D'APRÈS LE MATÉRIEL DES GISEMENTS MAGLEMOSIENS DE MULLERUP I (SARAUW'S ISLAND - 1900) ET ULKESTRUP LYNG II (1946)

THE MESOLITHIC BONE INDUSTRY IN DENMARK : A TECHNOLOGICAL POINT OF VIEW OF THE MAGLEMOSIAN INDUSTRY FROM MULLERUP I AND ULKESTRUP II SITES

Eva David

Résumé. – C'est dans le cadre de notre thèse que nous étudions l'industrie osseuse des sites mésolithiques du Nord de l'Europe, correspondant aux périodes du Préboréal et du Boréal. L'identification de tous les processus techniques qui concourent au débitage, au façonnage et à l'utilisation des différentes industries sous forme de « chaînes opératoires » (A. Leroi-Gourhan, 1965) permettra de relier les différents groupes mésolithiques ayant une même technologie. L'étude montre la diversité fonctionnelle de l'industrie des gisements de Mullerup I et Ulkestrup II qui sont représentatifs du Mésolithique ancien danois et leurs techniques de fabrication. Trente types d'outils ont été reconnus (armes, outils, instrument et objets) et ont été répartis selon leur mode d'action sur la matière minérale, végétale ou animale. La façon dont ils furent fabriqués correspond à plusieurs chaînes opératoires décrites dans cet article. Elles traduisent un choix culturel propre au Maglemosien.

Mots clés : Maglemosien, Danemark, technologie osseuse.

Abstract. – I propose in my PhD to study the bone industry of mesolithic sites which are well dated and correspond to the Preboreal and Boreal periods, in Northern Europe, in order to identify the technological process (« chaîne opératoire » concept, Leroi-Gourhan, 1965) which occurs in the work and the use of tools. This study means that I go back to the faunal and archeological remains of each sites. This research will permit to join different mesolithic groups with the same technology, represented by one or many sites, and to compare them inside the european « techno-complex » (Kozlowski, 1973). This paper presents the fonctionnal diversity of the industry from Mullerup I and Ulkestrup II which belongs to the Early Mesolithic in Denmark. Thirty types (arms, tools, objects and instruments) are recognized and are set out again in five ways to hit the mineral, vegetal and animal materials. The way they are manufactured correspond to many technological process that are identified here and translate an original cultural choise specific to the maglemosian culture.

Key words : Maglemosian culture, Denmark, bone technology.

Depuis J. G. D. Clark (1936), aucune synthèse sur les industries mésolithiques de l'Europe du Nord en matières dures animales (os, bois, corne, ivoire) n'a vu le jour. Cela tient au fait que les sites riches de cette industrie sont assez rares et renferment plusieurs occupations successives parfois difficiles à identifier chronologiquement. Dans le cadre de notre thèse, nous nous proposons d'étudier, en terme de technologie, l'industrie osseuse des grands sites mésolithiques du Nord de l'Europe, bien calés chronologiquement et correspondant aux périodes du Préboréal et du Boréal. Il s'agit de mettre en évidence tous les processus techniques qui concourent au débitage, au façonnage et à l'utilisation des différentes industries sous forme de « chaînes opératoires » (Leroi-Gourhan, 1965), par l'identification des types de percussions et des parties actives des outils. Cerner les comportements techniques des différents groupes mésolithiques face à la matière dure animale depuis l'acquisition de la matière première jusqu'à l'abandon de l'outil. Cette approche technologique implique nécessairement l'étude sur place des outils et fragments d'outils dans les musées archéologiques et nationaux et des déchets de débitage laissés dans la faune dans les musées zoologiques, pour un même site. Cette recherche devra permettre de mettre en évidence plusieurs groupes mésolithiques ayant une technologie similaire, représentés par un ou plusieurs sites, et de les comparer aux groupes des grands « techno-complexes » européens (Kozlowski, 1973) qui ont été définis entre autres par leur industrie lithique.

Concernant le « techno-complexe » maglemosien, les sites de Mullerup I et de Ulkestrup II sont représentatifs du Mésolithique ancien danois. Ils ont livré respectivement un niveau d'occupation et une habitation qui ont été bien calés chronologiquement. Même si le corpus en matières dures animales de ces deux sites ne correspond qu'aux phases II et III du Maglemosien (Brinch-Petersen, 1973), il offre tout ce que l'on peut attendre du mobilier du Maglemosien danois en général (5 phases). Avant toute présentation de chaînes opératoires liées au débitage de ce mobilier, il nous paraît nécessaire de rappeler toute la gamme des pièces (tabl. 1) qui a été présentée dans les monographies des sites de Mullerup (Sarauw, 1903) et de Ulkestrup (Andersen, 1951, *et al.*, 1982). Après avoir identifié, à l'aide d'un microscope, les parties actives, les associations de parties actives, la distinction des traces de percussions pendant et après le façonnage des parties actives (article, en cours), nous classons les pièces selon leur mode d'action sur la matière. La dénomination des pièces (gaine, hache...) répond aux normes de l'industrie osseuse adoptées dans différents ouvrages spécialisés ou traduite de la terminologie danoise (*cf.* termes entre guillemets). L'industrie en matière dure animale maglemosienne danoise présente trente types d'outils répartis selon cinq modes d'action sur la matière dure ou souple. Une catégorie à part ne concerne pas les outils mais les objets à usage probablement symbolique.

À partir des déchets de débitage, des outils et fragments d'outils du gisement de Mullerup I, il nous a été possible d'établir une liste des animaux exploités pour cette industrie (pl. 1). L'association de grands ruminants tels que l'élan, le cerf et l'aurochs forme une écrasante majorité avec 77 % de la totalité des pièces (NR : nombre de restes). Il est malheureusement impossible de préciser la représentativité de chaque espèce au sein des grands ruminants, d'une part parce que la majorité des outils obtenus sur ces supports (tous les types de pointes) offrent peu de surface naturelle visible, et d'autre part, les outils étant continuellement et entièrement raffûtés, les mesures corticales ne permettent pas la détermination du type d'os. L'observation permet uniquement de distinguer l'outil sur os long (os des pattes sans les phalanges) de l'outil sur os plat (côte, scapula). D'autres mammifères sont aussi représentés, comme le chevreuil (10 %) et, dans une moindre mesure, le sanglier (2 %), le chien et le castor. La présence d'os de cygne et de grèbe dénote un intérêt d'appoint vis-à-vis de ces supports. Enfin, pour chaque espèce, ce sont essentiellement les os longs et relativement rectilignes (radius-ulna/tibio-fibula/métapodes) qui furent recherchés comme support de l'outillage (coloriés en noir, *cf.* pl. 1). Les os plats et les ramures de ruminants complètent la variété des supports recherchés. Les dents d'élan, d'aurochs, de sanglier, de chien et de castor offrent des supports faciles pour l'élaboration des pendentifs. Toutefois, les craches de cerf sont absentes des pièces façonnées comme de la faune.

Concernant l'exploitation des ramures de cerf (pl. 2), le sciage du merrain « en baguette » (par rainurage) existe pour le débitage de certaines pointes droites et pour la pointe à crans, mais dans 95 % des cas, elle se fait « en segment » par percussion lancée et cassure par flexion. Les segments ou tronçons de bois de massacre ou de mue seront façonnés en biseau, lame de hache, manche ou percuteur (de matières minérales). Pour certains outils comme les haches-marteaux, on a délibérément arraché de la matière corticale lors de la cassure par flexion afin de donner une préforme « en négatif » à la lame, tandis que la surface basilaire (du pédicule) offre une partie active naturelle comme marteau. Le tronçon peut aussi provenir de la totalité d'une ramure ébranchée afin de façonner le « bâton percé » (plutôt bâton perforé). Les gaines de hache à emmanchement

A/ Outils d'acquisition de matières animales et végétales
1/ Armes de jet (à la main, à l'arc...)
Pointe de sagaie sur os long de grand ruminant avec lamelles lithiques non retouchées
Pointe à crans sur baguette de bois de cerf
Pointe à barbelures unilatérales sur os long ou plat de grand ruminant
Pointe droite sur os long de grand ruminant
2/ Armes de capture
Hameçon sur os plat de grand ruminant
Hameçon sur segment de bois de chevreuil
3/ Outils de collecte
Écorçoir sur métapode de cerf
B/ Outils de transformation de matières minérales
Percuteur tendre sur extrémité d'andouiller de cerf
C/ Outils de transformation de matières animales et végétales
1/ Outils percutants
1a. partie active linéaire
Hache sur métatarse d'aurochs à perforation longitudinale
Hache sur merrain de cerf à perforation transversale
Hache-marteau sur meule de cerf à perforation transversale
Lame de hache à gaine sur andouiller de cerf ou d'élan
Lame de hache à gaine sur canine de sanglier
« Pic » sur radius d'aurochs ou d'élan à perforation transversale
1b. partie active diffuse
Percuteur sur extrémités de métapode d'aurochs
2/ Éléments d'outils composites à douille
Gaine de hache à emmanchement transversal sur différents segments de bois de cerf
Manche sur segment d'andouiller de cerf
3/ Outils perforants
Pointe sur esquille d'os long de mammifère
Pointe sur extrémité d'andouiller de cerf
Pointe sur ulna d'aurochs ou d'élan
Pointe sur os long d'oiseau
Aiguille sur esquille osseuse
Bipointe sur poulie de métapode de cerf
4/ Outil abrasant
Biseau étroit sur extrémité d'andouiller de cerf ou d'élan
D/ Instrument : outil élaboré lié à la transformation des forces
Archet (élément d') sur côte de grand ruminant
E/ Objet lié à la rétention de matières animales et végétales (lien et stockage)
« Biperforé » sur base d'andouiller de cerf
F/ Objet sans fonction technologique (pas de partie active au sens propre)
« Masse » sur métatarse d'aurochs (+ ligatures)
« Bâton percé » sur ramure de cerf
Pendentif sur ivoire d'élan, d'aurochs et de chien
Os naturel décoré

Tableau 1. – Classification de l'industrie en matières dures animales du Maglemosien danois d'après les gisements de Mullerup I et Ulkestrup II.

transversal (pl. 3, fig. 1) sont prélevées soit dans la partie basilaire du bois (gaine-marteau), soit dans le merrain ou à la base de l'empaumure. La gaine provenant de segment d'andouiller existe, mais elle est rare. En général, le façonnage des outils en bois de cerf consiste en l'aménagement des parties actives (biseau par raclage, perforation par ébauche et percussion circulaire droite), tandis que les perlures naturelles du bois sont laissées visibles.

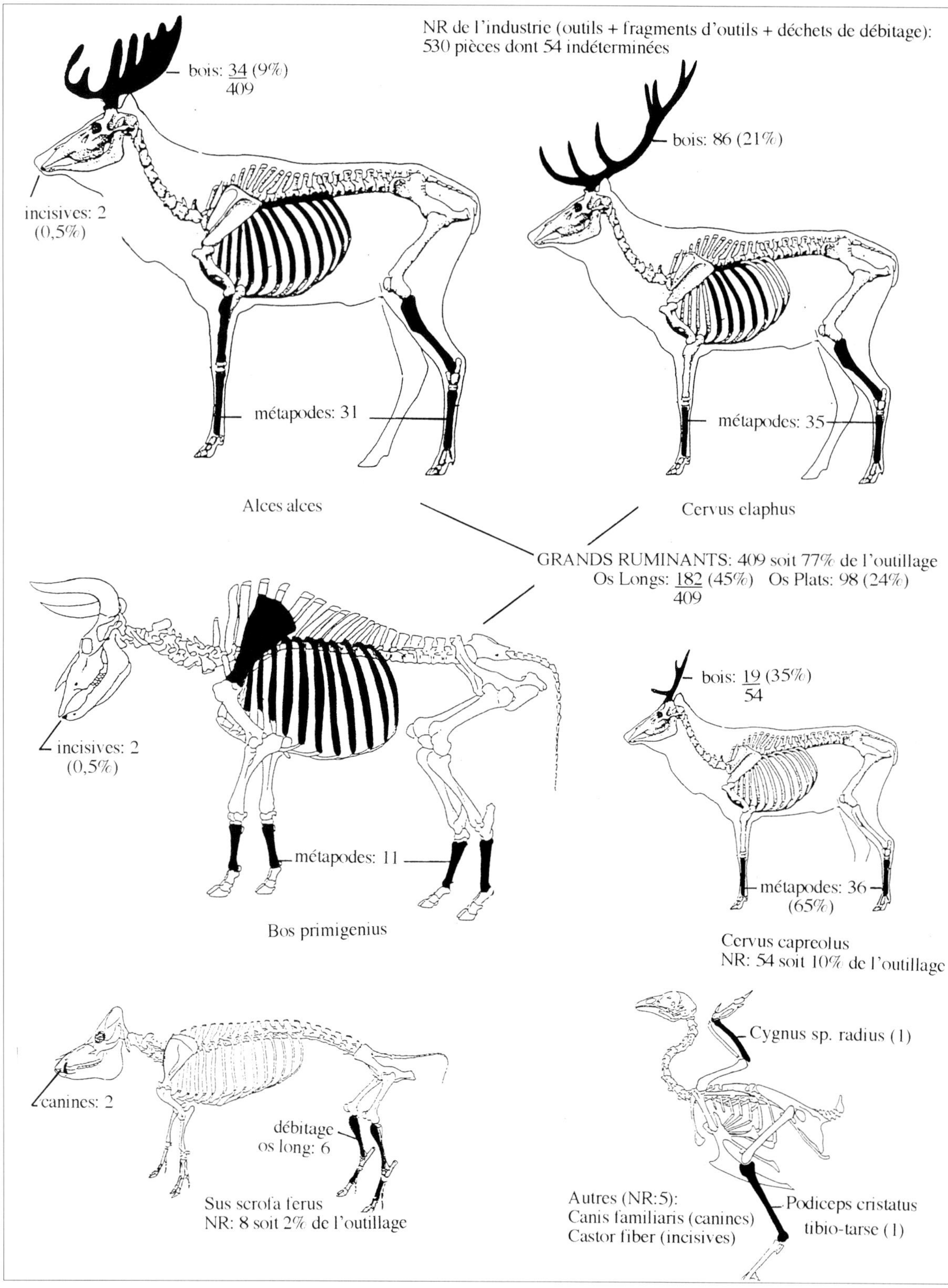

Planche 1. – Animaux et parties de squelette exploités pour l'outillage et le débitage des matières dures animales du site maglemosien de Mullerup (Saraw's Island, 1900).

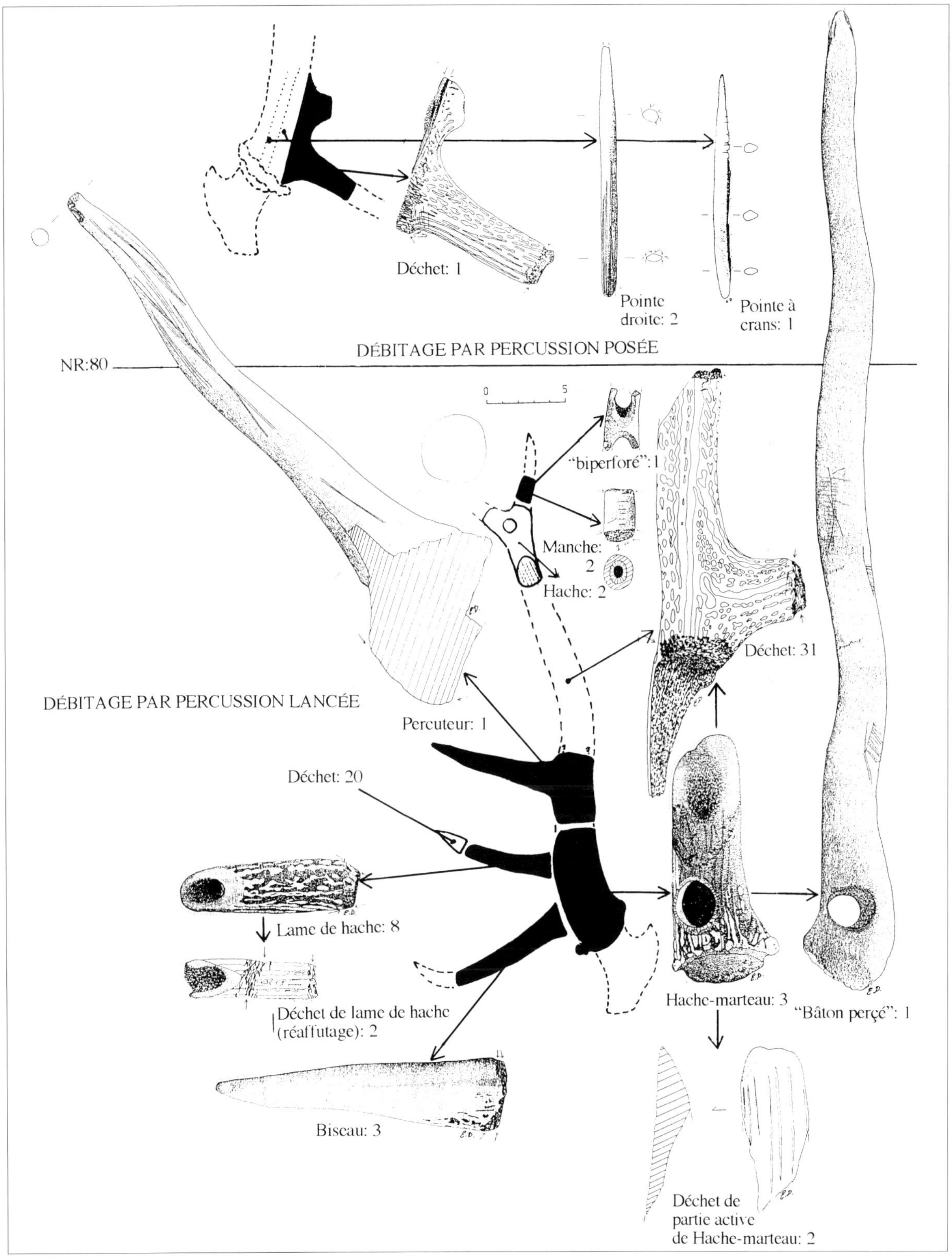

Planche 2. – Emplacement de l'outillage dans la ramure de cerf (sauf gaines de hache) – Mullerup (Saraw's Island).

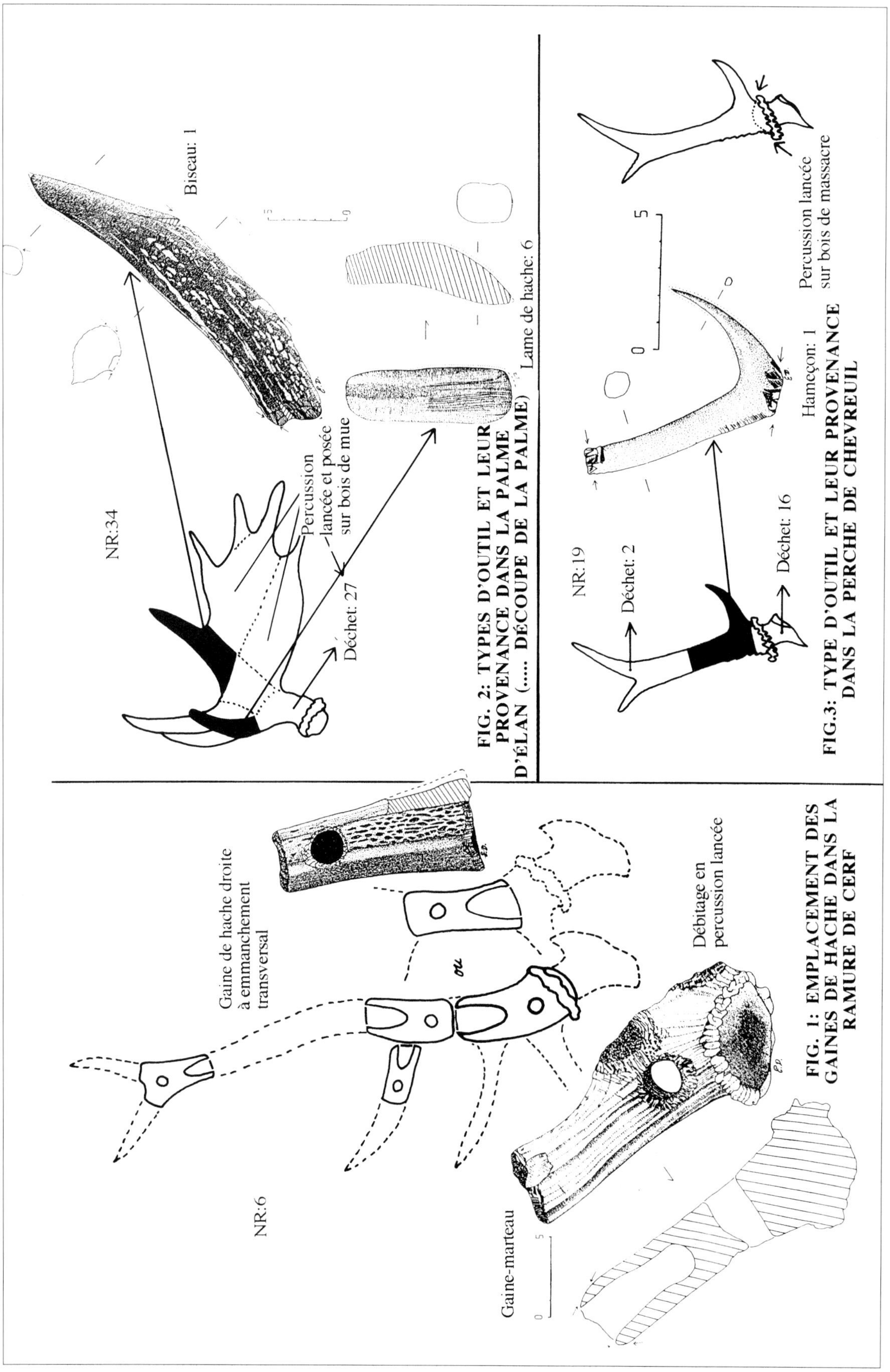

Planche 3. – Les bois/type d'outils et emplacement dans la ramure – Mullerup (Saraw's Island).

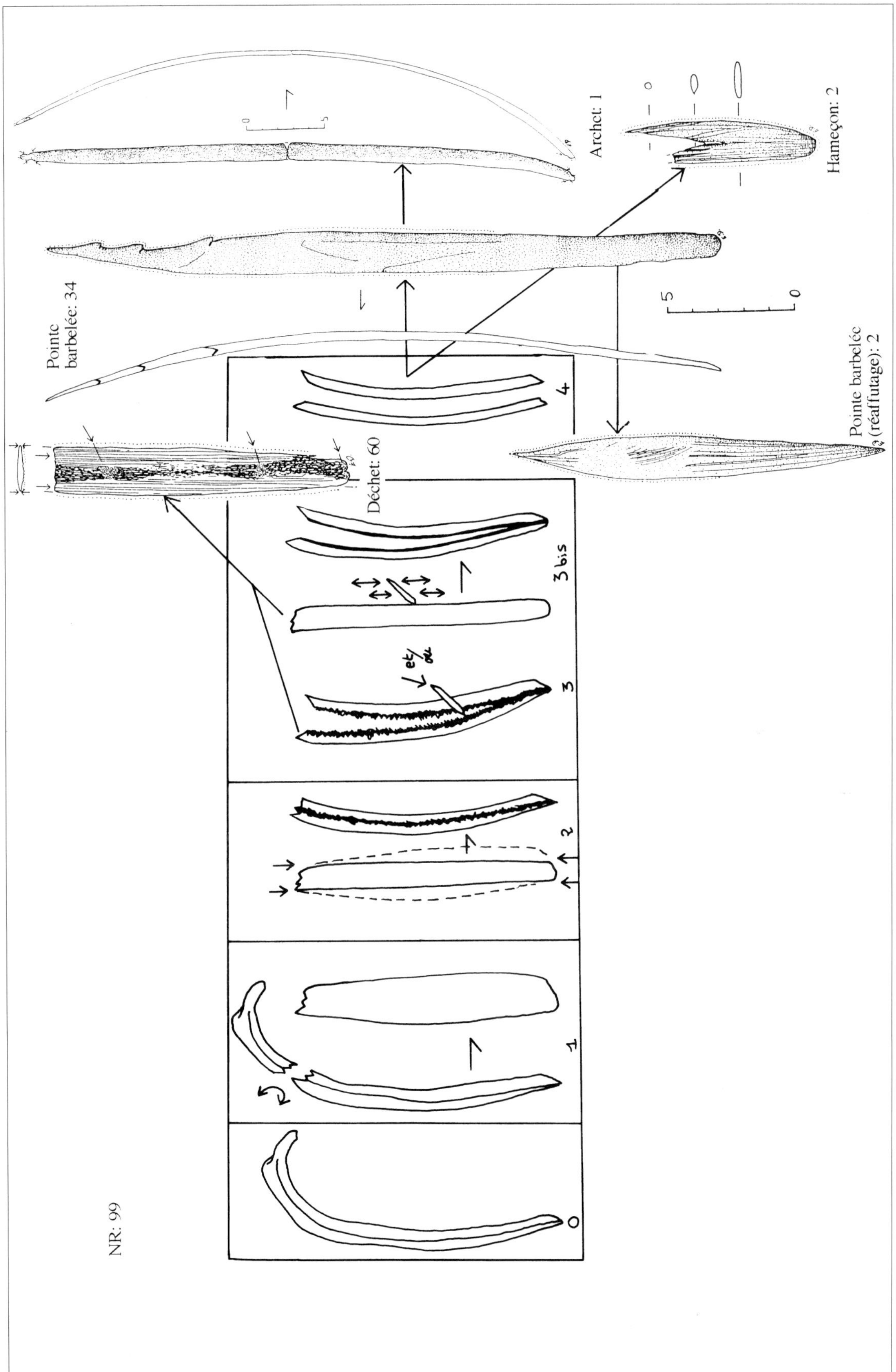

Planche 4. – Chaîne opératoire du débitage des côtes de grands ruminants – Mullerup (Saraw's Island).

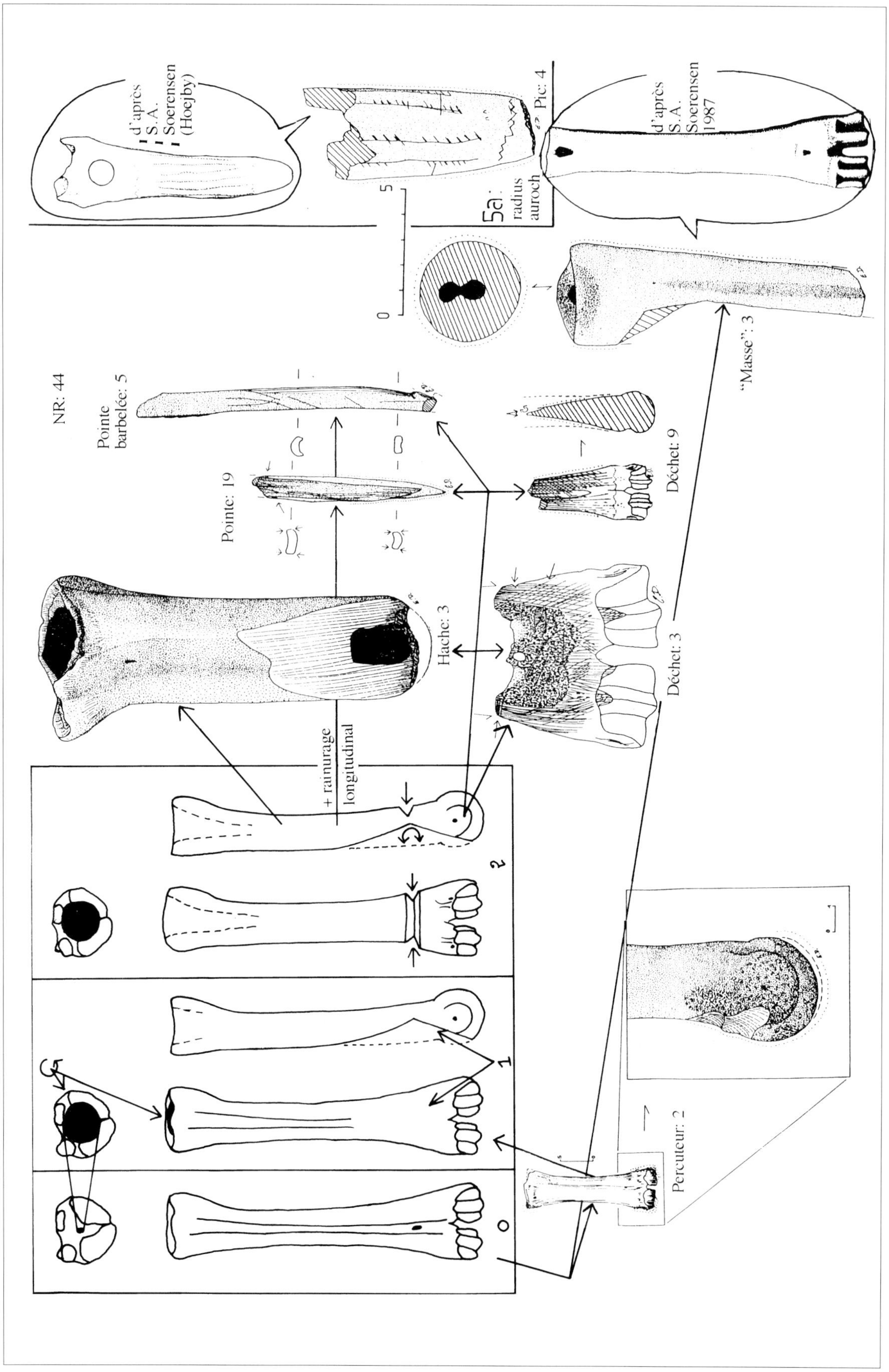

Planche 5. – Chaîne opératoire du débitage des métapodes d'aurochs et de chevreuil – Mullerup (Saraw's Island).

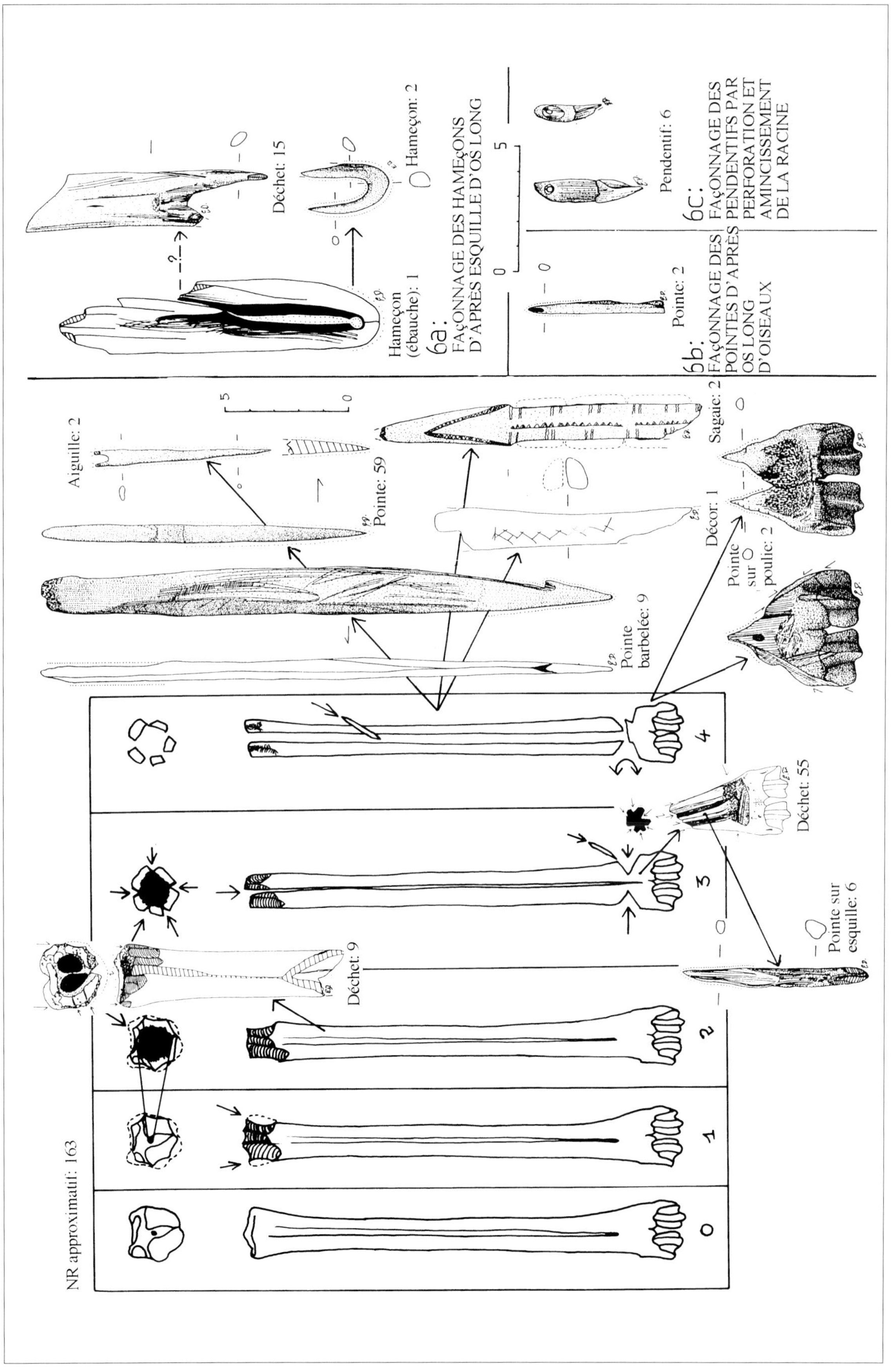

Planche 6. – Chaîne opératoire du débitage des métapodes de cerf et d'élan – Mullerup (Saraw's Island).

Les ramures d'élan (pl. 3, fig. 2) ont été débitées en percussion lancée (recto) opposée à un sciage (verso de la palme). Cette technique originale tient probablement au fait que la palme est naturellement très aplatie, donc assez fragile. D'ailleurs l'extrême fragmentation de ces bois dans la faune n'a pas permis l'identification précise de l'emplacement des déchets de débitage dans la palme. Ce sont les andouillers qui ont été le support des lames de hache et d'un certain type de biseau (outil abrasant).

Les bois de chevreuil (pl. 3, fig. 3) sont essentiellement des bois de massacre. La partie basilaire a été systématiquement séparée de la perche par percussion lancée, afin de réaliser au moins un type de hameçon.

Précisons que les schémas opératoires que nous venons de décrire pour l'ensemble des ramures et que nous présentons maintenant pour les os longs et les os plats de ruminants feront l'objet d'un programme expérimental que nous engagerons très prochainement.

Le débitage des os plats de grands ruminants est schématiquement représenté par une côte (pl. 4). La tête de la côte est d'abord systématiquement séparée de sa diaphyse, par flexion (à mettre aussi en relation avec la découpe bouchère puisque même les côtes des petits mammifères, non utilisées dans l'industrie, subissent le même traitement). La diaphyse de l'os est ensuite rainurée le long de ses bords latéraux afin de lui donner une forme rectangulaire (séqu. 2). Ensuite, la diaphyse est divisée soit en insérant un coin dans son os spongieux et en écartant progressivement ses fûts (séqu. 3), soit en continuant le rainurage longitudinal vers l'intérieur de l'os spongieux (séqu. 3bis) jusqu'à ce que les rainurages opposés se rejoignent. Les deux techniques peuvent se compléter. La présence de nombreux déchets de diaphyse en cours de débitage prouve la difficulté de ces techniques. Enfin, les deux fûts ou baguettes ainsi obtenus (séqu. 4) deviennent des supports d'archet, soit après façonnage (raclage, sciage), des pointes barbelées, et après resciage longitudinal, des hameçons. Le réaffûtage des pointes barbelées, après fracture au dessous de la dernière barbelure, donnera des pointes droites.

Alors que le cubitus de grands ruminants offre un support facile à façonner et effectivement affûté, l'exploitation du radius et du tibia n'intéresse que le façonnage de quelques outils, comme le « pic » (pl. 5a). C'est donc le métapode de grands ruminants qui est le plus représentatif du débitage pour l'industrie sur os long. Il est schématiquement représenté par le métatarse. Le foramen nourricier de la surface proximale du métatarse d'aurochs est agrandi par percussion circulaire droite afin d'aménager une perforation longitudinale pour l'emmanchement (pl. 5, séqu. 1). Pour séparer les poulies articulaires et en même temps façonner le biseau de la partie active de la future hache, la partie distale du métatarse est entièrement amincie par raclage, sur l'une de ces surfaces. Sur la surface opposée, une rainure transversale va permettre la séparation par cassure par flexion. En plus des haches, le métatarse d'aurochs peut fournir une « masse » si son proximum est aménagé en cylindre parfaitement circulaire (raclage), ou un support naturel pour percuteur (de matières animales ou végétales). Concernant ce dernier, le métacarpe peut aussi remplir cette fonction, en plus de pouvoir devenir le support d'un débitage « en fût », auquel cas sa chaîne opératoire est identique à celle des métapodes de chevreuil, de cerf et d'élan.

Le proximum des métatarses de chevreuil, de cerf et d'élan fait l'objet d'un même traitement technique (pl. 6, séqu. 1, 2). Il s'agit d'agrandir le foramen nourricier de la surface articulaire proximale par percussion lancée, et de réduire l'épaisseur du cortex par percussion lancée indirecte sur le pourtour de sa surface externe. Cette opération vise à débiter en un cylindre, la surface articulaire naturelle (la plus compacte à cet endroit du métatarse), qui deviendra la base des pointes destinées à être fixées sur une hampe. Ensuite, et pour le métatarse de cerf et d'élan seulement, on effectue plusieurs rainurages le long des faces de la diaphyse afin de débiter au minimum quatre fûts. Les poulies articulaires sont ensuite détachées par percussion lancée directe, indirecte (séqu. 3) et cassure par flexion. Des pointes de fortune peuvent être aménagées dans ces déchets (pointe sur esquille, pointe sur poulie) tandis que les fûts finissent d'être séparés à l'aide d'un coin (séqu. 4). Ces longs fûts osseux sont ensuite aménagés en divers types de pointe (barbelée, sagaie, droite, aiguille), en support de décor et en écorçoir (un demi-métatarse de cerf).

Concernant le distum du métatarse de chevreuil (pl. 5), l'opération de séparation des poulies articulaires de la diaphyse est identique à celle utilisée pour l'aurochs, qui consiste à amincir la diaphyse jusqu'au canal médullaire puis à la casser. Si un même comportement technique est identifié dans le débitage des extrémités distales des métatarses d'aurochs et de ceux de chevreuil, c'est probablement parce que face au cortex très dur et épais d'aurochs et à celui très fin de chevreuil, il est difficile de contrôler l'onde de choc faisant suite à la percussion lancée. Par contre, la percussion lancée est utilisée sur le même os chez le cerf et chez l'élan.

Pour toutes ces espèces, le métacarpe subit la même chaîne opératoire que le métatarse et deviendra le support des mêmes outils.

Mentionnons à titre indicatif, la technique de fabrication des hameçons courbes dite « en négatif » (Cleyet-Merle, 1990) d'après esquilles osseuses (pl. 6a), le façonnage en pointe des os d'oiseaux par raclage (pl. 6b), et les deux techniques de façonnage des pendentifs sur dents par percussion circulaire et/ou amincissement bifacial de la racine par raclage (pl. 6c).

Nous avons identifié, pour le Maglemosien danois, au moins trente types de pièces en matières dures animales, classés en armes, outils, instruments et objets. Ils se répartissent en plusieurs catégories fonctionnelles, selon leur mode d'action (A à F) sur les matières minérales, animales et végétales. Loin d'édifier une typologie, cette classification nous a permis de présenter simplement le très large éventail de l'industrie maglemosienne.

La reconnaissance des séquences opératoires du débitage des ramures et des os de grands ruminants révèle une succession complexe de gestes techniques liée sans doute à la diversité des outils voulus, mais aussi liée à ce que l'on pourrait nommer « une stratégie de débitage ». En effet l'usage de la percussion directe sur le foramen, et indirecte autour du proximum des métapodes de grands ruminants afin de réduire leur épaisseur corticale, ainsi que le fait de donner une préforme à la partie active des haches sur métatarse d'aurochs (raclage profond avant la séparation des poulies) et sur segment de ramure de cerf (arrachage cortical par cassure par flexion), alors même que les séquences de débitage ne sont pas achevées, dénote un choix culturel caractéristique. L'amincissement de la base des pointes barbelées et l'élaboration du biseau des lames de hache auraient bien pu être façonnées à la fin du débitage et/ou d'une autre façon.

Si les techniques de la percussion directe (au percuteur dur), des percussions posées (rainurage, sciage, perforation) et de la fracture par flexion sont des techniques incontournables pour l'élaboration d'un outillage en matières dures animales, la percussion directe et indirecte sur proximum de métapode traduit un mode de débitage original dont la méthode reste à définir par l'expérimentation. La percussion est généralement l'apanage du débitage des supports segmentés en bois de cervidés ou du débitage du silex...

L'utilisation des déchets de débitage pour le façonnage de certains outils (pointe sur esquille, sur poulie) et la réutilisation de certains outils (percuteur de matières tendres) comme support de débitage pour les pointes traduisent une économie de la matière première.

La comparaison des chaînes opératoires maglemosiennes avec celles d'autres sites contemporains mésolithiques devrait permettre de comprendre s'il existe, pour un même type d'outil, d'autres « stratégies de débitage », ou si la « stratégie » observée sur les sites maglemosiens peut être identifiée sur d'autres sites, sur les mêmes et/ou pour d'autres types d'outils, traduisant alors une convergence culturelle, une même signature technique.

REMERCIEMENTS

Je tiens tout particulièrement à remercier le professeur E. Brinch Petersen, qui m'a chaleureusement accueillie au sein de son Département d'archéologie à l'université de Copenhague, et sans lequel mon étude n'aurait jamais vu le jour. Tous mes remerciements vont également à P. Vang Petersen, directeur du Musée national pour la section des antiquités, et à K. Aaris Soerensen, directeur du Musée zoologique pour la section de la faune quaternaire, à Copenhague.

BIBLIOGRAPHIE

ANDERSEN (K.), Hytter fra Maglemosetid, danmarks aeldste boliger. *Fra National Museet Arbejdsmark*, Kobenhavn, 1951, p. 69-76.

ANDERSEN (K.), JOERGENSEN (S.), Maglemose hytterne ved Ulkestrup Lyng. Nordiske Fortidsminder, Serie B, Bind 7, *Det Kongelige Nordiske Oldskriftselskab*, Kobenhavn, 1982, 177 p.

BRINCH PETERSEN (E.), The Mesolithic in Europe. *Actes*, colloque de Varsovie, University Press, 1973, p. 77-127.

CLARK (J. G. D.), *The Mesolithic Settlement of Northern Europe : a Study of the Food Gathering Peoples of Northern Europe during the Early Post-Glacial Period*, Cambridge University Press, London, 1936, 269 p., 8 pl.

CLEYET-MERLE (J. J.), *La Préhistoire de la pêche*, Errance, Paris, 1990, 194 p.

KOZLOWSKI (S. K.), The Mesolithic in Europe. *Actes*, colloque de Varsovie, University Press, 1973, p. 331-366.

LEROI-GOURHAN (A.), *Le geste et la parole : la mémoire et les rythmes*, Albin Michel, Paris, 1988, 1965, 279 p.

SARAUW (G. F. L.), En stenalders boplads, Maglemose ved Mullerup, études sur le premier âge de la pierre du Nord de l'Europe. *Aarboger for Nordisk Oldkyndighed og Historie*, Lynge & Son, Kobenhavn, 1904, 1903, 313 p.

TECHNIQUES DE DÉBITAGE DU PALÉOLITHIQUE SUPÉRIEUR FINAL AU MÉSOLITHIQUE ANCIEN EN FLANDRES (BELGIQUE) : OBSERVATIONS PRÉLIMINAIRES

KNAPPING TECHNIQUES FROM THE LATE PALAEOLITHIC TO THE EARLY MESOLITHIC IN FLANDERS (BELGIUM) : PRELIMINARY OBSERVATIONS

Marc de Bie

Résumé. – Fondé sur une analyse quantitative de nombreux stigmates techniques d'ensembles lithiques diachroniques, cet article présente l'évolution de certains aspects de la taille du silex, du Paléolithique supérieur final au Mésolithique ancien, en Basse Belgique. Cette approche offre un outil méthodologique supplémentaire à l'étude comparée d'ensembles lithiques, qui peut contribuer à une meilleure compréhension des processus techno-économiques au début de la « Mésolithisation ». Une distinction majeure est d'abord observée entre le débitage magdalénien et le matériel plus jeune. Ensuite, des traces de percussion sur les lames et les éclats ahrensbourgiens se distinguent nettement des ensembles Federmesser ainsi que du Mésolithique ancien, suggérant que, si les formes des premiers microlithes de la région sont bien tributaires des armatures ahrensbourgiennes, les techniques de débitage du Mésolithique ancien rappellent plutôt les traditions de Federmesser.

Mots clés : technologie lithique, Paléolithique supérieur final, Mésolithique ancien, Belgique.

Abstract. – Based on quantitative analyses of various technical attributes of flakes and blades, this article presents diachronic comparisons of late palaeolithic and early mesolithic assemblages from Belgian lowland. It is argued that the approach offers a supplementary tool for interassemblage comparisons and may contribute to a better understanding of techno-economical processes during the outset of « mesolithisation ». A major distinction is firstly observed between magdalenian debitage and younger material. Secondly, percussion marks on ahrensburgian blanks can be distinguished from both federmesser and early mesolithic assemblages, suggesting that, while early mesolithic microlith forms in the region were probably adopted from ahrensburgian armatures, early mesolithic knapping techniques are more related to federmesser traditions.

Key words : lithic technology, Late Palaeolithic, Early Mesolithic, Belgium.

INTRODUCTION

The Late Upper Palaeolithic to Early Mesolithic in Belgian lowland (Flanders) is presently documented with various industries (De Bie, Vermeersch, in press). Federmesser (often called Tjongerian) and early mesolithic sites have been known for several decades. After the discovery of a magdalenian open air site, some 20 years ago (Vermeersch *et al.*, 1985), excavations of last years have finally added an ahrensburgian settlement (Peleman *et al.*, 1994), allowing us to currently present a fairly well documented overview of the various industries that occupied the area of present Flanders during the Late Glacial to Early Holocene transition.

In a classic presentation, the stress of such an overview would very likely be on the typology of retouched tools, and within that category probably on the morphological « evolution » of projectiles, not in the least because differences appear most clearly from that aspect. In a region where lithics are generally the only materials available, the *scala* of comparable factors is perforce extremely reduced.

The tools are, however, not the main concern of the present contribution. Their description can be found elsewhere in the literature on these sites. I do not, from a theoretical point of view, want to question such a typological approach or discuss its merits, but by emphasising almost exclusively points and microliths, one may in the end only be discussing a single aspect of the armature technology.

The goal of the present contribution, therefore, is to assess whether the identification of technical features on debitage products may offer some supplementary dimensions to inter-assemblage comparisons of lithics in a diachronic perspective, *in casu* from Late Palaeolithic to Early Mesolithic. Since technical know-how is transmitted in a social context (Pigeot, 1990), we may suppose that technical marks are integral characteristics of the material culture of the groups at issue. More generally, it is assumed that primary knapping techniques, being only indirectly related to function, and transmitted from generation to generation, will also result from, and therefore denote, socio-cultural affinities.

DATA

The sites that were used in the present analysis are, in chronological order, the magdalenian site of Kanne (mainly a flint extraction and flint working site ; Vermeersch *et al.*, 1985), the federmesser site of Rekem (a large settlement with various units ; Caspar De Bie, 1996), the ahrensburgian site of Zonhoven-Molenheide II (Peleman *et al.*, 1994), and the early mesolithic sites of Schulen and Neerharen (Lauwers, Vermeersch, 1982a, b). These are all open air sites within a restricted geographical area in the Eastern part of Flanders (fig. 1).

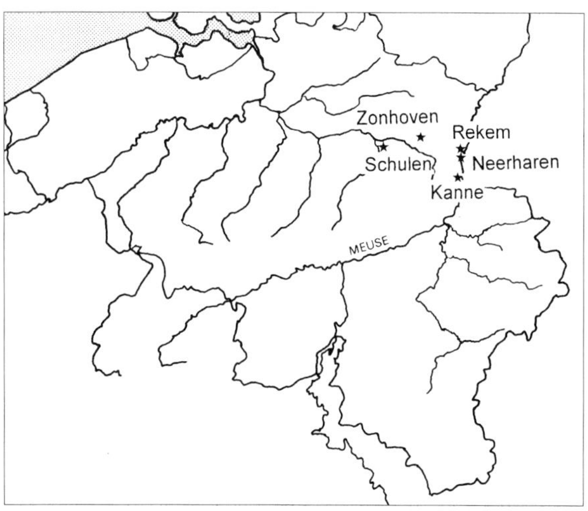

Figure 1. – Location of sites in Belgium.

Although there are still major dating problems (Crombé, this volume), where, in fact, only the 14C resin-date from Rekem of 11,350 ± 150 BP (OxA-942) seems unquestionable, we may confidently estimate to be dealing with diachronic occupations from the 13th (Magdalenian), the 12th (Federmesser), the 11th (Ahrensburgian), and the 10th (Early Mesolithic) millennia BP (De Bie, Vermeersch, in press).

At all of these sites, both single and double platform cores occur, with the latter generally being dominant. Next to size differences, with by far the largest cores at Kanne (average height of 14 cm) opposed to typically exhausted cores at the early mesolithic assemblages (average height 3 cm), the main distinction is probably found in the curvature of the core table (strongly curved in the Magdalenian, straight at most other sites), and in the preparation of the back, generally involving a second crest in the Magdalenian, while in the other assemblages core backs are mostly unmodified, often cortical.

In a dynamic perspective, the opposed platforms in the Magdalenian were used consecutively (Vermeersch *et al.*, 1985). At Rekem, by contrast, refitting showed examples of alternating use of the two platforms (De Bie, in press).

I regret that, at this moment, no further results of refitting can be included in this comparative analysis. At Zonhoven, refitting has just started, and, so far, it has not been a basic procedure in the study of early mesolithic assemblages. In general terms, lithic technology of the period is marked by a transition from careful blade debitage with standardised core preparations to a technology with simplified laminar reduction practices, characterised by a lack of regulation.

To allow for a balanced, comprehensive inter-assemblage comparison, I can therefore only consider a variety of technical attributes, observed on flakes and blades from the various assemblages. This means that I am primarily dealing with knapping techniques rather than with knapping methods (Inizan, Roche, Tixier, 1992, p. 34). As this research was first of all considered as a test, we preferred to work with rather small samples, chosen at random from the different assemblages. However, a great number of aspects (more than 20 attributes, both metrical and morphological) were examined. Because of the moderate number of blanks involved (350 in all), the application of elaborate statistics was believed to be premature.

I admit that several attributes under discussion are open to some subjectivity. Different workers would partly generate different results. Therefore, I only used my own observations. Moreover, to neutralise changing assessments on my side during the process of analysis, I analysed the different assemblages simultaneously, jumping from one to the other and back. Further, only the results of the entire samples are considered here. In this way, individual « errors » should be compensated by main tendencies.

ATTRIBUTE ANALYSIS (FIG. 2 AND FIG. 3)

Raw material qualities

The fact that the sites were chosen from a restricted area does not imply that the occupants have used the same raw materials. One should indeed continuously reckon with a possible influence of raw material diversity. For the present analysis, a major distinction was made between fine grained flint, coarse grained flint, and Wommersom quartzite.

At Kanne, only fine grained good quality flint was used. At Rekem, we find mainly coarse grained flint extracted from the riverbed and with diverse qualities. At Neerharen, only a few hundred meters from Rekem, the same sources were used, together with a minority of Wommersom quartzite. At Schulen, Wommersom was used in higher proportions. It was apparently still unknown to the ahrensburgian occupants of Zonhoven Molenheide, who utilised both coarse and fine grained flint varieties in equal numbers.

Next to quality differences, flint nodules also show an evolution in size, with primarily large slabs in Kanne, and far smaller pebbles in federmesser, ahrensburgian and early mesolithic assemblages.

This reduction in nodule size has, of course, direct repercussions on average dimensions of blanks. However, also within a single site, for instance within the various units at Rekem, average dimensions of assemblages are changeable. Dimensional variability can therefore not be totally ascribed to raw material constraints.

Blade profile

While we should primarily admit that the assessment of this aspect may be particularly subjective, I was surprised to have regarded the profile of most magdalenian blades as « straight » ; surprised in view of the fact that core tables on blade cores were particularly curved (above). A closer look, however, reveals that, on the two-platforms cores, shorter blades have only exploited part of the core table (just slightly more than half its length).

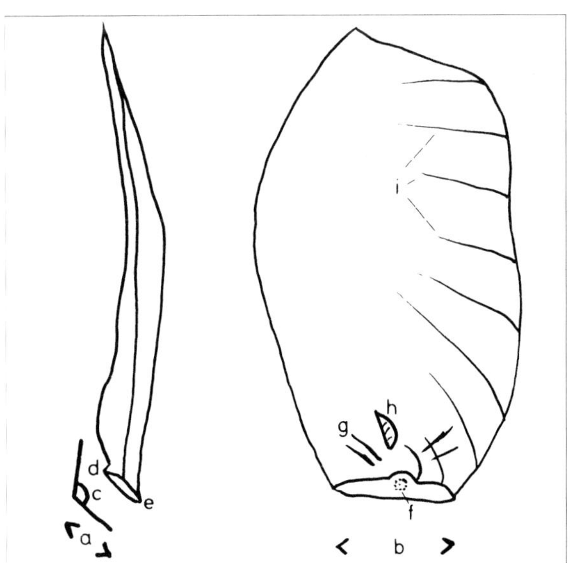

Figure 2. – Some of the attributes included in the present analysis. a) butt thickness ; b) butt length ; c) flaking angle ; d) butt lip ; e) overhang ; f) impact point ; g) bulb striae ; h) bulb scar ; i) percussion ripples.

The strong curvature on the core table is mainly created by two opposed blade series meeting in a rather acute angle.

Also at Zonhoven and at Neerharen, profiles are mostly straight, while most federmesser blades appeared to be curved.

Butt types

The important number of spur (« en éperon ») butts on blades at Kanne immediately strikes the eye. At the other sites, spurs are absent. Blades are there dominated by plain butts. In the federmesser assemblages, we also find some dihedral butts, as well as a few faceted examples. At most of the sites, also some linear butts occur. Cortical or irregular butts on blades are extremely rare at Zonhoven and Kanne. At Zonhoven, they do occur on flakes, where again a high number of linear (detached) butts was attested. Still, plain butts are again predominant at most assemblages. Finally, we should warn that several so-called faceted butts on flakes (Schulen III) probably are rather parts of platform preparation flakes.

Taken together, the bar charts show that, firstly, the distinction between butt types of flakes and blades is only obvious in Kanne and Zonhoven. In the federmesser and early mesolithic assemblages, there were no special butt types for blades. Secondly, in a diachronic perspective, the disappearance of spur butts situates the main change in butt type frequencies from magdalenian to federmesser assemblages.

Butt dimensions

Regarding butt thickness of blades, larger butts were found at Kanne, with a mean thickness near 3 mm, than at the federmesser site of Rekem VI (mean near 2.5 mm), followed by Rekem X (mean near 2 mm). The mesolithic blade butts of Schulen III and Neerharen are very close to Rekem X, while thickness of butts at Schulen I and certainly at the ahrensburgian assemblage of Zonhoven Molenheide is clearly most reduced. Butt lengths on blades showed a similar pattern. The pattern also remained significant for the ratio blade length/butt thickness.

At all the assemblages, butt dimensions on flakes were on average twice as large as on blades. No other significant trends appeared there.

Flaking Angle

In measuring the flaking angle, the proximal half of the ventral face was used, ignoring the curvature of the bulb. Using intervals of 10°, subsequent checks proved these measurements more reliable than first expected.

While Magdalenian and Ahrensburgian appeared two antipodes regarding blade butt thickness (above), flaking angles on their blades, by contrast, have a matching distribution, with for each assemblage a mean of 110°. The antipode here is Rekem VI, where most blades have a more or less right flaking angle just over 90°. Rekem X is again closer to the mesolithic assemblages with medium angles of about 100°.

By contrast, flaking angles on flakes appeared to be very similar in all assemblages, with averages near 100° or at Rekem just slightly more acute. This also means that the most significant difference between flakes and blades is again at Zonhoven Molenheide and at Kanne. At the other assemblages, flaking angles on blades are not significantly different from those on flakes.

Butt lips

Presence of a lip at the flaking angle is most frequently attested in the Magdalenian, where it is related to spur butts. In the other assemblages, no significant pattern emerged.

Overhang on blades

With regard to overhangs (*angles de chasse*), a distinction could be observed between on the one hand federmesser and early mesolithic assemblages, where overhangs repeatedly display substantial protruding, and on the other hand mainly the ahrensburgian assemblage, where protruding was generally absent or suppressed.

Overhang Preparation

In direct relation to the former attribute is of course the overhang modification or « preparation ». Here we observe a similar separation between Federmesser and Early Mesolithic on the one hand, and Ahrensburgian and Magdalenian on the other hand. Again, the Magdalenian has an exclusive feature : a strong abrasion leading to blunted, smooth overhangs (*émoussés*) is observed on one third of the blades. Other preparations, normal abrasion and thinning (*amincissement*) by tiny removals occur as well. These are also found at the other assemblages, but, while overhangs of federmesser blades are mostly unmodified, abrasion is particularly dominant on blades of Zonhoven Molenheide. The three early mesolithic assemblages show a very uniform pattern, with thinning on nearly half of the blades. Again, they are at best comparable with the federmesser assemblages.

By contrast with the blades, overhangs on flakes were mostly unmodified and thus very similar at all sites. Again, this means that, only in Ahrensburgian and Magdalenian, flakes and blades were treated differently. It should be mentioned that butt preparation is actually much dependent on the flaking angle. In cases where angles are 90°-100°, butts were extremely seldom prepared, while most overhangs are modified if flaking angles attain more than 120°. This differentiation is also governed by purely technical reasons, as preparation on an *angle de chasse* of 90° would make it obtuse, rendering a detachment generally impossible.

IMPACT POINTS/PERCUSSION MARKS

Contrary to all expectations, the recording of percussion marks did not unveil striking differences between the various assemblages. The only distinction on this point is between flakes and blades.

Bulbs of Percussion

The bulbs of percussion showed more differentiation, with diffuse or slightly marked bulbs on magdalenian blades against mainly slightly marked, but sometimes pronounced, salient bulbs in the federmesser assemblages. Ahrensburgian and early mesolithic assemblages behave somewhat in between. Bulbs on flakes are clearly more substantial in all assemblages.

Bulb Striae

The recording of bulb striae revealed some interesting differences. On blades, bulb striae are most clearly present in the federmesser assemblages, including some so-called « moustaches » : striae at both sides of the bulb (Tixier, 1982, p. 15). At Kanne, and certainly at Zonhoven, bulb striae were seldom observed, and never in the « moustaches » form. In the Early Mesolithic, there was a quite uniform presence on about one third of the blades.

Regarding flakes, the absence of « moustaches » at Zonhoven is remarkable in view of the recurrent pattern observed at all other sites.

Bulb scars

No significant pattern emerged from the recording of bulb scars on blades. The only exception is that the rare bulb scars that were present on magdalenian blades always followed the orientation of the debitage direction, while the other assemblages also included oblique scars. Bulb scars on flakes showed even less interassemblage variability.

While this feature thus seems hardly useful for epipalaeolithic and mesolithic analyses, it should be remarked that the size of the scars was not considered here. It was observed however that there exists a considerable variability in this respect, and bulb scar size may thus be a promising attribute for future comparisons.

Percussion ripples

On the magdalenian blades of Kanne, percussion ripples are mostly indistinct. Federmesser blades, by contrast, almost exclusively carry large undulations on the ventral face. In the other assemblages, blades have mainly large undulations as well, but tiny contracted ripples or a combination of both is also attested.

On the flakes, the predominance of large undulations is even more manifest. At Zonhoven-Molenheide, a significant number of tiny contracted ripples has also been attested, while magdalenian flakes often lack undulations.

In the light of discussions on the meaning of the type of undulations, it should be remarked that raw materials clearly have a certain influence here : tiny contracted ripples are mostly found on fine grained flint, never on Wommersom quartzite, and but seldom on coarse grained flint.

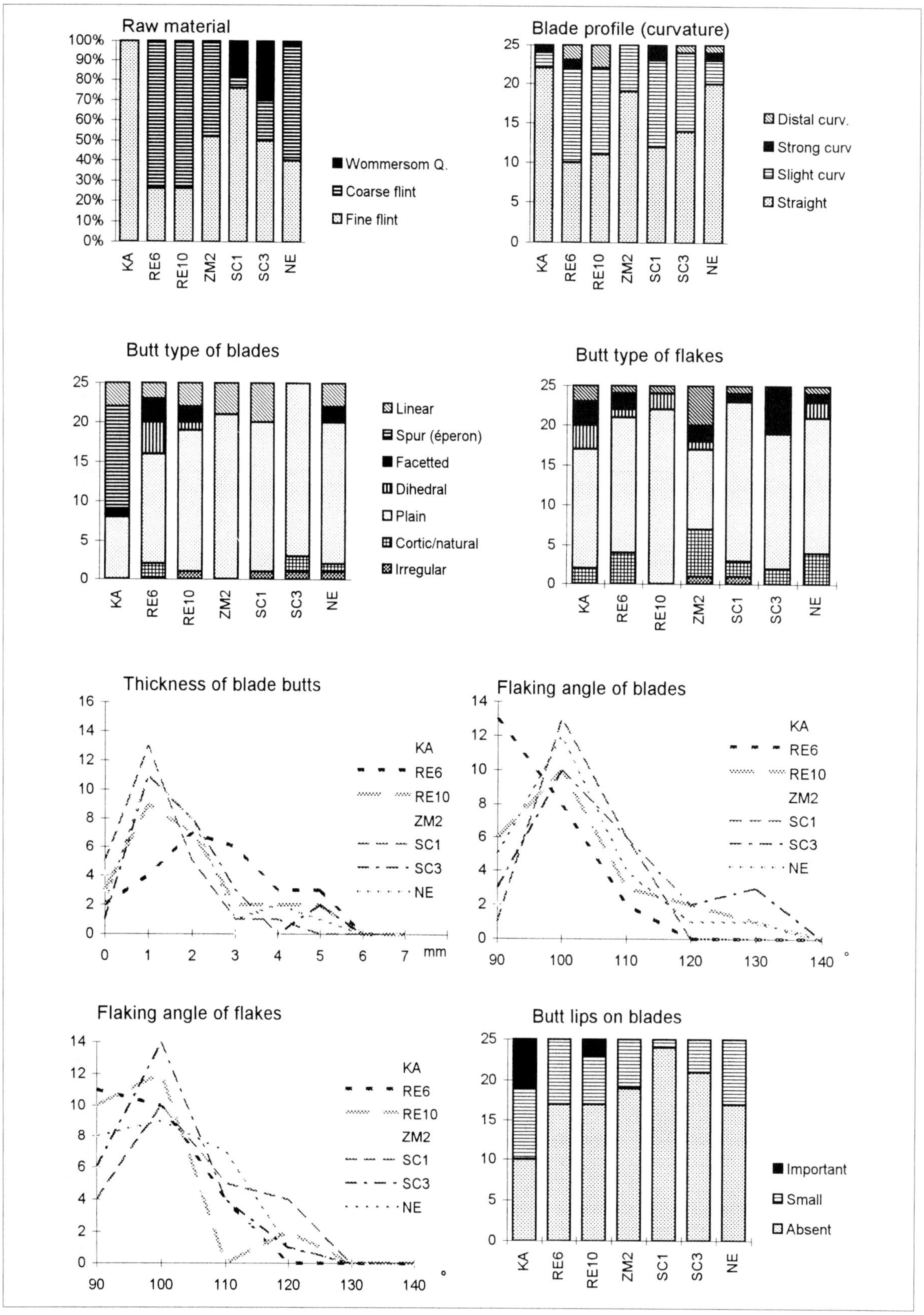

Figure 3. – Bar charts and graphs of flake and blade attribute counts from late upper palaeolithic and early mesolithic assemblages : KA = Kanne, RE6 = Rekem VI, RE10 = Rekem X, ZM2 = Zonhoven-Molenheide II, SC1 = Schulen I, SC2 = Schulen II, NE = Neerharen. Except for raw material, y-axis represents real numbers.

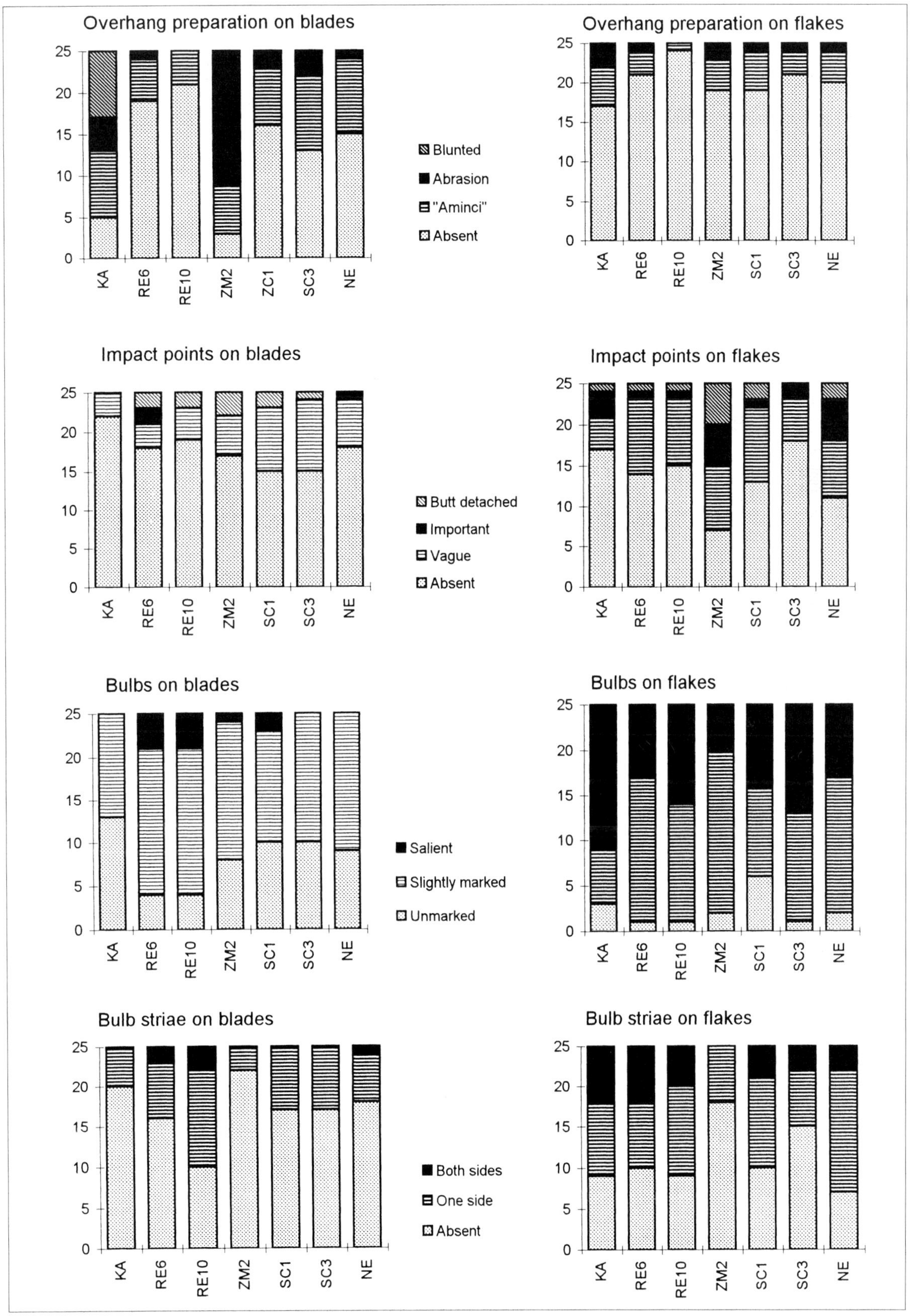
Overhang preparation on blades
Blunted
Abrasion
"Aminci"
Absent
KA
RE6
RE10
ZM2
ZC1
SC3
NE
Overhang preparation on flakes
KA
RE6
RE10
ZM2
SC1
SC3
NE
Impact points on blades
Butt detached
Important
Vague
Absent
Impact points on flakes
Bulbs on blades
Salient
Slightly marked
Unmarked
Bulbs on flakes
Bulb striae on blades
Both sides
One side
Absent
Bulb striae on flakes

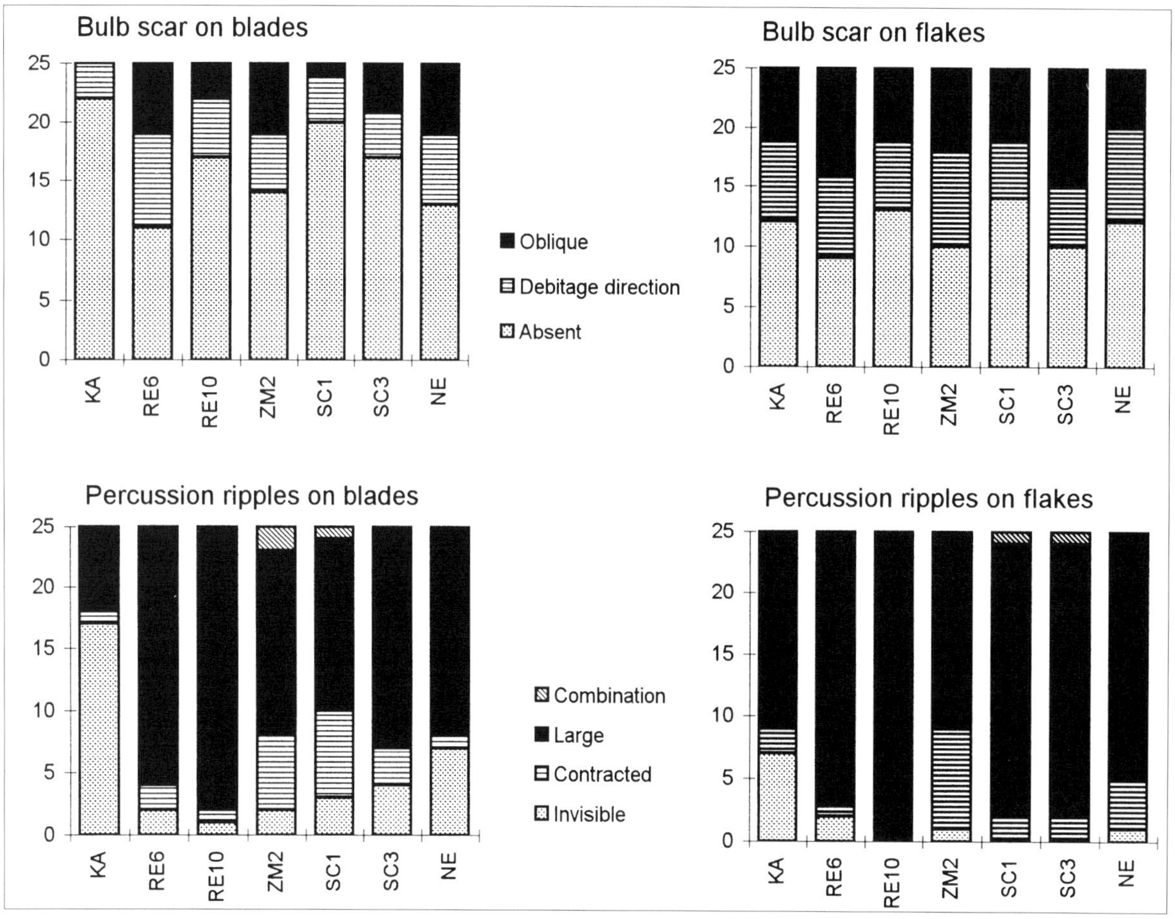

DISCUSSION AND CONCLUSION

Comparisons of technical attributes on blades and flakes from Belgian late glacial and early holocene lowland assemblages reveal clear differences between the Magdalenian and the subsequent industries. The shift is characterised by the disappearance of spur butts and of overhang blunting. Gradual changes are also attested with butt thickness, flaking angle, bulb scars, bulb striae, and percussion ripples.

In post-magdalenian debitage, changes seem less radical. It is principally the ahrensburgian assemblage of Zonhoven that can be distinguished from both federmesser and early mesolithic assemblages. Regarding the latter, this distinction is surprising, as microliths and retouched tool types as a whole seem to plead for a continuity from Ahrensburgian to Early Mesolithic (Gob, 1988).

The Ahrensburgian is, with the Magdalenian, the single assemblage where blades and flakes are clearly treated differently. Blades of Zonhoven-Molenheide II are particular for their small butt, wide flaking angle, abrasion, absence of bulb striae, and presence of tiny contracted percussion ripples.

The difficulty lies of course in identifying what caused this dual pattern. It was formerly stressed that raw material variability seems at least partly co-responsible, for instance for the type of percussion ripples, but it did not affect most other attributes.

At least some features are doubtless related to use of specific hammer types, for instance use of « softer » hammers during blade production in the Magdalenian and the Ahrensburgian. Sadly, potential organic soft hammers are never preserved. Most of the sites (Kanne, Rekem, Schulen) did yield hard quartzite hammers. At Zonhoven, stone hammers, including potential sandstone hammers, may have been overlooked, as the site was embedded in sand sediments mixed with natural gravels.

For the federmesser debitage, attributes seem to point at the use of a hard stone hammer for flaking both flakes and blades. However, clear differences observed between various units in a single site (Rekem VI *versus* Rekem X) also argue for « style » differences, induced by a differentiation in individual or collective knapping skills.

Based on the technical observations described above, the Early Mesolithic does not introduce radical innovations. Early mesolithic knappers probably used the same type of hammer as their federmesser colleagues, and this throughout the entire reduction sequence. The analysis surprisingly has shown the early mesolithic debitage to disclose more similarity with the federmesser than with the ahrensburgian debitage, suggesting skills were borrowed from both traditions. In forwarding this suggestion, I do not propose that the Early Mesolithic should be considered as an era of technological regression or standstill. Innovation is clearly present in the application of the microburin technique, that was unknown in Zonhoven Molenheide II, and on a regional scale in the introduction of Wommersom Quartzite. Rather, it is propounded that, in Belgian lowlands, the beginning of the Mesolithic yielded less radical changes in debitage knapping practice than did the shift from final Magdalenian to Federmesser. In the light of recent discoveries of « early » federmesser assemblages in Northern France (Fagnart, 1993 ; Bodu, 1995), it is however possible that equivalent « intermediate » industries between Magdalenian and Federmesser have not yet been recognised in our area of research.

In view of the small samples, the present contribution should only be considered as a start, a test actually, where the goal was to check the potential of this approach for inter-assemblage comparisons. I believe we can be modestly optimistic in that regard. Optimistic, for, whether the technical variance should be ascribed to choices of different hammers or to different knapping styles, they are in both cases dependent on specific behaviour in the society at issue. But also modest, because, in the geo-chronological context that was chosen, I am not fully convinced that, except for the Magdalenian, an assemblage without tools could be undoubtedly ascribed to its actual industry. Still, it could be interesting if, in the future, comparisons would be expanded to larger samples and broader geographical areas, as well as to subsequent middle and late mesolithic assemblages.

ACKNOWLEDGMENTS

The sites used in the present analysis were mainly excavated by the *Laboratorium voor Prehistorie* from the *Katholieke Universiteit te Leuven*. The director, Pierre M. Vermeersch, kindly permitted me to study these assemblages. I want to thank French colleagues Jean-Pierre Fagnart, Paule Coudret, Pierre Bodu, and Boris Valentin for drawing my attention on the significance of several attributes, and Philip Van Peer, Pierre M. Vermeersch, and Charles Frank Herman for inspiring comments on earlier drafts of this paper.

REFERENCES

BODU (P.), Le site à Federmesser du Closeau à Reuil-Malmaison (Hauts-de-Seine, France). *Notae Praehistoricae* 15, 1995, p. 45-50.

CASPAR (J.-P.), DE BIE (M.), Preparing for the Hunt in the Late Palaeolithic Camp at Rekem, Belgium. *Journal of Field Archaeology* 23, 4, 1996, p. 437-460.

DE BIE (M.) L'industrie à Federmesser de Rekem (Belgique) : datation, technologie lithique et répartition spatiale. *Actes*, CXIX[e] Congrès national des sociétés historiques et scientifiques, Amiens, 1994, *Le Tardiglaciaire en Europe du Nord-Ouest,* CTHS, 1997, p. 381-396.

DE BIE (M.), VERMEERSCH (P. M.), *in press* Pleistocene-1994, Holocene Transition in Benelux. *In* : L. G. STRAUSS, B. V. ERIKSEN (eds.), *The Archaeology of the Pleistocene-Holocene Transition. Proceedings of the Berlin INQUA symposium.* Quaternary International.

FAGNART (J.-P.), *Le Paléolithique supérieur récent et final du Nord de la France dans son cadre paléoclimatique.* Unpublished PhD Thesis, Université des sciences et technologies, Lille, 1995.

GOB (A.), L'Ahrensbourgien de Fonds-de-Forêt et sa place dans le processus de Mésolithisation dans le Nord-Ouest de l'Europe. *Actes,* colloque de Liège 1985 : « De la Loire à l'Oder. Les civilisations du Paléolithique final dans le Nord-Ouest européen ». *BAR International Series* 444, Oxford, 1988, p. 259-285.

INIZAN (M.-L.), ROCHE (H.), TIXIER (J.), *Technology of Knapped Stone.* Préhistoire de la pierre taillée 3, CREP, Meudon, 1992.

LAUWERS (R.), VERMEERSCH (P. M.), Un site du Mésolithique ancien à Neerharen-De Kip. *In :* P. M. VERMEERSCH (ed.), Contributions to the Study of the Mesolithic of the Belgian Lowland. *Studia Praehistorica Belgica* 1, MRAC, Tervuren, 1982a, p. 15-52.

Mésolithique ancien à Schulen. *In :* P. M. VERMEERSCH (ed.), Contributions to the Study of the Mesolithic of the Belgian Lowland. *Studia Praehistorica Belgica* 1, MRAC, Tervuren, 1982b, p. 55-112.

PELEMAN (C.), VERMEERSCH (P. M.), LUYPAERT (I.), Ahrensburg nederzetting te Zonhoven-Molenheide II. *Notae Praehistoricae* 14, 1994, p. 73-80.

PIGEOT (N.), Technical and Social Actors : Flintknapping Specialists at Magdalenian Etiolles. *Archaeological Review from Cambridge* 9, 1, 1990, p. 126-141.

TIXIER (J.), Techniques de débitage : osons ne plus affirmer. *In :* D. CAHEN (dir.), Tailler ! pour quoi faire : Préhistoire et technologie lithique. II : Recent Progress in Microwear Studies. *Studia Praehistorica Belgica* 2, MRAC, Tervuren, 1982.

VERMEERSCH (P. M.), LAUWERS (R.), VAN PEER (P.), Un site magdalénien à Kanne (Limbourg). *Archaeologia Belgica* 1, 1985, p. 17-54.

VERS UNE NOUVELLE CHRONOLOGIE ABSOLUE POUR LE MÉSOLITHIQUE EN BELGIQUE

TOWARDS A NEW ABSOLUTE CHRONOLOGY FOR THE BELGIAN MESOLITHIC

Philippe Crombé

Résumé. – Dans cette contribution nous discutons le problème de la datation absolue et de l'interprétation de variations typologiques du Mésolithique belge, en présentant les premiers résultats d'une nouvelle chronologie fondée exclusivement sur des datations de coquilles de noisettes et d'ossements.

Mots clés : Mésolithique, chronologie absolue, groupes sociaux.

Abstract. – This contribution deals with the problems concerning the identification of typological groups or assemblage-types and the absolute dating of the Belgian Mesolithic. Based on a series of old and new radiocarbon dates on charred hazelnut shells and bone fragments a first attempt towards a new chronology is proposed. One of the major conclusions is the apparent contemporaneity of several typological groups during the Early Mesolithic, in particular at the transition from the Preboreal to the Boreal (8,350-8,000 cal BC).

Key words : Mesolithic, absolute chronology, social groups.

INTRODUCTION

La chronologie absolue du Mésolithique belge demeure jusqu'à présent extrêmement mal définie, faute d'un nombre suffisant de datations radiocarbone acceptables et de contextes valables. Depuis les années 70, plusieurs chercheurs ont proposé des séquences typochronologiques divergentes (fig. 3). Récemment, par l'invention de l'accélérateur et par la découverte de sites relativement bien conservés, de nouvelles perspectives pour la datation de contextes mésolithiques ont été créées. Nous voudrions présenter ici les progrès récents dans le domaine de la datation du Mésolithique belge.

CADRE TYPOLOGIQUE

État de la documentation

Une sériation typologique des industries mésolithiques belges s'avère très difficile à cause de la conservation différentielle des sites. En l'absence d'une importante sédimentation postglaciaire, la perturbation des sites de plein air par des facteurs anthropiques (labour, occupation postmésolithique...) et/ou naturels (bioturbation, érosion...) est considérable. Dans la plupart des cas, l'industrie mésolithique est recueillie intégralement ou pour la majeure partie dans un contexte secondaire, notamment dans la couche arable, des dépôts colluviaux (Sougné A) ou alluviaux (Schulen III), des fosses dendro-génétiques (Vinderhoute, Donk) ou des structures postmésolithiques. Il est évident que dans le cadre d'une étude typochronologique, ces sites remaniés n'ont qu'une valeur limitée vu l'incertitude concernant l'intégrité typologique. Ceci est également valable pour les industries récoltées lors de fouilles anciennes (Rahir, Lequeux, Hamal-Nandrin, Verheyleweghen), où les circonstances de récolte et de conservation sont souvent inconnues ou trop incertaines.

Le problème de l'homogénéité des industries perturbées est en relation directe avec la grandeur des surfaces occupées. Plus le site est étendu, plus le risque est réel que plusieurs phases d'occupations soient irrévocablement mélangées. Les fouilles récentes sur le site alluvial de Verrebroek (Crombé et Van Strydonck, 1994 ; Crombé, 1994, 1995) soulignent bien les problèmes d'interprétation de sites étendus. Sur une surface fouillée de moins de 1 000 m^2, ce site a livré 13 structures latentes bien individualisées, de dimensions relativement restreintes (15-20 m^2), appartenant à au moins trois traditions typologiques. Il est donc extrêmement difficile et hasardeux de juger de l'intégrité typologique de grands sites, dont le matériel lithique a été trouvé en surface.

En réalité, seuls les sites protégés, tels que des grottes et des abris, des sites de plein air scellés sous des sédiments tourbeux, alluviaux, éoliens (*stuifzanden*) ou anthropiques (*eerdgronden*) et des sites jamais cultivés peuvent garantir des conditions satisfaisantes pour une étude typochronologique. Malheureusement, le nombre de sites de ce genre reste jusqu'à ce jour extrêmement limité, faute de fouilles et de prospections dans des contextes moins accessibles à la recherche archéologique.

Dans l'attente de conditions plus favorables, on est obligé d'intégrer dans l'étude typochronologique des données de qualité inégale d'informations, avec toutes les restrictions que cela impose.

Analyse de la documentation

Partant de variations typologiques et quantitatives dans l'armature microlithique, plusieurs groupes ou taxons typologiques sont discernables à l'intérieur du Mésolithique belge (fig. 1 ; tabl. 1). La sériation proposée ci-après est fondée sur les études de Vermeersch (1984) et de Gob (1984), ainsi que sur des résultats de fouilles récentes effectuées dans le Nord-Ouest de la Belgique (Crombé, 1995). Les sites indiqués par un astérisque proviennent de contextes secondaires et sont par conséquent d'une fiabilité relative.

- Groupe de Zonhoven

Site : Zonhoven « Kapelberg »* (Huyge, 1985).

Ce groupe se caractérise par le caractère exclusif de l'armature. Hormis quelques rares pointes proto-géométriques, e.a. des pointes trapézoïdales, les armatures comprennent uniquement des pointes asymétriques à troncature oblique et à angle de pointe généralement supérieur à 45°, correspondant aux pointes de Zonhoven selon la définition de Schwabedissen (1944) ou aux lamelles à troncature oblique selon la définition de Rozoy (1968). Une particularité importante de ce groupe est l'absence totale de la technique du microburin[1].

- Groupe de Neerharen

Sites : Donk* (Vynckier et Vermeersch, 1985), Neerharen « De Kip » (Lauwers et Vermeersch, 1982), Oostwinkel « Mostmolen » (Crombé, 1995), Schulen I et III* (Lauwers et Vermeersch, 1982), Sougné A « Walter Fostier »* (Gob, 1981), Vinderhoute « Molenbrug »* (Baes, Crombé, Langohr et Vanmoerkerke, 1987).

L'élément le plus caractéristique de ce groupe est la prédominance marquée des pointes à base non retouchée (> 50 %), en particulier des pointes à troncature oblique. Elles sont différentes de celles du groupe de Zonhoven par l'application générale de la technique du microburin et la fréquence des pointes à angle de pointe inférieur à 45°. Les autres types d'armatures, notamment les segments, les triangles et les pointes à base retouchée ne dépassent guère les 10-15 %. La présence de quelques lamelles étroites (< 10-15 %) caractérise plusieurs sites dans le Nord de la Belgique.

1. Contrairement à D. Huyge (1985), nous avons des doutes quant à l'attribution du groupe de Zonhoven au Mésolithique (ancien). En jugeant par l'aspect archaïque et asymétrique des armatures, par l'absence totale de microburins et par le débitage laminaire, l'industrie de Zonhoven « Kapelberg » nous semble plutôt se rapprocher de l'Ahrensburgien des grottes belges, en particulier de Remouchamps. Nous n'excluons pas que le groupe de Zonhoven représente un faciès de l'Ahrensburgien où les pointes pédonculées manquent totalement.

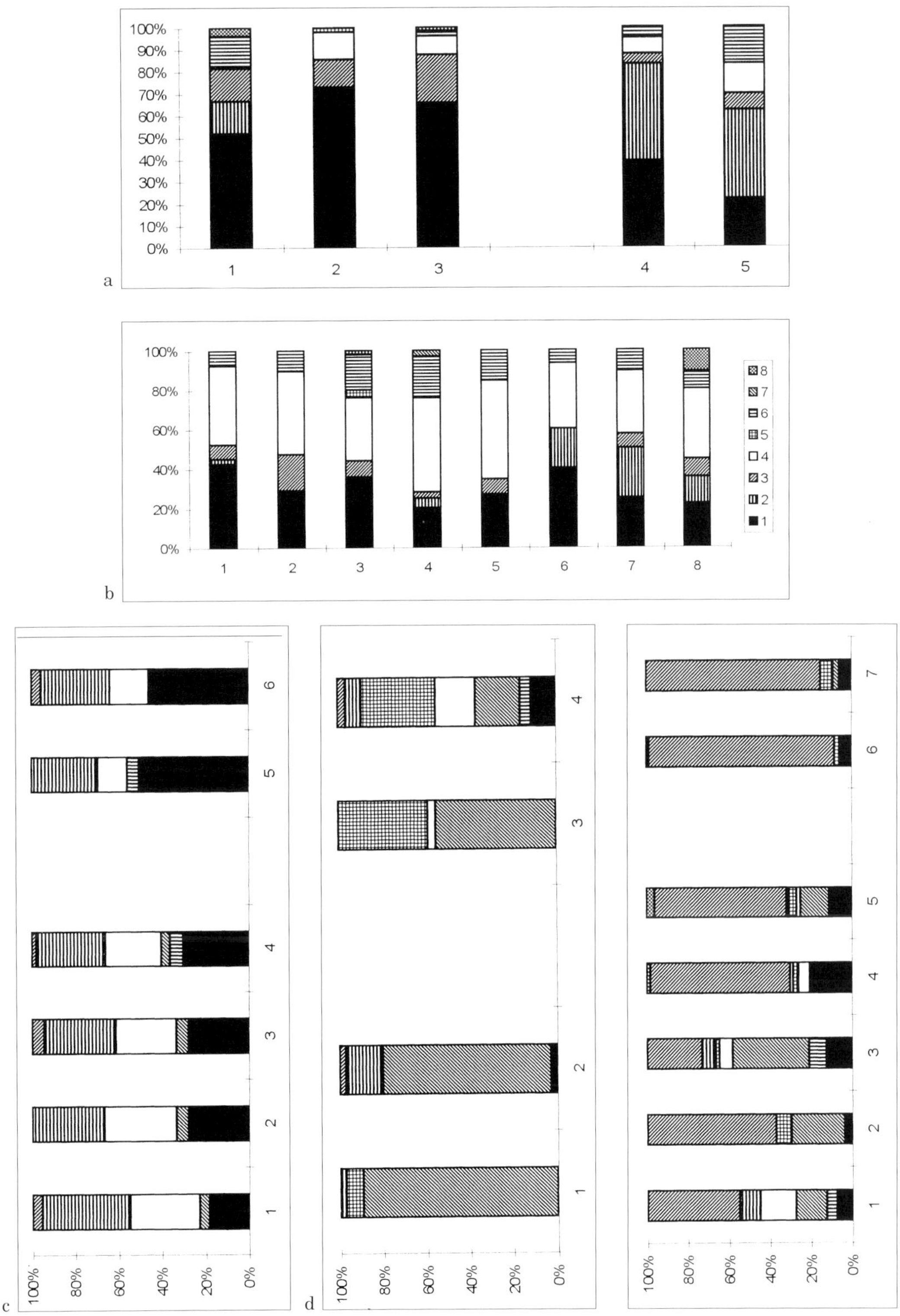

Figure 1. – Composition typologique des armatures à l'intérieur des différents groupes typologiques. 1. pointes à base non retouchée. 2. segments. 3. lamelles à bord abattu. 4. triangles. 5. microlithes à retouches couvrantes. 6. pointes à base retouchée. 7. trapèzes. 8. autres. 1a. – Groupe de Neerharen. 1. Oostwinkel. 2. Neerharen. 3. Schulen I. Groupe de l'Ourlaine. 4. Verrebroek « Dok ». 5. l'Ourlaine. 1b. – Groupe de Verrebroek. 1. Verrebroek « Dok » (faciès 1). 2. Hergenrath CII. 3. Mendonk I. 4. Roche-aux-Faucons. 5. Lez Mazures. 6. Verrebroek « Dok » (faciès 2). 7. Verrebroek « Ambachtelijke Zone ». 8. Kelmis. 1c. – Groupe de Chinru. 1. Chinru B. 2. Massouheid. 3. Paradis. 4. Wegnez. Groupe de Meer. 5. Meer II. 6. Ukkel. 1d. – Groupe de Sonnisse Heide. 1. Helchteren. 2. Kruishoutem. Groupe de Gelderhorsten. 3. Flobecq. 4. Lommel. 1e. – Groupe de Paardsdrank. 1. Godinne. 2. Oudenaarde I. 3. Remouchamps. 4. Weelde 4. 5. Weelde IV. Groupe de Ruiterskuil. 6. Brecht « Thomas Heyveld ». 7. Opglabbeek.

		Vermeersch (1984)	Gob (1984)	Gendel (1984)	Newell (1973)	Arts (1987;1988)
	groupe de Zonhoven	-	Epi-ahrensburgien	-	-	Mésolithique ancien
ancien	groupe de Neerharen	groupe de Neerharen	Epi-ahrensburgien	Mésolithique ancien	Early Mesolithic	Mésolithique ancien
	groupe de l'Ourlaine	-	Beuronien A	Mésolithique ancien	Early Mesolithic	-
	groupe de Verrebroek (faciès 1/2)	groupe de Mendonk	Beuronien C	Mésolithique ancien & moyen	Early Mesolithic	Mésolithique ancien
	groupe de Chinru	groupe de Kemmelberg(?)	Beuroniaan B	Mésolithique ancien & moyen	Early Mesolithic	Mésolithique moyen
	groupe de Meer	-	-	-	-	-
moyen	groupe de Sonnisse Heide	groupe de Sonnisse Heide	Rhein-Meuse-Schelde faciès A	Mésolithique moyen	Boreal Mesolithic	Mésolithique moyen
	groupe de Gelderhorsten	groupe de Gelderhorsten	Rhein-Meuse-Schelde faciès A	Mésolithique moyen	Boreal Mesolithic	Mésolithique moyen
récent	groupe de Paardsdrank	groupe de Turnhout & de Paardsdrank	Rhein-Meuse-Schelde faciès B/Montbanien	Mésolithique récent	Late Mesolithic (Survival)	Mésolithique moyen & récent
	groupe de Ruiterskuil	groupe de Ruiterskuil	Rhein-Meuse-Schelde faciès B/Montbanien	Mésolithique récent	Late Mesolithic (Survival)	Mésolithique moyen & récent
	groupe de Melsele	-	-	-	-	-

Tableau 1. – Résultats de la sériation typologique des armatures mésolithiques, comparée aux typochronologies existantes.

groupe typologique	gisement	N° échantillon	date B.P.	date cal B.C.(1 s)	matériau daté	contexte	référence
groupe de Neerharen	Oostwinkel	UtC-3438	9250 ± 160	8436-8076	noisettes	dispersées	Crombé, 1995
	Neerharen	Lv-1092	9170 ± 100	8340-8080	noisettes	foyer	Lauwers & Vermeersch, 1982
groupe de l'Ourlaine	Verrebroek "Dok"						
	CI	UtC-3915	9110 ± 65	8322-8036	noisettes	foyer	Crombé, 1995
	CII1	UtC-3445	9100 ± 130	8331-8016	noisettes	foyer	ibidem
groupe de Verrebroek	Verrebroek "Dok"						
	CVI	UtC-3439	9150 ± 100	8331-8057	noisettes	foyer	Crombé, 1995
	CII2	UtC-3436	9130 ± 170	8350-8005	noisettes	foyer	ibidem
	CVII	UtC-3451	9120 ± 120	8331-8030	noisettes	foyer	ibidem
	CV2	UtC-2743	9000 ± 190	8330-7731	noisettes	foyer	ibidem
	CX	UtC-2744	8920 ± 130	8081-7727	noisettes	foyer	ibidem
	CX	UtC-3444	8920 ± 100	8063-7737	noisettes	foyer	ibidem
	Verrebroek "A-Z"	IRPA-633	8890 ± 100	8040-7730	noisettes	fosse	Van Roeyen, 1990
	(Coléoptère c.5)	Lv-718	7000 ± 90	5950-5740	ossements	dispersés	Dewez, et alii, 1983
groupe de Sonnisse Heide	Kruishoutem	UtC-2023(1)	2310 ± 60	483-237	noisettes	foyer	Crombé, 1995
		UtC-2023(2)	8270 ±80	7424-7099	noisettes	foyer	ibidem
	Weelde 1	OxA-141	8200 ± 150	7430-7030	noisettes	dispersées	Gillespie, et alii, 1985
		OxA-142	7150 ± 150	6170-5810	noisettes	dispersées	ibidem
		OxA-143	3330 ± 130	1750-1440	noisettes	dispersées	ibidem
groupe de Paardsdrank	Weelde 5	Lv-959	6990 ± 135	5960-5700	noisettes	dispersées	Huyge & Vermeersch, 1982
	Godinne	Lv-1615	7350 ± 75	6230-6040	ossements	-	Toussaint & Becker, 1988
	Station Leduc	Lv-1401	6990 ± 60	5940-5750	noisettes	foyer	Gob & Jacques, 1985
groupe de Melsele	Melsele	UtC-3191	5700 ± 60	4670-4460	noisettes	dispersées	Van Strydonck, et alii, 1996
industrie non attribuable (Mésolithique récent)	Petit-Modave c.4	Lv-1751	6650 ± 70	5590-5450	ossements	-	Collin & Haesaerts, 1988
	Liège "Pl.St.-Lambert"	OxA-4781	7800 ± 75	6700-6470	ossements	-	Gustin, Léotard & Otte, 1994

Tableau 2. – Liste des datations radiocarbone de coquilles de noisettes brûlées et d'ossements pour le Mésolithique belge (calibrations selon Styiver et Reinie, 1993).

• Groupe de l'Ourlaine

Sites : l'Ourlaine (Gob, 1981), Seilles (Destexhe, 1979), Verrebroek « Dok » CI, CII1 et CIV (Crombé, 1995).

Ce groupe se particularise par la présence accusée de segments (35-45 %), souvent très effilés. Avec les pointes à base non retouchée, ils constituent près de 60-80 % de la totalité des armatures. Le taux des pointes à base retouchée et des triangles ne dépasse guère 10-15 %.

• Groupe de Verrebroek

Sites : Hergenrath CII (Hubert, 1967), Holsbeek « Piron »* (Vermeersch, 1976), Inzegotte* (Gob, 1981), Kelmis « Brenn Hag »* (Lausberg-Miny et Pirnay, 1985), Lez Mazures (Gob, 1981), Mendonk I* (Vanmoerkerke, 1982), Petit-Modave « Trou Al'Wesse » (Collin et Haesaerts, 1988), Roche-aux-Faucons (Gob, 1981), Ursel « Wagenmakersbeek »* (Van der Haegen, 1996), Verrebroek « Ambachtelijke Zone » CII (Van Roeyen, 1990), Verrebroek « Dok » (Crombé, 1995).

Attribution incertaine : Beauregard* (Gob, 1981), Coléoptère couche 5 (Dewez *et al.*, 1983), Holsbeek « Marrant »* (série grès lustré) (Vermeersch, 1972), Pépinster « Bois de Hodainry » (Counasse, 1980).

Dans ce groupe, les triangles scalènes prédominent à côté des pointes à base non retouchée. Le nombre de triangles est toujours supérieur à 25-35 %, tout en ne dépassant jamais 50 % de la totalité des armatures. Il s'agit généralement de triangles assez élancés avec un rapport longueur/largeur de 3 en moyenne ; des exemplaires allongés, dont la longueur dépasse le quadruple de la largeur, font presque entièrement défaut. Le taux des pointes à base retouchée se situe le plus souvent entre 10-15 %, exceptionnellement 20 %. Sur quelques sites (Verrebroek, Kelmis) une subdivision en deux sous-groupes est clairement attestée. La différence principale entre les deux faciès réside en l'absence (faciès 1) ou la présence (faciès 2) de segments. Sur les sites de Verrebroek « Dok » (CIX et CX), Verrebroek « Ambachtelijke Zone » (CII) et Kelmis, le taux des segments s'élève à 25-30 %.

• Groupe de Chinru

Sites : Chinru B*, Massouheid*, Paradis*, Wegnez (Gob, 1981).

Attribution incertaine : Kemmelberg* (Ulrix-Closset *et al.*, 1981), Weelde « Hoogeinds Voorhoofd I » (Verbeek et Vermeersch, 1994).

Contrairement au groupe précédent, la pointe à base retouchée est l'armature principale. Avec en moyenne 30-45 %, son taux est légèrement plus important que ou équivalent au triangle scalène. Ensemble, ces deux types d'armatures représentent en moyenne 60-70 %. Les segments manquent presque entièrement.

• Groupe de Meer

Sites : Meer II (Van Noten, 1978), Ukkel « Nekkersgat »* (Vermeersch, 1984).

Ce groupe est typologiquement lié au précédent par le taux élevé des pointes à base retouchée (env. 30 %). Il en diffère par le nombre inférieur de triangles et la dominance des pointes à base non retouchée.

• Groupe de Sonnisse Heide

Sites : Helchteren « Sonnisse Heide II » (Gendel *et al.*, 1985), Kruishoutem « Kerkakkers » (Crombé, 1995).

Attribution incertaine : Brecht « Moordenaarsven II » (Vermeersch *et al.*, 1992), Gent « Port-Arthur »* (Otte *et al.*, 1986), Holsbeek « Boomkwekerij »* (Vermeersch, 1972), Weelde « Paardsdrank I » (Huyge et Vermeersch, 1982).

L'élément le plus caractéristique de ce groupe est manifestement la prédominance des lamelles à bord abattu (80-90 %), en particulier des exemplaires étroits. S'y ajoutent en nombre variable des pointes à base retouchée, type pointe de Tardenois, et/ou des microlithes à retouches couvrantes (feuilles de gui, pointes à base arrondie, triangles à retouches couvrantes...). Segments, triangles et pointes à base non retouchée sont quasi absents.

• Groupe de Gelderhorsten

Sites : Flobecq « Pottelberg »* (Gob, 1976), Heinsch « Pierre Celtique » (Fairon, 1981), Lommel « Gelderhorsten »* (Geerts et Vermeersch, 1984), Wachtebeke « Oudenburgse Sluis »*, Zonhoven « Bolderdal I » (Huyge, 1987).

Ce groupe présente, par l'abondance de lamelles étroites à bord abattu, des similitudes importantes avec le groupe précédent. Il en diffère par la prédominance de microlithes à retouches couvrantes (35-40 %).

• Groupe de Paardsdrank

Sites : Godinne « Chaveau » (Toussaint et Becker, 1988), Oudenaarde « Donk I » (Blancquaert, 1989), Remouchamps « Station Leduc » (Gob et Jacques, 1985), Weelde « Paardsdrank » (Huyge et Vermeersch, 1982).

Dans ce groupe, le trapèze – en particulier le trapèze à base décalée, le trapèze rectangle et le trapèze asymétrique – est l'armature la plus caractéristique. Le taux varie en moyenne entre 45 % et 65 %. À côté des trapèzes figurent encore bon nombre de types d'armatures « anciennes », notamment des lamelles étroites à bord abattu (15-35 %), des microlithes à retouches couvrantes (< 10 %), des pointes à base non retouchée (< 15 %) et des triangles scalènes.

• Groupe de Ruiterskuil

Sites : Aalter « Stratum »* (Van der Haegen, 1993), Brecht « Thomas Heyveld »* (Lauwers et Vermeersch, 1982), Brecht « Moordenaarsven I » (Vermeersch *et al.*, 1992), Opglabbeek « Ruiterskuil » (Vermeersch *et al.*, 1974).

Le trapèze constitue l'armature presque exclusive (80-90 %) de ce groupe, dont un nombre important à retouches inverses plates (25-50 %).

• Groupe de Melsele

La définition de ce groupe reste plutôt hypothétique ; elle est fondée sur un seul site, celui de Melsele « Hof ten Damme » (Van Berg *et al.*, 1991), dont l'étude est encore en cours. Ce groupe se particularise par la présence de céramiques du type Swifterbant/Ertebølle « associées » à une industrie lithique de tradition mésolithique récente. Malheureusement, le contexte pédo-stratigraphique (couche bioturbée) soulève des doutes concernant l'intégrité de ce site.

CADRE CHRONOLOGIQUE

État de la documentation

La question cruciale qui se pose est celle de la signification et de l'origine des variations typologiques à l'intérieur du Mésolithique belge. En d'autres termes, les différences observées dans la typologie et la fréquence des armatures mésolithiques sont-elles d'ordre chronologique, fonctionnel et/ou socioculturel ?

Bien que la plupart des chercheurs tendent à expliquer le groupement typologique dans le domaine strictement chronologique, l'hypothèse d'une succession diachronique des taxons typologiques n'est jusqu'à présent guère soutenue par les données radiométriques. Selon les chercheurs, seulement 40-44 % (Arts, 1987 ; Vermeersch, 1989) à 55 % (Gob, 1990) des datations radiocarbones disponibles – au total 40 datations en 1990 (voir Gob, 1990) – seraient valables ou acceptables. À notre avis, faute de critères, une sélection objective de « bonnes » et de « mauvaises » dates n'est à présent guère possible. Il ne faut donc pas s'étonner du fait qu'il n'existe pour certaines datations radiocarbones aucun consensus entre les différents chercheurs.

L'origine des problèmes radiométriques est généralement due à la pédoturbation, en particulier dans la bioturbation (animaux fouisseurs, chablis...) très intense des sols sableux, menant à des associations mauvaises ou douteuses entre les échantillons datés et le matériel archéologique. De plus, près de 65 % des datations radiométriques ont été réalisées sur des fragments de charbon de bois, dont l'origine anthropique n'est pas toujours évidente ou bien établie. En particulier dans le cas d'échantillons de charbon dispersés, le problème de la contamination avec du charbon d'origine naturelle, formé par des incendies de forêt, se pose.

Afin de minimaliser les risques de contamination lors de la sélection d'échantillons à dater dans un sol intensivement bioturbé, tel que le sol sableux, nous avons opté, dès 1990, pour la datation de matériau dont le rapport avec les activités anthropiques est plus direct et évident, tels que des coquilles de noisettes, des ossements et de la résine. Vu les conditions défavorables à la conservation de vestiges organiques des sables acides, on a dû se contenter de coquilles de noisettes brûlées, résidus potentiels de consommation anthropique. D'après les résultats d'un projet de datation AMS en collaboration avec l'Institut royal du patrimoine artistique de Bruxelles (Ir. M. Van Strydonck) et avec le laboratoire Van de Graaff d'Utrecht (Pays-Bas), ce matériau serait hautement fiable pour la datation de contextes mésolithiques de plein air. De plus, par l'omniprésence de *Corylus* dans le paysage mésolithique, ce matériau forme une excellente alternative de datation pour des contextes pauvres en matière organique.

Bien que le nombre de datations soit encore relativement limité, il nous semble déjà opportun de présenter les récents progrès des datations radiocarbone en Belgique. En guise d'hypothèse de travail, nous voudrions présenter dans cette contribution une première approche d'un nouveau cadre chronologique absolu pour le Mésolithique belge, fondé uniquement sur des datations de noisettes et d'ossements ; donc en éliminant toutes les datations de charbon, même celles qui sont typologiquement acceptables.

Analyse des datations

Hormis 11 datations sur ossements humains provenant de sépultures récemment découvertes dans plusieurs grottes mosanes (Cauwe, 1995), on dispose à présent de 23 datations radiocarbone de contextes d'habitat (tabl. 2), dont 19 sont réalisées sur noisettes et 4 sur ossements. Les datations d'ossements ont été effectuées sur des fragments d'os déterminés, à l'exception de celle de Coléoptère-couche 5 faite sur des esquilles osseuses non déterminées. Vu l'incertitude concernant l'intégrité de l'échantillon et du contexte (Gob, 1990, p. 39), la date de Coléoptère fait l'objet de beaucoup de doutes.

Parmi les datations sur noisettes, 15 (dates UtC et OxA) ont été faites sur des fragments individuels par la méthode AMS. Douze échantillons datent des contextes de combustions, notamment des foyers structurés (Neerharen, station Leduc) ou des foyers présumés (Verrebroek, Kruishoutem...), indiqués par des accumulations d'artefacts brûlés. Les datations OxA-142 et OxA-143 de Weelde « Paarddrank I » sont manifestement à rejeter puisqu'elles ont été réalisées sur un échantillon partiellement traité ; d'après les données du laboratoire d'Oxford (Gillespie *et al.*, 1985, p. 239) pour le secteur I de Weelde, seule la date de 8 200 ± 150 BP est à retenir. Une autre date à rejeter est celle de Kruishoutem « Kerkakkers » UTC-2023 ; l'origine de cette date, manifestement trop récente et incompatible avec le Mésolithique, reste à éclaircir.

En éliminant les dates incompatibles (Kruishoutem), douteuses (Coléoptère) et insuffisamment préparées (Weelde I), on retient 19 datations valables. Avec 90 % de dates acceptables, la fiabilité de ces deux matériaux, en particulier les coquilles de noisettes, nous semble désormais bien démontrée. Il est néanmoins clair que ni le nombre de datations, ni le nombre de sites ou de contextes datés ne nous permettent à l'heure actuelle d'élaborer une chronologie fine pour le Mésolithique belge. Au total seulement 12 sites, représentant 18 contextes différents, ont été directement datés ; près de la moitié proviennent d'un même site, c'est-à-dire du site alluvial de Verrebroek « Dok ». De plus, plusieurs taxons typologiques décrits plus haut – e.a. les groupes de Zonhoven, de Chinru, de Gelderhorsten et de Ruiterskuil – ne sont pas encore datés. À l'exception du groupe de Verrebroek, dont on possède déjà 7 datations sur noisettes, la datation des autres taxons typologiques n'est fondée que sur deux ou au maximum trois dates radiocarbone.

Malgré les hiatus chronologiques encore nombreux et importants (fig. 2), les données disponibles nous permettent déjà de faire quelques observations préliminaires fort intéressantes. À notre avis, il est encore trop tôt, vu le hiatus radiométrique important à la charnière du Paléolithique récent (l'Ahrensburgien) et du Mésolithique ancien, de discuter du problème du commencement et de la genèse du Mésolithique belge. À l'heure actuelle il n'existe pas d'indice concret qui nous permette de placer le début du Mésolithique antérieurement à ± 8 400-8 300 cal BC et donc antérieurement au dernier quart du Préboréal. Par contre la contemporanéité radiométrique entre les groupes de Neerharen, de l'Ourlaine et de Verrebroek (faciès 1) dans le dernier quart du Préboréal, soit entre ± 8 350 et 8 000 cal BC, est déjà bien attestée. Dans l'état actuel de la recherche, seul le groupe de Verrebroek (faciès 2) semble se prolonger durant le premier quart du Boréal, soit jusqu'à ± 7 700 cal BC. Ces observations sont en contradiction directe avec les typochronologies existantes pour la Belgique (fig. 3), en particulier avec la séquence épi-ahrensburgienne et beuronienne proposée par A. Gob (1984, 1990). En se fondant sur des comparaisons typologiques avec des pays étrangers, en particulier avec le Mésolithique ancien de l'Europe du Nord et le Beuronien de l'Allemagne méridionale, Gob propose une classification diachronique qui débute vers 9 700 BP avec l'épi-Ahrensburgien et se termine vers 8 200-7 800 BP avec le Beuronien C. D'après notre information, l'épi-Ahrensburgien, le Beuronien A et C, équivalant respectivement aux groupes de Neerharen, de l'Ourlaine et de Verrebroek, seraient apparemment des traditions contemporaines du Mésolithique ancien.

En acceptant la date OxA-141 de Weelde I, la postériorité du groupe de Sonnisse Heide par rapport aux groupes précédents est confirmée. Dans l'attente d'autres datations, ce groupe se situe provisoirement dans la seconde moitié du Boréal, soit entre 7 400 et 7 000 cal BC. Les datations de noisettes récemment obtenues sur le site de La Chaussée-Tirancourt (Ducrocq et Ketterer, 1987), situé dans le Nord de la France, laissent néanmoins

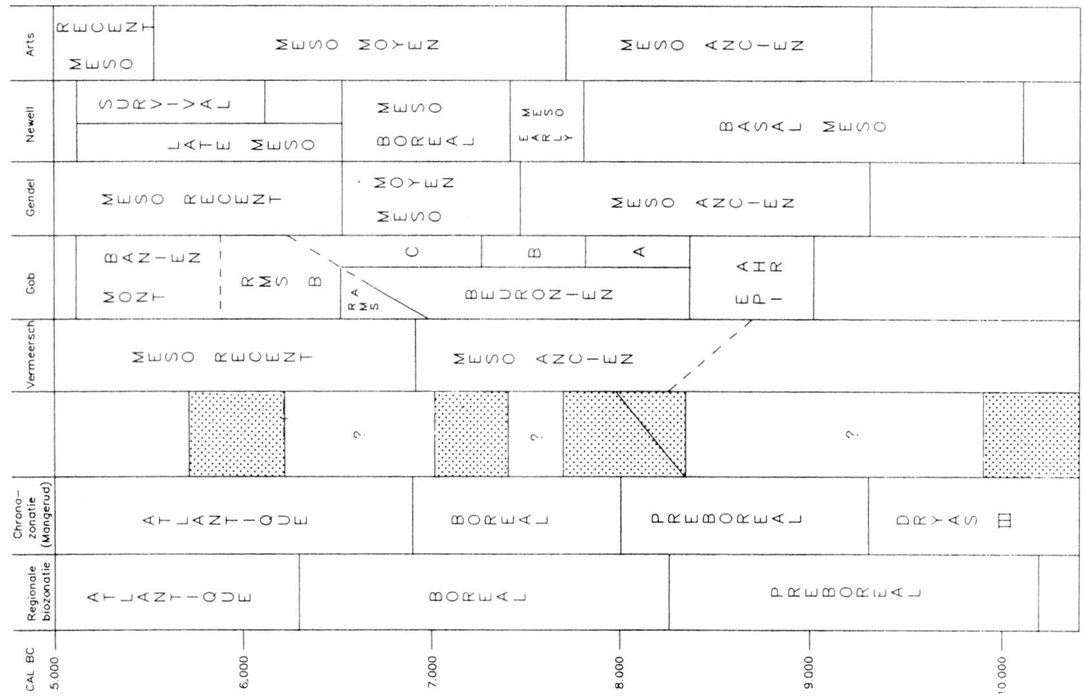

Figure 3. – Comparaison entre la nouvelle chronologie proposée et les typochronologies existantes.

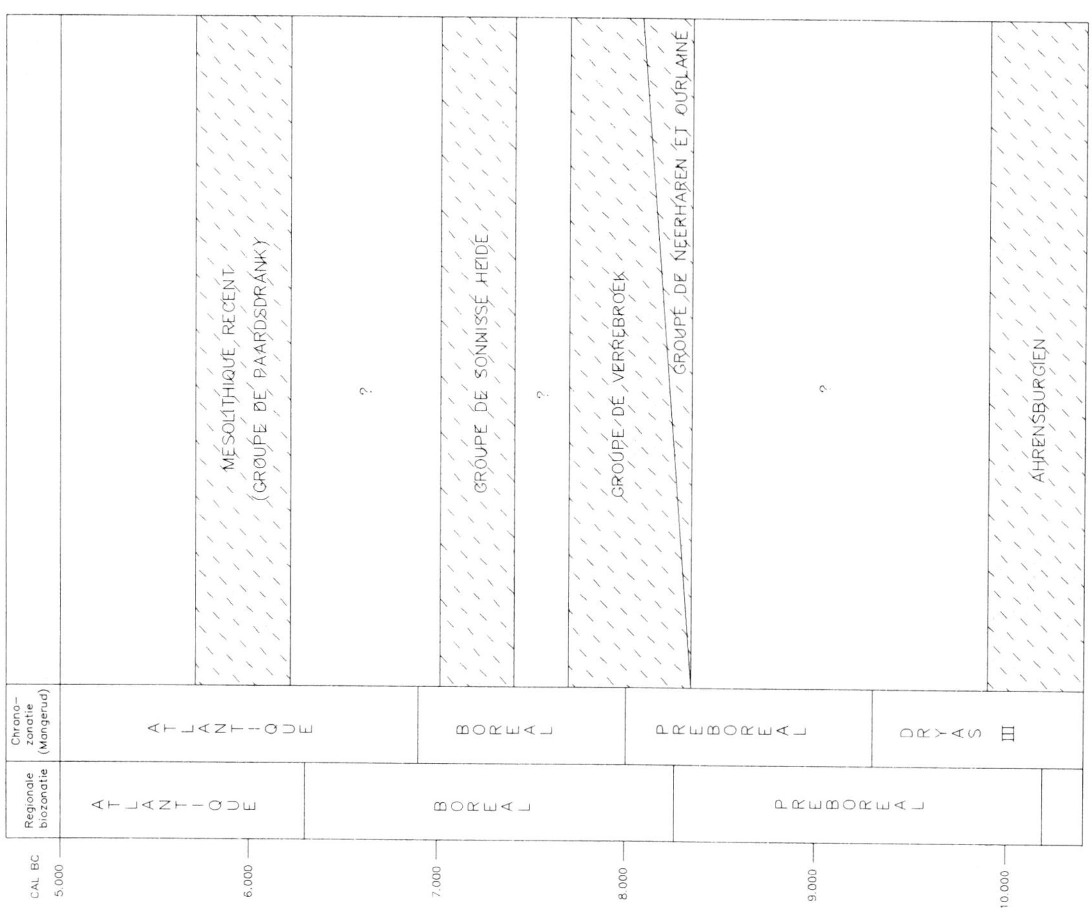

Figure 2. – Séquence chronologique de quelques groupes typologiques d'après des datations sur coquilles de noisettes brûlées et d'ossements.

supposer une ancienneté plus grande (7 500-7 550 cal BC) de ce groupe[2].

Les datations disponibles pour le groupe de Paardsdrank s'échelonnent entre ± 6 200 et 5 700 cal BC ; faute de datations acceptables, le début du Mésolithique récent ainsi que l'introduction du trapèze dans l'armature mésolithique restent encore à préciser. La date de 5 700 ± 60 BP du groupe de Melsele est en parfaite concordance avec les datations des sites du Mésolithique final-Néolithique ancien de Swifterbant (S3, S11), récemment réalisées sur noisettes et dégraissants de poterie.

CONCLUSION

La nouvelle chronologie absolue proposée dans cette contribution, bien qu'encore très incomplète et provisoire, démontre fort bien la complexité de l'interprétation de variations typo-stylistiques dans le matériel mésolithique. Il est désormais clair qu'une interprétation strictement diachronique des taxons typologiques, telle qu'elle est proposée par plusieurs chercheurs pour le Mésolithique belge, n'est plus à retenir. D'après les datations radiométriques sur noisettes et ossements, il faut envisager la possibilité d'une contemporanéité réelle entre plusieurs traditions lithiques, en particulier pour la phase ancienne du Mésolithique à la transition entre le Préboréal et le Boréal. Il faut maintenant s'interroger sur l'origine fonctionnelle (armatures et chasse spécialisée ?) ou socioculturelle de ces variations lithiques. L'idée d'une coexistence de plusieurs groupements sociaux est renforcée par l'utilisation différentielle de certains matériaux exogènes. Ainsi il existe une nette distinction dans l'emploi du quartzite de Wommersom et de celui de Tirlemont (grès lustré) entre les groupes du Mésolithique ancien. L'emploi du quartzite de Wommersom semble limité aux groupes de Neerharen et de l'Ourlaine, tandis que le quartzite de Tirlemont ne se rencontre que dans les industries du groupe de Verrebroek. En admettant que la distribution de matériaux exogènes reflète des relations sociales, tel que Gendel (1984) le suggère pour le quartzite de Wommersom, on pourrait y voir un indice supplémentaire de l'existence d'au moins deux groupes différents sur le territoire belge durant le Mésolithique ancien.

BIBLIOGRAPHIE

ARTS (N.), Mesolithische jagers, vissers en voedselverzamelaars in noordoost België en zuidoost Nederland. *Het Oude Land van Loon* XLII, 1987, p. 27-85.

Archaeology, Environment and the Social Evolution of Later Band Societies in a Lowland Area. *In* : C. BONSALL (dir.), *The Mesolithic in Europe*. Papers presented at the 3rd international symposium, Edinburgh, 1989, p. 291-312.

BAES (R.), CROMBÉ (P.), LANGOHR (R.), VAN MOERKERKE (J.), La préhistoire. *In* : BOURGEOIS (J.), BUNGENEERS (J.), DELCOURT (A.), ROMMELAERE (J.), Fouilles à Vinderhoute-Molenbrug. Campagnes 1985-1986. Occupation mésolithique, habitat du second Âge du Fer et de l'époque romaine. *Scholae Archaeologicae* 8, Gent, 1987, p. 15-32.

BLANCQUAERT (G.), L'analyse tracéologique : l'exemple d'une concentration mésolithique à Oudenaarde « Donk » (Belgique). *Cahiers de Préhistoire du Nord* 6, 1989, p. 22-32.

CAUWE (N.), Chronologie des sépultures de l'abri des Autours à Anseremme-Dinant. *Notae Praehistoricae* 15, 1995, p. 51-60.

COLLIN (F.), HAESAERTS (P.), Trou Al'Wesse (Petit-Modave) ; fouilles 1988. *Notae Praehistoricae* 8, 1988, p. 1-14.

COUNASSE (P.), Le gisement mésolithique du bois de Hodainry à Pepinster. *Archaeologia Belgica* 223, 1980, p. 20-24.

CROMBÉ (P.), Recherche poursuivie sur le Mésolithique en Flandre orientale. *Notae Praehistoricae* 13, 1994, p. 71-78.

(inédit) Epipaleolithicum en Vroeg- en Midden-Mesolithicum in Zandig Vlaanderen. Bijdrage tot de kennis van de typochronologie en de nederzettingsstructuur. Thèse de doctorat, université de Gand, 1995.

2. L'origine des pointes à retouches couvrantes est manifestement antérieure à la seconde moitié du Boréal. Les fouilles récentes à Verrebroek « Dok » ont livré 3 pointes très typiques, dont une feuille de gui en quartzite de Wommersom, à dater entre 8300 et 8000 cal BC.

CROMBÉ (P.), VAN STRYDONCK (M.), Recherche poursuivie sur le site mésolithique ancien de Verrebroek (Flandre orientale) : résultats de la campagne 1994. *Notae Praehistoricae* 14, 1994, p. 95-102.

DESTEXHE (G.), Le site mésolithique de Seilles. *Les Chercheurs de la Wallonie* 24, 1979, p. 69-130.

DEWEZ (M.), CORDY (J. M.), GILOT (E.), KOZLOWSKI (S.) *et al.*, La couche mésolithique de la grotte du Coléoptère (Bomal-sur-Ourthe). *Mémoire de la Société Wallonne de Palethnologie* 5, Luik, 1983.

DUCROCQ (T.), KETTERER (I.), Le gisement mésolithique du Petit-Marais, La Chaussée-Tirancourt (Somme). *Bulletin de la Société préhistorique française*, t. 92, n° 2, 1995, p. 249-259.

FAIRON, Un site d'habitat préhistorique dans la région d'Arlon. *Annales et comptes rendus des travaux du Congrès de Comines 1980,* 1981, p. 111-116.

GEERTS (F.), VERMEERSCH (P. M.), The Mesolithic Site of Lommel-Gelderhorsten. *Notae Praehistoricae* 4, 1984, p. 23-44.

GENDEL (P.), Mesolithic Social Territories in North-West Europe. *BAR international series* 218, Oxford, 1984.

GENDEL (P.), VAN DE HEYNING (H.), GIJSELINGS (G.), Helchteren-Sonnisse Heide 2 : a Mesolithic Site in the Limburg Kempen (Belgium). *Helinium* 25, 1985, p. 5-22.

GILLESPIE (R.), GOWLETT (J. A. J.), HALL (E. T.), HEDGES (R. E. M.), PERRY (C.), Radiocarbon Dates from Oxford AMS System : Archaeometry Datelist 2. *Archaeometry* 27, 1985, p. 237-246.

GOB (A.), L'industrie mésolithique du Pottelberg. *Annalen GOKRTI* 25, 1976, p. 243-260.

Le Mésolithique dans le bassin de l'Ourthe. *Mémoire de la Société wallonne de palethnologie* 3, Liège, 1981.

Les industries microlithiques dans la partie sud de la Belgique. *In* : D. CAHEN, P. HAESAERTS (dir.), *Peuples chasseurs de la Belgique dans leur cadre naturel*, Bruxelles, 1984, p. 195-210.

Chronologie du Mésolithique en Europe. Atlas des dates C14. Série *Histoire de l'Art et Archéologie* 1, Liège, 1990.

GOB (A.), JACQUES (M.-C.), A Late Mesolithic Dwelling Structure at Remouchamps, Belgium. *Journal of Field Archaeology* 12, 1985, p. 163-175.

GUSTIN (M.), LÉOTARD (J.-M.), OTTE (M.), Le Mésolithique de Liège : campagne 1994. *Notae Praehistoricae* 14, 1994, p. 113-123.

HUBERT (F.), Un gisement mésolithique à Hergenrath. *Archaeologia Belgica* 99, Bruxelles, 1967.

HUYGE (D.), Een vroeg-mesolithische nederzetting te Zonhoven-Kapelberg. *Limburg* 64, 1985, p. 183-202.

De mesolithische vindplaatsen « Bolderdal » op de Wijvenheide te Zonhoven. *Archaeologia Belgica* 3, 1987, p. 57-70.

HUYGE (D.), VERMEERSCH (P. M.), Late Mesolithic Settlement at Weelde-Paardsdrank. *In* : VERMEERSCH P. M. (ed.), *Contributions to the Study of the Mesolithic of the Belgian Lowland*. Tervuren, *Studia Praehistorica Belgica* 1, 1983, p. 114-203.

LAUSBERG-MINY (J. P.), PIRNAY (L.), Le site mésolithique du Brenn Hag à Kelmis. *Archaeologia Belgica* 1 (1), 1985, p. 55-65.

LAUWERS (R.), VERMEERSCH (P. M.), Late Mesolithic Occupation at Brecht-Thomas Heyveld. *Acta Archaeologica Lovaniensia* 21, 1982, p. 1-25.

Mésolithique ancien à Schulen. *In* : P. M. VERMEERSCH (dir.), Contributions to the Study of the Mesolithic of the Belgian Lowland. *Studia Praehistorica Belgica* 1, Tervuren, 1982, p. 55-112.

Un site du Mésolithique ancien à Neerharen-De Ki, *In* : P. M. VERMEERSCH (dir.), Contributions to the Study of the Mesolithic of the Belgian Lowland. *Studia Praehistorica Belgica* 1, Tervuren, 1982, p. 16-52.

NEWELL (R. R.), The Post-Glacial Adaptations of the Indigeneous Population of the Northwest European Plain. *In* : S. K. KOZLOWSKI (dir.), *Mesolithic in Europe*, Warsaw, 1973, p. 339-440.

OTTE (M.), GOB (A.), CAUWE (N.), HURT (V.), Les documents préhistoriques inédits (Paléolithique, Mésolithique, Néolithique et Âge du Bronze) découverts à Gent/Port-Arthur. *In* : S. J. DE LAET, H. THOEN, J. BOURGEOIS (dir.), *Les fouilles du séminaire d'archéologie de la Rijksuniversiteit te Gent à Destelbergen-Eenbeekeinde (1960-1984) et l'histoire la plus ancienne de la région de Gent (Gand) ; I. Préhistoire.* 1986, p. 157-201 *(Dissertationes Archaeologicae Gandenses*, XXIII).

ROZOY (J.-G.), Outils communs – Lamelles à bord abattu. *Bulletin de la Société préhistorique française*, t. 65, 1968, p. 343-364.

SCHWABEDISSEN (H.), Die mittlere Steinzeit in westlichen Norddeutschland. *Offa Bücher* 7, Neumunster, 1944.

TOUSSAINT (M.), BECKER (A.), Recherches 1986 à l'abri sous roche de Chaveau, à Godinne, Yvoir. *Activités 86 à 87 du S.O.S. Fouilles* 5, 1988, p. 65-72.

ULRIX-CLOSSET (M.), OTTE (M.), GOB (A.), Paléolithique et Mésolithique au Kemmelberg (Flandre occidentale). *ERAUL* 11, Liège, 1981.

VAN BERG (P.-L.), VAN ROEYEN (J.-P.), KEELEY (L. H.), Le site mésolithique à céramique de Melsele (Flandre orientale), campagne de 1990. *Notae Praehistoricae* 10, 1991, p. 37-47.

VAN DER HAEGEN (G.), Een laat-mesolithische site te Aalter (gem. Aalter, O.-Vl.). *Archeologisch Jaarboek Gent* 1992, 1993, p. 5-33.

Sous presse Steentijdvondsten in het oostelijke deel van het Meetjesland. *Archeologisch Inventaris Vlaanderen, Buitengewone Reeks*, Gent, 1996.

VAN NOTEN (F.), Les chasseurs de Meer. *Dissertationes Archaeologicae Gandenses* 18, Brugge, 1978.

VAN ROEYEN (J.-P.) *(inédit) – Mesolithische bewoning in de Wase Scheldepolders. Opgravingen en prospecties (1981-1983).* Thèse de licence, université de Gent, 1990.

VAN STRYDONCK (M.), VAN ROEYEN (J.-P.), MINNAERT (G.), VERBRUGGEN (C.) *sous presse* – Problems in Dating Stone-Age Settlements on Sandy Soils : the Hof ten Damme Site near Melsele, Belgium. *Radiocarbon,* 1996.

VANMOERKERKE (J.), *Het Mesolithicum te Mendonk*, Gent, 1982.

VERBEEK (C.), VERMEERSCH (P. M.), Midden-Mesolithicum nabij het Brouwersgoor te Weelde-Hoogeinds Voorhoofd. *Notae Praehistoricae* 14, 1994, p. 103-108.

VERMEERSCH (P. M.), Twee mesolithische sites te Holsbeek. *Archaeologia Belgica* 138, Brussel, 1972.

Steentijdmateriaal uit het noordelijk Hageland. *Oudheidkundige Repertoria* 11, Brussel, 1976.

Du Paléolithique final au Mésolithique dans le Nord de la Belgique. *In* : D. CAHEN, P. HAESAERTS (dir.), *Peuples chasseurs de la Belgique dans leur contexte naturel*, Bruxelles, 1984, p. 181-193.

Ten Years'Research on the Mesolithic of the Belgian Lowland : Results and Prospects. *In* : C. BONSALL (dir.), *The Mesolithic in Europa*. Papers presented at the 3rd international symposium, Edinburgh, 1989, p. 284-290.

VERMEERSCH (P. M.), LAUWERS (R.), GENDEL (P.), The Late Mesolithic Sites of Brecht-Moordenaarsven (Belgium). *Helinium* 32, 1992, p. 3-77.

VERMEERSCH (P. M.), MUNAUT (A. V.), PAULISSEN (E.), Fouilles d'un site du Tardenoisien final à Opglabbeek-Ruiterskuil (Limbourg belge). *Quartär* 25, 1974, p. 85-104.

VYNCKIER (G.), VERMEERSCH (P. M.), Opgraving van een oud-mesolithisch site te Donk. *Notae Praehistoricae* 5, 1985a, p. 51-86.

TECHNIQUES ET CULTURES : LES CHASSEURS-CUEILLEURS DU TARDIGLACIAIRE DANS LE SUD ET L'OUEST DU BASSIN PARISIEN

TECHNICS AND CULTURES : THE HUNTER-GATHERERS OF LATEGLACIAL IN THE SOUTH AND THE WEST OF THE PARISIAN BASIN

Boris Valentin

Résumé. – La multiplication des travaux de terrain et la reprise systématique des collections anciennes dessinent un cadre nouveau à cette recherche dans une région encore essentiellement connue pour ses occupations magdaléniennes de plein air. Le développement de la technologie comparée nous dote de nouveaux outils méthodologiques aptes à mettre en évidence non seulement les concepts qui guident les activités de taille du silex et de fabrication des outils, mais aussi la place qu'occupent ces activités au sein des systèmes techniques. L'enquête débute par les groupes du Magdalénien supérieur qui semblent avoir occupé la région depuis le Bölling jusqu'au début de l'interstade d'Alleröd. Elle se poursuit par une réflexion sur le rythme et les modalités de l'« azilianisation » qui s'est produite dans le Bassin parisien au cours de l'Alleröd. L'enquête s'achève au moment de la transition Tardi/Postglaciaire, quand l'Ouest et le Sud du Bassin parisien voient l'émergence, après un hiatus apparent, de faciès identifiés de longue date dans les bassins de la Tamise et de la Somme : les faciès « belloisiens » (ou « *long blade assemblages* »).

Mots clés : Bassin parisien, Tardiglaciaire, technologie lithique.

Abstract. – The multiplication of field work and systematic reanalyses of ancient collections give a new frame of reference for research in a region still essentially known for its open air sites. The development of comparative technology creates new methodological tools to reveal not only the concepts guiding the flint knapping activities and the fabrication of tools, but also the place these activities occupied within technological systems.

The inquiry starts with groups belonging to the Late Magdalenian, who seem to have occupied the region from the Bölling to the beginning of the Alleröd interstadial. A consideration of about a dozen new sites allows us to narrow the definition of the technological identity which is the basis of the originality of these groups. This identity is perceived through recurrant technical choices which transcend the diversity of modes of occupation. In addition, the diversity of choices leads us toward the identification of discrete but significant differences, which may be evidence of evolution within this tradition. Later Federmesser groups, poorly known south of Parisian basin until recently, have been identified at a number of sites, some of which are stratified. The amplitude of technical changes evidenced by their lithic industries shows a deep modification of economical behaviour during the Alleröd. The recognition of several tendancies (or phases) in this evolution leads us to discuss the pace and causes of this evolutionnary change. After an occupational hiatus during the Late Dryas, at the moment of the Tardi-Postglacial transition, there has been in the west and the south of the Parisian basin the appearance of particular technical facies well known for a long time in the Thames and the Somme : *long blade assemblages* (or « Belloisien »). For now these facies have been recognized only on sites where flint knapping was the dominant activity and whose objective was essentially the production of blanks for subsequent or later use. We will discuss the cultural identity of the authors of these facies which are the testimonies of an unprecedented phenomenon in this region during the Tardiglacial : fragmentation of the knapping sequence in time and space.

Key words : Parisian basin, Lateglacial, flint technology.

Cet article résume les acquis récents d'un programme de recherche sur les traditions techniques des chasseurs-cueilleurs qui ont fréquenté le Sud et l'Ouest du Bassin parisien au Tardiglaciaire. Ce travail, mené en collaboration avec P. Bodu (URA 275 du CNRS), s'appuie sur une documentation issue d'une vingtaine de gisements magdaléniens auxquels

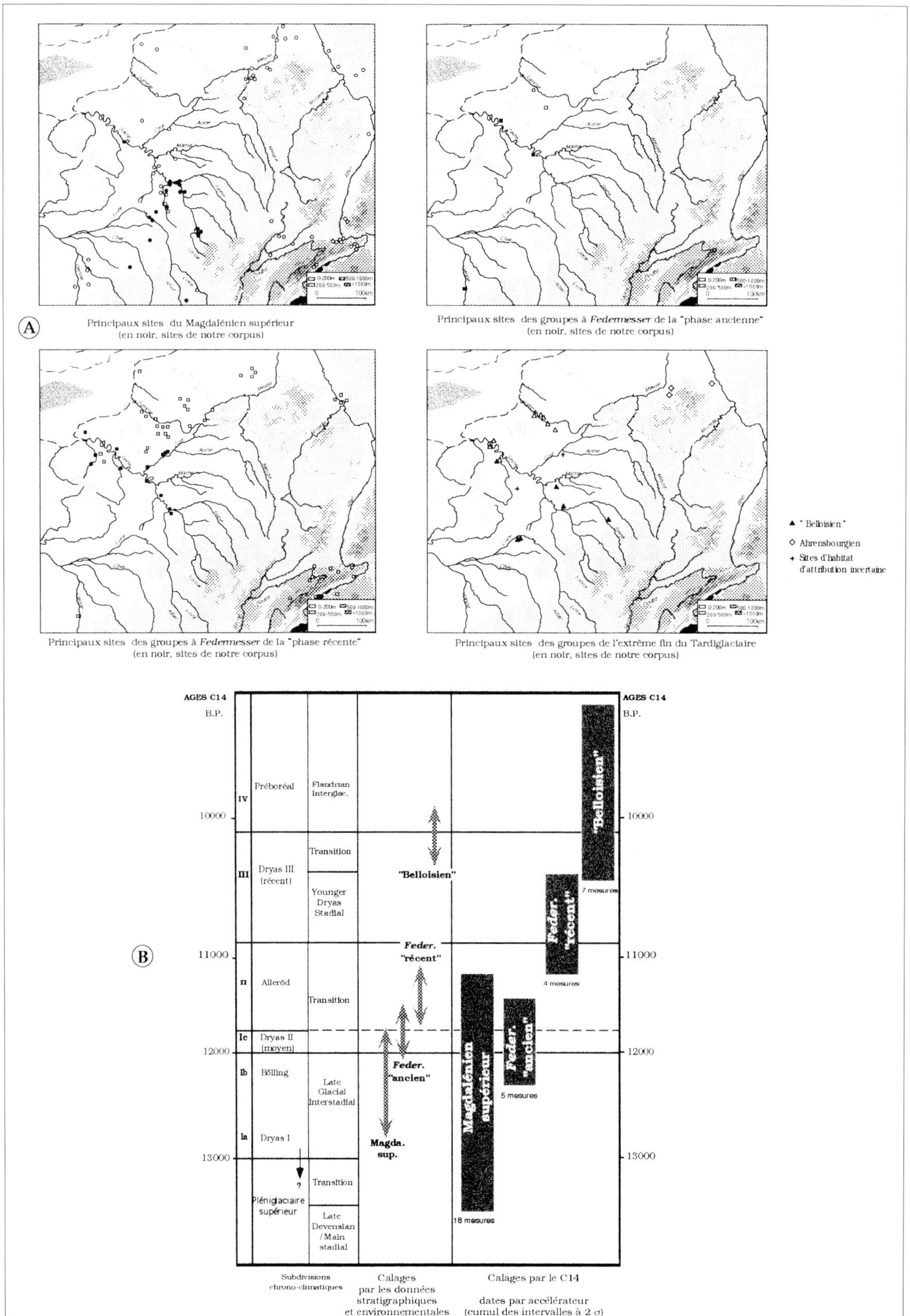

Figure 1. – A. Localisation des principaux gisements de notre corpus. B. Chronologie des traditions techniques du Tardiglaciaire dans le Bassin parisien.

s'ajoute une vingtaine d'autres sites qui ont été occupés par des groupes tardiglaciaires plus récents (fig. 1a). La présence d'industries lithiques constitue le dénominateur commun entre ces ensembles archéologiques qui ont été réunis dans des contextes très divers (ramassages de surface, sondages, fouilles de sauvetage, fouilles programmées). C'est la raison pour laquelle nous avons tenté de prime abord une approche comparée des processus techniques utilisés pour la fabrication de l'outillage en silex (Valentin, 1995). Il s'agit d'une approche globale prenant en compte toutes les étapes de ces processus, depuis l'approvisionnement en matière première jusqu'à la transformation des supports en outils. Pour faire ressortir l'originalité de chaque tradition technique du Tardiglaciaire régional, nous avons cherché à déceler des options différenciatrices (« concepts » et « préférences » – Pelegrin, 1995).

Le cadre chronologique de cette enquête (fig. 1b) est fondé en partie sur les datations et les données paléoenvironnementales réunies sur le Magdalénien d'Île-de-France (Taborin, 1994). Pour les occupations plus récentes, nos références sont essentiellement constituées par la documentation détaillée réunie sur la vallée de la Somme par J.-P. Fagnart et son équipe (Fagnart, 1993).

LA TRADITION TECHNIQUE DES GROUPES DU MAGDALÉNIEN SUPÉRIEUR

Il semble que l'on doit aux groupes du Magdalénien supérieur les premières occupations du Bassin parisien au début du Tardiglaciaire. Certains niveaux d'Étiolles, datés de la chronozone du Bölling, représentent les installations les plus anciennes actuellement connues ; les plus récentes, celles de Marsangy, sont attribuées à la transition Dryas II/Alleröd. Au total, l'occupation magdalénienne du Bassin parisien couvrirait plus de deux mille ans dans la chronologie du radiocarbone. L'identité de ces communautés, qui ont exploité un environnement encore ouvert peuplé d'espèces steppiques, est perçue à travers l'expression de préférences techniques dont la récurrence semble transcender la diversité des modes d'occupation. Une certaine variabilité (concernant par exemple la sélection des matières premières ou l'importance respective des différents objectifs de la taille...) rend compte de la complexité des systèmes économiques magdaléniens. Dans d'autres registres, la diversité des choix pourrait témoigner d'une évolution au sein de la tradition magdalénienne.

Sur tous les gisements magdaléniens dans l'aire géographique couverte par nos investigations, la taille du silex satisfait deux objectifs principaux : la production de supports étroits et légers pour les armatures, et la confection de lames plus longues et plus larges pour les outils de transformation (grattoirs, burins, becs).

Notre enquête fait ressortir une très forte stabilité des choix techniques relatifs à la confection des supports de l'outillage de transformation. La production s'accompagne d'exigences qui semblent rester très stables à travers le temps et l'espace : recherche de longueur, de normalisation et de productivité. Sur tous les gisements, des débitages élaborés ont été conçus à cet effet. Les supports calibrés issus de ces débitages circulent dans l'espace des campements (Bodu, 1993 ; Olive et Pigeot, 1991) et constituent les petites panoplies que les Magdaléniens transportent d'un site à l'autre ; ils sont souvent soumis à une utilisation intense qu'attestent affûtages et transformations successives. Ainsi la normalisation est garante d'une certaine polyvalence, tandis que la longueur assure aux supports une assez longue durée de vie. De notre point de vue, cette double exigence traduit un certain souci d'anticipation des besoins en outils à l'échelle de chaque occupation, voire à l'échelle territoriale.

Cette anticipation justifie l'assez fort investissement dans l'activité de taille qu'exigent les débitages élaborés (Audouze *et al.,* 1988 ; Ploux, Karlin et Bodu, 1991 ; Pigeot, 1991 ; Pigeot et Valentin, sous presse ; Valentin, 1995). Si nécessaire, lorsque les volumes naturels sont irréguliers, ces débitages peuvent inclure une phase de mise en forme complexe destinée à conférer aux préformes une configuration optimale (fig. 2). Cette phase, alors clairement séparée des séquences de plein débitage et garantissant une prédétermination à long terme, assure au débitage réalisé au

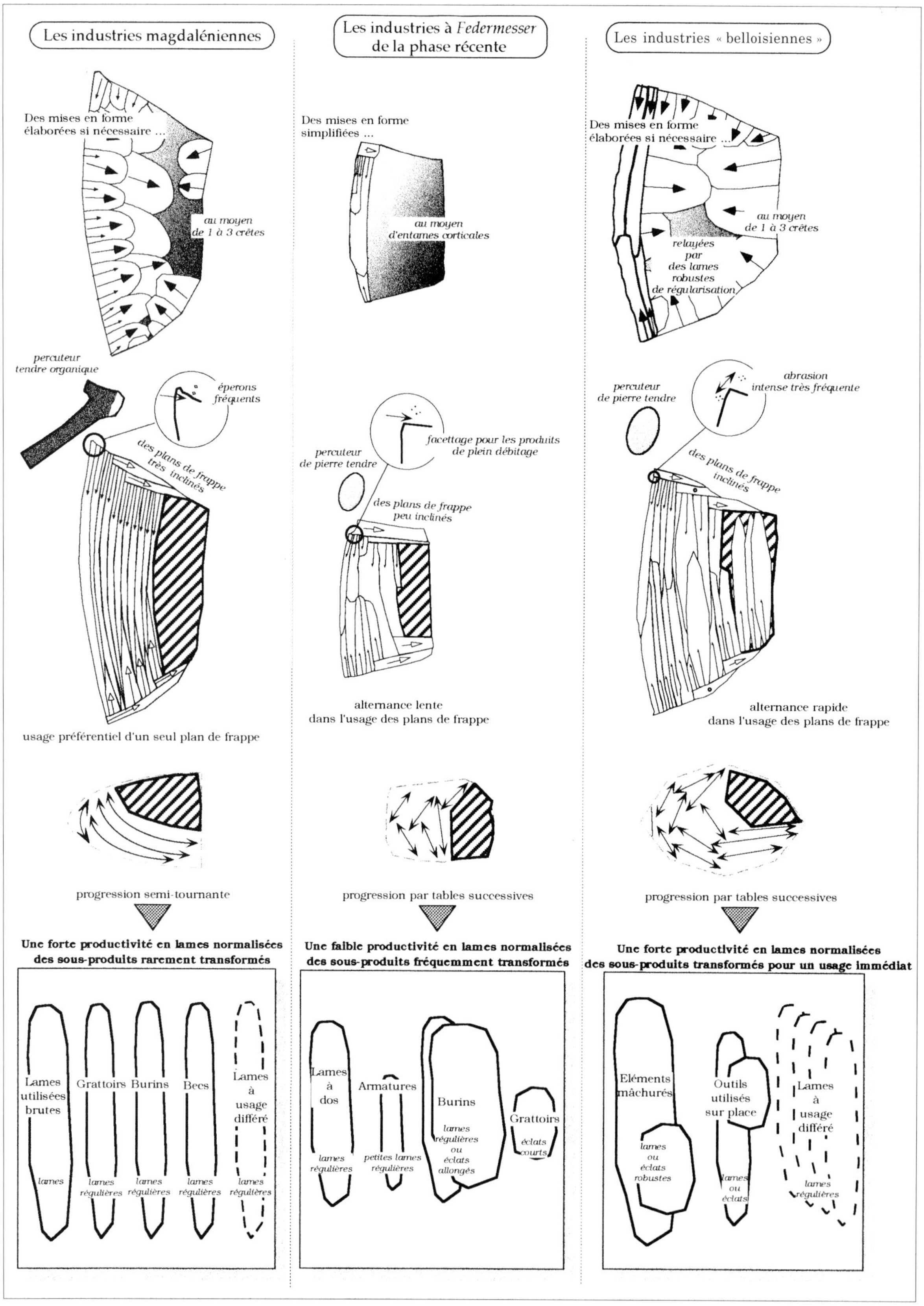

Figure 2. – Trois traditions techniques du Tardiglaciaire dans le Bassin parisien : changements dans les intentions du débitage laminaire ; changements dans les « manières de faire » (d'après N. Pigeot et B. Valentin, sous presse avec modifications).

percuteur tendre les conditions d'un déroulement optimal. La satisfaction des intentions précitées (longueur et normalisation) est garantie en outre par le respect d'un certain nombre de principes : maintien d'une angulation fermée entre le plan de frappe et la surface de débitage ; usage d'un plan de frappe préférentiel voire unique ; préparation soigneuse des zones d'impact (confection d'éperons, par exemple) ; entretien des convexités latérales par la progression régulière du débitage... Il faut souligner que le coût de ces options fut assez élevé : elles exigent une sélection attentive des matières premières locales et supposent une somme de connaissances et un degré de savoir-faire élevés qui n'ont pu être réunis (par quelques tailleurs ?) qu'au prix d'un apprentissage progressif et d'une pratique régulière.

On peut reconnaître, dans la manifestation récurrente de ce choix relativement « coûteux » pour les communautés, l'expression d'une planification des besoins en outillage. Cette option semble en parfaite adéquation avec les contraintes définies par certains traits des économies magdaléniennes : mobilité probablement assez élevée (si l'on en juge d'après la courte durée d'occupation de la plupart des gisements) ; acquisition saisonnière à haut risque de ressources inégalement réparties (si l'on en juge par l'évidence d'abattages saisonniers en masse portant sur des troupeaux migrateurs) ; expéditions dans des zones marginales pauvres en silex... Cela étant, nous n'avons encore qu'une image très partielle des économies magdaléniennes et leurs formes ont pu évoluer au cours du temps : l'exploitation « logistique » des ressources animales n'est qu'une tendance et elle ne s'est peut-être pas manifestée à tous les moments. Quoi qu'il en soit, l'anticipation des besoins en supports polyvalents se manifeste dans des contextes divers : à Étiolles (où la chasse, pour le peu qu'on en sache, fut diversifiée), à Pincevent (où elle fut dirigée vers une espèce, le renne, au cours d'occupations brèves mais rassemblant probablement d'assez nombreux individus), ou encore sur certains sites de la confluence Seine-Yonne (où semblent s'être déroulés plusieurs courts épisodes d'abattage de chevaux et de rennes mobilisant peut-être à chaque fois un petit nombre de chasseurs). La motivation des options techniques évoquées (anticiper les besoins en outils par une production normalisée) pourrait donc être plus complexe que ne le laisserait supposer une équation simple rapportant la constance de cette anticipation à l'expression d'un système économique hautement planifié. Ce choix a pu connaître un long succès parce qu'il garantit au système technique dans son ensemble une certaine stabilité, en dépit de la fluctuation probable des ressources (selon les contextes et selon les moments).

Nous ajoutons à ces observations une interrogation complémentaire. On peut trouver à cet investissement technique des motivations économiques, mais ne s'agit-il pas, pour une part, de justifications que nous lui reconnaissons *a posteriori* ? On peut se demander s'il n'y a pas dans cet investissement l'indice d'une « valeur » particulière – peut-être « excessive » dans certains contextes – accordée à la normalisation de quelques débitages laminaires (ou à la méthode qui permet de l'atteindre). On soulignera à l'appui de cette hypothèse qu'une valeur économique « négative » est accordée, par contraste, à la plupart des enlèvements prédéterminants non laminaires (même dans des contextes où l'« efficacité » l'aurait recommandé, la part des éclats transformés en outils reste excessivement faible).

À la stabilité des choix relatifs au débitage laminaire et à l'utilisation de ces produits s'oppose une plus grande variabilité dans le domaine des armatures et des méthodes de production de leurs supports. Nous avons décelé à ce propos quelques témoignages de variations chronologiques possibles, encore difficiles à sérier précisément (Valentin, 1995).

Les lamelles à dos sont, pour la plupart, des compléments probables de têtes de projectiles en matière osseuse. Cette association formerait la version dominante dans l'équipement de chasse. On ne peut exclure toutefois que certaines lamelles à dos aient pu former les tranchants de couteaux composites. D'un site à l'autre, ces armatures présentent une assez grande variabilité morphométrique corrélée à une diversité des techniques de retouche et à une variété des méthodes de production de leurs supports. Il est peu probable que cette diversité, que l'on peut résumer en deux ou trois grandes tendances, exprime seulement des adaptations saisonnières circonstancielles. Inspiré par le cas de Pincevent, où deux assemblages différents de lamelles à dos sont superposés dans la stratigraphie du gisement (fig. 3), nous sommes plutôt tenté d'interpréter cette variabilité comme le reflet

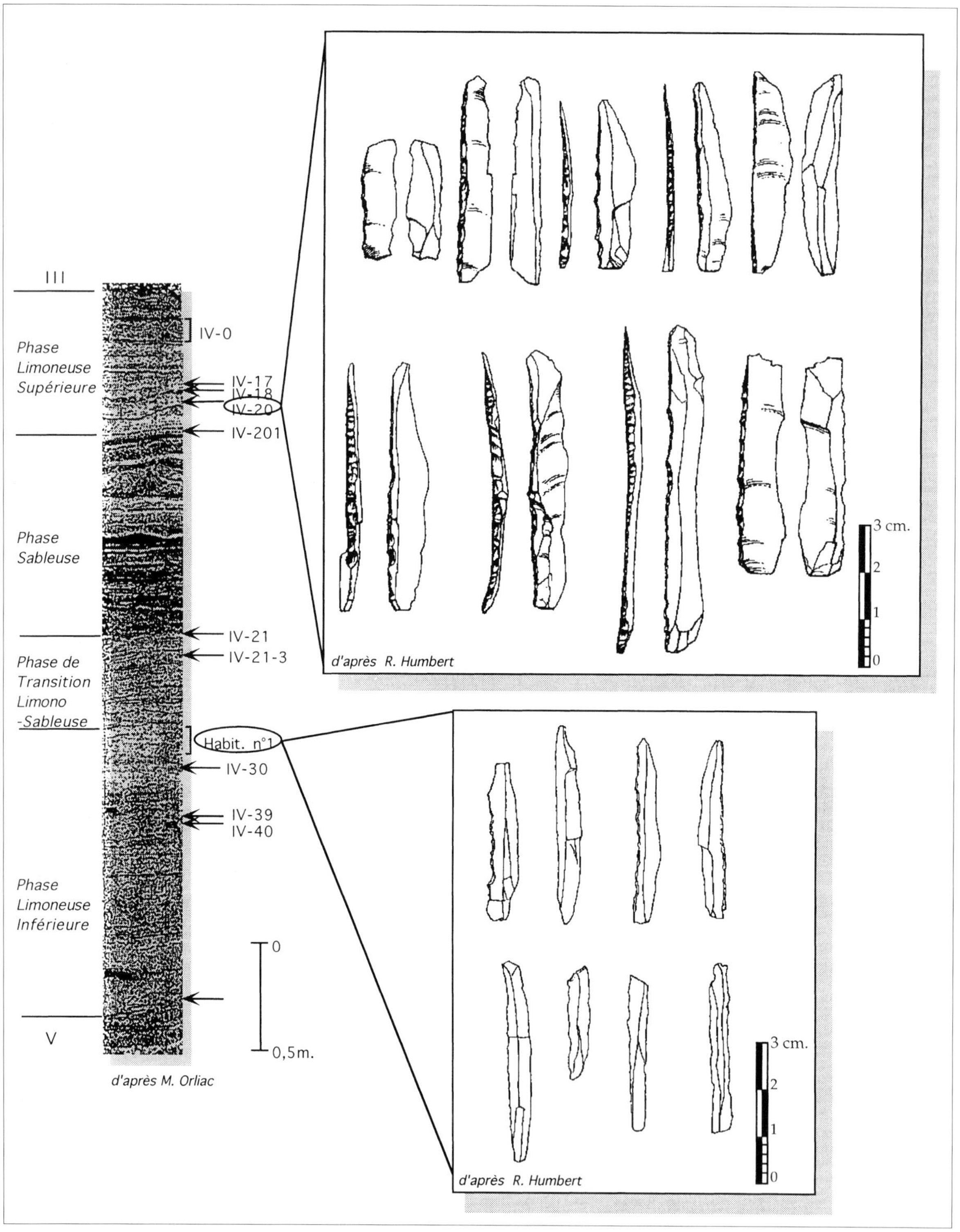

Figure 3. – Les lamelles à dos dans la stratigraphie de Pincevent.

d'une évolution possible du mode de fixation de ces tranchants latéraux (voire de la nature des projectiles ou des manches qu'ils armaient). Les variations inédites que nous avons reconnues sont encore difficiles à sérier, mais pourraient constituer à l'avenir de bons critères pour une périodisation plus fine du Magdalénien régional.

Dans deux tiers des assemblages magdaléniens de la région, les lamelles à dos sont associées à des pointes à dos (représentées généralement par moins de dix exemplaires) (Schmider, 1984 ; Schmider, 1992 ; Valentin, 1995). Dans ce contexte, quelques gisements comme Cepoy ou Marsangy s'individualisent car les pointes y sont plus abondantes et leur production concurrence ou supplante la confection des lamelles à dos. Sur ces gisements, la production de leurs supports s'accompagne en effet d'un trait particulier. Tandis que les méthodes de débitage des supports de l'outillage de fonds commun sont tout à fait conformes à celles qui prévalent sur les autres gisements, les supports de pointes sont des lames courtes et étroites détachées fréquemment au percuteur de pierre tendre.

Il nous reste à comprendre le mécanisme de cette innovation et surtout à vérifier s'il s'agit réellement d'un phénomène tardif, comme le suggère l'attribution chronologique de Marsangy (au tout début de l'Alleröd).

LES TRADITIONS TECHNIQUES DES GROUPES À FEDERMESSER

Cette question paraît d'autant plus importante que les derniers moments de l'occupation magdalénienne recouvrent un intervalle de temps où apparaissent les témoignages d'une tradition technique originale : celle des groupes à Federmesser de la « phase ancienne ». Cette tradition, reconnue d'abord par J.-P. Fagnart dans la vallée de la Somme (Fagnart, 1993), a été individualisée depuis peu dans la moitié méridionale du Bassin parisien : sur le niveau inférieur du Closeau à Rueil-Malmaison (Hauts-de-Seine) (Bodu, 1995) et à la grotte du Cheval à Gouy (Seine-Maritime) (Valentin, 1995). Sur ces deux gisements, cette tradition, qui apparaîtrait au tout début de l'Alleröd ou juste avant son commencement, s'individualise du Magdalénien par la transformation de la panoplie d'armatures : les éléments majoritaires sont des bipointes élancées et légères qui rappellent les exemplaires provenant des niveaux attribués à l'Azilien ancien dans certaines séquences du Sud-Ouest ou de l'Est de la France (Célérier, 1993 ; Chollet *et al.*, ce volume ; Pion G., 1990). Comme dans ces niveaux, l'outillage du fonds commun des groupes à Federmesser « anciens » est généralement fabriqué sur des lames assez calibrées. Elles sont issues de débitages aussi prédéterminés que ceux du Magdalénien, mais qui s'en distinguent par l'usage exclusif du percuteur de pierre tendre. Les quelques transformations techniques observées ne paraissent pas s'accompagner d'une claire rupture concernant les exigences générales assignées au débitage. Y a-t-il là le témoignage d'une inertie particulière de certains choix ? Est-on vraiment en droit de distinguer nettement les nouvelles options de celles qui fondaient une certaine identité des Magdaléniens ? L'avenir le dira mais nous retenons de ces premières investigations que l'« azilianisation » des industries dans le Bassin parisien fut un processus complexe et progressif, dont la logique trouve, semble-t-il, des échos lointains.

Une rupture beaucoup plus nette est consommée avec le Magdalénien au cours de la « phase récente » de la tradition des groupes à Federmesser. Cette « phase » s'affirmerait durant la première moitié de l'Alleröd, dans un environnement au caractère forestier nettement plus marqué (Fagnart, 1993).

Durant cette « phase », les lames restent les supports privilégiés des armatures (surtout constituées de monopointes légères) et d'une catégorie bien représentée d'outils tranchants à dos retouché. La retouche assume désormais un rôle important dans la calibration de ces lames moins normalisées que leurs homologues magdaléniennes. Les sous-produits dérivés des débitages laminaires ont une valeur économique non négligeable : les burins sont souvent fabriqués sur des éclats allongés, et les grattoirs le sont en majorité sur des éclats courts. Ces changements sont le reflet de plusieurs modifications conjointes. Il faut évoquer le rôle probablement croissant de l'emmanchement (notamment pour les grattoirs). Il faut souligner également que les parties actives des outils en silex paraissent moins soumises à des opérations d'affûtage qu'au Magdalénien. Le faible taux de cassure de ces outils s'accorde par ailleurs avec les quelques données tracéologiques acquises dans des contextes voisins (*cf.* Plisson, 1985, pour la Rhénanie), qui suggèrent des temps d'utilisation brefs pour ces parties actives (ces résultats attestent également la rareté des utilisations multiples). On pourrait être tenté d'établir une relation entre la faible densité des occupations connues, qui évoque des séjours très courts et une mobilité élevée, et cette apparente diminution du soin accordé à l'entretien des outils en pierre. Mais l'équation n'est peut-être pas si simple, car c'est en fonction des changements ergonomiques qu'il faut juger la transformation des stratégies de maintenance de l'outillage en silex : l'attention est peut-être désormais accordée de préférence à la confection et à l'entretien des manches. En tout état de cause, le rôle du silex dans l'équipement matériel semble avoir en partie changé, étant donné le faible investissement technique dont il fait désormais l'objet.

En effet, à cette plus grande souplesse des choix économiques répond une simplification très nette des méthodes de débitage (Valentin, 1995). Elles sont encore clairement dominées par une intention laminaire, mais leur mise en œuvre ne s'accompagne pas d'une recherche de productivité en supports normalisés (fig. 2). L'objectif laminaire restant prioritaire, le débitage exige encore un certain degré de prédétermination. Mais il s'agit d'une prédétermination à court terme, comme l'indique l'absence de stricte distinction entre les différentes phases du débitage (la mise en forme constitue rarement une phase clairement distincte du plein-débitage). À toutes les étapes et très précocement, enlèvements prédéterminants et prédéterminés, détachés exclusivement au percuteur de pierre tendre, s'enchaînent selon un ordre fixé par des opportunités circonstancielles : les lames calibrées sont détachées le long des nervures dégagées par des éclats allongés et épais ; les plans de frappe échangent fréquemment leurs rôles pour supprimer facilement les nombreux négatifs de réfléchissements ; la configuration des volumes est corrigée par des séquences d'entretien dispendieuses...

Dans l'Ouest et le Sud du Bassin parisien, les matériaux traités ont été exclusivement acquis à proximité immédiate des gisements ; il ne subsiste plus aucun témoignage d'une anticipation des besoins par le transport de supports allochtones comme au Magdalénien ou durant la phase ancienne de la tradition à Federmesser. D'un site à l'autre, et parfois à l'intérieur du même gisement, les matériaux collectés sont de qualité et de morphologie très hétérogènes. Certains auteurs y voient la conséquence directe d'une pression environnementale : les sources de silex auraient été en partie masquées par le développement du couvert végétal. Mais ces modifications de l'environnement ne suffisent pas à rendre compte des changements dans ce domaine, car il est difficile d'entrevoir dans les stratégies d'acquisition et de production les témoignages d'un « stress » occasionné par un accès plus difficile aux sources de silex. On ne constate pas d'anticipation des besoins futurs, lorsque les gîtes exploités sont de bonne qualité et l'on n'observe jamais d'intensification particulière du débitage. À notre avis, il convient d'écarter provisoirement les déterminations écologiques comme principaux facteurs de changement dans ce domaine. Pour le moins, il faut admettre que la relation de causalité a pu être beaucoup plus complexe. À titre d'hypothèse, on pourrait construire un autre modèle fondé sur une hiérarchie différente des causes : n'est-ce pas plutôt la simplification des méthodes de débitage qui permet désormais d'exploiter une gamme très diversifiée de matériaux ? Le nouveau système de production fournirait aux sociétés de l'Alleröd les moyens pour se dégager des liens de dépendance relatifs entretenus avec l'environnement minéral. On pourrait y trouver une des raisons du succès de ces innovations, car cette « liberté » constituerait un gain appréciable dans une économie apparemment fondée sur une plus forte mobilité.

Qu'il y ait eu un lien entre les modifications de l'environnement et les principaux changements techniques est fort probable, mais nous pressentons plutôt l'existence d'une relation de causalité complexe, où le rôle des choix économiques paraît déterminant. Une plus forte mobilité et une exploitation plus tactique des ressources animales autant que minérales ont pu favoriser la stabilisation des nouveaux choix techniques.

Ces choix consistent en de nouvelles « manières de faire » (auxquelles on peut donc trouver des motivations économiques, sans oublier qu'il s'agit peut-être pour une part de justifications *a posteriori*) ; ils expriment également des « manières de voir » différentes (redéfinition du statut de « déchet de taille », notamment) (les expressions entre guillemets sont extraites de Pelegrin, 1995).

On conclura cette évocation en précisant que le savoir-faire investi dans la production lithique n'atteint jamais un très haut niveau, y compris pour les débitages les plus élaborés. Peut-être doit-on rechercher également les raisons du succès de cette méthode dans sa facilité d'exécution et dans le court apprentissage qu'elle exige. Nous nous contentons de souligner un assez faible investissement des communautés dans cette activité (qui s'accompagne peut-être d'une redéfinition de la « valeur » qui lui est accordée) sans pouvoir préciser si ce faible investissement est l'indice d'une réorientation des priorités ou s'il témoigne d'un moindre degré de division des compétences (dans des groupes plus petits ?).

Il reste à préciser le rythme de l'« azilianisation » dans sa dimension technique pour apprécier correctement ses facteurs probablement complexes. En certains endroits du Bassin parisien, ce processus semble donc s'être produit en deux temps. Mais il se pourrait que la tendance qui s'affirme nettement dans notre région au cours de la première partie de l'Alleröd (« phase récente ») ait pu émerger plus tôt dans certains contextes : à ce titre, il faut signaler que les témoignages comparables à notre « phase ancienne » font défaut pour le moment en Rhénanie (M. Baales et M. Street, comm. pers.). Dans notre région, les données disponibles sur l'occupation à Federmesser de Pincevent (niveau 3) participent également à cette discussion (voir les contributions de Baffier, Bodu et Orliac dans Gaucher, 1996). Assez précoce d'après les données radiométriques, cette occupation possède une industrie similaire aux assemblages de la « phase récente » mais livre, sur le cortex d'un éclat en silex, une gravure qui présente d'indiscutables convergences avec l'art mobilier magdalénien. Cette association constitue d'ores et déjà un témoignage précieux sur les écarts probables entre les rythmes d'évolution des différents faits culturels au cours de cette période de mutation. Le devenir de la tradition des groupes à Federmesser reste également une source d'interrogation. Les données chronostratigraphiques acquises récemment sur le niveau supérieur du Closeau à Rueil-Malmaison (Bodu, 1995) attesteraient que cette tradition a pu perdurer jusqu'au début du Dryas récent. Un degré supplémentaire de simplification des méthodes de débitage semble atteint au cours de cette phase tardive.

LES TRADITIONS TECHNIQUES DES GROUPES DE L'EXTRÊME FIN DU TARDIGLACIAIRE

Une nouvelle rupture majeure dans l'évolution des traditions techniques régionales peut être datée de la fin du Dryas III et du début du Préboréal (Barton, 1991 ; Fagnart, 1993). Cette nouvelle transformation, dont on ignore la genèse, est attestée par l'apparition d'assemblages comparables dans une aire qui s'étend du Sud-Est de l'Angleterre et du bassin de la Somme jusqu'à l'Ouest et le Sud du Bassin parisien, où une dizaine de nouvelles références ont été identifiées. La diversité des termes utilisés jusqu'ici pour désigner ces industries (« *long blade assemblages* », « faciès à éléments mâchurés », « Belloisien »), témoigne des hésitations relatives à l'identité culturelle des auteurs de ces faciès spécialisés (*cf. infra*). Le « Belloisien » – nous préférons ce terme neutre qui ne confère pas de prééminence à un seul caractère technique, au demeurant relatif – est connu sur des sites dévolus en partie à l'acquisition d'une source au moins de très bon silex et au débitage de lames en vue d'un usage en partie différé. Sur plusieurs gisements, les outils majoritaires sont des déchets de taille endommagés par l'usage (éléments mâchurés). Les résultats d'analyses tracéologiques et expérimentales récentes indiquent que certains de ces outils à posteriori pourraient avoir servi directement dans le cadre des activités de taille (confection et entretien des percuteurs en grès) (Bodu et Valentin, 1993 ; Plisson et Fagnart, 1997).

L'existence d'étapes, où l'acquisition et le traitement du silex ont joué un rôle primordial, évoque une configuration assez particulière des cycles d'activités. Bien que la destination précise des produits prélevés demeure inconnue, on peut affirmer que ces choix traduisent un haut degré d'anticipation des besoins en outillage. Ces options supposaient une bonne connaissance du milieu géologique local. Une incitation assez forte du milieu naturel a pu jouer dans ce domaine : les conditions climatiques de la fin du Dryas récent (réduction du couvert végétal et capacité érosive accrue des cours d'eau) ont peut-être favorisé la mise à nu de sources très localisées. En tout état de cause, même si l'accès à certaines sources s'est trouvé facilité, les critères qui régissent l'approvisionnement, y compris en milieu alluvial, sont redevenus stricts. Il reste assez surprenant – mais seulement au regard d'une logique peut-être totalement étrangère aux groupes concernés – que les excellentes sources qui ont été découvertes à cette occasion n'ont jamais fait l'objet d'une exploitation durable.

D'autres indices attestent un fort investissement dans l'activité de taille. En témoigne d'abord l'énergie mobilisée pour le transport : d'assez nombreuses lames (et peut-être des préformes de nucléus) ont été prélevées. L'investissement s'exprime également à travers l'élaboration des méthodes de débitage laminaire et le savoir-faire nécessairement mobilisé pour des exécutions difficiles (Valentin, 1995). Les contraintes opposées par un débitage au percuteur de pierre tendre ont été contournées par la mise en œuvre de principes assez rigides garantissant une forte normalisation de la production : mise en forme élaborée, longue et dispendieuse ; mise en jeu immédiate de deux plans de frappe utilisés en alternance très rapide ; préparation soigneuse des bords de plans de frappe ; progression du débitage très envahissante... (fig. 2).

Il n'est pas certain que ces faciès relèvent tous de la même tradition. Ils peuvent témoigner aussi bien de l'expansion géographique d'une seule tradition que de la convergence des choix techniques et économiques partagés par plusieurs groupes contemporains.

La deuxième hypothèse recueille momentanément notre préférence, pour des raisons intrinsèques d'abord. Les rares armatures associées sont diversifiées : exemplaires évoquant certaines armatures ahrensbourgiennes dans le Sud-Est de l'Angleterre et dans la Somme (Barton, 1991 ; Fagnart, 1993), éléments d'affinités laboriennes sur l'occupation « belloisienne » pour l'instant la plus méridionale (Hantaï, sous presse). Les raisons extrinsèques sont constituées par quelques indices de choix techniques comparables dans des contextes plus lointains mais à peu près contemporains : en Aquitaine, dans les industries laboriennes (Célérier, 1993) ; au Nord de l'Allemagne, dans certains assemblages ahrensbourgiens et en Pologne, dans le Swidérien (Schild, 1984). Ajoutons que les choix économiques originaux qui définissent les faciès « belloisiens » pourraient également trouver des équivalents à longue distance (notamment dans le Swidérien). Les données sont encore insuffisantes pour proposer un modèle qui rende compte des éventuelles relations intercommunautaires qui ont pu encourager ces émergences. Nous soulignons seulement que les concepts techniques à nouveau rigides qui régissent le débitage laminaire dans certaines de ces traditions sont des « idées fortes » (nécessitant un apprentissage) et que leur apparition presque simultanée dans des régions éloignées se conçoit mal sans diffusion.

À plus faible distance, nous avons perçu des convergences techniques entre les assemblages « belloisiens » et deux industries non datées recueillies sur des sites d'habitat du Bassin parisien : les Blanchères à La Boissière-École (fouille F. Champagne) et la Muette 1 à Vieux-Moulin (fouille J. Hinout). On peut y reconnaître certaines préférences, assez distinctives, car les matériaux traités sont de petites dimensions (et moins contraignants), qui pourraient relever d'une « ambiance technique » commune (Valentin, 1995). On rappellera que les deux assemblages contiennent, en proportions inégales, des pointes à dos rectiligne et base tronquée d'affinité laborienne. En outre, celui de Vieux-Moulin livre deux pointes à pédoncule (Hinout, 1985), tandis que celui des Blanchères contient des lamelles à dos à pointes aiguës (Rozoy, 1978) comparables à celles du niveau « épilaborien » de La Borie del Rey et à de très rares exemplaires découverts dans certaines occupations « belloisiennes ».

Les changements climatiques du Dryas récent ont peut-être favorisé (par leurs conséquences économiques) la concrétisation locale de ces nouveaux choix, mais force est de constater qu'ils s'expriment encore pleinement lors de l'amélioration climatique brutale qui succède. Cette amélioration n'eut donc pas immédiatement pour corollaire un désinvestissement dans les activités de taille du silex. À l'inverse, dans certaines régions (Est de la France notamment), la prolongation des traditions techniques relevant de l'Azilien durant les froids rigoureux du Dryas récent désigne un autre décalage possible. Il importe de vérifier si le fait est limité à des régions particulières (montagneuses notamment), ou s'il y a là l'indice d'une divergence des choix plus généralisée.

À mesure que progressent nos connaissances, des décalages probables peuvent être perçus entre les rythmes d'évolution des différents faits culturels (habitudes relatives à l'outillage, choix concernant le débitage, structuration économique, systèmes idéologiques...). Il devient même possible d'entrevoir des décalages entre ces rythmes et ceux des changements climatiques et environnementaux. Mesurer ces décalages constitue à notre avis l'un des objectifs d'une démarche paléohistorique, lorsqu'elle prétend dépasser les interprétations parfois déterministes proposées pour expliquer les mutations socio-économiques qui ont accompagné la transition vers l'Holocène.

Nous tenons à remercier J. Enloc qui a assuré la traduction en anglais du résumé de cet article.

BIBLIOGRAPHIE

AUDOUZE (F.), KARLIN (C.), CAHEN (D.), CROISSET (E. DE), COUDRET (P.), LARRIERE (M.), MASSON (P.), MAUGER (M.), OLIVE (M.), PELEGRIN (J.), PIGEOT (N.), PLISSON (H.), SCHMIDER (B.) & TABORIN (Y.), Taille du silex et finalité du débitage dans le Magdalénien du Bassin parisien. *In :* Otte M. (ed.), 1988, *De la Loire à l'Oder. Les civilisations du Paléolithique final dans le Nord-Ouest européen. Actes du colloque international de Liège* (déc. 1985), ERAUL, 25, BAR Intern. Series, 444, vol. I, 1988, p. 55-84.

BARTON (R. N. E.), Technological innovation and continuity at the end of the Pleistocene in Britain. *In :* R. N. E. BARTON, A.-J. ROBERT et D.-A. ROE (eds.), *The Late Glacial in north-west Europe : human adaptation and environnemental change at the end of the Pleistocene.* Research Report, n° 77, Council for British Archaelogy, XI et XII, 1991, p. 234-245.

BODU (P.), *Analyse typo-technologique du matériel lithique de quelques unités du site magdalénien de Pincevent (Seine-et-Marne).* Applications spatiales, économiques et sociales. Thèse de Doctorat, Université de Paris I, 3 vol., ex. multigraph., 1993, 852 p.

Le site à Federmesser du Closeau à Rueil-Malmaison (Hauts-de-Seine), *Notae Prehistoricae*, 15, Louvain, 1995, p. 45-49.

BODU (P.) et VALENTIN (B.), Nouveaux résultats sur le site tardiglaciaire à pièces mâchurées de Donnemarie-Dontilly (Seine-et-Marne). *Préhistoire Européenne*, vol. 4., 1993, p. 85-92.

CÉLÉRIER (G.), L'abri sous roche de Pont d'Ambon à Bourdeilles (Dordogne). I : Technologie de l'outillage lithique taillé ; II : Inventaire et typométrie des pointes aziliennes ; III : Analyse technologique du matériel de la couche 3B ; IV : Le matériel lithique non taillé. *Gallia Préhistoire*, t. 35, CNRS, (éd.) 1993, p. 1-137.

FAGNART (J.-P.), *Le Paléolithique supérieur récent et final du Nord de la France dans son cadre paléoclimatique.* Thèse de Doctorat, Université de Lille, 2 vol., ex. multigraph., 1993, 567 p.

GAUCHER (G.), *Fouilles de Pincevent II. Le site et ses occupations récentes. (L'environnement, l'Epimagdalénien et les niveaux postglaciaires)*, Mémoires de la Société Préhistorique Française, t. 23, 1 vol., (ed.) 1996, 224 p.

HANTAÏ (A.) Sous presse, Le « Belloisien » jusque sur les bords de la Loire : les gisements de Muides-sur-Loire (Loir-et-Cher). *Revue Archéologique du Centre.*

HINOUT (J.), Le gisement épipaléolithique de La Muette I, commune de Vieux-Moulin, *Bulletin de la Société Préhistorique Française*, 82, 1985, p. 377-388.

JULIEN (M.), Activités saisonnières et déplacements des Magdaléniens dans le Bassin parisien. *In :* J.-Ph. RIGAUD (ed.), *Le Magdalénien en Europe. La structuration du Magdalénien. Actes du colloque international de Mayence* (1987), ERAUL, 38, Liège, 1989, p. 177-191.

OLIVE (M.) et PIGEOT (N.), Les tailleurs de silex magdaléniens d'Etiolles. Vers l'identification d'une organisation sociale complexe. *In :* M. MENU et P. WALTER (eds.), *La Pierre Préhistorique, Actes du séminaire du Laboratoire de Recherche des Musées de France* (13-14 décembre 1990), 1991, p. 173-185.

PELEGRIN (J.), *Technologie lithique : Le Châtelperronien de Roc-de-Combe (Lot) et de La Côte (Dordogne)*, Cahiers du Quaternaire, n° 20, CNRS, Paris, 1995, 297 p.

PIGEOT (N.), *Entre Nature et Culture. Valeur heuristique de la technologie lithique par des approches systémiques et cognitives.* Thèse d'Habilitation, Université de Paris I, ex. multigraph., 1991, 193 p.

PIGEOT (N.) et VALENTIN (B.) À paraître, Les chronologies de la Préhistoire dans le Bassin Parisien au Tardiglaciaire : acquis récents, questions et bilan. *In : Chronologies géophysiques et archéologiques du Paléolithique supérieur. Actes du Colloque international de Ravello* (3-8 mai 1994).

PION (G.), L'abri de la Fru à Saint-Christophe (Savoie). *Gallia Préhistoire*, t. 32, CNRS, p. 65-123.

PLISSON (H.), *Études fonctionnelles des outillages préhistoriques par l'analyse des micro-usures : recherche méthodologique et archéologique.* Thèse de 3e cycle, Université de Paris I, (éd.) 1985, 357 p.

PLISSON (H.) et FAGNART (J.-P.), Fonction des pièces mâchurées du Paléolithique de la Somme : caractères tracéologiques et données contextuelles. *In :* J.-P. FAGNART et A. THÉVENIN (éds.), *Le Tardiglaciaire en Europe du Nord-Ouest,* 1997, p. 95-106, CTHS.

PLOUX (S.), KARLIN (C.) et BODU (P.), D'une chaîne l'autre : normes et variations dans le débitage magdalénien. *Techniques et Culture*, Préhistoire et technologie : le geste retrouvé, 17-18, 1991, 1992, p. 81-114.

ROZOY (J.-G.), *Les derniers chasseurs. L'Épipaléolithique en France et en Belgique.* Essai de synthèse. Bulletin de la Société Archéologique Champenoise, 3 vol., 1978, 1 256 p.

SCHILD (R.), Terminal Paleolithic of the North-European Plain. A review of lost chances, potential and hopes. *Advances in World Archaeology*, 3, Academic Press, New York, 1984, p. 193-274.

SCHMIDER (B.), *Les industries lithique du Paléolithique supérieur en Ile-de-France*. VIe Supplément à Gallia Préhistoire, 2e édition, CNRS, 1984, 243 p.

Marsangy, un campement des derniers chasseurs magdaléniens sur les bords de l'Yonne. ERAUL, 55, (éd.) 1992, 275 p.

TABORIN (Y.), Environnements et habitats magdaléniens dans le centre du Bassin parisien. DAF, n° 43, Éditions de la Maison des Sciences de l'Homme, Paris, (éd.) 1994, 189 p.

VALENTIN (B.), Les groupes humains et leurs traditions au Tardiglaciaire dans le Bassin parisien. Apports de la technologie comparée. Thèse de Doctorat, Université de Paris I, 3 vol., ex. multigraph., 1995, 1 106 p.

ÉLÉMENTS POUR LA DÉFINITION DU RETZIEN

ELEMENTS FOR RETZIAN DEFINITION

Grégor Marchand

Résumé. – Une lecture systémique des chaînes opératoires de quelques assemblages du Retzien sur le littoral est proposée, qui permet de poser l'hypothèse de sites spécialisés. Après une révision critique des conditions de gisements s'estompe l'hypothèse de cultures néolithisées. Sur la majorité des stations du Retzien côtier, la prépondérance des traits mésolithiques traditionnels et un fort investissement d'origine symbolique dans les armatures microlithiques définissent cet ensemble comme un faciès technique abandonné à l'issue d'activités de prédation.

Mots clés : Mésolithique final, néolithisation, Ouest de la France, technologie lithique, occupation du littoral.

Abstract. – Typologically described by J.-G. Rozoy, the Retzian is well-known in Western France, from Vilaine river to Marais Poitevin between 6,500 et 5,500 BP. The most homogeneous collections come from coastal settlements at south of Loire's embouchure. The analysis of lithic *chaînes opératoires* shows recurrent exploitation schemes for bladelets, always with punch. The orientation of production system allows to propose hypothesis of specialized sites. The diversity of arrow-head types characterizes this industry, as for a lot of hunters societies. One explanation lies in social representation of techniques, with a complex symbolic investment in predation tools. Two sondages on mesolithic sites with ceramics supply proofs of mixed assemblages. The excavation at La Gilardière shows a typical retzian industry around a combustion area. Ceramic is totaly absent, and the cereal pollens are historical pollution. For the time being, Retzian seems to be a mesolithic group on the outskirts of neolithisation.

Key words : Final Mesolithic, neolithisation, Western France, lithic technology, coastal sites.

1. PREMIÈRES PERCEPTIONS DU RETZIEN

L'identification d'un faciès microlithique évolué entre la Loire et le Marais poitevin s'est faite progressivement au cours des années soixante, lors des travaux de prospection et d'inventaire de M. Tessier et R. Joussaume. La première synthèse mise en œuvre par J.-G. Rozoy propose le terme de Retzien, et l'intègre au monde sud-armoricain, sans en nier la forte spécificité (Rozoy, 1978). Dès lors la « carte d'identité » de ce groupe est fixée, et les travaux ultérieurs consisteront uniquement en un recensement sur le terrain des indices (fig. 1), ponctué par des synthèses sur la base d'une organisation chronologique à partir de la typologie des armatures (Joussaume, 1981 ; Collectif, 1984 ; Gouraud, 1991). Chaque prospection entraînant son lot d'imprécision contextuelle, il se développera en marge des travaux descriptifs une floraison d'hypothèses quant au mode de vie des porteurs de cette industrie lithique. Les Mésolithiciens arriment ce groupe au monde des derniers chasseurs, les Néolithiciens, eux, l'annexent à leur sphère d'intérêt : l'indéniable parenté entre l'armature du Châtelet et les flèches de Montclus/Jean-Cros, la présence de tessons (Joussaume, Tessier, 1991 ; Gouraud, 1992) ou de pollens de céréales « associés » au Retzien alimenteront l'idée d'une néolithisation ancienne sur la façade atlantique, avec une participation prépondérante des populations autochtones (Roussot-Laroque, 1990).

Lorsque l'on désire prolonger l'étude de cette culture préhistorique, il convient de traiter l'industrie lithique comme un système, agencé en chaînes opératoires d'acquisition et de production insérées dans des processus de consommation. Cela implique l'isolement d'ensembles lithiques par une méthode qui associe l'analyse technologique aux opérations de terrain. Sur cette base, une sélection drastique des séries de référence nous a fait privilégier les petites stations du littoral découvertes par M. Tessier dans la région éponyme, le pays de Retz, immédiatement au sud de l'embouchure de la Loire (Loire-Atlantique). L'étude a porté sur 5 collections obtenues lors d'innombrables passages sur des stations de surface de petite superficie, associés à des sondages de vérification et à la fouille de sauvetage de La Gilardière. Les résultats obtenus lors de l'étude de cet ensemble homogène fondent les remarques qui vont suivre, tout en gardant à l'esprit la forte récurrence de ces traits sur toute l'aire retzienne.

2. L'INDUSTRIE LITHIQUE

2.1. L'impact de la matière première sur la production lithique

Au sud de la Basse-Loire, le silex côtier, le silex des Moutiers et la quartzite de Montbert constituent la trilogie classique dans toutes les industries préhistoriques. Leur variation quantitative réciproque permet de dessiner grossièrement des territoires d'acquisition. Les galets de silex roulés sont ramassés sur les estrans, principalement autour de l'estuaire du fleuve ; les silex des Moutiers proviennent d'un gisement aujourd'hui faiblement immergé au fond de la baie de Bourgneuf, à une distance des stations retziennes comprise entre 10 et 15 km ; les affleurements de quartzites de Montbert actuellement connus sont à une soixantaine de kilomètres à l'est. Sur le littoral, au Mésolithique final et contrairement au Néolithique moyen I, la rareté de ces derniers (quelques pourcentages) témoigne d'une certaine restriction des déplacements, alors que le silex des Moutiers approvisionne notablement les industries retziennes.

Toutes les matières ont supporté le débitage le plus élaboré et le plus exigeant, le débitage lamellaire, avec des techniques et méthodes identiques ; cependant le silex côtier a fait l'objet d'une nette préférence en ce domaine. L'exploitation courante des galets de faible volume glanés sur l'estran impose certes des restrictions dans la longueur des produits. Pour autant, il est difficile de souscrire aux visions misérabilistes longtemps ressassées. La matière principale est un silex blond translucide, au grain très fin. Les blocs ovoïdes ne réclament en règle générale que peu, voire pas, de mise en forme préalable, au contraire des quartzites des Moutiers ou de Montbert, plus volumineux. Les artisans disposeront durant tout le Mésolithique d'une gamme étendue de méthodes et de techniques, suivant en cela les modes alors en vigueur en Europe occidentale, sans qu'un déterminisme excessif ne vienne annihiler le foisonnement d'expressions culturelles particulières. Ci-après, nous examinerons quelques caractères porteurs d'investissements culturels dans le débitage retzien, inscrits dans les phases de plein débitage et de confection des armatures microlithiques.

2.2. La production lamellaire

Outre ce qu'il implique en terme de faible « stress » sur la matière première, l'abandon des nucléus à négatifs lamellaires permet d'analyser la dynamique du débitage, alors même que les conditions de gisement ne facilitent pas les remontages. La morphologie des galets n'impose guère de mise en forme dispendieuse en matière, les crêtes et leurs vestiges en négatifs sont très rares. L'implantation d'une table lamellaire réclame d'ailleurs peu de contraintes ; elle intervient souvent à l'issue de la production de lames et/ou d'éclats destinés à l'outillage commun. On résumera ci-dessous les principaux caractères de la gestion du volume à débiter (fig. 2).

La méthode fait intervenir un ou deux plans de frappe qui portent de longues séquences sur une même table. La hiérarchie entre les deux est difficile à estimer sans l'aide de remontage avancé. Lors du plein débitage, les séquences semblent se succéder avec de longs intervalles, sur la même table, chacune prédéterminant la suivante. En fin d'exploitation, l'un des plans de frappe, devenu secondaire, peut être progressivement emporté par la dernière séquence, servir à corriger une convexité, ou encore porter les traces d'une ultime séquence avortée. Dans la mesure où

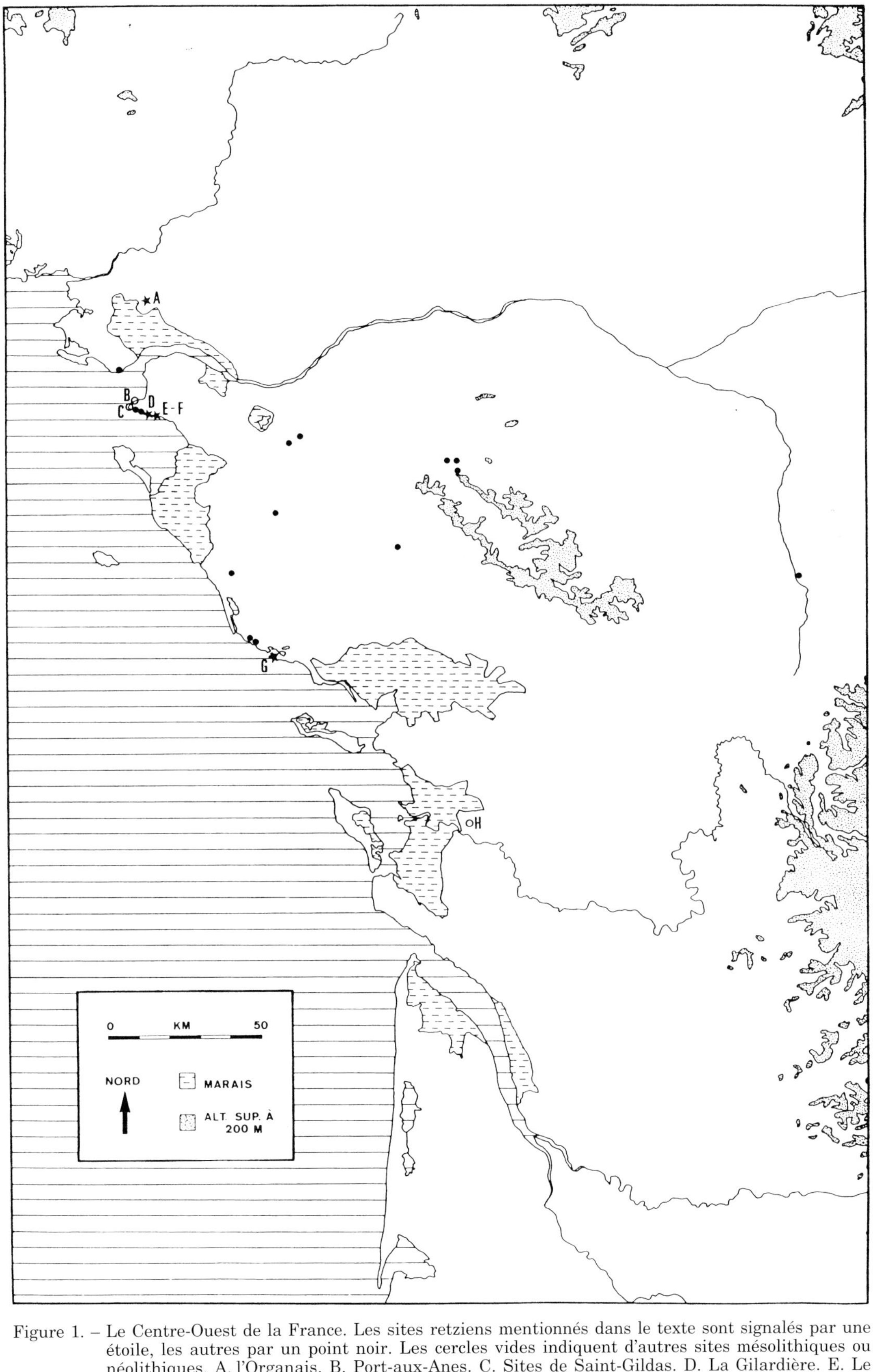

Figure 1. – Le Centre-Ouest de la France. Les sites retziens mentionnés dans le texte sont signalés par une étoile, les autres par un point noir. Les cercles vides indiquent d'autres sites mésolithiques ou néolithiques. A. l'Organais. B. Port-aux-Anes. C. Sites de Saint-Gildas. D. La Gilardière. E. Le Porteau Ouest. F. Le Porteau Est II. G. La Pointe de Payré. H. L'Autruère.

les produits ne sont pas croisés, cette méthode est d'essence unipolaire.

Le débitage est frontal. L'exploitation la plus courante se fait par deux séries linéaires convergentes d'enlèvements vers le centre de la table.

Le contrôle des convexités latérales, l'une des contraintes majeures, bénéficie de plusieurs modalités d'aménagement : crêtes postéro-latérales partielles ou totales à partir d'un dos cortical, plus rarement aménagé par larges éclats centripètes, ou néo-crêtes antéro-latérales. Plus fréquemment encore, le débitage s'étend par séquences linéaires à partir du centre de la table, comme le montrent les lamelles régulières de plein débitage à cortex latéral. Cet envahissement des flancs entraîne une silhouette quadrangulaire caractéristique du plan de frappe en fin d'exploitation.

Les plans de frappe sont toujours très entretenus, plutôt par éclats centripètes minces souvent rebroussés que par tablettes. En outre, un facettage court (moins de 5 mm) réalisé à partir de la table sur le plan de frappe remplace l'abrasion des corniches presque inexistante. C'est l'un des caractères forts du débitage lamellaire retzien, qui permet de multiplier les concavités. Son taux progresse régulièrement au cours du débitage, des éclats aux lamelles, le nettoyage par tablette totale qui viendrait rompre cette logique étant par trop dispendieux en matière.

Les traces d'acharnement lorsque le débitage ne suit pas le cours escompté (rebroussés, fractures du bloc) sont exceptionnelles, à l'encontre des pratiques néolithiques.

Les lamelles obtenues sont larges, minces et régulières. Pour la largeur, la limite d'exploitation est atteinte autour de 8-9 mm, ce qui correspond à la largeur des trapèzes les plus minces. La longueur est plus variable (entre 30 et 50 mm). L'usage de la percussion indirecte est très probable pour le plein débitage, voire pour les enlèvements d'entretien du volume (aspect du plan de frappe, bord des nucléus crénelé, angle de chasse proche de 90°, talons concaves assez larges, traces d'impact encore décelables...)[1].

2.3. La variété des armatures de trait

La confection des microlithes bénéficie en priorité des opérations de taille précédemment décrites, puisque les autres outils sur lamelles sont rares. Un lien fort, au sens de R. Creswell (1983), unit ces deux séquences de la chaîne opératoire ; les présomptions de mélanges semblent alors inopportunes, d'autant plus que cette variété des armatures est systématique sur tous les sites. En premier lieu, les trapèzes ne sont réalisés que sur les lamelles les plus régulières de plein débitage. On compte également sur les plus épais de ces supports des triangles scalènes, forme également archaïque. Les armatures à éperon utilisent des produits très divers, plus robustes et plus larges (parfois des éclats), fractionnés par un coup de microburin dans une coche sommaire. Très logiquement, leur intense façonnage annule quelque peu les irrégularités. Il en va de même pour les armatures du Châtelet. En bref, et il y a là un paradoxe d'importance, les armatures les plus évoluées ne justifient pas l'adoption du « beau débitage » retzien, qui est d'abord dévolu aux types armoricains « classiques ».

Au-delà de cette gestion stricte des supports, d'autres subtilités dans le monde du microlithe sont perceptibles. Au sein d'un même ensemble fonctionnel[2], les flèches tranchantes, existe toute une gamme de produits avec de nettes solutions de continuité d'un point de vue technique : armature du Châtelet, trapèze symétrique, trapèze symétrique à retouches inverses rasantes (qualifié autrefois de « Châtelet trapézoïdale »), bitroncature trapézoïdale irrégulière et triangle isocèle large. Entre ces types, les différences dans la masse où les dimensions sont dérisoires, et l'on voit mal quelles peuvent être les propriétés balistiques particulières de l'un par rapport à l'autre. En premier lieu, l'accès aux supports n'est pas le même, et il serait possible d'y voir l'expression de divers degrés de savoir-faire dans le contrôle de la chaîne opératoire. Mais la phase de retouche, qui fonde toute la différenciation, est des plus simples à mettre en œuvre, quelles qu'en soient les modalités. Dans ce cas, cette variété « arbitraire » traduit-elle

1. Renseignements Jacques Pelegrin (ERA 28 du CNRS), que je remercie ici.

2. Ou présumé tel, d'après la morphologie des pièces et certains stigmates d'impact.

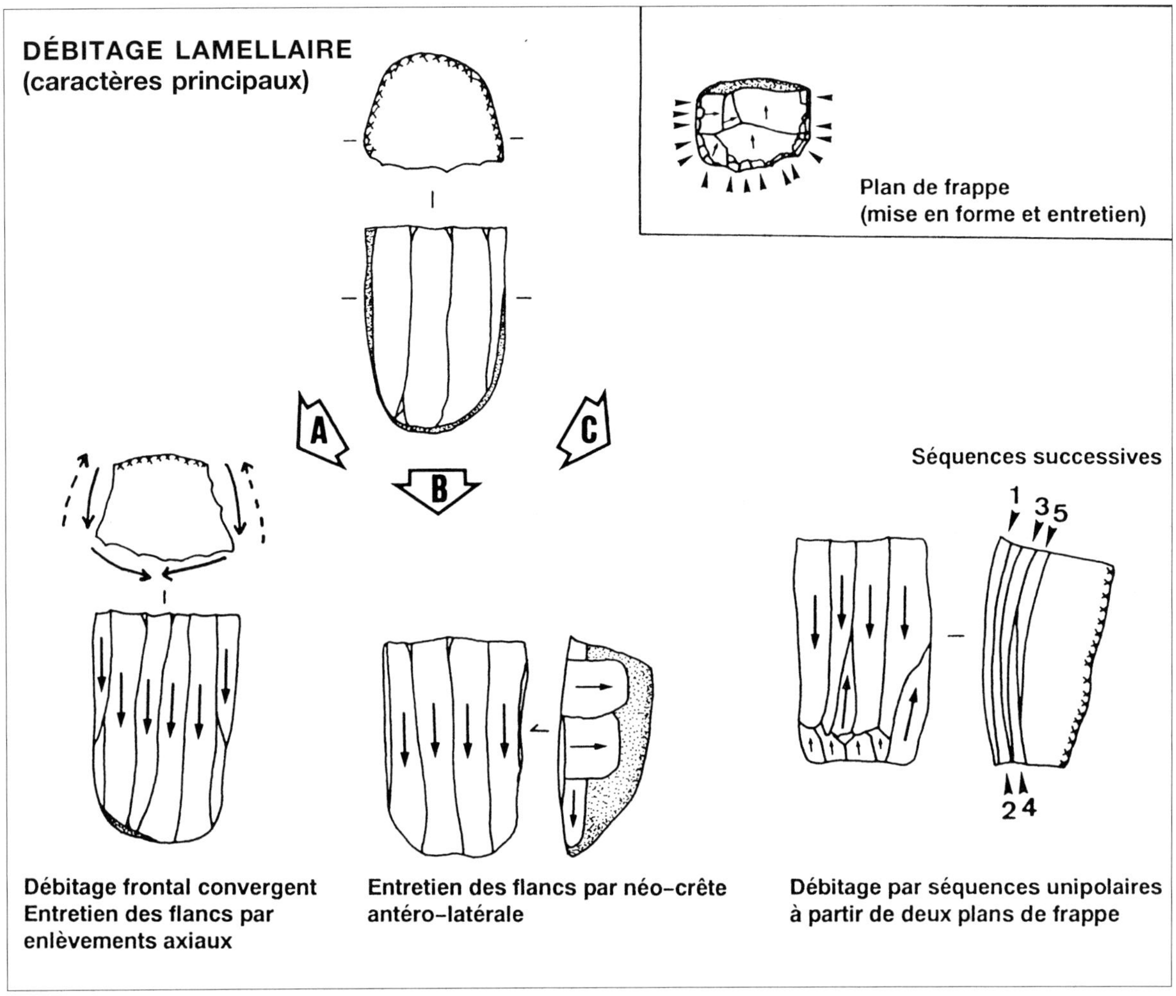

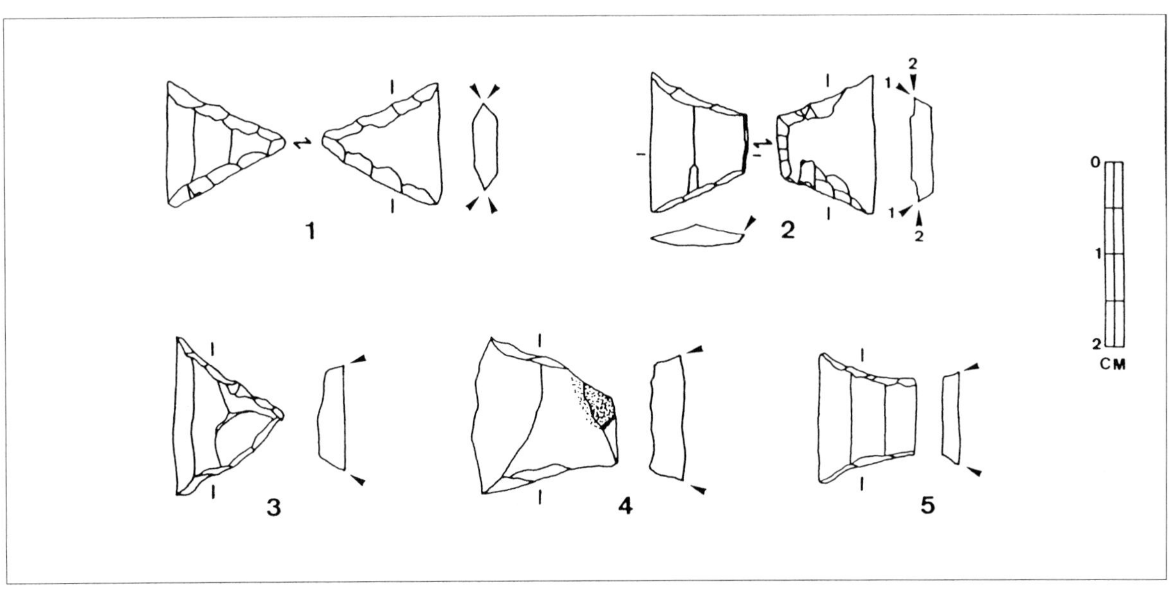

Figure 2. – En haut. modalités de la séquence lamellaire du débitage retzien. En bas. armatures symétriques (flèches tranchantes ?). 1. armature du Châtelet. 2. trapèze symétrique à retouche inverse rasante. 3. triangle isocèle. 4. bitroncature trapézoïdale. 5. trapèze symétrique.

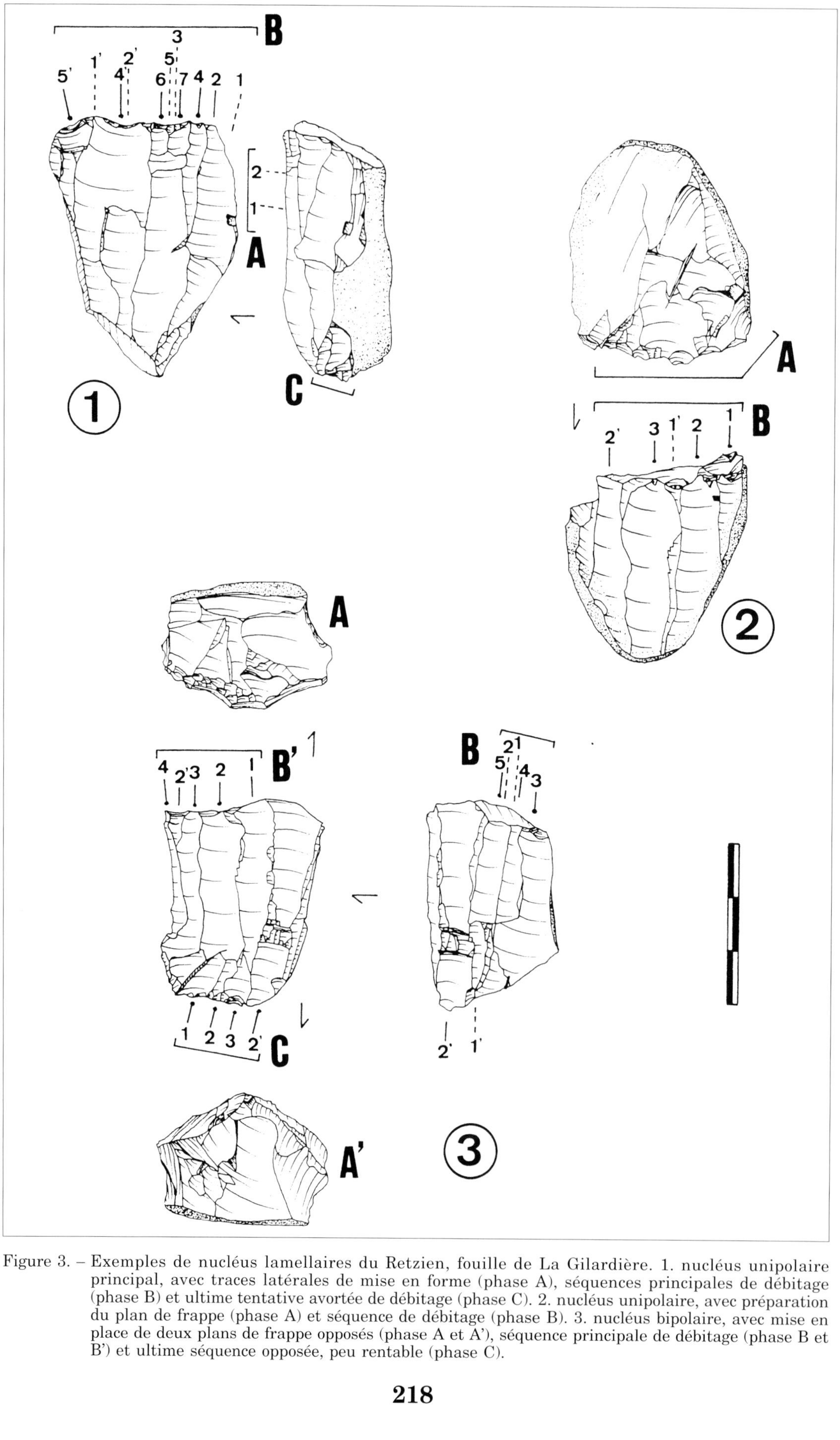

Figure 3. – Exemples de nucléus lamellaires du Retzien, fouille de La Gilardière. 1. nucléus unipolaire principal, avec traces latérales de mise en forme (phase A), séquences principales de débitage (phase B) et ultime tentative avortée de débitage (phase C). 2. nucléus unipolaire, avec préparation du plan de frappe (phase A) et séquence de débitage (phase B). 3. nucléus bipolaire, avec mise en place de deux plans de frappe opposés (phase A et A'), séquence principale de débitage (phase B et B') et ultime séquence opposée, peu rentable (phase C).

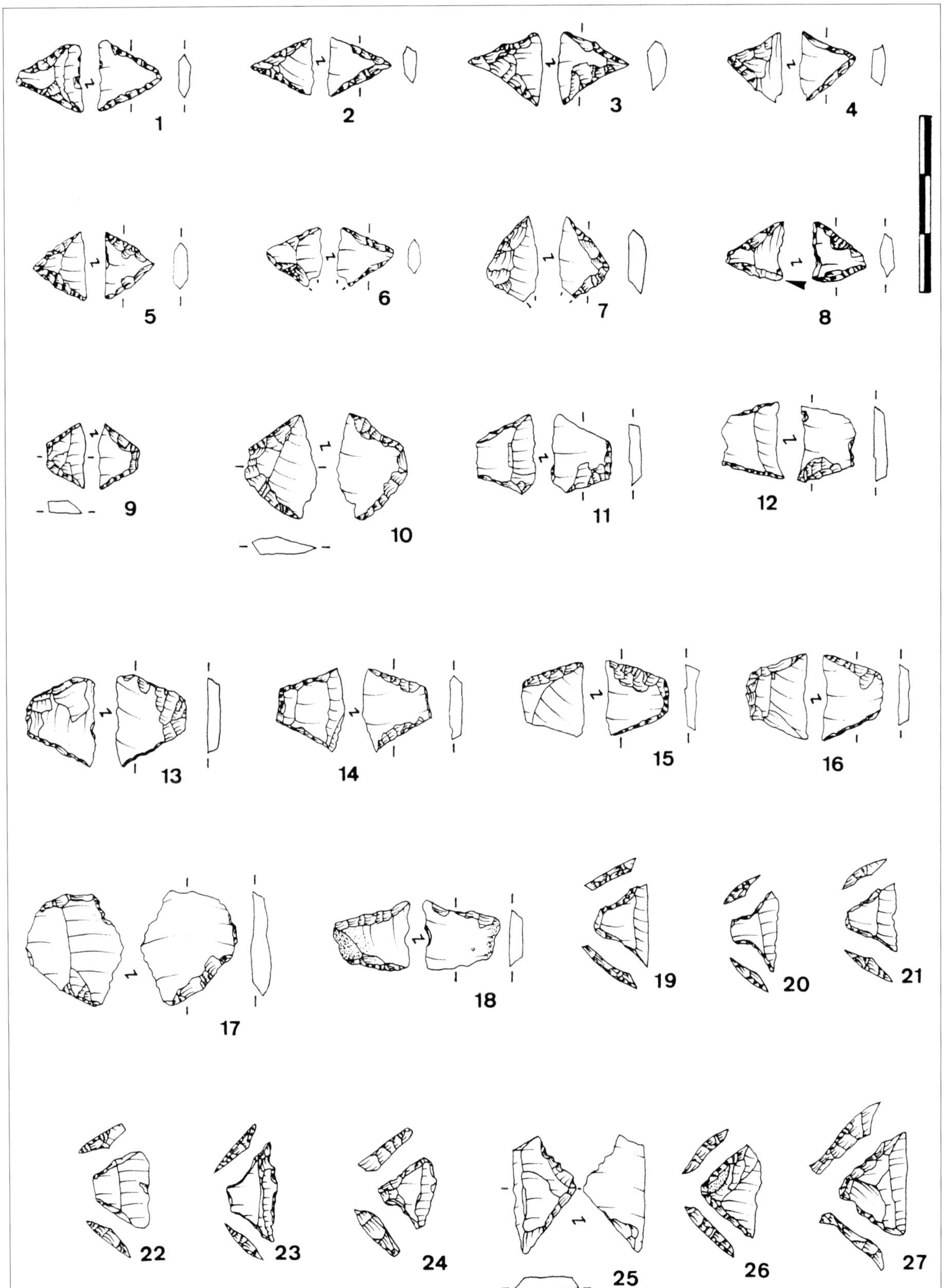

Figure 4. – Armatures symétriques de la fouille de La Gilardière. 1-8. armatures du Châtelet. 9-10. armatures du Châtelet à petite base reprise. 11-16. trapèzes symétriques à retouches inverses rasantes. 17-18. bitroncatures trapézoïdales. 19-24. trapèzes symétriques. 26-27. triangles isocèles.

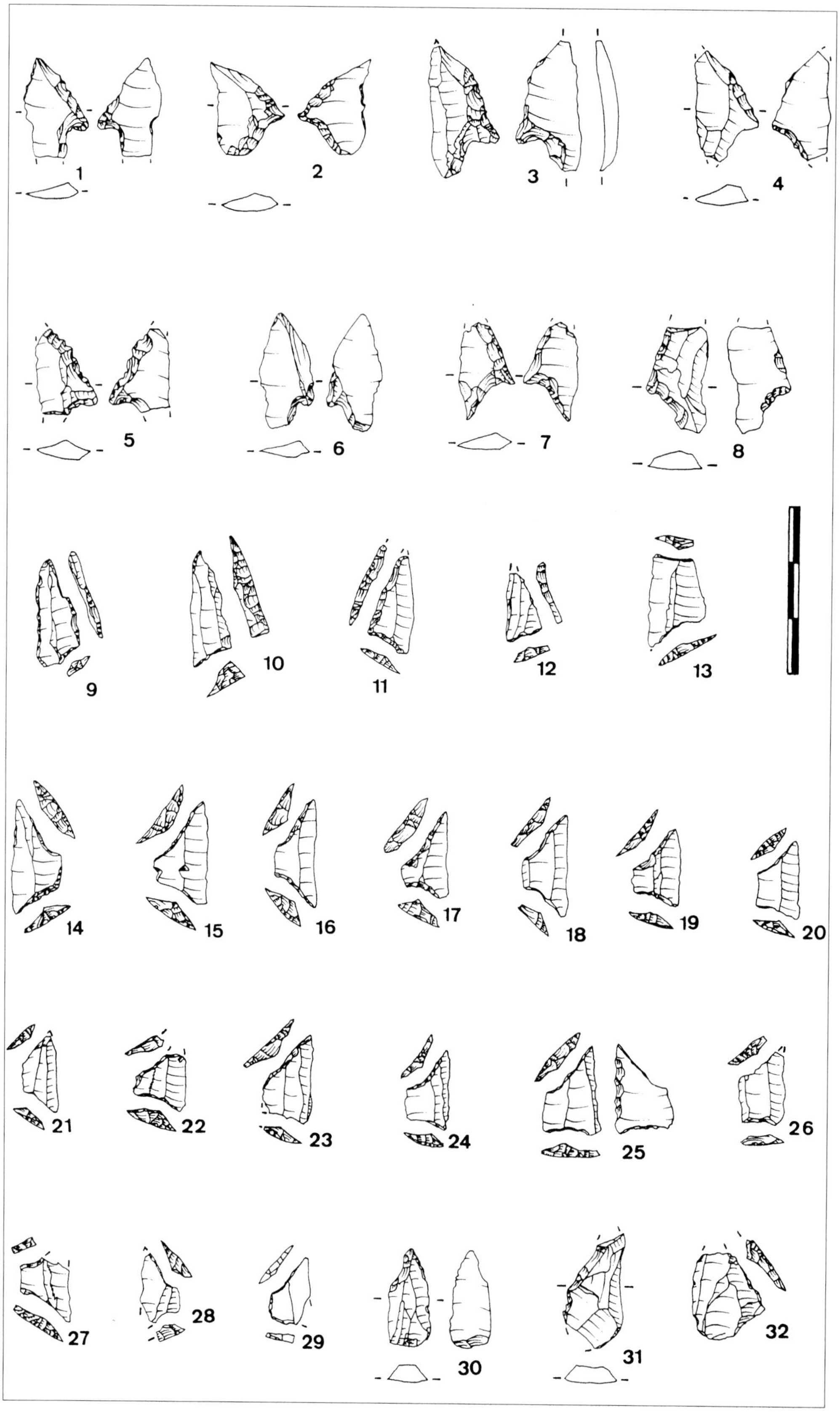

Figure 5. – Armatures asymétriques de la fouille de La Gilardière. 1-8. armatures à éperon. 9-12. triangles isocèles. 14-29. trapèzes asymétriques. 30-32. pointes à retouches unilatérales.

des investissements symboliques particuliers ? Outre la fonction de marqueur extra-communautaire, exploitée à l'envi par les archéologues, on peut en effet poser d'autres hypothèses, et ce par analogie avec des observations ethno-archéologiques (Lemonnier, 1987 ; Pétrequin, 1990) : signalisation sociale, ou encore reconnaissance par le chasseur d'attributs particuliers non directement fonctionnels. En tout état de cause, cette importante diversité s'affirme sur des outils affectés à la prédation ; en revanche, elle désertera durablement les carquois, dès le Néolithique moyen I.

3. LE RETZIEN DANS LE CONTEXTE DE LA NÉOLITHISATION DE LA FAÇADE ATLANTIQUE

3.1. Quelques éléments de chronologie

Il n'y a pour cette culture qu'une date radiocarbone directe, obtenue à La Gilardière : (Tucson 8 436) 6 520 ± 120 BP, soit 5 601 (5 438) 5 242 avant J.-C. après calibration. Par analogies typologiques, on est en droit de la placer entre le Mésolithique moyen terminal de type Saint-Gildas, ou Gildasien, et le Néolithique moyen I, de faciès cernoïde ou VSG final. Ses bornes les plus proches en chronologie absolue vont de 6 500 à 5 500 BP, et plus probablement la seconde partie du VIIe millénaire BP. Dans cette large fourchette intervient également au sud de l'aire retzienne un Néolithique d'obédience méditerranéenne, à qui on accorde une datation ancienne (Joussaume, 1981) ou récente (Cassen, 1993).

Les essais de périodisation de cette culture furent tentés, notamment par G. Gouraud (1991), mais ils nous semblent encore prématurés, car en amont l'homogénéité des stations étudiées pose trop souvent des problèmes. Par ailleurs, et on l'a vu à La Gilardière, les variations des taux d'armatures sont des données difficiles à manier, qu'il faut tenter de pondérer par divers paramètres (localisation des trouvailles, faciès d'activités préférentielles). On distinguera dans l'immédiat une première phase comprenant des industries à trapèzes asymétriques et des triangles scalènes, parfois à retouches rasantes de la base (Gildasien et « Retzien » de la Vendée intérieure), puis le Retzien « classique », *indivis*, dont il est question ici, et une phase encore très théorique, en contact avec le Néolithique moyen I (Marchand, à paraître). Dans cette dernière étape, plusieurs directions évolutives sont possibles. L'une d'elles suppose la disparition des trapèzes et leur remplacement par les armatures évoluées, ainsi dans l'ensemble (très contestable) de l'Organais-déblais (Gallais, 1988). Mais la suprématie des flèches tranchantes (qui sont techniquement des bitroncatures comme les trapèzes) au Néolithique moyen indique que ce n'était pas là une voie d'avenir. D'autres associations, notamment dans et autour des tertres funéraires montrent la diversité des options adoptées à l'orée du Néolithique, mais elles restent totalement à qualifier.

3.2. Les relations avec les groupes limitrophes

Dans le jeu des influences culturelles, alors que les rapports avec les marges orientales semblent encore confus, les relations nord-sud gagnent en clarté, même si l'on ne dispose au sud du Marais poitevin que de médiocres ensembles lithiques, qui n'autorisent que des constructions précaires. La prédominance dans le Retzien des trapèzes de Téviec et l'existence des triangles scalènes laisse deviner un groupe armoricain, ressemblance accentuée peut-être fallacieusement par un même usage des galets côtiers. Au regard de la typologie, des techniques et modalités de débitage, et plus généralement de l'allure des industries, il se démarque néanmoins nettement des ensembles de la fin du Mésolithique, d'une part du complexe Gildasien-Téviecien, d'autre part du Téviecien de faciès Beg-er-Vil, plus tardif (Kayser, 1992). Et c'est une influence méridionale manifeste que l'on distinguera, à l'instar de R. Joussaume. D'une part avec les armatures du Châtelet et les trapèzes symétriques à retouches rasantes, qui puisent leurs racines dans les armatures triangulaires à « doble bisel » (ou du Bétey), et les flèches de Montclus/Jean-Cros, sans qu'il soit possible de discerner de filiations strictes dans l'ensemble encore protéiforme des flèches tranchantes. D'autre part, le débitage lamellaire retzien trouve des parallèles, sans aller jusqu'à la stricte identité, dans le groupe mésolithique final de Saintonge (l'Autruère en Charente-Maritime), groupe lui-même très proche typologiquement du Mésolithique récent/final aquitain (Le Martinet en Lot-et-Garonne). D'autres caractères, comme la retouche inverse sous les trapèzes, subissent une gradation Nord-Sud et touchent davantage le sud de l'aire retzienne (pointe du Payré ou Vendée intérieure). En conclusion, et même si l'armature à éperon ne nous renvoie, elle, qu'au Nord-Est de la France, le Retzien résulte indéniablement de l'impact d'un influx méridional sur un groupe armoricain, que ce soit au Mésolithique récent ou au Néolithique ancien, ou bien encore successivement lors de ces deux périodes. Sa signification au sein du procès de néolithisation est hautement conjecturale, comme d'ailleurs l'ensemble des industries à lames et lamelles larges (style « Montbani ») en Europe occidentale. Comme on le verra plus loin, l'assimilation pure et simple aux porteurs de la céramique d'affinités cardiales semble dans l'immédiat hors de propos. La méconnaissance de leur industrie lithique freine encore les comparaisons. S'il s'avérait qu'il faille leur adjoindre les armatures du Bétey, proches techniquement des armatures du Châtelet, l'idée de groupes mésolithiques périphériques « sous influences » s'étofferait indéniablement.

4. APPROCHE DU STATUT SOCIO-ÉCONOMIQUE PAR LA CULTURE MATÉRIELLE

La première étape des recherches sur ce thème fut la réalisation de sondages sur deux sites de « Mésolithique à céramique ». Malgré la faible superficie envisagée, l'existence de mélanges a pu être proposée (Marchand, à paraître). Au Porteau Est II (Pornic, Loire-Atlantique), l'industrie retzienne dans une phase évoluée s'associe avec des éléments du Néolithique final (céramique grossière, fragment de poignard). À Saint-Gildas a (Préfailles, Loire-Atlantique), c'est un Mésolithique à triangles scalènes, de type Saint-Gildas Ic, qui est mêlé à des tessons néolithiques, peut-être rapportables à l'horizon Cerny (Tessier, 1991). Dans un deuxième temps, la fouille de sauvetage de la station de La Gilardière (ex-Girardière IIa, Pornic, Loire-Atlantique) a permis d'observer une petite installation articulée autour d'une zone de combustion, mais partiellement dégradée par les probables occupations itératives retziennes, puis par l'érosion. L'absence totale de céramique confirme l'hypothèse des mélanges sur les deux stations précédemment explorées. Par ailleurs, dans ces sols côtiers peu épais, la découverte de pollens de céréales, à La Gilardière ou au Porteau Ouest (travaux de J. Bernard et L. Visset) traduit d'abord la discordance entre l'occupation préhistorique et la mise en place de la couverture sédimentaire récente. Dans l'immédiat donc, rien n'indique un monde de producteurs. Il reste que les travaux ont porté sur des stations logistiques, affectées à la prédation. Éventuellement, ces ensembles lithiques du Retzien côtier pourraient être des faciès fonctionnels de groupes fraîchement néolithisés, qui perpétueraient l'économie de chasse, avec une circulation et une implantation semblables à celles de leurs prédécesseurs. Ce n'est pourtant pas l'hypothèse que nous privilégions pour l'instant, car elle réclame trop de conditions préalables et notamment la découverte de sites complémentaires, non ou moins spécialisés.

Quoi qu'il en soit, la vocation de ces sites s'articule autour de la chasse ou de la pêche. Les chaînes opératoires visent d'abord la production de lamelles, supports des microlithes. L'abondance de ces derniers, souvent usés ou cassés, est particulièrement manifeste. En l'absence de vestiges organiques, il est par contre impossible de préciser quel type de faune fut exploité. La relative profondeur des fonds sous-marins fait que ces stations dominaient déjà l'estran, ou des petits marais littoraux, et ce malgré un niveau de l'océan inférieur d'environ 5 à 10 m sous l'actuel (Prigent, 1978). Il est difficile de croire que ces peuples installés en bordure d'un écosystème côtier aient pu ignorer les ressources marines. Pourtant, aucun amas coquillier retzien n'est connu, alors qu'à proximité il en existe pour le Gildasien (Saint-Gildas Ib en Loire-Atlantique).

5. VERS LE NÉOLITHIQUE ?

Les stations côtières ne présentent pas autant de mélanges avec le Néolithique moyen ou récent que celles de l'intérieur. C'est une aubaine pour la recherche, dans la mesure où les conditions sédimentaires n'auraient pas permis de faire des distinctions. Il faut, au-delà, en tirer toutes les conséquences : cela signe dès le Néolithique moyen un changement économique et l'abandon de ce type de gestion du littoral. On l'interprétera soit au sens strict, soit comme un simple déplacement en pied de falaise (détruit par la transgression flandrienne), ou en arrière (détruit par l'habitat actuel). La marge de découverte sur le terrain est faible et il faut constater que beaucoup d'autres systèmes de gestion de l'environnement, révélés par leurs implantations, ont pu disparaître au gré des aménagements. Si l'on accorde crédit aux hypothèses actuelles, le rapport au littoral au Néolithique ancien centre-atlantique semble encore prépondérant. Ainsi, pour R. Joussaume, la progression du Néolithique ancien centre-atlantique, aux claires affinités cardiales ou épicardiales, se fait par progression maritime saltatoire, avec une occupation des zones basses aujourd'hui inondées (Joussaume, 1981). Quant au Néolithique moyen I en Armorique, peut-être le plus ancien, J. Vaquero Lastres (Boujot *et al.*, 1995) propose une lecture préférentielle des tertres funéraires à partir des rias et des voies fluviales de pénétration, au contraire des dolmens à couloirs. Entre Mésolithique et Néolithique, il s'agirait donc d'abord d'une réorganisation des activités économiques, voire symboliques, liées au domaine maritime.

Une telle recomposition se traduit de manière presque caricaturale dans le domaine de la culture matérielle, puisque l'on serait bien en peine d'isoler des caractères techniques mésolithiques dans la production lithique du Néolithique moyen I. Et même s'il s'avère que notre échelle d'observation est inadaptée, car trop large – ce qui est certainement le cas – on doit marquer cette discontinuité majeure qui affecte la préhistoire récente, soit à l'issue du Retzien, soit après une phase de Néolithique ancien méridional encore fantomatique. Dans la logique de l'analyse précédemment développée, l'explication la plus évidente réside dans la désagrégation de l'économie de chasse, avec toutes les valeurs qui la fondent et permettent sa reproduction. De multiples exemples historiques laissent à penser que ce changement peut être rapide, brutal, en tout cas encore difficilement saisissable par le préhistorien dans l'Ouest de la France.

BIBLIOGRAPHIE

BOUJOT (C.), CASSEN (S.), VAQUERO LASTRES (J.), Ideas de tierra. *Actas dos Trabalhos de Antropologia e Etnologia*, vol. XXXV, fasc. II, Porto, 1995, p. 169-185.

CASSEN (S.), Le Néolithique le plus ancien de la façade atlantique de la France. *Munibe*, n° 45, 1993, p. 119-129.

COLLECTIF, Les sites à microlithes entre Vilaine et Marais poitevin. *Études préhistoriques et protohistoriques des Pays de la Loire*, vol. VII, 1984, 300 p.

CRESWELL (R.), Transferts de techniques et chaînes opératoires. *Techniques et Culture*, n° 2, 1983, p. 143-164.

GALLAIS (C.), GALLAIS (J.-Y.), Le Néolithique ancien en Sainte-Reine-de-Bretagne (Loire-Atlantique). *Études préhistoriques et protohistoriques des Pays de la Loire*, n° 10, 1988, p. 31-34.

GOURAUD (G.), La fin du microlithisme en Centre-Ouest atlantique. *Bulletin de la Société nantaise de Préhistoire, Études*, 1991, 40 p.

Le Retzien des Garennes à Geneston (Loire-Atlantique) et la fin du Mésolithique dans le Centre-Ouest Atlantique. *Actes*, XVIIe colloque interrégional sur le Néolithique, Vannes 1990 : « Paysans et bâtisseurs. L'émergence du Néolithique atlantique et les origines du Mégalithisme », *Revue archéologie de l'Ouest*, suppl. n° 5, 1992, p. 111-116.

JOUSSAUME (R.), Le Néolithique de l'Aunis et du Poitou occidental dans son cadre atlantique. *Travaux du laboratoire d'Anthropologie, Préhistoire, Protohistoire et Quaternaire armoricains*, université de Rennes I, 1981, 625 p.

JOUSSAUME (R.), TESSIER (M.), Mésolithique et Néolithisation entre Loire et Marais poitevin. *Actes*, CXIII^e Congrès national des sociétés historiques et scientifiques, Strasbourg 1988 : *Mésolithique et néolithisation en France et dans les régions limitrophes,* CTHS, Paris, 1991, p. 173-176.

KAYSER (O.), Les industries lithiques de la fin du Mésolithique en Armorique. *Actes*, XVIIe colloque interrégional sur le Néolithique, Vannes 1990 : « Paysans et bâtisseurs. L'émergence du Néolithique atlantique et les origines du Mégalithisme », *Revue archéologie de l'Ouest*, suppl. n° 5, 1992, p. 117-124.

LEMONNIER (P.), Le sens des flèches. Culture matérielle et identité ethnique chez les Anga de Nouvelle-Guinée.

De la voûte céleste au terroir, du jardin au foyer, Éditions des Hautes Études en sciences sociales, 1987, p. 573-595.

MARCHAND (G.) *(à paraître)*, Microlithes et céramiques à l'embouchure de la Loire. *Actes*, colloque interrégional sur le Néolithique, Poitiers, oct, 1994.

PRIGENT (D.), Contribution à l'étude de la transgression flandrienne en Basse-Loire, apport de l'archéologie. *Études préhistoriques et protohistoriques des Pays de la Loire,* vol. V, 1978, 177 p.

PETREQUIN (A.-M.), PETREQUIN (P.), Flèches de chasse, flèches de guerre, le cas des Danis d'Irian Jaya (Indonésie). *Bulletin de la Société préhistorique française*, t. 87, 1990, p. 484-511.

ROUSSOT-LAROQUE (J.), Rubané et Cardial : le poids de l'Ouest. *In :* D. CAHEN et M. OTTE (dir.), Rubané et Cardial. *ERAUL* 39, Liège, 1990, p. 315-360.

ROZOY J.-G., Les derniers chasseurs, l'Épipaléolithique en France et en Belgique. *Bulletin de la Société archéologique champenoise*, n° spéc., juin 1978, 3 tomes, 1978, 1 256 p.

TESSIER M., De la céramique « Cerny » en Pays de Retz ? *Bulletin de la Société préhistorique française*, t. 88, n° 6, 1991, p. 167-169.

GROUPES À FEDERMESSER DU TARDIGLACIAIRE DANS LE CENTRE DE LA RHÉNANIE

LATE GLACIAL FEDERMESSERGRUPPEN IN THE CENTRAL RHINELAND

Michael Baales, Martin Street *

Résumé. – Dans le centre de la Rhénanie, bassin de Neuwied, les activités tectoniques pléistocènes ont causé de nombreuses et importantes éruptions volcaniques. La dernière d'entre elles, celle du volcan Laacher See, chronologiquement située à la fin de l'interstade de l'Alleröd, a recouvert de larges superficies de cendre et de pierre ponce, scellant ainsi les surfaces sédimentaires tardiglaciaires et préservant de cette manière les vestiges paléontologiques et archéologiques. Nous savons ainsi que les paysages du centre de la Rhénanie étaient caractérisés par une végétation en mosaïque composée d'arbres de natures différentes, adaptés à la topographie et à l'hydrologie de la région, avec selon les endroits un sous-bois très développé. Des régions beaucoup plus ouvertes succèdent aux régions boisées. Elles sont composées d'une végétation herbacée très riche, et occupées par de nombreuses espèces animales comme le cerf (*Cervus elaphus*), le cheval (*Equus sp.*), un grand bovidé (*Bos primigenius ?*), l'élan (*Alces alces*) et le castor (*Castor fiber*). La Rhénanie était occupée à cette époque par les groupes à Federmesser, terme qui s'applique à un technocomplexe à pointes à dos courbe que l'un retrouve dans tout le Nord de l'Europe. En plus des occupations préhistoriques à long terme, le tephra du Laacher See a également préservé des témoignages d'occupations beaucoup plus fugaces, comme des foyers associés ou non à de petits indices d'activités humaines. S'il n'a pas encore été découvert de sépultures Federmesser, à deux occasions des restes humains ont été mis au jour en dessous du niveau à pierre ponce.

Mots clés : Rhénanie, Mittelgebirge (= région des hautes terres), Alleröd, écologie, groupes à Federmesser, modèle d'occupation.

Abstract. – In the Central Rhineland Neuwied basin, tectonic activity led to a number of major pleistocene volcanic eruptions, the last of which, that of the Laacher See volcano, towards the end of the Alleröd Interstadial, covered large areas with pumice and ash, sealing the late glacial land surface and preserving palaeontological and archaeological localities. This Central Rhineland landscape was characterised by a mosaic vegetation in which stands of trees, of different composition according to topography and hydrology, and in places with dense undergrowth, alternated with more open areas with a rich herbaceous vegetation, while a wide range of animal species included red deer (*Cervus elaphus*), horse (*Equus* sp.) and a large bovid (*Bos primigenius ?*), elk (*Alces alces*) and beaver (*Castor fiber*). The Central Rhineland was inhabited at that time by the Federmessergruppen, a term generally applied here to the Northern European late glacial technocomplex with curved-backed points. Apart from larger settlement sites, the Laacher See tephra also preserves evidence for more ephemeral human activities, such as hearths with either little or no associated indication of other human activity, and, although it has not yet been possible to find Federmessergruppen burials, on two occasions human remains have been found beneath the pumice.

Key words : Rhineland, Upland zone, Alleröd, Ecology, Federmessergruppen, settlement pattern.

* This summary of late glacial research in Central Rhineland is intended as a contribution to the Deutsche Forschungsgemeinschaft (Bonn, Bad Godesberg) Sonderforschungsprogramm « Wandel der Geo-Biosphäre während der letzten 15 000 Jahre » (German Research Council Special Research Program « Change in the Geo-Biosphere during the last 15,000 years »).

Our knowledge of the Alleröd Interstadial in the Neuwied basin has increased dramatically during the last two decades (Street *in press* ; Bosinski, Street, Baales, 1995). As it is usually dated to the millennium between 12,000-11,000 BP by radiocarbon, a preliminary attempt to calibrate these dates by a comparison of radiocarbon and uranium/thorium series dates on Barbados corals suggests that the Alleröd Interstadial is dated to between 13,800 and 12,700 calBP (Street, Baales, Weninger, 1994).

The Neuwied basin is a region of tectonic downwarp lying centrally in the Rhenish slate massif. Tectonic activity also caused a number of major volcanic eruptions, the last of which took place to the NW of the Neuwied basin, towards the end of the Alleröd Interstadial, some 13,000 years ago (11,000 radiocarbon years BP). The basin of the present Laacher See lake is the result of this violent plinian eruption, which expelled an estimated 5 km^3 of magma (Bogaard, Schmincke, 1984). This was deposited in the Central Rhineland in the form of pumice and ash covering the whole late glacial land surface of the Neuwied basin and, transported in the higher atmosphere, can be found as an important late glacial marker horizon in the form of a fine ash layer, especially in lake and bog deposits, from Southern Scandinavia to Northern Italy (Bogaard, Schmincke, 1985).

The Laacher See eruption is believed to have occupied only a short period of time, possibly only days. There were certainly less violent periods within the eruption since at Mertloch, some 15 km S of the Laacher See, a layer of fine-grained ash within the eruptive sequence preserved the tracks of a number of birds, brown bear, horse and roedeer (?). Uncovered in 1993 and 1996, the tracks could be traced over a large area, and punctiform impressions in the ash surface interpreted as the imprints of raindrops are suggestive of episodes of heavy rainfall during the eruption (Berg, 1995).

Close to the Laacher See caldera, the pumice and ash layers can be more than 30 m thick. To the NE and SE, extensive fans of volcanic material cover wide areas, sealing and more or less completely preserving the late alleröd landscape. Pumice deposits have been used as building material since the beginning of century, becoming particularly important after the end of the Second World War (Verband Rheinischer Bimsbaustoffwerke e.V. 1956). Mining unearths numerous palaeontological and archaeological localities, and, during the last 15 years, it was possible to investigate a number of localities dating to the Late Alleröd Interstadial (fig. 1).

Botanical remains in the Laacher See pumice and ash were known in the 19th century, mainly in the form of charcoal and hollows left by tree trunks and branches buried by the eruption (Günther, 1924a ; 1924b). Also known are impressions of plant leaves in fine ignimbrite ash deposits (locally known as Trass), in the valleys close to the Laacher See (Schweitzer, 1958). The heat of the ignimbrite deposits carbonised plant material so that entire trunks of aspen (*Populus tremula*), leaves and even flowers are preserved as charcoal (Street, 1995a).

Finds of trees have also been made in waterlogged situations below the pumice. Three such late alleröd localities have been investigated in detail. At Thür, in the valley of the Nette river, fallen tree trunks, branches and tree stumps of birch (*Betula* sp.) were uncovered with a layer of moss (Brunnacker *et al.*, 1982). Fallen tree trunks with a N-S orientation might have been felled by a shock wave of the Laacher See eruption, which was only some 5 km to the N. Three conventional radiocarbon dates on wood lie between 11,050 and 11,250 BP.

A similar situation was discovered in 1991, again in the Nette valley. Pumice quarrying uncovered a small lake basin at Miesenheim IV, the shoreline of which was characterised by a thin peat layer, in places covered by still green moss, in which were found numerous trees identified as birch (*Betula* sp.). Remains of large mammals at Miesenheim IV are particularly interesting. The skull of a young elk (*Alces alces*) carrying antler was found first, and further parts of this animal were later discovered scattered over a large area. Several parts of the skull and dentition, both sides of the pelvis and almost all the vertebral column and rib cage were recovered, the latter elements often in anatomical connexion. None of the limb bones were present. There is no evidence for human modification of the skeleton, but traces of gnawing on the bones show that the elk carcass was intensively exploited by carnivores, probably wolves (Street, 1993 ; 1995a). The scattering of the carcass and the

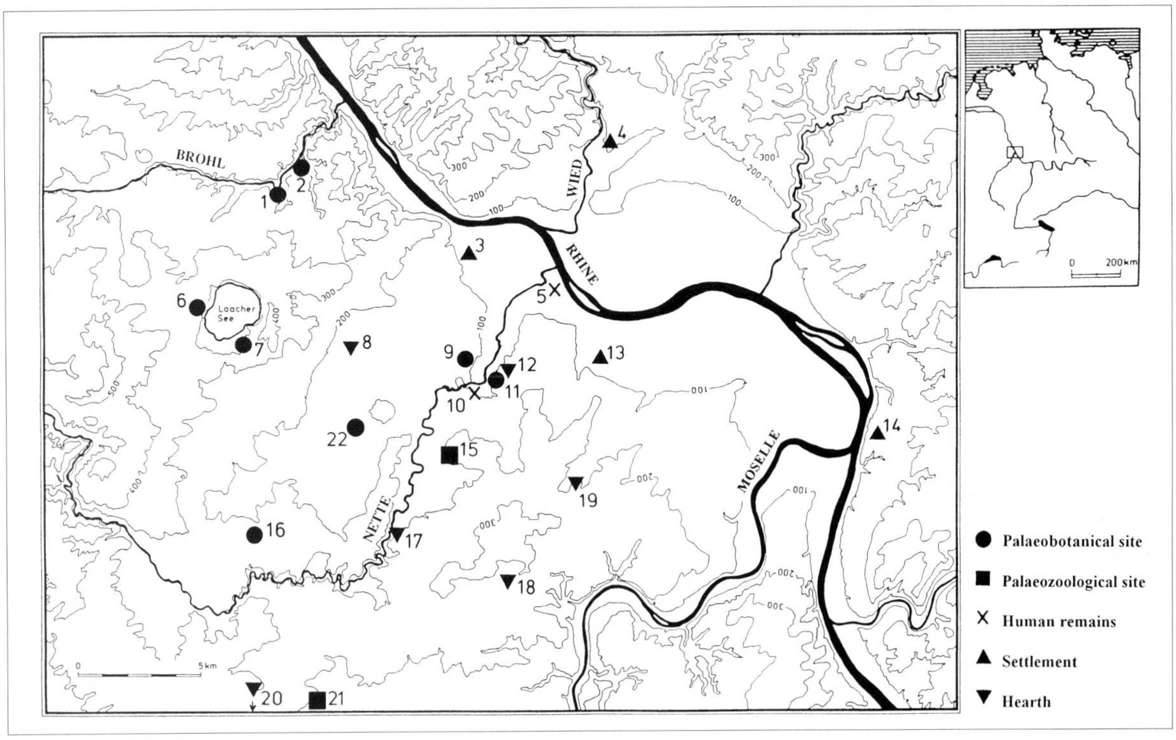

Figure 1. – Location of Central Rhineland sites dated to the Alleröd Interstadial. 1. Brohl I. 2. Brohl-Klärwerk. 3. Andernach-Martinsberg. 4. Niederbieber. 5. Weißenthurm. 6. Glees. 7. Krufter Ofen. 8. Nickenich. 9. Miesenheim II. 10. Plaidt-Rauschermühle. 11. Miesenheim IV. 12. Miesenheim III. 13. Kettig. 14. Urbar. 15. Michelberg. 16. Thür. 17. Ochtendung. 18. Kobern. 19. Bassenheim. 20. Polch. 21. Mertloch. 22. Kruft.

absence of the limbs find convincing parallels in winter wolf kills of moose described from North-America (Haynes, 1982). This season is confirmed by the fact that the elk was carrying antlers (Fraser, King, 1954). Other large mammal species found at Miesenheim IV include red deer (*Cervus elaphus*), roe deer (*Capreolus capreolus*) and fox (*Vulpes vulpes*), all represented by single elements of the skeleton only. The same is true of a galliform bird (black grouse ?), and small mammals are also only rarely found. Three AMS radiocarbon dates on elk bone have a combined age of 11,230 ± 55 BP, while the moss layer covering the peat and the skeleton is dated to 11,170 ± 100 BP (Hedges *et al.*, 1993).

In 1982, pumice quarrying had already uncovered a locality (Miesenheim II) at which numerous macroscopic plant remains were preserved on the alleröd land surface (Street, 1986, 1995a). A total area of some 5,000 m^2 were investigated by a series of test trenches and boreholes. Here too, many stumps, trunks and branches of trees were uncovered, at this site mainly aspen (*Populus tremula*). A wide range of other plant species was identified by C. Staiger, Stuttgart-Hohenheim. Conventional radiocarbon dates on wood of *Populus tremula* fall between 11,040 ± 220 and 11,460 ± 100 BP (Street, 1986), while six very similar AMS dates on wood and charcoal give a pooled mean of 10,986 ± 46 BP (Hedges *et al.*, 1993).

Animal remains recovered at Miesenheim II include a rich molluscan fauna, insectivores, rodents and a small number of bones of galliform birds. Several species of large mammal are represented either by only single specimens, teeth of red deer (*Cervus elaphus*) and roe deer (*Capreolus capreolus*), a metatarsus of horse, (*Equus* sp.) or by only a small number of bones (four phalanges of a large bovid, probably the aurochs, *Bos primigenius*). Some remains can be regarded as « background » but the horse metatarsus has a probable cut mark, and certain bovid phalanges have series of cutmarks, while two of them have been broken open to extract bone marrow. Additional evidence for human presence is provided by artefacts, including a classic flint Federmesser projectile point (Street, 1986, 1993, 1995a).

The Central Rhineland landscape during the Late Alleröd Interstadial was thus characterised by a mosaic vegetation in which stands of trees, of different composition according to topography and hydrology, and in places with dense undergrowth, alternated with more open areas with a rich herbaceous vegetation.

During the Alleröd Interstadial, the Central Rhineland was inhabited by the Federmessergruppen. Hermann Schwabedissen organised lithic assemblages of this techno-complex into a number of typological groups which he believed were distributed on a regional basis (Schwabedissen, 1954). This division is no longer regarded as valid, and the term Federmessergruppen is applied generally here to the North-European late glacial techno-complex with curved-backed points. The term « Tjongérien » is often regarded as synonymous (Lauwers, 1988), and, despite several differences of detail between the assemblages, the term « Azilien » has also been used in a Central European context to describe the curved-backed point techno-complex (Taute, 1963, p. 105). A recent proposal to re-define the British Creswellian as an upper palaeolithic complex similar to and contemporary with the continental West-European Late Magdalenian (Jacobi, Roberts, 1992) implies that terms such as « Creswello-Tjongérien » should no longer be used.

Radiocarbon dates for the Central Rhineland Federmessergruppen sites are heterogeneous, covering the entire millennium 12,000-11,000 BP, and it is unclear whether certain assemblages are in fact Pre- or Early Alleröd. On the other hand, the lithic assemblages from all sites are very similar, which might suggest that they can all be assigned to the middle or Late Alleröd Interstadial (Street, Baales, Weninger, 1994).

The earliest discovery of Federmessergruppen material in the Central Rhineland was made by Hermann Schaaffhausen in 1883 on the Martinsberg in Andernach (Schaaffhausen, 1888), although both he and later analysts (Bosinski, Hahn, 1972) were at first unable to distinguish this assemblage from that of the underlying magdalenian occupation. This was only possible after new excavations, begun in 1979 (Veil, 1982 ; Street, 1995b). The most recent excavations on the Martinsberg, begun in 1994 by the Archäologische Denkmalpflege, Amt Koblenz, have uncovered both traces of magdalenian settlement and new evidence for the Federmessergruppen occupation, which clearly covered several hundred square meters.

The second Federmessergruppen site in the Central Rhineland was only discovered in 1966 in Urbar, a suburb of Koblenz. Only 17 m^2 of the site, which is located in a private garden, have been excavated (Eiden, Löhr, 1974 ; Baales, 1995a).

A further 14 years passed until the discovery of a new site. During the autumn of 1980, pumice mining in the Neuwied suburb of Niederbieber uncovered lithic and faunal remains on a low promontory of land overlooking the Wied river, a tributary of the Rhine. A program of test trenches showed that settlement remains are present over an area of some 10,000 m^2. Seven larger areas of the site have been excavated, although only one was larger than 100 m^2. One of the investigated concentrations lay away from the main area of occupation, in a small dry valley (Bolus, 1992 ; Baales, 1995b). By the end of the sondage programme in 1995, the eastern limits of the occupation had been established ; new excavations will aim to investigate the rest of the site comprehensively.

The latest discovery of a Federmessergruppen site came in 1993 at Kettig, to the S of the Rhine (Baales, 1994, 1995, *in press*). This site was located on a small promontory at the edge of a river terrace, a few metres above the Alleröd Rhine valley floor. A test trench shows that occupation extended beyond the promontory onto the surrounding slopes. A total of 242 m^2 was excavated, greatly adding to our knowledge of the variation in Federmessergruppen settlement behaviour and material equipment.

The Central Rhineland Federmessergruppen lithic assemblages are characterised above all by backed pieces and short scrapers. The former include typical, elongated Federmesser points with steep curved backing (fig. 2, 1-5), but also specimens with only partially curved retouch (fig. 2, 6-7) and others with straight backed edges (fig. 2, 8-10). Retouch is almost always from the ventral face, and reflected retouch is rare. A particular feature of these sites is the presence of simple microlithic forms with oblique end-retouch (fig. 2, 12-15). These are particularly common at Kettig, but are also found to the S

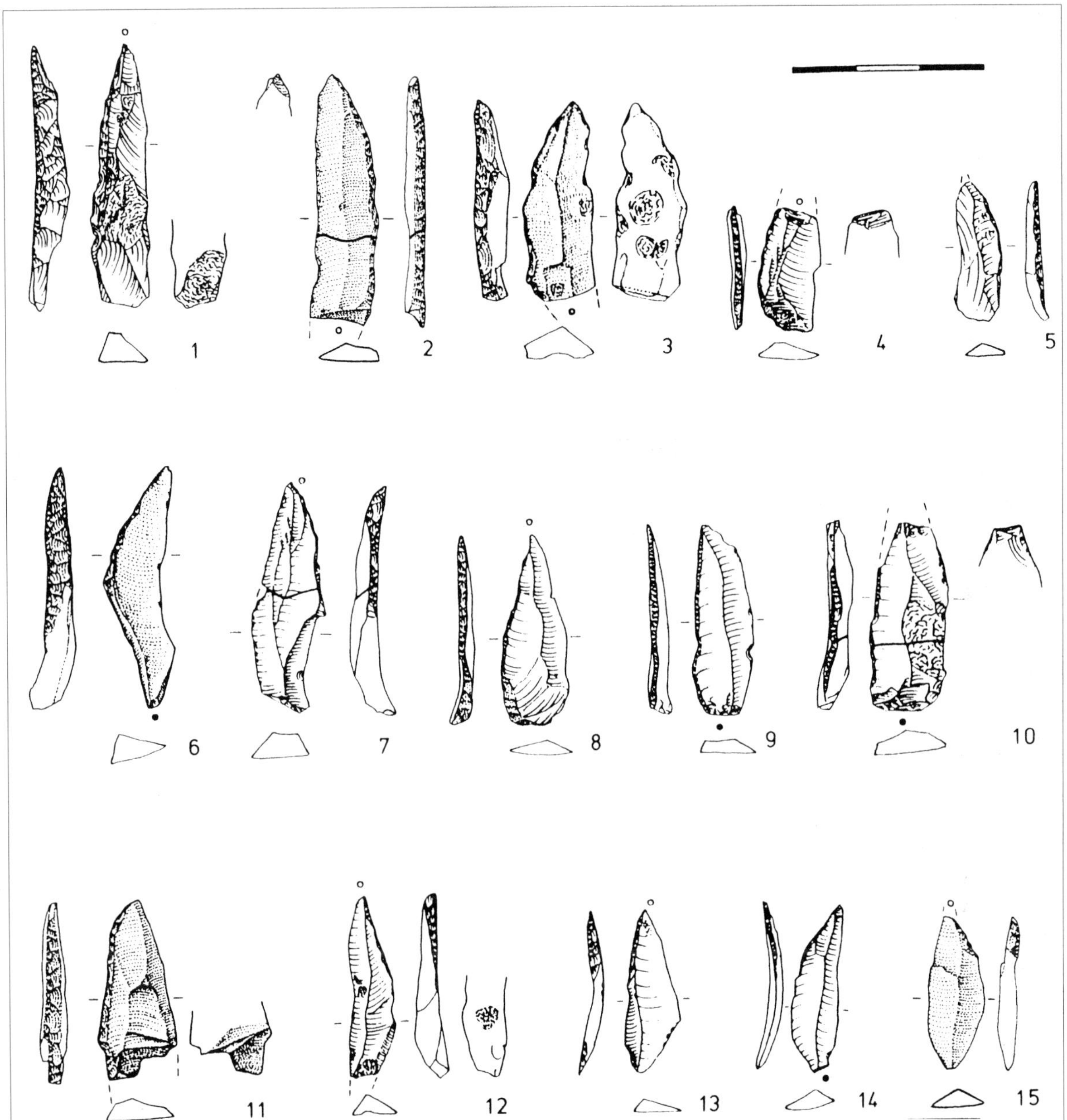

Figure 2. – Lithic projectile points from Kettig, Central Rhineland. 1-5. Federmesser. 6-7. points with partial curved backing. 8-10. straight-backed points. 11. weakly-shouldered points. 12-15. simple obliquely-retouched microliths (1, 4, 8-10, 12-14 : Western « Meuse » flint ; 2-3, 6, 11, 15 : Tertiary quartzite ; 5, 7 : lydite ; 2, 4, 10 : specimens with impact fractures ; 1, 3, 10, 12 : burnt pieces).

of the Central Rhineland, at the site of Rüsselsheim, not far from Frankfurt am Main (Fiedler, 1995).

At some of the sites, the short or « thumbnail scrapers » dominate the assemblage ahead of all other tool types. Some of the scrapers scarcely measure 1 by 1 cm, and retouch extends around their entire edge. They are in some cases manufactured on very irregular flakes. All other tool types are normally only poorly represented in Central Rhineland assemblages.

The very small dimensions of the tools raise the question of their probable function and of hafting. Five short scrapers from Kettig were examined by Alfred Pawlik, Tübingen, for hafting residues without success. By contrast, the examination of five pieces interpreted as projectile points revealed remains of an adhesive on all specimens.

Exotic lithic raw materials show that the Central Rhineland Federmessergruppen had contacts with neighbouring regions on almost the same scale as magdalenian groups. Besides locally and regionally available materials such as tertiary quartzite and siliceous slate, the assemblages also contain artefacts of flint from the Meuse drainage area (around 80 to 100 km to the NW) and frommoraine deposits whose southern boundary lies along the line Krefeld-Düsseldorf-Essen (again around 100 km to the N). Another common material is tertiary chalcedony from Muffendorf, some 40 km to the N in the Rhine valley, close to Bonn. The various sites, and even different areas of the same site show marked differences in the proportions of their lithic raw materials (Floss, 1994).

Although the covering Laacher See pumice has generally ensured good preservation of organic material, artefacts of these materials are very rare. Two small fragments of projectile points may be present at Niederbieber (Bolus, 1992). A fragmentary auxiliary metacarpus of a cervid (red deer or elk) from Andernach has been recognisably worked to a point (Street, 1993). This is the only bone tool at Andernach assigned to the Federmessergruppen horizon.

More important are the discoveries at Kettig. A hammer of red deer antler – the first specimen from a Federmessergruppen context – shows clear abrasion of the burr and was probably used in lithic artefact production by a right-handed person. Several fragments of at least one barbed antler point were also found. Three refitted fragments form a gracile point, which resembles certain magdalenian specimens. The barbs are intentionally carved to twist out of the axis of symmetry. We do not know any similar barbed points (Baales, 1994, 1995c, *in press*).

Art is equally rare in German Federmessergruppen contexts, although a unique find was made in 1994 in Northern Germany, where several amber fragments from a site at Weitsche, Lower Saxony, were refitted to form several objects, including a sculpted animal (Veil, Breest, 1995). In the Central Rhineland, only a few objects fall into this category. At Andernach the root of a red deer incisor tooth carries a series of incisions (fig. 3, 3), and the tooth can plausibly be interpreted as a pendent or jewellery (Street, 1993). A small fragment of schist from Niederbieber Area VII is engraved on both sides with a reticulated design (fig. 3, 2 ; Freericks, 1991), which resembles patterns known from azilian contexts, in particular those on engraved pebbles from Rochedane in Eastern France (Thévenin, 1982).

More interesting is a find from Niederbieber Area II. A red sandstone shaft smoother is engraved with highly schematic female figures (fig. 3, 1 ; Loftus, 1982) of the type commonly found on schist plaques at the Rhineland magdalenian sites of Gönnersdorf and Andernach (Bosinski, 1991). In view of the enormous differences in the ecological background, the subsistence basis and the material equipment of the Federmessergruppen and the Magdalenian, this is an unexpected indication of continuity of tradition between the two groups in the Central Rhineland.

A wide range of animal species was present in Central Rhineland during the Alleröd Interstadial (see table). The red deer (*Cervus elaphus*) is present at all settlements. Horse (*Equus* sp.) and a large bovid, probably aurochs (*Bos primigenius*), are found at several sites, however finds of single bovid bones at Urbar and Niederbieber Area V might represent *ad hoc* tools rather than carcasses consumed at these sites (Baales, 1995a). Elk (*Alces alces*) is found at two settlements, and roe deer (*Capreolus capreolus*), chamois (*Rupicapra rupicapra*) and ibex (*Capra ibex*) are present but rare. Beaver (*Castor fiber*) was also hunted or trapped. Less common are finds of carnivore species such as red fox (*Vulpes vulpes*), badger (*Meles meles*), marten (*Martes* sp.), wolf (*Canis lupus*), and brown bear (*Ursus arctos*). Fish remains are present at Kettig, Niederbieber and at Andernach, where numerous bones were identified as large specimens of pike (*Esox lucius*) and chub (*Leuciscus cephalus*).

Although Laacher See pumice has protected late glacial archaeological sites in Central Rhineland to an exceptional degree, no site of the Federmessergruppen has produced any evidence for formal structures. The presence of hearths can only be demonstrated by discoloration and changes in the consistency of the sediment or by scatters of burned artefacts and bone. These are more or less circular and have an average diameter of 1 m (Bolus, 1991 ; Winter, 1987). In general, more than one hearth is present at the larger sites. The absence of more permanent hearth structures possibly shows that fires were only in use for a

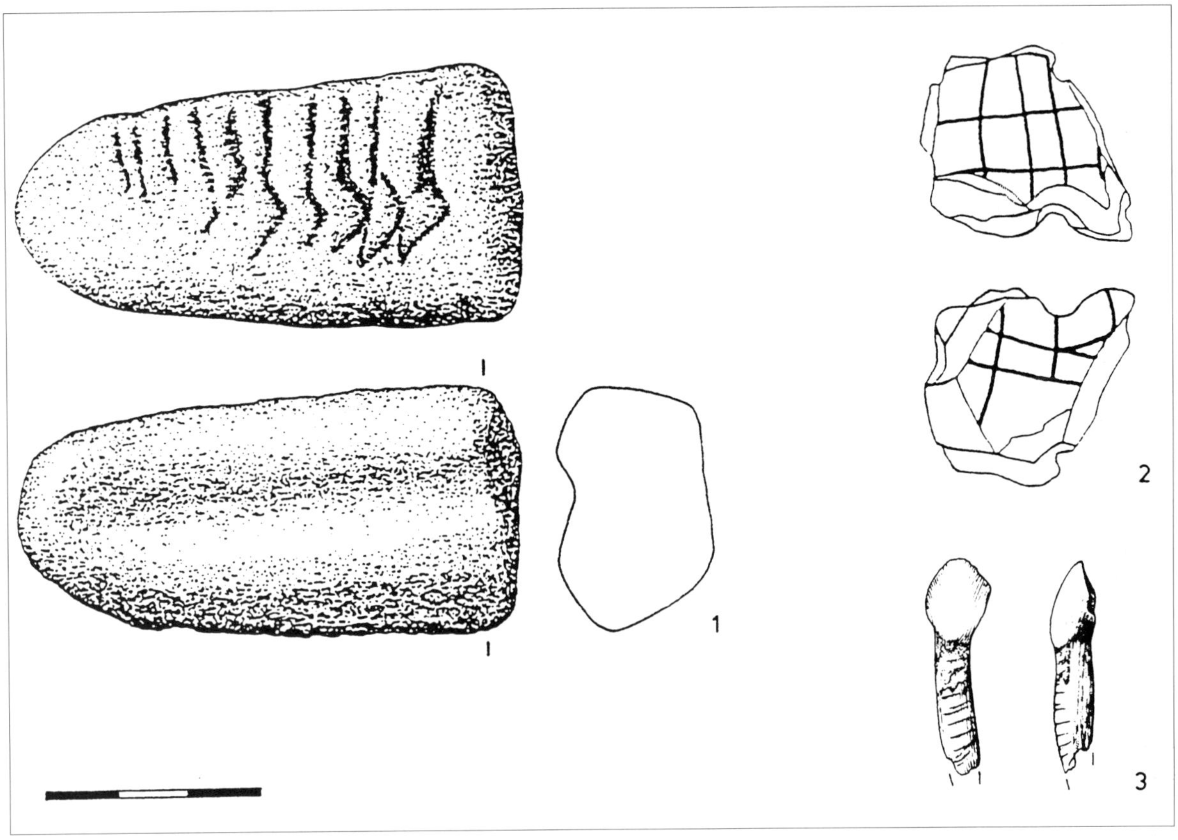

Figure 3. – Engraved objects (art). 1. Sandstone shaft smoother with schematic female figures (Niederbieber Area II). 2. small schist fragment engraved on both sides with a reticulated pattern (Niederbieber Area VII). 3. red deer incisor tooth with a series of incised notches (Andernach-Martinsberg).

short period of time, but this says nothing about the overall length of occupation of a site (Street, 1993).

Two broad patterns of site organisation can be recognised. At Niederbieber Areas I and IV, the archaeological material lies concentrically around a central fireplace. Tendentially, larger pieces (cores, bigger bone fragments) lie at the periphery of the concentration, demonstrating a « centrifugal » effect (Löhr, 1979). Numerous conjoins of lithic artefacts show that all stages of artefact production took place around these hearths ; tools were renewed, and animal carcasses (or parts of them) were processed. Analysis of the spatial organisation of several of the Niederbieber sites using the « ring and sector » method developed by Dick Stapert (1992) shows that the small and dense concentrations of Areas I and IV were not enclosed structures (e.g. tents) but were the result of activities around hearths in the open.

A different pattern is observed at Niederbieber II, Andernach and Kettig. Here, settlement activities covered a much larger area, and the sites are characterised by scatters and concentrations of different material, including knapping debitage, other lithic material such as thermally fractured quartz cobbles, charcoal and faunal remains. Clearly, at these sites, a range of activities was carried out at different locations within a larger defined area.

Knowledge of seasonal data for Central Rhineland Federmessergruppen sites is still limited. Tooth eruption and antler development of red deer at Niederbieber IV (Winter, 1987) suggest that this dense and structured concentration (and Area I ?) were formed during the colder half of the year (« winter »). By contrast, Andernach and Kettig were occupied during summer months (Street, 1993 ; Baales, 1994, 1995c). Whether these strands of evidence imply that the smaller dense concentrations (Niederbieber I, IV ; possibly Niederbieber V-VI and Urbar) were « winter » settlements and the large diffuse sites (Andernach, Niederbieber II

		Palaeontological sites / Settlements						
		M2	M4	Me	Ur	An	Ni	Ke
Perissodactyla								
Horse	*Equus* sp.	X		X	X?	?	X	X
Artiodactyla								
Red deer	*Cervus elaphus*	X	X		X	X	X	X
Roe deer	*Capreolus capreolus*	X	X	X?		?		X
Elk	*Alces alces*		X			X	X	
Aurochs ?	*Bos primigenius* ?	X			X	X	X	X
Ibex	*Capra ibex*						X	
Chamois	*Rupicapra rupicapra*					X		X?
Wild boar	*Sus scrofa*						?	
Carnivora								
Bear	*Ursus arctos*			X				X
Wolf	*Canis lupus*							X
Dog	*Canis familiaris*					?		
Red fox	*Vulpes vulpes*		X					X
Badger	*Meles meles*						X	
Weasel	*Mustela nivalis*							X
Marten	*Martes* sp.							X
Rodentia								
Beaver	*Castor fiber*					X	X	X
Yellow-necked field-mouse	*Apodemus flavicollis*					X		X
Common hamster	*Cricetus cricetus*					X		X
Hamster	*Cricetus* sp.	X						
Large pleistocene mole	*Talpa europaea magna*							X
Mole	*Talpa europaea*	X				X		
Bank vole	*Clethrionomys glareolus*					X		X
Water vole	*Arvicola terrestris*	X				X		X
Root vole	*Microtus oeconomus*					X		
Field vole	*Microtus agrestis*							X
Voles	*Microtus* arvalis/agrestis					X		X
Insectivora								
Common shrew	*Sorex* ex. gr. *araneus*					X		X
Pygmy shrew	*Sorex* cf. *minutus*					X		X
Water shrew	*Neomys fodiens*					X		X
Chiroptera								
Noctule	*Nyctalus* sp.							X
Long-eared bat	*Plecotus auritus*					X		
Aves								
Capercaillie	*Tetrao urogallus*			X				
Black grouse	*Tetrao (Lyrurus) tetrix*	X?	X?	X				
Galliformes / Ptarmigan	cf. *Lagopus* sp.	X						
Tit	*Parus* sp.							X
Pisces								
Pike	*Esox lucius*					X		X
Perch	*Perca fluviatilis*					X		
Chub	*Leuciscus cephalus*					X		
Cyprinids	*Leuciscus* sp.					X		X
Reptilia								
Lizard	*Lacerta* sp.							X

M2 Miesenheim 2, - M4 Miesenheim 4, - Ur Urbar, - An Andernach (Federmessergruppen horizon), - Ni Niederbieber, - Ke Kettig, - Me Mertloch.
(Aurochs ?, X? = questionable identification; ? = questionable context).

Table. – Occurrence of animal species on Central Rhineland sites dated to the Alleröd Interstadial.

and Kettig) « summer » sites is unclear ; nevertheless, combining the seasonal data with the results of the « ring and sector » analysis would suggest that outdoor winter activities took place in the immediate vicinity of hearths, while summer activities were less closely bound to them.

Away from the larger settlements, evidence for human activities which would normally have been destroyed by erosion, soil processes and cultivation is also preserved under the Laacher See tephra. Miesenheim II was already described. Possibly, this site documents a brief hunting episode. Also preserved (and dated) by Laacher See pumice are six hearths which have either very little or no associated evidence for other human activity (Berg, 1994 ; Holzkämper, 1995). In their size, form and cross-section they resemble the areas of discoloured sediment at Niederbieber. Associated artefacts were present in only two cases. At Kobern, fragments of a large broken flake could be refitted, while at Nickenich a core was found with a backed bladelet and a burnt scraper. These hearths represent probably very short episodes of activity – possibly overnight stays. A similar rest place preserved in peat deposits is described from a Northern German mesolithic context (Bokelmann, 1986).

In contrast to well preserved settlements and evidence for very low-level activity, it has not yet been possible to find any evidence for Federmessergruppen burials in the Central Rhineland. However, on two occasions, human remains have been found beneath the pumice. Both discoveries were made early this century (Günther, 1924a, 1924b), but the remains were lost during the Second World War. One specimen was probably a complete male body, and the other an isolated skull described as lying at the top of a loess layer below 18 m of the Laacher See ash. Although the latter find was lost, the recent discovery of detailed photographs in a local museum may yet allow limited anthropological study of the skull (pers. comm. B. C. Oesterwind, Mayen).

In summary, the catastrophic late pleistocene eruption of the Laacher See volcano has repeatedly shown itself to be a great stroke of luck for the palaeolithic archaeologist. The cover of volcanic deposits has conserved an entire landscape, allowing glimpses of a late alleröd ecosystem with a degree of detail unmatched elsewhere. The negative aspect of this situation is the fact that the area of Central Rhineland with intact pumice cover is shrinking rapidly. It is estimated that the deposits will be completely exhausted within the next 20 years. This has enormous implications for the archaeology of the region. For all periods younger than the Alleröd, the Neuwied basin will be an archaeological desert. At the same time, the late glacial environmental and archaeological evidence which has so far survived intact will be at the mercy of weathering, erosion and effects of cultivation such as deep ploughing. The only possible consequence to be drawn from this is that a main priority of late glacial research in Central Rhineland must be intensive prospecting for intact sites and their exhaustive investigation before this unique chance is lost forever.

REFERENCES

Baales (M.), Kettig (Kr. Mayen-Koblenz). Ein spätpaläolithischer Siedlungsplatz unter dem Bims des Laacher See-Vulkans im Neuwieder Becken. Ein Vorbericht. *Archäologisches Korrespondenzblatt* 24, 1994, p. 241-254.

Urbar. *In* : G. Bosinski, M. Street, M. Baales (eds.) : The Palaeolithic and Mesolithic of the Rhineland. *Quaternary* Field Trips in Central Europe 15, vol. II (W. Schirmer [ed]). 14. INQUA-Congress Berlin. Munich, 1995a, p. 922-924.

Niederbieber. In : G. Bosinski, M. Street, M. Baales (eds.) : The Palaeolithic and Mesolithic of the Rhineland. *Quaternary* Field Trips in Central Europe 15, vol. II (W. Schirmer [ed]). 14. INQUA-Congress Berlin. Munich, 1995b, p. 918-922.

Kettig. In : G. Bosinski, M. Street, M. Baales (eds.) : The Palaeolithic and Mesolithic of the Rhineland. Quaternary Field Trips in Central Europe 15, vol. II (W. Schirmer [ed]). 14. INQUA-Congress Berlin. Munich, 1995c, p. 924-927.

In press, Kettig (Neuwied Basin, Central Rhine Valley, Germany) : A Federmessergruppen Site Yielding Organic Artefacts. Actes, CXIX^{e} Congrès national des sociétés historiques et scientifiques, Amiens : *Chronostratigraphie et environnement des occupations humaines du Tardiglaciaire au début de l'Holocène en Europe du Nord-Ouest*, CTHS.

Berg (A.) von, Allerödzeitliche Feuerstellen unter dem Bims im Neuwieder Becken. *Archäologisches Korrespondenzblatt* 24, 1994, p. 355-365.

Mertloch. *In* : G. BOSINSKI, M. STREET, M. BAALES (eds.) : The Palaeolithic and Mesolithic of the Rhineland. *Quaternary Field Trips in Central Europe* 15, vol. II (W. Schirmer [ed]). 14. INQUA-Congress Berlin. Munich, 1995, p. 934.

BOGAARD (P.) VAN DEN, SCHMINCKE (H.-U.), The Eruptive Center of the Late Quaternary Laacher See Tephra. *Geologische Rundschau* 73, 1984, p. 933-980.

Laacher See Tephra, a Widespread Isochronous Late Quaternary Tephra Layer in Central and Northern Europe. *Geological Society of America Bulletin* 96, 1985, p. 1554-1571.

BOKELMANN (K.), Rast unter Bäumen. Ein ephemerer mesolithischer Lagerplatz aus dem Duvenseer Moor. *Offa* 43, 1986, p. 149-163.

BOLUS (M.), Niederbieber and Andernach. Examples of Final Palaeolithic Settlement patterns in the Neuwied Basin (Central Rhineland). *In* : A. MONTET-WHITE (ed.) : Les bassins du Rhin et du Danube au Paléolithique supérieur : environnement, habitat et systèmes d'échange. *ERAUL* 43, Liège, 1991, p. 116-133.

Die Siedlungsbefunde des späteiszeitlichen Fundplatzes Niederbieber (Stadt Neuwied). *Monographien des Römisch-Germanischen Zentralmuseums* 22, Mainz & Bonn, 1992.

BOSINSKI (G.), The Representation of Female Figures in the Rhineland Magdalenian. *Proceedings of the Prehistoric Society* n° sp. 57, 1991, p. 51-64.

BOSINSKI (G.), HAHN (J.), Der Magdalenien-Fundplatz Andernach (Martinsberg). *Rheinische Ausgrabungen* 11. Cologne & Bonn, 1972, p. 81-257.

BOSINSKI (G.), STREET (M.), BAALES (M.) (eds.), The Palaeolithic and Mesolithic of the Rhineland. *Quaternary Field Trips in Central Europe* 15, vol. II (W. Schirmer [ed]). 14. INQUA-Congress Berlin. Munich, 1995, p. 829-999.

BRUNNACKER (K.), FRUTH (H.-J.), JUVIGNE (E.), URBAN (B.), Spätpaläolithische Funde aus Thür, Kreis Mayen-Koblenz. *Archäologisches Korrespondenzblatt* 16, 1982, p. 417-427.

EIDEN (H.), LÖHR (H.), Der endpaläolithische Fundplatz Urbar, Kreis Mayen-Koblenz (Rheinland-Pfalz). *Archäologische Informationen* 2/3, 1973-1974, p. 45-47.

FIEDLER (L.), Rüsselsheim 122. *In* : G. BOSINSKI, M. STREET, M. BAALES (eds.) The Palaeolithic and Mesolithic of the Rhineland. *Quaternary Field Trips in Central Europe* 15, vol. II (W. Schirmer [ed]). 14. INQUA-Congress Berlin. Munich, 1995, p. 880-881.

FLOSS (H.), Rohmaterialversorgung im Paläolithikum des Mittelrheingebietes. *Monographien des Römisch-Germanischen Zentralmuseums* 21, Mainz & Bonn, 1994.

FRASER (F. C.), KING (J. E.), Faunal remains. *In* : J. G. D. CLARK : *Excavations at Star Carr, Cambridge*, 1954, p. 70-95.

FREERICKS (M.), Die Fläche VII (17/46-22/52) des späteiszeitlichen Fundplatzes Niederbieber. *Archäologisches Korrespondenzblatt* 21, 1991, p. 343-350.

GÜNTHER (A.), Vulkantätigkeit und Eiszeit im östlichen Eifelvorland zwischen Mosel und Vinxtbach. *Die Eiszeit* 1, 1924a, p. 46-59.

Die Löß- und Bimssanda-blagerungen des Neuwieder Beckens und ihre Bedeutung für die Urgeschichtsforschung. *Rheinische Heimatblätter* 1924b, p. 51-56.

HAYNES (G.), Utilization and Skeletal Disturbances of North American Prey Carcasses. *Arctic* 35, 1982, p. 266-281.

HEDGES (R. E. M.), HOUSLEY (R.-A.), BRONK (C.-R.), KLINKEN (G.-J.) VAN, Radiocarbon Dates from the Oxford AMS System : Archaeometry Datelist 16. *Archaeometry* 35, 1993, p. 147-167.

HOLZKÄMPER (J.), Hearths below the Laacher See Tephra : Miesenheim III, Bassenheim, Ochtendung, Polch, Kobern, Nickenich. *In* : G. BOSINSKI, M. STREET, M. BAALES (eds.) : The Palaeolithic and Mesolithic of the Rhineland. *Quaternary Field Trips in Central Europe* 15, vol. II (W. Schirmer [ed]). 14. INQUA-Congress Berlin. Munich, 1995, p. 927-928.

JACOBI (R.), ROBERTS (A.), A New Variant of the Creswellian Angle-backed Blade. Lithics. *The Newsletter of the Lithic Studies Society* 13, 1992, p. 33-39.

LAUWERS (R.), Le gisement tjongérien de Rekem (Belgique). Premier bilan d'une analyse spatiale. *In* : M. OTTE (ed.) : De la Loire à l'Oder. Les civilisations du Paléolithique final dans le Nord-Ouest européen. *BAR International Series* 444, t. 2, Oxford, 1988, p. 475-510.

LÖHR (H.), *Der Magdalenien Fundplatz Alsdorf, Kreis Aachen-Land. Ein Beitrag zur Kenntnis der funktionalen Variabilität jungpaläolithischer Stationen.* Ph.D. Thesis, Tübingen, 1979.

LOFTUS (J.), Ein verzierter Pfeilschaftglätter von Fläche 64/74-73/78 des spätpaläolithischen Fundplatzes Niederbieber/Neuwieder Becken. *Archäologisches Korrespondenzblatt* 12, 1982, p. 313-316.

SCHAAFFHAUSEN (H.), Die vorgeschichtliche Ansiedelung in Andernach. *Bonner Jahrbücher* 86, 1888, p. 1-41.

SCHWABEDISSEN (H.), Die Federmesser-Gruppen des nordwesteuropäischen Flachlandes. Zur Ausbreitung des Spät-Magdalénien. *Offa-Bücher* 9, Neumünster, 1954.

SCHWEITZER (H.-J.), Entstehung und Flora des Trasses im nördlichen Laacher Seegebiet. *Eiszeitalter und Gegenwart* 9, 1958, p. 28-48.

STAPERT (D.), *Rings and Sectors : Intrasite Spatial Analysis of Stone Age Sites.* Ph.D. Thesis, Groningen, 1992.

STREET (M.), Ein Wald der Allerödzeit bei Miesenheim, Stadt Andernach (Neuwieder Becken). *Archäologisches Korrespondenzblatt* 16, 1986, p. 13-22.

Analysis of Late Palaeolithic and Mesolithic Faunal Assemblages in the Northern Rhineland, Germany. Ph.D. Thesis, Birmingham, 1993.

Evidence for Late Alleröd Ecology Conserved by Laacher See Tephra : Miesenheim II, Miesenheim IV, Thür, Brohl Valley Sites, Glees, Krufter Ofen, Wingertsberg. *In* : G. BOSINSKI, M. STREET, M. BAALES (eds.) : The Palaeolithic and Mesolithic of the Rhineland. *Quaternary Field Trips in Central Europe* 15, vol. II (W. Schirmer [ed]). 14. INQUA-Congress Berlin. Munich, 1995a, p. 928-934.

Andernach-Martinsberg. *In* : G. BOSINSKI, M. STREET, M. BAALES (eds.) : The Palaeolithic and Mesolithic of the Rhineland. *Quaternary Field Trips in Central Europe* 15, vol. II (W. Schirmer [ed]). 14. INQUA-Congress Berlin. Munich, 1995b, p. 910-918.

In press, The Late Pleistocene/Holocene Transition in the Northern Rhineland. Actes, CXIX[e] Congrès national des sociétés historiques et scientifiques, Amiens : *Chronostratigraphie et environnement des occupations humaines du Tardiglaciaire au début de l'Holocène en Europe du Nord-Ouest*, CTHS.

STREET (M.), BAALES (M.), WENINGER (B.), 1994, Absolut Chronologie des späten Paläolithikums und Frühmesolithikums im nördlichen Rheinland. *Archäologisches Korrespondenzblatt* 24, 1994, p. 1-28.

TAUTE (W.), Funde der spätpaläolithischen « Federmesser-Gruppen » aus dem Raum zwischen mittlerer Elbe und Weichsel. *Berliner Jahrbuch für Vor- und Frühgeschichte* 3, 1963, p. 62-111.

THÉVENIN (A.), *Rochedane. L'Azilien, l'Épipaléolithique de l'Est de la France et les civilisations épipaléolithiques de l'Europe occidentale*, Strasbourg, 1982.

VEIL (S.), Der späteiszeitliche Fundplatz Andernach-Martinsberg. *Germania* 60, 1982, p. 391-424.

VEIL (S.), BREEST (K.), Figurenfragmente aus Bernstein vom Federmesser-Fundplatz Weitsche bei Lüchow. Ldkr. Lüchow-Dannenberg. *Archäologisches Korrespondenzblatt* 25, 1995, p. 29-47.

VERBAND RHEINISCHER BIMSBAUSTOFFWERKE (E. V.) (ed.), *Rheinische Bimsbaustoffe. Entstehung und Entwicklung der Rheinischen Bimsbaustoffindustrie*, Wiesbaden & Berlin, 1956.

WINTER (D.), Retuscheure des spätpaläolithischen Fundplatzes Niederbieber/Neuwieder Becken (Fläche 50/14-56/20). *Archäologisches Korrespondenzblatt* 17, 1987, p. 295-309.

L'ÉPIPALÉOLITHIQUE ET LE MÉSOLITHIQUE ENTRE ARDENNES ET VOSGES

EPIPALAEOLITHIC AND MESOLITHIC BETWEEN ARDENNES AND VOSGES

Fernand Spier

Résumé. – Le secteur d'étude proposé oppose dès Alleröd deux zones principales à influences culturelles différentes. Au stade récent/final se remarque une certaine unification du territoire conservant des particularités régionales spécifiques.

Mots clés : groupes à Federmesser, Ahrensbourgien, substratum paléolithique, Beuronien faciès nord-faciès sud, Montbanien, armatures évoluées.

Abstract. – The field of studies opposes two main areas of different cultural influences following the Alleröd. In the recent/final period there is a tendency towards a territorial unity with specific regional characteristics.

Key words : Federmesser groups (i.e. backed points), Ahrensburgian culture, Palaeolithic substratum, Beuronian culture northern facies-southern facies, Montbanian culture, highly developed armatures.

1. INTRODUCTION

Les récentes recherches (Thévenin, 1990 ; 1991 ; Spier, 1994 ; 1997) menées dans le secteur d'étude proposé, délimité au nord par les Ardennes luxembourgeoises et le sud-ouest de l'Eifel, plus à l'est par le Palatinat, et au sud par l'Alsace et la Lorraine, ont affiné nos connaissances sur le peuplement de la fin du Tardiglaciaire et du début du Postglaciaire de cet espace géographique.

2. L'ÉPIPALÉOLITHIQUE

Lors de la phase climatique de l'Alleröd, toute la zone nord (fig. 1) est occupée par les groupes à Federmesser qui se manifestent essentiellement par des trouvailles isolées, assez fréquentes au sud-ouest de l'Eifel, au Luxembourg et au sud du département de la Meuse, contrairement à la situation observée en Sarre, sur la majeure partie de la Lorraine et au Palatinat. Des séries, généralement associées à une industrie, ont été signalées à Hesperange au Luxembourg, à Himeling-Puttelange, à Prény en Moselle et à Champigneulles en Meurthe-et-Moselle (Blouet, 1986), à Théding en Sarre française (Grimmer *et al.*, 1993), mais aussi dans la région de Saint-Dizier en Meuse et dans diverses communes de la Haute-Marne (Huet *et al.*, 1995). À Hesperange-Reizefeld et Hesperange-Howald, les industries s'individualisent, outre les éléments à bord abattu, par un indice remarquable des burins, surtout sur troncature, et des grattoirs courts. La présence de quelques rares pointes à troncature oblique en est une caractéristique, commune pour les gisements Federmesser du Rhin moyen (Baales, 1994). Pour l'instant aucune datation autre que typologique n'est

L'Europe des derniers chasseurs, 5e Colloque international UISPP, 18-23 septembre 1995, p. 237-246.

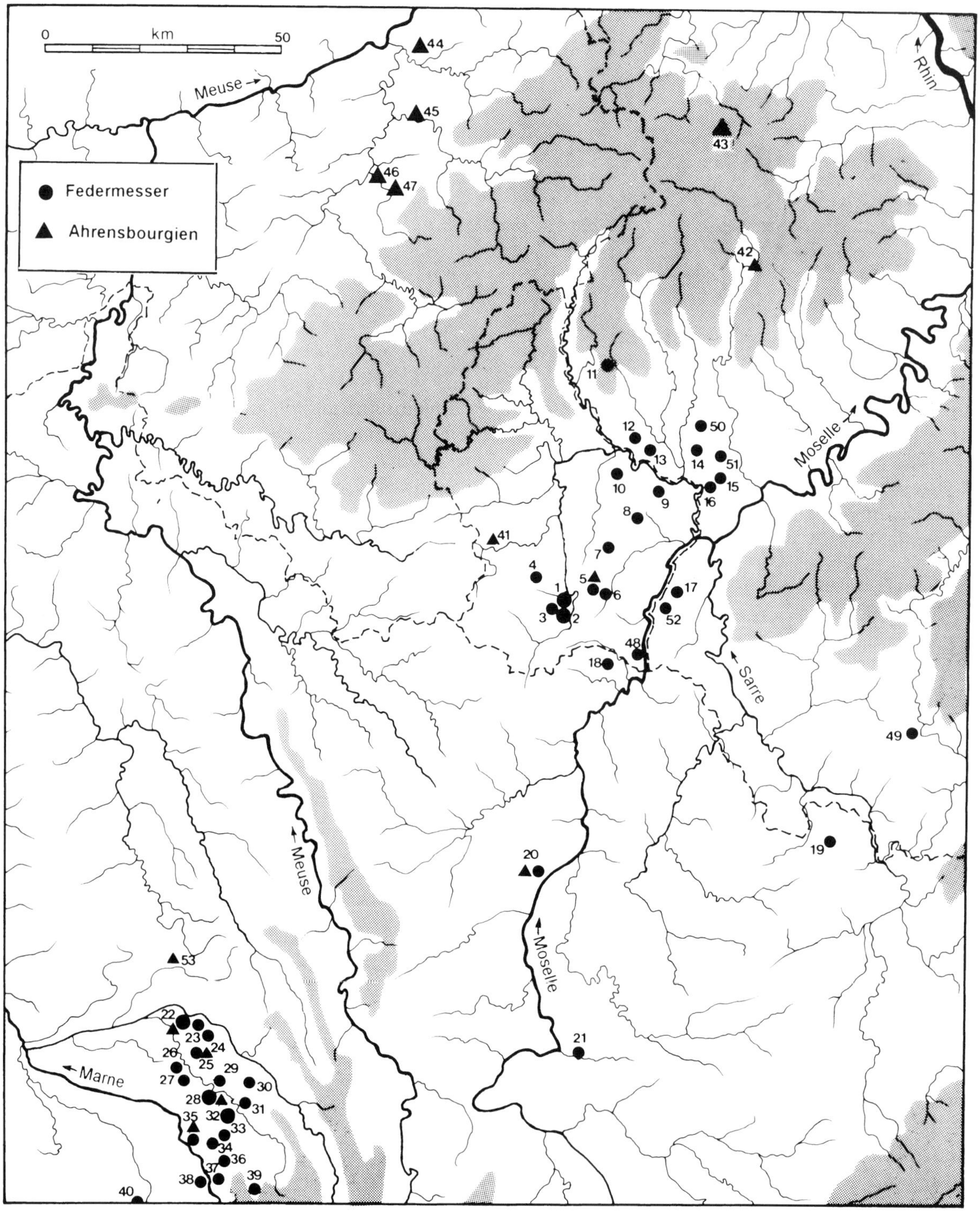

Figure 1. – Épipaléolithique, sites et trouvailles isolées (Spier, Le Brun-Ricalens, 1993, carte complétée). 1. Hesperange-Reizefeld. 2. Hesperange-Howald. 3. Hesperange-Biersak. 4. Kehlen-Juckelsboesch. 5. Sandweiler. 6. Oetrange. 7. Bourglinster. 8. Altrier. 9. Echternach. 10. Beaufort. 11. Ammeldingen. 12. Biersdorf. 13. Bollendorf. 14. Eisenach. 15. Kersch. 16. Wintersdorf. 17. Mannebach. 18. Himeling-Puttelange. 19. Théding. 20. Prény. 21. Champigneulles. 22. Neuville-sur-Ornain. 23. Varney. 24. Fains-les-Sources. 25. Trémont-sur-Saulx. 26. Lisle-en-Rigault. 27. Saudrupt. 28. Haironville. 29. Brillon-en-Barrois. 30. Montplonne. 31. Bazincourt-sur-Saulx. 32. Rupt-aux-Nonains. 33. Stainville. 34. Aulnois-en-Perthois. 35. Ancerville. 36. Savonnières-en-Perthois. 37. Chamouilley. 38. Roches-sur-Marne. 39. Brauvilliers. 40. Eclaron. 41. Hobscheid. 42. Gerolstein. 43. Kartstein-Höhle. 44. Fonds-de-Forêt. 45. Remouchamps. 46. Bomal-Coléoptère (couche 6). 47. Préalle en Heyd. 48. Remerschen-Schengenerwiss. 49. Breitfurt. 50. Gilzem. 51. Olk. 52. Fisch. 53. Louppy-le-Château.

disponible. Cependant les variations de la taille et le polymorphisme du dos des pointes, majoritairement courbe, bien que des éléments à dos anguleux et bipointes soient présents en nombre très restreint dans les groupes du Bassin mosellan, de la Meuse et de la Marne, laissent entrevoir des datations *ante-* et *post-*Alleröd. À l'heure actuelle, il serait prématuré de se prononcer définitivement sur les corrélations entre les différents groupes. Les particularités des industries rapprochent ceux-ci des groupes à Federmesser de la plaine nord-ouest européenne.

Depuis la découverte d'armatures isolées de type ahrensbourgien en dehors du territoire ahrensbourgien strict (fig. 1), à Sandweiler et Hobscheid au Luxembourg, à Prény en Moselle, à Neuville-sur-Ornain, à Cousances-les-Forges, à Trémont-sur-Saulx, à Haironville et à Louppy-le-Château en Meuse (Thévenin et Guillot, 1995), à Vioménil dans les Vosges, à Fussgönheim II au pied du Palatinat, mais aussi dans le gisement de la Muette I, Vieux-Moulin en Oise (Hinout, 1985) et, avec le site des Quatre-Arpents à Saint-Privé en Yonne (Huchet et Thévenin, 1994), est relancé le problème de l'extension méridionale de l'Ahrensbourgien. On constate un certain polymorphisme des pointes lié à un gradient nord-sud ou sud-ouest, comme à Saint-Privé ou dans le secteur au sud de la confluence du Neckar avec le Rhin (Cziesla, 1992a) où les armatures sont moins typiques. La dualité Ahrensbourgien et Federmesser semble très probable : elle est la preuve de la présence de ces derniers et paraît être celle d'une intrusion de populations. Il semble qu'au Dryas III, les deux entités culturelles ont cohabité et évolué plus ou moins indépendamment.

Dans le Nord du Jura se rencontrent à l'Alleröd deux mondes épipaléolithiques différents : l'Azilien de l'Est de la France avec surtout les niveaux C'1 et B de Rochedane (Thévenin, 1982), et la couche 8 de Bavans (Aimé, 1993). Plus à l'est avec la couche S de l'abri du Mannlefelsen I à Oberlarg, le groupe à Federmesser à dos anguleux couvre la partie sud de l'Alsace. Les corrélations de la couche S avec les niveaux E et F du Zigeunerfels (Taute, 1975) au Jura souabe et, sous réserve, avec certains sites suisses dérivés du techno-assemblage E de D. Leesch (Leesch, 1993) paraissent évidentes. Au Dryas III, couche R d'Oberlarg, on remarque la continuation d'un Épipaléolithique de type azilien, sans éléments à dos anguleux, accompagnée d'une diminution de la taille des armatures. Cette même tendance s'observe dans le Sud de l'Allemagne, couche D du Zigeunerfels.

3. LE MÉSOLITHIQUE

3.1. Le stade ancien

Dans le secteur nord (fig. 2), on observe un Mésolithique ancien contrasté qui connaît le développement plus ou moins synchronique de deux faciès distincts (fig. 3). Le premier, à forte dominance de la pointe à troncature oblique ou de ses formes apparentées traduisant l'influence ahrensbourgienne, a été mis en évidence à Altwies-Haed (Ziesaire, 1989) et à Berdorf-Kalekapp II (Leesch, 1983). Pour ce premier site, on note en outre la perduration de la pointe à dos sous sa forme microlithique. La présence des microlithes géométriques et de la pointe à base retouchée annoncerait le contact avec le domaine beuronien (Kozlowski, 1975). Le second, à dominance du segment dérivant des Federmesser et de la pointe à troncature oblique, bien attesté à Diekirch-Galgebierg (Spier, 1990), est à rapporter au Beuronien A, faciès nordique. Aucun gisement ne montre une fréquence élevée de triangles isocèles. Pour ce Mésolithique dérivant de l'Ahrensbourgien, il faut relever le caractère mixte, qui apparaît bien à Montenach (Blouet, 1986) et à Himeling en Moselle (Belland *et al.*, 1985), en Sarre française, à Utscheid dans l'Eifel (Loehr, 1982) et à la Kleine Kalmit (Cziesla, 1994), surtout les concentrations 1, 3 et 7, au Palatinat.

En Alsace (fig. 2), notamment dans la couche Q du site d'Oberlarg datée du Préboréal, les principales composantes culturelles peuvent être dérivées de l'Azilien du Jura, en ce qui concerne les segments, et du Beuronien A du Sud de l'Allemagne, en ce qui concerne en particulier la pointe à base convexe à retouches bifaciales de la base et le triangle isocèle (fig. 3). Il en est de même pour les industries de Spechbach-le-Haut et de

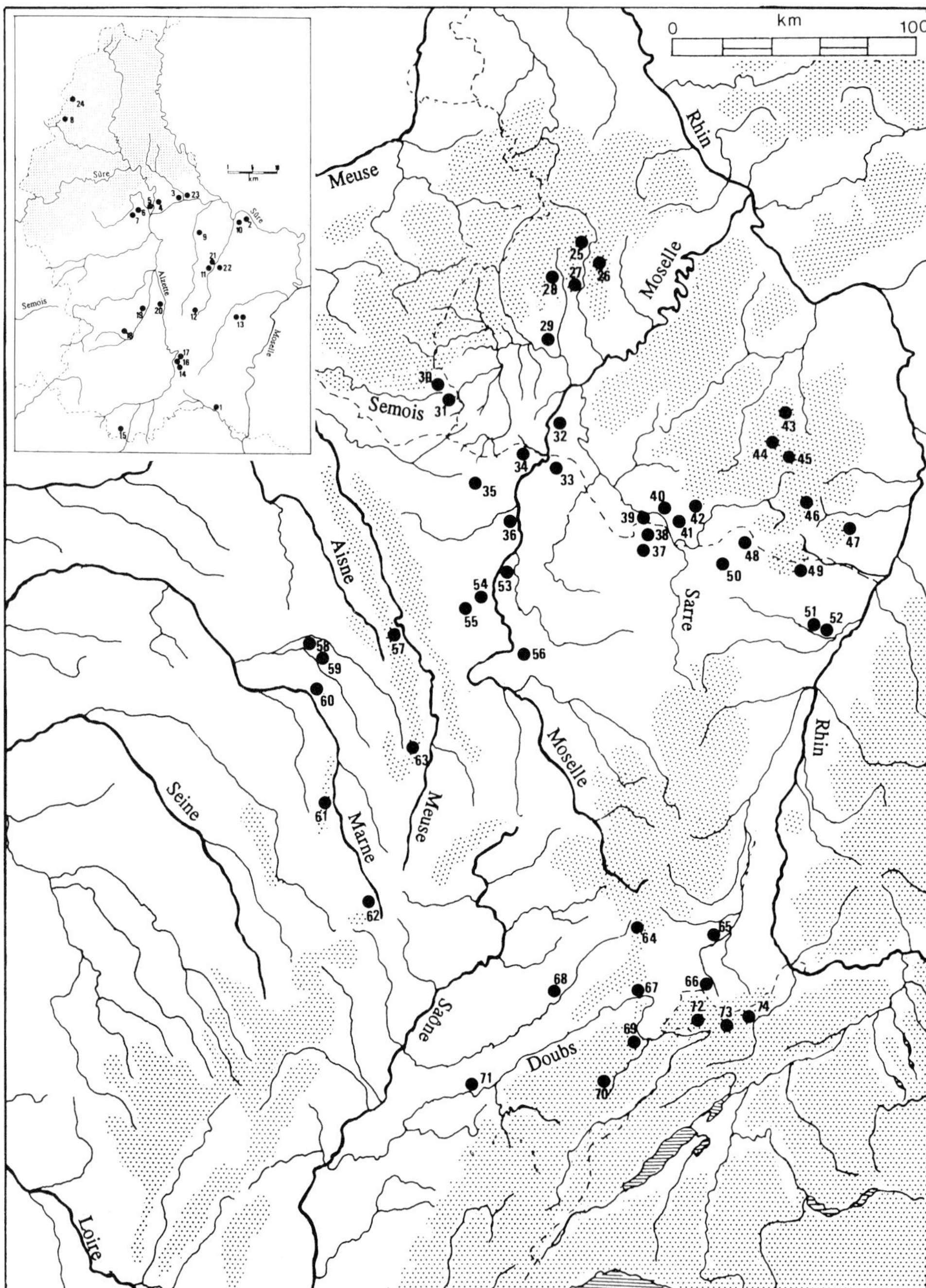

Figure 2. – Principaux sites mésolithiques du secteur d'étude 1. Altwies-Haed. 2. Berdorf-Kalekapp II. 3. Diekirch-Galgebierg. 4. Diekirch-Friedboesch. 5. Ettelbruck-Haardt. 6. Feulen-Bucheknapp. 7. Oberfeulen. 8. Derenbach. 9. Ermsdorf-Grewenhaff. 10. Berdorf-Kalekapp I. 11. Reuland-Atsebach. 12. Gonderange-an de Waelen. 13. Flaxweiler I et II. 14. Hesperange-im Gründchen. 15. Poteau de Kayl. 16. Hesperange-Teschebuchels. 17. Hesperange-Buchels. 18. Mamer-Juckelsboesch. 19. Keispelt-Nonnewald. 20. Lorentzweiler-Maximainerboesch. 21. Reuland-Loschbour. 22. Marscherwald. 23. Bettendorf-Foerbierg. 24. Wincrange. 25. Gerolstein. 26. Oberkail. 27. Hüttingen. 28. Utscheid. 29. Holsthum. 30. Heinsch. 33. Kleinenbusch I. 32. Mannebach. 33. Montenach. 34. Himeling. 35. Havange. 36. Maizières-lès-Metz. 37. Théding. 38. Spicheren. 39. Saarbrücken-St. Arnual. 40. Bischmisheim. 41. Saarbrücken-Ensheim. 42. Ommersheim. 43. Obersulzbach. 44. Schmitshausen. 45. Waldfischbach-Burgalben. 46. Weidental-Höhle. 47. Kleine Kalmit. 48. Walschbronn. 49. Lembach-Climbach. 50. Kalhausen. 51. Haguenau-Marxenhouse, sablière Sturm. 52. Oberhoffen-sablière Volkmann. 53. Jouy-aux-Arches. 54. Fey-en-Haye. 55. Seicheprey. 56. Malzéville. 57. Tilly-sur-Meuse. 58. Neuville-sur-Ornain. 59. Trémont-sur-Saulx. 60. Cousances-les-Forges. 61. Crenay. 62. Verseilles-le-Bas. 63. Belmont-lès-Darney. 64. Giromagny. 65. Spechbach-le-Haut. 66. Oberlarg. 67. Bavans. 68. Aillevans. 69. Rochedane (Villars-sur-Dampjoux). 70. Gigot (Bretonvillers). 71. abri des Cabônes (Ranchot). 72. Saint-Ursanne. 73. Roggenburg-Ritzigrund. 74. Birsmatten.

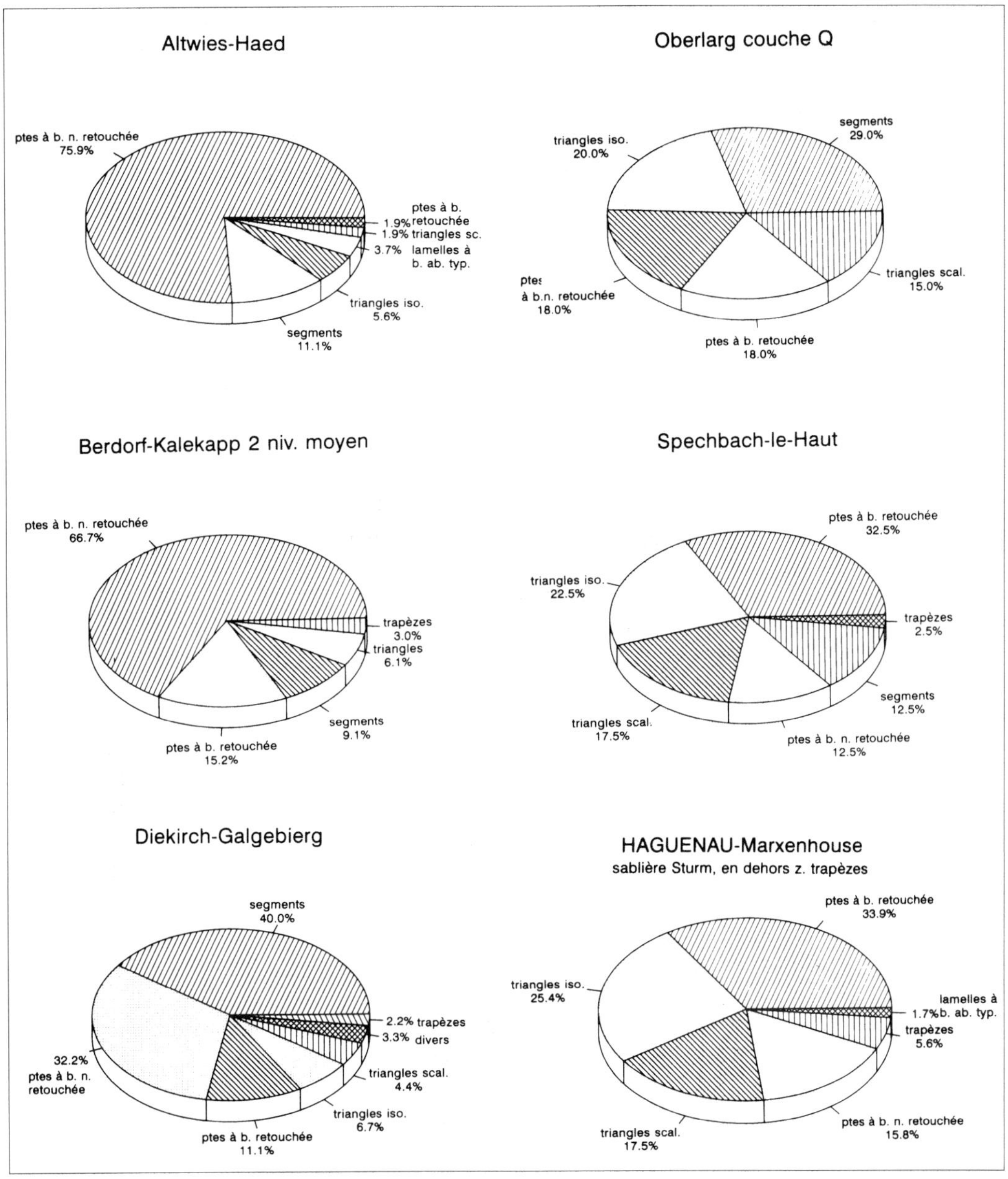

Figure 3. – Mésolithique ancien. Diagrammes des armatures 1, 3, 5, Luxembourg. 2, 4, 6, Alsace.

Giromagny, où les taux des armatures sont cependant contrastés ou inversés (Thévenin, 1990, 1991 ; Spier, 1997). Dans ces deux derniers sites et avec celui de Haguenau-Marxenhouse (Dillmann, 1971), zone sans trapèzes, il y a une nette augmentation du taux des pointes à base retouchée avec des proportions remarquables de la base convexe à retouches bifaciales. Au vu du taux des armatures, Haguenau est très proche de Spechbach. La dominance des isocèles sur les scalènes, à Giromagny, où c'est l'inverse, plaide en faveur d'une datation fin Préboréal. La répartition des isocèles et des pointes à base retouchée convexe se limite au cours moyen du Rhin et à ses abords immédiats. L'influence du Beuronien sud se remarque encore en marge du territoire mésolithique à empreinte ahrensbourgienne, à l'ouest à Verseilles-le-Bas en Haute-Marne (Huet et Thévenin, 1992), mais au Nord de l'Alsace, à Lembach-Climbach et à Obersulzbach, les caractères beuroniens sud s'estompent (Spier, 1997). Ceci revient à la distinction entre faciès sud et faciès nord du Beuronien (Gob, 1984), dont les limites nord-sud restent à préciser.

3.2. Le stade moyen

Le Beuronien a considérablement gagné du terrain sur la totalité du territoire. Au nord, un premier groupe bien individualisé (fig. 4) où la pointe à base retouchée rectiligne ou faiblement concave et le triangle scalène constituent plus de deux tiers des armatures, et rapporté au Beuronien B faciès nord (Spier, 1994), couvre le Luxembourg, Flaxweiler, Ermsdorf, Diekirch-Friedboesch, Ettelbruck, Oberfeulen et Gonderange, le Nord de la Lorraine, Fey-en-Haye, Walschbronn, l'Eifel et la région de Trèves (Loehr, 1982 ; Jacobs, 1988), Oberkail, Gerolstein, Mannebach, la Sarre allemande, Saarbrücken-St. Arnual, Bischmisheim, Ommersheim, et le Palatinat (Cziesla, 1992b), Schmitshausen, Waldfischbach-Burgalben. Les caractéristiques communes se complètent au niveau du style de débitage proche de celui de l'Ardennien (Rozoy, 1990), de l'emploi fréquent de la matière première locale et de la rareté, voire de l'absence du microburin. Le second groupe, à rapprocher

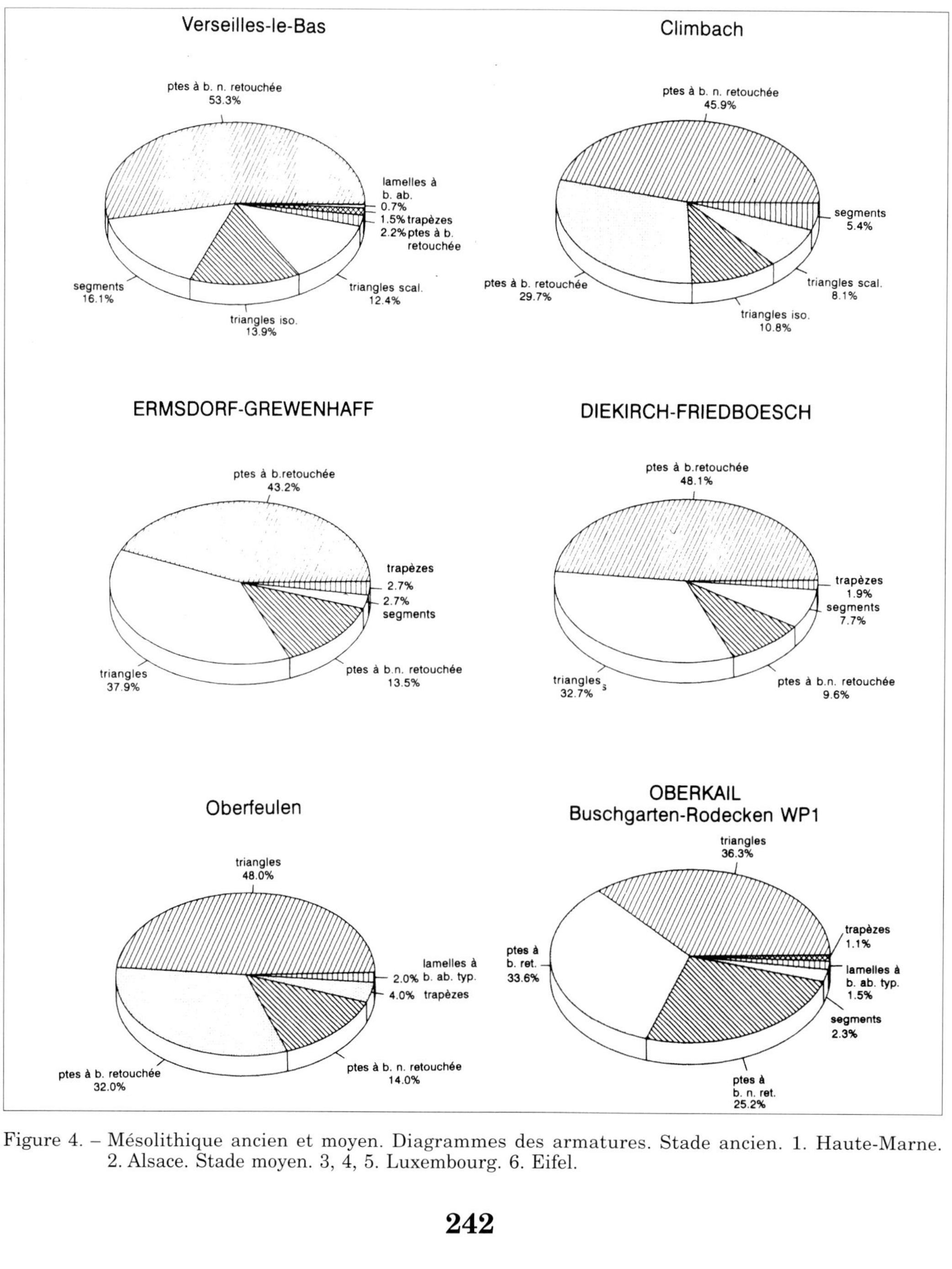

Figure 4. – Mésolithique ancien et moyen. Diagrammes des armatures. Stade ancien. 1. Haute-Marne. 2. Alsace. Stade moyen. 3, 4, 5. Luxembourg. 6. Eifel.

du Beuronien C faciès nord, se démarque par la prééminence du triangle sur la pointe à base retouchée (Cziesla, 1992b ; Spier, 1994), comme à Hesperange-Im Gründchen au Luxembourg, à la Weidental-Höhle au Palatinat et à Kleinenbusch I près d'Arlon. Il est difficile de dire si la faible suprématie du triangle sur la pointe à base retouchée dans les sites d'Oberfeulen, de Gonderange et d'Oberkail est un indice d'un groupe intermédiaire entre le Beuronien B et C ; la distanciation culturelle ne paraît pas aussi profonde. C'est également au stade moyen qu'apparaît, dans certains sites du Luxembourg, de la Lorraine et de la Meuse, la pointe à retouches couvrantes issue de la Campine belgo-néerlandaise (Spier, 1994) et qui diffuse jusqu'au Nord de la Franche-Comté, Bavans niveaux 7 et 6.

La bipartition entre Beuronien faciès nord et sud persiste, mais pour l'Alsace, avec la sablière Volkmann à Oberhoffen et les couches P à J d'Oberlarg, la documentation est peu abondante. Les tendances générales sont à rechercher dans les sites franc-comtois (Spier, 1997), niveau 7 et 6 de Bavans, couches 3 et 4 de Gigot-Bretonvillers, niveau Aoc de Ranchot, et dans la partie septentrionale de la Suisse (Pousaz, 1991), Roggenburg-Ritzigrund, Saint-Ursanne, horizons 4 et 3 de Birsmatten.

3.3. Le stade récent/final

Dans un premier temps il y a apparition du trapèze, toujours en petit nombre, associé à une grande variété d'armatures et à dominance des armatures des stades antérieurs, faciès qui pourrait constituer un stade ultime du Beuronien (Spier, 1990 ; 1991) ayant subi diverses influences culturelles.

Dans un second temps, avec l'apparition du Montbanien dont l'extension est attestée pour le Jura septentrional (Aimé, 1993 ; Jacottey, 1995), l'augmentation numérique du trapèze se fait au détriment des armatures des stades antérieurs. Le trapèze à base décalée, fréquent en Campine belgo-néerlandaise (Vermeersch *et al.*, 1992) et au Nord de la France, surtout sous forme évoluée (Ducrocq, 1991 ; Fagnart, 1991), se rencontre à quelques exemplaires au Luxembourg, à Lorentzweiler-Maximaïnerboesch et à Mamer-Juckelsboesch. L'Ardenne n'est que très peu touchée par la mouvance du trapèze (Rozoy, 1978 ; Gob, 1984) ; la Sarre et le Palatinat (Cziesla, 1992b) restent complètement à l'écart.

Cependant la coupure n'est pas toujours aussi nette. Les deux ensembles se complètent ordinairement par un certain nombre de pointes évoluées, surtout la pointe de type danubien pour la zone nord, parfois en association avec l'une ou l'autre armature évoluée franchement allochtone. La fréquence de l'allochtonie dans la phase des armatures évoluées, pointe de Bavans à Hesperange-Teschebuchels au Luxembourg et formes apparentées à Himeling en Lorraine, ne peut s'expliquer que par des contacts intergroupes (Thévenin, 1995). L'association du trapèze à latéralisation dextre et l'armature évoluée de type danubien à latéralité senestre est une caractéristique des abords immédiats du cours moyen de la Moselle et de la Sûre (Loehr, 1994). Les divergences entre l'armature évoluée de type danubien et la pointe rubanée sont surtout d'ordre morphométrique (Belland *et al.*, 1985) ; la gestion de la matière première utilisée y semble intervenir également. À Wincrange et à Derenbach en Ardennes luxembourgeoises, ainsi qu'à Haguenau-sablière Sturm en Alsace, l'armature évoluée fait défaut, bien qu'elle soit présente à la sablière Volkmann à Oberhoffen (Dillmann, 1971).

S'il existe des analogies typologiques entre les pointes évoluées du Bassin mosellan et mosan, région de Tilly et de Neuville-sur-Ornain, ceci n'est plus vrai, sauf en cas d'allochtonie, pour la vallée du Doubs où s'observe d'ailleurs le passage de la latéralisation dextre à la latéralisation senestre (Aimé, 1993 ; Jacottey, 1995) du trapèze. Il semble se dégager des territoires à pointes évoluées bien typées (fig. 5), Bavans et Aillevans en Franche-Comté, région mosellane, région de la Meuse et de la Marne, Palatinat, dont les limites restent cependant à préciser et où les cas d'allochtonie sont généralement fréquents. Les relations entre l'armature évoluée et le Rubané ancien d'une part, et la céramique non rubanée, type de la Hoguette d'autre part, paraissent acquises (Gronenborn, 1990 ; Thévenin, 1995).

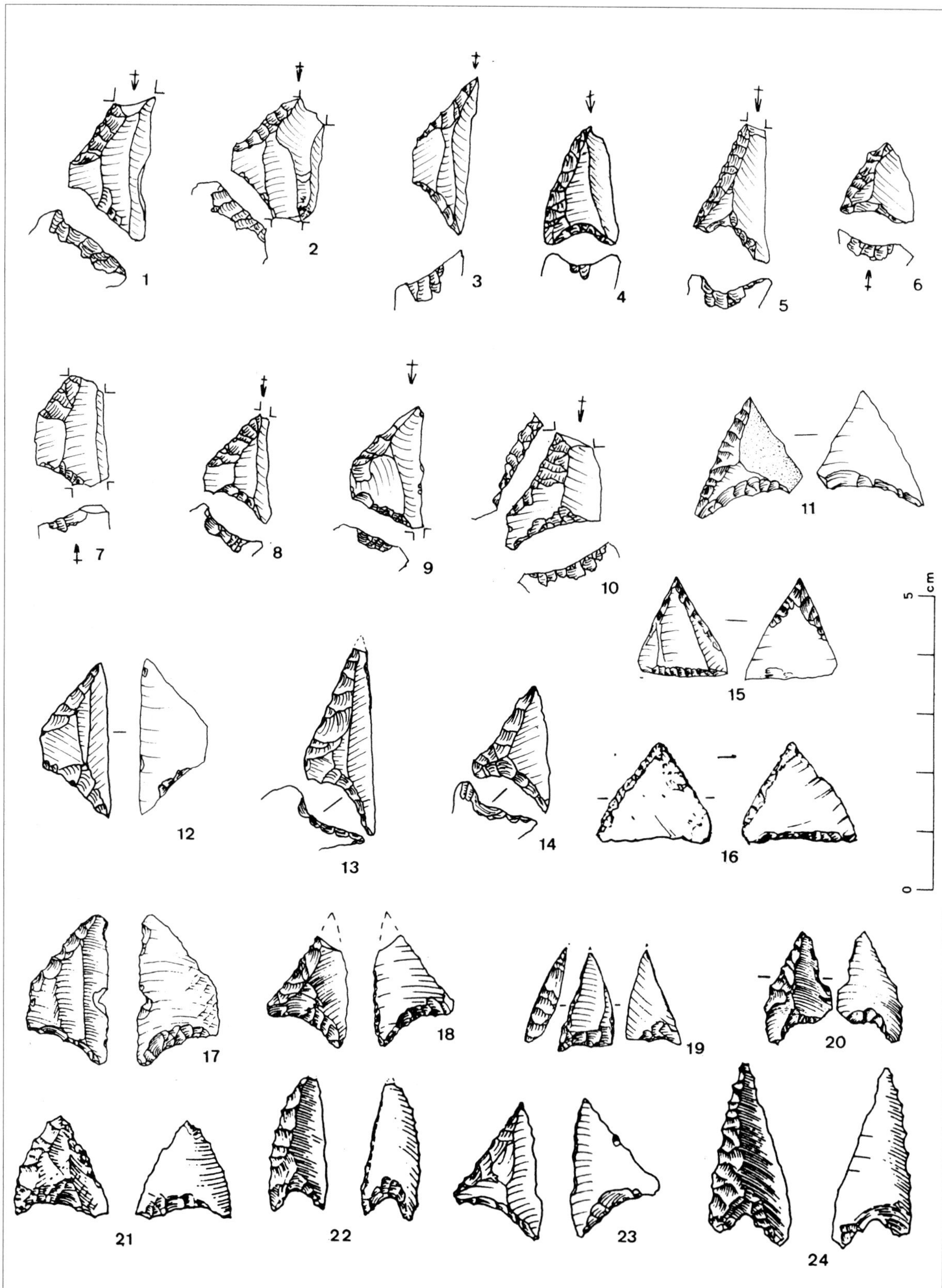

Figure 5. – Armatures évoluées. Luxembourg. 1. Hesperange-Buchels. 2-6. Hesperange-Teschebuchels. 7. Mamer-Juckelsboesch. 8-9. Keispelt-Nonnewald. 10. Lorentzweiler-Maximaïnerboesch. Lorraine. 11-15. Himeling. Franche-Comté. 16, 21, 22. Bavans couche 5. Eifel. 17-18. Holsthum. Palatinat. 19-20. Weidental-Höhle. Contexte Rubané ancien. 23. Friedberg-Bruchenbrücken. 24. Colmar-Ruffacher Huben.

4. CONCLUSION

Vu le caractère très synthétique de l'article, maints aspects n'ont pas été développés davantage. Les principaux courants culturels ont été mis en évidence, malgré une documentation issue majoritairement de la surface. La question de la non-adoption du trapèze pour certaines régions, en particulier pour la Sarre et le Palatinat, reste posée, bien que celui-ci soit présent dans la proche région, au pays de Bade et en Alsace. D'après certaines pointes plus évoluées de la Weidental-Höhle près de Wilgartswiesen (Cziesla, 1992b), le stade récent/final semble avoir suivi une évolution différente dans cette région.

BIBLIOGRAPHIE

AIMÉ (G.), Les abris sous roche de Bavans (Doubs). Mémoire de la Société d'Agriculture, Lettres, Sciences et Arts de la Haute-Saône, *Archéologie* 3, 1993.

BAALES (M.), Kettig (Kr. Mayen-Koblenz). Ein spätpaläolithischer Siedlungsplatz unter dem Bims des Laacher See-Vulkans im Neuwieder Becken. *Arch. Korrbl.* 24, 1994, p. 241-254.

BELLAND (G.), BLOUET (V.), LEESCH (D.), Éléments mésolithiques et Néolithique moyen de la station d'Himeling (commune de Puttelange-lès-Thionville, Moselle, France). *Bulletin de la Société préhistorique luxembourgeoise* 7, 1985, p. 91-102.

BLOUET (V.), La fin des temps glaciaires en Lorraine. La Lorraine d'avant l'Histoire. *Du Paléolithique inférieur au premier Âge du Fer*, Metz, 1986, p. 82-89.

CZIESLA (E.), Ahrensburger Jäger in Südwestdeutschland ? *Arch. Korrbl.* 22, 1992a, p. 13-26.

Jäger und Sammler. Die mittlere Steinzeit im Landkreis Pirmasens, Linden Soft Verlag, Brühl, 1992b.

Mittelsteinzeitliche Funde von der « Kleinen KALMIT » bei Ilbesheim (Kr. Südliche Weinstraße). *Mitt. Hist. Ver. Pfalz* 92, 1994, p. 7-30.

DILLMANN (E.), *Peuplement mésolithique et écologie de la vallée de la Moder en aval de Haguenau.* Doctorat 3e cycle Préhistoire, université de Strasbourg, 1971.

DUCROCQ (T.), Les armatures du Mésolithique final et du Néolithique ancien en Picardie : héritage ou convergence ? *Actes*, CXIIIe Congrès national des sociétés historiques et scientifiques, Strasbourg 1988 : *Mésolithique et néolithisation en France et dans les régions limitrophes,* CTHS, Paris, 1991, p. 425-436.

FAGNART (J.-P.), La fin du Mésolithique dans le Nord de la France. *Actes*, CXIIIe Congrès national des sociétés historiques et scientifiques, Strasbourg 1988 : *Mésolithique et néolithisation en France et dans les régions limitrophes,* CTHS, Paris, 1991, p. 437-452.

GOB (A.), Les industries microlithiques dans la partie sud de la Belgique. *In :* D. CAHEN, P. HAESAERTS (dir.), *Peuples chasseurs de la Belgique préhistorique dans leur cadre naturel*, Bruxelles, 1984, p. 195-210.

GRIMMER (M.), STUBER (P.), THÉVENIN (C.), Un nouveau site épipaléolithique et mésolithique à Théding (Moselle). *BLESA* 1, 1993, p. 289-293.

GRONENBORN (D.), Eine Pfeilspitze vom ältestbandkeramischen Fundplatz Friedberg-Bruchenbrücken in der Wetterau. *Germania* 68, 1, Halbband, 1990, p. 223-232.

HINOUT (J.), Le gisement épipaléolithique de la Muette I, commune de Vieux-Moulin, Oise. *Bulletin de la Société préhistorique française*, t. 82, n° 10-12, 1985, p. 377-388.

HUCHET (A.), THÉVENIN (A.), De l'Ahrensbourgien à Saint-Privé dans l'Yonne. *Pré-actes.* Table ronde de Chaumont 1994 : *Paléolithique supérieur entre Seine et Rhin*, 1994, p. 8.

HUET (F.), THÉVENIN (A.), La station Mésolithique ancien de Verseilles-le-Bas (Haute-Marne). *Actes*, colloque de Langres 1994 : *Préhistoire et Protohistoire en Haute-Marne et contrées limitrophes*, 1992, p. 57-78.

HUET (F.), GUILLOT (G.-O.), KRZYZANOWSKI (J.), THÉVENIN (A.), Les occupations épipaléolithiques entre Meuse et Marne et dans les vallées de l'Ornain et de la Saulx. *Actes*, table ronde d'Ancerville 1989 : « Épipaléolithique et Mésolithique entre Seine et Rhin », *Annales littéraires de l'université de Besançon*, n° 567, 1995, p. 43-47, 2 fig.

JACOBS (R.), Ein mesolithischer « Wohn- und Werkplatz ». *In :* Oberkail, Kreis Bitburg-Prüm. *Bulletin de la Société préhistorique luxembourgeoise* 10, 1988, p. 159-175.

JACOTTEY (L.), *Le site d'Aillevans-en-Fonteneille et le Mésolithique récent en Franche-Comté et régions limitrophes.* Mémoire de maîtrise 1994-1995, université de Franche-Comté, 1995, 551 p., 289 fig., non publié.

KOZLOWSKY (S. K.), *Cultural differentiation of Europe from 10th to 5th millenium BC*, University Press, Warsaw, 1975.

LEESCH (D.), *Le gisement préhistorique Kalekapp II, Berdorf, Grand Duché de Luxembourg.* Travail de diplôme, non publié, Seminar für Ur- und, Frühgeschichte, Basel, 1983.

Le Paléolithique supérieur récent. *La Suisse du Paléolithique à l'aube du Moyen Âge. Paléolithique et Mésolithique, SPM* 1, 1993, p. 153-164.

LOEHR (H.), Aperçu préliminaire sur l'Épipaléolithique et le Mésolithique de la région de Trèves. *In :* A. GOB, F. SPIER (dir.), *Le Mésolithique entre Rhin et Meuse*, Luxembourg, 1982, p. 303-320.

Linksflügler und Rechtsflügler in Mittel- und Westeuropa. Der Fortbestand der Verbreitungsgebiete asymmetrischer Pfeilspitzenformen als Kontinuitätsbeleg zwischen Meso- und Neolithikum. *Trierer Zeitschrift* 57, 1994, p. 9-127.

POUSAZ (N.), L'abri sous roche mésolithique des Gripons à Saint-Ursanne (JU, Suisse). *Cahiers d'Archéologie jurassienne* 2, Porrentruy, 1991, p. 9-69.

ROZOY (J.-G.), *Les derniers chasseurs*, Charleville-Mézières, 1978.

La Roche-à-Fépin et la limite entre l'Ardennien et le Tardenoisien. *In :* P. M. VERMEERSCH, P. VAN PEER (dir.), *Contributions to the Mesolithic in Europe*, Leuven University Press, 1990. p. 413-422.

SPIER (F.), Les industries mésolithiques du Grand Duché de Luxembourg et leur attribution chronoculturelle : état de la question. *In :* P. M. VERMEERSCH, P. VAN PEER (dir.), *Contributions to the Mesolithic in Europe*, Leuven University Press, 1990, p. 403-411.

Mésolithique récent et Néolithique ancien au Luxembourg : état des recherches. *Actes*, CXIII^e^ Congrès national des sociétés historiques et scientifiques, Strasbourg 1988 : *Mésolithique et néolithisation en France et dans les régions limitrophes,* CTHS, Paris, 1991, p. 435-465.

Bilan de la recherche sur l'Épipaléolithique et le Mésolithique du Grand Duché de Luxembourg et de la région limitrophe. *Actes*, table ronde de Chambéry 1992 : *Mésolithique entre Rhin et Méditerranée,* Association départementale pour la recherche archéologique en Savoie, Chambéry, 1994, p. 43-57.

Les occupations humaines de la fin du Tardiglaciaire et du début de l'Holocène entre Ardennes et Vosges. *Actes*, CXIX^e^ Congrès national des sociétés historiques et scientifiques, Amiens 1994, *Le Tardiglaciaire en Europe du Nord-Ouest*, CTHS, 1997, p. 409-427.

SPIER (F.), LE BRUN-RICALENS (F.), Éléments épipaléolithique et mésolithique du site de Remerschen-Schengerwis. *Bulletin de la Société préhistorique luxembourgeoise* 15, 1993, p. 29-38.

TAUTE (W.), Ausgrabungen zum Spätpaläolithikum und Mesolithikum in Süddeutschland. *Monographien des Römisch-Germanischen Zentralmuseums* 1, Teil I, 1975, p. 64-72.

THÉVENIN (A.), *Rochedane, l'Azilien, l'Épipaléolithique de l'Est de la France et les civilisations épipaléolithiques de l'Europe occidentale.* Mémoire de Sciences sociales, Ethnologie, université de Strasbourg, 2 vol, 1982.

Du Dryas III au début de l'Atlantique : pour une approche méthodologique des industries et des territoires dans l'Est de la France, part. I. *Revue archéologique de l'Est* 41, CNRS, 1990, p. 177-212.

Du Dryas III au début de l'Atlantique : pour une approche méthodologique des industries et des territoires dans l'Est de la France, part. II. *Revue archéologique de l'Est* 42, CNRS, 1991, p. 3-62.

Mésolithique récent, Mésolithique final, Néolithique ancien dans le Nord-Est de la France : pour une réinterprétation des données. *Revue archéologique de Picardie*, n° spéc. 9, 1995, p. 3-15.

THÉVENIN (A.), GUILLOT (G.), GUILLOT (O.), Nouveaux éléments ahrensbourgiens dans le sud du département de la Meuse. *Pré-actes*, table ronde de Dijon 1995 : « Paléolithique supérieur entre Seine et Rhin », 1995, p. 18.

VERMEERSCH (P. M.), LAUWERS (R.), GENDEL (P.), The Late Mesolithic Sites of Brecht-Moordenaarsven (Belgium). *Helinium* 32, 1991, p 3-77.

ZIESAIRE (P.), Le site mésolithique d'Altwies-Haed. *In :* A. GOB, F. SPIER (dir.), *Le Mésolithique entre Rhin et Meuse*, Luxembourg, 1982, p. 273-299.

Identification et cadre chronoculturel du Mésolithique ancien : le gisement de plein air d'Altwies-Haed, Luxembourg. *Mémoires de la Société d'Agriculture, Lettres, Sciences et Arts de la Haute-Saône* 2 : « Épipaléolithique et Mésolithique entre Ardennes et Massif alpin », 1989, p. 31-50.

LE MÉSOLITHIQUE DE LA VALLÉE DE LA SOMME (NORD DE LA FRANCE)

THE MESOLITHIC OF THE SOMME VALLEY (NORTHERN FRANCE)

Thierry Ducrocq

Résumé. – Depuis dix ans, de nombreux gisements ont été découverts dans le bassin de la Somme. Ils se placent sur le rebord des plateaux, les affleurements tertiaires ou à proximité des cours d'eau. Cette dernière position présente souvent un contexte sédimentaire favorable à la conservation de la faune et à la reconstitution de l'environnement vécu. L'approche chronologique basée sur de nombreuses analyses radiocarbone permet de proposer une succession des différentes industries. Les assemblages typologiques montrent beaucoup de similitudes avec ceux du Tardenois et de la Belgique. Ils pourraient être qualifiés de « tardenoisiens ».

Le gisement du Petit-Marais de La Chaussée-Tirancourt a fourni beaucoup d'informations. Plusieurs niveaux mésolithiques du Boréal y ont été identifiés. Ils comprennent un abondant mobilier témoignant de multiples activités. Plusieurs fosses ont été fouillées. L'une correspondait à une spectaculaire sépulture secondaire datée de 9 000 BP. Une autre, datée de 8 400 BP, a livré de nombreux restes humains brûlés.

Actuellement, les travaux ont pour but de poser les bases de la recherche régionale : taphonomie des sites, reconstitution de l'environnement et identification du mobilier. L'objectif final étant de reconstituer le mode de vie mésolithique.

Mots clés : Nord de la France, implantation des sites, taphonomie, chronologie, sépulture.

Abstract. – For ten years many sites have been found in the Somme basin. They are located on the edge of the plateaux, on the tertiary outcrops or near the rivers. This last position often shows a sedimentary context that is favourable for the preservation of fauna and the reconstitution of the paleoenvironment.

The chronological approach, based on numerous radiocarbon analysis, allows to propose a succession of the different industries.

The typological collections have many similarities with those of Tardenois and Belgium.

The site of the « Petit Marais » at La Chaussée-Tirancourt has provided many informations. Several mesolithic levels from Boreal period have been identified. They are composed of rich remains which are the evidence of numerous activities. Many pits have been excavated. One of them corresponded to a spectacular secondary burial dated from 9,000 BP. Another one, dated from 8,400 BP, gave numerous burnt human bones.

At present, our works are aiming to build the basis of the regional research : sites taphonomy, reconstitution of the environment and identification of the remains. The final objective is to reconstitute the mesolithic way of life.

Key words : Northern France, site locations, taphonomy, chronology, burial.

INTRODUCTION

L'importance du Mésolithique du bassin hydrographique de la Somme a été reconnue tardivement. Ce sont de nombreuses prospections et quelques fouilles qui l'ont mise en évidence depuis une dizaine d'années. La bonne conservation de certains niveaux archéologiques, en contexte alluvial, apporte déjà une documentation totalement nouvelle sur un Mésolithique identique, ou très proche, de celui de la célèbre région voisine du Tardenois. L'ensemble de ces informations permet d'envisager prochainement une bonne reconstitution de l'économie de subsistance et du mode de vie mésolithique. La plupart des gisements sont traités par des chercheurs de disciplines variées et complémentaires. Les études sont en cours et encore peu exploitées. Le présent exposé se limitera à évoquer quelques aspects fondamentaux comme l'implantation des sites, leur contexte sédimentaire et la chronologie des différentes industries. Une présentation succincte du site de La Chaussée-Tirancourt sera également réalisée.

IMPLANTATION GÉNÉRALE DES SITES

Le bassin hydrographique de la Somme draine une partie du Nord-Ouest du Bassin parisien dépourvue de grottes et d'abris sous roche. La majeure partie de ce secteur géographique est constituée de plateaux limoneux. Le substratum crayeux, généralement riche en silex, n'affleure que sur les versants dénudés. Les cours d'eaux y sont relativement rares. Il s'agit généralement de larges vallées tourbeuses. Les terrains tertiaires sont surtout limités au sud-est, sur l'avant-côte de la cuesta du Lutétien, à la limite du Santerre et du Noyonnais. Les différentes érosions de l'Éocène ont produit un certain relief et des marnes imperméables ont permis l'existence de nombreux ruisseaux. Quelques buttes témoins de sables tertiaires sont aussi disséminées sur les plateaux, où elles sont nettement visibles dans le paysage. Le littoral actuel est marqué par d'importants dépôts récents qui masquent d'éventuels sites côtiers de la fin du Mésolithique.

Suite à de nombreuses prospections, à des surveillances de travaux de terrassement, à des sondages et à des fouilles, plus d'une cinquantaine de gisements ont été recensés (fig. 1). Ils rassemblent généralement plusieurs occupations mésolithiques. Ces données paraissent suffisantes pour caractériser le mode d'implantation qui correspond toujours à une recherche de secteurs contrastés. En effet, tous les sites se répartissent suivant quatre positions précises : en rebord de plateau, sur buttes témoins de sable tertiaire, sur les premiers affleurements massifs du Tertiaire du Bassin parisien (région d'Ercheu)

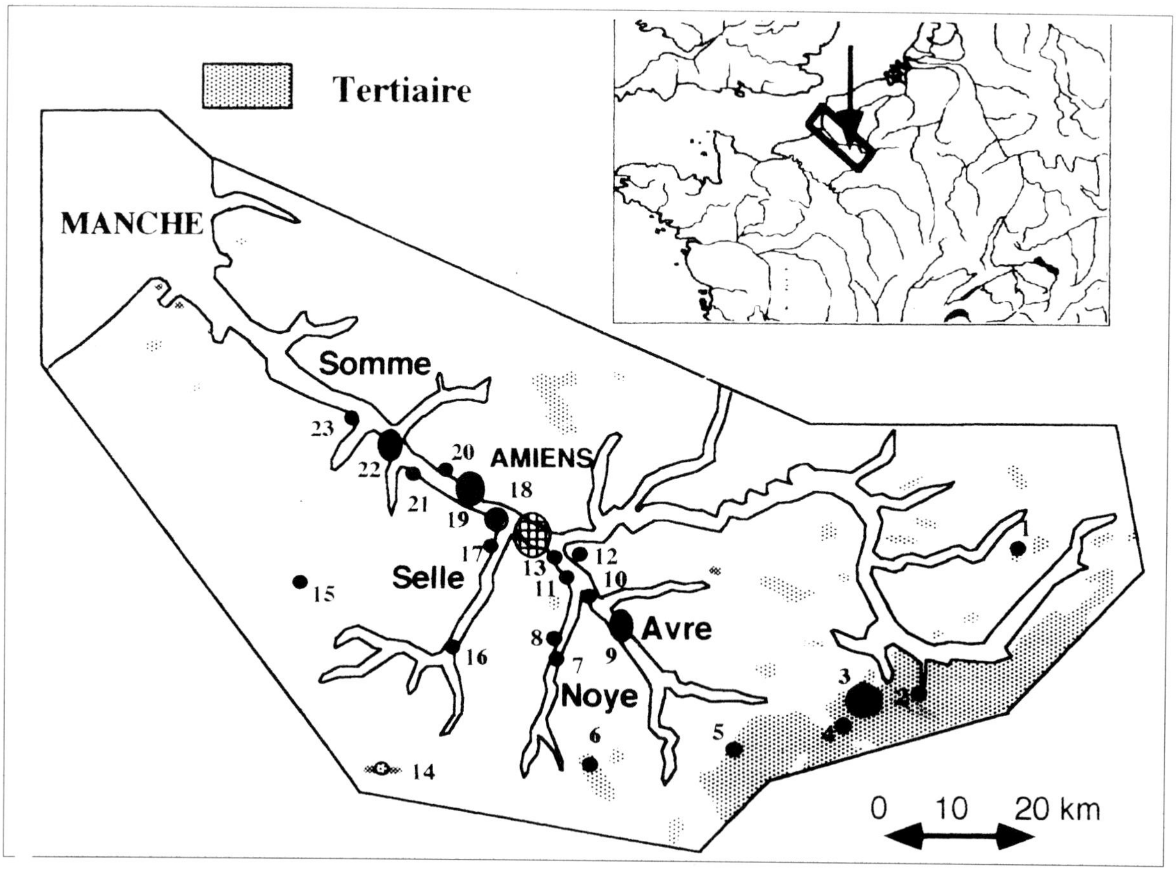

Figure 1. – Localisation des principaux sites. La plupart des symboles correspondent à plusieurs gisements proches : Attily (1), Esmery-Hallon (2), Ognolles, Champien et Beaulieu-les-Fontaines (3), Candor (4), Boulogne-la-Grasse (5), le Mesnil-Saint-Firmin (6), Ailly-sur-Noye (7), Jumel (8), Thennes (9), Hailles (10), Boves (11), Gentelles et Blangy-Tronville (12), Cagny (13), Lihus (14), Vraignes-les-Hornoy (15), Conty (16), Saleux (17), Dreuil et Amiens-Etouvie (18), La Chaussée-Tirancourt (19), Belloy-sur-Somme (20), Crouy-Saint-Pierre (21), Hangest-sur-Somme et Flixecourt (22), Longpré-les-Corps-Saints (23).

ou en fond de vallée actuelle (contact versant/fond de vallée de l'époque, *cf.* ci-dessous). Les Mésolithiques ont donc occupé des lieux où différents facteurs ont pu produire une mosaïque de paysages et, par conséquent, d'écosystèmes. Ceci a permis une diversification des ressources. De plus l'eau et les sources de silex ne sont jamais très éloignées des gisements. À une échelle plus grande, l'implantation paraît dictée par une recherche de petits détails géographiques : affleurement peu étendu de sable ou d'argile à silex, ruisseau, proximité d'un chenal, présence d'un replat sur le bas d'un versant.

PRÉCISIONS SUR L'IMPLANTATION ET LES CONDITIONS DE CONSERVATION EN FOND DE VALLÉE

Hormis les données sur l'implantation et l'industrie lithique, les sites sur Tertiaire et sur plateaux sont faiblement documentés. En revanche, les gisements des plaines alluviales livrent des informations plus complètes. Cependant, la compréhension du mode de gisement paraît indispensable pour interpréter ces différentes données.

À l'Holocène, un important colmatage tourbeux se développe généralement dans les vallées. Il progresse des parties basses vers les versants, en y repoussant ainsi la zone de transition entre les milieux secs et humides. Ce secteur de contact entre plusieurs écosystèmes semblant très souvent recherché par les Mésolithiques, on observe une répartition des sites suivant un axe fond de vallée/versant avec les traces des occupations plus anciennes bien enfouies sous la tourbe et, à l'opposé, les plus récentes situées plus haut sur le versant (fig. 2). La conservation des niveaux archéologiques est alors excellente car ils sont rapidement scellés par des tourbes. Quelques variations sont à apporter à ce modèle théorique. Parfois un détail de la topographie du versant, un peu éloigné de la zone de transition, a attiré

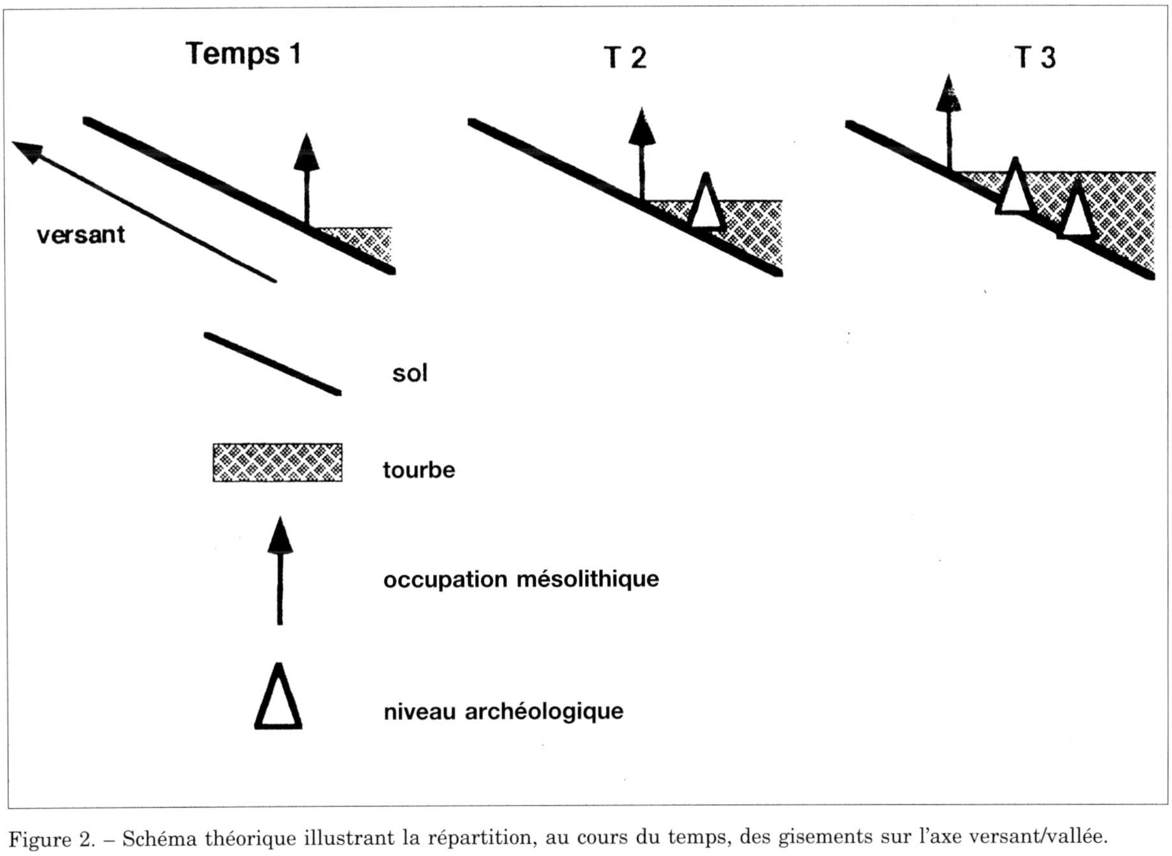

Figure 2. – Schéma théorique illustrant la répartition, au cours du temps, des gisements sur l'axe versant/vallée.

les Mésolithiques. Ce phénomène produit des gisements moins bien conservés, car ils sont recouverts assez tardivement par les tourbes. De plus, le profil suivant l'axe versant/vallée n'est pas rectiligne. De nombreuses dépressions héritées d'une topographie pléistocène sont présentes près des versants. L'épaississement des tourbes se traduit alors par une faible extension latérale de la zone marécageuse. Les vestiges d'occupations mésolithiques diachrones se retrouvent ainsi très proches.

Ce modèle de base semble bien vérifié dans la moyenne vallée de la Somme (fig. 3). Les niveaux de la fin du Mésolithique ancien et d'une grande partie du Mésolithique moyen sont retrouvés assez bien conservés en fond de vallée. Une des concentrations étudiées (Hangest Gravière II Nord) a fourni trois datations radiocarbone, respectivement sur charbons, noisettes calcinées et faune (Gif-8 911 : 8 740 ± 80 BP ; Gif-8 912 : 8 830 ± 90 BP ; Gif-9 328 : 9 100 ± 80 BP). De plus, l'approche palynologique (travaux du professeur Munaut et de son équipe) de plusieurs profils, sis en fond de vallée, indique un âge Préboréal ou du début du Boréal pour les limons qui contiennent le Mésolithique et qui sont recouverts par les tourbes (Coudret, Limondin et Munaut, 1995 ; Fagnart, Limondin et Munaut, 1995). Quelques ensembles lithiques de cette période ont été observés plus haut sur le versant. Excepté pour le niveau mésolithique le plus ancien de La Chaussée-Tirancourt, la faune, les charbons et les noisettes calcinés ne sont pas conservés dans de tels contextes : Longpré-les-Corps-Saints (Fagnart et Vaillant, 1982), la série patinée de Dreuil-lès-Amiens et un ensemble lithique d'Amiens-Etouvie (fouilles Fagnart et Coudret). Les niveaux de la fin du Mésolithique moyen (présence de feuilles de gui) se trouvent généralement en fond de vallée à proximité immédiate du versant. Ils y sont recouverts par assez peu de tourbes. Plusieurs sites ont fourni des datations : les niveaux principaux de La Chaussée-Tirancourt (*cf.* ci-dessous), un ensemble mésolithique issu des fouilles de J.-P. Fagnart à Belloy-sur-Somme (Gif-8 705 : 8 240 ± 100 BP - Fagnart, 1993) et une concentration de la gravière de Hangest-sur-Somme (Gravière III2) : Gif-9 276 : 8 290 ± 70 BP et Gif-9 277 : 8 160 ± 90 BP. La seconde moitié du Mésolithique (industrie à trapèzes) est présente sur le bas des versants à Belloy-sur-Somme (fouilles Rozoy, 1978), Amiens-Etouvie et Dreuil-lès-Amiens. Ce dernier gisement a fourni une datation de : 6 600 ± 200 BP (Gif-5 973, Fagnart, 1991).

L'Avre, l'un des principaux affluents de la Somme, montre des caractéristiques légèrement distinctes. En effet, la majeure partie du colmatage tourbeux semble se rapporter à l'Atlantique et au Subboréal. Ceci pourrait être lié à une paléotopographie ante-Holocène assez différente de la moyenne vallée de la Somme qui se traduirait par une faible extension latérale des tourbes boréales. Les sites observés dans ce fond de vallée montrent que les niveaux attribuables à la première moitié du Mésolithique sont assez mal préservés. En revanche, de la faune liée à des occupations plus récentes est conservée et permet de réaliser des datations radiocarbones (Ducrocq, 1991a) comme à Thennes « le Grand-Marais I » (Gif-8 421 : 7 470 ± 130 BP), à Thennes « le Grand-Marais IV » (Gif-7 995 : 6 680 ± 60 BP) et à Cagny « Marais » (Gif-7 994 : 7 060 ± 150 BP).

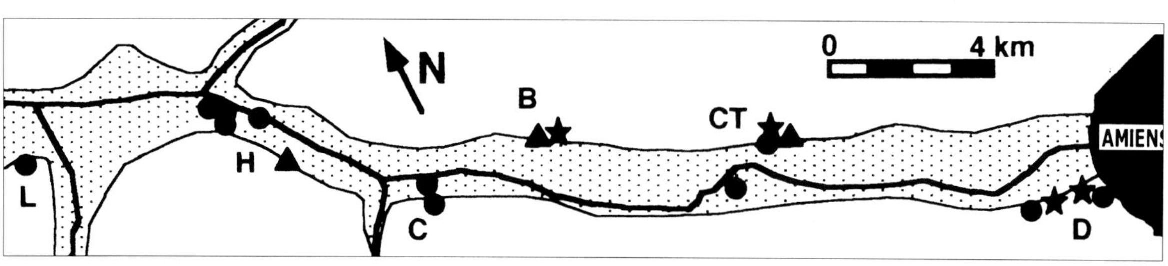

Figure 3. – Répartition des principaux gisements dans la plaine alluviale de la Somme (pointillé) entre Amiens et Long-Pré-les-Corps-Saints. Les gisements à trapèzes (étoiles), de la fin du Mésolithique moyen (triangles) et du début du Mésolithique moyen ou du Mésolithique ancien (points), se placent respectivement sur le bas des versants, en fond de vallée près du versant et nettement dans la plaine alluviale. Les gisements les plus anciens sont présents sur toutes ces positions mais ils se trouvent plus souvent en plein fond de vallée, là où le colmatage tourbeux a bien fossilisé les niveaux. Longpré-les-Corps-Saints (L), Hangest-sur-Somme et Flixecourt (H), Crouy-Saint-Pierre (C), Belloy-sur-Somme (B), La Chaussée-Tirancourt et Picquigny (CT), Dreuil-lès-Amiens et Amiens-Etouvie (D).

La plupart des gisements présentent des limons organiques ou hydromorphes, scellés par des tourbes franches. Les artefacts mésolithiques sont généralement associés à ces limons, qui sont souvent le résultat de ruissellements affectant le haut des versants. Des apports fluviatiles sont aussi parfois notés. Pour chaque site, la liaison entre les niveaux mésolithiques et les limons est discutée en détail (Ducrocq, 1991). Un seul gisement a livré des pièces mésolithiques nettement incluses dans les tourbes. Il s'agit de Conty, le Marais, dans la vallée de la Selle. En ce lieu, le colmatage tourbeux est limité à des paléochenaux parfois étroits. L'interprétation de ce mode de gisement est celui d'un rejet à partir des berges. Il apparaît maintenant certain que les hommes n'ont jamais stationné sur les tourbières de l'époque mais qu'ils se trouvent souvent à leur proximité. Enfin, quelques dépôts fluviatiles plus récents contiennent parfois des industries mésolithiques remaniées qui se sont accumulées sous forme de cailloutis dans des travertins (tufs).

CHRONOLOGIE ET IDENTIFICATION DU MÉSOLITHIQUE RÉGIONAL

Le début du Mésolithique (Préboréal et début du Boréal)

Le Mésolithique qui succède immédiatement aux industries à pièces mâchurées, datées de la fin du Dryas III et du début du Préboréal (Fagnart, 1993), est mal connu. Sur des bases typologiques, quelques ensembles pourraient être attribués à la tranche de temps comprise entre 9 500 et 9 000 BP. Il

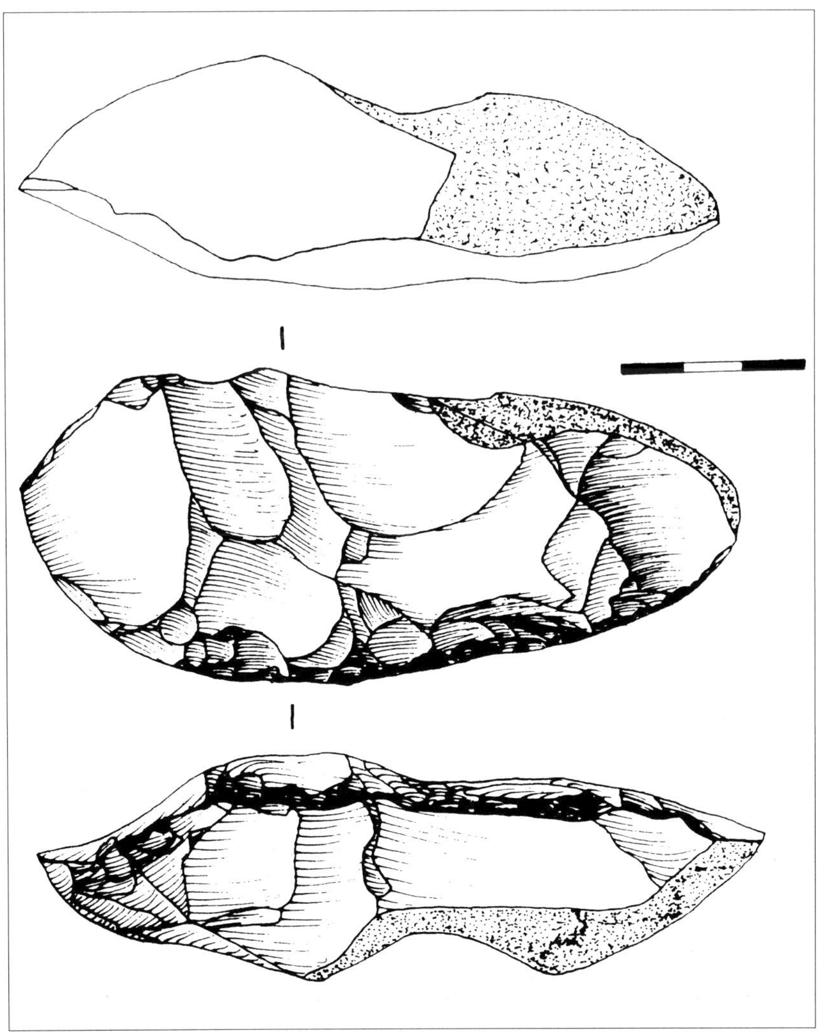

Figure 4. – Macrolithe (pièce à taille bifaciale sur bloc) de Hangest-sur-Somme « Étang ».

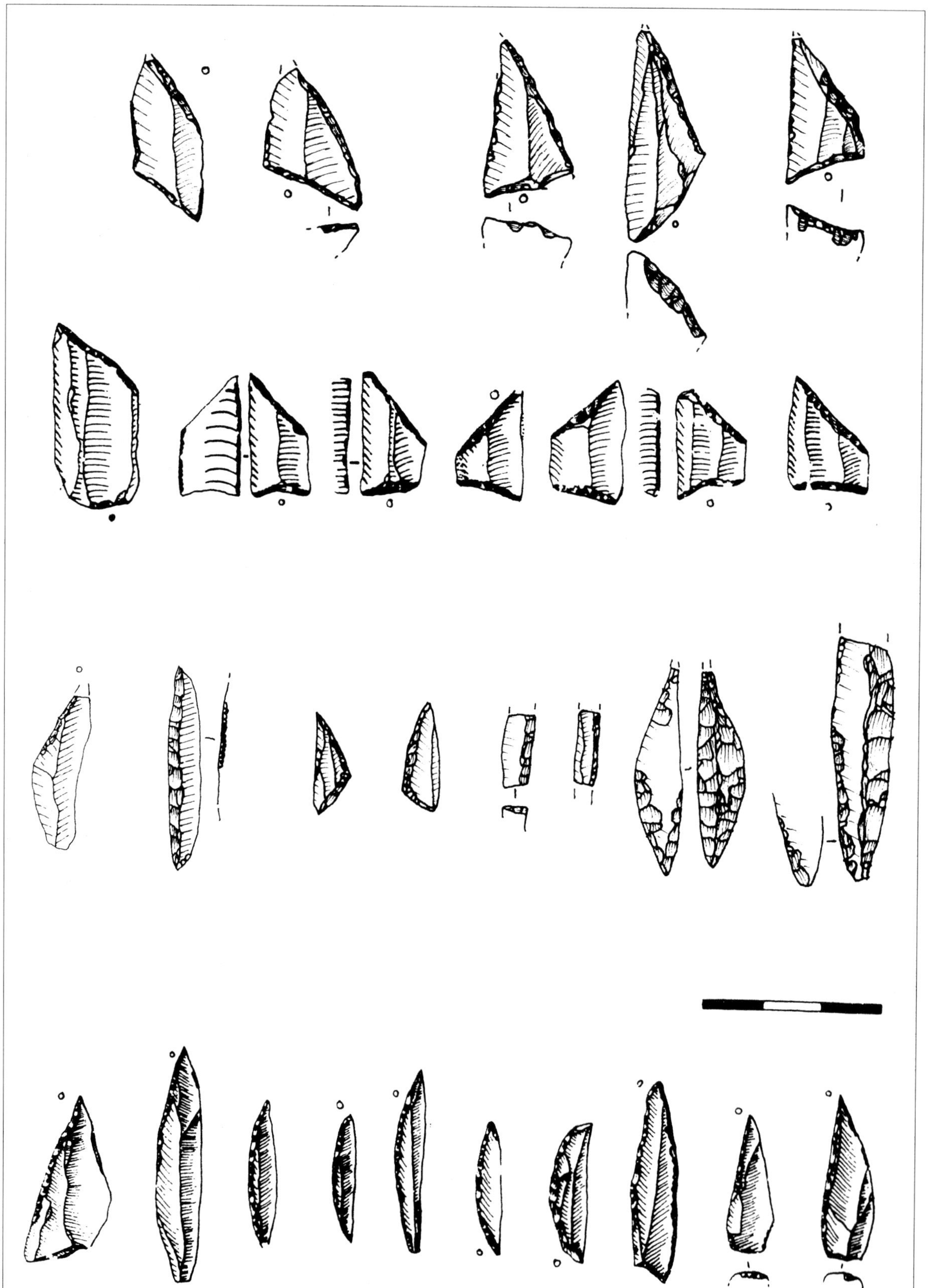

Figure 5. – Évolution des assemblages microlithiques avec des échantillons de Hangest-sur-Somme « Gravière II Nord » (ligne du bas), de Hangest-sur-Somme « Gravière III2 » (deuxième ligne), de Gentelles (troisième ligne) et de Vraignes I (lignes du haut).

s'agit d'assemblages microlithiques marqués par l'abondance des pointes à base non retouchée et la présence très nette des segments : Hailles « le Marais », Thennes « le Grand-Marais I » série patinée (Ducrocq, 1991b) et Lihus « la Grippe I ». Le Mésolithique du début du Boréal est beaucoup mieux documenté par de nombreux points d'observation dans la vallée de la Somme, dans la vallée de la Selle et dans la région d'Ercheu. Les données chronologiques sont fournies par une concentration de Hangest-sur-Somme : Gravière II Nord (*cf.* ci-dessus). Les segments y sont très abondants, les pointes à troncature oblique persistent et les pointes à base retouchée apparaissent dans des proportions conséquentes. Le débitage est orienté vers la production de supports laminaires pour les armatures. Le reste de l'outillage (grattoirs, burins...) est obtenu à partir d'éclats liés à la mise en forme ou à l'entretien des nucléus. De nombreuses pièces sont affectées de retouches *a posteriori*. L'ensemble se rapporte au style de Coincy défini par le docteur Rozoy (1969 et Ketterer, 1992). De gros outils à taille bifaciale sur bloc sont présents à quelques exemplaires (fig. 4). Ils sont identiques aux macrolithes du Mésolithique nordique. L'évolution de cette industrie conduit à des ensembles où les segments et les pointes à base retouchée ont toujours une place prépondérante. Cependant, des triangles scalènes et des pointes à base retouchée oblique (pointes de Horsham) apparaissent. Un petit assemblage de ce type a été daté à Ailly-sur-Somme « le marais de Berny » dans la vallée de la Noye : 8 520 ± 60 BP (datation sur faune). Les fouilles de P. Coudret et de J.-P. Fagnart sur Saleux, dans la vallée de la Selle, ont mis en évidence une industrie semblable qui est datée de 8 645 ± 70 BP (Fagnart, 1994). La série microlithique rassemblée sur le site de la gravière Merque de Longpré-les-Corps-Saints (Fagnart et Vaillant, 1982) compte une proportion plus importante de triangles. Elle pourrait être un peu plus récente.

La fin du Mésolithique moyen

Les armatures à retouche couvrante s'ajoutent ensuite aux assemblages microlithiques dans des proportions diverses. Dans certains cas, les lamelles étroites à dos sont très abondantes. Le reste de l'outillage est comparable à celui du Mésolithique précédent. Les macrolithes sont toujours présents. Les points d'ancrage chronologique de cette phase sont donnés par le site du Petit-Marais de La Chaussée-Tirancourt (*cf.* ci-dessous), par une concentration de Hangest-sur-Somme, et par un niveau de Belloy-sur-Somme (*cf.* ci-dessus).

Les premières industries à trapèzes

Les premières industries à trapèzes sont trouvées dans des contextes stratigraphiques peu favorables qui débouchent sur des mélanges avec des ensembles plus récents (Dreuil et Amiens-Etouvie ; Fagnart, 1991) ou plus anciens (Thennes « le Grand-Marais I »). Ce dernier site a donné une datation sur faune de 7 470 ± 130 BP (Gif-8421) qui pourrait se rapporter au Mésolithique récent. Le site de Cagny « Marais » a fourni quelques vestiges lithiques et fauniques datés de 7 060 ± 150 BP (Gif-7 994). Bien que la documentation ne soit pas très satisfaisante, il semble possible de préciser les caractéristiques de l'industrie lithique. L'assemblage microlithique compte des pièces héritées du Mésolithique moyen et des trapèzes. La latéralisation de ces derniers n'est pas toujours tranchée. Cependant, elle est senestre pour les séries de Dreuil et Étouvie. Le débitage laminaire donne des produits nettement plus réguliers que précédemment. Les lames à retouches Montbani apparaissent et sont toujours présentes (Rozoy, 1969). La série récoltée en surface sur le « mont de l'Évangile » de Gentelles (Ducrocq, 1987) pourrait correspondre à une occupation un peu plus récente, proche du Mésolithique final. Les trapèzes sont plutôt latéralisés à droite. Les armatures héritées du Mésolithique moyen sont presque inexistantes. Une forme triangulaire dérivée du trapèze à bases décalées préfigure les armatures du Mésolithique final.

La fin du Mésolithique

Le Mésolithique final se distingue des industries précédentes par l'apparition d'armatures évoluées en grand nombre : formes triangulaires dérivées des trapèzes et pièces à retouches inverses plates. Les formes héritées du Mésolithique moyen sont quasiment absentes. En revanche, le débitage régulier et les lames à retouches Montbani sont toujours présents. Cette phase est surtout documentée par des sites sur sable et sur argile à silex : le Mesnil-Saint-Firmin, Vraignes-lès-Hornoy. Les concentrations de Jumel et de Dreuil-lès-Amiens se placent sur des bas de versant limoneux. La datation de charbons d'un foyer de Dreuil-lès-Amiens pourrait se rapporter au Mésolithique final (6 600 ± 200 BP ; Gif-5 973). Des niveaux comprenant de l'industrie et de la faune ont été repérés dans la vallée de l'Avre, mais ils n'ont pas été fouillés. L'un d'eux, Thennes « le Grand-Marais IV », a livré une date C14 sur faune : 6 680 ± 60 BP (Gif-7 995). Faute de données suffisantes, il est encore difficile de comprendre la transition avec le Néolithique ancien. D'ailleurs, celui-ci est quasiment absent du bassin de la Somme, où n'existent pas d'éléments du Rubané récent. Quelques objets, pouvant être attribués au groupe de Villeneuve-Saint-Germain (bracelet rainuré en terre, bracelet en schiste, armature danubienne en silex tertiaire), ont été découverts dans de mauvais contextes stratigraphiques, où ils sont souvent associés à des industries du Mésolithique final. Le Néolithique est réellement bien attesté à partir du Néolithique moyen : Cerny et Chasséen.

Attribution culturelle

Deux régions riches en gisements, le Tardenois et la Belgique (Vermeersch, 1984 et Gob, 1984), livrent un Mésolithique quasiment identique à celui du bassin de la Somme. Les types d'armatures y sont exactement les mêmes. Les assemblages microlithiques ne se distinguent pratiquement pas de ceux de la Somme. La succession chronologique des industries est également comparable.

J. Hinout (1990) a démontré que la vallée de la Seine marquait une limite culturelle. Certains microlithes présents au nord du Bassin parisien sont absents au sud (feuilles de gui, armatures dérivées des trapèzes à bases décalées...) et inversement, les pointes de Sauveterre et de Sonchamp sont observées uniquement au sud de la Seine. D'autres différences sont aussi décelables, comme l'apparition précoce de trapèzes à retouche inverse plate dans le Mésolithique récent du sud de la Seine. Les grattoirs, abondants dans le Tardenois et le bassin de la Somme, sont remplacés par des denticulés au sud. Quel que soit le stade chronologique considéré, des disparités existent toujours entre ces deux parties du Bassin parisien.

En Normandie, plusieurs gisements, découverts dans la plaine alluviale de la Seine (Chancerel et Paulet-Locard, 1991), s'apparentent nettement au Mésolithique moyen du bassin de la Somme. Par contre, les industries de Basse Normandie ont des caractéristiques typologiques très différentes.

Dès la fin du Boréal, aucun rapprochement ne peut être établi avec la Grande-Bretagne, qui n'a jamais livré de feuilles de gui ou de trapèzes (Jacobi, 1976). Auparavant, certaines affinités sont perceptibles avec le Mésolithique Préboréal/Boréal du Sud-Est de l'Angleterre. Ainsi, la présence de pointes à troncature et de pointes de Horsham (Clark, 1933) est commune aux deux régions. L'assemblage typologique de Semelston, par exemple (Clark, 1934), montre beaucoup de similitudes avec celui de Hangest « Gravière II Nord ».

L'extension orientale d'industries comparables à celles de la Somme semble se situer sur un axe passant par la Lorraine jusqu'au Nord-Ouest de l'Allemagne. Les industries à feuilles de gui et lamelles à dos ne se trouvent pas au-delà. De même, les types microlithiques du Mésolithique final sont assez différents à l'est de cette frontière. Par contre, il est plus difficile de dresser une limite nette pour les phases anciennes.

Quelle que soit l'époque, le Mésolithique de la Somme appartiendrait donc à une entité culturelle recouvrant un assez vaste territoire. En raison du principe d'antériorité, cette unité doit être qualifiée du terme « tardenoisien ». Il est aussi possible d'adopter les unités taxinomiques de A. Gob (1985), inspirées de S. K. Kozlowski, et de reconnaître la succession suivante : faciès Nord du Beuronien, RMS et Montbanien. J.-G. Rozoy (1994) isole quatre cultures dans cet ensemble : le Limbourgien, l'Ardennien, le Tardenoisien et la Culture de la Somme. Il s'appuie surtout sur le groupement géographique de certaines particularités, qui peuvent être très diverses (poids de silex utilisé, rapport nucléus/armatures, style des armatures, etc.). La plupart des paramètres retenus sont, à mon avis, très discutables pour permettre la reconnaissance d'entités culturelles (Ducrocq et Ketterer, 1995).

LE GISEMENT DU PETIT-MARAIS DE LA CHAUSSÉE-TIRANCOURT

Données générales

Placé sur la rive droite de la Somme au niveau de la confluence avec le petit cours d'eau de l'Acon, le site du Petit-Marais de La Chaussée-Tirancourt a fait l'objet de fouilles depuis 1990 (Ducrocq, Bridault et Munaut, 1991 ; Ducrocq et Ketterer, 1995). Il se situe en fond de vallée à proximité immédiate du versant limoneux. Cette zone de contact talweg/versant est la position morphologique la plus dense en gisements dans la moyenne vallée de la Somme.

De nombreux sondages ont montré une extension de plusieurs milliers de mètres carrés. Ainsi, l'abondance de vestiges lithiques et

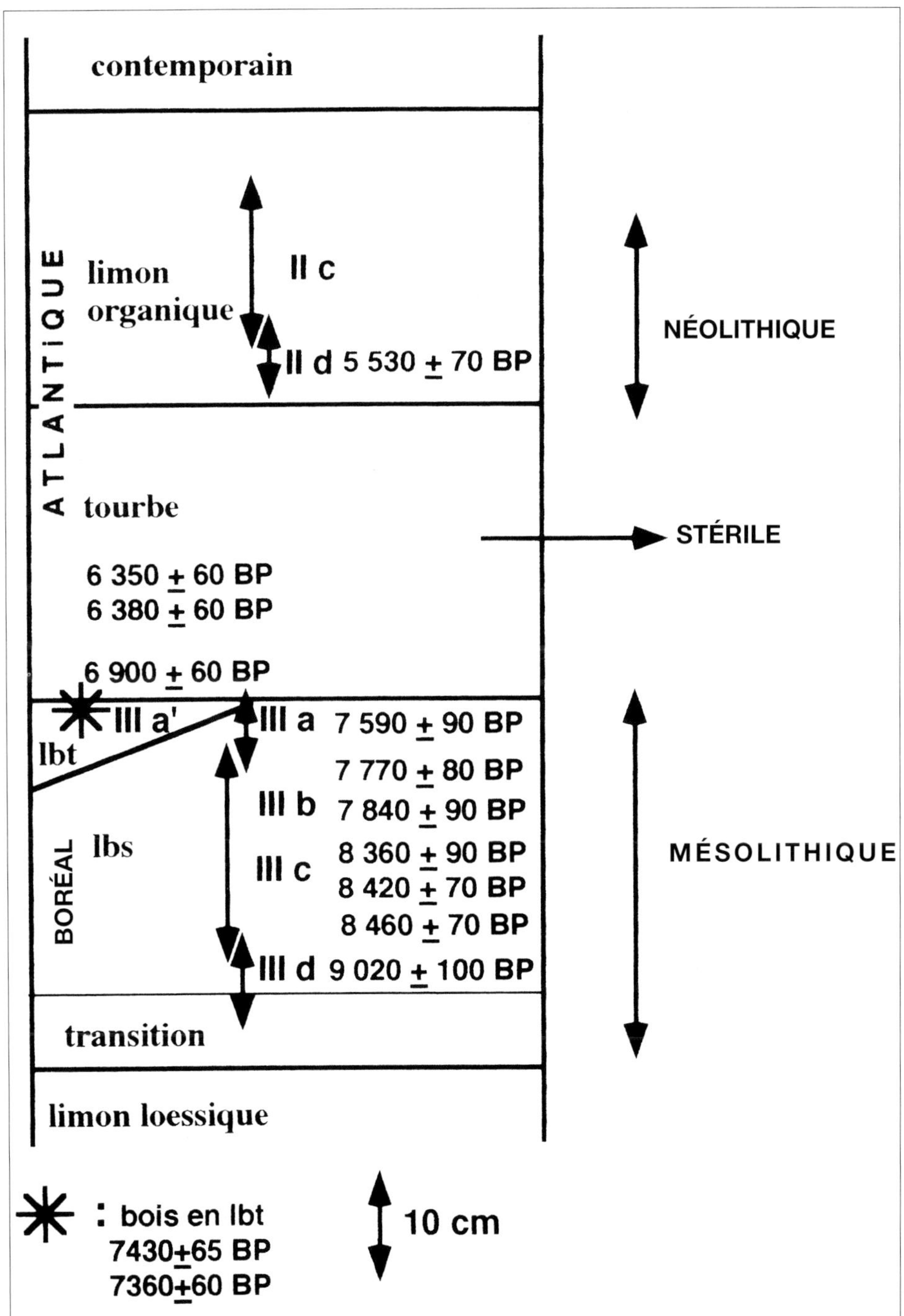

Figure 6. – Stratigraphie schématique et simplifiée du secteur principal de fouille du Petit-Marais de La Chaussée-Tirancourt.

osseux, la présence de coquilles percées et d'outils en bois de cerf ont été observées sur l'ensemble du site. La surface explorée s'élève à près de 200 m^2, dont 183 d'un seul tenant sur la zone principale de fouille.

La stratigraphie de la zone fouillée est assez classique pour la région : les niveaux mésolithiques sont liés à des limons organiques qui livrent des spectres polliniques du Boréal. Ils sont scellés par des tourbes franches stériles. Une incision postérieure est colmatée par des limons fluviatiles qui contiennent des vestiges néolithiques, dont de nombreux restes humains (5 530 ± 70 BP ; GifA-9 238).

D'après l'étude géologique d'un transept de la vallée d'Acon et d'après les données des fouilles, il apparaît que les Mésolithiques se sont implantés plusieurs fois sur un bas de versant limoneux près d'un chenal. Peu à peu le plan d'eau a progressé vers le versant. Le secteur de la fouille principale est abandonné par les préhistoriques quand il se transforme en marécage tourbeux. Ce phénomène est marqué par la présence de tourbes noires stériles. Cependant, les Mésolithiques ont continué la fréquentation de cette zone de confluence. En effet, des sondages réalisés un peu plus haut sur l'axe talweg/versant ont permis de recueillir des artefacts dans un limon scellé par des tourbes. Les datations d'ossements associés à l'industrie ont donné les résultats suivants : 7 140 ± 110 BP ; Gif-8 422 et 7 360 ± 130 BP ; Gif-7 886. De plus, des prospections pédestres, réalisées beaucoup plus haut sur le versant par A. Bayart, ont fourni des microlithes aisément attribuables au Mésolithique final. À partir du Néolithique, la dynamique de cours d'eau se modifie radicalement et l'implantation des sites obéit alors à un système différent.

Données archéologiques

• Diachronie

Le nombre de vestiges recueillis sur la fouille principale se monte à plusieurs dizaines de milliers de pièces. Le travail fastidieux engagé est considérablement entravé par la mise en évidence de diachronies. La chronologie interne du site s'établit progressivement par l'interprétation des microstratigraphies observées lors de la fouille, par des raccords entre les vestiges, par l'utilisation de datations radiocarbone et par des analyses palynologiques. Ce dernier aspect, traité par A. V. Munaut, est susceptible d'apporter beaucoup d'informations, car les spectres polliniques du Boréal, obtenus sur le site, montrent de nombreuses variations au cours du temps. Une évolution du paysage végétal, déduite d'analyses de profils stratigraphiques, est comparée aux assemblages polliniques contenus dans les dépôts de remplissage des fosses et dans les sédiments piégés dans les structures de silex brûlés (foyers ou vidanges ?). Chaque structure est soumise à ces investigations. Ensuite, il est prévu d'insérer à cette chronologie interne les aires d'activités spécifiques reconnues par l'analyse des vestiges : zones de taille du silex, emplacements consacrés aux pratiques de boucherie... Actuellement, les fosses et sépultures sont en partie attribuables à des moments d'occupation du site. Une structure consistant en un épandage de silex brûlés est aussi datée. En revanche, un foyer, marqué par de la terre rubéfiée, et un second épandage de silex brûlés sont en cours de datation. Deux structures marquées par l'accumulation de silex brûlés, fouillées en 1995, vont bientôt pouvoir être reliées à une phase de fréquentation du site. Elles se rapporteraient soit à l'occupation datée de 9 000 BP, soit à celle de 8 400 BP.

• Vers 9 000 BP (IIId)

Plusieurs dizaines d'artefacts lithiques patinés (niveau IIId) se trouvent à la base de la séquence holocène, au sommet des formations pléistocènes. La sépulture f4 (9 020 ± 100 BP ; GifA-92 523) pourrait se rapporter à ce niveau. Il s'agit d'une inhumation secondaire (Ducrocq, Le Goff et Valentin, 1996 ; Valentin, 1996). Près de la moitié des os sont présents, pour la plupart des os volumineux. Ils ont été disposés dans une petite fosse avec probablement le souci de ranger le maximum de pièces dans un espace le plus réduit possible (d'après I. Le Goff). Fémurs, radius et humérus ont été placés au fond de la dépression sous la forme d'un fagot. Le crâne a été posé dessus et les coxaux aux deux extrémités. Les autres pièces osseuses ont ensuite été mises au-dessus de cet ensemble ou à sa périphérie. Ces vestiges sont ceux d'un homme plutôt âgé qui présente beaucoup d'affinités avec les sujets de Téviec et Hoëdic, tout en ayant une stature assez élevée qui le rapproche des individus du Paléolithique supérieur.

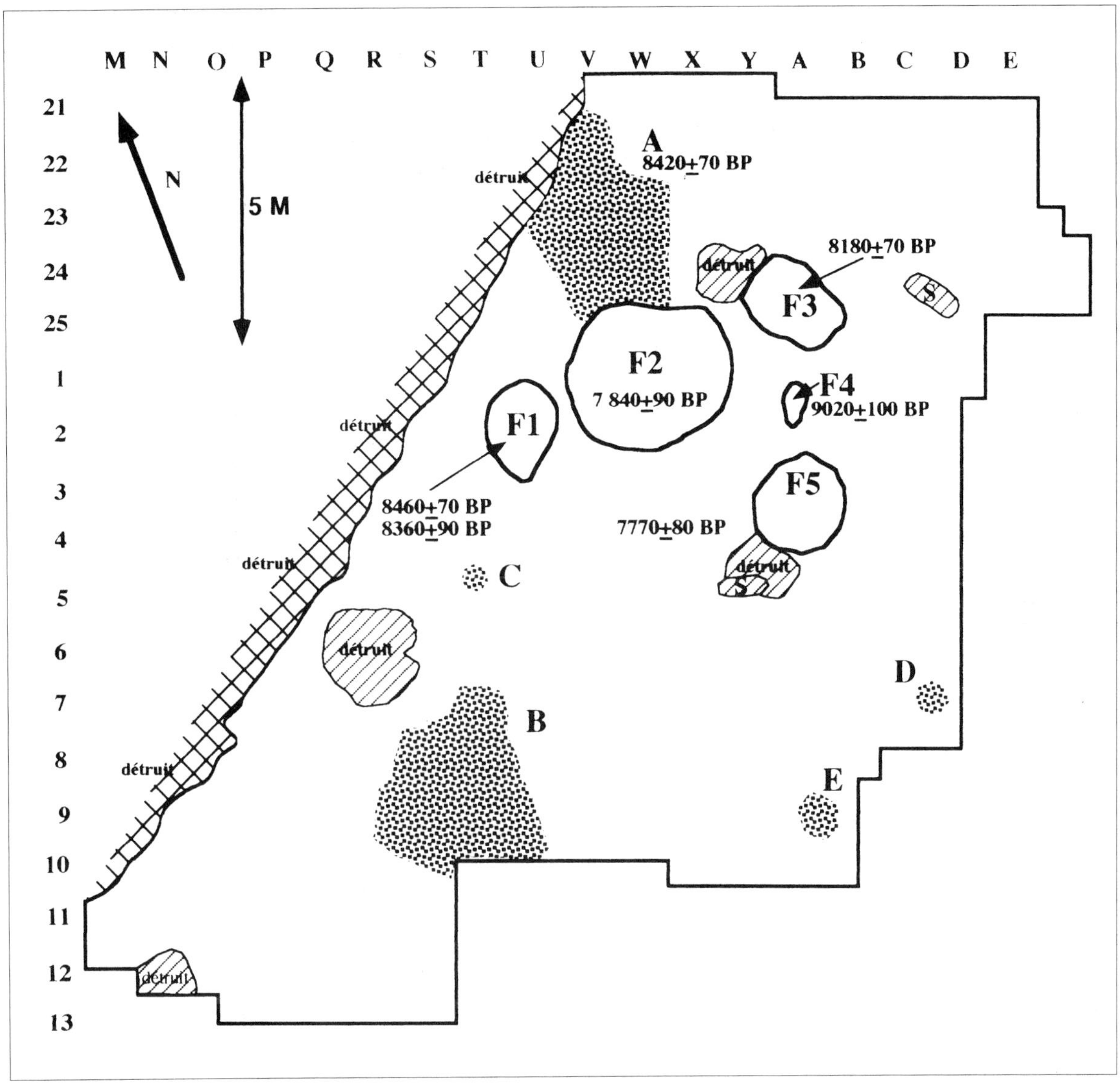

Figure 7. – Plan de la zone principale de fouille du Petit-Marais de La Chaussée-Tirancourt (S = sondages). f1. fosse à fond plat contenant de nombreux restes humains brûlés. f2 et f5. fosses à fond arrondi. f3. fosse à fond plat. f4. sépulture secondaire. A et B. deux zones très denses en silex brûlés (l'étude en cours va permettre de mieux circonscrire spatialement ces deux zones). C. présence de terre brûlée (foyer ?). D. accumulation de silex brûlés autour d'une petite fosse en cuvette (foyer ?). E. amas de silex brûlés.

• Entre 8 400 BP et 7 700 BP

Le plus ancien dépôt holocène de la zone fouillée est un limon organique (lbs) du Boréal qui résulte d'une légère dynamique du versant. Il contient des milliers de vestiges lithiques et osseux (niveau IIIb/c). Des observations stratigraphiques ponctuelles mettent en évidence plusieurs moments d'occupations (IIIb et IIIc). Cette hypothèse est renforcée par les résultats d'analyses radiocarbone effectuées sur des ensembles de noisettes calcinées du lbs : 8 420 ± 100 BP et 7 770 ± 100 BP (Gif-9 330 et Gif-9 331). La fosse 1, qui contient de nombreux restes humains brûlés, se rapporte à IIIc (analyse d'une esquille d'os animal : 8 360 ± 90 BP ; GifA-95 471 et de noisettes calcinées : 8 460 ± 70 BP Gif-9329). À l'opposé, une grande fosse (f2) se rapporte à IIIb (7 840 ± 90 BP ; Gif-8 913 indiqué par l'analyse d'un gros charbon de chêne). La datation d'une autre fosse (f3) suggère une réalité peut-être un peu plus complexe avec la datation de noisettes calcinées de 8 180 ± 70 BP ; Gif-9 908.

Pour l'ensemble des spectres fauniques, une première approche globale pratiquée à partir d'un échantillonnage a permis d'identi-

Figure 8. – L'un des derniers niveaux de dégagement de la sépulture secondaire de La Chaussée-Tirancourt

fier beaucoup de sangliers, mais aussi du cerf, du chevreuil, de l'aurochs, du blaireau, de la martre, des oiseaux, avec la buse et le canard colvert et un reptile avec la cistude (Ducrocq *et al.*, 1991). Le chien est également attesté. Il serait probablement attribuable à l'un des moments d'occupation les plus récents : 7 700 BP ? Le mobilier lithique témoigne de l'ensemble des opérations relatives à la taille du silex. L'outillage abondant compte beaucoup d'outils du fonds commun ainsi que des artefacts affectés par des retouches *a posteriori*. Les macrolithes sont également bien représentés.

La fosse 1, datée de 8 400 BP, présente un fond plat. Son remplissage contient de nombreux vestiges dont des dizaines d'ossements humains brûlés appartenant à plusieurs individus. Ils sont dispersés dans l'ensemble du remplissage. Le reste du matériel est constitué de vestiges qui ne sont pas toujours brûlés. Ainsi plusieurs gastéropodes fossiles perforés y ont été recueillis (éléments de parure) ainsi que des fragments d'un biseau en bois de cerf. Les restes d'animaux sont abondants. L'outillage lithique est très fourni. Hormis le débitage, on compte de nombreux outils surtout constitués de fragments de lamelles étroites à dos abattu. Les pointes à base retouchée sont présentes. Une série de petites lames et une pièce esquillée de belle facture sont brûlées. Un « épandage » (?) de silex brûlés (A ; fig. 7) serait synchrone de f1.

Une datation radiocarbone placerait le remplissage de la fosse 3 vers 8 200 BP. Cette structure présente aussi un fond plat mais aucun reste humain n'y a été observé. Un grand biseau en bois de cerf avait été posé sur son fond à l'une de ses extrémités. Le remplissage est assez homogène, il s'agit d'une terre charbonneuse qui contient beaucoup de noisettes brûlées. Les nombreuses pièces de débitage lithique qui y ont été recueillies sont le fruit de la taille de quelques blocs. Des grattoirs sur éclats sont présents ainsi qu'un macrolithe, de nombreuses lamelles à dos et quelques pointes à base retouchée. Parmi la faune, on note la présence de gros fragments de crâne de sanglier. Des gastéropodes perforés ont été recueillis, ainsi que quelques petits débris de *Cardium*.

Deux grosses fosses à fond arrondi (f2 et f5) sont attribuables, soit par datation radiocarbone, soit par analyse palynologique, à la phase d'occupation située vers 7 800 BP. Elles présentent de nombreuses similitudes par leur forme et le fait que la base de leur creusement ait atteint la nappe aquifère de l'époque (macrorestes végétaux conservés). La plus petite des deux (f5) montre un effondrement précoce des parois. La fosse 2, beaucoup plus grande (fig. 7) et plus profonde (environ 2 m) aurait pu être réalisée à la suite du colmatage intempestif de f5. Sa proximité avec des structures antérieures fait que son remplissage contient de nombreux artefacts attribuables aux occupations précédentes. En revanche, au niveau du profil d'équilibre furent retrouvées bien en place une vingtaine de coques perforées (*Cardium*), une hémimandibule de cerf, une d'aurochs, ainsi que deux mandibules de sangliers posées l'une sur l'autre. Des fragments de feuille de gui ont aussi été décelés dans le remplissage. La liaison entre ces structures et le caractère partiellement funéraire du site n'est pas évidente.

• Les derniers témoignages mésolithiques et la remontée du plan d'eau au niveau de la fouille.

La tourbe noire qui scelle l'ensemble de la stratigraphie mésolithique est très dégradée et ne livre pas de vestiges. Elle est datée de 6 900 ± 60 BP (Gif-9 619) à sa base et de 6 350 ± 60 BP et 6 380 ± 60 BP en son sein (Gif-8 914 et Gif-8 915). Elle traduit la présence d'une zone marécageuse peu propice à l'implantation humaine.

L'interface entre le limon lbs et la tourbe noire correspond à un niveau mésolithique bien en place, surtout constitué de faune (IIIa) (datation sur os de : 7 590 ± 90 BP ; GifA-95 472). Un outillage en bois de cerf y est présent. Il diffère nettement de celui des niveaux plus anciens : gaine d'outil perforée, lame de hache. Des fragments d'un crâne humain pourraient appartenir à ce niveau diffus (datation en cours).

Sur les parties basses de la fouille, un limon brun tourbeux (lbt) s'intercale entre le lbs et la tourbe sus-jacente. Il contient de rares pièces archéologiques (IIIa'). Les marges du lbt sont soulignées par une concentration de bois flottés, de restes de poissons et d'autres microvertébrés qui matérialisent l'ancienne berge d'un cours d'eau et montrent l'origine fluviatile de ce sédiment. Les analyses de bois flottés de deux secteurs ont donné les résultats suivants : 7 430 ± 65 BP ; Gif-9 907 et 7 210 ± 70 BP ; Gif-9 906. Enfin, quelques rares ossements se trouvent à l'interface lbt/tourbe noire.

DONNÉES DIVERSES SUR LE MÉSOLITHIQUE RÉGIONAL ET CONCLUSION

Dimension des sites

La plupart des gisements correspondent à des concentrations de mobilier de moins d'une centaine de mètres carrés. La nature des vestiges lithiques montre que de nombreuses activités se sont déroulées en un même lieu : mise en forme des blocs, production des supports désirés, confection de l'outillage et utilisation d'une partie de ces objets (présence de retouche *a posteriori)*. Il semblerait qu'il s'agisse de séjours de courte durée. On observe très souvent plusieurs concentrations distantes de quelques dizaines de mètres : stricte contemporanéité de plusieurs unités (d'habitat ?) qui constituent un vaste campement lié à un nombre important d'individus ou retours fréquents d'un petit groupe humain en un même lieu ?

Le Petit-Marais de La Chaussée-Tirancourt diffère par ses dimensions, sa densité en vestiges et la présence de fosses et de sépultures.

La fouille et la compréhension d'une grande surface devraient permettre de préciser l'un des aspects fondamentaux du site, qui est son étendue à chaque moment d'occupation. En effet, deux hypothèses sont envisageables :

– les dimensions du site seraient simplement le résultat de multiples fréquentations d'un lieu particulièrement favorable. Chaque unité serait comparable aux autres gisements de la vallée de la Somme. La présence successive de restes humains serait due au hasard ;

– les fosses et les sépultures se trouveraient dans des campements très étendus qui se sont reproduits au cours du temps. Ceci impliquerait la présence, soit de camps de base, soit de regroupements d'un nombre important d'individus au cours d'une saison donnée ou à l'occasion de pratiques funéraires. La redondance des passages et des sépultures poserait la question de la mémoire d'un lieu pendant de très longues années, d'où une très bonne connaissance par les Mésolithiques de leur territoire et aussi une transmission du savoir pendant plusieurs siècles (groupe stable sur un territoire donné pendant plusieurs années ?).

Une concentration simplement sondée à Hangest-sur-Somme (Hangest III2) montre beaucoup de similitudes avec La Chaussée-Tirancourt par son importante extension spatiale, la mise en évidence de diachronies et la présence de fosses.

Bilan et orientation des recherches

Les découvertes récentes de nombreux sites mésolithiques bien conservés dans le bassin hydrographique de la Somme indiquent que cette région est très importante pour la connaissance de cette période. Les travaux de ces dernières années ont d'abord porté sur la compréhension du mode de gisement (taphonomie des sites), sur la chronologie, sur la reconstitution de l'environnement (travaux pluridisciplinaires en cours) et sur l'insertion des assemblages lithiques dans les systèmes chronoculturels proposés par plusieurs auteurs à partir des régions limitrophes. Ces bases essentielles seront bientôt bien assimilées.

Le hasard des découvertes a permis aussi de documenter d'autres aspects, comme le funéraire et l'anthropologie physique.

L'objectif essentiel des recherches futures serait de comprendre le mode de vie mésolithique (stratégie d'acquisition de la nourriture, économie de subsistance, sociologie, traitement funéraire...) et de le décliner suivant ses différentes phases chronologiques afin de déceler d'éventuelles évolutions à l'intérieur de cette période charnière entre le Paléolithique supérieur et le Néolithique. Pour régler ces questions et éviter d'extrapoler à partir de l'analyse d'un seul gisement qui pourrait livrer des données anecdotiques, il faut se reposer sur l'étude de nombreux sites. Ainsi, il sera possible de peser le poids de chaque paramètre : comparaison de sites strictement contemporains, de sites placés sur la même position morphologique, etc. Ces travaux nécessiteront beaucoup de temps. Cependant, il apparaît que le bassin hydrographique de la Somme peut être le théâtre de ces efforts par la forte densité de gisements bien conservés qu'il recèle.

BIBLIOGRAPHIE

CHANCEREL (A.), PAULET-LOCARD (M.-A.), Le Mésolithique en Normandie : état des recherches. Actes, CXIII[e] Congrès national des sociétés historiques et scientifiques, Strasbourg 1988 : *Mésolithique et néolithisation en France et dans les régions limitrophes*, CTHS, Paris, 1991, p. 213-229, 4 fig.

CLARCK (J. G. D.), A Late Mesolithic Site at Semelston, Sussex. *The Antiquaries Journal* 14, 2, 1934, p. 134-158.

The Classification of a Microlithic Culture : the Tardenoisian of Horsham. *The Archaeological Journal* 90, 1933, p. 52-75, 10 fig.

COUDRET (P.), LIMONDIN (N.), MUNAUT (A.-V.), Le gisement Paléolithique final des Prés-du-Mesnil à La Chaussée-Tirancourt (Somme). *Bulletin de la Société préhistorique française*, t. 92, n° 2, 1995, p. 227-234, 6 fig., 1 tabl.

DUCROCQ (Th.), Le gisement Mésolithique récent de Gentelles (Somme). *Revue archéologique de Picardie* 3-4, 1987, p. 3-7, 5 fig., 3 tabl.

(sous la dir. d'A. Tuffreau), Le Mésolithique du marais de Hailles (Somme). *Paléolithique et Mésolithique du Nord de la France : nouvelles recherches*, Publication du CERP, université des Sciences et Techniques de Lille/Flandres-Artois, 1, 1989, p. 97-107, 7 fig.

Le Mésolithique des milieux humides du bassin de la Somme : premières observations stratigraphiques. Paléolithique et Mésolithique du Nord de la France :

nouvelles recherches, Publication du CERP, université des Sciences et Techniques de Lille/Flandres-Artois, 3, 1991a, p. 121-126, 5 fig.

Le Mésolithique ancien et moyen du bassin de la Somme (Nord de la France) : données typologiques et premiers éléments de chronologie. *Bulletin de la Société préhistorique luxembourgeoise*, 1990, 12, 1991b, p. 21-37, 6 fig., 4 tabl.

Une nouvelle occupation mésolithique datée dans le Nord de la France. *Bulletin de la Société préhistorique française*, t. 90, n° 3, 1992, p. 72-73, 1 fig.

Contribution à la connaissance du Mésolithique de la vallée de la Somme. Actes, CXIIIe Congrès national des sociétés historiques et scientifiques, Strasbourg : 1998, *Mésolithique et néolithisation en France et dans les régions limitrophes*, CTHS, 1991, p. 425-436, 8 fig.

DUCROCQ (Th.), BRIDAULT (A.), MUNAUT (A.-V.), Un gisement mésolithique exceptionnel dans le Nord de la France : le Petit-Marais de La Chaussée-Tirancourt (Somme). *Bulletin de la Société préhistorique française*, t. 88, n° 9, 1991, p. 272-276, 3 fig.

DUCROCQ (Th.), KETTERER (I.), Le gisement mésolithique du Petit-Marais de La Chaussée-Tirancourt (Somme). *Bulletin de la Société préhistorique française*, t. 92, n° 2, 1995, p. 249-259, 13 fig., 3 tabl.

DUCROCQ (Th.), LE GOFF (I.), VALENTIN (F.) 1996, La sépulture secondaire mésolithique de La Chaussée-Tirancourt (Somme). *Bulletin de la Société préhistorique française,* t. 93, n° 2, p. 211-216, 6 fig.

FAGNART (J.-P.), *Saleux, les Baquets : bilan scientifique*, Service régional de l'Archéologie, DRAC Picardie, 1994, p. 161-163, 1 photo.

La fin du Mésolithique dans le Nord de la France. Actes, CXIIIe Congrès national des sociétés historiques et scientifiques, Strasbourg 1988 : *Mésolithique et néolithisation en France et dans les régions limitrophes*, CTHS, Paris, 1991, p. 437-452, 7 fig., 2 tabl.

Le Paléolithique supérieur récent et final du Nord de la France dans son cadre paléoclimatique. Thèse de doctorat, université des Sciences et Technologies de Lille, 2 tomes, 567 p., 1993, 172 fig., 49 tabl. et 15 invent. typol.

FAGNART (J.-P.), VAILLANT (J.), Le gisement mésolithique de la gravière Merque à Longpré-les-Corps-Saints. *Revue archéologique de Picardie* 3-4, 1982, p. 3-7, 5 fig., 3 tabl.

FAGNART (J.-P.), LIMONDIN (N.), MUNAUT (A.-V.), Le gisement paléolithique supérieur final du marais de Flixecourt (Somme). *Bulletin de la Société préhistorique française*, t. 92, 1995, p. 235-248, 14 fig., 1 tabl.

GOB (A.), Les industries microlithiques dans la partie sud de la Belgique. In : D. CAHEN et P. HAESAERTS (dir.), *Peuples chasseurs de la Belgique préhistorique dans leur cadre naturel*, Bruxelles, 1984, p. 195-210, 11 fig., 2 tabl.

Typologie des armatures et taxonomie des industries du Mésolithique au nord des Alpes. *Cahiers de l'Institut archéologique liégeois*, II, 1985, 79 p., 11 tabl., 40 pl. h.t.

HINOUT (J.), Évolution des cultures épipaléolithiques et mésolithiques dans le Bassin parisien. *Revue archéologique de Picardie* 3/4, 1990, p. 5-14, 5 fig.

JACOBI (R.-M.), Britain inside and outside Mesolithic Europe. *Proc. of the Prehist. Soc.* 42, 1976, p. 67-84, 12 fig.

KETTERER (I.), *Les techniques et l'économie du débitage mésolithique d'Hangest « Gravière 2 Nord » (Somme).* Mémoire de DEA de l'université de Paris I, 1992, 83 p., 40 fig., 2 tabl.

Les techniques et l'économie du débitage mésolithique d'Hangest Gravière II Nord. Actes, CXIXe Congrès national des sociétés historiques et scientifiques, Amiens 1994 : *Le Tardiglaciaire en Europe du Nord-Ouest*, CTHS, 1997, p. 123-137, 13 fig.

ROZOY (J.-G.), Typologie de l'Épipaléolithique (Mésolithique) franco-belge. Réunion de cinq separata. *Bulletin de la Société préhistorique française*, 1966, 1967, 1968, 1969, 121 p., 35 fig.

Les derniers chasseurs. L'Épipaléolithique en France et en Belgique. Essai de synthèse. *Bulletin de la Société archéologique champenoise*, 3 vol., 1978, 1 256 p., 81 tabl., 294 fig., 259 pl. h.t.

Techniques de délimitation des cultures épipaléolithiques : la culture de la Somme. Actes, table ronde de Chambéry 1992 : *Mésolithique entre Rhin et Méditerranée*, Association départementale pour la recherche archéologique en Savoie, Chambéry, 1994, p. 85-105, 11 fig., 3 tabl.

VALENTIN (F.), Le squelette mésolithique du Petit-Marais de La Chaussée-Tirancourt (Somme, France). C. R. *Académie des Sciences*, Paris, t. 321, série 2a, 1996, p. 1 063-1 067.

VERMEESCH (P.), Du Paléolithique final au Mésolithique dans le Nord de la Belgique. *In* : D. CAHEN et P. HAESAERTS (dir.), *Peuples chasseurs de la Belgique préhistorique dans leur cadre naturel*, Bruxelles, 1984, p. 181-193, 7 fig.

L'ABRI DU PAPE : UN SITE À FONCTION LIMITÉE LE LONG DE LA MEUSE AUX LIMITES DES ARDENNES BELGES

THE ABRI DU PAPE : A LIMITED FUNCTION MESOLITHIC CAMPSITE ALONG THE MEUSE AT THE EDGE OF THE BELGIAN ARDENNES

Lawrence Straus, Marcel Otte, Philippe Lacroix, Jean-Marc Léotard, Achilles Gautier, Jennifer Summers, Jonathan Orphal, Jean-Marie Pernaud

Résumé. – L'abri du Pape est situé sur la rive droite de la vallée mosane, entre Dinant et Givet. Les dépôts forment 5 m d'éboulis stratifiés avec formations culturelles du Moyen Âge, d'époque romaine, de l'Âge du Fer, du Néolithique et du Mésolithique.

Au sommet, la couche 18 appartient au Néolithique de type Michelsberg, et est datée de 4 450 ± 360 BP. Par-dessous, la couche 20 appartient au Mésolithique récent, daté de 7 843 ± 85 BP. Les deux couches 21 et 22 ont été datées par 3 analyses AMS identiques de 8 800 BP.

Bien que relativement riche en petits débris lithiques sur des matériaux variés, les outils retouchés sont rares et ne comportent que deux triangles et une éventuelle pointe de Tardenois, accompagnés d'éclats et de lames retouchés, tronqués, encochés, denticulés. Ces industries semblent confirmer la notion d'Ardennien proposée par J.-G. Rozoy.

Les restes d'oiseaux et de rongeurs sont abondants, et les restes de poissons présents dans tous les niveaux. La macrofaune comporte cerf, chevreuil, ours, aurochs, loutre, renard, chat sauvage, tous en faible quantité. Il n'existe pas de structure construite apparente dans ce campement mésolithique éphémère.

Mots clés : Ardennes belges, Mésolithique, Ardennien, faune.

Abstract. – The Abri du Pape is a small rockshelter at the base of the 100 m Freyr Cliff, along the right bank of the Meuse canyon, between Dinant and Givet, at the NW edge of the Ardennes plateau. It contains ca. 5 m of stratified scree with cultural deposits pertaining to Medieval, Roman, Iron Age, Neolithic and Mesolithic periods.

Overlaid by Michelsberg neolithic strat. 18, dated to 4,450 ± 360 BP, late mesolithic strat. 20 dates to 7,843 ± 85 BP (uncal.). Closely spaced strat. 21 and 22 date (by 3 identical AMS determinations) to 8,800 BP. The mesolithic occupations fall within the same time range as sites both in the Ardennes piedmont of Wallonia and on the plains of Flanders (e.g. Ourlaine, Verrebroek), but are somewhat younger than mesolithic human burials in nearby Autors and Margaux, as well as at Petit Ri, Sarrazins, Bois Laiterie and Claminforge, all in Namur province.

Although relatively rich in small lithic debris on a variety of materials, formal retouched tools are rare and include only 2 triangles and a possible tardenois point fragment, together with retouched, truncated, notched and denticulated flakes and blades, end and sidescrapers, plus 3 antler tips probably used in the production of bladelets from prismatic microcores. The simple industries seem to pertain to J.-G. Rozoy's Ardennian tradition.

Wood charcoal flecks and malacofauna are scattered throughout.

Bird and rodent remains are abundant, and fish present in all levels. Large animals include red and roe deer, boar, aurochs, otter, fox, and wild cat, all in small quantities. There are no manmade structures in this ephemeral mesolithic campsite.

Key words : Belgian Ardennes, Mesolithic, Ardennian, fauna.

INTRODUCTION

The Abri du Pape is one of the several rockshelters and caves in the Roches de Freyr that have yielded evidence of mesolithic and middle neolithic human use. However, the others (the Grotte Margaux, the Abri des Autours, the Grotte Bibiche, as well as nearby the Grotte Martina) were funerary loci (Léotard *et al.*, 1988 ; Cauwe, 1989, 1993a, b, 1994a, b ; Cauwe *et al.*, 1992), whereas Pape was a habitation site during at least two widely separated times in the Mesolithic and both a residential and burial site at various times during the Michelsberg and possibly Seine-Oise-Marne neolithic periods, *ca.* 5-4 kya (uncal.) (Toussaint, Becker, 1992). Here we deal exclusively with the mesolithic components of Pape, while noting that the Michelsberg and overlying S-O-M components have 14C dates of 4,450 ± 360, 4,190 ± 60 and 3,490 ± 340 BP (uncal.), the latter probably contaminated.

The Abri du Pape, discovered and first tested by P. Lacroix in 1988, is located at the base of a 100 m high vertical limestone cliff on the right bank of the Meuse canyon, almost directly opposite the Château de Freyr, 5 km upstream of the city of Dinant and 7 km downstream of the French border at Givet (fig. 1). The rockshelter faces SE and becomes

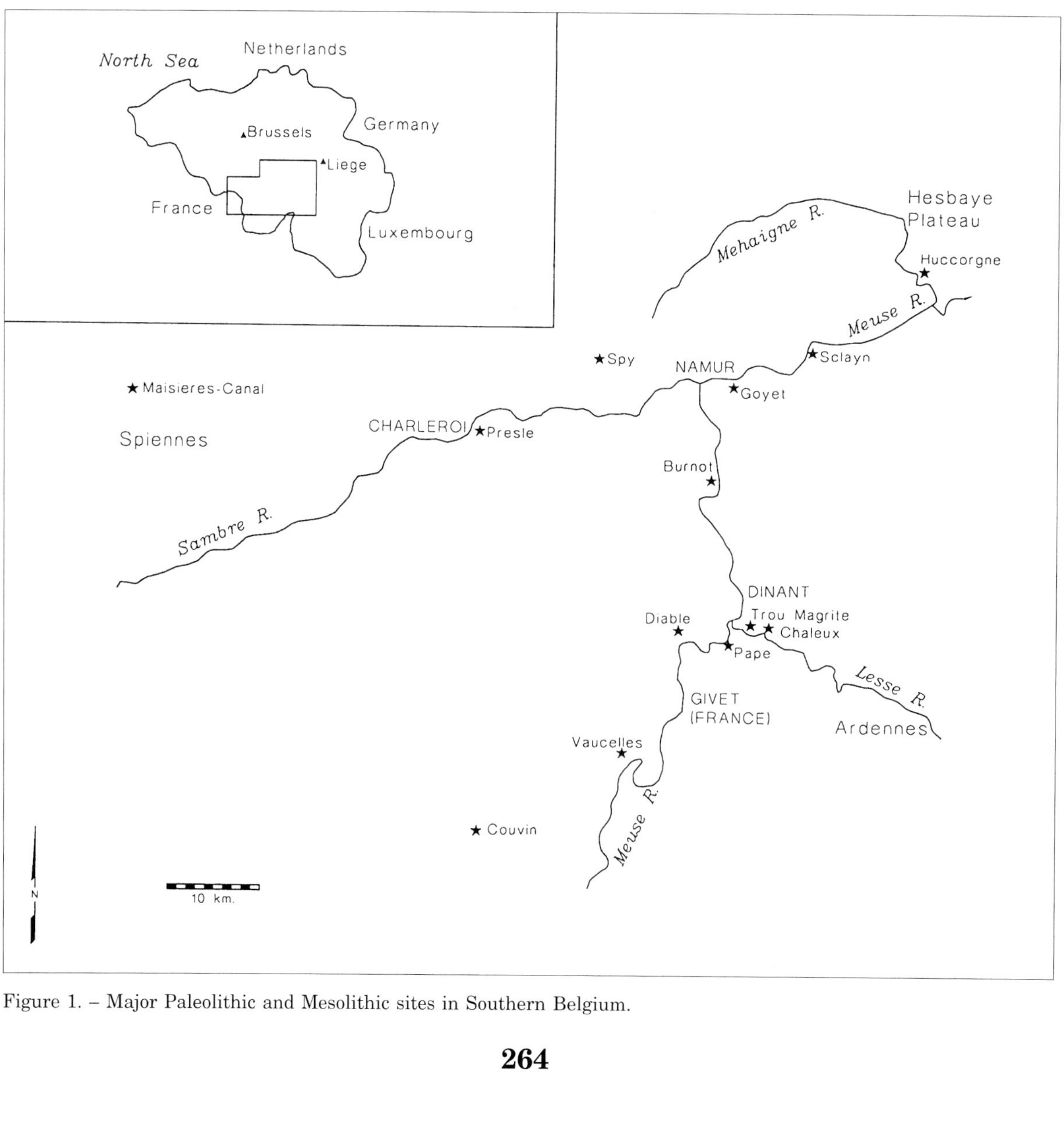

Figure 1. – Major Paleolithic and Mesolithic sites in Southern Belgium.

quite warm in the afternoon. The main covered area of the rockshelter now measures *ca.* 8 m wide by 5 m deep (fig. 2). It is filled with at least 6.5 m of deposits, mainly consisting of small to medium angular scree (*éboulis secs*), together with larger blocks, silt, sandy silt and, in the cultural horizons, organic residues (charcoal, bones, humic matter) as well as stone artifacts (fig. 3). The topmost mesolithic stratum (20) lies nearly 4 m below the present ground surface within the rockshelter and is overlaid by a long series of neolithic, iron age, roman and recents deposits, excavated by J.-M. Léotard (1989) in 1989-1990 and by I. Lôpez Bayôn in 1994. Strat. 20 is about 4.5 m above the present (artificially maintained) normal level of the Meuse, which flows right at the foot of the talus in front of the site. The entire mesolithic sequence (strat. 20, 21 and 22 with subdivision lenses pertaining to each) is a total of *ca.* 70 cm thick and overlays a *ca.* 2 m series of nearly sterile clay and scree. Strat. 23-25 might correspond to the Terminal Magdalenian, but yielded only a few artifacts (none clearly diagnostic) and no dates. Strat. 26 is culturally sterile gravel. Bedrock was reached (below strat. 23 clay) only at the rear of the rockshelter.

The mesolithic occupations seem to have taken place in the axis of the deepest part of the shelter, in the hollow between two lateral scree cones and the back wall of the shelter. We were able to follow the roughly flat mesolithic levels (20-22) to a distance of *ca.* 6 m from

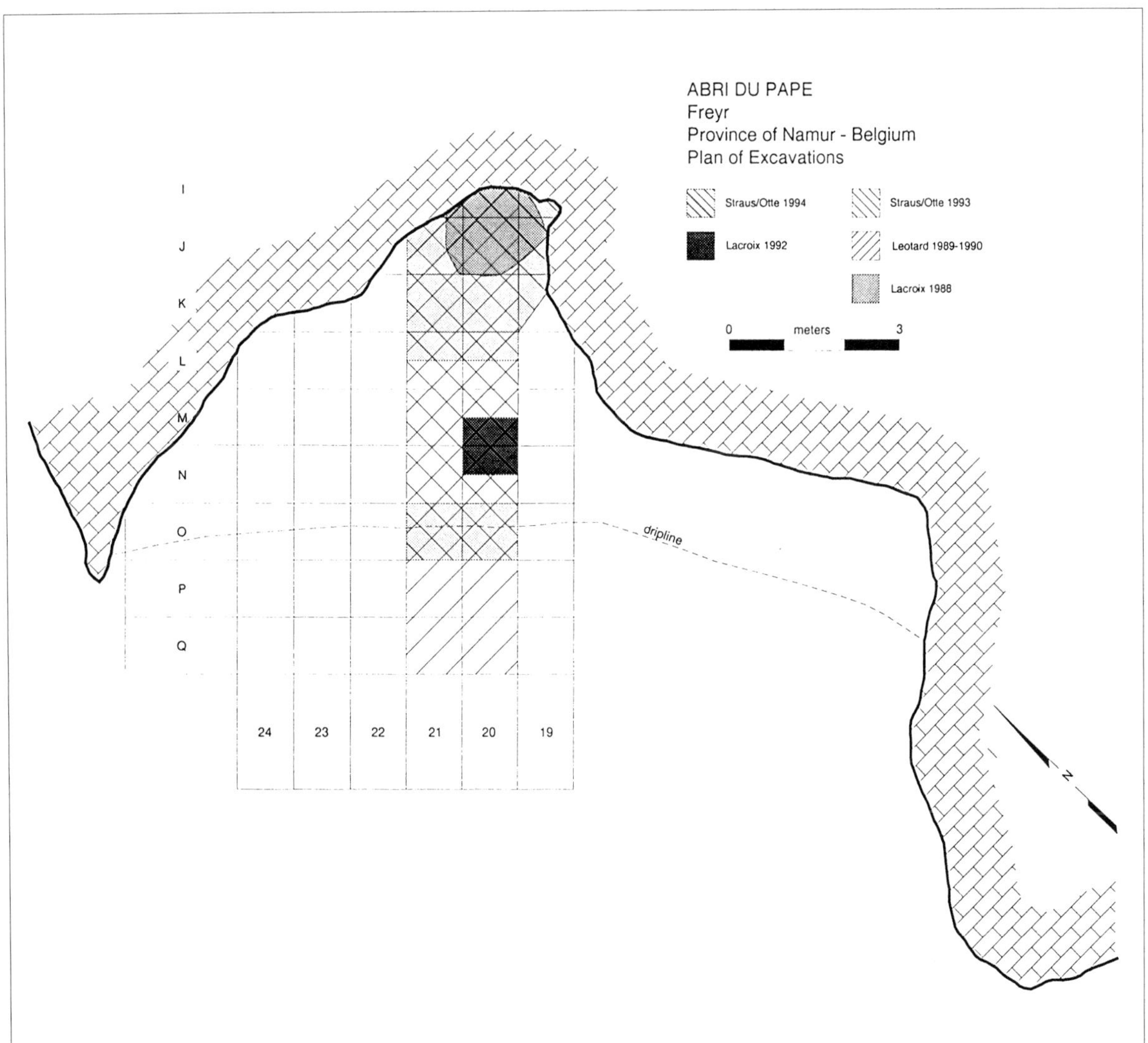

Figure 2. – Abri du Pape, Freyr, Province of Namur, Belgium, plan of excavations.

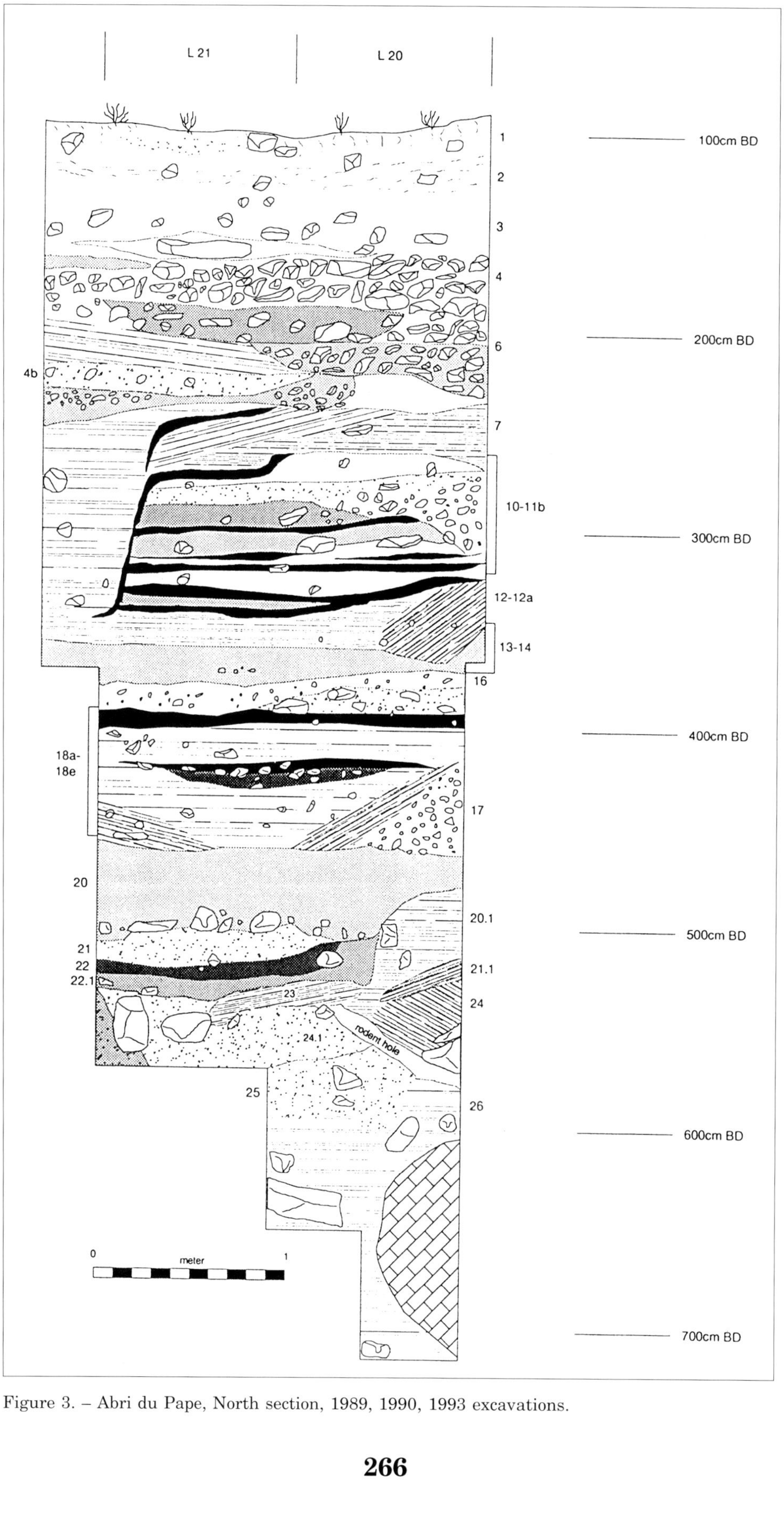

Figure 3. – Abri du Pape, North section, 1989, 1990, 1993 excavations.

the shelter rear, at which point the levels plunge 25-40° down toward the river. For these reasons, although we excavated an area of no more than *ca.* 14 m^2, this may represent the majority of the livable surface occupied by mesolithic people. Such a restricted area suggests that the Abri du Pape was a limited-scale campsite.

CHRONOLOGY AND ENVIRONMENTS

The first closely spaced episodes of human use of Pape occurred *ca.* 8,800 BP (uncal.), with dates of 8,756 ± 83 BP for lens 22.1, 8,780 ± 85 BP for strat. 22 and 8,817 ± 85 BP for strat. 21. About a millennium seems to have passed before the site was used again by people, with a date of 7,843 ± 85 BP for strat. 20. (All dates are accelerator determinations done on charcoal samples and are GX-19368, 67, 66 and 65, respectively). These dates correspond to the Late Preboreal and Boreal palynological phases. Unfortunately, despite extensive sampling by C. Noirel-Schutz (Institut de paléontologie humaine), all pollen samples proved to be virtually sterile.

All sediments were water-screened through 1 mm mesh. Charcoal specimens were sent to J.-M. Pernaud for identification. There were 6 identifiable fragments from strat. 23 (probably percolated from overlaying strat. 22) and 78 from strat. 22. The dominant taxon in both units is hazel (*Corylus avellana*) with a total of 74 specimens, followed by Scotspine (*Pinus sylvestris*) (7 specimens) and then smooth-leaved elm (*Ulmus minor*), birch (*Betula sp.*) and a member of the apple family (*Pomoïdeae*) (1 each). Lacking points of comparison in Belgium, we can compare this spectrum with that of the penecontemporaneous site of La Vierge Catherine near Amiens. At that site, hazel also outnumbers pine (though less than at Pape), with a higher percentage of birch, suggesting less favourable local conditions at the French site. In any event, early mesolithic inhabitants lived under a temperate climate, with open boreal woods including abundant hazel trees, as confirmed by pollen studies from other localities in the Ardennes and Middle Belgium (Damblon, 1978 ; Munaut, 1967).

The relative warmth and humidity of the climate and wooded setting are confirmed by the malacofaunas and rodent faunas sampled and studied by P. Lacroix. All the species pertain (or have pertained) to the holocene faunas of Belgium. Both freshwater and especially terrestrial molluscs are represented in the mesolithic levels ; among the former are unionid bivalves which may have been collected by humans.

THE LARGE MAMMAL AND BIRD FAUNAS

The large mammalian faunal and bird assemblages are being studied by A. Gautier, while the numerous fish remains will be studied by W. Van Neer (Musée royal de l'Afrique centrale, Tervuren). Tentative identifications suggest the presence of pike (*Esox lucius*) and cyprinids. Fish are particularly common in strat. 20, but are also present in strat. 21 and 22.

Large mammal remains are not abundant, which, because of the relatively rapid sedimentation rate of the scree at Pape, may indicate that the site was not used very intensively by humans. In fact, there are virtually no ungulates in strat. 22 ± 22.1, just a few remains of boar. In terms of numbers of identified specimens, strat. 21 ± 21.1 have tentative totals of 1 boar, 1 roe deer, 5 red deer and 1 bovine (non-diagnostic, but presumably *Bos primigenius*). Strat. 20 has relatively abundant remains of roe and red deer, plus rare remains of boar and bovine. Red deer and especially roe deer and boar are indicative of wooded habitats.

A distal fibula from strat. 21, possibly pertaining to *Ursus arctos*, has been worked into an awl. This is the only possible large carnivore bone from the Pape Mesolithic. So far, the other identified carnivores are all small : wild cat in strat. 20 and 21, fox in strat.

20 (abundant) and 22, marten in strat. 22, and otter in strat. 20, 21 and 22. The site deposits are probably too high above the boreal-age level of the Meuse to have been used for residence by otters, so their presence (and possibly that of some of the other small fur-bearing animals) is probably the result of human trapping, and otters were probably not the accumulators of fish, reptiles, snails or birds. The relatively large numbers of unidentifiable mammalian bone fragments include sizeable proportions that have been burned, indicating human agency. This fact, and the lack of wolf remains at Pape, suggests that humans had bagged the ungulates in the wooded environments along the Meuse, perhaps when the animals came down to the riverbank for water.

The bird fauna is surprisingly diverse and is mostly concentrated in the mesolithic layers, but none of the 30 taxa so far identified is individually abundant. It is difficult to explain the cause(s) for such a rich avifauna and to clearly separate the different possible taphonomic groups. No doubt owls roosted in the shelter and accumulated remains of smaller birds together with those of the abundant micromammals. Interestingly, the only owl remains are from strat. 23, 24 and 25 levels, with very little evidence of human occupation. However, goshawk, harrier and falconids (mainly kestrel) are found only in the cultural strata and may have captured some of the larger birds. Some of the birds (swifts, swallows, house martins and thrushes) may have visited (and occasionally died at) the rockshelter on their own, as the presently frequented Freyr Cliffs. Foxes and even wild cats may have caught some of the larger waterfowl (geese, grebe, various ducks, etc.) as well as grouse, partridge, dove and pigeons, but people may also have bagged such feathered game occasionally. The possible role of humans in bird procurement at Pape is in need of detailed investigation.

Finally, it should be noted that the few human and bovine remains found in strat. 20 could have been wholly or partly the results of mixture from the neolithic burials of overlaying strat. 18. The rabbit found in strat. 20 may have died in its burrow, since this species only reached Belgium in the 1st or 2nd millennium AD.

CULTURAL REMAINS

The artifact (lithic and bone) assemblages from the mesolithic layers in the Abri du Pape (1989-1990 and 1993 - 92 excavations) are small, and notably poor in formal tools or weapon tips. The only horizon with more than a handful of retouched implements is strat. 20 : 8 retouched blades and flakes, 7 simple endscrapers, 6 notched flakes, 4 notched bladelets, 2 denticulates, 1 perforator, 1 sidescraper and 1 truncated blade (a possible armature fragment). Over half of these tools are made of flakes, with just a few made of blades or bladelets (which are defined here as blades of < 2 cm in length). Strat. 21 and 22 (with their lenses), *ca.* 1st millennium older than strat. 20 and excavated over essentially the same surface area as that layer, yielded fewer formal tools. Strat. 21 : 1 perforator, 1 notched flake, 1 denticulate, 1 sidescraper and 3 pieces with continuous retouch. Strat. 22 : 2 triangles, the distal fragment of a possible tardenois point, 2 truncated blades, 5 pieces with continuous retouch and 1 notched bladelet. The tools and armatures in these early mesolithic levels are divided roughly into flake, blade and bladelet blanks. Tips of antlers with use-wear indicative of possible use as punches for bladelet production were found in strat. 20 (2) and 22 (1).

The mesolithic levels produced 2,757 items of lithic knapping debris, 73 % of which are from strat. 20. In addition, the small number of artifacts found in strat. 23 had probably percolated downwards from strat. 22.

According to Chi-square tests, which compared the representations of lithic raw materials categorized as good-quality flint, poor-quality flints/cherts, limestone and others (quartzites, quartz, sandstone), there is a statistically significant difference among the three mesolithic strata (tabl. 1 : $X^2 = 224.639$; $p < 0.001$). Notably, there is a clear and statistically significant trend for the excellent quality cretaceous flint (possibly from sources around Mons-Spiennes, 65 km to the W-NW) to increase in numbers of items through time within the mesolithic sequence at Pape (tabl. 2). Only 79.0 % of artifacts are flint in

Between Strata 20, 21 & 22	N	Value of X^2 Statistic	df	P - value
Proportion of Cortical vs. non-Cortical Debitage	2727	26.627	4	<0.001
Proportion of Debitage Types (Including Cobbles and Fire-cracked Rock)	2935	286.608	10	<0.001
Proportion of Debitage Types (Not Including Cobbles and Fire-cracked Rock)	2727	101.149	8	<0.001
Raw Material Representation by Relative Frequency	4221	224.639	6	<0.001
Raw Material Representation by Proportional Weight	17670 (grams)	4835.799	6	<0.001
Frequency of Debitage Types in front (rows M-O) vs back (rows I-L).	**N**			
Stratum 22	526	9.298	4	0.054
Stratum 21	244	4.447	4	0.349
Stratum 20	1957	24.621	4	<0.001

Table 1. – X^2 test statistics, degrees of freedom and P-values for comparisons made on the Mesolithic strata (20, 21 and 22) of the Abri du Pape.

strat. 22 *versus* 89.6 % in strat. 21 *versus* an overwhelming 96.2 % in strat. 20. There is a concomitant significant decrease through time from strat. 22 to 20 in the relative frequencies of cherts and other raw material types (tabl. 2).

In terms of aggregate *weight*, the picture is somewhat less clear, with only 4.9 % flint in strat. 22 (outweighed by 89 objects of other stones that weigh together 8.6 kg). Flint makes up 46.2 % and 44.1 % by weight of the strat. 21 and 20 lithics respectively. These statistics indicate the generally very small average size of flint artefacts relative to those (almost none of which are formal tools) made of chert, quartzite, sandstone, and especially limestone. Tabl. 1 shows that a significant Chi-square value of 4835.799 ($p < 0.001$) in terms of raw material types by weight among the three strata. Most significant is an increase in the proportion of cretaceous flints from strat. 22 to 20 (tabl. 3). There is also a concomitant significant decrease in the proportion of other raw material types by weight through time among the three strata (tabl. 3). These results show that, at the Abri du Pape, there was a decrease in the importance of non-local cretaceous flint through time. This suggests that there was some change in lithic procurement strategy, especially in the latest occupation (strat. 20), with its significantly greater utilization of better-quality non-local material.

Chi-square tests were conducted to determine whether statistically significant differences exist among the mesolithic strata with respect to the proportional representation in each assemblage of 1) cortical *versus* non-cortical lithic artifacts and 2) general debitage categories. It was thus determined that there is a significant difference among the strata in terms of their proportions of cortical debitage, non-cortical debitage and cores/non-cortical chunks ($X^2 = 26.627$, $p < 0.001$) (tabl. 1 ; see details in

Stratum	cretaceous flint	other flint/chert	limestone	other
20				
Frequency	2477	34	34	42
Proportion	95.75	1.31	1.31	1.62
Cell X^2	6.416	34.400	2.325	33.054
21				
Frequency	431	28	4	22
Proportion	88.87	5.77	0.82	4.54
Cell X^2	0.242	7.510	2.207	0.616
22				
Frequency	933	84	34	98
Proportion	81.20	7.31	2.96	8.53
Cell X^2	12.118	49.285	10.581	65.885

Table 2. – Frequency of raw material by stratum.

tabl. 4). A relative abundance of cortical debitage in strat. 22 was the primary contributor to the significance of the test statistic.

Debris types were grouped into the classes of micro-debitage (< 1 cm), flakes, blades, bladelets, cores/chunks and cobbles/fire-cracked rocks. A X^2 test determined that proportions of these artifacts differ significantly among strat. 22,21 and 20 ($X^2 = 286.608$, $p < 0.001$) (tabl. 1 ; details in tabl. 5). Most significant is the proportional decrease in cobbles and fire-cracked rocks from strat. 22 to 20, accounting for > 60 % of the value of the test statistic. For this reason, another X^2 test was run to examine the interstratum differences when this manuport class was removed. This test also showed very significant differences ($X^2 = 101.149$, $p < 0.001$) (tabl. 1).

No flake cores were found in the excavations of the mesolithic levels, but a prismatic blade core was found in strat. 20, 2 pyramidal bladelet cores each in strat. 20 and 22.2, and 2 mixed (flake + blade (let)) cores in strat. 20, 1 in strat. 21 and 1 in strat. 22. There were 28 chunks (large angular debris that can include core remnants) in strat. 20, but only a very few in strat. 21 and 22 (3 and 9 chunks respectively). However, as percentages of total lithic debris, cores + chunks decrease through time between strat. 22 and 20, as does *cortical* debitage, suggesting a decreasing relative frequency of *in situ* primary reduction. There is a commensurate

Stratum	cretaceous flint	other flint/chert	limestone	other
20				
Weight (g.)	1622	129	1403	661
Proportion	42.52	3.38	36.78	17.33
Cell X^2	2093.500	56.980	70.471	964.960
21				
Weight	198	60	46	235
Proportion	36.73	11.13	8.53	43.60
Cell X^2	186.630	268.970	79.848	11.619
22				
Weight	725	122	3747	8722
Proportion	5.44	0.92	28.14	65.50
Cell X^2	741.960	53.875	7.266	299.730

Table 3. – Weight of raw material by stratum.

Stratum	Cortical Debitage	Non-Cortical Debitage	Cores/Non-cortical Chunks
20			
Frequency	169	1749	39
Proportion	8.64	89.37	1.99
Cell X^2	5.077	0.726	0.264
21			
Frequency	28	212	4
Proportion	11.48	86.89	1.64
Cell X^2	0.347	0.013	0.310
22			
Frequency	83	427	16
Proportion	15.78	81.18	3.04
Cell X^2	15.563	2.453	1.875

Table 4. – Proportion of cortical *versus* non-cortical debitage by stratum.

Stratum	microdebitage	flakes	blades	bladelets	cores/chunks	fire-cracked rock/cobbles
20						
Frequency	696	350	192	673	46	59
Proportion	34.52	17.36	9.52	33.38	2.28	2.93
Cell X^2	5.251	5.878	0.134	12.296	0.591	49.236
21						
Frequency	99	51	20	66	8	26
Proportion	36.67	18.89	7.41	24.44	2.96	9.63
Cell X^2	2.145	0.104	1.552	2.063	0.176	2.463
22						
Frequency	134	179	75	117	21	123
Proportion	20.65	27.58	11.56	18.03	3.24	18.95
Cell X^2	24.834	20.08	2.097	27.603	1.756	128.93

Table 5. – Frequency of debitage types by stratum.

increase in non-cortical debitage through time. These facts are correlated with (and may have been caused by) the decreased use of local rocks and increased use of non-local flint in the later mesolithic occupation (strat. 20).

Overall, there are decreases in the percentages of large flakes (> 1 cm) and increases in the relative frequencies of micro-debitage items (trimming flakes + shatter, < 1 cm) and bladelets through time. The increased importance of retouched tools, of bladelets and of imported high-quality flint may be related. They may suggest a different kind of human occupation of Pape at 7,800 BP, in relation to those of *ca.* 8,800 BP.

This may also be suggested by results of X^2 tests that compared the artifact contents from the rear (sheltered) and from the front (unsheltered) sectors of the site (*i.e.*, rows I-L *versus* M-O) for each of the three strata. There are no statistically significant differences between front and rear in terms of categories of microdebitage, flakes, blades, bladelets and cores/chunks in strat. 22 and 21 (tabl. 6 and 7), but there *is* a significant difference within strat. 20 (X^2 = 24.621, $p < 0.001$) (tabl. 8).

	microdebitage	flakes	blades	bladelets	cores/chunks
Front					
Frequency	85	117	39	77	18
Proportion	25.30	34.82	11.61	22.92	5.36
Cell X^2	0.004	0.062	1.657	0.069	1.568
Back					
Frequency	49	62	36	40	3
Proportion	25.79	32.63	18.95	21.05	1.58
Cell X^2	0.007	0.109	2.930	0.121	2.772

Table 6. – Frequency of debitage types in the front (M-O) *versus* the back (I-L) rows stratum 22.

	microdebitage	flakes	blades	bladelets	cores/chunks
Front					
Frequency	57	37	10	39	5
Proportion	38.51	25.00	6.76	26.35	3.38
Cell X^2	0.155	1.189	0.374	0.027	0.005
Back					
Frequency	42	14	10	27	3
Proportion	43.75	14.58	10.42	28.13	3.13
Cell X^2	0.239	1.834	0.577	0.041	0.007

Table 7. – Frequency of debitage types in the front (M-O) *versus* the back (I-L) rows stratum 21.

	microdebitage	flakes	blades	bladelets	cores/chunks
Front					
Frequency	200	72	64	165	22
Proportion	38.24	13.77	12.24	31.55	4.21
Cell X^2	1.053	4.959	3.138	1.227	7.664
Back					
Frequency	496	278	128	508	24
Proportion	34.59	19.39	8.93	35.43	1.67
Cell X^2	0.384	1.808	1.144	0.448	2.795

Table 8. – Frequency of debitage types in the front (M-O) *versus* the back (I-L) rows stratum 20.

Most notable is the greater proportion of core/chunks in the sheltered rear area of the site than would be expected by chance alone. Other marked differences include fewer flakes and more blades in the rear than expected. These results suggest a somewhat greater degree of spatial structuring in the late mesolithic occupation than in the early ones.

However, none of the levels produced evidence of constructed (dug-out or stone-lined) hearths or other structures, although fire-cracked rocks and cobbles, as well as charcoal fragments, were found throughout the mesolithic horizons. In all events, Pape seems to have served as a fairly ephemeral campsite, first with a purely local catchment, but later with direct or indirect connexions to flint-bearing regions, probably those of Mons-Spiennes, at a couple of days'walk to the W.

CONCLUSIONS

The Mesolithic of Pape, very poor in geometric microliths (and in formal tools in general) and relatively rich in flakes relative to blade (let) s, especially in its early levels, falls within the Ardennian tradition defined by Rozoy (1990). Indeed, Pape lies less than 30 km downstream of the Roche à Fépin. It is significant within the context of the Ardennian because of its radiocarbon chronology and faunal assemblages, since so many of the Ardennian sites are open-air loci lacking organic remains.

ACKNOWLEDGEMENTS

Excavations at the Abri du Pape in 1993 and 1994, directed by Straus and Otte, were authorized by the landowner, Baron F. de Bonaert, and tenant of the Roches de Freyr, the Club alpin de Belgique. They were financed by the National Geographic Society, LSB Leakey Foundation, Ministère de la Région Wallonne and Services fédéraux des Affaires scientifiques, techniques et culturelles. The excavation crews were mainly composed of students from the Universities of New Mexico and Liège.

REFERENCES

CAUWE (N.), Recherches archéologiques et paléontologiques à la grotte Margaux. *Notae Praehistoricae* 9, 1989, p. 23.

Deux sépultures collectives dans un abri sous roche de Freyr. *Notae Praehistoricae* 12, 1993a, p. 163-165.

Origine mésolithique des sépultures collectives en grotte de Belgique, à propos d'une fouille récente à Freyr. *In :* M. CORBIAU, J. PLUMIER (eds.), *Première Journée d'Archéologie Namuroise*, Namur : Facultés Universitaires Notre-Dame-de-la-Paix, 1993b, p. 41-49.

De l'individuel au collectif : les sépultures de l'abri des Autours à Dinant. *Notae Praehistoricae* 13, 1994a, p. 101-107.

Il y a près de 11 000 ans, l'histoire d'un Mésolithique. *Notae Praehistoricae* 14, 1994b, p. 91-93.

CAUWE (N.) OTTE (M.), TOUSSAINT (M.), Sépultures néolithiques sous abris naturels en Belgique. Anthropologie préhistorique : résultats et tendances. *Actes*, colloque de Sarrians, 1992, p. 49-57.

DAMBLON (F.), Études paléoécologiques de Tourbières en Haute-Ardenne. *Travaux n° 10*, ministère de l'Agriculture, Louvain-la-Neuve, 1978.

LÉOTARD (J.-M.), CAUWE (N.), BASTIN (B.), GILOT (E.), Un ossuaire néolithique aux Roches-de-Freyr. *Activités 86-87 du SOS Fouilles* 5, 1988, p. 73-88.

MUNAUT (A.), Recherches paléoécologiques en Basse et Moyenne Belgique. *Acta Geographica Lovaniensa*, vol. VI, 1967.

ROZOY (J.-G.), La Roche-à-Fépin et la limite entre l'Ardennien et le Tardenoisien. *In :* P. VERMEERSCH, P. VAN PEER (eds.), *Contributions to the Mesolithic in Europe*, p. 413-422, Universiteit Leuven, Leuven, 1990.

TOUSSAINT (M.), BECKER (A.), La sépulture Michelsberg du Trou-de-la-Heid à Comblain-au-Pont. *Bulletin des chercheurs de la Wallonie* 32, 1992, p. 7-30.

L'ÉVOLUTION DES CHOIX TECHNIQUES ET ÉCONOMIQUES ENTRE LE MAGDALÉNIEN SUPÉRIEUR ET L'AZILIEN : L'EXEMPLE DE LA GROTTE DE BOIS-RAGOT (VIENNE, FRANCE)

EVOLUTION OF ECONOMICAL AND TECHNICAL CHOICES BETWEEN THE UPPER MAGDALENIAN AND THE AZILIAN : THE EXAMPLE OF THE CAVE OF BOIS-RAGOT (VIENNE, FRANCE)

André Chollet, Pierriq Fouéré, Anna Hantaï et Gwënaelle Le Licon

Résumé. – Dans le gisement du Bois-Ragot (Vienne), fouillé par A. Chollet et P. Boutin, la superposition en stratigraphie de deux niveaux du Magdalénien final et de deux niveaux aziliens bien différenciés offre l'opportunité peu fréquente de mener une approche technologique comparative des industries lithiques de ces deux complexes culturels. On cherchera dans un premier temps à reconstituer, pour chacun des groupes représentés, aussi bien les stratégies d'acquisition des matières premières lithiques, que les procédés d'obtention et de sélection des outils. Le Bois-Ragot est un site clé pour la compréhension des manifestations culturelles de la fin du Tardiglaciaire. Il permet, d'une part, d'aborder la transition du Magdalénien à l'Azilien, et d'autre part d'appréhender les processus d'évolution internes à l'Azilien.

Il est clair que l'ensemble des comportements liés à l'exploitation des matières lithiques se modifie profondément entre le Magdalénien et l'Azilien, mais le fait le plus notable est l'existence de certains niveaux transitionnels qui reflètent la progressivité du changement et permettent d'en identifier les mécanismes.

Mots clés : Azilien, Magdalénien supérieur, technologie lithique.

Abstract. – The cave of Bois-Ragot was discovered in 1968 in a small valley situated 200 m far from the Vienne. In this site, excavated by A. Chollet and P. Boutin, the stratigraphic superposition of two azilian levels, well differenciated, offers the rare opportunity to conduct a comparative technological approach of the industries of these two cultural complexes. At first, we will seek to reconstruct for each group represented the raw lithic material acquisition strategies as well as the procedures for the production and selection of tools. This is a key site for understanding the cultural manifestations of the end of the Tardiglacial, wich allows us, on the one hand to approach the transition from the Magdalenian to the Azilian, and on the other hand to learn about internal processes of evolution in the Azilian.

The technological study of the Upper Magdalenian was conducted only on level 5b. Soft hammer percussion was employed for striking blades. The blade tools include, in addition to the regular magdalenian tools, Teyjat points and Laugerie-Basse points. For bladelet production, a particular mode was used, allowing standardization of the length of bladelets wich were then transformed into backed bladelets.

In this earliest level attributed to the Azilian (level IVb), the knappers gave up hammers in organic material for hammers of soft stone. This allowed them to obtain very rectilinear standardized blanks. The well made tools were still very much produced on blades, but a striking fact is the disappearance of the bladelet production and the appearance of a new objective : the production of small standardized blades for the production of bipoints, the majority elements of the dominant group of curved backed points.

In the late azilian level (level III), we observe a clear technical evolution in comparison with the underlying level. It is manifested by a drop of the knapping. The primary objective remained the production of blades, but the standardization of the blanks clearly diminished.

It is clear that the ensemble of behavior related to the exploitation of lithic material was profoundly modified from the Magdalenian to the Azilian, but the most notable fact is the existence of certain transitional levels wich reflects the progressiveness of the change and which allows the identification of the mechanisms of the change.

Key words : Azilian, Upper Magdalenian, flint technology.

CONTEXTE ET NATURE DES DÉCOUVERTES (A.C.)

Découvert en 1968, le site du Bois-Ragot à Gouex (Vienne) a fait l'objet de fouilles régulières de 1969 à 1990. Il s'agit d'une grotte s'ouvrant sur la rive gauche de la Vienne au pied d'un coteau boisé, à 3 km au sud de Lussac-les-Châteaux (fig. 1).

Le remplissage est constitué, pour la partie inférieure (industries du Magdalénien final), de sables fluviatiles à nombreux galets et, pour les horizons récents (industries aziliennes), d'argiles des plateaux parvenues dans la grotte par une cheminée d'effondrement (fig. 2).

Les vestiges de faune, très nombreux et parfaitement conservés, représentent clairement le passage du climat froid (renne, lemming à collier, chouette harfang et lièvre variable) aux conditions actuelles (cerf, chevreuil, sanglier, cheval). Il n'a pas été possible de confirmer cette séquence par la paléobotanique car les pollens ne sont pas fossilisés dans le remplissage. Deux vastes foyers (l'un magdalénien, l'autre azilien) ont été découverts dans la même zone de l'habitat. Une étude pluridisciplinaire, en vue de la publication monographique du site, achève actuellement l'étude exhaustive des parties fouillées du gisement et l'analyse de l'industrie et des œuvres d'art.

Dans le cadre de cet article, on cherchera dans un premier temps à reconstituer, pour chacun des groupes représentés, aussi bien les stratégies d'acquisition des matières premières lithiques que les procédés d'obtention et de sélection des outils. Le Bois-Ragot est un site clé pour la compréhension des manifestations culturelles de la fin du Tardiglaciaire, qui permet d'une part d'aborder la transition du Magdalénien à l'Azilien, et d'autre part d'appréhender les processus d'évolution interne à l'Azilien.

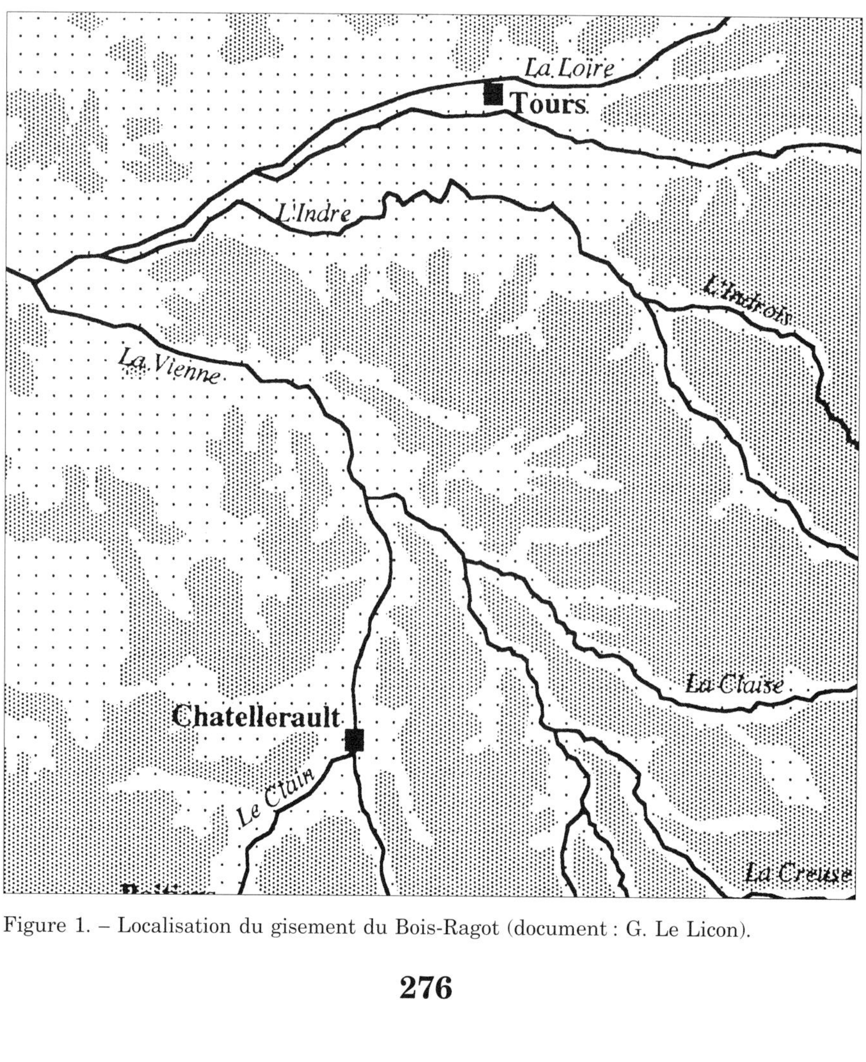

Figure 1. – Localisation du gisement du Bois-Ragot (document : G. Le Licon).

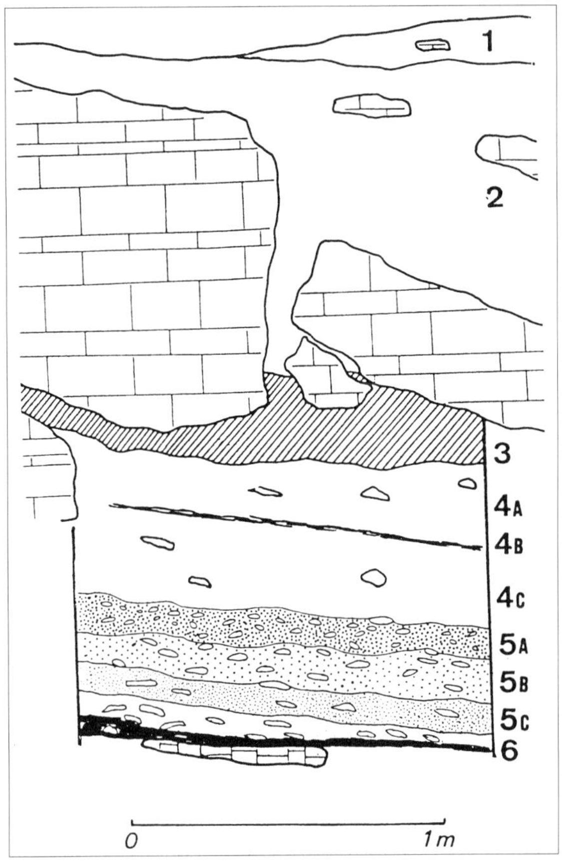

Figure 2. – La stratigraphie du Bois-Ragot (document : A. Chollet).

LES CONCEPTS TECHNIQUES ET ÉCONOMIQUES PROPRES AU MAGDALÉNIEN SUPÉRIEUR (G.L.L.)

En ce qui concerne les horizons magdaléniens, seule la couche 5b a été étudiée dans le cadre d'un travail de thèse sur le Magdalénien de la région Touraine-Poitou.

Le niveau 5b est très riche en artefacts lithiques et comprend 2 693 outils façonnés. Le débitage est orienté vers un objectif laminaire et lamellaire. En effet, 97 % de l'outillage est façonné sur lames et lamelles.

Les outils façonnés

Ceux-ci sont caractéristiques d'un Magdalénien final par la présence de pointes de Teyjat et de pointes de Laugerie-Basse (fig. 3, niveau 5b, n° 1 et 2) entre autres. Parmi les outils du fonds commun, les burins sont en grande proportion et majoritairement dièdres. Notons la présence de quelques burins « bec de perroquet » façonnés sur des éclats de mise en forme ou d'entretien des flancs des nucléus (fig. 3, niveau 5b, n° 20). Les grattoirs possèdent un front arrondi et l'on remarque la présence de quelques becs et perçoirs (fig. 3, niveau 5b, n° 15 à 17 et n° 21).

Les armatures sont en grand nombre et représentent 65 % de l'outillage. Ce chiffre est très élevé compte tenu de la présence importante de lamelles à dos (62 %). Ces lamelles présentent en majorité un dos façonné par des retouches abruptes directes. Le dos est situé sur le côté gauche pour 69,5 % d'entre elles. Certaines de ces lamelles à dos sont tronquées (4,5 %) le plus souvent à une extrémité, et plus rarement aux deux extrémités (fig. 3, niveau 5b, n° 13 et 14). On distingue aussi des lamelles à dos denticulées (3,5 %) « présentant [sur le tranchant] de très petites coches contiguës ou presque contiguës, soit sur toute la

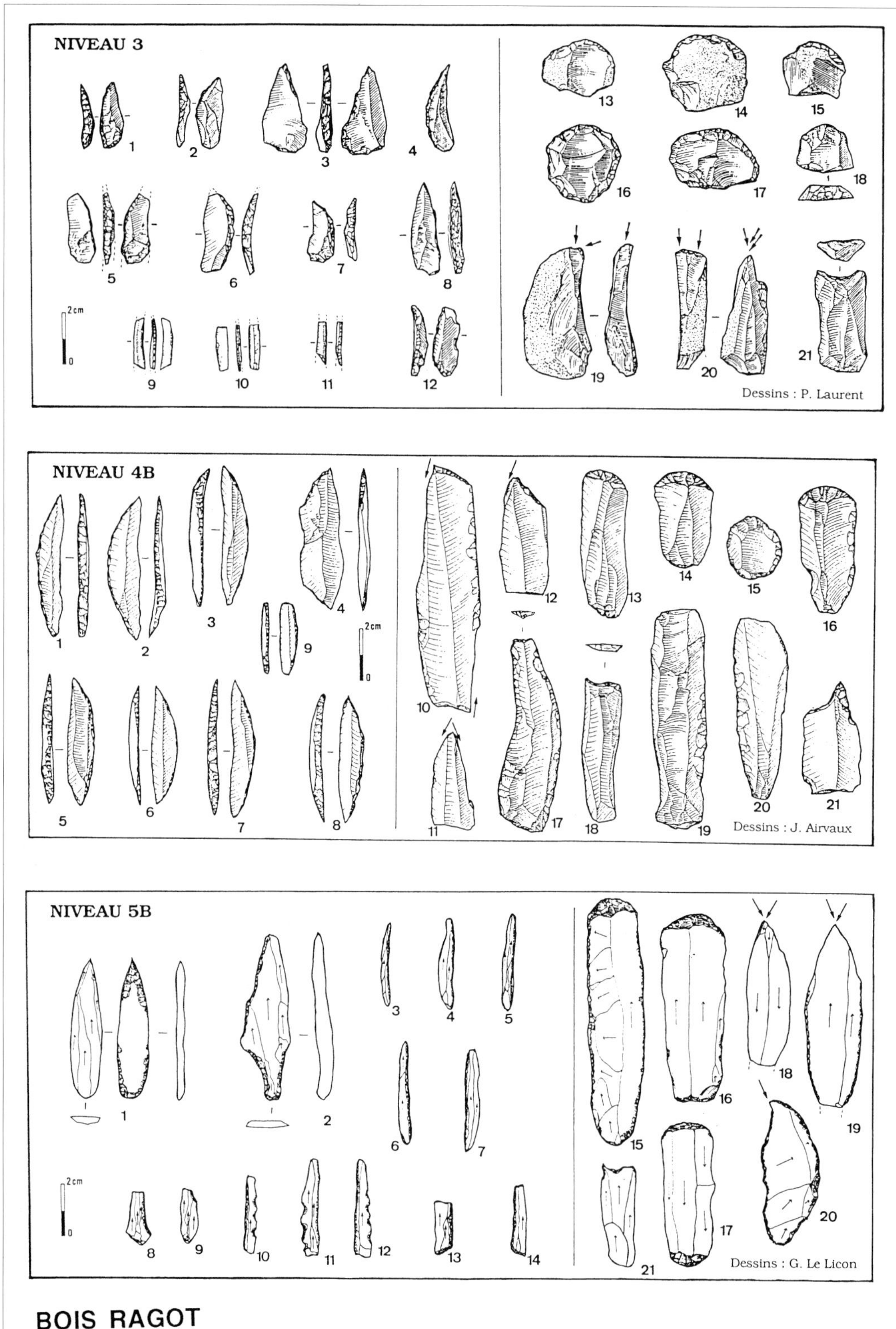

Figure 3. – Un modèle d'« azilianisation » des industries lithiques : l'évolution de l'outillage dans la stratigraphie du Bois-Ragot (tableaux équilibrés) (document : A. Hantaï). Niveau 5b. n° 1. pointe de Laugerie. n° 2. pointe de Teyjat. n° 3 à 14. lamelles à dos. n° 15 à 17. grattoirs. n° 18 à 20. burins. n° 21. perçoir. Niveau 4b. n° 1 à 8. pointes aziliennes. n° 9. lamelle à dos. n° 10 à 12. burins. n° 13 à 16. grattoirs. n° 17 et 18. lames tronquées. n° 19 et 20. lames utilisées. n° 21. bec. Niveau 3. n° 1 à 8 et 12. pointes aziliennes. n° 9 à 11. lamelles à dos. n° 13 à 18. grattoirs. n° 19 et 20. burins. n° 21. lame tronquée.

longueur de la pièce, soit sur une partie seulement de celle-ci » (de Sonneville-Bordes, Perrot, 1956 : 554). Pour ces pièces (fig. 3, niveau 5b, n° 10 à 12), le dos se situe préférentiellement sur le côté gauche (65 %). La fabrication de lamelles à dos est une activité importante de ce gisement. Des déchets de fabrication – proximaux encochés puis cassés pour éliminer le bulbe – ont été retrouvés, attestant la fabrication de ces armatures sur place (fig. 3 niveau 5b n° 8 et 9).

Les schémas opératoires de débitage du silex

L'étude technologique réalisée sur le matériel lithique du niveau 5b du Bois-Ragot a permis de reconstituer les processus de fabrication de l'outillage. Il est possible ainsi de définir les objectifs du débitage et de retrouver le principe conceptuel mis en œuvre par les tailleurs.

• Le concept opératoire laminaire :

Les supports laminaires débités sont réguliers et légèrement courbes. En ce qui concerne le schéma opératoire du débitage laminaire, on retrouve au Bois-Ragot les mêmes processus opératoires que ceux qui ont été observés sur les gisements magdaléniens de la Touraine et du Poitou et, à plus grande échelle, sur les sites du centre du Bassin parisien (Le Licon, 1997). L'ensemble de ces sites procède donc d'un même système technique.

Nous rappellerons rapidement les principes de ce système, qui agissent en parfaite interaction :

– une seule table laminaire installée sur toute la longueur du nucléus présentant une courbure longitudinale (la carène) et une courbure transversale (le cintre). L'extraction laminaire s'effectue sur toute la longueur de la table ;

– un plan de frappe oblique. Dans le cadre du principe opératoire, celui-ci est unique. En effet, un second plan de frappe peut être installé à l'opposé du premier, mais son utilisation résulte essentiellement de contraintes techniques ;

– une préparation soignée des talons qui présentent une butée. Celle-ci induit une gestuelle particulière : le percuteur vient accrocher la butée tangentiellement, initiant une fracturation par arrachement. Au Bois-Ragot, les talons sont majoritairement lisses abrasés (84,5 %).

• Le concept opératoire lamellaire :

Les supports lamellaires sont destinés majoritairement à être façonnés en lamelles à dos. L'obtention de ces supports résulte d'un schéma opératoire spécifique au Bois-Ragot (fig. 4, n° 1).

Après la mise en forme, le nucléus s'inscrit schématiquement dans un volume triangulaire, la base de la pyramide étant constituée par la surface du plan de frappe (fig. 4, n° 2). La table lamellaire possède elle aussi une surface triangulaire dont l'extrémité distale se termine en pointe. La base de la plupart des nucléus, perpendiculaire au plan de la table, se réduit à une crête, située dans l'épaisseur. Le plan de frappe possède une obliquité très forte. Le dos n'existe pas en tant que tel car généralement le plan de frappe se continue jusqu'à la crête basale. Il en résulte un choix bien particulier de la morphologie initiale des rognons qui s'inscrit dans un triangle.

Le procédé d'extraction lamellaire est étroitement conditionné par ce volume : les produits extraits convergent vers l'extrémité distale de la table selon un rythme frontal. Le plan de frappe étant très oblique, il n'y a pratiquement jamais de ravivages car l'angulation table/plan de frappe reste toujours idéale. De plus, la préparation des talons des lamelles, lisses abrasés, ne concerne que le front de taille, affectant très peu le plan de frappe.

L'utilisation de cette modalité technique entraîne une standardisation de la longueur des lamelles obtenues qui s'échelonnent entre 2,5 et 3,5 cm. Il existe une stabilité de cette dimension durant tout le débitage, y compris les derniers enlèvements.

Les tailleurs du Bois-Ragot ont donc recherché des lamelles de longueur standardisée. À l'intérieur de cette production lamellaire, un choix beaucoup plus strict est opéré pour les supports destinés à devenir des armatures. Effectivement, la longueur des lamelles à dos se situe autour de 3 cm.

L'ACQUISITION DES MATIÈRES PREMIÈRES DANS LES NIVEAUX AZILIENS (P.F.)

Pour l'instant, seules les matières premières provenant des niveaux aziliens 4b et 3 ont été étudiées. Il n'est bien entendu pas question ici de se livrer à une description exhaustive des faciès siliceux rencontrés, mais de donner un premier aperçu de la variabilité entre les deux ensembles.

D'une façon générale, l'absence de patine sur la plupart des objets a permis une très bonne observation des surfaces à la loupe, voire des textures par transparence pour les variétés les plus translucides. Plus de vingt kilogrammes de matériel dans les deux cas pour plusieurs milliers d'éléments offrent un échantillon statistique tout à fait correct.

Quelques restrictions cependant : certaines déterminations n'ont pu être effectuées à partir des seules observations macroscopiques, en raison des problèmes de similitude de faciès que présentent certains silex. C'est le cas par exemple des silicifications d'aspect uni, à grain fin, opaques et de teintes brun-jaune plus ou moins sombre, qui trouvent des équivalents dans les jaspéroïdes de l'Hettangien, mais aussi avec les silex des altérites du Dogger. Les variétés blondes, translucides, azoïques, à texture entièrement masquée par la cristallisation, ne peuvent guère non plus faire l'objet d'une détermination par simple observation visuelle : elles existent aussi bien dans les meulières tertiaires que dans les altérites du Jurassique, voire du Crétacé aquitain. Une lame mince ne pouvant être faite pour chaque objet, ces faciès seront regroupés ici dans la catégorie divers. D'autres, que nous mentionnerons par la suite, nous posent encore des problèmes de provenance, en particulier les matériaux d'origine lointaine, présents par de rares éléments ou encore « l'opale résinite », qui existe de façon quasi systématique dans les séries préhistoriques régionales. Enfin, les objets brûlés et les esquilles n'ont pas été déterminés ni comptabilisés dans le cadre de cette étude.

Les pourcentages exprimés sur la carte (fig. 5) ont été calculés à partir de la masse des matériaux.

Les matériaux du niveau azilien ancien

Bien que la grotte soit située en plein cœur des formations jurassiques à silex, les matériaux les plus fréquemment rencontrés dans le niveau 4b proviennent du Turonien supérieur de la région du Grand-Pressigny (40 %), situé à une quarantaine de kilomètres (fig. 5). La présence de quelques nucléus et éclats de décorticage suggère que les rognons aient été importés à l'état brut, ou peut-être juste épannelés. Corrélativement, tous les outils ont été façonnés préférentiellement sur ce type de silex. Les rares éléments « jaspoïdes » du Sénonien présents sur les sites ont pu être apportés par les mêmes systèmes d'approvisionnement.

Les matériaux locaux, soit disponibles directement dans la grotte ou son environnement immédiat (Bajocien), soit à quelques kilomètres pour les meulières (plateau de Mazerolles, forêt de Lussac par exemple), ne représentent guère plus de 30 % de la masse totale. Leur utilisation réduite est sans doute due à leur moins bonne qualité.

Les divers faciès de silex du Jurassique poitevin sont présents en quantité plus faible. Leur variabilité et leur répartition sur de vastes étendues limitent tout essai de localisation précise des sources d'approvisionnement, mais on pourra remarquer la forte présence (environ 10 %) des jaspéroïdes de l'Hettangien que l'on connaît le long de la bordure du Massif central, aux couleurs vives et à la cassure luisante, ainsi que quelques silex translucides à grosses oolithes dont une origine possible est la marge sud du Bassin parisien (Montmorillonnais).

D'autres matériaux, représentés par quelques objets, ont une origine plus lointaine. Parmi ceux-ci, un grattoir en silex noir translucide riche en bioclastes rappelle les faciès du Sénonien de la vallée de la Charente ou du Périgord, tout comme un burin dont le silex ne trouve d'équivalent qu'avec ceux du Bergeracois. D'autres sont comparables aux silicifications du Tertiaire du Bassin parisien, telles que les opalites de Muides (Irribarria, Moireau, 1990). Les problèmes concernant l'origine des silex blancs translucides, avec ou sans dendrites de manganèse, ont été posés depuis longtemps (Demars, 1982). Ici, les quelques éléments présents dans la série peuvent venir de la vallée de la Creuse ou de l'Anglin (Aubry, 1991).

Enfin, une pointe et un éclat sont en grès quartzite à grain fin dont l'origine peut être aussi diverse que la Loire-Atlantique (Montbert) ou le Bassin parisien (grès de Fontainebleau), dans l'hypothèse où il n'existerait pas d'affleurements plus proches...

Les matériaux du niveau azilien récent

Avec le niveau 3, on observe quelques variations dans la fréquence des matériaux : les silex locaux deviennent majoritaires, les plus nombreux, gris plus ou moins sombre, à grain parfois très fin et souvent zonés, proviennent des assises bajociennes de la grotte (environ 40 %). Les meulières tertiaires et les jaspéroïdes de l'Hettangien représentent plus du quart de la masse de matériel.

Les silex turoniens de la région du Grand-Pressigny, toujours bien présents, ne dépassent guère 15 % de l'ensemble. La présence de nombreuses pièces corticales suggère toujours un apport de matériaux bruts.

En quantité plus discrète, inférieure à 2 %, on retrouve les silex bajociens à grosses oolithes, les silex jurassiques divers, gris ou brun-jaune, multicolores, plus ou moins opaques, ainsi que l'opale résinite. Existent également un élément provenant sans doute des silicifications crétacées de type « craie de Blois » ou « craie de Villedieu », et un silex blanc translucide à inclusions dendritiques.

Les variations des stratégies d'approvisionnement en matières premières dans les deux niveaux aziliens appellent donc deux remarques :

– la première concerne la restriction apparente du territoire exploité ou parcouru dans le niveau azilien récent. Peu d'éléments dans la couche 3 témoignent d'une origine lointaine (supérieure à 40 km), alors que le niveau plus ancien suggère des contacts, même réduits, avec la Dordogne ou le cœur du Bassin parisien. Ces aires d'approvisionnement plus larges vont de pair avec la variabilité plus forte des matières premières observées dans le niveau 4b ;

– la seconde remarque met en parallèle une sélection des matières premières moins stricte avec la baisse de la qualité du débitage et du façonnage des outils (*cf. infra*).

L'étude en cours des matériaux du niveau magdalénien permettra de voir si ces changements, qu'il serait tentant de mettre en relation avec les modifications écologiques et/ou démographiques, témoignent d'une diminution progressive des territoires exploités depuis la fin du Paléolithique jusqu'à l'avènement du Mésolithique. Les rares données régionales concernant ces dernières périodes (Jioux, Bellefonds...) tendent à montrer en effet des aires d'approvisionnement réduites au proche environnement, à l'image des premières observations faites sur le sujet dans le Nord de l'Aquitaine (Demars, 1994).

L'ÉVOLUTION DES CHOIX TECHNIQUES ET ÉCONOMIQUES DANS LES NIVEAUX AZILIENS (A.H.)

Nous résumons ici les résultats préliminaires de l'analyse des industries lithiques des deux niveaux aziliens du Bois-Ragot (niv. 4b et 3). Ce travail s'intègre à une réflexion plus large concernant les groupes tardiglaciaires postérieurs au Magdalénien supérieur entre le Bassin parisien et le Bassin aquitain, entreprise dans le cadre d'un doctorat à l'université de Paris I.

Le niveau azilien ancien

Avec le niveau azilien ancien du Bois-Ragot (4b) apparaissent des changements notables par rapport au Magdalénien, qui concernent tout d'abord la panoplie des outils et en particulier les armatures. Dans ce niveau comprenant 975 outils, la pointe à dos courbe devient l'outil dominant (environ 40 % – tous fragments comptabilisés) et parallèlement, on note une quasi-disparition des lamelles à dos (moins de 4 %).

Les armatures sont en majorité des bipointes symétriques (ou segments) dont les largeurs et les épaisseurs sont très constantes (fig. 3, niv. 4b, n° 1 à 8). Ces bipointes ont toutes comme supports des petites lames légères, issues des phases les plus régulières du débitage.

La retouche qui aménage le dos est le plus souvent directe et exceptionnellement croisée.

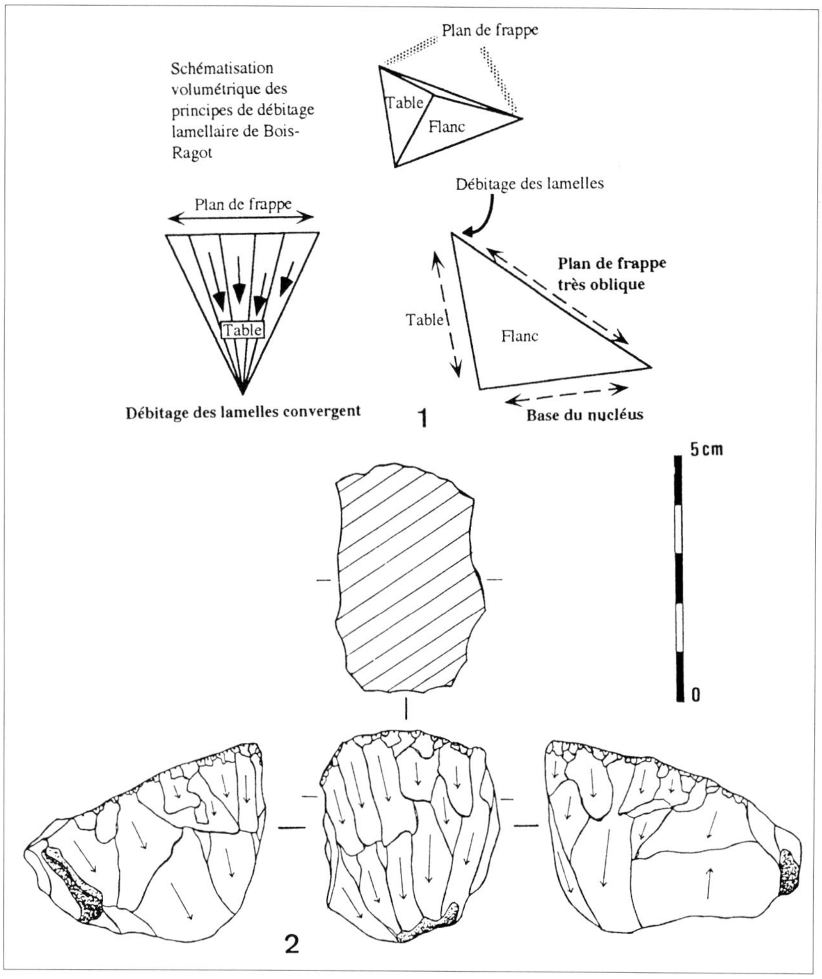

Figure 4. – Le schéma opératoire de débitage lamellaire au Bois-Ragot (document : G. Le Licon). n° 1. Schématisation volumétrique des principes de débitage lamellaire. n° 2. Nucléus à lamelles.

Ces caractères montrent qu'il s'agit de supports bien normalisés au départ et dont la largeur est ensuite peu modifiée, ce que confirme l'observation des quelques pièces abandonnées en cours de fabrication (fig. 3, niv. 4b, n° 4). Un certain nombre de ces pointes portent des fractures dues à l'impact et on observe parfois sur leur tranchant des endommagements macroscopiques. Un programme d'analyse technofonctionnelle sur ces bipointes est en cours, en collaboration avec H. Plisson (CRA du CNRS).

Parmi les outils du fonds commun, les burins et les grattoirs sont en proportions équivalentes (environ 14 %). Les grattoirs sont souvent courts. Les deux tiers sont fabriqués sur des fragments de lames régulières à bords non retouchés, le tiers restant sur des éclats et éclats allongés (fig. 3, niv. 4b, n° 13 à 18). Les burins sont le plus souvent sur troncature et portent des bords retouchés (fig. 3, niv. 4b, n° 10 et 12). Les lames tronquées sont bien représentées (environ 8 %), ainsi que les lames qui portent des traces d'utilisation sur leur tranchant (6 %). En revanche, le nombre de becs et de perçoirs est très restreint (moins de 4 %).

L'objectif laminaire est donc encore très important dans ce niveau, où 80 % des supports d'outils sont des lames. On peut distinguer deux intentions principales :

– l'obtention de lames larges, destinées principalement à être transformées en grattoirs, burins et troncatures ou à être utilisées brutes ;

– l'objectif qui paraît essentiel est l'obtention de petites lames bien standardisées, plus étroites et plus légères, qui sont réservées à la fabrication des bipointes et de quelques troncatures.

Ces options s'accompagnent d'un fait marquant par rapport au niveau magdalénien : la quasi-disparition de l'objectif lamellaire.

On signalera l'existence d'un nouvel objectif, qui reste minoritaire d'un point de vue

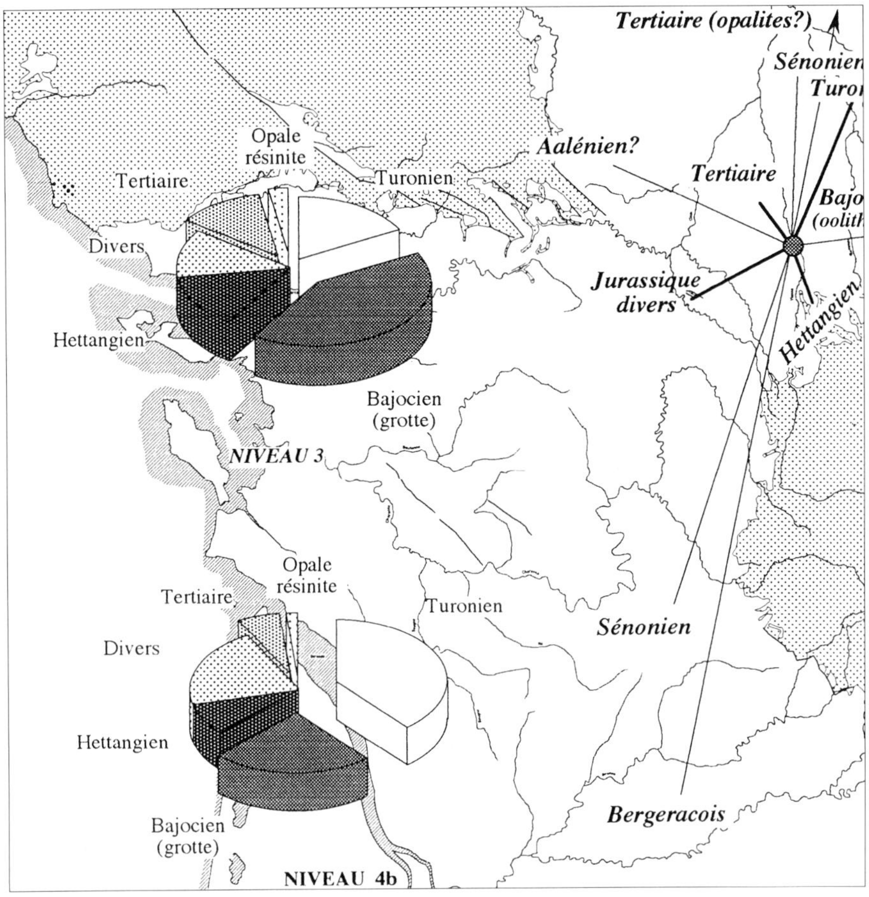

Figure 5. – L'évolution de l'approvisionnement en matières premières lithiques dans les niveaux Azilien ancien et récent du Bois-Ragot (document : P. Fouéré).

quantitatif : le débitage d'éclats est attesté par la reprise de plusieurs nucléus à lames qui assure une brève production d'éclats. Les modules de ces éclats correspondent aux supports utilisés pour la fabrication des grattoirs.

La technique de percussion utilisée par les tailleurs de ce niveau est différente de celle qu'utilisaient les Magdaléniens. Selon le diagnostic de J. Pelegrin (UPR 7549 du CNRS), les Aziliens de ce niveau ont abandonné le percuteur tendre, probablement en bois de cervidé, au profit d'un percuteur de pierre tendre. Il s'agit d'une percussion encore très tangentielle sur des plans de frappe inclinés. Les talons des lames-supports des outils présentent des préparations très soignées par abrasion (70 %) doublée d'un facettage fréquent (15 %).

Le débitage reste très élégant : les lames produites sont légères et de profil rectiligne. Elles sont obtenues principalement à partir de nucléus à deux plans de frappe opposés qui ont connu des inversions fréquentes dans le sens de débitage.

Le niveau azilien récent

Avec le niveau azilien récent du Bois-Ragot (3) interviennent de nouveaux changements qui concernent en particulier les armatures. Dans ce niveau, qui comprend 275 outils, les bipointes sont remplacées par des monopointes asymétriques, dont la morphologie et les dimensions sont nettement plus variées. Ces pointes sont généralement plus courtes et plus épaisses (fig. 3, niv. 3, n° 1 à 8 et n° 13).

Par ailleurs, les critères de sélection qui s'appliquent aux supports sont nettement moins stricts que dans le niveau sous-jacent. La plupart des armatures sont fabriquées sur des lames de régularité très moyenne et l'on trouve également plusieurs pointes fabriquées sur des éclats allongés ou bien sur des lamelles.

La retouche qui aménage le dos est le plus souvent entièrement croisée, ce qui indique une diminution importante de la largeur du support initial. Ces pointes aziliennes représentent 44 % des outils, tandis qu'on note une augmentation du nombre des lamelles à dos (13 %).

Parmi les outils du fonds commun, les grattoirs dominent largement (plus de 20 %) et sont tous très courts (fig. 3, niv. 3, n° 13 à 18). Ils ont le plus souvent des éclats comme supports, la proportion des grattoirs sur lames étant en baisse sensible (moins de 30 % contre 60 % dans le niveau 4b).

L'objectif laminaire est en diminution nette par rapport au niveau sous-jacent (60 % des outils sont sur lames), tandis que l'objectif lamellaire reprend quelque importance (environ 15 % des outils sur lamelles). Les lames et lamelles sont presque exclusivement réservées à la fabrication des armatures, en premier lieu les pointes aziliennes et dans une moindre mesure les lamelles à dos.

À l'opposé, on note une augmentation générale de la proportion des éclats et des éclats allongés (27 %) comme supports pour les autres types d'outils (grattoirs, burins, becs et troncatures). On observe en outre pour toutes les catégories un raccourcissement net de la longueur des outils.

D'après le diagnostic de B. Valentin (URA 275 du CNRS), la technique de percussion reste la percussion directe à la pierre tendre, comme dans le niveau sous-jacent, mais on observe certains changements qui concernent ses modalités d'application : le geste est moins tangentiel, la percussion est appliquée très en arrière du plan de frappe. Les talons des lames-supports des outils sont lisses dans 60 % des cas, tandis que les préparations par abrasion (25 %) ou par facettage (12 %) sont peu fréquentes.

D'une manière générale, on note une baisse de la régularité générale du débitage et une normalisation moindre des produits obtenus.

CONCLUSION (A. C. ET A. H.)

Le gisement du Bois-Ragot, grâce à sa longue séquence tardiglaciaire bien conservée, permet d'aborder le processus d'« azilianisation » des industries lithiques du point de vue de la technologie. Il est clair que l'ensemble des comportements liés à l'exploitation des matières lithiques se modifie profondément entre le Magdalénien et l'Azilien, mais le fait le plus notable est l'existence de certains niveaux transitionnels qui reflètent la progressivité du changement et permettent d'en décrire les mécanismes.

Dans le niveau azilien ancien, on peut observer l'adaptation de la méthode de débitage à l'utilisation d'un nouveau percuteur, la pierre tendre, qui permet l'obtention de supports normalisés très rectilignes. L'outillage, de belle facture, est encore très laminaire. Le fait le plus marquant est la disparition du débitage lamellaire et l'apparition d'un objectif nouveau : la recherche de petites lames standardisées pour la fabrication des bipointes, éléments majoritaires au sein du groupe dominant des pointes à dos courbe.

Le niveau azilien récent garde les témoignages d'une évolution technique nette par rapport au niveau sous-jacent. Elle se manifeste par une baisse de la qualité générale du débitage. L'objectif prioritaire reste l'obtention de lames, mais la normalisation des supports diminue nettement. Dans ce niveau, les bipointes sont remplacées par des pointes asymétriques.

Parallèlement, on assiste à une réduction des aires d'approvisionnement et à une sélection moins stricte des matières premières lithiques.

L'« azilianisation » des industries lithiques du Bois-Ragot présente des similitudes avec le processus qui a été observé dans plusieurs gisements récemment publiés, où se succèdent un niveau ancien à nombreuses bipointes et un niveau récent à pointes asymétriques dominantes. C'est le cas notamment sur le site du Pont-d'Ambon en Dordogne (Célérier, 1993) ainsi que sur les gisements de Saint-Thibault-de-Couz (Bintz (dir.), 1995) et de la Fru (Pion, 1990) dans les Alpes du Nord. Sur ce dernier site par exemple, G. Pion a pu confronter les données typotechniques des pointes à dos de la couche 2 (« Azilien récent » daté de la fin de l'Alleröd) à celles de la couche 3 (« Azilien ancien » daté du début de l'Alleröd, qui contient 12 % de bipointes). L'auteur observe que « d'une façon générale, [les pointes de la couche 2] sont obtenues à partir de supports plus épais et plus larges que ceux de l'Azilien ancien. Elles sont également plus courtes (moins élancées), ce qui leur donne un profil plus trapu » (Pion, 1990, p. 95).

Le processus que nous avons décrit pour le Bois-Ragot trouve également des équivalents dans le Nord de la France au cours de l'oscillation d'Alleröd. Dans la Somme, puis dans les régions limitrophes, les recherches ont mis en évidence deux tendances évolutives au sein de la tradition des groupes à Federmesser (Fagnart, 1993 ; Bodu, 1995 ; Valentin, 1995). « L'*azilianisation* dans le Bassin parisien apparaît désormais comme un processus marqué par au moins deux grandes tendances probablement successives. Après le Magdalénien et peut-être dès sa fin, les industries lithiques portent le témoignage de mutations discrètes mais peut-être décisives. C'est dans un second temps que se concrétise une nouvelle tendance plus radicalement distincte » (Valentin, 1995, p. 566).

Les comportements techniques observés sur le gisement du Bois-Ragot, dont on soulignera la position géographique centrale, paraissent se faire l'écho de processus plus généraux, que l'on tend à observer à la fois chez les groupes aziliens d'Aquitaine et des Alpes du Nord, et chez les groupes à Federmesser du Bassin parisien. Il est donc essentiel d'y poursuivre des approches interdisciplinaires pour tenter de saisir la réelle dimension socio-économique de ces changements techniques.

REMERCIEMENTS

Nous tenons à remercier J. Enloe, qui a assuré la traduction en anglais du résumé de cet article.

BIBLIOGRAPHIE

AUBRY (T.), *L'exploitation des ressources en matières premières lithiques dans les gisements solutréens et badegouliens du bassin versant de la Creuse (France)*. Thèse de doctorat, université de Bordeaux I, 650, 1991, 327 p.

BINTZ (P.) (dir.), Les grottes Jean-Pierre I et II à Saint-Thibaud-de-Couz (Savoie), IIe partie. *Gallia Préhistoire*, t. 37, 1995.

BODU (P.), Le site à Federmesser du Closeau à Rueil-Malmaison (Hauts-de-Seine, France). *Notae Praehistoricae* 15, Leuven, 1995, p. 45-50.

CÉLÉRIER (G.), L'abri sous roche de Pont-d'Ambon à Bourdeilles (Dordogne). *Gallia Préhistoire*, t. 37, 1993, p. 1-137.

CHOLLET (A.) BOUTIN (P.), DEBENATH (A.), DELPECH (F.), MARQUET (J.-C.), La grotte du Bois-Ragot à Gouex (Vienne). Industries, géologie, paléontologie. *Actes*, colloque international de Talence 1977 : *La fin des temps glaciaires en Europe – Chronostratigraphie et écologie des cultures du Paléolithique final*, colloques internationaux du CNRS n° 271, CNRS, 2, 1976, p. 365-380.

DEMARS (P.-Y.), L'utilisation du silex au Paléolithique supérieur : choix, approvisionnement, circulation. L'exemple du bassin de Brive. *Cahiers du Quaternaire*, n° 5, CNRS, 1982.

L'économie du silex au Paléolithique supérieur dans le Nord de l'Aquitaine. Thèse de doctorat d'État, université de Bordeaux I, 988, 2 vol., 1994, 819 p.

FAGNART (J.-P.), *Le Paléolithique supérieur récent et final du Nord de la France dans son cadre paléoclimatique*. Thèse de doctorat, université de Lille, 1 vol. et 1 vol. d'annexe : 1993, 567 p.

FOUÉRÉ (P.), *Les industries en silex entre Néolithique moyen et Campaniforme dans le Nord du Bassin aquitain. Approche méthodologique, implications culturelles de l'économie des matières premières et du débitage*. Thèse de doctorat, université de Bordeaux I, 1 188, 1994, 547 p.

IRRIBARRIA, MOIREAU (F.), Premiers éléments de la fouille de Muides-sur-Loire (41) – Le Bas-du-Port-Nord, été-automne 1989. *Bulletin des Amis du musée préhistorique du Grand-Pressigny* 41, 1990, p. 16-18.

LE LICON (G.), Magdaléniens du Bassin parisien : comparaisons entre les groupes du Centre et des marges sud-ouest. *Actes*, CXIX[e] Congrès national des sociétés historiques et scientifiques, Amiens 1994 : *Le Tardiglaciaire en Europe du Nord-Ouest*, CTHS, 1997, p. 187-198.

PION (G.) (dir.) *et al.*, L'abri de la Fru à Saint-Christophe (Savoie). *Gallia Préhistoire*, t. 32, 1990, p. 65-123.

SONNEVILLE-BORDES (D.) (de), PERROT (J.), Lexique typologique du Paléolithique supérieur. *Bulletin de la Société préhistorique française*, t. 53, n° 9, 1956.

VALENTIN (B.), *Les groupes humains et leurs traditions au Tardiglaciaire dans le Bassin parisien. Apports de la technologie comparée*. Thèse de doctorat, université de Paris I, 2 vol. et 1 vol. d'annexe : 1 090 p., 1995.

LA NÉCROPOLE MÉSOLITHIQUE DE LA VERGNE (CHARENTE-MARITIME, FRANCE)

THE MESOLITHIC NECROPOLIS OF LA VERGNE (CHARENTE-MARITIME, FRANCE)

Patrice Courtaud, Henri Duday, Hélène Martin et Karine Robin

Résumé. – Une récente opération archéologique de sauvetage concernant des vestiges de La Tène a permis la découverte de structures funéraires mésolithiques. L'attribution chronologique au Mésolithique ancien-moyen fondée, pour le moment, sur la parure et le matériel lithique, sera prochainement précisée par datation absolue.

Le nombre des sépultures s'élève au minimum à 4. Certaines tombes ont été partiellement ou même totalement détruites par des fossés gaulois et, la zone concernée se trouvant en limite d'emprise, il est probable que l'espace funéraire se poursuive sous le terrain non exploré.

Les 3 sépultures étudiées ont en commun la présence de coquillages marins et de dents percés, d'offrandes animales, d'ocre et le fait qu'elles contiennent les restes en connexion de plusieurs individus. Cette découverte révèle, par ailleurs, une certaine variété dans le rituel funéraire tant au niveau du traitement des corps (un cas de dépôt secondaire à incinération) que dans la composition des vestiges accompagnant les défunts. Pour le Mésolithique français, ces pratiques sépulcrales sont à rapprocher de celles qui avaient été mises en évidence dans les nécropoles de Téviec et de Hoëdic.

Mots clés : Mésolithique, sépulture, pratique funéraire, littoral atlantique.

Abstract. – A recent archaeological rescue operation concerning iron age remains has allowed the discovery of mesolithic funeral structures. At this time, the chronological early-middle mesolithic attribution, based on the lithic material, has to be specified by absolute dating.

There are at least 4 burials. Some graves have been partially or even totally destroyed by gallic ditches and the funeral area may continue in the area of the preserved field.

The three studied burials share the presence of perfored marine shells and Canis teeth, faunal offerings, deposit of red ochre and remains in connection of several individuals.

Furthermore, this discovery reveals some variety in the funeral ritual, regarding the processing of bodies (a case of secondary deposit for cremation) as well as the composition of the deposits related to the skeletons. For the French Mesolithic period, these sepulchral practices are closed to those showed up in the necropoles of Téviec and Hoëdic.

Key words : Mesolithic, burial, funeral practice, French Atlantic littoral.

INTRODUCTION

Au mois de mai 1995, dans le cadre d'une opération de sauvetage, une équipe archéologique, dirigée par l'un de nous (K. R.), est intervenue sur des structures laténiennes situées sur le tracé de la future déviation de Saint-Jean-d'Angély (Charente-Maritime) (fig. 1).

Des sépultures plus anciennes avaient été partiellement ou même totalement détruites par ces fossés gaulois. Le dégagement superficiel des inhumations a révélé la présence d'ocre, de coquillages marins percés et d'outillage en silex, situant ainsi l'édification de ces structures au Mésolithique. Leur fouille a été effectuée dans des conditions d'urgence, au cours du mois de juin 1995 ; certains résultats seront à confirmer ultérieurement lors de la phase d'étude.

Le gisement se situe sur le lieu-dit « La Grande Pièce » (commune de La Vergne) à quelques kilomètres à l'ouest de Saint-Jean-d'Angély, à mi-pente d'un coteau qui débouche

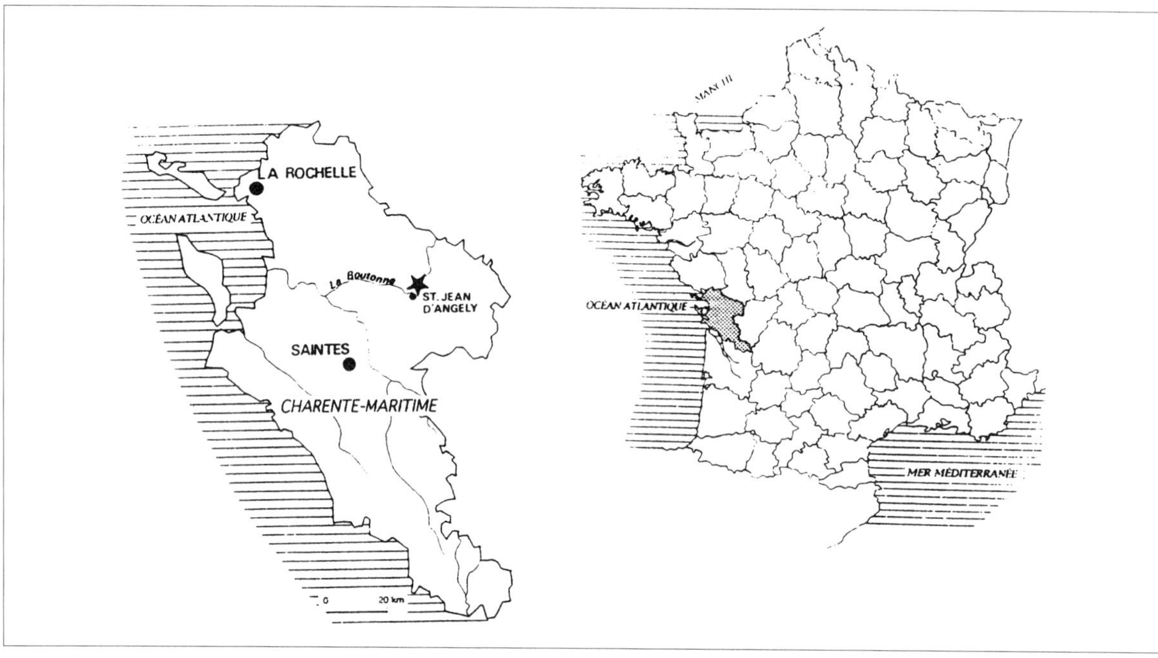

Figure 1. – Localisation du gisement.

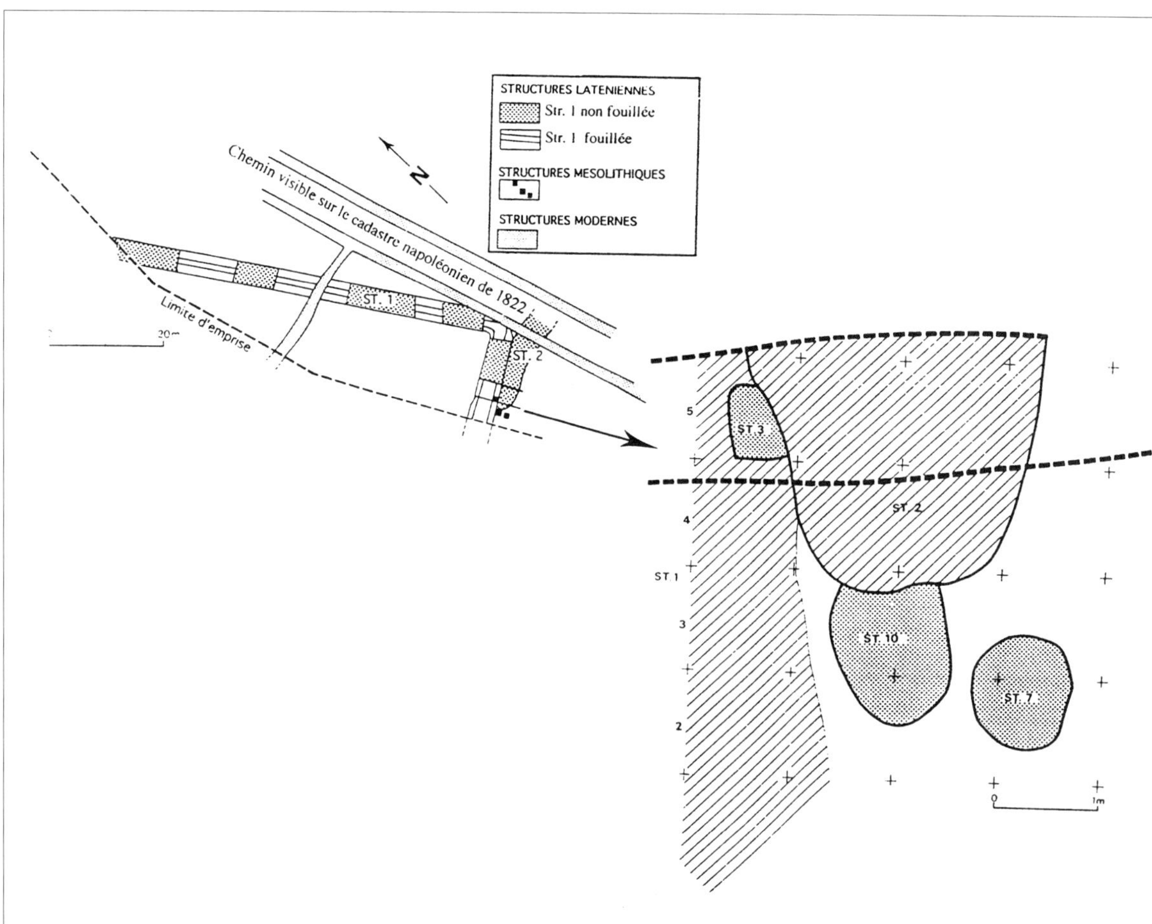

Figure 2. – Emplacement des sépultures.

à quelques centaines de mètres au sud sur la vallée de la Boutonne. Les sépultures ont été implantées sur un plateau de faible altitude (environ 14 m NGF) où des calcaires bioclastiques argileux alternent avec des bancs de marne. Le sol surplombant cette formation est développé sur une épaisseur variant de 40 à 50 centimètres.

LA NÉCROPOLE

Notre intervention a porté sur trois inhumations (S3, S7, S10) (fig. 2). À cet effectif s'additionne au minimum une autre tombe, dont il n'a été retrouvé que quelques vestiges humains ocrés dans le remplissage d'un fossé. Quatre structures funéraires regroupées dans un espace restreint suffisent-elles à définir une nécropole ? À la destruction causée par les structures gauloises s'ajoute le fait que la zone concernée se trouve en limite de la zone d'emprise et qu'il est probable que l'ensemble se poursuive sous le terrain non exploré. Par ailleurs, la fouille n'a révélé aucun vestige pouvant témoigner d'une quelconque activité domestique.

Si nous ne sommes pas certains qu'il s'agisse d'une véritable nécropole, il n'en est pas moins vrai qu'il s'agit bien d'un espace réservé aux morts, et uniquement aux morts, et que les pratiques funéraires observées sont à rapprocher de celles mises en évidence dans les nécropoles de Téviec et Hoëdic (Péquart, 1929, 1954).

LES SÉPULTURES

Les travaux préalables à l'opération archéologique ayant décapé le terrain jusqu'au substrat calcaire, la partie supérieure des sépultures a été arasée ; nous n'avons donc pu recueillir aucune information sur les éventuelles structures de couverture ou de signalisation.

Les restes humains sont associés à de l'ocre, des pièces lithiques, des dents de Canidés percées et des coquillages marins perforés et colorés. Pour ces derniers, les plus nombreux appartiennent aux espèces *Hinia reticulata* et *Dentalium,* plus quelques bivalves. Dans les tombes 7 et 10, les éléments lithiques sont en partie constitués de couteaux de Rouffignac (Rozoy, 1978).

Les cadavres ont été installés dans des sépultures en « pleine terre » et les dépôts ont été simultanés.

La sépulture 3

Cette sépulture n'est conservée que sur une faible partie de sa surface. Les vestiges humains se rapportent à 4 sujets, deux adultes, dont une femme, un grand adolescent et un sujet périnatal, auxquels avait été associée une cheville osseuse d'aurochs. Cette tombe, installée dans la marne, est la plus profonde. Les restes osseux conservés en connexion appartiennent essentiellement aux membres inférieurs d'une femme et du grand adolescent. Ils ont été tous les deux installés en position assise avec les genoux fléchis. À l'intérieur du bassin féminin a été trouvé un métatarsien d'un sujet périnatal dont l'étude métrique permet de préciser que le décès a eu lieu avant la naissance. Les restes du quatrième sujet sont trop perturbés pour que l'on puisse préciser sa position d'origine.

La sépulture 7

La fosse, sensiblement circulaire, creusée dans le calcaire, renferme les vestiges de 4 sujets et une offrande animale constituée par un bois de cerf.

Deux adultes reposent, côte à côte, en décubitus latéral gauche avec les membres hyperfléchis (photo 1). Les genoux sont ramenés sous le menton et les mains reposent à la hauteur du cou. S'il ne subsiste des squelettes crâniens que les mandibules, la présence initiale des crânes est attestée par les dents supérieures qui ont été retrouvées en place. Au pied d'un sujet reposent les vestiges très mal

Photo 1. – Vue de la sépulture 7, où reposent au nord les squelettes en position contractée de deux adultes auxquels sont associés un jeune enfant et les vestiges d'un dépôt secondaire à inhumation.

Photo 2. – Détail d'un alignement de coquillages marins (*Hinia reticulata*) inclus dans le regroupement déposé entre la ramure de cerf et les dépôts humains de la sépulture 7.

conservés d'un jeune enfant sur lesquels ont été déposés les restes d'une incinération d'un individu de taille adulte. Environ 2 000 *Hinia reticulata* colorées et percées ont été mises au jour (photo 2). Le crâne de chaque adulte reposait à l'origine sur un galet, l'un de quartz, l'autre de granit.

La sépulture 10

La fosse a été creusée pour moitié dans le banc calcaire et pour l'autre moitié dans une poche de marne. Elle contient les vestiges d'un jeune enfant déposé sur le ventre en position contractée, les genoux ramenés sous les épaules. Il accompagne un adulte reposant en décubitus latéral (photo 3). Les offrandes animales sont constituées par les restes de deux aurochs : un massacre avec les deux cornes et un crâne, sectionné (par les travaux de décapage) dans le plan sagittal, avec sa corne droite. Les dépôts de coquillages marins sont constitués d'*Hinia reticulata*, de *Dentalium* et également de coquilles séparées de bivalves dont certaines ont été emboîtées (photo 4).

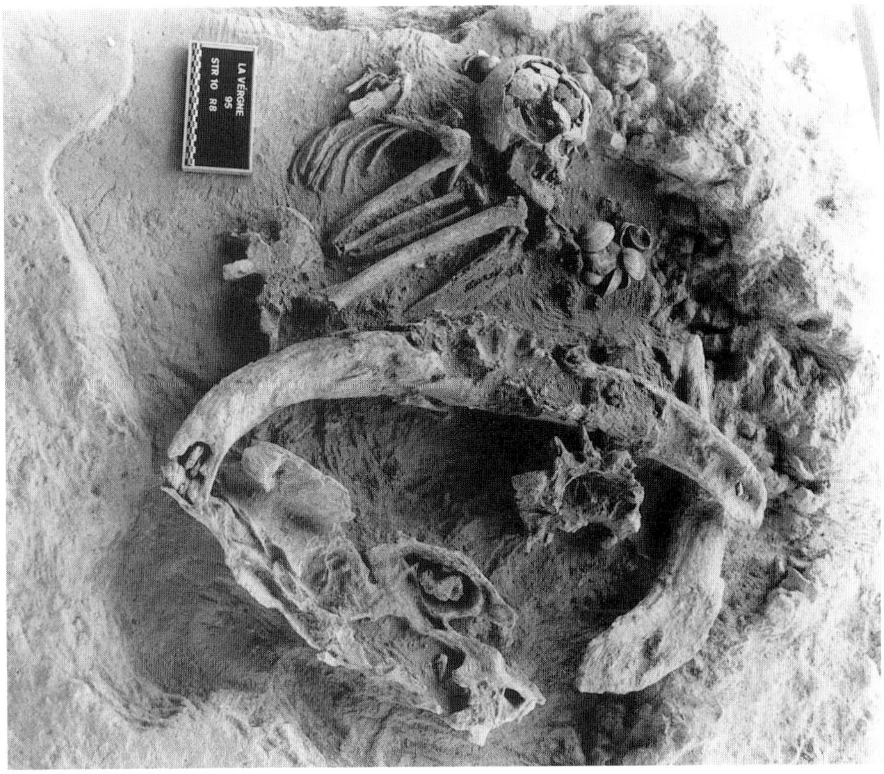

Photo 3. – Vue de la sépulture 10. Les vestiges de l'enfant, partiellement visibles, reposent derrière les épaules du sujet adulte.

Photo 4. – Détail des dépôts de bivalves en avant et autour du crâne.

CONCLUSION

Pour la connaissance des pratiques sépulcrales du Mésolithique français (Duday, 1976), la découverte de La Vergne est tout à fait exceptionnelle. Elle montre une grande variabilité individuelle dans la composition du mobilier et dans le traitement des défunts. Ces sépultures viennent ajouter à la grande complexité des usages funéraires qui avaient déjà été mise en évidence dans les nécropoles de Téviec et de Hoëdic (Péquart, 1929, 1954).

Ces trois sépultures sont constituées par des dépôts multiples et simultanés, auxquels sont associées des parures de coquillages marins, des offrandes animales et de l'ocre rouge.

Tous les sujets ont été inhumés en position contractée. La position assise ou couchée semble avoir été conditionnée par la profondeur de la tombe. Dans le calcaire, où les sépultures sont peu profondes, les cadavres ont été couchés, alors que dans la marne, ils reposaient en position assise.

Si, pour le Mésolithique français, la pratique de l'incinération a déjà été mise en évidence (Ducrocq *et al.*, 1991), c'est la première fois qu'elle est associée à celle de l'inhumation à l'intérieur d'une même structure funéraire.

BIBLIOGRAPHIE

DUCROCQ (Y.), BRIDAULT (A.), MUNAUT (A. V.), Un gisement mésolithique exceptionnel dans le Nord de la France : le Petit-Marais de La Chaussée-Tirancourt. *Bulletin de la Société préhistorique française*, t. 88, n° 9, 1991, p. 272-276.

DUDAY (H.), Les sépultures des hommes du Mésolithique. *La Préhistoire française*, t. 1 (dir. H. de Lumley), 1976.

PEQUART (M.), PEQUART (S.-J.), La nécropole mésolithique de Téviec (Morbihan), nouvelles découvertes. *L'Anthropologie*, t. 39, 1929, p. 373-400.
Hoëdic, deuxième station-nécropole du Mésolithique armoricain. De Sikkel, Anvers, 1954, 93 p.

ROZOY (J. G.), Les derniers chasseurs. *Société archéologique champenoise*, Compiègne, 3 tomes, 1978.

CHRONOLOGIE DES RITES FUNÉRAIRES MÉSOLITHIQUES À AUNEAU (EURE-ET-LOIR, FRANCE)

CHRONOLOGY OF MESOLITHIC FUNERAL RITES IN AUNEAU (EURE-ET-LOIR, FRANCE)

Christian Verjux

Résumé. – Les derniers résultats des fouilles et de nouvelles datations ont confirmé que l'occupation du site du « Parc du Château » à Auneau ne se limitait pas au Chasséen, mais qu'elle avait débuté au Mésolithique. Des lambeaux de couches archéologiques et plusieurs fosses de cette période ont été découverts, ainsi que trois sépultures et des dépôts originaux de restes fauniques. Les trois sépultures mésolithiques appartiennent à deux phases distinctes. Un défunt enterré en position assise dans une grande fosse comblée de pierres a été daté du Mésolithique moyen (Boréal). Un autre, placé en procubitus sur un dallage, remonte à la fin du Mésolithique, ainsi que le troisième inhumé, enterré sur le dos, membres inférieurs repliés. Deux crânes d'aurochs, mis au jour à proximité des sépultures, ont été enfouis au début du Mésolithique moyen. Le matériel lithique issu des niveaux archéologiques et des fosses correspond également à au moins deux phases d'occupation (Mésolithique moyen et Mésolithique récent ou final). La chronologie du site au Mésolithique et les relations entre sépultures, dépôts animaux et niveaux archéologiques, sont désormais mieux cernées. Ces données originales contribuent à développer de nouvelles réflexions sur les rites funéraires mésolithiques.

Mots clés : Mésolithique, sépultures, dépôts intentionnels, fosses, diachronie.

Abstract. – The open-air site of Auneau « Parc du Château », located in the Nord-East of the Beauce high plain, has been studied since 1979. These works have revealed a complex neolithic site (Chasséen) with graves, domestic remains and debitage products of local sandstone. The latest excavations have given proof of mesolithic settlements before the Chasséen. Beside scraps of archeological layers and several pits, three graves and original deposits of fauna have been discovered.

The three mesolithic graves belong to two chronological stages. One deceased, buried in a sitting position in a large grave filled with stones, dates from Middle Mesolithic (Boreal). Another one, lying with the chest on a pavement, and the third one, in a supine attitude with bended knees, both date back to Early Mesolithic. Two skulls of aurochs, discovered near the graves in a similar stratigraphic context, date from the beginning of Middle Mesolithic. Lithic material from archeological levels and pits can be attributed on the one hand to Middle Mesolithic (points with and without basal retouch, segments and Sauveterre points) and on the other hand to Early Mesolithic (Montbani debitage, trapeziums with and without inverse retouch).

The latest results of the excavations and new radiocarbon datings shed light on the site chronology and the link between graves, fauna deposits and archeological levels, therefore providing new data concerning burial customs of the Mesolithic period.

Key words : Mesolithic, graves, intentionnal deposits, pits, diachrony.

PRÉSENTATION DU SITE

Le site du « Parc du Château » à Auneau (Eure-et-Loir) se trouve dans la partie centrale du Bassin parisien, à une soixantaine de kilomètres au sud-ouest de Paris. Il est installé en limite occidentale de la zone bien connue pour avoir livré de nombreux gisements tardenoisiens (Rozoy, 1978, p. 387-583 et fig. 2) installés sur les sables tertiaires de l'Oligocène.

L'une des particularités du site est de se placer précisément, à la faveur de l'érosion, sur une légère butte à la confluence de deux cours d'eau, en limite entre le calcaire de Beauce et les sables stampiens sous-jacents. Cette situation a permis une bonne conservation des restes osseux, contrairement aux autres sites en milieu sableux. De plus, bien que les terrains aient été cultivés au siècle dernier, un bois communal occupe actuellement la totalité du site, ce qui a contribué à sa protection.

La partie en cours de fouilles est constituée par une légère dépression sableuse d'une dizaine de mètres de largeur, limitée au nord par l'extension du calcaire de Beauce et au sud par l'affleurement d'un banc gréseux qui s'enfonce ensuite dans le sable, avec un faible pendage vers le nord-est. Le grès a été exploité à l'affleurement au Néolithique moyen par des populations qui ont laissé non seulement des déchets de façonnage de haches mais également des vestiges domestiques, et qui ont enterré leurs morts sur place. Alors que la fouille a débuté en 1979, c'est depuis quelques années seulement que les preuves d'occupations du site dès le Mésolithique ont été progressivement apportées (Verjux *et al.,* 1992 ; Verjux et Dubois, 1997) avec d'abord quelques microlithes recueillis dans les niveaux chasséens, puis la mise en évidence de lambeaux de couches archéologiques et de structures en creux antérieurs au Néolithique, et la découverte de trois sépultures mésolithiques (fig. 1A).

LES SÉPULTURES

Le site a livré à ce jour sept sépultures individuelles. Quatre d'entre elles (deux adultes et deux enfants) sont attribuées au Néolithique moyen II (Chasséen) : sépultures 1, 2, 4 et 5. Les trois autres (trois adultes) appartiennent au Mésolithique : sépultures 3, 6 et 7. Pour deux d'entre elles, la stratigraphie montrait leur antériorité au Chasséen, mais en l'absence de mobilier caractéristique, ce sont les datations par le C14 qui ont permis de préciser leur ancienneté. Deux sépultures relèvent du Mésolithique final, tandis que la troisième appartient au Mésolithique moyen.

La **sépulture 3** est apparue juste sous les niveaux remaniés par les labours anciens. Le sous-sol calcaire a été très légèrement creusé pour installer un dallage rectangulaire, de 1,20 par 0,75 m. L'inhumé a été placé en position fortement repliée, sur le côté gauche, en procubitus partiel, la poitrine plaquée contre le dallage, et est orienté est-ouest, tête à l'est (fig. 1B). Les membres inférieurs sont très fléchis, pieds ramenés à hauteur du bassin, genoux réunis à hauteur du buste. Le membre supérieur droit est fortement replié, le gauche un peu ouvert et les poignets sont réunis en avant du cou. Le crâne a été détruit par les travaux agricoles, mais quelques fragments, hémimandibule gauche et une partie du menton, ont cependant été retrouvés. L'extrémité distale d'un poinçon en os se trouve à proximité des mains. Des débris de nacre à l'emplacement de la tête pourraient correspondre à un coquillage placé à cet endroit. Cette sépulture est datée de la fin du Mésolithique, entre 5 900 et 5 300 av. J.-C.

La **sépulture 7,** scellée par les niveaux de dépotoir néolithiques et par un foyer, se trouve dans une fosse d'environ 1 m de longueur par 0,50 m de largeur, simplement comblée par le sable précédemment extrait. Aucun aménagement de la tombe n'est à remarquer et rien ne devait la signaler extérieurement. Le squelette est assez mal conservé et de nombreuses esquilles, ainsi que la plupart des petits os des mains et des pieds, des vertèbres et des côtes, ont été déplacés. Malgré les nombreuses perturbations du squelette, il est possible de restituer la position d'ensemble du corps : l'inhumé a été placé sur le dos, sur le banc de grès, orienté est-ouest, tête à l'ouest tournée vers le nord (fig. 1D). Les membres inférieurs sont repliés sur le côté droit du corps, les genoux venant toucher le coude droit, les membres supérieurs étant repliés le long du buste. Le mobilier archéologique, peu abondant, est réparti sur l'ensemble de la surface fouillée, sans disposition particulière, avec notamment un fragment de poinçon en os, en dehors du volume occupé par le corps, et une lame de silex à troncature oblique, au voisinage du membre supérieur gauche. La datation par le radiocarbone place également cette tombe à la fin du Mésolithique, entre 5 900 et 5 500 av. J.-C.

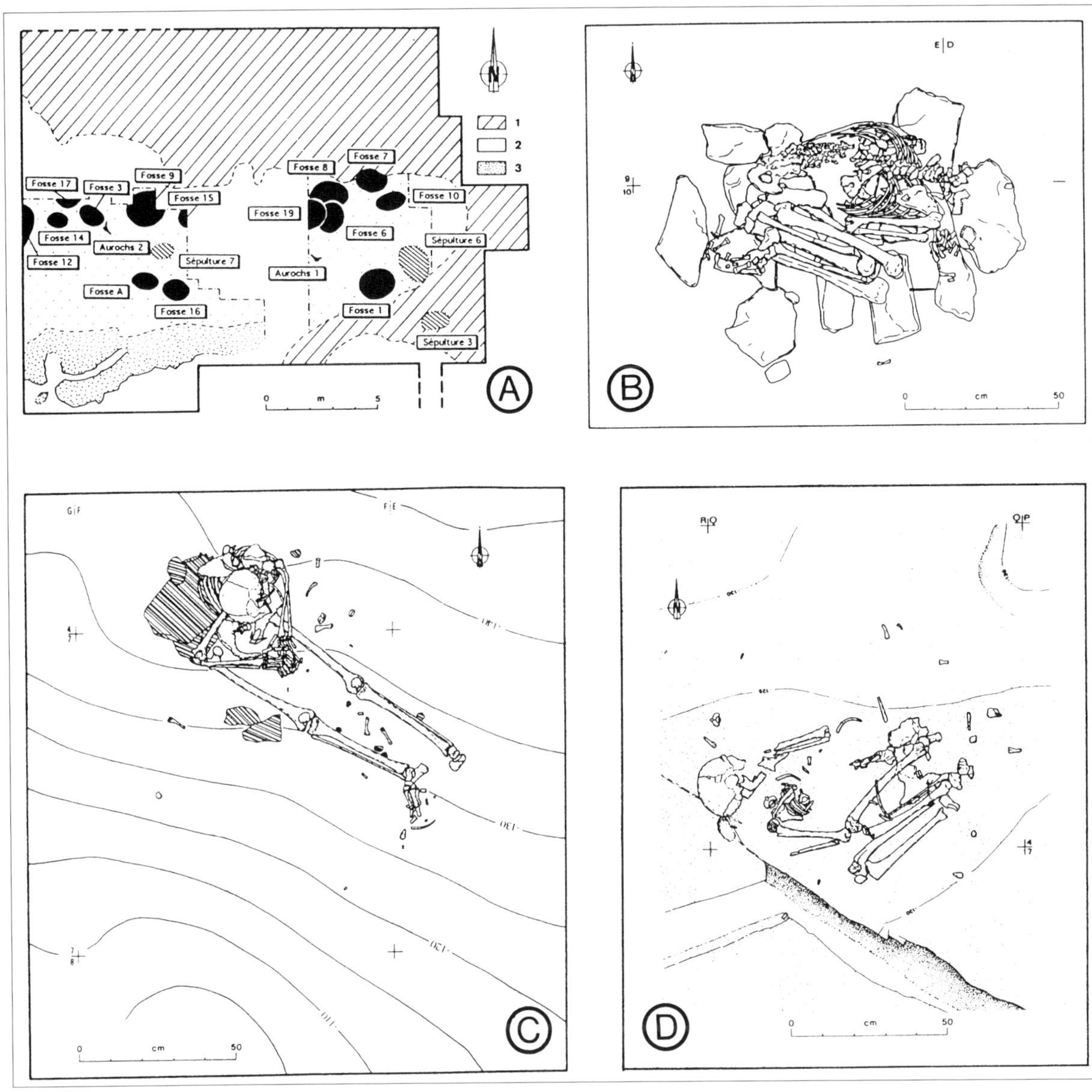

Figure 1. – Auneau, « le Parc du Château » (Eure-et-Loir, France). A. Plan de répartition des structures mésolithiques (1. Calcaire de Beauce. 2. Sable de Fontainebleau. 3. Banc de grès à pendage vers le nord-est). Les parties totalement fouillées sont en pointillés. B. Sépulture 3. C. Sépulture 6. D. Sépulture 7.

La **sépulture 6** se situe dans une fosse de contour elliptique, d'environ 1,60 m Nord-Sud pour 1,40 m de largeur, surmontée par les niveaux de dépotoir néolithiques. La fosse a été creusée dans le sable de Fontainebleau jusqu'au banc de grès sous-jacent, soit à environ 0,75 m au sud pour 1,30 m au nord, étant donné le pendage du banc de grès. Le défunt, un jeune adulte de sexe masculin, a été enterré en position assise sur le grès, dos calé contre la paroi nord-est de la fosse sépulcrale, membres inférieurs allongés et mains ramenées en avant du bassin (fig. 1C). L'orientation générale du corps, donnée par l'allongement des membres inférieurs, est sensiblement nord-ouest/sud-est. Plusieurs phases de comblement de la fosse ont pu être déterminées : des sédiments provenant de vidanges de foyer ont été rejetés sur le corps, puis près de 300 kg de pierres ont été placés au-dessus des membres inférieurs (pour caler le tronc ?), enfin un sédiment sableux mêlé de pierraille calcaire a fini de remplir la fosse. Une douzaine de silex ont été recueillis dans le remplissage, dont deux lames assez larges, longues d'une dizaine de centimètres : l'une des deux a été appointée par une retouche bilatérale et amincie dans sa partie basale par retouche inverse, alors que l'autre est brute de débitage. La datation par le radiocarbone situe cette inhumation en plein Boréal, entre 7 500 et 7 100 av. J.-C., dans le Mésolithique moyen.

LES STRUCTURES EN CREUX

Les méthodes de fouilles pour étudier la stratigraphie et les traces de l'occupation initiale du site ont conduit à opérer une véritable fouille en damier, avec relevé systématique de toutes les coupes intermédiaires. Les carrés ont été fouillés par moitié, voire par quarts successifs dans certains cas, en totalité jusqu'au banc de grès sous-jacent, ce qui a permis d'identifier de nombreuses fosses dont quelques-unes seulement se rapportent au Néolithique moyen.

Une quinzaine de structures en creux mésolithiques sont actuellement recensées sur le site (fig. 1A), recouvertes par les niveaux néolithiques. Leurs remplissages se distinguent plus ou moins bien du sable de Fontainebleau encaissant, et quelques cas de recoupement ont été reconnus. Trois grands types de comblement se rencontrent : sédiments très sombres, provenant visiblement de vidanges de foyer ; sédiment constitué d'un mélange de sable et de calcaire, avec le plus souvent une blocaille calcaire, en général pour des fosses proches de la bordure de calcaire de Beauce ; enfin, le plus grand nombre se signale seulement par une légère coloration du sable et par la présence de matériel archéologique.

Les dimensions de ces fosses sont très variables, notamment leur profondeur qui est tributaire du pendage du banc de grès sous-jacent, les fosses les plus au Nord étant en général les plus profondes. Les longueurs varient entre 0,40 et 1,50 m, la plupart étant comprises entre 1 et 1,50 m. Les profondeurs vont de quelques dizaines de centimètres

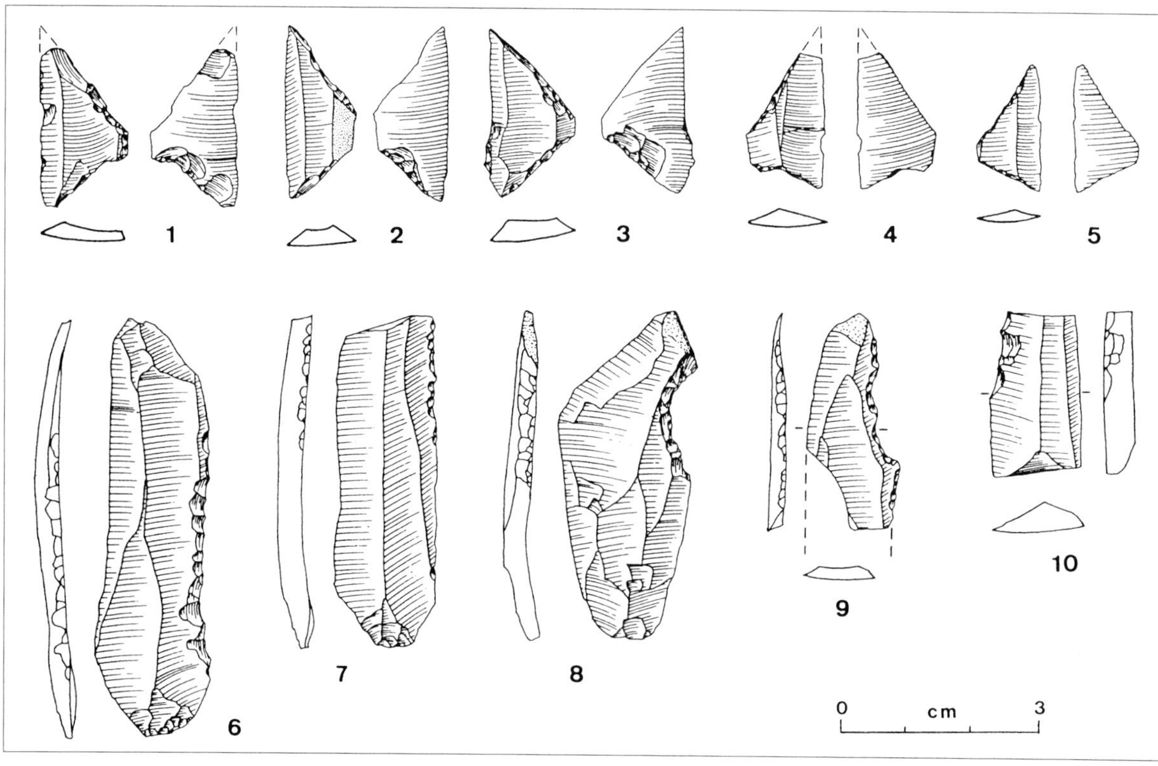

Figure 2. – Auneau, « le Parc du Château » (Eure-et-Loir, France). Industrie du Mésolithique récent ou final. 1 à 3. hors contexte. 4 à 10. fosse n° 1.

à 1 m. Le matériel archéologique, toujours présent, est rarement très abondant.

La fosse n° 1 contenait, à côté d'une grande quantité de fragments de grès éclatés au feu (une dizaine de kilos), des ossements et une série lithique abondante, avec des lames et lamelles, dont quelques-unes présentent une retouche irrégulière, et deux trapèzes asymétriques. La fosse n° 3 contenait notamment plusieurs armatures dont trois pointes de Sauveterre. L'une d'elles, de grande taille et complète, dépasse 40 mm et est comparable aux pointes de Chateaubriand définies par J. Hinout (Hinout, 1992, p. 15 et fig. 13). La fosse n° 7 a fourni des lames, des éclats et un nucléus à lamelles, ainsi qu'un triangle et une petite pointe incomplète. Des petits os brûlés ont également été découverts, ainsi qu'un métapode de canidé et une omoplate d'aurochs complète, à côté d'une vertèbre de cervidé. La fosse n° 9 a livré, à côté de blocs de grès et quelques éclats et lamelles de silex, de nombreux restes d'aurochs : vertèbres, métapode, astragale, dents, mandibule, en parfait état de conservation. Des ossements, dont un métapode de cervidé, des lamelles de silex et cinq microlithes proviennent de la fosse n° 12 : un segment, une pointe de Sauveterre et trois fragments de pointes à retouches bilatérales. Fouillée partiellement, la fosse n° 17 contenait peu de matériel, mais cependant trois microlithes dont une pointe de Sauveterre.

Dans trois fosses ayant atteint le banc de grès sous-jacent, quelques blocs diaclasés ont été déchaussés. Bien que l'utilisation du grès soit maintenant attestée dès le Mésolithique sur le site, il est difficile de parler d'extraction puisque la plupart des fragments ont été rejetés, sans trace de débitage, dans la fosse, et ont pu être remis dans plusieurs cas à leur emplacement d'origine après la fouille. Dans les fosses A et 16, ces blocs sont accompagnés de quelques silex taillés, d'une vertèbre cervicale d'aurochs dans un cas, et d'un sacrum de la même espèce dans le second.

Enfin, deux crânes d'aurochs ont été découverts dans deux fosses difficilement décelables, à une dizaine de mètres de distance l'un de l'autre. Placés dans les mêmes conditions, ils reposaient sur l'arrière du crâne, les chevilles osseuses vers le bas et les orbites vers le haut. Dans les deux cas, le maxillaire était absent et il est vraisemblable qu'une préparation et une découpe des crânes au niveau des orbites ont précédé leur enfouissement. Sous le premier crâne, un éclat et deux armatures ont été recueillis, une pointe de Sauveterre et un trapèze très élancé. Une pointe à dos épaisse accompagnait le second. La contemporanéité de ces dépôts, suggérée par leurs similitudes, est confirmée par les datations radiocarbone directes effectuées par accélérateur sur des petits fragments osseux. Le premier crâne a en effet été situé entre 8 200 et 7 800 av. J.-C. et le second entre 7 900 et 7 600 av. J.-C.

DISCUSSION ET COMPARAISONS

Plusieurs occupations au Mésolithique

L'industrie lithique attribuable à la fin du Mésolithique est connue essentiellement par du matériel dans des lambeaux de couches de cette période ou en position secondaire dans les niveaux néolithiques : débitage Montbani, lames et lamelles à troncatures ou retouchées, trapèzes asymétriques à retouche inverse plate ou non. Seule la fosse n° 1 a livré une série lithique importante avec débitage Montbani, lames et lamelles à retouches irrégulières et deux trapèzes asymétriques (fig. 2). La plupart des autres fosses identifiées à ce jour paraît remonter au Mésolithique moyen avec comme éléments caractéristiques des pointes à troncature oblique, des pointes à dos, à base retouchée ou non, des segments et des pointes de Sauveterre (fig. 3). Cependant, les armatures sont encore en petit nombre et ces indications demanderont à être étayées. Des approches complémentaires devront alors être envisagées : technologie lithique, étude de la faune, remontages de fragments de grès, datations éventuelles...

Si l'on se réfère au plan d'ensemble des structures mésolithiques connues sur le site, les datations désormais disponibles, en corrélation avec les indications de l'industrie lithique recueillies par ailleurs, conduisent à une plus grande prudence dans l'interprétation générale. En l'absence de matériel archéo-

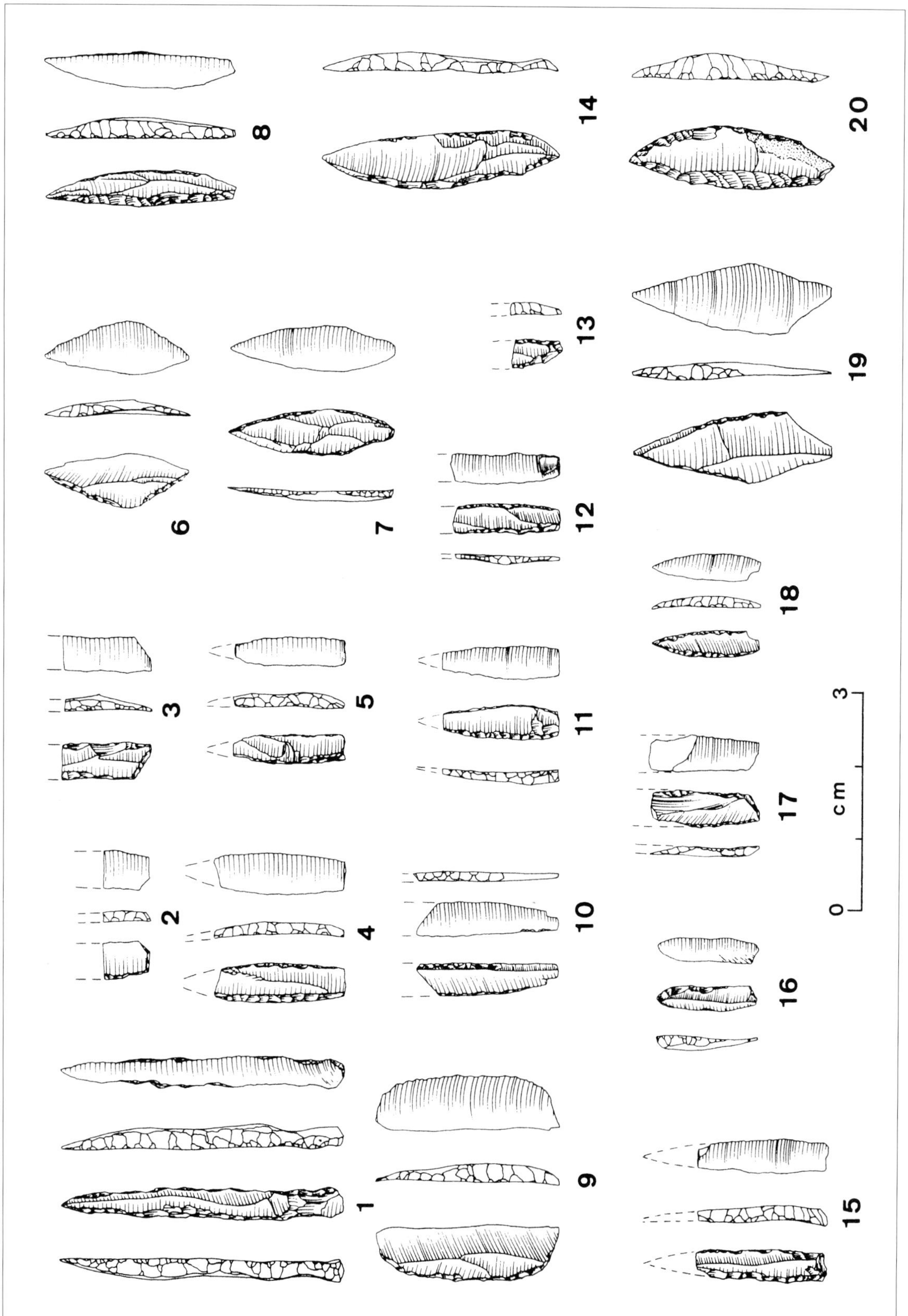

Figure 3. – Auneau, « le Parc du Château » (Eure-et-Loir, France). Industrie du Mésolithique moyen. 1 à 5. fosse n° 3. 6 et 7. armatures recueillies sous le premier crâne d'aurochs. 9 à 13. fosse n° 12. 15 à 17. fosse 17. 8, 14, 18 à 20. hors contexte.

logique caractéristique associé, seules les datations directes par le radiocarbone des sépultures et des crânes d'aurochs ont donc permis de montrer leur diachronie. En effet, au moins deux phases, voire trois, doivent être distinguées (fig. 4 et 5). Ainsi, par exemple, la proximité de la sépulture 7 et du deuxième crâne d'aurochs, presque dans le même contexte stratigraphique, pouvait indiquer une relation chronologique. En réalité, au moins deux mille ans les séparent. De même, la fosse n° 1, la sépulture 6 et le premier crâne d'aurochs, scellés sensiblement de façon identique sous les niveaux de dépotoir néolithiques, correspondent en réalité à trois périodes de temps différentes.

De nombreuses fosses creusées par les Mésolithiques

La présence de nombreuses structures en creux constitue une originalité du site d'Auneau. Très rares sont en effet les gisements mésolithiques français qui ont livré des fosses, ainsi que le soulignait J.-G. Rozoy dans son ouvrage de référence (Rozoy, 1978, p. 1097). Il est vrai que les conditions de certaines fouilles n'ont pas permis de déceler ce type de structures, à moins d'y prêter une attention particulière. Ainsi, à l'allée Tortue-Xa à Fère-en-Tardenois (Aisne), des deux fosses tapissées d'alios, une seule se signalait par la présence de matériel archéologique (Rozoy et Slachmuylder, 1990, p. 427-428 et fig. 10).

Bien que les fosses de Piscop soient rapportées au Montmorencien plutôt qu'au Tardenoisien par J.-G. Rozoy, cette douzaine de structures a été découverte dans un contexte géologique proche de celui d'Auneau, avec bande sableuse étroite en limite d'argile à meulière. Certaines fosses atteignaient 3 m de diamètre pour 2 de profondeur, mais malheureusement les vestiges osseux n'étaient pas conservés (Giraud *et al.*, 1938). Quelques fosses dépotoirs ont été fouillées plus récemment sur le site du Mésolithique final de Beger-Vil (Kayser, 1991). Enfin, la fouille en cours du Petit-Marais à La Chaussée-Tirancourt, en milieu humide, a livré, à côté de deux sépultures originales, trois grandes fosses du Mésolithique moyen, confirmant que des méthodes appropriées permettent d'identifier de telles structures (Ducrocq et Ketterer, 1995).

Référence	Echantillon	Matériel	Date BP	Date calibrée
Ly 4731	Sépulture 3	Tibia + côtes	6655 +- 90	-5 870 -5 280
Ly 7097	Sépulture 7	Tibia + Fémur	6825 +- 105	-5 913 -5 501
Ly 5606	Sépulture 6	Tibia	8350 +- 105	-7 528 -7 069
Oxa 5643	Crâne Aurochs 1	Cheville oss.	9010 +- 90	-8 237 -7 834
Oxa 5644	Crâne Aurochs 2	Ft Crâne	8710 +- 80	-7 923 -7 560

Figure 4. – Auneau, « le Parc du Château » (Eure-et-Loir, France). Tableau récapitulatif des datations C14 concernant le Mésolithique.

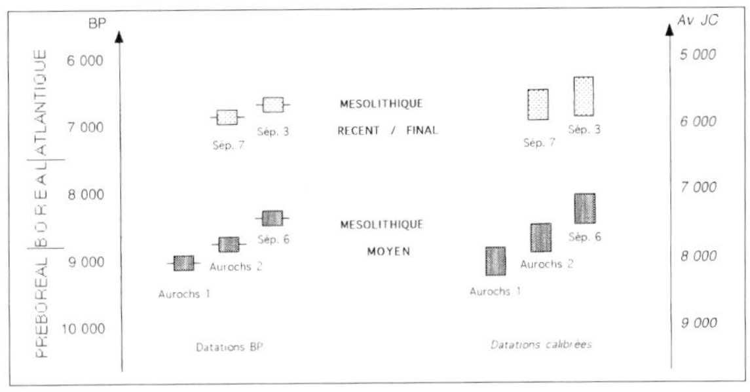

Figure 5. – Auneau, « le Parc du Château » (Eure-et-Loir, France). Chronologie des rites funéraires et des dépôts intentionnels.

La question qui reste en suspens, outre la chronologie relative des structures, concerne la nature et la fonction de ces fosses. Si l'on excepte la fosse n° 1 qui a livré un ensemble de silex du Mésolithique final, associé à plusieurs kilos de grès provenant de vidanges de foyers, le matériel n'est, en général, pas très abondant et se limite à quelques restes de faune et à du mobilier lithique. Les deux structures avec blocs de grès et vertèbre d'aurochs évoquent l'emplacement de poteaux, avec des calages, mais elles sont pour l'instant isolées. De plus, la présence de ces ossements ne permet pas d'exclure d'éventuels dépôts intentionnels, surtout si on les rapproche des dépôts des deux crânes d'aurochs. Quoi qu'il en soit, cet ensemble de structures indique une importante fréquentation du site au cours du Mésolithique, parallèlement à son utilisation comme lieu funéraire.

Un petit cimetière de la fin du Mésolithique

Les deux sépultures du Mésolithique final appartiennent globalement à la même phase chronologique. Elles sont distantes d'une douzaine de mètres, mais la surface qui les sépare n'est encore fouillée qu'à moitié. Il est vraisemblable que ces deux sépultures ne sont pas isolées et qu'elles font partie d'un petit cimetière comme ceux de Téviec ou Hoëdic en Bretagne (Péquart, 1937 ; Péquart *et al.*, 1954).

Cependant, la densité des tombes à Auneau pourrait être plus faible. En effet, à Téviec, les 10 tombes sont groupées sur une quarantaine de mètres carrés, une seule d'entre elles étant un peu à l'écart, mais à quelques mètres seulement des autres. À Hoëdic, mis à part les deux premières, les 7 autres sépultures sont également très proches les unes des autres et réparties sur quelques dizaines de mètres carrés. Bien qu'une destruction partielle des deux sites soit probable et que leur extension ne soit pas connue avec certitude, cette forte densité est peut-être une particularité des nécropoles bretonnes, si l'on effectue des comparaisons avec les autres sites funéraires contemporains connus dans l'Ouest de l'Europe.

À Moita do Sebastião, au Portugal, 21 des 26 tombes d'adultes sont situées sur une surface restreinte de 75 m^2 (Roche, 1990), mais ces caractéristiques paraissent plus variables pour les cimetières de la vallée de la Sado (Morais Arnaud, 1990) : certains présentent une densité relativement élevée de tombes (22 pour seulement 54 m^2 fouillés à Romeiras) ; d'autres une densité plus moyenne (27 seulement pour 635 m^2 fouillés à Cabeço do Pez). En Suède et au Danemark, les cimetières sont plus étendus et moins denses. Skateholm I a livré une soixantaine de tombes sur 2 000 m^2 et seuls quelques petits groupes de sépultures peuvent être identifiés. À Skateholm II, si les 22 tombes sont réparties sur près de 500 m^2, la moitié d'entre elles sont cependant regroupées dans un espace d'une centaine de mètres carrés (Larsson, 1990). À Bøgebakken, les 22 sépultures s'étendaient sur plus de 1 500 m^2, une partie du site ayant de plus été détruite (Albrethsen et Brinch Petersen, 1976).

Plusieurs périodes d'inhumations

La troisième inhumation, plus ancienne, se rattache peut-être également à une petite nécropole, hypothèse qui pourra être vérifiée dans les années à venir. Elle montre néanmoins que deux phases de sépultures se sont succédé au Mésolithique. Si, en contexte de grottes ou d'abris sous roche, cette situation se rencontre parfois, le phénomène est nettement plus rare sur les sites de plein air. Le seul cas bien attesté se trouve à Gøngehusvej n° 7 (Vedbæk, Danemark), où deux niveaux de sépultures sont nettement séparés, d'environ cinq cents ans (Nielsen et Brinch Petersen, 1993).

Toutefois la plupart des cimetières semblent fréquemment avoir fonctionné pendant une certaine durée. Au Portugal, dans la vallée de la Sado, les Mésolithiques ont enterré leurs défunts au rythme de leurs déplacements saisonniers, vraisemblablement pendant plusieurs siècles (Morais Arnaud, 1990). Il pourrait en avoir été de même à Moita do Sebastião dans la vallée du Tage, où certaines tombes se chevauchent parfois, indiquant une chronologie relative des inhumations (Roche, 1972). Quelques rares recoupements de tombes ont également été observés à Skateholm I, en Suède, et indiquent une perduration des inhumations au cours du temps (Larsson, 1990), tandis qu'à Bøgebakken (Vedbæk, Danemark) les datations par le radiocarbone révèlent de même un étalement des enterrements (Nielsen et Brinch Petersen, 1993).

Il faut donc imaginer que ces sites pouvaient, pour diverses raisons, être fréquentés par des populations successives. Il n'est pas impossible que le caractère funéraire (ou sacré) de ces lieux ait été parfois prépondérant, même si le plus souvent les cimetières sont systématiquement décrits comme étant associés étroitement à des habitats.

Des dépôts animaux intentionnels

Les deux crânes d'aurochs ont été enfouis au début du Mésolithique moyen, à la charnière entre le Préboréal et le Boréal, aux environs de 8 000 av. J.-C. Il s'agit donc à ce jour des plus anciens témoins anthropiques sur le site. La sépulture 6 est en effet plus récente de quelques siècles, si l'on se réfère aux calibrations des données du radiocarbone.

Les motivations qui ont conduit les Mésolithiques à enterrer ces crânes restent à déterminer. Les restes de bovidés sont en effet rarement présents dans les tombes de cette période. Ainsi, deux côtes d'aurochs reposaient à côté du défunt dans la sépulture de Loschbour, dans le grand duché de Luxembourg (Newell *et al.*, 1979). La découverte récente de plusieurs sépultures à La Vergne en Charentes-Maritimes a livré le premier cas, semble-t-il, de massacres d'aurochs déposés dans une tombe mésolithique (Courtaud, Duday *et al.*, ce vol.).

À Auneau, s'agit-il de dépôts liés à des sépultures qui n'auraient pas encore été découvertes ou bien ces vestiges renvoient-ils à un culte particulier envers cet animal ou à un rituel indirectement en relation avec la mort ? Il est tentant de rapprocher ces dépôts de pratiques observées dans les dernières populations épipaléolithiques du Proche-Orient : enfouissement de crânes, de chevilles osseuses et d'os de bovidés dans les murs et les fondations des maisons (Cauvin, 1994, p. 46 et *sq.*). La poursuite et l'extension de la fouille permettront de conforter l'une ou l'autre des hypothèses, ou d'en produire de nouvelles.

CONCLUSIONS

En raison de la rareté des sépultures mésolithiques actuellement connues en France, et particulièrement sur les sites de plein air, l'intérêt du site d'Auneau est important, bien qu'il ait livré, pour l'instant, seulement trois tombes. En effet, sur la vingtaine de sites ayant livré des sépultures de cette période (fig. 6), la plupart sont en grottes ou abri sous roche et en association directe avec des habitats, et seuls les cimetières bretons de Téviec et Hoëdic se distinguaient, jusqu'à une date récente (Duday, 1976 ; Rozoy, 1978, p. 1115-1129 ; Helmer, 1984 ; Magdeleine, 1995). Néanmoins, le développement de l'archéologie préventive a conduit ces dernières années à plusieurs découvertes de plein air, notamment à La Chaussée-Tirancourt dans la vallée de la Somme (Ducrocq et Ketterer, 1995), mais également dans la vallée de l'Eure à Val-de-Reuil (*Bilan scientifique régional Haute-Normandie, 1993*, p. 17) ou à Ruffey-sur-Seille dans le Jura (Séara, 1995), et encore plus récemment à La Vergne en Charentes-Maritimes (Courtaud, Duday *et al.*, ce vol.). Par conséquent, il est raisonnable d'envisager de nouvelles données sur les rites funéraires mésolithiques en France dans un avenir proche.

L'existence de deux phases d'inhumations successives sur le site du « Parc du Château », au Mésolithique moyen puis final, ne fait que renforcer son intérêt. Le dépôt intentionnel de crânes d'aurochs, qu'il soit ou non en relation avec les sépultures, semble traduire l'existence d'un culte ou de rites associant ces bovidés et les hommes.

Grâce aux nombreuses structures en creux, le phasage des occupations mésolithiques devrait être possible à l'aide de nouvelles datations par le radiocarbone, d'études fauniques et lithiques, comme il en a été rarement réalisé en France sur un site de cette époque. Il conviendra également de recueillir un mobilier lithique suffisamment abondant pour compléter ce phasage chronologique par des analyses culturelles, et par ailleurs de lancer une campagne d'études paléoenvironnementales dans les vallées. Ces données pourraient rapidement faire d'Auneau un site de référence pour le Mésolithique du Nord de la France.

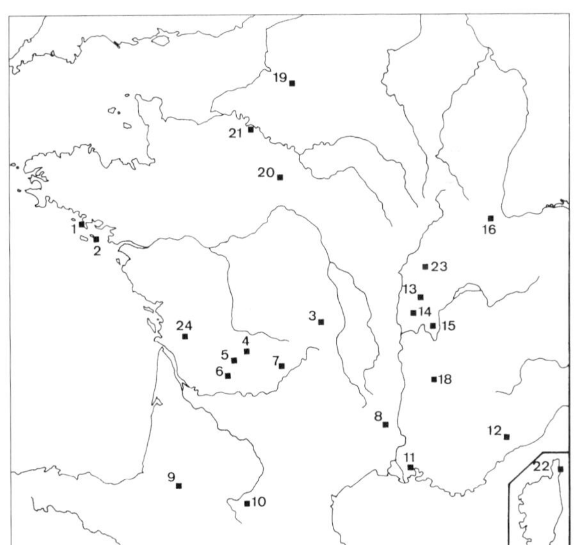

Figure 6. – Sépultures mésolithiques (*lato sensu*) actuellement connues en France. 1. Téviec. 2. Hoëdic. 3. Le Cheix. 4. Saint-Rabier. 5. Rochereil. 6. Tursac, « le Roc-du-Barbeau ». 7. Cuzoul-de-Gramat. 8. Montclus. 9. Le Poeymaü. 10. Montardit, « Trou-Violet ». 11. Istres, « abri Cornille ». 12. Le Peillon, « grotte du Rastel ». 13. Serrières-sur-Ain, « la Genière ». 14. Sous-Sac. 15. Culoz, « Sous-Balme ». 16. Oberlarg, « Mannlefelsen I ». 17. Bonifacio, « abri Araguina-Semnola ». 18. Saint-Agnan-en-Vercors, « grotte Joëlle ». 19. La Chaussée-Tirancourt, « le Petit-Marais ». 20. Auneau, « le Parc du Château ». 21. Val-de-Reuil, « les Varennes ». 22. Pietracorbara, « abri de Torre d'Aquila ». 23. Ruffey-sur-Seille, « A Daupharde ». 24. La Vergne, « la Grande-Pièce ».

La nature des occupations humaines sur le site, outre l'aspect funéraire, reste cependant à préciser. À partir de 8 000 av. J.-C., et jusqu'à la fin du Mésolithique, les hommes ont laissé de nombreuses traces de leur passage, d'autant plus nombreuses que la surface totalement fouillée à ce jour représente moins de 80 m^2, mais aucune organisation de l'espace n'est encore discernable. Ce site, privilégié par sa situation topographique, la matière première aisément exploitable et peut-être pour des raisons moins tangibles (lieu de culte ?), a été le lieu de vie et de mort des dernières populations de chasseurs-cueilleurs. Le caractère funéraire du site a par ailleurs traversé les millénaires puisque des Néolithiques ont enterré leurs défunts vers 4 000-3 500 av. J.-C., sans que l'on puisse savoir si la fréquentation du site a été continue ou discontinue.

BIBLIOGRAPHIE

ALBRETHSEN (S. E.), BRINCH Petersen (E.), Excavation of a Mesolithic Cemetery at Vedbæk, Denmark. *Acta Archæologica*, vol. XLVII, 1976, p. 1-28.

Bilan scientifique régional de Haute-Normandie, Résultats scientifiques significatifs, 1993, p. 17.

CAUVIN (J.), Naissance des divinités, naissance de l'agriculture. La révolution des symboles au Néolithique. *Empreintes*, CNRS, 1994, 304 p.

DUCROCQ (T.), KETTERER (I.), Le gisement mésolithique du Petit-Marais, La Chaussée-Tirancourt (Somme). *Bulletin de la Société préhistorique française*, t. 92, n° 2, 1995, p. 249-259, 13 fig.

DUDAY (H.), Les sépultures des hommes du Mésolithique. *La Préhistoire française*, t. 2, 1976, p. 734-737.

GIRAUD (E.), VACHE (C.), VIGNARD (E.), Le gisement mésolithique de Piscops, *L'Anthropologie*, t. 48, n° 1-2, 1938, p. 1-27, 12 fig.

HELMER (D.), La sépulture de la grotte Joëlle, Saint-Agnan-en-Vercors (Drôme). *Cahiers du Centre de recherches préhistoriques du Vercors*, n° 1, 1984, 8 p., 4 fig.

HINOUT (J.), Le gisement sauveterrien ancien à denticulés de la grotte de Chateaubriand à Buthiers (Seine-et-Marne). *Revue archéologique de Picardie*, n° 3-4, 1992, p. 5-26, 27 fig.

KAYSER (O.), Le Mésolithique breton : un état des connaissances. *Actes*, CXIII^e Congrès national des sociétés historiques et scientifiques, Strasbourg 1988 : *Mésolithique et néolithisation en France et dans les régions limitrophes,* CTHS, Paris, 1991, p. 197-211, 4 fig.

LARSSON (L.), Late Mesolithic Settlements and Cemeteries at Skateholm, Southern Sweden, *In* : C. BONSALL (ed.), *The Mesolithic in Europe*, 3rd International Symposium, Edinburgh, 1985, 1990, p. 367-378, 7 fig.

MAGDELEINE (J.), Préhistoire du Cap Corse : les abris de Torre d'Aquila, Pietracorbara (Haute-Corse). *Bulletin de la Société préhistorique française*, t. 92, n° 3, 1995, p. 363-377, 20 fig.

MORAIS ARNAUD (J. E.), The Mesolithic Communities of the Sado Valley, Portugal, in their Ecological Settings. *In* : C. BONSALL (ed.), *The Mesolithic in Europe*, 3rd International Symposium, Edinburgh, 1985, 1990, p. 614-631, 8 fig., 3 tabl.

NEWELL (R. R.), CONSTANDSE-WESTERMANN (T. S.), MEIKELJOHN (C.), The Skeletal Remains of Mesolithic Man in Western Europe : an Evaluative Catalogue. *Journal of Human Evolution*, vol. VIII, n° 1, 1979, p. a1-228 + V ap. add., 3 cartes.

NIELSEN (E. K.), BRINCH Petersen (E.), The Late Palaeolithic and the Mesolithic : Burials, People and Dogs. *Digging into the Past, 25 Years of Archaeology in Denmark*, 1993, p. 76-81.

PEQUART (M.), (S.-J.), *Hoëdic, deuxième station-nécropole du Mésolithique armoricain*, De Sikkel, Anvers, XXII et 1954, 93 p., 42 fig., 10 pl.

PEQUART (M.), (S.-J.), BOULE (M.), VALLOIS (H.), Téviec, station-nécropole du Mésolithique du Morbihan. *Archives de l'Institut de Paléontologie humaine*, n° 18, Paris, Masson, 1937, 227 p., 70 fig., 19 pl.

ROCHE (J.), ABBÉ, *Le gisement mésolithique de Moita do Sebastiãno, Muge, Portugal*, 1972, 174 p., 30 fig., 9 pl.

ROCHE (J.), Spatial Organization in the Mesolithic Sites of Muge, Portugal. *In* : C. BONSALL (ed.), *The Mesolithic in Europe*, 3rd International Symposium, Edinburgh, 1985, 1990, p. 607-613, 4 fig.

ROZOY (J.-G.), Les derniers chasseurs. L'Épipaléolithique en France et en Belgique, essai de synthèse. *Bulletin de la Société archéologique champenoise*, n° spéc., 3 vol., 1978, 1 256 p., 294 fig., 259 pl.

ROZOY (J.-G.), SCHLACHMUYLDER (J. L.), L'allée Tortue à Fère-en-Tardenois (Aisne, France) : site éponyme du Tardenoisien récent. *In* : P. M. VERMEERSCH, P. VAN PEER (ed.), *Contributions to the Mesolithic in Europe*, Leuven University Press, 1990, p. 423-433, 10 fig.

SÉARA (F.), Ruffey-sur-Seille « A Daupharde ». *Bilan scientifique régional de Franche-Comté 1994*, 1995, p. 83.

VERJUX (C.), DUBOIS (J. P.), TRESSET (A.), *Des derniers chasseurs aux premiers éleveurs-agriculteurs : 3 000 ans d'occupations préhistoriques sur le site du « Parc du Château » à Auneau (Eure-et-Loir),* Catalogue d'exposition, éd. du CAEL, 1992, 24 p., 22 fig.

VERJUX (C.), DUBOIS (J.-P.) Rites funéraires mésolithiques originaux à Auneau (Eure-et-Loir). *Actes*, CXIX^e Congrès national des sociétés historiques et scientifiques, Amiens 1994 : *Le Tardiglaciaire en Europe du Nord-Ouest*, CTHS, 1997, p. 265-277, 8 fig.

LE GISEMENT AHRENSBOURGIEN DE SAINT-PRIVÉ (YONNE, FRANCE)

THE AHRENSBURGIAN SITE OF SAINT-PRIVÉ (YONNE, FRANCE)

André Huchet et André Thévenin

Résumé. – Un réexamen des séries lithiques du gisement des Quatre-Arpents à Saint-Privé dans le département de l'Yonne, jusqu'à présent bien représentatif du Mésolithique, a permis d'isoler un certain nombre de pointes pédonculées et d'objets lithiques qui ne peuvent être replacés que dans l'Ahrensbourgien ou dans des cultures apparentées. En l'état actuel des recherches, et au vu de l'abondant matériel recueilli, Saint-Privé apparaît comme un site majeur, très éloigné du domaine ahrensbourgien connu.

Mots clés : Yonne, Ahrensbourgien, pointes pédonculées.

Abstract. – A re-examination of the lithic serie of Quatre-Arpents site at Saint-Privé in the department of Yonne (France), so far admitted to be a good representative of the Mesolithic, made it possible to isolate a certain number of pedunculate points and lithic artefacts, which can only be situated in the Ahrensburgian or related cultures. Considering the current state of research and the abundant material gathered, Saint-Privé proves to be a major site, quite distant from the established ahrensburgian domain.

Key words : Yonne, Ahrensburgian, pedunculate points.

INTRODUCTION

C'est tout à fait fortuitement que fut découvert en 1986 par l'un des coauteurs (A. H.) le site préhistorique de Saint-Privé. Réparties sur les terres de la ferme de Maison-Haute, ses nombreuses zones d'occupation s'étalent sur une superficie qui dépasse 30 ha. Elles nous révèlent une très forte fréquentation des lieux par les hommes préhistoriques, déjà au Paléolithique inférieur, puis moyen et supérieur, à l'Épipaléolithique et au Mésolithique. Le matériel recueilli est le produit de ramassages de surface.

Parmi ces zones d'occupation, qui sont toutes des stations de plein air, le gisement des Quatre-Arpents, qui couvre une superficie de 13 000 m^2, a tout d'abord été reconnu comme un remarquable et très riche gisement mésolithique (Violot, 1991, 1994 ; Huchet, 1994 ; Huchet, Thévenin, 1995). Par la suite, il est apparu qu'un certain nombre d'armatures ne rentraient pas dans le corpus des armatures mésolithiques et que ces armatures, ainsi qu'un matériel de grande taille recueilli en partie sur les mêmes lieux mais également sur des concentrations voisines, ne semblaient pas présenter de caractères strictement Paléolithique supérieur. Un réexamen des différentes séries a permis de constater la présence de pointes pédonculées de type ahrensbourgien, associées à des pièces microlithiques et à un outillage du fonds commun, à intégrer dans le même ensemble industriel (Huchet, Thévenin, 1997 ; Huchet, Pautrat, Thévenin, 1996).

Le but du présent article est de sensibiliser les chercheurs à une présence ahrensbourgienne très éloignée de son domaine classique. Les conditions de trouvailles incitent à la prudence : l'examen du matériel ne permet pas toujours de retenir de façon formelle certaines pièces. Toutefois une série d'objets bien typés, et plus particulièrement les armatures qui portent une très forte charge culturelle, nous apporte la preuve, par la typologie comparative, d'une telle présence.

SITUATION GÉOGRAPHIQUE (fig. 1)

Le territoire de Saint-Privé, dans le département de l'Yonne, traversé par le Loing, à seulement 20 km de sa source, se trouve au cœur de la Puisaye. Région bocagère située sur le rebord sud-est du Bassin parisien, la Puisaye est formée de plateaux aux sols limoneux et siliceux reposant sur des argiles plus ou moins imperméables, souvent humides, parfois marécageux, entrecoupés de vallées profondes aux coteaux arides regorgeant de silex.

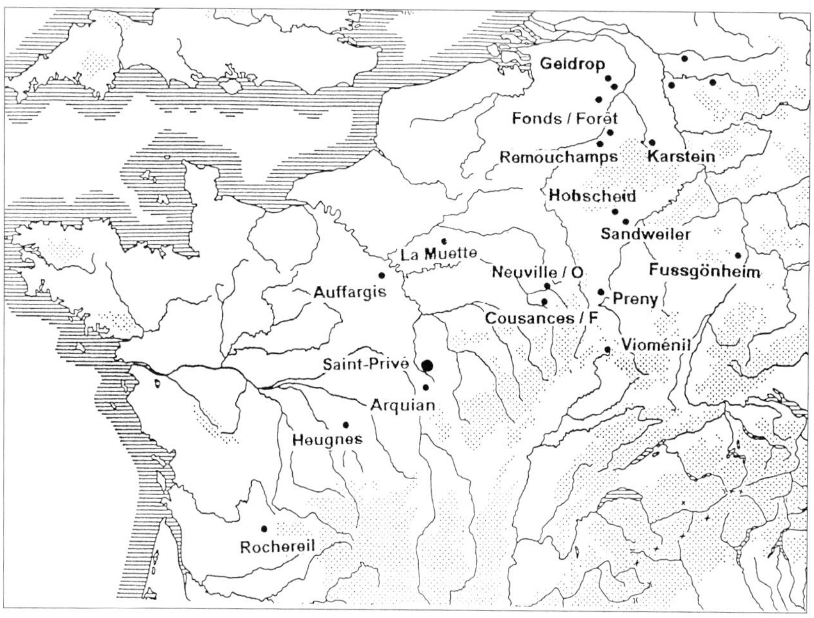

Figure 1. – L'Ahrensbourgien : répartition des gisements et armatures isolées.

SITUATION TOPOGRAPHIQUE DU GISEMENT (fig. 2)

Au cours du temps, les groupes humains ont toujours choisi de s'installer sur le sommet du promontoire que constitue aujourd'hui la ferme de Maison-Haute. Les zones d'occupation partent en général de la ligne de crête (208 à 198 m d'altitude) pour s'étendre en descendant vers le midi et la vallée du Loing avec une dénivellation de 40 m. La configuration des lieux assure une très grande visibilité sur les trois quarts de l'horizon, vallée et coteaux avoisinants. Les zones d'occupations épipaléolithiques et mésolithiques sont indiquées sur la figure 2.

LE MATÉRIEL ARCHÉOLOGIQUE

La matière première

La principale matière première utilisée est le silex. Il est manifestement importé, mais sa provenance n'est certainement pas lointaine : il s'agit d'un silex brun roux (75 %) et gris (20 %). Il diffère nettement du silex local, pratiquement impropre au débitage.

Le débitage

Il est réalisé sur des nucléus de grande taille, prismatiques à deux plans de frappe (fig. 3, n° 1) de 8 à 20 cm de longueur, globuleux (fig. 3, n° 2) ou informes de 6 à 12 cm de diamètre. Ils sont actuellement au nombre de 150. Il faut ajouter des nucléus de taille

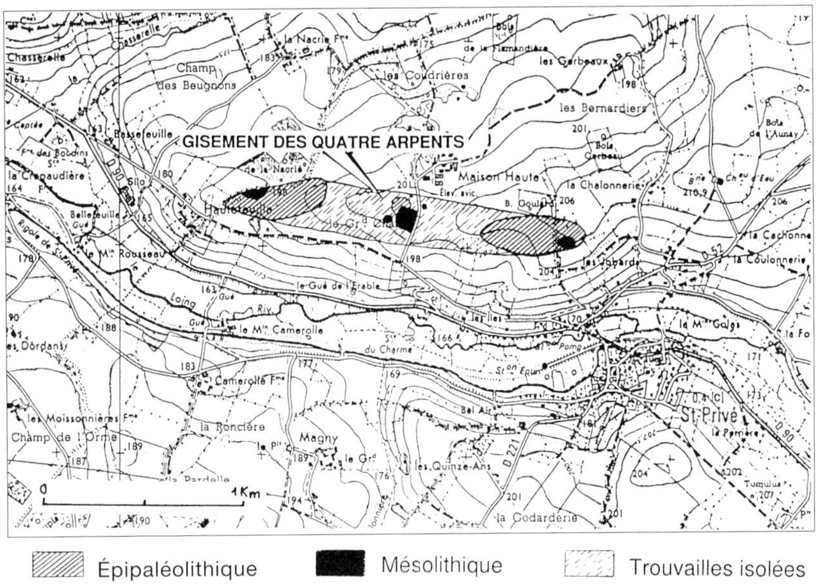

Figure 2. – Saint-Privé (Yonne) : situation topographique.

moyenne et petite, comportant également des exemplaires prismatiques (fig. 3, n° 3), globuleux (fig. 3, n° 4), mais également pyramidaux (fig. 3, n° 6), coniques (fig. 3, n° 5), plats (fig. 3, n° 8), à enlèvements croisés (fig. 3, n° 7). Tous ces types sont rencontrés en Allemagne dans l'Ahrensbourgien, à Deimern, Neuenkirchen, Immenbeck, Soldorf, Callenhardt, Klein Nordende... (Taute, 1968). Un doute subsistera à Saint-Privé pour une attribution globale à l'Ahrensbourgien, mais la présentation de ces pièces était nécessaire.

La présence de lames à crête (10 exemplaires ; fig. 3, n° 9) atteste l'utilisation de cette technique à Saint-Privé, comme à Bremervörde et Dabendorf (Taute, 1968).

LES ARMATURES

Pointes pédonculées

Ce sont ces objets à forte charge culturelle qui ont permis d'identifier l'Ahrensbourgien à Saint-Privé.

On trouve des différences importantes tant au niveau de la grandeur des pièces qu'au niveau de leur morphologie. Un grand polymorphisme affecte l'ensemble du matériel, mais c'est en général la règle dans l'Ahrensbourgien. Trente-cinq d'entre elles possèdent un pédoncule plus ou moins marqué (fig. 4, n° 1 à 26), une trentaine un cran basilaire (fig. 4, n° 28 à 35) et une vingtaine seulement une troncature oblique, soit au total 65 exemplaires.

Une pièce de technique « chute de technique lors de la fabrication d'un pédoncule » (fig. 4, n° 27) mérite d'être signalée (Taute, 1968, p. 178). Ce type d'accident a été reconnu à Immenbeck, Bremervörde, Minstelt et Polkern (Taute, 1968, Tafel, 33-4 ; 43-10 ; 52-8 ; 64-7).

Pièces « microlithiques »

Comme dans la plupart des sites ahrensbourgiens d'Europe du Nord-Ouest, une importante série de pièces « microlithiques » accompagne les pointes pédonculées. Elles comprennent plusieurs catégories : la mieux représentée est celle des pointes à troncature oblique à base naturelle (« Zonhoven Spitzen ») avec 40 exemplaires (fig. 5, n° 1 à 19) et 4 exemplaires à base retouchée (fig. 5, n° 20 et 21).

Viennent ensuite des pointes à base naturelle finement retouchée (fig. 5, n° 22 à 24), au nombre de 10. Ce type est présent à Neuenkirchen, Ketzendorf, Glind, Callenhardt (Taute, 1968, Tafel 20-7, 17-20 ; 39-32 ; 46-5 ;

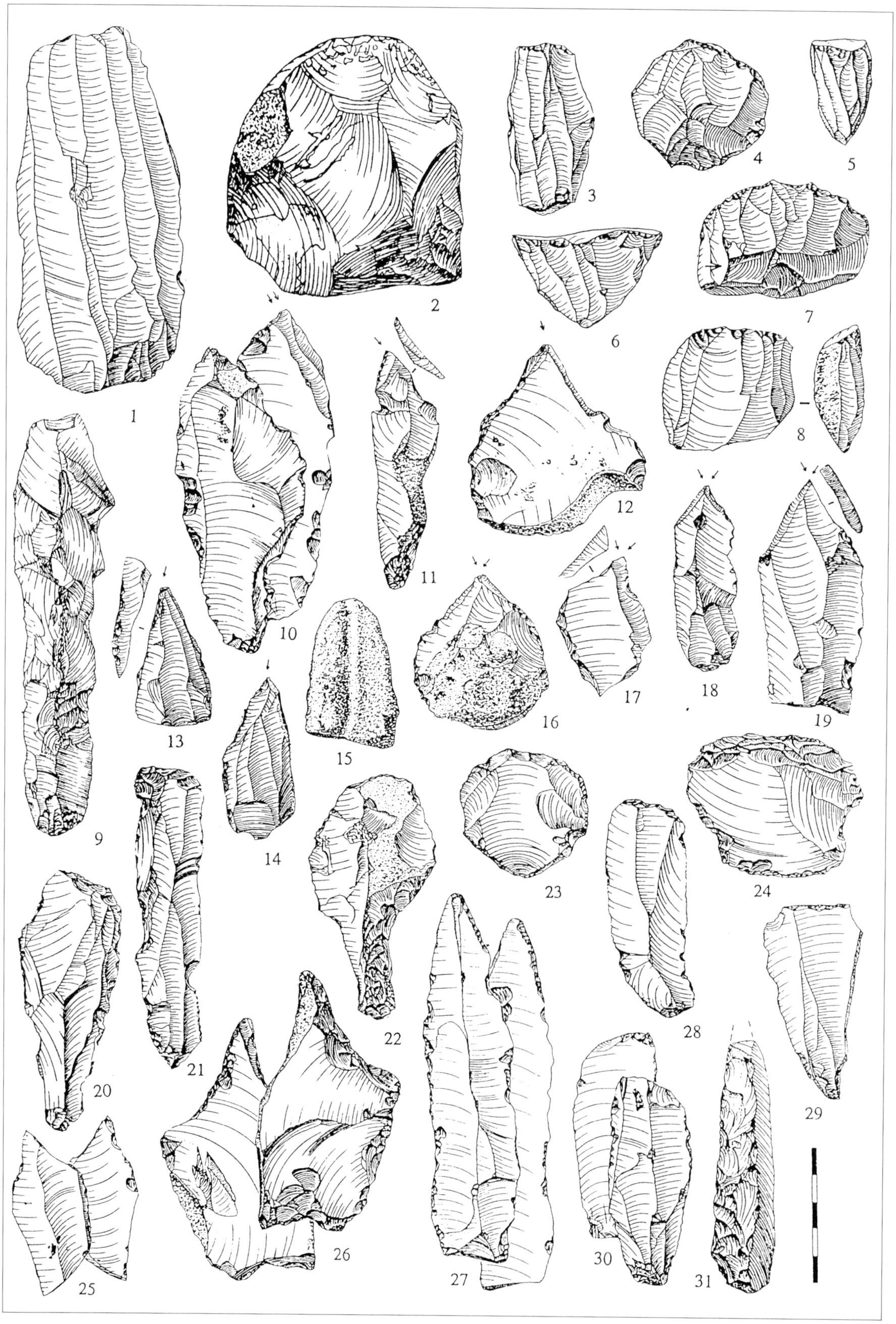

Figure 3. – Saint-Privé (Yonne) : nucléus et outils du fonds commun (Ahrensbourgien).

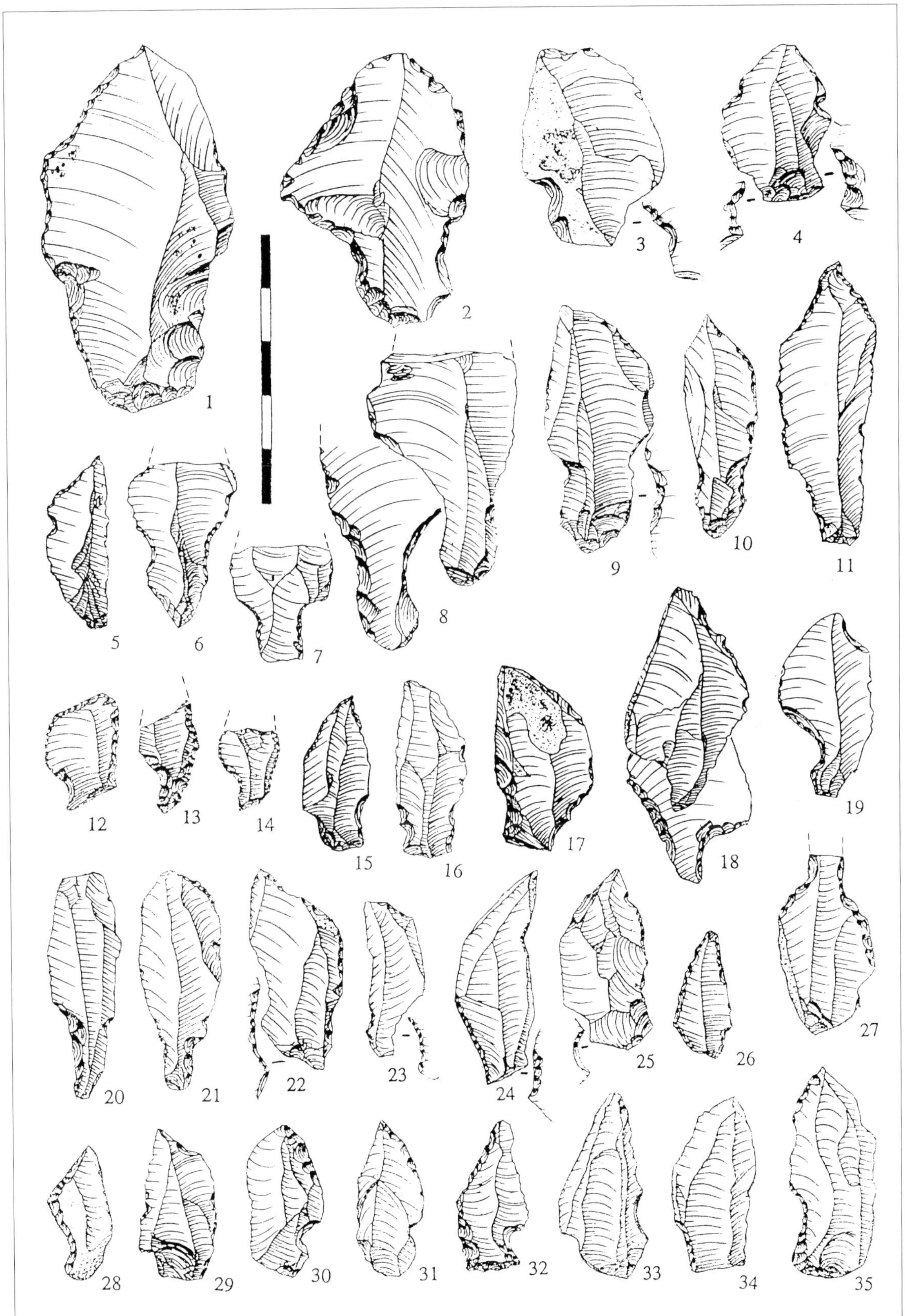

Figure 4. – Saint-Privé (Yonne) : pièces pédonculées et à cran ahrensbourgiennes.

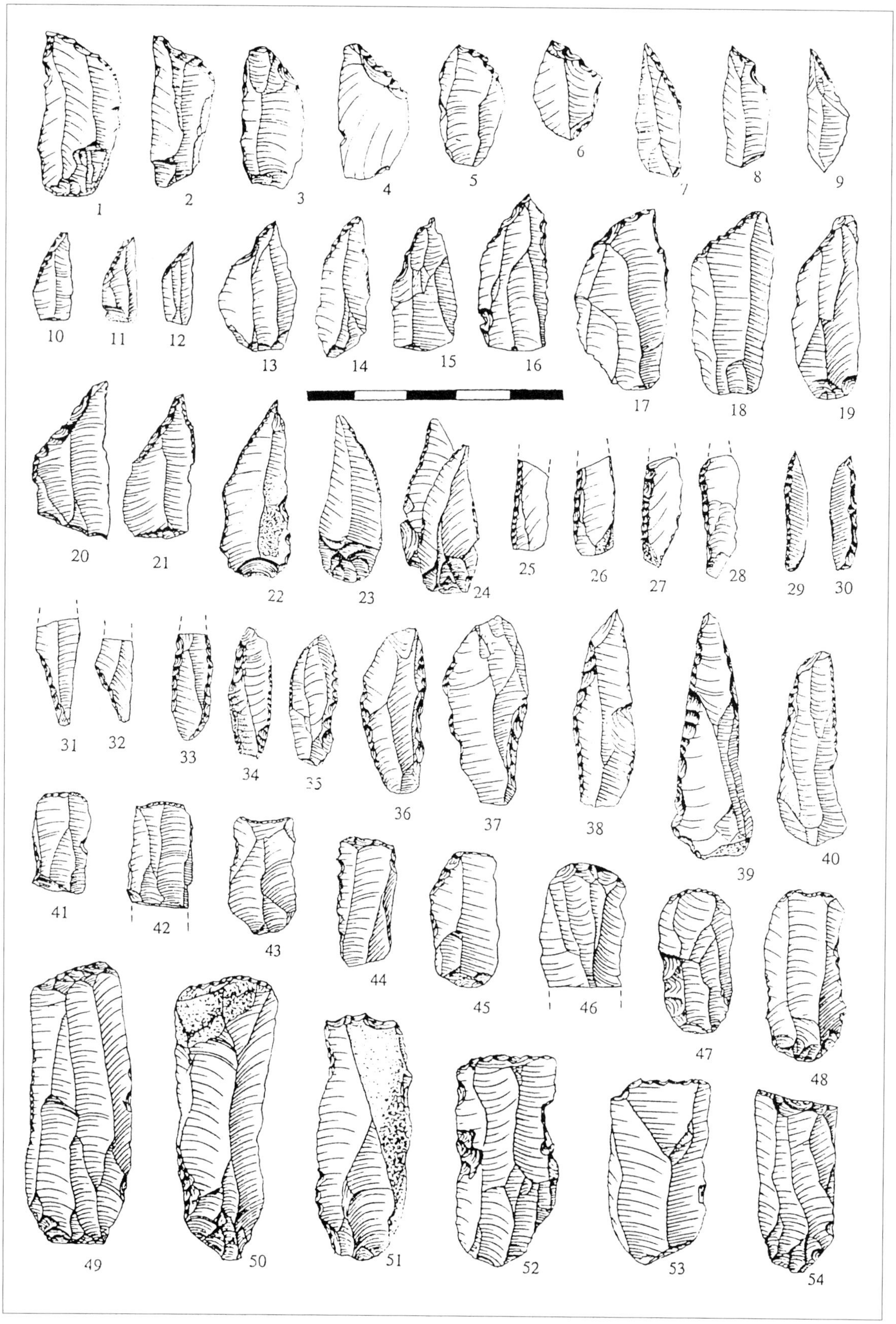

Figure 5. – Saint-Privé (Yonne) : pièces « microlithiques », pièces à dos et tronquées (Ahrensbourgien ou culture contemporaine).

56-15). S'y ajoutent 12 lamelles à retouches unilatérales (fig. 5, n° 25 à 28), 4 pointes à dos (fig. 5, n° 29 et 30), 19 lamelles à bord abattu (fig. 5, n° 33 à 37) et 5 trapèzes effilés, à l'état de fragment (fig. 5, n° 31 et 32), bien présents à Geldrop et en Allemagne. À ajouter deux pointes à piquant-trièdre (fig. 5, n° 38), comparables à une pointe de Klein Nordende II (Taute, 1968, Tafel 78-2), 5 pointes à deux bords retouchés semi-abruptes (fig. 5, n° 39-40), qui peuvent être comparées à 3 pointes d'Ahrensburg-Pinnberg (Taute, 1968, Tafel 84-8, 9, 10).

Outillage du fonds commun

Les outils du fonds commun sont peu nombreux par rapport au nombre des armatures, par comparaison avec Geldrop par exemple, où ils constituent 75 % de l'ensemble (Rozoy, 1978, pl. 11, 13, 15). À Deimern, il y a quatre fois plus d'outils que d'armatures ; à Ketzendorf 3 fois plus, à Glinde 5g, 3 fois plus, etc. (Taute, 1968). À Saint-Privé, il n'y a qu'un outil pour 2 armatures, mis à part un nombre impressionnant d'outils à encoches qui n'ont pas été retenus car très difficiles à départager des ensembles mésolithiques.

• Les burins

Ils sont au nombre de 49 : 6 burins à enlèvements plans réalisés sur lame (fig. 3, n° 10) ; 9 burins sur troncature, dont 6 sur lame (fig. 3, n° 11), et 3 sur éclat (fig. 3, n° 12) ; 24 burins dièdres sur lame ou sur éclat (fig. 3, n° 16, 17, 18, 19) ; enfin 10 burins à un seul grand enlèvement oblique réalisé sur lame courte et épaisse (fig. 3, n° 13-14).

• Les grattoirs

Au nombre de 31, 5 sont réalisés sur lame longue (fig. 3, n° 20-21) dont un pédonculé (fig. 3, n° 20) ; 3 sur lame courte et épaisse (fig. 3, n° 28), 23 sur éclat (fig. 3, n° 22 à 24), dont 4 pédonculés (fig. 3, n° 22).

• Les lames tronquées

Elles sont au nombre de 10 (fig. 3, n° 29) ; 4 d'entre elles présentent une troncature inverse (fig. 3, n° 30).

• Les lamelles tronquées

Au nombre de 50 (fig. 5, n° 41 à 54).

• Les perçoirs

Avec 17 exemplaires, les perçoirs sont très présents à Saint-Privé, contrairement à ce qui s'observe dans les gisements d'Europe du Nord-Ouest, où ils sont rares. 7 sont de grande taille réalisés sur gros éclat (fig. 3, n° 26), 10 de dimensions moyennes (fig. 3, n° 25) avec une pointe bien dégagée, à la manière des exemplaires signalés à Geldrop II-1 (Rozoy, 1978, pl. 11, n° 11).

• Divers

2 belles lames appointées (fig. 3, n° 27) ; 1 très beau pic de section triangulaire (fig. 3, n° 31), identique à deux exemplaires à Deimern (Taute, 1968, Tafel 14-7) et un à Dabendorf (Taute, 1968, Tafel 118-1).

2 grès à rainure unique (fig. 3, n° 15) du genre de ceux de Stellmoor méritent d'être signalés, de même que 3 beaux couteaux à dos et encoches basilaires de grandes dimensions, respectivement 16, 12 et 10 cm de longueur.

CONCLUSION

En l'état actuel des recherches, on peut résumer les différentes données concernant Saint-Privé de la façon suivante :

– nombreuses occupations antérieures et appartenant au Paléolithique ;

– fréquentation très suivie du Dryas III au début de l'Atlantique ;

– présence, certainement au même moment, de groupes différents principalement pendant le Mésolithique ;

– abondance considérable des armatures (estimées à plusieurs dizaines de milliers) pour toutes les phases d'occupation confondues par rapport au mobilier du fonds commun ;

– position remarquable de Saint-Privé sur le Loing, principal axe fluvial nord-sud entre Loire et Seine ;

– situation topographique favorable pour l'exploitation du biotope.

Au vu de ces différentes données, Saint-Privé apparaît plutôt comme un site visité (camp de chasse) plutôt que comme un site habité (camp de base). De toutes les phases d'occupation, c'est la présence ahrensbourgienne qui est la plus remarquable et qui donne au gisement une importance particulière.

Jusqu'à la mise en évidence du gisement de Saint-Privé, l'Ahrensbourgien n'était connu en France et au Luxembourg que par quelques pointes à soie isolées à Vieux-Moulin (La Muette I) dans l'Aisne, Hobscheid et Sandweiler au Luxembourg, Prény en Meurthe-et-Moselle, Cousances-les-Forges et Neuville-sur-Ornain dans la Meuse, Viioménil dans les Vosges. La liste s'est agrandie depuis peu : Louppy-le-Château, Haironville dans la Meuse (Guillot et Thévenin, 1996), Mailleroncourt-Charette en Haute-Saône (Chanson et Thévenin, 1996), Percey-le-Pautel, Lécourt, Pouilly-en-Bassigny (Petit et Thévenin, 1996), etc., Arquian dans la Nièvre, tout à côté de Saint-Privé (Huchet, Pautrat et Thévenin, 1996). Il faut ensuite descendre jusqu'en Dordogne pour trouver une présence ahrensbourgienne, avec 27 pointes pédonculées, à la grotte de Rochereil, sur la commune de Grand-Brassac.

L'espace ahrensbourgien se trouve ainsi fortement élargi. La très forte crise climatique du Dryas III est certainement la cause de cette extension rapide et de grande envergure. Si les rennes réapparaissent en Allemagne du Nord et en Belgique, les hommes, en l'occurrence les chasseurs ahrensbourgiens, ont dû suivre le même mouvement dans des « migrations de nécessité ». Ces nouveau-venus se sont installés au milieu des populations existantes de chasseurs utilisateurs de pointes à dos courbe (Thévenin, 1995a, 1995b).

BIBLIOGRAPHIE

CHANSON (J.-M.), THÉVENIN (A.), Une pointe ahrensbourgienne en Haute-Saône. *Actes*, colloque de Dijon 1995 : « Paléolithique supérieur entre Seine et Rhin », *Cahiers archéologiques de Bourgogne,* n° 6, 1996, p. 100, 1 fig.

GUILLOT (G.), GUILLOT (O.), THÉVENIN (A.), Pointes pédonculées « ahrensbourgiennes » ou apparentées du Sud de la Meuse. *Actes*, colloque de Dijon 1995 : « Paléolithique supérieur entre Seine et Rhin », *Cahiers archéologiques de Bourgogne,* n° 6, 1996, p. 101-105, 3 fig.

HUCHET (A.), Les Quatre-Arpents (Saint-Privé, Yonne), gisement épipaléolithique-mésolithique. *Actes*, table ronde de Chambéry 1992 : *Mésolithique entre Rhin et Méditerranée,* Association départementale pour la recherche archéologique en Savoie, Chambéry, 1994, p. 75-83, 4 fig.

HUCHET (A.), THÉVENIN (A.), Les occupations mésolithiques des Quatre-Arpents à Saint-Privé (Yonne). *Actes*, table ronde de Passy 1993 : « Épipaléolithique et Mésolithique du Sénonais et des régions voisines », *Cahiers de la Société archéologique de Sens*, n° 2, 1995, p. 87-96, 6 fig.

De l'Ahrensbourgien à Saint-Privé. *Actes*, colloque de Chaumont 1994 : « Le Paléolithique de l'est de la France : de l'Aurignacien à l'Ahrensbourgien ». *Mémoires de la Société archéologique champenoise,* n° 2, 1997, p. 191-204, 8 fig.

HUCHET (A.), PAUTRAT (Y.), THÉVENIN (A.), L'Ahrensbourgien en Puisaye. *Actes*, colloque de Dijon 1995 : « Paléolithique supérieur entre Seine et Rhin », *Cahiers archéologiques de Bourgogne,* n° 6, 1996, p. 106-118, 3 fig.

PETIT (Cl.), THÉVENIN (A.), Réflexions sur quelques armatures épipaléolithiques du pays de Langres (Haute-Marne). *Actes*, colloque de Dijon 1995 : « Paléolithique supérieur entre Seine et Rhin », *Cahiers archéologiques de Bourgogne,* n° 6, 1996, p. 88-96, 3 fig.

TAUTE (W.), *Die Stielspitzen-Gruppen in nördlichen Mitteleuropa. Ein Beitrag zur Kenntnis der späten Altsteinzeit*, éd. Böhlau, Cologne, 1968, 326 p., 57 fig., 180 pl., 12 cartes.

THÉVENIN (A.), Le peuplement de l'Est de la France du Tardiglaciaire au début du Postglaciaire. *Actes*, table ronde d'Ancerville 1989 : « Épipaléolithique et Mésolithique entre Seine et Rhin », *Annales littéraires de l'université de Besançon*, n° 567, 1995a, p. 213-273, 33 fig.

L'Épipaléolithique et le Mésolithique de l'Yonne. *Actes*, table ronde de Passy 1993 : « Épipaléolithique et Mésolithique du Sénonais et des régions voisines », *Cahiers de la Société archéologique de Sens*, n° 2, 1995b, p. 209-219, 7 fig.

« Azilien » et Ahrensbourgien dans l'Est de la France : le point sur la question. *Actes*, colloque de Dijon 1995 : « Paléolithique supérieur entre Seine et Rhin », *Cahiers archéologiques de Bourgogne,* n° 6, 1996, p. 119-130, 4 fig.

VIOLOT (J.-M.), *Le Mésolithique en Bourgogne. Armatures, sites et cultures*, Mémoire de DEA, université de Franche-Comté, 1991.

Le Mésolithique en Bourgogne et le Beaugencien. *Actes*, table ronde de Chambéry 1992 : *Mésolithique entre Rhin et Méditerranée,* Association départementale pour la recherche archéologique en Savoie, Chambéry, 1994, p. 125-134, 4 fig.

Monde septentrional : de la Grande-Bretagne à la Scandinavie

CONCLUSIONS CONVERGENTES À PARTIR DE DIFFÉRENTES PERSPECTIVES ARCHÉOLOGIQUES : LA PREMIÈRE OCCUPATION DU NORD DE LA SUÈDE

CONVERGING CONCLUSIONS FROM DIFFERENT ARCHAEOLOGICAL PERSPECTIVES : THE EARLY SETTLEMENT OF NORTHERN SWEDEN

Lars Forsberg, Kjel Knutsson

Résumé. – Le point de départ de cet article est deux études séparées mais contemporaines en relation avec l'Âge de la Pierre du Nord de la Suède. Dans la première étude, Forsberg tente d'étudier les aspects économiques et sociaux du Mésolithique du Nord de la Suède au plan macroscopique. Dans la deuxième, Knutsson, de manière focalisée, a commencé ses recherches par une étude critique de la documentation d'un site stratifié contenant des éléments du Mésolithique ancien, dans la même région. Les deux études ont commencé indépendamment et à peu près en même temps il y a quelques années, et, bien que différentes dans la portée et la source d'informations, elles partagent – entre autres – un intérêt chronologique. Les analyses séparées ont montré que l'ancien cadre chronologique du Mésolithique du Norrland devait être abandonné. Les deux séquences de périodisation comprenant la « *handle core tradition* » comme phase initiale doivent être changées en une structure en trois phases avec la « *handle core tradition* » située au milieu. Le fait que cette découverte se présente aux auteurs comme une totale surprise, que c'était fait de manière contemporaine, indépendante et avec différentes significations, provoqua une discussion épistémologique sur l'habituelle opposition entre les positions objectiviste et relativiste. Dans l'article, les auteurs veulent aller au-delà de cette opposition. Il est établi que, en évitant de s'orienter vers la réflexion passive de savoir ce qu'il en était autrefois, une étude significative du passé est possible, et que le matériel archéologique lui-même ne permet pas que toutes les interprétations soient perçues comme équivalentes.

Mots clés : Suède du Nord, Mésolithique, chronologie, datation radiocarbone, « *handle core tradition* », analyse par correspondance.

Abstract. – The startingpoint for this paper is two separate but contemporaneous investigations dealing with the Early Stone Age of Northern Sweden. In the first study, Forsberg attempted to study the economic and social aspect of the Mesolithic in Northern Sweden on a macrolevel. In the other, Knutsson, on a microlevel, started his research by a source critical evaluation of a stratified site with early mesolithic components in the same area. The two studies were initiated independently at roughly the same time some years ago and, although different in scope and source material, they shared among other things a chronological interest.

The separate analyses showed that the previously anticipated cultural and chronological framework of the Norrland Mesolithic had to be abandoned. The two phase periodization with the handle core tradition as the initial phase had to be changed into a three period structure with the handlecore tradition in the middle. The fact that this discovery came as a total surprise to the authors, that it was made contemporaneous, independently and with different means, promoted an epistemological discussion on the current opposition between an objectivist and relativist position. In the paper, the authors want to reach beyond this constructed opposition. It is stated that, without having to turn to a passive reflection of how it once was, a meaningful study of the past is possible and that the archaeological material itself does not allow that all interpretations are seen as equivalent.

Key words : Northern Sweden, Mesolithic, chronology, radiocarbon datation, « handle core tradition », correspondence and cluster analysis.

INTRODUCTION

In recent years, there has been a discussion concerning epistemological problems in archaeology. This discussion has focussed on the perceived dichotomy between objectivism and relativism. We feel that part of the criticism levelled at the objectivist paradigm is justified. Among other characteristics, this critique holds the belief that it is possible to reconstruct the past, to acquire for ourselves The Truth. It also holds the belief that it is possible to be an outside observer of the past and that the data is independent of the theoretical context in which it is produced.

This justified criticism has led some archaeologists to abandon objectivism and instead emphasize the contemporaneity of our theories, classifications and data recovery. Archaeological interpretations are seen solely as individual and social practices within a power perspective. This often leads to a further view, where interpretations are contemporary constructions which actually only say something about our present and nothing about the past. According to our view this reasoning can lead to a total and paralyzing relativism, where the power of the interpreter is total. The past has no voice and cannot, as it can in objectivism, be used as a record against which propositions are evaluated.

The opposition between objectivism and relativism has led to a deadlock where we realize on the one hand the impossibility of a positivist programme and on the other hand the emptiness of a relativist position. We realize that we have to reach beyond this constructed opposition where the logic is that, if you do not believe in one position, by definition you have to believe in the other. We hold the view that a meaningful study of the past is possible and that the archaeological material itself does not allow that all interpretations are seen as equivalent. In this paper we intend to show two different, converging, examples that the archaeological material can resist and change interpretations.

A MACROLEVEL ANALYSIS

The study of the Mesolithic of Northern Sweden has barely just begun. There are numerous problems related to the geographical scale of the area, and the lack of archaeological fieldwork focussed on the Mesolithic. The area concerned is 1,500 × 400 km large and sparsely populated, except for the narrow coastal strip in the east. The mesolithic evidence in this area has generally been seen as characterized by two main traits : the presence of quartz technology (something which also characterizes the ensuing Neolithic Period) and a microblade technology based on the use of handle cores. This technology is performed on local, flintlike raw materials such as quartzite, chert and porphyry. The chronological separation of these two techniques has mainly been based on one site, Garaselet. Here, handle cores and a dating of *ca.* 7,000 BC have been correlated. the picture of the whole period in Northern Sweden has been based on very few sites.

As no synthesis of this subject had earlier been made, the first author started to collect information on possible mesolithic site material from old excavation reports. The aim was to produce a larger synthetic work of the period. The problems discussed here were among others problems of site location strategies, raw material networks and analysis of the microblade technology. Only one aspect of this work will be discussed here.

In order to gain a picture that could serve as a better baseline for further research, a compilation of sites with mesolithic datings and/or cultural material from unpublished reports was made. The result was unexpectedly good : around 60 datings from 40 sites with material ranging from 4,500 BC to 7,600 BC could be distinguished. The archaeological material from these sites was then being used in the further analyses (Forsberg, 1996). A survey of the known handle cores/keeled scrapers was also made, this being the most conspicuous cultural material that can be given a mesolithic date on typological ground.

The majority of the sites contain small cooking pits/pit hearths with charcoal, making them suitable for dating. In order to assess the general amount of datings falling into different parts of the Mesolithic, an intensity curve was constructed (fig. 1). This is of course an approximation, but gives a means of dividing the sites into chronological groups. The datings are compiled with a class breadth of 100 years, and this fluctuating curve can then be used to find period limits where few or no datings co-vary (Pape, 1979, p. 1).

The oldest site, R 180 from Vojmsjön, Southern Lappland, has a dating of 7,600 BC which is certainly too old, according to the accepted ice recession chronology. A tentative partition of the dates into an early, middle and late phase was done based on the intensity plot. The division falls between 6,200 BC and 4,700 BC. There are ten sites in the earliest group, and seventeen in the middle group.

The Later Stone Age of Norrland is generally said to begin around 4,200 BC (Baudou, 1992, s. 52). It is worth mentioning that not all available sites and datings were used for the latest group, since there is a marked increase of sites that characterize the beginning of the Later Stone Age. Here we have the sites with mounds of firecracked rocks, and quartz technology becomes dominating.

In order to analyze this material, the mesolithic components had to be separated from other, later material at the sites. This makes some of the sites weaker as a source material. Surprisingly enough, many sites gave the impression of being used for only a very short time. These are thus more reliable as single components, and therefore as units in the analysis.

By analyzing the inventory in general terms, the thought was to get a separation of the sites into a handle core/microblade group and a quartz-using group. The accepted framework for viewing the Mesolithic in Northern Sweden suggested that the microblade phase should be the oldest. The strategy was that a cluster analysis based on the Jaccard coefficient (Wilkinson, 1989) was performed on a presence/absence matrix of sites and attributes (fig. 1).

This analysis departed from the following types of attributes :

– Presence of microblades, handle cores/keeled scrapers, borers, scrapers.

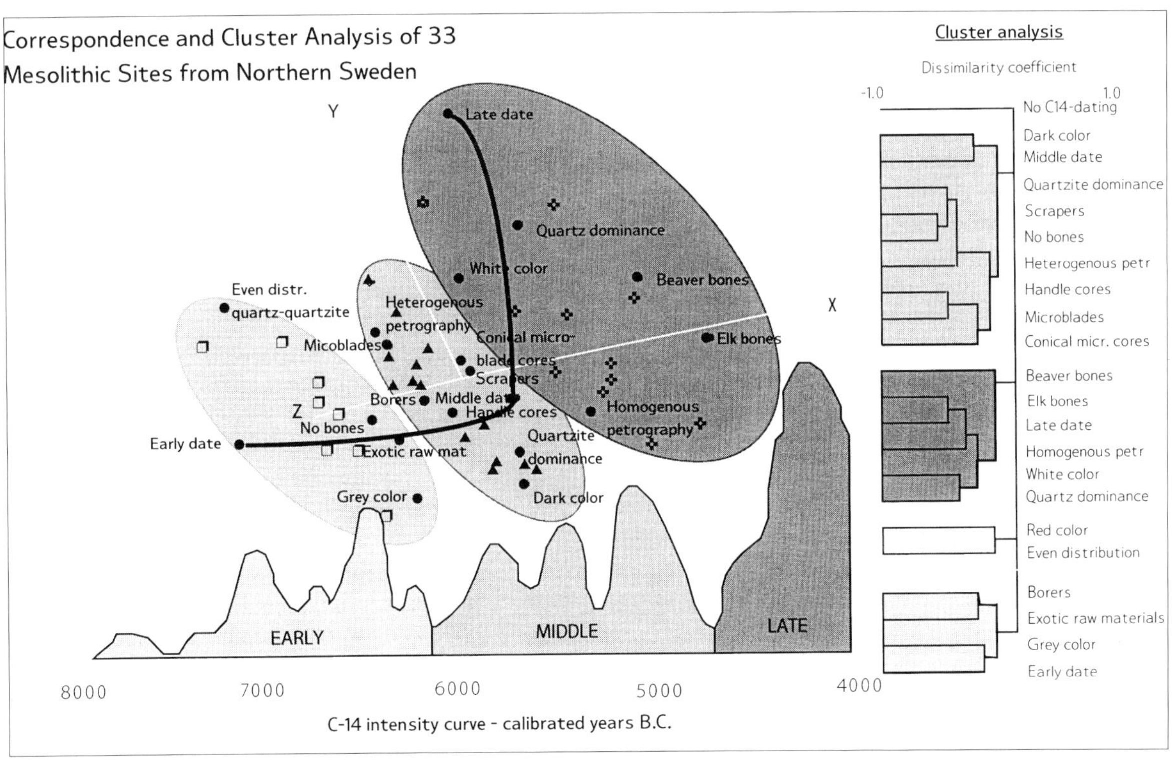

Figure 1. – Combined plot of the three chronological groups obtained in the chronological analysis (the curve in the bottom of the plot), the cluster analysis (to the right of the plot), and the correspondence analysis (the central and upper left part of the plot).

– Prevalence of quartz or quartzite.
– Homogeneity/heterogeneity of raw materials.
– Bone material.
– Dating (the three groups mentioned above).
– Dominating colour of the raw materials.
– Presence of exotic/local raw materials.

The analysis produced a result where three main groups could be discerned :

1) Exotic raw materials, borers, grey colour-early dating.

2) Microblade technology, dark colour, quartzite dominance, heterogeneous petrography.

3) Quartz technology, white colour, beaver and elk bones-late dating.

To test this picture and to achieve a simultaneous analysis of both sites and attributes, a correspondence analysis (TerBraak, 1988) was performed on the same presence/absence matrix. The three groups of the cluster analysis could also be discerned in this analysis, and, what is more, the resulting pattern in the CA-analysis was shaped in a horseshoe fashion, suggesting that a gradient is present in the material – in this case it is quite evidently time. But, if this interpretation is correct, the handle core/microblade group is preceded by an older phase, something that was not anticipated from the start. If, however, three chronological groups were postulated, it would make sense, with one very important exception : Garaselet.

The analysis evidently led to a surprise, where something that did not exist in advance, or in the mind of the interpreter, suddenly called for attention.

A MICROLEVEL ANALYSIS. STRATIGRAPHY AND INTRASITE SPATIAL ANALYSIS OF THE GARASELET SITE

The Garaselet site, as we have seen above, formed an anomaly in the chronological structure obtained by the correspondence analysis performed by the first author. This site, situated some 80 km inland on the southern shore of the Byske river, was discovered in 1968, and 600 m^2 were excavated between 1969 and 1975. The main object of the excavation was to understand more about the contents of inland sites in Norrland, with finds of flaked, Southern Scandinavian flint and their possible relation to coastal sites in this period. Sites with this type of raw material dated to the Middle Neolithic B (*ca.* 2,000 BC) are numerous along the former North Swedish Baltic coastline (Christiansson, 1974 ; Knutsson, 1988). Hovewer, during the excavation, it was soon discovered that the site was multilayered with a sediment of 1.2 m thickness. At the bottom of the stratigraphy, finds of hearths, cooking pits, burned bones and flaked porphyry and quartz were found, whereas the flaked flint was found only in the uppermost 20 cm of sediment, also correlated to hearths and cooking pits. Deep in the sediment, below a sterile sandy layer, porphyry handle cores were found indicating a mesolithic age of this material. 14C datings of hearth charcoal from this layer gave an approximate age of *ca.* 7,000 cal BC. This, as it turned out, was the oldest dated site in Northern Sweden at this time (1974).

In the late eighties, roughly at the same time as the first author (Forsberg) began his evaluation of the North Swedish Mesolithic, the Garaselet site was taken as a starting point for a critical assessment of the chronological and cultural development in Northern Sweden by the second author (preliminarily presented in Knutsson, 1993). In order to shed some contextual light on the complexity and chronology of this, the perhaps most important mesolithic site in Norrland, a stratigraphic and spatial analysis of the site was begun through a refitting of the flaked porphyry assemblage. Besides contributing to the normative understanding of mesolithic technological traditions, it showed that most of the material came from a few technological episodes where microblades and handle cores were produced (Åkvist-Nordlund, 1992). The mesolithic occupation could thus be interpreted as a very short stay involving repair of hunting gear (retooling, making new inserts).

A new series of 14C datings of the site features was performed in order to give a clearer picture of the site history and also in order to enable a contextualization of finds and features. This analysis seemed to confirm the interpretation from 1974 with one exception. The mesolithic datings seemed to separate the lower parts of the stratigraphy into an older and a younger phase, roughly dated to 5,000 cal BC and 7,000 cal BC (fig. 2).

The spatial distribution of the dated features (hearths and cooking pits) further showed that the older and the younger mesolithic phase was found in separate areas of the site situated far from and close to the beach (fig. 3a). The distribution of flaked porphyry in the two lower, mesolithic layers showed a similar polarity between a Northern and a

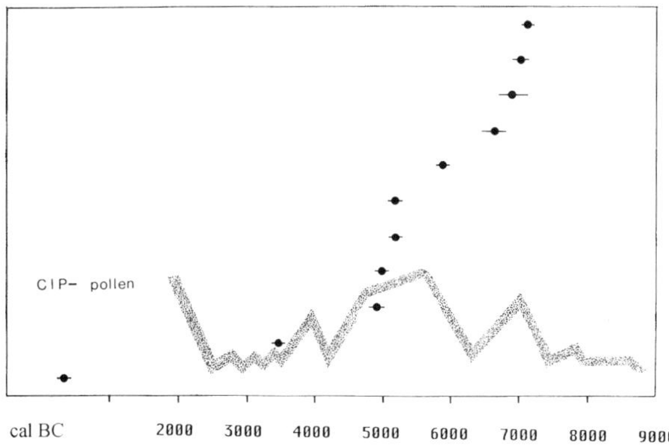

Figure 2. – 14C datings of 10 features in the mesolithic levels at the Bjurselet site.

a
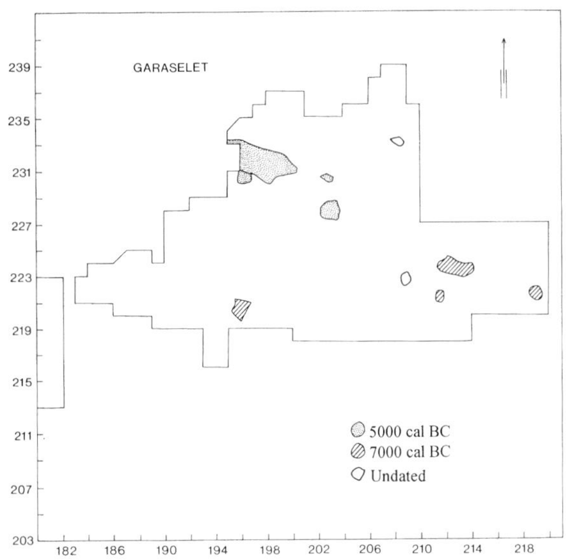

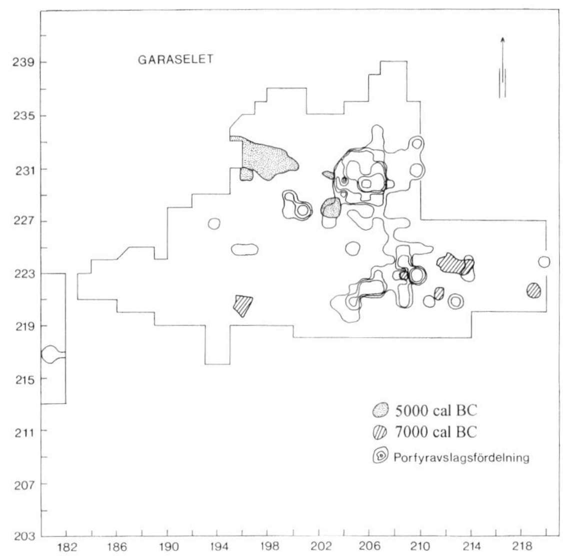

b

c
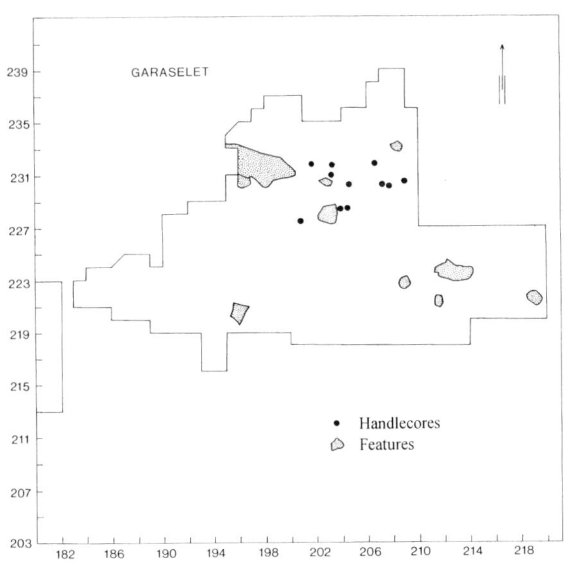

Figure 3. – a. Distribution of dated features in the lower mesolithic levels at Garaselet. b. Distribution of flaked porphyry in the mesolithic levels at Garaselet. c. Distribution of handle cores in the lower mesolithic levels at Garaselet.

Southern cluster in the site area (fig. 3b). This evidence could tentatively be interpreted as the result of two separate visits or periods of activity on the site, separated in time by 2,000 years (one feature dated to *ca.* 6,000 cal BC falling in between this general picture).

The spatial distribution of the chronologically relevant handle cores closely followed the distribution of the flaked porphyry assemblage, and dated to 5,000 cal BC in the northern part of the site (fig. 3c). This correlation between the handle core and the later phase was enhanced when looking at the distribution of refitted flakes. All of the refitted material was distributed in the same part of the site area, strengthening the opposition between an activity area close to and far from the shoreline.

The opposition caused by the spatial distribution of flakes, handle cores and refitted flakes could however be interpreted in basically two, radically opposing, ways : 1) the opposition is caused by a difference in time ; 2) the opposition is caused by a cultural practice separating contemporaneous activity areas. The correlation between features with older 14C dates, the absence of handle cores and no flakes refitted to handle core production spoke in favour of proposition number 1, in which the opposition is caused by difference in time.

A closer look at the stratigraphic building of the site strengthened this interpretation. The site has obviously been formed by successive, perhaps annually occurring, water overflows, creating a sandy, gravelly sediment built-up with a slanting stratigraphy, the oldest sediment thus being found far away from the present shoreline (fig. 4). This explained the horizontal shift of settlement of the site area towards the present beach and also meant that the two flake concentrations and clusters of features in reality were separated not only horizontally, but also vertically (fig. 4).

The interpretation of this scenario was by now quite straightforward. The handle core tradition was not as old as previously believed, since the dating from 1974 had been carried out on the lowest lying structures. But, above all, the handle core tradition was obviously preceded by a cultural tradition not earlier defined. The lithic industry found close to the older features of the site (hearths, cooking pits and bone refuse heaps) was characterized by unmodified debitage and some flakes with secondary modification only. Thus, the oldest phase had no cultural markers comparable to the handle core found in spatial correlation with the features dated to *ca.* 5,000 cal BC.

The investigation of this early phase continues, but, by the time the first research programme ended in 1993, the conclusion was that the chronological frame of the Mesolithic in Northern Sweden had to be changed. The handle core tradition had to be pushed forward in time and be preceded by a new phase with an unknown timespan and lithic industry.

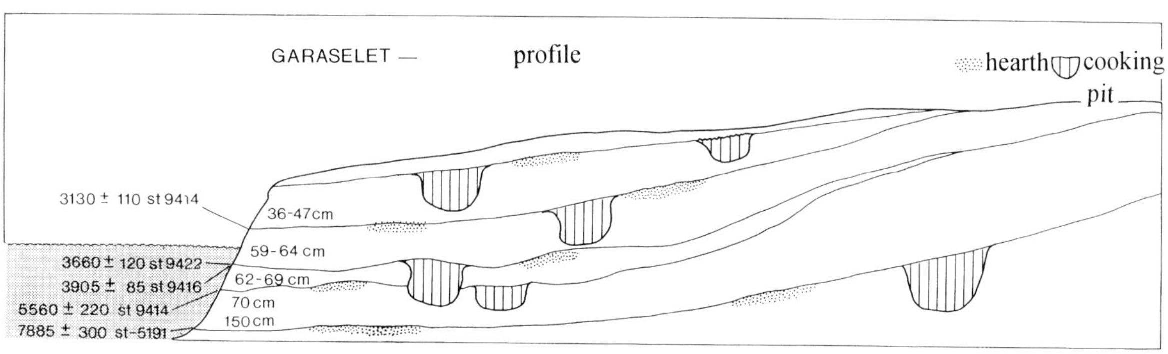

Figure 4. – Generalized picture of the sediment building at Garaselet. Note the slanting stratigraphy explaining the continuous shift of the beach and thus settlement area over time

DISCUSSION

It was not until the end of our wholly separate research efforts that we (the authors of this paper) came to talk about these results, which pointed towards a re-interpretation of the early cultural development in Northern Sweden. In both our investigations, we had found an earliest phase characterized by a lithic industry with no handlecores. But our discussion did not so much centre around the cultural historical interpretation of our separate findings as around its epistemological consequences.

As stated in the beginning of this paper, we have not been able to avoid the epistemological turmoil of the last decade. We have both been concerned with the consequences of the marked shift from a positivist archaeology towards an interpretive archaeology. This shift is natural and necessary in the present scientific climate, but it has also resulted in a sort of despondency related to the relativity of knowledge. It was this concern that over and over again appeared in our discussions and which we found could be meaningfully discussed on the basis of our discoveries.

The reason for choosing these two separate analyses as an illustration to our epistemological concerns was the fact that we both were truly surprised by the outcome, that we had experienced this independently and, above all, that the results were meaningful in relation to each other. What we had here was, in Gadamerian words, *a genuine experience*, which challenged or even negated what we thought we knew, which in this case is the periodization and chronology of the oldest Stone Age of Northern Sweden. The experience naturally stimulated a reflexion on what made us accept this new scenario. We see it as follows.

The chronological pattern was not anticipated, since, in both cases, the existing chronological framework was meant to be used as a guide in solving other kinds of questions. The incentive to think differently came from a previously unknown structure. Thus, this means to us that the past has a voice in the process of interpretation. This, however, does not mean that we are interested in some passive reflections of how it once was. The question and analyses we choose are of course dependent on our own interests, and these are formed by the historical circumstances of the present. They are also always situated in a frame of meaning which we as individuals hold.

Since the relativist-objectivist dichotomy has meant to us a serious epistemological problem, we feel that the resistance we have met in this case makes it possible to conduct archaeological research without having to colonize the past. We would rather see it as a continuous dialogue betwen the present and the past.

Perhaps it is possible to say that the rumour about the death of the author is slightly exaggerated.

REFERENCES

Åkvist-Nordlund (C.), *Garaselet. En startgrafisk studie genom sammanfogning av stenartefakter, C-uppsats*, Institutionen för arkeologi vid Uppsala Universitet, Uppsala, 1992.

Baudou (E.), *Norrlands forntid*, Höganäs, 1992.

Forsberg (L.), En studie i Norrlands tidigaste bebyggelse. *Studia archaeologica universitatis umensis* 9, Umeå, 1996.

Knutsson (K.), Garaselet-Lappviken-Rastklippan. Introduktion till en diskussion om Norrlands Äldsta Bebyggelse. *Tor* 25, Uppsala, 1993.

Pape (W.), Histogramme neolitisher 14-C Daten. *Germania* 57, 1979, p. 1-2.

Ter Braak (C.-J.), *CANOCO : a FORTRAN program for Canonical Community Ordination by (partial) (detrended) (canonical) Correspondence Analysis, Principal Components Analysis and Redundancy Analysis (version 2.1)*. Technical Report, Groep Landbouwwiskunde, Wageningen, 1988.

Wikinson (L.), *SYSTAT : the System for Statistics*, Evanston, 1989.

UNE RÉVISION DU MODÈLE D'ORGANISATION SOCIALE DANS LE MÉSOLITHIQUE DU SUD DE LA SCANDINAVIE

A REVISION OF THE MODEL FOR DWELLING ORGANIZATION IN THE SOUTHERN SCANDINAVIAN MESOLITHIC

Ole Grøn

Résumé. – L'article discute un modèle du développement de l'arrangement spatial des habitations mésolithiques en Scandinavie. Sur la base d'une structure interprétée comme une habitation d'Ertebølle, fouillée au fond de la mer, on propose une révision du modèle proposé en 1992. Le modèle indique à la fois changement et stabilité de l'organisation sociale avant l'introduction de l'agriculture.

Mots clés : Mésolithique, Scandinavie, habitation, organisation sociale.

Abstract. – The paper discusses a model for the development of the spatial arrangement of the mesolithic dwellings in Scandinavia. On the basis of a structure interpreted as an ertebølle dwelling excavated under water, a revision of the model proposed in 1992 is suggested. The model indicates both change and stability in social organization prior to the introduction of agriculture.

Key words : Mesolithic, Scandinavia, dwelling organization.

INTRODUCTION - AND A MODEL

Abasis for the classification of objects into well defined classes is our ability to distinguish characteristic elements of shape. We are quite used to that from typology. A repetition of morphological elements is essential for the classification of objects into types. When we in archaeology deal with such a subject as social organization, which is often difficult to separate from economic, ritual and symbolic aspects, things are much more complicated (Lévi-Strauss, 1967). On this basis, one should immediately reject the idea that social organization can crystallize into spatial configurations which repeat themselves, which reflect their social content and which can be studied and classified as we do with artefacts.

None the less experimental social psychology shows that humans operating in space organize themselves in patterns supporting the social actions they want to take and – the other way round – the spatial patterns they are organized in, influence and to some degree control their social actions (Grøn, 1991). Thus, one should expect similar social situations in a specific culture to produce similar spatial patterns.

The ethnographical sources inform us that apparently all primitive cultures have rules for the organization of their dwelling space : the seat of honour, the man's place, the woman's place, etc. (Grøn, 1989). The cultures themselves often explain these stereotypes for spatial behaviour by mythology (Tanner, 1979, p. 73-75 ; Galina Gracheva, personal communication), and thus they seem to be archaic. The dwelling space is often organized so that it reflects the basic cosmic organization and principles (Bourdieu, 1970 ; Eliade, 1965, p. 36-37, 53-56 ; Fock, 1986).

One can argue that such patterns, as well as other socio-cultural patterns, may owe their existence to contact with modern society

(Leacock, 1989). Meanwhile, a repeated organization of the dwelling spaces, which strongly indicates existence of culture-specific rules for the seating arrangements, appears in palaeo-eskimo cultures (Giddings, 1952 ; Knuth, 1984, p. 35 ; Helge, Larsen, personal communication), « neolithic hunting-gatherer » cultures (Skara Brae) (Childe, 1946, p. 28, 32) and neolithic cultures such as Çatal Hüyük (Mellaart, 1967, p. 56, 60) – none of which were exposed to modern influence.

Of course, rigid cultural rules and norms for use of the space and the positioning of the individuals in dwellings will not reflect dynamic social situations. The households known from the ethnographic sources are generally rather stable groups with fixed internal relations. From a social psychological point of view, the individuals are placed in patterns which are optimal for the damping of conflicts in the group and for maintaining its organization (Grøn, 1991, p. 102-105). This is quite in agreement with the effort such societies in general are known to put into the avoidance of conflict and maintaining a status quo (Briggs, 1989 ; Turnbull, 1989).

As a consequence, the model I put forward some years ago (Grøn, 1981, p. 1983) in which the individuals had their positions in the maglemosian dwellings, and which was later supported by a more thorough analysis of all available sites supported by the Danish Research Council for the Humanities (Grøn, 1995), most likely reflects the basic social relations between the central individuals in maglemosian households. This model is based not only on an analysis of the microlithic pieces, which are so small that their distributions seem not to be affected seriously by cleaning, but also on the location of hearths.

In 1992, the model was extended to comprise the organizational patterns from the Kongemose and Ertebølle dwellings (fig. 1) (Grøn in press, a). This step was based on less firm ground, but still on patterns which seemed to repeat themselves on a number of sites, some of which had not been excavated very carefully.

By accident – or luck –, in 1992 and 1993, I became with Jørgen Skaarup involved in the excavation of what appeared to be a submerged Altantic dwelling for Langeland's Museum. This excavation yielded informa-

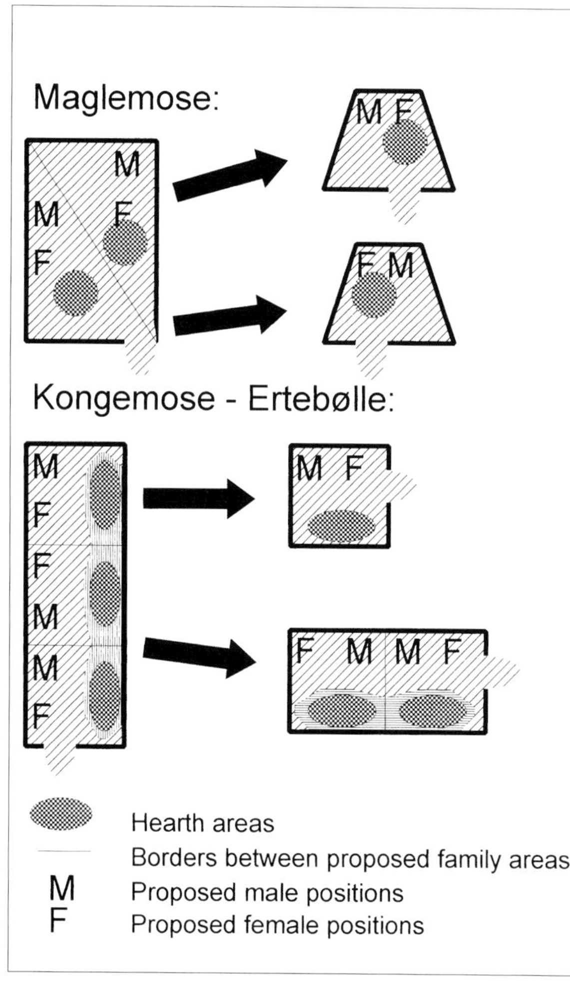

Figure 1. – The organizational patterns of the mesolithic dwellings according to the model proposed in 1992.

tion on the organizational patterns which makes a revision of the 1992 model necessary. The analysis of the material from Møllegabet II is yet far from finished, but with regard to the basic distribution patterns (dwelling area, arrow heads, lithic waste and hearth zones) the implications of this find are quite clear and will not be changed by further analysis. Because the site seems to be a key site, which amongst other things makes it possible to understand the organization of the Kongemose and Ertebølle dwellings in some detail, it is important to get a discussion of the material. As we shall see, the implications of the revised model are quite interesting in terms of cultural change and stability prior to the introduction of a neolithic economy.

A PROPOSED MESOLITHIC DWELLING

The structure was located on the shore of the island of Ærø, 4.5 m deep. It measured 5 by 3 m and appeared as an oval, lenticular, sand layer deposited in a 15-20 cm deep shallow pit into the underlying gyttja and peat layers. It was excavated in a quarter of square meter and in 5 cm layers. A plan was drawn for each layer, and all objects registered on the plan have been levelled. It is realistic to believe that all particles larger than 2 mm were caught in the discharge nets from the injectors. Apart from fragments of branches, all visible organic objects (remains of fruit, nuts, seeds, charcoal particles, bones, etc.) were collected and registered for each square unit and layer. Hazelnutshells, fishbones and charcoal particles were weighed by the tenth of a gram, and lithic waste and burnt flint by the gram, for each unit (Grøn, Skaarup, 1995).

A number of stakes were preserved around the pit (fig. 2), some of them burnt at the top. The northern part contained a layer of very decomposed bark, on which two small hearth zones, located centrally in the pit, were observed to consist of two small but significant concentrations of fish bones, burnt hazelnutshells and charcoal pieces. Immediately to the north of each of these concentrations, a hole in the bark layer was observed. One possiblility is that the bark here was destroyed by activities related to the two hearths. Along the northern edge and along its eastern end were two very significant oblong concentrations of charcoal, consisting probably of ashes cleared out from the two hearths.

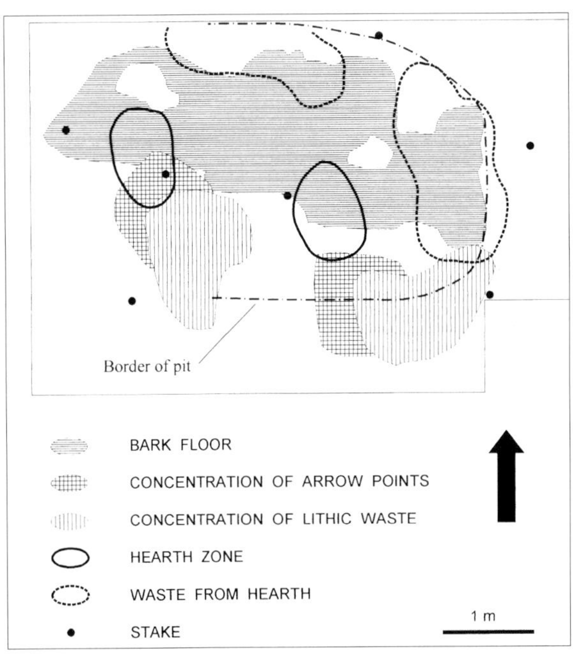

Figure 2. – Plan of the floor from Møllegabet II.

The southern half of the pit contained no bark but two significant concentrations of arrow points S of the two hearths. A bit to the E-SE of each of these were two horizontally small but very significant concentrations of lithic waste. The two latter were close to the southern edge of the pit. We can speak of two congruent activity zones. Since several of the distributions indicate the presence of a N-S oriented physical barrier between these two, found in the southern of the structure, we may think of it as separated into two parts by some kind of physical border.

A waste layer seems to have been ejected from the Western end of the oval structure, and to the S into the water, which was separated from it by one or a few meters. In this waste layer, there was found a boat grave – dated to 4, 790 BC (calibrated K-5, 640) and apparently representing the burial of a 25 year old male – excavated in 1990 and 1991 (Grøn, Skaarup, 1993 ; Skaarup, 1995).

The result of the excavation is thus that two fairly identical activity zones can be distinguished in a pit surrounded by stakes, which in all probability represents the superstructure of a dwelling (Grøn, 1990 ; Grøn in press a, b). The dating of the boat burial in the waste layer fits the typological spectrum of the more than 100 arrow points from the site : very Early Ertebølle with a mixture of symmetric transverse arrow points and oblique, nearly rhombic, ones.

The good conditions of preservation inside the proposed dwelling area have resulted in the finding of a number of organic objects, which are normally only found in waste layers deposited in anaerobe conditions : a couple of fish hooks, bone points, and a possible floater from a fishing net. It seems reasonable to assume that the structure was transgressed only a short time after it was left.

In a recent paper, Mats Larsson published what he interprets as two Atlantic dwellings excavated at Siljan in Central Sweden. Like the structure at Møllegabet II, the stake holes here form oval units measuring approximately 3-4 by 5-6 m. The northernmost one had two internal stakes located in its western end, exactly as was found at Møllegabet II. The southern one had two internal double stakes in its western end, and is thus in principle also identical with the one from Møllegabet II (Larsson, 1995).

Some Danish archaeologists and geologists have stated that settlement remains of this degree of preservation cannot have survived the Atlantic transgressions. Therefore they stick to the opinion – without having found it necessary to seek further information on the matter – that the material in the pit must have been redeposited. Such an immediate assumption leaves us with a number of problems :

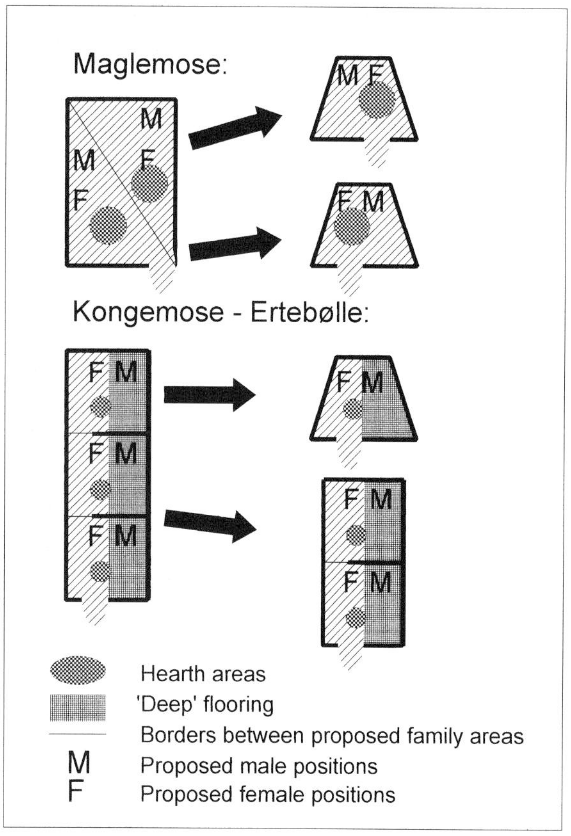

Figure 3. – The model proposed in 1995

1) The four small and very significant concentrations of charcoal, which consist of up to 20 g per 1/4 of a square meter should not have been observed, or should at least have appeared as much more blurred features. This also goes for the fish bones and the hazelnut-shells, which have distributions very similar to those of the charcoal particles. Quite a number of the charcoal particles measure 1-2 cm or more. These should have been washed away and not be deposited in small concentrations in a proposed dynamic situation.

The two very significant concentrations of arrowpoints and the two related, and equally significant, concentrations of lithic waste, which contain each quite heavy pieces, can be observed in all four 5 cm layers in the same positions. This would be most unlikely to happen if the material was redeposited.

Sixty-five per cent of the lithic material – by weight – are found in the upper 10 cm of the 20 cm deep pit. This is equivalent to what is found in structures interpreted as dwelling pits and preserved dwelling floors (Grøn, 1995, p. 37, 75 ; Grøn in press, b) and is not consistent with the idea of a redeposition, which would naturally deposit the heavier particles (flint) in the bottom of the pit before the much lighter sand particles.

2) The sediment in the pit consisting of sand containing no gyttja and peat remains, in spite of the fact that such layers were exposed in the close vicinity of the pit. The preservation of other organic remains in the pit shows that this is no result of bad preservation conditions. Thus it is quite problematic to explain the material in the pit as redeposited cultural material.

3) The flint found in the pit consisted of quite fresh and sharp pieces with no coloring on the surface. Only the pieces in the top of its sandy filling, which were more or less directly in contact with salt water, had changed colour, and some of them had even rather decomposed, white surfaces. Direct contact with salt water normally has a strong and fast effect on flint. According to observations made during surveys for Stone Age sites in Denmark in recent years, the surfaces seem to change color within something like a year of the direct exposure to salt water. With time, flint turns into white powder. Probably this damage is due to dehydration. In this case, it indicates that the material in the pit was not exposed to salt water, as it would have been during a redeposition.

4) Below the western hearth zone, there was found the best preserved part of the bark layer. On it were found rows of parallel

7-14 cm long pieces of sticks. Furthermore, the southern edge of the bark-area was here marked by what seems to be the remains of a twisted bundle of thin branches which appeared to have been kept in place by the internal stakes (Grøn, Skaarup, 1995). This structure was embedded in the sand filling of the pit together with the western concentration of charcoal and the western concentration of arrow points. If this structure – as some colleagues claim – were the remains of a decomposed fishing structure accidentally placed in the layers where the western concentration of arrow points can be observed, it is strange that the line of stakes connected to it, and which actually runs *parallel* to the old shore, does not continue outside the pit.

A detailed analysis of the plant macrofossiles and the bones from the structure is being carried out by Sarah Mason, UCL, and Peter Rowley-Conwy, University of Durham. Hopefully, it will reveal further details.

INTERPRETATION - AND A REVISED MODEL

The axis running between the hearth zones and the concentrations of arrow points is close to the length axis of the proposed dwelling area. The waste from the hearths seems to have been cleared out to the northern wall, whereas the lithic waste seems to have been cleared out to the southern one. If we assume, as with the maglemosian culture (Grøn, 1995, p. 53-54), that the small concentrations of arrow points reflect male positions, and the hearths female positions, we are dealing with two activity zones, each representing one minimum social unit.

It is quite interesting that the two proposed « family areas » are organized exactly as the maglemosian structures I have interpreted as « single family » dwellings. The entrance into the western end of Møllegabet II seems to be in its northern side. If the « wall-effect » we can observe inside the structure really reflects the existence of a spatial separation, then it indicates that the passage between the two rooms was in their northern side. This also seems to be similar to the units interpreted as maglemosian « one-family » dwellings, where the entrance seems to be in the « hearth-side » of the front.

The basic difference between the proposed two-family dwellings of the maglemosian culture and the Ertebølle one from Møllegabet II is that the two, probably identically organized, « single-family » units in them are combined in *different ways* (fig. 3). This may reflect a demand for larger households. The diagonal maglemosian « two-family » pattern cannot be extended to comprise three families. The pattern we seem to have at Møllegabet II can in principle be extended to comprise an unlimited number of social units.

Since the « one-family » units dominate in the Early Maglemose, and the « two-family » units dominate in the Late Maglemose (Grøn, 1995, p. 43), it is not surprising that the organization of multifamily dwellings should be adapted to even larger groups in the Kongemose and Ertebølle Cultures. It should be stressed that this, if it is actually what happens, does not imply that the sites are inhabited by larger groups, but solely that the size of the households increases.

CONCLUSION

One interesting point is that it looks as if we have, in spite of the apparent change in the organization of the multi-family dwellings, a strong continuity in the organization of the « single-family » areas.

The repetition and consistency of the spatial patterns we can observe in the archaeological material indicate that it is actually possible to distinguish the social geometry of stable social situations. The geometry of how the smallest social units are combined into multifamily dwellings is similar to the examples we know from hunter-gatherer ethnography (Grøn, 1991).

To get a more complete understanding of the social organization of prehistoric societies in its totality, it will be necessary to supplement the analysis of dwelling organization with a substantial amount of information about the organization of the settlements in different situations : winter, summer, base-camps, extraction camps, etc.

Since the remains from prehistoric settlements do not reflect dynamic social situations, but can only reveal what we may call « standard patterns », we can only expect to obtain information about standardized behavoral patterns. We have some knowledge of how these patterns are linked to other cultural values from ethnography, but I think this is one point where ethnoarchaeology can serve us with further important information before the last hunter-gatherers disappear.

REFERENCES

BOURDIEU (P.), La Maison kabyle ou le Monde renversé. *In* : J. POUILLON et P. MARANDA (DIR.), *Échanges et communications. Mélanges offerts à Claude Lévi-Strauss à l'occasion de son soixantième anniversaire*, Paris, 1970, p. 739-758.

BRIGGS (J.-L.), Living Dangerously : the Contradictory Foundations of Value in Canadian Inuit Society. *In* : E. LEACOCK, R. LEE (eds.), *Politics and History in Band Societies*, Cambridge, 1989, p. 109-131.

CHILDE (V. G.), *Scotland before the Scots*, London, 1946.

ELIADE (M.), *Le Sacré et le Profane*, Paris, 1965.

FOCK (N.), Et sted i skoven – en verden – et univers. *Jordens Folk*, n° 2, 1986, p. 61-69.

GIDDINGS (J.-L.), *The Arctic Woodland Culture of the Kobuk River*, Philadelphia, 1952.

GRØN (O.), Flint og familieliv. *SKALK*, 1981, n° 4.

Social Behaviour and Settlement Structure. Preliminary Results of a Distribution Analysis on Sites of the Maglemose Culture. *Journal of Danish Archaeology*, vol. II, 1983, p. 32-42.

General Spatial Behaviour in Small Dwellings : a Preliminary Study in Ethnoarchaeology and Social Psychology. *In* : C. BONSALL (ed), *The Mesolithic in Europe*. Papers presented at the 3rd International Symposium, Edinburgh, 1989, p. 99-105.

A Method for Reconstruction of Social Organization in Prehistoric Societies and Examples of Practical Application. *In* : O. GRØN, E. ENGELSTAD, I. LINDBLOM (eds.), *Social Space. Human Spatial Behaviour in Dwellings and Settlements*, Odense, 1991, p. 100-117.

The Maglemose Culture. The Reconstruction of the Social Organization of a Mesolithic Culture in Northern Europe. *BAR International Series*, Oxford, 1995, p. 616.

In press a Neolithization in Southern Scandinavia – A Mesolithic Perspective. Some Suggestions and Working Hypothesis or – Skating on Thin Ice. *In* : ZVELEBIL, DOMANSKA, DENNELS (eds.), *The Origins of Farming in the Baltic Region*.

In press b The Remains of Dwelling Structures from the Maglemose, Kongemose and Ertebølle Cultures. *Proceedings* of the Jomon to Star Carr Conference.

GRØN (O.), SKAARUP (J.), A Submerged Mesolithic Site and a « Boat Burial » from Ærø. *Journal of Danish Archaeology*, vol. X, 1993.

Excavation of a Mesolithic Dwelling in a Submerged Wetland. A Very Preliminary Report of an Underwater Excavation. *News WARP*, n° 7, 1995.

KNUTH (E.), The Ruins of the Musk-ox Way. *In* : *Reports from the Musk-ox Way*, Copenhagen, 1984, p. 33-65.

LARSSON (M.), Stenåldersjägere vid Siljan. En atlantisk boplads vid Leksand. *Fornvännen 89*, 1995, p. 237-250.

LEACOCK (E.), Relations of Production in Band Society. *In* : E. LEACOCK, R. LEE (eds.), *Politics and History in Band Societies*, Cambridge, 1989, p. 159-170.

LÉVI-STRAUSS (C.), Social Structures of Central and Eastern Brazil. *In* : *Structural Anthropology*, New York, 1976, p. 116-127.

SKAARUP (J.), Stone Age Burials in Boats. *In* : CRUMLIN-PEDERSEN, M. THYE (eds.), *The Ship as Symbol in Prehistoric and Medieval Scandinavia*, 1995, p. 51-58.

TANNER (A.), *Bringing Home Animals. Religious Ideology and Mode of Production of the Mistassini Cree Hunters*, London, 1979.

TURNBULL (C.-M.), The Ritualization of Potential Conflict Between the Sexes among the Mbuti. *In* : E. LEACOCK, R. LEE (eds.), *Politics and History in Band Societies*, Cambridge, 1989, p. 133-155.

LES VESTIGES SOUS-MARINS DES OCCUPATIONS DU DÉTROIT D'ÖRESUND, SUD DE LA SCANDINAVIE

SUBMARINE SETTLEMENT REMAINS ON THE BOTTOM OF THE ÖRESUND STRAIT, SOUTHERN SCANDINAVIA

Lars Larsson

Résumé. – Des recherches archéologiques sous-marines destinées à recueillir des informations sur les formes d'occupation côtière pendant le Mésolithique ancien ont été menées en 1979 du côté suédois du détroit d'Öresund. Au moins trois sites du Mésolithique ancien ont été repérés, à des profondeurs de 6 à 20 m au-dessous du niveau de la mer.

Un autre site a été découvert en 1992 à l'extrémité de l'ancienne embouchure. Ce site, partiellement tourbeux, se trouve à une profondeur de 7 à 8 m, et date de 8 000 BP. Les restes d'os et de bois travaillé en font un lieu important pour les recherches sur des périodes anciennes.

Les fonds marins du sud du détroit d'Öresund sont étudiés depuis 1992 dans le cadre de la prospection pour le pont d'Öresund. Lorsque cette portion de terre est devenue un détroit, les zones les plus élevées ont subi une sévère érosion due aux forts courants. Les zones les moins exposées ont cependant livré le matériel d'un site datant de la fin du Boréal, c'est-à-dire de la fin de la culture maglemosienne. En dépit du fait qu'une grande partie des vestiges se trouvent dans des *nodules de vase*, on n'a pas retrouvé jusqu'à présent de matériel organique susceptible de donner des indications sur les zones écologiques utilisées par les habitants du site. Les racines d'arbres découvertes à une profondeur d'environ 7 m datent de 7 800 BP. Cela indique que ce n'est qu'après cette époque que des quantités importantes d'eau salée ont emprunté cette voie vers le Bassin balte.

Les résultats de ces recherches laissent penser que l'occupation des côtes pendant le Boréal était aussi intensive que celle de l'arrière-pays, et mieux connue. Cela montre que le choix d'un site d'occupation était dicté par les mêmes facteurs que ceux qui guidaient l'homme du Mésolithique récent.

Mots clés : archéologie sous-marine, Mésolithique, Sud de la Scandinavie.

Abstract. – In order to obtain information on coastal settlement forms during the Early Mesolithic, marine archaeological investigations on the Swedish side of the Öresund strait were carried out in 1979 and 1995. Four early mesolithic sites were registered, the depths of which varied between -20 and -6 m. One of these sites is partially layered in peat, is situated at a depth of -7 to 8 m and has been dated to 8,000 BP. Finds of bones and worked wood make this a very important find location for investigation at an early date.

Surveys of the sea bed in the Southern Öresund sound were carried out from 1992 onwards in connection with prospecting for the Öresund bridge. The less exposed areas have yielded site material dating from a late part of the maglemosian culture. The results of these investigations provide the basis for an argument that coastal settlement during the Boreal was equally as intensive as that which is well documented in the hinterland. This indicates that the choice of settlement site was dictated by the same factors that affected the late mesolithic man.

Key words : marine archaeology, Mesolithic, Southern Scandinavia, survey.

INTRODUCTION

Due to considerable rises in sea levels during the Late Boreal and Atlantic, very little evidence of coastal settlement during the Late Glacial and the Early Post-Glacial in Southern Scandinavia remains. The material consists of individual finds which have been observed and noted in connection with sand-suction. This includes finds of actual artefacts, such as a worked flint and worked bones from the sea floor off Solrød strand (fig. 1 : 12), at a depth of between 6 and 10 m from the western part of Öresund, the sound dividing southernmost part of Sweden from Denmark (Vang Petersen, Johansen, 1993). A radiocarbon dating of a worked reindeer bone gave the value 12,140 ± 100 BP (AAR-1036) (all dates uncalibrated) indicating settlement remains from the hamburgian culture. However, the late palaeolithic settlement remains originating from the southern parts of Öresund need not have any association with the utilization of the coastal zone as such. A land bridge over Southern Öresund between present-day Denmark and Sweden was a strategic location for mass slaughtering during the Late Glacial and Early Post-Glacial in conjunction with migrations undertaken by herd animals such as reindeer. This land bridge exhibits a dynamic history, however, and existed only during certain periods, including from 11,300 to 10,900 BP and from 10,300 until around 8,000 BP (Larsson, 1994 ; Björck, 1995).

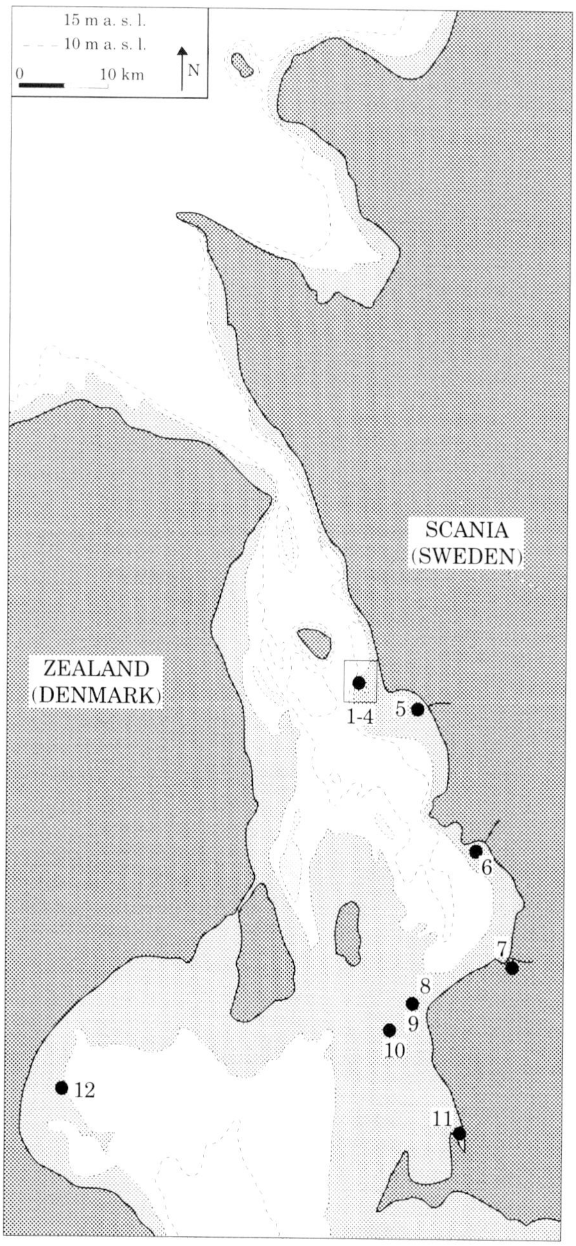

Figure 1. – The Öresund strait, showing the find locations referred to in the text. 1-4. Pilhaken. 5. Saxån. 6. Löddekar. 7. Segebro. 8. Limhamn. 9. Lernacken. 10. Knaggen. 11. Foteviken. 12. Solrød Strand.

Evidence relating to the coastal area from the Preboreal and large parts of the Boreal (11,200-8,800 BP) is missing from Öresund. These coastal formations are even better exemplified on the west coast of Sweden (Nordqvist, 1995 ; Kindgren, 1995). These sites are characterized by their comparatively limited marine features in relation to their distinctly marine geographical location.

Settlement at Pilhaken

It is only about the late part of the Boreal, about 8,000 BP, that our knowledge of the southernmost part of Sweden improves (fig. 1). In order to obtain information on coastal

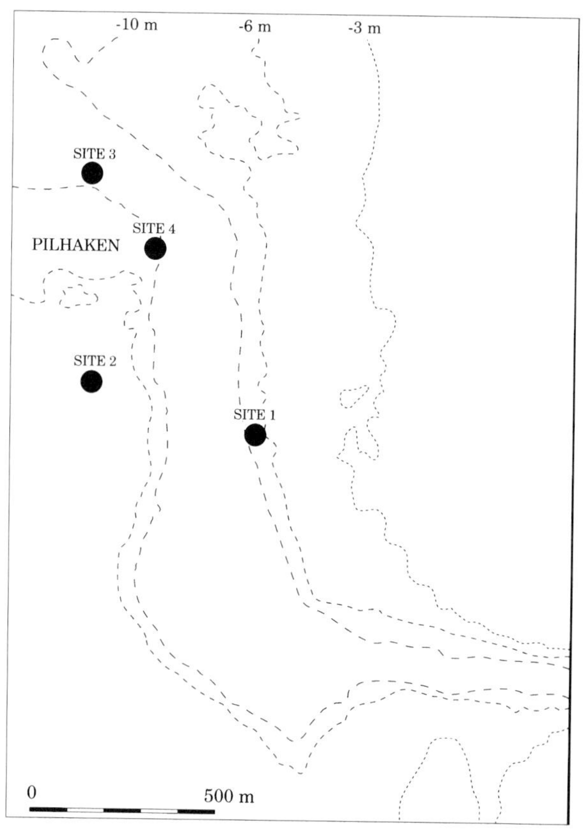

Figure 2. – Position of the find locations along the submarine furrow of the river. The position within the Öresund strait is indicated seperately in fig. 1.

settlement forms during the Early Mesolithic, a marine archaeological investigation on the Swedish side of Öresund was carried out in 1979 (Larsson, 1983). This was concentrated on what is now a submarine furrow corresponding to the prehistoric course of the river Saxån (fig. 2). Along this river, both surveys and investigations have revealed a number of late mesolithic sites close to the present shoreline. From the study of sea charts, it was possible to trace the former course of the river, as well as submarine elevations and depressions. Areas of particular interest in a submarine context were noted. These became the object of sampling, both from on board ship and with the aid of people involved. At least three early mesolithic sites were recorded during this phase of our tentative investigation, the depths of which varied between 20 and 6 m below surface level (fig. 2).

A further site, located on the outermost part of the former river mouth, was discovered in 1992. This site, which is partially layered in peat, is situated at a depth of 7 to 8 m and has been dated to 8,120 ± 90 and 7,945 ± 75 BP (AAR-1225 and T-10667) (Fischer, 1993). The site was located directly adjacent to the distinctly marked course of the river, which is *ca.* 300 m wide and a maximum of 14 m deep at this point. Extensive dredging further inshore and busy shipping movements presumably played a part in the severe erosion of the outer reaches of the navigable channel. The muddy layer could be observed as a horizon in the steeply sloping submarine course of the river. The fact that the part nearest the course of the river channel is exposed to continuous erosion meant that a trial investigation was urgently needed in order to obtain broader information about the extent of the find-bearing layer and the degree of destruction due to erosion – not only the erosion that is taking place now, but also that which may be expected to occur in the near future.

A trial investigation of the site was accordingly carried out over a period of ten days

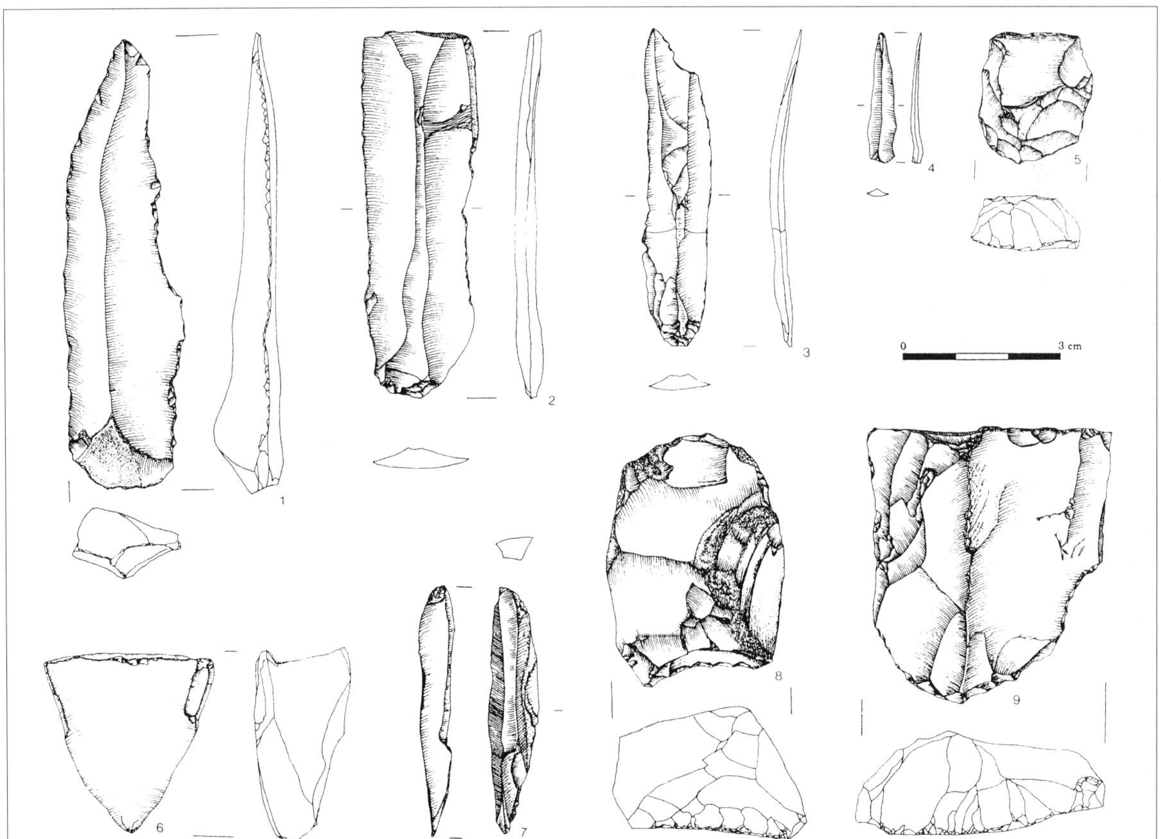

Figure 3. – Flint artefacts from Pilhaken 4. Blades (1-3), microblade (4), burin (6), burin spall (7) and scrapers (5, 8-9). Drawing by Björn Nilsson.

during 1995. The location of the site, exposed to winds and currents, made the investigation work extremely difficult and time-consuming. The manner in which the excavation was conducted involved studying a trench 1 m wide running from the edge of the submarine course of the river inwards as far as the part that had been more or less dry land during the period of settlement. The water was pumped out with large-capacity nozzles, and the resulting back-suction was used to detach the bottom material, which was collected in fine-mesh nets at the end of the nozzle. A stratigraphy with a maximum thickness of 0.5 m was documented in the course of the investigation. This consisted of alternate layers of mud and sand. A thicker layer of peat was present closest to the bottom sand. An abundance of tree branches was also present in the organic layers.

Significant quantities of common mussels that had dug down into the bottom made the investigation more difficult and were a major contributory factor to the presence of disturbances. The majority of the flint artefacts was found in the lower part of the peat layer, however, and in direct contact with the underlying sand. The layer of peat could be followed for a distance of at least 20 m. The bottom was severely eroded over this distance, which meant that the find-bearing layer had been completely washed away. The find material recovered from the trench consists of flakes, blades, micro-blades and blade fragments and a smaller number of implements including scrapers, burin and a burin spall (fig. 3). A previous bottom investigation of the site had revealed a number of blades, micro-blades, and a pick axe. A small number of bones from roe deer, red deer and aurochs were found. The finds include a worked branch and several sticks with traces of fire. The investigation was sufficiently extensive to give an idea of the extent of the find-bearing layer away from the course of the river. Finds recovered from the bottom show that the extent of the settlement along the course of the river may amount to several tens of meters. It can be appreciated from the layer conditions that the topographical location of the site at the time of the settlement was entirely different from its present-day location. The layers of peat were deposited in a comparatively well-protected basin, possibly in a part of the delta that may have included the former mouth of the river Saxån. The results of the investigation are of a preliminary nature.

OTHER LATE BOREAL AND EARLY ATLANTIC COASTAL SETTLEMENTS

There are only three islands of unsignificant size today in Öresund, although the northern and central part of Öresund was a true archipelago during the Early Mesolithic. A rapid rise in the water level during the Late Boreal caused the bay to enlarge, at the same time as islands were submerged. A number of submerged areas with layers of peat and gyttja on the bottom of Öresund shows that this area, before it became a marine bay, contained a number of fresh-water basins, which were gradually transformed into lagoons before being finally inundated. The area contained several biotopes which made it attractive for settlement.

Surveys of the sea bed in the southern part of the sound, in the vicinity of the location of the former land bridge between Denmark and Sweden, were carried out in 1992-1994 in conjunction with prospecting for the bridge that is to be built over Öresund (Denkert *et al.*, 1994) (fig. 1 : 9). In the course of its transformations from a land bridge to a waterway, the highest parts of the sound were subjected to severe erosion by strong currents. The limestone bedrock is fully exposed in certain parts, providing some idea of the action of the currents. There are also less exposed areas of sand and clay. It was hoped that settlement remains would be found here. A thorough trial investigation was accordingly carried out off Lernacken at a certain distance of between 500 m and 2 km from land. Trial trenches of material were sucked up here, as described previously. Smaller areas of the bottom were also examined by the searchers using their arms to remove shells and bottom vegetation. The loose layers in the test trenches varied from a few centimetres to 1 m. Evidence of modern material, such as the remains of modern vegetation, down to a considerable depth indicates that the area has been subject to considerable transformation. Flint artefacts were found in a significant number of test pits, pointing to the fact that the area had seen settlement. None of these flints could be confirmed with certainty as *in situ* finds. Most also bore traces of rolling and salt water patination. Traces of both rolling and patination were absent from a small number of flints, however. These finds indicate that undisturbed find-bearing layers had been eroded quite recently, or that they may still exist in particularly well-protected areas. We were unable to identify such a find location, however, during the trial investigation. The find material includes both blades and micro-blades dating from a late part of the Boreal and the earlier part of the Atlantic, *i.e.* a late part of the maglemosian culture and the earliest part of the Kongemose culture (Fischer, 1993). The finds emerged at a depth of between 9 and 5 m. The roots of trees descending into the clay at the base of trial pits at Lernacken, to a depth of approximately 7 m, have been dated to 7,800 BP, *i.e.* a certain time into the Atlantic (Fischer, 1996). The ingression threshold in Öresund lies at this level, which indicates that significant quantities of salt water only found their way into the Baltic basin after that time.

Pilhaken and Lernacken are not the only evidence of inundated coastal settlement. A settlement has been identified just off the present mouth of the river Saxån (fig. 1 : 5). This lies at a depth of less than 1 m and thus may well date from the Atlantic. At Lödde kar (fig. 1 : 6), an early medieval port at the mouth of the river Lödde, worked flints have been found in conjunction with a submarine bog. This lies at a depth of 3 m and should also be dated to the Atlantic (Larsson, 1983).

One interpretation of the period during which the inundated settlements were inhabited is provided by the dating of the mud layer that was discovered in the course of dredging in the harbour at Landskrona. Wood found at a depth of –5 m gave a radiometrical reading of 8,100 ± 100 BP (Mörner, 1969). The extensive depositing of sand during the Late Atlantic and Sub-Boreal resulted in the layers from the atlantic settlement at Segebro (fig. 1 : 7), immediately to the North of Malmö, lying at a depth of between 0 and –1 m, in spite of the fact that the settlement was situated hundreds of metres beyond the shoreline (Larsson, 1982b). The datings from Segebro give values between 7,390 ± 80 and 6,970 ± 90 BP. By using datings of other south-Scandinavian settlements from an early part of the Kongemose culture as a reference, the later values are likely to be the most probable. If this was the case, it would mean that the sea level in *ca.* 7,000 BP was at today's level, and subsequently rose above it.

In the course of dredging work to extend the harbour at Limhamn (fig. 1 : 8) at the end of the 19th century, extensive settlement remains in the form of flint implements and bone, including a slotted bone point, were found *ca.* 300 m from the shore. These objects were found at a depth of approximately –2 m and belong to the Kongemose culture. Wood recovered from clay layers at a depth of –8 m in the harbour at Limhamn has been dated to between 7,990 ± 160 and 7,895 ± 115 BP (Persson, 1962). A site known as Knaggen (fig. 1 : 10) was found in conjunction with general surveying for sites in the vicinity of the line of the proposed Öresund bridge (A. Fischer, personal information). The site is situated 2 km off the coast. Small deposits of clay occur, that have been preserved through being protected by large rocks. The find location is at a depth of 7-8 m. Present in the clay is a large number of worked flints, but only a single implement in the form of a (triangle ?) microlith. These finds indicate that the site belongs to a late part of the maglemosian culture, and it has been dated to *ca.* 8,300 BP. Flint artefacts, including blades, were discovered at Foteviken, on the southern part of the west coast of Scania (fig. 1 : 11), in the course of investigating an early medieval barrier. These flints were found at a depth of *ca.* 3 m.

EARLY MESOLITHIC COASTAL SETTLEMENT

The results of these investigations provide the basis for an argument that coastal settlement during the Boreal was equally as intensive as that which is well-documented in respect of the hinterland. Their location in the outer parts of the course of a river or in bays points to a position entirely in accordance with the position in which settlements from the Late Mesolithic are found (Larsson, 1984, 1988, 1991). This indicates that the choice of settlement site was dictated by the same factors as those which governed the late mesolithic man. Whether these early mesolithic settlements were as extensive and of as permanent a character as that attributed to their later variants is a question to which we are still unable to provide a satisfactory answer. The investigated sites have suffered erosion which has partially or totally influenced the original find picture. As far as the recently investigated find locations at Pilhaken are concerned, the resulting impression is of an extensive site which scarcely agrees with the picture of finds for the small settlements extending to a single hut discovered at the edge of overgrown lakes dating from the same period. The fact that organic material is almost entirely conspicuous by its absence rules out the possibility of using these find locations to provide an indication of the importance of marine food in the subsistence strategy. In this context, values from analyses of the 13C content may give some indication of the composition of the diet. A high value, –18 ‰/–1 ‰, is found in animals which have a diet based entirely on or dominated by marine resources, whereas values below –18 ‰ indicate a diet based mainly on terrestrial resources. A human skull found at a depth of 10 m in the southern part of the Öresund strait, dated to 8,250 ± 85 BP, *i.e.* the Late Boreal and the Late Maglemose culture, showed a 13C value of –14.7 ‰ (Tauber, 1989). In this case, the dominance of a marine diet is obvious and can be compared with the values recorded for the measurement of human bones recovered from the atlantic settlement at Segebro (–15.7 ‰) (Larsson, 1982b) and from the late atlantic cemetery at Bøkebakken (–13.4 ‰/15.3 ‰) (Albrethsen, Brinch Petersen, 1977). However, 13C-analyses of human skeletal material from a small Danish cemetery found in the vicinity of a site dating from the Late Maglemose culture in the Holmegaard mose bog on Zealand, situated *ca.* 30 km inland, show low values of 13C, which means that the inhabitants of the site had no great contact with the coast and the marine resources (Tauber, 1986). This may be taken as an indication of specific resource structures typical of the coast and the inland areas.

The 13C values recorded for the dogs at Seamer carr in Eastern England, dated to the Preboreal, are also of interest in this context (Clutton-Brock, Noe-Nygaard, 1990, p. 649). Although the site is located some 15 km from the former coast, the analysis revealed values of –17.0 ‰ and –14,7 ‰, indicating a certain amount of marine affinity.

The island of Gotland was already settled during the Early Mesolithic, when the Baltic sea was a huge fresh-water lake – the Ancylus lake. The distance to the mainland was about 90 km, which shows that good vessels, built for open sea voyages, already existed at that time. The 14C dating of an interred individual at the Kams cemetery, on the island of Gotland, gave a value of about 8,000 BP (Larsson, 1982a). The cemetery was located a couple of kilometres from the former coast. The 13C value was –18 ‰, which indicates that marine food was part of the diet. However, the available species of fish and sealswhich were living in a fresh-water environment, which indicates that the 13C content is not as high as in saltier basins. That is probably one of the reasons why the 13C value is not higher (Welinder, 1984 ; Lidén, 1995).

It can be noted in this context that the 13C content in the late atlantic cemetery at Skateholm I varies between –16,3 ‰ and –26,8 ‰ (Lidén, Nelson, 1994). The brackish water species were predominant, as can be appreciated from the composition of the fish remains from the occupation layer. Accordingly, a low 13C content needs not be taken as indisputable evidence that settlement over a major part of the year did not have a marine nutritional basis.

We also have to re-examine the frequently used settlement model for the Late Mesolithic, including a social exploitation system in which the base camps are situated on the coast and the inland area is used only temporarily. New results of 13C analyses of dog bones from Jutland, in western Denmark, give a contradictory view. It turns out that dogs from the inland area had low 13C values indicating a terrestrial diet, while coastal dogs had high values from a diet of marine sources (Noe-Nygaard, 1988). The result seems to support a system with the existence of different populations, *i.e.* both coastal and inland dogs. However, one should not entirely dismiss the possibility that the geographical affiliation of the dogs differed from that of the humans. It may well be the case that the dogs were kept by the same society as separate groups with different skills for different activities, for instance tracker dogs used for hunting in the inland areas and guard dogs at the coast. They may have been kept separate in different environments, in spite of belonging to the same settlement unit.

Just as in many other cases of archaeological research, the results presented do not provide us with a clear answer. Societies entirely related to inland environments, as well as the coastal environment, might have existed in Southwestern Scandinavia. Clearly, we must increase our knowledge of early mesolithic coastal settlement before we can draw any final conclusions as to the nature and form of settlement patterns during this period, which also have implications for the interpretation of settlement systems during the Late Mesolithic.

ACKNOWLEDGEMENTS

The investigation at Pilhaken in 1995 was led by Christian Theander and John Ljungkvist, to whom the author wishes to extend his sincere thanks for their contribution. Special thanks due to Dr Anders Fisher of the Forestry and Nature Conservancy Board in Copenhagen for his invaluable information and the loan of equipment.

REFERENCES

ALBRETHSEN (S. E.), BRINCH PETERSEN (E.), Excavation of a Mesolithic Cemetery at Vedbæk, Denmark. *Acta Archaeologica*, vol. XLVII, 1977, p. 1-28.

BJÖRCK (S.), Late Weichselian/Early Preboreal Development of the Öresund Strait ; a Key Area for Northerly Mammal Immigration. *In* : L. LARSSON (ed.), *The Earliest Settlement of Scandinavia and its Relationship with Neighbouring Areas*, 1995, p. 123-134.

CLUTTON-BROCK (J.), NOE-NYGAARD (N.), New Osteological and C-Isotope Evidence on Mesolithic Dogs : Companions of Hunters and Fishers at Star Carr, Seamer Carr and Kongemose. *Journal of Archaeological Sciences*, 1990, 17 p. 643-653.

DENCKER (J.), HANSEN (J.-S.), PETERSEN (S.-B.), *Marinarkæologiske rekognosceringer efter fredede vrag og fortidsminder i Prøvegravnings- og Prøveøområderne.* Miljøministeriet, Skov-og Naturstyrelsen, København, 1994.

FISCHER (A.), *Marinarkæologiske førundersøgelser forud for etablering af en fast Øresundsforbindelse. Stenaldersbopladser på bunden af Øresund.* Miljøministeriet, Skov-og Naturstyrelsen, Hørsholm, 1993.

Naturvidenskaplige under Søgelser. *In* : BARTHOLIN T. *et al.*, *Marinarkaeologiske rekognosceringer efter fredede vrag og fortidsminder i nøjbrotraceet.* Skov-og Naturstyrelsen, Københarn, 1996.

KINDGREN (H.), Reindeer or Seals ? Some Late Palaeolithic Sites in Middle Bohuslän. *In* : L. LARSSON (ed.), *The Earliest Settlement of Scandinavia*, 1995, p. 191-205.

LARSSON (L.), De äldsta gutarna (Die ältesten « Gutar »). *Gotländskt Arkiv* 54, 1982a, p. 7-14.

Segebro. En tidigatlantisk boplats vid Sege ås mynning. Malmöfynd 4. Malmö, 1982b.

Mesolitic Settlement on the Sea Floor in the Strait of Öresund. *In* : P. M. Masters, N. C. Flemming (eds.), *Quaternary Coastlines and Marine Archaeology. Toward the Prehistory of Land Bridges and Continental Shelves*, New York, 1983, p. 283-301.

The Skateholm Project. A Late Mesolithic Settlement and Cemetery Complex at a South Swedish Bay. *Meddelanden från Lunds universitets historiska museum (Papers of the Archaeological Institute University of Lund)*, 1983-1984, p. 5-38.

The use of the landscape during the Mesolithic and Neolithic in Southern Sweden. *Archeology en Landscha, p. Bijdragen aan het gelijknamige symposium gehouden op 19 en 20 oktober 1987, ter gelegenheid van het afscheid van H.T. Waterbolk,* Groningen, 1988, p. 31-48.

Coastal Adaptation in the Early and Middle Holocene of Southern Scandinavia. *Journal of Korean Ancient Historical Society Hanguk Sanggosa Hakbo,* n° 8, 1991, p. 93-118.

The Earliest Settlement in Southern Sweden. Late Palaeolithic Remains at Finjasjön, in the North of Scania. *Current Swedish Archaeology*, vol. II, 1994, p. 159-177.

LIDÉN (K.), *Prehistoric Diet Transitions.* Theses and Papers in Scientific Archaeology 1, Stockholm, 1995.

LIDÉN (K.), NELSON (D. E.), Stable Carbon Isotopes as Dietary Indicator in the Baltic Area. *Fornvännen* 89, 1994, p. 13-21.

MÖRNER (N. A.), *The Late Quaternary History of the Kattegatt Sea and the Swedish West Coast*, Sveriges Geologiska Undersökning, ser. C, n° 640, 1969.

NOE-NYGAARD (N.), 13C Values of Dog Bones Reveal the Nature of Changes in Man's Food Resources at the Mesolithic-Neolithic Transition, Denmark. *Isotope Geoscience* 73, 1988, p. 87-96.

NORDQVIST (B.), The Mesolithic Settlement of the West Coast of Sweden with Special Emphasis on Chronology and Topography of Coastal Settlements. *In* : A. FISCHER (ed.), Man and Sea in the Mesolithic. Coastal settlement above and below present sea level. *Oxbow Monograph* 53, Oxford, 1995, p. 185-196.

PERSSON (G.), En transgressionslagerföljd från Limhamn. *Geologiska Föreningens i Stockholm Förhandlingar* 84, 1962, p. 47-55.

TAUBER (H.), Analysis of Stable Isotopes in Prehistoric Populations. *In* : B. HERRMANN (ed.), *Innovative Trends in der prähistorischen Anthropologie*, Göttingen, 1986, p. 31-38.

Danish Radiocarbon Datings of Archaeological Samples 1988. *Arkæologiske udgravninger i Danmark 1988*, 1989, p. 212-228.

VANG PETERSEN (P.), JOHANSEN (L.), Sølbjerg : an Ahrensburgian Site on a Reindeer Migration Route through Eastern Denmark. *Journal of Danish Archaeology*, vol. X, 1991, 1993, p. 20-37.

WELINDER (S.), 13C-variationer i Östersjön. *Fornvännen* 79, 1984, p. 217-220.

SKATEHOLM, UNE OCCUPATION DU MÉSOLITHIQUE RÉCENT DANS LE SUD DE LA SCANIE, À L'INTÉRIEUR D'UNE PERSPECTIVE RÉGIONALE

SKATEHOLM, A LATE MESOLITHIC SETTLEMENT IN SOUTHERN SCANIA, IN A REGIONAL PERSPECTIVE

Ingrid Bergenstråhle

Résumé. – Ce texte discute de l'occupation à Skateholm, au cours du Mésolithique récent, en fonction des variations du niveau de la mer. La division chronologique au cours du Mésolithique récent régional et local est présentée ici. La question qui se pose est : combien de régions sont représentées dans le Sud de la Scandinavie ? La question centrale est de savoir si le Mésolithique récent est une période statique ou une période de changement.

Mots clés : Mésolithique récent, Skateholm, Scanie, lagune.

Abstract. – The article discusses the late mesolithic settlement at Skateholm, Scania, in Southernmost Sweden. A chronological division within the Late Mesolithic on both a regional and local basis is presented. The question of how many regions are represented within Southern Scandinavia during the Late Mesolithic is posed. The essential question is whether the Late Mesolithic is a static period or a period of change. Indications of changes are discussed. The causes for changes are also commented upon, and the question raised is what creates changes both regionally and through time, and is it dependent on environmental or social causes – or both ?

Key words : Late Mesolithic, Skateholm, Scania, lagoon.

INTRODUCTION

The Mesolithic period has been termed a « cybernetic wasteland » (Thomas, 1991a). This term is meant to imply that prehistorians working with the Mesolithic and the Neolithic periods have had two different outlooks upon humanity, due to different traditions of research. One within natural science, and the other within the philosophy of human science. Examples of studies concerning mesolithic settlements in Southern Scandinavia which discuss the environment are common (Andersen, 1991 ; Henrikssen, 1976 ; Larsson, 1978, 1983, 1988a ; Petersen, 1986 ; Welinder, 1971). However, discussions of social aspects of the mesolithic society are much less frequent.

In comparison, data from the Neolithic period have long included assemblages stemming from both settlements with constructions, from megalith tombs and single graves. The presence of late mesolithic cemeteries such as Vedbæk and Skateholm has provided opportunities for new research directions for the Late Mesolithic (*i.e.* the Ertebölle period). The Neolithic period, as well as the transition to the Neolithic, has commonly been described as a period where there is change in both the material culture and the structure of the society (Hodder, 1990 ; Jennbert, 1984 ; Thomas, 1991b ; Whittle, 1988). However, the possibility of social change within the Mesolithic is rarely discussed. The role of the society as well as the environment must be considered when change is studied.

THE LATE MESOLITHIC SOCIETY IN A REGIONAL PERSPECTIVE

That no society exists solely by itself suggests that a regional view needs to be considered. The regional scale data that are available in Scania consist of the register of mesolithic and neolithic sites that was compiled by Althin in the 1950's (Althin, 1954) and of later research projects. The 263 sites that were known in the 1950's were divided into nine different groups. Among those, the 19 sites classified as the « Late Coastal Culture » are contemporaneous with the late mesolithic sites at Skateholm. These sites are located along the coast of Scania with one exception, which is situated in a marshy area between two lakes, the Krankesjön and the Vombsjön, in Central Scania. Other contemporaneous sites are most likely within the groups termed « mixed Mesolithic » and « mixed Mesolithic and Neolithic » by Althin (Althin, 1954). More recent research concerning late mesolithic sites has been conducted upon the Scanian west coast area, the site Löddesborg (Jennbert, 1984), the inland late mesolithic sites in the Yddinge sea area (Karsten, Regnell, 1995) and in the Skateholm area (Larsson, 1988a). Most research in the Yddinge sea area has focused on the late mesolithic site of Bökeberg III (Regnell *et al.*, 1995).

A re-evaluation of these sites, as well as those in the inland areas, will be utilized in the ongoing research concerning the Skateholm area, in order to provide a regional perspective. The relationship between the inland and coastal areas is important in the development of such a perspective. A settlement pattern involving both coastal and inland areas along larger rivers in Scania, such as the Sege, The Saxå and the Råå river, has been suggested earlier for the Kongemose period (Larsson, 1980). There are indications that such a pattern may also be applied to the Late Mesolithic in the area of Skateholm. The late mesolithic settlement at Skateholm, in Southern Scania, was situated in a former lagoon area behind the Baltic shore (fig. 1). In this area, the river Tullstorpsån seems to have been connected to a former lake northwest of the lagoon. A topographic map, *Skånska Rekognosceringskartan*, shows that as late as 1830 this was a marshy area. Due to farming activities, the area has been drained. Artifacts datable to the Late Mesolithic have been collected in the area by an amateur archaeologist.

DOES SOUTHERN SCANDINAVIA CONSTITUTE ONE, TWO OR MORE REGIONS ?

Discussions concerning the connections between late mesolithic hunter-gatherers in Southern Scandinavia and agrarian economies to the south, often describe the former area as one entity (Hodder, 1990 ; Childe, 1973 ; Clark, 1975 ; Zvelebil, Rowley-Conwy, 1986). Ertebölle ceramics and the Danubian shaft-hole axes are often used to document connections with agrarian economies. However, there are some indications of variability in these contacts. In Denmark, one Danubian shaft-hole axe has been found on a site in the Store Åmose area, in contexts that are datable to the Late Mesolithic (Fischer, 1982). So far, no Danubian shaft-hole axes had been found within a primary context in Scania.

Ertebölle ceramics have been found at several sites such as Soldattorpet, Kvarteret Nore, Elinelund, Vik, Löddesborg and Skateholm in Scania. The ertebölle ceramics from Vik have been compared to ertebölle ceramics from Denmark, Ringkloster, Norsminde and Flyndehage (Hulthén, 1977). The ertebölle ceramic technology from Ringkloster represents a more advanced stage than at Flyndehage in Bornholm and at Vik in Eastern Scania (Hulthén, 1977). This implies that, although there are similarities that connect the different areas to the ertebölle ceramic group, differences also exist within this group. These differences may represent subgroups within the Ertebölle.

Lithic studies have revealed chorological and chronological differences within the material culture from Southern Scandinavia during the Late Mesolithic. Local differences, as well

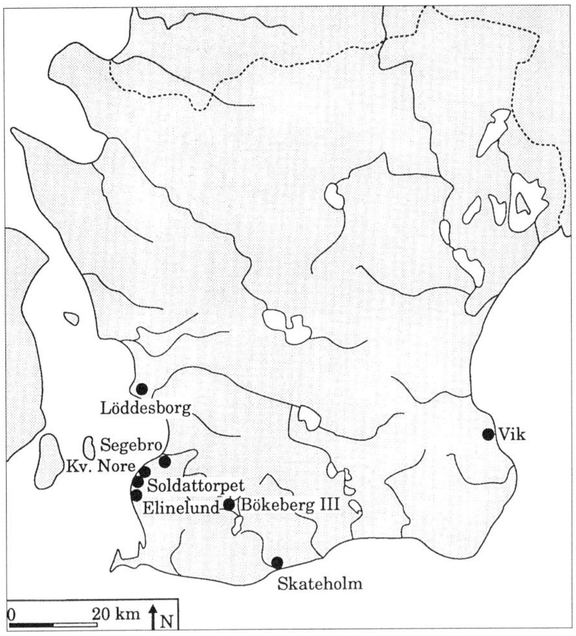

as regional variability, have to be considered in order to estimate how extensive the contact network within regions could have been. Danish studies suggest that Jutland and Zealand constitute two such regions, and that a close resemblance between Zealand, Bornholm and the Baltic coast of Sweden east of Scania existed, as shown by the spread of Limhamn axes (Vang Petersen, 1984). This could imply that, during the Late Mesolithic, Southern Scandinavia can be discussed in terms of two large regions divided by the Great Belt, Jutland contra Zealand and Scania. However, it is also possible that Scania constitutes a third region.

◀ Figure 1. – Map of Scania, Southern Sweden, with the location of the abovementioned sites.

THE SKATEHOLM AREA

A preliminary study of the lithic material from Skateholm supports the possibility that Scania is a third region. As the study is not yet concluded, no results are presented here. The large lithic assemblage from Skateholm (weighing several hundred of kilos) is promising in relation to the questions of both addressing change within the Late Mesolithic and of regionality.

The late mesolithic settlement at Skateholm was, as previously mentioned, situated at a former lagoon area behind the Baltic shore. Within this area, the land surface slowly rose from the sea level up to the 5 masl isarithm curve. Today, two waterways meet in the central part of the area, the Tullstorpsån in the west and the Vemmenhögsån in the east. The lagoon evolved as the ingression of

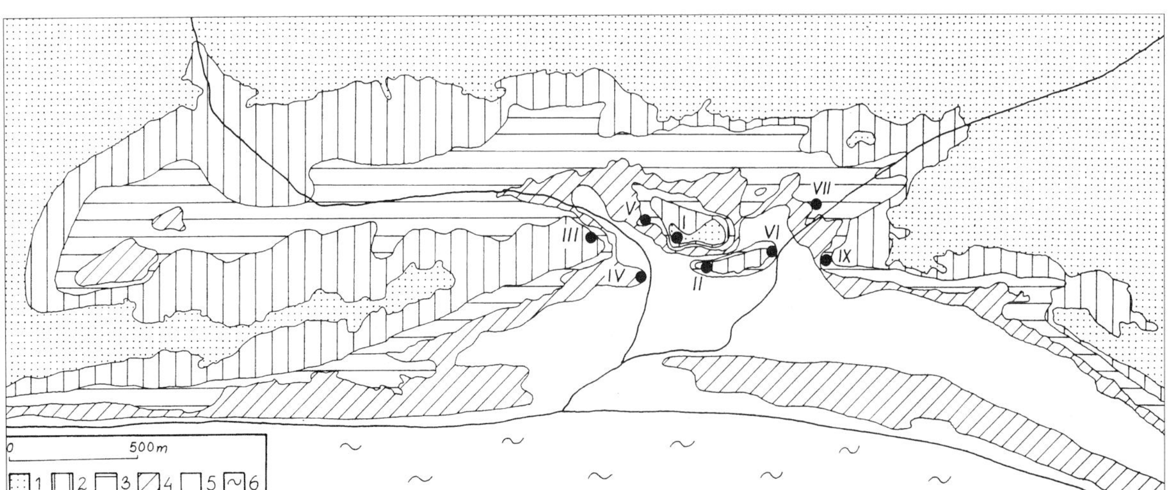

Figure 2. – The research area of Skateholm with the late mesolithic sites within the central lagoon area. 1. area higher than 5 m a.s.l. 2. area between 4 and 5 m a.s.l. 3. area between 3 and 4 m a.s.l. 4. area between 3 and 2 m a.s.l. 5. area lower than 2 m a.s.l. and 6. present sea level.

the sea took place during the Late Atlantic and Subboreal due to the changes of the Littorina Sea. The central parts of the lagoon area were submerged periodically during the Neolithic period. This might have given the impression of a lowland which was completely open towards the sea front. However, investigations have shown that some form of natural barrier existed which hindered the direct inflow of water from the sea (Larsson, 1988a ; Lemdahl, Göransson, 1988).

During the Late Mesolithic, the change in sea level in such a shallow landscape ought to have been notice by the inhabitants. The sea level changes rendered low lying areas, under *ca.* 3 m a.s.l., uninhabitable after *ca.* 6,000 BP. Due to the rise of sea level, the habitation at Skateholm II was submerged, while Skateholm I was still habitable. The change in sea level within the lagoon area provides unique possibilities for discussing both material and cultural change, as the sites became submerged and were not occupied again during the Mesolithic. Features such as cultural layers as well as constructions and cemeteries were preserved at Skateholm II and I. Six additional late mesolithic sites within the central lagoon area have also been recorded, but these have been disturbed. These six sites have been given a preliminary dating through comparison with Skateholm II and I.

THE LATE MESOLITHIC SETTLEMENT IN THE CENTRAL LAGOON AREA

Eight late mesolithic sites have been excavated or field surveyed to varying degrees within the former lagoon area. Two large well preserved sites, Skateholm I and II, were extensively excavated. These two large sites have been dated to *ca.* 6,300-5,700 BP. Skateholm II is the oldest and the cultural layer was dated to *ca.* 6,300-5,900 BP and Skateholm I was dated to *ca.* 5,900-5,700 BP (uncalibrated). Skateholm II was situated on the 2 and 3 m a.s.l. isarithm curve, and Skateholm I on the 3 to 5 m a.s.l. isarithm curve.

Both Skateholm II and I covered extensive areas, of which *ca.* 1,200 m^2 and *ca.* 4,000 m^2, respectively, were excavated. The plow soil was removed from the surface, and, in the underlying light-colored sand, constructions were clearly visible. More than one hundred constructions were encountered at Skateholm II, and two hundred at Skateholm I. The best known of these are the 22 graves from Skateholm II and the 65 graves from Skateholm I. Other constructions such as postholes, hearths, pits were present at both sites. Some of the pits have the same form and filling as the inhumation burials and could be interpreted as cenotaphs.

A hut floor was excavated at Skateholm I, measuring 11 × 6 m, and a similar oval construction with an extent of 8 m was present at Skateholm II (Larsson, 1985). This oval depression, which is comparable with the hut floor, awaits further analysis however. Another shallow depression from Skateholm II consists of a dark colored sooty layer above a red colored layer with concentrations of flint and bone finds, and has been interpreted as a construction for ceremonial activities (Larsson, 1988b).

At Skateholm II and I, the cemeteries were situated within the dwelling areas. Most of the constructions were found at the top and in the upper part of the slopes. Analysis of the dwelling constructions, focusing on the patterns in the distribution of the postholes in relation to the remnants of hut floors, has only begun. Both at Skateholm II and Skateholm I, a cultural layer was found. At Skateholm II, a refuse layer was encountered. Both the cultural and refuse layers were rich in lithic artifacts.

Due to the favorable preservation conditions in the area, faunal remains were preserved at both sites. The analyzed faunal remains contain a wide range of species. Most frequent among the large mammals were red deer and roe deer. Utilization of aquatic resources included fishing, the most common fish species being pike and perch, as well as hunting of gray seal (Jonsson, 1988).

Minor excavations were conducted at Skateholm III, VI and IX. These sites were situated on gravel deposits, and, due to the extraction of gravel, they have been badly damaged. As such, excavations at these sites have been limited. At Skateholm III, a grave was found during gravel extraction in the 1930's, and was later dated to the Late Mesolithic. A worker who took part in gravel extraction claims that more than one burial were found in the same ridge as Skateholm III. Field survey in the

1980's revealed three additional late mesolithic sites, Skateholm IV, V and VII. At these sites, only trial excavations have been conducted.

The pollen diagram from Skateholm shows that grasses and extensive reed belts grew within the lagoon. The hinterland consisted of different types of forests during the Late Mesolithic. The pollen samples suggest that near the lagoon, an open forest with hazel and pine was present, while, further inland, the forest was denser, consisting of elm, lime, oak and ash (Göransson, 1988).

A PRELIMINARY DATING OF THE SITES WITHIN THE SETTLEMENT

The comparison of artifacts and the sites in relation to sea level provides a *terminus post quem* dating that suggests that these sites can be divided into two phases (fig. 2). It must be stressed that there is no evidence of a hiatus or sudden change between these phases. As mentioned above, Skateholm II predates Skateholm I, but the earliest habitation at Skateholm I might have occurred while Skateholm II was still inhabited.

Skateholm II, IV and VI are thought to have been inhabited during the first phase, but it is probable that Skateholm IV and VI were also occupied during the early stages of Skateholm I. As such, habitation at Skateholm I, III, V, VII and IX during the second phase is suggested. Skateholm III and IX are interpreted as belonging to the later part of the second phase. It is possible that these sites postdate Skateholm I.

Comparison between the lithic assemblages from Skateholm II and I shows both differences and continuity in the lithic technology. Larsson (Larsson, 1995) has earlier commented on the differences within burial customs at Skateholm II and I. But similarities do also exist, for example with red ochre in the grave fillings as well as the dog interments (Larsson, 1995). At Skateholm I, ertebölle ceramics were found. The number of sites inhabited seems to increase through time within the settlement area of the lagoon.

SUMMARY

The sites around the lagoon at Skateholm have provided a massive lithic assemblage as well as an unusually large number of constructions. Since the lagoon was flooded, the sites were successively set under water, thus a *terminus post quem date* can be defined. The constant change of the lagoon area during the Late Mesolithic, due to the inflow of water, ought to have been recognized by the inhabitants.

The preliminary results indicate that the number of sites within the lagoon area increased through time during this period. However, this increase could be due to a number of factors : changing settlement patterns, increasing or decreasing sedentism, changing social structure, and/or increasing population size. As such, a regional view is just as important as a thorough study of the sites. Another important question is that of regionality : can the Late Mesolithic in Southern Scandinavia be considered to constitute two or more larger regions ? Are the changes in the lithic and ceramic material dependent on a functional and/or cultural basis ? Finally, is change a constant phenomenon through time within different areas at a local and/or regional level ?

REFERENCES

ALTHIN (C.), The Chronology of the Stone Age Settlement of Scania, Sweden. I. The Mesolithic Settlement. *Acta Archeologica Lundensia*, series in 4°, n° 1, 1954.

ANDERSEN (S.-H.), Björnsholm. A Stratified Kökkenmödding on the Central Limfjord, North Jutland. *Journal of Danish Archeology* 10, 1991.

CLARK (G.), *The Earlier Stone Age Settlement of Scandinavia*, Cambridge University Press, Cambridge, 1975.

FISCHER (A.), Trade in Danubian Schaft-Hole Axes and the Introduction of Neolithic Economy in Denmark. *Journal of Danish Archeology* 1, 1982.

GÖRANSSON (H.), Pollen Analytical Investigations at Skateholm, Southern Sweden. *In* : L. LARSSON (ed), The Skateholm Project I. Man and Environment. *Acta Regiae Societatis Humaniorum Litterarum Lundensis*, LXXIX, 1988.

HENRIKSEN (B.-B.), Svaerdborg I. Excavations 1943-44. A Settlement of the Maglemose Culture. *Arkaelogiske Studier*, vol. III, 1979.

HODDER (I.), *The Domestication of Europe. Structure and Contingency in Neolithic Societies*, Basil Blackwell, Oxford & Cambridge, 1990.

HULTHÉN (B.), On Ceramic Technology During the Scanian Neolithic and Bronze Age. *Theses and Papers in North-European Archeology* 6, 1977.

JENNBERT (K.), *Den produktiva gåvan*. Tradition och innovation i Sydskandinavien för omkring 5300 år sedan. *Acta Archeologica Lundensia*, series in 4°, n° 16, 1984.

JONSSON (L.), The Vertebrate Faunal Remains from the Late Atlantic Settlement at Skateholm in Scania, South Sweden. *In* : L. LARSSON (ed), The Skateholm Project I. Man and Environment. *Acta Regiae Societatis Humaniorum Litterarum Lundensis*, LXXIX, 1988.

KARSTEN (P.), REGNELL (M.), *Bökeberg III, intryck och avtryck från en senmesolitisk inlandsboplats*, Limhamniana, 1995.

LARSSON (L.), Ageröd I : B, Ageröd I : D. A Study of Early Atlantic Settlement in Scania. *Acta Archeologica Lundensia*, series in 4°, n° 12, 1978.

LARSSON (L.), Ageröd (V.) An Atlantic Bog Site in Central Scania. *Acta Archelogica Lundensia*, series in 8°, n° 12, 1983.

LARSSON (L.), Some Aspects of the Kongemose Culture of Southern Sweden. *Papers of the Archeological Institute University of Lund*, 1979-1980.

Of House and Hearth, The Excavation, Interpretation and Reconstruction of a Late Mesolithic House. *Honorem Evert Badou. Archeology and Environment* 4, Umeå, 1985.

Late Mesolithic Settlement at a South Swedish Lagoon. The Skateholm Project I. Man and Environment, Acta Regiae Societatis Humaniorum Litterarum Lundensis, LXXIX, 1988a.

A Construction for Ceremonial Activities from the Late Mesolithic. *Papers of the Archeological Institute University of Lund*, 1987, 1988b.

Man and Sea in Southern Scandinavia during the Late Mesolithic. Role of Cemeteries in the View of Society. *In* : A. FISCHER (ed), Man and Sea, 1995.

LEMDAHL (G.), GÖRANSSON (H.), Geological Investigations at Skateholm, Southern Sweden. *In* : L. LARSSON (ed), The Skateholm Project. I. Man and Environment. *Acta Regiae Societatis Humaniorum Litterarum Lundensis*, LXXIX, 1988.

PETERSEN (K.-S.), The Ertebölle Kökkenmödding and the Marine Development of the Limfjord with Special Regard to the Molluscan Fauna. *Journal of Danish Archeology* 5, 1986.

REGNELL (M.), GAILLARD (M-J.), SEIP (T.), KARSTEN (P.), Reconstruction of the Environment and History of Plant Use during the Late Mesolithic (Ertebölle Culture) at the Inland Settlement of Bökeberg III, Southern Sweden. *Vegetation History & Archeobotany* 4, 1995.

THOMAS (J.), The Hollow Men ? A Reply to Steven Mithen. *Proceedings of the Prehistoric Society* 57, part 2, 1991a.

Rethinking the Neolithic, Cambridge University Press, Cambridge, 1991b.

VANG PETERSEN (P.), Chronological and Regional Variation in the Late Mesolithic of Eastern Denmark. *Journal of Danish Archeology* 3, 1984.

WELINDER (S.), Tidigpostglacialt mesolitikum i Skåne. *Acta Archeologica Lundensia*, series in 8° minore, n° 1, 1971.

WHITTLE (A.), *Problems in Neolithic Archaeology*, New Studies in Archaeology, Cambridge University Press, Cambridge, 1988.

ZVELEBIL (M.), ROWLEY-CONWY, Foragers and Farmers in Atlantic Europe. *In* : M. ZVELEBIL (ed), *Hunters in Transition. Mesolithic Societies of Temperate Eurasia and their Transition to Farming*, New Directions in Archaeology, Cambridge University Press, Cambridge, 1986.

LES PREMIERS CHASSEURS DE RENNES DES MONTAGNES DU SUD DE LA NORVÈGE

THE FIRST REINDEER HUNTERS IN THE SOUTHERN NORWEGIAN MOUNTAINS

Sveinung Bang-Andersen

Résumé. – Jusqu'à la fin des années 1950, la présence mésolithique en Norvège a été comprise comme un phénomène littoral. On pensait que toute la région de hautes montagnes de l'arrière-pays s'était peuplée pendant une période plus récente. Notre compréhension de la première interaction humaine entre la côte et l'arrière-pays, déclenchée par des régulations extensives des cours d'eau, a été radicalement changée pendant les trente-cinq dernières années. Un bilan des recherches scientifiques sur l'établissement mésolithique situé dans les montagnes du Sud de la Norvège est esquissé avec accent mis sur les stratégies d'études, les types principaux de sites, les techniques d'investigation et la datation des sites. Finalement, la variation des ressources en rennes dans le temps et l'espace fait l'objet d'un cas d'étude aux confins d'un endroit limité.

Mots clefs : Sud de la Norvège, récession des glaciers, exploitation de la montagne, inventaire de site, types de sites, chasse aux rennes.

Abstract. – Until the late 1950s, the mesolithic settlement in Norway was basically understood as a coastal phenomenon. Most or all mountains and higherlying inland areas were considered to have been taken in use during later periods. Triggered by extensive watercourse regulations, our understanding of the first human coast-inland interaction has been radically changed during the last 35 years. A research status on the mesolithic settlement in Southern Norwegian mountains is briefly outlined, with emphasis on survey strategies, types of sites localized, investigation techniques, and dating results. Finally, reindeer hunting and the availability of wild reindeer through time and space is considered within a case area.

Key words : South Norway, ice recession, mountain exploitation, site inventorization, site types, reindeer hunting.

IN THE BEGINNING

The Southern Norwegian highlands are formed by a continuous series of mountains covering about 100,000 km^2 between the Rørosvidda plateau in the NE and the Ryfylke-Setesdal mountains in the SW. Geologically belonging to the Caledonian chain, these highlands exhibit a wide variety of landscape forms with high plateaux as the Hardangervidda, broken by mountain peaks and deep valleys and fjords penetrating deep into the central areas. The western part of the mountains are steep and dissected with a short distance to the sea. To the east and northeast there are more even gradients with long parallel valleys that slope gently from the inland towards the sea.

The mountains, here defined as present-day low- and middle-alpine tree-less parts of the highlands, generally cover land areas above *ca.* 600 m a.s.l. in the west, above 7-800 m a.s.l. in the southern and northern parts of the inland and above the 900 m contour line in East Norway. Most areas are situated between 800 and 1,200 m a.s.l., with a number of summits from 1,200 to 1,600 m and some peaks protuding up to *ca.* 2,500 m. The main faunal resource is wild reindeer (*Rangifer tarandus*), counting some 50,000 individuals relatively evenly distributed along the main water divide between E and W.

This reindeer population in the Southern Norwegian mountains is interpreted as direct descendants of the late glacial reindeer herds which populated the North-European plains, and migrated across the former « North Sea Continent » to South Norway as the plainland became forested between 12,000 and 10,000 BP.

The outer SW and NW parts of the Norwegian coast was deglaciated *ca.* 15,000 and 13,500 BP (Anundsen, 1985 ; Rye *et al.* 1987). According to subfossile bone finds in geological deposits, reindeer were present on the western coaststrip between 12,500 and 10,000 BP. By natural history, reindeer may have been one – but most likely not the only or most important factor triggering man's discovery and colonization of Lowland Norway (Bjerck, 1994).

Archaeological research determines the first human settlement to have been in south-western and western coastal areas, some few hundred years before the close of the Younger Dryas Chronozone, 10,000 PB (Bang-Andersen, 1992 ; Prøsch-Danielsen, Høgestøl, 1995). During the subsequent millennium, most major parts of the 30,000 km long Norwegian coastline were populated by mobile hunter/gatherers, diagnosed by their stone artefact inventories as the « Fosna culture » in Southern and Central Norway and the « Komsa Culture » in Northern Norway.

Our assumptions about the early mesolithic resource utilization are of a theoretical character, owing to a total lack of faunal material in the earliest sites. The topographic setting of the sites indicates the pioneer population as clearly sea – and coast – resource oriented. This does, however, not preclude reindeer to have been procured as an important resource, when available in the lowland.

THE INLAND EVIDENCE

Man's first expansion into Southern Norwegian mountains seems to be closely related to the dramatic changes of scene which took place both in the coast zone and inland during the Preboreal and Boreal *ca.* 10,000-8,000 BP.

A sudden warming during the Pleistocene-Holocene transition, in combination with rapid humus formation, involved a considerable thickening of the vegetation, with dense decidous forests as end-product. The inland ice sheet reacted to the rise in temperature and receded from the Younger Dryas Advance Stage, presumably at a rate of up to 300 m per year. By 9,600 BP, the ice had retreated to the high mountains in the central parts of South Norway (Anundsen, 1985), and progressively larger inland areas became available for exploitation. (fig. 1.)

Finally, between 8,800 and 8,500 BP, all mountain areas were deglaciated (Andersen, 1980). This created important feeding areas for the reindeer, which is supposed to have moved inland as forests expanded, and potential new hunting grounds for mesolithic groups based on the coasts.

At least some pioneers took the challenge very soon, only a few hundred years after inland ice had retreated from the low-alpine zone. The earliest evidence for this is from lake Myrvatnet in the Maudal mountains, SW Norway (fig. 1), where a group of well-preserved settlement sites interpreted as seasonal reindeer hunting camps have been 14C dated between 9,600 and 8,600 BP (Bang-Andersen, 1990). The northern part of South Norwegian mountains were first taken in use about 8,800 BP (Gustafson, 1988), and the central parts still some 500 years later (Indrelid, 1994).

Knowledge of man's first enterprise into Southern Norwegian mountains has been radically changed in the course of the last 35 years, generated by plans for hydroelectrical watercourse development or as a result of archaeological post-surveys. By extensive registrations leading to a large number of partial or total excavations and radiological dating of settlement sites, and comprehensive pollenanalytical and quaternary geological research, the cultural and natural history of the mountain areas became gradually better known than its coastal and lowland counterparts (Johansen, 1978 ; Indrelid, 1973, 1994 ; Bang-Andersen, 1989, 1991).

As the status of research has only been slightly modified during the last years, and the allocated space is restricted, I will mainly deal with the field methods which have been developed for the stone-age research in Norwegian mountains. Finally, the asserted

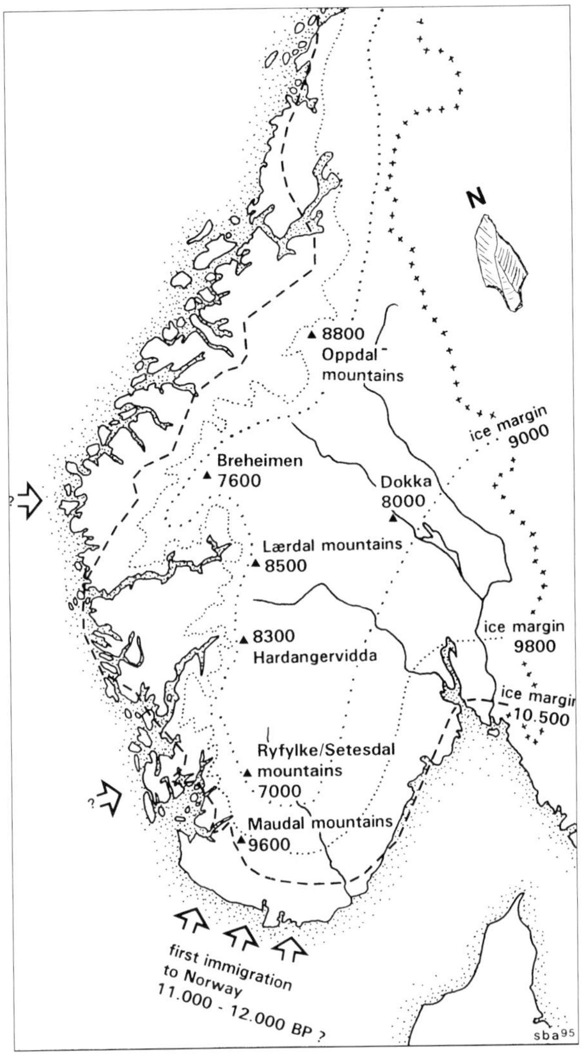

Figure 1. – Correlation map illustrating the ice recession process and the earliest Mesolithic exploitation in the interior of Southern Norway according to uncalibrated radiocarbon datings.

importance of wild reindeer as a human resource and site-generating factor will be considered.

The site surveys in the mountains have more or less invariably been based on intuitive test pit sampling, involving showel testing and eventually water screening of a large number of test pits in an optimally homogeneous way. In certain areas, as many as 4,000 test pits have been dug and screened per square kilometer (Bjørgo, 1986). A close look-out is always kept for surface exposed lithics, fire cracked stones and charcoal along paths, river beds and watersides, even below present water level. Only occasionally have soil probings or core borings in bog covered areas been performed (Bang-Andersen, 1987).

As the inventorizations have mainly concentrated waterfront areas as lakesides and rivercourses, they create a highly incomplete basis of knowledge, as most or all off-water areas are normally excluded (Bjørgo, 1986). Consequently, relatively large, « find-productive » lake-side settlement sites (often revisited, resulting in stratigraphical disorder and serious problems of interpretation) are vastly over-represented, compared with small (and generally far cleaner) special activity sites as f.i. transitory camps, game observation posts (Johansen, 1978), kill- and butchering sites (Indrelid, 1973 ; Bang-Andersen, 1987), quartzite quarries (Johansen, 1978) or places for reducing the raw material from quarries (Knutsson *et al.* 1990). (fig. 2.)

It is evident that more emphasis given to future localization and thorough analyses of such sites will reveal high-resolution activity patterns and demonstrate far better than the settlement sites how humans moved and acted within the mesolithic landscape. « Off-site, off-water » archaeology is the word.

The delimination and excavation of mountain sites has been performed according to normal Scandinavian lowland procedures, which should not be necessary to describe in detail. It is, however, to be noted that almost all sites investigated prior to 1980 were excavated by relatively large grid units (as 1 m^2) without systematic water-screening, which in certain cases has resulted in stone artefact losses ranging from 40 to 60 % (Bang-Andersen, 1985). After refined methods for site floor analyses as unconstrained clustering and flint refitting became accepted as more or less indispensable, excavation procedures have also improved.

The mesolithic settlement sites in Southern Norwegian mountains are as a general rule open-air camps found in elevated positions along the shores of larger lakes : in inlet and outlet areas, on headlands or by sounds exhibiting excellent landscape control. Rock shelters, which occur relatively frequently, only were used in exceptional cases. Due to harsh climate and lack of secondary sealing, the cultural layers in most or all open sites are strongly leached and devoid of organical matter except for charcoal. Consequently, the functional and economic interpretation of the sites has to be based on circumstantial evidence.

It has been demonstrated that some mesolithic sites in the Hardangervidda were at

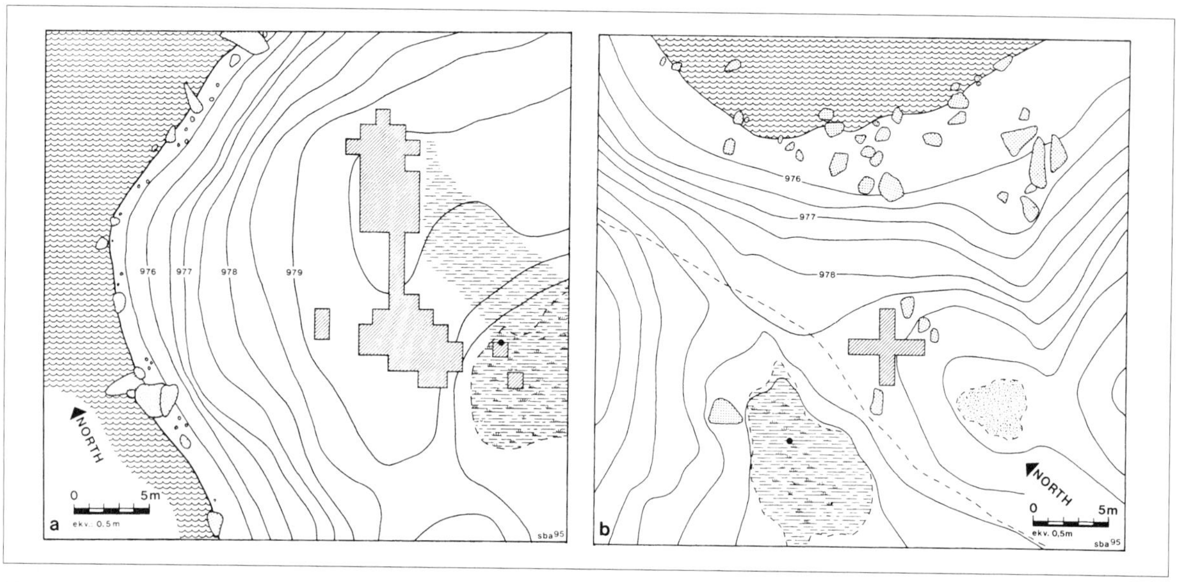

Figure 2. – Contour maps of two basically different site types in the Ryfylke/Setesdal mountains, with excavated areas shaded and dots indicating pollen cores in bogs. a. Loc. 17 at Øvre Storvatnet, a repeatedly reused « classical » camp site defined by the flint artefact scatter to cover minimum 60 m^2. b. Loc. 148 by Hovassåna, a special activity site made up by a 3/4 m^2 large find spot (in the trench crossing), interpreted to reflect the butchering of a reindeer.

least partly used for trout fishing or elk hunting during periods with a higher tree limit (Indrelid, 1994). The large bulk of settlement sites both in this area and elsewhere in the highlands exhibit topographic settings closely connected to still existing or presumed former reindeer migration paths, which normally take advantage of lake shores and river crossings both as drinking places, geographical leading lines and short cuts. This is generally postulated to reflect specialized reindeer hunting activities : individually by stalking and bow shooting, or collectively by game drives using the water as catch and kill area (Johansen, 1978 ; Bang-Andersen, 1989 ; Indrelid, 1994).

REINDEER – BUT NOT HUNTERS – AT ALL TIMES ?

The relationship between mesolithic site setting and present and past reindeer behaviour can most directly be demonstrated in the rugged Ryfylke/Setesdal mountains, in the southernmost part of the Norwegian mountain range. Here wild reindeer are still abundant on an annual basis, and a wide range of both prehistoric and historic monuments related to reindeer hunting activities have been registered and investigated.

A focal point is made by Lakes Øvre Storvatnet and Gyvatnet, situated about 950 m a.s.l. in a topographical bottleneck in the reindeer seasonal main migration route between south and north (fig. 3a).

The situation with present reindeer paths, old hunting cabins and stonefenced meat cachets probably dating from the last two or three centuries is given in fig. 3b. The distribution of stonewalled reindeer pitfalls and bowhides, shown in fig. 3c, seems to indicate reindeer migration routes to have been practically unchanged during the Medieval Period and the Iron Age, *ca.* 500 and 2,000 BP.

The mesolithic settlement sites, 14C dated between 5,700 and 7,000 BP (Bang-Andersen, 1989) and mapped on fig. 3d, coincide neatly with the preceding data plots, including present-day reindeer paths. In conclusion, these sites did, notwithstanding the lack of compelling osteological evidence, undoubtedly belong to mesolithic reindeer hunters.

As the base settlements underlying this purposeful inland enterprise were located in all probability to coastal areas with milder winters, a far broader spectrum of food resources and direct access to natural flint deposits, they were however part-time

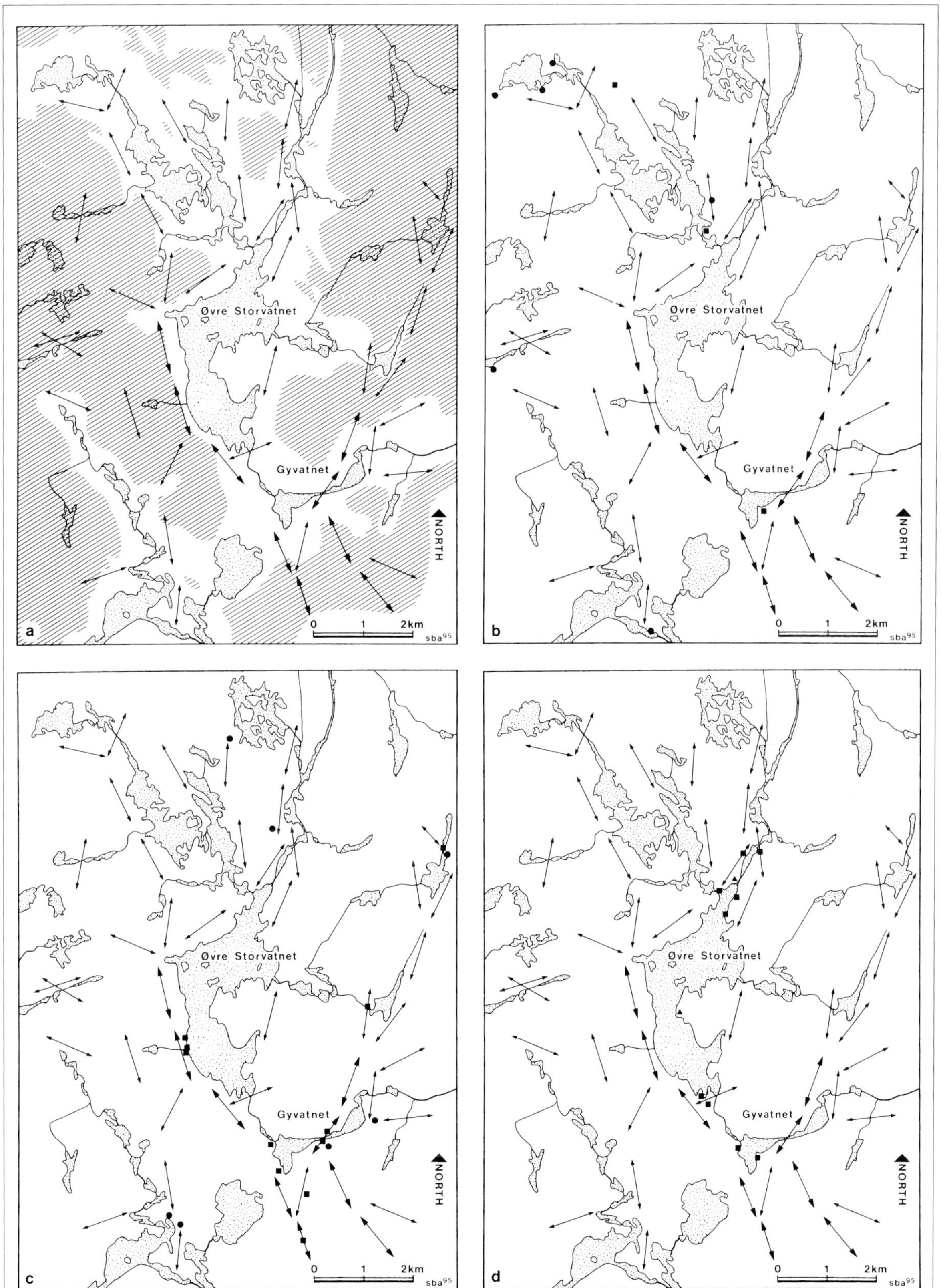

Figure 3. – The history of reindeer and reindeer hunting in the Øvre Storvatn area in the SW Norwegian montains. a. Present reindeer migration paths (arrows) and land above 900 m a.s.l. (shadings). b. Sub-recent hunting cabins (squares) and meat cachets (dots). c. Reindeer pitfalls (squares) and bow hides (dots). d. Mesolithic settlement sites (squares) and undated stone age sites (triangles).

reindeer hunters. Another important conclusion, indicated in Ryfylke and Setesdal mountains by a total lack of sites dating between 6,700 and 6,100 BP, is that the utilization of reindeer resources was discontinuous, dependent on changing climatic conditions and cultural-historic factors which are still not fully understood.

REFERENCES

ANDERSEN (B. G.), The Deglaciation of Norway after 10,000 BP. *Boreas*, vol. IX, Oslo, 1980, p. 211-216.

ANUNDSEN (K.), Changes in Shore-Level and Ice-Front Position in Late Weichsel and Holocene, Southern Norway. *Norsk Geografisk Tidsskrift*, vol. XXXIX, Oslo, 1995, p. 205-225.

BANG-ANDERSEN (S.), Utgravd tapt gjenfunnet. Analyse av steinartefakttapet ved boplassundersøkelser. *In* : J. R. NÆSS (ed.), Artikkelsamling I. *AmS-Skrifter*, vol. XI, Stavanger, 1985, p. 5-23.

Surveying the Mesolithic of the Norwegian Highlands. A Case Study of Test-Pits as a Method for Site Discovery and Delimination. *In* : P. ROWLEY-CONVY, M. ZWELEBIL, H. P. BLANKHOLM (eds.), *Mesolithic Northwest Europe : Recent Trends*, University of Sheffield, Sheffield, 1987, p. 33-45.

Mesolithic Adaptations in the Southern Norwegian Highlands. *In* : C. BONSALL (ed.), *The Mesolithic in Europe*, Edinburgh, 1985, p. 338-350.

The Myrvatn Group, a Preboreal Find-Complex in Southwest Norway. *In* : P. M. VERMEERSCH, P. VAN PEER (eds.), Contributions to the Mesolithic in Europe. *Studia Praehistorica Belgica*, vol. V, Leuven, 1990, p. 215-226.

Mennesker og natur ved istidens slutt. Rogalands tidligste bosetning i nordeuropeisk perspektiv. *Frá haug ok heidni*, n° 4 (1992), Stavanger, 1992, p. 21-29.

BJERCK (H.), Nordsjøfastlandet og pioner-bosetningen i Norge. *Viking*, vol. LVII, Oslo, 1994, p. 25-58.

BJØRGO (T.), Mountain Archaeology. Preliminary Results from Nyset-Steggje. *Norwegian Archaeological Review*, vol. XIX, n° 2, Oslo, 1986, p. 122-127.

GUSTAFSON (L.), Fjellpionerene. *Arkeologiske Skrifter*, n° 4, Bergen, 1988, p. 40-67.

INDRELID (S.), Mesolitiske tilpasningsformer i høyfjellet. *Stavanger Museums årbok*, 1972, Stavanger, 1973, p. 5-27.

Fangstfolk og bønder i fjellet. Bidrag til Hardangerviddas førhistorie 8500-2500 før nåtid. *Universitetets Oldsaksamlings Skrifter. Ny rekke*, Oslo, n° 17, 1994.

JOHANSEN (A. B.), Høyfjellsfunn ved Lærdalsvassdraget II. *Naturbruk og tradisjonssam menheng i et sørnorsk villreinområde i steinalder.* Oslo, 1978.

KNUTSSON (K.), ULEBERG (E.), WELINDER (S.), One Fine Day in the Norwegian High Mountains. *Universitetets Oldsaksamlings Årbok* 1989/1990, Oslo, 1990, p. 61-69.

LEHMAN (S. J.), KEIGWIN (L. D.), Sudden Changes in the North Atlantic Circulation during the Last Deglaciation. *Nature*, vol. 356, Londres, 1992, p. 7-57.

LIE (R. W.), Animal Bones from the Late Weichselian in Norway. *Fauna Norvegica*. Ser. A7, Oslo, 1986, p. 41-46.

Blomvågfunnet, de eldste spor etter mennesker i Norge ? *Viking*, Oslo, vol. LIII, 1990, p. 7-20.

PAUS (Å.), Late Weichselian Vegetation, Climate and Floral Migration at Sandvikvatn, North Rogaland, South-Western Norway. *Boreas*, vol. XVII, Oslo, 1988, p. 113-139.

PRØSCH-DANIELSEN (L.), HØGESTØL (M.), A Coastal Ahrensburgian Site Found at Galta, Rennesøy, Southwest Norway. *In* : A. FISCHER (ed.), Man and Sea in the Mesolithic. *Oxbow Monograph* 53, Oxford, 1995, p. 123-130.

SVEVOLLEN, LE MÉSOLITHIQUE RÉCENT DANS L'ARRIÈRE-PAYS DE L'EST DE LA NORVÈGE : ACTION NORMATIVE ET CONTRÔLE DE CONSOMMATION

LATE MESOLITHIC SVEVOLLEN OF INTERIOR EASTERN NORWAY : NORMATIVE ACTION AND CONSUMPTIONAL CONTROL

Ingrid Fluglestvedt

Résumé. – Dans cet article, on trouve les conclusions principales des recherches et des interprétations de deux sites mésolithiques dans l'Est de la Norvège ; les sites sont datés du Mésolithique récent. Des preuves circonstancielles indiquent que les sites sont des constructions d'habitations utilisées pendant une période assez longue. D'autres preuves indiquent des liens forts avec la côte sud-est. L'habitation de Svevollen est interprétée dans un cadre culturel et historique scandinave. L'article attache donc de l'importance au lien entre le pouvoir et le contrôle de consommation dans le Mésolithique récent.

Mots clefs : Mésolithique récent, constructions des maisons, organisation sociale.

Abstract. – The paper summarizes the main conclusions from the investigations and interpretations of the two late mesolithic interior/lowland sites at Svevollen, Eastern Norway. Circumstantial evidence indicates the sites to be dwelling constructions occupied for an extended period of time. Other evidence indicates strong connections to the south-eastern coast. The settlement at Svevollen is interpreted in an overall Scandinavian cultural-historical setting. The paper focuses on the link between power and consumptional control, thus providing a contribution to the discussion about late mesolithic social complexity.

Key words : Late Mesolithic, inland settlements, house constructions, social organization.

INTRODUCTION

The Mesolithic period of Eastern Norway was for a long time considered to be a pure coastal tradition. Coastal sites by the Oslofjord were known since the beginning of this century, and provided the first evidence for the recognition of an Earlier Stone Age in Norway (Brøgger, 1905). Contrary to this, the rural areas of interior Eastern Norway seemed almost empty of mesolithic finds. Due to various research projects carried out through the last years, the number of interior sites has grown considerably (Boaz this volume ; Coulson this volume ; Fluglestvedt, 1995 ; Mikkelsen *et al.*, 1975 ; Mikkelsen, 1989 ; Sjurseike, 1994). In this paper I would like to present in short my contribution to the issue of non-coastal mesolithic life in Norway. The paper will be divided into two sections : 1) there will be a presentation of the main results from the sites at Svevollen ; 2) these results will be related to the current debate concerning the late mesolithic social organization.

THE SITES AT SVEVOLLEN

The area of investigation is situated in the drainage basin between Lake Mjøsa and the river Glomma, Norway's largest lake and largest river, respectively. The sites at Svevollen are placed at about 200 m a.s.l. at a distance of 110 km from the northernmost part of the Oslofjord. The topsoil in the area consists mainly of wind blown sand, deposited at the end of the Last Glacial period (Bargel, 1983). The environment is further characterized by a quite dense pine forest, parted by small lakes, bogs and creeks. In the Late Mesolithic period, most of these bogs were small lakes. The vegetational conditions were not very different from today, though with some elements of the typical Atlantic, deciduous forest (Høeg, unpublished).

In the mid-eighties, the pit settlement site of Svevollen I was partly excavated and later published by Dr Egil Mikkelsen (Mikkelsen, 1989). The material from the site was then given the author for further interpretations, accompanied by more fieldwork. In this connection, an area of 5 km^2 has been surveyed by digging test pits. Within this geographical extension, the site of Svevollen I and three more sites were already known. With these sites taken into account, the total number increased to 29 sites. Twenty-five of the sites have a location with striking similarities, *i.e.* sandy, dry, and sunny areas within the immediate distance to a creek (less than 20 m). Similar to the earlier excavated site of Svevollen I, three of these sites appear on the surface as pit formations. With the aim of increasing the understanding of this type of site, site number 2 was partly excavated under the leadership of the author. The two sites are estimated to be minimum 100-120 m^2, the excavated fields of the sites constitute 32 and 19 m^2, respectively (Fluglestvedt, 1995).

The finds consisted of three main elements : fire cracked rocks, burnt animal bones and lithic debris. The lithic debris revealed a high degree of fragmentation, reuse and recycling. More than 90 % of the raw material consisted of flint. The main tool represented at the sites were concave scrapers with a steep edge. A functional analysis (Grace, 1989) was carried out on 27 scrapers from site number 2. Concerning motion of use, *scraping* came out as the only result. Worked material was interpreted on 9 of the scrapers, the result being mostly hide and antler (Eivind Klubbenes, unpublished report). Among the identified faunal remains, elk (*Alces Alces*) and beaver (*Castor fiber*) were the dominating species. Hunting is represented in the material by microblades and transverse points. Radiocarbon datings of charcoal from the sites point to a dating of the settlement within the last centuries of the Late Mesolithic period (*ca.* 5,500-5,000 BP, see Fluglestvedt, 1995).

SPATIAL ARRANGEMENT

The sites are only partly excavated, and the interpretations should not be considered final. However, the very similar pattern revealed between location 1 and 2, and the fact that the excavation fields cover different parts of the two sites, therefore increase the understanding of these localities as a defined type of site.

The pit settlement sites at Svevollen have an oval shape, with an inner diameter of about 5 meters. The depth varies from less than 50 cm to 1 m. Deposition of material outside the pit has been carried out in one direction only, the other sides constituting natural slopes. The formation history of the Svevollen pit sites is schematically described this way : a natural depression has been chosen for dwelling. After some time, a certain amount of soil containing charcoal, knapping debris, burnt bones and firecracked rocks was removed from the central activity floor and deposited outside the pit. This cleaning activity resulted in the building up of a midden. The digging-out and deposition changed the entire structure into a marked pit with an accentuated topography. The midden is about 60 cm thick. It contains considerable amounts of all find categories.

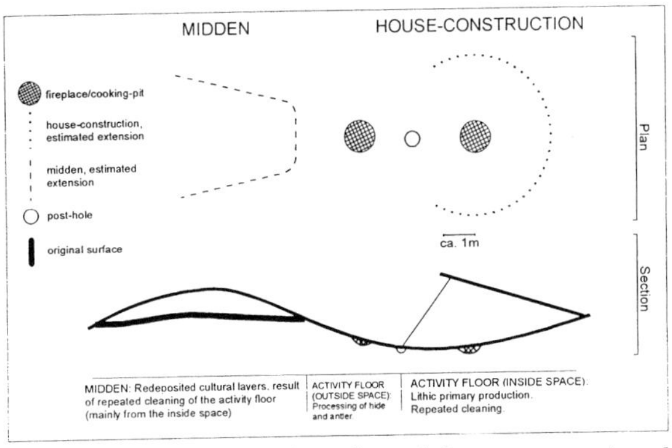

Figure 1. – Interpretation of spatial arrangement and activities at pit settlement sites at Svevollen.

The spatial arrangement of activities is visualized as in fig. 1. The basis for this interpretation can be described in the following way : on site number 2, a posthole was found in the middle of the pit. The profile of the structure was tilting in the opposite direction from the midden, pointing to the existence of a house construction between the posthole and the slope on the other side. The suggested inside area was almost completely empty of artifacts, with the exception of one find category : a concentration of 560 chips (debitage from core-preparation, dimension < 10 mm) was found, representing practically the only remain of technological operation chains. This evidence indicates primary production and an intensive clearing of the inside space (O'Connel, 1987).

On site number 1, no posthole was found. However, an oval feature limited by a distinct greyish colour was uncovered. The grey area measured about 12 m^2, indicating a dwelling construction on this location as well. Similar to the evidence from site number 2, the inner space revealed an almost empty centre. Artefact concentrations were to be found in the periphery, containing mostly primary debris. The remaining material of the inside space thus appears to be « post-clearance » residues of activity areas, that were swept partly to the periphery.

Refitting results from both sites connect primary debris from the inside space to material in the midden. Both sites contained two main fireplaces, one inside and one outside. The outside space of the activity floor was also poor in lithic material. However, scrapers were concentrated close to the fireplace. This section also contained the highest concentration of red ochre at the sites. The combination of red ochre and scrapers used for scraping hides and antler has led to the identification of outside space as hide working areas.

The conclusion concerning the distribution of activities on the Svevollen pit settlement sites can be summed up like this : 1) an inside space, the work recorded being primary production ; 2) an outside space, for preparation of hides ; 3) and a midden, for deposition of garbage.

DISCUSSION

The interpretation of the late mesolithic settlement at Svevollen is connected to the question of how occupation phases are distributed in space and time. Another question is related to the geographical affinity of the group using the area.

Concerning the question whether the two sites studied were occupied simultaneously, there is no evidence to conclude either way. Neither is there evidence to state a simultaneous occupation with other sites in the vicinity. However, considering the similarities between Svevollen I and II, I have suggested that they belong to the same social context. When looking at the very regular and similar locational pattern of most sites within the surveyed area, one could pull the idea of a common tradition even further.

The next question is related to occupation phases. Considering the high degree of reused material, the cleaning activity and the thickness of the midden, there are reasons to argue that occupation has been going on for an extended time period. In an earlier work, I concluded that both sites represent one quite long occupation phase. The arguments were based on the relation between refitted material connecting the activity floor and diverging levels of the midden. It could however be argued that these features were a result of reuse during later occupation phases, or a result of postdepositional movements.

Without drawing an absolute conclusion, I would rather focus on the impression of the sites representing some kind of *permanence*. One long occupation period implies permanence. On the other hand, a fixed construction for numerous returns also implies permanence.

The activities recorded at the sites do not show much variation. They rather seem to be directed towards processing of hide, pelts and antler. In my opinion, the evidence expresses purpose, intensity and selectivity of economic extraction. The similarities of the sites imply regular actions, perhaps social conformity.

Concerning the question of geographical affinity, the presence of flint needs to be commented. Flint does not occur in natural bedrock in Norway, and must somehow have been brought inland from the coast. Of the lithic material at the sites, the amount of flint is more than 90 %. The high degree of fragmentation thus indicates some kind of dependence on flint for the manufacturing of stone tools. On the basis of this evidence, I would like to conclude that the sites at Svevollen were occupied by groups with a constant contact to the southeastern coast. My conclusion could therefore be described in three words : permanence, purpose and mobility.

THE LATE MESOLITHIC : SEDENTISM AND THE CONCEPT OF COMPLEXITY

When looking at the late mesolithic material from different parts of Scandinavia, the evidence can shortly be summed up in the following way : large coastal sites, a high number of different sites, and geographical variation in the material culture. Ritual activity is also evident in rock carvings and burial practices. The evidence of year-round or long term-occupations at coastal sites has led to interpretations of sedentism or semisedentism in almost every part of Scandinavia (Bergsvik, 1995 ; Bjerck, 1988 ; Broadbent, 1979 ; Bruen Olsen, 1995 ; Engelstad, 1989 ; Price, 1981 ; Price *et al.*, 1985 ; Renouf, 1984 ; Rowley-Conwy, 1983). In opposition to this view stands the evidence from Eastern Norway. None of the numerous coastal sites have so far uncovered a site pattern making it reasonable to suggest a semisedentary way of life. The considerable increase in the number of inland sites is however interesting.

Discussions on the late mesolithic settlement patterns are closely connected to issues on social integration. The existence of a highly complex late mesolithic society has been proposed several times in the literature. Most writers refer to the northwest-coast Indians of America (among others), thus hinting to the existence of a chiefdom-like social structure (Renouf, 1984 ; Rowley-Conwy, 1983 ; Price, 1981 ; Price *et al.*, 1985).

The concept of a stratified society was, in my opinion, an important step forward in the understanding of Late Mesolithic Scandinavia. Also, it probably made us like the mesolithic people a bit more ! Still, I believe this concept needs to be more elaborated. The terminology taken from the natural sciences could be one interesting topic, as explanations on late mesolithic social change are still connected to an eco-deterministic way of thinking. Terms resembling *response* (ecological) and *population pressure* are frequently used. When the concept of human choice is taken into account, the interpretations of these choices are often linked to Western economic terms like *advantageous* and *successful* (for instance Blankholm, 1987 ; Nygaard, 1987 ; Price, 1981 ; Price *et al.*, 1985 ; Rowley-Conwy, 1985, but see criticism by Jennbert, 1985 ; Thomas, 1988). The term *social causes* (or factors) as opposed to environmental causes has also emerged in discussions on societal change in the Late Mesolithic (Bergsvik, 1995 ; Blankholm, 1987 ; Bruen Olsen, 1995 ; Madsen, 1987). In spite of this attention towards social aspects, interpretations of socio-historical developments are only carried out to a small degree.

Towards the end of this paper, I would like to pursue the idea of a loosely defined stratified society. I shall not take up the discussion of how societal change comes about. I would rather like to propose ideas to what a stratified society could involve. Before doing so, four points of my opinion, related to this issue, should be outlined :

• I do not think it fruitful to look for either social, religious or economic factors of the society. I prefer to look upon these matters as integrated phenomenons.

• The human conception of nature is linked to a historical tradition of values and knowledge. Human beings are not living in a physical environment conditioning objective measurements for an advantageous and successful economic extraction.

• When environmental conditions do change, these changes are coped with through a « human sphere », *i.e.* a social reality and a cultural knowledge. Therefore, any historic development should be viewed as a social matter.

• If there is a stratified society, then somebody is dominated by somebody. Consequently, not everybody had the choice to exercise an advantageous economy. The eventual « success » in economic procurement belonged only to a few people.

CONSUMPTION, POWER AND RITUAL

The late mesolithic evidence of Scandinavia has a lot of common characteristics. Economic extraction seems to be intense and selective. Most striking is perhaps the big fisheries, for instance in Western Norway and Denmark. As exemplified by the site of Tybrind Vig, the intensity in fishing seems to increase even more towards the very end of the Late Mesolithic period (Andersen, 1985). Other finds from the sites indicate that fur bearing animals were hunted, but not eaten. 13C analysis of human bones confirms the impression of the emphasis on seafood consumption. Selective extraction is also evident from satellite camps of the Ertebølle phase. For example, at Aggersund, the procurement was intensely directed towards the hunting of swans (Andersen, 1979). Many late mesolithic sites contain stationary installations for procurement (Andersen, 1975 ; 1985 ; Fischer, *in press*). Whether they were permanent fishing constructions at Danish coastal sites or hunting huts in Eastern Norway, these installations indicate an organised consumption. The factors of selectivity, intensity and fixity imply, in other words, control and, consequently, positions and relations of power.

How was this suggested power maintained and justified ? One key to an understanding of the late mesolithic social integration could be by focusing on consumption. I shall here take the position that consumptional control may involve simultaneously the control of a world view.

The graveyard of Late Mesolithic Skateholm did not only reveal burials. According to Lars Larsson, various activities have taken place in connection with the burials. Food has been eaten, and left-overs have been thrown into the filling of the graves (Larsson, 1989 ; 1990), indicating ritual, collective consumption. Finds of fish bones in the stomach region of individuals may further indicate « a last meal » for the buried person. In my opinion, this example shows how consumption can be viewed in relation to death in the late mesolithic society. The concept of death may also have connotations of life, as life/death oppositions are related to the everlasting cycle of nature. The link between death and consumption may be interpreted as an expression of somebody's power, exercised through control of

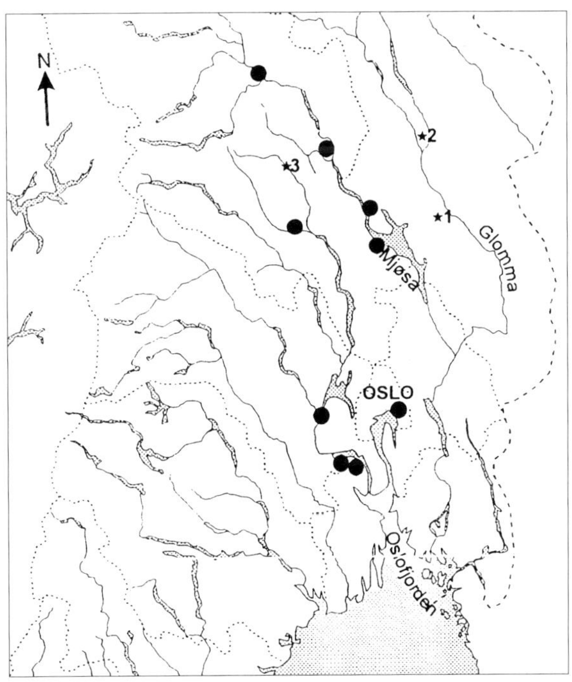

Figure 2. – Map of Eastern Norway. Dot : Rock-carving locality. Asterisk : Interior settlement areas. 1. Svevollen. 2. Rødsmoen (Boaz, this volume). 3. Dokkfløy (Boaz, Coulson, this volume).
Scale, ca. 1 : 3,000,000 (Redrawn after Mikkelsen 1977).

human life. Persons holding a position of power might have displayed a capacity of being in charge of life, and thereby legitimize their control of everyday consumption. By linking their position to basic aspects, such as life, death and reproduction, their position as such would appear simply as an aspect of nature (Bloch, 1974 ; 1982 ; Bourdieu, 1977).

In the northern parts of Scandinavia, ritual activity has mostly materialized in rock carvings. The famous sites of Alta in Northern Norway and Vingen in Western Norway both date back to the Late Mesolithic (Hagen, 1976 ; Helskog, 1985). Simultaneously, Eastern Norway displays rock carvings, and the most abundant animal pictured is the elk (Mikkelsen, 1977). Similar to the settlement sites, they occur close to the main water courses leading hundreds of kilometers inland (fig. 2). The idea of consumptional control is suitable for this material as well. Rituals performed by persons in charge of power, making themselves appear as guarantors of a good return, and thus of the reproduction of life. The social order connected to economic activity might in this way have been lifted up from the everyday situation, and found its legitimation in a world view.

CONCLUSION

Going back to the interior settlement of Eastern Norway, the theory outlined above has consequences for my final conclusions. After considering aspects of ritual and power, I would like to state that prehistory also involved an everyday life. The settlement at Svevollen should be viewed that way : sites representing the remains of an everyday, controlled activity within more or less stable social relations.

As cited above, the dependence on flint, and the lack of year-round sites at the coast, indicates mobility. The normative actions and permanence suggested at Svevollen should therefore be seen in relation to this evidence of mobility.

Perhaps Late Mesolithic Eastern Norway involved a stratified society, exercising a stable mobility. Life was probably connected to the water-ways, facilitating sacred places and places for the everyday consumption.

REFERENCES

ANDERSEN (S. H.), Ringkloster. En jysk indlandsboplads med Ertebøllekultur. *Kuml 1973-1974*, København, p. 10-103.

Aggersund. En Ertebølleboplads ved Limfjorden. *Kuml 1978*, København, 1979, p. 7-56.

Tybrind Vig. A Preliminary Report on a Submerged Ertebølle Settlement on the West Coast of Fyn. *Journal of Danish Archaeology*, vol. IV, Odense University Press, 1985, p. 52-69.

BARGEL (T. H.), Elverum. Beskrivelse til Kvartærgeologisk kart 2016 IV - M = 1 : 50 000. *Norges geologiske undersøkelse* n° 376, Skrifter 38, Oslo, 1983.

BERGSVIK (K. A.), Bosetningsmønstre på kysten av Nordhordland i steinalder. En geografisk analyse. *Arkeologiske Skrifter* n° 8, Bergen Museum, 1995, p. 111-130.

BJERCK (L. B.), Remodelling the Neolithic in Southern Norway : Another Attack on a Traditional Problem. *Norwegian Archaeological Review*, vol. XXI, n° 1, Oslo, 1988, p. 21-52.

BLANKHOLM (H. P.), Late Mesolithic Hunter-Gatherers and the Transition to Farming in Southern Scandinavia. *In* : P. ROWLEY-CONWY, M. ZVELEBIL, H. P. BLANKHOLM (eds.), *Mesolithic Northwest Europe. Recent Trends*, Sheffield, 1987, p. 155-162.

BLOCH (M.), Symbols, Song, Dance and Features of Articulation. Is Religion an Extreme Form of Traditional Authority ? *European Journal of Sociology* XV, Paris, 1974, p. 55-81.

The Disconnection Between Power and Rank as a Process : an Outline of the Development of Kingdoms in Central Madagascar. *In* : J. FRIEDMAN, M. J. ROWLANDS (eds.), *The Evolution of Social Systems*, Duckworth, London, 1982, p. 303-340.

BOURDIEU (P.), Symbolic Power. *Annales* 32, Birmingham, 1977, p. 405-411.

BROADBENT (N.), Coastal Resources and Settlement Stability. A Critical Study of a Mesolithic Site Complex in Northern Sweden. *AuN* 3, Archaeological Studies, Uppsala University, 1979.

BRUEN OLSEN (A.), Fangstsedentisme og tidlig jordbrukspraksis i vestnorsk steinalder belyst ved undersøkelsene i Kotedalen, Radøy, Hordaland. *Arkeologiske Skrifter*, n° 8, Bergen Museum, 1995, p. 131-150.

BRØGGER (A. W.), Øxer av Nøstvettypen. Bidrag til kundskaben om ældre norsk stenalder. *Norges Geologiske Undersøgelser* 42, Kristiania, 1905.

ENGELSTAD (E.), Mesolithic House Sites in Arctic Norway. *In* : C. BONSALL (ed.), *The Mesolithic in Europe,* Edinburgh, 1989, p. 331-337.

FISCHER (A.), An Entrance to the Mesolithic World below the Ocean. Status of Ten Years Work on the Danish Sea Floor. *In* : A. FISCHER (ed.) : Man, Sea in the Mesolithic. Coastal Settlement above and below Present Sea Level. *Oxbow Monograph* 53, Oxford, 1989, p. 371-384.

FLUGLESTVEDT (I.), Svevollen – spor av senmesolittisk bosetning i lavlandets indre skogssone. *Arkeologiske Skrifter*, n° 8, Bergen Museum, 1995, p. 95-110.

GRACE (R.), Interpreting the Function of Stone Tools. The Quantification and Computerisation of Microwear Analysis. *B.A.R. International series* 474, Oxford, 1989.

HAGEN (A.), Bergkunst. *Jegerfolkets helleristninger og malninger i norsk steinalder*, Oslo, 1976.

HELSKOG (K.), Selective Depictions. A Study of 3,500 Years of Rock Carvings from Arctic Norway and their Relationship to the Sami Drums. *In* : I. HODDER (ed.), *Archaeology as Long-Term History,* Cambridge University Press, 1985, p. 17-30.

JENNBERT (K.), Neolithisation – a Scanian Perspective. *Journal of Danish Archaeology*, vol. IV, 1985, Odense University Press, 1985, p. 196-197.

LARSSON (L.), Late Mesolithic Settlements and Cemeteries at Skateholm, Southern Sweden. *In* : C. BONSALL (ed.), *The Mesolithic in Europe*, Edinburgh, 1989, p. 367-378.

Dogs in Fraction – Symbols in Action. *In* : P. M. VERMEERSCH, P. VAN PEER (eds.), *Contributions to the Mesolithic in Europe*, Leuven University Press, 1990, p. 153-160.

MADSEN (T.), Where Did all the Hunters Go ? An Assesment of an Epoch-Making Episode in Danish Prehistory. *Journal of Danish Archaeology*, vol. V, 1986, Odense University Press, 1987, p. 229-239.

MIKKELSEN (E.), Østnorske veideristninger – Kronologi og økokulturelt miljø. Viking. *Tidsskrift for norrøn arkeologi*, Bind XL, Oslo, 1977 p. 147-201.

En 6000 år gammel steinalderhytte i Heradsbygd. Vinterkvarter for elg- og beverfangst. *Alfarheim. Årbok for Elverum*, n° 4, Elverum, 1989, p. 39-54.

MIKKELSEN (E.), NYBRUGET (P. O.), Jakt og fiske i steinbrukende tid i Hedmark. *Årbok*, n° 7, 1972-1975, Norsk Skogbruksmuseum, Elverum, 1975, p. 87-112.

NYGAARD (S.), Socio-Economic Developments along the Southewestern Coast of Norway Between 10,000 and 4,000 BC. *In* : P. ROWLEY-CONWY, M. ZVELEBIL, H.P. BLANKHOLM (eds.), *Mesolithic Northwest Europe. Recent Trends*, Sheffield, 1987, p. 147-154.

O'CONNEL (J. F.), Alyawara Site Structure and its Archaeological Implications. *American Antiquity*, vol. XLII, n° 1, Washington D.C., 1987, p. 74-108.

PRICE (T. D.), Complexity in « Non-Complex » Societies. *In* : VAN DER LEEUW (ed.), Archaeological Approaches to the Study of Complexity. *CINGVLA* VI, Amsterdam, p. 55-97.

PRICE (T. D.), BROWN (J. A.), Aspects of Hunter-Gatherer Complexity. *In* : T. D. PRICE, J. A. BROWN (eds.), *Prehistoric Hunter-Gatherers : the Emergence of Cultural Complexity*, Orlando, 1985, p. 3-20.

RENOUF (M. A. P.), Northern Coastal Hunter-Fishers : an Archaeological Model. *World Archaeology*, vol. XVI, n° 1, London, 1984, p. 18-27.

ROWLEY-CONWY (P.), Sedentary Hunters : the Ertebølle Example. *In* : G. BAILEY (ed.), *Hunter-Gatherer Economy in Prehistory. A European Perspective*, New Directions in Archaeology. Cambridge University Press, 1983, p. 111-126.

The Origin of Agriculture in Denmark : a Review of some Theories. *Journal of Danish Archaeology*, vol. IV, Odense University Press, 1985, p. 188-195.

SJURSEIKE (R.), *Jaspisbruddet i Flendalen. En kilde til forståelse av sosiale relasjoner i eldre steinalder*. Unpublished thesis. IAKN. University of Oslo, 1994.

THOMAS (J.), Neolithic Explanations Revisited : the Mesolithic-Neolithic Transition in Britain and South Scandinavia. *Proceedings of the Prehistoric Society*, vol. LIV, Cambridge, 1988, p. 59-66.

UTILISATION MÉSOLITHIQUE DE DOKKFLØY, À L'INTÉRIEUR DE L'EST DE LA NORVÈGE

MESOLITHIC UTILIZATION OF THE DOKKFLØY, INTERIOR EASTERN NORWAY

Joel S. Boaz

Résumé. – Le développement des constructions hydroélectriques dans la vallée de la rivière Dokka dans l'Est de la Norvège, a donné aux archéologues du Musée universitaire des Antiquités d'Oslo, l'occasion de nouvelles études de la région. Ces études ont permis pour la première fois l'examen d'une région peu explorée de l'Est de la Norvège. La nature des sites dans cette région a aussi offert un certain défi méthodologique. L'application des techniques complémentaires d'analyses spatiales quantitatives à l'intérieur du site et l'assemblage des débris sur les sites de cette vallée ont permis la mise au point d'une description détaillée des modèles de changements d'utilisation des sites. La première de ces phases (8 000-6 800 BP) est caractérisée par différents types de sites et d'utilisation d'une grande variété de matières premières. La deuxième phase d'aménagement de la région s'étend d'environ 5 500 à 4 500 BP, et est caractérisée par un type de site et d'utilisation de matières premières beaucoup plus limités. Ces deux phases sont séparées par une période d'environ 700 ans où il y a peu de preuves d'habitation bien qu'il n'y ait aucun indice de changement de l'environnement en cette même période. Le changement de l'utilisation de la vallée doit être mis en rapport avec son rôle dans le modèle d'habitation et de subsistance globale, et non seulement en termes de ressources disponibles.

Mots clés : Est de la Norvège, analyses spatiales, modèles d'habitat.

Abstract. – The development of hydro-electric facilities in the Dokka river valley provided the opportunity to begin investigations in a little studied region of Eastern Norway. The application of the complementary techniques of quantitative intrasite spatial analysis and refitting has allowed the development of a detailed description of the changing patterns in the utilization of the sites in this valley. Between 8,000-6,800 BP, a number of different sites types were occupied and a wide variety of raw material types were utilized. The second phase of occupation, between *ca.* 5,500-4,500 BP, is characterized by a much more limited range of site types and raw material usage. However, there are no indications of environmental changes that are contemporary with the changes in the utilization of the valley. These changes must be viewed in terms of the role of this valley within the overall settlement and subsistence pattern, and not solely in terms of the resources that were available within the valley.

Key words : Eastern Norway, spatial analysis, settlement patterns.

INTRODUCTION

The development of hydro-electric facilities in the Dokka river valley of Eastern Norway (fig. 1) provided archaeologists from the University Museum of National Antiquities in Oslo with a number of new opportunities. One of the most important of these was the chance to begin investigations in a previously little studied region of Eastern Norway. However, the nature of the sites in this region also provided a number of methodological challenges. The assemblages from these sites are characterized by the use of non-flint raw material types, very few retouched artifacts, and a lack of faunal remains. More often than not, these sites are the result of multiple and often overlapping occupations. Given these considerations, the application of intensive methods of analysis was necessary in order to gain an understanding of the changing patterns of the utilization of these sites.

This paper provides a brief introduction to the analytic methods which have been employed on the sites from the Dokkfløy and how the results of these analyses have been utilized in the development of an understanding of the utilization of this river valley during the Mesolithic.

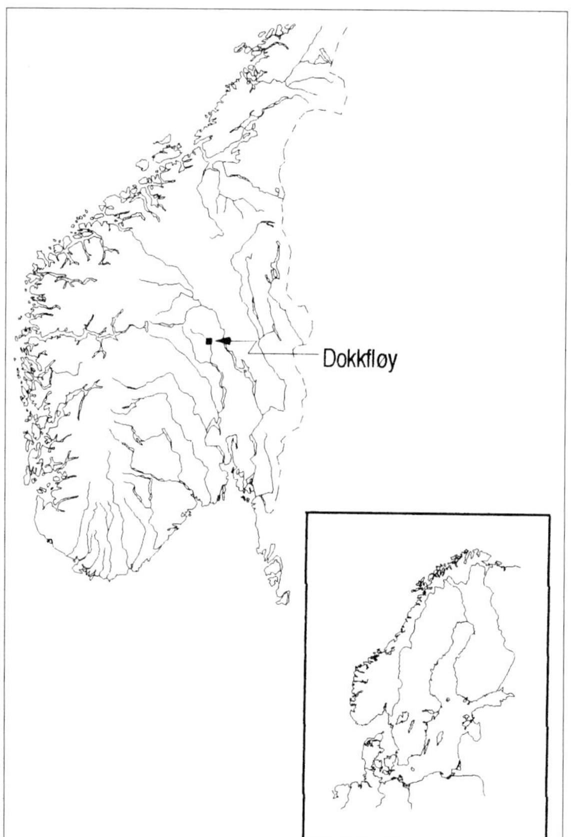

Figure 1. – Location of the Dokkfløy.

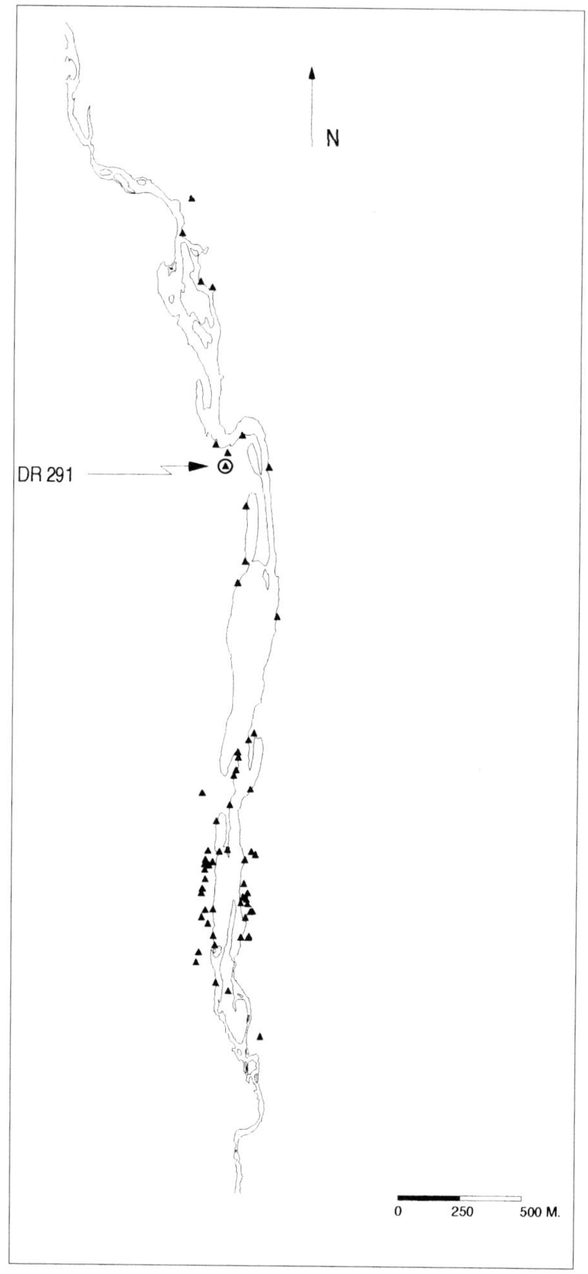

Figure 2. – Location of sites in the Dokkfløy.

THE DOKKA PROJECT

The Dokka project was initiated by the University Museum of Antiquities, University of Oslo, in response to the hydro-electric development of the Dokka river. These investigations have documented the use of this valley from shortly after the retreat of the pleistocene ice sheet up to the present day. The stone age section of the Dokka project has provided new data regarding the utilization of interior regions of Eastern Norway during the Mesolithic and Neolithic periods (Boaz, 1994 ; Coulson *in press*). Other sections of the project have focused upon the utilization of this valley in the Iron Age and Medieval periods (Jacobsen, 1989 ; Jakobsen *et al.*, 1988 ; Larsen, 1989, 1992).

The field methodology utilized by the stone age section of the Dokka project was conducted in three phases : (1) survey to locate sites, (2) test excavation in order to chose sites for the final phase, (3) total excavation of selected sites. Sixty-seven sites were located by shovel testing in the 9.5 km^2 project area. On the basis of the results of the test excavations, 9 sites were chosen for total excavation. The survey and methodology utilized in the Dokkfløy project are discussed in more detail by Boaz (1994) and Coulson (*in press*).

SITE ANALYSIS

All of the excavated sites from the Dokkfløy were analyzed utilizing the methods of unconstrained clustering (Whallon, 1984) and refitting. The following discussion first presents an example of the application and results that were obtained from these complementary methods. This presentation begins with a brief summary of the site of DR-291 and is followed by a discussion of the guiding principles, results and interpretation of the results.

DR-291

DR-291 is located on a low bedrock plateau on the western bank of the northern section of the Dokkfløy (fig. 2). 98 m^2 were excavated at this site, and the recovered assemblage, which contains over 6,200 artifacts, is one of the richest and most diverse from the Dokkfløy. Over 15 different raw material types were identified, 3 of which (quartzite, mudstone and flint) account for over 60 % of the recovered artifacts.

Three ochre features were identified. The largest of these was in the southern section of the excavated area, in a circular zone where the majority of the large stones had been intentionally removed. This feature consisted of a *ca.* 20 cm thick level of ochre, and the majority of the recovered artifacts, as well as the small faunal assemblage from the site, came from this feature. The identified faunal remains consist of *Castor fiber* (beaver) and *Canis* sp. (Hufthammer, 1989).

Despite the presence of burnt artifacts and fire-cracked rocks at DR-291, no hearths were identified. Very little charcoal was recovered, and the single 14C determination from the site was rejected. This site can only be dated by typological indicators, primarily the microblade cores, which suggest a chronological placement between *ca.* 8,000-6,500 BP.

ANALYSIS OF DR-291 : QUANTITATIVE SPATIAL ANALYSIS

In the analysis of DR-291, as was the case for the majority of the sites in the Dokkfløy, the distribution of the artifacts consisted largely of clearly bounded concentrations. As such, quantitative spatial analysis was used to describe the variability within and between these concentrations. Unconstrained clustering (Whallon, 1984) was utilized in these studies.

The majority of studies utilizing intrasite spatial analysis have focused upon the distribution of retouched artifacts classified by morphological criteria. Morphological classification is only one of a number of classificatory possibilities. A given artifact can be classified as a specific type of debitage : either a piece with cortex, or a burnt piece, or a scraper, or an artifact that is 23 mm long. The classification of an artifact by a number of criterion provides more information about that artifact than is possible when only a single criteria is considered. Therefore, the study of the distribution of the artifacts at a site classified by a number of criterion will provide more information about the nature of these distributions than is possible when only a single criteria is considered.

The distribution of the artifacts classified by differing criteria will often display different distributional patterning. For example, the comparison of the distribution of the artifacts classified by size with the distribution of the same artifacts classified by burning will, in most cases, display differing patterns of distribution. In this case, the distribution of the burnt artifacts provide data that can be utilized to examine the presence of secondary burning, the location of hearths, and the cultural and/or natural disturbances to which these hearths have been subjected. In comparison, the distribution of the artifacts classified by size can be utilized to detect the presence or absence of patterns of size sorting, such as a toss-drop zone pattern, or size sorting from hydrologic disturbances.

The analysis of all of the excavated sites from the Dokkfløy utilizing quantitative spatial analysis was based upon the study of the distribution of all of the artifacts classified by a variety of criteria : debitage type, raw material type, burning, cortication, and size. The comparison of the distribution of the same artifacts, classified by differing criteria, allowed the development of a detailed discussion of the processes responsible for the formation of these sites (Boaz, 1994). The following section presents a summary of one of these analyses.

RAW MATERIAL TYPE DISTRIBUTION

The results of unconstrained clustering of all artifacts from DR-291, classified by raw material types, are shown in figures 3 and 4. The southern section of the site is described as a large area that contains a wide range of raw material types, however quartzite, mudstone, flint and chert are the most common. The smaller patches that bound this area are quite similar, with the exception that, in these areas, a single raw material type is more common.

Immediately to the north of and adjacent to this area, there are patches of groups with fewer different raw material types. In group 9, tectonic brechia is the most frequent raw

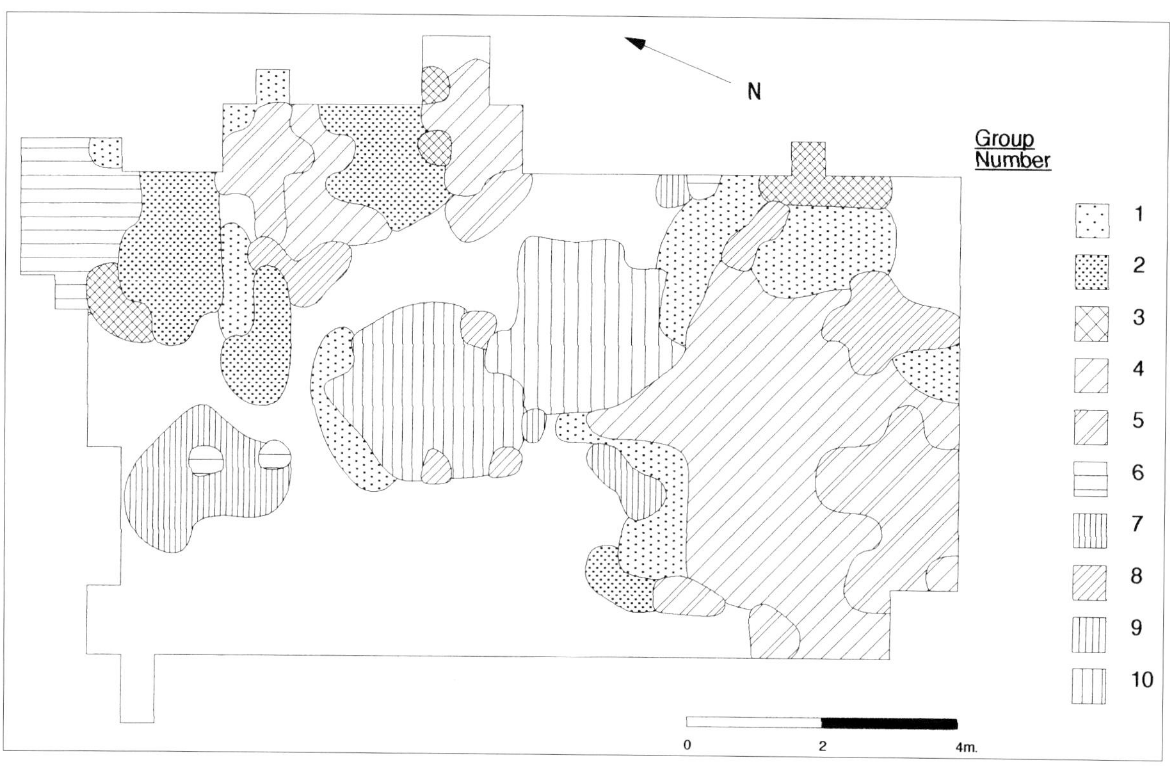

Figure 3. – Distribution of groups identified by unconstrained clustering.
Artifacts classified by raw material types from DR-291, 10 group solutions.

material type, while, in group 10, there are roughly equal percentages of quartzite and quartzosa sandstone. Directly to the north of these is a small concentration of group 7, which consists of roughly equal relative percentages of local quartzite and quartzite.

The distribution of the artifacts in the northeastern section of the site is extremely patchy. This patterning is partially a result of the use of unconstrained clustering in areas of low absolute density of artifacts (Boaz, 1994 ; Kintigh, 1990).

The overall pattern in the distribution of the artifacts classified by raw material types at DR-291 demonstrates the presence of a large area in the southern section of the site, with an extremely diverse assemblage, while the peripheral areas contain a much more limited range of raw material types. Further analyses of the types of debitage in each of these areas also demonstrated considerable variability in the types of lithic reduction that occurred in each of these areas (Boaz, 1994).

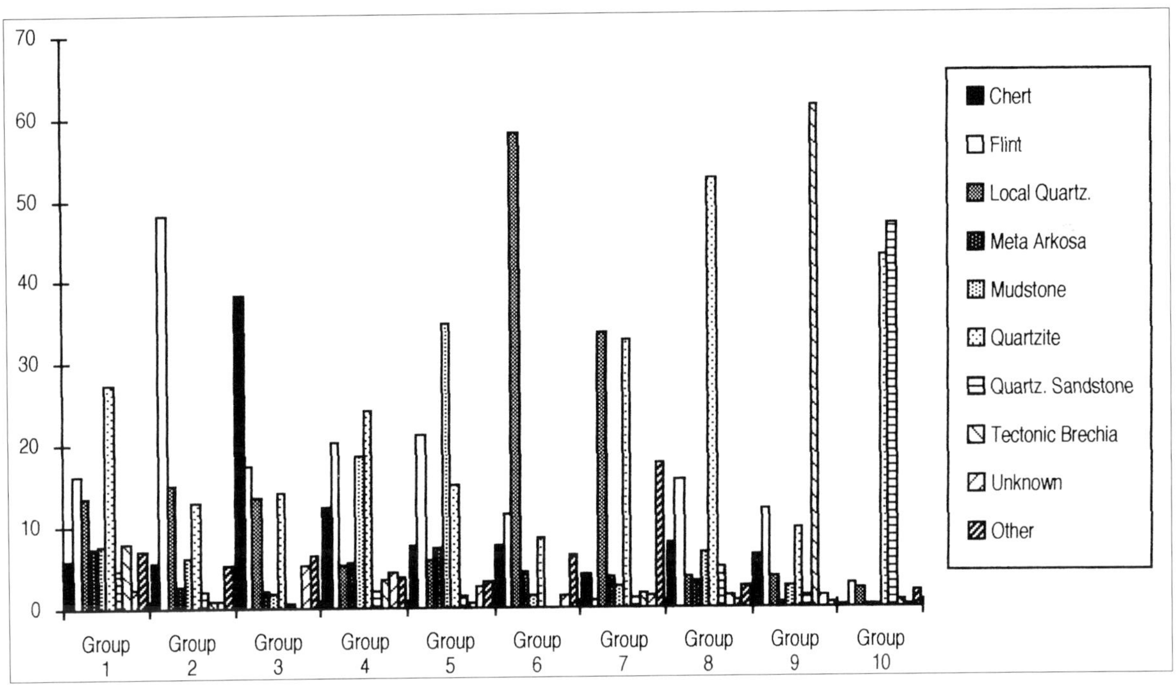

Figure 4. – Composition of groups identified by unconstrained clustering. Artifacts classified by raw material types from DR-291, 10 group solutions.

ANALYSIS OF DR-291 : REFITTING

As discussed earlier, the vast majority of the artifacts from DR-291 came from the area of ochre concentration. The results of the analysis of the spatial distributions indicated that the distribution of the artifacts in this area was quite homogeneous (Boaz, 1994). However, the results of refitting have allowed the extraction of much more detailed data about the activities that were conducted within this area (Coulson, *in press*). An example of this is the distribution of a number of resharpening flakes that were refitted to a scraper (fig. 5), which demonstrate retooling in one area of the concentration, movement to another area of the same concentration where further retooling occurred.

Another important result of the refitting studies of DR-291 is the demonstration that, in a number of cases, the occupants brought raw materials to the site in complete nodules, rather than prepared cores. The best example of this is a block of mudstone artifacts that were refitted to form a largely complete nodule. This block contains a number of diffe-

Figure 5. – Refitted mudstone scraper and resharpening flakes at DR-291.

rent artifacts including a series of scrapers and resharpening flakes, as well as a handle core. While it was also possible to refit complete blocks of other raw material types, in several of these cases, primarily the quartzites, no retouched artifacts were present.

ACTIVITIES AND OCCUPATION OF DR-291

DR-291 provides perhaps the best example of differential distribution of artifacts in any of the sites in the Dokkfløy. The results from unconstrained clustering clearly indicated the presence of 5 distinct concentrations of artifacts, while the results of refitting have indicated that these areas were contemporaneous (fig. 6).

The results of refitting have shown that the occupants of this site arrived with complete nodules, and produced and retooled artifacts during the occupation of the site. These results have also shown that there was a great deal of movement, both within the ochre area and between the different activity areas. Not only are these different activity areas contemporaneous, but also the activities that were conducted in these areas were integrated to some degree.

While the lack of use-wear analysis studies of the artifacts from DR-291 eliminates the possibility of a precise determination of which activities occurred in the different activity areas, the differences in the artifact content must, at least partially, be due to functional differences. While it is possible that the same types of activities, for example hide processing, occurred in several of these activity areas, the differences in the artifact content clearly indicates that, at the very least, the

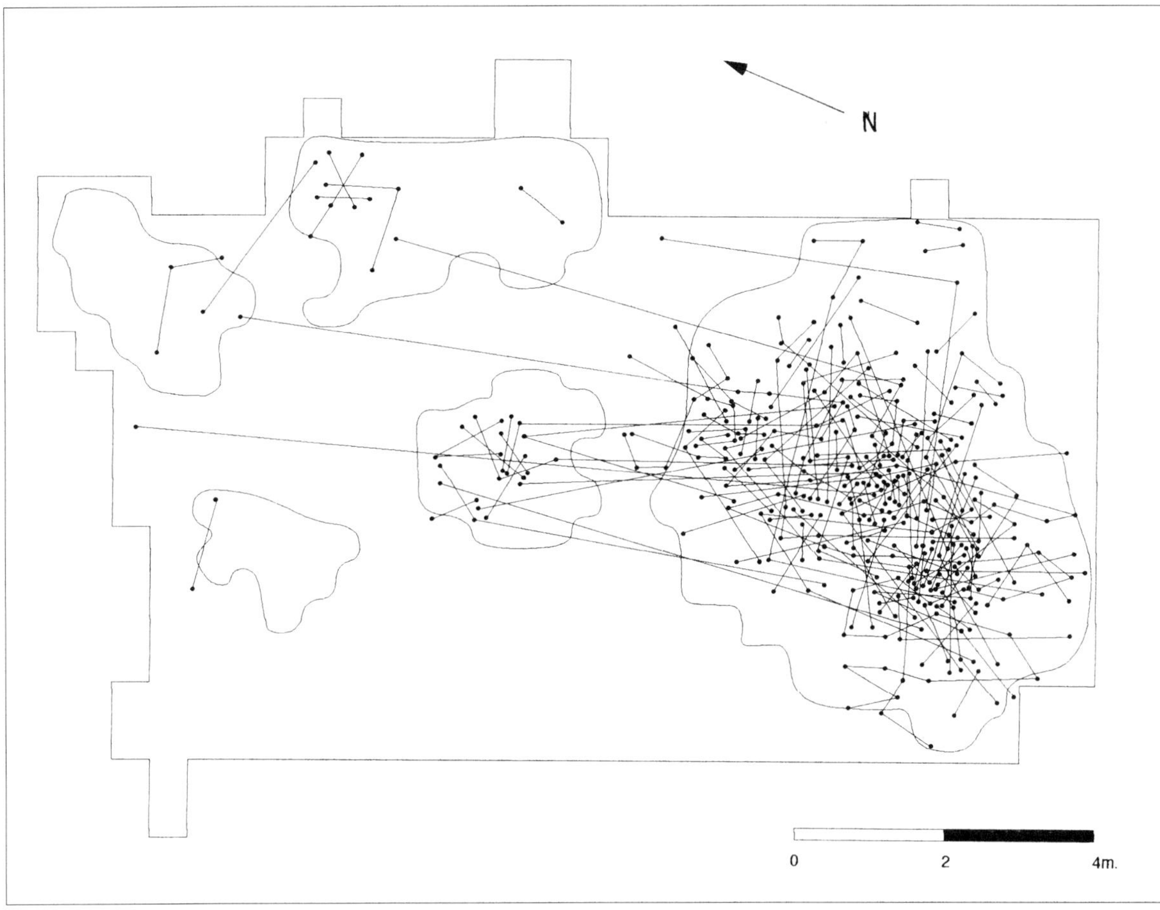

Figure 6. – Activity areas defined by unconstrained clustering and refitted artifacts at DR-291.

lithics used in these activities and the deposition rates of the artifacts were different in the different areas. These differences illustrate that, even if precisely the same types of activities occurred in each of these areas, there were differences in the ways these activities were conducted.

The clear indications that a variety of activities occurred at DR-291 suggest that this site cannot be classified as a functionally specialized site. While a variety of activity areas can be produced at such sites (Binford, 1983, p. 120-124), if the utilization of DR-291 represented specialized, intensive, processing of a single resource, then it would seem reasonable to expect greater similarity between the smaller activity areas. Given the indications that a variety of activities occurred on this site and that they were spatially segregated, combined with the evidence for the intensive utilization of several areas, it seems more reasonable to interpret DR-291 as representing a residential or camp location.

LATE MESOLITHIC (EARLY NØSTVET) SITE STRUCTURE IN THE DOKKFLØY

Eight sites from the Dokkfløy, including DR-291 (fig. 2), are dated to the early part of the Nøstvet phase (8,000-6,500 BP). These sites are found along the entire lakeshore section of the valley and document considerable variation in site size and assemblage content and size. The following discussion focuses upon these sites and upon how the variability in the site structure can be utilized to discuss the nature of the utilization of this valley during this phase.

RESIDENTIAL OCCUPATIONS

The similarity in the site structure of the two residential occupations dated to this phase, DR-89 and DR-291, is striking. In both cases, there is a single large activity area, where the highest absolute densities of lithics and most varied lithic assemblage can be found. These two areas also have high densities of fire-cracked rocks and were associated with large patches of ochre. They are also roughly the same size, *ca.* 5 m in diameter, and, in both cases, the distribution of the artifacts within these activity areas is largely homogeneous.

At both of these sites, there are a number of smaller activity areas that are linked to the larger activity areas by refitted artifacts. These small activity areas vary in size and artifact content, however retouched artifacts are not common in any of them. In each of these areas, the majority of the artifacts are from a limited number of raw material types, and, in some cases, a single raw material type accounts for the majority of the lithics. There are also indications of variable utilization of these smaller activity areas : some seem to represent a limited number of knapping episodes, while others appear to have been utilized a number of times.

Over 11 different raw material types were recovered from both of these sites. Whether or not these raw materials were collected as part of an embedded or direct procurement system (Binford, 1979, p. 273-275), the number of different types of raw materials that were utilized indicates a relatively high degree of mobility, and the exploitation of regions outside of, including coastal regions, and within the Dokkfløy region for the procurement of raw materials.

SHORT-TERM OCCUPATIONS

Two of the sites dated to the Early Nøstvet phase are interpreted as representing short-term occupations. DR-107 is a single occupation site, that was most likely utilized by a single person. Two activity areas were utilized at this site. In the first of these, the primary reduction of rock crystal occurred in association with a hearth. In the other activity area, the secondary reduction of rock crystal and use of a quartzite scraper occurred in association with a small ochre patch.

A wider range of activities were conducted at the other short-term occupation dated to this phase (DR-174). These include the primary reduction of local quartzite in both hearth centered and non-hearth centered activity areas, and the limited secondary reduction of flint in two other activity areas. The largest activity area is characterized by the primary reduction of local quartzite and high densities of fire-cracked rocks, and is interpreted as resulting from the cleaning and/or reuse of the hearth at this site.

Despite the differences between these sites, there are also similarities. Both are characterized by primary reduction of locally available raw material types (local quartzite, quartz, and rock crystal). There are clear indications of the introduction of curated artifacts. Retouched artifacts are virtually absent ; only a single scraper was recovered at each of these locations.

TRANSITORY OCCUPATION

A single transitory occupation is dated to the early part of the Nøstvet phase, Hearth A at DR-178. This hearth is associated with only a few artifacts, including a retouched microblade and a chip of flint. This component documents a very short-term occupation, where few lithic producing activities occurred.

UTILIZATION OF THE DOKKFLØY DURING THE LATE MESOLITHIC (EARLY NØSTVET)

The variety in the types of sites found in the Dokkfløy during the early part of the Nøstvet phase (*ca.* 8,000-6,800 BP) illustrates that a variety of exploitive and maintenance activities occurred during this phase. The residential occupations at DR-89 and DR-291 are interpreted as representing bases from which the subsistence activities of a single co-residential group were conducted. The utilization of the other sites indicates that more specific task activities, such as monitoring or special purpose activities, also occurred.

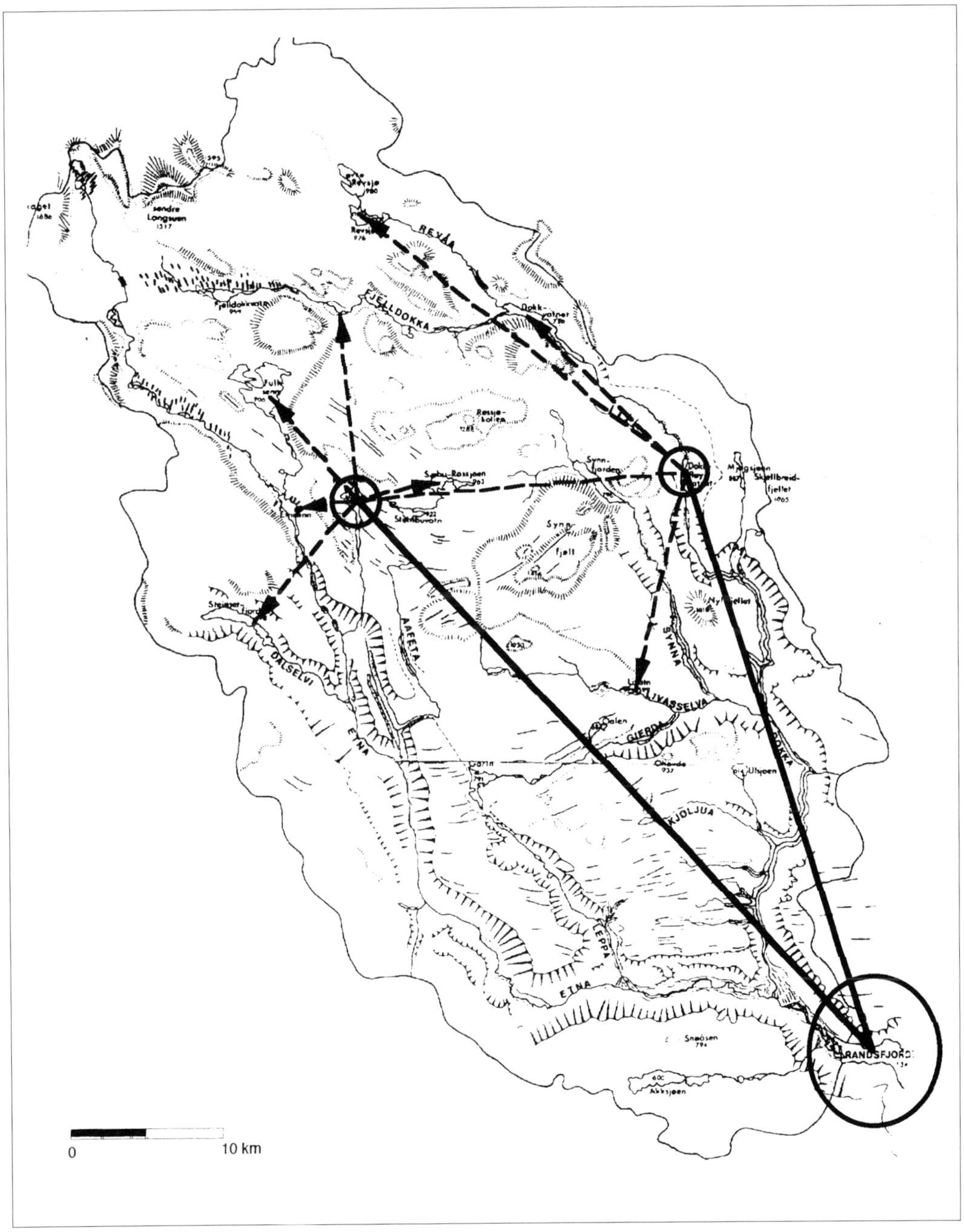

Figure 7. – Proposed pattern of seasonal movements within the Dokka area during the Early Nøstvet phase.

Given such a variety of site types, it could easily be suggested that they represent a « site complex » (Binford, 1983, p. 117), in which a number of different types of sites were utilized during the exploitation of this valley. However, there is no absolute evidence that any of these sites are contemporaneous. Similarly, because of the number of components that are not 14C dated, it is not possible to assess the possibility that the variability in site utilization reflects changes in the utilization of the Dokkfløy within the early part of the Nøstvet phase.

A more productive outlook from which to discuss this variation in site types is to represent variability in settlement patterns (Binford, 1982, p. 362-366). The types of sites found within the Dokkfløy are indicative of both residential and logistical mobility. While two distinct types of mobility were utilized, this does not necessarily imply a shift in settlement patterns during this phase. This variability could also result from variation in the placement of the residential locations.

The region surrounding the Dokkfløy provides a great deal of biotopic variability within a limited area, largely due to differences in elevation. This area ranges in elevation from 150 m a.s.l. at the lowest point to over 1 400 m a.s.l. As such, variation in the location of the residential occupation can place a number of different biotopes within the range of the residential location. For example (fig. 7), at one point in time, the residential locations could have been located in the Dokkfløy, with logistical utilization of surrounding areas. At other points in time, the residential base could have been placed at another lake in the area, and the Dokkfløy would then be utilized logistically. Such a pattern of mobility accounts not only for the variability in site types found in Dokkfløy during this phase, but also for the variability in raw material usage that characterizes this phase.

UTILIZATION OF THE DOKKFLØY DURING THE MESOLITHIC-NEOLITHIC TRANSITION

While such a generalist adaptation as that proposed above is what one expects of a mesolithic settlement and subsistence pattern, this pattern of utilization is unique to the sites from the early part of the Late Mesolithic (Nøstvet). Following this phase of occupation, there is very little evidence of utilization of the Dokkfløy until *ca.* 5,800 BP. The absence is not unique to the Dokkfløy and is found in other higher lying areas of interior Eastern Norway (Boaz, 1994).

The second phase of occupation of the Dokkfløy began at *ca.* 5,800 BP and continued until the end of the Early Neolithic, at *ca.* 4,500 BP. The sites that are dated to this phase mark a completely different pattern of site utilization from those dated to the early part of the Nøstvet phase. The sites dated to this phase consist largely of short-term occupations, and, in most cases, only a single activity area is present. However, a limited number of more extensive occupations are also present. In contrast to the extreme variety of raw material types that were present in the earlier phase, the sites that are dated to this phase contain a much more limited range of raw material types, usually only flint and locally available raw materials. The results of refitting demonstrated that, during this phase, artifacts of flint were introduced into the site as either partially or completely finished tools and were reduced further, the opposite of the pattern that is found earlier in the Mesolithic.

While these changes coincide chronologically with the Mesolithic-Neolithic transition, the pollen data do not indicate the presence of food producing economies in the Dokkfløy until much later in the Neolithic (Høeg, 1991). There is no evidence of an environmental change, either during the period where there is little evidence for the utilization of this valley, or during the subsequent increase in the utilization of the valley. The implications of these factors are discussed elsewhere (Boaz, 1994), however, in this context, it is important to note that there are changes in the utilization of this valley, as shown in the variation in site utilization, types of raw materials, and the degree of preparation of the artifacts that are brought to the site, in the absence of evidence for change in the environment or in the available resources.

CONCLUSIONS

The analysis of the sites from the Dokkfløy utilizing the methods of unconstrained clustering and refitting has provided a basis that has allowed the development of an understanding of the nature of site utilization and the changes in the utilization of the Dokkfløy over time. The use of these methods has allowed the development of such an understanding based upon sites that are traditionally considered of little research value ; non-stratified sites with poor faunal preservation, and very few traditional tools.

When this project began, very little was known regarding the utilization of interior areas of Eastern Norway. The data from the Dokka project have provided a basis for the development of an understanding of the nature of the variability in the utilization of this region during the Mesolithic and Neolithic. This variability is characterized by dramatic shifts and the apparent abandonment of these areas over long periods. However, the pollen diagrams from the Dokkfløy do not provide any indications of climatic change which could imply a change in the available resources that coincides with the changes in the utilization of this valley. While the development of an explanation of the cultural and economic changes that span this 5,000 year period requires further research, the data from the Dokkfløy do demonstrate that the manner in which this valley was utilized was not solely dependent upon the resources it contained, but also upon the variety of factors involved in the role played by its utilization within a settlement and subsistence pattern.

ACKNOWLEDGMENTS

The Mesolithic-Neolithic investigations in the Dokkfløy were led by Sheila Coulson. I wish to thank Sheila for her comments on this paper, as well as for her support in the field and during the analysis of the material from the Dokkfløy. I also wish to thank the Research Committee of the University Museum of Antiquities, University of Oslo, for providing funds for our participation in the Mesolithic Congress in Grenoble.

REFERENCES

BINFORD (L. R.), Organization and Formation Processes : Looking at Curated Technologies. *In* : *Working At Archaeology*, edited by L. R. Binford (1983), Academic Press, New York, 1979, p. 269-286.

The Archaeology of Place. *In* : *Working At Archaeology*, edited by L. R. Binford (1983), Academic Press, New York, 1982, p. 357-378.

In : Pursuit of the Past, Thames & Hudson, Londres, 1983.

BOAZ (J. S.), *Site Utilization in the Dokkfløy, Interior Eastern Norway, between 9,000 and 4,000 BP.* Unpublished Ph. D. Dissertation, Department of Anthropology, Univ. of Wisc. Madison, 1994.

HUFTHAMMER (A. K.), Det osteologiske materialet fra steinalderundersøkelsene ved Dokkfløyvatn. M. S. on file, Top. Ark., Universitetets Oldsaksamling, Oslo, 1989.

HØEG (H. I.), Den Pollenanalytisk Undersøkelsen ved Dokkfløyvatn i Gausdal og Nordre Land, Oppland. *Varia* 21, Universitetets Oldsaksamling, Oslo, 1991.

JACOBSEN (H.), Et rekonstruert fangstanlegg ved Dokkfløyvatn. *Viking* 52, 1989, p. 114-132.

JAKOBSEN (S.), LARSEN (J. H.), NARMO (L. E.), Nå blestres det igjen jern ved Dokkfløy Et forsøk på eksperimentell arkeologi. *Viking* 1988, p. 87-108.

KINTIGH (K. W.), Intrasite Spatial Analysis : a Commentary on Major Methods. *In* : Mathematics and Information Science in Archaeology : a Flexible Framework, edited by A. Voorrips. *Studies in Modern Archaeology*, vol. III, Bonn, 1990, p. 165-200.

LARSEN (J. H.), *Jernvinna ved Dokkfløyvatn : De arkeologiske undersøkelsene 1986-1989.* Varia 23, Universitetets Oldsaksamling, Oslo, 1991.

WHALLON (R. J.), Unconstrained Clustering for the Analysis of Spatial Distributions in Archaeology. *In* : *Intrasite Spatial Analysis in Archaeology,* edited by Harold Hietala, Cambridge University Press, Cambridge, 1984, p. 242-277.

CULTURE MATÉRIELLE ET VARIABILITÉ DE SITE

MATERIAL CULTURE AND SITE VARIABILITY

Christina Lindgren

Résumé. – Le Mésolithique de l'Est de la Suède centrale est caractérisé par des occupations côtières au sein d'un archipel. Les sites sont datés de 7 000 BC à 4 000 BC. Les séries lithiques sont constituées d'éclats de quartz obtenus par la méthode du débitage bipolaire sur enclume et de haches en roche verte, dont les éléments anciens sont bouchardés alors qu'elles sont polies vers 5 500 BC. Deux groupes culturels ont été proposés : un groupe « Silex », caractérisé par des microlames de silex et des contacts avec d'autres régions, et un groupe « Quartz » caractérisé par l'emploi de matières premières locales et de haches bouchardées. Les deux groupes sont inégalement répartis dans le paysage. Six sites mésolithiques ont été fouillés à Haninge, au Sud de Stockholm, en 1993 et en 1994. Quatre d'entre eux ont été datés autour de 5 000 BC et deux autour de 4 000 BC. Tous étaient des sites littoraux établis à l'extérieur de l'archipel. Les séries lithiques sont dominées par le quartz et les haches en roche verte qui sont présentes sur tous les sites. Les différences entre les sites sont principalement la variation de taille, de caractéristiques et de technologie du matériel lithique ainsi que la présence de microlames de silex. Les types d'installations varient en fonction des contextes environnementaux, montrant une complexité qui ne peut pas être générée par les seuls facteurs adaptatifs.

Mots clés : Mésolithique, Suède centrale, sites littoraux, quartz, pierre polie, hache bouchardée, roche verte, débitage bipolaire, microlames.

Abstract. – The Mesolithic of Eastern Middle Sweden is characterized by coastal settlement within an archipelago. The sites dates from *ca.* 7,000 BC to 4,000 BC. The artifact assemblages consisted of flaked quartz reduced by the bipolar-on-anvil method and greenstone axes, the earlier examples of which are pecked, and those from *ca.* 5,500 BC onwards polished. Two cultural groups have been proposed, a Flint group characterized by microblades of flint and contacts with other regions, and a Quartz group characterized by the use of local raw materials and pecked axes. The two groups are unevenly distributed in the landscape. Six mesolithic sites were excavated at Haninge, south of Stockholm, in 1993-1994. Four of them were dated to *ca.* 5,000 BC and two to *ca.* 4,000 BC. They were all coastal sites in the outer part of the archipelago. The lithic assemblages are dominated by quartz, and greenstone axes occur at all the sites. The differences between the sites consisted mainly of variation in size, features, lithic technology and the occurrence of flint microblades. The settlement system is varied within a consistent environmental setting, exhibiting a complexity which cannot be caused only by adaptive factors.

Key words: Mesolithic, Eastern Middle Sweden, coastal settlement, quartz, polished axe, pecked axe, greenstone, bipolar-on-anvil, microblades.

Several mesolithic sites have been excavated in Eastern Middle Sweden over the last ten years, and there has also been a rise in the number of known or presumed sites of this age. This rise is due to both a change in the Cultural Heritage Act of 1989, which makes it possible to search for new sites before any planned exploitation, and to the conducting of private surveys. Both the surveys and the excavations in the last decade have given us new information, and at the same time have complicated the picture of the mesolithic period. The results and interpretations to be presented here are based on excavations performed during the summers of 1993 and 1994 at six mesolithic sites situated relatively close together. The project was organized by the Central Board of National Antiquities in Stockholm.

THE MESOLITHIC BACKGROUND

The Mesolithic period in the region of Eastern Middle Sweden is characterized by coastal settlements with a marine economy. The landscape was already a vast archipelago by the end of the Ancylus stage of the Baltic sea. The first indication of human settlement in the area is from approximately 9,000 BP (Åkerlund *et al.*, *in press*), a date based on the altitude of the sites, as the earliest radiocarbon dated site in the archipelago is from 7,000 BC (Gustafsson, Lindgren, *in press*). There are only a few excavated sites dated to the millennium *ca.* 6,000 BC but several from the period from 5,000 BC to the end of the mesolithic, *ca.* 4,000 BC.

The mesolithic sites in the region are mainly open ones on sandy soils. Stratigraphically sealed layers are rare and conditions for the preservation of organic materials are poor. Features such as hearths and pits are often found, but so far no hut remains or graves. There are two main categories of artifacts that characterize these mesolithic sites ; large amounts of flaked quartz and greenstone axes. The flaked quartz assemblages are characterized by unmodified flakes and fragmented flakes. Analysis including experimental knapping has pointed to three methods of reduction ; a freehand platform, platform on an anvil and bipolar on an anvil (Callahan, 1987 ; Knutsson, Lindgren, *in press* ; Callahan *et al.*, 1992). The last method is the most common at mesolithic sites, although there is some variation between them (Lindgren, 1994). The greenstone axes are in the form of pecked axes at the older sites, these being replaced by polished axes*ca.* 5,500 BC (Lindgren, Nordqvist, *in press*).

It has been suggested that Eastern Middle Sweden may have been inhabited by two separate groups during the mesolithic (Welinder, 1977, p. 57ff) ; *the Flint group* dated to 5,000-4,000 BC characterized by the use of flint for the production of microblades, and having contacts with other regions, *i.e.* the Lihult culture on the west coast, and *the Quartz group* dominated by pecked axes and the use of local raw materials such as quartz and dated to *ca.* 5,000-2,000 BC. These two groups have recently been interpreted as having settled in different regions of Eastern Middle Sweden, the Quartz group in the archipelago and the Flint group in the surrounding mainland areas (Lindgren, *in press*).

A model has been proposed in which the settlement pattern was based on several base camps in the inner archipelago and smaller sites inland and in the outer archipelago (Hulthén, Welinder, 1981, p. 142ff). This is based on the different resources available in different regions of the archipelago and its surroundings. There has been no discussion of different settlement patterns for the two mesolithic groups.

THE HANINGE SITES

The six sites excavated are situated within an area of 1 × 4 km on the east side of the Södertörn peninsula south of Stockholm (fig. 1). Only one, site n° 2, was previously known, while the other five were all discovered during the preliminary survey. The area has been heavily exploited since the 1960s, and there is reason to believe that several sites have been destroyed in the process. To the W of the sites there is a large forested area called Hanveden, which has been kept as a recreation area. Recent surveys have showed that this area is rich in stone age sites (Hammar, Wikell, 1994).

The six sites are presumed to be dated to the period from *ca.* 5,000 to 3,000 BC by reference to the shore displacement curve (Risberg *et al.*, 1991, p. 35), and this has now been confirmed by 29 radiocarbon datings. Four of the sites are almost contemporary, dating from the period *ca.* 5,400-4,600 BC while two are slightly younger, *ca.* 4,200-3,600 BC (fig. 2).

The sites were situated in the outer archipelago, on the east coast of a large island, with only a few small islands to the E before the open sea. At the time of the two younger sites the landscape was much the same. The island to the W had grown a little larger, but the sites were still situated in the border zone between the large island and the open sea (fig. 3). The vegetation in the Atlantic period was

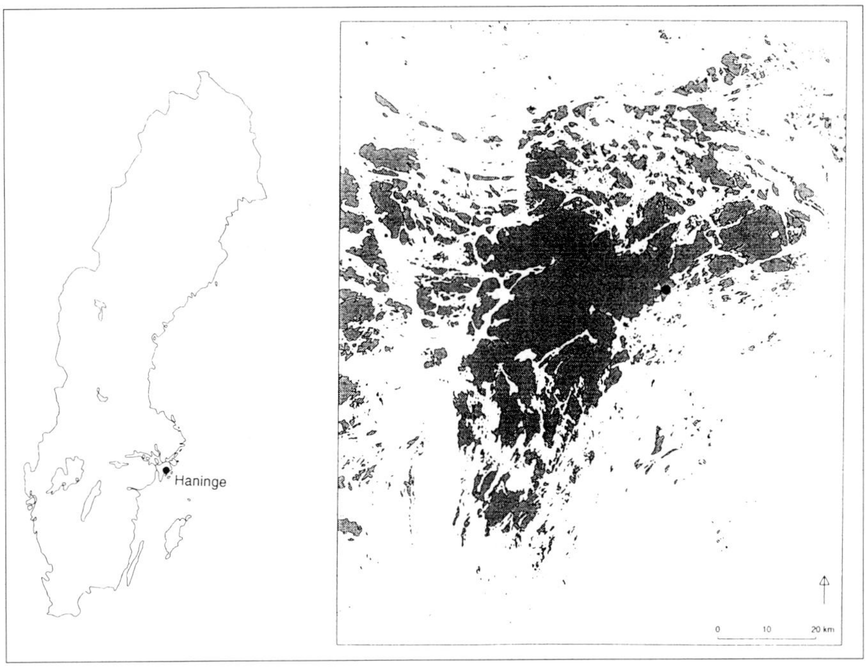

Figure 1. – Haninge is situated in Eastern Middle Sweden, 4 km S of Stockholm. The peninsula of Södertörn was at the time (6,000 BP, 40 m a.s.l) a large island surrounded by numerous smaller islands.

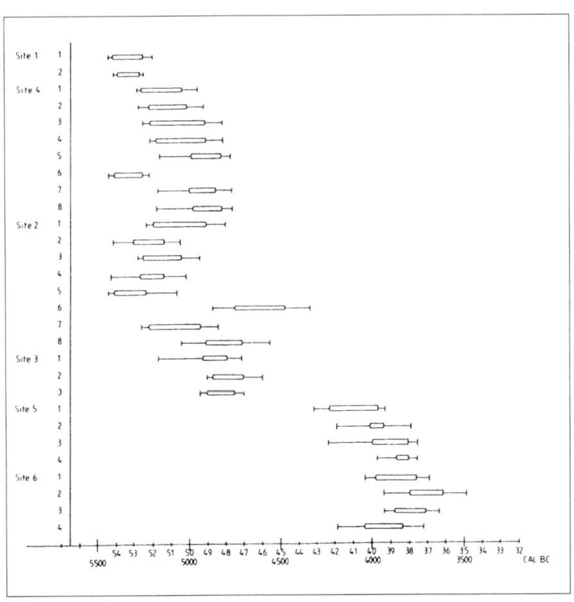

Figure 2. – Radiocarbon datings from the sites, presented in calibrated years BC, 2 (calibrated according to Stuiver, Reimer, 1993).

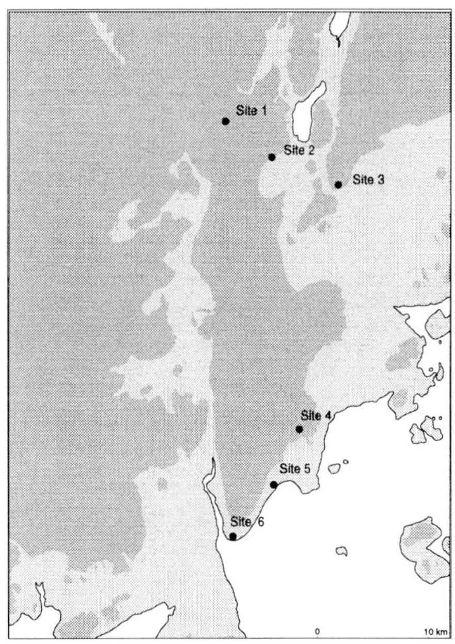

Figure 3. – The sites were all situated in the outer archipelago on the east coast of a larger island (light grey – land between 35-45 m a.s.l., darker grey – land over 45 m a.s.l.).

Site n° 1 - Rovkärret, RAÄ 239, Österhaninge parish Sö.
Site n° 2 - Jordbro Industriområde, RAÄ 72, Österhaninge parish, Sö.
Site n° 3 - Hörntomten, RAÄ 238, Österhaninge parish, Sö.
Site n° 4 - Jordbromalmsboplatsen, RAÄ 230, Österhaninge parish, Sö.
Site n° 5 - Jordbroboplatsen, RAÄ 182, Österhaninge parish, Sö.
Site n° 6 - Åby Koloniområde, RAÄ 479. Västerhaninge parish, Sö.

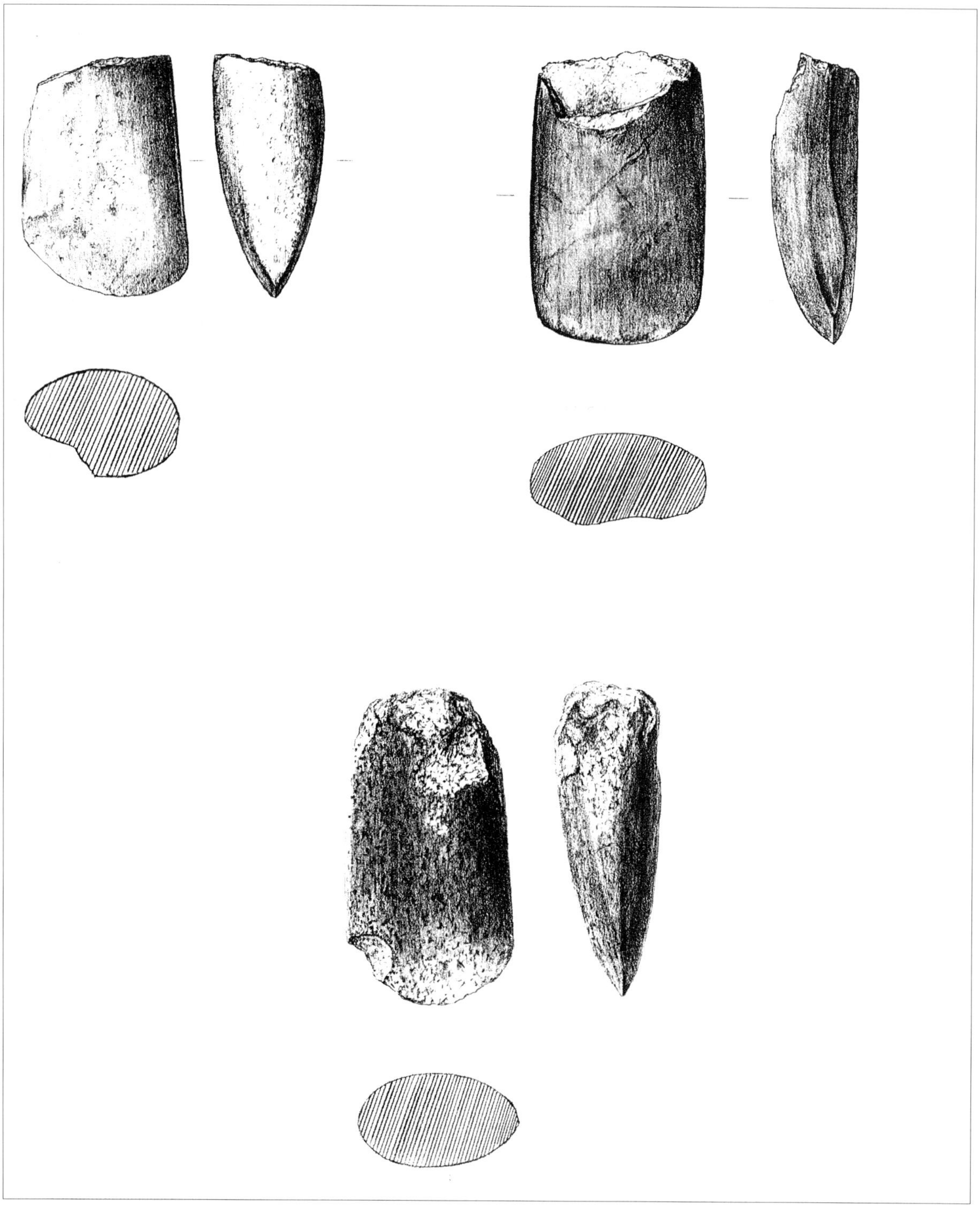

Figure 4. – Greenstone axes from site n° 2.

generally characterized by broad-leaved forest, but the sandy soils and close contact with the saline Litorina sea have probarbly favoured a more meagre vegetation, dominated by pine (Drotz *et al.*, *in press*).

The six sites have several things in common. They are all believed to be coastal sites located in close vicinity to the shore, although the modern destruction of the area has complicated the task of reconstructing the mesolithic shoreline, especially around site n° 1. The small amounts of bone recovered have been identified as mainly seal bones. The sites seems to have been used at chronologically limited stages during the Mesolithic, as suggested by the radiocarbon dates. It is difficult to draw any conclusions whether the sites represent continuous use or recurrent visits, but there are some patterns in the spatial distribution of artifacts at some of the sites that could be interpreted as suggesting the latter. These presumed visits would seem to have taken place during a limited period however, and within a similar cultural environment.

The artifacts recovered at the sites show many regional characteristics. The lithic assemblages are all dominated by quartz, mostly showing signs of a bipolar knapping. Greenstone axes, most of which are polished, and small amounts of flint occur at all the sites (fig. 4).

One of the objectives of the investigations was to study the settlement pattern within a limited area. In order to compare the sites, we tried to be as uniform as possible regarding the methods of excavation, recording and analysis, and still not to lose the individuality of each site. Even before the excavations the sites seemed to represent different types, both large and smaller ones. This was the starting point for our discussion of how site variability was to be interpreted within the area. The analysis was to be based on the material remains, mainly artifacts and features.

One of the most obvious differences between the four older sites was size, as they are ranged on a scale from extremely large sites to small camps. The largest site is n° 2 which extended over 7,000 m^2 and had cultural layers up to 0.75 m thick. The area and the thickness of the layers may of course, be the result of repeated visits over a long time, but the radiocarbon dates show a rather limited period of use (fig. 2). There are indications in the form of stray finds and the topography that site n° 4 is also of large size although only a small part of it was excavated. At the other extreme is site n° 3 which could be interpreted as a camp used only temporarily by a small group of people and of limited area, only 700 m^2 with a very thin cultural layer. The other sites are more difficult to place. One reason of course is the fact that only parts of the sites were excavated and another that modern construction work has destroyed parts of them, especially of site n° 6.

THE FEATURES

The two sites n° 2 and 4 could be interpreted as large ones but both are dominated by a single type of feature. Site n° 2 is characterized by large pits, of which some seem to have been used repeatedly (fig. 4a) and site n° 4 by a large number of fire-cracked stones densely packed into large areas (fig. 4b). It is estimated that 1.5 ton of rock were transported to this site and used in connection with fire. The features of each of the two sites indicate one dominating activity. The concentration of fire-cracked rocks at site n° 2 has been interpreted as resulting from seal hunting, possibly in connection with the production of train oil (Drotz, *in press*). Another interesting fact is that neither of the sites shows any spatial pattering or grouping of the features. At site n° 2 the features dated to the Mesolithic seem to be concentrated in a central area which corresponds to that with higher frequencies of artifacts, and at site n° 4 the spatial distribution of features also correspond with the higher frequencies of artifacts. The distribution of features is also representative of the excavation area, since the whole area was stripped with a bulldozer, first to remove the top soil, and then, after the excavation, stripped below the cultural layer. This method is of great value for discussions of the representativeness of the features at a site.

The features at the smaller sites, n° 1 and 3, lack these indications of specialized activities. Only one or two hearths were found, a type of feature that could be connected with a number of activities. These hearths are also more dispersed over the site, without any clear patterning.

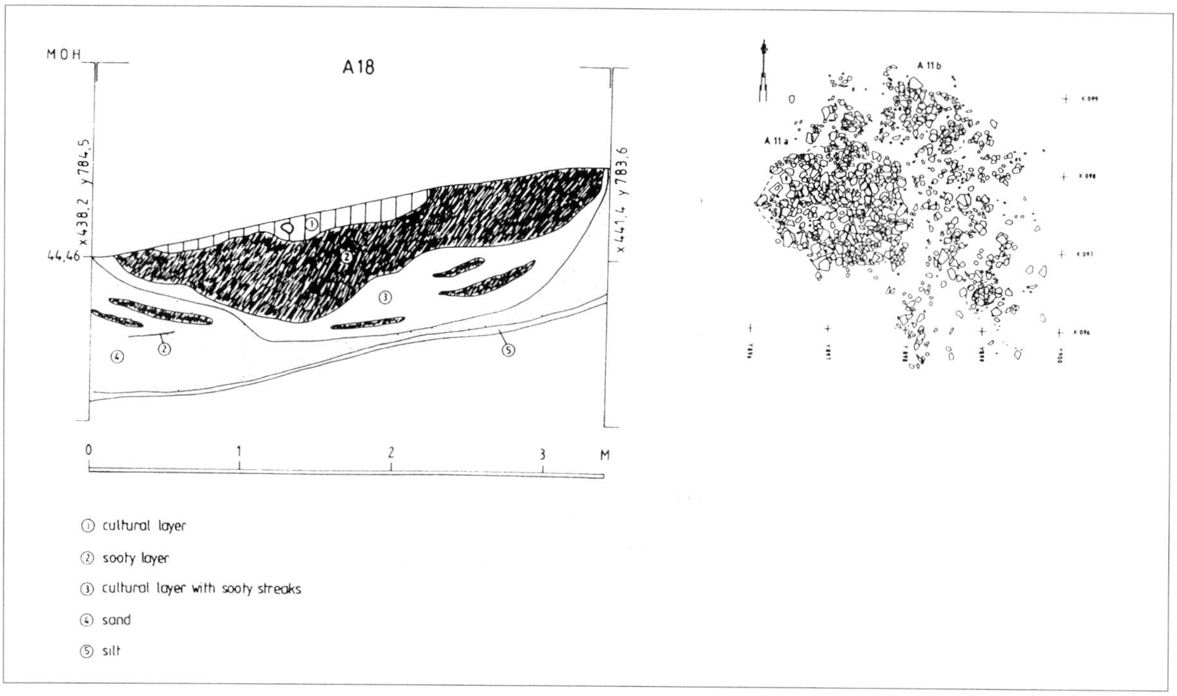

Figure 5. – An example of the pits from site n° 2, and an example of the dense packing of fire cracked stones found on site n° 4.

THE ARTIFACTS

All the sites are dominated by large amounts of flaked quartz, mostly bipolar flakes and cores. The lithic assemblages show some technological variation, e.g. site n° 2 is dominated by a method of freehand platform reduction, while the other three sites are dominated by the bipolar method. This variation separates the two presumed large sites n° 2 and 4. Retouched tools are rare at all the sites and mainly consist of scrapers. The lithic assemblages show technological variation rather than any differentiation in tool types. The use of unmodified flakes rather than retouched tools could explain this technological variation, which could thus be interpreted in terms of functional variability.

Greenstone axes were also found at all sites. They are mainly polished axes, but some pecked axes also occur. The numbers of axes found at the sites differ considerably, only one or two being present at the smaller sites, whereas some 60 were found at site n° 2 and 12 at n° 4 even though the excavated area is smaller. Greenstone axes are common at mesolithic sites in the area and can be said to have been fairly common as tool. A large number of greenstone axes together with greenstone debitage has been interpreted at other sites in the region as the result of axe manufacturing (Lindgren, 1994). There is no greenstone debitage found at either site n° 2 nor site n° 4, and thus the numbers of axes here can be interpreted more in terms of larger groups of people than in terms of manufacturing. The use to which these axes were put is not known. Although some general principles exists, the axes show a variety in form and size which could indicate that they were used for many different purposes. There are no signs of any clearance in the pollen diagrams for the area. The greenstone axes unite the two larger sites and distinguish them from the smaller ones.

One of the most obvious examples of an uneven artifact distribution between the sites is the few imported flint microblades. Small amounts of flint are found on all six sites, but microblades were found only on site n° 2 and 4. No flint debitage or handle cores were found, and the microblades are believed to have been imported as ready-made tools.

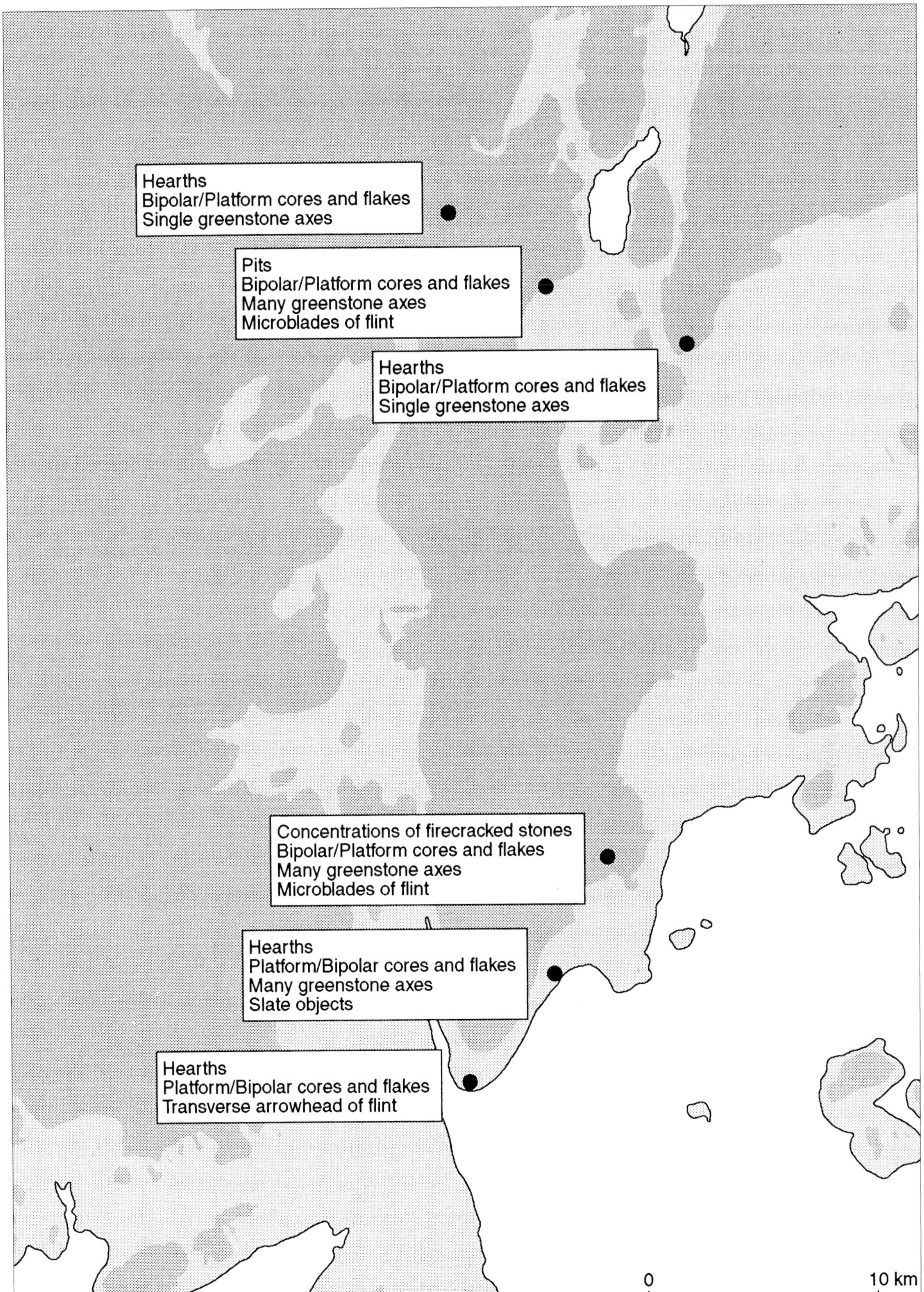

Figure 6. – The six mesolithic sites, all situated in the outer archipelago show a variation in both artifacts and features that indicate a complex settlement pattern based on other principles than exploitation of resources.

CONCLUSION

Comparing the distribution of features and artifacts of different types between the sites, we may note several similarities between site n° 2 and site n° 4. One dominant type of feature, large numbers of greenstone axes and flint microblades, serve as an indication of specialized activities involving a lot of people having specialized external contacts with other regions. The sizes of the sites indicate that they could be interpreted as base camps, but this is contradicted by the special activities indicated by the features and the functional distinctions indicated by the technological differences between the quartz assemblages.

The smaller sites are much more similar, and there is no clear difference between them in either types or numbers of features or artifacts. The present analysis of the spatial distribution of the lithic assemblages nevertheless indicates that they are not absolutely identical.

The time span represented in the radiocarbon dates allow us to make some chronological comments on the difference between the four older sites and the two younger ones. The younger sites lack the differentiation in features, containing largely hearths and other minor concentrations of fire-cracked rocks. On the other hand these features were more frequent relative to the excavated area than at the older sites. Greenstone axes occurred at one of the younger sites, while greenstone debitage was found at the other. The flaked quartz at both the sites is dominated by the freehand platform method of reduction. Site n° 5 differs from all the others in containing several objects made of slate, e.g. tanged arrowheads. Small amounts of flint were found at both sites, including one transverse arrowhead. A fragment of polished flint at site n° 6 indicates contacts with neolithic groups. The radiocarbon dates for this site are also contemporary with those of sites with a full range of neolithic material in the region of Eastern Middle Sweden.

SETTLEMENT VARIABILITY WITHIN A MESOLITHIC ARCHIPELAGO

The investigations carried out at the mesolithic sites in Haninge have shown a variation between sites, all of which are situated in the outer part of the archipelago. The osteological remains, although few, indicate a dominance of marine fauna, and the sites are situated in a small area with only a couple of hundred metres between some of them and the local topography is quite similar. For a small area such as this with basically the same environmental resources available, the sites show a remarkably complex pattern. All of them could be interpreted as belonging to the Quartz group, but the variation between them indicates that there is some complexity within the Quartz group, as exemplified by the variation in material remains such as features and artifacts. The complexity indicates that a model involving a settlement pattern based only on the use of different resources in different parts of the archipelago is too simple. The settlement pattern is neither logistic nor residential, terms which are closely correlated with and defined by the availability of environmental resources (Binford, 1980). In the Haninge case these terms create a problem, since the variation between the sites cannot be interpreted as caused only by environmental adaptation.

The richness of the resources existing in a marine environment has been emphasized, and this is believed to enhance social complexity and settlement stability (Yesner, 1980). The settlement system of which the Haninge sites formed a part, also show signs of social complexity, as it is most obvious with regard to contacts with other regions and the forming of larger groups for special activities.

The Haninge investigations show that the differences between sites within a small area can be analyzed in both functional and social terms, and that the mesolithic population of Eastern Middle Sweden was a complex society, as expressed in its material culture.

ACKNOWLEDGEMENT

I am greatful to all my colleagues at the Central Board of National Antiquities in Stockholm who have been and still are working with the material from the investigations in Haninge, Malin Blomqvist, Margareta Drotz, Nina Eklöf, Tomas Ekman, Yvonne Frykberg, Pehr Lindholm, Roger Wikell, Björn Wickman and Suzanne Åhman for sharing the information from the investigations. Dag Hammar and Annica Boklund has been most helpful in preparing the illustrations. The english has been revised by Malcolm Hicks. Only some of the results have so far been published, and the results presented here are to some extent partly preliminary and the interpretations represent my own personal view.

REFERENCES

BINFORD (L. R), Willow Smoke and Dog's Tails : Hunter-Gatherer Settlement Systems and Archaeological Site Formation. *American Antiquity*, vol. XLV, n° 1, 1980.

CALLAHAN (E), An Evaluation of the Lithic Technology in Middle Sweden during the Mesolithic and Neolithic. *AUN* 3, Uppsala, 1987.

CALLAHAN (E.), FORSBERG (L.), KNUTSSON (K.), LINDGREN (Ch.), Frakturbilder. Kulturhistoriska kommentarer till det säregna sönderfallet vid bearbetning av kvarts. *TOR*, vol. XXIV, Uppsala, 1992.

GUSTAFSSON (P.) *et al. In press* The Eklundshov Site in Åkerlund *et al.* (eds) *Södertörn. Interdisciplinary Investigations of Stone Age Sites in Eastern Middle Sweden.* Central Board of National Antiquities.

HAMMAR (D.), WIKELL (R), Nyupptäckta stenåldersboplatser på Södertörn. *Arkeologi I Sverige* 3, Stockholm, 1994.

HULTHÉN (B.), WELINDER (S.), A Stone Age Economy. Theses and papers. *North-European Archaeology* 11, Stockholm, 1981.

KNUTSSON (K.), LINDGREN (C.) *In press* Making Sense of Quartz. *In* : ÅKERLUND *et al.* (eds) *Södertörn. Interdisciplinary Investigations of Stone Age Sites in Eastern Middle Sweden*, Central Board of National Antiquities.

LINDGREN (C.), Ett bipolärt problem – om kvartsteknologi under mesolitikum. *In* : K. HAUPTMAN WAHLGREN (ed), Aktuell Arkeologi IV. *Stockholm Archaeological Reports*, n° 29, Stockholm, 1994.

In press Mesolitikum i Östra Mellansverige - en presentation av undersökningar under åren 1986-1993. *In* : M. LARSSON, E. OLSSON (eds), *Regionalt och Interregionalt.* Riksantikvarieämbetet.

LINDGREN (C.), NORDQVIST (B.) *In press* Lihultsyxor och Trindyxor. Om yxor av basiska bergarter i östra och västra Sverige under mesolitikum. *In* : M. LARSSON, E. OLSSON (eds), *Regionalt och Interregionalt.* Riksantikvarieämbetet.

RISBERG (J.), MILLER (U.), BRUNNBERG (L.), Deglaciation, Holocene Shore Displacement And Coastal Settlements in Eastern Svealand, Sweden. *Quaternary International*, vol. IX, 1991, p. 33-37.

STUIVER (M.), REIMER (P. J.), Radiocarbon Calibration Program Rev 3.0.3. *Radiocarbon* 35, 1993, p. 215-230.

WELINDER (S.), The Mesolithic Stone Age of Eastern Middle Sweden. *Antikvariskt Arkiv* 65, Stockholm, 1977.

YESNER (D.-R.), Maritime Hunter Gatherers Ecology and Prehistory. *Current Anthropology*, vol. XXI, n° 6, 1980.

ÅKERLUND (A.), HAMMAR (D.), Wikell (R.), Pioneers in the Archipelago of Eastern Middle Sweden 9,000 BP. *In* : ROBERTSSON *et al.* (eds), Landscape and Life. Studies in honour of Urve Miller. *PACT* 50, 1995, p. 109-120.

Balkans
et Europe orientale

MÉSOLITHIQUE ET NÉOLITHIQUE ANCIEN DANS LA RÉGION DES PORTES DE FER – OCCUPATIONS, MODES DE SUBSISTANCE ET CHRONOLOGIE

MESOLITHIC AND EARLY NEOLITHIC IN THE IRON GATES REGION - SETTLEMENTS, SUBSISTENCE AND CHRONOLOGY

Ivana Radovanovic

Mots clés : Roumanie, Portes de Fer, Mésolithique, Néolithique, chronologie, mode de vie.

Key words : Romania, Iron Gates, Mesolithic, Neolithic, chronology, way of life.

The Iron Gates Mesolithic comprises about twenty open-air sites distributed along the Danube gorge and downstream. The main sites in the upper gorges are : Padina, Stubica, Lepenski Vir and Vlasac on the right bank of the river, and Alibeg on the left bank. In the lower gorges, there are Veterani terrace, Icoana, Razvrata on the left bank, and Hajduka Vodenica on the right bank. On the exit from the gorges, there is a site on the islet of Ostrovul Banului, as well as Schela Cladovei on the left bank. Downstream in the Kljuc area, there is a site on the islet of Ostrovul Corbului. More downstream, there is Kula on the right bank, and several sites on he islet of Ostrovul mare (fig. 1).

These sites are represented by the long-term settlements established and maintained by semi-sedentary or sedentary hunting-gathering groups in the period between the 8th and the 6th millennia BC. At least three littoral groups may be recognized within the Danube gorges and downstream, organized into a mating network with linear distribution. These assumptions are based upon a detailed study of the Iron Gates palaeoenvironment, the studies of hunting-gathering-fishing strategies used by the Iron Gates mesolithic groups, the analyses of settlement organization, the studies of architectural remains, and burial rites, as well as the studies of chipped stone, bone, antler, and boar tusk industries, which were already discussed elsewhere (Radovanovic, 1992 ; Radovanovic, *in press* with wider literature).

I will remind shortly the following facts :

1. Certain elements of the Iron Gates mesolithic material culture have been related to the preceding Epipalaeolithic period, which is better documented on the left bank. During the 8th millennium BC, the mobility of the local hunting-gathering groups was reduced for a number of reasons, leading to a more permanent settlement of the most favourable zones of the Iron Gates region.

2. Clustering of the settlements within the upper gorges, the lower gorges, and the Kljuc area corresponds to three various environmental zones. The distinctive material culture found in these settlements implies also, at least, three groups within the Iron Gates mesolithic community :

– the first group in the upper gorges with settlements of Padina, Stubica, Vlasac and Lepenski Vir ;

– the second group which split off from the first one, and moved downstream from the Kljuc area with settlements at Kula, and Ostrovul mare sites. This episode is reflected in a number of common elements of material culture such as hearth types, chipped stone industry, elements of burial procedure, as well

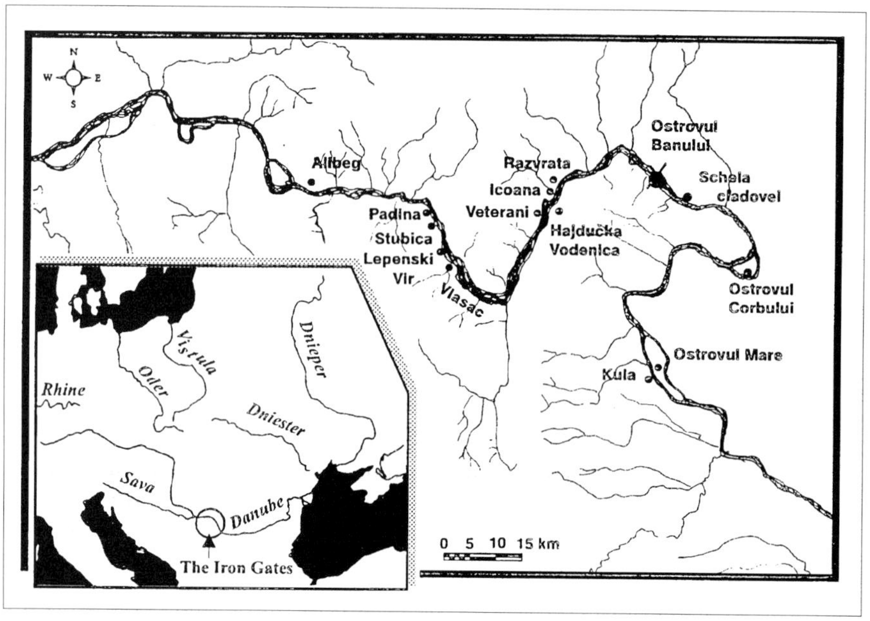

Figure 1. – Localisation des sites.

as in the presence of common anthropometric traits of the Vlasac and Kula population ;

– the third group (or perhaps more groups) was settled in the lower gorges and the Kljuc area located at Icoana, Razvrata, Hajduka Vodenica, Ostrovul Banului, Schela Cladovei and Ostrovul Corbului.

3. The elements common to all groups are :

– architectural elements such as the similar types of habitations, which were semi-dugouts with oval or trapezoid base, or aboveground habitations with circular or other forms of stone foundations ; then, standardized types of hearths, with at first elipsoid and later rectangular recipients bordered by stone slabs and/or pebbles, sometimes with an admixture of clay and sand ;

– the burial procedure elements are also common to all groups. The formal disposal areas appeared within settlements containing inhumations, secondary inhumations, cremations, various grave orientations, diversified body and limb positions, individual and group graves, various modes of grave constructions, variations in grave goods quantity and quality. All this implies a complex horizontal and probably also vertical social stratification within the Iron Gates mesolithic community ;

– hunting, gathering and fishing are dominant subsistence strategies. Concerning the equipment, bone, antler, and boar tusk industries are almost identical all over the Iron Gates region.

4. But differences between these groups were also established :

– they concern some architectural elements such as the floors of the upper gorges habitations, which were, sometimes, made of a special limestone admixture of an extremely fine quality ; then, the appearance of triangular signs/supporters around hearths of the habitations in the upper gorges, and downstream from the Kljuc ; the appearance of « altars » and sculptures in the upper gorges, which are especially numerous in the Lepenski Vir settlements, in contrast to another variety of this rare sculpture in the lower gorges ; then, hearths with rectangular recipients probably covered by not yet reconstructed callotte in the upper gorges, in contrast to rectangular hearths covered by stone slabs in the lower gorges ; also, a rectangular hearth with a side channel in the lower gorges, which has no counterpart elsewhere ;

– differences are reflected in some aspects of the chipped stone industry. Although all of the groups of the Iron Gates region used local, easily found, raw material for chipped stone implement manufacture, such as quartz and silica rocks, a large proportion of local flint is conspicuous in the upper gorges. In the lower gorges and the Kljuc, flint is rare or non-existent.

– differences may also be recognized concerning the subsistence strategies. Although the same species were hunted all over the Iron Gates region, the faunal analysis implies a more prominent orientation towards hunting of red deer and wild pig in the lower gorges, while the red deer and aurochs were the main species hunted in the upper gorges ;

– it also seems that fishing played a more important role in the upper gorges, probably because of the presence of large whirlpools such as the Gospoin Vir and the Lepenski Vir. Notwithstanding this prominence of fishing, it seems that, although important, it represented an additional activity during most of the year, with an exception in summer, when it was intensified. These differences in economic strategy were perhaps reflected in the domain of cult.

5. The next point to be made is that dependence on the « K » factor in the Iron Gates mesolithic subsistence is usually assumed to be inconsistent with a sedentary way of life. But the Iron Gates region population was both dependent on the « K » factor and organized into semi-sedentary if not sedentary groups. This situation can be explained if we assume that fishing, although not a vital resource, probably played a role of « r » factor, *i.e.* a factor tying the community to the spatially limited territories along the river. The significance of fishing is thus expected to be greater in the ideological than in the economic sphere of the Iron Gates mesolithic. Ideological elements reflected in the archaeologically visible elements of cult in the Iron Gates region are « fish-like » sculptures, « altars », and « symbolic » artifacts ornamented by motives that represent perhaps various symbols of water. The orientation of habitations and graves which are related to the course of the river has perhaps the same meaning.

6. Another important point to be mentioned concerns the duration of the Iron Gates mesolithic. Based upon the previously mentioned studies, as well as a series of calibrated radiocarbon dates, a following chronological scheme for the Iron Gates mesolithic was proposed (Radovanovic, *op. cit.*) :

It is time to turn to another problem related to the Iron Gates Mesolithic and the Early Neolithic, *i.e.* to various interpretations concerning their periodizations and chronologies. Different interpretations were caused by a number of facts. The most important are the following :

a) differences in reading the complex site stratigraphies, especially those on the right bank in the gorges,

b) radiocarbon dates with values implying reversed stratigraphies,

c) the presence of the early neolithic pottery of the monochrome and Starcevo-type, not only above the mesolithic layers, but also

Phase and millennium BC	Upper Gorges	Lower Gorges/Klju~	Downstream of Klju~
1. VIII mill. BC	Padina A Alibeg Vlasac Ia	Veterani-terrace Icoana Ia-b Razvrata I Schela Cladovei I Ostrovul Corbului I (h. II)	
2. VIII/VII mill. BC	Padina A/A-B Vlasac Ia-b Proto-Lepenski VirSchela Cladovei I	Hajdu~ka Vodenica Ia Ostrovul Banului IIIa Ostrovul Corbului I (h. III-IV)	
3. first half VII mill BC	Padina A-B Lepenski Vir I (1) Vlasac Ib-II	Icoana II Hajdu~ka Vodenica Ia Ostrovul Banului IIIa-b Schela Cladovei II Ostrovul Corbului II (h. V-VI)	Kula I ↓
4. second half VII mill BC	Padina B (I) Lepenski Vir I (2) Vlasac III (*the appearance*	↓ *of ceramics*)	↓
5. VII/VI mill. BC	Alibeg II Padina B (II) Lepenski Vir I (3)	Hajdu~ka Vodenica Ia Ostrovul Banului IIIb	Kula I-II Ostrovul Mare km. 875
6. first half VI mill. BC	Padina B (III) Lepenski Vir II	Hajdu~ka Vodenica Ib Razvrata II Ostrovul Corbului II (h. VII)	Ostrovul Mare km. 873/875

incorporated into them. As the stratigraphic problem has been already widely discussed elsewhere (Radovanovic, 1992 ; Radovanovic, *in press*), and its solution led to an explanation of « reversed » 14C dates, the problem of the pottery appearance and of its origin and meaning remain.

It is remarkable that the problem of pottery appearance on the left bank of the Danube can be solved without great difficulty : the deposits containing mesolithic settlements (with particular habitations, especially the rectangular hearths, the specific chipped stone and bone, antler and boar tusk industries, the particular type of burial practice), are all clearly divided from the superimposing deposits containing (mainly) a developed phase of Starcevo-Cris (Boroneant, 1973, 1989, n.d. ; Mogosanu, 1978 ; Paunescu, 1987). In the case of Schela Cladovei, the « Proto-Sesklo » hut was dug into the latest mesolithic layer (Boroneant, 1990).

On the right bank, the situation is more or less clear as concerns the lower gorges, the Kljuc, and regions downstream of the Kljuc. Perplexities appear concerning the upper gorges, notably the sites of Padina and Lepenski Vir. At both sites, complex vertical and horizontal stratigraphies are evident. The problem of interpretation of pottery at these sites would not be so difficult if it could be reduced to the association of Starcevo-Cris type of ware found *in situ* in habitations (Padina B, sector III) ; or to the Proto-Starcevo/Gura Baciului type of potsherds found between the floors of superimposed habitations (Lepenski Vir I/phase 2, houses 35 and 36) (Srejovic, 1966, 1969 ; Jovanovic, 1987). Other archaeological materials also imply biased solutions (typical early neolithic chipped stone and bone industries at Padina B, sector III) (Radovanovic, 1981 ; Kozlowski, Kozlowski, 1984a). But, although pottery was present since phase 4 of the Iron Gates Mesolithic (second half of the 7th millennium BC) according to the proposed periodization, the subsistence of the Iron Gates community did not at all depend on food production – a basic trait of the Neolithic. A contact with groups possessing pottery of Starcevo-Cris type (Padina B/horizon 3 at sector III, as well as a series of « low » 14C dates at Lepenski Vir and Vlasac) is also confirmed during the following phases (5 and 6) of the Iron Gates Mesolithic. A gradual but certain retreat of the Iron Gates mesolithic community from the left bank and upstream, from the lower gorges towards the upper gorges, may be supposed on the basis of these data. It is especially remarkable in our phase 4 (second half of the 7th millennium BC) and later. Therefore, in the course of the 6th millennium BC, the Iron Gates Mesolithic was territorially reduced to the right bank, and went deep in the upper gorges (Padina and Stubica). It is very probable that at Padina it survived until the end of the 6th millennium BC, *i.e.* it was synchronous to the almost entire development of the Starcevo complex. It can be illustrated by the content of the floor of house 18, Padina B/horizon III, consisting of coarse ware tempered with chuff and sand, good quality deep conical black bowl, black globular amphora, a biconical bowl with a shorter lower conus and ring-like foot, a large bowl with quadrangular rim (Jovanovic, 1987).

Conservative mesolithic sedentary hunters and fishers were accepting, although reluctantly, some aspects of the Early Neolithic of this region (pottery, participation in silica raw material exchange network) (Voytek, Tringham, 1989 ; Radovanovic, 1992). Their contact wih the local Neolithic certainly did not introduce new aspects of social and ideological behaviour, but it accelerated and intensified the processes of rising social complexity and ideological integration of the mesolithic community (Radovanovic, 1994).

One must also bear in mind that the local epipalaeolithic tradition is noticeable in the Mesolithic chipped stone assemblages (Kozlowski, Kozlowski, 1984). Although conspiciously different, the early and/or middle neolithic assemblage also bears traces of these old traditions. They persist as well in the early Vinca chipped stone assemblages of the region (Kaczanowska, Kozlowski, 1990). This is in accordance with an assumption about the long duration of the Iron Gates Mesolithic, and its gradual retreat towards the right bank of the Danube and the upper gorges. This area is situated within the core of the earliest Vinca-Tordo manifestations.

Finally, one must not forget that a re-evaluation of the existing periodizations of the Starcevo-Cris complex is necessary in the future research on this problem.

REFERENCES

BORONEANT (V.), Recherches archéologiques sur la culture Schela Cladovei de la zone des « Portes de Fer ». *Dacia N.S.*, t. 17, 1973, p. 5-39.

Thoughts on the Chronological Relations Between the Epi-Palaeolithic and the Neolithic of the Low Danube. *In* : C. BONSALL (ed.), *The Mesolithic in Europe.* Papers Presented at the 3rd International Symposium Edinburgh 1985, Edinburgh, 1989, p. 475-480.

Le site de Schela Cladovei : problèmes posés par la transition de la culture Cris-Starcevo à la culture Vinca. *Vinca and its World ; International Symposium, The Danubian Region from 6,000 to 3,000 BC*, SANU, Centre for Archaeological Research, Faculty of Philosophy, Belgrade, 1990, p. 143-147.

Paléolithique supérieur final et Épipaléolithique dans la zone des Portes de Fer, unpublished manusript, n.d., p. 271.

JOVANOVIC (B.), Die architektur und Keramik der Siedlung Padina B am Eisernen Tor, Jugoslawien, *Germania* 65, 1. Halbband, 1987, p. 1-16.

KACZANOWSKA (M.), KOZLOWSKI (J. K.), Chipped Stone Industry of the Vinca Culture. *Vinca and its World ; International Symposium, The Danubian Region from 6,000 to 3,000 BC*, SANU, Centre for Archaeological Research, Faculty of Philosophy, Belgrade, 1990, p. 35-47.

KOZLOWSKI (J. K.), KOZLOWSKI (S. K.), Le Mésolithique à l'est des Alpes. *Preistoria Alpina*, vol. XIX, 1984, p. 37-56.

Chipped Stone Industries from Lepenski Vir, Yugoslavia, *Preistoria Alpina*, vol. XIX, 1984a, p. 259-293.

MOGOSANU (F.), Mezoliticul de la Ostrovul Corbului, o noua asezare de tip Schela Cladovei. *Studii si cercetari de istorie veche si arheologie*, t. 29, julie-septembrie, 1978, p. 335-351.

PAUNESCU (A.), Les industries lithiques du Néolithique ancien de la Roumanie et quelques considérations sur l'inventaire lithique des cultures du Néolithique moyen de cette contrée. *In* : J. K. KOZLOWSKI, S. K. KOZLOWSKI (ed.), Chipped Stone Industries of the Early Farming Cultures in Europe. *Archaeologia interregionalis*, Warsaw University, Jagiellonian University Cracow, 1987, p. 75-94.

RADOVANOVIC (I.), *Ranoholocenska kremena industrija sa lokaliteta Padina u erdapu*, Arheoloki institut, Beograd, 1981, p. 138.

Mezolit erdapa, Ph. diss. Faculty of Philosophy, Belgrade, 1992.

A Review of Formal Disposal Areas in the Mesolithic of Europe, *Starinar* XLIII-XLIV, 1992-1993, 1994, p. 92-103.

The Iron Gates Mesolithic. International Monographs in Prehistory, Ann Arbor, (*in press*).

SREJOVIC (D.), Lepenski Vir, Boljetin - neolitsko naselje. *Arheoloki pregled* 8, 1966, p. 94-96.

Lepenski Vir - nova praistorijska kultura u Podunavlju, Beograd, 1969, p. 328.

VOYTEK (B. A.), TRINGHAM (R.), Rethinking the Mesolithic : the Case of Southeast Europe. *In* : C. BONSALL (ed.), *The Mesolithic in Europe.* Papers Presented at the 3rd International Symposium Edinburgh 1985, Edinburgh, 1989, p. 492-499.

UNE AIRE DE SÉPULTURES À SCHELA CLADOVEI, ROUMANIE

A MESOLITHIC BURIAL AREA AT SCHELA CLADOVEI, ROMANIA

Vasile Boroneant, Clive Bonsall, Kathleen McSweeney, Robert Payton, Mark Macklin

Résumé. – Des restes humains ont été découverts dans une aire d'environ 7 × 5 m à Schela Cladovei en 1990-1991. Ils consistent en sept squelettes articulés qui représentent apparemment des enterrements officiels, et des os désarticulés qui proviennent d'au moins 18 autres individus pouvant dériver d'enterrements précédents dans la même aire. Les enterrements sont situés en relation avec une structure quelconque. La méthode habituelle d'enterrement était l'inhumation corps étendu, les morts étant disposés sur le dos, probablement dans des tombes simples. On trouve aussi quelques preuves d'enterrement partiel, y compris enterrement séparé des crânes. Des dents de poisson et/ou des coquillages de mollusque d'eau douce ont été trouvés auprès de cinq squelettes et peuvent représenter des objets enterrés avec les morts. De l'ocre rouge a été parsemée sur deux des tombes. La majorité des enterrements étaient ceux d'adultes qui étaient de grande taille, physiquement robustes, et qui montraient peu de traces de maladie. Beaucoup d'individus avaient subi des blessures, souvent causées par la violence. Dans plusieurs cas, les blessures ont été fatales. Des datations directes de AMS C14 effectuées sur des os provenant de 8 individus indiquent qu'ils ont été enterrés autour de 8 500 BP.

Mots clés : Roumanie, Portes de Fer, Schela Cladovei, Mésolithique, enterrements, datations radiocarbone, caractères physiques, santé.

Abstract. – Human skeletal remains were excavated from an area ca. 7 × 5 m at Schela Cladovei in 1990-1991. They comprise seven articulated skeletons apparently representing formal burials, and disarticulated bones from at least another 18 individuals which may be derived from previous burials in the same area. The burials were placed in relation to some form of structure. The normal method of disposal was extended inhumation with the dead laid on their backs, probably in simple graves. There is also some evidence for partial burial, including separate disposal of crania. Fish teeth and/or freshwater mollusc shells occurred near to five skeletons and may represent items buried with the dead. Red ochre was sprinkled on two graves. The majority of the burials were of adults who were tall, physically robust and showed few signs of disease. Many individuals had sustained injuries, often as a result of violence. In several cases, the injuries proved fatal. Direct AMS 14C dates on bones from 8 individuals indicate that they were buried ca. 8,500 BP.

Key words : Romania, Iron Gates, Schela Cladovei, Mesolithic, burials, architectural remains, radiocarbon dates, physical characteristics, health.

INTRODUCTION

Schela Cladovei is one of a number of stone age sites in the Iron Gates section of the Danube valley investigated prior to the flooding of the valley that resulted from the construction of two dams for hydro-electric power generation. It lies some 7 km below the exit from the Danube gorges, in an area that would have been part of an extensive floodplain throughout the Holocene, and thus differed in its environmental setting from the majority of the Iron Gates sites. Excavations have been in progress at Schela Cladovei since 1965. Twelve field seasons were completed between 1965 and 1990 under the direction of the first-named author, working with limited resources. Since 1991, the excavations have been conducted as a joint Romanian-British research project, co-directed by V. Boroneant and C. Bonsall. The site was occupied on many occasions during the Holocene. In the areas investigated, the best-preserved remains are those relating to the Late Mesolithic and Early Neolithic (Starcevo-Cris culture). They include over fifty burials, some of which have been discussed in previous publications (Nicolaescu-Plopsor, 1987 ; Boroneant, 1990 ; Boroneant, Nicolaescu-Plopsor, 1990). This paper describes a further group of burials excavated in 1991-1992.

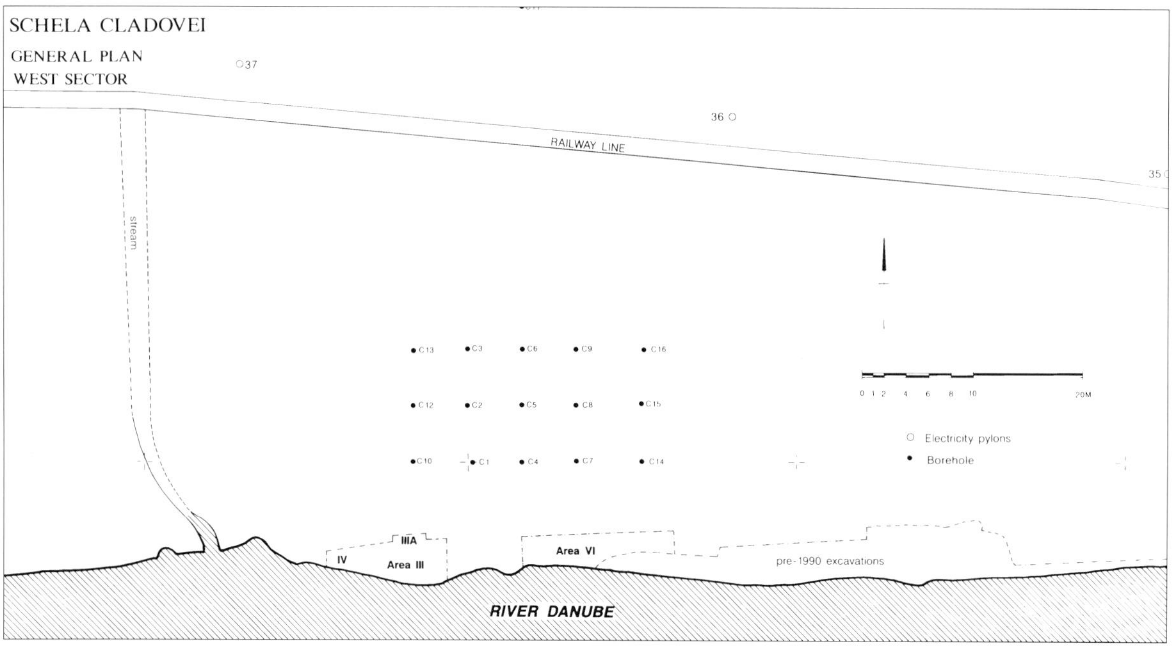

Figure 1. – Schela Cladovei : plan of part of the site showing the areas investigated in 1991-1992.

STRATIGRAPHIC CONTEXT AND PHYSICAL ENVIRONMENT

The excavation at Schela Cladovei is located on the first terrace of the Danube which lies at 6-8 m above the original river level. The terrace has been progressively eroded by the river following completion of the Iron Gates II dam. The eroding edge of the terrace forms a section through the site, in which archaeological remains can be traced over a distance of ca. 1.5 km. To the NE, the first terrace abuts on a higher terrace composed largely of pleistocene sands and gravels. Numerous freshwater springs occur at the base of the pleistocene deposits and, traditionally, have been important sources of drinking water. They feed small streams that are incised into the lower terrace and flow into Danube. One such stream cuts across the archaeological site from NE-SW (fig. 1). Although neolithic remains occur over most of the site area, traces of mesolithic occupation have been found only in the area to the E of the stream, where, prior to erosion, they could be traced for ca. 200 m along, and up to 70 m back, from the terrace edge.

The terrace on which the archaeological site lies consists of 1.5-2.0 m of silty early holocene river alluvium resting upon older, very poorly-sorted fluvial gravels which show evidence of having been deposited in a periglacial environment. The alluvial sediments have been affected by soil-forming processes for the greater part of the Holocene resulting in the development of a calcareous brown earth. The soil profile extends throughout the full depth of the silty alluvial material, and all signs of sedimentary stratification have been eliminated. The soil has been decalcified through leaching to a variable depth of 34-55 cm. A non-calcareous, dark-coloured Ap horizon, affected by modern ploughing, overlies an anthropically overdeepened, but equally dark-coloured, Ah2 horizon that shows abundant signs of

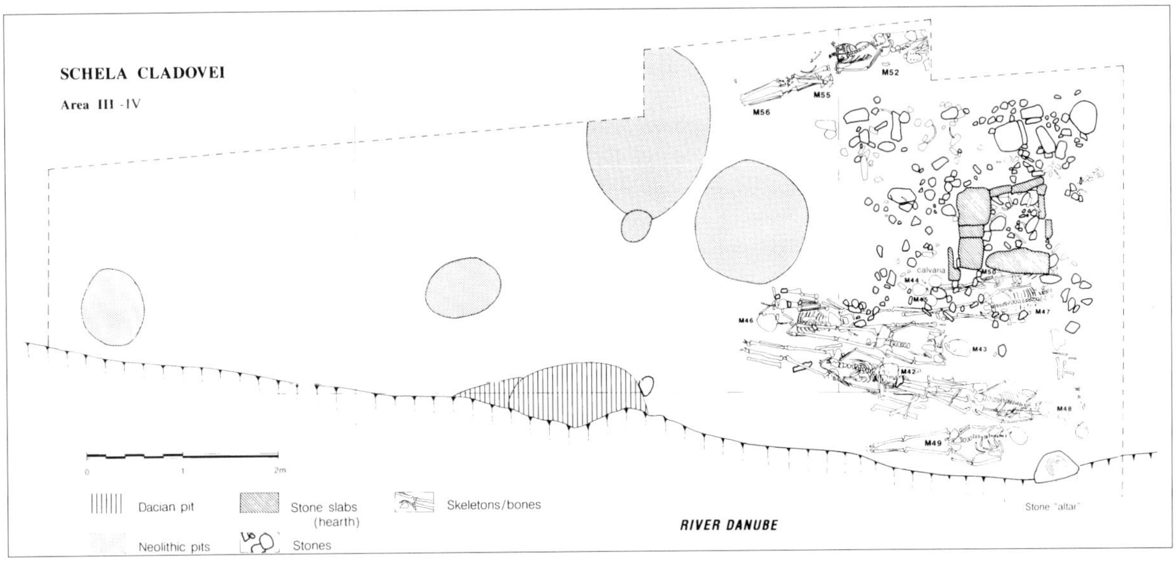

Figure 2. – Schela Cladovei : sketch plan of mesolithic burials and architectural features in Area III-IV.

neolithic activity and extends to about 55-65 cm depth. These overdeepened organo-mineral A horizons overlie a prismatic structured B horizon strongly affected by illuviation of calcium carbonate (designated a calcic horizon or Bk horizon) in the form of irregular tubular nodules infilling root channels and earthworm burrows. It is this pale brown Bk horizon in which well-preserved mesolithic features are mainly located.

THE AREA III MESOLITHIC BURIALS

In the course of the joint Romanian-British excavations, two small areas at the eroding edge of the terrace have been investigated (fig. 1 : Areas III-IV, VI). The excavation of Area III-IV (11 m × 2-5 m) was undertaken mainly by a Romanian team in 1990-1991. Mesolithic remains were encountered within the pale brown Bk horizon between 1.00 m and 1.65 m below the present land surface. The following account is based largely on site notes and sketch plans made by the first-named author (VB).

ARCHITECTURAL REMAINS

In the NE part of the trench (Area III), at a depth of ca. 1.00 m, there was a dense concentration of stones ca. 2.5 m across. Within it was a trapezoidal setting of large tabular stones. It is probable that these features are the remains of some form of structure, possibly the base of a dwelling. The trapezoidal setting of stones is reminiscent of the stone-lined « hearths » found within the houses of Lepenski Vir and Vlasac. No postholes were identified in proximity to the structure ; nor could it be determined whether the stone concentration/« hearth » lay within a pit, though on pedological evidence this is considered likely (see below).

About 2 m to the SW of the « hearth », at approximately the same level, there was a large irregularly-shaped stone with a shallow rounded depression in its upper surface. This has parallels in the so-called stone « altars » found at some other Iron Gates sites.

BURIALS

Immediately to the SW of the structure, between the « hearth » and the « altar », there were abundant human skeletal remains that evidently represent formal burials (fig. 2). They comprised a number of articulated skeletons (M42, M43, M46, M47, M48, M49, M50). Among the skeletons were numerous disarticulated bones belonging to other individuals. This group of burials was excavated and recorded in 1991 by the Romanian team.

In 1992, a small extension to Area III was dug (fig. 1 : IIIa) in order to expose human remains to the NE of the structure. This excavation was done by members of the British team. The remains consisted principally of an articulated adult skeleton, apparently complete apart from the skull (M52), a pair of articulated lower legs and feet (M55), and a pair of articulated lower legs without feet (M56). Their spatial arrangement suggests that they were placed in a single grave.

The burials in Area III/IIIa are all simple inhumation burials. In the case of the articulated skeletons, the bodies were laid out in an extended position, on their backs, with long axes lying approximately NW-SE. In three instances (M47, M50, M52), the skull was missing. Area III produced no clear evidence of other forms of burial ; there were no skeletons in flexed or sitting positions, and no evidence of cremation was discovered.

One skeleton (M49) lay within an elongated shallow depression excavated into the pleistocene gravel at the base of the holocene alluvium. This depression is presumed to be the base of a grave pit. It is likely that the other burials were also interred in grave pits dug into the alluvium. However, the outlines of the graves could not be discerned and probably had been erased by soil forming processes since the Mesolithic. Similarly, the level from which the grave pits were dug could not be determined, but pedological investigations suggest that the mesolithic land surface was probably no lower than 50 cm below the present land surface.

« GRAVE GOODS »

In a number of instances, artifacts occurred in close proximity to human skeletal remains, and it is possible that some of these represent items buried with the dead. In two cases (M42, M49), traces of red ochre occurred around the body ; in the case of M42, ochre was found around the skull and in the pelvic area ; in the case of M49, it occurred on and around the skull. Fish teeth and/or shells of freshwater molluscs (some with artificial perforation) occurred near to some skeletons (M43, M47, M48, M50, M52), and may represent remains of personal ornaments. In three instances, bone arrowheads occurred close to the skeleton. A complete example was found adjacent to M47, while fragments of single arrowheads occurred with M42 and M50.

DATING

There are three aspects to a consideration of the chronology of funerary activity in Area III : (1) the relative ages of the burials ; (2) their absolute dating ; and (3) the chronological relationship of the burials and the structure. Detailed discussion of these points will be reserved for a later publication, but the following general observations are offered.

Relative dating of the burials is problematical. The fact that the human remains occur at various levels within the Bk horizon may be simply a function of the depths to which individual graves were excavated. However, there are other aspects of the spatial and vertical arrangement of the burials which may reflect differences in age : (1) the many disarticulated bones could be from graves disturbed by later burials represented by the articulated skeletons ; (2) there is some evidence of superpositioning of skeletons – for example, M43 overlay M46, although it is not inconceivable that the bodies were deposited together in the same grave ; (3) the majority of the articulated skeletons were orientated with heads to the SE, but two (M46, M52) lay with the heads to the NW.

If there were distinct « phases » of burial activity in Area III, they are not evident in the absolute dates. AMS 14C determinations have been obtained on single bones from eight burials (tab. 1). These range from 8,290 ± 105 BP to 8,570 ± 105 BP. The individual dates are statistically indistinguishable at the 2s level of confidence, and seven of the eight dates are indistinguishable at the 1s level. The dates indicate that most of the burials were emplaced between ca. 8,400 BP and ca. 8,570 BP (ca. 7,440-7,545 cal BC).

The majority of the articulated skeletons in Area III occurred close to, but outside, the visible limits of the structure. Co-occurrence of burials and structures is characteristic of a number of open-air mesolithic sites in the Iron Gates region, and is usually taken to imply that burials were contemporaneous with the use of an adjacent structure.

Not all the human remains in Area III, however, occurred outside the structure. Two skulls (M44, M45) lay within the stone concentration, at or slightly below the level of the stones forming the « hearth ». The skulls were found in an upright position, facing one another. The top (calvaria) of a third skull was found a few centimetres to the E. It is possible that all three skulls were deposited on or under the floor of the structure. It is interesting that the number of skulls found within the structure is the same as the number of articulated skeletons without skulls found outside the structure. Bones of another individual (M50) lay at approximately the same level as the skulls, just to the SW of the « hearth ». These also may have been buried beneath the floor of the structure. The position of M47 is equivocal : the skeleton lay close to the SW edge of the structure, below the level of the stone concentration.

Sample	*Description*	*Lab. Reference*	*^{14}C Age BP*	*cal BC age*	*Age range (1s)*	*Age range (2s)*
M52	Adult, left humerus	OxA-4384	8570±105	7545	7691—7496	7902—7427
M43	Adult male, right femur	OxA-4379	8550±105	7541	7588—7490	7891—7421
M55	Adult, right tibia	OxA-4385	8510±105	7533	7577—7443	7855—7308
M49	Adult female, right femur	OxA-4382	8490±110	7504	7573—7434	7843—7294
M46	Adult male, right femur	OxA-4380	8460±110	7496	7547—7425	7693—7261
M42	Adult female, right femur	OxA-4378	8415±100	7483, 7452, 7448	7535—7319	7579—7103
M48	Adult male, left radius	OxA-4381	8400±115	7479, 7458, 7442	7535—7303	7582—7050
M50	Adult male, right femur	OxA-4383	8290±105	7307	7479—7093	7533—7034

Table 1. – Schela Cladovei : AMS 14C determinations for human skeletons from Area III-IV. All dates have been calibrated using the CALIB 3.03 programme – Macintosh version, 12/03/93 (Stuiver, Reimer, 1993).

MESOLITHIC POPULATION : PHYSICAL CHARACTERISTICS AND HEALTH

The human remains in Area III were exceptionally well preserved. They comprise bones from at least 25 individuals, of which 8 are represented by articulated skeletons. Most individuals were adults who had died in their 30s or 40s. Apart from a few isolated bones of children under the age of 7, the youngest individual present was a female aged about 17, represented by her lower limbs only (M55). The absence of bones of individuals in the 7-16 year age range suggests that either (1) mortality among juveniles was low, or (2) their bodies were disposed of elsewhere or by a different method of burial.

Preliminary results of osteological analyses suggest that the mesolithic population was well nourished and generally in good health. Adults were tall and robust with strong bones and musculature ; the average height of males was 1.82 m, and of females 1.65 m. Females were so robust that many of their bone dimensions are well within the range for modern males. There were no carious lesions on teeth, and no obvious signs of malnutrition. However, the population was not entirely free from disease. Arthritis was common - in many cases severe and widespread throughout the body. Periodontal disease was also common but, with one exception

(M46), was not associated with dental abscesses or tooth loss. Periodontal infection was usually associated with heavy calculus and probably related to poor dental hygiene.

The Schela population displays some interesting morphological adaptations. Most individuals show extreme attrition of the anterior teeth, especially the upper. This could be related to diet. Another possible explanation is that individuals commonly used their teeth as a « tool », e.g. for softening leather. If so, as anterior attrition is common to both males and females, the occupation would have been one undertaken by both sexes. The clavicles of both males and females were extremely robust, with the left clavicle noticeably more so than the right. Similar evidence has been recorded at Vlasac, where it was suggested to be an occupationally-related condition associated with heavier use of the left arm (Prinz, 1987, p. 83).

Among the individuals represented in the Area III burials, there are frequent signs of trauma. In many cases, this is of a violent origin. Healed fractures of skull, vertebrae, limbs, and hand and foot bones are common. In particular, blows to the skull (M42, M48) and « parr » fractures of the lower arm (M46, M49) are likely to be the result of violence. In addition, at least two, and probably three, individuals had met a violent death. Bone points found embedded in vertebrae of M48 and M50 and a flint « point » in a vertebra from M47 are likely to have caused fatal injuries.

CONCLUSIONS

The burials excavated from Area III at Schela Cladovei are a significant addition to the human skeletal material previously recovered from the site, and give an important insight into the nature of burial activity during the late mesolithic occupation.

Mortuary practices resemble those at other Iron Gates sites. Burials were placed in relation to some form of structure. The dead were deposited in grave pits in an extended, supine position, and provided with few grave goods. The majority of burials are of adults who were tall, physically robust and showed few signs of disease. Many individuals had sustained injuries, often as a result of violence. In several cases, the injuries proved fatal.

The AMS 14C dates obtained on bones from eight skeletons are the first direct age estimates for human burials at Schela Cladovei and represent a significant contribution to the knowledge of mesolithic settlement in the Iron Gates region.

ACKNOWLEDGMENTS

The authors wish to thank the following organizations for their assistance and cooperation during the 1991-1992 excavations at Schela Cladovei : the Iron Gates Regional Museum, the Bucharest Museum, the Institute of Archaeology of the Romanian Academy, and the Romanian Ministry of Culture. Grants to support the work of the British team were provided by the British Academy, the Carnegie Trust, and The University of Edinburgh (Munro Lectureship Fund and Hayter Fund). The radiocarbon dates were provided by the Oxford University Radiocarbon Accelerator Unit. Figures 1 and 2 were drawn by Gordon Thomas.

REFERENCES

BORONEANT (V.), Les enterrements de Schela Cladovei : nouvelles données. *In* : P. M. VERMEERSCH, P. VAN PEER (eds.), *Contributions to the Mesolithic in Europe*, Leuven University Press, Leuven, 1990, p. 121-125.

BORONEANT (V.), NICOLAESCU-PLOPSOR (D. N.), Lésions traumatiques violentes datant de l'Épipaléolithique tardif du Sud-Ouest de la Roumanie. *L'Anthropologie* (Brno) 28 (1), 1990, p. 55-65.

NICOLAESCU-PLOPSOR (D.), Deux cas de mort violente dans l'Épipaléolithique final de Schela Cladovei. *Annuaire Roumain de l'Anthropologie* 13, 1987, p. 13-54.

PRINZ (B.), Mesolithic Adaptations in the Lower Danube : Vlasac and the Iron Gates Gorge. *BAR International Series* 330, British Archaeological Reports, Oxford, 1987.

STUIVER (M.), REIMER (P.), Extended 14C Database and Revised CALIB 3.0 14C Age Calibration Program. *Radiocarbon* 35 (1), 1993, p. 215-230.

LA FIN DU PALÉOLITHIQUE SUPÉRIEUR ET LE MÉSOLITHIQUE DANS LE MONTÉNÉGRO - ÉVOLUTION DES TECHNIQUES ET DU MODE DE SUBSISTANCE

LATE UPPER PALAEOLITHIC AND MESOLITHIC OF MONTENEGRO - CHANGES IN TECHNOLOGY AND SUBSISTENCE

Dusan Mihailovic, Vesna Dimitrijevic

Résumé. – Les analyses des séries lithiques et des vestiges faunistiques de cinq sites du Paléolithique supérieur final et du Mésolithique du Monténégro sont présentées ici. Trois phases évolutives du Paléolithique supérieur final et deux phases du Mésolithique ont été définies. Très tôt, les « phases de transition » et les phases récentes sont distinguées dans l'Épigravettien. Le Mésolithique comprend une industrie technologiquement appauvrie dans sa phase ancienne, accompagnée de traits épigravettiens plus ou moins marqués et une phase récente avec ou sans éléments castelnoviens. L'analyse de la faune nous montre des changements dans la stratégie de subsistance. Dans les horizons paléolithiques, les restes de grands et de moyens herbivores issus de différents biotopes ont été découverts (steppe, forêt et montagne) tandis que dans les horizons holocènes, les restes d'espèces forestières sont prédominants. Les mollusques terrestres appartiennent aussi aux horizons holocènes. Durant la période de transition du Pléistocène à l'Holocène, les évolutions technologiques sont principalement la conséquence des changements environnementaux, alors que les différences spatiales et temporelles dans les caractéristiques technologiques et typologiques des séries à l'intérieur des phases déterminées pourraient être une conséquence partielle des distinctions culturelles.

Mots clés : Paléolithique supérieur final, Mésolithique, Monténégro, industrie lithique taillée, faune.

Abstract. – Flint artifact assemblages and faunal remains analyses from five late upper palaeolithic and mesolithic sites in Montenegro are presented. Three phases in development of the Late Upper Palaeolithic and two phases in the Mesolithic of the region are established. Early, « transitional » and late phases are distinguished in the local Epigravettian. Mesolithic includes technologically impoverished industry in the early phase, with more or less distinct epigravettian traits, and a late phase with or without castelnovian elements. Faunal analyses showed the changes in subsistence strategy. In the palaeolithic horizons, the remains of large and medium size herbivores from different biotopes are found (steppe, forest and mountain), while in holocene horizons the remains of forest species are prevailing. Land snails are also related to holocene horizons. The changes in technology in the transitional period from Pleistocene to Holocene are mostly related to changes in environment, while spatial and temporal differences in technological and typological features of assemblages within particular phases could be partly a consequence of cultural distinctions.

Key words : Late Upper Palaeolithic, Mesolithic, Montenegro, chipped stone artifacts, fauna.

Several upper palaeolithic and mesolithic sites on the territory of Montenegro have been systematically explored in recent decades (fig. 1). These are rockshelter Crvena Stijena in the valley of Trebisnjica river (Benac, Brodar, 1958 ; Basler, 1975 ; Malez, 1975), Odmut cave in the Piva valley (Srejovic, 1977 ; Kozlowski J. K. *et al.*, 1994), rockshelters Malisina Stijena and Medena Stijena in the Cehotina gorge (Radovanovic, 1986 ; Malez *et al.*, 1988 ; Srejovic, 1989 ; Mihailovic, *in press*) and Trebacki Krs rockshelter in the Lim valley (Dimitrijevic, 1994 ; Djuricic, *in press*). The sites are situated in mountainous areas, at more than 500 m height. They are multilayered and contain numerous flint artifacts and fragmented bones.

Flint assemblage analyses showed three phases in the development of the Upper

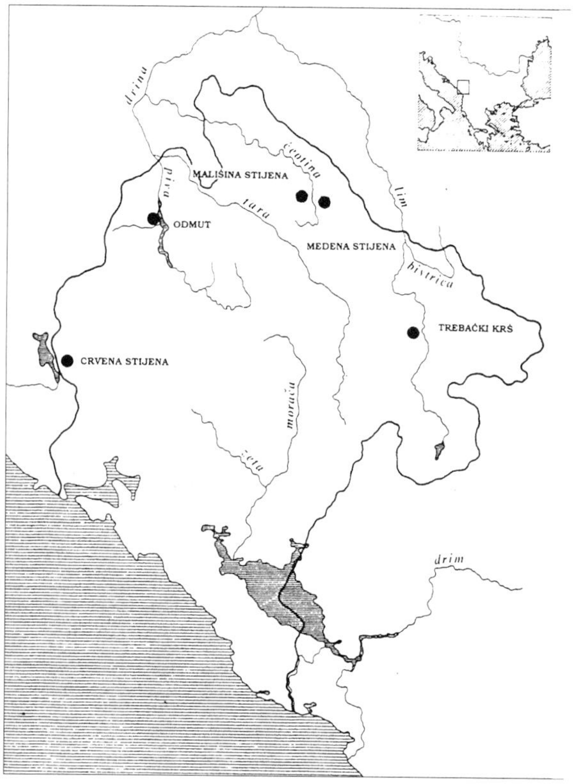

Figure 1. – Late upper palaeolithic and mesolithic sites in Montenegro.

Years b.p.	Crvena Stijena	Odmut	Malisina Stijena	Medena Stijena	Trebacki Krs
7 500	IVa	Ib *			
	IVb1	Ia		IV	
8 500	IVb2	XD **			
	V				
	VI				Ia
	VII				Ib
10 300	↓				↓
				V	II
	VIII			VI	
			2	VII	
13 500					
	↑			↑	
	IX			VIII	
	↓		3b1		
			(13780 ±140	↑	
			b.p.)		
16 600				IX	
	X			X	
	↓				
20 000					

* 5 130 ± 85 b.c.

** 8 095 ± 85 b.c. – probably contaminated (Kozlowski, J.K. *et al*, 1994, p. 55-56).

Figure 2. – Correlation of late upper palaeolithic and mesolithic horizons of Montenegrian sites.

Palaeolithic and two phases in the Mesolithic of the region (Mihailovic, 1994). Faunal analyses revealed differences in the faunal composition between the palaeolithic and mesolithic layers.

Palaeolithic phases are characterized by the presence of boreal mammal and bird species like *Lepus timidus* Linnaeus (blue hare), *Marmota marmota* (Linnaeus) (alpine marmot), *Cuon alpinus* Bourguignat (alpine wolf) and *Lagopus lagopus* Linnaeus (white partridge), while the faunal composition in mesolithic phases is affected by the faunal turnover on the Pleistocene-Holocene boundary. The changes in ecological conditions are shown by the spread of forest fauna, which has representatives among rodents (beaver), carnivores (wild cat) and herbivores (roe deer), and withdrawal of species characteristic of steppe environment (ground squirrel, cricetids). The most important game animals both in the Upper Palaeolithic and Mesolithic are *Cervus elaphus* Linnaeus (red deer), *Capra ibex* Linnaeus (Alpine ibex) and *Rupicapra rupicapra* (Linnaeus) (chamois), but gradual changes in subsistence strategies are indicated during time and between different sites in the region. In the Mesolithic, additional energy sources, like birds, fish and land snails, became important.

LATE UPPER PALAEOLITHIC (Pl. I)

1. Early phase

This phase comprises assemblages from layer X at Crvena Stijena, layers X and IX at Medena Stijena and layers 3b10-3b1 at Malisina Stijena. Massive endscrapers and burins are characteristic, as well as long blades with deep and raised retouch. Endscrapers are prevailing among the other tool categories, while burins, retouched blades and notched pieces are well represented. Endscrapers on flakes are more numerous than endscrapers on blades. Among abrupt retouched pieces, truncated blades are dominant. Backed tools are represented only by straight backed points and bladelets. The microlithic character of the industry is weakly marked, and geometric artifacts are not found.

Artifact assemblages correspond to the early phase of backed tool industries (Gravettian-Early Epigravettian), confirmed on several sites in Southeastern Europe : in lower layers of Badanj (Kozlowski, Montet-White, 1983 ; Whallon, 1989, 1994), in layer IX at Asprochaliko and lower layers of Kastritsa (Higgs, Vita Finzi, 1966 ; Bailey *et al.*, 1983), in cave Seidi and so-called lithic phases 2 and 3 of cave Franchthi (Perlès, 1983, 1984a). These are assemblages dated in a large time span from the 25th to 12th millennia BC. It should be stressed that lower layers of Badanj, as well as layer IIIb1 at Malisina Stijena, are radiometrically dated to the 12th millennium BC (Whallon, 1994 ; Hedges *et al.*, 1990).

The lack of habitation structures and relatively small number of finds lead to the conclusion that occupation of rockshelters in this phase was temporary and short-term. Traces of fireplaces and distinct activity areas are confirmed only at Malisina Stijena (Radovanovic, 1986), while rare artifacts and animal bones, together with massive pounders made on pebbles, are found at Medena Stijena (Mihailovic, 1993). Faunal remains are represented by large and medium-size game, from steppe, forest and mountain biotopes (horse, bison, ibex, chamois, red deer, wild boar). Remains of horses are found only in this phase (Crvena Stijena, Medena Stijena).

2. « Transitional » phase

Typologically heterogeneous assemblages containing tools of the earlier phase together with many elements of the later phase (arched points, short and circular endscrapers) are confirmed at Crvena Stijena (layer IX) and Medena Stijena (layer VIII). The presence of rather large backed arched points and central axis points is characteristic of this phase. Nosed endscrapers on blades and flakes are prevailing among other types of endscrapers in Medena Stijena, while endscrapers on splintered pieces together with a « paranoailles » burin are registered at Crvena Stijena. The faunal composition is not changed, and habitation structures are not found. According to the stratigraphical position and the presence of elements characteristic of the azilinianization process, it is most probable that the industry of this phase belongs to the Late Glacial. This industry has no analogies in adjacent areas.

3. Late phase

The late phase is well distinguished in the cultural and chronological sense. It is confirmed in layer VIII at Crvena Stijena, layer II at Malisina Stijena, layers VII-V at Medena Stijena, as well as in layer II at Trebacki Krs. The amount and diversity of artifacts and faunal remains are remarkably better expressed than in previous phases. Flint stone industry is characterized by short, thumbnail and circular endscrapers, arched backed bladelets, truncated backed bladelets and geometrical tools (segments and triangles). The microlithic character of this industry is conspicuous. Functional and regional differences between assemblages are notified.

The artifact assemblage from Crvena Stijena belonging to this phase is characterized by small and short arched points and irregular short and circular endscrapers, while Medena Stijena assemblages are distinguished by a more pronounced laminarization of backed tools, the importance of truncated backed bladelets, and the remarkable typological variability of endscrapers and geometrical tools. In the artifact assemblage from layer V at Medena Stijena, hypermicrolithization of endscrapers and backed tools is outstanding, as well as the appearance of massive denticulated tools. The similar occurrence is confirmed in layer II at Trebacki Krs.

There is no doubt that artifact assemblages from the late phase belong to the Final Epigravettian. They are close to other late pleistocene assemblages on the Balkan peninsula sites, for example those from the upper layers of Badanj (Whallon, 1989, 1994), Asprochaliko (Bailey *et al.*, 1983), Klithi (Bailey *et al.*, 1986 ; Bailey, 1992) and Franchthi-lithic phases IV-VI (Perlès 1983 ; 1984a), which are generally dated between the 12th and the end of the 9th millennium BC (Bölling-Alleröd or Xanthi complex and Younger Dryas).

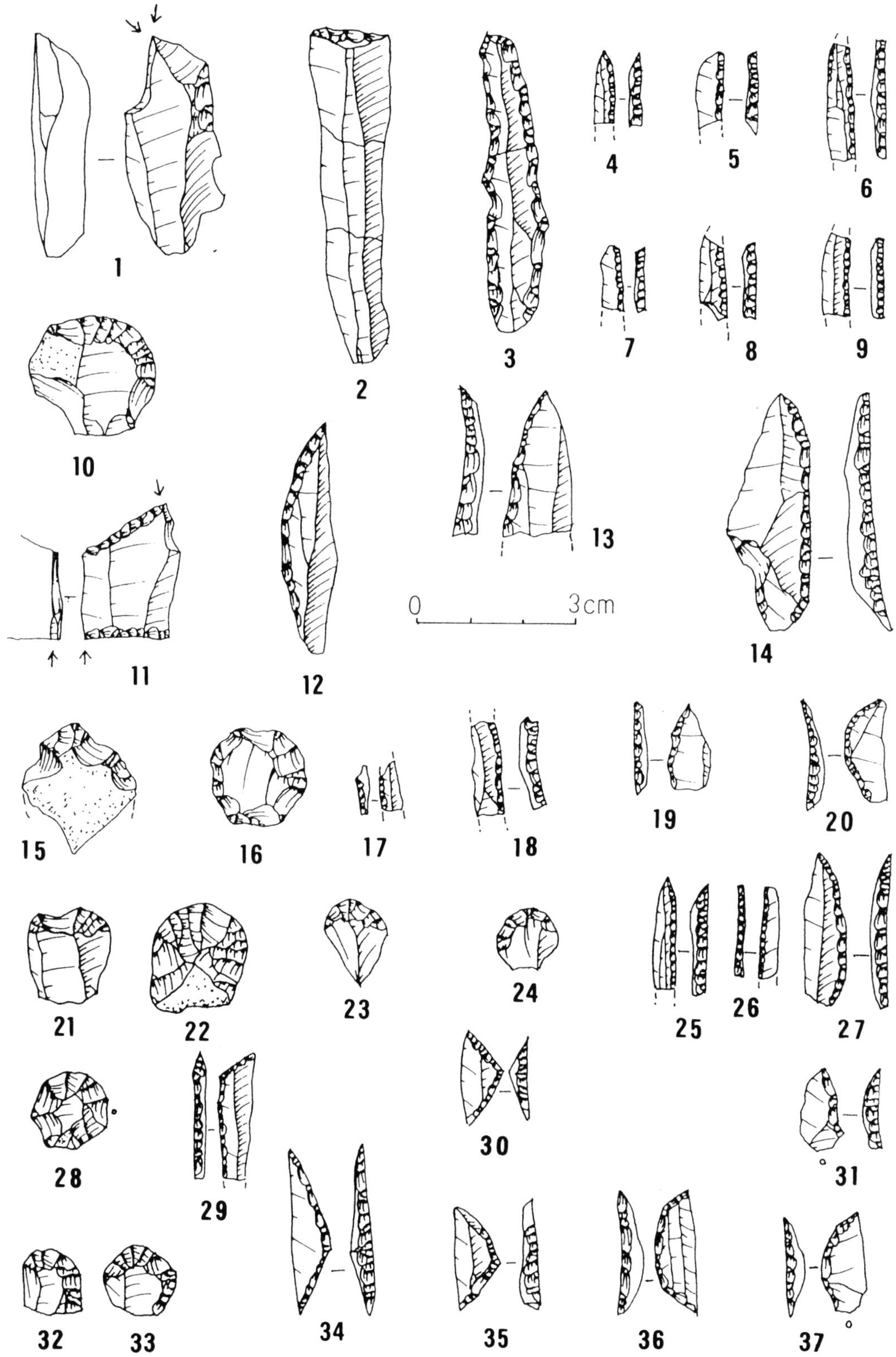

Plate I. – Flint implements : Crvena Stijena X. 1, 3, 6, 9. Medena Stijena X. 4, 5, 7, 8. Medena Stijena IX. 2. Crvena Stijena IX. 11, 14, 16, 19, 20. Medena Stijena VIII. 10, 12, 13, 15, 17, 18. Crvena Stijena VIII. 23, 24, 31, 35, 37. Medena Stijena VI. 21, 22, 30, 34, 36. Medena Stijena V. 25-29, 32, 33.

The amount and distribution of material remains, together with fireplaces and habitation structure traces, both indicate a longer or more frequent site occupation in this phase. There are functional differences between Malisina and Medena Stijena, two sites situated close to each other in the Cehotina gorge, indicated by animal remains. At Malisina Stijena, they are extremely fragmented, originating from large and small mammals, birds and fish, while at Medena Stijena only large mammal remains are represented, mostly fragments of long bones. At Trebacki Krs, fragmentation is well expressed too, but the body-part composition of large mammal remains is different : generally the teeth and distal parts of extremities are found (Dimitrijevic, 1994).

MESOLITHIC (Pl. II)

1. Early phase

It is confirmed in layers VII-V at Crvena Stijena, and in layers Ib and Ia at Trebacki Krs. This industry is characterized by a raw material, technological and typological impoverishment (especially at Crvena Stijena, layers VI and V), as well as by the more or less pronounced presence of epigravettian elements. The tools on irregular flakes – endscrapers, ordinary retouched flakes, splintered pieces and perforators – are prevailing, while burins are almost absent.

Backed tools, geometrical artifacts and short and circular endscrapers are found in a lesser degree – in layer VII at Crvena Stijena, and in layers Ib and Ia at Trebacki Krs. At Trebacki Krs, the holocene age of these layers is indicated by the results of faunal and pollen analyses (Nikolic, 1992 ; Dimitrijevic, 1994). Assemblages from layers VI and V at Crvena Stijena can be generally correlated with the so-called Lower Mesolithic of Franchthi cave (Perlès, 1984b), while layer VII at Crvena Stijena and layers Ib and Ia at Trebacki Krs correspond to the Epiromanellian, *i.e.* epitardigravettian industries of Southern Italy and the Balkan peninsula (Bartolomei *et al.*, 1979 ; Bietti, 1980 ; Radovanovic, 1981).

Although the settlement occupation intensity in the Early Mesolithic is similar to the Late Upper Palaeolithic, according to the quantity of material remains, no traces of habitation structures are found. In the faunal composition, mountain and forest species are prevailing, while boreal species have disappeared. A large amount of land snails (*Helix pomatia Linnaeus*) is collected in layer V at Crvena Stijena.

2. Late phase

This phase includes artifact assemblages which are probably later than the middle of the 7th millennium BC, because of the presence of trapezes (Kozlowski J.K. *et al.*, 1994). It is recognized in layers XD, Ia and Ib at Odmut, layers IVb2, IVb1 and IVa at Crvena Stijena, and in layer IV at Medena Stijena.

On the sites closer to the coastal area, like Crvena Stijena and Odmut, industries with castelnovian features appear, containing short endscrapers, denticulated tools, bladelets with double or multiple notches and single and double truncated bladelets. In layers IVb1 at Crvena Stijena and Ib at Odmut, microbladelet technology products are found (small unprepared cores and cores with changed orientation, regular bladelets with faceted platform). Short and long trapezes obtained without the microburin technique occur. It should be stressed that this technique was not confirmed neither in palaeolithic phases. Tools made of bone and antler (awls, projectile points, mattocks etc.) are frequent at Crvena Stijena, while at Odmut a large number of flat single row harpoons with one or two barbs are found (Srejovic, 1977).

In layer IV at Medena Stijena, a technologically impoverished industry appears, with tools manufactured on flakes (irregular short endscrapers, ordinary retouched flakes, splintered pieces, etc.), as well as trapezes. This is similar to the industry from layer D at the site of Sidari on Corfu island (Sordinas, 1970).

Concerning the subsistence strategy in the Late Mesolithic, there are no significant changes. At Odmut, the ibex is dominant, and the bird and fish remains are important. Many forest species which were not found in the previous phase are now present (beaver, wild cat, roe deer). At Crvena Stijena, where several fireplaces are registered, a great amount of land snails was still present.

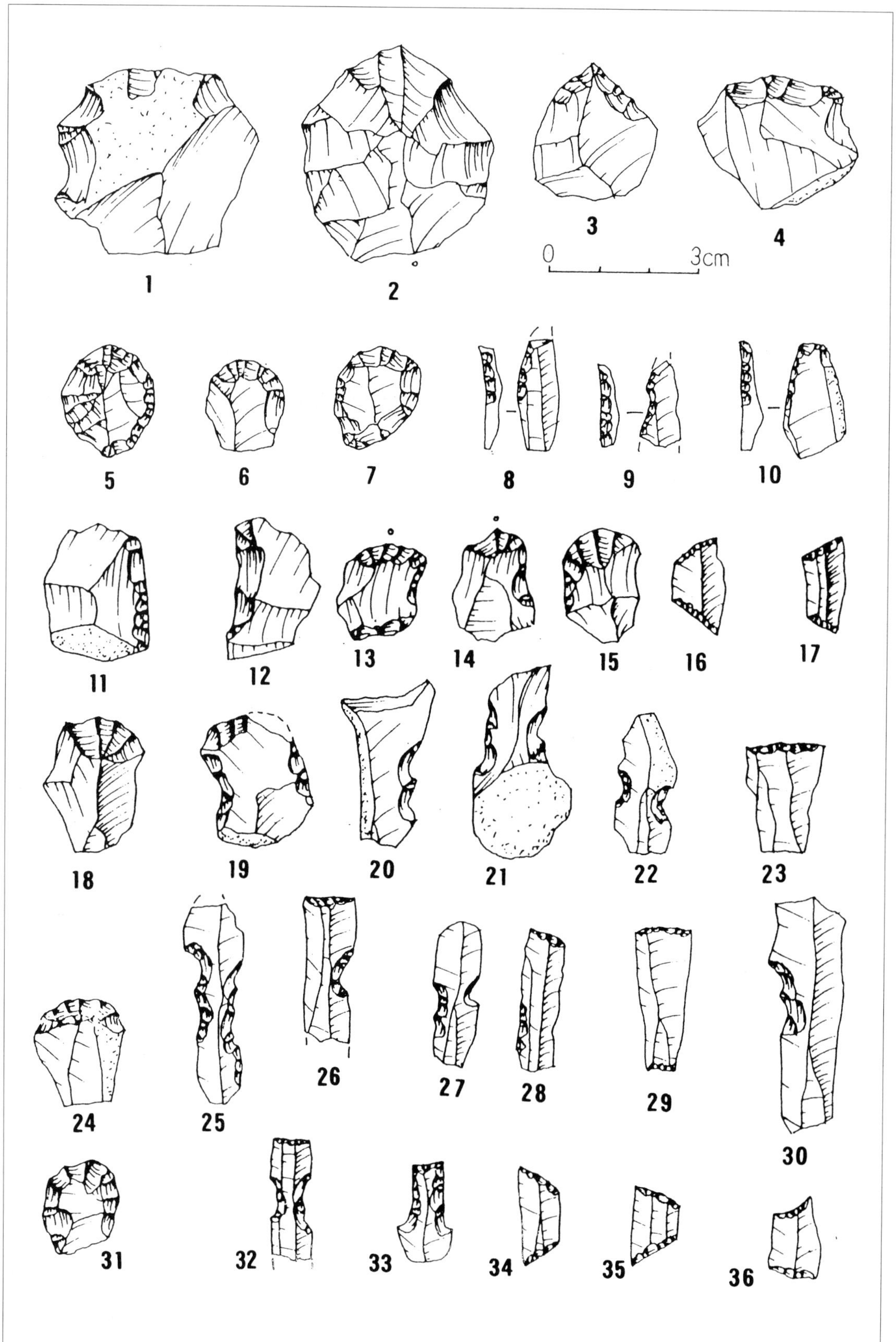

Plate II. – Flint implements. Crvena Stijena VII. 1, 8-10. Crvena Stijena VI. 5, 6. Crvena Stijena V. 2-4, 7. Medena Stijena IV. 11-17. Crvena Stijena IVb2. 18-23. Crvena Stijena IVb1. 24-26, 31-36. Crvena Stijena IVa. 27-30.

CONCLUSION

The Late Upper Palaeolithic of Montenegro is characterized by a continuity of development and by a regional differentiation towards the end of the Pleistocene. An interruption in the cultural continuity is observed in the beginning of the Holocene, and somewhat later, with the appearance of the late mesolithic industry. Nevertheless, technological and typological changes within particular phases did not occur simultaneously and with the same intensity in all sites (fig. 2). At this moment, it is difficult to establish a complete chronological correlation. However, it is evident that changes in technology and subsistence are mutually related.

It seems that regional differences and intensity of technological changes within palaeolithic and mesolithic phases are more obvious than the changes in subsistence strategies. But it is difficult to establish which cause for culture change had a decisive role. The typological and technological variability of the assemblages could be explained partly as a consequence of economic variability practised by palaeolithic and mesolithic communities. But also it can be explained by same dependence on various settlement functions, as well as by the higher level of cultural differentiation between regions. On the other hand, changes observed in technology at the Pleistocene-Holocene boundary are probably related to new subsistence strategies produced by environmental changes in the region.

REFERENCES

BAILEY (G. N.), The Palaeolithic of Klithi in its Wider Context. *The Annual of the British School of Archaeology at Athens* 87, 1992, p. 1-28.

BAILEY (G. N.), CARTER (P. L.), GAMBLE (C. S.), HIGGS (H. P.), Asprochaliko and Kastritsa : Further Investigations of Palaeolithic Settlement and Economy in Epirus (N-W Greece). *Proceedings of the Prehistoric Society* 49, 1983, p. 15-42.

BAILEY (G. N.), GAMBLE (C. S.), HIGGS (H. P.), ROUBET (C.) *et al.*, Palaeolithic Investigations at Klithi : Preliminary Results of the 1984 and 1985 Field Seasons. *The Annual of the British School of Archaeology at Athens* 81, 1986, p. 7-35.

BARTOLOMEI (G.), BROGLIO (A.), PALMA DI CESNOLA (A.), Chronostratigraphie et écologie de l'Epigravettien en Italie. *In* : D. DE SONNEVILLE-BORDES (ed.), *Actes*, colloque international de Talence 1977 : *La fin des temps glaciaires en Europe – Chronostratigraphie et écologie des cultures du Paléolithique final*, colloques internationaux du CNRS n° 271, CNRS, Paris, 1979, p. 297-324.

BASLER (D.), Stariji liticki periodi u Crvenoj Stijeni. *In* : D. BASLER (ed.) *Crvena Stijena – zbornik radova*, Niksic, 1975, p. 11-120.

BENAC (A.), BRODAR (M.), Crvena Stijena 1956. *Glasnik Zemaljskog muzeja (Ser. A)*, N.S. 13, 1958, p. 21-65.

BIETTI (A.), The Mesolithic Cultures in Italy : New Activities in Connection with Upper Palaeolithic Cultural Traditions. *Veröffentlichungen des Museums für Ur- und Frühgeschichte Potsdam* 14/15, 1980, p. 33-50.

DIMITRIJEVIC (V.), *Vertebrate Fauna from the EpiGravettian Site in Trebacki Krs near Berane (N-E Montenegro)*. First international conference : « The Palaeolithic of Greece and adjacent areas », Ioannina, Greece, 6-11 sept. 1994.

DJURICIC (L. J.) *In press* The Chipped Stone Industry from the Rockshelter of Trebacki krs. *In* : D. SREJOVIC (ed.), *Prehistoric Settlements in Caves and Rockshelters of Serbia and Montenegro*, fasc. I, Belgrade.

HEDGES (R. E. M.), HOUSLEY (R. A.), BRONK (C. R.), VAN KLINKEN (G. J.), Radiocarbon Dates from Oxford AMS System : Archaeometry Datelist 11. *Archaeometry* 32, 1990, p. 211-237.

HIGGS (E. S.), VITA-FINZI (C.), The Climate, Environment and Industries of Stone Age Greece : Part II. *Proceedings of the Prehistoric Society* 32, 1966, p. 1-29.

KOZLOWSKI (J. K.), KOZLOWSKI (S. K.), RADOVANOVIC (I.), *Meso- and Neolithic Sequence from the Odmut Cave (Montenegro)*, Warszawa, 1994.

MALEZ (M.), Kvartarna fauna Crvene Stijene (in Serbocroat). *In* : D. BASLER (ed.), *Crvena Stijena, Zbornik radova*, Niksic, 1975, p. 147-169.

MALEZ (M.), MALEZ (V.), PAUNOVIC (M.), Kvartarna fauna Malisine stijene u kanjonu eotine (SR Crna Gora) (in Serbocroat, with English abstract), *Nas krs* XIV, 24-25, 1988, p. 109-117.

MIHAILOVIC (D.), Orudja na oblucima sa lokaliteta Medena stijena. *Glasnik Srpskog arheoloskog drustva* 9, 1993, p. 13-16.

The Chipped Stone Industries of the Upper Palaeolithic and Mesolithic of Montenegro. First international conference « The Palaeolithic of Greece and adjacent areas », Ioannina, Greece, 6-11 sept. 1994.

In press Upper Palaeolithic and Mesolithic Chipped Stone Industries from the Rockshelter of Medena Stijena. *In* : D. SREJOVIC (ed.), *Prehistoric Settlements in Caves and Rockshelters of Serbia and Montenegro*, fasc. I, Belgrade.

MONTET WHITE (A.), KOZLOWSKI (J. K.), Les industries à pointes à dos dans les Balkans. *Rivista di Scienze Preistoriche* 38, 1983, p. 371-399.

NIKOLIC (D.), Mogucnost utvrdjivanja prirodnog okru`enja praistorijskih zajednica na osnovu polenskih analiza. *In* : D. SREJOVIC (ed.), *Arheologija i prirodne nauke*, Beograd, 1992, p. 45-48.

PERLÈS (C.), Industries lamelles bord abattu du Paléolithique supérieur de Grèce. *Rivista di Scienze Preistoriche* 38, 1983, p. 401-417.

Étude préliminaire des industries paléolithiques de la grotte de Franchthi, Argolide, Grèce. *In* : J. K. KOZLOWSKI, S. K. KOZLOWSKI (eds.), Advances in Palaeolithic and Mesolithic Archaeology, *Archaeologia Interregionalis*, Warszawa, 1984a, p. 151-162.

Aperçu sur les industries mésolithiques de Franchthi, Argolide, Grèce. *In* : J. K. KOZLOWSKI, S. K. KOZLOWSKI (eds.), Advances in Palaeolithic and Mesolithic Archaeology, *Archaeologia Interregionalis*, Warszawa, 1984b, p. 163-171.

RADOVANOVIC (I.), Ranoholocenska kremena industrija sa lokaliteta Padina u Djerdapu, Arheoloski institut, Gradja, Knjiga 4, Beograd, 1981.

Novija istra`ivanja paleolita i mezolita u Crnoj Gori. *Glasnik Srpskog arheoloskog drustva* 3, 1986, p. 63-76.

SORDINAS (A.), Stone Implements from Northwestern Corfu. *Occasional Papers* 4, Memphis State University Anthropological Research Center, 1970, p. 1-26.

SREJOVIC (D.), The Odmut Cave : a New Facet of the Mesolithic Culture of the Balkan Peninsula. *Archaeologica Iugoslavica* 15, 1977, p. 3-6.

The Mesolithic of Serbia and Montenegro. *In* : C. BONSALL (ed.), *The Mesolithic in Europe*, Edinburgh, 1989, p. 481-515.

WHALLON (R.), The palaeolithic site of Badanj : recent excavations and results of analyisis. *Glasnik Zemaljskog muzeja, (Ser. A)* N. S 44, 1989, p. 7-20.

Epipalaeolithic « Territories » around the Adriatic. First international conference « The Palaeolithic of Greece and adjacent areas », Ioannina, Greece, 6-11 sept. 1994.

ÉPIPALÉOLITHIQUE ET MÉSOLITHIQUE EN CROATIE

THE QUESTION OF THE EPIPALAEOLITHIC AND MESOLITHIC IN CROATIA

Maja Paunovic, Ivor Karavanic

Résumé. – Ce texte présente trois sites épipaléolithiques et mésolithiques (Velika pecina, Vindija, Kopacina) sur une dizaine de sites connus en Croatie. Ces trois sites se distinguent par le fait d'être les seuls à avoir été systématiquement fouillés. Les grattoirs et les burins sont fréquents dans le matériel lithique. Les microlithes de forme géométrique sont très rares. C'est probablement dû au manque de tamisage des sédiments. La rareté du matériel archéologique sur les sites continentaux pourrait aussi être causée par une sédimentation discontinue ou par l'érosion des niveaux culturels épipaléolithiques et mésolithiques.

Mots clés : Épipaléolithique, Mésolithique, environnement, industrie, Croatie.

Abstract. – This paper presents three, out of about ten registered, epipalaeolithic and mesolithic sites in Croatia, the only ones that were systematically excavated (Velika pecina, Vindija, Kopacina). Among the stone material, endscrapers and burins are frequent. The geometrically shaped microlithes are very rare. The reason for that would more probably be the rare use of the sifting method on sediment. The scare archaeological material on continental sites could also be caused by discontinued sedimentation or by erosion of part of the epipalaeolithic and mesolithic cultural levels.

Key words : Epipalaeolithic, Mesolithic, environment, industry, Croatia.

INTRODUCTION

During the Epipalaeolithic and Mesolithic, the territory of Croatia was the contact zone of the Mediterranean and continental climates. A progressive climate improvement is characteristic of that zone, and it affects the change in the animal and plant world. It is also followed by a microlithization of stone tools in the material that was found. This work refers to three (out of about ten registered) epipalaeolithic and mesolithic sites in Croatia, that were the only ones to have been systematically excavated (Velika pecina, Vindija, Kopacina). The term Epipalaeolithic, in this paper, covers only the Holocene period.

PALAEOGEOGRAPHY

The physical geography is strongly shaped by the Dinaric Alps or Dinarides and the Adriatic sea. The Dinarides are the southeastern extension of the Alps that trend NW-SE, along the coast. They are very steep and rugged on their western side, with many peaks over 2,000 m high. Although they are not glaciated today, they would have supported small isolated glaciers during the Pleistocene (Marjanac *et al.*, 1990). The Dinarides acted as a barrier, and during the Pleistocene they most probably impeded NE-SW migrations between the coast and the continental interior.

Reconstructions of the pleistocene geography suggest the presence of two major landscapes in the Adriatic region, the exposed Adriatic plain and the karstic hinterland. The former was limited to the northern part of the basin, and would have supported a productive, grassland habitat with trees occurring in fairly dense patches along rivers and in sheltered valleys. The hinterland was a mosaic of exposed karst and unbroken ground with stands of trees in an altitudinal belt from 500 to 700 m a.s.l (Miracle, 1995).

The global temperature increase that occurred about 12,500 BP is reflected by an expansion of mixed pine/broad-leaf forests (Miracle, 1995) and by the rapid sea level rise of the Adriatic (Segota, 1968 ; Segota, Filipcic, 1991).

At the same time (about 12,500 BP), the improvement of climatic conditions in the continental region of Croatia resulted in the spread of a variety of arboreal species, while among herbaceous vegetation steppic elements continue to prevail. The transition to the Holocene implies a rapid regression of pine forests, which were replaced by deciduous trees. The development of vegetation followed, with the time transgression, the well-known Central European succession of forest phases (Culiberg, 1991 ; Sercelj, 1971 ; Roberts, 1991).

FAUNA

At the start of the Holocene, as temperate forest returned, the late pleistocene fauna, consisting of large herds of reindeer, horses and other herbivores, was transferred northwards. New woodland animals (aurochs, wild boar) took its place. These mixed deciduous woodlands contained many potentially edible plants which could be collected with much less effort than their hunted meat equivalent. But the well represented bone remains at epipalaeolithic and mesolithic sites indicate that Croatia's late pleistocene and holocene human population was omnivorous.

Taxa commonly found in mesolithic assemblages (pig, roe deer, wild cat, fox badger) cannot be considered indicative of interglacial conditions since they are frequent in late upper pleistocene assemblages, and even not infrequent in early upper pleistocene assemblages. Bear dominated assemblages (74 %) are most common during the Early Upper Pleistocene, the period with the harshest environmental conditions, relatively common during the Middle Upper Pleistocene (65 %), and very rare during the Late Upper Pleistocene (7 %). The rarity of bear dominated assemblages from the Late Upper Pleistocene may simply reflect their accumulation after the local extirpation or extinction of cave bears.

The red deer is one of the most frequent animals in all periods. Bovids are the most frequently present, as welle as horses are frequently represented during the Early Upper Pleistocene, while pigs are as commonly present as red deer during the Mesolithic. One might conclude that the red deer was the focus of prehistoric economies with the exception of the Early Upper Pleistocene, when harsh climatic conditions apparently favored more specialized grazers such as horses and bovids, but, despite the great number of archaeological assemblages, little can be said about changes in human subsistence practices during the Palaeolithic and Mesolithic, and almost all of the sites need to be reanalyzed from a taphonomic perspective (Miracle, 1991).

INDUSTRIES

Epipalaeolithic and mesolithic industries of Croatian sites show a microlithization of stone tools and polished bone tools like points, sagaie fragments and awls. A great number of small circular and thumbnail endscrapers can also be observed. This is the continuation of the tradition of the Late Epigravettian in this area. Geometrically shaped microlites are very rare. The reason for this would more probably be the rare use of the sifting method on sediment than in the different technological knowledge of epipalaeolithic and mesolithic populations. At the moment, the number of finds is too small for a detailed determination of the typological and technological characteristics of epipalaeolithic industries in Croatian sites.

STRATIGRAPHIC HIATUS AND RADIOMETRICAL EVIDENCE

The erosion phenomenon which has affected the karstic caves from Jura to the Dinaric Alps and the Carpatians is also visible in most of the sites in Croatia. A major erosional phase most probably preceded the deposition of the late glacial sediments containing epigravettian industries, and later an early holocene erosion destroyed most of the late glacial deposits (Montet-White, 1994).

The available radiometric dates from Vindija cave (Karavanic, 1995) illustrate one erosional phase (a gap of 3,000 to 5,000 years) between layer G1 (33,000 ± 400 BP) and layer Fd/d (26,600 ± 900 BP) with aurignacian industry. A gap separates also epigravettian layer D and neolithic layer C.

In Velika pecina (Malez, 1986) unit e (26,450 ± 300 BP) and d are gravettian levels and overlaying unit c (5,550 ± 40 BP) contains mesolithic artifacts : a gap of some 10,000 years obviously separates units d and c. However, in this case, it is probably a matter of inadequate sampling or wrong dating, because this date (5,550 ± 40 BP) is too low for the Mesolithic of Northwest Croatia.

There was also a radiocarbon dating of the epigravettian levels of Kopacina cave. The obtained dates are : 12,935 ± 247 BP and 11,840 ± 220 BP (Cecuk, 1993).

SITES

A. Velika pecina

The Velika pecina is located about 60 km N of Zagreb, in Ravna gora Mt., in Northwest Croatia. Its entrance opens at an elevation of 428 m a.s.l. on the W side of peak Plat. The cave consists of two simple chambres measuring approximately 10 m in length and 8 m in width. Both measure from 1.30 to 3.50 m in height.

The quaternary sediments are over 12 m thick, and distributed into 16 stratigraphic units (a-p). Units p-n appear to date to Eemian, m-d encompass the Last Glacial, while the uppermost levels c-a are post-Pleistocene (Malez, 1986).

All strata contain skeletal remains, and palaeontological studies show 52 genera and 62 species of pleistocene mammals, including Homo. Faunal assemblages from units p-d are dominated by cave bears while other large carnivore remains are relatively infrequent. The ungulate assemblages from interstadial levels suggest a relatively temperate forest-steppe, while during the Last Glacial maximum steppe or cold-adapted species are more commonly present.

M. Malez (1967) attributes levels d1 and c of Velika pecina to the Epipalaeolithic and Mesolithic. This determination is made primarily on the ground of chronostratigraphy, and in a smaller extent it is also grounded on a few stone tools with insufficiently typical characteristics. Bone tools are circular section sagaie fragments known in the Franco-Cantabrian Magdalenian, but also in the Epigravettian of Vindija cave. The result of the radiocarbon analysis of level c (5,500 ± 40 BP) is too low for the Mesolithic of the Northwest Croatia. It has already been mentioned that it is probably a matter of taking samples in the wrong way, or an error in the dating process, or a wrong determination of the industry, which is less probable considering stone and bone tools.

B. Vindija

The cave of Vindija is located approximately 55 km N of Zagreb, in the seminountainous region of Northwest Croatia, in Ravna gora Mt. Its entrance opens at an elevation of 275 m a.s.l. on the southwest side of Kriznjak peak. It is a single large chambre measuring 50 m in length, 28 m in width, and over 20 m in height.

Approximately 12 m of stratified deposits were explored and divided into 13 distinct stratigraphic units designated from A (youngest) to M (oldest). L and M appear to date to the Riss Glacial, layer K is correlated with the Eemian, layer J-D encompass Last Glacial, while the three upper layers are post-Pleistocene (Malez *et al.*, 1984).

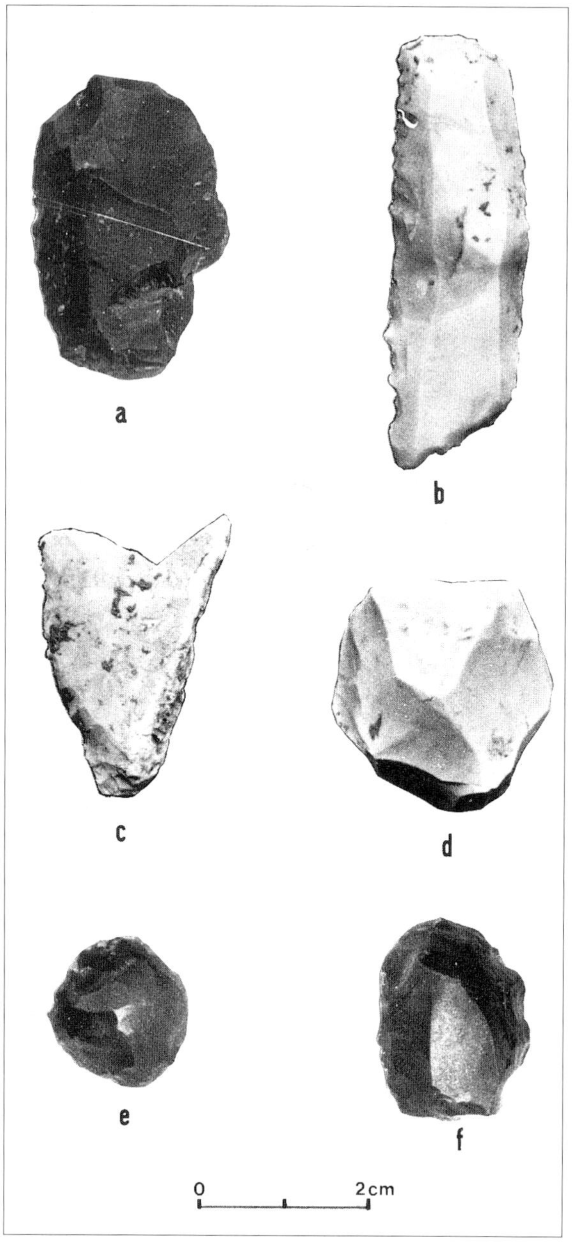

Plate I, a-t. – Selected stone artifacts from Kopacina (photo : T. Sokec).

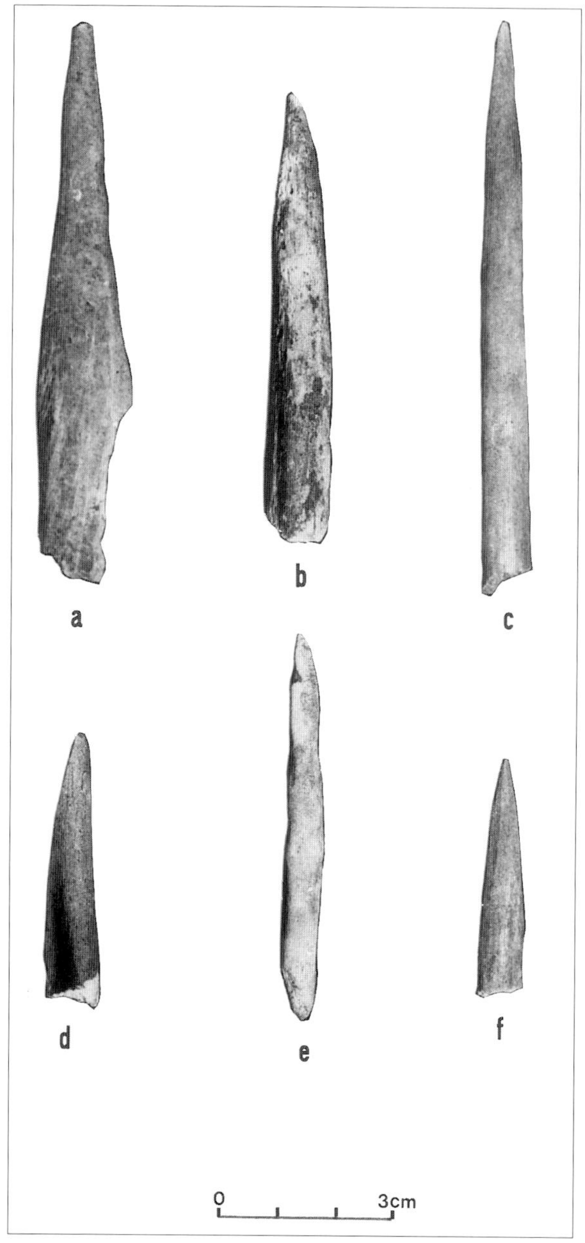

Plate II, a-t. – Selected bone artifacts from Kopacina (photo : T. Sokec).

Fossils of pleistocene mammals are found in all layers. Palaeoenvironmental significance is the same as in the Velika pecina.

The hominid remains found in Vindija, some 100 specimens, are unfortunately fragmentary, and no explanation for this fragmentation has yet been offered. The remains can be stratigraphically divided into three groups :

– associated with the Epigravettian of layer D : Homo sapiens sapiens,

– associated with the Aurignacian of layer G1 : Homo sapiens neanderthalensis,

– associated with the Mousterian of layer G3 : Homo sapiens neanderthalensis.

S. Vukovic (1961) published *The Mesolithic Stone Artifacts of Vindija*, which proves the existence of this manifestation on the mentioned site. However, these were found in layer II, for which it is hard to find an equivalent in the latter stratigraphy established by significantly larger explorations (Malez *et al.*, 1984). Moreover, although Malez (1979) attributed some finds of more recent excavation to the Mesolithic as well, the typological and statistical analysis shows that not even this material contains characteristic types of mesolithic industries (Karavanic, 1995). The chronologically latest assemblage of stone industry in Vindija (level D), gathered in explorations by M. Malez, has become, on the basis of chronostratigraphy and typology, attributed to the Epigravettian. The reason for the lack of an established mesolithic industry could be in possibility of complete earlier exploitation of the mesolithic level, the non-existence of that level in all parts of the cave and the insufficiently adequate method of excavations (only small portions of sediments were sifted).

C. Kopacina

The cave of Kopacina is located on the island of Brac at an altitude of approximately 280 m a.s.l. The cave comprises two sections, the porch area and the inner chamber. The cave entrance is about 10 m wide and 3.5 m high.

Three major stratigraphic units can be recognized at the site. The cemented snail shell layer provides a clear separation between the overlaying bronze age deposits and the underlying mesolithic-palaeolithic sediment.

Relatively high-ranked ungulates like giant-deer, elk and horse were not present in the faunal assemblages. Red deer is the dominant taxon. Large bovids, wild ass, wild boar, and hare, and also carnivores, are present. These assemblages suggest that mixed environments surrounded the cave (Miracle, 1995).

The stone industry of Kopacina cave has been preliminary analyzed and, as already mentioned, was attributed to the Mesolithic and Epipalaeolithic, while earlier levels were attributed to the Epigravettian (Cecuk, 1992, 1993). The level beneath the cemented snail shell layer is the latest one with epipalaeolithic stone (Pl. I, a-f) and bone (Pl. II, a-f) artifacts. A detailed typological and statistical analysis has not been performed so far. There is a great number of circular and thumbnail endscrapers and bone points and awls. Unfortunately, an absolute dating of this level has not yet been done, and therefore there is the possibility that the mentioned industry belongs to the Late Epigravettian, and not to the Epipalaeolithic, just as was the case with the level b of Sandalja II cave near Pula (Istria – Southwestern Croatia).

CONCLUSION

In Croatia, sampling biases remain a major handicap of regional studies. Blanks on the epipalaeolithic and mesolithic palaeogeographical maps reflect unsystematic research : almost only cave sites have been excavated, and open air sites were neglected ; likewise, classic and well-known sites continue to attract attention, while little attention is given to the testing of new sites.

Among the stone material, the endscrapers and burins are frequent. The reason for the small number of small geometric forms is probably the use of insufficiently adequate excavating methods (without sifting and rinsing of the sediment). The scarce archaeological material on continental sites could also be caused by discontinued sedimentation or by erosion of part of the epipalaeolithic and mesolithic cultural complex. Because of unsystematic excavation, we do not have a sufficient amount of archaeological material to establish typological differences between the industries of the continental and the Mediterranean Croatia.

REFERENCES

CULIBERG (M.), Late Glacial Vegetation in Slovenia. *Opera SAZU* 29, Ljubljana, 1992, 52 p.

CECUK (B.), Arheoloska istrazivanja u spilji Kopacini na otoku Bracu. *Obavijesti HAD-a* 24/3, Zagreb, 1992, p. 37-42.

Istrazivanja u pilji Kopacini pored Donjeg Humca na otoku Bracu. *Obavijesti HAD-a* 25/3, Zagreb, 1993, p. 46-52.

KARAVANIC (I.), Upper Palaeolithic Occupation Levels and Late-Occurring Neanderthal at Vindija Cave (Croatia) in the Context of Central Europe and the Balkans. *Journal of Anthropological Research* 51/1, Albuquerque, 1995, p. 9-35.

MALEZ (M.), Paleolit Velike pecine na Ravnoj gori u sjeverozapadnoj Hrvatskoj. *Arheoloski radovi i rasprave JAZU* 4/5, Zagreb, 1976, p. 7-64.

Nalazista paleolitskog i mezolitskog doba u Hrvatskoj. *In* : A. BENAC (ed), *Praistorija jugoslavenskih zemalja* 1, Sarajevo, 1967, p. 227-276.

Kvartarni sisavci (Mammalia) iz Velike pecine na Ravnoj Gori (SR Hrvatska, Jugoslavija). *Radovi Zav. znan. rad JAZU* 1, Varazdin, 1986, p. 33-139.

Simunic An., Simunic Al., Geoloski, sedimentoloski i paleoklimatski odnosi spilje Vindije i blize okolice. *Rad JAZU* 411/20, Zagreb, 1984, p. 231-264.

MARJANAC (T.), MARJANAC (L. J.), ORESKI (E.), Glacijalni i periglacijalni sedimenti u Novigradskom moru. *Geol. vjesnik* 43, Zagreb, 1990, p. 35-42.

MIRACLE (P.), Carnivore Dens or Carnivore Hunts ? A Review of Upper Pleistocene Mammalian Assemblages in Croatia and Slovenia. *Rad HAZU* 458/25, Zagreb, 1991, p. 193-219.

Broad Spectrum Adaptations Re-Examined : Hunter-Gatherer Responses to Later Glacial Environmental Changes in the Eastern Adriatic. Dissertation, University of Michigan, 1995, 577 p.

MONTET-WHITE (A.), Alternative Interpretations of the Late Upper Palaeolithic of Central Europe. *Annu. Rev. Anthropol.* 23, 1994, p. 483-508.

ROBERTS (N.), *The Holocene. An Environmental History*, Basil Blackwell Ltd., Oxford, 1991, 277 p.

SEGOTA (T.), Morska razina u holocenu i mladem Würmu. *Geogr. glasnik* 30, Zagreb, 1968, p. 15-39.

SEGOTA (T.), FILIPCIC (A.), Arheoloski i geoloski pokazatelji holocenskog polozaja razine mora na istocnoj obali Jadrana. *Rad HAZU* 458/25, Zagreb, 1991, p. 149-172.

SERCELJ (A.), Postglacijalni razvoj gorskih gozdov v severozahodni Jugoslaviji. *Razprave SAZU* 14/9, Ljubljana, 1971, p. 267-294.

VUKOVIC (S.), Mezolitska kamena industrija spilje Vindije. *Godisnjak Gradskog muzeja Varazdin* 1, Varazdin, 1961, p. 9-32.

LE MÉSOLITHIQUE DANS LE NORD-EST DE LA RUSSIE EUROPÉENNE

THE MESOLITHIC IN THE NORTH-EAST OF EUROPEAN RUSSIA

Grigoriy M. Burov

Résumé. – Les sites mésolithiques des rivières Vytchegda, Dvina septentrionale et Petchora se rapportent au groupe des cultures similaires de Kama-Petchora, qui est daté environ des Xᵉ-IXᵉ millénaires BP, et de la culture Vis (8 500-6 000 BP). Le groupe Kama-Petchora comprend aussi les bassins de Volga-Oka, Soukhona, Kama et partiellement Tobol. L'industrie des microlamelles régulières qui servaient d'armatures, la technique de la lamelle cassée et la fabrication des macrolithes pour le hachage sont caractéristiques de ces cultures. Le groupe Kama-Petchora est composé de cultures qui, dans le Nord-Est de la Russie européenne, se distinguent par des indices comme la présence de pointes de flèches post-swidériennes ou post-ahrensburgiennes, de trapèzes, de micrograttoirs massifs, de microlamelles tronquées, de macrolithes rétrécis à la partie moyenne et souvent faits de quartzite, et aussi par la proportion de burins et de grattoirs. Parmi les sites du Nord-Est, il y a des sites analogues aux sites du Sud et du Sud-Ouest (Filichaevskoe III, Sandibeï'iou I, Touroun-Nur I) et aux sites situés vers le sud et le sud-est (Kouzvomyne et les autres), ainsi que des sites syncrétiques de la culture Vychegda moyenne (Kouriador I, Pezmog I, Oulianovo). Les trapèzes à troncatures concaves et les pointes à base concave laissent supposer l'influence du Caucase du Nord. La culture Vis (Vis I, Simva III, Tchertase II, Topyd-Nur V), qui a des analogies occidentales, relie l'industrie microlithique à la technique développée de l'éclat et du polissage de pierre. 168 objets de bois, d'écorce et d'herbe (Vis I) se rapportent également à cette culture.

Mots clés : haches, toundra, Caucase, embouchure de la Kama, Mésolithique, culture Vytchegda moyenne, Nord-Est de la Russie européenne, polissage, dates radiocarbone, trapèzes, Oural, culture Vis.

Abstract. – The mesolithic sites of this area belong to the Kama-Pechora group of related cultures dating from 10,000-8,000 BP and to the Vis culture of 8,500 to 6,000. The industry of right micro-blades, technique of broken blade and manufacture of macroliths are characteristic of the former, including Volga-Oka, Sukhona, Kama and partly Tobol basins. There are sites similar either to cultures distributed to the south-west (with swiderian features) or to those which are in the south and south-east, as well as syncretic sites (Middle Vychegda culture) in the north-east of European Russia. The Vis culture, having western analogies, combines microlithic industry with flake technique and polishing of soft kinds of stones.

Key words : axes, tundra, Caucasus, Kama Mouth culture, Kama-Pechora cultural unit, Mesolithic, Middle Vychegda culture, North- East of European Russia, polishing, radiocarbon dates, trapeze, Urals, Vis culture.

The mesolithic sites of the Vychegda, Northern Dvina and Pechora rivers (fig. 1) have been investigated since 1957. In the author's opinion, they belong to the Kama-Pechora cultural unit and to the Vis culture which changed it. Industry of right micro-blades, as inserts, technique of broken blade, manufacture of core and flake axes and adzes are characteristic of the Kama-Pechora unit. Similar micro-macrolithic sites were discovered in the Sukhona (Oshibkina, 1983) and Kama basins (Bader, 1966 ; Matyushin, 1976 ; Gusentsova, 1981) as well as in the Western Tobol region (Starkov, 1980). Such sites in the Volga-Oka basin are considered by L.V. Kol'tsov (1989, p. 72-76) as the Butovo culture in the later period, while, after A.N. Sorokin (1990, p. 119-121), the main part of these sites represents a separate culture connected by its origin with the Vyatka-Kama basin.

The Parch site on the Vychegda, according to the results of spore- pollen analyses, must be associated with the time not later than Middle Boreal (Volokitin, 1988). Kholodnyy Klyuch in

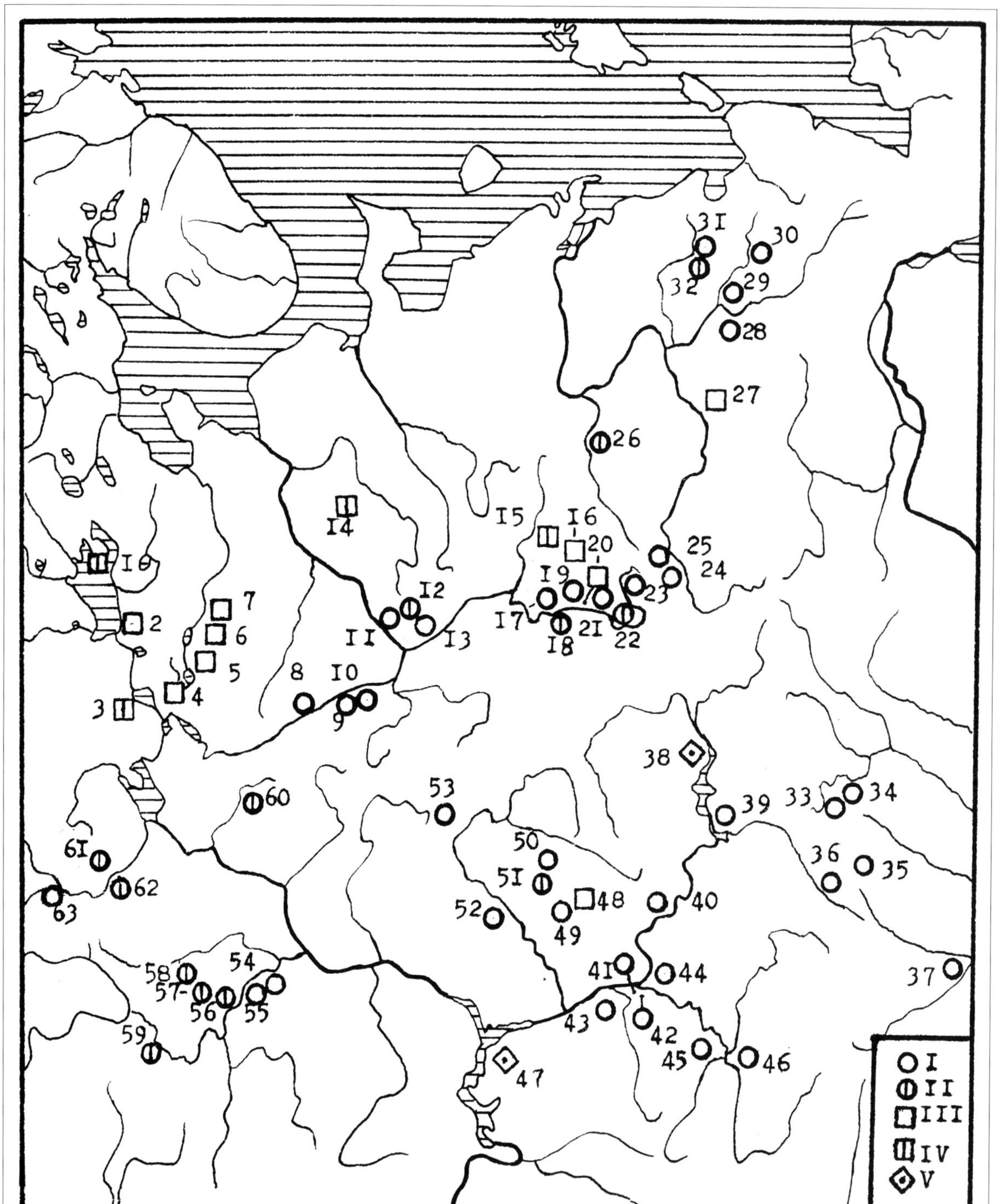

Figure 1. – Main Mesolithic sites in the north-east of European Russia. 1. Oleniy Ostrov (cemetery). 2. Muromskoe VII. 3. Andozero II. 4. Pogostishche I. 5. Nizhnee Veret'e I. 6. Nizhnee Veret'e. 7. Popovo (cemetery). 8. Yasnopolyanskaya. 9. Kolupaevskaya. 10. Kolupaevskaya II. 11-13. Filichaevskoe II-IV. 14. Yavron'ga I. 15. Vis I. 16. Simva III. 17. Kur'yador I. 18. Pezmog I. 19-20. Chertas I-II. 21. Ul'yanovo. 22. Parch. 23. Kuz'vomyn. 24. Martyushevskoe IV. 25. Zarech'e. 26. Turun-Nyur I. 27. Topyd-Nyur V. 28. Adak II. 29-30. Adz'va XIII (XIV), XLII. 31. Kolvavis XIV. 32. Sandibeyyu I. 33. Istok II. 34. Vyyka II. 35. Seryy Kamen'. 36. Krutiki. 37. Sukhrino I. 38. Ogurdino. 39. Nizhnee Adishchevo. 40. Kama-Zhulanovka. 41-42. Atarskiy Azibey III-IV. 43. Yurtovskaya IV. 44. Kholodnyy Klyuch. 45. Romanovka II. 46. Kumlekulevo. 47. Tetyushi III. 48-49. Barinka I-II. 50. Gorodishche. 51. Stepintsy II. 52. Studentsy II. 53. Chernyanitsa. 54. Novoshino. 55. Ugol'novo I. 56. Elin Bor. 57. Petrushino. 58. Mikulino. 59. Borki. 60. Umilenie. 61. Sobolevo V. 62. Sknyatino. 63. Krasnovo I. 1. habitation site of the Kama-Pechora unit. 2. such a site with post-swiderian or post-ahrensburgian points. 3. site of the Vis culture or similar to it. 4. the same with post-swiderian points. 5. site of the Kama Mouth culture.

the Southern Urals has radiocarbon dates leading away to the 10th and even to the 11th millennia BP but this is one of the most Southern and, probably, oldest sites of the Kama-Pechora unit. A date of 8,265 ± 130 BP has been obtained from Barinka II in the Vyatka area (Gusentsova, 1981). Therefore the Kama-Pechora sites in the north-east of European Russia are believed to date from about 10,000-8,000 BP.

The considered unit consists of local groups. The Middle Vychegda culture, including Kur'yador I, Pezmog I, Ul'yanovo (Burov, 1965 ; 1967a ; 1973) and, apparently, Parch, was marked out. It has some swiderian features : tanged points, axes and adzes (mainly of quartzite) with a narrowing middle portion were found. But massive micro-scrapers with a narrow working edge and the very high ratio of burins and scrapers (5.0-27.5) testify to a similarity of the Middle Vychegda culture to the sites of the Kama basin and Tobol region. At the Kuz'vomyn site (Burov, 1967a, p. 78-82), no post-swiderian points and no quartzite macroliths were revealed, while burins prevail over scrapers. Besides, micro-scrapers and single-truncation micro-blades are present in the collection (fig. 2), which seems to be close to the Kama and Tobol Mesolithic.

The group of the Vychegda mouth (Filichaevskoe II-IV) (Vereshchagina, 1977) is analogous to the sites situated to the south-west of it : there are post-swiderian points and no micro-scrapers in the assemblages ; these features and a moderately high ratio of burins and scrapers (2.0-3.3) relate this group to the Sukhona I Sandibeyyu I in the Bol'shezemel'skaya Tundra (Chernov, 1978) having post-swiderian points and the burin/scraper index of 3.2 joins such sites. However, micro- and flake scrapers bring this site together with those of the Middle Vychegda. At the same time, there is a connection between Turun-Nyur I on the Izhma river (Luzgin, 1972) and sites to the south-west (presence of post-ahrensburgian points, burin/scraper index of 0.2).

At the site of Pezmog I, a trapeze with concave edges has come to light. Such microliths have parallels in the Kama Mouth (Kosmenko, 1977) and Donets mesolithic culture as well as in the Northern Caucasus of Final Palaeolithic (Amirkhanov, 1986, p. 71). Another trapeze of this type (?) was in the small collection from Zarech'e. There are asymmetrical points having concave transversal bases in assemblages from Zarech'e and Martyushevskoe IV on the Upper Pechora (Kanivets, Luzgin, 1963, fig. 36, 18, 19 ; 42, 6). Analogous points were noted in the Mesolithic of Northern Caucasus (Amirkhanov, 1987, fig. 17, 4 ; 18, 3). All these tools reflect probably some influence from the South on the European North-East through the Volga and Kama rivers.

The Vis culture is represented by the sites of Vis I-III, Simva III (Burov, 1967b ; 1973), Chertas II (Loginova, 1985), Topyd-Nyur V (Kanivets, 1973). Barinka I in the Vyatka basin (Gusentsova, 1981), Yavron'ga I in the Pinega region (Burov, 1974), Muromskoe VII in the Onega area (Kosmenko, Vitenkova, 1980), and some sites of the Eastern Baltic are similar to them. At the Vis culture sites (fig. 3), flint microlithic industry co-existed with the developed technique of flake and polishing of soft kinds of stones. Blades became on the average wider than those of the Kama-Pechora unit while flake scrapers with half-round working edges are very numerous. Burin/scraper index is not greater than 1. 1 trapeze-shaped and rectangular axes as well as long adze-shaped tools having engraved decoration were made with polishing. In the mesolithic peat-bog part of Vis I 168 wooden, bark and grass objects were recovered during excavation (Burov, 1967b ; 1973 ; 1990). Five radiocarbon analyses, some ecological and archaeological evidences from Vis I, suggest the date of 8,300-7,000 BP for it and that of 8,500 to 6,000 BP for the Vis culture as a whole.

From mixed sandy cultural layers at Vis I-III and Yavron'ga I which are multi-period habitation sites, 7 post-swiderian points of cleared up types, including 5 objects with a narrow tang, have been brought to light. From the fact that local early neolithic assemblages contain arrow heads with continuous (edge or flat) retouch only (Luzgin, 1972, fig. 4), it appears that these points are from the Mesolithic period. Another 7 practically total points of swiderian tradition were found at sites of the Kama-Pechora unit in the north-east but 5 of them belong to the type with a broad tang. Such a distinction seems to be caused by chronological and apparently cultural differences between these two groups of sites. Cartographing the points allows to assume, in particular, the existence of an eastern direction of post-swiderian influence, to the Southern Urals, and a north-eastern one, turned through the Sukhona, Vychegda and Pechora, to the Bol'shezemel'skaya Tundra. But only the latter concerns the Kama-Pechora unit (fig. 1).

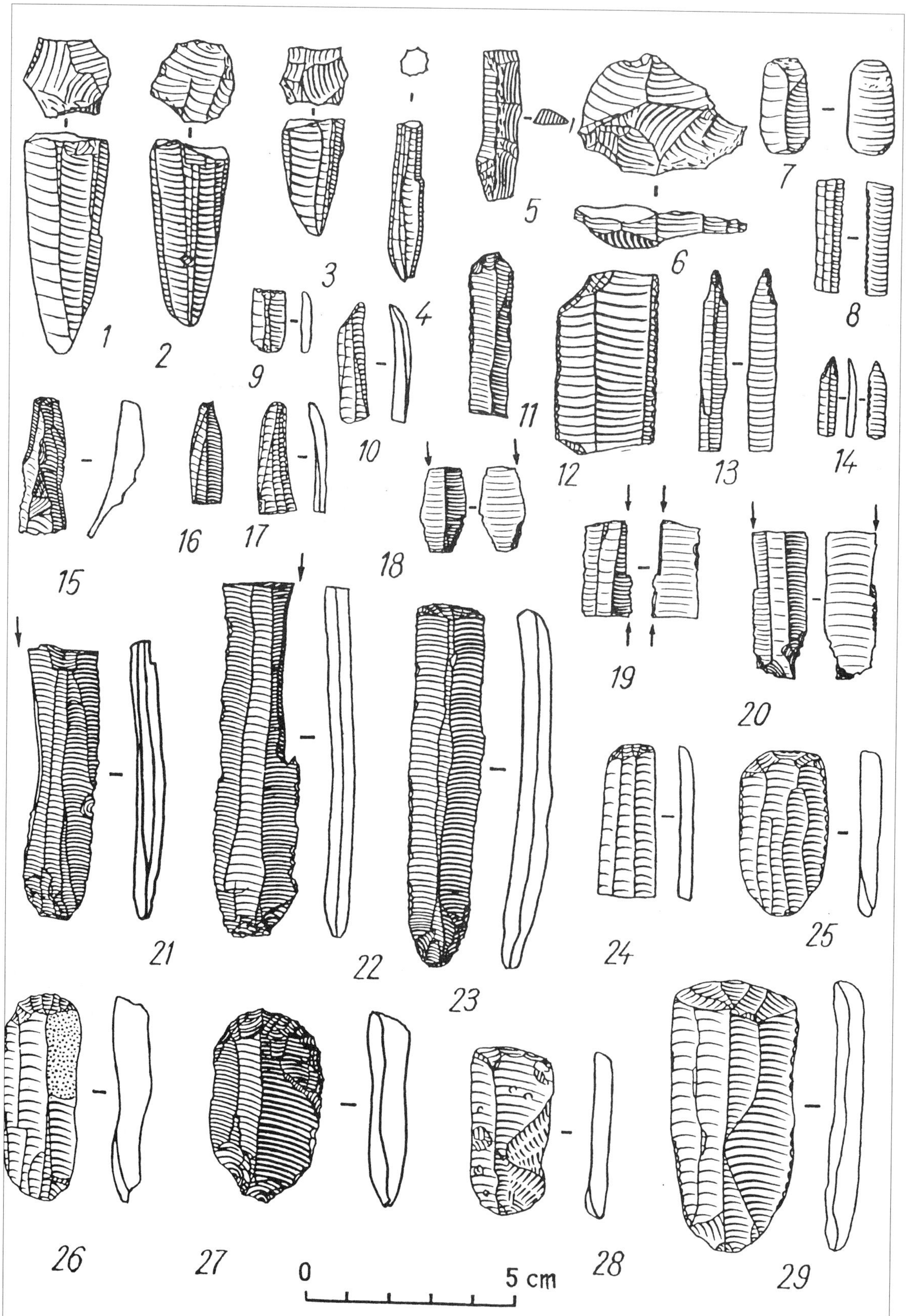

Figure 2. – Kama-Pechora Mesolithic. Kuz'vomyn. Flint inventory. 1-4 cores. 5. unwrought blade. 6. core-trimming flake. 7-9. 11-12. blades with retouch. 10. 15-17. micro-scrapers. 13-14. borers. 18-22. burins. 23-29. blade end-scrapers.

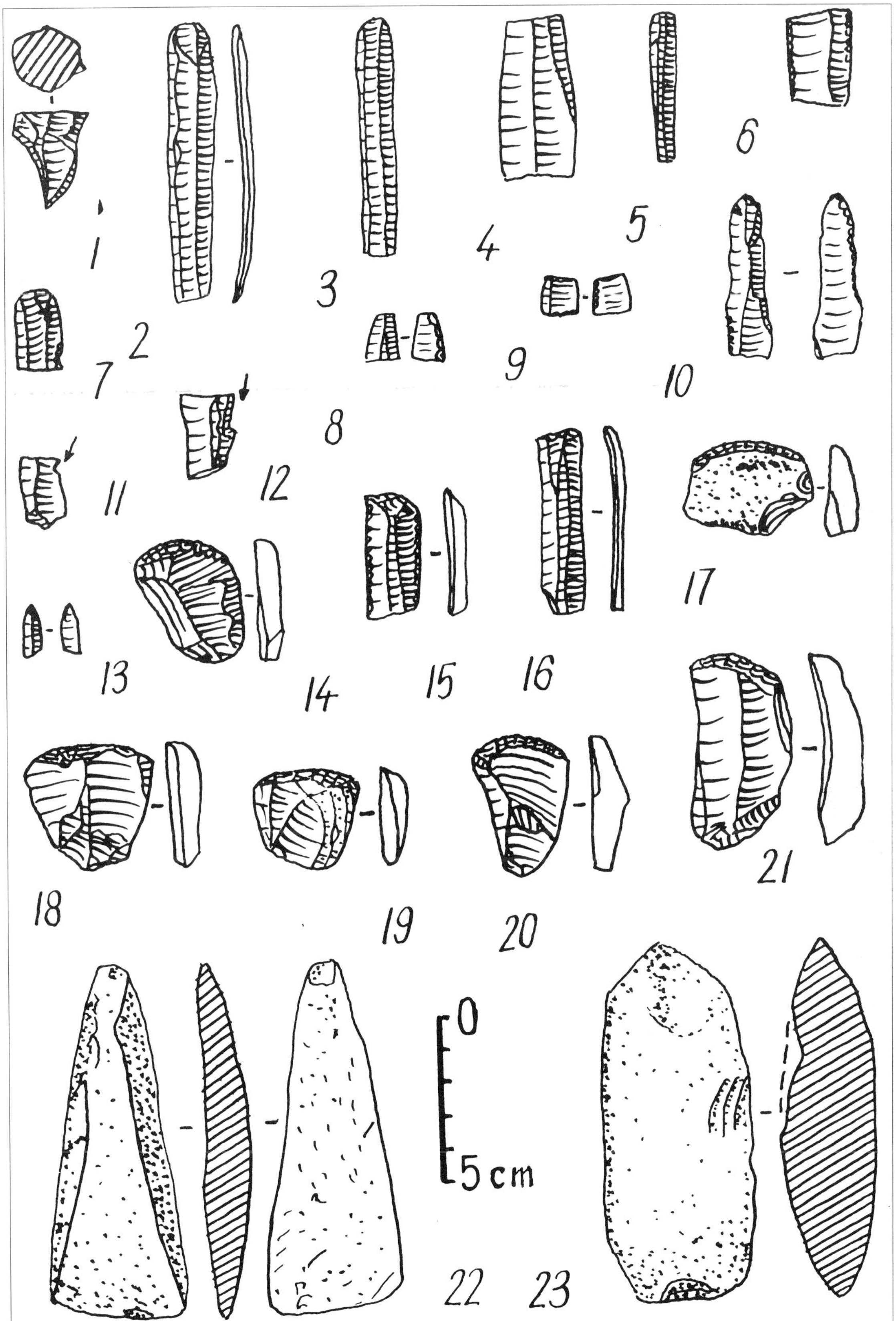

Figure 3. – Vis culture. Topyd-Nyur V. Stone inventory. 1. core. 2-5. unwrought blades. 6-10. those retouched. 11-12. burins. 13. borer. 14. 17-21. flake scrapers. 15-16. blade end-scrapers. 22-23. polished axes. 1-21. flint. After V.I. Kanivets.

REFERENCES

AMIRKHANOV (Kh. A.), *Verkhniy Paleolit Prikuban'ya*, Nauka, Moscou, 1986.

Chokhskoe poselenie, Nauka, Moscou, 1987.

BADER (O. N.), Mezolit Lesnogo Priural'ya i nekotorye obshchie voprosy izucheniya mezolita. *Materialy i issledovaniya po arkheologii SSSR* 126, 1966, p. 194-205.

BUROV (G. M.), *Vychegodskiy kray : ocherki drevney istorii*, Nauka, Moscou, 1965.

Arkheologicheskie pamyatniki Vychegodskoy doliny. Syktyvkar, Komi knizhnoe izdatel'stvo, 1967a.

Drevniy Sindor, Nauka, Moscou, 1967b.

Die mesolithischen Kulturen im Äussersten europäischen Nordosten. *In* : S. K. KOZLOWSKI (ed.), *The Mesolithic in Europe*, University Press, Warsaw, 1973, p. 129-149.

Arkheologicheskie kul'tury Severa evropeyskoy chasti SSSR (Severodvinskiy kray). Ul'yanovsk, Pedinstitut, 1974.

Die Holzgeräte der Siedlungplatzes Vis I als Grundlage für die Periodisierung des Mesolithikums im Norden der euro-päischen Teils der UdSSR. *In* : P. M. VERMEERSCH, P. VAN PEER (eds), *Contributions to the Mesolithic in Europe*, Leuven, University Press, 1990, p. 335- 344.

CHERNOV (G. A.), Mezoliticheskaya stoyanka Sandibeyyu I. *Sovetskaya arkheologiya* 2, 1978, p. 135-146.

GUSENTSOVA (T. M.), Novye mezoliticheskie poseleniya v mezhdurech'e Kamy i Vyatki. *Sovetskaya arkheologiya* 3, 1981, p. 130-147.

KANIVETS (V. I.), KANIVETS (V. E.) Luzgin, *Arkheologicheskaya razvedka na Yuzhno-Pechorskoy ravnine*, Syktyvkar, Komi filial AN SSSR, 1963.

KANIVETS (V. I.), Mezoliticheskie stoyanki na sredney Pechore i Use. *Materialy po arkheologii Evropeyskogo Severo-Vostoka* 4, 1973, p. 3-23.

KOL'TSOV (L. V.), Mezolit Volgo-Okskogo mezhdurech'ya. *In* : L. V. KOL'TSOV (ed.), *Mezolit SSSR*, Nauka, Moscou, 1989, p. 68-86.

KOSMENKO (M. G.), Mezolit Srednego Povolzh'ya. *Kratkie soobshcheniya Instituta arkheologii AN SSSR* 149, 1977 p. 60-66.

KOSMENKO (M. G.), VITENKOVA (I. F.), Mezoliticheskiy sloy poseleniya Muromskoe VII. *Sovetskaya arkheologiya* 4, 1980, p. 120-131.

LOGINOVA (E. S.), Mezoliticheskie stoyanki sredney Vychegdy. Materialy po arkheologii *Evropeyskogo Severo-Vostoka* 9, 1985, p. 18-30.

LUGZIN (V. E.), *Drevnie kul'tury Izhmy*, Nauka, Moscou, 1972.

MATYUSHIN (G. N.), *Mezolit Yuzhnogo Urala*, Nauka, Moscou, 1976.

OSHIBKINA (S. V.), *Mezolit basseyna Sukhony i Vostochnogo Prionezh'ya*, Nauka, Moscou, 1983.

SOROKIN (A. N.), Butovskaya mezoliticheskaya kul'tura. Moscow, Institut arkheologii AN SSSR, 1990.

STARKOV (V. F.), *Mezolit i neolit Lesnogo Zaural'ya*, Nauka, Moscou, 1980.

VERESHCHAGINA (I. V.), Mezoliticheskie pamyatniki na Severnoy Dvine. *Kratkie soobshcheniya Instituta arkheologii AN SSSR* 149, 1977, p. 89-93.

VOLOTIKIN (A. V.), Novyy mezoliticheskiy pamyatnik Parch 3 na Vy-chegde. *Materialy po arkheologii Evropeyskogo Severo-Vostoka* 11, 1988, p. 19-32.

LES OCCUPATIONS ET L'ENVIRONNEMENT NATUREL DE L'HOMME DU PALÉOLITHIQUE FINAL ET DU MÉSOLITHIQUE DANS LES MONTAGNES DE CRIMÉE (UKRAINE)

OCCUPATIONS AND NATURAL ENVIRONMENT OF THE FINAL PALAEOLITHIC AND MESOLITHIC MAN IN THE CRIMEAN MOUNTAINS (UKRAINE)

Grigoriy M. Burov

Résumé. – Les sites de grottes et abris sous roche des contreforts et les sites de plein air de la chaîne principale (Iaïla) sont typiques des monts de Crimée. Ces derniers sites étaient utilisés en été. L'hiver, en effet, l'épaisse couche de neige, le vent fort et les basses températures de l'Iaïla créaient un environnement hostile aux animaux chassés par l'homme. En revanche, les grottes et abris sous roche des contreforts, dont les entrées étaient souvent munies d'abats-vent (Chan-Koba, Fatma-Koba, Zamil-Koba ll), servaient d'habitations pendant l'hiver.

Il est probable que les hommes et les animaux migraient des contreforts à Iaïla en été, et en sens inverse en hiver. Au début de l'Holocène, le climat des monts de Crimée s'est réchauffé, les forêts se sont développées, le cerf, le chevreuil et le sanglier sont devenus les principales espèces chassées. Le déclin des grands troupeaux d'animaux a peu à peu donné à la chasse individuelle à l'arc un rôle prédominant dans l'économie de subsistance. La découverte d'un petit nombre d'os de saumon et autres poissons sur les sites laisse supposer que la pêche en rivière était parfois pratiquée. Une partie considérable de l'alimentation provenait de la cueillette, qui, dans une région méridionale comme les monts de Crimée, offrait d'abondantes ressources. L'homme consommait aussi des escargots *Helix*. Le chien, mais aussi le sanglier, ont été domestiqués. Toutefois, le maintien de la chasse et de la cueillette comme bases principales de l'économie est caractéristique de cette région.

Mots clés : environnement montagnard, monts de Crimée, Paléolithique final, pêche, cueillette, escargots, Holocène, cultures Koukrek, Mourzak-Koba, Chan-Koba et Suregn, Mésolithique, Néolithique, faune chassée.

Abstract. – Cave sites of the Foothills and open air ones on the Main Ridge are typical. The latter were used for habitation in summer only. Saiga, wild pig, red and roe deer became basic prey species, but the importance of saiga decreased. Therefore, individual bow hunting played a leading part. Also, fishing in rivers as well as gathering ground snails and vegetable food formed part of the diet. Dog and pig were domesticated, but hunting and gathering continued to be the main economic structure (the crisis of hunting economy began only). Besides, working of flint, bone, antler and wood may be supposed to have been a developed occupation.

Key words : Alpine landscape, Crimean mountains, Final Palaeolithic, fishing, gathering, ground snails, Holocene, Kukrek, Syuren, Murzak-Koba and Shan-Koba cultures, Mesolithic, Neolithic, hunted faune.

The subjects here elucidated have been touched upon since 1930 by G. A. Bonch-Osmolovskiy, O. N. Bader, S. N. Bibikov, V. D. Lebedev, D. A. Kraynov, E. L. Dmitrieva, Y. G. Kolosov, V. I. Bibikova and other authors mentioned below. The Crimean peninsula is divided into the northern steppe area and southern mountain part. The latter includes the 200-500 m high above sea level Foothills, the 1,200-1,500 m high table-shaped Main Ridge (Yayla) and the Southern Coast. The Shan-Koba culture and the Murzak-Koba one are the basic units in the Crimean mountains of the 12th-8th millennia BP (Kozlowski, 1989 ;

Zaliznyak, 1995, p. 16). The former belongs to the azilian cultural region while the latter represents that of the Tardenoisian. The Murzak-Koba culture consists of sites with point and trapeze industries (Koen, 1994). There are also some sites of other types including the Kukrek culture (fig. 1, 2) spread mainly in the steppe (Yanevich, 1987).

Mountain sites are situated near rivers, brooks or springs. Deep karstic caves, niche-shaped grottos and rockshelters are numerous. The former were of little importance for the mesolithic man because of the dampness and intensive air circulation in them : only in Binbash-Koba were traces of inhabitation noted. Grotto and rockshelter sites of the Foothills and those in the open air on the Yayla are typical (fig. 1). The latter were used in summer as the Yayla is unfit in winter for the life of hunted animals because of a thick snow layer, strong wind and low temperature. On the contrary, the grottos and rockshelters, often with mouths provided with windbreaks (Shan-Koba, Fat'ma-Koba, Zamil'-Koba II) (Telegin, 1982, p. 187), served for winter habitation (Schukov, 1930, p. 286). Seasonal migrations of hunted animals and people from the Foothills to the Yayla and back are supposed (Yanevich, 1990, p. 109). The use of alpine landscapes by the mesolithic man in the sum-

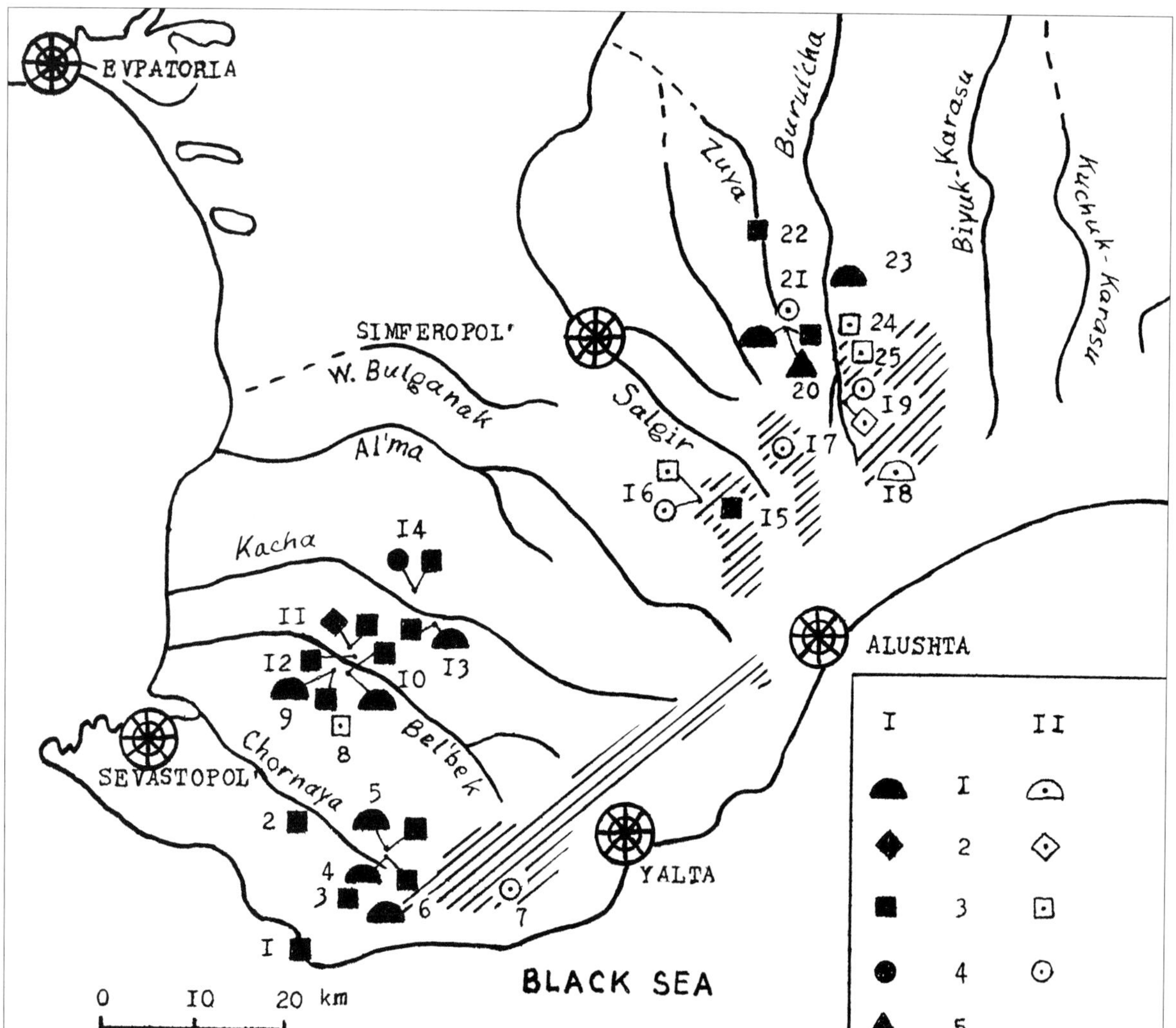

Figure 1. – Main final palaeolithic and mesolithic sites of the Crimean mountains. 1 Laspi VII. 2. Murzak-Koba. 3. Kara-Koba. 4. Fat'ma-Koba. 5. Shan-Koba. 6. Vodopadnyy Grot. 7. Balin-Kosh. 8. Kafka-Bogaz. 9-10. Zamil'-Koba I-II. 11-12. Syuren'II-III. 13. Alimov-skiy Naves. 14. Tash-Air 1. 15. Binbash-Koba. 16. Domchi-Kaya. 17. Kizil-Koba. 18. Alachuk. 19. Su-At III. 20. Shpan-Koba. 21. Kukrek. 22. Zuya. 23. Buran-Kaya. 24-25. Adzhi-Koba II-III. I cave site II that in the open air. Cultures : 1. Shan-Koba. 2. Syuren'. 3. Murzak-Koba. 4. Kukrek. 5. Shpan Shading shows the Main Ridge.

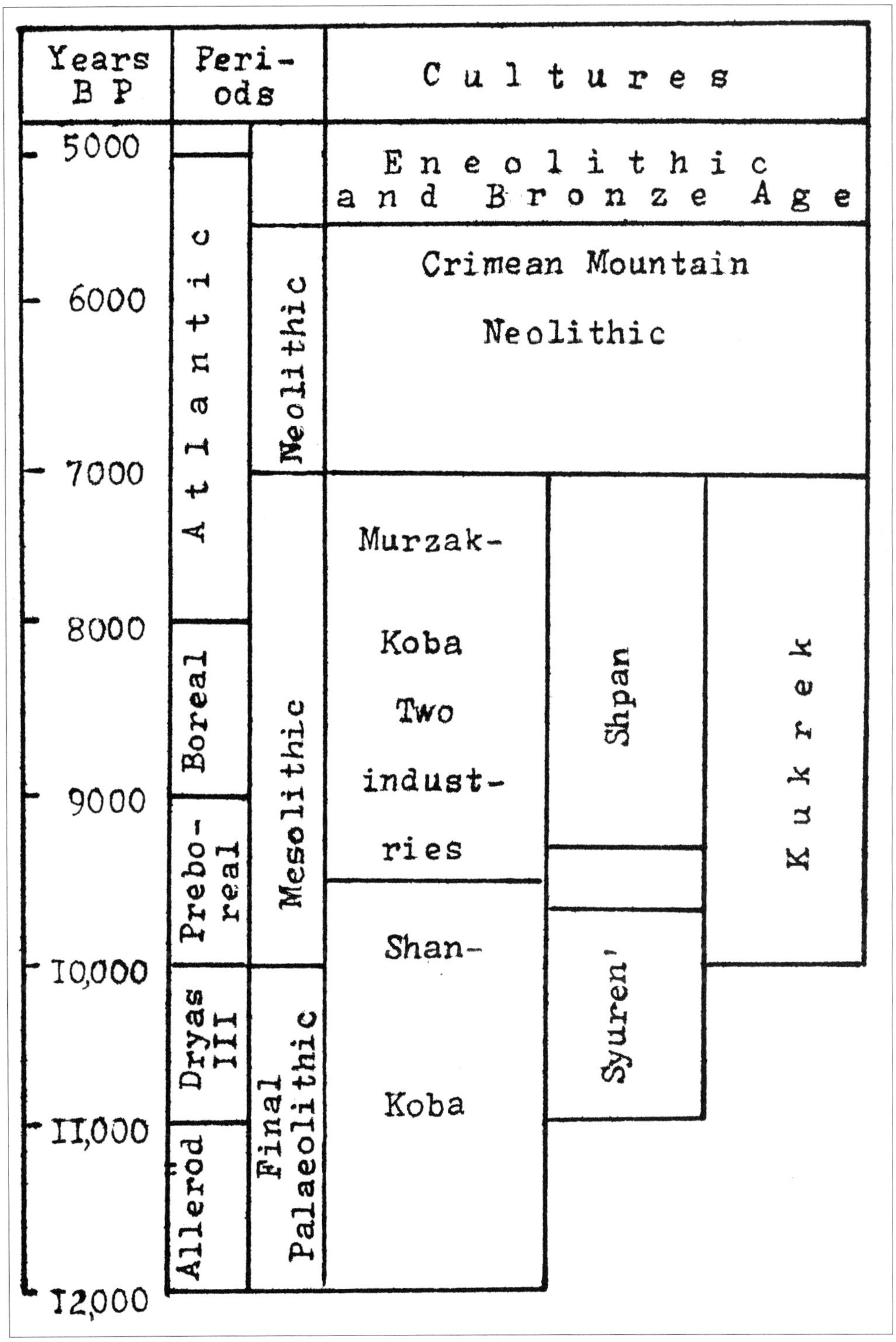

Figure 2. – Final palaeolithic and mesolithic cultures of the Crimean mountains.

mer season only took place also in the Carpathians (Matskevoy, 1991, p. 109), Alps (Gulisano, 1995), Corsican mountains (Lanfranchi, 1995) and other altitude zones.

In the Shan-Koba time, the climate of the Crimean mountains got warmer, and forests were spread. Horse, ass, wild cattle and bison almost disappeared. Pig, red and roe deer which are woodland mammals became basic prey species at that time, together with saiga (fig. 3). The significance of this antelope and of carnivores in the Murzak-Koba period decreased, but roe deer and sheep (goat) became a more frequent game.

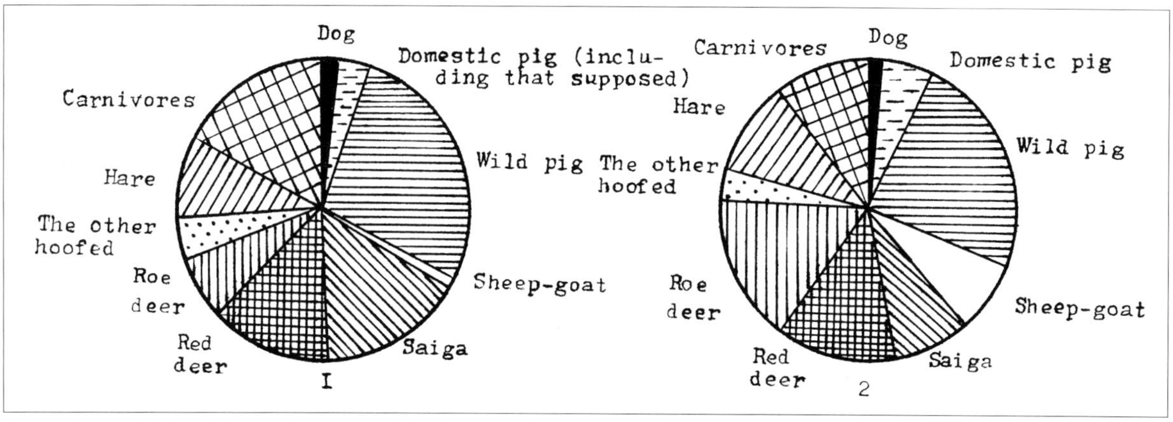

Figure 3. – Proportions of mammalian species (besides rodens and insect eaters) in refuse fauna during Shan-Koba (I ; 160 individuals) and Murzak-Koba (2 ; 236) times. According to the data from Syuren'II, Alimovskiy Naves, Zamil'-Koba II, Tash-Air I, Fat'ma-Koba, Shan-Koba, Kukrek and Murzak-Koba (Vekilova, 1971, tab. 3).

The sharp lessening of big herd animals in number made individual hunting with bow play the leading part in subsistence economy. But, since the most important prey species formed groups, some hunting tactics of collective driving could often take place, too (Yanevich, 1990, p. 106). They were distributed in the Crimean steppe, where big herd beasts (mainly horse and ass) continued to be the main hunted mammals (Matskevoy, 1977, tab. III).

The populations of diverse cultures and industries co-existed on one and the same territory, using however different flint arrow heads. The Syuren'hunters had leaf-shaped points (fig. 4 : 4, 5), while the Shan-Koba arrow was provided usually with a segment (fig. 4 : 6, 7) and had a transversal cutting edge. Arrow heads of the Murzak-Koba time were also pointed or with transversal edge but of quite other types (fig. 4 : 8, 9, 13). Bone points having a slot provided with flint inserts (fig. 4, 11, 15) and serving as spear or arrow heads were typical of the Kukrek culture.

Also birds, freshwater tortoise and fish were prey species (Vekilova, 1971, tab. 5-7). Scarce rests of salmon, zander, sheatfish allowing to hold that fishing in the rivers was developed, probably first of all in the form of harpooning (fig. 4 : 1-3) and angling with the help of spoon-baits in the shape of indented flint trapezes (fig. 4 : 10) (Telegrin, 1982, p. 198). Some authors consider Crimean mesolithic harpoons as fishing equipment (Telegrin, 1982, p. 198) while in other investigators'opinion they are weapons for deer hunting (Yanevich, 1990, p. 104). Barbed bone points were found amongst elk's skeleton bones at Poulton (England) (Smith, 1992, fig. 6 : 16), but at the same time there are some ethnographical examples of barbed harpoons used during fishing and arrows with barbed heads meant for shooting big fish (Brandt, 1975, abb. 5, 18, 19). Unlike spear and arrow, the harpoon was used, as a rule, with a line fastened to its head which separated from the shaft when the harpoon stuck in an animal's body. Such an object is destined not for killing animals but to weaken and not to let them going away out of human sight (Brandt, 1975, p. 15). On land the harpoon can not hold out in a wound of strong hoofed prey species. So the harpoon was intended only to be a tool for fishing or for hunting swimming mammals, usually in the sea.

The sea level was in the Mesolithic by 15-50 m lower than today. Therefore, only a few sites of this period on the Southern Coast were not drowned (Burov, 1995). We have few data about a successful exploitation of sea resources at that time. At the coastal site of Laspi VII, no sea mollusc shells were revealed, but there

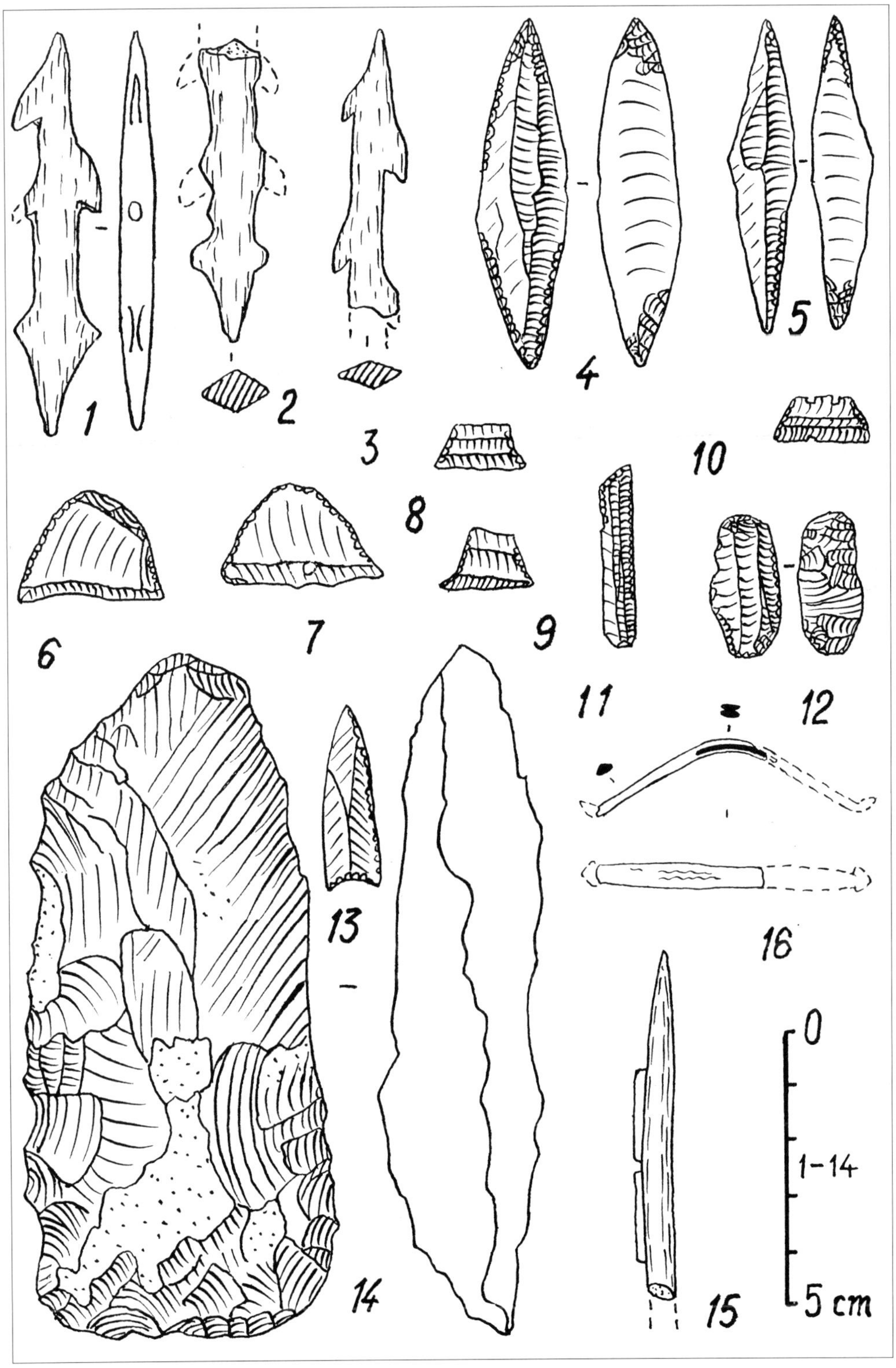

Figure 4. – Bone/antler (1-3) and flint (4-14) tools of final palaeolithic and mesolithic sites. 1-3. harpoon heads. 4-5. points of Swiderian type. 6-7. segments. 8-10. trapezes. 11. quadrangular microlith. 12. insert of Kukrek type. 13. point with concave base. 14. adze. 15. bone point with flint inserts. 16. wooden arched scraper. 1. 2. 8. 10. Murzak-Koba. 3. Kara-Koba. 4-5. Syuren'II (lower layer). 6-7. Shan-Koba (lower layers). 9. Shan-Koba (upper layers). 11-12. Kukrek (lower layer). 13. Fat'ma-Koba (upper layers). 14. Zamil'-Koba I (mesolithic layer). 15. Kam'yana Mogila in the Northern Azov region (Kukrek culture layer). 16. Vis I in the north of European Russia (mesolithic layer). 1-3 after L. L. Zaliznyak and A. A. Yanevich. 4-5. after E. A. Vekilova. 6-12,14. after D. Ya. Telegin. 13. after V. Yu. Koen. 15. after V. N. Danilenko.

was a mass of shells belonging to the ground snail (*Helix vulgaris*) (Telegin, 1982, p. 90-92) which had been eaten by stone age man in the Crimean mountains as well as in the Caucasus (Amirkhanov, 1986, p. 78) and on the territory of France (Rozoy, 1978, p. 1038-1039). There is however seal in the mesolithic faunal assemblage of the Fat'ma-Kauba site (Vekilova, 1971, tab. 3) ; the scarce bone rest of this sea animal may be connected, probably, with hunting in coastal belt or with the use of seal carcasses cast ashore.

Undoubtedly, a considerable part of the diet was formed of gathered vegetable food which was very abundant in such a southern country as the Crimean mountains, where wild cereals, mushrooms, hazel- and beechnut, acorn, wild apple and pear, mountain ash, hawthorn, cornel, alycha, sloe, etc. grow.

Not only dog, but also wild pig was domesticated in the Crimean mountains since the Shan-Koba period. A number of scholars keep to the idea that there was a crisis of hunting economy in the Crimean Mesolithic and even that collecting *Helix* played here the leading part (Koen, 1994, p. 16). But conservation of hunting and gathering as the main economic structure until the Neolithic (early ceramic) period, thanks to the considerable quantity of hunted animals in mountain forests, is a feature of this area with traditions of great vitality. There are only a few indications of such a crisis.

Treatment of flint, bone, antler and wood was also a necessary occupation. In contrast to Continental Ukrainian steppes, flint adzes were found in the woodland of the Crimean mountains (fig. 4 : 14) and even to the north of it, at the Vishennoe site of the Kukrek culture (Yanevich, 1987, fig. 1, 16). Inserts of the Kukrek type in the capacity of tools for woodworking were used (fig. 4 : 12). Being often bent in profile (Telegin, 1982, p. 100), they seem to belong to wooden arched scrapers with bow-shaped slots (fig. 4 : 16).

REFERENCES

AMIRKHANOV (Kh. A.), *Verkhniy paleolit Prikuban'ya*, Nauka, Moscou, 1986.

BRANDT (A.) VON, *Das grosse Buch vom Fischfang-international*, Pinguin-Frankfurt, Umschau, Insbruck, 1975.

BUROV (G. M.), Exploitation of Marine Resources during the Prehistoric Periods in the Crimea, Ukraine. *In* : A. FISCHER (ed.), *Man and Sea in the Mesolithic*, Oxbow Books, Oxford, 1995.

DANILENKO (V. N.), *Neolit Ukrainy*, Naukova dumka, Kiev, 1969.

GULISANO (G.), Hunters'Stopping Places in the Alpine Regions of the Allgau (Germany) and Kleinwalsertal (Austria). *Pré-actes, Épipaléolithique et Mésolithique en Europe*, Grenoble, 1995.

KOEN (V. Ju.), Girs'kokryms'ka kultura (do problemy kulturno-isto-rychnoyi typologiyi final'nogo paleolitu). *Arkheologiya* 4, 1994, p. 5-19.

KOZLOWSKI (S.-K.), A Survey of Early Holocene Cultures of the Western Part of the Russian Plain. *In* : C. BONSALL (ed.), *The Mesolithic in Europe*, Donald, Edinburgh, 1989, p. 424-441.

LANFRANCHI (F.) DE, First Holocene Human Populations in Corsica, from the Plain to the Mountains. *Pré-actes, Épipaléolithique et Mésolithique en Europe*, Grenoble, 1995.

MATSKEVOY (L. G.), *Mezolit i neolit Vostochnogo Kryma*, Naukova dumka, Kiev, 1977.

Mezolit Zapada Ukrainy, Naukova dumka, Kiev, 1991.

ROZOY (J. G.), *Les derniers chasseurs*, Charleville (chez l'auteur), 1978.

SCHUKOV (B.), Tardenoisien in der Krim. *In* : *Bericht über die Hundertjahrfeier 21-25 April 1929*, Archäologisches Institut des Deutschen Reiches, Berlin, S. 281-286, 1930.

SMITH (C.), *Late Stone Age Hunters of the British Isles*, Routledge, Londres, 1992.

TELEGIN (D. Ya.), *Mezolitychni pam'yatky Ukrayiny (IX-VI tysyacholittya do n.e.)*, Naukova dumka, Kiev, 1982.

Pamyatniki epokhi mezolita na territorii Ukrainskoy SSR, Naukova dumka, Kiev, 1985.

VEKILOVA (E. A.), Kamennyy vek Kryma. *Materialy i issledovaniya po arkheologii SSSR* 173, 1971, p. 117-161.

YANEVICH (O. O.), Etapy rozvytku kul'tury Kukrek v Krymu. *Arkheologiya* 58, 1987, p. 7-18.

Khozyaystvo mezoliticheskogo i neoliticheskogo naseleniya Gornogo Kryma. *In* : V.I. NEPRINA (ed.), *Kamennyy vek na territorii Ukrainy*, Naukova dumka, Kiev, 1990, p. 102-111.

ZALIZNYAK (L. L.), YANEVICH (A. A.), Sviders'ki myslyvtsi Girs'kogo Krymu, *Arkheologiya* 60, 1987, p. 6-17.

ZALIZNYAK (L. L.), Final'nyy paleolit Ukrayiny. *Arkheologiya* 1, 1995, p. 3-21.

L'INDUSTRIE EN OS DU MÉSOLITHIQUE RÉCENT EN RUSSIE CENTRALE

THE LATE MESOLITHIC BONE INDUSTRY IN CENTRAL RUSSIA

Vladimir Lozovski

Résumé. – Cet article donne les caractéristiques de l'industrie en os du Mésolithique récent en Russie centrale sur l'exemple du site de Zamostje II. Un abondant inventaire (pointes de projectile, couteaux, haches en bois de cervidés, outils composés et objets d'art) permet de supposer qu'il s'agit d'un complexe spécifique différent de celui de la culture Kunda.

Mots clés : Russie centrale, Mésolithique, industrie osseuse, outils composés en os et microlithes, objets d'art.

Abstract. – This paper is devoted to the bone industry of the Final Mesolithic of Central Russia on the materials received from the excavations of Zamostje II site. The complete complex of bone artifacts (missile weapons, knives, axes from elk antler, slotted tools and objects of art) shows a number of specific features, which are different from the famous bone industry of Kunda mesolithic culture.

Key Words : Central Russia, Mesolithic, bone industry, slotted tools with microliths, objets of art.

I. INTRODUCTION

Up to the recent time, the Mesolithic of the region between Upper Volga and Oka rivers was characterized notably by complexes with flint artefacts. Among 500 mesolithic sites, only few settlements were discovered in wet conditions and had preserved the bone implements. The rarety of artefacts from these collections does not allow a careful characterization of the mesolithic bone industry.

However, the recent excavations of multi-layer peat-bog sites in the Upper Volga basin produced complete complexes with bone-antler tool-kits. The most interesting results were reached during the excavations of Zamostje II site in the Dubna river floodland (Sergiev-Posad district, Moscow region). According to 14C and pollen analyses all complexes are dated within the time-spent of the Atlantic period and characterize the late stage of the Butovo mesolithic culture, otherwise stated Late Mesolithic in this region (Lozovski, Ramseyer, 1995).

The large collection of bone implements allows to characterize late mesolithic stone and bone industries in Central Russia. During the excavations in the mesolithic layers of Zamostje II, more than 9,000 implements from stone and 1,700 implements from bone and antler were found.

II. BONE INDUSTRY

For tool making, elk bones were used as the main procurement. The ancient inhabitants used long tubular, lateral, metacarpal bones as well as antlers for making most part of the tools and decorations. Sometimes, we can point out the use of bones of other animals (beaver, row deer, martin, etc.).

Among bone implements, the points of missile weapons are presented on a large scale and diversity of forms. All bone points can be divided into two main groups :

I. Single arrow-heads of various forms and dimensions (fig. 1 : 5, 6). This group can be distinguished into several types :

– single needle-shaped points with tipered tip and smooth conic tang ;

– needle-shaped points with one barb near the flat tip ;

– needle-shaped points with flat tip and two barbs on the opposite sides ;

– long needle-shaped points with biconical tip ;

– same points with slot for a series of flint inserts ;

– biconical short points.

II. Big harpoon-heads from long tubular bones of elk (fig. 1 : 7). As usual, it is massive roughly shaped long points with one or two barbs near the tip. Tang processed by rough flaking. The rest of the surface is left without any processing.

The diversity and richness of the bone arrow-head show that these implements were the main type of mesolithic missile weapons. Arrow-heads from stone are represented in a small amount. It is suggested by the materials from other mesolithic sites (Sachtysh IX, Ivanovskoye III and VII) (Krajnov, Lozovski, Kostylova, 1990 ; Krajnov, Khotinski, 1994).

Bone scrapers are represented by three implements from splitted tubular elk bones, the working edges of which were tipered from inner and outer faces. The same tools were excavated on the middle mesolithic site of Nizhneye Veretje I (Oshibkina, 1983). A large amount of beaver's jaws are added to this group. The incisor of these animals have been used by mesolithic men for skin processing also. Specific smoothing traces from scrapering mark this operation. These implements make up 23 % of all bone tools.

A remarkable feature of the bone industry is that of knives and daggers, which make up 25 % of all bone tools (fig. 1). Among these implements, knives from elk ribs are predominant (80 % of all knives). The next finds are represented by knives from elks shoulder-blade bones and tubular bones.

During the excavations of the mesolithic layers, 106 items of specific tools with working edges cut under the angle of 45'were found. Use-wear analysis has shown that these tools were used only for different wood-working operations. A large number of them is very strange. It can be noted as another remarkable feature of the bone industry.

Awls are represented by implements made from lateral metacarpal bones of elk and splitted tubular bones. Another type is represented by long tiny needles with two divided points. The ethnographic sources show that these tools have been used for fishing net making.

Axes and adzes. These tools were usually made from elk antler, and only a small serie of chisels was done from splitted tubular bones. All tools were made according to the standard technique : cut from antler tines with thinner palmated parts. The head has been shaped by the « nibbling » technique, the working edge – by grinding and polishing from both sides. The remaining surface has not been worked and has preserved the parient structure of antler. The function of these tools is not clear. However, the fact that most of the tools have a working edge damage or have been broken along the central axis suggests their wide use (fig. 1 : 1).

Another specific feature of bone industry is the wide use of the groove technique. The slotted tools show a differentiation by typology and function (arrow and harpoon-heads, knives, daggers). Among them, the finds of tools from rein deer antler with flint inserts (spear-head and dagger) are of special interest.

Arrow-heads (broken species) include finds which are very similar in typology. A common feature of these tools is a small barb, situated on the edge opposite to that of the groove. The barb is directed downwards and is continuous with the arrow-head edge. Harpoon heads are associated with numerous harpoon points without tang and have deeper and wider

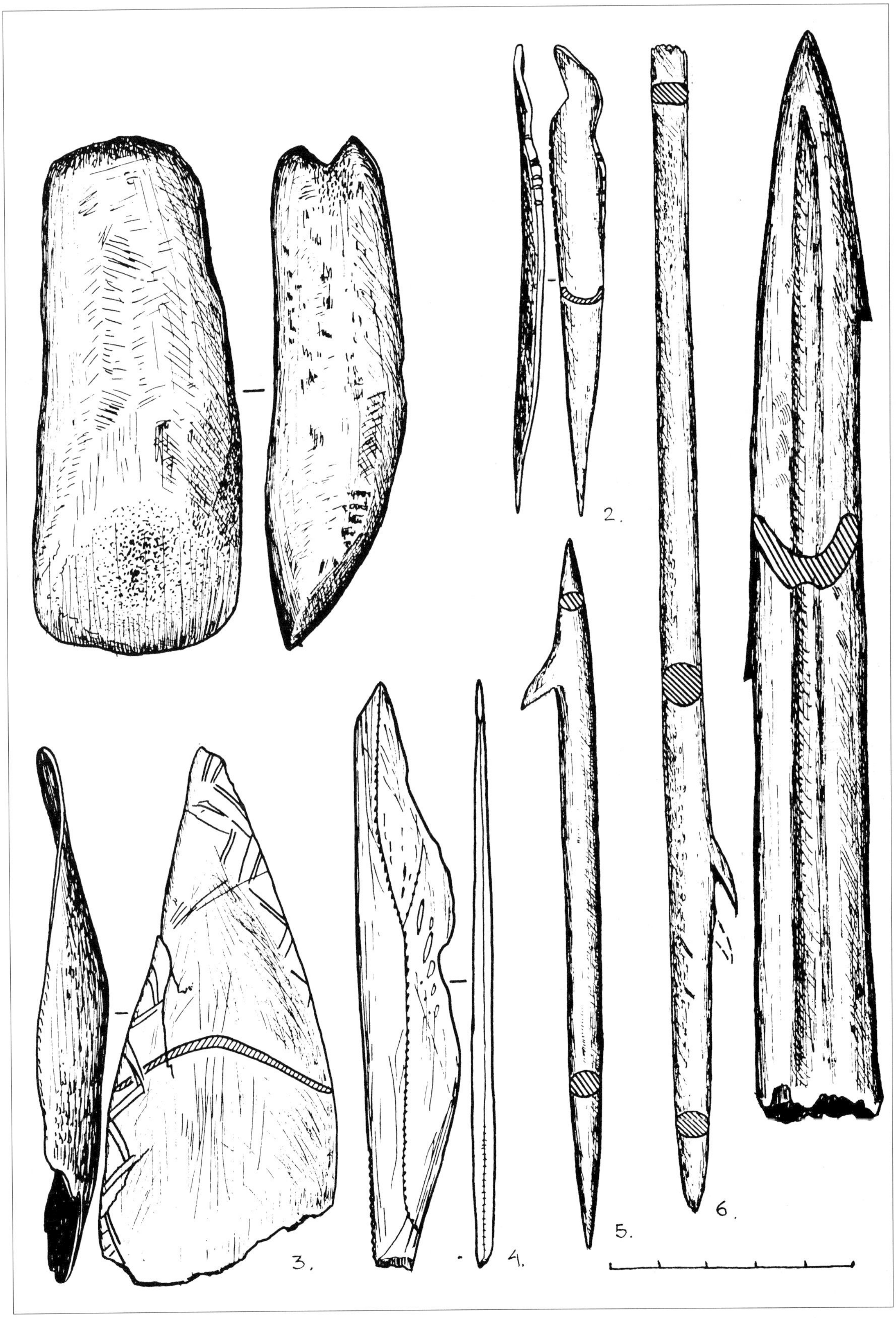

Figure 1. – Zamostje II : 1. Axe from elk antler. 2. Pin. 3. Spoon. 4. Knife. 5-6. Arrow-heads. 7. Harpoon-head.

grooves. Grooves are usually situated on the opposite side of the edge with massive barbs.

Spear-heads with inserts have the pointed form which is closely related to their use : it is a symmetrical tool with two flint edges of equal length (137 and 138 mm) and proximal area, which is shaped to the shaft. Now there is only one insert in the left groove, and two intact inserts and one fragment in the right one. However, it is possible that the left edge had five, and the right edge five or six, inserts. The inserts were fixed very close to each other (fig. 2).

The dagger sharped point was deliberately curved to the right. The tool surface was polished. There are remains of a birch bark cover on the handle, the original width of which was about 70 mm. At the end of this handle there is a hole (5 × 5 mm), which suggests the tool was worn. Grooves are situated on the opposite sides of the hafting and have a length of 135 mm and 125 mm. Three flint inserts were preserved in situ in the left groove, and four in the right. However, originally the left groove and four are in the right. However, originally the left edge consisted of four inserts, and the right edge contained five inserts (fig. 3).

The group of knives-daggers includes also other implements with handles, the most interesting of which is a well preserved dagger. It is a tool resembling the one already described. Both symmetrical grooves are located along the central part of the hafting. Along the length of the groove, on both surfaces, there is an ornamentation consisting of two curved figures.

Analysis of the slotted tools shows that the functional purpose is clear only for some implements (arrow-heads, daggers). There are very many sharpened (awls) and repaired tools (arrow and harpoon-heads). This points out the dynamics of tool use in the settlement.

On the basis of the preserved finds, it is possible to say that the making of normal pressure knapping bladelets with a width of 1-2 mm was widespread. Flint edges were made from bladelet sections with length between 23-24 mm, and were fixed with the proximal end downwards and very close to each other. In one case, the inserts were fixed with the ventral surface downwards, in another case : upwards. This was intentional ; the goal was to make an edge of a certain form. The groove width did not play a special role, because there are several cases where the width of the inserts is bigger or smaller than that of the groove. Two major groups of tools have resin, which fixed the inserts very tightly.

The wet conditions of peat-bog sediments made possible the preservation of a large number of objects which undoubtedly were linked with the spiritual life of the ancient population. Artistic finds fall into three categories : pendants, elk and bird figures, and bird-shaped and incised decorations on ordinary tools.

The finds of pendants from elk and beaver teeth are numerous among these materials. The technique of making pendants from elk and beaver teeth was the same : on the front of the tooth, two small grooves were cut on the opposite sides of the root. The only difference is that a parient flake for the beaver pendant is made from a splinted incisor.

Another evidence of art is represented by two elk figures. Both are in the shape of an elk's head and made from the base of elk's antler which has been carved and smoothed over the whole surface. It is an artistic image of this animal, with the typical features of an elk'head : its hooked nose, standing ears and bulging eyes. A hole made between the eyes shows that the objects served as handles of a ritual staff. The larger is 28 × 10 × 5 cm, and the smaller 16 × 8 × 4 cm. The side surfaces of the smaller sculpture were covered by light ornamentation consisting of three parallel zigzag lines (fig. 4 : 1, 3).

These finds fall into the already familiar framework of Russian prehistoric art and require no new interpretation. Most of them were found directly linked with sacrificial constructions : burials and hunters'« sanctuaries ». Thus, the newly found elk heads were also linked with ancient hunter's creeds.

The same excavation at the Zamostje II site yielded two small figures of birds (6 × 4,5 × 2 cm, 5 × 3,5 × 1 cm). Both figures were made from roughly shaped bones. The images are mainly contours, lacking in detail, but a duck with a curved neck can be clearly seen (fig. 4 : 2).

In addition to these figures, ducks were symbolized on a large number of ordinary tools used in everyday activities (knives, needles and daggers). Of special interest are bone pins whose heads represent the profiles of ducks (fig. 1 : 2). These pieces have an ornamentation consisting of a simple linear geometric decoration incised along their length. The small dimensions of the pins as well as their artistic preparation suggest that they were used as a kind of decoration on clothing.

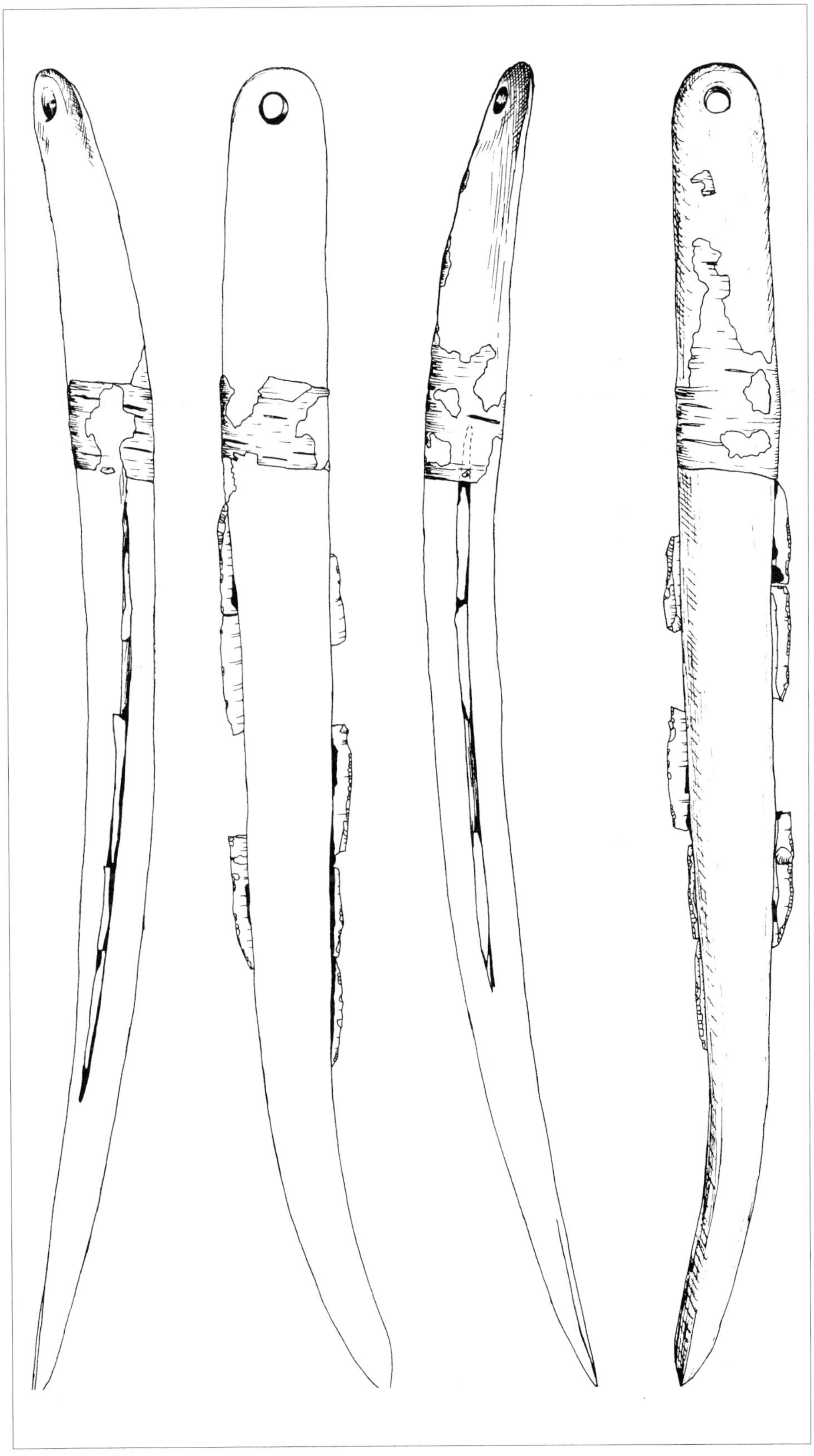

Figure 2. – Zamostje II : spear-head with inserts.

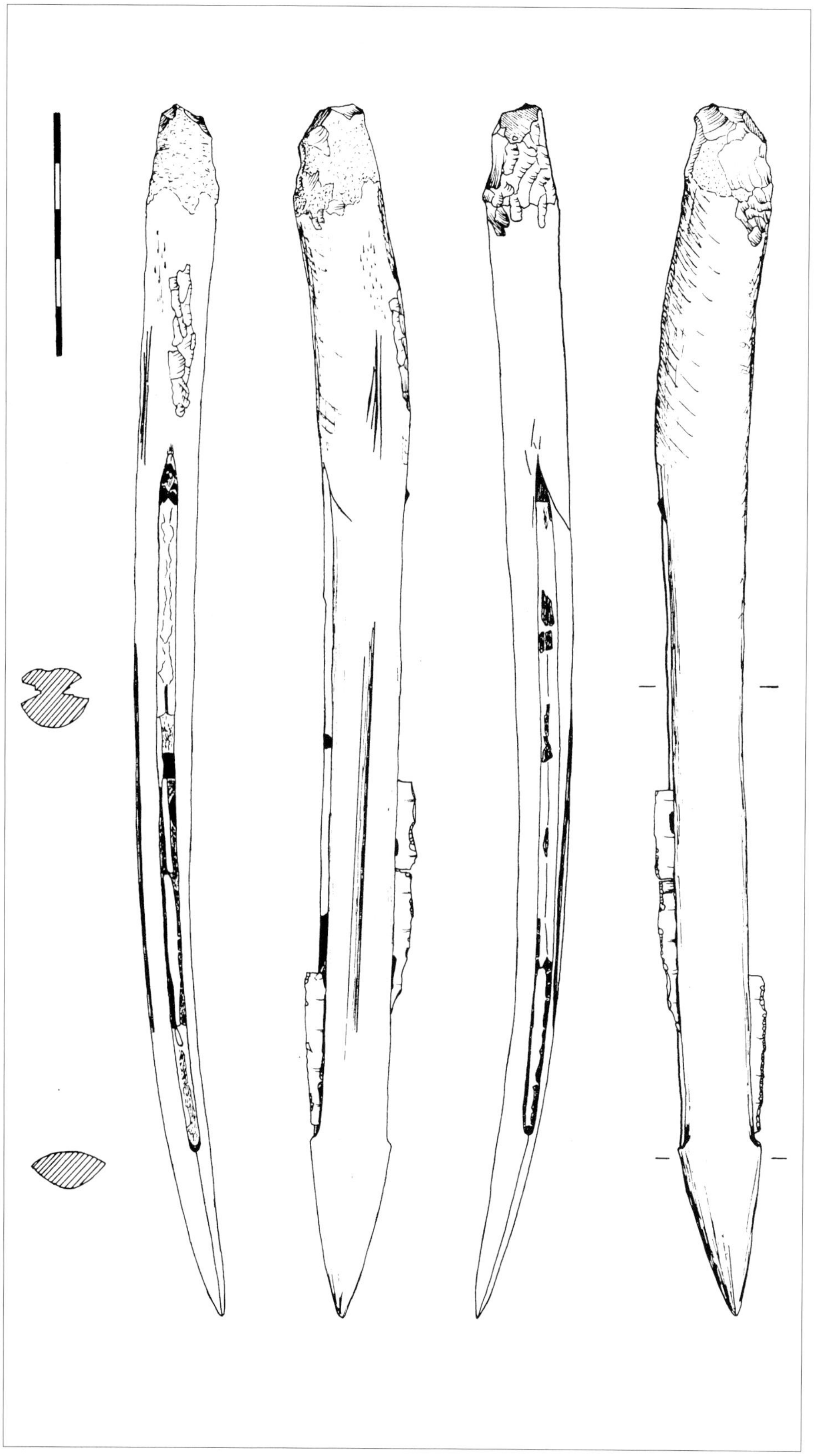

Figure 3. – Zamostje II : dagger with inserts.

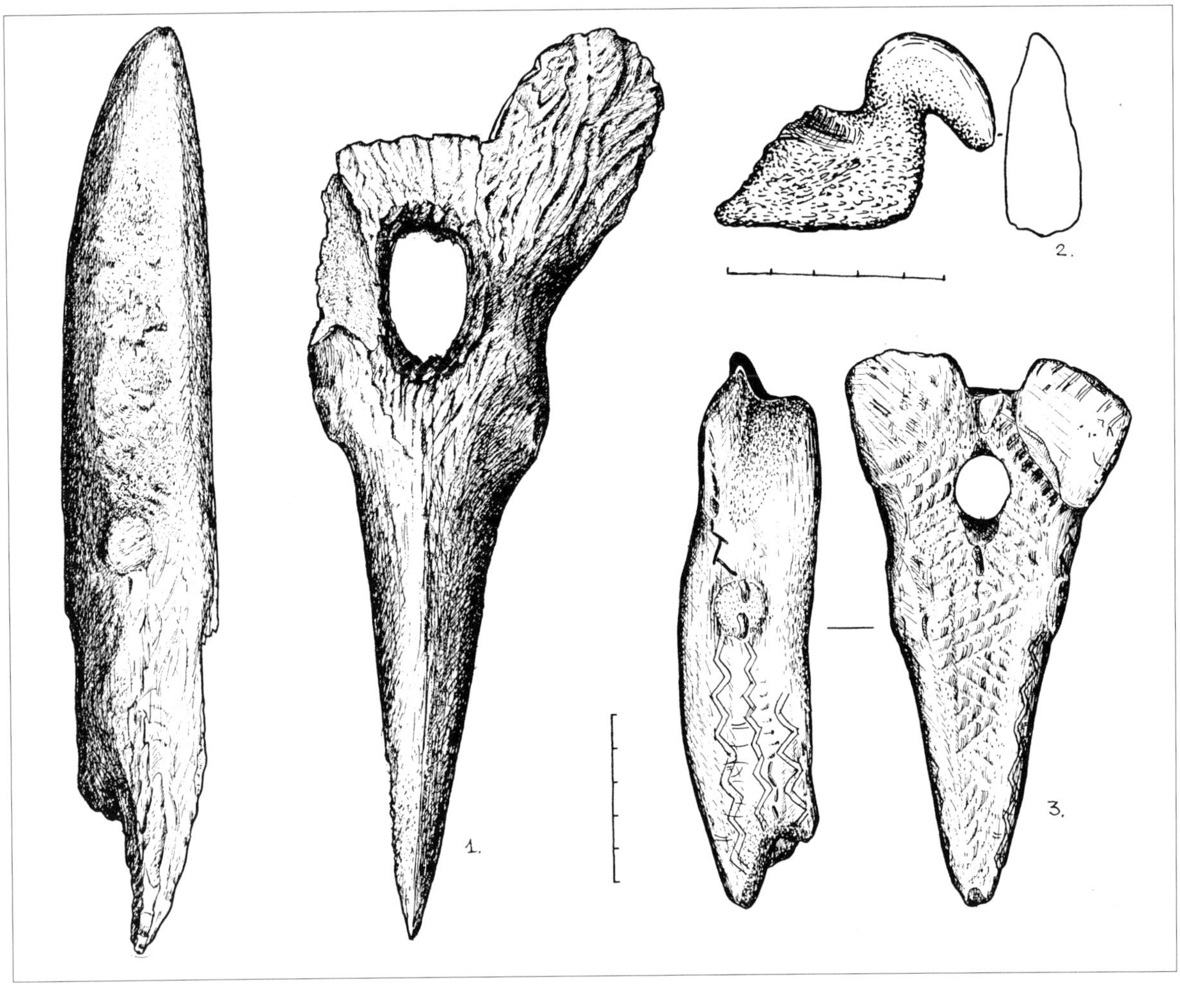

Figure 4. – Zamostje II : 1,3. elk heads. 2. duck figure.

A large number of ordinary tools have a decoration on their surfaces. It is possible to distinguish several types of ornamentation, each are sometimes associated with certain groups of tools only.

1. Decoration from slightly notches along the tool edge or on the surface was used only on arrow- and harpoon-heads.

2. Decoration from simple incised lines is the most widespread among bone tools. The ornamentation was not deeply cut, and was simply scratched on the surface. The motives of zigzag (fig. 1 : 3), parallel lines, steps or triangles are usual on the tools (arrow- and harpoon-heads, knives, daggers, spoons, etc.).

3. Design on the tools was formed from deeply cut oval notches. Ornamentation schemes are different : there are parallel lines, simple and double zigzag lines. As usual, such decoration covers all the surface of the tool. Only knives from elk ribs were decorated in such a manner.

4. The main element of this kind of ornament is represented by deep-cut lines with slight notching at the edge. The design schemes are different too : it could be simple lines (fig. 1 : 4), rectangles (harpoon-heads), or flatly arched figures (dagger).

III. CONCLUSIONS

Having been compared with the materials published, the stone industry of the Zamostje II site reveals its close similarity to the complexes from late mesolithic sites (Davidkovo, Ivanovskoye III, VII, Chernaya I) (Sidorov, 1973 ; Krainov, Khotinsky, 1984 ; Kravtsov, Lozovski, 1991).

The bone industry from the Zamostje II site can be compared with the materials from well-known monuments in the Baltic and East-Onega regions (Pulli, Kunda, Zvidze, Zveynieke II, Nizhneye, Veretje I sites) (Jaanits, 1981 ; Zagorskis, 1973). However, all these sites are dated from an earlier time than Zamostje II (Preboreal period – site Pulli and first half of Boreal period – the other settlements). The time and distance break between these sites and Zamostje II allows us to point out just the general common features of both industries.

First of all, the same composition of hunting animals has defined the same procurement for tool-making. We can point out very similar types of knives from elk ribs, daggers from elk shoulder blades and tools with working edges under the angle 45'(Zvidze, Nizhneye Veretye I sites). The same types of axes and adzes are represented in the tool-kit of these sites, but the quantity of these tools is essentially less significant than in Zamostje II. A remarkable differentiation can be noted in the group of missile weapons, because the complexes from the Baltic region show other structures and types of points. Thus, the groups of barbed points and biconical arrowheads, which are widespread among these sites, are very rare in Zamostje II's tool-kit. The types of harpoon-heads from the Zamostje II site are different from those of the Baltic settlements (Jaanits, 1966 ; Zagorska, 1981 ; Oshibkina, 1983).

The decoration with duck heads and specific zigzag or linear ornament on a large number of tools is a distinctive feature of this industry, and could correspond with some finds in sites of the Kunda culture.

Although the mesolithic bone industry from Zamostje II site has common features with the complexes from the Baltic region, there is no background to regard this site as of Kunda culture tradition. The specific and pronounced character of Zamostje II bone industry reveals another cultural tradition.

REFERENCES

JAANITS (L.), Novie dannie po mesolitu Estonii. *Materialy issledovania po archeologii SSSR*, n° 126, Moskva-Leningrad, 1966.

JAANITS (K.), Die mesolithischen Siedlungsplatze mit Feuersteininventare in Estland. *Mesolithicum in Europa*, Berlin, 1981.

KRAINOV (D. A.), KHOTINSKY (N.-A.), Ivanovskie stoyanki – complex meso-neoliticheskikh ozerno-bolotnykh poseleniy na Volgo-okskom mezhdurechye. *Archeologia i paleogeographya mesolita i neolita Russkoy ravniny*, Moskva, 1984.

KRAJNOV (D.), LOZOVSKI (V.), KOSTYLOVA (E.), Mesoliticheskaya stoyanka Sachtysh IX. *Arkheologicheskie pamiatniki Volgo-Okskogo mezhdurechia*, vyp. 3, Ivanovo, 1990.

KRAVTSOV (A. E.), LOZOVSKI (V. M.), Mezoliticheskaya stoyanka Chernaya I v Meschere. *Sovetskaya Archeologia*, vyp. 4, Moskva, 1989.

LOZOVSKI (V.), RAMSEYER (D.), Le site préhistorique de Zamostje. *Archeologia* 311, 1995, p. 34-41.

OSHIBKINA (S. V.), *Mesolit basseina Suchony i Vostochnogo Prionezhya*, Moskva, 1983.

SIDOROV (V. V.), Davidkovskaya stoyanka na reke Jakhrome. *Sovetskaya Archeologia*, vyp. 2, Moskva, 1973.

ZAGORSKI (F.), Das Spatmesolithikum in Leftland. *The Mesolithic in Europe*, Warsava, 1973.

ZAGORSKA (I.), Ranniy mesolit na territorii Latvii. *Izvestiya AN LSSR*, n° 2, Riga, 1981.

LE PROBLÈME DE L'INFLUENCE DU MÉSOLITHIQUE DE LA RÉGION DE VOLGA-OKA SUR L'ORIGINE DE LA CULTURE DE KUNDA

ON THE PROBLEM OF INFLUENCE OF VOLGA-OKA MESOLITHIC TO THE ORIGINE OF KUNDA CULTURE

Aleksey N. Sorokin

Résumé. – Malgré le rôle important que la culture de Kunda jouait à l'époque de l'Holocène ancien en Europe de l'Est et en région baltique, il y a encore des problèmes à résoudre. Le matériel archéologique nouveau permet de supposer que le problème de l'apparition des industries du type Pully (c'est-à-dire du type le plus ancien de la culture de Kunda) peut être résolu sur la base des matériaux du bassin de la Volga-Oka, particulièrement sur les matériaux de la culture de Resseta. Le caractère typique des ensembles lithiques de la culture de Resseta est la technique du microburin et les armatures. Les sites Tarusa I, Sukontsevo VIII et IX, les plus anciens de la culture de Resseta, remontent à la fin du Pléistocène, et les sites Resseta III, Alba I, III etc. sont attribués au Préboréal. L'industrie lithique de la culture de Resseta, représente le résultat d'évolution des traditions du Paléolithique supérieur en Russie centrale (du type du site Gagarino). La comparaison des complexes de Pully et de Resseta montre une similitude de ces industries, particulièrement sur le plan de la technique du débitage de silex, de la fabrication des outils et des types d'outils. Ainsi le matériel des sites de la culture de Resseta permet de parler, à juste titre, de l'influence du Mésolithique de la région Volga-Oka sur la formation de la culture de Kunda en région baltique.

Mots clés : Paléolithique final, Mésolithique, Europe de l'Est, Russie centrale, région Baltique, origine de la culture, économie préhistorique, culture de Kunda, culture de Resseta, culture de Swider.

Abstract. – Despite the outstanding value of Kunda culture for early holocene history of Baltic region and Eastern Europe in general, there is a number of problems in its researching, which had to be solved. The newly found materials permit to suggest that the problem of the revealing of Pully-type industries – the earliest industry of Kunda culture – could be solved with the materials from Volga-Oka basin, *i.e.* with materials of Resseta culture. Resseta culture was defined by the materials of the sites which are situated on the Volga-Oka basin territory. The specific features of Resseta complexes are the microburin technique and armature. The earliest sites of the culture Tarusa I, Sukontsevo VIII, IX are dated to final glacial period and sites Resseta III, Alba I, III etc. to Preboreal time. Stone industry of Resseta culture represents a further development of the traditions of upper palaeolithic population in Central Russia (type Gagarino site) on the border of Pleistocen and Holocen. The comparison between Pully and Resseta complexes shows the close relation between these industries, that is reflected in flint knapping, tools working and in type-kit. Anyway, the materials of Resseta culture allow clear to say about direct influences of Volga-Oka Mesolithic the forming of Kunda culture in Baltic region.

Key words: Final Palaeolithic, Mesolithic, Eastern Europe, Central Russia, Baltic region, Volga-Oka basin, origin of the culture, prehistoric economy, Kunda culture, Resseta culture, Swider culture.

Kunda culture, the first sites of which were found at the end of the 19th century, was defined by R. Indreko in 1948 (Indreko, 1948). Despite the outstanding value of this culture for the early holocene history of the Baltic region, there is a number of problems of research which must be solved. One is the problem of the origin of this culture. R. Indreko linked Kunda culture with the late palaeolithic sites of Borshevo I type (Indreko, 1964), which was not confirmed later on.

C. K. Kozlowsky found its sources in the Swider culture (Kozlowski, 1972), however this culture could not be the basis for Kunda culture, at least owing to the fact that most part of its specific features is absent in Swider culture.

L. V. Koltsov links the appearance of Kunda culture with « an inhabitation of some variant of post-Swider culture, which was influenced by Askola culture on the coast of Finnish gulf », however among post-Swider cultures there are no settlements closed to Pully site, the earliest complex in the Kunda culture history (Jaanits I., Jaanits K., 1978). Moreover, on this occasion we discuss the problem of the destiny of foreign habitation, and not the origin of a new culture. It is clear that, when studying the problem of origin we should define the source of the industry from ancient settlement Pully and distinguish between the appearance of Pully industry and the relation between Pully and developed stage industry of Kunda culture. K. Jaanits also speaks about the population of post-Swider culture, which came from SE, probably from Belorussia (Jaanits, 1981). This hypothesis is suggested by flint raw material import, however, on the territory of Belorussia, the sites preceding Pully are absent (Ksenzov, 1994). According to the newly found materials, it is suggested that the problem of appearance of Pully-type industries could be resolved with the help of materials from Volga-Oka basin, *i.e.* with materials of Resseta culture.

Resseta culture was defined by the author in middle of the 80's on the materials from excavations of Resseta III, Sukontsevo VIII and IX, Alba III sites, etc. (Sorokin, 1986, 1989). This culture covers the territory of upper and middle Oka basin, Klasma and upper Volga basin. The sites are situated in lake valleys. The cultural layers are linked with fluvioglacial or rough terrace sediments. The flint knapping technique is based on the utilisation of single platform cores of conical or prismatic shape, two platform cores of subprismatic shape and one- or two platform keeled cores are very rare. Abrupt retouch, burin and bifacial technique, sometimes flat retouch and tranche technique were used for tool making. The specific feature of Resseta complexes is the microburin technique, which is outstanding among the complexes of Volga-Oka basin.

The burin is the predominant type of tools. Tools with single platform are predominant. Burins with retouch platform are more widespread in early complexes, however their percentage harshly decreases up to the late stage. Dihedral burins are in low quantity. The presence of side scrapers should be noted. End-scrapers are predominant. Side, double and rounded types are added to this group. In latest complexes, the proportions of flakes became less massive and short. Axes and adzes are relatively in small number and represented by tools of sub-oval and sub-triangular shape from flakes and nodules worked in the bifacial and retouch technique. Backed microliths comprise stable series. At the early stage, they were retouched only on the dorsal surface, lately on the ventral surface. At the same time, tools with alternating retouch were reduced. Points with retouched edges are usually worked like backed microliths, and their pointed end obliquely blunted by light trimming.

A specific feature, by which Resseta industry have been characterized, is the arrow points from bladelets, represented by two main types : a tiny point with side notch, partly retouched along one edge near the base. The second one is a so called Resseta-point, *i.e.* the tools from bladelets with straight battered back and obliquely blunted tip, tenon-shape projection and microburin flake. The tenon-shape projection, which distinguishes Resseta points from Maglemose and Janislawica ones (Kozlowski J. K., Kozlowski S. K., 1975 ; Zalizn'ak, 1978 ; Telegin, 1982), is similar to upper palaeolithic shouldered points (Arhkeologia SSSR, 1984 ; Taute, 1968). Besides points with side notching, there are post-ahrensburg and post-swider points with retouching on the dorsal surface in the Oka basin sites of the middle stage. Their appearance among the materials of Resseta settlements probably reflects contact between the local population and foreign Swiderian inhabitants. By chronology, Resseta culture is linked with the Early Mesolithic, but the sites of Tarusa I, Sukontsevo VIII and IX are dated to final glacial period, and the site of Resseta III, Alba Iand III, etc. to the Preboreal time. The stone industry of Resseta culture represents a further development of the traditions of the upper palaeolithic population of Central Russia on the border of Pleistocene and Holocene. This population lived after the maximum of the Valday glacier and left sites like Khotilyovo (Zavernyaev, 1974) and Gagarino (Tarasov, 1979).

Comparison between Pully and Resseta complexes shows a close relation between these industries, that is reflected in flint

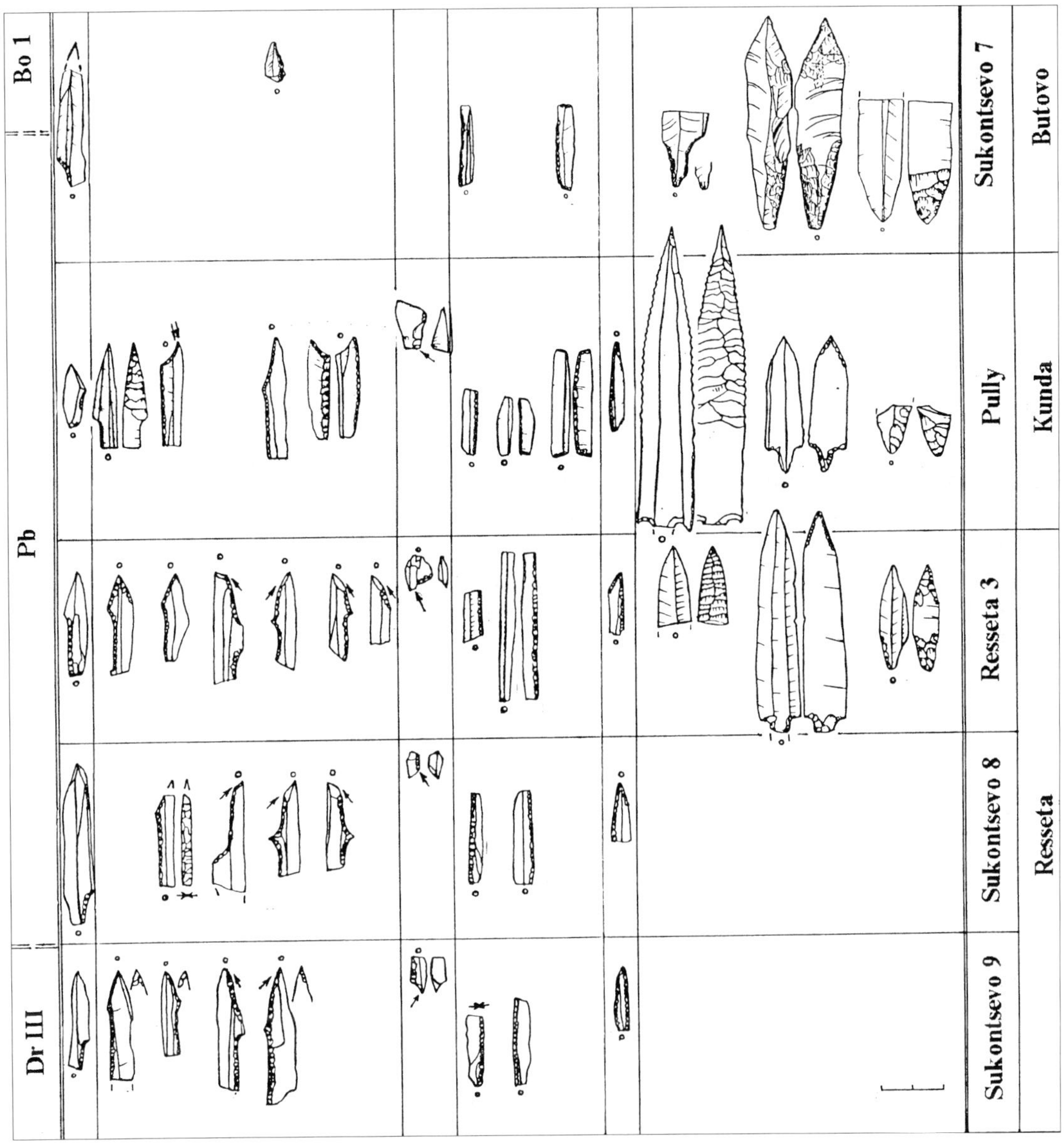

Figure 1. – The main types of flint arrow-heads and microliths Resseta culture, Kunda culture and Butovo culture. 1. Period. 2. Shouldered points (Kostenki-Gagarino-type). 3. Tenon-shape points (Resseta-type). 4. Microburin flakes. 5. Backed microliths. 6. Retouched points. 7. Post-swider-type points. 8. Sites. 9. Cultures.

knapping, tool working and in the tool-kit. The Pully flint knapping technique is characterized by bladelet, blade and flake technique detachment. For tool working, steep retouching, burin laking, flat retouching, bifacial and microburin technique were used. The last one is completely unknown in the complexes of Swiderian type, but is very typical of Resseta sites. It could be noted that the microburin technique is less developed in Pully. Among burins, the single angle forms are predominant, but dihedral and retouched platform tools exist. End-scrapers are predominant in this category, to which are added double scrapers, rounded and side forms. Notched scrapers, pointed awls, bifacial worked axes and adzes of sub-oval and subtrapezoidal shape, knives and other tools are in small number and are not different from the Resseta ones. The armature is represented by obliquely truncated points, inserts with transversally truncated bases, inserts from blade sections and backed microliths with retouching on dorsal surface. This kit is completed by rectangles and backed microliths with truncated base and weak projection. The last type is a variety of projection points represented in the complex and forming the reducing type of Resseta points. Arrow-heads are represented by simple Swiderian types and by tools with flat retouching over the half of the implement. Two types of notched arrow-heads are represented too. The first one is only with retouched notching, the second one with additional flat retouching on the dorsale surface of the tip. In general, all facts show that Pully industry is a further development of Resseta traditions, and reflects the moment of appearance of Resseta culture population in the Baltic region. The possibility of season migrations of Resseta inhabitants from Volga-Oka basin to the NW is supported by geomorphological observations for the end of the Pleistocene and beginning of Holocene periods (Kvasov, 1974) and by the conditions of prehistoric economy. West Dvina river was the same natural passage which provided the links between upper Volga and Baltic regions within the borders of a single water system. In this occasion, the idea of S. K. Koslowski that the territory of Kunda culture includes the Volga-Oka region has got a new unexpected value (Koslowski, 1972).

It is obvious that by typology and technology Resseta culture (Sorokin, 1989), early Kunda culture (Jaanits, 1991) and Butovo culture (Sorokin, 1990) represent a single chronological and genetic way of development (Kravtsov, Sorokin, 1991). They are characterized by a succession of flint knapping technique, gradual reduction of microburin technique, progressive microlithisation of toolkit and typological sequence in tool shape and armature. As in the Baltic region we could not find any development of the Pully tradition, we can regard the Butovo culture as its descendent. We can find the explanation in the environement of the end of Preboreal-beginning of Boreal periods, when the changes in vegetation zonality followed the changes in the animal hunting kit and changes in the directions of seasonal migrations of ancient populations.

Anyway, the materials of Resseta culture allow to speak of direct influences of the Volga-Oka Mesolithic on the formation of Kunda culture in the Baltic region.

REFERENCES

Archeoligija SSSR, *Paleolit SSSR*, Moskva, 1984.

JAANITS (L.), JAANITS (K.), Ausgrabungen ger fruhmesolothishen Siedlung von Pulli. *Izvestija Akademii nauk Aestonskoj SSR*, n° 27/1, Tallin, 1978, p. 56-63.

JAANITS (K.), Die mesolithischen Siedlungsplatze mit Feuersteininventar in Estland. *Mesolithicum in Europa*, 2 Internationales Symposium, Potsdam, april 1978, Berlin, 1981, p. 389-399.

JAANITS (K. L.), Kundasskaja kul'ture. *Avtoreferat dis. kand. ist. nauk*, Moskva, 1991.

INDREKO (R.), *Die mittlere Steinzeit in Estland*, Stockholm, 1948.

Mesolithiche und fruhneolithische Kulturen in Osteuropa und Westsibirien, Stockholm, 1964.

KOLTSOV (L. V.), *Final'niy paleolit i mezolit Juhznoy i Vostoshnoy Pribaltiki*, Moskva, 1977, p. 134.

KOZLOWSKI (J. K.), KOZLOWSKI (S. K.), Pradzieje Europy od XL do IY tysiaclecia p.n.e., Warsawa, 1975.

KOZLOWSKI (S. K.), Pradzijé ziem polskich od IX dovtysiaclecia p.n.e., Warszawa, 1972.

KRAVTSOV (A. E.), SOROKIN (A. N.), *Aktualnie voprosi Volgo-Okskogo mezolita*, Moskva, 1991.

KSENZOV (V. P.), Mezolitisheskie kul'tury Belorusskogo Podvin'ja i Podneprovja. *Avtoreferat dok. ist. nauk*, Minsk, 1994.

KVASOV (D. D), *Prilednikov'ie ozera i vnutrennie morja Vostochnoj Evropi*, Leningrad, 1974.

SOROKIN (A. N.), *Ressetinskaja kul'tura. Khozjajstvo i kultura doklassovikh i ranneklassovikh obbshestv*, Moskva, 1986.

Ressetinskaja kul'tura. Arkheologiya SSSR. Mezolit SSSR, Moskva, 1989, p. 84-86, 260.

Butovskaja mezoliticheskaya kultura, Moskva, 1990.

TARASOV (L. M.), *Gagarinskaja stojanka i ee mesto v paleolite Evropi*, Leningrad, 1979.

TAUTE (W.), *Die Stielspitzen-Gruppen in Nördlichen Mitteleuropa*, Koln, 1968.

TELEGIN (D. J.), *Mezolitichni pam'jatki Ukraini* (IX-YI tisjacholittja do n.e.), Kiiv, 1982, p. 179-185.

ZALIZN'AK (L. L.), Rudoostrivska mezolitichna kultura. *Archeologija*, vyp. 25, Kiiv, 1979.

ZAVERNJAEV (F. M.), Novaja verkhnepaleo-liticheskaja stojanka na r. Desne. *Sovetskaja archeologija*, n° 4, Moskva, 1974.

L'ADOPTION DE L'AGRICULTURE EN EUROPE DE L'EST : LE CAS D'ÉTUDE DE LA RÉGION DES CASCADES DU DNIEPR EN UKRAINE

THE TRANSITION TO FARMING IN EASTERN EUROPE : A CASE STUDY FROM THE DNIEPER RAPIDS REGION IN UKRAINE

Malcolm Lillie, Marek Zvelebil

Résumé. – L'adoption de l'agriculture en Europe de l'Est est, à notre avis, un processus d'adoption par les communautés locales de chasseurs-pêcheurs résultant d'échanges avec les sociétés agricoles voisines. Notre étude traite le cas de la culture transitoire du Dniepr-Donets dans la région des cascades du Dniepr en Ukraine.

Mots clés : Néolithisation, Europe de l'Est, frontière entre chasseurs-pêcheurs et sociétés agraires.

Abstract. – The transition to farming in Europe is generally regarded as a spread of people, cultigens and domesticates, and of new technology, from the nuclear zone of the near East to the peripheral zone of Europe. Our contribution questions these notions of the origin of farming societies in Europe and argues for the greater role played by the mesolithic communities in the process of neolithisation. As a case study, we consider the Dnieper-Donets culture in the region of the Dnieper rapids, Ukraine.

Key words : agricultural transition, agricultural frontier, forager-farmer exchange, Eastern Europe.

INTRODUCTION

A major issue in the debate surrounding the transition to farming in Europe concerns the manner of its spread. To many, the agricultural transition in Europe represents a spread of people, cultigens and domesticates, and of new technology, from the nuclear zone of the near East to the peripheral zone of Europe, the latter regarded as a passive recipient rather than an active element in the process of transition. But, despite many years of investigation on the subject – ever since Gordon Childe's first publication of the *Dawn of European Civilisation* 1925 –, the transition from mainly hunter-gatherer mesolithic societies to predominantly farming neolithic ones remains a major unresolved problem in European prehistory, with the reasons for the transition and the manner, the rate and the mechanism of this transformation all being subject of debate and controversy (for example, in Britain : Ammerman, Cavalli-Sforza, 1984 ; Zvelebil, 1986 ; Ammerman, 1989 ; Zvelebil, Zvelebil, 1988 ; Dennell, 1983 ; Thomas, 1988, 1991 ; Zvelebil, *in press* a ; etc. ; in continental Europe : Lichardus, Lichardus-Itten, 1985 ; Aurenche, Cauvin, 1989 ; Cauvin, 1994 ; Guilaine, 1987 ; Zilhao, 1993 ; Seferiades, 1993 ; Bujda, 1993 ; etc.).

This debate underlines the importance of the issue, which has historical and anthropological, as well as political, implications. Historically, the transition to the Neolithic deals with the origin and constituent elements of the Neolithic and the subsequent cultures in Europe. Anthropologically, it is related to the transformation of material cultures, the processes of diffusion, interaction and adoption and their recognition in the archaeological record. Politically, it raises the question of European cultural identity, and of the genetic and linguistic roots of most present-day Europeans (e.g. Renfrew, 1987 ; Zvelebil, Zvelebil, 1988 ; Sokal *et al.*, 1990, 1991 ; Cavalli-Sforza *et al* 1994 ; Zvelebil, 1995). Using a case study from Eastern Europe, this paper questions the notion of the exogenous origin of farming for the major part of Europe, and argues for the greater role played by the mesolithic (*i.e.* local hunter-gatherer) communities in the process of neolithisation.

THE TRANSITION AT A PAN-EUROPEAN SCALE

In general, and at a pan-European level, our approach is based on the following arguments :

First, we argue that migration or demic diffusion is merely *one* among many factors which structure archaeological cultures ; consequently, even rapid changes in material culture need not be signatures of past migrations. We acknowledge, however, that four major developments, when occurring together, are more likely to indicate migration than local transformation :

a) the introduction of new cultural traits into a region in more than one cultural « subsystem »,

b) their discrete and coeval distribution,

c) the lack of earlier traditions for such traits within the region,

d) and the existence of an adjacent donor culture where such traits occur.

So, bearing this in mind, we envisage two main stages in the neolithisation of Europe :

1. The introduction of agro-pastoral farming to Europe from Anatolia between 8,500 and 6,500 BP, principally through demic diffusion (migration). The geographical scope of this process is restricted to south-east and central Europe, the cultural provinces of the Balkan Neolithic, the Linear pottery and the Tripolye culture (fig. 1).

2. The adoption of farming by the indigenous hunter-gatherers through contact with the cultures of the European continental core between 7,000 and 4,000 BP (5,500-2,500 BC). During this stage, the farming economy was altered in response to local needs by the hunter-gatherer communities of the Mesolithic.

Secondly, we believe that major and enduring cultural boundaries, evident at the juncture of the « indigenous » and « intrusive » areas of early Neolithic Europe, played a major role in the process of neolithisation. To us, such boundaries represent frontier contact zones between foragers and farmers. As it is apparent from fig. 1, several such boundaries cut across the eastern part of Europe, and it is along one of these boundaries that our case study is located : the Dnieper-Donets culture originally placed at *ca.* 6,500-5,000 BP.

In attempting to understand the nature of foraging-farming contacts within such a contact zone, we rely on recent ethnohistorical evidence for analogies. This enables us to divide the contact zones in time and in space into phases of *availability* of farming, of *substitution* of foraging by farming, and of *consolidation* of farming. The main point of interest here is the so-called availability phase, during which contacts develop between foragers and farmers before farming is actually adopted by the foragers. On ethnohistorical evidence, a whole range of exchanges, both *co-operative,* and *competitive,* can occur across the agricultural frontier. These exchanges occur within the framework of established kinship ties, marriage alliances and trading/exchange partnerships. This means that the direction and the pace of adoption of farming would then at least partly reflect existing social frameworks and routes of communication established already before the adoption of farming by the local community. As one of us (Zvelebil) has argued, *competitive* relations are likely to gain in strength towards the end of the availability phase, and contribute to the adoption of farming by the hunter-gatherers, or to their integration into the farming society.

Can we identify similar developments within agricultural frontier zones in the archaeological record ? The following example considers the evidence from one such contact zone : Dnieper-Donets culture, located at the perimeter of the major cultural boundary between the Southeast Balkan and Central European Neolithic on one hand, and the societies to the E and N on the other.

The « opening-up » of Eastern Europe in the wake of the demise of the USSR has enabled a number of western researchers to consider the nature of the transition to food

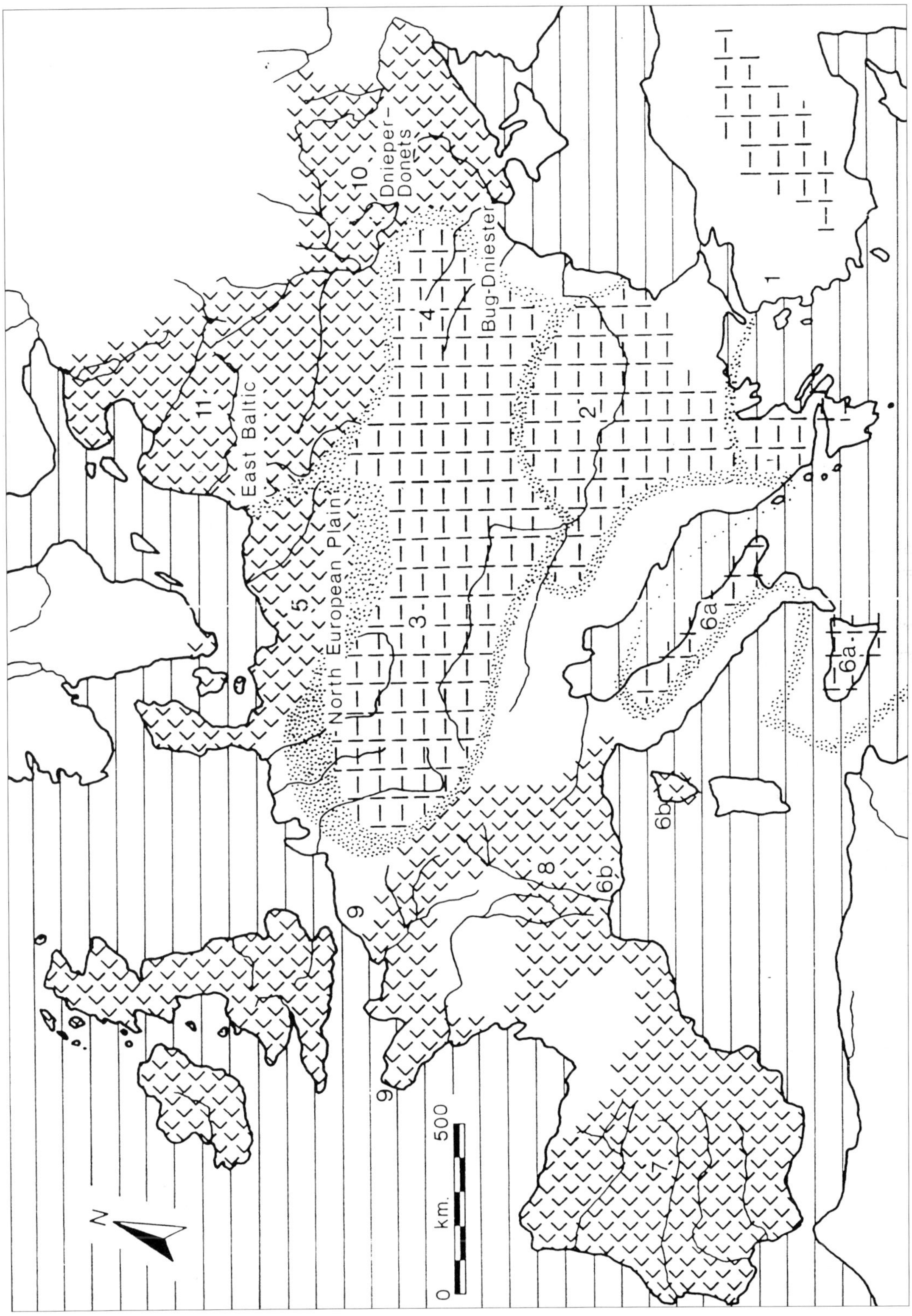

Figure 1. – Major frontier zones, earliest neolithic cultures and the spread of farming in Europe. Dotted areas indicate major frontier zones. Cross hatching indicates areas where farming was introduced partly by demic diffusion. Triangular hatching indicates areas where farming was introduced through adoption by local foragers. 1. Early Neolithic of Grece and Anatolia. 2. Starcevo-Cris-Koros. 3. Linear pottery and derived cultures. 4. Cucuteni-Tripolye culture. 5. Funnel Beaker Culture. 6a. Impressed and Painted Wares of Southern Italy. 6b. Impressed Wares in the West Mediterranean. 7. Iberian Neolithic, 8. Chassey and Cortalloid Neolithic. 9. The Neolithic of the British Isles and Northwest Atlantic coast. 10. Dnieper-Donets and related groups. 11. Corded Ware and related groups. Redrawn partly after Renfrew 1987.

production in areas such as Western Russia and Ukraine (Anthony, 1995, and references). In Ukraine, the nature of the transition has often proved difficult to categorize, although a gradualist approach has generally been proposed (Shnirelman, 1980 ; Zvelebil, Dolukhanov, 1991, cited by Anthony 1995, p. 189). Recent research by one of us (Lillie) has sought to assess the Mesolithic-Neolithic transition from the study of dental pathology, dentalmetrics, and the radiocarbon dating of discrete phases of interment within the cemeteries of the Dnieper rapids (Mariupol-type) sequence.

THE MIDDLE DNIEPER FRONTIER

This case study focuses on the Dnieper basin in order to facilitate a consideration of the contact zone between the Tripolye culture and the Dnieper-Donets culture, centred on the Middle and Lower Dnieper valley. The Tripolye culture is situated to the west of the Dnieper, with the Dnieper-Donets, and the associated Stredni Stog groups occupying the Dnieper valley itself and the areas to the east (fig. 2.) The period under consideration is traditionally dated from 6,500 to 5,000 BP (*ca.* 4,500-3,000 BC), and includes the early and middle stages of the Tripolye culture, and the Dnieper-Donets culture stages 1 and 2.

While the agricultural nature of the Tripolye culture has been generally accepted, the economy and social organisation of the Dnieper-Donets culture is more problematic. The origins of the culture are firmly embedded in the preceding Mesolithic period. With the addition of pottery to the cultural repertoire *ca.* 6,300-6,100 BP, the hunting-gathering communities have become « neolithic », even though no changes in the economy are apparent. (This follows the standard practice for eastern European archaeologists to designate those sites with pottery as « neolithic », regardless of any changes in the economy.) This point is of some relevance as a number of cemetery sites after this date remain a-ceramic (for example, Marievka and Vasilyevka V), while others contain only few pottery sherds (Vovnigi II and Osipovka), and the relationship of these to the interments remains unclear (Telegin, 1987, p. 45).

Similar problems apply to the presence of domesticated plants and animals. Whilst certain authors have stressed the agricultural nature of the Dnieper-Donets economy, at least from its second phase (*i.e.* Shnirelman, 1992 ; Anthony, 1994 ; also Jacobs, 1993), there is sufficient reason to regard the Dnieper-Donets communities as predominantly hunter-gatherers, at least until the middle of the 6th millennium BP (*ca.* 3,500 BC) At this point, the assumed domestication of the horse, as evidenced by the faunal remains from the settlement of Dereivka, together with domesticated cattle and caprines, indicates a shift in subsistence towards a pastoral farming economy.

The reasons for doubting the farming nature of the Dnieper-Donets economy include :

1) Small amounts of domesticated animal on Dnieper-Donets sites, suggesting exchange rather than economic dependence.

2) Dominance of hunting, fishing and shell-collecting in faunal remains.

3) Recent research by one of us (Lillie) has indicated an absence of caries and other markers of stress typical of human populations dependent on agriculture.

4) High delta 13C values obtained from Dnieper-Donets cemeteries suggest protein dominated diets. This observation is supported by the consistent presence of dental calculus found on the Dnieper-Donets skeletons, supporting the notion of a predominantly meat-based/non-agricultural dietary regime. However, the possibility of limited pastoralism in this context is not discounted.

In addition, recent radiocarbon dating of the Dnieper-Donets cemeteries (Jacobs, 1993, 1994a and b ; Jacobs, Price n.d. ; Lillie, 1996) has shown that certain of these cemeteries dated from earlier periods than previously thought (Vasilyevka II now dated to the Late Mesolithic at 8,000-7,500 BP, Dereivka Neolithic, Yasinovatka and Nikolskoye cemeteries dated to 6,300-6,100 BP, *i.e.* Dnieper-Donets stage 1). Detailed consideration of the dating of Vasilyevka II, with some discussion of the neolithic cemeteries considered here, has recently been carried out by Potekhina (1995).

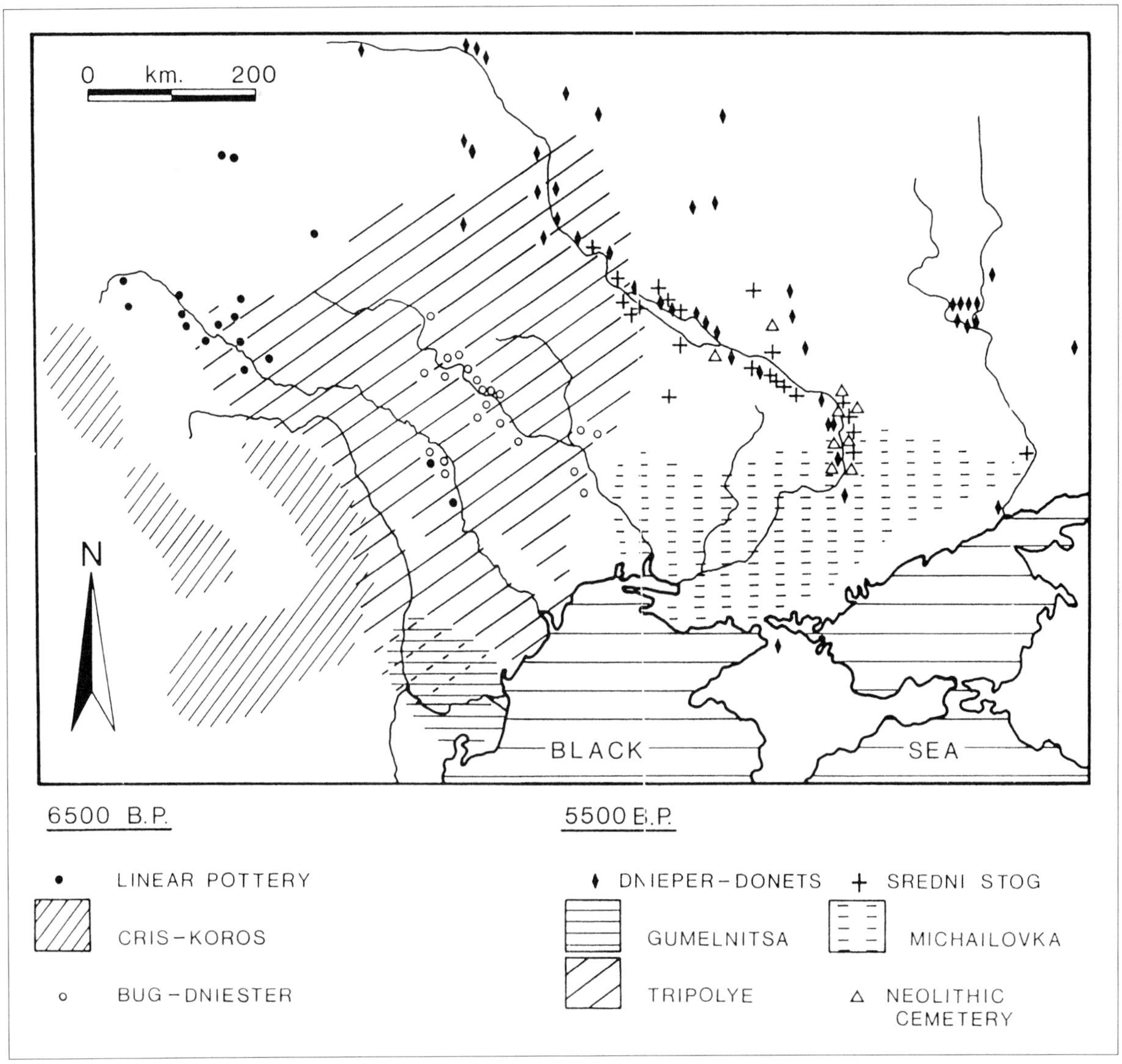

Figure 2. – The earliest neolithic cultures in Moldavia and the Pontic region. Sources : Zvelebil and Dolukhanov 1991, Telegin 1987.

Whilst the new radiocarbon determinations from the Mariupol-type cemeteries of Derievka, Yasinovatka and Nikolskoye fully compliment the chronology of the phases of interment proposed by Telegin (1987) on the basis of stratigraphic observations (Potekhina, 1995), they are in conflict with the evidence for culture contacts with neighbouring Tripolye culture groups (fig. 3), since they indicate that the Mariupol-type cemeteries of Nikolskoye, Yasinovatka and Derievka pre-date the phase A Tripolye sites of Mergineni and Rusesti by at least *ca.* 500 calibrated radiocarbon years (fig. 4). The plotted dates also highlight some discrepancy with the radiocarbon determination from the Tripolye B2 site of Miropolye, which in fact appears to plot out too early, especially when compared to the dates from the B1-2 sites of Krasnostavka, Vesely Kut, Klishchev and Shkarovka (radiocarbon dates for the Cucuteni-Tripolye culture obtained from Telegin, 1986, p. 90-98).

The radiocarbon plots for the Tripolye sites used in fig. 3 are in full agreement with those plotted by Telegin (1986 ; fig. 52, p. 97), thereby highlighting the fact that the new Oxford accelerator dates indicate that earlier culture contacts occurred between the Dnieper-Donets hunter-gatherer communities and those of the Cucuteni-Tripolye than are indicated by Telegin's chronological scheme for the Dnieper rapids, Mariupol-type cemeteries (1987, p. 120, 126).

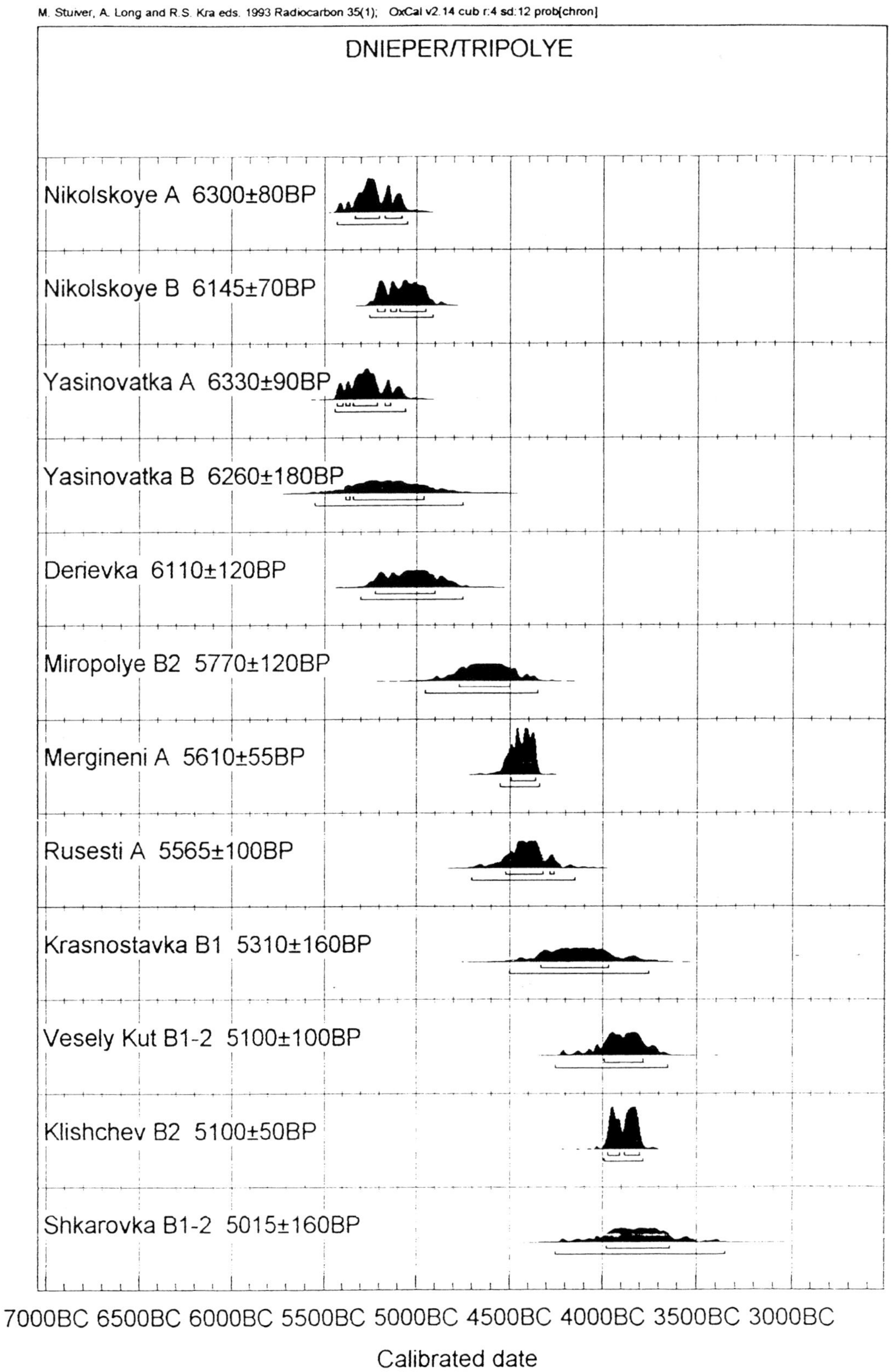

Figure 3. – Plotted radiocarbon distributions from the Dnieper-Donets cemeteries of Nikolskoye, Yasinovatka and Derievka, and Cucuteni-Tripolye culture dates highlighting discrepancies between the new Dnieper-Donets dates and the established Tripolye culture dates.

One particularly perplexing aspect of the new radiocarbon determinations is the placement of Nikolskoye phases A and B at 6,300-6,145 uncal BP (calibrated to 5,430-4,910 BC). Telegin's determination of the absolute age of Nikolskoye, which is placed in stage B-2 of his chronological development of the Mariupol-type cemeteries, is predicated on the presence of a Tripolye vessel of the Borisovka type and analysis of the associated copper artifacts (1987, p. 127). This vessel belongs to the transitional period of Tripolye A to B-2, placed at the middle of the 4th millennium BC. Telegin also determines Nikolskoye as being « the latest among the monuments of this type » (*i.e.*, Mariupol-type). The radiocarbon determinations for Nikolskoye, obtained from the Kiev conventional radiocarbon facility (*ibid.* 1987, p. 127), are considerably younger than those obtained from the Oxford laboratories, and *appear* to support the chronological positioning indicated by the associated artefactual assemblage.

However, the newly obtained radiocarbon determinations do not support the chronological positioning as indicated by the associated ceramics, or the assertion that Nikolskoye is the latest in the chronological development of the Mariupol sequence. The dates clearly indicate that Nikolskoye, Yasinovatka and Derievka are overlapping in terms of their chronological position. Further, the radiocarbon determinations from the cemetery of Osipovka (3,990 ± 420 and 4,125 ± 400 BC, calibrated to 5,300-4,550 BC) fully overlap with the ranges obtained from the three Mariupol cemeteries considered in this analysis, and clearly *support* the chronological position suggested by the new Oxford determinations (Zvelebil, Lillie, *in press*).

DNIEPER-DONETS	Laboratory Number	RCdate uncal. BP	Date Range 95.4 % Confidence	Skeleton No.	Context
Nikolskoye	OxA-5,029	6,300 ± 80	5,430 (1.00) 5,050 BC	# 125	Pit E
	OxA-5,052	6,145 ± 70	5,250 (1.00) 4,910 BC	# 137	Pit P
Yasinovatka	OxA-5,030	6,330 ± 90	5,440 (1.00) 5,060 BC	# 64	Pit A4
	OxA-5,057	6,260 ± 180	5,550 (1.00) 4,750 BC	# 36	Pit B
Derievka I	OxA-5,031	6,110 ± 120	5,300 (1.00) 4,750 BC	# 109	Eastern Part
TRIPOLYE				**Sample**	
Miropolye B2	Ki-874	5,770 ± 120	4,950 (1.00) 4,350 BC	Indet	Site 4
Mergineni A	Indet	5,610 ± 55	4,550 (1.00) 4,340 BC	Indet	Indet
Rusesti A	Indet	5,565 ± 100	4,700 (1.00) 4,150 BC	Indet	Indet
Krasnostavka B1	Ki-882 160	5,310 ± BC	4,500 (1.00) 3,750 BC	Indet No.1	Site (dwelling)
Vesely Kut B1-2	Ki-903	5,100 ± 100	4,250 (1.00) 3,650 BC	Charcoal	1976 excavations
Klishchev B2	Le-1,060	5,100 ± 50	3,990 (1.00) 3,780 BC	Indet	Settlement
Shkarovka B1-2	Ki-520	5,015 ± 160	4,250 (1.00) 3,350 BC	Indet	Indet

Dates calibrated using OxCal program (OxCal v2. 14 cub r : 4 sd : 12 prob [chron]) Reference : Stuiver *et al.* 1993. Radiocarbon 35 (1). Tripolye dates are obtained from Telegin 1986 ; the dates for Mergineni and Rusesti do not have associated laboratory, sample or contextual information quoted in this text ; similarly the sample information for Miropolye, Krasnostavka, Klishchev and Shkarovka is not referred to in Telegin's summary.

Figure 4. – Tabulated dates used in current study : available laboratory numbers, ranges and contextual information.

Taken together, this information enables us to re-interpret the Dnieper-Donets/Tripolye interactions and the impact on the Dnieper Donets culture as follows : during Dnieper-Donets stages 1 (now dated to between 6,700 and 6,300 BP), the economy is almost entirely based on hunting and gathering, with the few bones of domesticates indicating exchange rather than local stock-breeding. This early stage includes imported late Bug-Dniester ceramics at the site of Girli, dated after 6,500 BP.

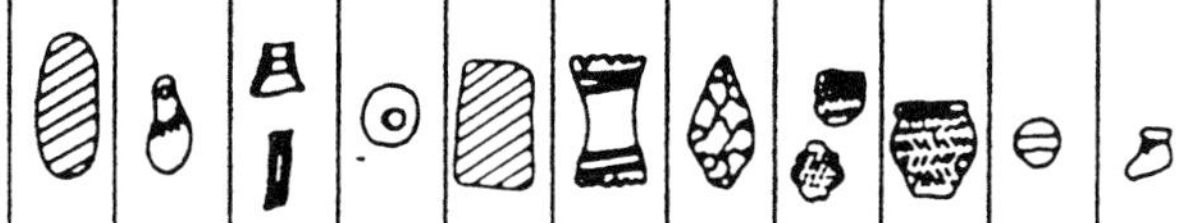

STAGE		CEMETERY	1	2	3	4	5	6	7	8	9	10	11	Date uncal BP
		Vilnyanka												
		Nikolskoye pit Д							–					5200
	C	Derievka Settlement		–		–		–					–	5515-5230
Middle		Derievka II												5380
4th.		Chaply		–									–	
Mill. bc		Sobachy												
	2	Mariupol				–	–	–	–	–	–	–	–	
	B	Lysaya Gora pits I-V				–		–	–	–	–			
		Vovnigi 1		–	–		–		–	–	–		–	
	1	Vilnyanka pit б		–	–	–	–							
		Vovnigi 2		–	–	–							–	
		Kapulovka		–										
Early		Nenasytets	–	–	–	–								
4th	A2	Vilnyanka pit A	–	–	–									
Mill. bc		Vasilyevka 5	–		–				–					
		Maryevka	–		–								–	
		Sobachy pits 1 & 2	–											
		Yasinovatka Б-2							–					5900
		Osipovka	–							–			–	6075-5940
Mid to		Dericvka I		–		–		–	–	–	–		–	6110
Late 5th		Nikolskoye pit 3,Б,A				–		–	–	–	–	–	–	6145
Mill. bc	A1	Yasinovatka pit Б-1			–			–	–		–	–		6260
		Nikolskoye pit E							–	–	–		–	6300
		Yasinovatka pit A	–	–	–								–	6330-6240
End of 7th to early 6th Mill. bc		Vasilyevka 2		–									–	8020-7620

Figure 5. – Chronological positioning of the radiocarbon dated cemeteries of Nikolskoye, Yasinovatka, Dereivka I and II, and Osipovka, and the settlement site of Dereivka in relation to Telegin's 1987 proposed chronological scheme for the Mariupol cemeteries. All other cemeteries remain undated, and as such their positioning in this table reflects Telegin's chrono-typological scheme.

The beginning of the stage 2 of the Dnieper-Donets culture now has to be back-dated to *ca.* 6,300 BP, some 300 years earlier than originally thought. Despite these early dates, there is evidence for extensive contacts with the Tripolye culture, as witnessed by the presence of imported Tripolye « A2 » ceramics at Grini, Strilcha, Piliava, Nikolskoye, and other sites, and finds of imported copper ornaments, gold pendants, and polished maces (fig. 5). Those particular extensive contacts were to lead to the eventual appearance of a food-producing economy between *ca.* 5,800 BP (*cf.* Shnirelman, 1992, p. 129-130) and *ca.* 5,600 BP (Telegin, 1986). Additional contacts with the Balkans can be seen in the development of pottery decoration, the elaboration of boar tusk platelet's reminiscent of the north-Bulgarian bone figurines, and a shift from point-based to flat-bottomed vessels.

These changes are also associated with a decrease in the microlithic element in the flint assemblages, increase in the bifacial tool production, and in the stone axe production (including polished axes), and an increase in the number and value of grave goods of some individuals. In other words, the volume of exchanged goods, and the incidence of status-related objects, increase significantly. As Anthony points out, « these changes may be associated with increasing sedentism and perhaps incipient ranking following contact with the more complex Tripolye culture » (1994, p. 51).

The significant point is that, with the new dates for Nikolskoye, Yasinovatka and the Dereivka neolithic cemetery, these changes begin to occur from the very start of the Dnieper-Donets phase 2 between 6,300 and 6,100 BP. At this stage in the Dnieper-Donets culture, neither the shift to a greater dependence on a farming economy nor the shift to greater sedentism are indicated by the available evidences (Lillie, 1996 ; Telegin, Potekhina, 1987). Indeed, such shifts in economic and residence focus are not evident until the end of this stage, around 5,600 BP (3,600 BC ; 4,700 cal BC).

In summary, we have a period of 800 years or so during which contacts were increasing between the Tripolye farming culture and the hunter-gatherer Dnieper-Donets communities prior to the adoption of certain elements of farming economy. These contacts appear to have resulted in the increased circulation of prestige objects, and increased status differentiation within the Dnieper-Donets society. They also resulted in the imitation of the farming culture's products (boar tusk plates, flat bottomed pottery, polished stone axes) and ornamentation.

Moreover, it appears that Dnieper-Donets people had to work harder during this transitional period. Jacobs (1993, 1994b) has noted increased robusticity of individuals in several Dnieper-Donets cemeteries (Igren, Surskoy, Vilnyanka lower level, and Vovnigi). As he notes, « these might have resulted from heavier work loads in the performance of traditional forager chores ». Such increases in workloads may reflect more intensive hunting, fishing and gathering, driven by social competition, which was in turn provoked by contacts with agricultural communities across the frontier.

DISCUSSION

It is apparent that the case study from the Dnieper rapids region of Ukraine has indicated a number of discrepancies in the proposed chronological development of the Mariupol-type cemeteries as outlined by Telegin (1987). Despite these apparent discrepancies, however, the newly obtained accelerator radiocarbon determinations do appear to be supported by a number of radiocarbon determinations obtained from the Kiev laboratories, not least by those from the Mariupol-type cemetery of Osipovka (Ki-519 and Ki-517), and also Yasinovatka (Ki-3,032 and Ki-3,033), which, when calibrated, plot out between 5,410 and 4,578 BC (Potekhina, 1995). These dates are significantly earlier than the available dates for phases A-B2 of the Cucuteni-Tripolye, suggesting earlier culture contacts between pre-Cucuteni-Tripolye groups, such as the Bug-Dniester culture, and those of the Dnieper-Donets culture.

This evidence suggests that, despite Potekhina's (1995, p. 823) view that « the significance of the Oxford dates is that they demonstrate that two different approaches to the study of chronology and periodisation – stratigraphic observation and radiocarbon dating – yield the same results », and that « although some of the Oxford dates from the neolithic burials are earlier than the earliest dates from Kiev, in general they supplement the latter » ; the new dates are considerably more significant than being a means of « supplementing the latter ».

Even though the dates confirm the sequence of interments as based on stratigraphical observations, they contradict the periodisation offered by Telegin (1987, p. 117-124), and they also disagree with a number of the conventional dates from Kiev, certain of which were obtained from identical inhumations to those used in the Oxford accelerator determinations. Further, a question now hangs over the use of associated artefactual materials, such as the Tripolye-type pot (stage A-B2) from the Nikolskoye cemetery, as a means of dating « by association » with the Tripolye culture. It is entirely possible that the large size of cemeteries such as Nikolskoye, Derievka and Yasinovatka reflects the continual utilisation of these monuments over a period of millennia or so (continuous re-cutting of earlier graves is indeed in evidence, *cf.* Telegin, 1987), as the rich resource base of the large river valleys allowed for the continual exploitation of these ecological zones during the Mesolithic to Eneolithic periods.

The above discussion enables us to draw three pertinent points in conclusion :

1. Such forager-farmer interactions as attested by this study of the Dnieper-Donets culture are evident along the whole perimeter of the stationary frontier defined by the limit of the Balkan and the Central European Neolithic.

2. This interaction appears to follow a pattern which is marked by exchange of goods and ideas with the neolithic communities and by the increase in social competition within the forager communities, followed by a shift towards the integration of selective elements of the farming economy by the hunter-gatherers. In effect, the Dnieper-Donets communities are in the availability phase, due to contacts with the adjacent Cucuteni-Tripolye farming groups, for a period of some 800 years prior to the integration of certain elements of the farming subsistence base into the economy of the Dnieper-Donets culture at *ca.* 5,600 BP (Zvelebil, Lillie, *in press*).

3. Foraging-farming contacts, through which the transition to farming was mediated in many areas, acted as a mechanism regulating the rate of transition and contributed to its causes. Our next task is to identify more rigorously the specific content of forager-farmer relations and to link them to their specific archaeological signatures.

ACKNOWLEDGEMENTS

Malcolm Lillie would like to thank Dr Inna Potekhina and Pr. Dimitri Telegin for access to skeletal materials housed in the Ukrainian Academy of Sciences and for hospitality proffered to him during his stay in Kiev, and for discussions relating to the chronological development of the Mariupol-type cemeteries. Also, the University of Sheffield for assistance with travel costs. All errors are our own.

REFERENCES

AMMERMAN (A. J.), On the Neolithic Transition in Europe : a Comment on Zvelebil and Zvelebil (1988), *Antiquity* 63, 1989, p. 162-165.

AMMERMAN (A. J.), Cavalli-SFORZA (L. L.), The Neolithic Transition and the Genetics of Population in Europe. An Addison-Wesley Module, *Anthropology* 10, Princeton, N. J. : Princeton University Press, 1984, p. 1-42.

ANTHONY (D. W.), On Subsistence Change at the Mesolithic-Neolithic Transition. *Current Anthropology* 34, 1994, p. 49-52.

Is there a Future for the Past ? An Overview of Archaeology in Western Russia and Ukraine. *Journal of Archaeological Research* 3 (3), 1995, p. 177-204.

AURENCHE (O.), CAUVIN (J.), Neolithisations. *British Archaeological Reports, International Series* 516, Oxford, (eds.) 1989, p. 1-319.

BUJDA (M.), Neolitizacija Europe : Slovenska Perspectiva. The Neolitization of Europe. Slovenian aspect. *Porocilo* 21, 1993, p. 163-193.

CAUVIN (J.), La néolithisation au Levant et sa première diffusion. *In* : O. AURENCHE, J. CAUVIN (eds) : Néolithisations. *British Archaeological Reports, International Series* 516, Oxford, 1989, p. 3-37.

Naissance des divinités. Naissance de l'agriculture, CNRS, Paris, 1994.

CAVALLI-SFORZA (L. L.), MENOZZI (P.), PIAZZA (A.), *The History and Geography of Human Genes*, Princeton University Press, Princeton, 1994.

DENNELL (R.), *European Economic Prehistory*, Academic Press, New York, 1983.

GUILAINE (J.), *Actes*, colloque international de Montpellier : *Premières communautés paysannes en Méditerranée occidentale*, CNRS, Paris, (ed.) 1987.

JACOBS (K.), Human Postcranial Variation in the Ukrainian Mesolithic-Neolithic. *Current Anthropology* 34, 1993, p. 311-324.

On Subsistence Change at the Mesolithic-Neolithic transition. *Current Anthropology* 35 (1), 1994a, p. 52-59

Human Dento-Gnathic Metric Variation in Mesolithic/Neolithic Ukraine : Possible Evidence of Demic Diffusion in the Dnieper Rapids Region. *Am. Jour. Phys. Anthropol.* 95, 1994b, p. 1-26.

JACOBS (K.), PRICE (D. T.) n.d., First Radiocarbon Dates for Two Ukrainian Mesolithic and Neolithic Cemeteries : Implications for Early Holocene Human Biogeography in Eastern Europe. ms.

LICHARDUS (J.), LICHARDUS-ITTEN (M.), La protohistoire de l'Europe. *Le Néolithique et le Chalcolithique*, PUF, Paris, (eds) 1985.

LILLIE (M.), Mesolithic and Neolithic Populations of Ukraine : Indications of Diet from Dental Pathology. *Current Anthropology* 37 (1), february 1996, p. 135-142.

POTEKHINA (I.), TELEGIN (D. Y.), On the Dating of the Ukrainian Mesolithic-Neolithic Transition. *Current Anthropology* 36 (5), 1995, p. 823-826.

RENFREW (C.), *Archaeology and Language. The Puzzle of Indo-European Origins*, Jonathan Cape, London, 1987.

SEFERIADES, (M. L.), The European Neolithisation Process. *Porocilo* 21, 1993, p. 137-162.

SHNIRELMAN (V. A.), *Proiskhozhdennie Skotovodstva*, Nauka, Moscow, 1980.

The Emergence of Food-Producing Economy in the Steppe and Forest-Steppe Zones of Eastern Europe. *Journal of Indo-European Studies* 20, 1992, p. 123-143.

SOKAL (R. R.), ODEN (N. L.), LEGENDRE (P.), FORTIN (M.-J.) *et al.*, Genetics and Language in European Populations, *Am. Nat.* 135 (2), 1990, p. 157-175.

SOKAL (R. R.), ODEN (N. L.), WILSON (A. C.), New Genetic Evidence Supports the Origin of Agriculture in Europe by Demic Diffusion. *Nature* 351, 1991, p. 143-144.

TELEGIN (D. Y.), Mallory (J. P.), Derievka : A Settlement and Cemetery of Copper Age Horse Keepers on the Middle Dnieper. *British Archaeological Reports, International Series* 287. Oxford, (ed) 1986, p. 97.

TELEGIN (D. Y.), Excavations at Vilnyanka, Vasilyevka (V), Osipovka and Yasinovatka. *In* : D. Y. TELEGIN, and I. D. POTEKHINA, J. P. MALLORY (ed), Neolithic Cemeteries and Populations in the Dnieper Basin. *British Archaeological Reports, International Series* 383, Oxford, 1987, p. 25-67.

TELEGIN (D. Y.), POTEKHINA (I. D.), Neolithic Cemeteries and Populations in the Dnieper Basin. *British Archaeological Reports, International Series* 383, Oxford, 1987.

THOMAS (J.), Neolithic Explanations Revisited : the Mesolithic-Neolithic Transition in Britain and South Scandinavia. *Proceedings of the Prehistoric Society* 54, 1988, p. 59-66.

Rethinking the Neolithic, Cambridge University Press, Cambridge, 1991.

ZILHAO (J.), The Spread of Agro-Pastoral Economies Across Mediterranean Europe : View from the Far Vest. *Journal of Mediterranean Archaeology* 6, 1993, p. 5-63.

ZVELEBIL (M.) (ed.), *Hunters in Transition*, Cambridge University Press, Cambridge, 1986.

Neolithization in Eastern Europe : a view from the Frontier. *Porocilo* 22, 1995, p. 107-151.

What's in a name ? *In* : M. EDMONDS, C. RICHARDS (eds.), *Social Life and Social Change : the Neolithic of Northwest Europe*, Avebury Press, Aldershot, (*in press*).

ZVELEBIL (M.), DOLUKHANOV (P.), The Transition to Farming in Eastern and Northern Europe. *Journal of World Prehistory* 5 (3), 1991, p. 233-278.

ZVELEBIL (M.), LILLIE (M. C.), The Transition to Agriculture in Eastern Europe. Paper submitted to conference volume : *Europe's first farmers* (ed.) T.D. Price. Cambridge University Press, Cambridge, (*in press*).

ZVELEBIL (M.), ZVELEBIL (K. V.), Agricultural Transition and Indo-European Dispersals. *Antiquity* 62, 1988, p. 574-583.

Arc alpin, Italie, Massif central et Corse

PLAN DE FREA, SITE 4 (DOLOMITES) : MOBILITÉ, SAISONNALITÉ ET EXPLOITATION DU MILIEU MONTAGNARD DURANT LE MÉSOLITHIQUE

PLAN DE FREA, SITE 4 (DOLOMITES) : MOBILITY, SEASONALITY AND THE EXPLOITATION OF THE MOUNTAIN ENVIRONMENT DURING THE MESOLITHIC

Diego E. Angelucci, Giorgio Bartolomei, Alberto Broglio, Pier Francesco Cassoli, Salvatore Improta, Alfio Maspero, Antonio Tagliacozzo

Résumé. – Les dernières fouilles de l'abri Frea IV (Val Gardena, Dolomites) ont mis au jour une séquence d'âge mésolithique contenant des structures et des sols d'habitat. Les résultats préliminaires des études interdisciplinaires montrent que le site a été occupé à partir de la phase moyenne du Sauveterrien jusqu'au début du Castelnovien, pendant l'été et l'automne. Les données archéozoologiques (les faunes sont principalement représentées par le bouquetin, le cerf et le lièvre alpin) montrent que la position du site est fonction de l'exploitation de deux milieux différents, la forêt et la prairie alpine ; cela a été aussi confirmé par les premiers résultats des analyses paléobotaniques. L'outillage lithique a été le plus souvent produit à partir de matériaux exotiques provenant d'une vaste aire géographique ; dans l'industrie lithique, les armatures microlithiques dominent, et les modifications d'associations concordent avec les séries mésolithiques de référence.

Mots clés : Mésolithique, Dolomites, milieu montagnard.

Abstract. – New excavations at Plan de Frea site 4 rockshelter (Gardena valley, Dolomites) brought to light a complex mesolithic sequence. Preliminary results indicate that the site has been occupied from Sauveterrian to the beginning of Castelnovian, during late summer/fall season and that its location was on account of the exploitation of different environments, both the forest and the mountain prairie. Lithics are produced mainly with exotic material coming from a wide catchment area, and the structural trends observed in the assemblages are in accordance with the regional mesolithic sequence.

Key words : Mesolithic, Dolomites, mountain environment.

FOREWORD

Plan de Frea is located at the head of the Gardena valley, a few hundred meters from the Gardena pass, in the heart of the Dolomites. The locality is a wide valley bottom between 1,900 and 2,100 m ; its surface is scattered with a number of boulders which fell from the walls of the Sella group. The Frea boulder is one of the largest and is situated at 1,930 m altitude near a small creek and a spring ; it is composed of calcareous dolomite.

Four sites were discovered along the walls of the boulder during a survey which was performed by some amateurs of the *Museum de Gherdeïna* (Museum of the Gardena valley, Ortisei) in 1977. From 1979 to 1981, excavations were conducted in sites 1 and 3, and a test trench was dug in site 4 (Broglio, Corai, Lunz, 1983). In 1994, an archaeological excavation was carried out at site 4, the most interesting from a stratigraphic point of view ; site 2 was explored as well.

This paper gives the preliminary results of the interdisciplinary study which is in progress on site 4.

STRATIGRAPHIC LAYOUT

Site 4 is located at the SE corner of the Frea boulder, under a shelter measuring about 20 m^2 ; the 1994 excavation allowed to explore most of the surface under the rockshelter. The stratigraphic sequence is described in the following, from top to bottom (fig. 1, unit names are in accordance with those identified in 1981 trench).

Unit 1 is the reworked layer at the top of the stratigraphy, while unit 2 is the present day A horizon, dark, loamy, organic ; in the proximity of the dripline, unit 2 is about 30 cm thick and it becomes thinner moving towards the interior.

Unit 3 corresponds to the main body of the archaeological stratification. 3A is an anthropic layer strongly affected by pedoturbation (especially cryo-, bio-, and graviturbation) at the top of the mesolithic sequence ; its upper boundary is cut by the soil formation processes which originated unit 2. It was dug by means of two arbitrary horizontal layers named 3AI and 3AII ; a few late bronze age sherds were collected from 3AI.

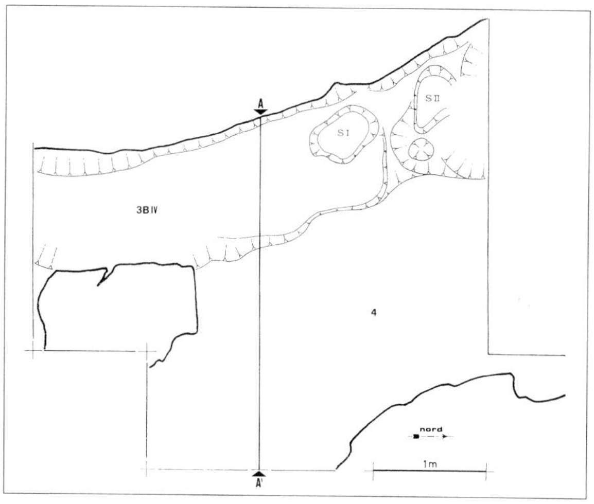

Figure 1. – Cross section. 1 reworked layer. 2. present day soil. 3. organic layer. 4. charcoal. 5. slope waste deposit. 6. gravel. 7. burnt soil. 8. silt. 9. carbonatic stone. 10. volcanic stone.

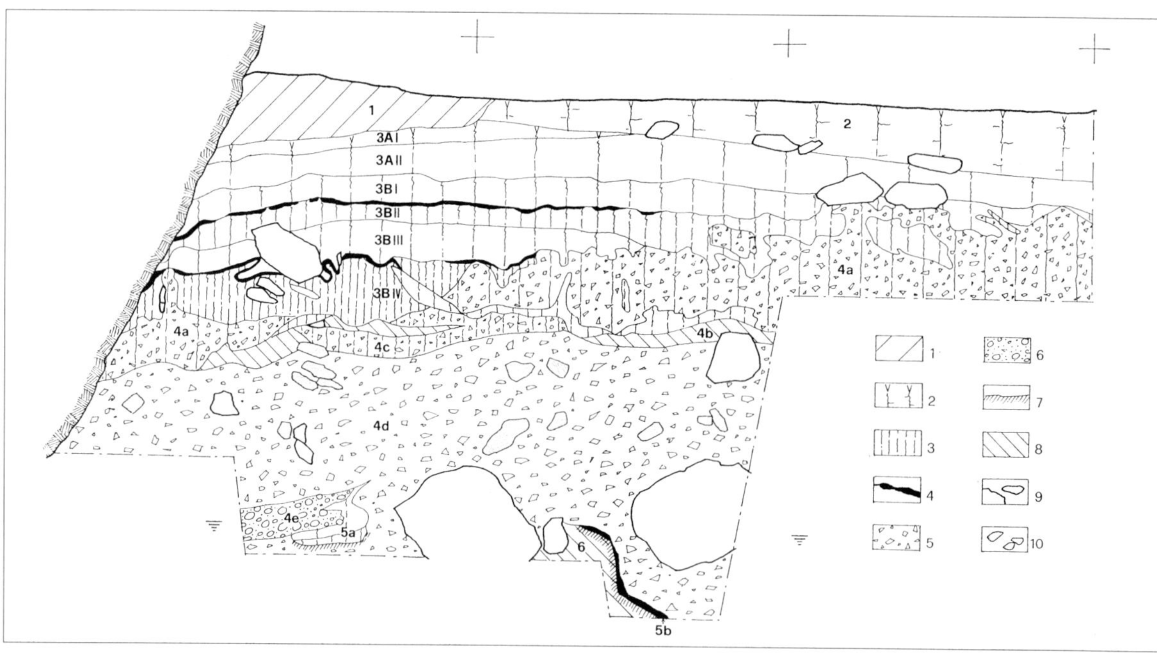

Figure 2. – Plan of 3BIV living floor

Unit 3B is the main portion of the mesolithic stratigraphic sequence, and it was further divided in four subunits (3BI to 3BIV). 3BI layer was pedoturbated contemporaneously with 3A ; 3BII is a living floor, very organic, with abundant charcoal and faunal remains and without observable anthropic structures, probably owing to cryo-bioturbation processes. Layer 3BIII is less organic and with many thermoclasts, but nonetheless its archaeological content is fairly high. 3BIV is formed of a thick layer which derives from the dispersal of ash, charcoal and waste material ; it fills an artificial shallow basin with some living structures : two small hearths, a probable post hole and a small pit (fig. 2).

The lower limit of unit 3 is convoluted and irregular up to unit 4, which is a thick succession of slope waste deposit (layers 4a, 4c and 4d), reworked residual sand (4b) and fluviatile fine gravel (4e). At the base of unit 4, two hearths, which are partly deformed by postdepositional modification and truncated by erosional phenomena, were found (unit 5). They were originally dug in the shape of shallow basins in the slope deposit, the matrix of which is reddened near its upper boundaries. Just a few lithic artefacts were collected from unit 5.

Unit 6 is the lower excavated unit ; it is composed of a limestone breccia with brownish silty loam matrix, likely derived from the reworking of a loess cover.

According to the stratigraphic layout, the sequence has been divided into six occupation phases : phase 1 : unit 5 ; ph. 2 : 3BIV ; ph. 3 : 3BIII ; ph. 4 : 3BII ; ph. 5 : 3BI, 3AII ; and ph. 6 : 3AI. Five out of the six phases (from 1 to 5) date to the Mesolithic, while phase 6 can be attributed to an ephemeral bronze age occupation.

RADIOCARBON DATING

Charcoal was sampled from almost all the units in order to carry out conventional radiocarbon dating. At present, two specimens have been already measured.

The specimen R-2565, which was collected from the unit 3BIII, has the age of 9,558 ± 90 BP, which corresponds to the calibrated time span of 10,908-10,428 BP. The other date is from the unit 5 (specimen R-2566) and it is 9,377 ± 198 BP (calibrated 10,853-10,047 BP) (Alessio *et al.*, 1996).

The dates are broadly superimposed to each other and correspond to the second half of the preboreal stage.

ANTHRACOLOGY

Only a few specimens from units 4 and 5 have been determined so far ; results are therefore on a highly preliminary basis.

The charcoal fragments from unit 5 mainly belong to *Juniperus sp.* and to the type *Pinus sylvestris / mugo*. The most common species found in unit 4 is *Larix decidua* Mill., followed by *Pinus cembra* L. and by a few charcoals of *Pinus sylvestris / mugo*. The assemblage of unit 4 should indicate the existence of a forest environment in the surroundings of the site.

FAUNAL REMAINS : MACROVERTEBRATES

A total of 4,000 macrovertebrate specimens was collected during the excavation ; but only 800 of them allowed a more detailed archaeozoological analysis. The preliminary results on a sample of 200 identifiable bones are reported here.

The most frequent species, with similar percentages, are *Capra ibex* and *Cervus elaphus*. Bone specimens belonging to these species are usually very fragmented ; all the portions of the skeleton are represented, but teeth and distal elements (*i.e.* phalanxes and metapodials) are prevalent.

As far as the MNI is concerned, eight red deer and ten ibex individuals are present. Two of the deers are less than 6 months in age, three are between 2-4 years and three are adults ; most of the ibexes are adult (6 out of

10), but young and very young animals are present as well. Some bones exhibit evidence of human activity, such as butchering traces and intentional fracturing marks.

The Alpine hare (*Lepus* cf. *timidus*) is abundant and is mainly represented by teeth and few post-cranial bones, which always belong to adult individuals. One fragment of wild boar (*Sus scrofa*) occurs in unit 3BIV, and three fragments of *Ursus arctos* in 3BIII. Bird remains (one fragment of *Lagopus mutus* has been determined so far) and a fish bone (probably a *Ciprinidae*) were also found. No significant variation has been noticed in the different layers so far.

The macrofaunal assemblage indicates that human activities at Plan de Frea were focused on hunting ibexes and red deers ; the age of death of some young individuals – two to six months – indicates that the site was occupied between July and November. The analysis of the macrofaunal assemblage also suggests the existence of a mixed environment – open mountain prairie and forest – in the surroundings of the site.

FAUNAL REMAINS : MICROMMAMALS

The preliminary study of the microfaunal remains shows no significant differences in the sequence (3AI to 3BIV). Amongst the Insectivora (12-22 %) *Sorex araneus* is prevalent, followed by *Sorex alpinus*, *Sorex minutus*, *Neomys* sp. and *Talpa* sp. Amongst the Rodents (78-88 %), the forest species (*Sciurus vulgaris, Dryomys nitedula*) and the genus *Apodemus* are rare ; the most common rodent is *Clethrionomys glareolus*. The Microtids are scarce : *M. arvalis* is present in layer 3BIV and absent in the other units ; *M. nivalis* is common in 3BII-3BI and rare in 3A ; *M. (Pitymys)* sp. increases towards the upper part of the stratigraphy.

The characteristics of the micromammal assemblage is probably related to the lithological differentiation between the valley slopes and to the abundance of water on the valley bottom. Although the amount of determined bones is low, a trend from an arid to a more humid environment, in the context of a mountain area characterised by the prevalence of herbaceous plants and bushes, can be recognized. It is remarkable that, at present, there are no comparable reference collections.

THE LITHIC ASSEMBLAGE

As far as the raw material is concerned, artefacts are mainly produced with exotic flint (80 to 95 %) collected from the Jurassic formations of Southern Trentino or Veneto regions in all the occupation phases. The local chert, which crops at the head and along the slopes of the Gardena valley, was used in small amount probably owing to its bad knapping quality. A few transparent quartz artefacts (always less than 1 %) were also found ; quartz crops in the Aurine Alps, some tens of kilometers north of the site.

The lithic assemblage is composed of cores, tools, microlithic tools, shatter and unretouched flaking products. The analysis of the retouched pieces was conducted according to the type list built for Romagnano III (Broglio, Kozlowski, 1983), which is the reference site for the Adige basin.

The cores are generally small, and the bladelet type is the prevalent one, often with one striking plan and unidirectional ; small globular cores are present. Only one pre-core was found.

Between the retouched pieces, the microlithic tools are predominant on the tools, from 77 % (ph. 5) to 91 % (ph. 2). Concerning the tools, the endscrapers are frequent, and the burins are scarce ; the truncations are common only in layer 3BII, and the retouched blades increase towards the upper part of the sequence. The other tools – becs, backed knives and pièces écaillées – are rare.

Amongst the microlithic tools, a large prevalence of the geometric types (triangles, segments and trapezes) and double backed points can be noticed. The triangles are frequent : a decrease of the isosceles triangles (especially

PLAN DE FREA - SITE 4				
	ph.2	ph.3	ph.4	ph.5
tools	16	13	21	41
microlithic tools	57	48	73	97
shatter	38	35	31	44
pre-cores	0	0	1	0
cores	8	3	5	6
SUM	119	99	131	188
% tools/ret. pieces	22	21	22	30
% microl. tools/ret. pieces	78	79	78	70
TOOLS	**16**	**13**	**21**	**41**
endscrapers	4	3	4	10
retouched flakes	8	9	9	14
denticulates	0	0	0	0
burins	1	0	1	2
truncated blades	1	0	3	1
retouched blades	1	0	4	8
becs	0	0	0	2
backed knives	1	0	0	3
points	0	0	0	0
pieces ecailles	0	1	0	1
composite tools	0	0	0	0
undet. fragments	0	0	0	0
SHATTER	**38**	**35**	**31**	**44**
distal microburins	14	14	11	19
proximal microburins	18	15	16	18
undet. microburins	2	2	0	2
backed microburins	0	0	1	1
enc. adj. fr.	4	4	3	4
ph.2: 4A, 3C, 3BV, 3BIV				
ph. 3: 3BIII				
ph. 4: 3BII				
ph. 5: 3BI, 3AII				

	ph.2	ph.3	ph.4	ph.5
PRE-CORES/CORES				
PRE-CORES	**0**	**0**	**1**	**0**
CORES	**8**	**3**	**5**	**6**
bladelet cores	6	2	2	4
flake cores	2	1	3	2
MICROL. TOOLS	**57**	**48**	**73**	**97**
truncated points	5	5	3	4
backed points	2	3	3	1
segments	7	2	8	12
trunc. backed bladelets	0	0	2	2
triangles	7	6	11	19
double-backed points	9	11	16	8
trapezes	0	0	1	5
marg. backed blts	2	0	1	1
miscellaneous	1	0	1	0
fr. backed bladelets	8	5	7	21
fr. armatures	1	2	6	9
unfinished armatures	2	3	2	11
DET ARM	44	37	61	93
UNDET ARM	13	11	12	4
MICROL. TOOLS				
triangles:				
elong. isoscele tr.	2	2	2	1
short isoscele tr.	2	1	3	3
short scalene tr.	1	0	1	2
elong. sc. tr., elong. base	1	3	3	5
eong. sc. tr., short base	1	0	2	14
double-backed points:				
elong. double-b. points	8	9	9	4
short double-b. points	1	2	2	4

Table 1. – Overall structure of the lithic assemblages.

elongated) and an increase of the scalene ones, mainly in phase 5, and due to the short base-elongated type amount, can be observed from bottom to top. The trapezes are absent in phases 2 and 3 ; one piece is present in phase 4 and a few in phase 5. Amongst the double-backed points, the elongated type – the most common in phases 2, 3 and 4 – is partly replaced by the short one in phase 5. Other points, like the truncated and the single backed ones, are also present.

The microburins are abundant in all the layers, with a substantial equilibrium between distal and proximal types.

The lithic assemblages of site 4 show some of the typical features and trends of the Romagnano III reference sequence, especially for the geometric types and the points ; the ratio microlithic tools/tools is higher at Plan de Frea site 4, as in many other mesolithic mountain sites. Relating to Romagnano, the phases 2 to 4 can be attributed to the mid- and recent stages of the Sauveterrian, while the phase 5 can be affiliated to a transitional moment between the Sauveterrian and the Castenovian (but the pedoturbation could have partly polluted its original assemblage).

DISCUSSION

Although the study of site 4 is still on a preliminary basis, some considerations can be made.

As far as the environmental context is concerned, it has been noticed that Plan de Frea was located on a strategical position for the seasonal exploitation of mountain resources, *i.e.* at the boundary between the forest and the open mountain prairie. For this reason, the hunting at Plan de Frea is not, on a broad sense, specialized : amongst the faunal remains, there is not any large prevalence of certain species, but a substantial equilibrium in red deer, ibex and hare. The archaeobotanical study will give more data about the environmental context and the use of vegetational resources.

The cultural sequence observed at Plan de Frea IV fits with the succession of the lithic assemblages of the reference site of Romagnano III ; for this reason, it is possible, although radiocarbon dating is not yet complete, to define the chronological interval of site occupation. Frea IV has been inhabited for a quite long time span, at least for one millennium, and it is different from the other sites of Plan de Frea (Frea I, II and III), which had an ephemeral occupation during the Mesolithic (Broglio, Corai, Lunz, 1983). The 1994 excavation brought to light a number of structures and five different mesolithic occupation floors. The study of the provenance of lithic raw material shows that the hunters of Plan de Frea had a wide catchment area : lithotypes cropping at far distance and on different directions from the site were used. Moreover, it can be observed that the percentages of the different types of raw material do not change much in the stratigraphic sequence.

These data suggest that, despite its geographic location and the seasonality of the occupation Plan de Frea IV cannot be merely considered as a mountain hunting camp, but was probably a reference site for the mesolithic hunters who moved along recurrent itineraries in the Dolomitic region and the Adige basin. We can consider it as a proof of the continuity of human behaviour throughout the Mesolithic, which is also in accordance with the cultural continuity observed in the studied reference successions (Romagnano III, Zambana, Pradestel) and it is still evident in the site IV lithic assemblage.

Plan de Frea highlights some of the aspects of the way of life of mesolithic hunters : a high mobility, which was probably related to a deep knowledge of the geographical and environmental setting, and the capability to exploit the resources of mountain environment.

ACKNOWLEDGMENTS

The authors would like to thank Mr L. Moroder, head of the Institut Cultural Ladin, and Mr L. Dal Rì, archaeologist of the Soprintendenza ai Beni Culturali della Provincia Autonoma di Bolzano, the bodies which granted the research at Plan de Frea.

REFERENCES

ALESSIO (M.) *et al.*, 14C Datings of Three Mesolithic Series of Trento Basin in the Adige Valley (Vatte di Zambana, Pradestel, Romagnano) and Comparisons with Mesolithic Series of Other Regions. *Preistoria Alpina*, n° 19, 1983, p. 245-254.

ALESSIO (M.), ANGELUCCI (D. E.), BROGLIO (A.), IMPROTA (S.), New Data for the Chronology of the Mesolithic in the Dolomites. The Radiocarbon Dates from Plan de Frea (Selva Val Gardena, Italy). *Preistoria Alpina*, n° 30 (1994), 1996, p. 145-154.

BROGLIO (A.), CORAI (P.), LUNZ (R.), Risultati preliminari delle prospezioni nei siti mesolitici della Val Gardena e degli scavi al Plan de Frea. *Bulletin d'Études préhistoriques* XV, 1983, p. 19-53.

BROGLIO (A.), KOZLOWSKI (S.), Tipologia ed evoluzione delle industrie mesolitiche di Romagnano III. *Preistoria Alpina*, n° 19, 1983, p. 93-148.

LES SITES D'ALTITUDE À CIMA DODICI (PLATEAU D'ASIAGO, ITALIE) : NOUVELLES DONNÉES SUR LES PEUPLEMENTS DE L'HOLOCÈNE RÉCENT DES PRÉALPES DU SUD

THE OPEN MOUNTAIN SITES AT CIMA DODICI (ASIAGO PLATEAU, ITALY) : NEW DATA ON EARLY HOLOCENE SETTLEMENT OF THE SOUTHERN PRE-ALPS

Diego E. Angelucci, Giovanni Frigo, Gian Vittorio Martello, Marco Peresani

Résumé. – Une récente recherche sur le haut plateau d'Asiago (Préalpes du Sud) a permis de découvrir des sites du Mésolithique ancien (24 jusqu'à présent). Ces sites se situent entre 2 000 et 2 150 m sur un plateau karstique, sur de petites terrasses et des versants doux. Les produits de débitage sont éparpillés dans un sol de type podzolique, qui a évolué sur un loess tardiglaciaire, comme le démontrent les quatre sites fouillés ; ces produits sont débités à partir de silex exotique. On trouve parmi les ensembles lithiques, des pré-nucléus, des nucléus, des débris et des pièces retouchées (plus d'armatures que d'outils). Les sites datent du Sauveterrien moyen et forment un ensemble qui indique une exploitation saisonnière des ressources montagnardes.

Mots clés : Holocène ancien, Mésolithique, plateau d'Asiago, Préalpes du Sud, milieu montagnard.

Abstract. – A recent research on the Asiago plateau (Southern Pre-Alps) has revealed a number (24 till now) of early mesolithic sites. Sites locate in between 2,000 and 2,150 m on a strongly karstified plateau, on small terraces or gently dipping slopes. Artefacts are scattered in a podzol-like soil profile developed on a late-glacial loess, as shown by the four excavated sites ; they are knapped from exotic raw materials. Amongst lithic assemblages (pre-) cores, shattered and retouched pieces are found ; the microlithic tools are prevalent. Sites date back to the mid-Sauveterrian and form a complex assemblage indicating seasonal exploitation of mountain resources.

Key words : Early Holocene, Mesolithic, Asiago plateau, Southern Pre-Alps, mountain environment.

FOREWORD

The mesolithic research in the eastern sector of the Southern Alps is at a cross-road : on the one hand, more than twenty years ago, exploration in the Dolomites brought to light a complex settlement pattern and allowed the definition of the regional chronostratigraphic and cultural sequence ; on the other one, large areas of the Southern Alps have not been examined yet. For instance, the information on the Eastern Pre-Alps is quite poor, because of the scarce conservation of the archaeological record and the focusing of studies on other sectors of the Alpine chain.

The aim of the Cima Dodici project, of which this paper gives some preliminary results, is to understand the role played by the pre-alpine area in the early holocene settlement of the Alps. Cima Dodici is located in the upper part and near the NW corner of the Asiago plateau (Veneto, Northern Italy). Historically, the plateau was strongly involved in war operations during World War I, which is a common situation in the Eastern Italian Pre-Alps ; this led to an almost complete destruction of the archaeological record. The impact of World War I in the NW and SE sectors of the plateau was less strong than in its central part ; for this reason, the Cima Dodici area was chosen as a sample area in order to verify the existence of mesolithic sites on the plateau.

THE ASIAGO PLATEAU : THE STATE OF THE ART ON PREHISTORIC SETTLEMENT

The Asiago plateau is one of the main calcareous massifs which border the southern margin of the Eastern Alps towards the Pô plain. It is a vast highland delimited by escarpments and deeply incised valleys, 600 km^2 wide ; the altitude ranges between 1,000 and 2,300 m a.s.l.

The archaeological research has revealed that the plateau represented a very important area for understanding the human penetration to the mountain environment after the last glacial maximum.

A number of epigravettian sites dated to the Alleröd were discovered between 1,000 and 1,400 m altitude ; these sites are at present the oldest evidence for human settlement of the plateau after the Pleniglacial. Sites under rockshelter such as Riparo Dalmeri (Dalmeri, Lanzinger, 1989), flint exploitation sites as Val Lastari (Broglio *et al.* 1992) and Riparo Battaglia (Peresani, 1994), and a number of camps identified on the basis of surface collection in the area of Marcesina (Broglio, 1992) are present. They are part of the complex settlement pattern on the Eastern Alps in the Late Glacial, which comprised permanent low-altitude sites in the main valleys and seasonal mountain camps (Broglio, 1992).

As far as the Mesolithic is concerned, only one site was known before the identification of the Cima Dodici area : it is the Grotta d'Ernesto, a cave site along the NE escarpment of the plateau (Awsiuk *et al.,* 1991).

The existence of lithic artefacts in the upper part of the plateau has been known since 1957, that is a few years before the identification of the mesolithic culture in Northern Italy, when Mr. A. Allegranzi found a few flints in the area. Mr. A. Allegranzi collected other mesolithic artefacts during the 80s (Frigo, Martello, 1991) ; this led to the organisation of a research project which started in 1993 and is still in progress.

The study is conducted by means of systematic archaeological surveys supported by computer aided instruments for topography. Each artefact concentration is indicated by a symbol (CD) and ordered by number ; surface collection is performed after the topographical location. The geomorphologic and quaternary context is also analysed, and test excavations are carried out in selected sites.

Archaeological survey in Cima Dodici area allowed to explore a surface of over 2 km^2 and to identify, after the last field campaign, 24 sites. Sites CD2, CD3, CD4 and CD9 were excavated in 1993 and 1994.

SITE LOCATION AND THE ENVIRONMENTAL CONTEXT

The sites are located between 2,000 and 2,100 m, south of the watershed, which records the highest altitudes of the plateau (Cima Dodici, 2,343 m a.s.l.) ; a steep escarpment borders the plateau north of the watershed.

From a geomorphological point of view, this sector is a wide calcareous highland which is composed by gently dipping southwards, well stratified early jurassic limestone. Being the area controlled by the geological structure, the topographic surface also dips southwards at a low angle (Frigo, Martello, 1991). Whereas the hillslopes are quite gentle, the microrelief is rough because of the strong karstification. Karst macro- and micro-morphologies are abundant : sinkholes, pocket valleys, karstic pits and so forth. Karstification is also responsible for the almost complete absence of surface drainage pattern.

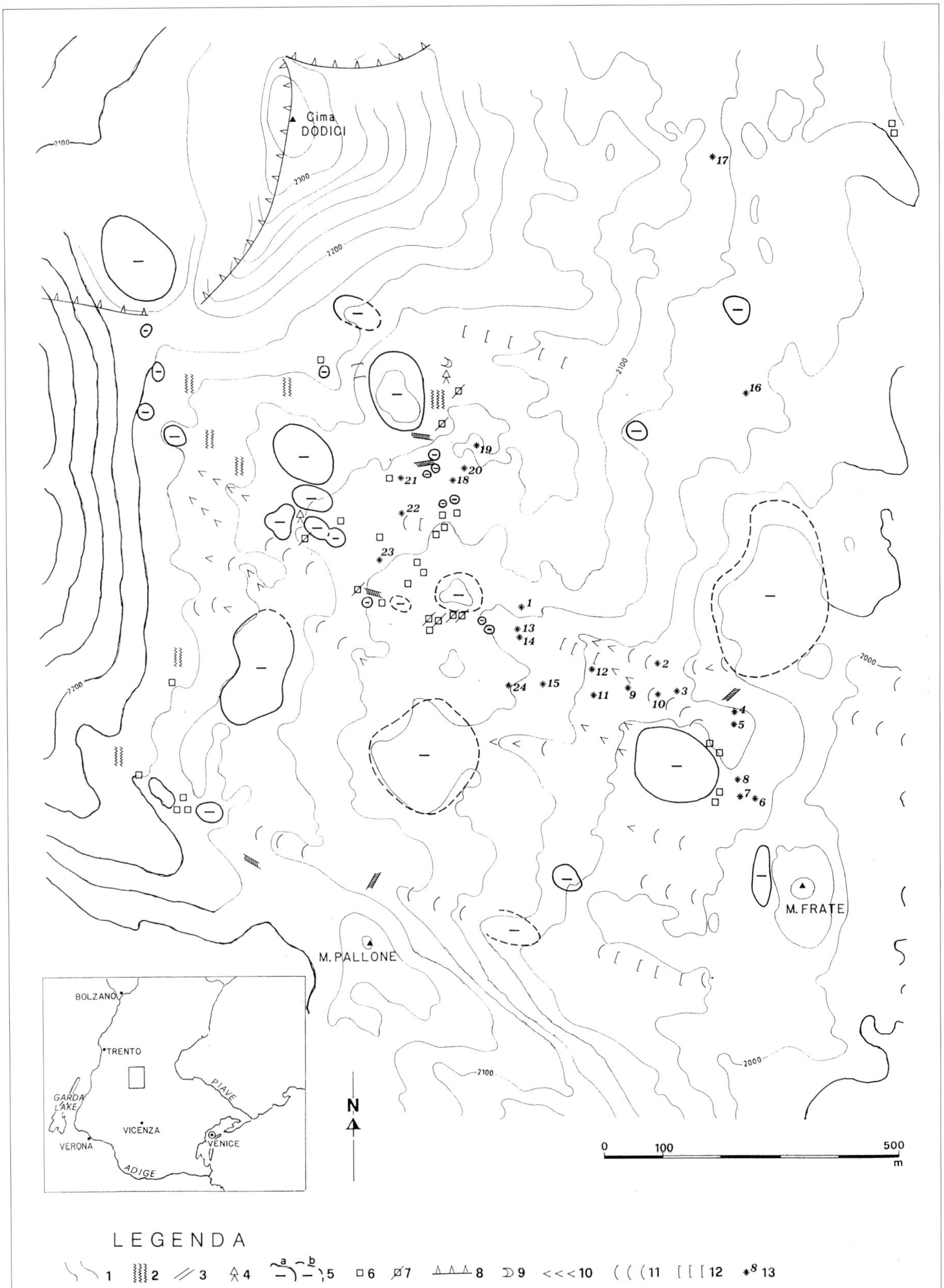

Figure 1. – Geomorphological sketch-map of Cima Dodici area and site location. List of symbols. 1. Contour lines. 2. Subcutaneous limestone pavements. 3. Grikes. 4. Perched blocks. 5. Doline, karst depression, a) sharp edge b) not well defined edge (large glaciokarstic depression included). 6. Pit doline. 7. Cut pit. 8. Edge of erosional scarp. 9. Roches montonnèes. 10. V-shaped valley. 11. Trough shaped bottom valley. 12. Flat floored valley. 13. Sites.

Pleistocene glacialism is well represented, and slight cryoergic processes are still active in the area.

Surface deposits and soil cover are discontinuous and thin. Accelerated erosional phenomena, which are mostly derived from human impact, *i.e.* pasture and war operations, gave rise to extended eroded areas. In these areas, the bedrock is covered by a limestone angular clast lag pavement, and artefacts are easily identifiable.

The sites are individually located on similar geomorphological contexts. Firstly, their distribution is not homogeneous in the surveyed area : they are clustered along one of the main depressions which run towards the watershed. On a smaller scale, they are situated on the margin of wide karstic depressions which are the result of the union of singular sinkholes, on small terraces at counterslopes or on flat ridges between deep karst valleys. The sites are often located in the proximity of grikes and cut pits.

The location of the sites is probably related to the environmental context. The settlement pattern in the Cima Dodici area is quite different from the one observed in the Dolomites : there are no sites located on a dominant position, on pass or under rockshelter. The location along valley slopes is probably linked to the fact that the valley is one of the main tracks towards the higher part of the plateau and that it was one of the paths for the herds which were hunted by mesolithic men. Moreover, the location of the sites close to karstic holes can be explained by the presence of snow inside them during the whole year, which could solve the problem of water supply in the Cima Dodici area, which is completely devoid of surface drainage.

THE PEDO-SEDIMENTOLOGICAL RECORD

Test excavations have shown that artefacts were scattered inside a podzol-like soil profile, whose thickness is greater inside the karstic depressions. One of the most complete profiles was observed in a karstic hole at CD3, and its description is briefly reported in the following :

O : organic litter with scarcely decomposed residues ; A : 7.5YR2/0 clayey loam, fine subangular blocky moderately developed, very porous, decalcified, strongly organic, lower boundary clear ; E : 10YR5/1 loam, almost well developed fine platy pedality ; humid, moderately porous, decalcified, it contains micas, weak ; sharp lower boundary ; Bs : 7.5YR4/4 clayey loam ; well developed fine subangular blocky ; humid ; porous ; firm ; decalcified ; it contains micas ; sharp irregular lower boundary ; Bh : 7.5YR3/4 clayey loam, well developed fine subangular blocky ; ped faces coated by very dark brown organic films ; moderately porous, dry, hard, decalcified, with micas, sharp irregular lower boundary ; 2R : limestone.

The soil horizonation is O, A, 2R outside the depressions and its thickness is usually less than 10 cm. The same type of profile was observed in the other excavated sites. The presence of mica, absent in the calcareous bedrock, and the particle size distribution indicate that the parent material of the soil is a loess cover, most probably late glacial in age, which was eroded and redeposited in the karstic depressions soon after its sedimentation. The B horizon derives from illuvial accumulation of iron sesquioxides and organic matter, according to processes similar to podzolisation.

The soil formation processes are responsible for a severe reduction of the archaeological record ; the sites do not contain faunal remains, and charcoal is rare and badly conserved. Lithic artefacts are usually clustered at E/Bs boundary, but they are present in the whole profile as well.

RAW MATERIAL SOURCES

The Cima Dodici area is devoid of flint outcrops. Cherty limestone crops out on the mid-lower part of the plateau, in the late jurassic and cretaceous formations. Three different types of flint can be distinguished in these formations (Peresani, 1994) : a) the deeply fractured dark red flint of the Rosso Ammonitico Veronese (RAV) ; b) the light to dark grey/greyish brown flint of the Biancone formation (Bnc) ; and c) the Scaglia Rossa reddish-brown flint (ScR).

The observations on a statistical sample of assemblages from a few sites (see tabl. 1) indicate that the most used type is the Bnc, which ranges between 70 % and 85 %, followed by the ScR (15 % to 30 %) ; the flint from RAV is rare or absent at all. No other types of flint were recorded.

The raw material analysis suggests that flint was probably collected in the lower sector of the plateau ; this is not sure, because these flint types also crop out in other sectors of the SE Pre-Alps. The absence of raw materials coming exclusively from the area north of the Asiago plateau (Trentino region) is remarkable.

flint type ↓ site→	CD3*	CD9	CD19	CD20
RAV	0.9%	1.0%	0	0
Bnc	84.5%	70.4%	70.8%	82%
ScR	14.6%	28.6%	29.2%	18%

Table 1. – Raw materials used at Cima Dodici mesolithic sites.

	CD3	CD9
tools	57	22
microlithic tools	115	67
shatter	356	120
precores	2	11
cores	16	19
miscell.	28	10
TOOLS	**57**	**22**
endscrapers	15	5
retouched flakes	2	0
denticulates	2	5
burins	13	5
truncated blades	3	1
retouched blades	2	2
becs	1	0
backed knives	3	4
points	2	0
pieces ecailles	0	0
composite tools	0	0
miscellaneous	0	0
undet. fragments	14	0
SHATTER	**356**	**120**
distal ord. microburins	175	38
prox. ord. microburins	136	52
medial microburins	2	2
plunged microburins	11	4
undet. microburins	5	4
backed microburins	4	3
enc. adj. fr.	23	5

	CD3	CD9
PRECORES/CORES	**18**	**30**
PRECORES	2	11
BLADELET CORES	11	14
fragm. bladelets cores	4	3
FLAKE CORES	1	2
MICROL. TOOLS	**115**	**67**
truncated points	6	3
backed points	4	1
segments	13	2
trunc. backed bladelets	0	4
scalene triangles	26	16
isoscele triangles	8	5
double-backed points	19	7
marg. backed blts (fr.)	1	0
miscellaneous	0	2
fr. backed bladelets	30	16
fr. microliths	5	9
unfinished armatures	1	2
fr. backed points	2	0
DET MICR. TOOLS	77	40
UNDET MICR. TOOLS	38	29
MISCELLANEOUS	**28**	**10**
notched flakes	3	3
notched bladelets	12	1
marg. ret. flakes/blts.	13	6
tools/ret. pieces	33,1	24,7
microliths/ret. pieces	66,9	75,3

Table 2. – Overall structure of the lithic assemblages of sites CD3 and CD9.

THE LITHIC INDUSTRIES

Whereas mesolithic artefacts are found at almost all sites, only a few of them are sufficiently numerous to allow some considerations on the typology of the assemblage. At CD3 and CD9, several thousand artefacts were collected ; among them, pre-cores and cores ; flaking products ; retouched pieces ; and shatter (tabl. 2).

At CD3, pre-cores and cores are common ; the latter are mainly bladelet cores. Microlithic tools are the most represented group among retouched pieces (ab. 67 %). Endscrapers (mainly frontal and short on flake and nose type), burins out of thick flake, truncations and backed knives are present among the tools ; truncated points, segments, triangles and double backed (*cf.* Sauveterre) points are found among microlithic tools. Microburins, mostly ordinary, are abundant.

The assemblage from CD9 is less abundant than the one from CD3. Its overall structure is similar to CD3 one but for pre-cores and cores, which are more frequent ; the bladelet core type is the most common one. Microlithic tools make 75 % of the retouched pieces. A short triangular retouched-base point was found at CD9 : this type of microlith is typical of northern alpine assemblages (*cf.* Tardenois point), and it has never been found south of the Alpine watershed.

The assemblages collected at CD3 and CD9 can be attributed, on a typological basis and in relation to the reference site of Romagnano III, to the mid-phase of the Sauveterrian, which is dated to 9,350-8,500 BP (uncalibrated ; Broglio, Kozlowski, 1983).

Other typical sauveterrian pieces (triangles, double backed points, etc.) were found in other sites of the Cima Dodici area.

DISCUSSION

Research on the Asiago plateau indicates that site density in this sample area of the Pre-Alps is comparable to the one observed in the Dolomites, which is the classical area for research on the Northern Italian Mesolithic. The location of the mesolithic sites at Cima Dodici fits with the model of mesolithic settlement pattern : their altitudinal location, environmental context and lithic assemblages are comparable with the ones found in the seasonal mountain camps of the Dolomites.

The relative scarcity of lithic industries and the absence of numerical dating do not allow to test whether the sites are contemporaneous or not. Only for a few sites can a chronological attribution be assessed ; for most of them, a general attribution to the Sauveterrian can be proposed. In this case, the observed pattern must be seen as an assemblage of sites rather than as a system.

The general scenario indicates a high mobility of early holocene hunter-gatherers ; they settled probably during the summer-early autumn season and on account of hunting, in this area lacking in raw materials, which were collected on the mid-southern part of the Asiago plateau.

Unfortunately, the relative scarcity of the archaeological record, related to severe environmental processes, is responsible for the limited archaeological information. Future exploration and data elaboration can clarify some of the aspects of this newly-found early holocene settlement in this part of the Southern Pre-Alps.

ACKNOWLEDGMENTS

The research at Cima Dodici is conducted by means of the financial support of the Cultural Council of Vicenza Province (Assessorato alla Cultura della Provincia di Vicenza) and of the Consiglio Nazionale delle Ricerche (research line 4.1.1 « Archeosuperfici »). The authors would like to thanks all the people who participated at fieldwork on the Asiago plateau and Prof. A. Broglio for the critical reading of the draft.

REFERENCES

AWSIUK (R.), BARTOLOMEI (G.), CATTANI (L.), CAVALLO (C.) *et al.*, La Grotta d'Ernesto (Trento) : frequentazione umana e paleoambiente. *Preistoria Alpina*, n° 27, 1991, p. 7-160.

BROGLIO (A.), Mountain Sites in the Context of the North-East Italian Upper Palaeolithic and Mesolithic. *Preistoria Alpina*, n° 28, 1992, p. 293-310.

BROGLIO (A.), CASTELLETTI (L.), FRIGO (G.), MARTELLO (G.) *et al.*, Le site épigravettien de Val-Lastari sur le haut plateau d'Asiago (Préalpes de la Vénétie). *Preistoria Alpina*, n° 28, 1992, p. 207-225.

BROGLIO (A.), KOZLOWSKI (S.-K.), Tipologia ed evoluzione delle industrie mesolitiche di Romagnano III. *Preistoria Alpina*, n° 19, 1983, p. 93-148.

DALMERI (G.), LANZINGER (M.), Ricerche paletnologiche e paleoambientali al Riparo Dalmeri (Trento). *Preistoria Alpina*, n° 25, 1989, p. 223-229.

FRIGO (G.), MARTELLO (G.-V.), Testimonianze mesolitiche a Sud di Cima XII (Altopiano dei Sette Comuni). *Preistoria Alpina*, n° 27, 1991.

PERESANI (M.), Flint Exploitation at Epigravettian and Mesolithic Sites of the Asiago Plateau. *Monografie di Natura Bresciana* 20, 1994, p. 221-234.

ABRI DALMERI (TRENTE, ITALIE) : LA CHASSE DANS UN GISEMENT ÉPIGRAVETTIEN DE MONTAGNE

HUNTING IN A MOUNTAIN EPIGRAVETTIAN DEPOSIT : RIPARO DALMERI (TRENTO, ITALY)

Pier Francesco Cassoli, Giampaolo Dalmeri, Ivana Fiore et Antonio Tagliacozzo

Résumé. – L'abri sous roche de Dalmeri se trouve sur le plateau d'Asiago (TN) à une altitude de 1 240 m. La série stratigraphique, attribuable à la fin du Tardiglaciaire würmien, présente une séquence de niveaux caillouteux, avec un grand nombre de restes fauniques et d'industrie lithique. Les niveaux supérieurs sont peu anthropisés et le matériel archéologique présente des traces de déplacement ; par contre, dans les niveaux inférieurs, en position originelle, très anthropisés, ont été reconnues des surfaces de piétinement.

L'abri Dalmeri est l'un des rares gisements italiens en haute montagne où les restes fauniques ont été conservés. On y chassait le bouquetin, qui représente 90 % des restes, et plus rarement le cerf et le chevreuil ; on a aussi relevé la présence de castor, lièvre, renard, ours, loup, marmotte et hérisson.

La pêche est attestée par de nombreuses vertèbres et arêtes de poisson.

Les restes osseux sont très fragmentés. Les processus responsables de cette fragmentation sont le traitement de boucherie des animaux, l'extraction de la moelle, l'utilisation de l'os, l'action des carnivores (plusieurs restes présentent des traces de corrosion dues à des acides gastriques) et les agents naturels.

La surface de plusieurs fragments présente des stries typiques de l'action d'un instrument lithique, traces de racines et de dents de carnivores et de rongeurs.

Dans cette analyse, on a tenu en compte seulement les niveaux 26, 26b (11 000 ± 115 BP), 26c.

Mots clés : Épigravettien, Capra ibex, saison de capture, traces de boucherie.

Abstract. – The rockshelter of Dalmeri is situated on the Asiago plateau (Trento), at an altitude of 1,240 m. The late würmian tardiglacial stratigraphy presents a sequence of stony levels, with many faunal remains and lithic industry vestiges. The upper levels feature a slight anthropization and the archaeological material show signs of movement ; on the contrary, the lower levels feature a strong anthropization and palaeosols in places have been identified. The shelter of Dalmeri is one of the few high Italian mountain deposits where fauna has been preserved.

Here ibex (which represents 90 % of the remains) but also red deer and roe deer were hunted ; the presence of beaver, hare, wolf, marmot and hedgehog has also been reported.

Fishing is evidenced by many fish vertebrae and bones. Bone remains are highly fragmented. This fragmentation results from animal meat processing and marrow extraction, but also from the use of bones, the action of carnivores (some remains show signs of corrosion due to gastric acids) and natural agents.

The surface of several fragments presents groovesthat are typical of the action of a lithic instrument, traces of roots and carnivore and rodent teeth.

This analysis only takes into account levels 26, 26b (11,000 ± 115 BP) and 26c.

Key words : Epigravettian, Capra ibex, seasonal catching, butchering.

INTRODUCTION, STRATIGRAPHIE ET INDUSTRIE LITHIQUE

L'abri Dalmeri est situé sur le haut plateau des Sette Comuni, à une altitude de 1 240 m, dans la province de Trente, à l'extrême limite nord de la vaste plaine de Marcèsina, dans le Trentin sud-oriental. Les recherches, commencées en 1991 par la section de Paléontologie du Musée des sciences naturelles de Trente, continuent encore avec des interventions pluridisciplinaires. Les fouilles ont permis de découvrir un dépôt fortement anthropisé du Tardiglaciaire würmien. On expose, dans cet article, les résultats préliminaires des recherches faites entre 1991 et 1993. L'abri a été exploré dans la zone centrale (secteur I) où la paroi en saillie atteint 6 m de hauteur. Les US 14 et 26 comprennent des structures d'habitat encore en cours de fouille (Dalmeri, Lanzinger 1989, Dalmeri 1993).

Le gisement semble stratigraphiquement non perturbé et la stratigraphie, jusqu'à présent fouillée sur une épaisseur de 5,50 m, est composée de strates en majorité caillouteuses. La base du dépôt n'a pas encore été mise au jour.

On y distingue :

– les unités supérieures (US 4a, 5-13, 14-14a), peu anthropisées et présentant des épisodes de concrétion dans lesquels les restes anthropiques montrent des signes de réélaboration et de flottage ;

– les unités inférieures (US 14b, 25, 26 et 28), présentes à 2 m, en place et semblant plus intensément anthropisées. Elles comprennent les sous-unités 21-25a-25b, 26a-26b-26c. Les niveaux fortement anthropisés 14b et 26b-c sont constitués d'une brèche de petite et moyenne dimension enrobée d'une matrice limono-argileuse noire, à caractère hydromorphe.

Les restes anthropiques sont représentés par des foyers, par une structure à « tumulus » de cailloutis calcaire, par des paléosurfaces, par l'industrie lithique très abondante, par une industrie osseuse et par un grand nombre de restes fauniques.

Les objets ornés et les objets « d'art » sont une perle forée en stéatite et des coquilles marines forées pour l'application ou la suspension (*Columbella* et *Cyclope*) ; les éclats de silex, avec le cortex gravé de motifs, sûrement intentionnels (en forme de grille), sont abondants. Une pierre à angles vifs (de 10 cm de côté), originaire de la paroi rocheuse de l'abri, teintée d'ocre rouge, provient des US anthropisées de la zone interne de la caverne ; sur une surface rugueuse et concrétionnée sont visibles des motifs de bandes linéaires parallèles et convergentes.

On note la présence de galets utilisés comme percuteurs, des « lissoirs » en calcaire et grès, un objet défini comme un « pilon » en grès et deux éclats de cristal de roche. L'ocre rouge est abondante dans les niveaux fortement anthropisés.

Trois datations radiométriques effectuées sur les charbons des foyers par les laboratoires de géophysique de Kiel et de Rome ont donné les résultats suivants : KI-3634, 11 260 ± 100 pour l'US 14 ; ROME 425 RD-1, 10 800 ± 100 pour l'US 14b ; ROME 426 RD-2, 11 000 ± 115 pour l'US 26b.

L'occupation du site appartient donc à l'interstade de l'Alleröd ou à sa phase finale. Les épisodes de fréquentation humaine plus ou moins intense se réfèrent à la même phase de l'Épigravettien récent. Les instruments lithiques sont constitués dans l'ensemble de 3 211 types primaires, y compris les fragments, 227 pré-nucléus et nucléus et une énorme quantité de produits de débitage.

Dans l'industrie de l'abri Dalmeri se réalisent les tendances évolutives propres de l'Épigravettien récent-final :

– présence de burins-nucléiformes, les grattoirs frontaux courts prévalant sur les frontaux longs ;

– présence de types caractéristiques tels que les grattoirs frontaux très courts unguiformes, en éventail, subcirculaires et circulaires. Parmi les armatures dominent les dos et les troncatures sur les microgravettes, et apparaissent les géométriques obtenus par la technique du coup de microburin (Laplace, 1964a et b).

ANALYSES DES RESTES DE FAUNE

L'analyse des restes de faune concerne les unités inférieures du dépôt, 14b et 26, et les sous-unités relatives qui s'avèrent être très anthropisées à l'intérieur des séries exploitées (tabl. 1). 17 500 ossements ont été récupérés, en grande partie des petits fragments indéterminables. Seuls 982 restes de mammifères ont permis une détermination au niveau de l'espèce, même s'il s'agit surtout de dents isolées et de petits fragments osseux. À cela on doit ajouter 310 restes de poissons ; principalement des arêtes et des vertèbres. Ils sont en cours d'étude mais les genres *Leuciscus*, *Barbus* et *Salmus trutta* ont été déjà identifiés.

Parmi les mammifères, l'espèce la plus représentée est le bouquetin (*Capra ibex*) avec 90 % des restes ; les restes de cerf sont peu nombreux (5,9 %). Le chevreuil, l'ours, le renard, le loup, le blaireau, le castor, la marmotte, le lièvre et le hérisson ont été identifiés mais sont rares. Même dans le comptage des individus (calculé en considérant les restes de chaque unité ou sous-unité stratigraphique comme appartenant à des individus différents), le bouquetin reste l'espèce la plus fréquente (NMI 59) (tabl. 1). Le cerf est attesté par des ossements représentatifs du squelette entier. Il est au nombre de 14 individus de différentes classes d'âge, où dominent les individus adultes mais pas séniles, et parmi lesquels sont attestés au moins 3 très jeunes individus d'âge inférieur à 6 mois et 2 jeunes individus de 1 à 2 ans. L'ours est représenté essentiellement par les métapodes et les phalanges de 6 individus, parmi lesquels on a pu déterminer au moins 1 individu jeune. Les restes de renard sont constitués exclusivement des dents de 4 individus (1 adulte et 3 très jeunes). Pour le loup, il s'agit certainement d'un individu jeune, tandis que le blaireau et le chevreuil peuvent être considérés comme des individus adultes. Les restes de lièvre, de marmotte et de castor appartiennent tous à des individus adultes.

Le bouquetin : 885 restes osseux qui se rapportent à 59 individus ont été déterminés (tabl. 2a). Le calcul des individus et l'évaluation de leur âge relatif sont effectués sur la base des restes de l'appareil masticatoire, excepté pour les restes provenant de la paléosurface du niveau 26b, où les éléments des membres attestent un plus grand nombre d'individus par rapport aux dents (tabl. 2c). Différentes classes d'âge sont représentées, 51 % sont constituées de jeunes et jeunes-adultes d'âge évalué entre 6 mois et 4 ans. On note la présence de 5 individus d'âge inférieur à 6 mois parmi lesquels 2 sont des nouveau-nés dont l'âge est estimé à 2 mois. Parmi les adultes dominent ceux de la classe d'âge 4-8 ans (Adultes I) mais on a aussi la présence d'animaux plus âgés, parmi lesquels 4 individus séniles.

Considérant les mois de mai et juin (période des naissances chez les bouquetins), la capture d'individus entre 2 et 6 mois indique que l'abri a sûrement été fréquenté durant la période été-automne. Cette hypothèse est confirmée par les données acquises sur l'âge des cerfs et

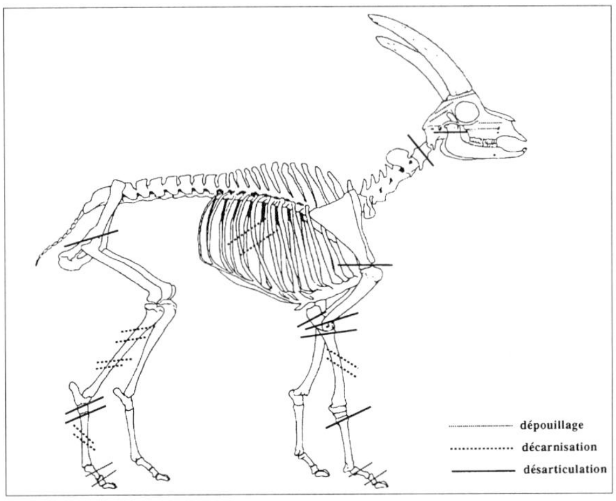

Figure 1. – Capra ibex, distribution des stries de boucherie.

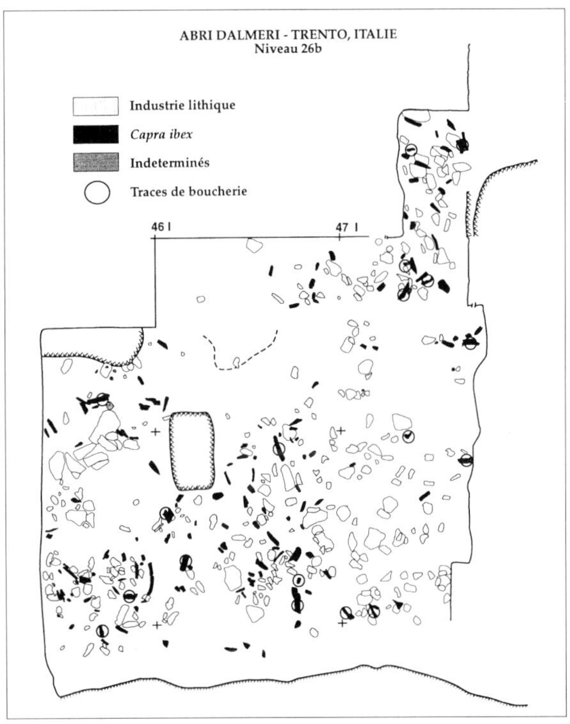

Figure 2. – Niveau 26b, distribution des restes fauniques et de l'industrie lithique.

la présence de 3 individus d'âge inférieur à 6 mois. Il est probable que la chasse au bouquetin ait été effectuée principalement en automne, quand les différents groupes réunissant les individus d'un même sexe – caractéristique de l'organisation sociale des bouquetins (femelles et très jeunes, jeunes mâles et mâles adultes isolés) – se regroupent pour la reproduction.

Les éléments du squelette du bouquetin et leur quantification sont synthétisés dans le tableau 2. Chaque individu est représenté par un nombre extrêmement faible d'ossements (15). Cela est dû à la grande fragmentation des éléments du squelette. Ce phénomène peut être attribué soit à des facteurs anthropiques (boucherie, utilisation comme combustible dans les foyers, piétinement), soit à l'intervention d'animaux (présence d'os rongés et digérés) soit à des processus post-dépositionnels (solifluxion, gélivation).

Le bouquetin est attesté par des ossements représentatifs du squelette entier bien que dans des proportions différentes ; en particulier, les deux premières vertèbres cervicales (atlante et epistropheus) sont extrêmement rares. Les restes les plus nombreux appartiennent à la région crânienne (surtout des dents isolées) et à l'extrémité des membres (carpiens, tarsiens, phalanges, sésamoïdes) puisque ce sont les ossements les plus représentés dans le squelette et ceux qui offrent une résistance majeure à la destruction par rapport aux os des membres et du tronc (tabl. 2a, b). Parmi les os longs, il est intéressant de souligner les différences de représentation entre le groupe formé par humérus, radius, fémur et tibia, d'un côté, et le groupe formé par les métapodes, de l'autre (tabl. 2d). Dans ce dernier dominent les extrémités proximales, tandis que dans le premier groupe dominent les extrémités diaphysaires. La représentation est sûrement conditionnée par des processus de conservation différentielle de ses éléments.

ANALYSE DES SURFACES OSSEUSES

Action anthropique

L'analyse de la surface de l'os a permis d'observer la présence de stries produites par un instrument lithique, et des points d'impact de percuteur dus aux pratiques de boucherie.

Les stries d'instrument lithique ont été observées sur 85 fragments (8,6 % des 982 déterminés) et sont attribuées surtout au bouquetin (tabl. 2e). Des stries de dépouillage sont présentes sur une II phalange rudimentaire de cerf, et des stries de décarnisation sont décelables sur une diaphyse de tibia, une côte et une vertèbre de cerf.

En outre des stries dues à un instrument lithique ont été observées sur un fragment de métapode distal d'ours : elles sont transversales et répétées, de différentes longueurs et profondeurs sûrement produites par le dépouillage ; sur un fragment d'humérus distal de blaireau, les stries sont transversales, brèves, profondes et répétées, produites par la désarticulation (ce fragment appartient au niveau 25a et n'est pas considéré dans cette étude) (fig. 3c, d).

Les restes de bouquetin présentant des stries d'instrument lithique sont au nombre de 80, c'est-à-dire 9 % du total des restes de cet animal (tabl. 2e).

Les traces sont largement distribuées sur les différents éléments du squelette, documentant les différentes opérations de réduction de la carcasse en morceaux consommables. Le dépouillage est documenté sur des portions de crâne et sur les phalanges (fig. 1), celles observées à la base d'une cheville osseuse d'un fragment de frontal sont significatives.

Les entailles localisées à proximité des articulations se réfèrent à l'action du démembrement. La pratique de détacher la tête du tronc est attestée par les stries sur la première vertèbre cervicale, celle du détachement mandibule-crâne par les entailles notées à proximité des condyles de la mandibule. La séparation des membres du squelette axial est documentée par les stries localisées sur le col de l'omoplate et à proximité de l'acétabule du bassin.

Le membre antérieur est ultérieurement sectionné en désarticulant le radius-cubitus de l'humérus et du métacarpe ; les entailles sont observées sur l'humérus distal, sur le radius-cubitus proximal et sur les métacarpes proximaux, tandis qu'aucun des os carpiens ne présente de traces.

Le membre postérieur présente des entailles de désarticulation seulement sur la face antérieure des métatarses et sur les os tarsiens (scaphocuboïde, petit et grand cunéiforme), et sur le malléolaire. Par contre, il n'y a pas de traces sur les os des genoux ; cela pourrait être dû à la rare présence et au mauvais état de conservation des parties distales du fémur et proximales du tibia.

Des traces de décarnisation, principalement longues et arquées ou sinueuses, ont été

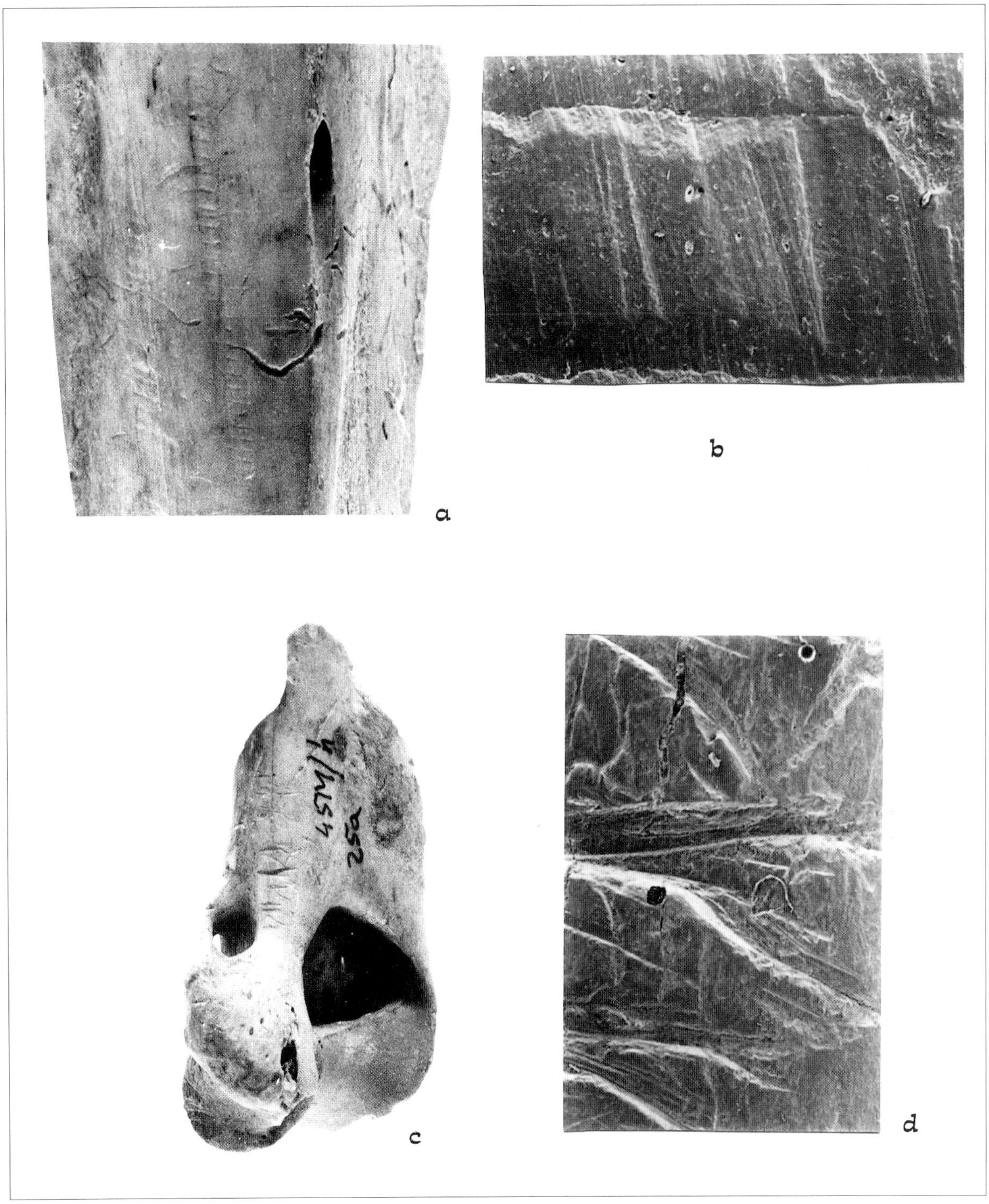

Figure 3. – a. Capra ibex, diaphyse de tibia avec stries du raclage. b. Photo au SEM. c. Meles meles, humérus distal avec stries de désarticulation d. Photo au SEM..

retrouvées sur les principaux os longs généralement en relation avec les insertions musculaires majeures (fig. 3a). Les traces observées sur une diaphyse de tibia sont significatives : elles présentent des stries de raclage longitudinales, dans l'axe de l'os, entrecoupées de minuscules stries orthogonales. Ces dernières, examinées au SEM (microscope électronique à balayage), semblent être des points sur lesquels la lame se bloque durant l'opération de raclage, emportant ainsi la surface osseuse (fig. 3b).

Fracture et point d'impact : dans l'échantillon, nombreux sont les fragments qui présentent des fractures de la diaphyse en spirale dues à la fracture de l'os frais. Des points d'impact de percuteur ont été observés sur 30 restes de bouquetin, ils sont localisés sur les diaphyses des os longs. On trouve de nombreux cônes de percussion indicateurs de la fracture intentionnelle de l'os sur les fragments indéterminés.

Action biologique et agents atmosphériques

Certains restes présentent des traces évidentes de l'action de carnivores (*scoring* et *putting*) et de rongeurs. Quelques petits fragments indéterminés présentent des surfaces altérées et brillantes et sont le produit des restes digérés par des carnivores et redéposés par les fèces.

De nombreux fragments présentent des traces à morphologie irrégulière dont la section en U et le cours vermiculé sont dus à l'action érosive des racines.

Divers fragments présentent une surface corticale exfoliée et cela pourrait être causé par l'exposition des os aux agents atmosphériques durant une période de temps précédant leur ensevelissement.

NIVEAUX 26b ET 26c

Deux paléosurfaces, riches en matériel lithique et restes osseux, ont été repérées dans la stratigraphie. Les restes de faune provenant du sol 26b (fig. 2) sont au nombre de 149, en majorité des petits fragments diaphysaires. Les restes déterminés sont au nombre de 68 et tous appartiennent au bouquetin, excepté une dent prémolaire appartenant à un cerf jeune-adulte ; 2 petits fragments de poisson ont été récupérés.

Les restes de bouquetin les mieux représentés sont ceux des membres postérieurs, en particulier les diaphyses de tibia et de fémur. Les membres antérieurs et le tronc sont discrètement représentés, les fragments crâniens sont rares.

Le nombre minimum d'individus a été obtenu à partir des diaphyses de fémur et révèle au moins 5 individus dont sûrement 1 très jeune, 1 jeune et 3 adultes.

Certains restes présentent des bords de fracture en spirale et des points d'impact évidents. Dans les indéterminés, on observe un cône de percussion. Ceux-ci sont tous des indicateurs d'une fracture intentionnelle des os sûrement dans le but d'en récupérer la moelle. Les stries d'instrument lithique se retrouvent sur certaines diaphyses d'os longs et se réfèrent surtout à la décarnisation.

Cinq fragments présentent des traces de grignotage de carnivores et de rongeurs ; d'autres éléments présentent des altérations dues aux racines et des exfoliations de la surface corticale par les agents atmosphériques avant l'ensevelissement.

Sur la paléosurface 26c, ont été retrouvés 32 restes osseux ; 8 appartiennent au bouquetin. Il s'agit, en grande partie, de petits fragments de diaphyses et les traces de boucherie sont attestées seulement par un point d'impact probable ; un fragment présente des traces de morsures laissées par un petit carnivore.

Il n'a pas été possible de remonter les os à cause de leur extrême fragmentation. L'exiguïté de l'échantillon récupéré sur la paléosurface 26b ne permet pas de conclure sur l'éventuelle sélection, par l'homme, des parties anatomiques de bouquetin introduites dans l'abri et sur le laps de temps nécessaire à la formation de la paléosurface. Néanmoins, elle peut être le résultat d'un bref moment d'occupation, avec l'introduction de parties anatomiques sélectionnées de bouquetins chassés, parce que la représentation des parties anatomiques en 26b est différente de celle de l'ensemble du dépôt.

Espèce	26c t.	26c	26b t.	26b	26	15l-14b	4a-14b	15	14b	Total	%
Erinaceus europaeus							1		1	**2**	*0,20*
Lepus cfr. europaeus				1		1				**2**	*0,20*
Marmota marmota					2			1		**3**	*0,31*
Castor fiber				2				1	5	**8**	*0,81*
Canis lupus						1				**1**	*0,10*
Vulpes vulpes				3				1	6	**10**	*1,02*
Meles meles					1					**1**	*0,10*
Ursus arctos				2	1		1	1	6	**11**	*1,12*
Cervus elaphus			1	9	10	1		9	28	**58**	*5,91*
Capreolus capreolus									1	**1**	*0,10*
Capra ibex	8	10	67	57	195	22	12	114	400	**885**	*90,12*
Total Mammifères	8	10	68	74	209	25	14	127	447	**982**	*5,58*
Pisces		23	2	3	52	13	2	46	169	**310**	
Total Déterminés	8	33	70	77	261	38	16	173	616	**1292**	*7,34*
Indéterminés											
Fragment	9	160	56	784	1811	148	100	766	3155	**6989**	*42,79*
Frag. petits	15	120	20	605	1582	233	125	575	3895	**7170**	*43,90*
Frag. brûlés		11	3	181	389	38	25	114	1412	**2173**	*13,31*
Total Indéterminés	24	291	79	1570	3782	419	250	1455	8462	**16332**	**92,66**
TOTAL RESTES	**32**	**324**	**149**	**1647**	**4043**	**457**	**266**	**1628**	**9078**	**17624**	
					NMI						
Erinaceus europaeus							1		1	**2**	*2,06*
Lepus cfr. europaeus				1		1				**2**	*2,06*
Marmota marmota					1			1		**2**	*2,06*
Castor fiber				2				1	2	**5**	*5,15*
Canis lupus						1				**1**	*1,03*
Vulpes vulpes				1				1	2	**4**	*4,12*
Ursus arctos				1	1		1	1	2	**6**	*6,19*
Meles meles					1					**1**	*1,03*
Cervus elaphus			1	3	3	1		2	4	**14**	*14,43*
Capreolus capreolus									1	**1**	*1,03*
Capra ibex	1	3	5	5	8	5	3	9	20	**59**	*60,82*
TOTAL NMI	**1**	**3**	**6**	**13**	**14**	**8**	**5**	**15**	**32**	**97**	

Tableau 1.

Capra ibex		
Elément anatomique	**Total**	**%**
Cheville osseuse	**14**	*1,58*
Fragment crânien	**25**	*2,82*
Maxillaire	**4**	*0,45*
Dent isolée sup.	**39**	*4,41*
Mandibule	**20**	*2,26*
Dent isolée inf.	**116**	*13,11*
Fragm. dent. indét.	**60**	*6,78*
Atlas	**3**	*0,34*
Epistropheus	**1**	*0,11*
Vertèbre	**15**	*1,69*
Côte	**58**	*6,55*
Scapula	**6**	*0,68*
Humérus	**18**	*2,03*
Radius	**22**	*2,49*
Ulna	**20**	*2,26*
Carpe	**20**	*2,26*
Métacarpe	**24**	*2,71*
Métacarpe rudim.	**3**	*0,34*
Coxal	**13**	*1,47*
Fémur	**26**	*2,94*
Rotule	**2**	*0,23*
Tibia	**30**	*3,39*
Calcanéus	**8**	*0,90*
Talis	**7**	*0,79*
Tarse	**25**	*2,82*
Métatarse	**47**	*5,31*
Mètatarse rudim.	**7**	*0,79*
Métapode indét.	**22**	*2,49*
I Phalange	**66**	*7,46*
II Phalange	**59**	*6,67*
III Phalange	**21**	*2,37*
Sésamoïde	**84**	*9,49*
Total NR	**885**	*100,00*

TAB. 2a

Elément anatomique	**Total**	**%**
Crâne	**278**	*31,41*
Tronc	77	*8,70*
Membre antérieur	**113**	*12,77*
Membre postérieur	**165**	*18,64*
Membre indét.	**252**	*28,47*
Total NR	**885**	*100,00*

TAB. 2b

Age relatif	**Total**	**%**
Très jeunes	**5**	*8,47*
Jeunes	**17**	*28,81*
Jeunes/adultes	**13**	*22,03*
Adultes I	**12**	*20,34*
Adultes II	**8**	*13,56*
Séniles	**4**	*6,78*
Total NMI	**59**	

TAB. 2c

	Prox.		**Diaphyse**		**Dist.**		**Total**
Elément anatomique	**NR**	**%**	**NR**	**%**	**NR**	**%**	
Humérus	2	*11,11*	14	*77,78*	2	*11,11*	**18**
Radius	5	*22,73*	16	*72,73*	1	*4,55*	**22**
Métacarpe	14	*58,33*	8	*33,33*	2	*8,33*	**24**
Total	**21**		**38**		**5**		**64**
Fémur	4	*15,38*	18	*69,23*	4	*15,38*	**26**
Tibia	2	*6,67*	24	*80,00*	4	*13,33*	**30**
Métatarse	38	*80,85*	7	*14,89*	2	*4,26*	**47**
Total	**44**		**49**		**10**		**103**

TAB. 2d

Elément anatomique	**NR**	**NR avec traces de boucherie**	**%**	**Impacts**	**Stries**
Fragment crânien	25	3	12,00		3
Maxillaire	4	1	25,00		1
Mandibule	20	3	15,00		3
Atlas	3	1	33,33		1
Epistropheus					
Côte	58	4	6,90		4
Vertèbre	15	1	6,67		1
Scapula	6	3	50,00		3
Humerus	18	7	38,89	6	4
Radio	22	8	36,36	4	5
Cubitus	20	2	10,00		2
Carpe	20				
Métacarpe	24	4	16,67	1	3
Métacarpe rudim.	3				
Coxal	13	3	23,08		3
Fémur	26	8	30,77	6	7
Rotule	2				
Tibia	30	11	36,67	8	6
Calcanéus	8				
Astragale	7				
Tarse	25	6	24,00		6
Métatarse	47	9	19,15	1	9
Métatarse rudim.	7				
Métapode indét.	22				
I Phalange	66	5	7,58	3	3
II Phalange	59	1	1,69	1	2
III Phalange	21				
Sésamoïde	84	1	1,19		1
Total NR	**655**	**80**	12,21	**30**	**66**

TAB. 2e

Tableau 2. – Capra ibex : a) présence des éléments anatomiques ;
b) représentation des différentes parties anatomiques ;
c) âge relatif ;
d) présence des différentes parties des éléments anatomiques ;
e) restes avec traces de boucherie.

CONCLUSIONS

Dans le dépôt de l'abri Dalmeri les ossements animaux se sont conservés, à la différence d'autres sites de montagne épigravettiens. L'étude de la faune, associée aux phases de fréquentation humaine les plus intenses, nous a permis d'obtenir des informations sur les animaux chassés, sur les stratégies de chasse, sur le caractère saisonnier du gisement et sur les pratiques de boucherie.

Dans ce gisement de haute altitude, la chasse était orientée presque exclusivement sur le bouquetin et, de façon occasionnelle, sur d'autres petits animaux. L'exploitation alimentaire du blaireau est attestée par quelques traces de boucherie. Il est probable que le castor et la marmotte furent exploités surtout pour leur peau. Des traces de dépouillage sur les ossements d'ours indiquent que ce gros carnivore pouvait être parfois chassé. Des doutes subsistent sur la capture du loup et du renard. Ce dernier est représenté aussi par les dents de lait de très jeunes animaux, il n'est donc pas exclu qu'il s'agisse des restes d'une tanière ou qu'ils aient été introduits par d'autres carnivores. En effet, certains restes osseux montrant des traces de grignotage de carnivores ; les petits fragments résidus de leur digestion indiquent une fréquentation de l'abri par ces animaux, en alternance avec une fréquentation humaine.

Sur la base des données sur la période de capture des bouquetins et des cerfs, il semble que la fréquentation humaine soit plus intense durant la période d'été-automne.

Dans l'ensemble du dépôt, la fréquence des différentes parties du squelette n'a pas mis en évidence une sélection particulière des parties anatomiques, sauf pour la paléosurface 26b.

D'un point de vue environnemental, la présence du bouquetin et de la marmotte témoigne de la prédominance des prairies alpines avec la présence de zones boisées (cerf, chevreuil, ours brun, blaireau) et de zones humides fréquentées par le castor.

REMERCIEMENTS

Nous désirons remercier le professeur G. Giacobini (dépt. d'Anatomie et de Physiologie humaine de l'université de Turin) pour le support des analyses au SEM et pour ses précieux conseils ; un remerciement particulier à G. Calandra, responsable de la section Édition et Graphisme du musée L. Pigorini (Rome), et à G. Fallacara.

BIBLIOGRAPHIE

DALMERI (G.), Marcésina : gli antichi territori di caccia dell'uomo del tardiglaciale wurmiano. *Bollettino SAT* anno LVI, n° 4, Trente, 1993, p. 27-33.

DALMERI (G.), LANZINGER (M.), Ricerche paletnologiche e paleoambientali al Riparo Dalmeri (Trento). *Preistoria Alpina* vol. XXV, Trente, 1989, p. 223-229.

LAPLACE (G.), Les subdivisions du Leptolithique italien. Étude de typologie analytique. *Bull. Paletn. ital.* 73, 1964a, p. 25-63.

Essai de typologie systématique. *Ann. Univ. Ferrara,* sez. XV, n° 1, suppl. 2 au vol. I, 1964b, p. 1-86.

L'EXPLOITATION DES RESSOURCES SAISONNIÈRES DANS LES MONTAGNES DES ABRUZZES (ITALIE CENTRALE) : DE L'ÉPIGRAVETTIEN AU NÉOLITHIQUE

EXPLOITATION OF SEASONAL RESOURCES IN THE MOUNTAINS OF ABRUZZO (CENTRAL ITALY) : EPIGRAVETTIAN TO NEOLITHIC

David Lubell, Margherita Mussi, Alberto Musacchio, Silvano Agostini, Sylvie Coubray, Carlo Giraudi

Résumé. – Les résultats de recherches interdisciplinaires effectuées dans deux zones différentes des Apennins (Italie centrale) nous font considérer comme probables des migrations saisonnières de l'une à l'autre. À Grotta di Pozzo, une petite cavité sur le versant méridional du bassin du Fucino (710 m s.n.m.), un dépôt mésolithique daté entre 9 400 et 8 100 BP, contient des restes faunistiques (dont une escargotière) et des restes botaniques qui indiquent une occupation de la fin de l'été, début de l'automne. L'industrie lithique, quoique peu abondante, comporte des éléments diagnostiques (pointes de Sauveterre). À Fonte Chiarano, un site de plein air dans la Valle di Chiarano (Altopiano delle Cinquemiglia) à 1 600 m s.n.m., la faune ne s'est pas conservée, mais des charbons de bois, datés de 6 400 BP, ont été recueillis, alors qu'une abondante industrie lithique a été fouillée dans un dépôt affecté par la bioturbation. Elle comporte des éléments tant néolithiques que mésolithiques, dont des pointes de Sauveterre. L'analyse paléobotanique d'échantillons prélevés à Gr. di Pozzo (*ca.* 9 400 BP) et de deux dépôts de tourbe découverts au centre du bassin du Fucino (*ca.* 9 400 BP et *ca.* 10 000 BP) indique des niveaux lacustres extrêmement bas au début de l'Holocène et un climat frais et modérément aride. L'analyse anthracologique effectuée à Fonte Chiarano sur des charbons datés de 6 400 BP démontre l'expansion du hêtre en altitude. L'industrie lithique de Gr. di Pozzo est peu abondante, généralement de petite taille, et faite sur du silex non disponible localement. À Fonte Chiarano l'outillage est abondant, généralement de plus grandes dimensions, et taillé sur du silex qui affleure sur place et qui est le même qu'à Grotta di Pozzo. Notre hypothèse de travail est donc qu'il y avait des déplacements saisonniers d'une zone à l'autre, entre autres pour se procurer le silex nécessaire. Alors que Grotta di Pozzo paraît avoir été occupée à la fin de l'été, et à l'automne, la fin du printemps et l'été nous semblent une époque d'occupation raisonnable pour Fonte Chiarano, l'hiver étant une époque de fréquentation peu probable à cette altitude.

Mots clés : Italie centrale, Holocène, Mésolithique, Néolithique, paléoenvironnement, paléoéconomie.

Abstract. – Interdisciplinary investigations at sites in two environmental zones in the Apennines of Central Italy have shown that seasonal movement between these zones, in part for the procurement of lithic raw material for stone tool manufacture, was a reasonable working hypothesis. At Grotta di Pozzo, a small cave on the southern margins of the Fucino basin (710 m a.s.l.), mesolithic deposits dating from 9,400 to 8,100 BP contain faunal (including a land snail shell midden) and botanical remains suggesting a late summer-early autumn occupation. The artifact assemblage, while sparse, contains diagnostic elements (sauveterrian points) manufactured on flint which was not locally available. At Fonte Chiarano, an open-air site at the Valle de Chiarano (1,600 m a.s.l.) in the Cinquemiglia, no fauna is preserved, but a rich assemblage of charcoal dated to 6,400 BP has been recovered from a pit, and an abundant artifact assemblage which contains both neolithic and mesolithic stone tools including sauveterrian points has been found in deposits affected by bioturbation. Palaeobotanical analyses of samples from Grotta di Pozzo, and two peat deposits recently discovered in the Fucino basin dated to *ca.* 9,400 BP and *ca.* 10,000 BP, show that early holocene lake levels were extremely low and that climate was cool moderatily arid. Samples from Fonte Chiarano, dated to *ca.* 6,400 BP, show an expansion of mixed oak forest at these higher elevations. Studies of the artifact assemblages and the raw materials utilized for artifact manufacture at the two sites show that, at Grotta di Pozzo, artifacts are scarce, generally very small, and made on raw material which does not occur locally. At Fonte Chiarano, artifacts are numerous, tend to be larger, and are made on raw materials which occur locally and are the same as those used at Grotta di Pozzo. Our working hypothesis is, therefore, that there was seasonal movement between the two regions, specifically for the procurement of raw materials to use in the manufacture of stone tools. The available data suggest a late summer to fall occupation at Grotta di Pozzo, while late spring and summer would seem the most likely time for occupation at Fonte Chiarano since we can exclude the use of this site during the winter.

Key Words : Central Italy, Holocene, Mesolithic, Neolithic, palaeoenvironment, palaeoeconomy.

L'Europe des derniers chasseurs, 5e Colloque international UISPP, 18-23 septembre 1995, p. 465-472.

THE RESEARCH PROBLEM, AREA, AND BACKGROUND

During several millennia around the LGM roughly from 20,000 to 16,000 years ago, parts of Europe were unoccupied (Soffer, Gamble, 1990). Re-colonization was only possible once the climate ameliorated, and most inland mountainous areas were only re-occupied at the very end of the Glacial, possibly after 12,000 BP (Bernaldo de Quiros, Neira Campos, 1992 ; Broglio, 1984 ; Clottes, 1988 ; Straus, 1992). However, in the central Apennines of Italy (which include the modern region of Abruzzo), the combination of high altitude and low latitude, and the presence of a large lake, led to a range of local conditions that apparently created a unique set of opportunities for late pleistocene hunter-gatherers. The region is thus an excellent one in which to test models of a re-colonization process which eventually spread widely throughout Europe.

Our research area (the white triangle in fig. 1) includes two quite different biomes. The first is the Fucino basin, where previous archaeological (Barker, 1981 ; Grifoni, Cremonesi, 1985 ; Mussi *et al.*, 1995 ; Radi, Wilkens, 1989 ; Radmilli, 1977 ; Skeates, 1987, 1994 ; Soprintendenza Archeologica dell'Abruzzo, 1989), geomorphological (Giraudi, 1989 ; Zarlenga, 1987) and palynological (Magri, Follieri, 1991) works provide a sound base for intensive and systematic investigations. The second is the Altipiani Maggiori d'Abruzzo to the SE, which includes the Cinquemiglia plateau, where limited archaeological (Lubell, Mussi 1995 ; Spagnuolo, 1991) and geomorphological (Frezzotti, Giraudi, 1990) investigations have been undertaken.

The modern arboreal vegetation is primarily beech (*Fagus* sp.) forest, which covers the major part of the region. At higher altitudes, it occurs as a pure (*i.e.* unmixed) formation, but, at lower altitudes, it is associated with hornbeam (*Ostrya carpinifolia*), maple (*Acer opalus*), and flowering ash (*Fraxinus ornus*). Birch (*Betula* sp.) and pine (*Pinus uncinata*) are present sporadically. At low altitudes, *O. carpinifolia* and *F. ornus* are associated with oak, and Mediterranean formations of holly oak (*Quercus ilex)* are developed on exposed slopes.

The Fucino basin lies at an altitude of *ca.* 700 m a.s.l. Until 1875, when it was totally drained and converted to agricultural land, the basin was filled by a large but shallow lake, 150 km^2 and 18 m deep, with a limited drainage basin of only 710 km^2 and no major outlet. As a consequence, the level of water in the lake was highly sensitive to local climatic conditions. The presence of a lake will have had an effect on the microclimate of the basin and on the potential for early recolonization of the region by human groups following the LGM. This apparently simple model is challenged by the evidence for rapidly fluctuating lake levels (Giraudi, 1989). The high lake levels of the Upper Pleistocene (beginning at > 30,000) reached a maximum at the LGM and then declined fairly rapidly until about 11,000, when the lake was just a marshy area (Giraudi, *in press*). Some recovery occurred in the Early Holocene, but until *ca.* 8,000 the lake remained more a marshy than a lacustrine environment.

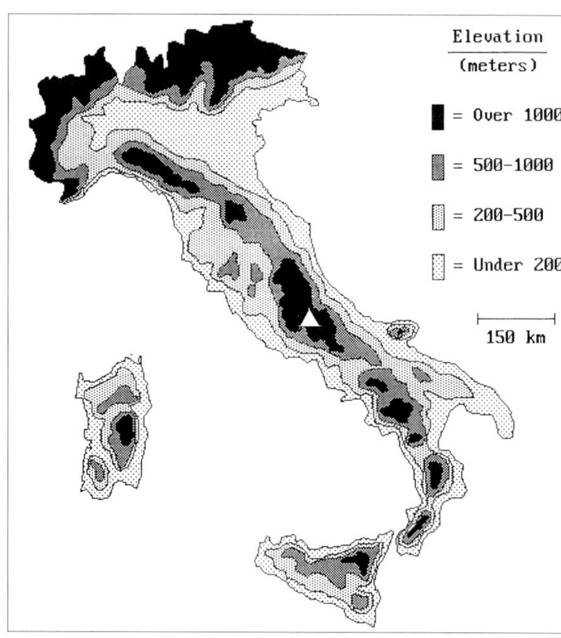

Figure 1. – Italy, showing elevations and the location of the research area.

The surrounding mountains rise to > 2,000 m a.s.l. Within them are a number of high plateaux (the Altipiani Maggiori d'Abruzzo) at elevations around 1,250 m a.s.l. These are separated by limestone ridges which trend NW-SE. One of these plateaux is the Cinquemiglia, surrounded by karstic depressions in which there was water during the Late Pleistocene-Early Holocene. The limestone ridges which bound the Cinquemiglia contain numerous outcrops of flint. On the W, one of these is cut by a gorge, the Valle di Chiarano, formed by glacial outwash. It is an unusual geomorphological feature in this area of otherwise undulating topography. Within the Valle di Chiarano, there is extensive but as yet incompletely documented evidence for late pleistocene and early holocene occupations at elevations as high as 1,600 m a.s.l. Here, in contrast to the Fucino basin, where there are almost no known sources of flint, and those known are of poor quality, good quality flint is abundant. Our preliminary investigations indicate that these highland sources of raw material were exploited by groups living in both areas. Thus, a focus of our research has been to understand how, and when, prehistoric groups came to the Cinquemiglia to obtain raw material for stone tools. Our working hypothesis is that this was a seasonal activity, one not undertaken during those seasons of the year when snow and cold made this highland region a difficult environment in which to live.

The post-LGM palaeoecology of the area is partially known from a palynological analysis of the upper portion of a long core taken from the deepest part of the Fucino basin (Magri, Follieri, 1991). While it is undated, new evidence from our own research allows us to identify the portion which represents the Pleistocene-Holocene boundary.

Several zones and subzones were defined in the Fucino core. Zone Y represents a steppic environment dominated by *Artemisia*, with grasses and herbs and a very limited tree cover (primarily *Pinus* and *Juniperus*). Above this, subzone Z1 is characterized by a rapid transition from this steppe-like environment to a diversified forest vegetation mixed oak (*Quercus* sp.), beech (*Fagus* sp.), hornbeam (*Carpinus* sp.), and birch (*Betula* sp.). A substantial amount of hazel (*Corylus* sp.) pollen is also found.

Unfortunately, the transition from zone Y to subzone Z1 could not be dated from the original core. However, we are now able to place that transition at no later than 10,000 BP, on the basis of two peat samples taken from a stratigraphic section exposed in a recent canal in the lowest part of the Fucino basin. They have been dated (Giraudi, *in press*) to 9,370 ± 140 BP (UD-455) and 9,950 ± 140 BP (UD-453) (NB : all radiocarbon dates in this paper are cited as uncalibrated ages before present [1950] and based on the 5,568 half-life). A preliminary palynological analysis (pers. comm., H. Friebe, 1995) shows that these peats represent a heavily forested environment dominated by oak and birch (fig. 2). Birch is over-represented (up to *ca.* 40 %, compared to a maximum of 5 % in the Fucino pollen core). This must have been a localized situation, with a thicket of birch growing in the poorly drained central basin.

Samples of charcoal and seeds recovered during our 1992 excavations at Grotta di Pozzo, on the southeast margin of the Fucino basin, provide data for the reconstruction of palaeoenvironments between 9,200 and 8,100 BP. This culturally biased assemblage contains mostly charcoal of Rosaceae-Prunoideae, accompanied by almond (*Prunus amygdalus*), juniper (*Juniperus* sp.), and sporadic deciduous oak (*Quercus* f.c.). Almond is a climatic indicator which has also been found at late glacial sites in Southern France (Bazile-Robert, 1979, 1980 ; Krauss-Marguet, 1981). This vegetation would have existed under relatively dry and moderately warm conditions which promoted development of transition vegetation complexes characterized by juniper and pine woodlands with thermophile species and deciduous oak (Vernet, 1991).

Seed analyses led to the identification of *Juniperus*, bearberry (*Arctostaphylos Uva-ursi)*, bloodtwig dogwood (*Cornus sanguinea*), blackthorn (*Prunus spinosa*), sweet cherry (*Prunus avium*), and probably wild grape (*Vitis sylvestris*). This preliminary evidence suggests that there are most probably two different assemblages : one with *Juniperus* and *Arctostaphylos Uva-ursi*, reflecting an open environment and a cool and moderately dry climate ; and a second one, with the remaining species, related to the development of a mixed oak forest and to more humid conditions.

In the Cinquemiglia region, at an altitude of *ca.* 1,400 m a.s.l., a parallel picture can be seen. Data from the Aremogna plateau (Frezzotti, Giraudi, 1990) show that at 12,850 ± 200 BP (UD-318) vegetation cover was predominantly steppe-like with *Artemisia, Juniperus, Pinus*, Chichorioideae and Chenopodiaceae. It fits perfectly into zone Y of the Fucino core. Following this, the picture is unclear due to lack of data. However, 7 km away, at the neolithic site of Fonte Chiarano, at an altitude of 1,600 m a.s.l., analyses of 162 charcoal fragments recovered from a deep pit, and dated at 6,360 ± 180 BP (AECV-1996C), show that *Fagus* sp. is dominant (n = 87), followed by *Fraxinus* sp. (n = 50), *Ulmus* sp. (n = 20), *Acer* sp. (n = 2), Rosaceae/Pomoideae (n = 2) and *Carpinus*/*Ostrya carpinifolia* (n = 1). All the species, but mostly the beech, are strongly indicative of humid climatic conditions. Maple and ash are indicative of the expansion of the mixed oak forest, which is known to start all over Europe in the Preboreal when the tree line reaches higher elevations.

PRELIMINARY RESULTS AND DISCUSSION

While we have a general idea of palaeoenvironmental conditions, we still lack sufficient data to make a fully accurate reconstruction, and the same applies to any attempt at palaeoeconomic interpretation.

The Cinquemiglia sites we have investigated so far contain no preserved faunal material and have all been affected by extensive bioturbation. In the Fucino, we have one site with excellent preservation of stratigraphy and fauna, but the latter have not yet been analyzed, and so it is not possible yet to attempt a full reconstruction of the subsistence-settlement system.

However, given the differences in elevation and availability of raw material between the Fucino and the Cinquemiglia, a working hypothesis of seasonal residential patterns during both the Mesolithic and the Early Neolithic seems reasonable. Radi and Wilkens (1989) use data from Santo Stefano, an early neolithic site in the Fucino basin, to argue for a varied subsistence base and, probably, a relatively sedentary occupation. While we do not yet have sufficient evidence from mesolithic contexts to confirm such a pattern for prior settlement in the region, we envisage an early neolithic subsistence-settlement system in which permanent or semi-permanent settlements were maintained in the Fucino with seasonal activity specific ones in areas such as the Cinquemiglia. The basis for our preliminary reconstruction comes from two sites, one neighbouring Santa Stefano and a second in the Valle di Chiarano.

Grotta di Pozzo is a small cave at the entrance of Pozzo di Forfora, the same steep-sided, 1.5 km long valley in which Santa Stefano is found. Grotta di Pozzo (*ca.* 12 × 3 × 1.5 m), at an elevation of 710 m a.s.l. and facing NE, contains complex stratified *in situ* deposits beginning at the top with a mesolithic (sauveterrian) level dated at 8,110 ± 90 BP (TO-3420), underlain by a series of land snail shell middens dated at 9 240 ± 60 BP (weighted average of TO-3421, 9,140 ± 70 BP and TO-3422, 9,370 ± 80 BP). Beneath this are as yet undated levels investigated in 1995, which contain abundant remains of very small fish in association with a sauveterrian industry, in deposits dominated by ash and other organic materials. Beneath these, we have some evidence for deposits containing a late upper palaeolithic assemblage. A few potsherds collected from disturbed contexts within the upper level indicate possible use of the site by neolithic groups.

In addition to the shells of *Helix delpretiana* (pers. comm., A. Hallgass, 1994), the shell midden is composed of charcoal, ash, fire-cracked stones, and a small number of animal bones and flint implements (tools as well as bladelets, trimming flakes and microburins), some of which are burnt, as well as

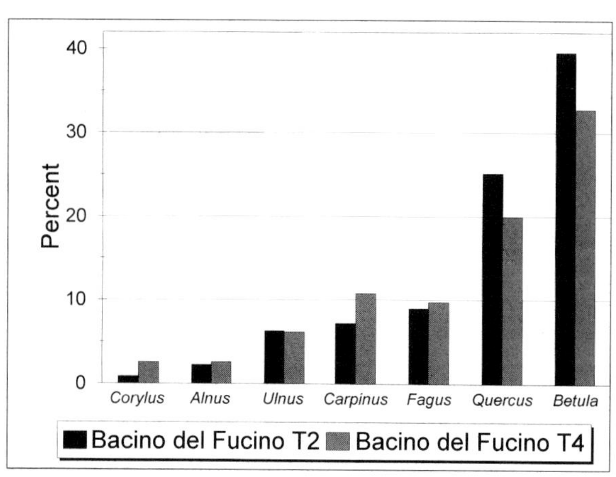

Figure 2. – Percentage frequencies for pollen of major taxa in two peat samples from the deepest part of the Fucino basin.

marine shells (*Columbella rustica* and *Dentalium* sp.). *H. delpretiana* is found today at much higher elevations (1,700-2,000 m a.s.l.) in semi-arid contexts. This is totally unlike the present environment in the Fucino, but is in accord with our evidence for early holocene environments based on analyses of charcoal from Grotta di Pozzo.

The paucity of lithic artifacts in our sample from Grotta di Pozzo, and the small size of those artifacts, appears to reflect the lack of naturally occurring flint in the limestone bedrock in the Fucino region. The assemblage of retouched tools consists primarily of flake endscrapers, geometric microliths and sauveterrian points. There is little primary debitage, and only two cores, both exhausted.

This situation is rather different in the Cinquemiglia. There, at an elevation of 1,572 m a.s.l., we have been investigating an open air site, Fonte Chiarano, at which both finished artifacts as well as primary debitage (some of it quite large) have been recovered. In 1994, we tested a large pit feature, containing abundant charcoal, exposed in an erosional cut. Flint artifacts and a few potsherds were recovered, and a charcoal sample has been dated to 6,360 ± 180 BP (AECV-1996C), making the site one of the earliest known neolithic sites at this altitude. In 1995, we returned to the site and opened a 4 m^2 area near the test made the previous year. Here we recovered a mixture of neolithic and earlier material (including two sauveterrian points). Another test, 1 m^2, on a lower terrace near the present spring, recovered another sauveterrian point, a large number of lithic artifacts and a single potsherd. While both areas have been strongly affected by bioturbation, it is clear to us that movement has been vertical rather than horizontal, and that we have evidence for a mesolithic occupation preceding the Neolithic at Fonte Chiarano. While we have no real evidence on which to base a reconstruction of the subsistence-settlement system, it seems to us that the neolithic occupation at Fonte Chiarano was a seasonal camp, perhaps for transhumant herders, perhaps for collection of raw material and manufacture of lithics, perhaps for hunting, perhaps for some combination of all of these. The nature of the mesolithic occupation remains unclear, but, given the presence of typical sauveterrian artifacts at both Grotta di Pozzo and Fonte Chiarano, we believe it most logical at this time to envisage visits to Valle di Chiarano as seasonal, for the exploitation of an essential resource not easily available in the Fucino flint.

FLINT RESOURCES

The lithic artifacts from Grotta di Pozzo and Fonte Chiarano have been studied to determine the variety of flint sources from which they were made (fig. 3). Four classes were identified : grey flint (class 1), beige and pinkish flint (class 2), black flint (class 3), and others (class 4). A substantial amount of material was unidentifiable because of heavy patina or other alterations. Classes 1, 2 and 3 have been sampled at various sources and then used extensively in experimental replication studies to determine their technological qualities.

Class 1 comes from the Maiolica-type limestone of the Upper Jurassic and Lower Cretaceous, not found in the Fucino basin, but very common in the Cinquemiglia region. The color varies from dark grey to light greyish brown. It is more or less opaque, and the texture is generally rough. It sometimes contains lithoclasts, and often presents veins and bands of light brown to red. The cortex is calcareous, fine grained and chalky. It comes in rather large oval nodules (max. 25 × 15 × 15 cm) and constitutes the majority of flint found in slope

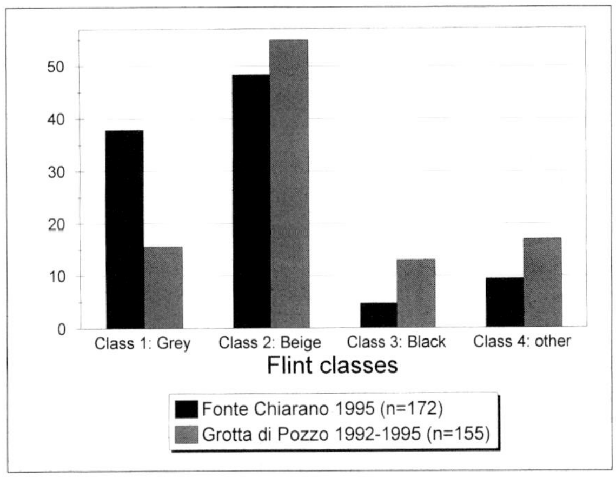

Figure 3. – Percentage frequencies for different classes of flint in the assemblages from Grotta di Pozzo and Fonte Chiarano.

scree in the form of clasts altered and fractured by freezing. It is the least desirable of all four from the point of view of knapping characteristics. It tends to break unpredictably, invisible internal fractures and fracture planes are common, and the rough texture reduces the resilience of the material.

Class 2 comes from the Scaglia-type limestone of the Upper Cretaceous, which is restricted to the area of Toppe Vurgo near Fonte Chiarano. The range of color is wide, and varies from brown to beige to orange and even to pink, but tends to remain consistent on the same piece. The transparency ranges from translucid to semi-translucid, and the grain is fine or very fine. It contains rare chalky inclusions, and sometimes well diagenized fine lithoclasts. The cortex is calcareous and rough but not chalky. It is found in flattened nodules that reach 20 × 15 × 10 cm). It is rare in slope scree. Class 2 fractures predictably, except when found as badly fractured or weathered nodules. It has a very fine grain with a much higher resilience than class 1.

Class 3 comes from the Fucoid marls of the Lower Cretaceous. The color is blackish, the transparency is more or less semi-translucid, and the grain is fine. It often contains inclusions of chalky limestone and lithoclasts that sometimes did not undergo complete diagenesis. The cortex is calcareous, from smooth to rough, and rarely chalky. It is found in nodules (max. 20 × 15 × 10 cm), and sometimes in tabular form (reaching a width of 5 to 7 cm). It is rare in slope scree. Class 3 has similar qualities to class 2, but tends to contain inclusions which can hamper its use by the knapper.

Class 4 includes both translucent and opaque materials, which are normally fine-grained, and it was used to produce high quality implements by prehistoric flint knappers. Because no sources have as yet been found, we have been unable to experiment with materials of this class.

In 1995, one chip of crystal quartz was found at Grotta di Pozzo, and two tiny unworked quartz crystals were found at Fonte Chiarano. In neither case can the material be considered of local origin.

Preliminary studies of the collections from our 1995 excavations suggest that not only are the quantity and size of material at Grotta di Pozzo considerably smaller than at Fonte Chiarano, but also cortical flakes, cores and other by-products of the manufacture of lithic artifacts are far more common at Fonte Chiarano. This is not surprising, since a source of flint is located less than 5 km away. At Grotta di Pozzo, there seems to have been greater selection of higher quality raw material, since class 1 is not so well represented in the collection from this site.

CONCLUSIONS

Thus, within a relatively restricted geographic region, we have a reasonably well controlled sequence from the Mesolithic to the Early Neolithic at sites in two very different topographic and palaeo-environmental settings : one around the margins of a lake basin at *ca.* 700 m a.s.l., and the other at 1,400-1,600 m a.s.l. in a nearby plateau-basin setting to the SE, which would have been easily reached by mountain passes over a traverse distance of probably no more than 60 km. However, despite the distance and differences, the setting of both sites is intriguingly similar : each is on the west side of a deep and narrow valley, facing NE, and with easy access to abundant fresh water at nearby springs.

The presence of exotic materials, quartz and marine shell, shows that the populations who inhabited these sites were in long-distance contact with areas not easily reached because of the topography of the Apennines. Because of its elevation, we assume that the Valle di Chiarano was only occupied during summer. At Grotta di Pozzo, berries and fruit (*Juniperus* sp.), *Arctostaphylos Uva-ursi, Prunus spinosa* and *P. avium*), which ripen from July to October, were found in the shell midden levels and indicate a late summer-early autumn occupation. The same holds true for the land snails, which cannot be consumed during aestivation, which takes place during summer and winter (Lubell *et al.*, 1976 ; Mussi *et al.*, 1995). In July 1995, in a deposit lying under the shell midden and containing no land snails, we recovered abundant remains of small, as yet unidentified, fish. Since these deposits must date to a time when the Fucino basin was a marsh rather than a lake, the fish probably came from the streams which then flowed into the basin through valleys such as the Pozzo di Forfora, or from karstic springs such as the one which existed at Ortucchio. Work now in progress on the identification of these fish (and other analyses) aims at determining whether these levels represent a specific seasonal occupation, an earlier chronological phase, or both.

Preliminary investigations of lithic sources and characteristics in both areas provide reasonable certainty that raw materials were moving from the Cinquemiglia to the Fucino during this time frame. Logic suggests that the Fucino would have been a preferred *occupation locale* during those seasons when cold temperatures and heavy snow cover in the Cinquemiglia region precluded occupancy.

We are still a long way from reaching any firm conclusion on our central goal, which is to understand whether use of these different environments by mesolithic and neolithic populations was year-round or restricted to particular seasons. Interpretations by others, on materials from the Fucino (*e.g.* Wilkens, 1991 ; Radmilli, 1977), do not seem to us sufficiently well controlled either chronologically or quantitatively to permit reliable reconstructions at this time.

ACKNOWLEDGEMENTS

Our research has been funded by the Ministero della Pubblica Istruzione (Ricerca scientifica 60 %), the Università di Roma « La Sapienza », and the University of Alberta. Permission to conduct the field work has been granted by the Soprintendenza Archeologia dell'Abruzzo, initially through the Canadian Academic Centre in Italy. We are grateful to Domenico Spagnuolo (Rivisondoli and Pescara) for taking us to his discovery at Fonte Chiarano, and for his assistance and generosity in the field. Permission to work within the Azienda Forestale dello Stato was given by Dr G. Potena (Amministratore, Dipartimento Agricoltura e Foreste, Regione Abruzzo), who also helped in many ways. The Comune di Rivisondoli, through the Mayor Dr G. Mascio, have provided welcome and essential assistance. We thank Italo Valletta, and the Comune di Lecce dei Marsi, for providing assistance during our work at Grotta di Pozzo. In addition to several students from the Università di Roma, our scientific colleagues to date have been Antonia Arnoldus-Huyzendveld (DIGITER S.r.l. Roma ; pedology), Myriam D'Andrea (Servizio Geologico, Roma ; biostratigraphy), Harvey Friebe (Department of Anthropology, University of Alberta, palaeoevironmental technologist), and Alessandro Hallgass (Centro italiano di Studi malacologici, Roma ; malacology).

REFERENCES

Barker (G .W. W.), *Landscape and Society : Prehistoric Central Italy*, Academic Press, London, 1981.

Bazile-Robert (E.), *Flore et végétation du Sud de la France pendant la dernière glaciation d'après l'analyse anthracologique.* Thèse 3e cycle, USTL Montpellier, 1979.

Les groupements à Amygdalus et Prunus de la fin du Tardiglaciaire et du début du Postglaciaire en Méditerranée occidentale. *Geobios* 13, 1980, p. 777-781.

Bernaldo de Quiros (F.), Neira Campos (A.), Mountain Occupation Sites in the Cantabrian Range (Spain). *Preistoria Alpina* 28 (2), 1992, p. 49-58.

Broglio (A.), Paleolitico e Mesolitico. *In* : A. Aspes (ed.), *Il Veneto nell'Antichità : Preistoria e Protostoria*, Banca Popolare di Verona, Verona, 1984, p. 167-320.

Clottes (J.), Les civilisations du Paléolithique supérieur dans les Pyrénées françaises. *Actes*, Congreso Internacional Historia de los Pirineo, 1988, p. 3-36.

Frezzotti (M.), Giraudi (C.), Late Glacial and Holocene Aeolian Deposits and Geomorphological Features near Roccaraso (Abruzzo, Central Italy). *Quaternary International* 5, 1990, p. 89-95.

Giraudi (C.), Lake Levels and Climate for the Last 30,000 Years in the Fucino Area (Abruzzo, Central Italy) : a review. *Palaeogeography, Palaeoclimatology, Palaeoecology* 70, 1989, p. 249-260.

In press Late Pleistocene and Holocene Lake Level Variations in the Fucino Lake (Abruzzo, Central Italy) Inferred from Geological, Archaeological and Historical Data. *In* : B. Frenzel (ed.), *Paläoklimasforschung*, European Science Project.

GRIFONI CREMONESI (R.), Nuovi dati sul Mesolitico e sul Neolitico nella piana del Fucino. *Studi di Paletnologia in onore di Salvatore M. Puglisi*, Università di Roma « La Sapienza », Roma, 1985, p. 717-729.

KRAUS-MARGUET (I.), Analyse anthracologique du gisement post-glaciaire de La Poujade (Millau, Aveyron). *Paléobiologie continentale* XII, 1981, p. 93-110.

LUBELL (D.), HASSAN (F.), GAUTIER (A.), BALLAIS (J. L.), The Capsian *escargotières*. *Science* 191, 1976, p. 910-920.

LUBELL (D.), MUSSI (M.), Upper Palaeolithic to Neolithic in Abruzzo : Preliminary Data from the 1989-1994 Field Seasons. *Old World Archaeology Newsletter* XVIII (2), 1995, p. 31-36.

MAGRI (D.), FOLLIERI (M.), Primi risultati delle analisi polliniche dei sedimenti lacustri olocenici nella piana del Fucino. In : U. IRTI, G. GROSSI, V. PAGANI (eds), *Il Fucino e le aree limitrofe nell'antichità*, Archeoclub d'Italia-Sezione della Marsica, Avezzano, 1991, p. 45-53.

MUSSI (M.), LUBELL (D.), ARNOLDUS-HUYZENDVELD (A.), AGOSTINI (S.), COUBRAY (S.), Holocene Land Snail Exploitation in the Highlands of Central Italy and Eastern Algeria : a Comparison. *Préhistoire européenne* 7, 1995, p. 169-189.

RADI (G.), WILKENS (B.), Il sito a ceramica impressa di Santo Stefano (Ortucchio, L'Aquila). Notizia preliminare. *Rassegna di Archeologia* 8, 1989, p. 97-117.

RADMILLI (A. M.), *Storia dell'Abruzzo dalle Origini all'Età del Bronzo*, Giardini, Pisa, 1977.

SKEATES (R.), *Sedentism and Mobility in the Settlement of the Fucino Basin in Central Italy during the Neothermal Period*. Unpublished BA Thesis, Institute of Archaeology, University of London, 1987.

Towards an Absolute Chronology for the Neolithic in Central Italy. *In* : R. SKEATES and R. WHITEHOUSE (eds.), *Radiocarbon Dating and Italian Prehistory*, Archaeological monographs of the British School at Rome/Accordia Specialist Studies on Italy, 1994, p. 61-72.

SOFFER (O.), GAMBLE (C.) (eds.), *The World at 18,000 BP*, vol. I : High Latitudes, Unwin Hyman, London, 1990.

Soprintendenza archeologica dell'Abruzzo (ed.), *Dallo scavo al museo ; Ii sito protostorico delle Paludi di Celano*, Technoconsud, Pescara, 1989.

SPAGNUOLO (D.), *Altipiani Maggiori d'Abruzzo : Profili Archeologici*. Museo delle Genti d'Abruzzo, Quaderno 21, Pescara, 1991.

STRAUS (L. G.), *Iberia Before the Iberians*, University of New Mexico Press, Albuquerque, 1992.

VERNET (J.-L.), L'histoire du milieu méditerranéen humanisé révélée par les charbons de bois. *In* : J. GUILAINE (ed.), *Pour une archéologie agraire*, Paris, 1991, p. 369-408.

WILKINS (B.), Resti faunistici ed economia preistorica nel bacino del Fucino. *In* : U. IRTI, G. GROSSI, and V. PAGANI (eds.), *Il Fucino e le aree limitrofe nell'antichità*, Archeoclub d'Italia-Sezione della Marsica, Avezzano, 1991, p. 147-153.

ZARLENGA (F.), I depositi continentali del bacino del Fucino (L'Aquila, Italia centrale). *Geologica Romana*, 1987, p. 223-253.

CIRCULATION HUMAINE PRÈS DU SPLÜGENPASS AU PRÉBORÉAL-BORÉAL ET CONTEXTE DU PEUPLEMENT ALPIN

HUMAN CIRCULATION IN THE SPLÜGEN PASS AREA, PREBOREAL-BOREAL, AND THE CONTEXT OF ALPINE SETTLEMENT

Francesco G. Fedele

Résumé. – Une série de sites des IXe-VIIe millénaires av. J.-C. a été mise au jour au sud-ouest du Splügenpass (Alpes centrales internes) entre 2 000 et 2 450 m d'altitude. Fouilles et recherches paléoécologiques permettent d'étudier les activités mésolithiques en montagne et d'aborder le rôle d'une appropriation cognitive et symbolique aux débuts du peuplement des Alpes.

Mots clés : Alpes centrales, Holocène ancien, peuplement.

Abstract. – Several clusters of Mesolithic sites dated between *ca.* 8,000-6,500 cal BC have been discovered near the Alpine watershed southwest of the Splügen Pass (Central Alps) at elevations of 2,000-2,450 m. Excavations and paleoecological studies provide information on the context of high-altitude human activities. A particular series of sites may be connected with the selective killing of red deer, possibly within the framework of a cognitive, symbolic appropriation of « frontier » territory at the dawn of Alpine settlement.

Key words : Central Alps, Early Holocene, mountain settlement.

LE PROGRAMME DE RECHERCHE

Cet article fait état d'un programme de recherche dont les résultats portent directement sur les fréquentations humaines à l'intérieur des Alpes, tout après la fin de la dernière glaciation. L'aire du programme se trouve au milieu des Alpes centrales, vaste territoire presque vide de connaissances antérieures au Néolithique, qui s'étend entre le bassin de l'Adige, à l'est, et le piémont du Nord, à l'ouest (fig. 1). C'est ici qu'en 1986 une prospection programmée a abouti à la découverte de deux sites mésolithiques à plus de 2 200 m d'altitude, assez proches de la ligne principale de partage des eaux (Fedele et Buzzetti, 1993). On avait choisi pour cette expérience une zone de la haute vallée du Splügen (Valle Spluga, en italien), centrée sur un haut plateau isolé de marbre calcaire, encadré par des massifs cristallins : Pian dei Cavalli ou le « plateau des chevaux ». La vallée du Splügen est étroite et d'accès difficile. La zone confine à une branche du Rhin au nord (Hinterrhein) et aux tributaires du Pô au sud, à la frontière entre la Lombardie (Italie) et les Grisons (Suisse).

Deux objectifs étaient à la base du projet initial : l'un, de vérifier l'hypothèse que l'homme avait su atteindre l'intérieur des

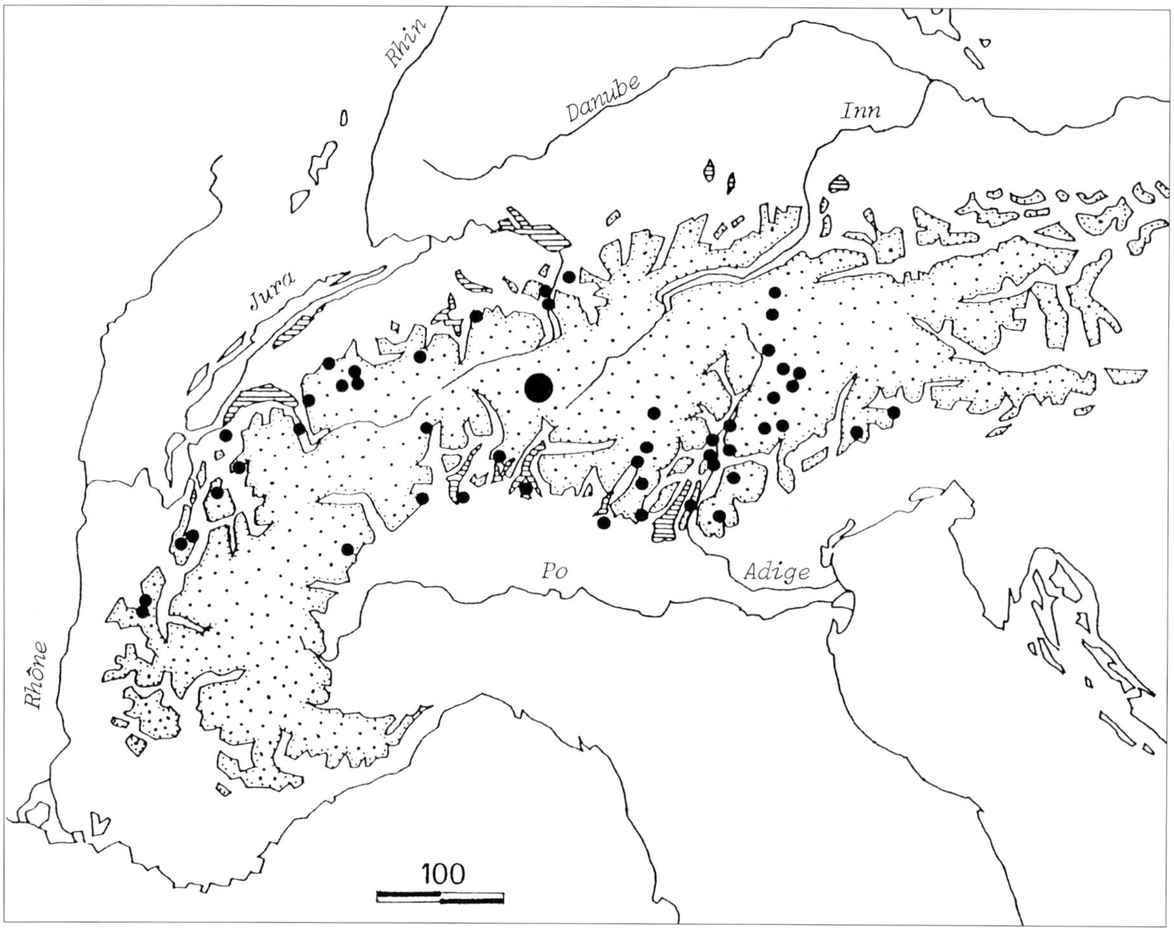

Figure 1. – Sites archéologiques de l'Épipaléolithique et du Mésolithique dans les Alpes. La vallée du Splügen (Valle Spluga) est marquée par le gros point au milieu des Alpes centrales.

Alpes dès le début de la déglaciation ; et l'autre, de mettre au jour des sites en l'absence de tout indice préventif, dans une région pas seulement inconnue, mais très différente des Alpes et Préalpes orientales, où se trouve la principale concentration de gisements mésolithiques alpins en Italie. Les deux objectifs ayant été atteints, la recherche s'est ensuite développée avec un succès considérable (Fedele *et al.*, 1987, 1990-1994 ; Fedele, 1992). Les sites qu'on a découverts peuvent être insérés aujourd'hui dans une grille détaillée d'informations concernant leur contexte et leur position chronologique. On se bornera ici à exposer un simple aperçu des données.

LA RÉPARTITION DES SITES DANS L'ESPACE ET DANS LE TEMPS

Dans la haute vallée du Splügen, en 1995, le nombre de sites préhistoriques sûrement identifiés s'élève à 36, auxquels s'ajoutent une quinzaine de sites « anciens » indéfinis. Tous les sites se trouvent au-dessus de la limite des arbres, à l'étage des prairies alpines. Le nombre de sites mésolithiques s'élève à 25 environs (fig. 2), dont les altitudes s'étagent de 2 000 m jusqu'à plus de 2 400 m, c'est-à-dire tout en contrebas de la ligne de partage des eaux (Piz de la Lata, à Borghetto).

Ces sites se signalent par des objets en cristal de quartz ou en silex, qui sont des roches exogènes par rapport à l'aire d'étude. Ce sont des sites en général assez pauvres, mais il faut remarquer que le silex vient de zones très éloignées, à l'extérieur des Alpes et distantes de 40 km au moins au sud ou au nord. Même le cristal de roche de bonne qualité est très rare dans la vallée du Splügen : par exemple il faut le chercher dans le val Mesolcina, à l'ouest. On signale aussi quelques sites exclusivement à charbons, dont l'origine culturelle est pourtant très probable.

Au Pian dei Cavalli, dans la carte de la figure 2, la configuration mésolithique la plus précise est une rangée de sites le long de la partie élevée de l'escarpement nord, soulignée peut-être par quelques sites correspondants au-delà du vallon d'en face (le val Febbraro). C'est une configuration à notre avis significative, qu'on a appelée la *rangée Nord*.

Quelle confiance pouvons-nous accorder à cette carte ? On y attache beaucoup d'importance, parce qu'elle a été dressée durant dix ans, grâce à une prospection méthodique répétée, en relation avec une évaluation aussi quantitative que possible des conditions physiques du terrain et de la « visibilité archéologique » au sol. Pour 70 % de la surface du plateau, on est presque sûr que beaucoup de « vides » sur la carte ont la même signification que les « pleins » (les zones avec des sites) : c'est-à-dire, on a là la haute *probabilité* que des zones sans site sont des zones où des sites n'ont jamais été générés. C'est le cas du brusque manque de sites en aval de CA1, une réalité préhistorique (pas du préhistorien) dont le contraste avec la série serrée de sites en amont est éclatant.

On remarquera également que la répartition des sites n'a presque rien à voir avec les cols et les lacs. Il y a là une exclusion mutuelle, qui demeure valide même si l'on tient compte des effets destructeurs de la néoglaciation récente (le « petit âge glaciaire » ; fig. 2e). On est donc convaincu que la répartition archéologique ici présentée reflète – par endroits – un véritable schéma de circulations, parcours et haltes de l'homme mésolithique, bien entendu dans les limites de la « résolution » des procédés empiriques.

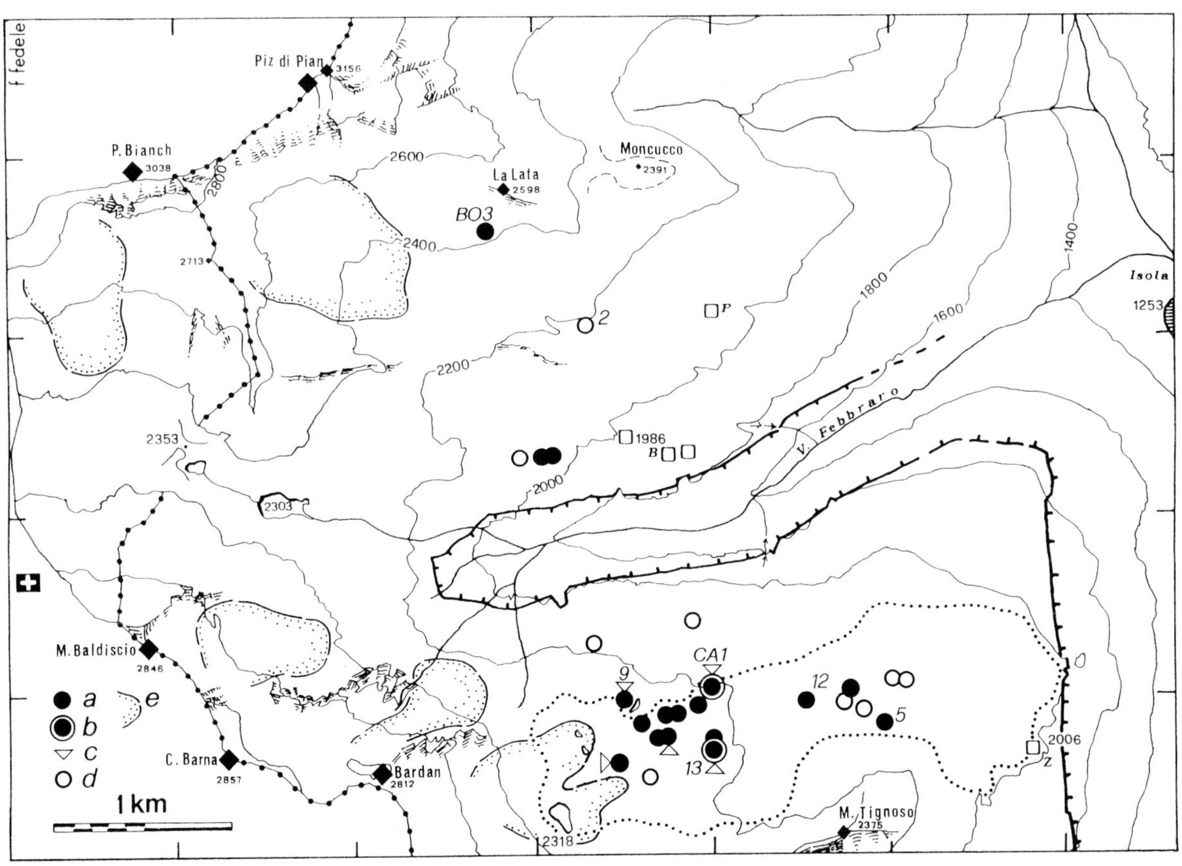

Figure 2. – Sites mésolithiques de la haute vallée du Splügen : a. b. fouillés. c. à charbons. d. sites d'âge mésolithique probable. e. extension hypothétique des glaciers du « petit âge glaciaire ».

CA 1

structure ou locus	$^{14}C \pm 1$ s bp ;	moyenne bp	date réelle BC (prob. %)
Trou à bois F34	8830 ± 260 9130 ± 150*	9060 ± 130	8190–7930 cal BC
Foyer F14	9080 ± 350*	9080 ± 350	8520–7690 cal BC
Foyer en cuvette F17	9200 ± 150* 8950 ± 170* 8530 ± 300	9020 ± 100	8130–8110 (6%), 8100–7940 (94%) cal BC
Foyer F159 (fissure karstique)	7960 ± 240 7540 ± 210	7720 ± 160	6760–6730 (5%), 6720–6360 (95%) cal BC

CA 13

Foyer F1	7610 ± 260 7030 ± 750	7550 ± 250	6630–6110 cal BC

1995

* NA et ANSTO

Figure 3. – Pian dei Cavalli : datations C14 des sites mésolithiques fouillés (NA, université de Naples, Laboratoire C14-AMS ; ANSTO, ANSTO AMS Laboratory, Lucas Heights, Menai NSW, Australia).

Le contrôle chronologique est assuré par la datation C14 des principales séquences lacustres et palynologiques et de plusieurs aires de combustion dans les sites fouillés. Quant aux sites mésolithiques, on a obtenu une vingtaine de mesures au C14 (fig. 3). Le site le mieux daté coïncide avec notre fouille la plus étendue, Cavalli I (CA1). Dans ce site, l'activité humaine commence probablement par des brûlages de conifères nains à la limite des arbres vers 8 100 av. J.-C. (en datation calibrée). La fréquentation régulière date d'environ 8 000 et du début du VIIIe millénaire. C'est à cette « phase ancienne » qu'appartiennent la plupart des sites mésolithiques identifiés.

F159, un foyer d'environ 6 700 av. J.-C. enfoui dans une fissure karstique, est en relation avec une *deuxième phase* de fréquentation, qui comporte quelques trapèzes. Au milieu du VIIe millénaire av. J.-C. appartient aussi un deuxième site fouillé, CA13, dans la zone centre-ouest du plateau (fig. 2). Il semble que dans toute l'aire d'étude la fréquentation mésolithique habituelle se poursuive jusqu'à cette date, mais nos connaissances demeurent limitées.

Cette fourchette chronologique pour les activités humaines sur le plateau est confirmée et précisée par les résultats du carottage d'un petit lac parfaitement inséré parmi les sites de la rangée Nord, Lago Basso (2 550 m), étudié par L. Wick de l'Université de Berne dans le cadre de notre projet (Wick, 1994a, 1994b). On y signale en effet un afflux répété de particules de charbon d'origine locale à partir du début du Boréal, vers 8 500-8 400 av. J.-C. (datations C14 de l'université de Zurich). Le comportement du milieu végétal, qui est énoncé par l'ensemble du diagramme, tend à exclure les incendies naturels. Il semble donc que l'homme ait été actif sur ce plateau éloigné peu de siècles après le recul local des glaciers du Dryas récent (vers 9 000 av. J.-C. ?). Au Dryas récent, selon nos études géomorphologiques (C. Rosskopf, de l'université de Naples), seulement une partie méridionale du plateau a été à nouveau englacée.

LES DONNÉES DE FOUILLE : LE SITE CA1

Puisque l'objet central de notre recherche est le comportement humain, avec ses modalités et donc ses raisons, ce sont les études à petite échelle du site – l'échantillonnage de surface et surtout la fouille – qui apportent à ce sujet des informations vitales. On se limite à présenter brièvement CA1, qui est le site le mieux connu.

En adoptant l'idée peut-être préconçue que des chasseurs *chassaient*, on peut appeler CA1 une « halte de chasse ». Il s'agit en effet d'une remarquable « halte » en quelque sorte, tout au bord du plateau, à 2 200 m d'altitude, qu'on a étudiée pendant neuf ans sur une surface de presque 200 m^2 (fig. 4). La couche archéologique est très mince, de 10 ou 20 cm au maximum, et coïncide avec des limons loessiques à faible pédogenèse.

Les pollens se référant à la base de la couche archéologique indiquent – selon L. Wick – une prairie assez humide à grandes herbes (*Gramineae, Ranunculaceae, Ericaceae, Gentiana*, etc.) située à la limite des arbres, la futaie étant alors constituée par arolle (*Pinus cembra*) et mélèze (*Larix*). À la base de la couche archéologique, la fouille a permis d'identifier des trous de petits arbres, partiellement brûlés.

Le site offre une vaste étendue de foyers (fig. 4a), la plupart plats et à même le sol, qui en général ne révèlent pas de fonctions culinaires. Le site est notamment dépourvu de vestiges osseux, même dans les milieux les plus basiques (les seuls déchets alimentaires seraient des pignons d'arolle brûlés). Les feux ont été allumés à quelques mètres du grand escarpement. Leurs fonctions précises restent un problème ouvert.

On a mis au jour des traces de structures éphémères (on songe à de simples bivouacs), mais aussi, en 1992-1995, une série de vestiges inusitée qui pourraient suggérer l'érection de tentes (fig. 4g). L'une comprend un ovale de petits blocs plats, mis en place par l'homme et associés à une zone de combustion poussée. La présence de structures d'habitat de quelque durée, à une telle altitude et en bord d'escarpement, est assez étonnante.

On compte 700 objets lithiques en cristal de roche, silex et quartzite. Cinq ou six variétés de silex sont présentes, apportées sous forme soit d'objets confectionnés et emmanchés, soit de petits volumes prêts à être débités sur place. Les matières premières sont compatibles avec une origine méridionale, vraisemblablement la zone des lacs en Lombardie. On signale toutefois un silex blanc qui proviendrait de Suisse (Jörg Hansen, observations préliminaires) et qui suffirait à témoigner du franchissement des Alpes. Le cristal de roche de bonne qualité, rare dans la vallée du Splügen, est bien plus commun au val Mesolicina, à l'ouest. On songe donc à l'établissement très précoce d'une circulation humaine ouverte à travers les lignes de faîte entre le Rhin et le Pô.

Parmi les outils retouchés ou utilisés, à la phase mésolithique ancienne (fig. 5a), on remarque surtout des couteaux, des perçoirs et des burins, suivis par des grattoirs, de rares racloirs, des petites lames à ébréchures. Les microlithes géométriques, couramment interprétés dans ce contexte comme des armatures de flèches, représentent une fraction très faible de vestiges culturels (il y a des segments de cercle, de courtes pointes à dos bilatéral et des triangles). Mais la fréquence des objets et les associations lithologiques et typologiques varient selon les endroits du site : un diagramme de fréquence pour la zone centre-est du site est présenté en figure 6.

La composition en outils retouchés ne permet pas d'établir des comparaisons exactes avec les cultures des IXe et VIIIe millénaires au sud ou au nord des Alpes. On s'aperçoit que des ressemblances typologiques avec le Sud (le Sauveterrien italique) coexistent avec des originalités qu'il faudra mieux saisir.

On signale finalement des outils macrolithiques, tirés de pierres morainiques des environs : une catégorie bien intéressante dans un tel site, car elle suggère des activités « lourdes », comme du travail de boucherie sommaire ou le traitement grossier du bois. De grands éclats furent abandonnés autour d'un foyer en cuvette, comme s'ils avaient servi à creuser la cuvette même.

La deuxième phase mésolithique voit, au VIIe millénaire, l'apparition des trapèzes. Elle est bien représentée à CA1 par le foyer enfoui F159 (on remarque des trapèzes à bords abrupts naturels, dont un présente une ligne de poix carbonisée ; fig. 5b) et dans le site CA13.

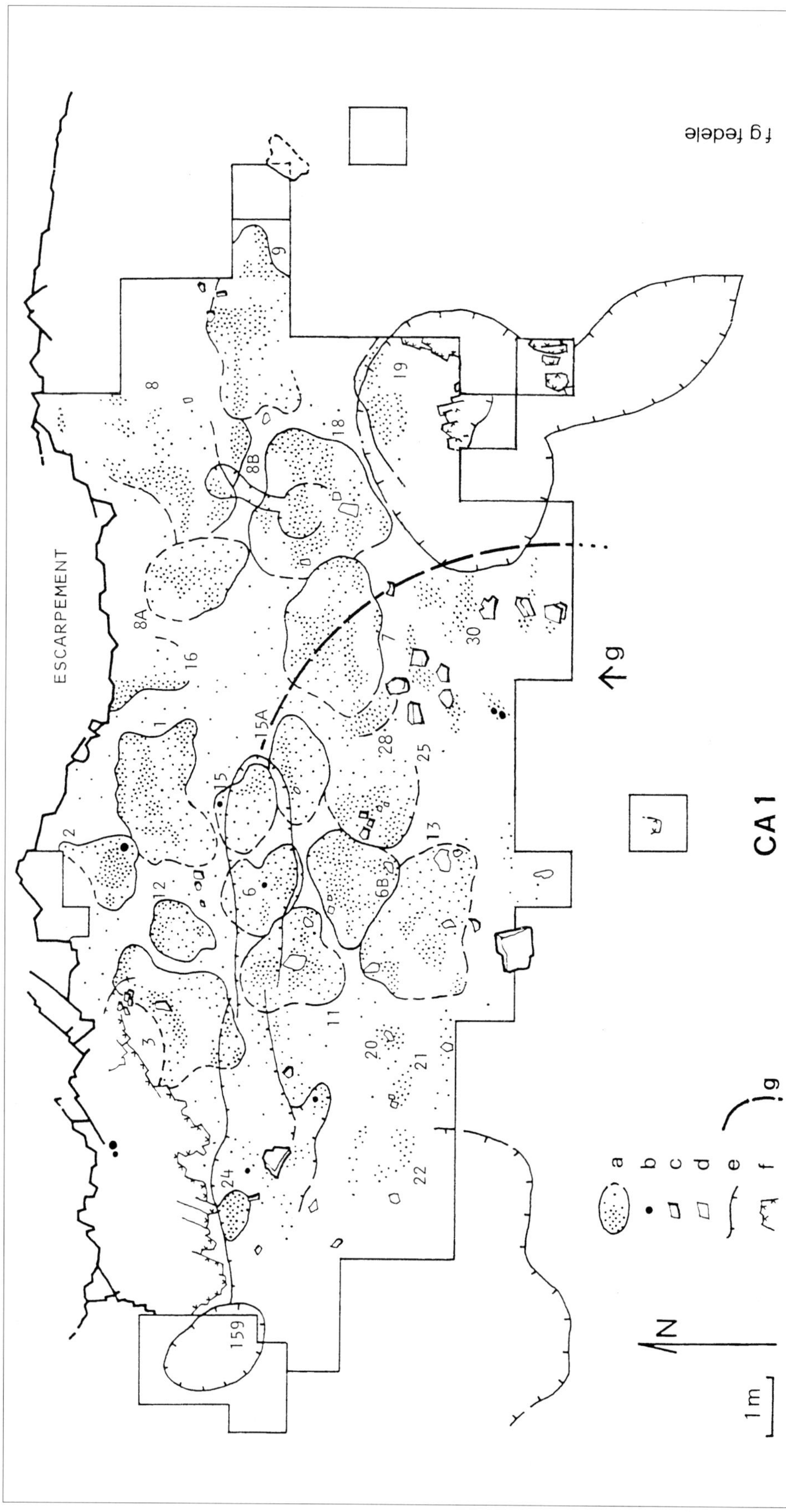

Figure 4. – Site CA1, Pian dei Cavalli : surface de la couche mésolithique fouillée. a. foyers. b. concentrations de charbon. c. pierres introduites par l'homme. d. pierres morainiques. e. dépressions. f. roche. g. limite hypothétique de la « grande structure » (tente ?).

Dans l'ensemble, CA1 nous donne l'impression d'être un site qui probablement résulte d'une fréquentation répétée, de courtes visites saisonnières étalées sur une certaine longueur de temps. La majorité des sites du Pian dei Cavalli est plus ou moins de ce même type. Mais CA1 paraît avoir été visité d'une façon tout à fait régulière, voire intensive, et en plus, au cours de deux périodes différentes, séparées entre elles par plusieurs siècles.

On est obligé d'y voir un lieu particulier du paysage – anonyme à nos yeux – ayant gardé un rôle cognitif, c'est-à-dire une signification et une importance dans la mentalité et la conscience des groupes mésolithiques, pendant beaucoup de générations. L'existence d'une rangée de sites exclusivement en amont de CA1 contribue à l'hypothèse d'une fréquentation méthodique aux motivations solides, voire « formalisées ».

ACTIVITÉS MÉSOLITHIQUES ET « HUMANISATION » DES ALPES

Bien que les motivations nous échappent, il faut pourtant s'interroger, par rapport aux conditions et aux données spécifiques de l'aire d'étude. Par exemple, on a eu recours à un modèle de l'« écosystème humain » pour saisir les relations homme-animal, et plus précisément les idées les plus courantes à propos d'une chasse mésolithique d'altitude (Fedele, 1993).

L'intégration de plusieurs données nous a convaincu que le réseau de sites axé sur la rangée Nord n'est pas particulièrement compatible avec un intérêt mésolithique pour les bouquetins ou un gibier « alpin » en général. Plus plausible serait l'hypothèse que ces sites exploitent la visibilité, et précisément la visibilité d'une espèce animale se déplaçant régulièrement en contrebas des corniches nord, à la limite supérieure de la forêt. Par conséquent on songe au cerf. Cette hypothèse tient compte également des informations ethnohistoriques, une source délicate qu'il faudrait toutefois utiliser davantage.

En ce cas, on serait amené à inférer une chasse à vocation non strictement alimentaire : pas une chasse proprement dite, mais par exemple une tuerie, élaborée dans le but précis d'acquérir un animal ayant une valeur symbolique (Fedele, 1993). On veut tout simplement montrer que des notions intuitives et acritiques au sujet des activités mésolithiques en montagne peuvent être remises en question. Il faut souligner également que le bassin de l'Adige n'offre pas un paradigme automatiquement valable pour la région alpine tout entière, dans laquelle les spécificités géo-écologiques locales jouent un rôle d'une importance primordiale.

Pour conclure, on a trouvé des sites du début du Postglaciaire au cœur des Alpes centrales internes, dans un territoire où les déplacements étaient difficiles et les sources de matières premières relativement éloignées. Il s'agit sans doute de sites « excentrés », loin des zones d'habitat principales. Ces sites commencent peut-être à aider notre compréhension du premier peuplement des Alpes ?

On a ici incontestablement un échantillon de sites qui sont suffisamment anciens et bien placés pour apporter à ce sujet des éléments suggestifs. Nous apercevons ici les exploits de l'homme du début du Postglaciaire vis-à-vis d'une région inconnue ou encore énigmatique : on pourrait dire, vis-à-vis d'une frontière, mais une frontière mouvante. On a déjà mentionné l'impression d'une précoce circulation humaine entièrement intra-alpine, d'ailleurs pas du tout aisée.

Or, une frontière relève bien plus des perceptions et des idées que des contraintes ou des obstacles du pays physique. C'est en effet une entité essentiellement cognitive, quand même au niveau de complexité sociale des populations mésolithiques. En Europe, on a commencé à en déceler les traces archéologiques, et des exemples ont été évoqués dans ce congrès.

On s'aperçoit également qu'une frontière a souvent représenté le lieu d'une intensification des actions symboliques, par exemple dans le domaine de l'appropriation : l'appropriation du territoire par l'entremise d'éléments ou d'objets déterminés. C'est pourquoi nous essayons d'exploiter les sites de la zone du Splügen comme des « observatoires » du comportement culturel, sphère cognitive incluse, quel que soit l'espoir de succès. Voici tout simplement le schéma d'une discussion importante qu'il est peut-être prématuré d'aborder.

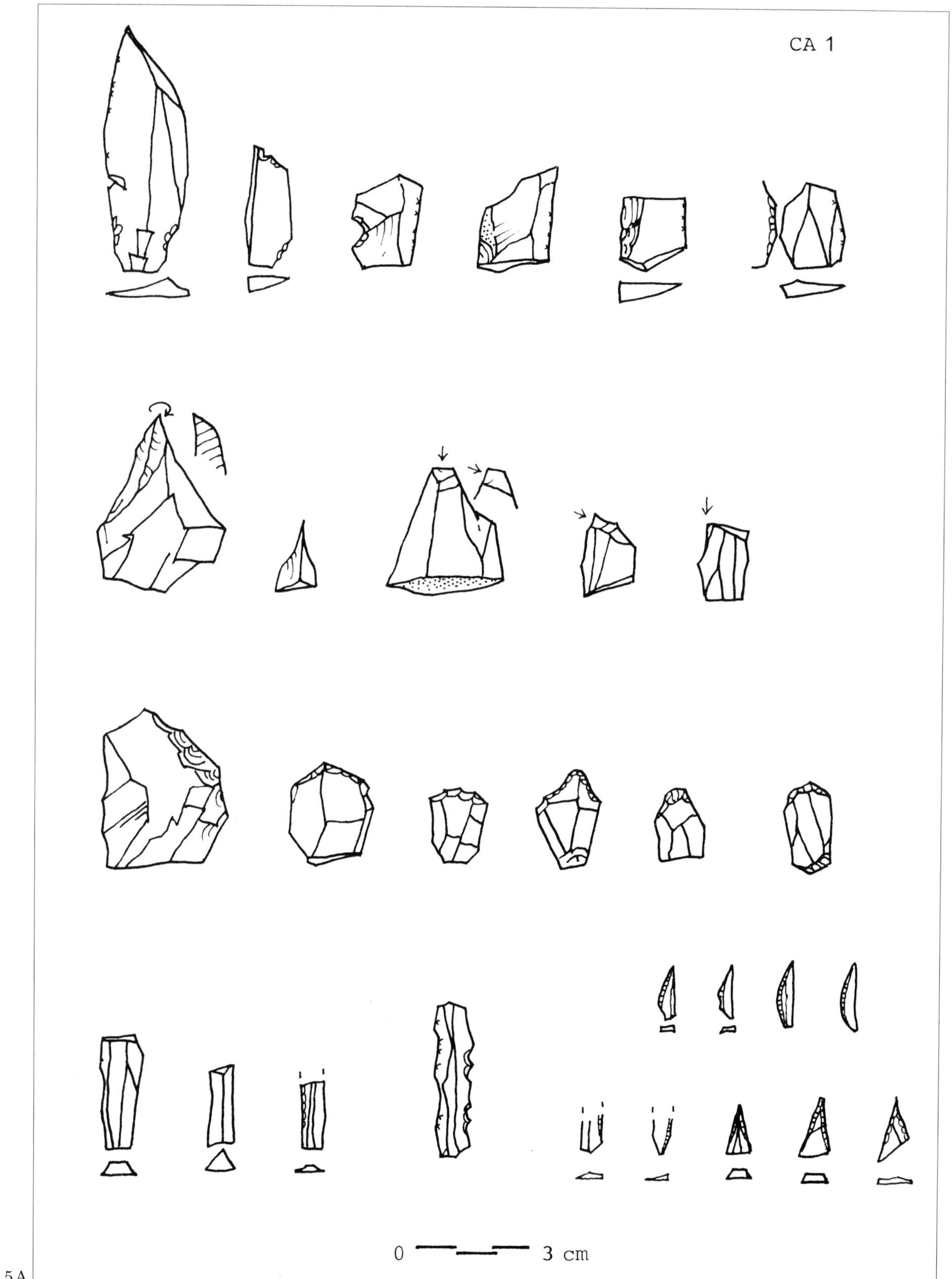

Figure 5. – CA1 : schéma typologique des outils retouchés ou utilisés. A. phase mésolithique ancienne. B. phase mésolithique récente (foyer F159).

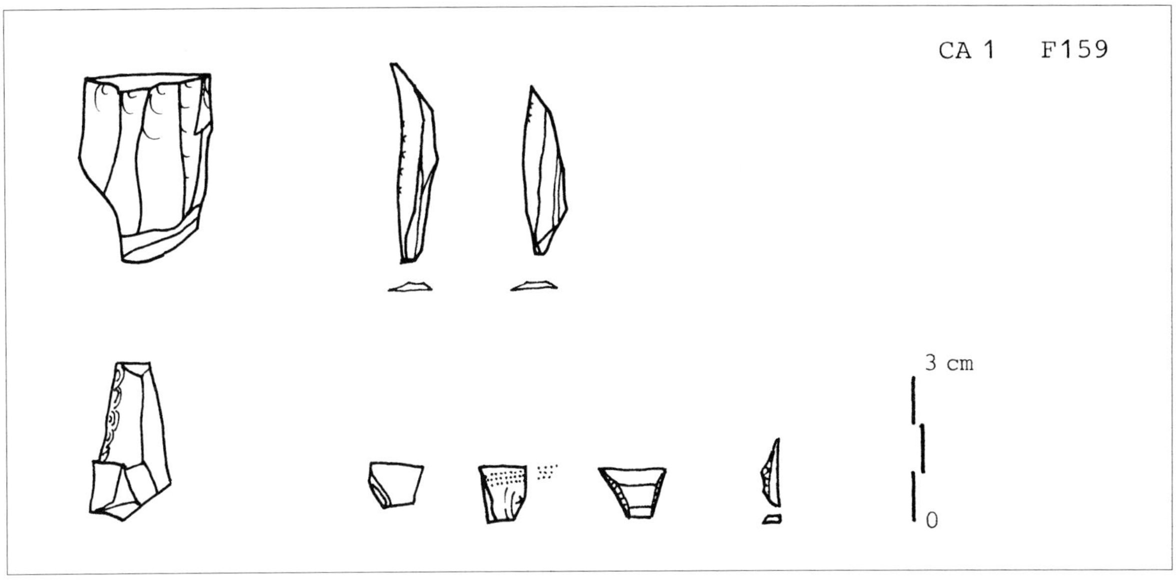

5B

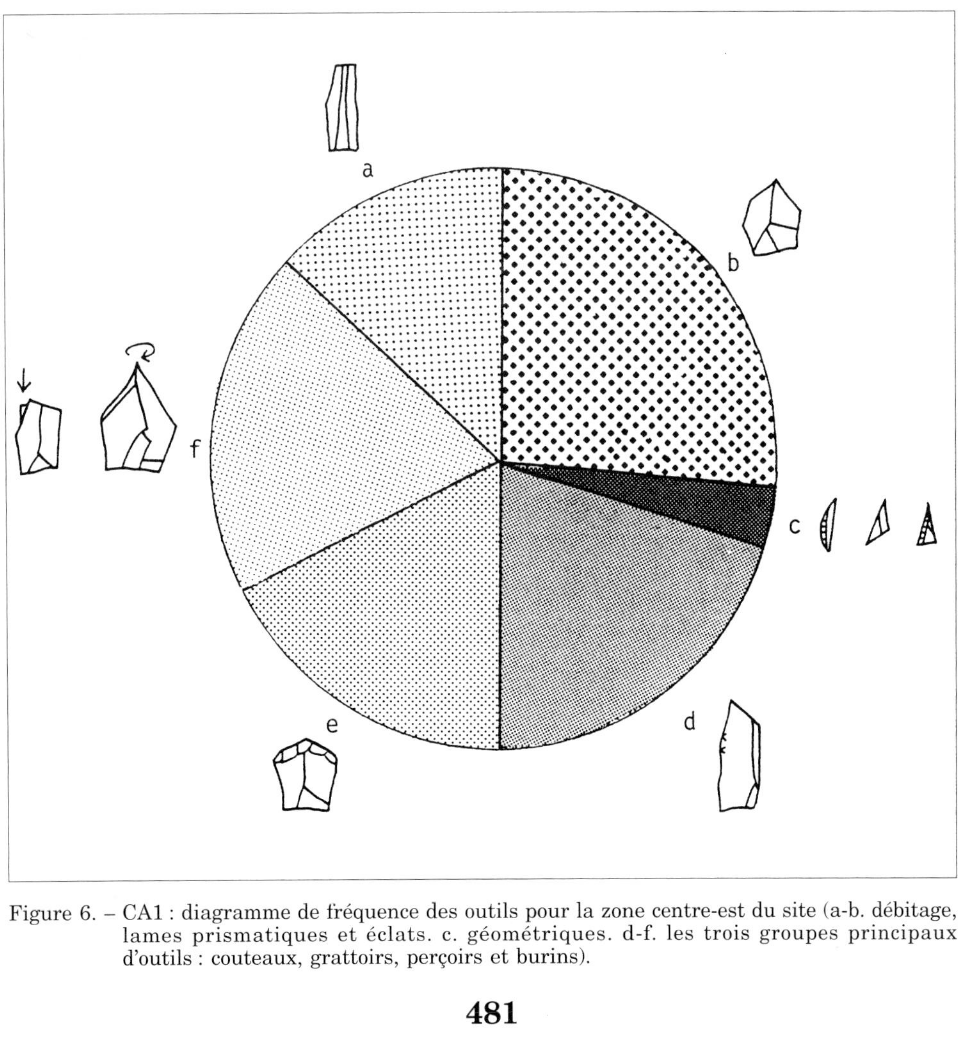

Figure 6. – CA1 : diagramme de fréquence des outils pour la zone centre-est du site (a-b. débitage, lames prismatiques et éclats. c. géométriques. d-f. les trois groupes principaux d'outils : couteaux, grattoirs, perçoirs et burins).

BIBLIOGRAPHIE

FEDELE (F. G.), ALBARELLA (U.), DE MATTEIS (F.), MOTTURA (A.), Preistoria della Valchiavenna 1987 : il Paleo-Mesolitico di Pian dei Cavalli e altre ricerche. *Clavenna* 26, 1987, p. 9-95.

FEDELE (F. G.) *et al.*, Preistoria e paleoambienti della Valchiavenna [série de relations annuelles]. *Clavenna* 29-33, 1990-1994.

FEDELE (F. G.), Steinzeitliche Jäger in den Zentralalpen : Piano dei Cavalli (Splügenpass). *Helvetia Archaeologica* 23, 89, 1992, p. 2-22.

Zoo-archéologie sans les os : hypothèses sur la chasse épipaléolithique d'altitude dans les Alpes. *Actes*, XIIIe Rencontres internationales d'Archéologie et d'Histoire d'Antibes : *Exploitation des animaux sauvages à travers le temps*, APDCA, Juan-les-Pins, 1993, p. 183-199.

FEDELE (F. G.), BUZZETTI (M.), Pian dei Cavalli. Sui passi dei primi uomini nelle Alpi. Museo della Valchiavenna. *Chiavenna*, 1993, 64 p.

WICK (L.), Early-Holocene Reforestation and Vegetation Change at a Lake near the Alpine Forest Limit : Lago Basso (2.250 m asl), Northern Italy. *Dissertationes Botanicae* 234, 1994a, p. 555-563.

Vegetation Development and Human Impact at the Forest Limit : Palaeoecological Studies in the Splügen Pass Area (North Italy). *Monografie di Natura Bresciana*, vol. XX, 1994b, p. 123-132.

L'ÉPIGRAVETTIEN FINAL ET LE MÉSOLITHIQUE DE L'APENNIN TOSCO-ÉMILIEN ET DE LA VALLÉE DU SERCHIO (TOSCANE SEPTENTRIONALE)

THE FINAL EPIGRAVETTIAN AND THE MESOLITHIC OF THE TOSCO-EMILIAN APENNINES AND OF THE SERCHIO VALLEY (NORTHERN TOSCANE, ITALY)

Carlo Tozzi, Paolo Notini

Résumé. – Pendant le Pléniglaciaire II, les chaînes de l'Apennin septentrional et des Alpes apuanes étaient largement englacées, et dans la vallée du fleuve Serchio en cette période il n'y a aucune trace de fréquentation humaine. C'est seulement à la fin de l'Alleröd et pendant le Dryas III que de petits groupes de chasseurs de l'Épigravettien final, spécialisés dans la chasse au bouquetin, pénètrent dans la vallée. Pendant le Préboréal et le Boréal, les traces de la présence sauveterrienne se multiplient : les campements principaux sont situés sur les terrasses près du fond de la vallée, mais de nombreux petits bivouacs sont installés à des altitudes supérieures, jusqu'à 1 800-1 900 m sur les moraines, sur les rivages des petits lacs glaciaires et à proximité des arêtes des montagnes. À partir du Sauveterrien final et pendant le Castelnovien même, quelques-uns des campements saisonniers principaux sont installés aux altitudes les plus élevées de l'Apennin, entre 1 600 et 1 800 m. Les différents types de silex utilisés donnent des indications sur les déplacements saisonniers entre la vallée du Serchio et la plaine du Pô. L'étude des charbons permet de reconstruire l'évolution du paysage végétal entre le Dryas III et l'Atlantique.

Mots clés : Épigravettien, Sauveterrien, Castelnovien, Toscane septentrionale, Italie.

Abstract. – During Pleniglacial II, the Northern Apennines and the Apuan Alps ranges were widely glaciated and there is no trace of human presence in the Serchio river valley. The first epigravettian groups of ibex hunters did not enter the valley before the Tardiglacial (Alleröd and Dryas III). Traces of sauveterrian presence increase during the Preboreal and Boreal periods ; the main camps are situated on river terraces near the bottom of the valley and many small bivouacs are set up at a higher altitude, up to 1,800-1,900 m, on moraines, on banks of glacial lakes and near the ridges of the mountains. Starting Late Sauveterrian and during the Castelnovian some of the main seasonal camps are set up at the highest altitudes of the Apennines. The origins of flint provide indications on seasonal trips from the Pô plain to the Serchio river valley ; charcoal of fireplaces shows the evolution of the vegetable landscape between the Dryas III and the Atlantic periods.

Key words : Epigravettian, Sauveterrian, Castelnovian, Northern Toscane, Italy.

Pendant le Pléniglaciaire II, les chaînes de l'Apennin septentrional et des Alpes apuanes étaient couvertes par de nombreux petits glaciers et dans la vallée du fleuve Serchio avait lieu la mise en place de limons éoliens, d'éboulis cryoclastiques et de graviers fluvioglaciaires. En cette période, il n'y a aucune trace de fréquentation humaine dans la région.

C'est seulement à la fin de l'Alleröd et surtout pendant le Dryas III que des petits groupes de chasseurs de l'Épigravettien final, spécialisés dans la chasse au bouquetin, pénètrent dans la vallée ; les campements sont placés dans les abris des Alpes apuanes et, en plein air, sur les basses terrasses du Serchio entre 300 et 550 m d'altitude avec des sites

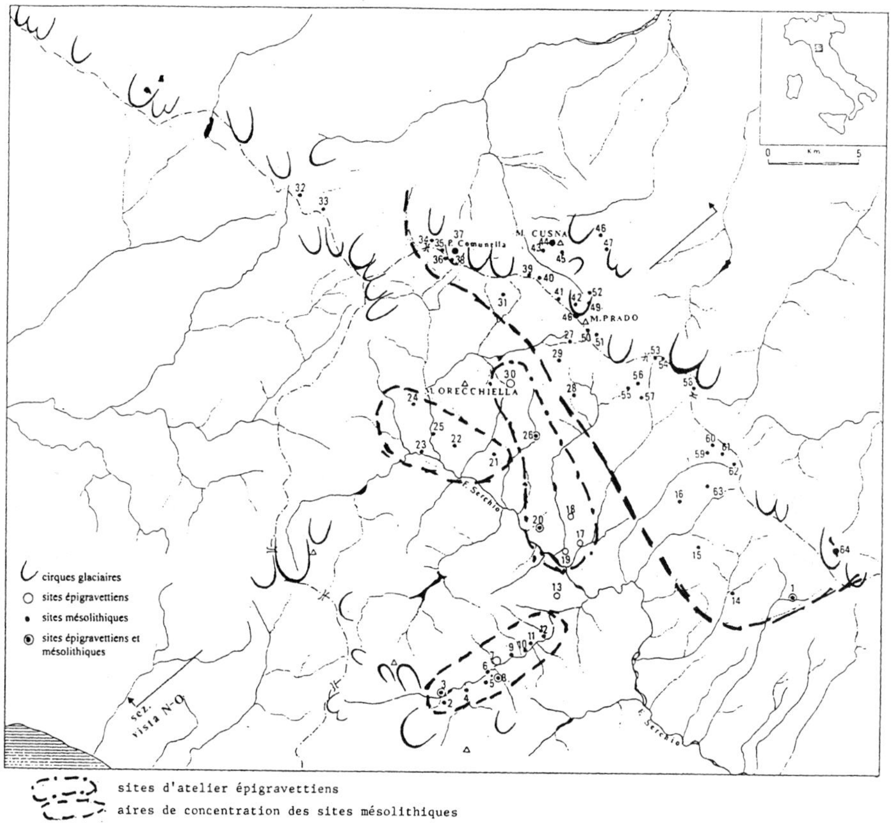

Figure 1. – Distribution des sites épigravettiens et mésolithiques de la vallée du Serchio et de l'Apennin septentrional.

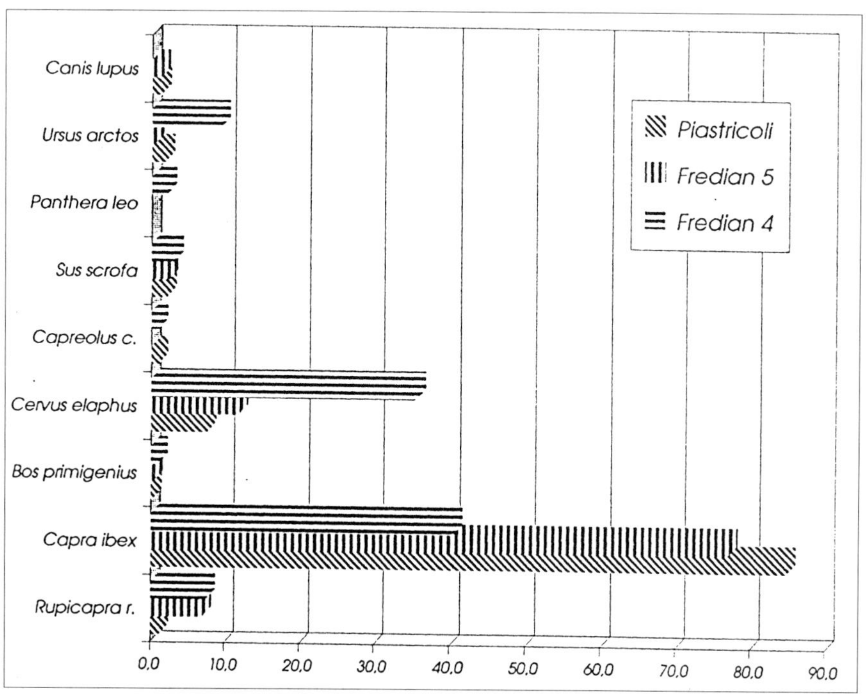

Figure 2. – La faune de l'Épigravettien final des abris de Piastricoli et Fredian, couche 5 (Dryas III) et du Sauveterrien (Fredian, couche 4, Préboréal).

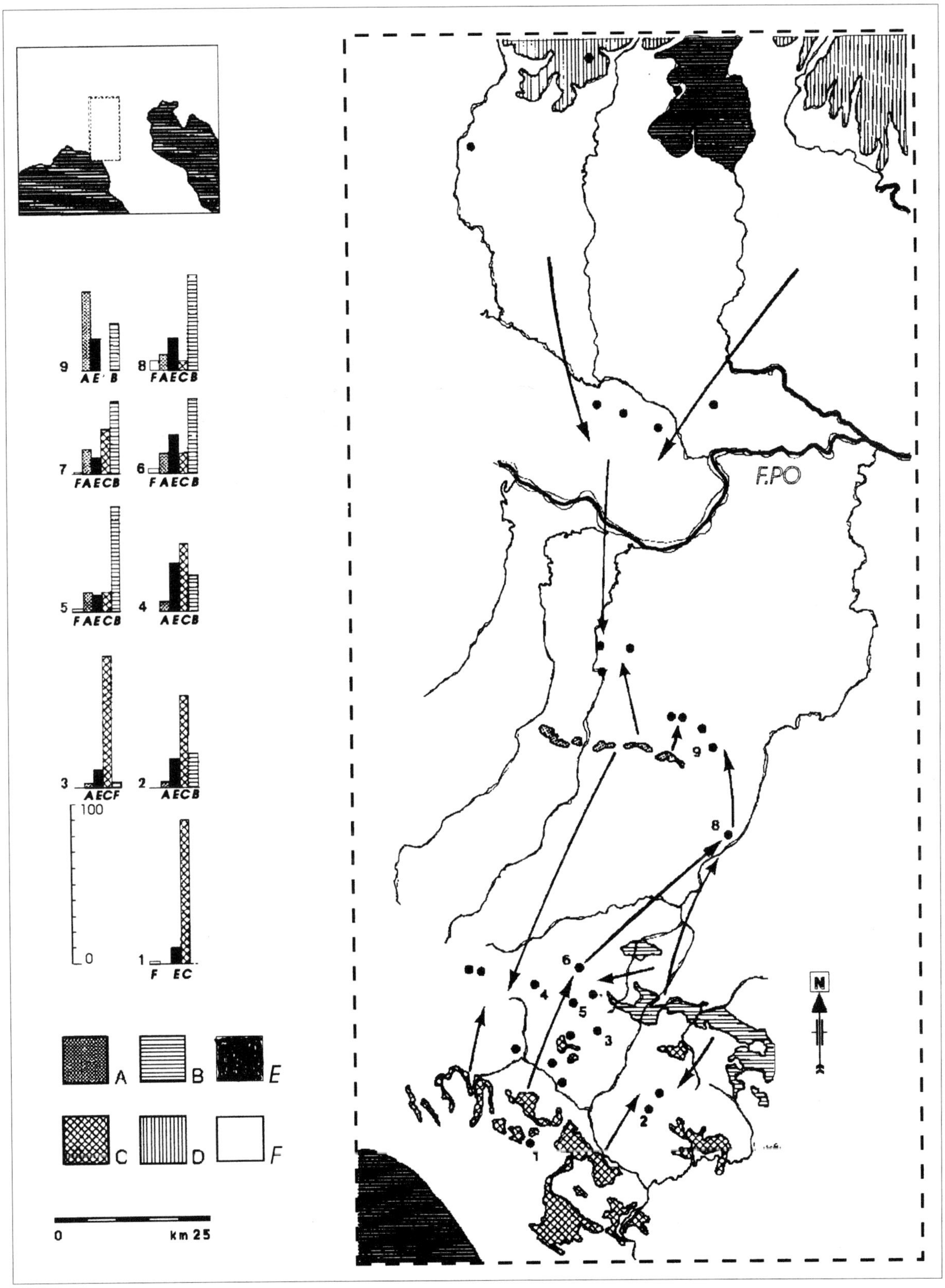

Figure 3. – Provenance des silex des industries mésolithiques : A. galets des formations calabriennes. B. silex des formations Monte Modino-Cervarola. C. silex des formations toscanes. D. silex des formations alpines. E. silex des formations liguriennes non représentées sur la carte. F. silex de provenance incertaine. 1. Isola Santa. 2-8. sites de l'Apennin septentrional. 9. sites de la haute plaine du Pô.

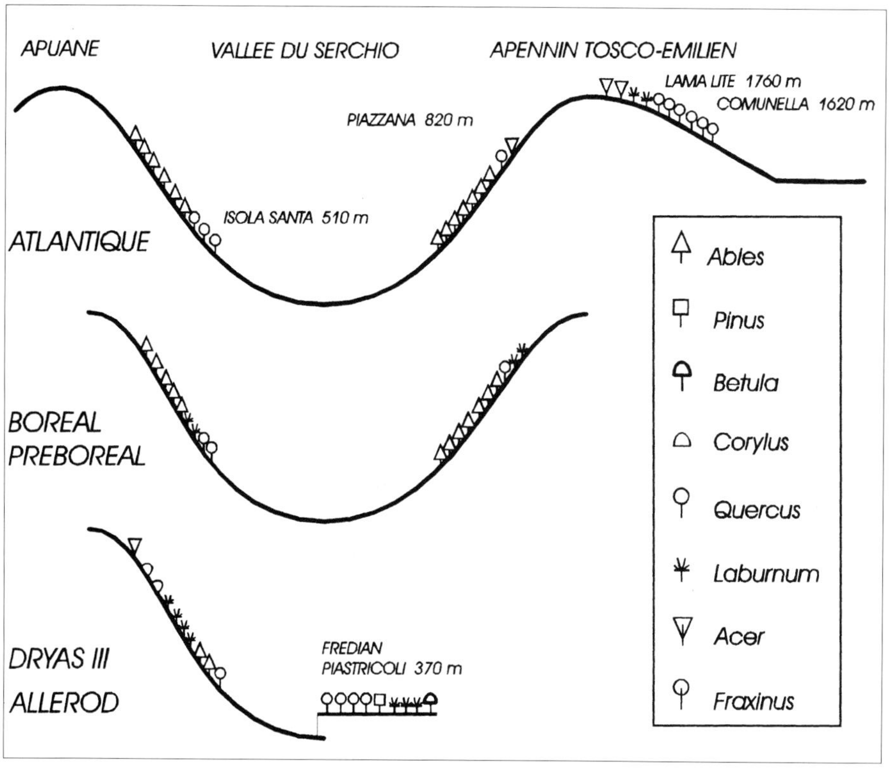

Figure 4. – Les charbons des sites épigravettiens et mésolithiques permettent de reconstruire l'évolution du paysage végétal dans la vallée du Serchio et sur l'Apennin, du Dryas III à l'Atlantique.

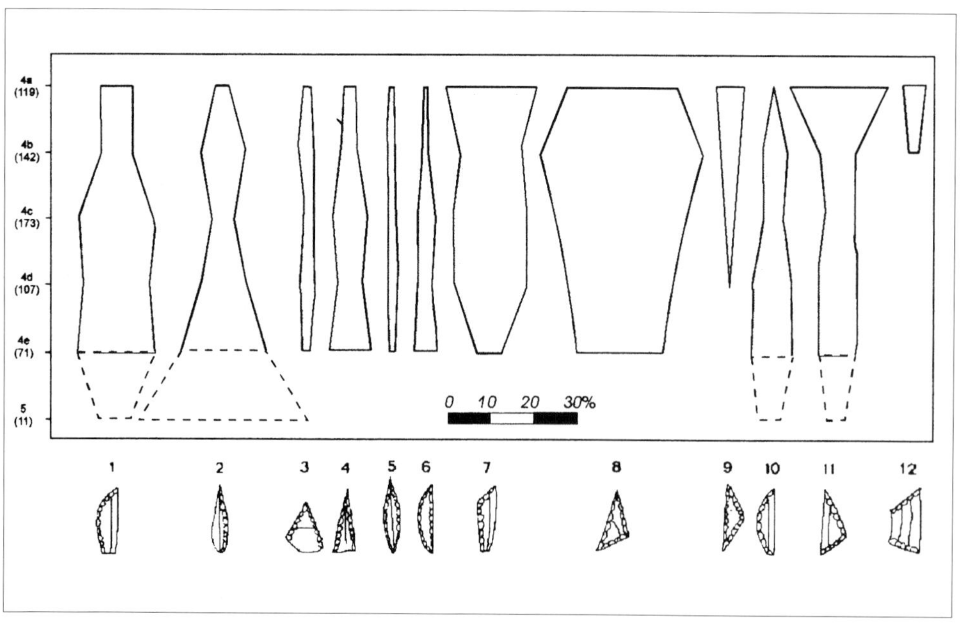

Figure 5. – Fréquences des principaux types d'armatures microlithiques du site mésolithique de Isola Santa.

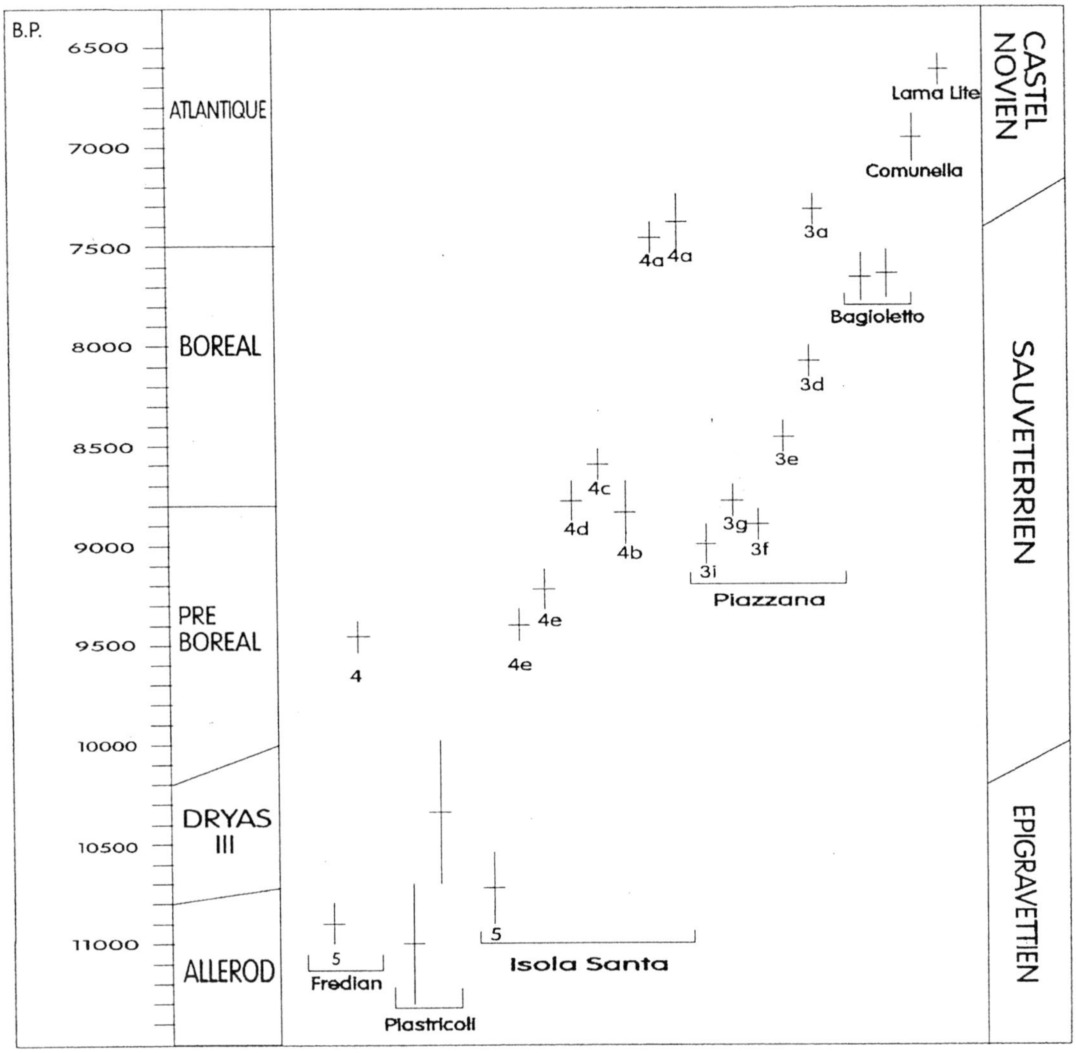

Figure 6. – Chronologie de l'Épigravettien final, du Sauveterrien et du Castelnovien dans la Toscane septentrionale.

d'atelier ; un autre atelier lithique est situé à 1 120 m, à proximité des gisements de silex du M. Orecchiella (fig. 1, 2) (Biagi *et al.*, 1981 ; Castelletti *et al.*, 1994).

Un millier d'années séparent les fréquentations épigravettiennes de l'arrivée des groupes sauveterriens. Pendant le Préboréal et le Boréal, les traces de la présence sauveterrienne se multiplient : les campements principaux sont encore situés sur les terrasses près du fond de la vallée, mais de nombreux petits bivouacs sont installés à des altitudes supérieures, jusqu'à 1 800-1 900 m, sur les moraines, sur les rivages des petits lacs glaciaires, et à proximité des passages et des arêtes des montagnes. Pendant l'Atlantique, avec les groupes castelnoviens et même à partir du Sauveterrien final, quelques-uns des campements saisonniers principaux sont installés aux altitudes les plus élevées de l'Apennin, entre 1 600 et 1 800 m (Alessio *et al.*, 1983 ; Biagi *et al.*, 1981 ; Castelletti *et al.*, 1976 ; 1994 ; Lowe *et al.*, 1994).

Les différents types de silex utilisés (silex des formations toscanes, silex de la formation M. Modino-M. Cervarola, galets siliceux des dépôts calabriens du pied de l'Apennin, silex alpins) donnent des indications sur les déplacements saisonniers des groupes mésolithiques entre la vallée du Serchio et la plaine du Pô (Biagi *et al.*, 1981). C'est le même modèle d'utilisation du territoire qu'on observe dans le bassin de l'Adige, mais, à la différence des Alpes, sur l'Apennin septentrional le maximum de fréquentation humaine a lieu pendant le Castelnovien (fig. 3,5,6) (Broglio et Lanzinger, 1990).

L'étude des charbons des sites épigravettiens et mésolithiques permet de reconstruire l'évolution du paysage végétal encore très ouvert au Dryas III. Par la suite la forêt gagne progressivement les flancs des montagnes, et à l'Atlantique la forêt clairsemée d'érables, de frênes et de faux ébéniers couvre l'Apennin aux altitudes supérieures à 1 500 m (fig. 4). L'activité de récolte, surtout des noisettes, est très développée dans les sites de Piazzana et de Isola Santa (Castelletti, 1983 ; Castelletti *et al.*, 1976 ; 1994).

Pendant le Néolithique, la vallée du Serchio se dépeuple et seulement deux sites sur les terrasses inférieures sont actuellement connus. Une nouvelle phase de fréquentation, plus intense, aura lieu pendant l'âge des métaux (Castelletti *et al.* 1994).

BIBLIOGRAPHIE

ALESSO (M.) *et al.*, 14C Datings of Three Mesolithic Series of Trento Basin in the Adige Valley (Vatte di Zambana, Pradestel, Romagnano) and Comparison with Mesolithic Series of Other Regions. *Preistoria Alpina*, vol. XIX, 1983, p. 245-254.

BIAGI (P.), CASTELLETTI (L.), CREMASCHI (M.), SALA (B.), TOZZI (C.), Popolazione e territorio nell'Appennino tosco-emiliano e nel tratto centrale della pianura del Po tra il IXe il V millennio. *Emilia Preromana* 8, 1981 p. 13-36.

BROGLIO (A.), LANZINGER (M.), Considerazioni sulla distribuzione dei siti tra la fine del Paleolitico superiore e l'inizio del Neolitico nell'Italia Nord-orientale. *In* : P. BIAGI (dir.), The Neolithisation of the Alpine Region. *Monografie di Natura Bresciana*, vol. XIII, 1990, p. 53-69.

CASTELLETTI (L.), Il combustibile legnoso negli insediamenti mesolitici dell'Italia Settentrionale. *Preistoria Alpina*, vol. XIX, 1983, p. 235-242.

CASTELLETTI (L.), CREMASCHI (M.), NOTINI (P.), L'insediamento mesolitico di Lama Lite sull'Appennino tosco emiliano. *Preistoria Alpina*, vol. XII, 1976, p. 3-32.

CASTELLETTI (L.), MASPERO (A.), TOZZI (C.), Il popolamento della valle del Serchio (Toscana settentrionale) durante il Tardiglaciale Wurmiano e l'Olocene antico. *Actes*, colloque de Brescia 1993 : « Highland Zone Exploitation in Southern Europe », *Monografie di Natura Bresciana* 20, 1994, p. 189-204.

LOWE (J. J.), DAVITE (C.), MORENO (D.), MAGGI (R.), Holocene Pollen Stratigraphy and Human Interference in the Woodlands of the Northern Apenines, Italy. *The Holocene*, vol. IV (2), 1994, p. 153-164.

ÉPIPALÉOLITHIQUE, MÉSOLITHIQUE ET NÉOLITHIQUE ANCIEN DANS LES BASSES-ALPES ENTRE L'ILLER ET LE LECH (SUD-OUEST DE LA BAVIÈRE)

LATE PALAEOLITHIC, MESOLITHIC AND EARLY NEOLITHIC IN THE LOWER ALPINE REGION BETWEEN THE RIVERS ILLER AND LECH (SOUTH-WEST BAVARIA)

Birgit Gehlen

Résumé. – La région des Basses-Alpes entre l'Iller et le Lech est connue sous le nom d'Allgäu. Pendant le Pléistocène final et l'Holocène ancien, la région de l'Allgäu est liée au développement culturel des Alpes souabes et de la Haute-Souabe.
À quelques exceptions près, les sites de l'âge de pierre en Allgäu on été découverts par des ramassages ou fouilles non scientifiques effectués par des amateurs. Il s'agit pour la plupart de sites de plein air, où la couche de sédiments est généralement peu épaisse. Ce facteur, combiné aux conditions dans lesquelles ont été faites les découvertes, est souvent responsable de la non-préservation, ou plutôt de la non-récupération de matériel organique, ce qui rend l'analyse archéologique principalement dépendante des objets lithiques eux-mêmes. Le seul site-abri connu à ce jour dans la région a été fouillé par l'Institut de pré- et protohistoire de l'université de Cologne entre 1984 et 1988. Les sites épipaléolithiques et mésolithiques se trouvent à des altitudes approximatives comprises entre 720 et 920 m au-dessus du niveau de la mer et sont généralement situés dans les mêmes conditions topographiques, donc sur des collines ou des terrasses aux abords de ruisseaux, de rivières ou de lacs. Le paysage des Basses-Alpes a été principalement formé par la dernière période glaciaire. Ce n'est qu'au cours du Dryas II que les glaciers ont complètement disparu et qu'une lente reforestation s'est amorcée. Seules des découvertes isolées pourraient indiquer une occupation pendant le Magdalénien. Jusqu'à présent seulement quatre inventaires sont connus de l'époque épipaléolithique. Situé à Weissensee près de Füssen, à environ 920 m au-dessus du niveau de la mer, l'abri « Unter den Seewänden » reste le seul site à avoir fourni des dates radiocarbone qui indiquent une occupation pendant l'Alleröd. Les inventaires de 12 sites représentent le Mésolithique ancien, donc le Beuronien A ou B du Sud de l'Allemagne (la période du Préboréal et du Boréal ancien). Le Beuronien C (la période du Boréal moyen et final), compris ici comme la première phase du Mésolithique récent, est présent dans trois inventaires. Neuf inventaires peuvent être attribués au Mésolithique récent classique présentant des lames régulières et/ou des microlithes rectangulaires (la période du Boréal final jusqu'à l'Atlantique ancien). Il y a peu d'évidence pour une occupation de la région pendant le Néolithique ancien. Quelques découvertes isolées – des haches et peu de céramique – indiquent des relations avec le Néolithique ancien d'origine danubienne.

Mots clés : Épipaléolithique, Mésolithique, Beuronien, Néolithique ancien, *Linearbandkeramik*, *Großgartacher Gruppe*, *Stichbandkeramik*, haches, céramiques, analyses polliniques, céréales cultivés.

Abstract. – The Lower Alpine region between the rivers Iller and Lech is known as the Allgäu. During the Late Pleistocene and the Early Holocene the Allgäu is obviously connected with the cultural development in the Swabian Alps and in Upper Swabia.
With few exceptions, the Stone Age finds in the Allgäu have come to light through collecting or non-scientific excavating by amateurs. Almost all the sites are open air sites, where there is usually very little sedimentation. This fact, and the find circumstances in general, are responsible for the non-survival – or rather non-recovery – of any organic material. Archaeological analyses are mostly dependent upon the stone artefacts themselves. The only hitherto known abri site in the region was excavated by the Institute for Pre- and Protohistory of the University of Cologne between 1984 and 1988. The late palaeolithic and mesolithic sites lie at heights between approximately 720 and 920 m above sea-level and are generally situated in similar locations on top of hills and on terraces close to rivers, streams and lakes. The landscape of the lower Alpine region was mainly formed during the Last Ice Age. Once the area had become free of ice, a slow reforestation began in the Dryas II period. Only singular finds could point to a settlement during the Magdalenian. From the Terminal Palaeolithic, 4 assemblages are known today. Situated about 920 m above sea level, only the abri « Unter den Seewänden » in Weißensee near Füssen is dated absolutely by the radiocarbon method as belonging to the Alleröd period. The Early Mesolithic, Beuronian A or Beuronian B phase of Southern Germany (Preboreal period and Early

Boreal period), is represented by 12 sites. The Beuronian C phase (Middle to Late Boreal period), understood here as the early stage of the Late Mesolithic, could be identified in 3 assemblages. 9 inventories are dated to the classical Late Mesolithic with regular blades and/or rectangular microliths (Late Boreal period to Early Atlantic period). There is small evidence for the presence of people during Early Neolithic Times. Some single finds of axes and few ceramics point to connections with the Early Neolithic of Danubian origin.

Key words: Late Palaeolithic, Mesolithic, Early Neolithic, *Linearbandkeramik*, *Großgartacher Gruppe*, *Stichbandkeramik*, axes, ceramics, pollen analysis, cultivated cereals.

INTRODUCTION

The Lower Alpine region between the rivers Iller and Lech is known as the Allgäu. Its northern border lies north of a line marked by the cities of Memmingen and Landsberg am Lech (fig. 1). The name Allgäu also defines a cultural area, which even today is characteristically South-West German-Swabian, although the greater part belongs administratively to Bavaria. The connection between this region and the cultural development of South-West Germany is even apparent in stone-age artefacts. The few known palaeolithic and mesolithic finds are very similar to the inventories in the Swabian Alps and in Upper Swabia.

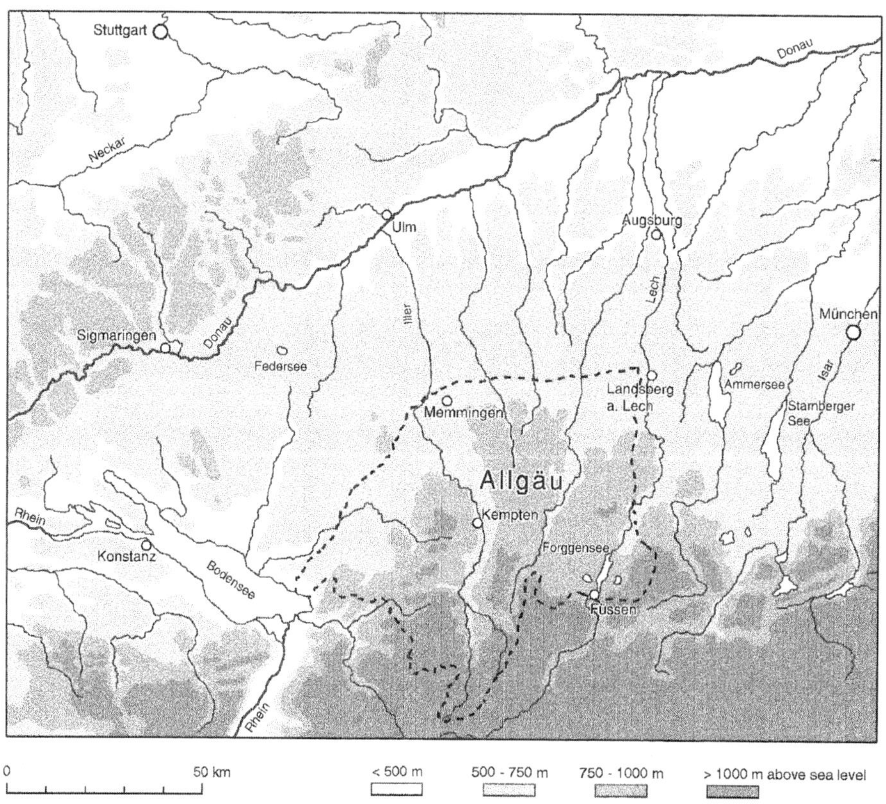

Figure 1. – The Allgäu in South-Western Germany.

With few exceptions, the stone-age finds in the Allgäu have come to light through collecting or non-scientific excavating by amateurs. Almost all the sites are open air sites, where there is usually very little sedimentation. This fact, and the find circumstances in general, are responsible for the non-survival or rather non-recovery – of any organic material. For archaeological analyses, we are mostly dependent upon the stone artefacts themselves. Three open-air sites were discovered by archaeologists during a programme of small

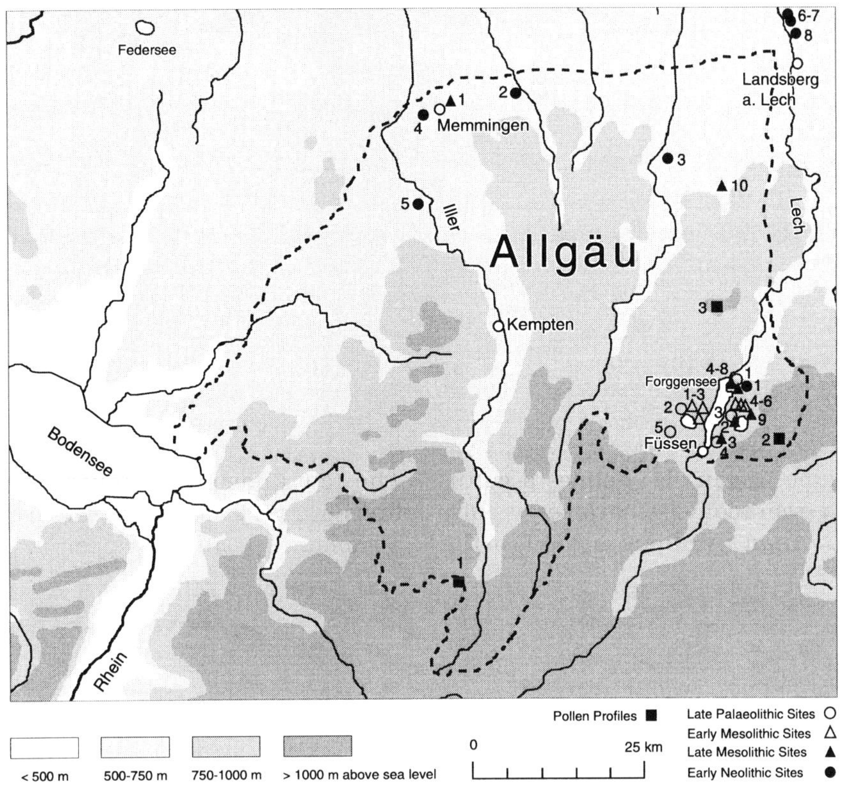

Figure 2. – Pollen profiles and stone-age sites in the Lower Alpine region of the Allgäu. Pollen profiles. 1. Kleinwalsertal, Austria. 2. Ammergebirge, Bavaria. 3. Auerberg, Bavaria. Late palaeolithic sites. 1. Forggensee (Magdalenian ?). 2. Hopferau-Pertlesbichl. 3. Bannwaldsee-Judenberg. 4. Feuerbichl. 5. Abri « Unter den Seewänden ». Early mesolithic sites : 1-3. Hopferau-Scharrenmoos I-III. 4. Bannwaldsee II. 5. Bayerniederhofen I. 6. Bayerniederhofen II. Late mesolithic sites : 1. Memmingen-Trunkelsberg. 2. Bannwaldsee-Stadel. 3. Feuerbichl. 4. Forggensee II. 5. Forggensee III. 6. Forggensee IV. 7. Forggensee V. 8. Forggensee VI. 9. Bannwaldsee-Judenberg. 10. Winterzach. Early neolithic sites : 1. Forggensee ; Dirlewang-Helchenried. 3. Rieden. 4. Buxheim-Egelsee ; Legau-Oberlandholz. 6. 7. Scheuring-Haltenberg. 8. Kaufering.

test excavations. The only hitherto known abri site in the region was excavated by the Institute for Pre- and Protohistory of the University of Cologne between 1984 and 1988 (Gehlen, 1988a, 1995). The late palaeolithic and mesolithic sites lie at heights between approximately 720 and 920 m above sea level and are generally situated in similar locations on top of hills and on terraces close to rivers, streams and lakes. A map of all the sites (fig. 2) shows that the Alpine regions of the Allgäu have not been taken into consideration. This is the research area of Giuseppe Gulisano, and we leave the description of the stone age sites in this region to him (Gulisano, 1994, 1995). Other facts recognizable from the map are that the best investigated area lies in the south-east corner of the Allgäu and that there are huge regions which have not been researched until now (Gehlen, 1988a, 1988b, 1995). Only the sites which can be dated by typological criteria or by 14C dates are discussed below.

LATE PALAEOLITHIC AND EARLY MESOLITHIC

The landscape of the Lower Alpine region was mainly formed during the Last Ice Age. There is only a small chance of recovering finds originating from earlier palaeolithic times. Botanical and faunal remains, however, illustrate that living conditions must have been favourable during the earlier interstadial and even stadial periods. Once the area had become free of ice, a slow reforestation began in the Dryas II period. This is proved by various pollen analyses from the alpine region of the Kleinwalsertal in Austria (fig. 2 : Pollen Diagrams 1) (Dieffenbach-Fries, 1981, p. 109-113) and the Ammergebirge in Bavaria (fig. 2 : Pollen Diagrams 2) (Bludau, 1985, p. 152-168).

A single double burin on a large blade, recovered on the northern shore of the late glacial Lech lake (fig. 2 : late palaeolithic site 1 : Forggensee at 775 m ; fig. 3, 1), may point to a settlement of the magdalenian culture. The Lech lake disappeared at the beginning of the Holocene but was recreated in 1954 as an artificial lake called the Forggensee. There are four sites from the Terminal Palaeolithic known today. Three of them (fig. 2 : late palaeolithic sites 2-4 ; site 2 : Hopferau-Pertlesbichl at 808 m ; fig. 3, 2-5 ; site 3 : Bannwaldsee-Judenberg at 800 m ; site 4 : Feuerbichl at 802 m) can only be identified by the presence of backed points, backed bladlets and burins in the assemblages. Situated about 920 m above sea level, the abri « Unter den Seewänden » in Weißensee near Füssen (fig. 2 : late palaeolithic site 5 ; fig. 3, 6-8) is the only occupied site hitherto investigated completely by archaeologists. Two 14C dates (KN-3623 : 11,600 ± 230 BP and KN-3624 : 11,400 ± 230 BP), the little surviving pollen, and the botanical identification of the charcoal indicate an occupation of the rock shelter during the Alleröd period. The inventory comprises some 500 stone artefacts. The tools (backed bladlets and end-scrapers) and the high proportion of refitted pieces point to a temporary camp for hunters for short durations.

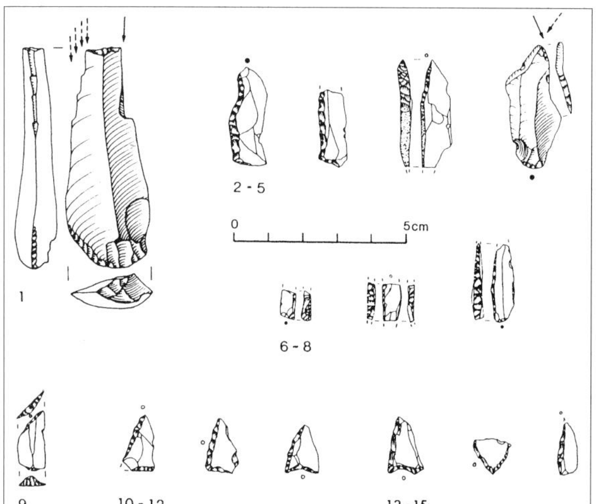

Figure 3. – Palaeolithic and early mesolithic artefacts : 1. burin from the Forggensee – Magdalenian ? 2-5. backed bladelets, backed point and burin from Hopferau-Pertlesbichl – Late Palaeolithic. 6-8. backed bladelets from the abri « Unter den Seewänden » – Late Palaeolithic. 9. elongated trapeze from Hopferau – Scharrenmoos II – Beuronian A. 10-12. base-retouched micropoints from Bannwaldsee II – Beuronian B. 13-15. base-retouched micropoint, triangle and lateral retouched micropoint from Bayerniederhofen I – Beuronian B.

The mesolithic open-air sites are situated in similar positions to those of the Late Palaeolithic, but are more numerous. There are 12 early mesolithic sites (Praeboreal period and Early Boreal period) known so far. The types of microliths occurring in the assemblages are discernible as belonging to the Beuronian phase A or phase B of South-West Germany (Taute, 1975). Due to the circumstances of discovery, it is impossible for most of the assemblages to define chronological and functional units. Only a few can be assigned clearly to one of the Early Beuronian phases. One is Beuronian A (fig. 2 : early mesolithic site 1 : Hopferau-Scharrenmoos II at 790 m ; fig. 3, 9), three are Beuronian B (fig. 2 : early mesolithic sites 4-6 ; site 4 : Bannwaldsee II at 818 m ; fig. 3, 10-12 ; site 5 : Bayerniederhofen I at about 820 m ; fig. 3, 13-15 ; site 6 : Bayerniederhofen II at about 820 m).

During the Late Palaeolithic and Mesolithic, people used mainly local silices to make their tools. The pebble beds of the rivers, streams and moraines delivered a huge amount of coloured alpine radiolarite (red, green, grey, black) and grey to black alpine chert of good knapping quality. Most of the material originates from these pebble resources. The artefacts made from alpine chert often show a cream-coloured patina. Very seldom were the artefacts made from rock crystal, quarz or alpine quartzite. Some pieces, as it is frequently the case in the larger inventories, were brought from the limestone hills of the Swabian Alps. This « exotic » raw material and typolological comparison of the stone artefacts indicate a close contact between the Allgäu and the Danubian people or the identity of the settlers of both regions.

LATE MESOLITHIC

The Beuronian C phase (Middle to Late Boreal period) in Southern Germany is understood here as the early stage of the Late Mesolithic. The most characteristic stone artefacts of this period are the often very tiny scalene triangles and small backed borers of the « mèche de foret » type. The Beuronian C phase is generally older than the « classic » Late Mesolithic with regular blades and rectangular microliths, but botanical analyses and 14C dates reveal a partial overlapping of the two facies (Oeschger & Taute, 1980 ; Taute, 1980). In some regions of south-Western Germany, the Beuronian C seems to be the only late mesolithic culture (Cziesla, 1992, p. 273-287). Three assemblages from the Allgäu contain artefacts of the Beuronian C phase (fig. 2 : late mesolithic sites 1-3 ; site 1 : Memmingen-Trunkelsberg at about 620 m ; site 2 : Bannwaldsee-Stadel at 800 m ; site 3 : Feuerbichl at 802 m, fig. 4, 1-7). The Late Mesolithic with regular blades and/or rectangular microliths (Late Boreal period to Early Atlantic period) is represented by 9 inventories. Most of the regular blades in these assemblages have facetted butts ; dorsal reduction is very rare. A concentration of such sites seems to occur at the northern shore of the Forggensee, which is about 500 m east of the early holocene river Lech (fig. 2 : late mesolithic sites 4-8 ; site 4 : Forggensee II ; fig. 4, 8-15 ; site 5 : Forggensee III ; site 6 : Forggensee IV ; site 7 : Forggensee V ; site 8 : Forggensee VI ; fig. 4, 16-19 ; all sites with altitudes between 775-780 m). Charcoal from a concentration found at the Forggensee II site was dated to 7,980 ± 80 BP (KN-3626), which indicates an early stage of the « classic » Late Mesolithic. The assemblages from the sites at Forggensee II and Forggensee VI are characterized by the dominance of initial cores and core-preparation flakes made of red and green radiolarite and Alpine chert ; regular blades and retouched tools are rare. An interpretation as « ateliers » where local silex was prepared is possible. The sites at Bannwaldsee-Stadel and Feuerbichl (fig. 2 : late mesolithic sites 2 and 3 ; fig. 4, 20-23) contain artefacts of the Beuronian C and the Late Mesolithic with trapezoid microliths and/or regular blades as well. As already mentioned, it is not possible to determine whether these elements represent an archaeological unit or not. A more recent impression is given by the late mesolithic artefacts from Bannwaldsee-Judenberg (fig. 2 : late mesolithic site 9 at 800 m ; fig. 4, 24-27) a site already occupied during the Late Palaeolithic and the Early Mesolithic. The large asymmetrical trapezes are reminiscent of the artefacts excavated at the Henauhof Nord II site by the Federsee in Upper Swabia (Kind, 1992 ; Owen & Pawlik, 1993). This site is Late Mesolithic to the end of the Mesolithic, contemporaneous with the Earliest Neolithic. Another assemblage from the end of the Mesolithic was recovered from the site at Winterzach (fig. 2 : late mesolithic site 10 at about 700 m, fig. 4, 28-32). The blades seem to be somewhat more regular than the earlier ones, and one of the asymmetrical trapezes shows a *retouche inverse* plate (fig. 4, 29). This manner of retouching is seen as characteristic of very Late Mesolithic (Löhr, 1994, p. 20-26) or early neolithic inventories (Taute, 1973/74, 79-82, p. 90-91). Asymmetrical trapezes with retouched inverse plate seem to be of west-European origin (Löhr, 1994, p. 20-21). The site of Winterzach is situated about 30 km north of the Alps and about 60 km south of the Swabian Alps. Together with artefacts made of coloured radiolarite and alpine chert, the inventory contains a large number of pieces made of jurassic chert originating from the Swabian Alps. The stone artefacts were collected from a small area of just a few meters in diameter. There was no indication of a neolithic settlement at the site.

EARLY NEOLITHIC

Archaeologists never thought of the cool and wet Lower Alpine region of the Allgäu with its poor soil as belonging to the classic early neolithic settlement area of the « Danubian Cultures ». But there is evidence for the presence of people during Early Neolithic

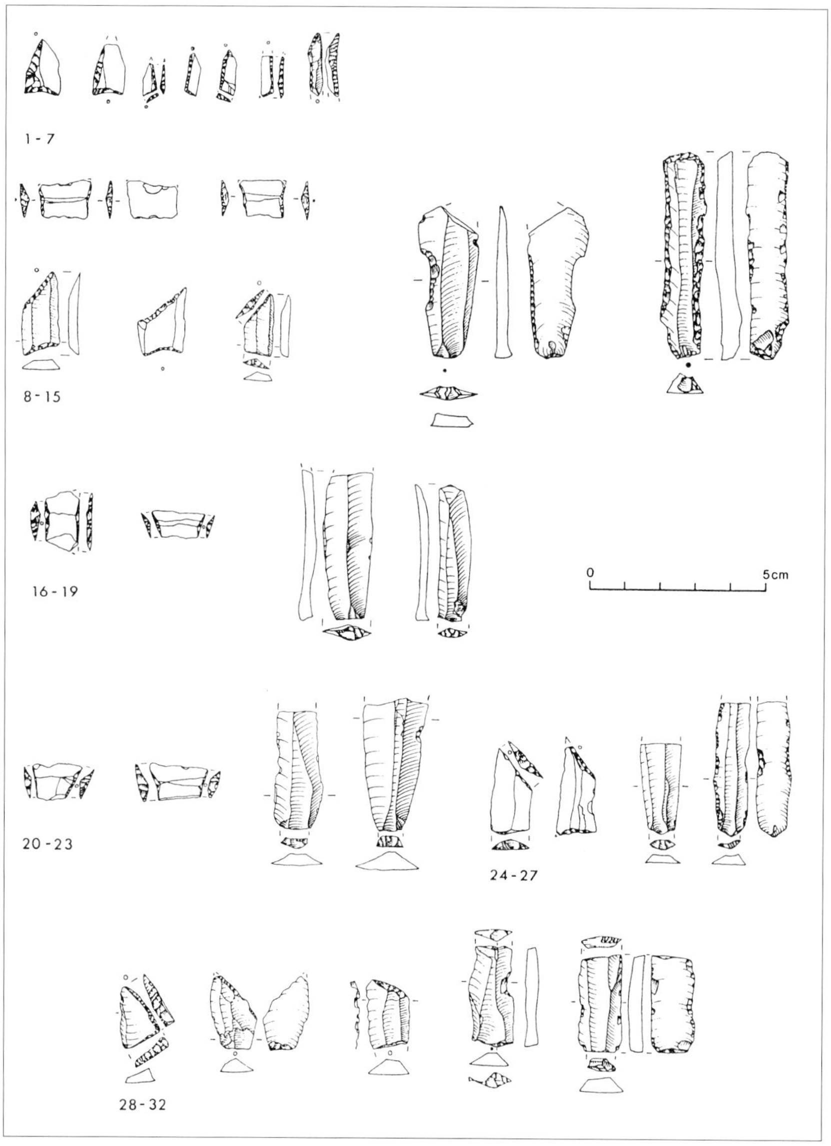

Figure 4. – Late mesolithic artefacts : 1-7. base retouched micropoint, scalene triangles and mèche de foret from Feuerbichl – Beuronian C. 8-15. rectangular microliths and regular blades from Forggensee II – Classical Late Mesolithic. 16-19. rectangular microliths and regular blades from Forggensee VI – Classical Late Mesolithic. 20-23. rectangular microliths and regular blades from Feuerbichl – Classical Late Mesolithic. 24-27. asymmetrical trapezes and regular blades from Bannwaldsee-Judenberg – Terminal Late Mesolithic. 28-32. triangle, asymmetrical trapeze with *retouche inverse plate* and regular blades from Winterzach – Terminal Late Mesolithic.

Times. Only a few artefacts or assemblages can be clearly assigned to the Early Neolithic. Isolated finds of an adze from the north shore of the Forggensee (fig. 2 : early neolithic site 1 at about 770 m ; fig. 5, 1), a shoe-last ax from Dirlewang-Helchenried (fig. 2 : early neolithic site 2 at about 650 m ; fig. 5, 2), and one shaft-hole ax from Rieden (fig. 2 : early neolithic site 3 at about 660 m) prove human presence during the « Linearbandkeramik » or « Stichbandkeramik/Rössen » periods. Such isolated objects are a very common phenomenon in the highlands on the periphery of early neolithic settlement areas and are considered to be indications of contacts between mesolithic and neolithic settlers. Five possible early neolithic settlement sites are known in the northern part of the Allgäu, already in or close to the loess regions. At Buxheim-Egelsee near the city of Memmingen, already located in the loess area south of the river Danube (fig. 2 : early neolithic site 4 at about 620 m ; fig. 5, 3 ; 4), pits with pottery of the « Stichbandkeramik » and « Großgartacher Gruppe » types were excavated during the building of the Autobahn (Schröter, 1974). A probably early neolithic assemblage of stone artefacts was recovered in Legau-Oberlandholz (fig. 2 : early neolithic site 5 at about 700 m), and three locations with pottery of the « Linearbandkeramik » and

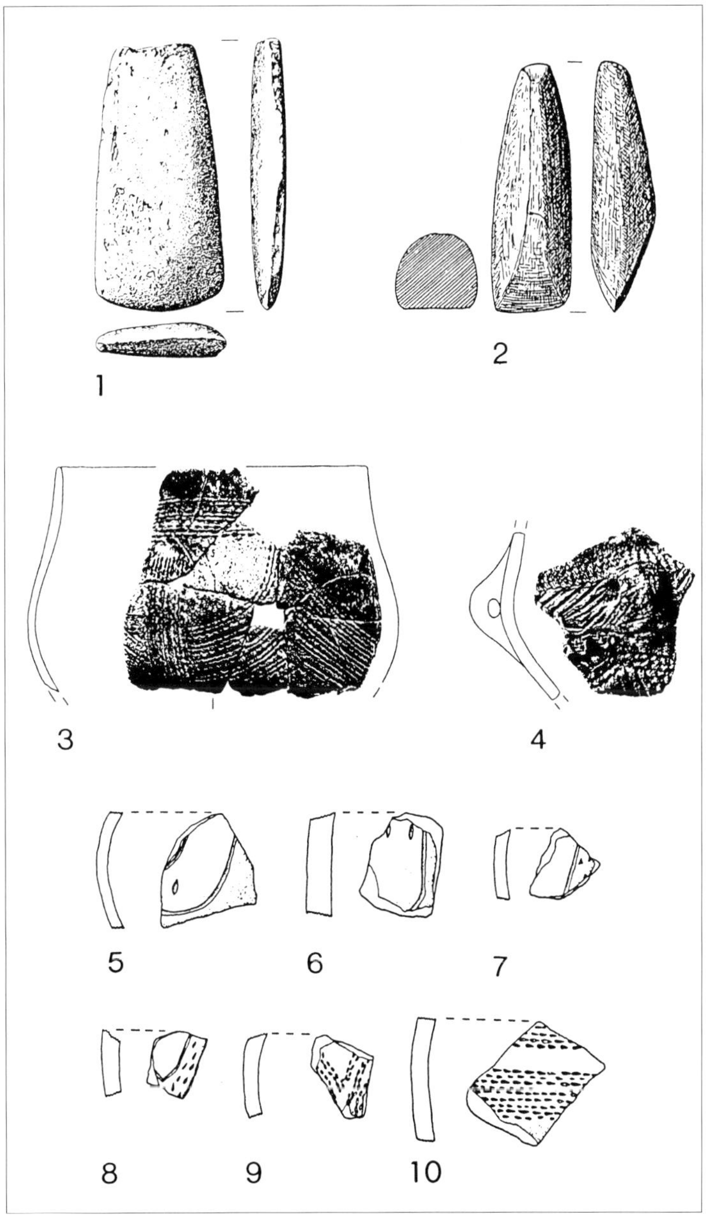

Figure 5. – Early neolithic artefacts : 1. Early neolithic adze from the Forggensee. 2. Early neolithic shoe-last ax from Dirlewang-Helchenried. 3. Pottery from Buxheim-Egelsee – « Stichbandkeramik ». 4. Pottery from Buxheim-Egelsee – « Großgartacher Gruppe ». 5-7. Pottery from Scheuring-Haltenberg – « Linearbandkeramik ». 8-10. Pottery from Kaufering – « Stichbandkeramik ».

« Stichbandkeramik » types were discovered close to the villages of Kaufering and Scheuring-Haltenberg north of the city of Landsberg am Lech (Gerhard & Gohlisch, 1992) (fig. 2 : early neolithic sites 6-8 at about 600-620 m ; fig. 5, 5-10). Only 20 km north of the foothills of the Alps, there is a uniquely situated mountain called Auerberg. Pollen analyses of several moors surrounding the mountain reveal cultivated cereals in the Early Atlantic period (fig. 2 : pollen diagrams 3). The earliest date for cultivated cereals found near the Auerberg is 6,310 ± 65 BP (KI-2210.10, Willkomm, 1988, p. 180). The southernmost loess soils of the Allgäu can be found only some 5 km north-east of this mountain (Küster, 1988, p. 55-59). There must have been early farmers living within the traditional hunter-gatherer areas of the Lower Alpine regions. From several pollen diagrams of the northwestern Alps (Dieffenbach-Fries, 1981, p. 121-123 ; Bludau, 1985, p. 231-233), the Southern and Western Alps and from individual finds in pollen diagrams for the eastern Lower Alpine regions of Bavaria, domesticated cereals are reported from the Early Atlantic and even from the Late Boreal period (dates collected by Küster, 1988, p. 102-113). The recent discovery of many mesolithic sites in the Alps between the river Rhine and the river Iller indicates the probability of passages between different alpine regions during the Early Holocene (Gulisano, 1994, 1995). Although it is evident that the Allgäu belonged to the sphere of influence of the Early Danubian Neolithic, it is possible that neolithic elements reached the northern foothills of the Alps – perhaps even earlier – from southern and south-western directions.

ACKNOWLEDGEMENTS

I thank Werner Schön for the redaction of the manuscript, Beverley Hirschel for the correction of the English text, Friederike Jesse for the french translation of the abstract and Norbert Bartz for the composition of the maps (fig. 1 and 2) with the personal computer.

REFERENCES

BLUDAU (W.), *Zur Paläoökologie des Ammergebirges im Spät-und Postglazial*, Rheinfelden, 1985.

CZIESLA (E.), *Jäger und Sammler. Die mittlere Steinzeit im Landkreis Pirmasens*, Brühl, 1992.

DIEFFENBACH-FRIES (H.), *Zur Spät- und Postglazialen Vegetationsentwicklung bei Oberstdorf (Oberallgäu) und im Kleinwalsertal (Vorarlberg). Pollen- und makrofossilanalytische Untersuchungen an drei Mooren der montanen Stufe*. Dissertation Technische Hochschule, Darmstadt, 1981.

GEHLEN (B.), Steinzeitliche Funde im östlichen Allgäu. *In* : H. KÜSTER, Vom Werden einer Kulturlandschaft. Vegetationsgeschichtliche Studien am Auerberg (Südbayern). *Acta humaniora* 3, Weinheim, 1988a, p. 195-209.

Mesolithische Siedlungsplätze im Landkreis Ostallgäu. *Archäologische Informationen* 11/2, 1988b, p. 222-227.

Die Steinzeiten. *In* : W. CZYSZ, H. DIETRICH und G. WEBER (rsg.), *Führer zu archäologischen Denkmälern in Deutschland 30. Kempten und das Allgäu*, Stuttgart, 1995, p. 26-37.

GERHARD (S.), GOHLISCH (T. H.), Altneolithische Fundplätze bei Landsberg a. Lech. *Das Archäologische Jahr in Bayern*, 1992, p. 34-35.

GULISANO (G.), Neue mittelsteinzeitliche Fundplätze im oberen Illertal und im Kleinwalsertal. *Archäologische Informationen* 17/1, 1994, p. 79-84.

Die Besiedlung des Kleinwalsertales und seiner angrenzenden Gebiete in Bayern und Vorarlberg von der Steinzeit bis zur Einwanderung der Walser. *Archäologische Informationen* 18/1, 1995, p. 53-65.

KIND (C. J.), Der Freilandfundplatz Henauhof Nord II am Federsee und die « Buchauer Gruppe » des Endmesolithikums. *Archäologisches Korrespondenzblatt* 22, 3/1992, p. 341-354.

KÜSTER (H.), Vom Werden einer Kulturlandschaft. Vegetationsgeschichtliche Studien am Auerberg (Südbayern). *Acta humaniora* 3, Weinheim, 1988, p. 1-164, 14 Beilagen.

LÖHR (H.), Linksflügler und Rechtsflügler in Mittel- und Westeuropa. Der Fortbestand der Verbreitungsgebiete asymmetrischer Pfeilspitzenformen als Kontinuitätsbeleg zwischen Meso- und Neolithikum. *Trierer Zeitschrift für Geschichte und Kunst des Trierer Landes und seiner Nachbargebiete* 57, 1994, p. 9-127.

OESCHGER (H.), TAUTE (W.), Radiocarbon-Altersbestimmungen zum süddeutschen Mesolithikum und deren Vergleich mit der vegetationsgeschichtlichen Datierung (Jägerhaus-Höhle, Falkensteinhöhle, Felsdach Inzigkofen, Fohlenhaus, Bettelküche). *In* : W. TAUTE (rsg.),

Das Mesolithikum in Süddeutschland. Teil 2 : Naturwissenschaftliche Untersuchungen, Tübingen, 1980.

OWEN (L. R.), PAWLIK (A. F.), Funktionsinterpretation durch Merkmals- und Gebrauchsspuren- Analysen an Steinartefakten der spätmesolithischen Fundstelle Henauhof Nord II (Baden-Württemberg). *Archäologisches Korrespondenzblatt* 23, 4/1993, p. 413-426.

SCHRÖTER (P.), Eine mittelneolithische Siedlung bei Memmingen im Bayerischen Oberschwaben (Buxheim, Ldkr. Memmingen). *Archäologisches Korrespondenzblatt* 4, 2/1974, 1974, p. 121-131.

TAUTE (W.), Neolithische Mikrolithen und andere neolithische Silexartefakte aus Süddeutschland und Österreich. *Archäologische Informationen* 2/3, 1973/1974, p. 71-125.

Ausgrabungen zum Spätpaläolithikum und Mesolithikum in Süddeutschland. *In* : K. BÖHNER (rsg.), *Ausgrabungen in Deutschland, Gefördert von der Deutschen Forschungsgemeinschaft 1950 bis 1975, Teil 1*, Mainz, 1975, p. 64-73.

Korrelation des Probenmaterials und zusammenfassende chronologische Übersicht. *In* : W. TAUTE (rsg.), *Das Mesolithikum in Süddeutschland. Teil 2 : Naturwissenschaftliche Untersuchungen*, Tübingen, 1980.

WILLKOMM (H.), Radiokohlenstoffdatierungen im Bereich des Auerbergs. *In* : H. KÜSTER, Vom Werden einer Kulturlandschaft. Vegetationsgeschichtliche Studien am Auerberg (Südbayern). *Acta humaniora* 3, Weinheim, 1988, p. 173-194.

COL DU MOLLENDRUZ : UN HABITAT DE MONTAGNE DANS LE JURA SUISSE

MOLLENDRUZ PASS : A MOUNTAIN OCCUPATION IN THE SWISS JURA

Gervaise Pignat, Ariane Winiger

Résumé. – Cet article présente une réflexion sur l'utilisation des secteurs d'altitude par les populations mésolithiques à partir d'une étude de cas (abri du Mollendruz) faisant intervenir les modes d'occupation, l'économie des matières premières, les activités pratiquées sur le site et les stratégies de chasse.

Mots clés : Mésolithique, Suisse, Jura, économie de montagne.

Abstract. – Located on the high range of the Swiss Jura mountains, near Mollendruz Pass, the shelter Freymond (alt. 1,088 m) holds a developped sequence of mesolithic occupations, dated with 14C between 9,500 and 7,200 BP. The spacial analysis of the levels (density and organization of the anthropical wastes, complexity of the living structures) allows us to oppose short term stays during the Preboreal and the Early Atlantic to more frequent or lasting stays during the Boreal. The stone assemblages (raw material, debitage) and faunal remains (species spectrum, seasonality) are witnesses of a great continuity concerning the living strategies during the very sequence : the adquisition of the ressources is diversified and some generalised activities are local. The tool structure (rate of microliths/common tools) is comparable to the one of the assemblages in Vionnaz, campsite in the bottom of a valley (388 m), where the aquatic ressources play an important part.

These data suggest the lack of a specialization and of a strict economic complementarity between low and middle altitude based campsites.

Key words : Mesolithic, Switzerland, Jura, mountain economy.

Différents programmes de recherche et de prospection en régions alpines, dont les mieux explorées sont le Trentin Haut-Adige (Bagolini, Broglio et Lunz, 1983 ; Bagolini et Pasquali, 1983) et les Alpes françaises du Nord (Bintz, 1991 ; Bintz, 1994), ont conduit à la découverte d'innombrables stations mésolithiques en haute montagne. Des modèles de complémentarité entre camps de base implantés en plaine et haltes de chasse spécialisée en altitude furent proposés. À l'inverse de ces approches régionales, nous aborderons quelques aspects de l'économie de montagne à travers une étude de cas.

L'abri du Mollendruz, localisé sur la haute chaîne du Jura à 1 088 m d'altitude, s'insère dans un contexte de « moyenne montagne », étage altitudinal où les témoins d'occupation sont particulièrement rares. Cette lacune est très marquée dans le Trentin Haut-Adige, pour le secteur compris entre 600 et 1 600 m (fig. 1) ; la mauvaise représentation des sites de fond de vallée s'explique quant à elle par la forte sédimentation holocène (Dalmeri et Pedrotti, 1994). Une situation analogue se dessine dans les massifs du Vercors et de la Chartreuse, où le nombre de petites stations découvertes en altitude ne cesse de croître. En

Suisse, plusieurs gisements sont connus en plaine et à des altitudes moyennes, alors qu'au-dessus de la limite de la forêt, les témoins de présence mésolithique sont inexistants. Il est encore difficile de savoir s'il s'agit là d'une carence dans les recherches ou d'un particularisme régional dans le mode de fréquentation du versant nord des Alpes (Crotti et Pignat, 1993, 1994).

Définir la fonction des camps de moyenne montagne s'avère indispensable à la compréhension des systèmes résidentiels régionaux et du rôle spécifique des différents secteurs altitudinaux au sein de l'économie mésolithique.

Les points que nous traiterons ici de manière succincte sont :

– les modes d'occupation de l'abri du Mollendruz, dans une vision diachronique ;

– les stratégies d'acquisition et la gestion des matières premières ;

– l'éventail des activités pratiquées sur place, par le biais de la composition des outillages ;

– l'économie de chasse.

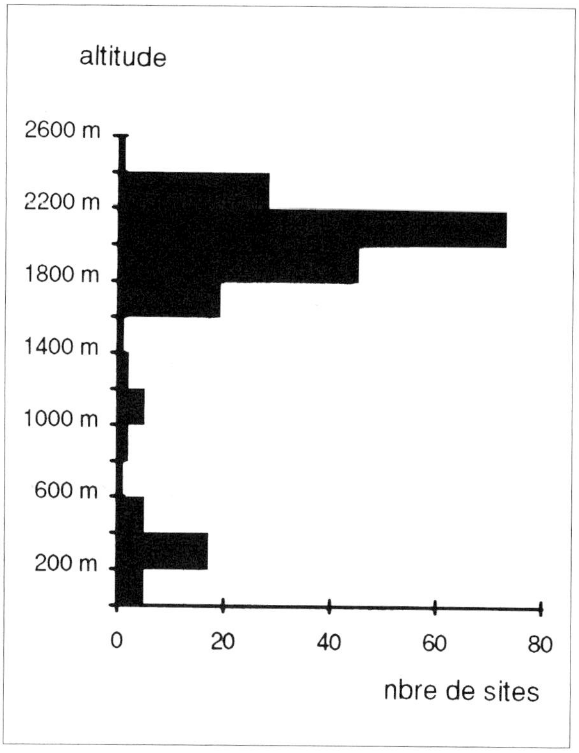

Figure 1. – Trentin Haut-Adige et Dolomites (Italie). Distribution des sites mésolithiques en fonction de l'altitude (d'après les données de Dalmeri et Pedrotti, 1994).

I. PRÉSENTATION DU GISEMENT

Situation géographique

En bordure interne de l'arc jurassien, la Haute Chaîne forme une barrière continue entre le bassin lémanique, ouvert sur le couloir rhodanien, et la Franche-Comté (fig. 2). Dans l'axe Vallorbe-Pontarlier, une série d'accidents tectoniques abaissent le relief, créant l'une des principales voies de communication à travers le massif, sur laquelle se trouve le col du Mollendruz. Légèrement en aval du col s'ouvre un vaste abri sous roche qui domine le versant lémanique à l'altitude de 1 088 m. La cavité, large de 18 m et profonde de 4 à 5 m, creusée dans une petite falaise de calcaire valanginien, abrite plusieurs exutoires karstiques au débit intermittent, ou actuellement inactifs.

Découvert en 1971, l'abri Freymond fit l'objet de fouilles régulières de 1982 à 1991. L'étude pluridisciplinaire de la séquence mésolithique fut réalisée grâce à l'appui de l'État de Vaud et du Fonds national suisse de la recherche scientifique (Pignat et Winiger, 1996).

La séquence stratigraphique

Le remplissage, exploré sur une épaisseur de 3 m environ, présente trois ensembles sédimentaires contrastés :

– à la base, d'énormes blocs d'effondrement et un fort pourcentage de calcaires fissurés témoignent de conditions climatiques rigoureuses ;

– dès le Préboréal, un réchauffement sensible entraîne la diminution relative des apports cryoclastiques et la mise en place de formations jaunes carbonatées, d'origine biochimique complexe. Des épisodes de ruissellement provoquent des érosions considérables dans les niveaux datés de la fin du Boréal ;

– dans la seconde partie de l'Atlantique, on note la réapparition de la gélifraction, un concrétionnement moins fort des sédiments et une érosion linéaire des couches, à proximité de l'exutoire principal.

L'abri est fréquenté par l'homme dès le moment où les conditions climatiques le per-

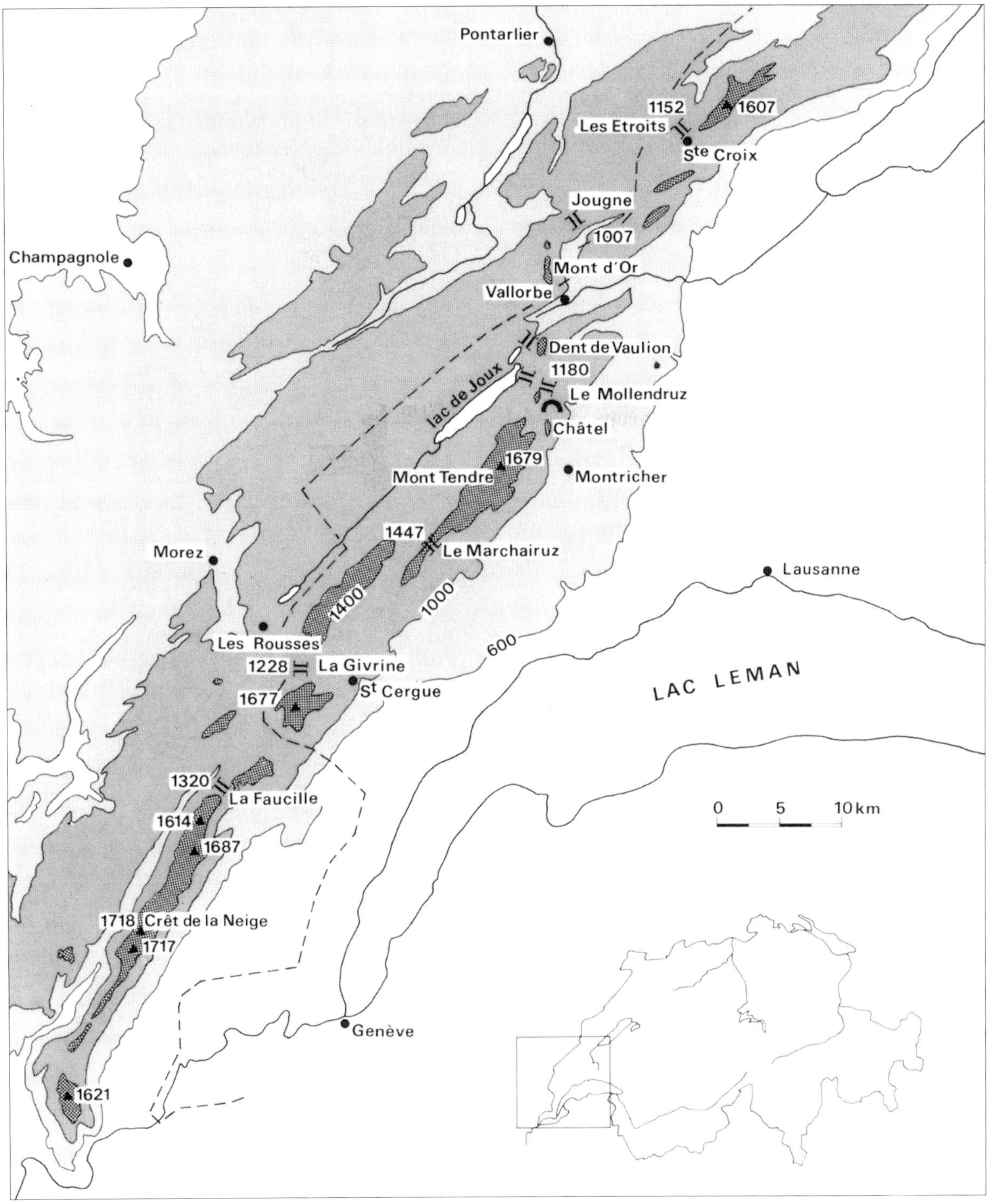

Figure 2. – Localisation de l'abri Freymond près du col du Mollendruz, sur la haute chaîne du Jura.

mettent, soit dès le début de l'Alleröd : les premières traces d'occupation remontent à 12 000 BP environ (restes de renne, de cheval et très peu d'industrie). À partir du Postglaciaire, les installations humaines deviennent plus fréquentes. Elles s'échelonnent sur près de deux millénaires pour le Mésolithique, suivies d'une importante série d'occupations néolithiques (Crotti et Pignat, 1986).

• Les couches 4e et 5ab, datées par le C14 entre 9 500 et 9 000 BP, ont fourni un petit ensemble du Mésolithique ancien, avec des pointes à retouche unilatérale, des segments de très petite dimension, des pointes à troncature, des lamelles à dos et quelques triangles. La technique du microburin est en usage.

• La couche 4d est placée par 3 mesures radiométriques à la fin du Boréal, vers 8 200-7 800 BP. Elle a livré l'une des plus importantes séries lithiques de Suisse pour le Mésolithique moyen, avec près de 400 armatures où dominent des pointes effilées à retouches uni- ou bilatérales, dont des pointes de Sauveterre, des lamelles à dos, des triangles et lamelles scalènes. Ce techno-complexe, caractérisé par un microlithisme très poussé et l'absence de microburins, s'intègre dans le Sauveterrien de Suisse occidentale (Vionnaz, Ogens) et se différencie assez nettement des séries du Jura septentrional (Birsmatten, Ritzigrund, Gripons) (Crotti et Pignat, 1988 ; Crotti, 1993).

• La couche 4b, datée vers 7 200 BP par le C14, n'a livré qu'une dizaine d'armatures dont des trapèzes, associés à quelques types « anciens » (triangles et pointes).

II. MODES D'OCCUPATION DE L'ABRI

Le développement de cette séquence traduit une grande continuité dans l'utilisation du site, en dépit des changements environnementaux sensibles qui eurent lieu, entre le Préboréal et l'Atlantique. Les densités de mobilier, la dispersion des vestiges et leur état de conservation, le nombre et la complexité des structures d'habitat permettent toutefois d'opposer deux modes d'occupation : des haltes sporadiques, de durée brève, au cours du Mésolithique ancien et du Mésolithique récent, et des installations beaucoup plus nombreuses ou durables au Mésolithique moyen.

Mésolithique ancien

Les couches 4e et 5ab sont fouillées sur une surface réduite de 13 m^2. Les densités de restes lithiques et osseux sont faibles et les vestiges ont en partie conservé leur répartition d'origine, comme en témoignent des liaisons de remontage très courtes. Les foyers, sommairement aménagés, évoquent de brèves durées d'utilisation et une succession de trois phases d'occupation au moins. Ce type d'installation est illustré par les plans de la couche 5ab (fig. 3 et 4) où les aires d'activités sont relativement bien individualisées.

La taille du silex occupe une place centrale autour d'un foyer (94a) mal délimité, où les remontages et la répartition des déchets matérialisent les types de matière première débités. Les séquences de production sont courtes et incomplètes, et différents stades d'exploitation des nucléus se côtoient, tels le décorticage de blocs bruts ou l'extraction de lamelles à partir de nucléus préformés. Quelques armatures, incluses dans des remontages, attestent leur production sur place. En périphérie de cette aire réservée au débitage du silex, le réseau de remontages est beaucoup moins dense. Près d'une petite dépression au contenu charbonneux (foyer 98) furent découverts 7 microburins, 7 microlithes et plusieurs micro-lamelles ; tous sont en silex local à l'exclusion d'un triangle. Ce groupe marquerait l'emplacement où a lieu le façonnage des armatures, et peut-être la confection des flèches. Une concentration d'outils du fonds commun cassés, en majorité des pièces à enlèvements irréguliers, borde un grand foyer plat (94b) riche en ossements calcinés. Cette dernière zone d'activité est légèrement antérieure à la précédente.

La faible surface explorée n'offre malheureusement qu'une vision partielle de l'habitat et le contexte sédimentaire ne permet pas d'assurer la stricte contemporanéité des témoins figurés.

Mésolithique moyen

La couche 4d, étudiée sur 30 m^2 environ, correspond à la plus importante installation mésolithique dans l'abri. Le mobilier, intensément fragmenté et brûlé, est largement réparti sur l'ensemble de l'aire abritée et dans le talus situé à l'extérieur du porche. Cette couche d'habitat, épaisse de 15 cm environ, a livré plus de 28 000 silex (> 2 mm). L'accumulation de vestiges et le remplissage stratifié d'une fosse et de plusieurs foyers évoquent des occupations multiples à la fin du Boréal, voire une réutilisation de l'abri et des aménagements existants. Contrairement

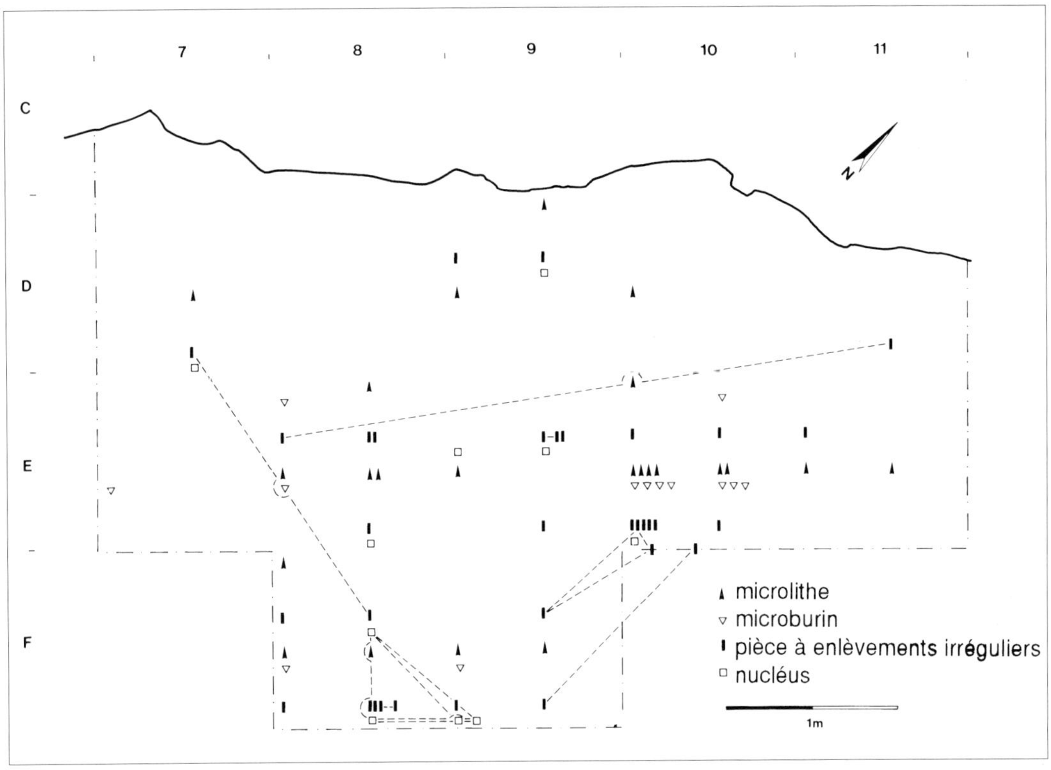

Figure 3. – Col du Mollendruz. Couche 5ab. Répartition de l'industrie lithique par quart de mètre carré.

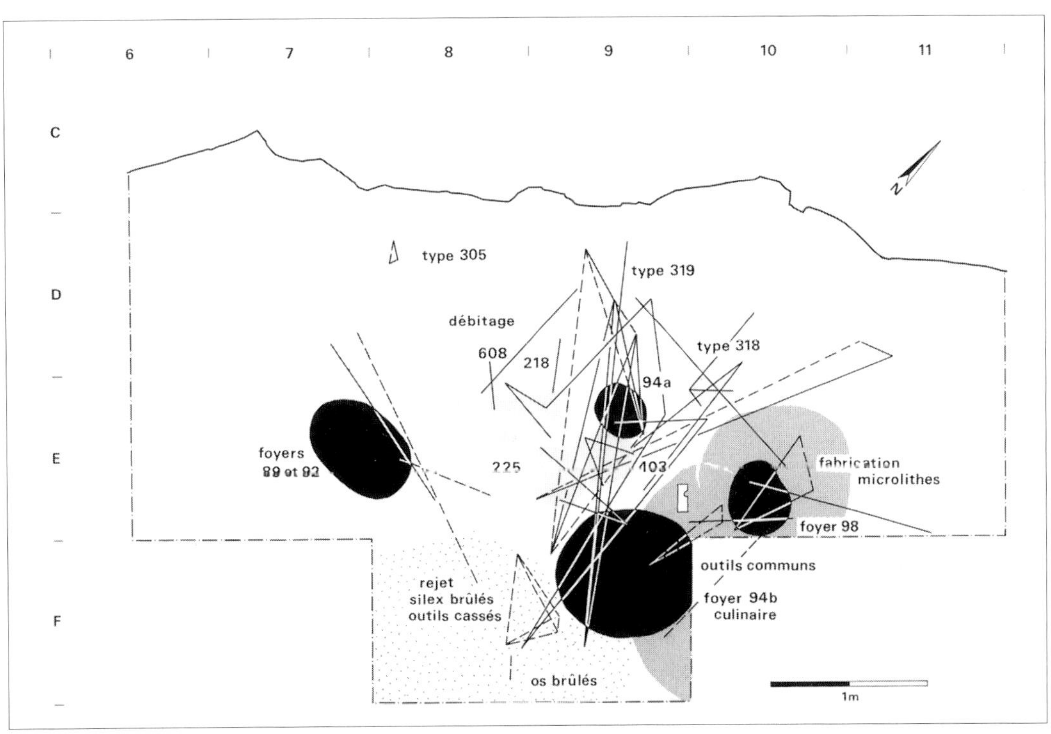

Figure 4. – Col du Mollendruz. Couche 5ab. Représentation schématique des témoins d'activités.

aux occupations brèves illustrées plus haut, le schéma d'organisation des activités à l'intérieur de l'abri est moins net. Celles-ci paraissent plus diversifiées : mis à part un intense débitage du silex, mentionnons le travail du bois de cerf et de l'os, la préparation des peaux et des fourrures attestée tant par la présence de nombreux grattoirs que par les traces visibles sur le matériel osseux. D'abondantes coquilles de noisettes et plusieurs éléments de parure furent recueillis dans cette couche d'habitat qui s'apparente clairement à celles que l'on observe dans les gisements de plaine.

Mésolithique récent

Dans la couche 4b, fouillée sur près de 33 m^2, les témoins d'occupation sont discrets et en grande partie perturbés par les grandes structures néolithiques ou érodés par la résurgence karstique. Les vestiges, peu nombreux, s'organisent à proximité de petits foyers plats. De nombreuses empreintes de piquets indiquent la présence de parois ou de constructions légères. L'analyse spatiale de cet horizon suggère plusieurs installations successives, de courte durée, rappelant les occupations du Mésolithique ancien.

III. APPROVISIONNEMENT ET GESTION DU SILEX

Au cours de la séquence mésolithique, il n'y a pas de rupture majeure dans l'exploitation des ressources siliceuses, qu'il s'agisse des territoires d'approvisionnement, des stratégies d'acquisition ou de la production lithique.

L'origine des matières premières, étudiée par Jehanne Affolter (Pignat et Winiger, 1998), indique un approvisionnement en grande partie local, dans des terrains variés du domaine jurassien (alluvions, moraines ou affleurements). Le grand nombre de variétés de silex récoltés dans des formations remaniées empêche de tracer précisément les limites géographiques des territoires d'approvisionnement. Néanmoins, l'examen des spectres de matières premières, des remontages et de la gestion du silex met en lumière des caractéristiques communes aux trois ensembles mésolithiques :

– parmi les 16 types de silex recensés, 9 variétés sont communes aux trois complexes mésolithiques, et trois autres sont présentes dans deux des complexes. Compte tenu du caractère anecdotique de la plupart des matériaux, ce point mérite d'être souligné ;

– bien que pour l'horizon récent l'effectif de silex déterminés soit faible, les trois assemblages lithiques montrent une structure analogue (fig. 5). Le silex local du Crétacé (type 319) forme plus de la moitié des matériaux (51 à 64 %), suivi de deux variétés régionales (10 à 20 % chacune). Le reste des matériaux, moins d'un quart du total, est constitué d'une multitude de types mineurs de fréquence très basse (0 à 2 %) ;

– hormis le silex local où tous les stades de production sont attestés sur place, les matériaux sont introduits sur le site sous des formes très diverses (blocs bruts, nucléus, supports, outils), et sont exploités sur place ou non ;

– les remontages indiquent une production non spécialisée, discontinue dans le temps et dans l'espace, faisant état d'un faible degré d'anticipation des besoins ;

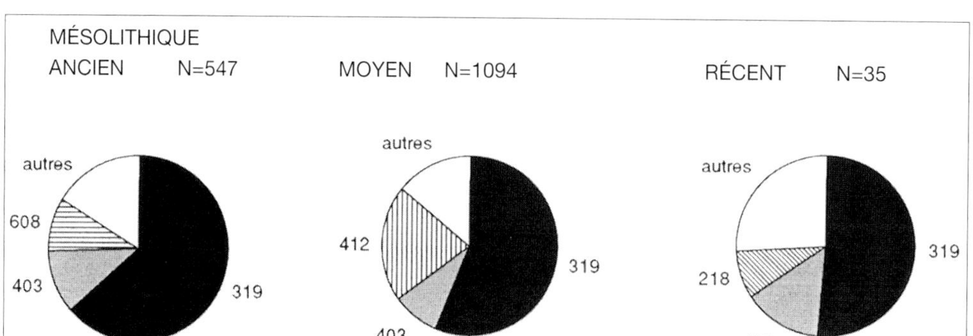

Figure 5. – Col du Mollendruz. Proportion des principaux types de silex dans les trois assemblages mésolithiques.

– aucun indice d'utilisation sélective des matériaux en fonction de leur qualité n'a été mis en évidence.

Au vu de l'économie du silex, ces éléments convergent vers l'image d'un site non spécialisé ; les stratégies d'approvisionnement sont intégrées aux autres activités ou déplacements des groupes et ce comportement « opportuniste » prévaut à tous les stades des chaînes opératoires.

IV. STRUCTURE DE L'OUTILLAGE

Nous avons déjà évoqué plus haut la large gamme d'outils présents dans la couche 4d, avec notamment une bonne représentation des grattoirs que l'on associe volontiers à des occupations d'une certaine stabilité. Sans entrer dans le détail, nous nous limitons ici à établir le rapport entre armatures et outils du fonds commun, indice souvent utilisé pour opposer les haltes de chasse aux camps de base (Bagolini et Dalmeri, 1991 ; Broglio, 1994). À titre de comparaison au sein du même groupe culturel, nous avons mis en parallèle les taux observés au Mollendruz et à Vionnaz (VS), abri implanté au bord du Rhône à 388 m d'altitude, où une économie mixte associe la pêche au gibier de forêt et de marais (Crotti et Pignat, 1983, 1985). Les résultats sont éloquents (fig. 6) et montrent l'homogénéité remarquable des séries. Au Mésolithique ancien, un écart insignifiant les sépare, avec 53 % d'armatures à Vionnaz et 55 % au Mollendruz. La proportion d'armatures augmente de façon modérée au Mésolithique moyen, où les taux restent très proches (58 % et 61 %).

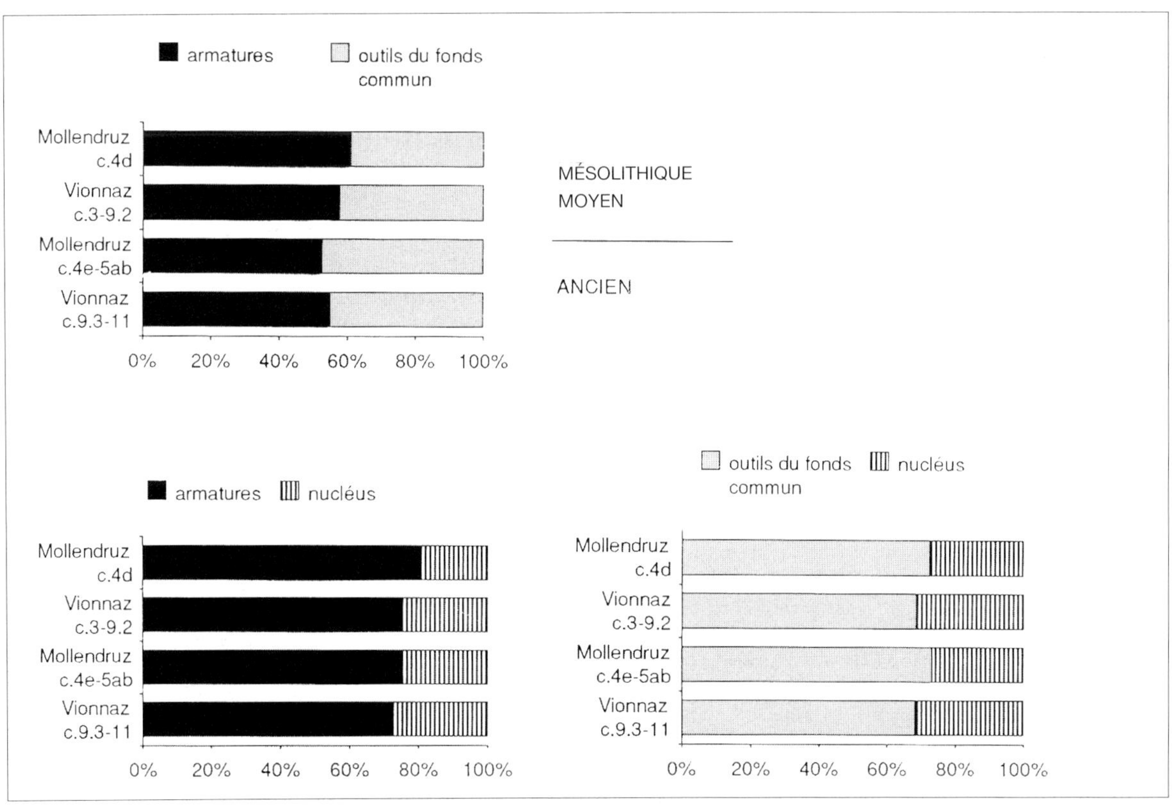

Figure 6. – Structure des outillages au Mésolithique ancien et moyen, dans les abris du Mollendruz et de Vionnaz.

V. ÉCONOMIE DE CHASSE

Le matériel osseux, étudié par Louis Chaix et Markus Fischer (Pignat et Winiger, 1998), est mal conservé et fortement fragmenté. Il dénote une chasse diversifiée au cerf, sanglier, chevreuil, ours, blaireau, martre et renard. La faiblesse numérique des effectifs (entre 7 et 97 restes attribués spécifiquement) explique l'éventail apparemment restreint d'espèces observé dans certains niveaux d'occupation. L'âge d'abattage du gibier indique une fréquentation de l'abri au printemps et en été.

Ces résultats, où l'on peut souligner l'absence de spécialisation dans les activités de prédation, sont intégrés à l'étude archéozoologique régionale proposée par Anne Bridault et Louis Chaix (ce volume). De leur analyse d'une quarantaine de séries fauniques provenant du Jura et des Alpes du Nord, nous retiendrons :

– l'absence de contrastes systématiques entre les spectres des stations de plaine ou de montagne ;

– un recouvrement entre les saisons d'abattage du gibier sur les sites de basse et de haute altitude.

Les données de l'archéozoologie vont à l'encontre des notions de complémentarité saisonnière ou de spécificité des ressources exploitées dans les différents secteurs altitudinaux.

VI. CONCLUSION

L'examen des occupations du col du Mollendruz permet de souligner la continuité dans l'utilisation du site et dans les stratégies de subsistance des groupes, du Mésolithique ancien au Mésolithique récent. Cet abri de moyenne montagne a joué un rôle polyvalent, servant tantôt de halte occasionnelle, tantôt de campement en tous points comparable à un habitat de plaine.

Les cultures et le peuplement de la région au Préboréal et au début de l'Atlantique sont mal connus. Il est donc malaisé de replacer les occupations sporadiques du Mollendruz dans un contexte économique plus large et d'en saisir la fonction spécifique. Une difficulté supplémentaire résulte de la faiblesse des séries et de l'exiguïté des surfaces fouillées.

En revanche, nous disposons de plusieurs gisements avec des séquences du Boréal, dans un périmètre proche (Baulmes, Ogens, Vionnaz). De fortes similitudes dans la nature des couches anthropiques, la diversité des activités artisanales et cynégétiques rapprochent la couche 4d de l'abri Freymond de celles de Vionnaz, par exemple. Elles nous incitent à considérer l'abri du Mollendruz comme un campement saisonnier à activités généralisées, au même titre qu'un site de plaine, et par là à élargir le territoire habituellement fréquenté à l'espace montagnard. Sur la base des données typologiques actuellement disponibles, il semble que les groupes de chasseurs qui ont intégré ce site d'altitude dans leur réseau d'habitats appartiennent à la sphère lémanique ; leurs liens avec la frange nord-occidentale du Jura sont peu marqués.

BIBLIOGRAPHIE

Bagolini (B.), Broglio (A.), Lunz (R.), Le Mésolithique des Dolomites. *Preistoria Alpina,* vol. XIX, 1983, p. 15-36.

Bagolini (B.), Dalmeri (G.), I siti mesolitici di Colbricon (Trentino). Analisi spaziale e fruizione del territorio. *Preistoria Alpina*, vol. XXIII (1987), 1991, p. 7-188.

Bagolini (B.), Pasquali (T.), Le Mésolithique dans la chaîne du Lagorai. *Preistoria Alpina,* vol. XIX, 1983, p. 197-200.

Bintz (P.) *et al.*, Stations mésolithiques de plein air dans les massifs subalpins du Vercors et de la Chartreuse. *Actes*, CXIII[e] Congrès national des sociétés historiques et scientifiques, Strasbourg 1988 : *Mésolithique et néolithisation en France et dans les régions limitrophes,* éd. du CTHS, Paris, 1991, p. 231-243.

Bintz (P.) (collab. R. Picavet), La fin du Paléolithique supérieur et le Mésolithique dans les Alpes du Nord françaises : paléoenvironnement, peuplements et modes d'exploitation du milieu. *Preistoria Alpina,* vol. XXVIII, n° 1 (1992), 1994, p. 255-273.

Bridault (A.), Chaix (L.), *Ce volume* Contribution de l'archéozoologie à la caractérisation des modalités d'occupation des sites alpins et jurassiens, de l'Épipaléolithique au Néolithique.

BROGLIO (A.), Mountain Sites in the Context of the North-East Italian Upper Palaeolithic and Mesolithic. *Preistoria Alpina,* vol. XXVIII, n° 1 (1992), 1994, p. 293-310.

CROTTI (P.), L'Épipaléolithique et le Mésolithique en Suisse : les derniers chasseurs. *In* : *La Suisse du Paléolithique à l'aube du Moyen Âge,* t. 1 : « Paléolithique et Mésolithique », Bâle, 1993, p. 203-243.

CROTTI (P.), PIGNAT (G.), La séquence chronologique de l'abri Freymond près du col du Mollendruz (Jura vaudois). *Archéologie Suisse* 9/4, 1986, p. 138-148.

Abri mésolithique de Collombey-Vionnaz : les premiers acquis. *Annuaire de la Société suisse de Préhistoire et d'Archéologie*, vol. LXVI, 1983, p. 7-16.

Le Mésolithique de Collombey-Vionnaz. *Bulletin d'Études préhistoriques alpines* 17, 1985, p. 93-107.

Insertion chronologique du Mésolithique valaisan. *Annuaire de la Société suisse de Préhistoire et d'Archéologie* 71, 1988, p. 71-76.

L'abri sous bloc de Château-d'Œx (Vaud, Suisse) : présence mésolithique en milieu alpin. *Annuaire de la Société suisse de Préhistoire et d'Archéologie* 76, 1993, p. 141-143.

L'utilisation des étages montagnards durant le Mésolithique dans les Alpes suisses. *Preistoria Alpina,* vol. XXVIII, n° 1 (1992), 1994, p. 275-284.

DALMERI (G.), PEDROTTI (A.), Distribuzione topographica dei siti del Paleolitico Superiore finale e Mesolitico in Trentino Alto-Adige e nelle Dolomiti Venete (Italia). *Preistoria Alpina,* vol. XXVIII, n° 2 (1992), 1994, p. 247-267.

PIGNAT (G.), WINIGER (A.) *et al.*, Col du Mollendruz (VD) : les occupations mésolithiques de l'abri Freymond. *Cahiers d'Archéologie romande*, n° 72, 1998, 212 p., 220 fig., 16 pl., Lausanne.

ÉPIPALÉOLITHIQUE ET MÉSOLITHIQUE EN ZONE DE MOYENNE MONTAGNE JURASSIENNE : L'EXEMPLE DE LA HAUTE VALLÉE DU DOUBS (FRANCE)

EPIPALAEOLITHIC AND MESOLITHIC IN THE JURA RANGE : THE EXAMPLE OF THE DOUBS UPPER VALLEY (FRANCE)

Christophe Cupillard, Hervé Richard

Résumé. – La haute vallée du Doubs appartient à la haute chaîne du Jura. Les travaux archéologiques et palynologiques menés récemment permettent de dresser un bilan chronoculturel des occupations épipaléolithiques et mésolithiques en relation avec l'évolution du cadre paléobotanique et paléoclimatique. Les étapes principales du peuplement sont les suivantes :

• 12 000-11 000 cal BC : pendant l'Alleröd, premières occupations humaines du secteur par des chasseurs aziliens ;

• 11 000-7 500 cal BC : lacune du peuplement, probablement liée à l'état de la recherche, en particulier pendant le Préboréal et la première moitié du Boréal (10 000 - 7 500 cal BC) ;

• 7 500-7 000 cal BC : reprise du peuplement par les chasseurs-cueilleurs mésolithiques pendant la seconde moitié du Boréal ;

• 7 000-5 300 cal BC : renforcement des fréquentations d'altitude pendant le Mésolithique récent, et plus particulièrement entre 6 000 et 5 300 cal BC en relation avec l'optimum climatique de l'Atlantique et premiers véritables campements de plein air ;

• 5 300-4 800 cal BC : présence des premiers agriculteurs néolithiques dès la fin du VIe millénaire : témoins archéologiques (céramique du Néolithique ancien) et preuves palynologiques.

Mots clés : Épipaléolithique, Mésolithique, Néolithique ancien, moyenne montagne, haute vallée du Doubs, Jura, analyses polliniques.

Abstract. – The excavations recently achieved in France and in Switzerland, together with the re-investigation of the collections gathered during former excavations, have made it possible to reconstruct the main stages of the human settlement in the Doubs upper valley between 13,000 and 4,800 cal BC as follows :

• 13,000-12,000 cal BC : in spite of the bölling climatic melioration, magdalenian settlements remain undetected in the Doubs upper valley and in the Jura range, except for (dated to the end of the period) a camp of reindeer and horse hunters excavated at the Mollendruz rockshelter, at 1,100 m of altitude, in the Jura vaudois (Switzerland) ;

• 12,000-11,000 cal BC : the earliest human presence in the Doubs upper valley is clearly attested during the alleröd climatic melioration (cave of the Bichon, La Chaux-de-Fonds, Switzerland). The region becomes then sporadically occupied by azilian hunters tracking down brown bear mostly ;

• 11,000-7,500 cal BC : no human presence appears during this large span of time. Even though this might follow the late dryas climatic aggravation (between 11,000-10,000 cal BC), it remains surprising for the Preboreal and the Boreal between 10,000-7,500 cal BC, while climatic melioration is clearly observed. These gaps may be linked to the present state of our knowledge, considering that contemporaneous mesolithic occupations are known in altitude in the Jura vaudois, as mentionned above ;

• 7,500-7,000 cal BC : the earliest reliable evidence of the presence of mesolithic hunters-gatherers communities are dated to this period, corresponding to the Later Boreal, when an important climatic melioration is noted, together with the number of sites increasing in the whole Jura area. Still the evidences remain discreet and consist of small scale hunting camps in a few rockshelters ;

• 7,000-5,300 cal BC : the mesolithic sites become more frequent in the Doubs upper valley during this period. This increase must be linked to the climax of the early atlantic melioration, allowing the development of mixed oak forest in altitude. The sites are mostly dated to the second half of this period (6,000 to 5,500-5,300 cal BC : the Col des Roches rockshelter (Le Locle, Switzerland), Les Brenets and La Longeville open air sites, La Roche-aux-Pêcheurs rockshelter (Villers-le-Lac, level IV). The intensive exploitation of the environment through long lasting seasonal occupation is attested by settlements in caves, rockshelters and open air ;

• 5,300-4,800 cal BC : a few potsherds and some evidences of agricultural practice recognised in the test core performed on the Prés-Mourey (Villers-le-Lac) ask the question of the early presence of neolithic farmers, as the ceramics from the Col des Roches would be dated to the Early Neolithic. Contemporaneous indications of farming practice were also detected on the shore of the Remoray lake, and, at a lower altitude, by the lake of Chalain. The Mollendruz rockshelter has also yielded early neolithic evidences, dated to between 5,200-4,200 cal BC. This early transition to farming in altitude could follow the very congenial climatic conditions towards the end of the Early Atlantic. [Traduction : Nicole Perrenoud-Cupillard.]

Key words : Epipalaeolithic, Mesolithic, Early Neolithic, Jura range, Doubs upper valley, pollen analysis.

INTRODUCTION

La haute vallée du Doubs, de sa source à Mouthe (944 m) jusqu'au lac de Chaillexon en aval de Villers-le-Lac (745 m), appartient à la haute chaîne du Jura. Celle-ci apparaît comme une région frontalière difficile à franchir. À l'altitude qui culmine vers 1 400 m et à la rudesse des conditions climatiques s'ajoute une orientation générale du relief défavorable ; tout semble concourir ici pour accentuer le caractère de barrière. Dans ce contexte général, le col de Jougne – qui constitue la seule voie de passage transversale de part et d'autre du Jura – prend une importance toute particulière (Egloff, 1989) (fig. 1 et 2).

Les quelques recherches archéologiques développées dans le premier tiers de ce siècle ont mis en évidence des sites qui attestent une occupation plus ou moins partielle de la région durant le Mésolithique et le Néolithique (Gigon, 1976 ; Piroutet 1927a, 1927b, 1928, 1932-1933 ; Reverdin, 1930). La reprise de prospections dès 1982 (Campy, 1985 ; Cupillard *et al.*, 1994), puis de fouilles depuis les années 1990 dans les abris des Prés-Mourey et de la Roche-aux-Pêcheurs à Villers-le-Lac par C. Cupillard et N. Perrenoud-Cupillard (Cupillard, 1993, 1994 ; Cupillard et Perrenoud-Cupillard, 1995) et dans la grotte du Bichon (découverte en 1956) à La Chaux-de-Fonds (NE, Suisse) par P. Morel (Morel, 1993) permet de dresser un premier bilan chronoculturel des occupations épipaléolithiques et mésolithiques (fig. 2). Tout en révélant le caractère précoce de la pénétration de la région par l'homme au lendemain du dernier maximum glaciaire, l'ensemble des données collectées suggèrent que cette occupation humaine n'a pas été régulière et continue : les périodes d'abandon semblent alterner avec des phases de reprise ou de fréquentation plus intensive.

Cette région, d'autre part, se prête particulièrement bien aux études palynologiques grâce à l'existence de nombreux remplissages lacustres et palustres dont les plus importants sont ceux des lacs de Remoray, de Saint-Point et de Chaillexon (fig. 2 et 3). Commencées dès les années 1980 (Campy *et al.*, 1985), ces études paléoenvironnementales ont bénéficié récemment d'un contexte favorable avec la mise en œuvre – de 1990 à 1994 – d'un programme intitulé « Dynamique et bilan de la terre » portant sur le lac de Chaillexon, dirigé par M. Campy (Campy *et al.*, 1994a et 1994b), auquel s'est ajouté de 1991 à 1993 un programme ATP « archéologie métropolitaine » consacré à la mésolithisation et à la néolithisation de la haute vallée du Doubs (Cupillard *et al.*, 1994 ; Cupillard *et al.*, en préparation).

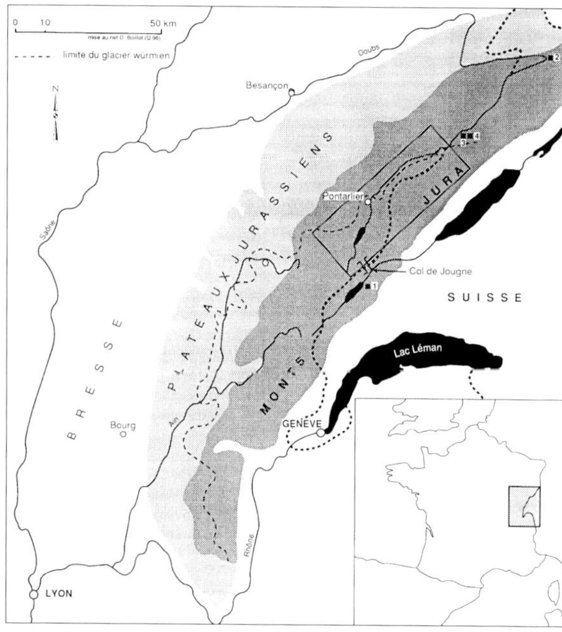

Figure 1. – Situation de la haute vallée du Doubs. 1. Abri du Mollendruz (Mont-la-Ville, VD, CH). 2. Abri des Gripons (Saint-Ursanne, JU, CH). 3. Grotte des Brennetets (La Chaux-de-Fonds, NE, CH). 4. Grotte du Bichon (La Chaux-de-Fonds, NE, CH).

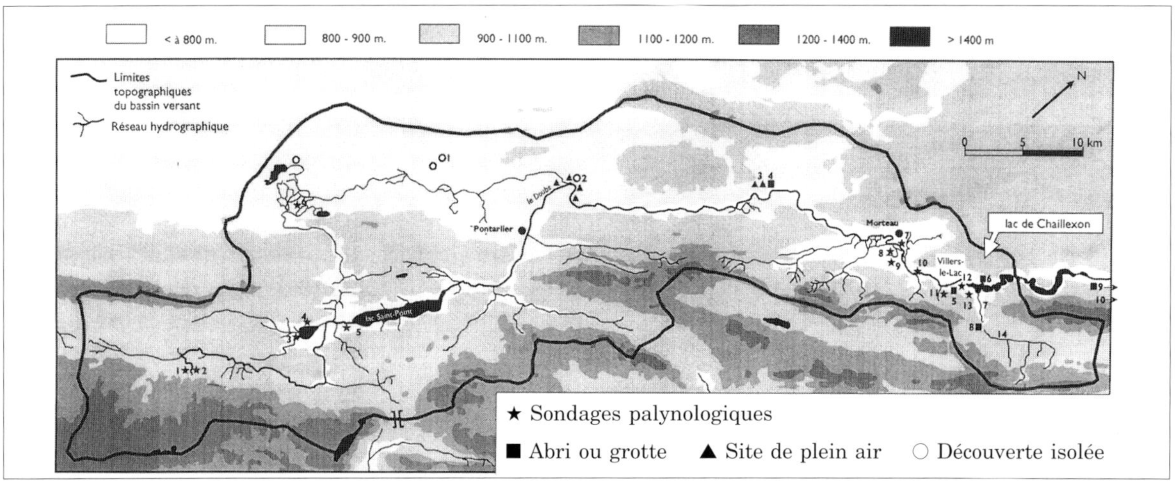

Figure 2. – Haute vallée du Doubs : sondages palynologiques et gisements épipaléolithiques et mésolithiques. Sondages palynologiques. 1. Mouthe I-2, 250 cm : Atlantique (?) jusqu'au Subatlantique (analyses : E. Bourgeois). 2. Mouthe II, 425 cm : Préboréal jusqu'au Subatlantique (analyses : E. Bourgeois). 3. Remoray I-2, 600 cm : Dryas récent jusqu'au Subatlantique (analyses : H. Richard et E. Bourgeois). 4. Remoray 1,450 cm : Dryas récent jusqu'au Subatlantique (analyses : P. Ruffaldi). 5. Saint-Point T7 et TIb, 220 et 360 cm : Préboréal jusqu'au Subatlantique (analyses : P. Ruffaldi). 6. Frasne, 440 cm : Atlantique jusqu'au Subatlantique (analyses : M. Reille). 7. Morteau stade, 1 200 cm : Alleröd jusqu'au Subatlantique (analyses : H. Richard). 8. Montlebon, Sur-la-Seigne, 1 050 cm : Alleröd jusqu'au Subatlantique (analyses : H. Richard). 9. Montlebon, Sous-la-Vigne, 2 830 cm : Alleröd jusqu'au Subatlantique (analyses : H. Richard). 10. Les Fins, Moulin-Bournez, 3 300 cm : Bölling jusqu'au Subatlantique (analyses : H. Richard). 11. Villers-le-Lac, Pré-Mourey, 2 900 cm : Bölling jusqu'au Subatlantique (analyses : P. Ruffaldi). 12. Villers-le-Lac, le Pont, 4 360 cm : Alleröd jusqu'au Subatlantique (analyses : J. Heim). 13. Villers-le-Lac, les Pargots, 1 050 cm : Préboréal jusqu'au Subatlantique (analyses : H. Richard). 14. Le Locle, le Marais (CH), 4 200 cm : Pléniglaciaire supérieur jusqu'au Subatlantique (analyses : P. Schoellammer). Abri ou grotte site de plein air découverte isolée. 1. Chaffois (25), tumulus de la Censure, Mésolithique récent. 2. Vuillecin (25), Cotaroz I, Mésolithique ancien-moyen. 3. La Longeville (25), Combe-Bief I et II, Épipaléolithique (Azilien), Mésolithique récent-final. 4. Les Combes (25), Remonot I, Mésolithique moyen. 5. Villers-le-Lac (25), Prés-Mourey, couche 5, foyer, Mésolithique moyen. 6. Villers-le-Lac (25), Roche-aux-Pêcheurs, couche 4, Mésolithique récent. 7. Les Brenets (NE-CH), pré du Lac, Mésolithique récent. 8. Le Locle (NE-CH), col des Roches, C3 sup. : Mésolithique final/Néolithique ancien ; C3 inf. : Mésolithique récent ; C4-C7 Mésolithique récent. 9. La Chaux-de-Fonds (NE-CH), grotte du Bichon, couche unique, Azilien. 10. La Chaux-de-Fonds (NE-CH), grotte des Brennetets, Azilien ?

Les résultats présentés ici constituent une synthèse provisoire susceptible d'être modifiée à moyen terme – en particulier sur le plan archéologique –, compte tenu de la nature de certaines données (révision de collections archéologiques provenant de fouilles anciennes et analyse de sites de surface) et du fait que seuls trois gisements ont fait ou font l'objet de fouilles récentes dont l'élaboration est en cours. Ces réserves étant posées, on tentera de brosser les grandes lignes de l'évolution du paysage et du peuplement depuis la déglaciation würmienne jusqu'à la transition Atlantique ancien-Atlantique récent. La chronologie utilisée est exprimée en années solaires d'après la calibration de M. Stuvier et P. J. Reimer (1993).

L'ÉVOLUTION DU PAYSAGE ET DU PEUPLEMENT DE LA DÉGLACIATION WÜRMIENNE À LA TRANSITION ATLANTIQUE ANCIEN-ATLANTIQUE RÉCENT

13000-12000 cal BC

Au début de l'interstade Bölling-Alleröd, soit vers 13000 cal BC, le climat se réchauffe brusquement. Profitant de cette amélioration, des boqueteaux de *Juniperus*, *Hippophae*, *Salix* et *Betula* envahissent la steppe du Dryas ancien. Le sol se stabilise, évolue et s'enrichit en humus. La colonisation par les arbustes est ensuite suivie par celle de *Betula*. Comme la représentation pollinique de ce taxon est normale à forte et sa diffusion faible, on peut considérer que ce sont de véritables forêts qui s'installent dans la région. Ces premières forêts sont toutefois encore très clairsemées, permettant aux groupements héliophiles de subsister dans les endroits découverts.

Malgré l'amélioration climatique de Bölling, les occupations magdaléniennes sont inconnues dans la zone d'étude et dans l'ensemble de la haute chaîne jurassienne sauf à la fin de la période à la transition Bölling-Alleröd à laquelle peut être attribuée une halte de chasseurs (magdaléniens ou aziliens ?) de rennes et de chevaux mise en évidence dans l'abri du Mollendruz à 1 100 m d'altitude dans le Jura vaudois (fig. 1) (Mont-la-Ville, VD, Suisse) (Crotti, 1993, p 215 ; David, 1993, p 749). En Franche-Comté et en Suisse, le nombre de gisements augmente sensiblement vers 12 000 cal BC. Ils sont attribuables au Magdalénien final (David, 1993) ou à l'Azilien ancien (Höneisen *et al.*, 1993). C'est à partir de cette date qu'on observe un début de fréquentation encore très ponctuelle dans le Massif jurassien à des altitudes qui dépassent 1 000 m sur le versant suisse alors que sur le versant occidental la colonisation s'étend aux vallées secondaires qui entaillent les plateaux du Jura ; c'est le cas, par exemple, de la vallée de la Loue dans le département du Doubs (David, 1993).

12 000-11 000 cal BC

À l'Alleröd, la boulaie est remplacée par une pineraie mélangée encore de quelques individus de bouleaux. Les arbustes ont pratiquement disparu ; le couvert végétal des forêts de pins, plus dense, leur est défavorable.

La courbe isotopique établie dans le Jura à Etival (Campy *et al.*, 1983) indique très clairement que, dès l'Alleröd, on observe un refroidissement progressif ponctué par deux phases de détérioration plus marquée du climat aux environs de 12 100 cal BC (soit à la transition Bölling-Alleröd) et juste avant le début du Dryas récent. Cette dernière phase a bien été enregistrée aussi à Onoz dans le Jura (Magny et Ruffaldi, 1994), où elle correspond à une remontée du niveau du lac (phase de Onoz I), précédant immédiatement le dépôt des couches du Laachersee daté de 10 900 cal BC. Ces éléments reposent le problème du Dryas moyen. Si l'instabilité climatique de l'interstade Bölling-Alleröd marque parfois très discrètement certains diagrammes polliniques, aucune phase n'est pour l'instant suffisamment marquée ni datée précisément pour être attribuée de façon sûre au Dryas moyen.

C'est durant l'amélioration climatique de l'Alleröd, pendant l'Azilien, que les premières fréquentations humaines sont réellement attestées dans la haute vallée du Doubs. La grotte du Bichon (La Chaux-de-Fonds, NE, Suisse) (fig. 1 et 2) constitue le gisement de référence. L'outillage lithique peu abondant est constitué de lamelles à dos et de pointes aziliennes. Ce gisement a fourni d'autre part un squelette humain de type Cro-Magnon associé à un squelette d'ours brun. Les datations C14 placent cette occupation dans la première moitié de l'Alleröd (Crotti, 1993 ; Crotti et Simon, 1993 ; Egloff 1979, 1980, 1989 ; Gigon, 1956 et 1976 ; Morel, 1993 ; Sauter, 1956). Une révision récente du gisement a montré qu'il s'agissait d'un site très particulier correspondant à un accident de chasse (Morel, 1993). Plusieurs pointes aziliennes isolées découvertes dans la grotte des Brennetets (La Chaux-de-Fonds, NE, Suisse) (Gigon, 1976 ; Egloff, 1980 ; Sonnevilles-Bordes, 1963) ainsi que sur le site de plein air de Courbebief (fig. 4, n° 1 à 3) (La Longeville, 25) sont probablement contemporaines de cette phase (fig. 3). Des données disponibles, il ressort que la haute vallée du Doubs, pendant l'Alleröd, a été fréquentée probablement de manière épisodique par les Aziliens lors d'expéditions de chasse effectuées à partir de gisements plus permanents situés à plus basse altitude.

11 000-7 500 cal BC

Le Dryas récent (11 000-10 000 cal BC) a été souvent décrit dans les analyses polliniques régionales (entre autres : Wegmüller, 1966 ; Matthey, 1971 ; Richard, 1983). Le développement de la forêt claire à pins et à bouleaux, qui caractérise régionalement la fin de l'interstade Bölling-Alleröd, est brutalement interrompu par un retour à des conditions plus rudes. En fait, les espèces héliophiles (*Artemisia, Helianthemum, Thalictum...*) n'ont jamais véritablement quitté cette région d'altitudes élevées, très proches de la limite forêts/pelouses pendant l'interstade Bölling-Alleröd. Cette limite a été en effet placée par S. Wegmüller (1966) entre 800 et 1 000 m pendant l'Alleröd ; seuls le fond de cette haute vallée du Doubs et une partie de ses versants étaient alors boisés ; la partie sommitale des versants ne se couvrira de forêts qu'à partir du Préboréal (Campy *et al.*, 1994). Le refroidissement du Dryas récent entraîne donc une descente de la limite forêts/pelouses et on peut penser qu'une grande partie de la zone d'étude était couverte de steppes froides pendant cette période ; les espaces boisés résiduels devaient être très réduits, occupant quelques endroits plus abrités.

Au début du Préboréal, les conditions climatiques s'améliorent franchement ; les forêts de pins et de bouleaux envahissent la totalité du territoire. Toutefois – et toujours à cause de l'altitude –, cette conquête se fait plus lentement qu'autour des sites des plateaux jurassiens. En fait, une tripartition du Préboréal est souvent possible : une première phase où, malgré le développement du pin, les espèces héliophiles issues du Dryas récent sont encore très bien représentées et où le bouleau connaît un dernier maximum, ces éléments exprimant une certaine lenteur dans la mise en place des forêts de pin ; la phase intermédiaire voit les espèces héliophiles lentement diminuer alors que le bouleau a franchement régressé et que le pin continue sa conquête du territoire ; la dernière phase montre un aspect typique du Préboréal avec des pollens de pins largement dominants alors qu'apparaissent déjà quelques pollens d'essences mésothermophiles (noisetier et chêne surtout).

Cette longue période correspond à une lacune d'occupation dans la haute vallée du Doubs. Si celle-ci s'explique assez bien pendant le refroidissement du Dryas III entre 11 000 et 10 000 cal BC, elle paraît beaucoup plus surprenante pendant le Préboréal et la première moitié du Boréal, périodes caractérisées par une nette amélioration climatique. Le « hiatus » est probablement lié à l'état de la recherche puisque des occupations contemporaines sont connues à proximité de notre domaine d'étude. L'abri du Mollendruz, déjà cité, livre en effet une occupation du Mésolithique ancien datée de la fin du Préboréal (Crotti, 1993, p. 215). L'abri des Gripons à Saint-Ursanne (JU, Suisse), d'autre part, situé dans la moyenne vallée du Doubs (fig. 1), possède un niveau d'occupation du Mésolithique moyen daté de la première partie du Boréal (Pousaz *et al.*, 1991). Quelques indices de surface encore ténus – en l'occurrence la découverte d'un triangle isocèle dans la région de Pontarlier, en périphérie d'une zone d'affleurements de silex exploités au Mésolithique – laissent présager toutefois l'existence d'industries du Mésolithique ancien-Mésolithique moyen (fig. 4, n° 4).

7 500-7 000 cal BC

Vers 8 000 cal BC débute le Boréal, qui est habituellement caractérisé par la large dominance du noisetier, par la chute du pin et le développement des essences mésothermophiles. Sur les sites amont (Mouthe et Remoray/Saint-Point), ce schéma ne se retrouve pas exactement, surtout parce que le pin reste encore largement dominant. Ces tourbières ont en effet dû garder très longtemps une couverture forestière dominée par les pins, probablement les pins à crochets ; d'autre part, et toujours en raison de l'altitude, l'orme et le chêne auront beaucoup de difficultés à s'installer dans cette région. L'environnement végétal de cette première moitié du Boréal consiste donc en une forêt claire dominée par les noisetiers, dans laquelle se développent par places quelques ormes et quelques chênes et où les pins sont encore bien présents.

Si le Boréal coïncide globalement avec une péjoration climatique, les indices sédimentologiques montrent qu'avant 7 000 cal BC s'amorce une amélioration du climat qui perdure tout au long de la première partie de l'Atlantique ancien (Magny, 1995). C'est sur cette dernière période que se trouve centré l'Optimum climatique holocène, bien marqué dans les diagrammes palynologiques par l'entension des espèces appartenant à la chênaie mixte. S. Wegmüller (1966) a montré comment, dans le Jura central, le développement de *Hedera* et de *Viscum* qui se manifeste alors correspond à des étés chauds et à des hivers relativement doux : la forte amplitude thermique qui avait pu caractériser les débuts de l'Holocène s'est largement estompée et le Haut-Jura bénéficie sans doute alors des conditions les plus clémentes qu'il ait jamais connues tout au long de l'Holocène.

Les premières traces sûres de la présence de chasseurs-cueilleurs mésolithiques datent de cette période qui correspond à la seconde moitié du Boréal. Les témoignages restent toutefois discrets. La petite série lithique découverte anciennement dans l'abri de Remonot I (Les Combes, 25), avec ces segments de cercle et un triangle scalène, peut être rattachée à cette phase finale du Mésolithique moyen (fig. 4, n° 5 et 6). L'abri des Prés-Mourey à

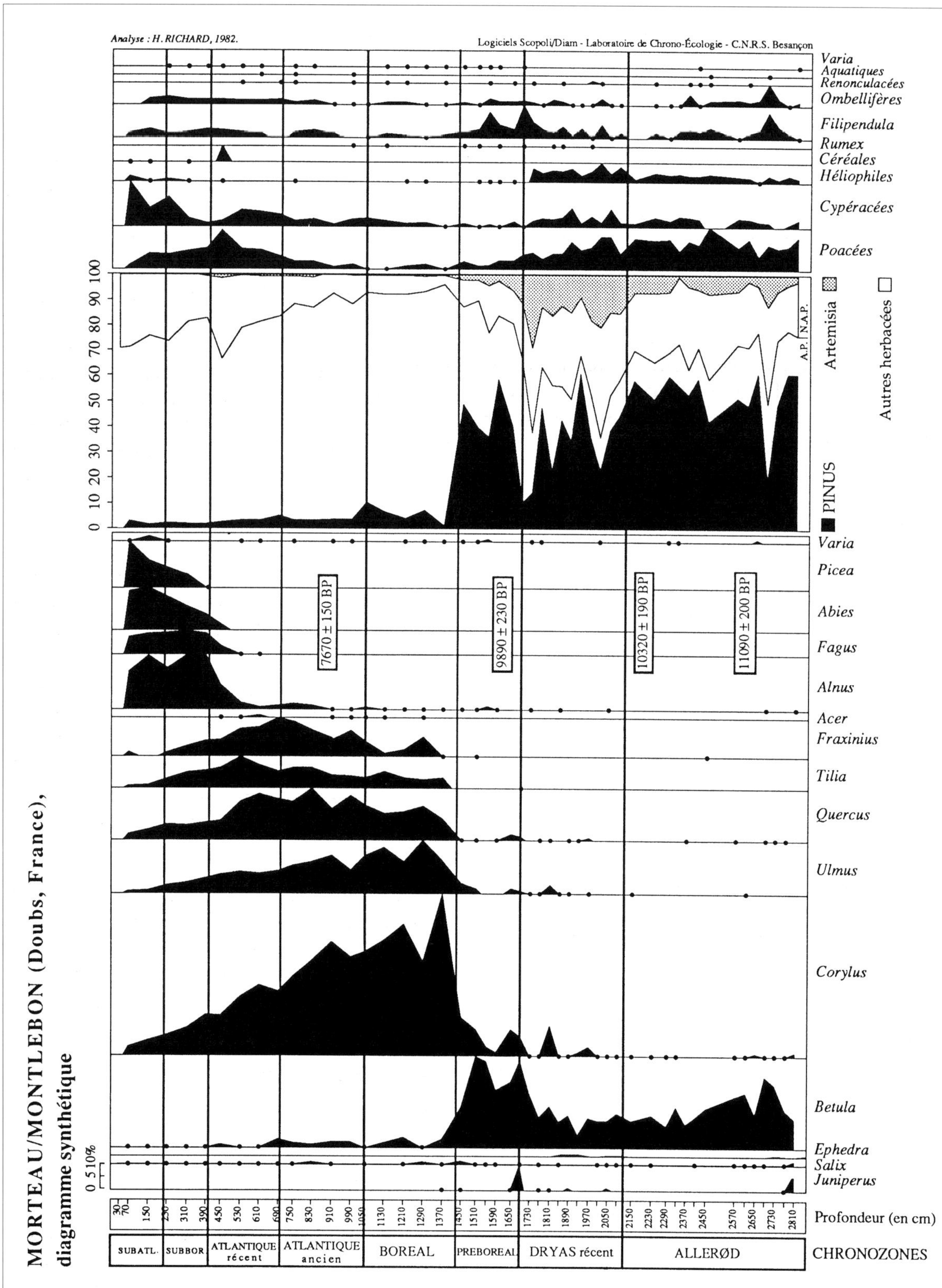

Figure 3. – Morteau/Montlebon (Doubs, France), diagramme synthétique.

Villers-le-Lac (25) a livré un foyer isolé daté de 8 230 ± 70 BP (Gif-9097) (Cupillard *et al.*, 1994). Cette exploitation des milieux d'altitude durant la seconde moitié du Boréal est conforme aux données régionales. Tant en Franche-Comté qu'en Suisse occidentale, on assiste en effet à une multiplication des gisements (Thévenin, 1990 et 1991 ; Crotti, 1993). Il faut signaler que les niveaux 4d et 4c de l'abri de Mollendruz correspondent à des occupations datées de la fin du Mésolithique moyen (Crotti, 1993). La forte densité des vestiges sur ce site d'altitude (Crotti et Pignat, 1986) s'oppose à l'indigence des informations que l'on possède dans notre zone d'étude. Ces différences relevées indiqueraient des types de fréquentation différents selon les zones d'altitude, empêchant toute généralisation hâtive d'un secteur à un autre.

7 000-5 300 cal BC

Pendant le Mésolithique, l'influence de l'homme sur le couvert végétal était extrêmement limitée. La cueillette de quelques noisettes et de baies n'a pas pu influencer les diagrammes polliniques ! En revanche, il est possible que pour forcer le gibier à se déplacer, des feux aient été localement provoqués. Dans certaines conditions, ces feux – ou plutôt leurs conséquences sur la végétation – auraient pu laisser des traces visibles sur les diagrammes. Mais le problème est justement celui des « conditions idéales ». Dans l'état actuel des recherches, de telles pratiques n'ont pas encore été mises en évidence dans les sites archéologiques ou dans les remplissages lacustres de la région (présence de microcharbons par exemple). Dans la région étudiée, ces traces n'ont pu être enregistrées que si les éventuels feux étaient suffisamment étendus et surtout proches des lieux de sondages, et si les chronozones correspondantes (surtout le Boréal et l'Atlantique ancien) sont représentées dans des séquences sédimentaires très dilatées permettant de suivre précisément ces phénomènes (destruction d'une partie de l'espace forestier puis régénération d'abord arbustive puis arboréenne). En fait, pour le palynologue, c'est évidemment cette dernière condition qui prime. Une analyse très détaillée des diagrammes ne permet pas de reconnaître la succession « destruction-génération ». Seules les instabilités de la courbe de *Corylus* dans certains diagrammes pendant le Boréal et l'Atlantique ancien pourraient être la traduction de ces phénomènes complexes, mais il est encore trop tôt pour l'affirmer.

Durant cette période, qui correspond au Mésolithique récent, on assiste à une multiplication des sites. Cet essor doit être mis en relation avec l'optimum climatique de l'Atlantique ancien et le développement de la chênaie mixte en altitude. Les occupations datées par le C14 : couche 4 de l'abri de la Roche-aux-Pêcheurs (ETH-11 831 : 6 530 ± 70 BP soit 5 500-5 300 cal BC) (Cupillard *et al.*, 1994) (Villers-le-Lac) (fig. 4, n° 25-28) et couche 3 inférieure de l'abri du col des Roches (ETH-11 356 : 6 885 ± 65 BP soit 5 800-5 500 cal BC) (Cupillard, 1984) (Le Locle, NE, Suisse) (fig. 3, n° 17 à 23) se placent entre 6 000 et 5 300 cal BC, soit dans la seconde moitié de l'Atlantique ancien. Pour la période comprise entre 7 000 et 6 000 cal BC, nos connaissances sont plus lacunaires. Les niveaux 7 à 4 de l'abri du col des Roches (fig. 3, n° 24), sous-jacents à la couche 3 inf., se rattachent probablement à cette phase que l'on a reconnue au sein de la couche 4b de l'abri du Mollendruz (Crotti, 1993).

Durant le Mésolithique récent, aux sites en abris s'ajoutent de véritables sites de plein air : sites de Courbebief (à La Longeville, 25) (Campy, 1985) (fig. 4, n° 8-14) et site du Pré du Lac-aux-Brenets (NE, Suisse). Certains gisements découverts récemment dans la région de Pontarlier (fig. 1 et 2) sont étroitement liés à des affleurements de silex (Cupillard *et al.*, 1995). Durant le Mésolithique récent, l'augmentation du nombre de gisements et des découvertes isolées (fig. 4, n° 15 et 16), l'apparition de sites de plein air, la relative abondance des séries lithiques témoignent d'une exploitation intensive du milieu qui pourrait trahir des occupations saisonnières d'assez longue durée ou de courte durée répétées dans le temps.

5 300-4 800 cal BC

Quelques découvertes isolées et des indices précoces d'agriculture relevés dans le sondage carotté de Remoray I permettent d'envisager la présence des premiers agriculteurs néolithiques dès la fin du VIe millénaire dans la haute vallée du Doubs. La problématique de

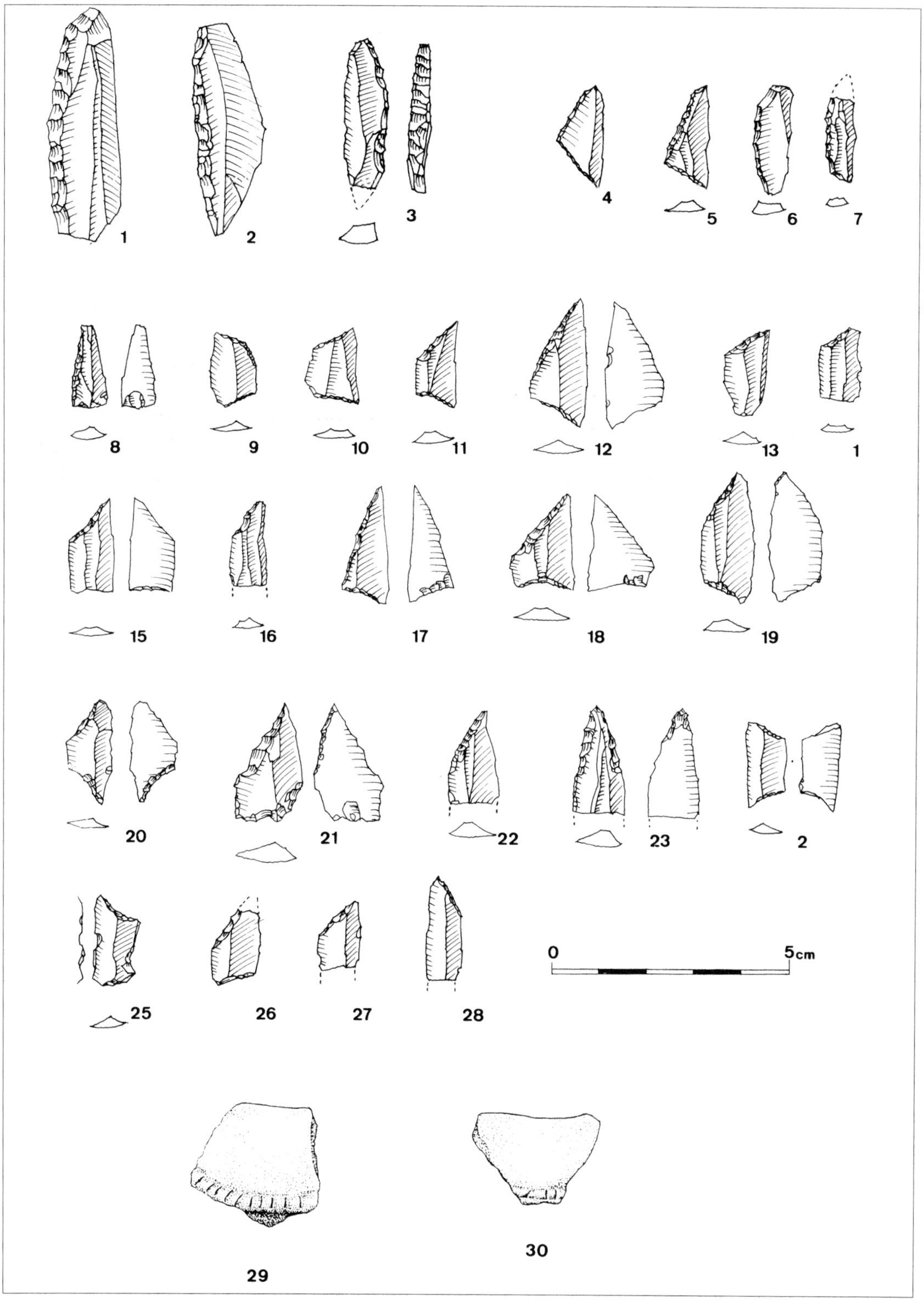

Figure 4. – Haute vallée du Doubs : industrie lithique : – grotte des Brennetets (La Chaux-de-Fonds, NE, Suisse) n° 1 et 2. pointes aziliennes ; – site de plein air de Courbebief (La Longeville, 25) : Épipaléolithique. n° 3. pointe azilienne ; Mésolithique récent. n° 8 à 14. trapèzes et troncatures ; – site de plein air de Cotaroz I (Vuillecin, 25) n° 4. triangle isocèle ; – abri de Remonot I (Les Combes, 25) n° 5 à 7. triangle scalène et segments de cercle ; – tumulus de la Censure I (Chaffois, 25) n° 15 et 16. trapèze et troncature ; – abri du col des Roches (Le Locle, NE, Suisse) Mésolithique récent, couche 3 inf. n° 17 à 23. pointes et trapèzes ; couche 4. n° 24. trapèze ; Néolithique ancien, couche 3 sup. tesson de céramique à cordon incisé. n° 29. et hors stratigraphie. n° 30 ; – abri de la Roche-aux-Pêcheurs (Villers-le-Lac, 25) : Mésolithique récent. couche 4. n° 25 à 28. trapèze et troncatures.

recherche peut se décliner de la manière suivante :

• Dans l'abri du col des Roches, le sommet de la couche 3 a livré plusieurs tessons dont un est à rapprocher du type de la Hoguette (fig. 4, n° 29) (Jeunesse *et al.*, 1991). Cette couche 3, épaisse de 50 cm, fouillée anciennement, livre sur la totalité de sa puissance une faune sauvage et une industrie du Mésolithique récent/final. Une datation effectuée sur os a donné 6 885 ± 65 BP (ETH-11356) soit 5 800-5 500 cal BC. La position stratigraphique de cet os n'est cependant pas connue puisqu'il provient des fouilles anciennes. À titre d'hypothèse, nous admettons qu'il date la partie inférieure de la couche 3. Sa partie supérieure se situerait plutôt entre 5 500 et 5 000 cal BC en fonction de la date d'apparition de ce type de céramique dans le contexte jurassien (Jeunesse *et al.*, 1991). Cette couche 3 sup. pourrait alors correspondre soit à un niveau néolithique ancien vrai non détecté par les anciens fouilleurs, soit à un niveau mésolithique néolithisé par transfert technique (Gallay, 1995 ; Cupillard *et al.*, 1991 ; Voruz *et al.*, 1995).

• L'analyse palynologique du forage de Remoray I indique la présence discrète d'indices agricoles entre 5 500 et 5 300 cal BC, puis certaine entre 5 000-4 900 cal BC. Ces deux phases agricoles se développent pendant deux phases régressives du lac correspondant à des améliorations climatiques (Cupillard *et al.*, 1994 ; Cupillard *et al.* en préparation ; Richard et Ruffaldi, 1996).

• L'abri du Mollendruz, situé à proximité de la zone d'étude, livre des occupations du Néolithique ancien (couche 3) situées chronologiquement entre 5 200 et 4 200 cal BC (Crotti et Pignat 1986, 1991 ; Crotti 1993).

• Dans l'état actuel des données, on peut à titre d'hypothèse de travail envisager le scénario suivant pour la mise en place au Néolithique dans la haute vallée du Doubs :

– 5 500-5 300 cal BC : c'est la phase ultime du Mésolithique récent. Les populations ont un mode de vie exclusivement de chasseurs-cueilleurs ; aucune influence néolithique n'est encore décelable ;

– 5 000-5 300 cal BC : les derniers chasseurs-cueilleurs du Mésolithique récent sont acculturés par transfert technique et/ou l'on assiste à l'arrivée discrète des premiers colons néolithiques. À cette phase on peut rattacher la partie supérieure de la couche 3 de l'abri du col des Roches, et les premiers indices d'agriculture encore discrets (à confirmer) détectés au bord du lac de Remoray ;

– 5 100-4 900 cal BC : on assiste à une véritable colonisation néolithique à partir du plateau suisse (?). À cette phase correspondraient les occupations du Néolithique ancien de l'abri du Mollendruz et la deuxième phase d'agriculture repérée à Remoray.

Les recherches en cours et futures devraient permettre de confirmer ou d'infirmer ce schéma de peuplement à la transition Mésolithique-Néolithique.

CONCLUSION

Tout au long des millénaires que notre étude a pris en compte, du Bölling à la fin de l'Atlantique ancien, les relations entre le peuplement de cette zone de moyenne montagne qu'est la haute vallée du Doubs et l'évolution du milieu naturel, notamment des conditions climatiques, semblent s'être développées selon deux manières différentes en relation même avec l'évolution des modes de subsistance.

Jusqu'à la fin du Mésolithique, le rythme et l'intensité du peuplement apparaissent assez indépendants du rythme climatique. Bien sûr, le Dryas récent marque un recul très net de la fréquentation du Haut-Jura par l'homme. Mais le réchauffement qui survient en quelques décennies au début du Préboréal ne semble pas avoir impliqué un retour immédiat de l'homme dans ces zones d'altitude. De la même façon, l'optimum climatique de l'Atlantique ancien ne coïncide pas avec un renforcement de la pénétration humaine.

À l'inverse, l'adoption des modes de subsistance néolithique à la transition des VIe et V^e^ millénaires paraît avoir placé les établissements humains sous la dépendance des conditions climatiques et de leur évolution (Richard et Ruffaldi, 1996). Le rythme indiqué par les indices polliniques d'anthropisation précoce ou par les vestiges archéologiques se calque assez bien sur le rythme du climat. Ces liens suggèrent la fragilité de ces premières communautés agricoles, placées dans un environnement montagnard difficile, face à une détérioration des conditions climatiques.

BIBLIOGRAPHIE

CAMPY (M.), La Longeville : Courbebief I et II, informations archéologiques. *Gallia Préhistoire*, t. 28, n° 2, 1985a, p. 237-238, 1 fig.

CAMPY (M.), BICHET (V.), DI GIOVANI (C.), RICHARD (H.), DURAND (A.), Évolution des flux sédimentaires au cours du Postglaciaire : enregistrement dans le remplissage lacustre de Chaillexon (Doubs, France). *C.R. Académie des Sciences*, Paris, t. 319, série 2, 1994a, p. 103-109, 3 fig., 1 tabl.

CAMPY (M.), BICHET (V.), DI GIOVANI (C.), RICHARD (H.) *et al.*, Évolution des flux de matière depuis 12 000 ans dans la haute vallée du Doubs (France). *Bulletin de la Société géologique de France*, t. 165, n° 4, 1994b, p. 381-400, 18 fig.

CAMPY (M.), CHAIX (L.), EICHER (V.), MOUTHON (J.) *et al.*, L'aurochs (*Bos primigenius Boj*) d'Etival (Jura, France) et la séquence tardi- et postglaciaire sur les plateaux jurassiens. *Revue de Paléobiologie du Muséum de Genève*, vol. II, n° 1, 1983, p. 61-85.

CAMPY (M.), HEIM (J.), RICHARD (H.), Dynamique du comblement et contexte climatique du remplissage tardi- et postglaciaire du lac de Chaillexon (Doubs France). *Ecologia Mediterranea* 11, 1, 1985, p. 135-146.

CAMPY (M.), RICHARD (H.), Modalités et chronologie de la déglaciation würmienne dans la chaîne jurassienne. *Bulletin de l'Association française pour l'étude du Quaternaire*, n° 2/3, 1988, p. 81-90, 6 fig.

CHAIX (L.), Les faunes du Paléolithique et du Mésolithique en Suisse : la Suisse du Paléolithique au Moyen Âge. I : Paléolithique et Mésolithique. *SPM1*, Société suisse de Préhistoire, Bâle, 1993 p, 85-103.

CROTTI (P.), L'Épipaléolithique et le Mésolithique en Suisse. Les derniers chasseurs : la Suisse du Paléolithique au Moyen Âge. I : Paléolithique et Mésolithique. *SPM1*, Société suisse de Préhistoire, Bâle, 1993, p. 203-243.

CROTTI (P.), PIGNAT (G.), La séquence chronologique de l'abri Freymond près du col du Mollendruz (Jura vaudois). *Archéologie suisse* 9, 4, 1986, p. 138-148, 14 fig.

La transition Méso-Néolithique en Suisse occidentale : état de la question. *Actes*, CXIII^e Congrès national des sociétés historiques et scientifiques, Strasbourg 1988 : *Mésolithique et néolithisation en France et dans les régions limitrophes,* CTHS, Paris, 1991, p. 269-280.

CROTTI (P.), SIMON (C.), Notice sur le Bichon, La Chaux-de-Fonds, NE. La Suisse du Paléolithique au Moyen Âge. I : Paléolithique et Mésolithique. *SPM1*, Société suisse de Préhistoire, Bâle, 1993 p. 256-257.

CUPILLARD (C.), Révision du gisement du col des Roches (Le Locle) : éléments nouveaux. *Archéologie suisse* 7, 2, 1984, p. 34-41, 4 fig.

Villers-le-Lac, abri de la Roche-aux-Pêcheurs. Bilan scientifique Franche-Comté. Direction régionale des Affaires culturelles, Service régional de l'Archéologie. Ministère de la Culture et de la Francophonie, 1993, p. 31-33.

Villers-le-Lac, abri de la Roche-aux-Pêcheurs. Bilan scientifique Franche-Comté. Direction régionale des Affaires culturelles, Service régional de l'Archéologie. Ministère de la Culture et de la Francophonie, 1994, p. 40-41.

CUPILLARD (C.), PÉTREQUIN (P.), PININGRE (J.-F.), RICHARD (H.), La néolithisation du Jura. *Actes*, CXIII^e Congrès national des sociétés historiques et scientifiques, Strasbourg 1988 : *Mésolithique et néolithisation en France et dans les régions limitrophes,* CTHS, Paris, 1991, p. 347-387, 15 fig.

CUPILLARD (C.), MAGNY (M.), MARGUIER (S.), RICHARD (H.), RUFFALDI (P.), *Mésolithisation et néolithisation dans une zone de moyenne montagne : évolution du peuplement et du paysage de la haute vallée du Doubs*. Rapport ATP CNRS, laboratoire de chronologie UPR 7557 CNRS, Besançon, 1994, 120 p.

CUPILLARD (C.), AFFOLTER (J.), BOURGEOIS (D.), *Lithothèque franc-comtoise : inventaire des ressources siliceuses de Franche-Comté*. Projet collectif de recherches, Rapport 1995, 2e année de programme, 1995, 90 p. dact., 67 fig. + annexes h.t.

CUPILLARD (C.), PERRENOUD-CUPILLARD (N.), Derniers chasseurs et premiers agriculteurs dans la haute vallée du Doubs. *In* : *Éclats d'histoire : 25 000 ans d'héritage, 10 ans d'archéologie en Franche-Comté*, Cêtre, Besançon, 1995, p. 110-115

CUPILLARD (C.), MAGNY (M.), RICHARD (H.), RUFFALDI (P.), *En préparation* Évolution de l'environnement et du peuplement entre 12000 et 5000 BP dans la haute vallée du Doubs (Doubs, France). *Bulletin de la Société préhistorique française*.

DAVID (S.), *Magdalénien et Azilien en Franche-Comté. Contribution à l'étude des cultures du Tardiglaciaire dans l'Est de la France*. Thèse d'État, université de Franche-Comté, UFR Sciences du langage, de l'homme et de la société, Besançon, 4 vol., 1993, 841 p., 443 fig, 4 tabl. h.t., multigraphié.

EGLOFF (M.), La transition du Tardiglaciaire au Postglaciaire en Suisse. *Actes*, colloque international de Talence 1977 : *La fin des temps glaciaires en Europe : chronostratigraphie et écologie des cultures du Paléolithique final*, CNRS, 1979, p. 231-237.

De Cotencher à Auvernier : l'âge de la pierre dans le canton de Neuchâtel. *Helvetia Archaeologica* 43-44, 1980, p. 101-116.

Des premiers chasseurs au début du christianisme. *In* : *Histoire du pays de Neuchâtel*, t. 1 : De la Préhistoire au Moyen âge, Attinger, Neuchâtel, 1989, p. 11-160.

GALLAY (A.), À propos des travaux récents sur la néolithisation de l'Europe de l'Ouest. Chronologies néolithiques. *Actes,* colloque d'Ambérieu-en-Bugey 1992 : « Chronologies néolithiques de 6000 à 2000 avant notre ère dans le bassin rhodanien », *Documents du Département d'Anthropologie de l'université de Genève*, n° 20, Ambérieu-en-Bugey, éd. Société préhistorique rhodanienne, 1995, p. 17-25.

GIGON (R.), La grotte préhistorique du Bichon (La Chaux-de-Fonds, Neuchâtel). *Archives suisses d'anthropologie générale* 21, 1956, p. 97-111.

Inventaire spéléologique de la Suisse. I : Canton de Neuchâtel. *Commission de Spéléologie de la Société helvétique des sciences naturelles*, Neuchâtel, 1976, 224 p., 131 fig.

HÖNEISEN (M.), LEESCH (D.), LE TENSORER (J.-M.), Le Paléolithique supérieur récent. La Suisse au Paléolithique à l'aube du Moyen Âge. I : Paléolithique et Mésolithique. *SPM1*, Société suisse de Préhistoire, Bâle, 1993, p. 153-201.

JEUNESSE (C.), NICOD (P.-Y.), VANBERG (P.-L.), VORUZ (J.-L.), Nouveaux témoins d'âge néolithique ancien entre Rhône et Rhin. *Annuaire de la Société suisse de Préhistoire et d'Archéologie*, vol. LXXIV, 1991, p. 43-78.

LE TENSORER (J.-M.), Les étapes du peuplement de la Suisse au Paléolithique supérieur et au Mésolithique (à l'exception des régions au bord du lac de Genève). *Actes*, colloque INQUA : « Variations des paléomilieux et peuplements préhistorique », *Cahiers du Quaternaire*, n° 13, CNRS, 1989, p. 59-65.

MAGNY (M.), *Une histoire du climat : des derniers mammouths au siècle de l'automobile*, Errance, Paris, 1995, 175 p.

MAGNY (M.), RUFFALDI (P.), A Palaeohydrological Record of Younger Dryas from Lake Onoz in Jura, France. *C.R. Académie des Sciences*, Paris, t. 319, série 2, 1994, p. 459-466.

MATTHEY (F.), Contribution à l'étude de l'évolution tardi- et post-glaciaire de la végétation dans le Jura central. *Beitr. Geobot. Landesaufn. Schweiz* 53, 1971, 86 p.

MOREL (P.), Une chasse à l'ours brun il y a 12 000 ans : nouvelles découvertes de la grotte du Bichon (La Chaux-de-Fonds). *Archéologie suisse* 16, 1993, 3, p. 110-117, 14 fig.

PIROUTET (M.), Sur la persistance du chamois au Néolithique dans la chaîne du Jura. *C. R. Société géologique de France,* 1927a, p. 183-184.

Quelques observations sur le climat, le régime des eaux, ainsi que sur la faune et la végétation du Jura au Robenhausien. *C. R. Société géologique de France*, 1927b, p. 185-187.

Contribution à l'étude du Robenhausien ancien dans les hautes montagnes du Doubs. *Bulletin de la Société préhistorique française*, t. 25, n° 2, 1928, p. 124-128.

Essai sur les connaissances actuelles relatives au préhistorique de la Franche-Comté. *Bulletin archéologique du Comité des travaux historiques et scientifiques*, Paris, 1932-1933, p. 517-570.

POUSAZ (N.) *et al.*, L'abri sous roche des Gripons à Saint-Ursanne (Jura, Suisse). *Cahier d'Archéologie jurassienne* 2, Office du Patrimoine historique et Société jurassienne d'émulation, Porrentruy, 1991, 176 p., 126 fig., 12 pl.

REVERDIN (L.), La station préhistorique du col des Roches près du Locle (Neuchâtel). *Annuaire de la Société suisse de Préhistoire et d'Archéologie*, 1930, p. 141-158, 11 fig.

RICHARD (H.), *Nouvelles contributions à l'histoire de la végétation franc-comtoise tardiglaciaire et holocène à partir des données de la palynologie*. Thèse 3e cycle, faculté des Lettres et Sciences humaines, Besançon, 1983, 155 p., 13 diag.

Indices polliniques d'une néolithisation précoce sur le premier plateau du Jura (France). *C. R. Académie des Sciences*, Paris, t. 318, série 2, 1994, p. 993-999.

RICHARD (H.), RUFFALDI (P.), L'hypothèse du déterminisme climatique des premières traces polliniques de néolithisation sur le massif jurassien (France). *C. R. Académie des Sciences*, Paris, t. 322, série 2a, 1996, p. 77 à 83, 3 fig.

SAUTER (M.-R.), Le squelette préhistorique de la grotte du Bichon. Caractères crânio-faciaux. *Archives des Sciences*, Genève, 4e période, 9 (3), 1956, p. 330-335.

SONNEVILLE BORDES (D. DE), Le Paléolithique supérieur en Suisse. *L'Anthropologie*, t. 67, n° 3-4, 1963, p. 205-268.

STUIVER (M.), REIMER (P.-J.), Extended 14C Database and Revised. CALIB 3.0.14C Age Calibration Programm. *Radiocarbon* 35, 1, 1993, p. 215-230.

THÉVENIN (A.), *Rochedane, l'Azilien, l'Épipaléolithique de l'Est de la France et les civilisations épipaléolithiques de l'Europe occidentale*. Mémoire de la faculté de Sciences sociales, université de Strasbourg, 1981, 845 p., 339 fig.

Du Dryas III au début de l'Atlantique : pour une approche méthodologique des industries et des territoires dans l'Est de la France 1. *Revue archéologique de l'Est*, 41, fasc. II, 1990, p. 177-212, 19 fig.

Du Dryas III au début de l'Atlantique pour une approche méthodologique des industries et des territoires dans l'Est de la France 2. *Revue archéologique de l'Est* 42, fasc. I, 1991, p. 3-62, 35 fig.

VORUZ (J.-L.), NICOD (P.-Y.), CEUNINCK (G. DE), Les chronologies néolithiques dans le bassin rhodanien : un bilan. Chronologies néolithiques. De 6000 à 2000 avant notre ère dans le bassin rhodanien. *Actes*, colloque d'Ambérieu-en-Bugey, 19-20 sept. 1992. *Documents du Département d'Anthropologie de l'université de Genève*, n° 20, Ambérieu-en-Bugey, éd. Société préhistorique rhodanienne, 1995, p. 381-404.

WEGMÜLLER (S.), Uber die spät- und postglaziale Vegetationgeschichte des Südwestlichen (Jura). *Beitr. Geobot. Landesaufn. Schweiz* 48, 1966, 142 p.

LE MÉSOLITHIQUE RÉCENT ET FINAL FRANC-COMTOIS

THE RECENT AND FINAL MESOLITHIC IN FRANCHE-COMTÉ (FRANCE)

Luc Jaccottey

Résumé. – L'étude des divers types d'armatures semble montrer qu'il est possible de discerner un schéma d'évolution du Mésolithique récent et final franc-comtois. Le début du Mésolithique récent serait marqué par la présence de trapèzes et d'armatures du stade moyen. Vers 7 000 BP, les armatures ne seraient plus représentées que par des trapèzes. Après 7 000 BP, les armatures évoluées (d'abord les pointes de Bavans, puis les fléchettes) vont faire leur apparition.

Mots clés : Mésolithique récent et final, trapèzes, armatures évoluées.

Abstract. – The varied types of tip study appears to indicate that it is possible to detect a recent and final mesolithic development diagram in Franche-Comté. The beginning of the Early Mesolithic period would be caracterized by these presence of trapezium and tips from the Middle Mesolithic. Towards 7,000 BP, the tips would only be represented by trapezium. After 7,000 BP, the developed tips avill appear.

Key words : Early and Final Mesolithic, trapezium.

INTRODUCTION

Dans le cadre d'un travail universitaire, la plupart des ensembles lithiques du Mésolithique récent de la Franche-Comté ont pu être étudiés ou réétudiés (Jaccottey, 1995). Ce travail était nécessaire car il n'existait, à part Bavans, que très peu de données.

Le but de notre travail est de tenter de mettre en évidence les caractéristiques du Mésolithique récent et final franc-comtois, et d'essayer d'y entrevoir une évolution. Le faible nombre de fouilles récentes, de datations radiocarbone et de publications nous ont obligé à baser une grande partie de cette étude sur des collections anciennes et des gisements de surface. Bien sûr, les données issues de prospections et de fouilles anciennes devront être précisées ou confirmées par les fouilles en cours ou à venir.

Le site de Bavans (25) était le seul qui semblait présenter une évolution et une série suffisantes pour servir de base à toute étude (Aimé *et al.*, 1993 ; Aimé et Jeunesse, 1986). Une nouvelle étude de la couche 5 de ce gisement a permis de préciser la succession des divers éléments au sein de ce niveau archéologique (et d'écarter tous les doutes qui planaient sur la fiabilité de cette couche).

La majeure partie de notre travail portera sur les armatures de cette période (trapèzes et « armatures évoluées »). Cependant quelques données sur la présence de céramique seront signalées. Les armatures sont les pièces qui « possèdent, pour un grand nombre de chercheurs, la plus forte charge culturelle » (Thévenin, 1991). Nous utiliserons comme base pour cette étude les travaux d'André Thévenin : « J'appelle composante culturelle, ou tout simplement composante, un ensemble d'industries ou d'armatures constituant des sous-ensembles, et présentant à un moment donné ou pendant une période précise, les mêmes caractères ou des caractères très proches sur une aire géographique délimitée. Une composante culturelle a, en principe, une origine bien précise. » (Thévenin, 1991)

LE CADRE CHRONOLOGIQUE

Pour notre région, le Mésolithique récent débute avec l'apparition des trapèzes (Thévenin, 1991), alors que le Mésolithique final se caractérise par la présence d'armatures évoluées.

Nous possédons fort peu de renseignements sur le début du Mésolithique récent en Franche-Comté. Pour l'instant, la date la plus ancienne que nous possédons a été obtenue pour la base de la couche 5 de Bavans (Doubs), c'est-à-dire vers 7 100 BP. Cependant il existe des gisements plus anciens, où nous pouvons observer une association de trapèzes, de pointes à base transversale et de scalènes. Mais nous ne possédons pas de datation pour ces gisements, qui semblent caractériser le début du Mésolithique récent. Les datations les plus récentes pour le Mésolithique moyen (Bavans, couche 6) s'échelonnent autour de 8 200 BP. Le Mésolithique récent dans notre région semble donc débuter entre 8 200 et 7 100 BP. Le docteur Rozoy (1978, p. 572) propose la date de 7 850 BP pour l'apparition des trapèzes sur le territoire national.

Deux datations obtenues à la baume de Montandon (Doubs), situées vers 6 000 BP (Crotti et Pignat, 1991) semblent fixer la fin du Mésolithique dans notre région.

Le Mésolithique récent dans notre région débute avec la fin du Boréal et se poursuit pendant tout le début de l'Atlantique.

ÉTAT DE LA DOCUMENTATION

Les sites stratifiés en grottes et abris

• Les fouilles anciennes

Les grottes et abris sous roche de Franche-Comté ont fait très tôt l'objet de recherches. Ces fouilles furent le plus souvent menées avec beaucoup de soin, et les résultats qu'elles ont fournis ne sont pas dénués d'intérêt.

L'abri supérieur du Châtaillon à Bart (Doubs) fut fouillé de 1875 à 1877 par Henri L'Épée et Félix Voulot (L'Épée, 1881) ; le matériel découvert fut déposé au musée de Montbéliard, individualisé couche par couche avec un descriptif de la stratigraphie. Lors de la fouille de l'abri des Câbones à Ranchot par Ripotot et Seibel, en 1955 et 1956, un niveau du Mésolithique récent fut repéré.

Cependant pour l'abri Maldiney, aux Planches-près-Arbois (Jura), les notes des auteurs sont peu utilisables, et le matériel archéologique n'a pu être retrouvé. Enfin, le matériel issu de la grotte des Pestiférés à Moirans-en-Montagne (Jura) est actuellement dispersé chez les différents fouilleurs et il n'existe aucune indication sur la stratigraphie de ce gisement.

Certains de ces gisements peuvent être utilisés, mais avec beaucoup de prudence, car d'éventuels mélanges peuvent fort bien exister.

• Les fouilles récentes

Les fouilles récentes d'abris et de grottes sont assez nombreuses en Franche-Comté. Cependant, beaucoup de ces gisements n'ont pas livré une industrie suffisamment abondante et caractéristique pour pouvoir servir de base à une étude : abri de Roche-Chèvre à Bretonvillers (Doubs) (Baudais *et al.*, 1993), grotte des Mômes au Mont-de-Vougney (Doubs), abri de Rochedane à Villars-sous-Dampjoux (Doubs) (Thévenin, 1982) et grotte de la Margot à Montrond (Jura).

Enfin quelques gisements sont en cours d'étude et nous ne possédons sur ceux-ci que des données partielles : abri de Gigot à Bretonvillers (Doubs), baume de Montandon à Saint-Hippolyte (Doubs) et abri des Câbones à Ranchot (Jura). Le site de la Roche-aux-Pêcheurs à Villers-le-Lac (Doubs) est actuellement en cours de fouilles et le matériel des fouilles anciennes de Chapuis est repris par Christophe Cupillard (Cupillard *et al.*, 1994).

Le site de Bavans (Doubs) est pour l'instant celui qui nous a fourni le plus de données sur le Mésolithique récent et final. Cependant, des doutes sur d'éventuels mélanges entre la couche 5 (Mésolithique récent et final) et la couche 4 (Néolithique) existaient (Cupillard *et al.*, 1991). En effet, quelques pièces attribuables au Néolithique avaient été découvertes dans le niveau mésolithique et inversement. Une nouvelle étude de ce niveau (Jaccottey, 1995) a montré que l'ensemble des pièces déplacées a été découvert contre ou dans un drain d'irrigation moderne, qui entame les couches archéologiques à l'extérieur des abris ou à la base de foyers en cuvette du Néolithique. Ce travail a également permis de mettre en évidence une évolution au sein de la couche 5. Cette évolution avait déjà été entrevue par Gérard Aimé et Christian Jeunesse (1986). La couche 5 de Bavans a été subdivisée arbitrairement en 5 sous-niveaux de puissances égales, et le matériel (armatures et tessons de céramique) a été reporté à l'intérieur de ces sous-niveaux. Cette méthode pose le problème de l'éclatement de la série de Bavans, qui, divisée, perd de sa valeur statistique. En effet, dans l'abri sud-sud-ouest, le sous-niveau supérieur n'a livré que 2 armatures, le niveau suivant 6, puis 23, 8 et 2 à la base. Dans l'abri central, les armatures sont moins nombreuses, mais un schéma identique semble se produire. Pour les tessons de céramique, la même méthode a été utilisée pour l'abri sud-sud-ouest (l'abri central n'ayant pas livré assez de céramique) avec 7 tessons au sommet de la couche, puis 15, 12, 14 et 7. Pour la céramique, il se pose également le problème de savoir à combien de vases appartiennent les différents tessons. Il n'a pas été possible de répondre à cette question par des remontages, nous avons donc décidé de signaler les diverses zones de concentration de céramique : pour la céramique de La Hoguette, 10 des 14 tessons de l'abri sud-sud-ouest ont été trouvés autour d'un foyer situé en Pi 4 ; la céramique non décorée et la céramique du Rubané récent ont été retrouvées pour la quasi-totalité de l'abri de manière dispersée.

Cette évolution montre donc à la base de la couche (datée de 7 130 ± 70 BP) 2 trapèzes latéralisés à droite et de la céramique de La Hoguette (dont la plupart des tessons proviennent peut-être du même vase), ainsi que quelques tessons de céramique non décorée. Puis dans le niveau supérieur, encore des trapèzes latéralisés à droite, 1 trapèze à gauche, quelques pointes de Bavans avec des tessons de La Hoguette, de la céramique non décorée et quelques tessons rubanés. Au milieu de la couche (datée de 6 500 ± 100 et de 6 410 ± BP), les trapèzes latéralisés à droite semblent disparaître alors que la céramique de La Hoguette diminue au profit de la céramique non décorée et de celle du Rubané. Les trapèzes latéralisés à gauche prennent de l'importance et une fléchette asymétrique apparaît. Dans le niveau supérieur, les pointes de Bavans régressent et les fléchettes prennent de l'importance. La céramique de La Hoguette a disparu et la céramique rubanée devient plus importante. Au sommet de la couche, il n'y a que 2 fléchettes associées à de la céramique rubanée.

Les sites de plein air et les découvertes isolées

Les stations de plein air sont nombreuses. Malheureusement, pour la plupart d'entre elles, il s'agit de découvertes de surface. Ces stations présentent cependant une industrie homogène répartie sur une surface assez réduite : « le Pontot » à Pirey, Vaire-Arcier (Doubs), « le Bru-de-Corne » à La Châtelaine (Jura), « En Fonteneille » à Aillevans (Haute-Saône), « les Près-Barras » à Boulot (Haute-Saône), « les Vanottes » à Longevelle (Haute-Saône), « la Corne-du-Bois » à Luze (Haute-Saône)...

Deux gisements de plein air ont fait l'objet de sondage(s) : « les Champs-Traversains » à Saint-Vit (Doubs) et « les Près-Barras » à Boulot (Haute-Saône). Pour le site des « Champs-Traversains » (David *et al.*, 1983), le sondage a montré la présence d'un niveau sans doute colluvionné mais homogène. Les sondages effectués à Boulot (Daval et Jaccottey, 1993) montrent que le niveau archéologique se trouve à la base des labours et qu'il est conservé encore sur une dizaine de centimètres. Aucune structure n'a été découverte ; cependant l'industrie est très homogène et quelques remontages ont pu être effectués entre des pièces provenant des mêmes sondages. Ces différents éléments plaident en faveur d'un gisement partiellement détruit par les labours.

Enfin quelques armatures isolées, découvertes en surface, ont également été utilisées.

Datations radiocarbonc et analyses

Les datations radiocarbone sont peu nombreuses dans notre région : 3 datations à Bavans (et deux datations aberrantes), 2 datations à Montandon et 1 à Villers-le-Lac. Des datations sont en cours pour les gisements actuellement fouillés. La pauvreté en dates nous oblige donc à une grande prudence dans l'utilisation de celles-ci.

Les autres analyses sont également peu abondantes : étude de la faune de l'abri de Roche-Chèvre, de Montandon et d'une partie

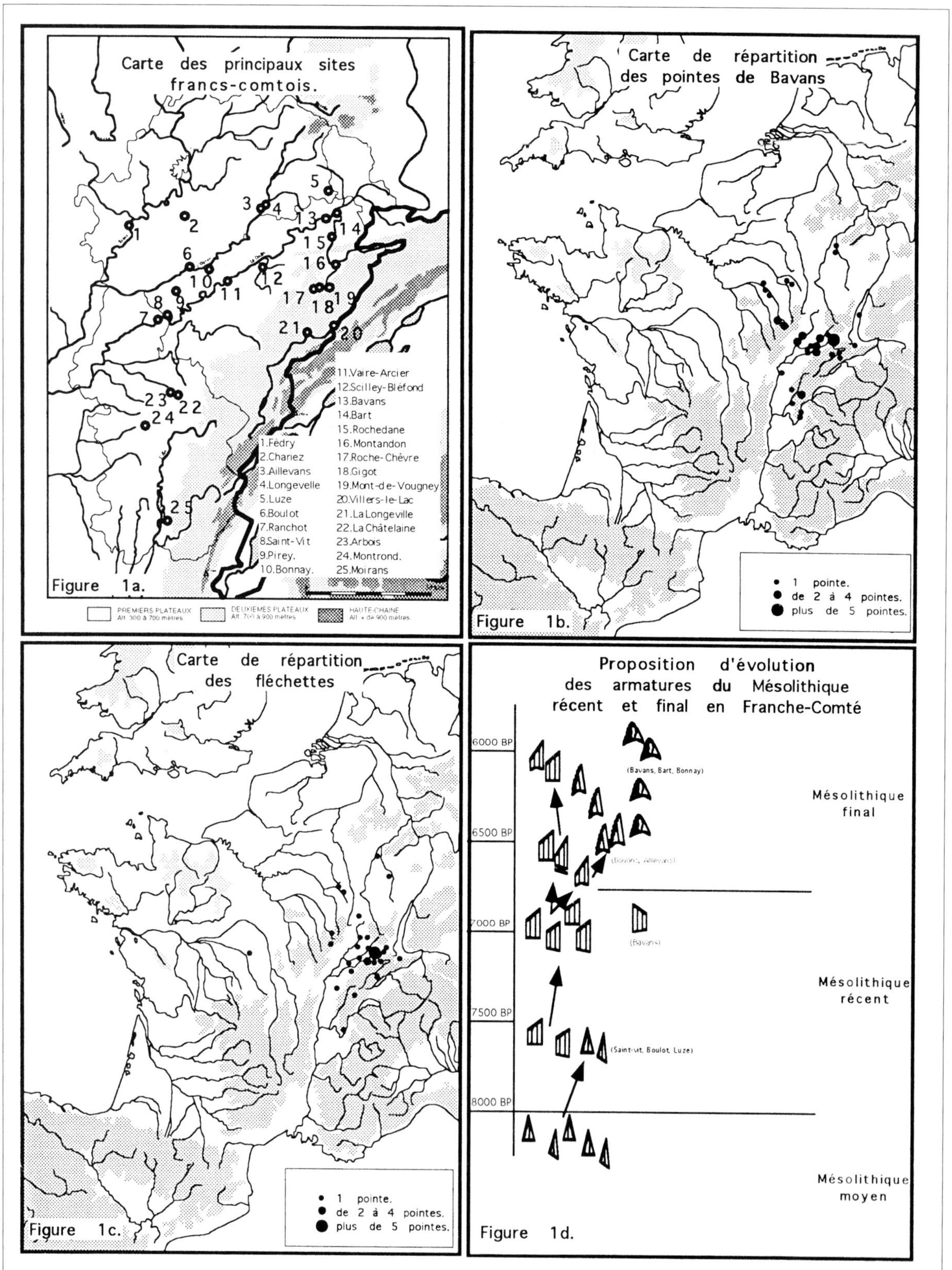

Figure 1a. Carte des principaux sites francs-comtois.
Figure 1b. Carte de répartition des pointes de Bavans.
Figure 1c. Carte de répartition des fléchettes.
Figure 1d. Proposition d'évolution des armatures du Mésolithique récent et final en Franche-Comté.

de la couche 5 de Bavans ; étude palynologique pour Bavans, Roche-Chèvre, Gigot et Montandon, de la microfaune de Bavans et de Roche-Chèvre, de la malacofaune de Bavans et de la pétrographie du silex pour Ranchot et pour une partie du matériel d'Aillevans.

On voit bien que, même si les gisements abondent en Franche-Comté, nous sommes encore loin d'avoir un cadre chronologique, environnemental et culturel solide. C'est pourquoi il est nécessaire d'être extrêmement prudent et de prendre comme hypothèse de travail la partie qui va suivre.

LES ARMATURES DU MÉSOLITHIQUE RÉCENT ET FINAL

Diverses stations de surface – Longevelle, Saint-Vit, Luze, Boulot, « Courbebief » à La Longeville (Doubs) et Scilley-Bléfond (Doubs) – ont livré une industrie lithique qui doit se rapporter au tout début du Mésolithique récent. Les armatures sont marquées par la présence de scalènes, de pointes à base transversale relativement effilées et de trapèzes. Ces derniers sont souvent asymétriques, presque toujours latéralisés à gauche (1 trapèze est latéralisé à droite à Boulot et 2 sont latéralisés à droite à Longevelle), relativement courts, avec une retouche sur la petite troncature (directe ou inverse et semi-abrupte). La petite troncature n'est jamais concave et la retouche inverse plate est absente.

Tous ces gisements sont des stations de surface. Il nous a donc paru, tout d'abord, que ces associations étaient le résultat de mélanges. Cependant, il est intéressant de noter que sur tous ces sites, nous observons des critères similaires pour les trapèzes, les scalènes et les pointes à base transversale. De plus, deux de ces gisements (Saint-Vit et Boulot) ont fait l'objet de sondages qui semblent montrer leur homogénéité.

Cette association semble correspondre au tout début du Mésolithique récent ou à la transition Mésolithique moyen/Mésolithique récent. Aucune de ces stations n'a été datée, cependant on peut les situer entre les derniers sites connus pour le Mésolithique moyen (8 200 BP) et la base de la couche 5 de Bavans (7 100 BP), où les scalènes et les pointes à base transversale ont disparu. Il n'est pas non plus possible de préciser la date de disparition des scalènes et des pointes à base transversale.

Trois gisements ont livré une série de trapèzes assez semblable à celles des stations précédentes : le Bru-de-Corne à La Châtelaine (Jura), l'abri de Rochedane (Doubs) et la base de la couche 5 de Bavans (Doubs). Seul ce dernier a été daté : 7 130 ± 70 BP. À Rochedane et au « Bru-de-Corne », les trapèzes sont plutôt latéralisés à gauche. Cependant, à Bavans, ils sont latéralisés à droite. Dans la région voisine de l'Alsace, les trapèzes sont plutôt latéralisés à droite : la sablière Sturm à Haguenau (23 trapèzes à droite et 4 à gauche) et l'abri du Mannlefelsen à Oberlarg (3 trapèzes à droite et aucun à gauche).

Les trapèzes de Bavans sont associés à la céramique de La Hoguette et à une céramique non décorée de fabrication locale. Les trapèzes découverts à l'extrême base de la couche sont latéralisés à droite, comme en Alsace.

À Bavans, entre 7 100 et 6 500 BP, apparaissent les premières armatures évoluées : les pointes de Bavans. Ce nouveau type d'armatures marque le début du Mésolithique final. En plus des dates obtenues à Bavans, nous possédons une datation vers 6 800 BP obtenue au col des Roches (Le Locle, Suisse), où une pointe de Bavans a été découverte en association avec des trapèzes et un tesson de La Hoguette (information Christophe Cupillard) et une datation à la Roche-aux-Pêcheurs vers 6 500 BP, avec quelques trapèzes et une pointe de Bavans (information Christophe Cupillard). Elles paraissent disparaître après 6 500 BP.

La pointe de Bavans « est une armature triangulaire effilée ou un peu plus large, à retouche denticulée continue, à base très concave, à retouche bifaciale déterminant deux ailerons souvent asymétriques. Le bord droit est soit brut de débitage, plus rarement finement retouché ou bordé, soit par retouche directe, soit par retouche inverse ; le bord gauche est généralement denticulé. Elle est obtenue sur support lamellaire ou laminaire. Sa longueur correspond à environ deux fois sa largeur et la concavité de la base à 1/5 ou

SITE	1	2	3	4	5	Dates (B.P.)
LONGEVELLE « Les Vanottes »	1		5			
SAINT-VIT « Les Champs Traversains »	1	1	2			
BOULOT « Les Prés Barras »	3	1	7	1		
LUZE « La Corne du Bois »		2	4			
LA LONGEVILLE « Courbe-Bief »		1	4			
SCILLEY-BLEFOND		1	2			
BAVANS couche 5-5 (base)*			2			7 130 ± 70
ROCHEDANE couche A2			4			
LA CHÂTELAINE « Bru de Corne »			3			
BAVANS couche 5-4*			4	3		
VAIRE-ACIER			3	2		
VILLERS-LE-LAC « La Roche aux Pêcheurs »			3	1		6 530 ± 70
MOIRANS « Grotte des Pestiférés »			4	2		
FEDRY « La Planche »			3	2		
AILLEVANS « En Fonteneille »			52	5	1	
BAVANS couche 5-3 (milieu)*			14	6	1	6 500 ± 100 et 6 410 ± 95
BONNAY « Les Trémouley »			1	3	2	
BAVANS couche 5-2*			3	1	1	
CHARIEZ			2		2	
SAINT-HIPPOLYTE « Montandon »			X		1	6 030 ± 80 et 5 890 ± 100
BRETONVILLERS « Gigot »			X		X	
PIREY « Le Pontot »				1	1	
BAVANS couche 5-1 (sommet)*					2	
BART « Abri supérieur du Châtaillon »					1	

Tableau 1. – Diagonalisation des différents types d'armatures dans le Mésolithique récent franc-comtois. 1. Scalènes. 2. Pointes triangulaires. 3. Trapèzes. 4. Pointes de Bavans. 5. Fléchettes.
* *Pour le site de Bavans nous avons numéroté les différentes sous-parties de la couche de la manière suivante : couche 5-1 pour le sommet de la couche, puis couche 5-2 pour le niveau sous-jacent, et ainsi de suite jusqu'à couche 5-5 pour la base de la couche.*

1/4 de la longueur de l'armature » (Aimé *et al.*, 1994, p. 109).

En règle générale, les trapèzes deviennent de plus en plus asymétriques et sont toujours latéralisés à gauche. Cette tendance montre une recherche d'axialité de ces armatures, qui peut dans certains cas donner des armatures proches des scalènes. L'apparition des bases concaves et des retouches inverses plates va également dans le sens d'une recherche d'axialité des armatures, dans le but de les utiliser comme pointes. Certains de ces trapèzes deviennent très proches des pointes de Bavans.

La carte de répartition de ces armatures (fig. 1b) montre qu'elles sont présentes dans les vallées du Doubs, de l'Ognon, de la Saône, de la Marne et dans la partie supérieure du Rhône et de l'Ain. Dans la Haute-Marne et la Franche-Comté, ces pointes sont associées à des trapèzes latéralisés à gauche. Elles semblent plutôt allochtones dans le Bugey et la vallée de la Birse.

Pour cette phase, les gisements sont nombreux : milieu de la couche 5 de Bavans (Doubs), les Trémoulay à Bonnay (Doubs), Vaire-Arcier (Doubs), l'abri de la Roche-aux-Pêcheurs à Villers-le-Lac (Doubs), la grotte des Pestiférés à Moirans-en-Montagne (Jura), les Fonteneilles à Aillevans (Haute-Saône) et la Planche à Fédry (Haute-Saône), Crenay (Haute-Marne), Ouroux-sur-Saône (Saône-et-Loire), Ancerville (Meuse), Cousances-les-Forges (Meuse), Crenay (Haute-

Marne), Ouroux-sur-Saône (Saône-et-Loire)...

La fin du Mésolithique final semble se caractériser par la raréfaction des trapèzes et des pointes de Bavans au profit des fléchettes asymétriques à base concave. Les gisements caractéristiques de cette phase sont l'abri supérieur du Châtaillon à Bart (Doubs), le sommet de la couche 5 de Bavans (Doubs), le Pontot à Pirey (Doubs), la baume de Montandon à Saint-Hippolyte (Doubs) et Chariez (Haute-Saône)

Deux datations ont été obtenues pour la fin de cette phase. Ces deux dates proviennent de la baume de Montandon : 6 030 ± 80 BP et 5 890 ± 100 BP Les fléchettes semblent donc se développer entre 6 500 et 6 000 BP.

Les fléchettes asymétriques à base concave sont des armatures triangulaires relativement trapues. Ces armatures sont façonnées sur éclat. La retouche est bilatérale directe et semi-couvrante, le bord gauche est légèrement convexe et la base est concave à retouche bifaciale (directe semi-abrupte et inverse plate). La concavité de la base est assez peu prononcée.

On retrouve de manière assez dense ces armatures (fig. 1c) dans toute la vallée du Doubs, la vallée de l'Ognon et la haute vallée de la Saône. Dans la Haute-Marne, elles sont beaucoup moins abondantes que les pointes de Bavans. La présence plus faible des fléchettes par rapport aux pointes de Bavans dans la Haute-Marne pourrait peut-être s'expliquer par un resserrement de ce groupe (les fléchettes étant plus récentes que les pointes de Bavans) ?

Il est intéressant de noter que trois gisements ont livré de la céramique du Rubané récent du Haut-Rhin et des fléchettes : l'abri supérieur du Châtaillon à Bart (Doubs), le sommet de la couche 5 de Bavans (Doubs) et Bonnay (Doubs).

Les trapèzes de cette époque sont similaires à ceux de la phase précédente.

CONCLUSION

Après la révision des collections franc-comtoises pour le Mésolithique récent et final, une tentative d'ébauche de sériation chronologique peut être proposée.

Dans un premier temps, nous avons une association entre des armatures du Mésolithique moyen et des trapèzes. Ce type d'association se retrouve sur l'autre versant du massif du Jura, en Suisse dans la couche 4B du col du Mollendruz et à l'abri sous bloc de Château d'Oex (Crotti et Pignat, 1995) ; ces deux gisements ont été datés vers 7 200 BP. Vient ensuite une série de gisements avec uniquement des trapèzes vers 7 000 BP, puis l'apparition des armatures évoluées entre 7 000 et 6 500 BP. Ce schéma d'évolution de la fin du Mésolithique repose pour l'instant sur peu de données : l'évolution observée à Bavans et sur quelques autres sites pour lesquels nous avons des datations radiocarbone. Les fouilles en cours de Ruffey-sur-Seille (Jura) et de l'abri de la Roche-aux-Pêcheurs à Villers-le-Lac (Doubs) devront apporter de nouveaux éléments permettant de préciser ou d'infirmer ce cadre.

BIBLIOGRAPHIE

AIMÉ (G.), AFFOLTER (J.), CHAIX (L.), DAVID (S.) *et al.*, Les abris sous roche des Bavans (Doubs), Mémoire de la Société d'Agriculture, Lettres, Sciences et Arts de la Haute-Saône. *Archéologie* n° 3, Vesoul, 1993, 461 p., 198 fig.

AIMÉ (G.), THÉVENIN (A.), BILLOTTE (P.) *et al.*, Le site mésolithique d'En Fonteneille à Aillevans (Haute-Saône) : étude préliminaire. *Actes*, table ronde de Chambéry 1992 : *Mésolithique entre Rhin et Méditerranée,* Association départementale pour la recherche archéologique en Savoie, Chambéry, 1994, p. 107-123, 12 fig.

AIMÉ (G.), JEUNESSE (C.), Le niveau V des abris sous roche de Bavans (Doubs) et la transition Mésolithique récent – Néolithique dans la moyenne vallée du Doubs. *Revue archéologique de l'Ouest,* suppl. n° 1 : Actes du colloque interrégional sur le Néolithique, Caen 1983, 1986, p. 31-40, 5 fig.

BAUDAIS (D.), CHAIX (L.), PÉTREQUIN (P.), PÉTREQUIN (A. M.) *et al.*, L'abri de Roche-Chèvre à Bretonvillers (Doubs) : campement de chasse du Néolithique moyen et de l'Âge du Bronze. *Revue archéologique de l'Est et du Centre-Est,* t. 44, fasc. II, Paris, 1993, p. 261-292, 23 fig.

CROTTI (P.), PIGNAT (G.), La transition Méso-Néolithique en Suisse occidentale : état de la question. *Actes*, CXIII[e] Congrès national des sociétés historiques et scientifiques, Strasbourg 1988 : *Mésolithique et néolithisation en France et dans les régions limitrophes,* CTHS, Paris, 1991, p. 269-280, 1 fig.

Le Paléolithique et le Mésolithique. *Archéologie suisse*, n° 18-2, 1995, p. 40-46, 11 fig.

CUPILLARD (C.), PÉTREQUIN (P.), PININGRE (J. F.), RICHARD (H.), La Néolithisation du Jura. *Actes*, CXIII^e Congrès national des sociétés historiques et scientifiques, Strasbourg 1988 : *Mésolithique et néolithisation en France et dans les régions limitrophes,* CTHS, Paris, 1991, p. 348-387, 15 fig.

CUPILLARD (C.), MAGNY (M.), RICHARD (H.), RUFFALDI (P.), MARGUIER (S.), Mésolithisation et Néolithisation d'une zone de moyenne montagne : évolution du peuplement et du paysage de la haute vallée du Doubs. *Rapport d'action thématique programmée*, Laboratoire de chrono-écologie, UPR 7557 du CNRS, Besançon, 1994.

DAVAL (D.), JACCOTTEY (L.), *Le site mésolithique récent de Boulot « Les Prés Barras »*, DFS des sondages, SRA de Franche-Comté, Besançon, 1993, 14 p., 8 fig.

DAVID (S.), DUCOMMUN (P.), SIMON-BERTRAND (N.), JACQUEMIN (P.), Le site mésolithique des Champs-Traversains à Saint-Vit (Doubs). *Revue archéologique de l'Est et du Centre-Est,* t. 34, fasc. I-II, Besançon, 1983, p. 19-29, 9 fig.

L'ÉPÉE (H.), Notes sur les dernières fouilles exécutées aux environs de Montbéliard. *Mémoires de la Société d'émulation du pays du Montbéliard,* vol. XIII, Montbéliard, 1881, p. 61-94, 8 fig.

JACCOTTEY (L.) (dir : A. Daubigney), *Le site d'Aillevans en Fonteneille (70) et le Mésolithique récent en Franche-Comté et dans les régions limitrophes*. Mémoire de maîtrise, université de Franche-Comté, Besançon, 1995, 551 p., 289 fig.

RIPOTOT (P.), SEIBEL (R.), Coup d'œil sur la Préhistoire comtoise, d'après les collections de Dole. *Annales littéraires de l'université de Besançon,* vol. XX (*Archéologie 5*), Les Belles Lettres, Paris, 1958, p. 1-9, 5 fig.

ROZOY (J.-G.), Les derniers chasseurs. *Bulletin de la Société archéologique champenoise,* n° spéc., Compiègne, 1978, 3 tomes, 1978, 1 256 p., 259 fig.

THÉVENIN (A.), Rochedane. L'Azilien, l'Épipaléolithique de l'Est de la France et les civilisations épipaléolithiques de l'Europe occidentale. *Mémoires de la Faculté des sciences sociales, ethnologie, Université des Sciences humaines de Strasbourg,* Strasbourg, 1982, 2 tomes, 1982, 845 p., 339 fig.

Du Dryas III au début de l'Atlantique : pour une approche méthodologique des industries et des territoires dans l'Est de la France (IIe partie). *Revue archéologique de l'Est et du Centre-Est,* t. 42, 1991, p. 3-62, 55 fig.

LE PEUPLEMENT DE LA MOYENNE MONTAGNE AUVERGNATE (HAUTE ET BASSE-AUVERGNE, FRANCE) DE LA FIN DU MAGDALÉNIEN AU MÉSOLITHIQUE

HUMAN SETTLEMENT OF THE MEDIUM ALTITUDE AREA IN LOW AND HIGH AUVERGNE FROM THE END OF THE LAST ICE AGE TO THE ATLANTIC PERIOD

Frédéric Surmely, Laure Fontana et André Delpuech

Résumé. – Cette étude porte sur le peuplement préhistorique d'un vaste ensemble de moyenne montagne qui comprend, du nord au sud, les massifs de la Margeride, du Cantal, du Cézallier, des Monts-Dore et des Monts-Dômes. La topographie générale résulte de plusieurs phases d'activité volcanique et d'érosion. Le silex est absent. Les recherches ont permis de découvrir des habitats dans des abris sous roche, jusqu'à 1 200 m d'altitude. Les occupations les plus anciennes remontent au Magdalénien supérieur. L'étude de l'industrie lithique a permis de mettre en évidence des stratégies complexes d'approvisionnement qui montrent le caractère volontaire et programmé de l'occupation du massif. Les campements sont toujours de petite taille et semblent correspondre à des occupations brèves. L'exploitation des ressources cynégétiques et halieutiques semble avoir été le moteur principal de la montée des hommes dans la moyenne montagne. Les conditions exactes restent encore à préciser.

Mots clés : Auvergne, Magdalénien final, Mésolithique, peuplement, ressources.

Abstract. – The study deals with the prehistoric settlement of a huge medium-altitude area including from the South to the North the Cantal, Cézallier, Monts-Dore and Monts-Dômes ranges. The general shapes of the relief made of a line of summits and surrounding plateaux deeply cut by the valleys is the result of several periods of volcanic activities and erosion. Flint is absent. The research has revealed the existence of a certain number of sites particularly in rockshelters, as high as 1,200 m a.s.l. The most ancient settlement dates back to the Early Magdalenian period. Through the study of many sites, it is obvious that the raw material was managed in a preventive and rigourous way, which shows that the prehistoric men had deliberatly planned to settle in the mountains. The sites are of rather small size and must have been places where hunters would stop. The main reason why man lived in the medium altitude mountain seems to have been hunting and fishing : because of a very hilly topography, many micro-environments could be exploited. Other questions, like seasonality, hunting-strategy, or problems with volcanic activity, are still difficult to answer.

Key words : Auvergne, Early Magdalenian, Mesolithic, settlement, resources.

INTRODUCTION

À partir de la fin de l'époque magdalénienne, les hommes entreprennent la conquête de la moyenne montagne auvergnate, tout juste désenglacée. Un certain nombre de gisements, tous de taille relativement modeste, témoignent de l'occupation de cette région. Il convient de s'interroger sur les raisons qui ont poussé les hommes à s'aventurer dans la moyenne montagne et d'essayer de réfléchir, à partir de la documentation existante, sur les modalités de peuplement et de circulation.

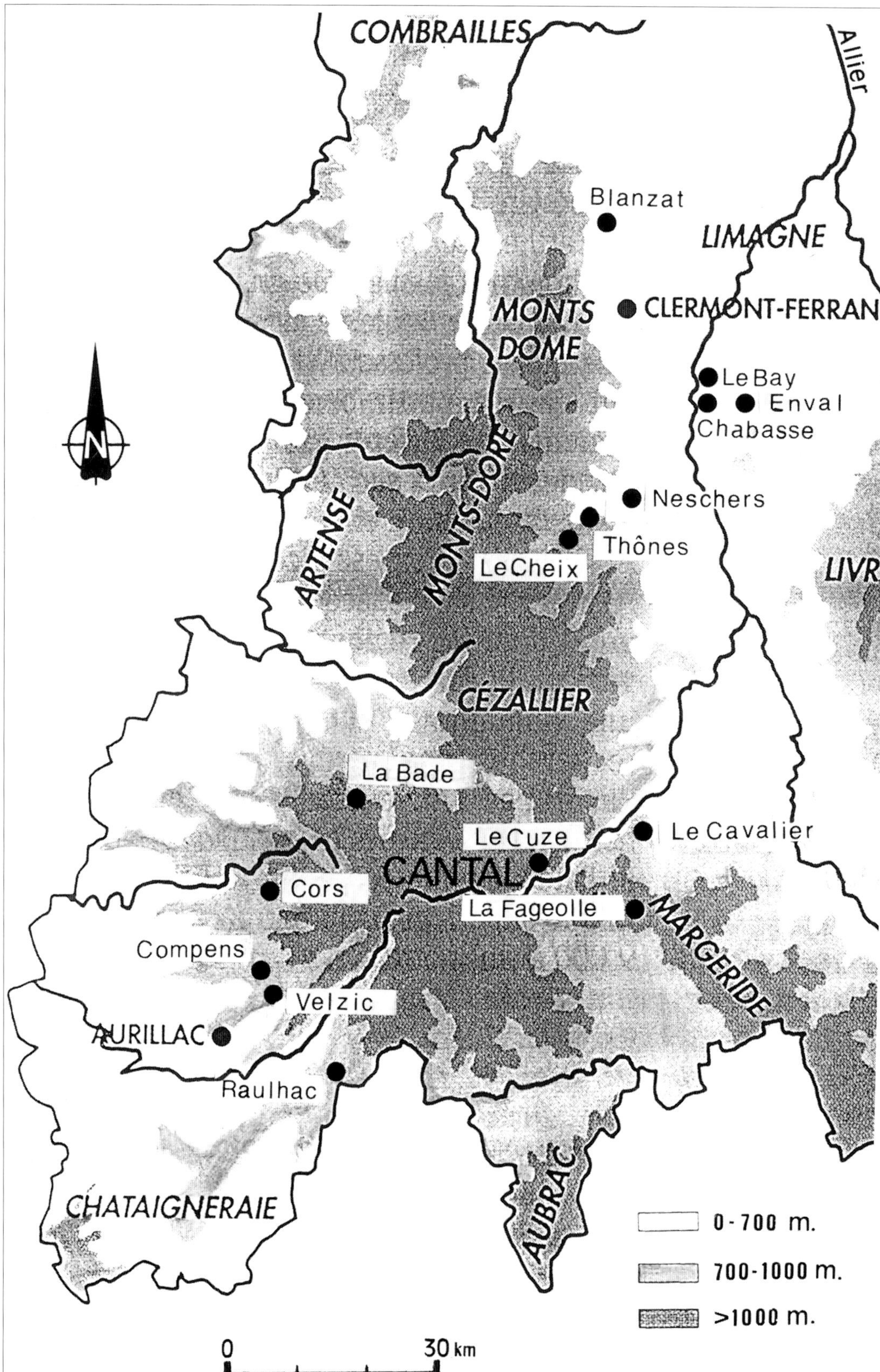

Figure 1. – Carte de répartition des gisements magdaléniens, aziliens et mésolithiques de la moyenne montagne auvergnate et de ses environs.

UN MILIEU NATUREL ORIGINAL

Un relief compartimenté

La région qui nous intéresse est composée des massifs de la Margeride, du Cantal, du Cézallier, des Monts-Dore et des Monts-Dômes (fig. 1). C'est une région de moyenne montagne, dont l'altitude moyenne est voisine de 1 000 m. Elle forme une véritable barrière, orientée nord-sud, de plus de 150 km de long, qui sépare le Bassin aquitain de la Limagne. Elle contient deux véritables massifs, le Cantal et les Monts-Dore, culminant dans leur partie centrale à plus de 1 800 m, et des hauts plateaux. D'une manière générale, l'altitude croît de la périphérie vers le centre. Les piémonts périphériques s'ouvrent sur des bassins sédimentaires : à l'est la plaine d'effondrement de la Limagne parcourue par l'Allier qui relie le Velay au Bassin parisien, à l'ouest des petits bassins comme ceux d'Aurillac et de Saint-Flour liés au Bassin aquitain par les affluents de la Dordogne et du Lot. Le relief détermine donc la division entre deux versants. Les points de passage sont à une altitude de plus de 1 100 m.

C'est une région de socle ancien, surmonté en de multiples endroits par des formations volcaniques. L'histoire tectonique et l'action très forte de l'érosion ont façonné un relief extrêmement compartimenté, avec des vallées encaissées séparées par des hauts plateaux. Dans le Cantal, ces surfaces tabulaires, qui portent le nom de *planèzes*, forment un relief en étoile. Le rebord des plateaux, sous l'effet de l'érosion différentielle, est parfois creusé de petites cavités qui dominent les vallées.

L'absence de ressources siliceuses

Du fait de sa nature géologique, cette moyenne montagne est dépourvue de gisements de silex. Seuls quelques petits gîtes de diatomites silicifiées sont connus. Par contre, le silex est présent dans les bassins tertiaires périphériques. Le plus important, en quantité et qualité, est celui d'Aurillac/Mur-de-Barrez (Bril, 1987 ; Charly, 1993) dont certaines langues s'étendent quelque peu en altitude.

Un climat rude

Cet ensemble de hautes terres connaît un climat extrêmement rude, notamment sur la façade occidentale. Les précipitations sont très abondantes, alimentant un réseau hydrographique extraordinairement développé.

Au cours des phases glaciaires, une calotte a recouvert toutes les terres, s'élevant à plus de 1 200 m, formant une véritable barrière de glace du Nord au Sud (Veyret, 1978). La déglaciation, dont les étapes précises restent encore mal connues, semble s'être totalement achevée avant le Dryas ancien (Etlicher, De Goër, 1988 ; Beaulieu, Pons, 1988). Les nombreuses tourbières d'altitude ont permis de reconstituer les grandes lignes de l'évolution du milieu naturel.

Cette rudesse climatique est à l'origine d'une érosion très forte qui a eu une action destructive sur la conservation des remplissages et des sites (Surmely, « rapports de prospection thématique 1992-1995 »).

Un cadre de vie difficile, mais des potentialités cynégétiques

L'ensemble des facteurs énoncés plus haut fait de la moyenne montagne auvergnate un cadre de vie apparemment difficile et peu attirant pour l'homme. Mais le relief très accidenté, la variété des sols et l'exceptionnelle densité du réseau hydrographique créent une grande diversité de biotopes et de niches écologiques propres à offrir aux hommes une variété remarquable de ressources animales et végétales, avec, bien sûr, des variations selon les époques et les saisons.

LES GISEMENTS

Une montée en altitude centripète

Les sites connus sont encore peu nombreux, en dépit des prospections récentes sur la façade occidentale du massif cantalien (travaux Surmely et Pasty). À l'heure actuelle, les plus anciennes traces de la présence humaine dans les monts ne remontent pas au-delà du

Nom du site	*Altitude*	*Attrib. Chrono.*	*Façade oc.*	*Façade orien.*	*% Silex blond (en poids)*	*% blocs bruts et épannelage*	*% Armatures*
Cors (St-Chamant, 15)	750 m	Magd. final	X		0	16	32
Baraquettes IV niv. 5 (Velzic, 15)	820 m	Sauv. moyen	X		0	2	74
Baraquettes I (Velzic, 15)	820 m	Sauv. moyen	X		0	3	80
La Bade (Collandres, 15)	1200 m	Magd. final	X		0,2	28	Non det.
Compens (Lascelles, 15)	910 m	Méso.	X		0	Non det.	Non det.
Ventecul 1 niv. 2 (Raulhac, 15)	860 m	Azilien	X		0	66	Non det.
Le Cheix (Saint-Diéry, 63)	760 m	Azilien		X	18	12	45
Thônes (Grandeyrolles, 63)	820 m	Magd. final		X	28	8	90
pour mémoire							
Enval II (Vic-le-Comte, 63)	350 m	Magd. sup.		X	8,3	4	62

Figure 2. – Gisements de la moyenne montagne auvergnate.

Magdalénien évolué, alors qu'une fréquentation beaucoup plus ancienne est attestée dans les bassins sédimentaires périphériques, notamment le bassin d'Aurillac (Fernandez, 1981). Ceci peut s'expliquer par l'existence en altitude d'un milieu naturel difficile et peu attirant pour l'homme, mais il faut probablement aussi tenir compte du fait que l'érosion est plus forte en altitude.

Les sites de la fin du Magdalénien sont les suivants (Surmely et Delpuech, 1994 ; Daugas, Raynal, 1977) : Cors, 750 m (Surmely, 1995) ; les Cusers, 890 m ; la Tourille, 870 m (Delpuech, Fernadez, 1983) ; le Cavalier, 740 m (Bérard, ce volume) ; Thônes, 820 m (Perpère, 1979), la Bade-de-Collandres, 1 200 m (Virmont, 1981). L'Azilien a été reconnu au Cheix, 760 m (Desrut, 1939) ; à Raulhac-Ventecul I, niveau II, 860 m ; au Cuze-de-Neussargues, 890 m et probablement à la Fageolle, 1 100 m. Le Mésolithique (Sauveterrien) est présent à Velzic-Baraquettes I et IV, 780 m (Surmely, 1996), au Cuze, à Raulhac-Ventecul I, niveau I et peut-être à Compens I, 910 m. Le site de Baraquettes IV est le seul à avoir donné des dates absolues fiables (8 800 BP pour le niveau VA, datations en cours pour les autres niveaux).

Étant donné l'insuffisance des prospections et l'érosion importante qui affecte les remplissages des cavités en altitude, il est encore difficile de fixer une limite à la montée dans le massif. Le site le plus élevé (Bade-de-Collandres) est aussi l'un des plus anciens. Par contre, la répartition spatiale semble indiquer que le peuplement s'est fait de la périphérie vers le centre, à partir des deux versants. Cette hypothèse de colonisation « centripète » (Delpuech, 1981) est confirmée par un traceur :

celui de la matière employée, et en particulier du silex blond du Crétacé supérieur (fig. 2). Cette roche siliceuse, étrangère à la région, provenant vraisemblablement du sud du Bassin parisien (Masson, 1981, Barrier, 1995), est présente dans tous les sites de la façade orientale tournés vers le val d'Allier, même si l'on note une certaine décroissance quantitative au fil du temps. En revanche, le silex blond est totalement absent des gisements de la façade occidentale, y compris pour les sites néolithiques. Selon qu'ils soient sur l'un ou l'autre des deux versants, les hommes sont donc tributaires de deux zones d'approvisionnement différentes. La séparation entre les deux versants apparaît clairement, même si les cols les reliant ont pu être praticables dès le Tardiglaciaire.

Les campements

Les sites connus à ce jour sont surtout des habitats dans des cavités : abris sous roche et grottes peu profondes. Les stations de surface sont limitées à trois sites démantelés par l'érosion : la Fageolle (Épipaléolithique *lato sensu*) ainsi que Rénac (Surmely, Usse, 1993b) et Ventecul II dont l'attribution chronologique reste encore peu précise.

Comme nous l'avions indiqué (Surmely, Delpuech, 1994), la plupart des gisements sont tournés vers le sud, sans que cette orientation soit systématique. Le site magdalénien de la Bade-de-Collandres, qui est aussi le plus élevé, est ouvert au nord-est. Celui du Cavalier regarde plein nord. Il semble donc difficile de considérer l'orientation comme un caractère déterminant dans le choix des lieux de campement. En revanche, les sites choisis comme campements offrent une vue étendue sur les environs.

La plupart des cavités ayant servi d'habitat sont de petites, voire très petites (Baraquettes I) dimensions (superficie de l'habitat réduite à quelques dizaines de mètres carrés). Sur le site sauveterrien de Velzic-les Baraquettes, au moins trois occupations ont eu lieu dans un court intervalle (Surmely, 1996). À la Bade-de-Collandres, on a pu observer la superposition de plusieurs niveaux appartenant au même faciès culturel (étude en cours, J. Virmont, F. Surmely).

Les vestiges

En valeur absolue, la quantité des vestiges recueillis lors des fouilles est assez réduite, à l'exception du gisement de Ventecul I.

L'industrie lithique présente trois caractéristiques essentielles qui se retrouvent pour toutes les périodes (fig. 2) :

– elle est relativement peu abondante ;

– l'outillage est dominé par les armatures (lamelles à dos, puis pointes à dos courbe et microlithes) ;

– dans la très grande majorité des sites, le premier stade de la chaîne opératoire est très peu représenté (voir tableau), montrant que les rognons de silex ont été préalablement décortiqués avant d'être apportés sur les gisements qui se trouvent tous à plus de 10 kilomètres des gîtes.

Cette préparation des blocs montre une gestion préventive de l'approvisionnement en silex et témoigne du caractère programmé de la montée en altitude. Il faut remarquer la très grande économie de la matière première, qui se traduit par le réaffûtage des outils (Bérard, à paraître), l'exploitation maximale des nucléus et la récupération des supports utilisables (notamment à Cors). Ces caractères ne sont pas propres aux sites des monts d'Auvergne, mais ont été également observés pour les gisements du Velay (Bracco, 1991).

La seule exception est celle des sites de Raulhac-Ventecul. Elle s'explique très logiquement par la situation de cet habitat qui se trouve sous une coulée de basalte dominant les calcaires tertiaires qui recèlent de nombreux et très bons rognons de silex (Surmely, Delpuech, 1994). L'hypothèse de véritables ateliers de taille est plausible. Il faut mentionner en outre que des puits d'extraction du silex au Néolithique ont été signalés au même endroit (Boule, 1887).

Il faut noter également l'absence d'art mobilier dans les gisements magdaléniens où les vestiges organiques sont conservés (Thônes), alors que les objets d'art et de parure sont abondants dans les grands sites de plaine (Enval, Neschers). Seuls quelques coquillages percés sont connus dans les sites du Cheix et de Baraquettes I.

Il n'y a pas de changement notable, en dehors de l'évolution technologique normale, entre le Magdalénien final et le Mésolithique. On peut observer toutefois que les Sauveterriens ont été moins soucieux que les Magdaléniens de la qualité de la matière première qu'ils employaient. Ils ont eu recours de façon massive à des blocs prélevés en surface, dans le lit des rivières.

L'ACQUISITION DE SUBSISTANCES CARNÉES

Le contexte archéologique des gisements (mauvaise conservation des restes organiques, fouilles anciennes) ne nous permet pas d'estimer l'importance des ressources végétales (sauf sur le site des Baraquettes, études en cours).

Les collections fauniques

Nous avons étudié les vestiges fauniques des trois seuls sites de cette période contenant des restes osseux : Thônes pour le Magdalénien final, le Cheix pour l'Azilien et Baraquettes I pour le Sauveterrien. Les données des sites du Magdalénien final de la Haute-Loire sont présentées à titre comparatif : le niveau D du Rond-du-Barry (Poulain *in* de Bayle des Hermens, 1972), le niveau I (ou supérieur) de Cottier (Bouchud, 1953 ; Delpech, 1976), et le site de Blassac (Bouchud, 1955). Les altitudes de ces sites s'échelonnent de 520 à 850 m.

Les collections de Thônes et du Cheix sont de petite taille et témoignent de collectes sélectives, ne contenant ni microfaune ni carnivores, ni oiseaux, ni poissons. Le site de Baraquettes I a livré une quantité un peu plus importante de restes représentant toutes les classes de vertébrés (seul l'échantillon 1995 nous a été confié, comptabilisant près de 150 restes déterminés).

Si l'approche quantitative semble donc actuellement compromise, l'approche qualitative est, elle aussi, limitée par la faible représentativité des échantillons.

Cependant, l'étude de ces collections peut nous fournir les premiers éléments d'une approche archéozoologique.

Les espèces d'herbivores chassées (fig. 3)

À la fin du Magdalénien, les espèces d'herbivores chassées dans les sites de moyenne montagne sont assez nombreuses et communes à celles des gisements magdaléniens d'autres régions. Mais on note l'association récurrente cheval-renne-bouquetin, au sein de laquelle le bouquetin apparaît comme un gibier de prédilection. Le cerf et les grands bovinés (*Bos* et *Bison sp.*) sont assez bien représentés, alors que le chamois, le chevreuil et le sanglier sont exceptionnels, ces deux derniers n'étant présents qu'au Rond-du-Barry.

À partir de l'Azilien, le tableau de chasse devient nettement moins varié. Le renne, le bouquetin et les grands bovinés disparaissent. La faune est dominée par l'association sanglier-chamois-cerf, parfois enrichie de la présence du cheval. Ces évolutions s'expliquent par les transformations du milieu naturel (réchauffement, boisement). La question d'un éventuel refuge altitudinal temporaire du renne n'est pas argumentée actuellement (Fontana, 1996).

La taille très réduite de l'échantillon du Cheix et le caractère provisoire des données de Baraquettes I (*cf. supra*) posent la question de l'absence, effective ou apparente, du bouquetin des sites holocènes. Si elle était confirmée, on pourrait envisager que cet animal ait conquis des espaces plus élevés, libérés des glaces.

Les grands bovinés et le cheval ont peut-être emprunté la direction inverse en descendant dans la plaine, ce qui reste une hypothèse à vérifier. Nous manquons de données à ce jour pour attribuer à leur faible représentation dès l'Azilien une origine climatique.

La présence du chamois dans un biotope de moyenne montagne, dont le couvert forestier s'intensifie, n'a rien de surprenant puisque c'est une espèce montagnarde complète – rupicole et sylvicole – ne craignant ni la neige ni la glace, et qui trouve dans la forêt une partie de sa nourriture (Couturier, 1958). D'ailleurs sa présence à des altitudes modestes est peut-être un indicateur saisonnier. Mais sa faible représentation dans les sites magdaléniens (à la différence du bouquetin) est difficile à expliquer : était-il plus abondant en plaine ? Il est chassé en Limagne, à Enval II, mais dans une faible proportion (Surmely, Fontana, Bourdelle, Liabeuf, 1997).

Ces données montrent que la différence des spectres fauniques entre la fin du Pléistocène et le début de l'Holocène dans ces sites de moyenne montagne s'explique très probablement par les changements du milieu naturel, pour le cerf, le sanglier et le renne. La réponse est moins tranchée pour le bouquetin, le chamois, le cheval, et les grands bovinés.

Sites	Attribution culturelle	Espèces déterminées							
		Cheval	Bos/Bison	Chamois	Bouquetin	Renne	Cerf	Chevreuil	Sanglier
Thônes (820 m.)	Magdalénien final	X	X		XX	X			
Le Cheix (760 m.)	Azilien	X		X			X		X
Baraquettes (780 m.)	Sauveterrien			X			X		XX
Blassac (520m.)	Magdalénien final	X	X		X	X	X		
Cottier (550 m.)	Magdalénien final	X		X	XX	X	X		
Le Rond du Barry (850 m.)	Magdalénien final	X	X		XX	X	X	X	XX

X : animal présent
XX : animal majoritairement chassé

Figure 3. – Les espèces d'herbivores chassées du Magdalénien final au Sauveterrien en Auvergne. En gras : sites de la moyenne montagne auvergnate. En normal : sites de référence.

Stratégies de chasse

L'appauvrissement des cortèges fauniques, imputable pour une part aux transformations de l'environnement, est-il accompagné d'un changement des stratégies d'acquisition ?

Au Magdalénien final, la chasse préférentielle au bouquetin est attestée sur trois sites, mais la proportion des restes de cet animal ne dépasse pas 50 à 60 % du nombre de restes, à la différence de certains sites des Pyrénées où ce chiffre atteint souvent les 90 % (Straus, 1987). En revanche, pour le Sauveterrien, les données de Baraquettes I montrent une nette prédominance du sanglier, représenté par environ 80 % des restes identifiés. La spécialisation de la chasse d'un seul gibier est-elle alors la caractéristique d'un nouveau type d'acquisition de subsistance, qui peut être dicté par des raisons techniques (Surmely, 1996) ? Si le sanglier semble être le gibier de prédilection à Baraquettes, on peut envisager que le bouquetin, absent des deux sites holocènes, ait pu faire l'objet de telles chasses dans des sites d'altitude (au-delà de 780 m) encore inconnus.

Cette chasse spécialisée a-t-elle un caractère saisonnier ? Les analyses de saisonnalité pour le chamois et le sanglier à Baraquettes permettront d'apporter des éléments de réponse, alors que les données sont nombreuses pour les sites magdaléniens de la Haute-Loire, montrant des chasses saisonnières, des mois d'avril à octobre (Fontana, 1996).

Cet appauvrissement des spectres fauniques et cette spécialisation apparente de la chasse sont-ils alors particuliers aux installations de moyenne montagne ? Aucun site azilien ni sauveterrien n'est connu en plaine, mais il est vraisemblable que les espèces d'herbivores chassées en plaine aient pu être aussi peu nombreuses, en raison du départ du renne, et de la plus faible représentation du chamois et du bouquetin, peut-être cantonnés en montagne.

Ces premières caractéristiques de l'acquisition de subsistance des sociétés de la fin du Pléistocène et du début de l'Holocène, associées aux autres aspects culturels, permettent alors d'aborder la question des modalités de peuplement.

LES RELATIONS PLAINE-MOYENNE MONTAGNE

Deux hypothèses peuvent être envisagées :

– liaison pendulaire, ordonnée selon un rythme saisonnier entre les gisements de plaine et ceux de la moyenne montagne ;

– circulation en continu dans le massif, d'abri en abri, avec ravitaillement périodique dans les bassins, par déplacement direct ou échanges.

Cette question très importante n'a pas été résolue à ce jour, car les informations recueillies restent encore insuffisantes (Surmely, 1995b).

Se pose également la question de migrations à très longue distance, également évoquées pour les gisements du val d'Allier et du Velay.

La présence de silex blond provenant du sud du Bassin parisien montre l'existence de liens entre les gisements de la façade orientale et le sud du Bassin parisien. Certains y ont vu de grandes migrations périodiques des hommes par le val d'Allier, à la suite des troupeaux de rennes. Toutefois, on peut observer que l'approvisionnement en silex blond, bien que décroissant, se poursuit à l'Azilien, alors que les rennes ont disparu. Un autre mode d'approvisionnement, fondé sur les contacts et les échanges entre groupes occupant des territoires contigus, paraît plus vraisemblable. En revanche, aucun indice de liens éventuels entre le versant occidental et le Bassin aquitain n'a été décelé.

L'IMPACT DU VOLCANISME ACTIF

Durant le Tardiglaciaire et le Postglaciaire, la partie septentrionale de la zone étudiée (chaîne des Monts-Dômes) a connu une importante activité volcanique qui s'est prolongée jusque vers 6 000 BP (Collectif, 1991). Il est certain que ce dynamisme éruptif a eu des conséquences sur le peuplement, notamment dans la zone directement soumise au volcanisme actif.

Toutefois, l'impact de ces phénomènes naturels reste à mesurer, tant du point de vue chronologique que spatial. La présence de l'homme à l'Alleröd est attestée au sud de la zone volcanique active (gisement du Cheix). L'absence d'autres sites du Tardiglaciaire et du début de l'Holocène semble s'expliquer avant tout par des raisons qui tiennent plus à l'érosion et à l'insuffisance des recherches, qu'à l'impact direct du volcanisme. Là encore, la recherche et l'étude d'autres gisements sont nécessaires pour espérer progresser dans cette voie.

CONCLUSION

La conquête de la moyenne montagne par l'homme, dès la fin du Magdalénien, a été rendue possible par le désenglacement de ces zones, ouvertes dès lors aux chasseurs. De toute évidence, ceux-ci sont entrés dans les massifs de façon programmée et volontaire. Ces régions de moyenne montagne constituaient donc un cadre attractif, malgré des contraintes certaines (absence de silex, climat particulièrement rude). Cette attractivité reposait très probablement sur des potentialités cynégétiques, halieutiques et végétales. Les gisements découverts à ce jour correspondent à des campements de petite taille qui étaient fréquentés par des petits groupes de chasseurs. Le peuplement du massif s'est fait certainement selon un rythme saisonnier. Aucun changement notable n'est observé entre la fin du Magdalénien et le Mésolithique, hormis l'évolution technologique habituelle et la composition des faunes chassées. La poursuite des études et des recherches de terrain devrait permettre de confirmer et de préciser ces hypothèses. De même, la découverte de nouveaux gisements est nécessaire pour mieux connaître l'influence des phénomènes volcaniques sur les activités humaines, dans le nord de la zone étudiée.

BIBLIOGRAPHIE

BARRIER (P.), *Expertise microfaciologique de silex d'intérêt archéologique (SRA Auvergne)*, 1995, 13 p., 17 pl., dact.

BAYLE DES HERMENS (R. DE), Le Magdalénien final de la grotte du Rond-du-Barry, commune de Polignac (Haute-Loire). *Actes*, Congrès préhistorique de France, XIXe session, 1972, p. 37-57.

BAULIEU (J.-L. DE), PONS (A.), REILLE (M.), Histoire de la flore et de la végétation du Massif central français depuis la fin de la dernière glaciation. *Cahiers de Micropaléontologie,* vol. III, n° 4, 1988, p. 5-36.

BÉRARD (B.) *À paraître* Un exemple d'adaptation au milieu montagnard : une halte magdalénienne, la grotte du Cavalier II, Molompize, Cantal. *Actes*, Ve Congrès international UISPP.

BOUCHUD (P.) et BOUCHUD (J.), La faune des grottes des Orciers et de Cottier. *Bulletin de la Société préhistorique française*, t. 50, n° 7-8, 1953, p. 444-457, 1 fig.

La faune de Blassac. *Bulletin de la Société préhistorique française*, t. 52, n° 7, 1955, p. 364-370.

BOULE (M.), *Nouvelles observations sur les puits préhistoriques d'extraction du silex de Mur-de-Barrez : Matériaux...*, 3e série, t. 4, 1887, p. 5-21.

BOURDELLE (Y.), MERLET (J.-C.), Le site d'Enval, commune de Vic-le-Comte. *Bulletin de la Société préhistorique française*, t. 88, n° 4, p. 109-113.

BRACCO (J.-P.), Le Paléolithique supérieur du Velay (Massif central, France). Habitats, circulation et phases de peuplement. *Bulletin de la Société préhistorique française*, t. 88, n° 4, 1991, p. 114-121, 4 fig.

CHARLY (N.), *Ressources en matériaux siliceux du Cantal : un exemple d'exploitation sur le site de Cors au Magdalénien final.* Mémoire de DEA, université de Paris I, 1993, 87 p. dact.

COLLECTIF, *Volcanologie de la chaîne des Puys*, Parc naturel régional des volcans d'Auvergne, 1991, 127 p.

COUTURIER (M.), Parallèles anatomique, physiologique et écologique entre le pied du bouquetin des Alpes (*Capra aegagrus ibex ibex*) et celui du chamois (*Rupicapra rupicapra*) en rapport avec l'adaptation à la montagne de ces deux espèces. *Mammalia,* 22/1, 1958, p. 76-89.

DAUGAS (J.-P.), Les gisements préhistoriques de la grotte du Cheix à Saint-Diéry et de Neschers (Puy-de-Dôme). *Actes*, colloque international de Talence 1977 : *La fin des temps glaciaires en Europe : chronostratigraphie et écologie des cultures du Paléolithique final*, CNRS 271, 1977, p. 537-543.

DAUGAS (J.-P.), RAYNAL (J.-P.), Remarques sur le milieu physique et le peuplement humain en Auvergne : la fin des temps glaciaires. *Actes*, colloque international de Talence 1977 : *La fin des temps glaciaires en Europe : chronostratigraphie et écologie des cultures du Paléolithique final*, éd. du CNRS 271, 1977, p. 545-562.

DELPECH (F.), Les grands mammifères de la grotte de Cottier à Retournac (Haute-Loire). *Nouvelles Archives du Muséum d'Histoire naturelle,* Lyon, fasc. XIV, 1976, p. 39-40.

DELPUECH (A.), La fin des temps glaciaires en Haute-Auvergne. *Revue de la Haute-Auvergne,* t. 48, 1981, p. 215-230.

DELPUECH (A.), FERNANDEZ (P.), Préhistoire du massif cantalien : données récentes et essai de dynamique du peuplement. *Bulletin de la Société anthropologique du Sud-Ouest,* t. 18, 1983, p. 1-44.

DESRUT (G.), Découverte d'une grotte et d'un squelette magdalénien au Cheix. *Bulletin de la Société préhistorique française*, t. 36, n° 2, 1939, p. 132-142.

DESRUT (G.), DERET (E.), Les grottes et abris préhistoriques de Thônes (Puy-de-Dôme). *Bulletin de la Société préhistorique française*, t. 41, n° 1-3, 1944, p. 34-38.

ETLICHER (B.), GOER (A. DE), La déglaciation würmienne dans le Massif central français : le point des travaux récents. *Bulletin de l'AFEQ,* 2/3, 1988, p. 103-110.

FERNANDEZ (P.), Le Paléolithique de la région d'Aurillac. Historique des recherches et travaux en cours. *Revue de la Haute-Auvergne,* t. 48, fasc. IV, 1981, p. 207-214.

FONTANA (L.) *À paraître* État de la recherche et problématiques en archéozoologie pour le Paléolithique supérieur d'Auvergne. *Actes*, colloque de Dijon 1995 : « Paléolithique supérieur entre Seine et Rhin », *Cahiers archéologiques de Bourgogne,* n° 6, 1996, p. 152-160.

MASSON (A.), *Pétroarchéologie des roches siliceuses, intérêt en préhistoire.* Thèse de 3e cycle, université de Lyon I, 1981.

PERPÈRE (M.), Grotte Auzary à Thônes-le-Vieux, commune de Grandeyrolles (Puy-de-Dôme). *La fin des temps glaciaires en Europe*, CNRS, 1979, p. 569-570.

RAYNAL (J.-P.), DAUGAS (J.-P.), L'homme et les volcans : occupation de l'espace régional. *La fin des temps glaciaires dans le Massif central français : le peuplement magdalénien*, 1992, CTHS.

STRAUS (L.-G.), Upper Palaeolithic Ibex Hunting in Southwest Europe. *Journal of Archaeological Science* 14, 1987, p. 163-178.

SURMELY (F.), Cors, un site magdalénien de la moyenne montagne cantalienne. *Actes*, CXVIIe Congrès du CTHS, 1995a, p. 65-87.

Le peuplement des Limagnes et de leurs marges au Tardiglaciaire. *Livret-guide de l'AFEQ,* dact., 1995b, p. 11-15.

Le site mésolithique des Baraquettes (Velzic, Cantal). Premier bilan des recherches. *Bulletin archéologique de la région d'Aurillac,* 1996, p. 32-46.

SURMELY (F.), DELPUECH (A.), L'impact du volcanisme dans le Cantal à la fin des temps glaciaires. *Bulletin de la Société préhistorique française,* t. 91, n° 2, 1994, p. 119-122.

SURMELY (F.), FONTANA (L.), BOURDELLE (Y.), LIABEUF (R.) Nouveaux éléments apportés à l'étude du site magdalénien d'Enval (Vic-le-Comte, Puy-de-Dôme, France) et au peuplement de la Limagne d'Auvergne, *Bulletin de la Société préhistorique française*, t. 94, n° 2, 1997, p. 172-181.

SURMELY (F.), USSE (J.-P.), Cors, une halte de chasse magdalénienne sur les contreforts du Cantal. *Bulletin archéologique de la région d'Aurillac,* n° 5, 1993a, p. 27-43.

Le site préhistorique de Rénac (Saint-Gérons, Cantal). *Bulletin archéologique de la région d'Aurillac,* n° 5, 1993b, p. 81-84.

Cors, une halte de chasse magdalénienne sur les contreforts du massif cantalien. *Bulletin de la Société préhistorique française,* t. 90, n° 2, 1993c, p. 137-138.

VEYRET (Y.), *Les modèles et formations d'origine glaciaire dans le Massif central français : problèmes de distribution et de limites dans un milieu de moyenne montagne.* Thèse d'État, université de Paris I, 1978.

VIRMONT (J.), Le gisement de la Bade-de-Collandres (Cantal) et les problèmes de l'Épipaléolithique auvergnat. *Bulletin de la Société préhistorique française,* t. 78, n° 7, 1981, p. 196.

LE GISEMENT MÉSOLITHIQUE DE LONGETRAYE (HAUTE-LOIRE, FRANCE) SITUÉ À 1 250 M D'ALTITUDE

THE MESOLITHIC SITE OF LONGETRAYE (HAUTE-LOIRE, FRANCE) 1,250 M HIGH

André Crémillieux

Résumé. – L'intérêt de ce site apparaît par sa situation géographique (Sud du Massif central), son altitude et sa séquence stratigraphique du Paléolithique supérieur au Néolithique.

Mots clés : Cévennes, milieu basaltique, Paléolithique final, Mésolithique, hypermicrolithes.

Abstract. – The interest of this site appears with its geographic position (South of Massif central), its altitude and its long sequence from Upper Palaeolithic to Neolithic.

Key words : South of Massif central, basaltic flow, Upper Magdalenian, Azilian, Mesolithic with hypermicroliths.

La position géographique de Longetraye est intéressante en ce sens que, gisement d'altitude, et à ce titre excentré par rapport aux axes traditionnellement étudiés, il est placé sur la zone frontière des Cévennes, limite de répartition des eaux (et des climats) entre le Massif central et ses retombées méditerranéennes (fig. 1). Il est géographiquement lié également, par un petit affluent, à la partie la plus en amont de la vallée de la Loire. C'est donc un point mitoyen entre les gisements préhistoriques de la haute vallée de la Loire et de l'Allier, le bassin du Puy vers le nord, l'Ardèche et le Gard, vers le sud (fig. 2).

La grotte de Longetraye, ainsi qu'une dizaine de haltes préhistoriques entourant le gîte principal, dont l'abri Est, dans un rayon de 500 m, s'est formée au pied d'une paroi prismée (basaltes quaternaires) (fig. 3).

Au jour de la découverte du gisement, le 16 mai 1967, le processus d'anéantissement du site était enclenché ; en effet, des carrières industrielles d'exploitation des roches basaltiques entamèrent les éboulis cryoclastiques, mettant ainsi à nu les couches argileuses fossilifères sous-jacentes.

Devant la grotte, le cône de remplissage caillouteux, épais de 1,50 à 2 m, renfermait le Néolithique dont la céramique était ici assez médiocre mais qui serait mieux repérée dans l'abri voisin, l'abri Est.

Figure 1. – Situation de Longetraye en France.

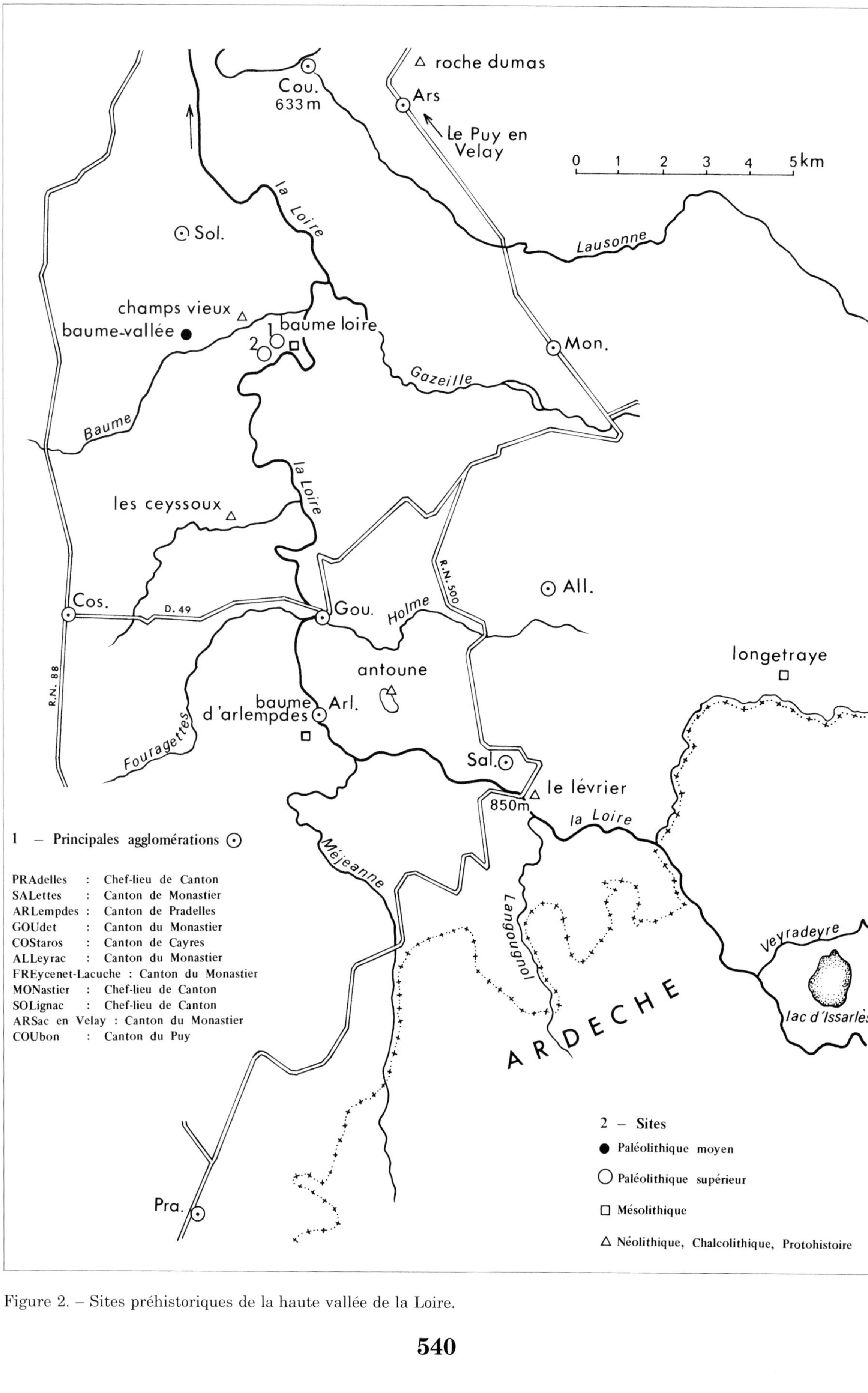

Figure 2. – Sites préhistoriques de la haute vallée de la Loire.

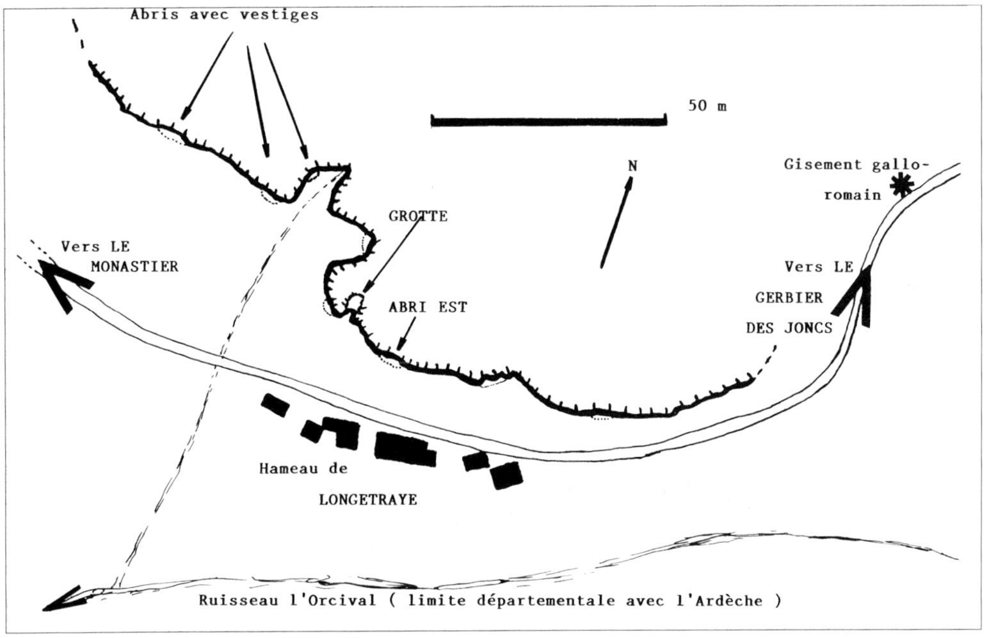

Figure 3. – Les abris et la grotte au front de la coulée basaltique de Longetraye.

Puis des campagnes de fouilles se succédèrent : J.-P. Daugas mit en évidence l'intérêt du site (1967) et D. Philibert distingua plusieurs couches, dont une couche 1 avec une date de Ly-512 : 12 720 BP (+680/–750) attribuée au Magdalénien terminal (P. Élouard, 1974 ; D. Philibert, 1973, 1974, 1980). De 1977 à 1983, nous nous sommes attaché à préciser la stratigraphie avec l'aide de J.-E. Brochier (fig. 4).

Cette stratigraphie du remplissage de la grotte se répartit en trois zones distinctes :

L'ensemble caillouteux (couche F). Ce sont des phases d'effondrements qui produisent un amoncellement hétérométrique. Les plus volumineux des blocs, de l'ordre de plusieurs mètres cubes, correspondent à un événement sismo-cataclysmique qui se repère au pied de toutes les parois basaltiques du secteur. Ici un très gros bloc scellait la couche sous-jacente. La couche F est essentiellement vacuolaire.

L'ensemble noir est épais de 1 m au maximum et forme les niveaux de la couche E faite de terre noire et de débris carbonisés (noisettes). Ces dépôts sont probablement d'origine anthropique et témoignent de pratiques combustives assidues. C'est une phase humide à couvert forestier. Les niveaux bas de la couche (EI) sont plus argileux.

L'ensemble argileux, couches D à A : D est une argile grise compacte à cailloux émoussés (= froid). C est une argile gris-bleu à cailloux émoussés ou arrondis. D est une argile très compacte, plutôt jaune, aux cailloux altérés en boules. A représente la base du remplissage : zone altérée du socle sous-jacent (granites) par les actions physico-chimiques de la coulée basaltique.

Sur le plan archéologique, nous avons reconnu deux niveaux d'occupation (C et D), attribuables au Magdalénien terminal/Azilien par la présence de pointes à dos courbe, de grattoirs courts et d'une abondance de microlamelles à dos, le tout sur un matériau (silex blond) très habituel dans le Magdalénien du Velay. Mais en dessous, le niveau B présente une forte originalité : grandes pointes à dos rectiligne ou bipointes à dos, que l'on doit attribuer à une phase plus ancienne du Magdalénien. Par suite du faible nombre d'outils et du manque d'adéquation aux quelques références régionales (le Blot, le Rond-du-Barry), on évoquera seulement le niveau B' de Chinchon (Dryas II) (fig. 5).

Quant à la couche noire cendreuse (E), elle est entièrement néolithique. Elle renferme des silex brûlés et d'autres non. Elle se caractérise par des centaines de microlithes (nombreux plus courts qu'un centimètre) dans la partie inférieure de la couche avec dos et troncatures, dos et troncatures obliques, pointes à

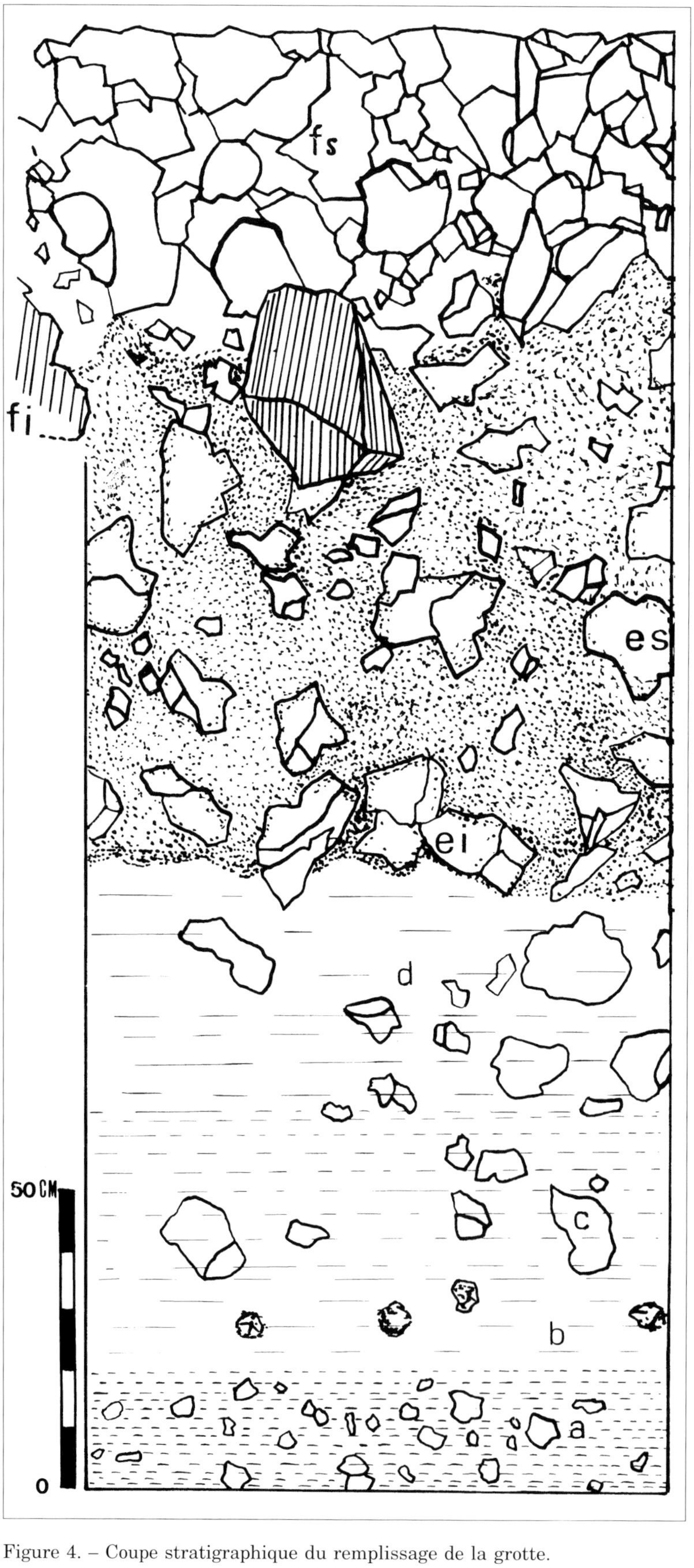

Figure 4. – Coupe stratigraphique du remplissage de la grotte.

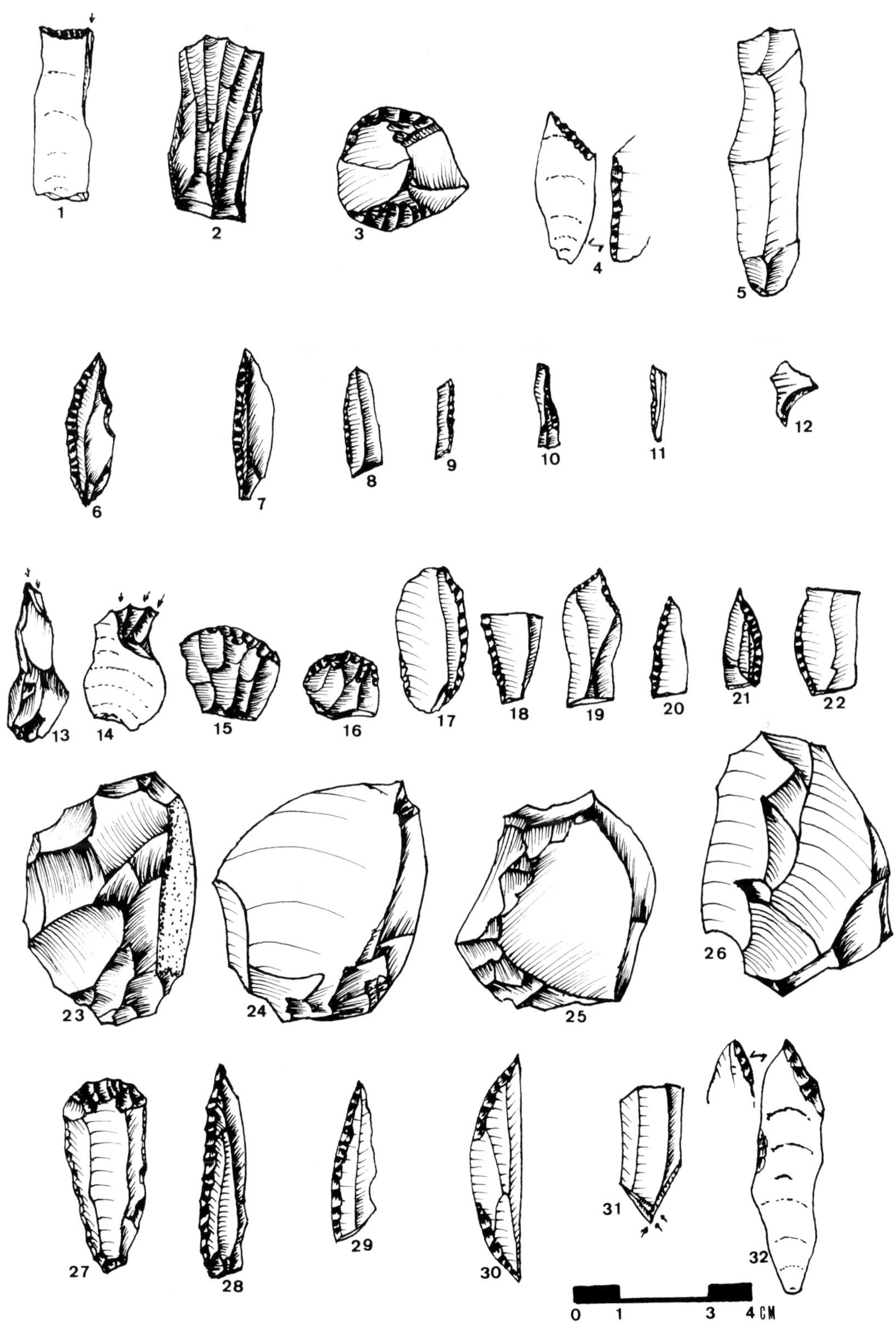

Figure 5. – Industrie lithique des couches b à d : n° 1 à 12 : couche d, 13 à 22 : couche c, 23 à 32 : couche b.

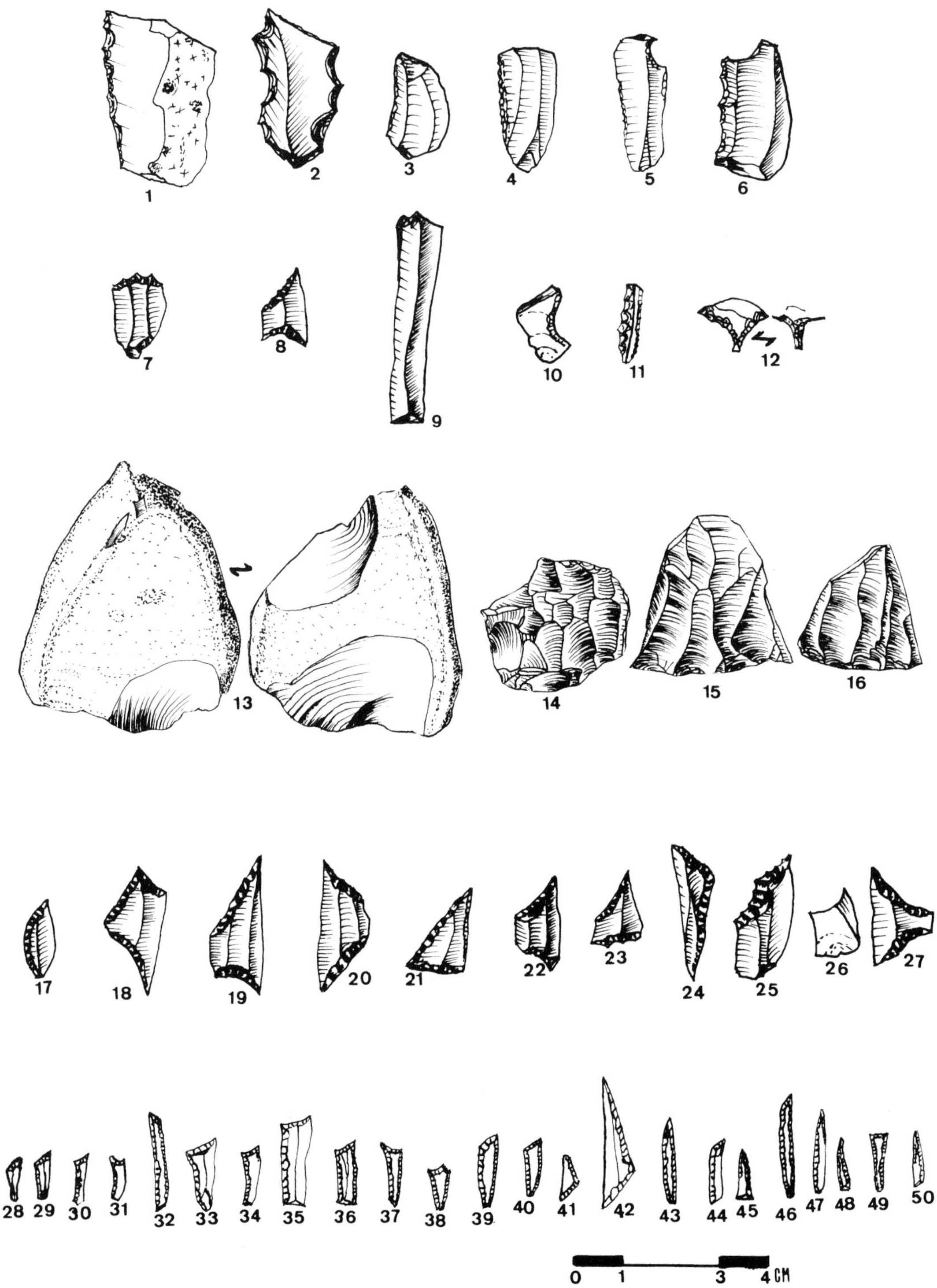

Figure 6. – Industrie lithique des couches f à e : n° 1 à 12 : couche f, 13 à 27 : couche e sup., 28 à 50 : couche e inf.

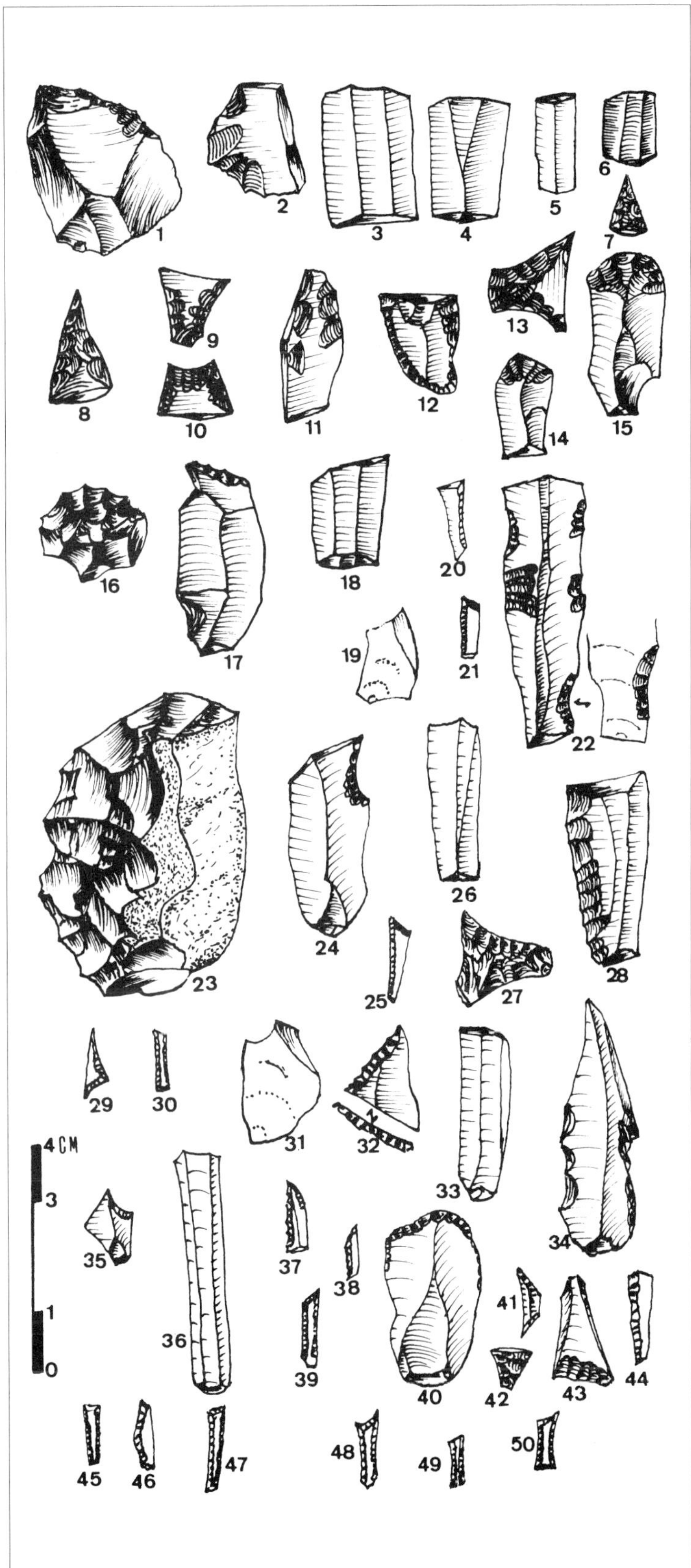

Figure 7. – Industrie lithique de l'abri Est. Légende détaillée par tailles et vestiges associés dans le texte.

dos, bitroncatures et microtriangles. Dans la partie supérieure (E sup.), sans rupture sédimentologique, on trouve les formes géométriques : triangles allongés et bitroncatures droites (trapèzes) ou concaves (fig. 6).

L'enrichissement progressif en retouches plates (couvrantes) se perçoit bien à l'abri Est, où les niveaux correspondant aux couches E sup. et F ne sont pas perturbés par des ruissellements comme dans le cailloutis vacuolaire.

L'ABRI EST (Fig. 7)

À 25 m de la grotte, en direction de l'est, un petit abri à surplomb compact et homogène, ce qui laissait présager un remplissage moins caillouteux, fut décapé sur une surface au sol de 2 × 2 m. L'abri Est livre, en stratigraphie fine, l'intégralité des couches E et F correspondant à la grotte. Pour mieux saisir l'absence de solution de continuité, les résultats sont ici livrés tels qu'ils apparurent par décapage de tailles (T. 1 à 11) épaisses de 10 cm chacune. Les numéros renvoient à la figure 7 et l'on trouvera ci-dessous l'indication des vestiges associés à l'industrie lithique, ainsi que l'attribution chronologique de chaque taille :

T. 1 - n° 1 et 2 - Parure en fil de bronze enroulé ; Bronze final.

T. 2 - n° 3 à 7 - Meule concave en granite poli ; Néolithique final, Néolithique moyen.

T. 3 - n° 8 à 12 - Jatte carénée ; Néolithique moyen, Chasséen.

T. 4 - n° 13 à 17 - Tessons épais de céramique noire. Nombreux fragments médians de lames de silex blond ; Néolithique moyen.

T. 5 - n° 18 à 22 - Céramique à incisions, décor cupulé, boutons de préhension ; Néolithique moyen.

T. 6 - n° 23 à 28 - Boutons de préhension, rebords ; Néolithique moyen.

T. 7 - n° 29 à 34 - Peu de céramique ; Néolithique ancien.

T. 8 - n° 35 à 39 - Néolithique ancien.

T. 9 - n° 40 à 44 - Tardenoisien (?).

T. 10 - n° 45 à 47 - Phase finale du Mésolithique.

T. 11 - n° 48 à 50 - Nombreuses formes hypermicrolithiques ; phase finale du Mésolithique.

Nous conduisons l'analyse de l'industrie lithique en compagnie de M. Livache.

Sur la dizaine d'occupations humaines repérées en 1967 le long de la paroi basaltique, sur une distance de 500 mètres, dont un poste gallo-romain, les carrières n'ont laissé à ce jour qu'un lambeau de talus devant la grotte.

BIBLIOGRAPHIE

CRÉMILLIEUX (A.), Compte rendu d'activité en haute vallée de la Loire. *Nouvelles Archives du Musée d'histoire naturelle de Lyon*, fasc. suppl. (depuis 1975), 1983.

ÉLOUARD (P.) *et al.*, Coupe géologique et interprétation climatique du gisement préhistorique post-würmien de Longetraye. *Bulletin de la Société languedocienne de géographie*, Montpellier, t. 8, fasc. III-IV, 1974, p. 275-284.

MASSON (A.), DEBARD (E.), PHILIBERT (D.), Utilisation des matériaux brûlés dans l'interprétation du gisement de Longetraye (Haute-Loire). *Bulletin de la Société linnéenne de Lyon*, 49e année, n° 9, 1980, p. 515-521.

PHILIBERT (D.), Le gisement préhistorique de Longetraye (Haute-Loire). *Riv. di Sc. Preh.*, vol. XXVIII, fasc. II, Firenze, 1973.

Approche du gisement préhistorique de Longetraye (Haute-Loire). *Bulletin de la Société préhistorique française*, t. 71, 1974, CRSM n° 1, 1974, p. 22-25. Paris.

CONTRIBUTION DE L'ARCHÉOZOOLOGIE À LA CARACTÉRISATION DES MODALITÉS D'OCCUPATION DES SITES ALPINS ET JURASSIENS, DE L'ÉPIPALÉOLITHIQUE AU NÉOLITHIQUE

AN ARCHAEOZOOLOGICAL CONTRIBUTION TO THE CHARACTERIZATION OF OCCUPATION PATTERNS OF ALPINE AND JURASSIAN SITES, FROM THE EPIPALAEOLITHIC TO THE EARLY NEOLITHIC

Anne Bridault, Louis Chaix

Résumé. – Une revue critique des données archéozoologiques disponibles pour les Alpes du Nord et le Jura est présentée. Elle vise à caractériser les modalités d'occupation des sites et à mieux comprendre l'exploitation des territoires de l'Épipaléolithique au Néolithique ancien (entre 12 000 et 6 500 BP non calibré). La comparaison entre spectres fauniques montre des contrastes plus marqués durant les phases anciennes qu'au Mésolithique. L'exploitation d'espèces comme la marmotte ou le lièvre variable montre un déclin dans les sites mésolithiques de montagne, signe d'un changement dans la mobilité des groupes humains. Des hypothèses sont présentées qui concernent la fréquentation des sites d'altitude qui, le plus souvent, ne livrent pas de restes animaux. L'analyse des saisons d'occupation ne montre pas de changement important durant la séquence chronologique étudiée. De même, il n'existe pas de différence significative dans l'occupation des sites de basse altitude (au-dessous de 700 m) et ceux de montagne (jusqu'à 1 700 m), bien que les indices de fréquentation hivernale y soient absents. La représentation des divers éléments squelettiques des principales espèces sauvages (cerf, bouquetin) et domestiques (bœuf, capridés) fait l'objet d'une étude comparative par période et par contexte. Deux types de courbes significatives ont été mis en évidence qui opposent les assemblages de l'Épipaléolithique et du Mésolithique à ceux du Néolithique.

Mots clés : Épipaléolithique, Mésolithique, Néolithique ancien, mammifères, saisonnalité, système d'exploitation.

Abstract. – Our paper presents a critical review of the archaeozoological data for the Northern Alps and Jura in order to characterize the occupation patterns of the sites and to enlight the modalities of human settlement and exploitation territories from the Epipaleolithic to the Early Neolithic (*ca.* 12,000-6,500 BP uncal.). The comparisons of the composition of the faunal spectra by chronocultural stage show more pronounced contrasts in the early phase than in the Mesolithic. Alpine species are represented in sites located in lower altitudes than during the Mesolithic. It is argued that the exploitation of such species as *Marmota marmota* or *Lepus timidus*, that are no longer attested in mesolithic assemblages of mountainous sites, if pursued, implies a change, at least in the mobility pattern of the human groups. Assumptions are presented relatively to the frequentation of high altitudes territories where sites are known but without faunal material. The analysis of seasonality data show no significative change during the whole sequence. No clear differences appear in the seasons of occupation between low altitude sites (under 700 m) and mountainous sites (up to 1,700 m), although indices of winter occupations are not attested in the later. The anatomical distribution for the main species, wild (red deer, ibex) and domestic (cattle, caprines), from sites of different periods and contexts are then compared. Two significant types of curves have been displayed that contrast most of the Epipaleolithic et Mesolithic assemblages with the Neolithic ones.

Key words : Epipaleolithic, Mesolithic, Early Neolithic, mammals, seasonality, foraging.

INTRODUCTION

Notre propos est de présenter une contribution à la caractérisation des modalités d'occupation des sites et de fréquentation des territoires, à partir de certains aspects touchant à l'exploitation des ressources animales.

Une quarantaine de séries fauniques réparties sur une longue séquence diachronique allant de l'Épipaléolithique au Néolithique ancien constitue le corpus actuel provenant du Jura et des Alpes du Nord. Les sites ayant livré ces collections sont implantés entre 250 et 1 700 m d'altitude (avec une majorité entre 200 et 700 m). Si la documentation semble se prêter à une analyse synthétique, il ne faut pas cacher l'hétérogénéité de la qualité des données : une part importante de ces collections n'a jamais fait l'objet d'étude détaillée, l'étendue des surfaces fouillées est très variable selon les sites (rares fouilles en décapage), enfin il existe de nombreuses séries de petite taille. Il y a donc un fossé entre l'ambition des questions soulevées et la nature des données dont nous disposons aujourd'hui. La discussion menée dans cet article se fonde sur

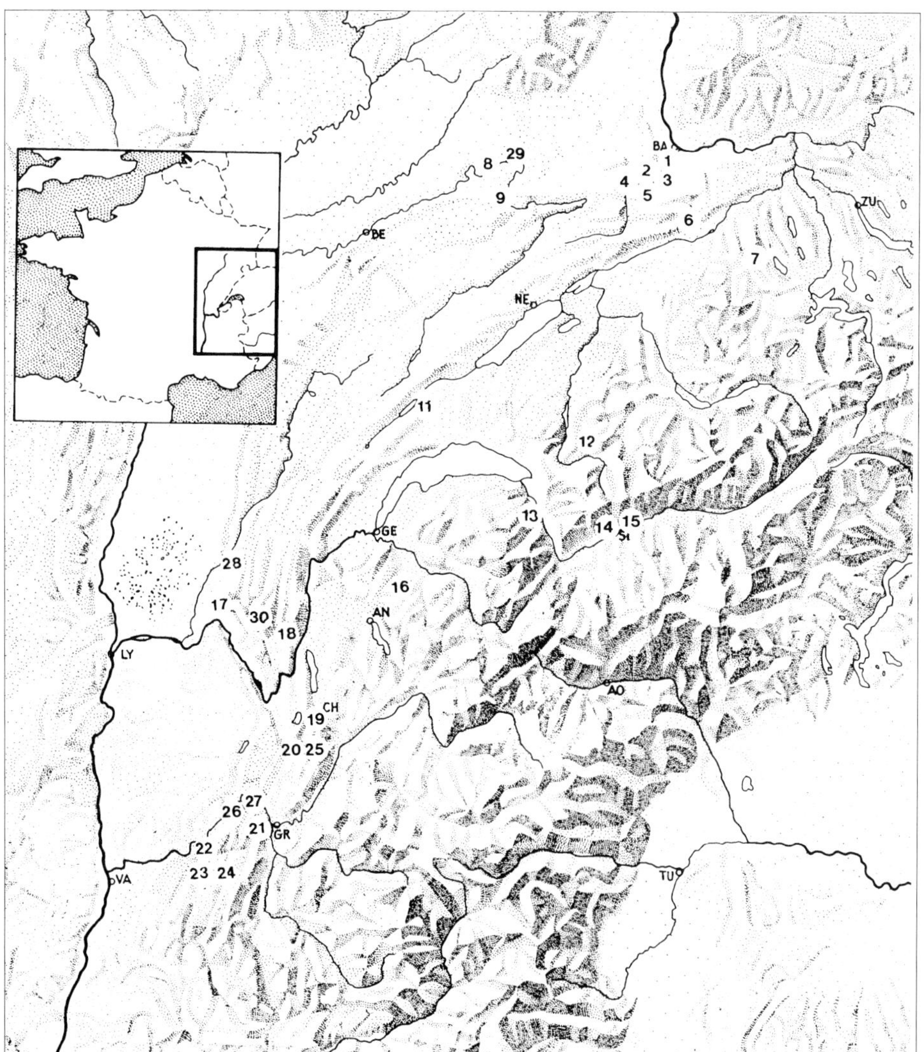

Figure 1. – Localisation des sites d'où proviennent les séries fauniques étudiées ou en cours d'étude. Les numéros renvoient à la liste du tableau 1 (dessin : G. Roth).

No	Nom	Alt.	Pays	Auteurs
1	Birsmatten	340	Nenzlingen, BE, CH	Schmid, 1963
2	Neumühle	520	Roggenburg, BE, CH	Stampfli, 1971b
3	Zwingen	340	Laufon, BE, CH	Büttiker & Nussbaumer, 1986
4	Tschäpperfels	411	Röschenz, BE, CH	Stampfli, 1971a
5	Liesbergmühle	380	Liesberg, BE, CH	Stampfli, 1980
6	Rislisberghöhle	488	Oensingen, SO, CH	Stampfli, 1983
7	Schötz 7	502	Schötz, LU, CH	Stampfli, 1979
8	Bavans	310	Bavans, Doubs, F	Chaix, Guinand & Olive, 1991
9	Rochedane	355	Villars s. Dampjoux, Doubs, F	Bridault, 1993
10	Montandon	590	St. Hippolyte, Doubs, F	Chaix, à paraître
11	Mollendruz	1200	Mont la Ville, VD, CH	Chaix & Fischer, à paraître
12	Château d'Oex	1100	Rougemont, VD, CH	Crotti & Pignat, 1993
13	Vionnaz	388	Collombey-Muraz, VS, CH	Chaix et Fischer, à paraître
14	Sion-Planta	508	Sion, VS, CH	Brunier, 1983
15	Sion-Tourbillon	649	Sion, VS, CH	Müller, 1994; 1995
16	Balme de Thuy	620	Thônes, Hte savoie, F	Chaix, Ginestet & Olive, 1987
17	Gardon	373	Ambérieu, Ain, F	Chaix & Nicod, 1990
18	Sous-Balme	245	Culoz, Ain, F	Vilain, 1966
19	Jean-Pierre I	500	St Thibaud de Couz, Savoie, F	Lequatre, 1994 ; Chaix, 1994a
20	La Fru	570	Saint Christophe, Savoie, F	Caillat in Pion, 1990
21	Grande-Rivoire	580	Sassenage, Isère, F	Bridault & Chaix. 1991; Chaix & Bridault, 1992
22	Balme-Rousse	650	Choranche, Isère, F	Chaix, Guinand & Olive, 1991
23	Charmate	1170	Châtelus, Isère, F	Chaix, 1990
24	Freydières	800	St Agnan, Drôme, F	Bouchud & Desbrosse, 1973
25	Aulp du Seuil	1700	St Bernard du Touvet, Isère, F	Bintz, Argant, Chaix & al., 1995; Chaix 1994b
26	La Passagère	1045	Méaudre, Isère, F	Bintz, 1995; Patou, 1987; Müller, 1914; Bridault & Chaix, à par.)
27	Collomb	1100	Méaudre, Isère, F	Bintz, 1995; Müller, 1914; Chaix & Bridault, à paraître)
28	Gay	260	Poncin, Ain, F	Bintz, 1976
29	Chataillon	315	Bart, Doubs, F	Chaix, 1983
30	Chênelaz	880	Hostias, Ain, F	Cartonnet, 1989

Tableau I. – Liste des principaux sites du Jura et des Alpes du Nord ayant livré des séries fauniques de l'Épipaléolithique au Néolithique ancien.

l'examen d'une base de données restreinte aux études publiées ou en cours (fig. 1 et tabl. 1). Trois variables ont été ici privilégiées :

– la composition des spectres de faune dont l'analyse diachronique permet de décrire non seulement les changements de milieux, mais également d'éventuels changements dans les modalités d'exploitation des biotopes pratiquées par les groupes humains ;

– les saisons de chasse, et donc de fréquentation des sites, qui sont en relation avec les modalités d'exploitation des territoires ;

– enfin, la représentation des parties squelettiques des principales espèces alimentaires peut traduire des comportements de transport, de traitement et d'abandon des carcasses d'animaux permettant de caractériser des types de sites.

I. LES OBSERVATIONS TIRÉES DES SPECTRES FAUNIQUES

1. Comparaisons diachroniques

La principale caractéristique de la phase ancienne (Épipaléolithique ou Azilien) comprise entre 12 000 et 10 400 BP environ (dates non calibrées) est l'existence de contrastes très marqués entre les spectres de faune mammalienne qui sont dominés tantôt par des espèces alpines ou steppiques, tantôt par des espèces de forêt (fig. 2). Il y a tout au long de la séquence, par exemple, une forte proportion de lièvre variable (*Lepus timidus*), de marmotte (*Marmota marmota*) et de bouquetin (*Capra ibex*) à la grotte Jean-Pierre I (Lequâtre, 1994), alors qu'à la Fru, le cerf (*Cervus elaphus*), le chevreuil (*Capreolus capreolus*) et le bouquetin sont les principales espèces (Caillat *in* Pion, 1990). La faune du

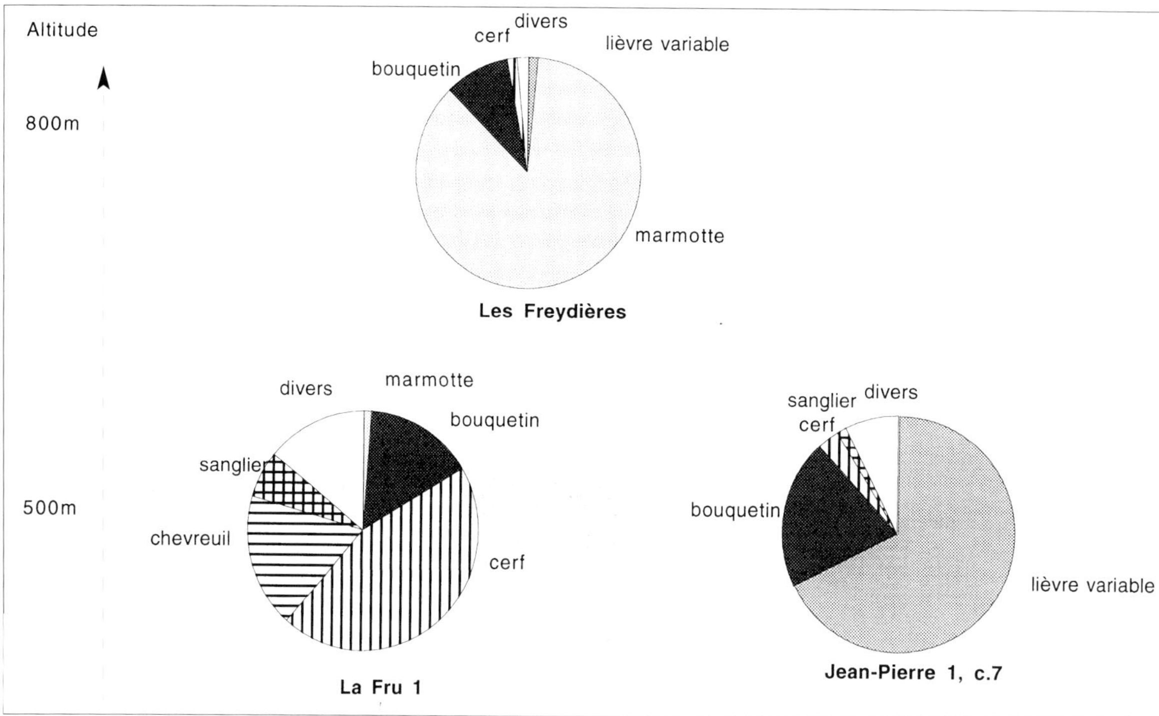

Figure 2. – Spectres fauniques de l'Épipaléolithique (Azilien) ancien dans les Alpes du Nord (en pourcentages de restes déterminés).

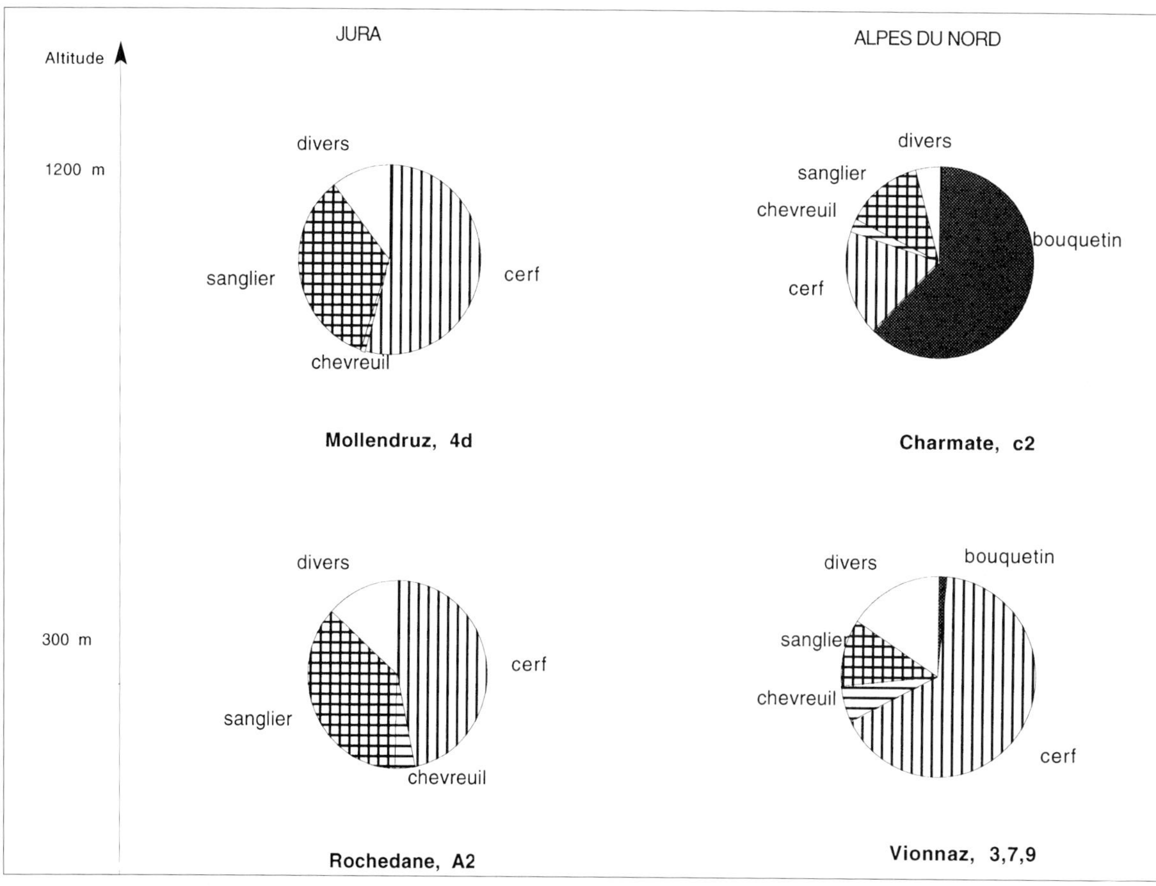

Figure 3. – Spectres fauniques du Mésolithique moyen dans le Jura et les Alpes du Nord (en pourcentages de restes déterminés).

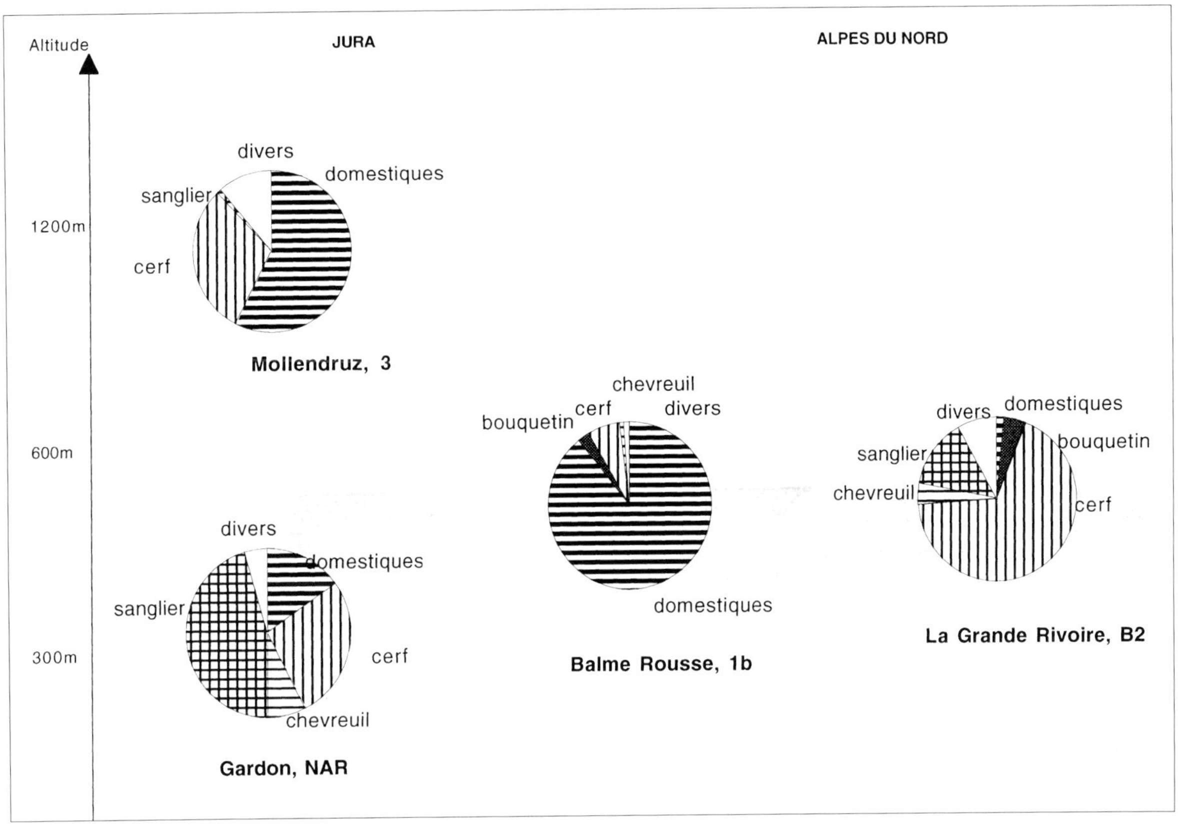

Figure 4. – Spectres fauniques du Néolithique ancien dans le Jura et les Alpes du Nord (en pourcentages de restes déterminés).

site de Rochedane dans le Jura est, à l'Épipaléolithique, dominée par le cerf (Bridault, 1990), alors que celle de Neumülhe est dominée par le bouquetin, la marmotte et le cheval (*Equus caballus*) (Stampfli, 1971b).

C'est durant cette phase ancienne que le lièvre variable et la marmotte représentent une composante importante des spectres dans les Alpes comme dans le Jura, à des altitudes plus basses qu'actuellement, en dessous de 1 000 m, voire jusque dans les vallées, même si dans certains sites leur accumulation n'est pas due aux hommes (Patou, 1987 ; Desbrosse *et al.*, 1991). Quant aux ongulés, cerf et bouquetin sont les mieux représentés. Bien que ces deux espèces occupent aujourd'hui des habitats assez différents, elles sont néanmoins souvent associées dans les ensembles de cette phase.

Durant le Mésolithique (10 000 à 6 500 BP environ), lièvre variable et marmotte sont désormais rarement attestés dans les sites collinéens et montagnards, remplacés par d'autres animaux à fourrure (mustélidés, félidés) qui fréquentent des biotopes forestiers (fig. 3).

Tandis que le bouquetin est alors quasiment absent des spectres du Jura, il est encore attesté dans les sites des Alpes du Nord, parfois en plaine comme à Vionnaz (Chaix et Fischer, à paraître). La proportion des restes de cette espèce diminue nettement au Mésolithique ancien, sauf à la grotte Jean-Pierre I (couche 5A). Au cours du Mésolithique, sa contribution dans les spectres de chasse reste assez stable, à un niveau faible, sauf au pas de la Charmate. La présence ou non de massifs rocheux à proximité des sites peut expliquer ces variantes. Cerf puis sanglier constituent, dans presque tous les sites, les espèces principales.

Une plus grande homogénéité de la composition spécifique des spectres semble caractériser cette phase par rapport à la précédente. L'absence de contrastes systématiques entre les spectres des sites alpins de basse altitude et ceux de l'étage montagnard, déjà soulignée (Chaix et Bridault, 1992), se confirme avec notamment les spectres fauniques d'Aulp-du-Seuil, à 1 700 m d'altitude, qui combinent espèces rupicoles et forestières (Bintz, Argant *et al.*, 1995). L'exploitation est largement tournée vers les milieux forestiers et de lisières de forêt qui sont les biotopes prépondérants à ces altitudes puisque la limite supérieure de la forêt a pu atteindre 1 900 m dans la zone intra-alpine dès le Préboréal (Bintz *et al.*, 1989 et 1995).

Au Néolithique ancien (entre 5 200 et 4 800 av. J.-C.), une nouvelle rupture apparaît. Les huit séries actuellement connues comportent toutes des espèces domestiques, mais en proportions très variables (fig. 4). Les spectres à forte dominante domestique (bœuf, caprinés et porc dans une moindre mesure) sont essentiellement attestés dans les Alpes : Balme-Rousse (Chaix *et al.*, 1991), Sion-Tourbillon (Müller, 1994, 1995) et Sion-Planta (Brunier, 1983). Les spectres à faible proportion de domestiques tels que la Grande-Rivoire dans les Alpes (Bridault et Chaix, 1991), le Gardon (Chaix et Nicod, 1990) et Bavans (Chaix *et al.*, 1991) dans le Jura, sont dominés par le cerf dans presque tous les cas, suivi du sanglier.

Enfin dans le niveau III du Mollendruz, à 1 200 m d'altitude, les domestiques comptent pour un peu plus de 50 % des restes fauniques (caprinés surtout, puis bœuf et porc), le cerf étant la principale espèce sauvage (Chaix et Fischer, à paraître). La diversité des situations que l'on peut percevoir à travers ce premier niveau d'analyse général renvoie-t-elle à des modalités d'exploitation des biotopes différentes ?

2. Hypothèses sur les modalités d'exploitation des biotopes

La composition contrastée des spectres fauniques de la phase ancienne peut refléter une exploitation très saisonnière des ressources dans un milieu présentant une mosaïque de biotopes plus marquée qu'actuellement. Les espèces aujourd'hui plus montagnardes étaient peut-être alors présentes à des altitudes plus basses, au moins à certaines saisons. Ainsi les hommes pouvaient-ils exploiter à la fois des espèces de forêt claire, de prairies alpines et de rocher, autant que des poissons de rivière, à partir d'un même site ou d'un ensemble de stations localisées à basse altitude. On peut cependant envisager que la composition des spectres traduise une exploitation des alentours des sites (de l'étage collinéen dans la majorité des cas) combinée à des déplacements plus en altitude, mais probablement de moindre amplitude que ceux qui seront nécessaires aux Mésolithiques pour exploiter les ressources alpines. Par exemple, les chasseurs de Saint-Thibaud-de-Couz en Chartreuse, installés à 500 m d'altitude, pouvaient rapporter des zones d'altitude, une partie du gibier et des branches de pin à crochet (*Pinus uncinata*), espèce aujourd'hui subalpine que l'on retrouve dans le spectre floristique de ce site (Thiébault, 1994, p. 85).

La composition des spectres mésolithiques peut traduire l'exploitation d'un milieu plus homogène qu'auparavant, à composante de taxons surtout « forestiers ». Il est en effet plausible d'envisager, comme l'ont proposé divers chercheurs, une remontée des espèces animales alpines et rupicoles (bouquetin) à des altitudes supérieures, concomitante du développement des forêts tempérées. Par conséquent, les spectres fauniques connus ne traduiraient peut-être qu'une partie du système mésolithique d'exploitation des ressources. Il existe en effet, dans les Alpes du Nord, des sites de plein air implantés jusqu'à 2 200 m d'altitude, sans faune conservée, dont les caractéristiques des industries lithiques les rattachent aux sites de plaine et de moyenne montagne (Bintz *et al.*, 1992). L'hypothèse proposée par les auteurs est celle d'une exploitation des milieux alpins pratiquée lors de ces expéditions, notamment la chasse au bouquetin.

Accepter le postulat d'une amplification de l'étagement des ressources au Mésolithique ne va pas sans envisager certains corollaires qui nous semblent pertinents pour approcher les modes de fréquentation des territoires. Si les Mésolithiques voulaient continuer à exploiter, comme leurs prédécesseurs, les ressources des prairies alpines et des forêts, cette exploitation ne pouvait être que dissociée : forcément dans l'espace, avec des sites collinéens et montagnards tournés vers l'exploitation des milieux forestiers et des sites de plus haute altitude, peut-être tournés vers celle des biotopes alpins et rocheux. Une telle exploitation pouvait être éventuellement dissociée dans le temps (fréquentation à différentes saisons des zones de moyenne et haute altitude). La volonté ou la nécessité de continuer à exploiter une gamme de ressources aussi large que possible impliquait, pour les Mésolithiques, du fait de la répartition des ressources, une réorganisation, au moins de l'amplitude des déplacements, sinon des modalités de fréquentation des territoires.

II. LES SAISONS D'OCCUPATION DES SITES

L'analyse des saisons d'occupation des sites apparaît alors indispensable pour discuter de la complémentarité des zones de moyenne et haute altitude. Or, les données recensées dans la figure 5 restent ténues en regard des questions soulevées. Les estimations concernent principalement les espèces de grand gibier, aucune n'a été établie en particulier pour la marmotte et le lièvre variable.

Les quatre sites mésolithiques en contexte montagnard ayant livré des indices de saisonnalité ont été occupés durant la belle saison (printemps-automne). Les données montrent également que certaines espèces de grand gibier sont exploitées aux mêmes époques de l'année : au pas de la Charmate les saisons d'abattage du bouquetin, du chevreuil et du sanglier se recouvrent en grande partie au printemps et en été ; à Château d'Oex, celles des cerfs et des bouquetins se recouvrent à l'automne ; au Mollendruz, les occupants chassaient le cerf et le sanglier au printemps et en été.

Quant aux sites épipaléolithiques et mésolithiques implantés à des altitudes inférieures à 700 m, outre des occupations à la belle saison, des indices de présence hivernale sont également attestés, avec peut-être des durées d'occupation un peu plus longues.

Les saisons obtenues pour le Néolithique ancien ne contrastent pas avec les précédentes, aucun indice de sédentarisation n'apparaît.

Là encore il ne semble pas y avoir de complémentarité saisonnière stricte entre la fréquentation des sites de basse et de moyenne altitude. Ce résultat laisse présager deux possibilités pour les sites de plus haute altitude : soit des expéditions de très courte durée, en hiver ou au début du printemps par exemple (mal documentés), destinées à l'exploitation de certaines ressources spécifiques, soit des fréquentations aux mêmes saisons que dans les sites de basse et moyenne altitude. Dans ce dernier cas, cela pourrait impliquer une division des tâches au sein des groupes pour l'exploitation du territoire.

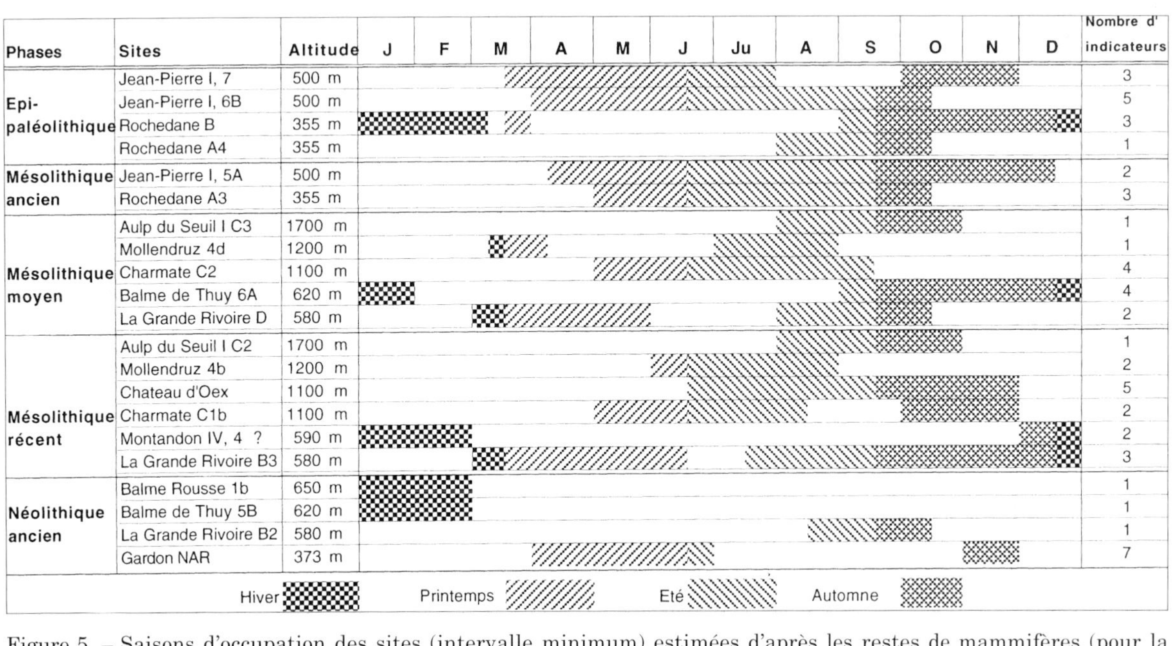

Figure 5. – Saisons d'occupation des sites (intervalle minimum) estimées d'après les restes de mammifères (pour la grotte Jean-Pierre I : estimations d'après les données de Lequâtre, 1994).

III. LE REJET DES PARTIES SQUELETTIQUES SUR LES SITES

L'analyse de la représentation proportionnelle des parties squelettiques des principaux gibiers a été envisagée dans une optique comparative large incluant outre les sites des différentes phases chronologiques, les séries de contextes variés (dépôts de grotte, de plein air et lacustres). Les restes osseux ont été répartis en six unités anatomiques : tête (incluant l'atlas), rachis, bassin, membre antérieur (scapula, humérus et radius-ulna), membre postérieur (fémur, tibia, patella, os malléolaire), mains et pieds (carpe, tarse, métapodes et phalanges). Pour chaque série, la courbe de distribution observée (exprimée en pourcentage de restes) est comparée à une courbe théorique (nombre d'os par unité anatomique, modifié par un coefficient de fragmentation différentielle). Toutes les comparaisons ont été testées statistiquement.

L'analyse des distributions des parties squelettiques de cerf a révélé deux types de courbes. Celles de type 1, en cuvette (fig. 6), sont caractérisées par une sous-représentation des éléments du rachis, par une sur-représentation des extrémités des pattes et parfois de la tête. Cette catégorie ne regroupe que des séries épipaléolithiques et mésolithiques, de tous contextes et de tous étages altitudinaux.

En opposition aux précédentes, les courbes de type 2 présentent une meilleure représentation du rachis que précédemment et sont plus conformes à la courbe théorique. Elles en diffèrent néanmoins dans certains cas par une surreprésentation des membres ou du bassin. Ces courbes de type 2 décrivent des séries du Néolithique ancien en grotte (Gardon et Balme-de-Thuy 5B) ainsi qu'un ensemble mésolithique montagnard (Pas de la Charmate, c2) dans lesquels le cerf est la première ou la deuxième espèce.

On retrouve ces deux types de distributions pour le bouquetin en contexte mésolithique et

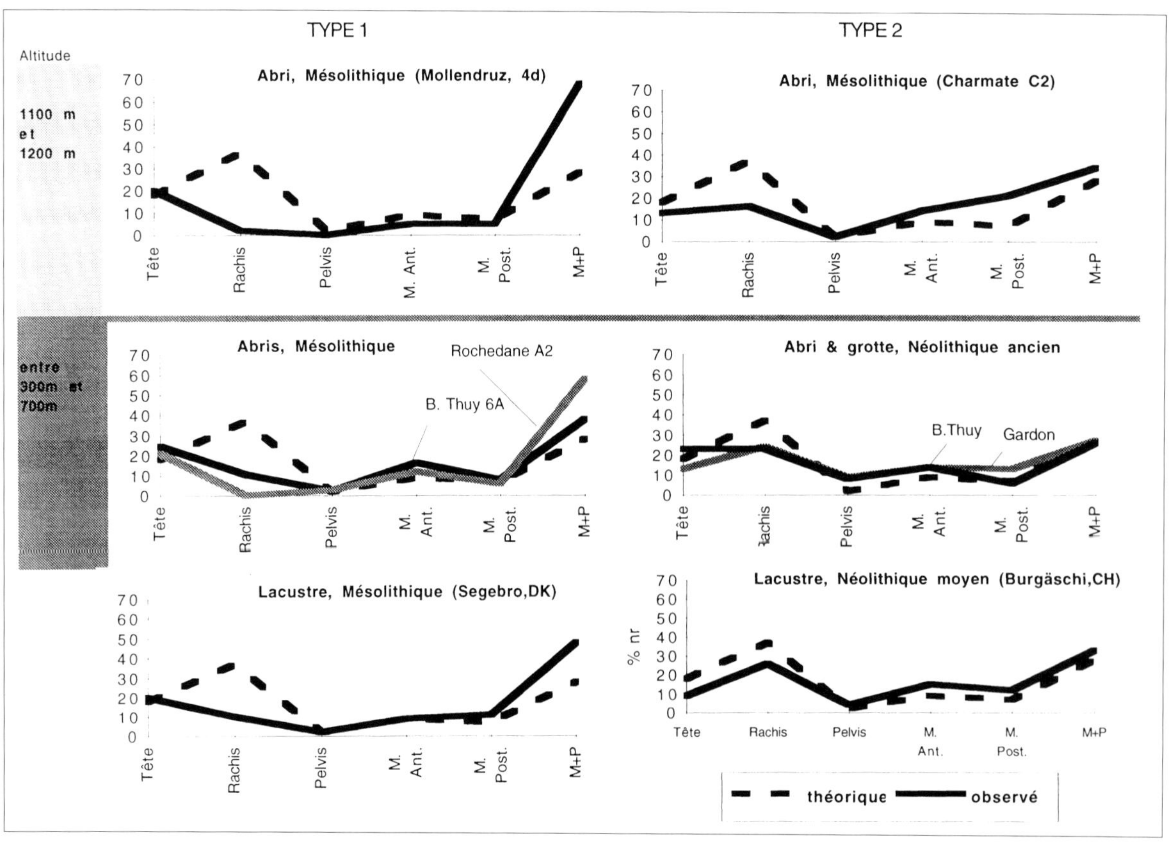

Figure 6. – Représentation proportionnelle des parties squelettiques de cerf (en NR) dans différents sites (pour Segebro, données de Lepiksaar, 1982 ; pour Burgäschi, données de Boessneck *et al.*, 1963).

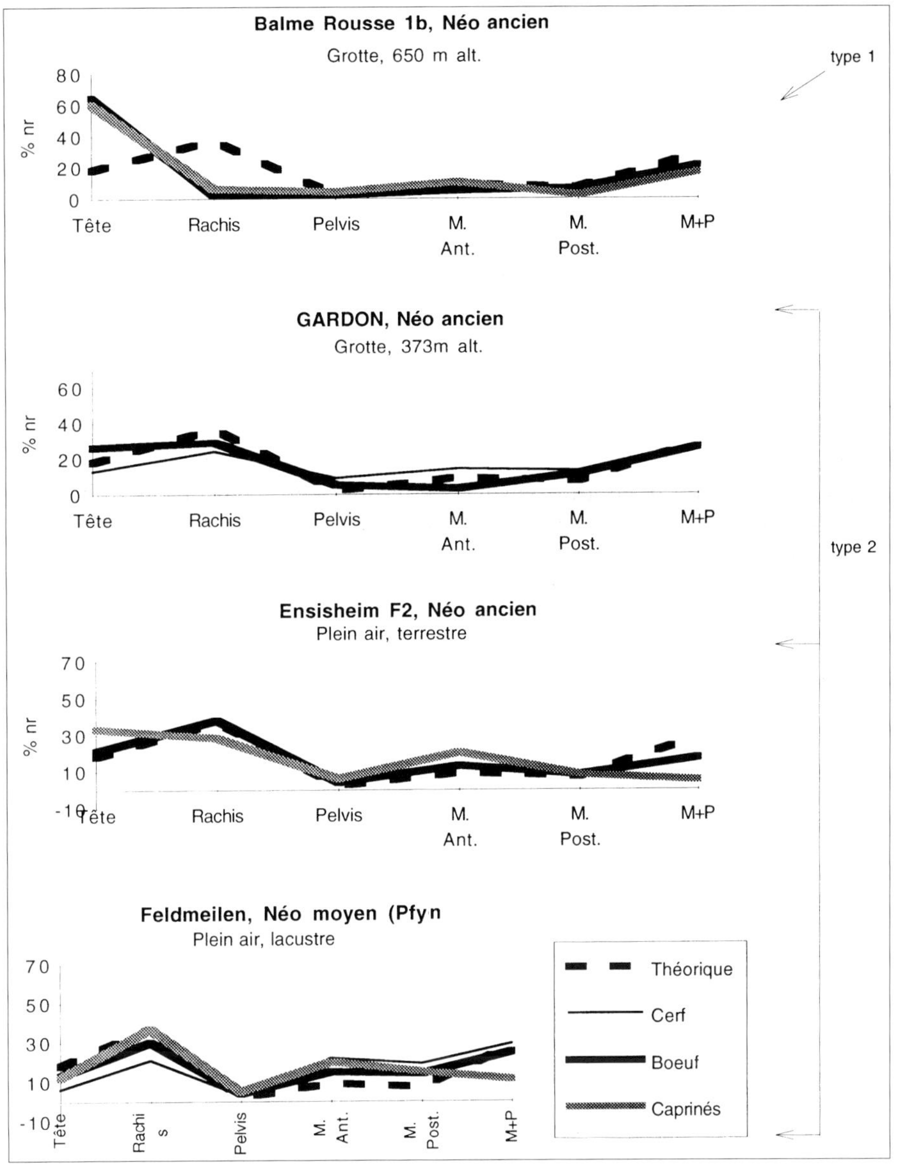

Figure 7. – Représentation proportionnelle des parties squelettiques (en NR) des principaux taxons dans les séries du Néolithique ancien (pour Ensisheim, données d'Arbogast, 1994 ; pour Feldmeilen, données de Förster, 1974).

pour le bœuf et les caprinés domestiques, en contexte néolithique cette fois (fig. 7). Dans ce dernier cas la courbe de Balme-Rousse diffère de celles des autres sites du Néolithique ancien : le Gardon dans le Jura, Sion Planta dans les Alpes, ainsi que les sites alsaciens étudiés par R.-M. Arbogast (1994).

Ces deux configurations ne peuvent pas être expliquées par le seul argument taphonomique (conditions de préservation plus ou moins bonnes) puisqu'on les retrouve dans des ensembles provenant de sédiments tourbeux garantissant une excellente préservation. Plusieurs facteurs d'ordre comportemental peuvent être invoqués :

Pour les courbes comparables à la distribution théorique (certaines courbes de type 2), les animaux semblent avoir été apportés entiers sur ces sites depuis le lieu d'abattage ou avoir été abattus sur place (domestiques) et la quasi-totalité des éléments du squelette a été rejetée sur ces mêmes sites.

Dans le cas où ces courbes diffèrent de la distribution théorique (type 1 et certaines de type 2), un rejet différentiel en est peut-être la cause : les parties sous-représentées seraient alors systématiquement dans les zones non fouillées, ce qui, pour les courbes de type 1, représente l'écrasante majorité des cas à l'Épipaléolithique et au Mésolithique, et un seul cas pour le Néolithique (Balme-Rousse). Dans les sites en grotte ou sous abri, on peut envisager un rejet à l'extérieur du site (dans les talus rarement fouillés, par exemple). Cette hypothèse, si elle était validée, soulignerait un comportement très systématique, en particulier dans le choix des parties rejetées, commun à tous ces groupes.

D'autres types de sélection peuvent toutefois causer de telles répartitions. La sous-représentation systématique du rachis (courbes de type 1) peut être expliquée par son abandon au lieu d'abattage. L'absence de distributions inverses, complémentaires, et la forte représentation des têtes qui suppose leur transport jusqu'au site de chasse ou d'habitat posent néanmoins problème. Il reste à envisager que les pièces manquantes aient pu être séchées, exportées, ou conservées ailleurs et dispersées sur les autres sites par petits lots, ainsi qu'on l'a déjà proposé (Bridault, 1993). Ces courbes de type 1 seraient constituées par les déchets de boucherie d'animaux entiers et d'une partie de la consommation, diminués des parties emportées ailleurs (redistribution ou stockage).

Enfin certaines courbes de type 2 diffèrent de la représentation théorique par une sur-représentation des parties charnues des membres et une sous-représentation de la tête, ce qui peut traduire un apport ou une distribution sous forme de quartiers de viande (cas du cerf à Charmate, par exemple).

CONCLUSION

Au terme de ces analyses, des contrastes dans la composition des spectres fauniques apparaissent entre l'Épipaléolithique et le Mésolithique (la signature des milieux alpins est plus marquée dans les sites de moyenne montagne durant la phase ancienne). On observe en revanche une continuité dans les saisons d'occupation comme dans les modes d'apport et d'abandon des carcasses des principaux gibiers pour ces mêmes gisements.

L'exploitation éventuelle des ressources animales alpines au Mésolithique (dont on ne retrouve guère de témoignage dans les sites de moyenne montagne) impliquait une réorganisation des déplacements humains, peut-être une dissociation des activités du groupe et des changements dans les modalités d'exploitation du territoire. Les données fauniques actuelles plaident en défaveur des modèles simples de complémentarité entre camps de base implantés en basse altitude et haltes de chasse d'altitude. Les sites de basse et moyenne altitude présentent certes des différences, notamment dans la composition des rejets (liées à leur fonction ?), mais l'homogénéité de leurs spectres fauniques et l'acquisition saisonnière des différentes espèces de gibier pratiquée semblablement depuis ces sites poussent à les considérer comme participant d'un même mode d'exploitation du territoire. La caractérisation des sites de haute altitude apparaît donc comme une étape indispensable pour comprendre ce puzzle. L'absence de restes fauniques conservés dans ces stations laisse la liberté de spéculer sur les motivations de ces déplacements en altitude.

BIBLIOGRAPHIE

ARBOGAST (R. M.), Premiers élevages néolithiques du Nord-Est de la France. Études et Recherches archéologiques de l'université de Liège (*ERAUL* 67), 1994.

BINTZ (P.) (collab. R. PICAVET), La fin du Paléolithique supérieur et le Mésolithique dans les Alpes du Nord françaises : paléoenvironnement, peuplements et modes d'exploitation du milieu. *Preistoria Alpina*, vol. XXVIII, n° 1, 1992, p. 255-273.

Les grottes Jean-Pierre I et II à Saint-Thibaud-de-Couz (Savoie). *Gallia Préhistoire*, t. 36, 1994, p. 145-266.

Les civilisations de l'Épipaléolithique et du Mésolithique dans les Alpes du Nord et le Jura méridional. *In* : H. LUMLEY DE (dir.) : *La Préhistoire française, I : Les civilisations paléolithiques et mésolithiques de la France*, CNRS, Paris, 1976, p. 1405-1411.

Les grottes de Méaudre (Isère). *Livret-guide de l'excursion : Préhistoire et Quaternaire en Vercors*. Ve Congrès international UISPP (XIIe commission), Grenoble, 1995, p. 73-79.

BINTZ (P.), ARGANT (J.), CHAIX (L.), PELLETIER (D.) *et al.*, Le site du Mésolithique et du Néolithique ancien de l'Aulp-du-Seuil, Saint-Bernard-du-Touvet (Isère, France). *Livret-guide de l'excursion : Préhistoire et Quaternaire en Chartreuse et Savoie.* Ve Congrès international UISPP (XIIe commission), Grenoble, 1995, p. 79-89.

BINTZ (P.), BOCQUET (A.), BOREL (J.-L.), OLIVE (P.), Tableau diachronique de l'Holocène et du Tardiglaciaire dans les Alpes du Nord et leur piémont. Préhistoire et paléoenvironnement. *Bulletin de la Société préhistorique française*, t. 86, vol. II, 1989, p. 51-60.

BOESSNECK (J.), JEQUIER (J.-P.), STAMPFLI (H. R.), Seeberg Burgäschisee-Süd. Die Tierreste. *Acta Bernensia* II, 3, 1963.

BOUCHUD (J.), DESBROSSE (R.), La faune de la grotte des Freydières à Saint-Agnan-en-Vercors (Drôme). *Bulletin de la Société préhistorique française*, t. 70, 1973, p. 330-336.

BRIDAULT (A.), Épipaléolithique et Mésolithique de l'Est de la France et du Bassin parisien : que dit la faune ? *Revue archéologique de l'Est* 41, 1990, p. 213-222.

Les économies de chasse épipaléolithiques et mésolithiques dans le Nord et l'Est de la France. Thèse, université de Paris X-Nanterre, 1993.

BRIDAULT (A.), CHAIX (L.), Données préliminaires sur l'archéozoologie du Méso-Néolithique et du Mésolithique. *In* : R. PICAVET, *L'abri sous roche de la Grande-Rivoire, Sassenage, Isère.* Diplôme EHESS, université de Toulouse, 1991, p. 187-194.

BRUNIER (C.), *L'habitat néolithique de Sion Planta (VS).* Diplôme arch. préhist., université de Genève, 1983.

BÜTTIKER (E.), NUSSBAUMER (M. R.), Die Knochenfunde und Molluskenreste aus dem mesolithischen Abri bei Zwingen (Kanton Bern, Schweiz). *Annales de la Société suisse de préhistoire et archéologie* 69, 1986, p. 35-38.

CARTONNET (M.), Chasse à la marmotte dans le Haut-Bugey (Ain). *Nouvelles de l'Archéologie* 36, 1989, p. 39.

CHAIX (L.) *À paraître* La faune mésolithique et néolithique du site de Montandon (Doubs, France).

La faune des vertébrés. *In* : A. M. PETREQUIN, P. PETREQUIN, L. CHAIX, J. DESSE *et al.*, L'abri inférieur de Chataillon à Bart (Doubs). Mésolithique, Néolithique moyen et Gallo-romain. *Revue archéologique de l'Est* 34, 1/2, 1983, p. 89-90.

Rapport préliminaire sur la faune du site du Pas de la Charmate (campagnes 1986 à 1989). *In* : P. BINTZ, *Pas de la Charmate, Châtelus (Isère, Vercors).* Rapport scientifique – Fouilles 1987, 1988, 1989, Grenoble, 1990, p. 15-17.

La faune de Saint-Thibaud dans son cadre régional. « Les grottes Jean-Pierre I et II (Saint-Thibaud-de-Couz, Savoie) », Ire partie, dir. P. Bintz. *Gallia Préhistoire*, t. 36, 1994a, p. 232-234.

Rapport sommaire sur la faune du site d'Aulp-du-Seuil (Chartreuse, France). *In* : P. BINTZ, *Rapport sur les activités de terrain et premiers résultats d'analyses. Année 1994*, université Grenoble I, 1994b, p. 27-30.

CHAIX (L.), BRIDAULT (A.), Nouvelles données sur l'exploitation des animaux sauvages de l'Épipaléolithique au Mésolithiquc final dans les Alpes du Nord et le Jura. *Preistoria Alpina*, vol. XXVIII, n° 1, 1992, p. 115-127.

CHAIX (L.), FISCHER (M.) La faune de l'abri Freymond (Vaud, Suisse). *Cahiers d'Archéologie romande*, n° 72, 1998, p. 69-78.

À paraître La faune mésolithique du site de Vionnaz (Valais, Suisse).

CHAIX (L.), GINESTET (J.-P.), OLIVE (C.), Nouvelles données sur l'élevage au Néolithique ancien dans les Alpes du Nord. *Actes*, colloque international de Montpellier : *Premières communautés paysannes en Méditerranée occidentale*, CNRS, Paris, 1987, p. 189-192.

CHAIX (L.), GUINAND (B.), OLIVE (C.), Aspects de la transition entre les populations de chasseurs et d'éleveurs dans les Alpes du Nord et le Sud du Jura : les données de l'archéozoologie. *Actes*, CXIII^e Congrès national des sociétés historiques et scientifiques, Strasbourg 1988 : *Mésolithique et néolithisation en France et dans les régions limitrophes,* CTHS, Paris, 1991, p. 309-322.

CHAIX (L.), NICOD (P.-Y.), La faune du Néolithique ancien. Rapport sommaire. *In* : J. L. VORUZ (dir) : Archéologie de la grotte du Gardon (Ain). *Doc. Dpt. Anthrop. et Ecol. Uni. Genève* 17, 1990, p. 151-154.

CROTTI (P.), PIGNAT (G.), Abri mésolithique de Collombey-Vionnaz : les premiers acquis. *Annales de la Société suisse de préhistoire et archéologie* 66, 1983, p. 7-16.

La séquence chronologique de l'abri Freymond, près du col du Mollendruz (Jura vaudois). *Annales de la Société suisse de préhistoire et archéologie* 9, 1986, p. 138-148.

L'abri sous bloc de Château d'Oex (VD, Suisse). *Annales de la Société suisse de préhistoire et archéologie* 76, 1993, p. 141-143.

DESBROSSE (R.), MARGERAND (I.), PATOU (M.), Quelques sites préhistoriques à marmottes du Tardiglaciaire dans les Alpes du Nord et le Jura méridional. *Actes,* CXVI^e Congrès national des sociétés sociétés historiques et scientifiques, Chambéry, CTHS, Paris, 1991, p. 365-392.

FÖRSTER (W.), *Die Tierknochenfunde aus der neolithischen Station Feldmeilen - Vorderfeld am Zürichsee. II. Die Wiederkäuer.* Thèse. Vét. Munich, 1974.

LEPIKSAAR (J.), Djurrester från den tidigatlantiska boplatsen vid Segebro nära Malmö i Skåne (Sydsverige) *In* : L. LARSSON : Segebro. En tidigatlantisk boplats vid Sege As mynning. *Malmöfynd*, 4, 1982.

LEQUÂTRE (P.), La faune des grands vertébrés. *In* : P. BINTZ (dir.), Les grottes Jean-Pierre I et II à Saint-Thibaud-de-Couz (Savoie), Ire partie. *Gallia Préhistoire*, t. 36, 1994, p. 239-257.

MÜLLER (H.), Les stations aziliennes du Vercors. Les chasseurs de marmottes. *C. R. Congrès AFAS*, Le Havre, 1914, p. 642-648.

MÜLLER (K.), *Le site de Sion-Tourbillon (Valais, Suisse).* Rapport du Département d'anthropologie et écologie de l'université de Genève, 1994.

Le site de Sion-Tourbillon (VS) : nouvelles données sur le Néolithique ancien valaisan. *Archéologie suisse* 18, 3, 1995, p. 102-108.

PATOU (M.), Les marmottes : animaux intrusifs ou gibiers des préhistoriques du Paléolithique ? *Archaeozoologia* I, 1, 1987, p. 93-107.

PICAVET (R.), *L'abri sous roche de la Grande-Rivoire, Sassenage, Isère.* Diplôme EHESS, université de Toulouse, 1991.

PION (G.), L'abri de la Fru à Saint-Christophe (Savoie). *Gallia Préhistoire*, t. 32, 1990, p. 65-123.

SCHMID (E.), Die Tierknochen. *In* : H. G. BANDI (dir.), Birsmatten-Basisgrotte : eine mittelsteinzeitliche Fundstelle im unteren Birstal. *Acta Bernensia* I, 1963, p. 93-100.

STAMPFLI (H. R.) (éd.), Rislisberghöhle. Archäologie und Oekologie einer Fundstelle aus dem Spätmagdalénien bei Oensingen im Solothurner Jura. *Academica Helvetica* 4, 1, 1983.

Die Knochenfunde. *In* : J. SEDLMEIER, Der Abri Tschäpperfels : eine mesolithische Fundstelle im Lützeltal. *Jhb. Bern. Histor. Mus.* 47/48, 1971a, p. 142-144.

Die Tierknochenfunde vom Felsschutzdach bei Neumühle. *In* : H. G. BANDI, Untersuchung eines Felsschutzdaches bei Neumühle (Gemeinde Pleigne, Kt. Bern). *Jhb. Bern. Histor. Mus.* 47/48, 1971b, p. 114-116.

Die Tierreste des mesolithischen Siedlungplatzes von Schötz VII im Wauwilermoos. *In* : R. WYSS, Das mittelsteinzeitliche Hirschjägerlager von Schötz VII im Wauwilermoos. *Archäologische Forschungen,* 1979, p. 97-111.

Liste der Tierreste nach Fundzahl und Fundgewicht. *In* : A. Hofmann-Wyss : Liesbergmühle IV. *Jhb. Bern. Histor. Mus.* 59/60 : 19, 1980.

THIÉBAULT (S.), L'exploitation des hautes terres : l'exemple des Préalpes sud-occidentales françaises – L'apport de l'anthracologie. *Actes*, colloque de Brescia 1993 : « Highland zone exploitation in southern Europe », *Monografie di Natura Bresciana,* vol. XX, 1994, p. 73-93.

VILAIN (R.), Le gisement de Sous-Balme à Culoz (Ain) et ses industries microlithiques. *Documents du laboratoire de géologie de la faculté des sciences de Lyon,* 13, 1966.

UN OURS CAPTIF DANS LE MÉSOLITHIQUE RÉCENT DE LA GRANDE-RIVOIRE (ISÈRE, FRANCE) ?

A TAMED BEAR IN THE LATE MESOLITHIC FROM THE GRANDE-RIVOIRE (ISÈRE, FRANCE) ?

Louis Chaix, Régis Picavet et Anne Bridault

Résumé. – Deux demi-mandibules du même ours brun (*Ursus arctos* L.) ont été découvertes dans le niveau castelnovien de la grotte de la Grande-Rivoire. Elles présentent une déformation particulière affectant l'os entre la première et la seconde molaire mais aussi les racines de ces dents. La parfaite symétrie de la déformation, l'absence de traits pathologiques et le basculement des dents indiquent la présence d'un lien placé autour de la mandibule. Cette pièce rare témoigne non seulement de la captivité de cet ours, mais aussi de relations complexes entre l'homme et l'animal durant le Mésolithique.

Mots clés : Mésolithique récent, ours brun, captivité, domestication.

Abstract. – Two half-mandibles from the same brown bear (*Ursus arctos* L.) were found in the Castelnovian level from the Grande-Rivoire cave. These two pieces exhibit a special deformation affecting the bone between M1 and M2 but also the roots of these teeth. The perfect symmetry of this deformation, the absence of pathological features and the rocking of the two teeth indicate the presence of a tie around the mandible. This object have been placed on a young bear and the mandible grew about it. This very interesting piece shows not only the taming of a bear but also more complex relationships between man and animal during the Mesolithic.

Key words : Late Mesolithic, brown bear, taming, domestication.

Cet article n'est que le résumé d'une présentation plus complète qui sera faite dans une revue spécialisée. L'argumentation qui y est développée nécessite une iconographie (photos et radiographies) qu'il n'est pas possible de publier ici.

L'abri sous roche de la Grande-Rivoire se trouve en bordure du massif du Vercors, à 580 m d'altitude (fig. 1). Il a livré une stratigraphie préhistorique importante allant du Sauveterrien au Campaniforme (Picavet, 1991).

Un niveau castelnovien, daté entre 5 760 et 4906 av. J.-C., a pu être fouillé sur 3 m^2. La faune de cet ensemble est dominée par le cerf et le sanglier qui forment 80 % des restes déterminés. À côté d'autres espèces sauvages typiques de la zone alpine (bouquetin et chamois), on note la présence de rares vestiges d'animaux domestiques (bœuf et caprinés) (Bridault et Chaix, 1991 ; Chaix et Bridault, 1992).

Parmi les restes de carnivores, 14 ossements d'ours brun (*Ursus arctos* L.) ont été déterminés.

Deux demi-mandibules appartenant au même individu reposaient à quelques centimètres l'une de l'autre. Elles s'apparient parfaitement au niveau de la symphyse, et l'état de la dentition confirme qu'il s'agit bien des restes du même animal.

L'examen de la denture nous permet d'attribuer un âge de 5 à 6 ans à cet ours. D'autre part, les dimensions de la canine le placent dans la marge de variation des mâles (Couturier, 1954 ; Habermehl, 1985).

Les deux pièces présentent une déformation particulière qui justifie cette présentation. Il s'agit d'un espace concave, de forme arrondie, qui sépare les premières molaires des

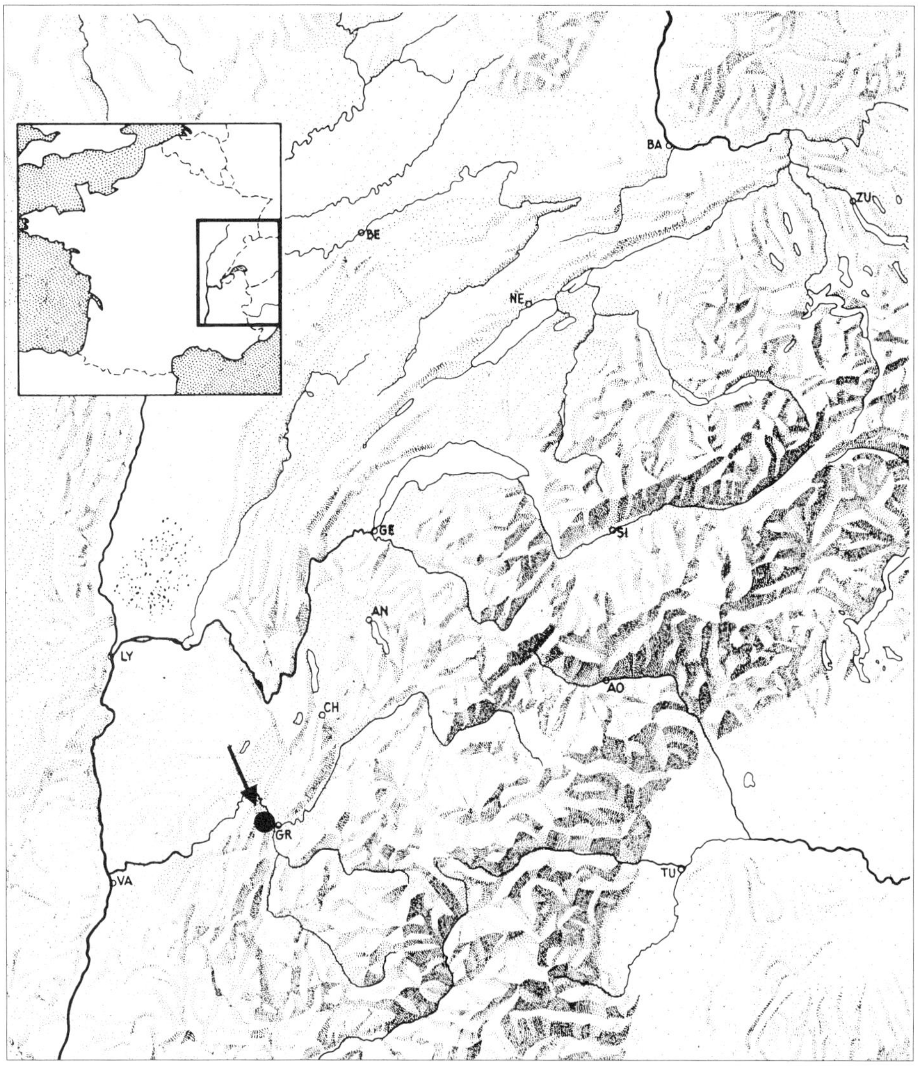

Figure 1. – Carte de situation de l'abri de la Grande-Rivoire (dessin : G. Roth).

secondes et cela d'une manière parfaitement symétrique (fig. 2). D'autre part leurs racines présentent une érosion caractéristique : tout se passe comme si un corps étranger avait contrarié la croissance des molaires, les obligeant à basculer de manière convergente.

Des examens détaillés de l'os ainsi que des radiographies montrent qu'il ne s'agit pas d'atteintes pathologiques comme celles observées sur d'autres mandibules d'ours (Hall, 1940 ; Dyer, 1981).

Nous supposons donc la présence d'un lien rigide enserrant la mâchoire inférieure qui aurait été placé sur l'animal en arrière de la première molaire et avant la sortie de la seconde, soit entre 4 et 7 mois.

En considérant la morphologie de la déformation et l'érosion radiculaire subséquente, on doit supposer un lien rigide de section arrondie et d'un diamètre d'environ 15 mm.

Si cette hypothèse est juste, il faut admettre qu'un jeune ourson a été capturé par les Castelnoviens et gardé ensuite en captivité grâce à un lien passé autour de sa mâchoire. Cette captivité a duré plusieurs années puisque l'animal est mort aux alentours de 6 ans, soit bien après sa maturité sexuelle, vers 3 ans et demi. Un tel type d'attache n'est pas documenté dans les sources ethnographiques que nous avons pu consulter : anneaux et chaînes sont les cas les plus fréquents (voir notamment Gastou, 1987). On citera en outre de rares mentions de percement de la mandibule à l'aide d'un fer rouge, mais sans plus de précision (Praneuf, 1985).

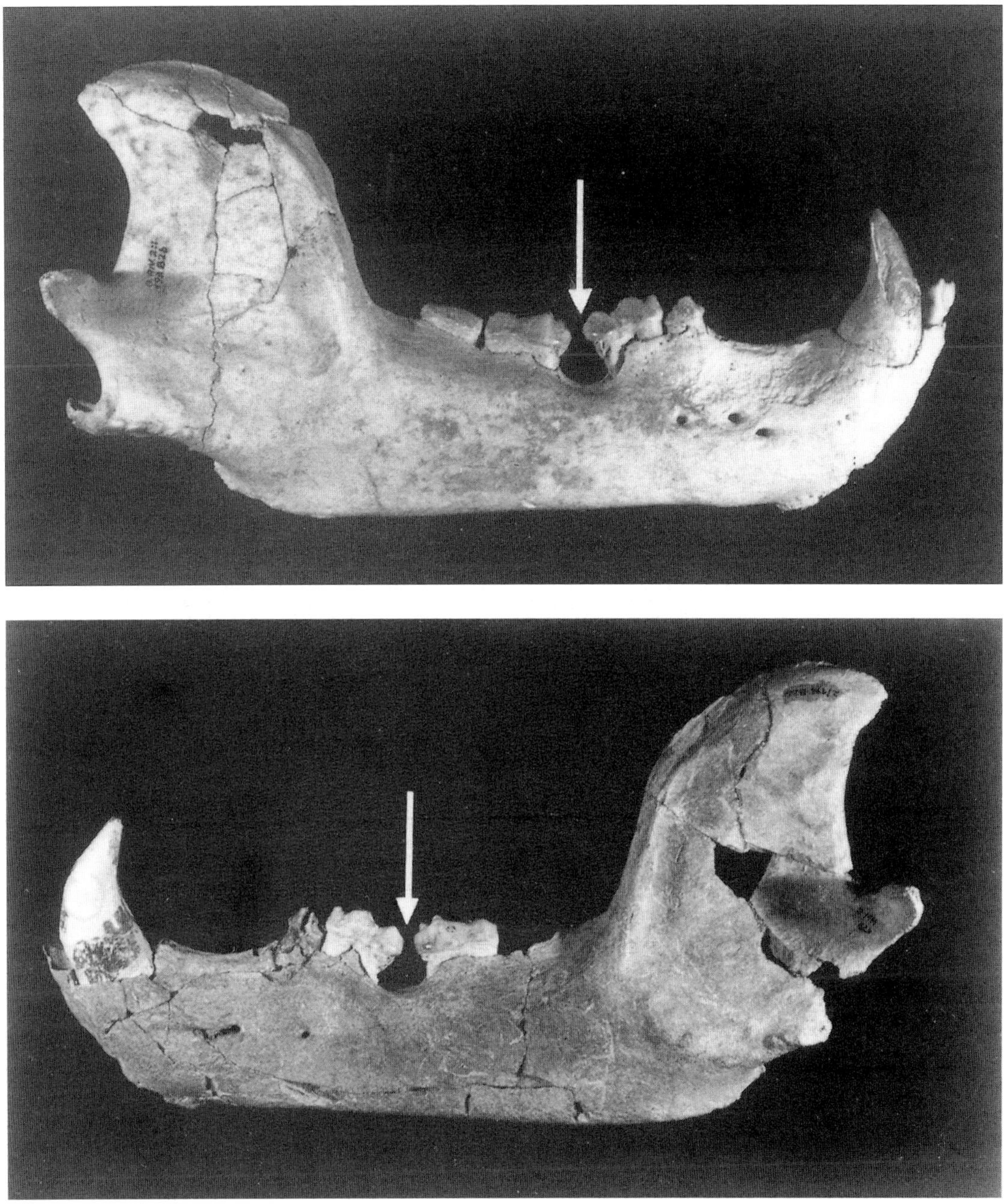

Figure 2. – Les deux hémimandibules de l'ours brun. Les flèches blanches indiquent la zone intéressante (photo : J. M. Zumstein).

Cet ours capturé et gardé en captivité par les Castelnoviens a donc été nourri et entretenu et son lien probablement remplacé périodiquement. D'autre part, on sait que les populations mésolithiques pratiquaient un mode de vie itinérant : l'animal a donc suivi le groupe durant ses déplacements.

Sa mort à un âge relativement jeune, par rapport à la longévité moyenne de l'espèce (16 ans), pose le problème de savoir si cet animal a été abattu.

Cette question mérite d'être posée car elle est liée à la signification d'une telle captivité. S'agit-il d'un fait anecdotique ou est-ce le résultat d'une appropriation collective et d'un abattage rituel semblables à ceux observés lors des fêtes de l'ours dans diverses communautés de chasseurs d'Asie et d'Eurasie ?

Dans ces sociétés, un ourson est capturé puis élevé plusieurs années en vue de sa mise à mort à l'issue de laquelle il est consommé par une partie du groupe. Dans certains cas, ses os sont ensuite déposés rituellement, certains dans les habitations, d'autres accrochés aux arbres de la forêt (Chichlo, 1981 ; Maraini et Delaby, 1981).

Les quelques vestiges d'ours mis au jour à la Grande-Rivoire et plus particulièrement les deux hémimandibules, sont-ils les témoins d'une telle activité ?

Pour conclure, on peut remarquer que le maintien en captivité d'animaux sauvages est assez fréquent dans les sociétés de chasseurs-cueilleurs. Il ne s'agit pas toujours d'appropriation impliquant une domestication future. Cet acte peut aussi s'inscrire dans le réseau complexe des relations qu'entretient l'homme avec le monde animal, comme c'est le cas dans le chamanisme par exemple.

Dans le contexte chronoculturel de la fin du Mésolithique, on peut aussi mettre en relation un tel phénomène avec l'apparition discrète d'animaux domestiques dont le statut semble être acquis déjà depuis plusieurs générations : on aurait là une coexistence de deux formes d'appropriation du monde animal, l'une reflétant une tradition fortement ancrée dans le monde de la chasse, l'autre indiquant déjà la profonde transformation de la société par le développement des animaux domestiques.

BIBLIOGRAPHIE

BRIDAULT (A.), CHAIX (L.), Données préliminaires sur les restes osseux des niveaux mésolithiques et méso-néolithiques. *In* : R. PICAVET, *L'abri sous roche de la Grande-Rivoire (Sassenage, Isère)*. Diplôme EHESS, université de Toulouse, 1991, p. 187-194.

CHAIX (L.), BRIDAULT (A.), Nouvelles données sur l'exploitation des animaux sauvages de l'Épipaléolithique au Mésolithique final dans les Alpes du Nord et le Jura. *Preistoria Alpina*, vol. XXVIII, 1992, p. 115-127.

CHAIX (L.), BRIDAULT (A.), PICAVET (R.) *À paraître* A Tamed Brown Bear (*Ursus arctos* L.) of the Late Mesolithic from la Grande-Rivoire (Isère, France) ?

CHICHLO (B.), L'ours-chamane. *Études mongoles* 12, 1981, p. 35-112.

COUTURIER (M.), *L'ours brun*, éd. Couturier, Grenoble, 1954.

DYER (D. L.), An Analysis of Bony Changes Following Trauma to a Black Bear Mandible. *Journal of Wildlife Diseases* 17, 1, 1981, p. 97-100.

GASTOU (F. R.), *Sur les traces des montreurs d'ours des Pyrénées et d'ailleurs*, éd. Loubatières, Toulouse, 1987.

HABERMEHL (K. H.), *Altersbestimmung bei Wild-und Pelztieren*, Paul Parey Verlag, Hamburg & Berlin, 1985.

HALL (E. R.), Supernumerary and Missing Teeth in Wild Mammals of the Orders Insectivora and Carnivora, with Some Notes on Diseases. *Journal of Dental Research* 19, 1940, p. 103-143.

MARAINI (F.), Delaby (L.), Une fête de l'ours chez les Aïnous en 1954. *Études mongoles* 12, 1981, p. 113-126.

PICAVET (R.), *L'abri sous roche de la Grande-Rivoire (Sassenage, Isère)*. Diplôme EHESS, université de Toulouse, 1991.

PRANEUF (M.), *L'ours et les hommes dans les traditions européennes*, éd. Imago, Paris, 1985.

FAUNE DU TARDIGLACIAIRE DE LA DRAYE-BLANCHE (LA CHAPELLE-EN-VERCORS, DRÔME, FRANCE)

LATEGLACIAL FAUNA OF THE DRAYE-BLANCHE (LA CHAPELLE-EN-VERCORS, DRÔME, FRANCE)

Bernard Caillat

Résumé. – Puits naturel comblé découvert en 1990, ce site taraude le massif urgonien du Serre-Plumé à quelque 1 100 m d'altitude. Ses sédiments, très fossilifères, furent sondés sur plus de 3 m de profondeur. 45 espèces animales ont été reconnues (2 d'amphibien, 3 de reptile, 7 d'oiseau et 33 de mammifère). Le décompte en nombre de reste et en nombre minimum d'individus n'est pas terminé. Toutes les espèces sont contenues dans les couches supérieures (de C1 à C4a) déposées vraisemblablement du Dryas I (C4) à Alleröd (C1). La faune de montagne, comme le chamois et la marmotte, et la faune de forêt comme le chat sauvage et le cerf dominent largement. La faune « froide », comme le renard polaire et le bison, se trouve associée aux espèces montagnardes en C2 et C4a. L'intérêt de ce dépôt est de donner une faune non sélectionnée par l'homme et représentative de ces époques, ce que ne peut faire celle d'un gisement archéologique (le site azilien de la Fru en Savoie ne recèle que 18 espèces animales avec une dominance du cerf).

Mots clés : faune naturelle, Vercors, Drôme, Tardiglaciaire.

Abstract. – Founded in 1990, this full natural well escavates the Urgonian massif called « Serre-plumé » at about a height of 1,100 m. Its sediments, which are very rich in bony remains, have bored at a depth of 3 m. 45 animal species have been recognized (2 for amphibians, 3 for reptiles, 7 for birds and 33 for mammals). The detailed account of bones and of minimal number of individuals is not over. All these species are contained in the upper strata (C1 to C4a) which were probably deposited between Dryas I (C4) and Alleröd (C1). The mountain fauna such as the chamois and marmot, the forest fauna such as the wild cat and the bison are only related to mountainous species in strata C2 and C4a. The interest of this site is to present fauna which is not selected by Man and which is representative of these periods, which an archeological site is unable to offer. For instance, in La Fru (Savoie) the azilian site only conceals 18 animal species and the red deer prevails.

Key words : natural fauna, Vercors, Drôme, Lateglacial.

En 1990, le creusement du tunnel pour accéder au Scialet – grotte de la Draye-Blanche perça un puits comblé de sédiments. Le remplissage vidangé était constitué d'un cailloutis hétérométrique à matrice argileuse contenant de nombreux ossements de mammifères, dont celui du bison d'Europe.

STRATIGRAPHIE

Le sondage a donc débuté au niveau du sol du tunnel et a permis la mise au jour de 9 couches différentes (fig. 1).

Couche perturbée (notée IIS dans la planche 2) **:** d'une trentaine de centimètres d'épaisseur, elle est constituée de fragments rocheux provenant des tirs de mines, de blocs calcaires écrasés et d'argile laminée par le tracto-pelle. Elle constitue vraisemblablement un amalgame entre les couches supérieures vidangées par les travaux et les deux niveaux sous-jacents.

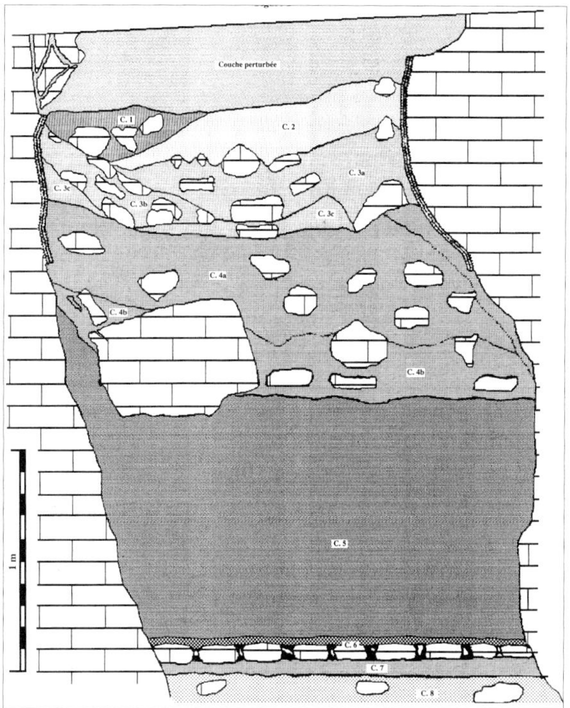

Figure 1. – Coupe stratigraphique (1991-1993) de la Draye-Blanche.

Couche 1 : elle n'est présente que dans le tiers aval de la coupe. Elle se compose d'un ensemble de blocs rocheux à bord émoussé contenus dans une argile plastique brun-rouge.

Couche 2 : argileuse grisâtre, elle contient un cailloutis homométrique à angles assez vifs. Elle se développe dans la partie amont du sondage pour s'engager en coin sous la couche c.1 et finir en un fin liséré discontinu contre la paroi aval.

Couche 3 : elle se rapproche en structure de la couche c.1 avec un cailloutis hétérométrique à arêtes mousses et à matrice argileuse brun-rougeâtre. On peut lui reconnaître trois faciès :

– c.3a occupe les deux tiers amont du remplissage avec un pendage de 10° environ ;

– c.3b, située sur la partie aval, présente un pendage amont de 30° environ ;

– c.3c sert d'assise aux deux sous-couches précédentes dont elle possède la même structure, mais elle se caractérise par une couleur noirâtre liée à des dépôts humiques. Elle percole contre la paroi amont et atteint en s'y mélangeant la base de la couche suivante.

Couche 4 : essentiellement constituée d'argile prismatique ocre rouge, elle contient des blocs à arêtes mousses et un cailloutis homométrique à angles vifs et sans pendage évident. On peut lui reconnaître le faciès 4a qui répond à la description et qui contient de la faune, et le faciès 4b constitué d'une argile prismatique plus claire et qui se signale par des blocs à arêtes vives et par une absence de faune.

Couche 5 : elle se développe sur plus de 1,50 m d'épaisseur. Elle est formée par une argile finement litée brunâtre avec par endroits des fragments humiques. Elle ne contient ni blocs ni cailloutis. Fissurée, elle se détache en grosses masses prismatiques. Aucune faune n'est présente.

Couche 6 : dallage de blocs calcaires complètement émoussés soudés entre eux et aux parois par des lames contournées très dures d'oxydes métalliques (fer et manganèse) ; elle est surmontée d'une couche peu épaisse de gravier calcaire homométrique meuble.

Couche 7 : épaisse d'une dizaine de centimètres, elle est formée par une argile plastique ocre pâle sans cailloutis.

Couche 8 : de structure et de composition tout à fait comparable à celle de c.2, elle est superficiellement bréchifiée dans la zone médiane de la coupe. À l'heure actuelle elle n'est reconnue que sur une dizaine de centimètres.

FAUNE

Le tableau 1 résume la position stratigraphique des diverses espèces reconnues. Le comptage des individus est en cours, aussi il ne s'agit que d'une figuration par présence (noir)/absence (blanc). La colonne H. S. synthétise la couche perturbée et les sédiments supérieurs vidangés par le percement du tunnel.

Les Amphibiens (A du tabl. 1) : les Anoures, seuls représentants de la classe, occupent une place très accessoire. Le crapaud paraît mieux représenté en c.3c que la grenouille en c.1.

Les Reptiles (R du tabl. 1) : l'orvet est une constante, il se retrouve dans tous les niveaux fossilifères supérieurs de c.1 à c.4a. Il est à ce jour absent de c.7. Il n'a pas une grande signification écologique puisque actuellement sa répartition se répand du 40° au 60° parallèles Nord et du niveau de la mer à 2 000 m d'altitude. La vipère et la couleuvre sont sans grande signification.

Les Oiseaux (O du tabl. 1) :

– l'aigle royal, seul représentant de l'ordre des rapaces, occupe une place modeste en c.2 et c.3a ;

– le crave à bec rouge et le chocard à bec jaune sont une des constantes de l'avifaune de la Draye-Blanche. Il est très souvent difficile de distinguer, ostéologiquement parlant, une espèce de l'autre. Tous deux oiseaux montagnards, il y a peu de risques de les considérer comme présents dans tous les niveaux fossilifères supérieurs ;

– la bécasse des bois, le seul individu représentant l'espèce a été isolé en c.3a ;

– le grand tétras n'est à ce jour présent qu'en c.4a ;

– le tétras lyre est aussi l'une des constantes de l'avifaune des niveaux supérieurs. Le biotope à conifères et à plantes à baies devait être présent à toutes ces époques ;

– la caille des blés est également une des constantes et c'est l'espèce la mieux représentée (avec plus de 50 % des individus décomptés de la classe). Sa présence est difficile à cerner ; au mieux pouvons-nous dire que des espaces à hautes herbes existaient mais c'est une espèce migratrice...

Les mammifères (M du tabl. 1) : il convient de distinguer les différents ordres signalés par un numéro du tableau 1.

Les carnivores (1) :

– le chat sauvage, toujours discret dans le Vercors, n'est présent qu'en c.2 ;

– le loup, qui est l'une des espèces les plus habituelles du Pléistocène et de l'Holocène du massif, est assez mal représenté en c.1 et c.2 ;

– le renard n'a été à ce jour reconnu qu'en c.1 ;

– l'isatis se confine dans la seule couche c.4 ;

– la martre, bien représentée de c.1 à c.4a, traduit assez bien le couvert forestier à conifères ;

– la fouine, isolée en c.3c, est plus en faveur de la forêt décidue et des rochers ;

– le putois, assez bien représenté en c.1 et c.3a, indiquerait la proximité de l'eau ;

– la belette est, semble-t-il, absente sauf en c.2 dans les niveaux fossilifères supérieurs. Très éclectique, elle est sans grande signification écologique ;

– l'hermine, présente en c.2, est la seule représentante de la faune en c.8 ;

– l'ours brun n'a été retrouvé que dans les déblais de vidange du puits ;

– l'ours des cavernes : le seul reste attribuable à cette espèce a été découvert à la surface du remplissage d'un diverticule latéral. Il n'a aucunement sa place dans le contexte du remplissage du puits. Il a vraisemblablement dû cheminer dans un labyrinthe karstique connu de lui seul et venant d'un niveau pléistocène qui reste à découvrir.

Les insectivores (2) :

– le hérisson n'est pour l'instant présent qu'en c.1 ;

– la taupe, assez fréquente, est semble-t-il absente sauf dans la couche c.2 du complexe fossilifère supérieur ;

– la musaraigne musette a la même répartition que la taupe ;

– la musaraigne commune, nettement plus fréquente que la précédente, se retrouve dans les mêmes niveaux ;

– la musaraigne des montagnes semble se cantonner dans c.3c ;

– la musaraigne pygmée, plutôt montagnarde, ne se retrouve que dans c.1 et c.3c ;

– la sérotine bicolore : l'unique représentante des Chiroptères ne se signale que dans c.3c.

Les herbivores (3) :

– le sanglier n'a été trouvé que dans la partie supérieure du remplissage vidangé ;

– le bison d'Europe a été par sa présence à l'origine des présents travaux. Découvert dans les sédiments vidangés, il est retrouvé en c.2 et c.4a. Il s'agit d'individus très jeunes (de 3 à 6 mois) ;

– le chamois est le grand mammifère le plus constant et le plus fréquent dans les niveaux du complexe fossilifère supérieur. Vivant encore actuellement dans la région, il est bien le symbole des artiodactiles du Vercors ;

– le cerf, assez peu représenté dans les couches c.1 et c.3, était plus fréquent dans les niveaux vidangés ;

– le chevreuil paraît plus se concentrer dans le complexe c.3.

Les lagomorphes (4) :

– le lièvre commun occupe l'ensemble c.3 ;

– le lièvre variable n'a été reconnu que dans c.4a.

		H.S	c.1	c.2	c.3a	c.3b	c.3c	c.4a	c.4b	c.5	c.6	c.7	c.8
Anoures	Rana sp		■■■										
	Bufo sp	■■■	■■■		■■■	■■■	■■■						
Reptiles	Anguis fragilis		■■■	■■■	■■■	■■■	■■■						
	Vipera sp						■■■						
	Natrix sp		■■■										
Oiseaux	Aquila chryscatos			■■■	■■■								
	Pyrrhocorax pyrrhocorax	■■■	■■■	■■■	■■■	■■■	■■■	■■■					
	Pyrrhocorax graculus	■■■	■■■	■■■	■■■	■■■	■■■	■■■					
	Scolopax rusticola				■■■								
	Tetrao urogallus							■■■					
	Lyrus tetrix	■■■	■■■	■■■	■■■	■■■	■■■	■■■					
	Coturnix coturnix	■■■	■■■	■■■	■■■	■■■	■■■	■■■					
Mammifères 1	Felis sylvestris			■■■									
	Canis lupus	■■■	■■■	■■■									
	Vulpes vulpes		■■■										
	Alopex lagopus							■■■					
	Martes martes		■■■	■■■	■■■	■■■	■■■						
	Martes fouina						■■■						
	Mustela putorius	■■■	■■■		■■■								
	Mustela nivalis	■■■	■■■		■■■	■■■	■■■						
	Mustela erminea			■■■									■■■
	Ursus arctos		■■■										
	Ursus spelaeus		■■■										
Mammifères 2	Erinaceus europaeus			■■■									
	Talpa europeae	■■■	■■■		■■■	■■■	■■■	■■■					
	Crossidura russula	■■■	■■■		■■■	■■■	■■■	■■■					
	Sorex araneus	■■■	■■■		■■■	■■■	■■■	■■■					
	Sorex alpinus						■■■						
	Sorex minutus		■■■				■■■						
	Vespertillo murinus						■■■						
Mammifères 3	Sus scrofa	■■■											
	Bison bonasus	■■■		■■■				■■■					
	Rupicapra rupicapra	■■■	■■■	■■■	■■■	■■■	■■■	■■■					
	Cervus elaphus	■■■	■■■		■■■	■■■	■■■						
	Capreolus capreolus	■■■			■■■	■■■	■■■						
Mammifères 4	Lepus capensis				■■■	■■■	■■■						
	Lepus timidus							■■■					
Mammifères 5	Marmota marmota	■■■	■■■	■■■	■■■	■■■	■■■	■■■					
	Sciurus vulgaris		■■■										
	Arvicola terrestris						■■■						
	Lemmus sp							■■■					
	Microtus arvalis/agrestris	■■■	■■■	■■■	■■■	■■■	■■■	■■■				■■■	
	Microtus nivalis						■■■	■■■					
	Clethrionomys glareolus				■■■	■■■	■■■						
	Apodemus sylvaticus	■■■	■■■	■■■	■■■	■■■	■■■	■■■				■■■	

Tableau 1. – Inventaire des restes osseux.

Les rongeurs (5) :

– la marmotte est fréquente dans tous les niveaux du complexe fossilifère supérieur. Comme le chamois, elle est une constante faunistique du Vercors ;

– l'écureuil roux n'est pour l'instant présent que dans c.1 ;

– le campagnol terrestre ne se signale que dans c.3c ;

– le lemming, d'espèce indéterminée, semble exister en c.4a ;

– le campagnol des champs et le campagnol agreste n'ont pas fait l'objet d'une distinction intraspécifique. Ils occupent tous les niveaux du complexe fossilifère supérieur et sont particulièrement abondants en c.3c. Ils sont également présents en c.7 ;

– le campagnol des neiges ne se retrouve qu'en c.3c et c.4a ;

– le campagnol roussâtre est assez bien représenté dans le complexe c.3 ;

– le mulot sylvestre se retrouve également dans tous les niveaux fossilifères supérieurs et il est particulièrement abondant en c.7, où il représente plus de 90 % de la faune.

ATTRIBUTION CHRONOLOGIQUE ET CONCLUSION

Il n'est pas loisible de conclure, d'autant qu'il manque des données de datation C14 sur les faunes. De plus les travaux ne sont pas terminés, et certains oiseaux et petits mammifères ne sont, à ce jour, pas encore déterminés.

• c.6 correspond probablement à la dégradation *in situ* d'un cailloutis par un climat très chaud, puis très humide. Ce climat se poursuit par le puissant niveau c.5. L'ensemble c.5-c.6 pourrait correspondre à l'interstade de Lascaux.

• c.4, plus froide, dut accuser une phase très froide et plus humide fermant l'orifice du puits (c.4b) pour se poursuivre par une période plus humide (c.4a). Cette couche peut correspondre au Dryas I.

• c.3 a débuté par une phase très humide et tempérée correspondant au faciès c.3c, suivie par une période tout aussi humide mais plus continentale avec les faciès c.3b et c.3a. Le complexe c.3 peut être attribué au Bölling.

• c.2, avec sa matrice argileuse peu oxydée, correspondrait à une poussée climatique froide que nous attribuons au Dryas II.

• c.1 est de composition comparable à C3a et pourrait être rattachée à l'Alleröd.

Il est bien évident que l'on ne peut proposer une chronologie pour les sédiments vidangés, si ce n'est qu'ils sont Dryas III et postérieurs. Quant aux niveaux inférieurs c.7 et c.8, ils sont encore trop mal connus pour être situés ; notons simplement que c.8 est d'une composition tout à fait comparable à celle de c.2.

L'orifice de ce puits, aujourd'hui disparu, a joué le rôle de piège. Indiscutablement non anthropique, ce dépôt de faune résulte d'un « captage » sans doute peu sélectif mais qui présente quelques lacunes.

L'absence du bouquetin est assez surprenante car on retrouve peu ou prou cet animal dans le fond des scialets du Vercors. Animal rupicole par excellence, il ne peut néanmoins déjouer toutes les chausse-trappes des gouffres du massif. Fait d'autant plus étonnant que l'un de ses représentants se trouve sur le sol de la grotte voisine...

De petits amas de petits mammifères ne sont pas rares en c.3c et ils évoquent bien les pelotes de régurgitations des rapaces nocturnes. À ce jour, aucun reste rapportable à ces rapaces nocturnes n'a été mis au jour, et il paraît difficile d'admettre que les seuls pourvoyeurs de ces pelotes soient les aigles et éventuellement les Corvidés.

Seule la poursuite des travaux permettra peut-être de combler ces lacunes et, surtout, de comprendre comment ce piège, si efficace, a pu fonctionner.

PALYNOLOGIE DES SITES DE PLEIN AIR D'ALTITUDE DANS LES ALPES DU NORD : MÉTHODOLOGIE ET PREMIERS RÉSULTATS

PALYNOLOGICAL DATA CONCERNING HIGH ALTITUDE OPEN-AIR SITES IN THE NORTHERN ALPS : METHODOLOGY AND FIRST RESULTS

Jacqueline Argant

Résumé. – Dans les Alpes du Nord, la recherche systématique de sites mésolithiques et néolithiques dans les zones d'altitude supérieure à 1 500 m est entreprise par P. Bintz. Pour ces époques, les sites de plaine et de moyenne montagne ont déjà fourni de riches données, notamment pour le paléoenvironnement végétal. Les nouvelles recherches offrent une occasion de les compléter pour l'étage subalpin, par des analyses polliniques au niveau des sites archéologiques eux-mêmes ou de milieux humides situés à proximité. Les résultats obtenus sont inégaux : les sédiments archéologiques sont souvent pauvres ou stériles ; les milieux humides exploitables sont rares ; leur étude est en cours. Quelques éléments viennent cependant déjà compléter les données des autres disciplines.

Mots clés : Mésolithique, Néolithique, palynologie, Alpes du Nord, prospection, sondages, méthodologie.

Abstract. – The Mesolithic period belongs to the junction of the Tardiglacial and Holocene, at the very beginning of the Atlantic. Concerning this period, the vegetation history of the Vercors and of the next massifs (Chartreuse, Dévoluy) is beginning to be well known, thanks to pollen analysis and anthracology mostly on collinean karstic archaeological sites. In this context, thanks to the work of P. Bintz and his team on high altitude sites, the knowledge of high plateaus at this period is becoming better. Sampling for pollen analysis is performed along with the work of archaeologist in open air sites or rockshelters and by drilling in additionnal moist places as well. Pollen is often badly preserved, especially in archeological layers. The more favourable borehole was made at the Lac du Lauzon. The bottom spectras date is 7145 ± 75 BP (Ly.165/OxA) ; the analysis is not yet available in its whole.

Key words : Mesolithic, Neolithic, palynology, Northern Alps, prospecting, sampling, methodology.

I. INTRODUCTION

L'étude de la pénétration et de l'implantation de l'homme dans les Alpes, de la déglaciation würmienne à l'Holocène, a déjà fait l'objet d'un programme de recherches ayant abouti à une riche monographie consacrée à la reconstitution du paléoenvironnement des Alpes du Nord et leur piémont, la plupart des sites occupés étant situés entre 200 et 1 000 m d'altitude (Vivian R., 1991). Pour compléter cette vision, l'exploration systématique des zones de plus haute altitude (plateaux du Vercors, Chartreuse, Dévoluy) a été entreprise dans le cadre d'un programme de prospection thématique.

Dirigé par P. Bintz, il montre qu'il existe de nombreux indices d'occupation de ces régions dès le Mésolithique, aussi bien dans les zones d'altitude moyenne (1 000 à 1 500 m) – espaces de transition entre plaine et montagne – que dans les zones d'alpages de l'étage subalpin au-dessus de 1 600 m.

Prospection archéologique et étude du paléoenvironnement sont menées parallèle-

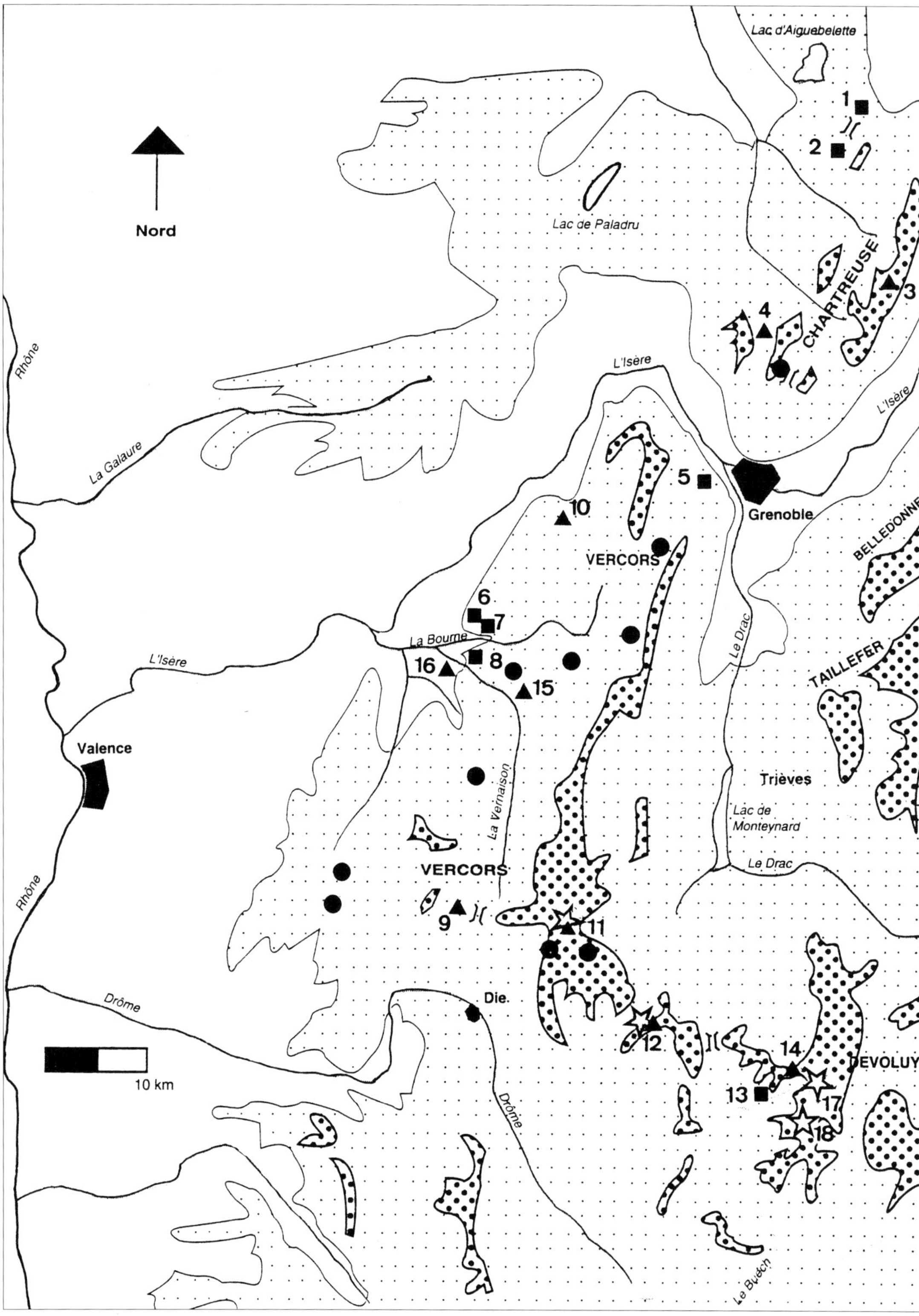

Figure 1. – Carte de localisation des sites de plein air prospectés et des sondages (▲), des gisements épipaléo-mésolithiques stratifiés de référence (■) et des principales stations découvertes les années antérieures (avant 1993) (●). (Auteur : Pierre Bintz). 1. Saint-Thibaud-de-Couz. 2. La Fru. 3. L'Aulp-du-Seuil. 4. Col de la Charmette. 5. La Grande-Rivoire. 6. et 7. Choranche. 8. Pas de la Charmate. 9. Col du Rousset. 10. Pas de l'Échelle. 11. Pas de l'Aiguille. 12. Col de Jaboui. 13. les Corréardes. 14. Col de la Croix. 15. Saint-Martin-en-Vercors. 16. Saint-Laurent-en-Royans. Sondages palynologiques (A). 11. Pas de l'Aiguille. 12. Col de Jaboui. 17. Lac du Lauzon. 18. Vallon des Aiguilles. En pointillés fins : altitude de 500 à 1 500 m ; épais : altitude > 1 500 m.

ment ; dans ce contexte, la collecte d'échantillons destinés à l'analyse pollinique s'effectue tant au niveau des sites archéologiques reconnus – par prélèvement direct sur les coupes – qu'à celui des zones humides naturelles – par sondage à l'aide d'une sonde à main.

La même méthode de préparation est appliquée à tous les échantillons :

– décarbonatation par l'acide chlorhydrique ;

– double concentration en liqueur dense (liqueur de Thoulet d = 2) après mixage et centrifugation ;

– désilicification par l'acide fluorhydrique ;

– montage du culot dans la glycérine.

La carte (fig. 1) donne la localisation des sites ayant donné lieu à analyse pollinique, sans préjuger des résultats.

Les sites archéologiques (sédiments argileux jaune brun) sont toujours stériles ; les abris sous roche donnent des renseignements ponctuels ; plus favorables, les milieux humides autorisent parfois des analyses plus complètes et riches d'enseignement.

II. ANALYSE POLLINIQUE AU NIVEAU D'UN ABRI SOUS ROCHE DE L'AULP-DU-SEUIL, SAINT-BERNARD-DU-TOUVET, ISÈRE, 1 700 m

Douze échantillons prélevés par P. Bintz et H.-G. Naton dans l'abri n° 1 (fig. 2) ont été analysés.

La quantité de matière recueillie à l'issue de la préparation est importante mais il s'agit essentiellement de particules noires légères (débris de lignine vraisemblablement et quelques charbons). La richesse en matériel pollinique est variable :

– certains niveaux sont stériles : échant. 13 et 15. Les fragments de lignine y sont extrêmement nombreux et très fins (de 1 à 10 µm) ;

– dans 5 niveaux, le nombre de grains rencontrés est insuffisant (–) : échant. 2, 4, 10, 11, 13. Ce critère, ajouté au faible nombre de taxons représentés, rend peu utile la lecture de plusieurs lames. En effet, le matériel pollinique semble avoir subi une destruction importante ; l'observation de nombreux grains abîmés, en particulier ceux des feuillus (noisetier, aulne, tilleul), indique que les spectres obtenus ne représentent pas correctement la végétation ;

– 5 niveaux fournissant un nombre de grains en théorie suffisant (+) : échant. 1, 3, 14, 16, 17, mais il apparaît, là aussi, des phénomènes de corrosion des grains de pollen, ainsi qu'un nombre de taxons souvent faible, limitant les possibilités d'interprétation.

Les variations numériques enregistrées (tabl. 1) ne peuvent donc être prises en compte qu'avec beaucoup de prudence. Les résultats obtenus apportent toutefois des éléments sur les taxons poussant aux alentours du site, mais sans permettre une utilisation statistique qui serait trop risquée.

Les arbres

Le pin (*Pinus* type *silvestris*) est constamment présent, sauf dans les échant. 10, 13 et 15 ; la très grande abondance de ses grains de pollen dans plusieurs niveaux (D1 et C3 en particulier) laisse supposer son implantation sur place.

Le sapin (*Abies*) se rencontre aussi presque toujours (échant. 1, 3, 4, 10, 11, 12, 14, 16, 17), avec une abondance relative plus importante en B2 et C2. Là encore il est probable qu'il s'agisse d'une population locale.

L'épicéa (*Picea*) apparaît dès la couche C3, mais ne semble bien installé qu'au niveau de B1.

Les feuillus ne sont que faiblement représentés ; le noisetier (*Corylus*) est le plus constant et paraît relativement plus abondant en D1 ; le tilleul (*Tilia*) n'apparaît que dans les couches les plus anciennes, D1 et C2/C3, avec l'aulne (*Alnus*) et le charme (*Carpinus*) (couche D1). Un seul grain de pollen de bouleau (*Betula*) a été observé, dans la couche C3. À l'exception du charme, dont l'aspect est très frais, ces grains sont très abîmés.

Où poussaient ces arbres ? Il est difficile d'imaginer une origine lointaine pour leur pollen, surtout dans le cas du tilleul dont on connaît le très faible pouvoir de dispersion. Il est donc probable qu'ils se trouvaient dans le vallon même de l'Aulp-du-Seuil, vallon encadré de hautes falaises, limitant des apports possibles de la vallée, et fournissant un cadre abrité propice à leur développement au cours d'une période climatique favorable pendant la formation des couches B2, C1 à C4 et D1.

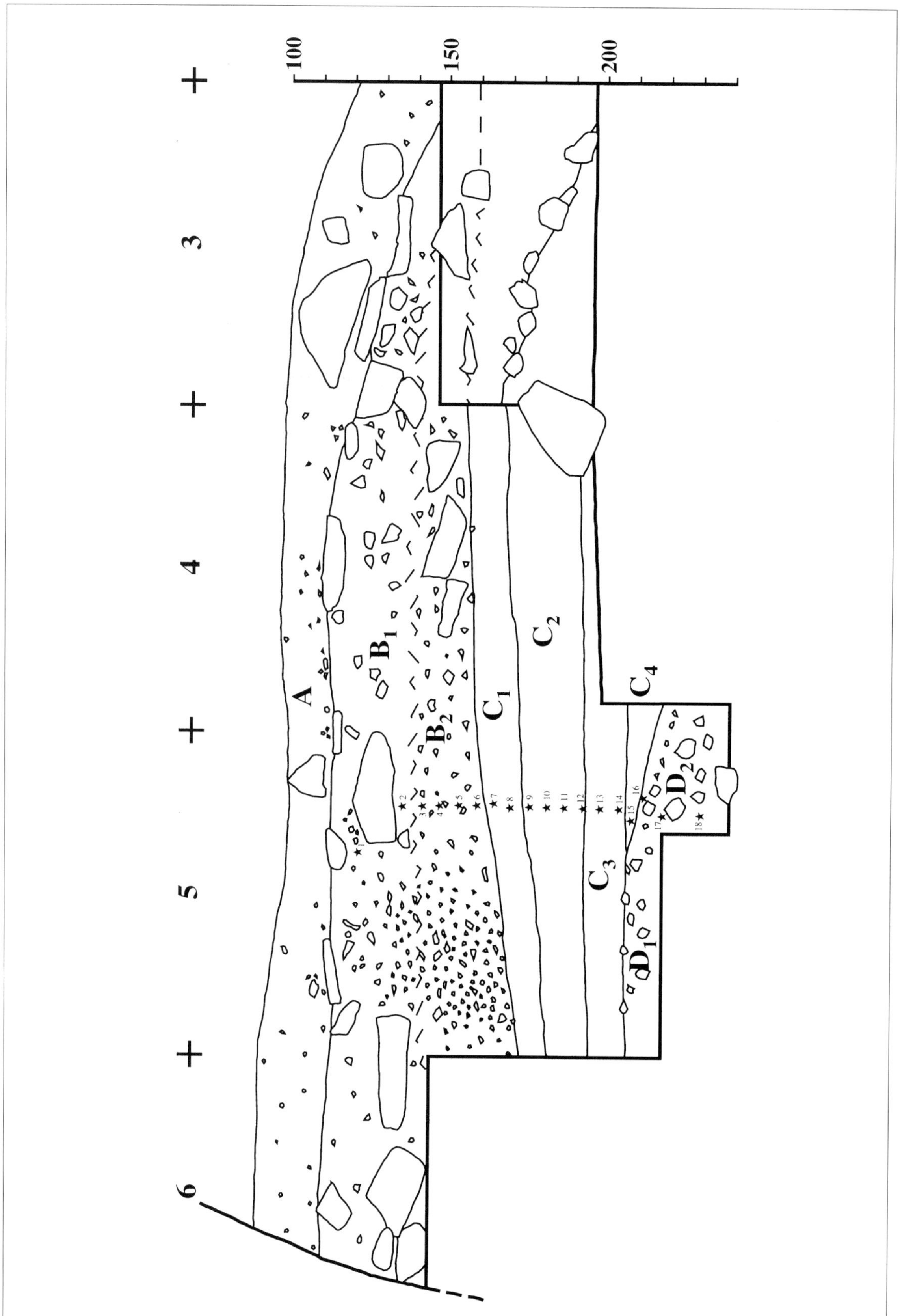

Figure 2. – Abri n° 1 de l'Aulp-du-Seuil : coupe stratigraphique avec localisation des prélèvements polliniques.

	Néolithique				Mésolithique			Mésolithique moyen				
	B1	B1	B2	B2	C2	C2	C2/C3	C3	C3	C4	D1	D1
Niveaux	**1**	2	**3**	4	10	11	12	13	**14**	15	**16**	17
Nombre Pollens	**205**	26	**200**	43	3	61	61		**136**		**165**	102
ARBRES	**89**	**6**	**120**	**19**	2	**30**	**38**		**95**		**134**	32
ABIES	3		14	2	2	9	4		3		1	2
ALNUS			1								3	1
BETULA			1						1			
CARPINUS											1	
CORYLUS			2	1		1	2		3		8	2
FRANGULA			11			1						
PICEA	11	1	2						2			
PINUS	75	5	89	16		19	31		86		120	26
TILIA							1				1	1
HERBACEES	4	1	23	3		3	6		6		7	22
Anthémidées						1						
ARTEMISIA			1								2	
Caryophyllacées	1		1	1					1			1
Chénopodiacées												1
Cichoriées			1									1
Crucifères			1									
Cypéracées	1		1				1		1			
Dipsacacées			1	1		1			1			
Géraniacées			1			1			1			
Papilionacées												2
PLANTAGO lanc.	1		5									
Poacées	1	1	11				3		1		1	14
Renonculacées							2		1		4	2
Rubiacées				1								1
Indéterminés			12	2		1	1		5		3	10
SPORES	**112**	**19**	**45**	**19**	1	27	16		30		21	38
BOTRYCHIUM	23	3	6	4		4	1		12		5	5
LYCOPODIUM	2											
Monolètes	29	11	25	10		22	14		14		15	31
SELAGINELLA	55	3	10	5	1		1		4		1	
Trilètes	3	2	4			1						2

Tableau 1. – Aulp-du-Seuil, abri n° 1. Analyse pollinique. Comptages absolus sur une lame de préparation microscopique.

stérile

Compte tenu des mauvaises conditions de conservation, l'absence du pollen des feuillus dans la couche B1 ne signifie pas forcément que ces arbres aient totalement disparu ; peut-être ont-ils simplement régressé, ce qui de toute façon indiquerait une dégradation climatique à ce niveau.

Les Herbacées

Poacées et Renonculacées sont les taxons les mieux représentés. Quelques autres apparaissent sporadiquement : armoise (*Artemisia*), plantain (*Plantago*), Caryophyllacées, Chénopodiacées, Cichoriées, Crucifères, Cypéracées, Dipsacacées, Géraniacées, Rubiacées (en général un seul grain observé, qui ne traduit donc que la présence mais ne renseigne pas sur l'importance des taxons correspondants dans la végétation).

Les fougères

Leurs spores sont toujours assez nombreuses et atteignent leur maximum dans la couche B1 (échant. 1).

Parmi les spores trilètes, *Botrychium*, fougère indicatrice de pelouses, est presque toujours notée, ainsi que *Selagina selaginoides*. Cette dernière est surtout abondante dans les couches B1 et B2 ; caractéristique de l'étage subalpin, indifférente à la nature du substrat, elle peut se développer dans les forêts clairsemées, les pelouses, les combes à neige, sur sol sec ou légèrement humide. Elle paraît compatible avec un paysage de type « mosaïque » avec pelouses et bosquets de pins, sapins, épicéas.

Dans les couches C2 à D1 sous-jacentes, la part du milieu forestier serait plus importante, avec davantage de feuillus et une extension moindre des Ptéridophytes. Mais la partie inférieure de D1 (échant. 17) se montre plus riche en pollens de Poacées, ce qui pourrait indiquer à ce niveau un paysage alors plus ouvert.

En dépit des quelques variations signalées au niveau de l'importance apparente de certains taxons (sapin, fougères par exemple), l'ensemble « Mésolithique-Néolithique » apparaît homogène et correspond à une phase climatique assez clémente pour avoir permis l'installation de feuillus mésothermophiles à cette altitude, vraisemblablement l'Atlantique. L'optimum de cette phase correspondrait aux couches C et D, les couches supérieures, B1 surtout, enregistrant l'effet de conditions moins favorables aux feuillus et traduisant un rafraîchissement du climat qui pourrait correspondre à la transition Atlantique-Subboréal.

III. ANALYSE POLLINIQUE DES MILIEUX HUMIDES

3.1. Les zones de sources

Les zones humides étant rares dans les Préalpes calcaires, aucune n'est négligée, même si les conditions de sondage sont difficiles, qu'il s'agisse de l'acheminement du matériel ou de la qualité du substrat.

En effet, les tests effectués sur les zones de sources ont au plus permis d'atteindre 1,60 m de profondeur au Pas de l'Aiguille. Les résultats obtenus étant par ailleurs décevants pour les couches profondes en raison de mauvaises conditions de conservation du pollen, l'analyse n'a pas été poursuivie. Voici cependant résumés les résultats des essais réalisés :

• Pas de l'Aiguille, Chichilianne, Isère, 1 650 m

Sondage AIG1 à 100 m au sud de la bergerie, substrat non atteint, profondeur 163 cm, 34 échantillons prélevés.

Description de la carotte : fig. 3.

Analyse test : 4 échantillons (7, 18, 27, 32), résultats (échant. 7 et 27) : tabl. 2.

– **n° 7** : pollen bien conservé, abondant.

On relève 12 taxons d'arbres et 17 taxons d'Herbacées, ainsi que des spores de Ptéridophytes.

Le taux de pollens d'arbres n'est pas très élevé (27,4 %), ce qui plaide en faveur d'un paysage ouvert. L'essence dominante est *Pinus*. Le pourcentage relativement élevé qu'il atteint (20 %), ne signifie cependant pas que cet arbre forme un peuplement local important (son pollen peut en effet venir de stations plus éloignées ou d'arbres dispersés dont la représentation se trouve favorisée par le caractère peu boisé du paysage).

Les taxons herbacés sont surtout représentatifs d'une formation de prairie. Les Graminées et les Cypéracées dominent, ces dernières indiquant que la source fonctionne alors, alimentant une zone humide sans doute semblable à celle observée aujourd'hui.

Bien que peu marquées, les traces de rudéralisation sont décelables (avec *Artemisia*, Chénopodiacées, *Polygonum, Rumex*, Urticacées...).

Une présence humaine avec activité pastorale fait peu de doute. Il n'y a pas de preuve évidente de cultures. La période d'occupation correspondante ne peut être précisée, mais la présence de *Juglans* tend à prouver qu'elle n'est en tous cas pas – ou de peu – antérieure à 2000 ans BP, du moins si on admet l'introduction récente de cet arbre dans la région par les Romains.

– **n° 18** : très peu de matériel pollinique ; des spores monolètes, quelques grains de *Pinus* et *Abies*. On ne peut rien en conclure. La disparition du pollen est peut-être en relation avec les traces d'oxydation observées dans l'argile.

– **n° 27** : on remarque d'abord la raréfaction des taxons, beaucoup moins diversifiés que dans l'échantillon 7 : 5 taxons d'arbres (*Pinus* et *Abies* surtout) et 5 taxons d'Herbacées seulement, et surtout, la prédominance des spores monolètes.

Échantillon	n°7		n°27	
	n	%	n	%
Abies	14	2,99	60	6,80
Acer			1	0,11
Alnus	1	0,21		
Betula	1	0,21		
Corylus	2	0,43	1	0,11
Carpinus	1	0,21		
Fagus	3	0,64		
Picea	6	1,28	9	1,02
Pinus	97	20,68	72	8,15
Quercus	1	0,21		
Juglans	2	0,43		
Ulmus	1	0,21		
A.P.	129	27,51	143	16,19
Apiacées	2	0,43		
Artemisia	1	0,21		
Caryophyllacées	2	0,43	5	0,57
Chénopodiacées	7	1,49	3	0,34
Cichoriées	4	0,85		
Cypéracées	116	24,73		
Graminées	116	24,73	3	0,34
Fabacées	2	0,43		
Ericacées	1	0,21		
Helianthemum	3	0,64		
Labiées 6			1	0,11
Plantago	16	3,41		
Polygonum cf aviculare	2	0,43		
Ranunculus	28	5,97	3	0,34
Rubiacées	2	0,43		
Rumex	7	1,49		
Urticacées	1	0,21		
NAP	310	66,10	15	1,70
Polypodium	5	1,07	10	1,13
Spores monolètes	16	3,41	715	80,97
Spores trilètes	9	1,92		
SPORES	30	6,40	725	82,11
TOTAL	469		883	

Tableau 2. – Pas de l'Aiguille, Isère, sondage AIG1 ; résultats de l'analyse pollinique des échantillons 7 et 27.

En l'absence d'autres éléments ce spectre ne peut pas être interprété.

La présence de *Picea* pourrait fournir cependant un élément de datation. Présent dans certaines stations du Jura depuis 5 900 ans BP, il apparaît dans le massif du Mercantour vers 4 800 ans BP. Il n'est, par contre, observé en Oisans que depuis le Subatlantique et à la fin du Subboréal en Dauphiné septentrional. En Vanoise, son extension daterait de 3 000 ans BP environ. Au lac du Lauzon, en Dévoluy (étude en cours), il semble se manifester vers 4 000 BP. S'il n'est pas possible de dater vraiment le spectre n° 27, on peut au moins dire qu'il y a peu de chances qu'il soit antérieur à 3 000 ou 4 000 ans BP.

– **n° 32** : spores monolètes seules conservées. Pas de commentaire possible.

Les phénomènes de corrosion sont très nets et semblent s'amplifier vers la base de la carotte.

Cette première approche permet de constater les faits suivants :

1. La carotte AIG1 ne fournit pas des renseignements continus du fait d'une conservation inégale du pollen.

2. L'échantillon n° 7 indique que les herbages ont été utilisés sans doute depuis fort longtemps.

3. L'interprétation du spectre n° 27 ne peut être précisée pour l'instant car il faut craindre des phénomènes de corrosion importants. Ce spectre ne devrait pas être antérieur au Subboréal.

4. On ne peut vraisemblablement pas attendre d'indication sur la période mésolithique à partir de ce sondage.

• Col de Jaboui, Teschenu-Creyers, Drôme, 1 600 m

Sondage JAB1, profondeur : 75 cm ; 7 échantillons prélevés.

Description de la carotte : fig. 3

Analyse test : 4 échantillons (1, 3, 5, 7) ; résultats : tabl. 3

Le pollen est mal conservé dans l'horizon superficiel, à la base du sol actuel (7 à 8 cm de profondeur).

Les 3 autres échantillons sont plus riches ; les cortèges polliniques ne montrent pas de différences significatives.

Les arbres sont dominés par le pin. Le sapin et l'épicéa sont bien représentés et semblent donc implantés localement, en compagnie du hêtre, tilleul, aulne, noisetier, érable, if et noyer.

Les Herbacées indiquent des prairies humides à Cypéracées et *Rhinanthus*. Un grain de pollen de céréale est noté dans l'échantillon 7, le plus profond.

Échantillon	n°1 (z = 9 cm)	n°3 (z = 33 cm)	n°5 (z = 54 cm)	n°7 (z=71 cm)
Abies		3	30	22
Acer				1
Alnus			1	
Corylus		1		2
Fagus			3	3
Juglans				2
Picea		1	5	8
Pinus	7	16	111	55
Taxus				1
Tilia			1	
A.P.	7	21	151	94
Artemisia		1	1	
Caryophyllacées		1	1	
Cirsium			3	
Cerealia				
Cichoriées				2
Cypéracées	2		5	21
Plantago				4
Poacées			2	6
Ranunculus		1	2	4
Rinanthus			14	22
Rosacées				1
Rubiacées			1	
Rumex			1	
N.A.P.	2	3	30	60
Spores monolètes	1	2	30	8
Spores trilètes	16	3	19	9
Selaginella	20	3	16	3
SPORES	37	8	65	20
TOTAL	46	32	246	174

Tableau 3. – Col de Jaboui, Drôme, sondage JAB1 ; comptages polliniques de 4 échantillons.

Ces résultats sont conformes à ce qui est observé pour l'échantillon 7 (z = 35 cm) du pas de l'Aiguille. Comme pour ce niveau, on a l'indication d'un sédiment de formation récente, n'excédant pas – sinon de peu – 2 000 BP, si on se fonde sur la présence du noyer.

3.2. Le lac du Lauzon, Tréminis (près du col de la Croix), Isère, 1 980 m

Le lac du Lauzon occupe une petite cuvette de surcreusement glaciaire au pied de la Tête du Lauzon et du Rocher-Rond, limitée par un cirque de falaises et d'éboulis rocheux, dominant au sud la haute vallée du Buëch.

Une importante partie de la surface initiale du lac est occupée maintenant par la cariçaie. Situé au niveau des alpages de l'étage subalpin, il se trouve largement au-dessus de la limite supérieure actuelle des arbres.

Sondage LAU1 : profondeur : 4,50 m, substrat non atteint, 80 échantillons recueillis pour l'analyse pollinique, 11 pour datation C14.

Description de la carotte : fig. 3

Analyse pollinique en cours ; résultats partiels : fig. 3 et tabl. 4.

Trois dates C14 sont connues pour l'instant (fig. 4) ; la séquence analysée recouvre une partie de l'Atlantique, dominée par la sapinière, puis le Subboréal, période pendant laquelle des indices de présence et d'activité humaines se dessinent. On note la présence de céréales et le développement de plantes de prairies telles que Graminées

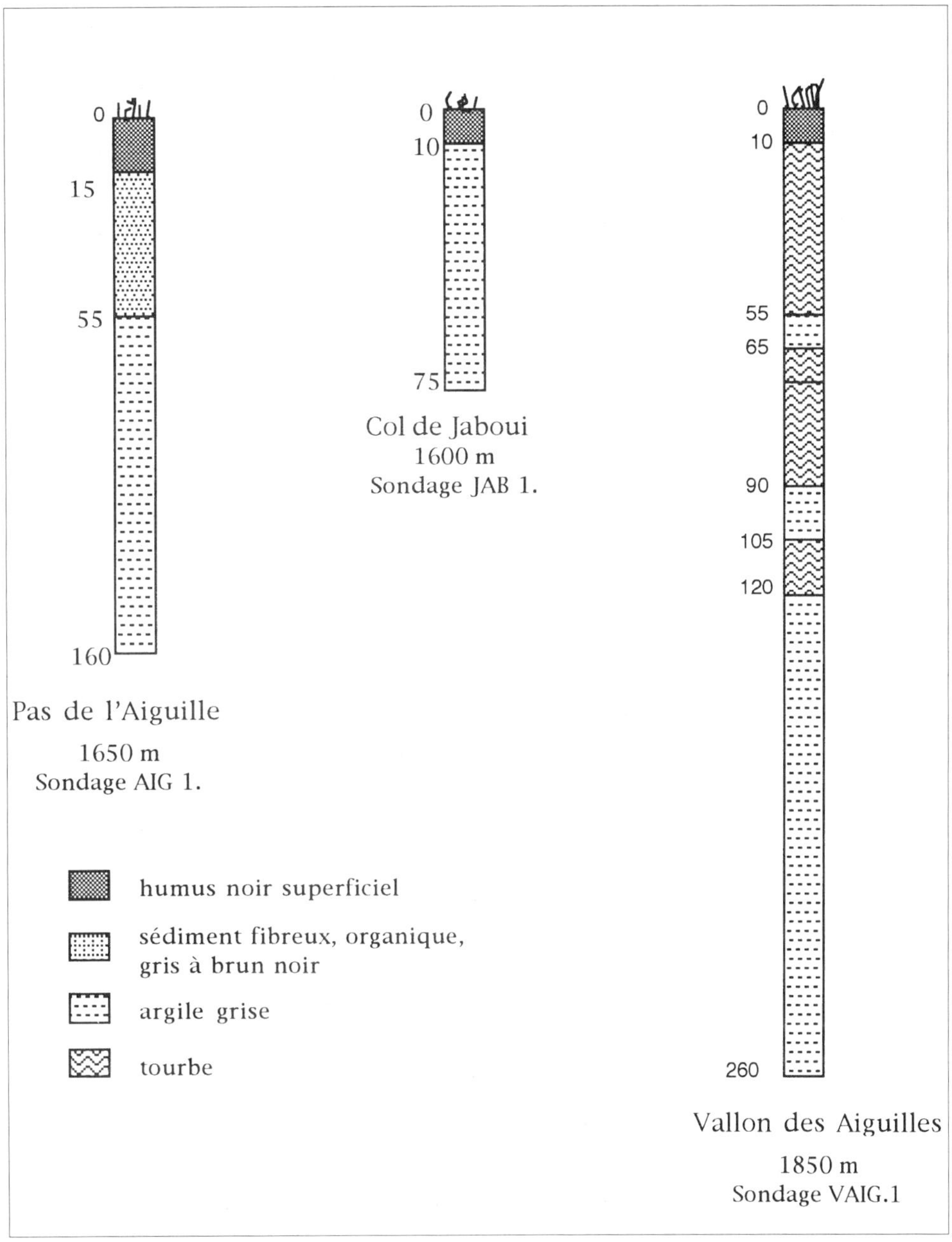

Figure 3. – Sondages effectués au pas de l'Aiguille (Vercors, Isère), au col de Jaboui (Vercors, Drôme) et au vallon des Aiguilles (Dévoluy, Isère). Description des carottes.

et plantain, aux alentours de 3 270 BP, c'est-à-dire pendant l'Âge du Bronze. L'empreinte humaine est maximum au niveau 1,60 m (Gallo-Romain, Moyen Âge ?). À partir de là, l'atterrissement progressif du lac s'accentue alors, comme le prouve l'accroissement spectaculaire du taux de pollen de Cypéracées.

Dans la partie inférieure de la carotte, à l'Atlantique, on observe quelques faibles oscillations dans la courbe des arbres, mais il faut attendre l'analyse complète, et peut-être d'autres dates C14 pour les interpréter.

3.3. Le vallon des Aiguilles, à l'est du col des Aiguilles, 1 870 m

Sondage VAIG1 : tourbière, profondeur 2,50 m, substrat atteint ; description de la carotte : fig. 3

Échantillons : 52, non exploités pour l'instant.

Profondeur en cm	64	234	284	449
	%	%	%	%
ARBRES	**28,41**	**51,68**	**47,41**	**93,41**
ABIES	2,82	15,38	15,54	35,31
ACER	0	0,24	0,66	0
ALNUS	0,83	8,41	4,25	0,07
BETULA	0,33	0	0	0
CANNAB/HUM	1	0,24	0	0
EPHEDRA dist.	0,17	0	0	0,07
FAGUS	1,83	3,13	2,39	0
FRAXINUS	0	0	0	0,07
JUGLANS	0,17	0	0	0
JUNIPERUS	0,66	0,72	0,13	0
PICEA	1	0,72	0	0
PINUS	17,61	10,34	15,94	55,03
QUERCUS	1,83	7,21	6,37	0,78
TILIA	0	0,24	0,13	1,11
ULMUS	0	0,24	0,53	0,33
	0	0	0	0
HERBACÉES	**69,93**	**44,47**	**49,8**	**5,29**
Anthémidées	0,17	0	0	0
ARTEMISIA	0,66	0,48	1,99	0,2
Campanulacées	0	0,48	0,13	0,07
CARDUUS type	0	0	0,13	0
Caryophyllacées	0	0,72	0,53	0,07
CENTAUREA	0	0	0	0,07
Céréales	0,33	0,72	0,13	0
Chénopodiacées	0,66	0,48	0,13	0,07
Cichoriées	0,17	0,48	0	0,13
Crucifères	0,33	0,24	0,13	0
Cypéracées	53,16	12,02	31,21	2,42
Ericacées	0,17	0	0	0
FILIPENDULA	0,5	0	0,13	0
Géraniacées	0	0,24	0	0
HELIANTHEMUM	1,33	0	0,93	0,07
Labiées	0,33	0,72	0,8	0,07
Liliacées	0	0	0	0,07
Ombellifères	0,17	3,61	0,53	0,07
Papilionacées	0,5	0,48	0,13	0
Papilionacées t. LOTU	0	0,24	0	0
PLANTAGO lanc.	1,83	3,13	0,66	0
Poacées	6,64	14,66	9,56	1,57
Primulacées	0	0,72	0	0
Renonculacées	0,17	2,16	1,06	0,07
Rosacées	0	0,96	0	0,07
Rubiacées	0,66	0,48	0	0,07
RUMEX	0,17	0,48	0,27	0,07
THALICTRUM	0	0	0	0,07
TYPHA lat.	0	0	0,13	0,07
Urticacées	0,5	0,24	0	0
Indéterminés	1,5	0,72	1,2	0,07
SPORES	**1,66**	**3,85**	**2,79**	**1,31**
	0	0	0	0
BOTRYCHIUM	0,66	0	0,13	0,33
Monolètes	0,66	1,92	2,26	0,85
Trilètes	0,33	1,92	0,4	0,13

Tableau 4. – Lac du Lauzon, Isère, sondage LAU1 ; résultat de l'analyse de 4 échantillons.

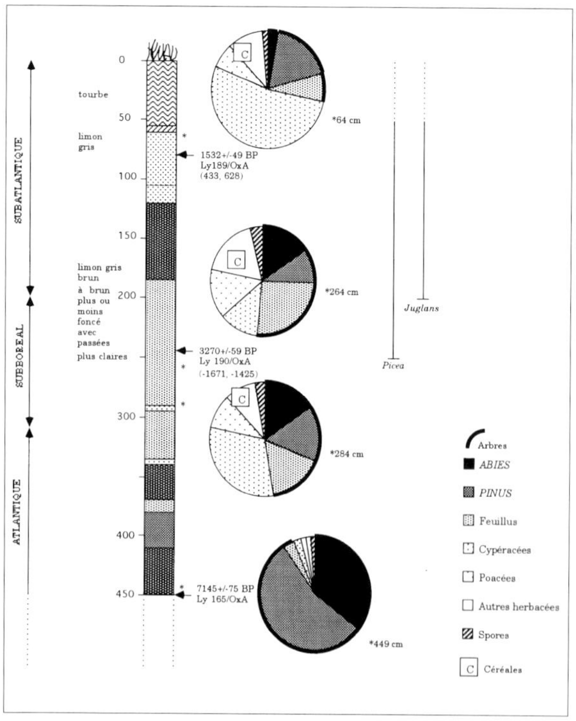

Figure 4. – Lac du Lauzon, Tréminis, Isère, 1 980 m. Sondage LAU1 : stratigraphie et résultats partiels simplifiés de l'analyse pollinique.

IV. CONCLUSION

Les analyses polliniques antérieures réalisées dans les Alpes du Nord montrent que dans la forêt atlantique des zones de basse altitude (en dessous de 1 000 m, tiliaie-chênaie s'enrichissant en sapin à la fin de l'Atlantique), des signes de défrichement apparaissent relativement tôt, dès avant 5 000 BP (Vivian, 1991) ; ils apparaissent de façon nette dans ou à proximité des sites archéologiques par exemple à Choranche (Bui-Thi-Maï et Girard, 1987), à Charavines (Emery-Barbier, 1989) ou à Conjux-la-Chatière (Magny et Richard, 1985).

Mêmes si elles connaissent des fortunes diverses, les analyses polliniques entreprises dans les Préalpes du Nord dans différents types de milieux – sites archéologiques de plein air ou abris, milieux humides – permettent d'enrichir nos connaissances sur l'occupation par l'homme du territoire d'altitude, en complément des données des autres disciplines : archéologie, anthracologie, archéozoologie... Au Mésolithique, puis au Néolithique, dans les zones d'altitude comprises entre 1 500 et 2 000 m, les hommes ont dû évoluer dans un milieu forestier riche en sapin, différent de ce que nous connaissons aujourd'hui.

L'appréciation de leur impact sur l'environnement végétal est rendue difficile par le caractère trop fragmentaire des résultats obtenus dans les sites archéologiques, et il est encore trop tôt pour tenter d'interpréter finement toutes les variations observées dans les spectres donnés par les zones humides telles le lac du Lauzon. Pour l'instant pourtant, il ne semble pas que le milieu forestier ait souffert de façon sensible des activités mésolithiques ni même néolithiques. Par contre, l'Âge du Bronze ouvre une période de destruction du couvert arboréen qui ira en s'intensifiant jusqu'à la disparition totale de la forêt et qui, ajoutée aux causes climatiques, conduira au paysage subalpin actuel où les arbres sont rares.

Ces données devront être affinées et enrichies par la multiplication des analyses ainsi que la confrontation de leurs résultats avec ceux des autres disciplines.

BIBLIOGRAPHIE

Bui-Thi-Maï, Girard (M.), Végétations, variations climatiques et évolution culturelle du Tardiglaciaire à l'Holocène à Choranche (Vercors, Isère). *Revue de Paléobiologie*, Genève, vol. VI, n° 2, 1987, p. 411-431.

Emery-Barbier (A.), Variation du milieu et occupation du sol à Charavines (Isère). *Actes*, colloque INQUA : « Variations des paléomilieux et peuplements préhistoriques », *Cahiers du Quaternaire*, n° 13, CNRS, 1989, p. 123-128.

Magny (M.), Richard (H.), Contribution à l'histoire holocène du lac du Bourget : recherches sédimentologiques et palynologiques sur le site de Conjux-la-Chatière (Savoie, France). *Revue de Paléobiologie*, Genève, vol. IV, n° 2, 1985, p. 253-277.

Vivian (R.) (dir.), *Paléoenvironnement holocène et archéologie dans les Alpes françaises du Nord et leur piémont*, CTHS, Paris, 1991, 184 p.

ARCHÉOPALYNOLOGIE DE REMPLISSAGES KARSTIQUES DES ALPES DU NORD : TARDIGLACIAIRE FINAL ET HOLOCÈNE

ARCHAEOPALYNOLOGY OF KARSTIC INFILLINGS IN THE NORTHERN ALPS : FINAL LATEGLACIAL AND HOLOCENE

Michel Girard, Bui-Thi-Maï

Résumé. – Plusieurs gisements sous abri ou sous porche de grotte des Alpes du Nord conservent d'importants dépôts sédimentaires mis en place au cours du Tardiglaciaire et de l'Holocène. Saint-Thibaud-de-Couz et Choranche, en particulier, présentent de longues séquences stratigraphiques dont l'étude palynologique constitue une référence chronostratigraphique pour les sites terrestres de la région, puisque la zonation pollinique déterminée dans ces diagrammes correspond à celle qui est définie dans les milieux humides (tourbières, lacs) des environs. La confrontation des données paléobotaniques (palynologie et anthracologie), des datations au radiocarbone et des vestiges anthropiques permet d'établir des corrélations précises entre paléoenvironnement et cultures préhistoriques dans les Alpes du Nord.

Mots clés : remplissages karstiques, archéopalynologie, Tardiglaciaire final, Holocène, Alpes du Nord.

Abstract. – Several sites under shelter or cave porch in the Northern Alps have preserved big sedimentary deposits formed during the Lateglacial and the Holocene. In particular, Saint-Thibaud-de-Couz and Choranche present long stratigraphic sequences whose palynological study serves as chronostratigraphic reference for land sites in this area, since the pollinic zonation determined in these diagrams corresponds with the one defined in neighbouring wet environment (bogs and lakes). Comparison of palaeobotanic data (palynology and anthracology), radiocarbon dates and anthropic remains allows us to establish precise correlations between palaeo-environment and prehistoric cultures in the Northern Alps.

Key words : karstic infillings, archaeopalynology, Final Lateglacial, Holocene, Northern Alps.

Depuis une vingtaine d'années, des recherches préhistoriques rigoureuses sont conduites dans les grottes et abris sous roche des massifs calcaires des Alpes du Nord. Elles ont particulièrement mis en lumière l'évolution technologique et culturelle des dernières populations de chasseurs-cueilleurs et des premières communautés agro-pastorales, entre la fin du Würm et les premiers temps du réchauffement interglaciaire actuel (fig. 1).

Ces gisements conservent, en effet, d'amples dépôts sédimentaires dont les stratigraphies, pratiquement ininterrompues, s'étendent, pour certaines d'entre elles, du début du Tardiglaciaire au Postglaciaire récent. La nature des formations constituées par des cailloutis plus ou moins argileux et l'excellente conservation des vestiges ont permis d'effectuer des analyses sédimentologiques, fauniques et paléobotaniques. Leurs résultats ont ainsi contribué à établir un tableau précis des variations de l'environnement des habitats préhistoriques au cours des treize derniers millénaires.

Les analyses palynologiques, en particulier, ont fourni de bons résultats, car la conservation des pollens est généralement satisfaisante dans ces dépôts minéraux abrités. Les diagrammes détaillés de Saint-Thibaud-de-Couz en Chartreuse et de Choranche dans le massif du Vercors constituent, de la sorte, des références palynologiques régionales pour ce type de milieu (fig. 2).

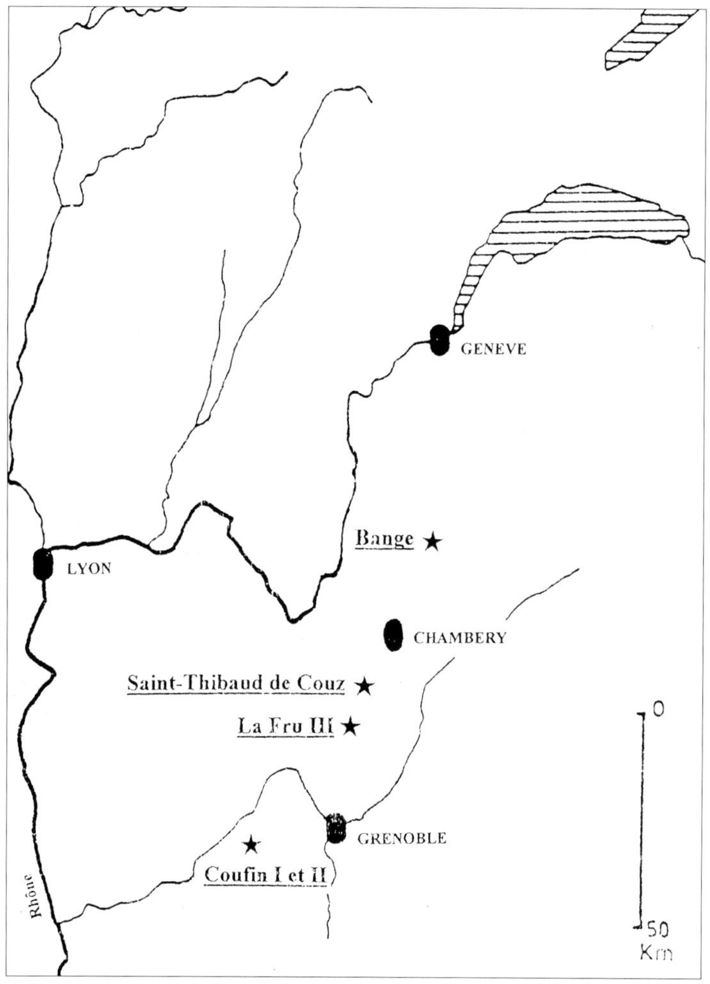

Figure 1. – Situation géographique des sites analysés.

SAINT-THIBAUD-DE-COUZ : JEAN-PIERRE I ET II

Les grottes de Saint-Thibaud-de-Couz sont situées en Savoie, à une altitude de 500 m. Elles sont ouvertes au nord-est et conservent des dépôts dont l'épaisseur atteint 6,50 m à Jean-Pierre I et plus de 2 m à Jean-Pierre II. Les onze niveaux d'occupation humaine identifiés s'étendent du Magdalénien supérieur au Mésolithique ancien (Bintz *et al.*, 1994).

Durant le Tardiglaciaire, la séquence pollinique montre, dans les deux gisements, un premier épisode froid, antérieur à l'occupation magdalénienne, rapporté au Dryas I. La flore de cette époque, pauvre en arbres, est constituée par un tapis herbacé de Composées, de Graminées et d'autres plantes comme les armoises, les hélianthèmes et les éphédras, qui lui confèrent un cachet steppique. L'amélioration climatique qui se développe ensuite, le Bölling, est contemporaine des premières occupations humaines (Magdalénien), datées entre 13 300 et 11 590 BP. Elle est caractérisée par une légère extension des arbres, parmi lesquels se rencontrent quelques feuillus comme le noisetier et le chêne. On constate, au sein de ce réchauffement, un retour momentané à des conditions froides favorables aux taxons steppiques. Le site est ensuite abandonné durant la seconde partie de l'oscillation climatique. Le climat se détériore de nouveau, mais cette péjoration n'est que partiellement enregistrée, suite à l'aménagement du sol effectué par les nouveaux occupants (Azilien). Les quelques informations polliniques obtenues dans le niveau permettent néanmoins d'attribuer ce retour du froid au Dryas II. Le Bölling et le Dryas II se distinguent par la présence de sélaginelle, espèce arcto-alpine qui indique l'existence de fortes nivations. Ce taxon, qui disparaît pratiquement des diagrammes après cette époque, peut être considéré comme un marqueur chronologique. Un nouvel essor du couvert arboréen se manifeste ensuite, sous la forme de poussées de bouleaux, de pins et de quelques feuillus. Le développement de ces taxons caractérise l'Alleröd, dont le début et la fin ont été respectivement datés de 11 900 et 10 750 BP. L'ultime retour du froid (Dryas III), qui détermine la fin des temps glaciaires, n'est pas représenté à Jean-Pierre II, mais il est particulièrement bien développé à Jean-Pierre I. La strate arborée régresse fortement et laisse la place à un paysage ouvert steppique à Composées dominantes.

L'entrée dans l'Holocène est marquée par un brusque développement des pins, spécifique du Préboréal. Le noisetier, l'aulne, le chêne et le tilleul apparaissent, tandis que les fougères se développent. Cette expansion végétale témoigne d'un réchauffement décisif du climat associé à un accroissement appréciable de l'humidité. La fin de cette phase, datée de 9 040 BP, correspond à la fin de l'occupation humaine du site. Les dépôts suivants, non anthropisés, ont enregistré deux autres phases climatiques dont la première, le Boréal, est caractérisée par un important développement du noisetier et des fougères accompagné par le tilleul, le chêne et l'orme. La seconde, l'Atlantique, se distingue par la dominance des grands feuillus, essentiellement le tilleul et le chêne, qui forment alors un couvert forestier dense. Durant cette période, l'apparition du sapin indique que le climat se refroidit sensiblement et que la nébulosité augmente. Vers la fin de cette phase, la forêt diminue au profit d'arbustes comme le noisetier. Cette variation est sans doute à mettre au compte des premières atteintes anthropiques du milieu. Le paysage s'ouvre ensuite, et la strate herbacée envahit l'espace libre ; cette diminution de la couverture arborée, datée de 3 790 ± 260 BP, est évidemment liée aux défrichements réalisés par les communautés agro-pastorales qui s'installent dans la région (Girard *et al.*, 1981).

CHORANCHE : COUFIN I ET II

Les abris sous roche de Coufin sont situés à Choranche (Isère), à une altitude de 550 m. Ils sont ouverts au pied de falaises urgoniennes hautes de près de 300 m, qui dessinent un vaste cirque orienté plein sud. Les dépôts ont une épaisseur de 5,50 m environ dans chacun des deux sites. À Coufin I, P. Bintz a reconnu, au-dessus de sédiments non anthropisés, 7 niveaux d'occupation humaine qui s'étendent du Mésolithique ancien au Méso-Néolithique. À Coufin II, il y a 16 horizons séparés pour la plupart par des couches stériles, qui s'étagent du Mésolithique au Bas-Empire (IVe-Ve siècles).

La séquence commence dans des tufs compacts liés à l'eau de la rivière souterraine qui sort de la grotte de Coufin toute proche. L'enregistrement pollinique commence par un épisode à pin dominant qui est momentanément interrompu par une recrudescence d'Herbacées. Cette phase à pins, datée de 11 590 BP, se rapporte à l'Alleröd. L'acte ultime du Tardiglaciaire, le Dryas III, est marqué par un effondrement des pollens d'arbres et par une augmentation des Herbacées à caractères steppiques (hélianthème, éphédra, Rubiacées, pigamon). La fin de cette dernière péjoration würmienne a été chronologiquement située, dans le site, à 10 440 BP.

Le commencement de l'Holocène se manifeste par un brusque accroissement des pins et par l'apparition de feuillus comme le noisetier, le chêne, le tilleul et l'orme, dont l'association caractérise la période du Préboréal. Durant cette phase de réchauffement et d'humidité croissante, les périodes de gel-dégel sont accentuées et provoquent une instabilité des parois. Le sédiment change alors de nature, il passe à un limon de plus en plus caillouteux qui aboutit finalement à un éboulis hors d'eau. Dans la phase suivante, au Boréal, le noisetier se développe largement. La première fréquentation du site se situe au début de cet épisode, vers 8 200 BP. Durant quelques siècles, plusieurs occupations mésolithiques vont se succéder

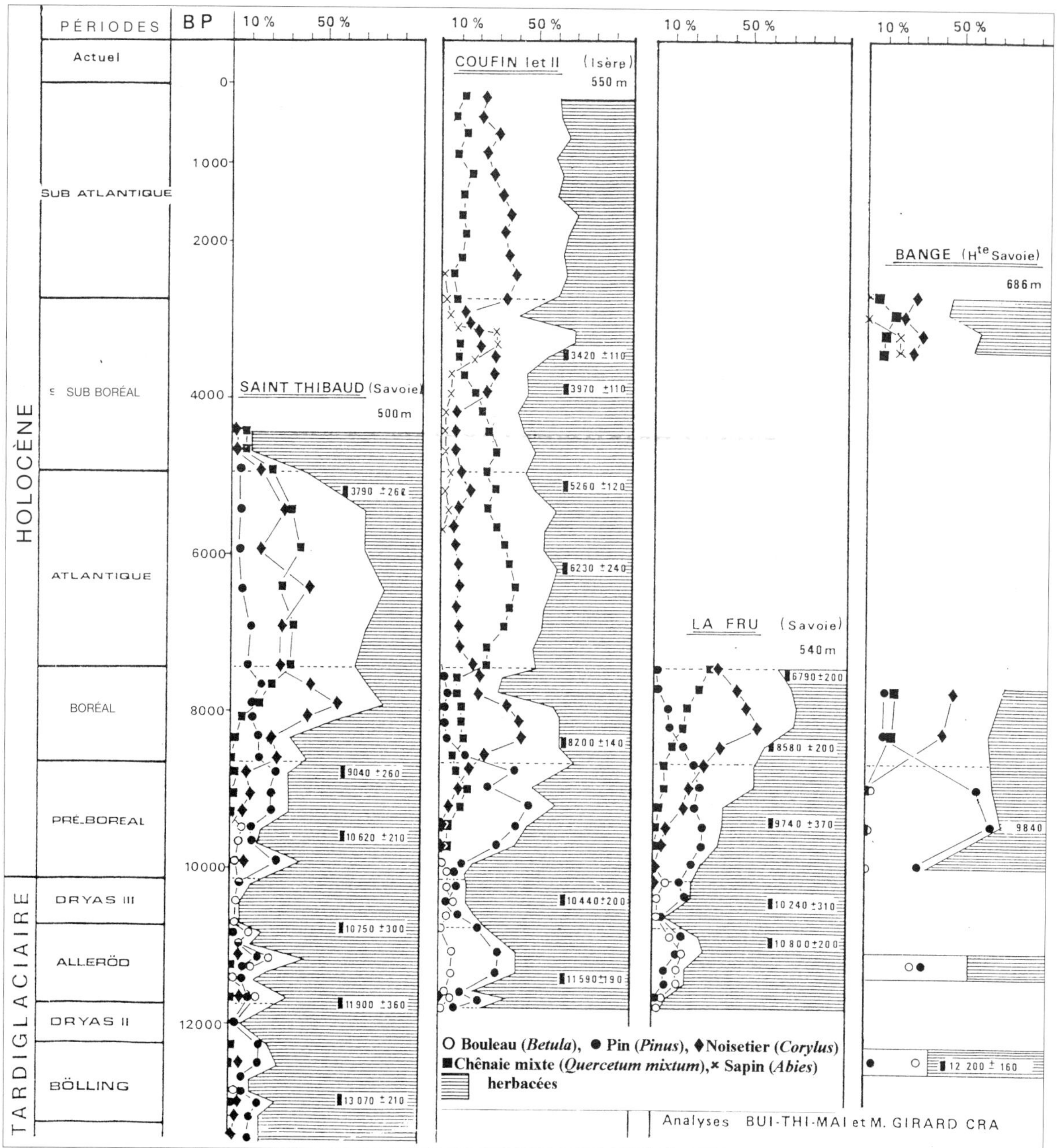

Figure 2. – Diagramme pollinique synthétique de sites préhistoriques en grottes et abris sous roche des Alpes du Nord.

dans ce contexte environnemental relativement stable. À partir de 8 000 BP, le paysage végétal change progressivement et évolue vers une chênaie mixte dominée par des tilleuls, qui forme la forêt caractéristique de l'Atlantique. Le site est régulièrement occupé, et l'on assiste, vers le milieu de l'épisode, à l'arrivée des premières communautés néolithiques. La transition Méso/Néolithique, située approximativement à la limite Atlantique-A/Atlantique-B, est contemporaine d'un développement remarquable du sapin (pollens) et de l'if (charbons de bois, Thiébault, 1994) qui sont des indicateurs de climat frais et humide. La végétation du Subboréal est marquée dans un premier temps par une régression progressive de la tilliaie, de l'orme et du sapin, sans doute liée à un certain assèchement. Par la suite, le paysage forestier change de nouveau, le noisetier se développe brusquement au Bronze ancien, puis régresse au Bronze moyen, tandis que le sapin connaît un nouvel essor durant cette époque. Le hêtre et le charme apparaissent dans la futaie. La transition Subboréal/Subatlantique est caractérisée à la fois par la régression du noisetier et du sapin, et par un second développement de l'if, perçu aussi bien par ses pollens que par ses restes charbonneux. La présence régulière de cet arbre, qui indique une tendance océanique relativement fraîche, paraît être d'ailleurs une caractéristique de la flore holocène des Préalpes (Thiébault, 1994a et b). Ses phases de développement, que l'on observe particulièrement à la fin du Mésolithique, au Néolithique et à l'Âge du Bronze, semblent constituer de la sorte des marqueurs chronologiques et climatiques intéressants. Le Subatlantique se caractérise à Coufin par un nouveau développement du noisetier, du pin, du genévrier (cet arbre n'est perçu que dans l'analyse anthracologique) et particulièrement du buis. Ces taxons de reconquête forestière ont été favorisés par les défrichements antérieurs et se sont développés après l'abandon du site (Bui-Thi-Maï *et al.*, 1987).

SAINT-CHRISTOPHE : ABRI DE LA FRU

Le grand abri sous roche de la Fru est situé à Saint-Christophe (Savoie), à une altitude de 540 m. Il est ouvert au pied d'une petite falaise orientée à l'ouest. Les différents locus individualisés présentent des séries d'occupations distinctes (aires I, II et III). Les dépôts ont une épaisseur moyenne de l'ordre du mètre. G. Pion a reconnu 6 niveaux d'occupation humaine qui s'étendent du Magdalénien supérieur au Mésolithique (Pion *et al.*, 1990).

L'analyse pollinique a été effectuée dans les secteurs I et III. Dans l'aire I, les niveaux magdaléniens ont livré une florule pollinique pauvre en arbres parmi lesquels ne se rencontrent que des taxons supportant bien le froid : pin sylvestre, genévrier et bouleau. La strate herbacée, dominée par des Graminées et des Composées, comprend un pourcentage assez élevé (17 %) de plantes steppiques comme l'armoise, l'armérie, l'hélianthème, le pigamon, l'éphédra, des Chénopodiacées et des Rubiacées. On note également la présence de sélaginelle. Ces différents éléments, associés à la présence du renne, permettent de rapporter la séquence de la Fru I à un épisode anté-Alleröd.

La série de l'aire III, plus développée, a permis de réaliser un diagramme qui s'étend de l'Alleröd au Boréal. L'Alleröd, contemporain d'une occupation azilienne, est caractérisé par un développement croissant et parallèle du bouleau et du pin. Les espèces steppiques, relativement importantes au début, diminuent au fur et à mesure de la progression de l'adoucissement du climat. La fin de cette période a été datée de 10800 BP. La péjoration climatique du Dryas III, marqué par une raréfaction des taux de pollens arboréens, survient dans les niveaux sus-jacents datés de 10 240 BP, au moment de l'arrivée des Mésolithiques. La fréquentation de l'abri par les populations de cette culture se poursuit dès lors, jusqu'à la fin du Boréal.

Le début de l'Holocène (Préboréal) est déterminé par une augmentation rapide des taux polliniques du pin et par l'apparition de plusieurs feuillus comme le noisetier, le tilleul, l'orme, puis le chêne. Le milieu de cette phase climatique a été daté, ici, de 9 740 BP. Le Boréal, qui lui succède, connaît un développement considérable du noisetier. Ce taxon va peu à peu laisser la place à une forêt essentiellement constituée par le tilleul, l'orme et le chêne qui prévaudra durant l'Atlantique (Girard, 1990).

ALLÈVES : GROTTE DE BANGE

La grotte est située à Allèves (Haute-Savoie), à une altitude de 692 m. L'ouverture de son porche est orientée plein ouest. L'épaisseur des dépôts est d'environ 1,50 m. G. Pion a reconnu 5 niveaux d'occupation humaine qui s'étendent du Magdalénien supérieur à l'Âge du Bronze (étude en cours).

L'analyse pollinique du niveau magdalénien montre un taux de pollen d'arbres assez faible, où n'apparaissent que bouleau, pin et genévrier. La couverture herbacée est constituée par des Graminées et des Composées, associées à des taxons steppiques relativement nombreux (7 %). La sélaginelle, dont on a évoqué plus haut le rôle de marqueur climato-chronologique, n'apparaît qu'à ce niveau. L'attribution de cette flore à un épisode du Bölling final ou du Dryas II est confirmée par les dates de 12 200 et 12 080 BP obtenues dans cet horizon. Le dépôt suivant, archéologiquement stérile, montre une élévation notable du pin qui pourrait être consécutive à l'amélioration climatique de l'Alleröd. Les dépôts de la fin du Tardiglaciaire n'ont pas été analysés dans cette première étude.

Le début de l'Holocène (Préboréal) est marqué de façon classique par une forte poussée des pins. Durant cette chronozone, le site est occupé par des Aziliens, dont la présence est datée de 9 860 BP, puis par des Mésolithiques. Le Boréal est caractérisé par un fort développement des noisetiers aux dépens des pins, et par l'arrivée des premiers éléments de la forêt caducifoliée (tilleul, chêne, orme). L'occupation néolithique qui advient ensuite est mal caractérisée floristiquement. Cela est dû à une altération du dépôt pollinique ou à une déforestation drastique de la région proche du gisement. À l'Âge du Bronze, le couvert forestier est en partie reconstitué. Il est peuplé par des noisetiers et des sapins dont le bref développement peut être mis en parallèle avec celui de Coufin I, constaté à la même époque. Les défrichements s'accentuent, ils font disparaître la chênaie mixte et permettent au noisetier, essence de reconquête, de coloniser les espaces libérés (Girard, à paraître).

Ces résultats prouvent, s'il en était besoin, qu'il existe donc un bon enregistrement de l'évolution de la végétation dans les dépôts conservés dans ces gisements à sédimentation minérale. Les informations polliniques acquises dans les sites à stratigraphie développée donnent une zonation biochronologique détaillée qui se corrèle tout à fait avec celle qui a été établie dans les milieux humides (tourbières, lacs) des environs. La succession des subdivisions caractérisées dans les diagrammes d'abri et de grotte constitue une référence qui permet de situer, avec une assez bonne précision, les événements botaniques observés dans les séquences sédimentaires peu développées. Elle permet en plus de corréler les gisements entre eux. Ces correspondances botaniques sont d'ailleurs confirmées par les données culturelles, fauniques, et les mesures radiométriques.

Notre période d'étude, le Tardiglaciaire, qui correspond à des occupations magdaléniennes, puis épipaléolithiques, présente des épisodes à bouleau et pin (Bölling, Alleröd) séparés par des périodes dépourvues d'arbres (Dryas). La première partie de l'Holocène, durant laquelle les civilisations épipaléolithiques et mésolithiques se succèdent, montre une évolution régulière de la dynamique forestière selon des phases bien distinctes : peuplements de pins au Préboréal, développement des noisetiers au Boréal. La seconde partie, qui voit le déclin des civilisations prédatrices au profit des groupes humains éleveurs et agriculteurs, se caractérise par l'installation de la chênaie mixte (à tilleul dominant) à l'Atlantique, l'apparition de taxons marqueurs comme l'if et le sapin durant le Subboréal et celle du charme et du hêtre au Subatlantique. Cette dernière biozone est toutefois difficile à individualiser, car elle est bien souvent occultée par l'intensité des défrichements, dont on perçoit les premières conséquences dès le Néolithique récent, vers 4 000 BP. Les diagrammes montrent que cette éradication de la forêt va en s'accentuant au fil des millénaires, avec, cependant, des périodes de rémission liées à l'abandon temporaire de certains gisements, comme on le constate par exemple pour Coufin à l'Âge du Fer et à Bange pour l'Âge du Bronze (Bintz *et al.*, 1995).

BIBLIOGRAPHIE

BINTZ (P.), BOCQUET (A.), MONJUVENT (G.), ÉVIN (J.) *et al.*, Les grottes Jean-Pierre I et II à Saint-Thibaud-de-Couz (Savoie). Ire partie : « Paléoenvironnement et cultures du Tardiglaciaire à l'Holocène dans les Alpes du Nord ». *Gallia Préhistoire*, t. 36, 1994, p. 145-266.

BINTZ (P.), GIRARD (M.), EGLOFF (M.), Le Tardiglaciaire et l'Holocène à l'abri de la Cure (Baulmes, Vaud, Suisse) et dans quelques sites préhistoriques des Alpes du Nord et du Jura méridional. *Revue de Paléobiologie*, vol. XIV, n° 1, 1995, p. 107-123.

BUI-THI-MAÏ, GIRARD (M.), BINTZ (P.), VITAL (J.), Végétations, variations climatiques et évolution culturelle du Tardiglaciaire à l'Holocène à Choranche (Isère, Vercors). *Revue de Paléobiologie*, vol. VI, n° 2, 1987, p. 411-431.

GIRARD (M.), BINTZ (P.), BOCQUET (A.), La végétation et les climats au Tardiglaciaire et à l'Holocène en Savoie d'après l'étude pollinique des grottes de Saint-Thibaud-de-Couz. *Bulletin de l'Association française pour l'étude du Quaternaire*, vol. II, n° 6, 1981, p. 89-106.

GIRARD (M.) 1990 – L'abri de la Fru à Saint-Christophe (Savoie) : analyse pollinique. *Gallia Préhistoire,* t. 32, p. 112-117.
À paraître Analyse pollinique de la Grotte de Bange (Allèves, Haute-Savoie).

PION (G.), BILLARD (M), BINTZ (P.), CAILLAT (B.) *et al.*, L'abri de la Fru à Saint-Christophe (Savoie). *Gallia Préhistoire,* t. 32, 1990, p. 65-123.

THIÉBAULT (S.), Évolution de la végétation holocène à la Balme-de-Thuy (Haute-Savoie, France) : l'apport de l'anthracologie. *Revue de Paléobiologie*, vol. XIII, n° 2, 1994a, p. 341-350.

L'exploitation des hautes terres : l'exemple des Préalpes sud-occidentales françaises – L'apport de l'anthracologie. *Actes*, colloque de Brescia 1993 : « Highland zone exploitation in southern Europe », *Monografie di Natura Bresciana,* vol. XX, 1994b, p. 73-93.

LE MILIEU VÉGÉTAL DES DERNIERS CHASSEURS-CUEILLEURS EN VERCORS ET CHARTREUSE – NOUVELLES DONNÉES ANTHRACOLOGIQUES ET PROPOSITION D'UNE BIOZONATION

VEGETAL ENVIRONMENT OF LAST HUNTERS-GATHERERS IN VERCORS AND CHARTREUSE – NEW DATA BASED ON CHARCOAL ANALYSIS AND A PROPOSAL FOR A BIOZONATION

Stéphanie Thiébault

Résumé. – Les nouvelles séquences archéologiques fouillées ces dernières années, en Vercors et Chartreuse notamment, permettent d'obtenir des informations supplémentaires sur les dynamiques de végétation. Il se confirme qu'au Tardiglaciaire et au début de l'Holocène les pins (sylvestre ou à crochet) sont souvent prépondérants dans les spectres anthracologiques. Cet environnement se transforme à la faveur des variations du climat et, dès le début de l'Holocène, se développe la chênaie caducifoliée. Le pin disparaît ensuite de la plupart des gisements. Puis l'if, souvent accompagné du frêne, prédomine dans les spectres. Sapin et hêtre apparaissent. Ces résultats permettent de proposer une biozonation fondée sur les charbons de bois qui est validée par une bonne corrélation avec les résultats de la palynologie.

Mots clés : Tardiglaciaire, Holocène, végétation, Préalpes, anthracologie, pin, chênaie caducifoliée, if, palynologie, biozonation.

Abstract. – The new archaeological sequences excavated in Vercors and Chartreuse during the last years bring more informations about the vegetation history. Thanks to the analysis of charcoals coming from rock-shelters we have confirmation that during the Tardiglacial and at the beginning of Holocene, *Pinus* (*cf. sylvestris/uncinata*) are prevalent in all the spectra. This environment evolves under climatic variations and starts at the beginning of Holocene the deciduous oak forest. Then *Pinus* diseappears from the settlements. After this episode, in most of settlements the yew escorted by *Fraxinus* is prevalent. *Abies* and *Fagus* appear. These results allow the proposal of a biozonation based on charcoal identification, ratified by a good correlation with the palynological results.

Key words : Tardiglacial, Holocene, vegetation, Pre-Alps, charcoal analysis, pine, oak grove, yew, pollens analysis, biozonation.

INTRODUCTION

Les résultats anthracologiques obtenus par l'analyse des charbons de bois issus des fouilles récentes de sites karstiques, à longues stratigraphies pour la plupart, permettent de présenter, aujourd'hui, une zonation anthracologique pour les périodes contemporaines des derniers chasseurs-cueilleurs et des premiers Néolithiques. Six gisements, situés dans le Vercors et la Chartreuse, à des altitudes variant entre 500 et 1 100 m d'altitude, servent de base à cette étude. Ils ont tous livré des niveaux d'occupations préhistoriques. Ces occupations varient, selon les gisements, du Paléolithique supérieur au Néolithique et souvent au-delà, permettant ainsi l'esquisse de paysages végétaux à différentes époques. Les végétations perçues pour ces époques évoluent principalement au gré des fluctuations climatiques. À partir du Néolithique, une végétation originale se met en place. Le rôle de l'homme dans son installation est, au début, peu perceptible mais peut-être non négligeable. La comparaison entre les chronozones obtenues par les pollens sur les sites de tourbières dans le Jura méridional et le Bas-Dauphiné et celle proposée par l'anthracologie présentent de bonnes corrélations qui valident les résultats acquis.

PRÉSENTATION DES SITES

La figure 1 présente les gisements archéologiques étudiés par l'anthracologie dans cet article et mentionne les sites de tourbières étudiés par la palynologie, auxquels il sera fait référence.

• Les grottes de Saint-Thibaud-de-Couz (Saint-Thibaud-de-Couz, Savoie), situées sur le versant occidental du massif de la Chartreuse, à 500 m d'altitude et exposées à l'ouest, se trouvent actuellement dans l'étage collinéen, série thermophile du chêne pubescent à buis, à proximité de l'étage montagnard caractérisé par le hêtre, le sapin et le pin sylvestre. Fouillées à la fin des années 60 par A. Bocquet, P. Lequâtre et P. Bintz, elles ont livré une séquence de référence dans laquelle sont enregistrées les évolutions culturelle et naturelle de la fin du Tardiglaciaire jusqu'à l'Holocène (Bintz *et al.*, 1994).

• Toujours en Chartreuse, l'abri de la Fru (Saint-Christophe, Savoie) a permis à G. Pion de fouiller des habitats préhistoriques variés, occupés au Magdalénien supérieur, à l'Azilien et au Mésolithique (Pion *et al.*, 1990). Le site est actuellement localisé au carrefour de plusieurs étages de végétation : la série collinéenne du chêne pubescent, la série de la chênaie à charme à proximité de l'étage montagnard, la série mésophile du hêtre (Pautou, 1977).

• Plus au nord, la station de la Vieille-Église à la Balme-de-Thuy s'ouvre sur la rive droite du Fier à 620 m d'altitude. Elle se situe dans un environnement contrasté, à la limite supérieure de l'étage collinéen à chêne pubescent et de l'étage montagnard : série mésophile du pin sylvestre, du hêtre et du sapin. À moins de 5 km se trouve l'étage subalpin avec la série de l'épicéa. Fouillé par J.-P. Ginestet, le gisement offre 13 niveaux stratigraphiques regroupés en 7 périodes culturelles, de l'Azilien au Bronze final (Ginestet *et al.*, 1984).

• Dans le Vercors, le Pas de la Charmate (Châtelus, Isère) s'ouvre à 1 100 m d'altitude sur le versant nord de la Petite Cornouze. Ce vaste abri de plus de 70 m de long se situe dans l'étage montagnard inférieur, série mésophile du hêtre. De nombreuses occupations humaines, se succédant de la fin de l'Épipaléolithique au Néolithique moyen, ont été reconnues et fouillées par P. Bintz (Bintz, 1995).

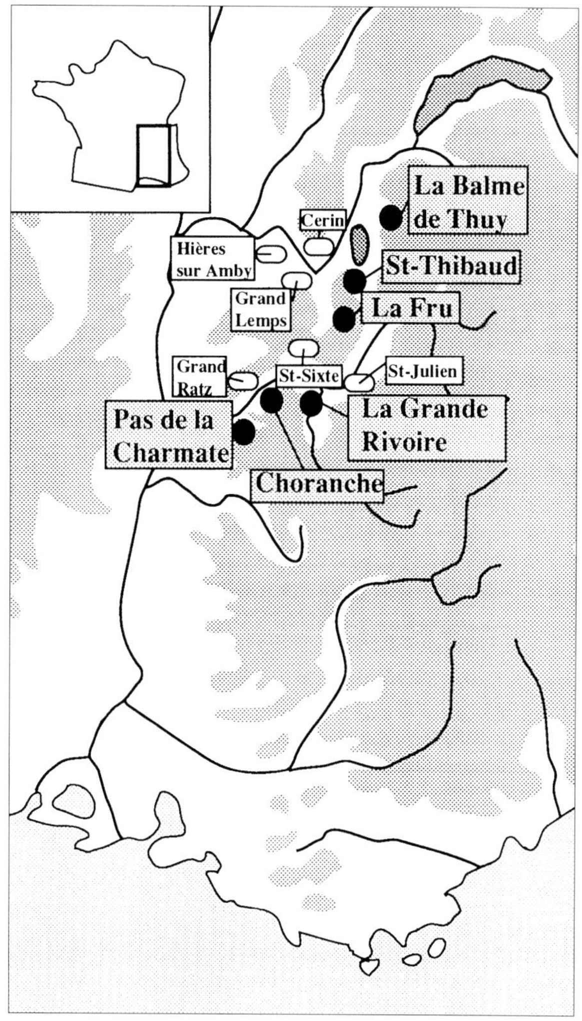

Figure 1. – Localisation des principaux sites et gisements mentionnés dans le texte.

• En face, le cirque de Choranche (Isère) se situe dans l'étage collinéen, série xérophile et mésoxérophile du chêne pubescent. Il recèle de nombreuses cavités. Trois d'entre elles (Coufin I, Coufin II et Balme-Rousse) ont livré des vestiges archéologiques fouillés par P. Bintz notamment. Coufin I et l'abri voisin de Coufin II, situés à 500 m d'altitude, témoignent d'une fréquentation au Mésolithique. Non loin de là, la grotte de Balme-Rousse est une vaste cavité qui s'ouvre plein sud, à 650 m d'altitude. Des occupations du Mésolithique, du Néolithique mais aussi des Âges des Métaux et du Moyen Âge ont été étudiées (Bui-Thi-Maï *et al.*, 1987).

• À quelques kilomètres à l'ouest de Grenoble, l'abri de la Grande-Rivoire (Sassenage, Isère) s'ouvre au sud à 580 m d'altitude dans l'étage collinéen, série planitiaire du chêne pédonculé à proximité de la série de la hêtraie-sapinière. Fouillé par R. Picavet, le remplissage porte les empreintes d'importantes occupations au Mésolithique et au Néolithique. La séquence est presque continue jusqu'au Gallo-Romain (Picavet, 1991).

LES VÉGÉTATIONS FINI-TARDI-GLACIAIRES

Les niveaux archéologiques les plus anciens étudiés du point de vue de l'anthracologie sont ceux de Saint-Thibaud-de-Couz (Vernet *in* Bintz *et al.*, 1994) (fig. 2). Le niveau IX avec bouleaux et genévriers traduit un paysage ouvert, une végétation développée sous climat froid que l'auteur attribue au Dryas ancien. Les niveaux VIII et VII montrent un réchauffement marqué par un premier développement du pin sylvestre mais aussi de feuillus comme le charme et le chêne ; le bouleau demeure dans le niveau VII. Ce réchauffement pourrait être attribué à l'interstade Bölling/Alleröd. Dans les niveaux VIB1-2 et VIA, les pins deviennent prépondérants ; le bouleau demeure cependant. La présence de cette espèce incite l'auteur à attribuer cette occupation azilienne au Dryas récent. Il faut signaler la bonne adéquation de ces résultats avec ceux de l'analyse pollinique (Girard, *in* Bintz *et al.*, 1994) en ce qui concerne, notamment, la présence du bouleau et l'accroissement des pourcentages de pins. Le Dryas moyen n'est, en revanche, perçu que par la palynologie. Bien que portant sur un nombre restreint d'échantillons (109), cette analyse donne une première base pour l'élaboration d'une biozonation fondée sur l'anthracologie.

Plusieurs grottes ou abris sous roche, fréquentés au début de l'Holocène, ont permis la fouille de niveaux attribués à l'Azilien ou à l'Épipaléolithique. Il s'agit de la couche D,

JEAN-PIERRE 1	6A	6B1-2	7	8	9
Juniperus		3	1	1	3
Pinus sylvestris	28	28		4	
Pinus sp.	3				
Pinus cf.uncinata	2	2			
conifère					
Betula cf.verrucosa	1	1	4		11
Feuillu		1			5
Abies alba			1		
Quercus f.c.			1	1	
Carpinus betulus				3	
Prunus cf.mahaleb				4	
Indéterminables				1	
	34	35	7	14	19
Dates 14C B.P.		10750 +/300	11900 +/360		11700 +/200
	Epipal.	Azilien moyen	Azilien ancien		Magdalénien supérieur

Figure 2. – Répartition stratigraphique des essences identifiées dans les charbons de bois à Jean-Pierre I (d'après Vernet *in* Bintz, 1994).

épipaléolithique, de Charmate I datée de 9 890 ± 140 BP (Ly-4 203) ; de la couche 7, azilienne, de la Balme-de-Thuy, datée de 9 820 ± 200 BP (Ly-2 619) ; de l'aire III C4, épipaléolithique, de la Fru, datée de 9 740 ± 370 BP (Ly-4 328) ; de la couche 3 de Charmate I, Mésolithique ancien, datée de 9 100 ± 250 BP (Ly-5 245). Ces niveaux ont tous livré des charbons de bois. Les spectres obtenus (fig. 3) sont assez pauvres du point de vue spécifique puisqu'à Charmate (couche D) 109 fragments de pin sylvestre (*Pinus sylvestris*) ont été identifiés sur les 110 charbons analysés (1 indéterminable). À la Balme-de-Thuy, couche 7, les 119 fragments analysés ont permis l'identification du pin sylvestre (96 %), du peuplier (*Populus sp.*) (2,5 %) et de 2 conifères indéterminés. À la Fru, le spectre est plus diversifié. Sur les 164 fragments analysés, le pin sylvestre représente 87 %, le chêne à feuillage caduc (*Quercus f.c.*) 3 %, les prunoïdées (*Prunus sp.*) 2,5 %. Une rhamnacée (*Rhamnus sp.*), deux érables (*Acer cf. platanoides*), un frêne (*Fraxinus excelsior*) et deux sorbiers (*Sorbus sp.*) ont aussi été identifiés. Ce résultat se corrèle très bien avec ceux obtenus dans le même niveau par M. Girard à partir de l'analyse des pollens (Girard *in* Pion *et al.*, 1990). Cet auteur démontre que si le pin est toujours l'élément prédominant, des essences thermophiles apparaissent comme le tilleul, l'orme et notamment le chêne.

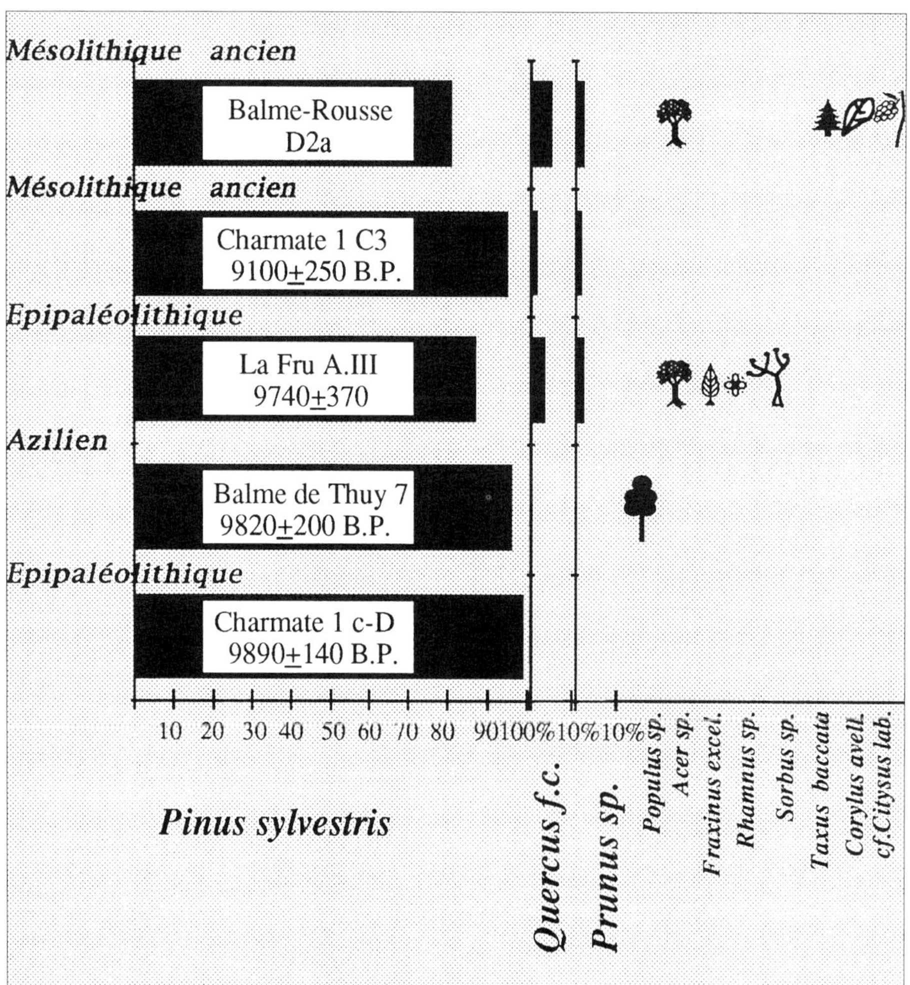

Figure 3. – La végétation contemporaine des populations aziliennes, épipaléolithiques ou du Mésolithique ancien se caractérise par l'importance du pin sylvestre.

Dans la couche C3 de Charmate, parmi les 119 fragments de charbons identifiés, 95 % sont du pin sylvestre, 1 % du chêne à feuillage caduc et des *Prunus sp* ; le reste est indéterminé ou indéterminable. À Balme-Rousse, la couche D2A, attribuée au Mésolithique ancien, n'a pas fait l'objet d'une datation absolue. Cependant, le spectre des charbons de bois, obtenu après identification de 108 fragments, présente 81,5 % de pin sylvestre, 5,5 % de chêne à feuillage caduc et d'if (*Taxus baccata*), 2 % de noisetier (*Corylus avellana*) et de prunoïdée, 1 % d'érable champêtre (*Acer campestre*) et de cytise (*cf. Laburnum anagyroides*). La prépondérance du pin sylvestre – associée à la présence du chêne et des *Prunus* – ainsi que l'attribution culturelle – Mésolithique ancien – de ce spectre nous permettent de suggérer une occupation contemporaine ou sub-contemporaine des précédentes. Elle serait plus récente si l'on considère la présence du noisetier et si l'on se réfère à son histoire régionale (Wegmüller, 1977). Les cinq spectres obtenus sont très homogènes du point de vue de leur composition : prédominance du pin sylvestre – toujours supérieur à 80 % – et pauvreté en taxon. Cependant, à partir de 9 700 BP environ, le chêne à feuillage caduc et les prunoïdées sont présents en courbe continue. De plus, dans les milieux les plus propices comme à la Fru et à Balme-Rousse, le spectre est plus riche qualitativement. Tout au long du Préboréal, si l'on se réfère aux dates obtenues sur les divers gisements, le milieu végétal des « Épipaléolithiques », « Aziliens » ou « Mésolithiques anciens » est principalement composé par le pin sylvestre. L'anthracologie enregistre, dès 9700 BP l'émergence du chêne à feuillage caduc avec des prunoïdées et le spectre s'enrichit.

Au millénaire suivant, entre 9 000 et 8 000 BP, qui correspond au Boréal selon la chronozone palynologique d'Europe du Nord (Mangerud *et al.*, 1974), les charbons analysés sont issus de niveaux sauveterriens (fig. 4). Mis à part la couche D de la Grande-Rivoire, datée de 8 740 ± 110 BP (Ly-5434), les autres occupations offrent des datations assez proches puisque sur 5 dates, 4 s'approchent de l'intervalle 8 300-8 000 BP (fig. 5).

Le spectre obtenu par l'analyse de la couche D de la Grande-Rivoire donne, pour 119 fragments analysés, 63 % de chêne à feuillage caduc, 26 % de *Prunus*, 6 % de noisetier, 3 % de pin sylvestre et de pomoïdées (tribu du pommier, poirier, sorbier, aubépine, etc.) et 1 % de charme (*Carpinus betulus*). Dans le niveau suivant, couche C, le chêne ne représente plus que 9 % des 138 fragments analysés. Le peuplier semble, dans cette couche, surreprésenté avec 28 % des espèces. Le pin n'atteint que 6 %, le noisetier 14 % et les *Prunus* 38 %. Parmi ces derniers, deux types ont pu être reconnus : le premier est *avium-padus,* le second *spinosa.* Le sureau (*Sambucus sp.*) représente 1 %, les sorbiers 2 %. Ces deux niveaux attribués au Sauveterrien présentent un milieu beaucoup plus mésophile que celui observé au millénaire précédent. Le pin sylvestre est en nette régression, les courbes des chênes et des prunoïdées s'accroissent, celle du noisetier se développe ; la richesse spécifique augmente. Le déclin du pin sylvestre est observé dans tous les gisements, même dans ceux situés en limite d'étage montagnard comme, le Pas de la Charmate – où le pin ne dépasse guère plus de 40 % des essences – et dans ceux plus au nord, comme la Balme-de-Thuy. Dans les sites les mieux exposés, Coufin I ou couche B3 de la Grande-Rivoire, il disparaît. Le chêne à feuillage caduc se développe en revanche dans des proportions variant entre 64 et 72 %. De plus, la présence d'espèces mésophiles est notée dans tous les gisements. À Charmate, C2 inf., il faut signaler la présence de l'orme, du tilleul, de sorbiers, des érables champêtre et plane, du noisetier, du frêne, du peuplier et d'un fragment de noyer. À Coufin I, les érables, noisetier et orme ont été identifiés. Il faut ajouter la présence du genévrier (*Juniperus cf. communis*) et du frêne. Si le chêne n'est pas identifié dans la couche 6A de la Balme-de-Thuy, une végétation, traduisant une ambiance plus fraîche que dans les gisements du Vercors, mais diversifiée, est observée. Elle est constituée de conifères dans de fortes proportions – genévrier (3,5 %), if (30 %), pin sylvestre (33 %) – et de feuillus – érables plane (12 %) et champêtre (6 %), frêne (13 %) et hêtre, pour lequel 1 fragment (0,5 %) a été identifié. La couche C2 sup. de Charmate est moins variée. Le pin continue sa régression (15 %), le chêne progresse (64,5 %), l'orme, le noisetier et l'érable champêtre sont présents, les pomoïdées type sorbier atteignent 17 % des 607 fragments identifiés. La couche B3 de la Grande-Rivoire a été rajoutée au tableau. Bien que non datée par le C14, elle témoigne de la même attribution culturelle et offre des spectres proches de ceux décrits. Ainsi le pin sylvestre n'a pas été reconnu, le chêne représente 64 % des 164 fragments analysés, le genévrier 17 %, les érables champêtres 3,7 %, les érables champêtres ou à feuille d'obier (*Acer campestre / opulifolium*) 3,7 % ; également, 6 fragments de bétulacées ont été reconnus et parmi eux 3 bouleaux ; le noisetier représente 3 %, les sorbiers 2 % et un fragment d'orme a été identifié. Ce spectre montre bien la coexistence d'un paysage en mosaïque, développé sous un climat assez frais – présence du bouleau – et ouvert – présence du genévrier – dans lequel s'installe progressivement la chênaie caducifoliée. Le niveau de transition C1/C2 attribué au Castelnovien et daté de 7 950 ± 100 BP (Ly-4 380) de Charmate s'inscrit dans cette continuité. Bien que seuls 50 fragments aient été identifiés (d'où la représentation en grisé de cette couche sur la figure), le pin offre le même pourcentage (14 %), le chêne est fortement représenté (80 %), frêne et sorbier sont présents.

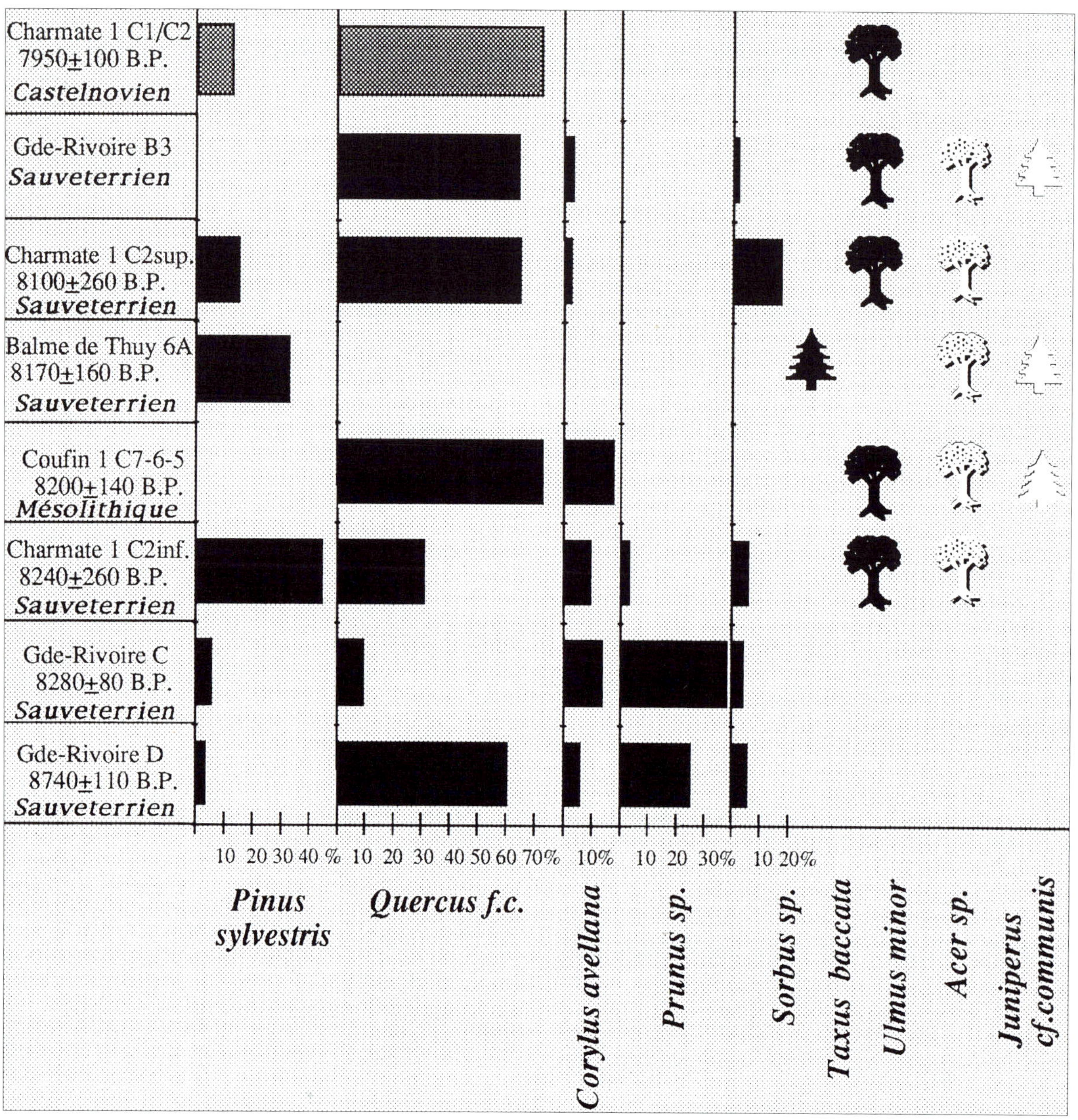

Figure 4. – La chênaie caducifoliée prédomine pendant près d'un millénaire, et constitue le principal environnement végétal des populations du Sauveterrien.

Le milieu végétal qui se développe au Sauveterrien est différent de celui que connurent les populations précédentes. Le pin sylvestre, chef de file des végétations du début de l'Holocène, diminue fortement ou s'efface dans les milieux les plus favorables. La chênaie caducifoliée se développe, sauf dans les sites les moins propices, sans doute à la faveur du réchauffement climatique. Dans tous les sites, la végétation se diversifie et s'enrichit d'espèces nouvelles, mésophiles, comme l'orme, les érables ou le tilleul. Les rosacées sont toujours très présentes.

À partir de 8 000 BP, mis à part la couche C1 du pas de la Charmate, datée de 7 820 ± 120 BP (Ly-3 786) et attribuée au Castelnovien, force est de constater un hiatus d'un millénaire et demi environ (fig. 5). La période située entre 7 820 ± 120 BP et 6 255 ± 100 (couche 5B de la Balme-de-Thuy) ne semble pas avoir livré de gisements ou de niveaux charbonneux pour le moment. Le niveau C1 de Charmate est très intéressant puisqu'il est en rupture nette avec le niveau précédent – transition C1/C2 –, lui aussi attribué au Castelnovien et dont les résultats, bien que portant sur un nombre statistiquement peu fiable, se corrèlent, de par l'importance des essences de la chênaie caducifoliée, avec ceux de la phase précédemment décrite. Parmi les 13 taxons identifiés en C1, il faut signaler la présence du genévrier commun (*Juniperus cf. communis*) et surtout de l'if (*Taxus baccata*) qui représente 21 % des essences du spectre (fig. 6). Dans la région, il n'avait été identifié, dans les charbons de bois, qu'à Balme-Rousse dans le Mésolithique ancien et à la Balme-de-Thuy, vers 8 000 BP, dans le niveau sauveterrien. À Charmate, au Castelnovien, on observe un paysage en mosaïque, composé de la chênaie caducifoliée – avec chêne, tilleul, orme et érable – et d'une végétation plus ouverte – avec pin sylvestre et if – et dans lequel le noisetier prend son essor. Il faut, au vue des données, plus d'un millénaire et demi pour que puisse s'effectuer le changement d'une économie fondée sur la prédation vers une économie fondée sur la production. Ainsi, la couche 5B de la Balme-de-Thuy est attribuée au Néolithique ancien sur la base de restes d'animaux domestiqués (Ginestet *et al.*, 1984). L'anthracologie, bien que portant, là encore, sur un nombre restreint de fragments (55), a permis l'observation d'une végétation d'où le pin est absent, constituée de l'if et du sapin – ce taxon apparaît pour la première fois dans les spectres anthracologiques –, et aussi d'érables, frêne, orme, sureau et rosacées. À Coufin I, les niveaux F3 et F2, subcontemporains et offrant une végétation similaire, ont été rassemblés. Attribuée au Méso-Néolithique, la couche F2 a donné une date 14C de 6 255 ± 100 BP (Ly-2 166). Le couvert végétal est dans la continuité des niveaux sous-jacents sur ce site, bien que la courbe des chênes, aux côtés de l'orme, frêne, noisetier et érable, soit en régression. Il faut signaler la présence du hêtre *Fagus silvatica* qui est, pour la première fois dans la région, identifié par les charbons. L'if n'est pas observé à Coufin I alors qu'il est bien représenté dans la couche C1B de Balme-Rousse, site voisin, à une période très contemporaine du point de vue du C14 (6 020 ± 150 BP) et dont la fréquentation a été, comme dans la couche 5B de la Balme-de-Thuy, attribuée au Néolithique ancien à partir de l'observation de faune domestiquée dans un contexte de chasse prédominant (Chaix, Bridault, 1994). Le spectre de Balme-Rousse, bien que moins riche, se rapproche de celui reconnu à Charmate avec la présence du pin sylvestre en filigrane, celle de la chênaie caducifoliée, ainsi que l'importance de l'if. La présence du hêtre à cette époque dans le cirque de Choranche est confirmée par son observation dans cette couche. Ce spectre offre aussi des affinités avec la couche B2 de la Grande-Rivoire, subcontemporaine et attribuée à la transition Méso-Néolithique. La courbe du chêne décline, alors que trois espèces, qui n'avaient pas été identifiées dans les couches sous-jacentes, sont présentes : il s'agit du sapin, de l'if et du frêne.

Le milieu végétal des populations protagonistes du changement d'économie n'est plus homogène. Il se lézarde et s'enrichit en espèces. La chênaie caducifoliée décline et laisse la place aux conifères comme le genévrier, le sapin et surtout l'if qui, aux côtés du frêne, deviendra l'espèce prépondérante du Néolithique.

L'étude anthracologique des niveaux fréquentés par les derniers chasseurs-cueilleurs montre clairement la succession des végétations dans le Vercors et la Chartreuse. Les résultats obtenus permettent ainsi de proposer une biozonation pour la région (fig. 7). La première phase, appelée Subalpin I (Sa1) par référence à la situation des gisements étudiés, rassemble les végétations du Tardiglaciaire, dominées par les pins, genévriers et bouleaux

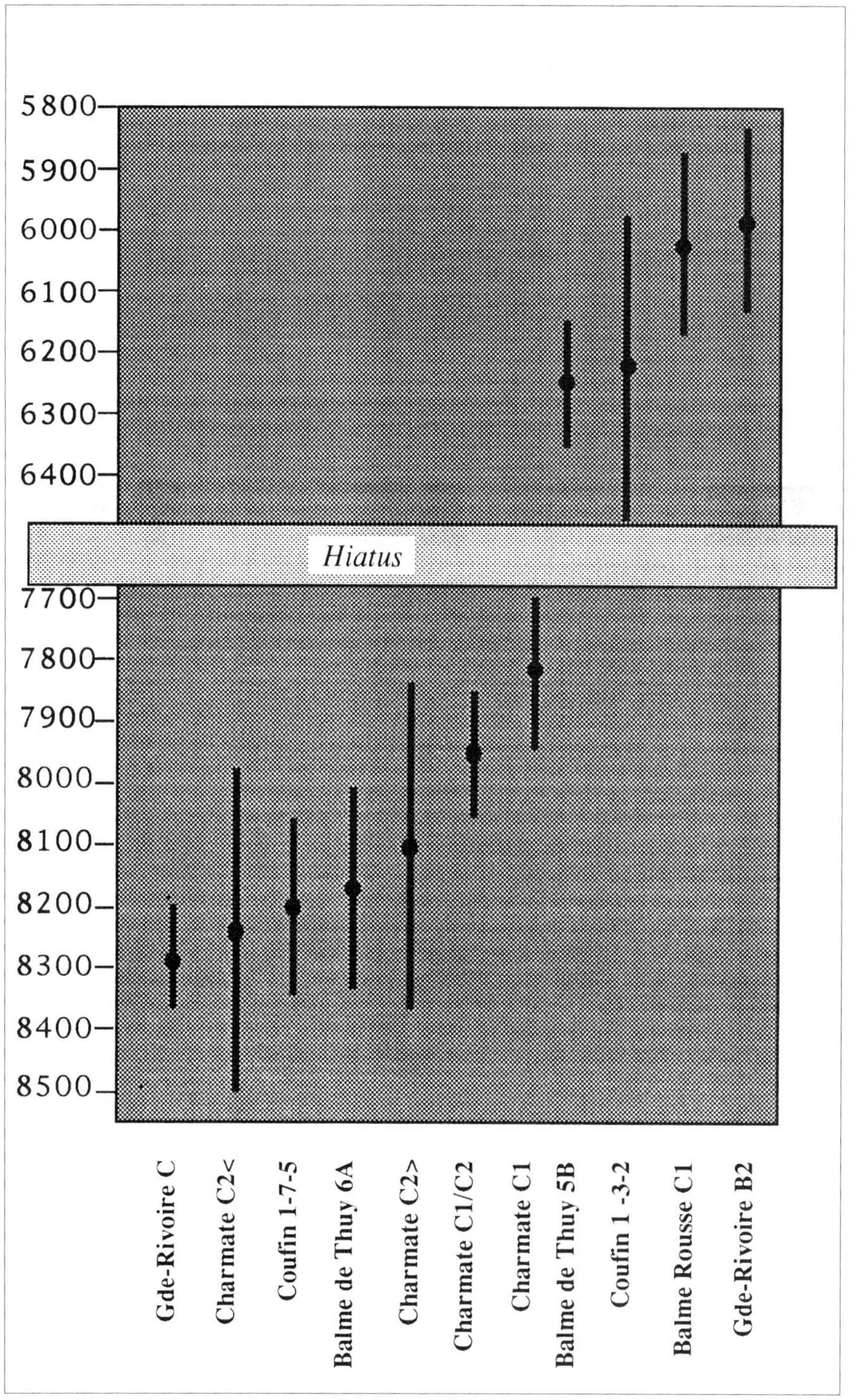

Figure 5. – Répartition des datations C14 et BP des niveaux sauveterriens, castelnoviens et Néolithique ancien du Vercors et de la Chartreuse.

principalement. Les stades les plus anciens sont très hypothétiques pour le moment, car ils ne se fondent que sur les résultats de Saint-Thibaud-de-Couz. Cependant on peut distinguer un premier stade (Sa1a), antérieur à 13 000 BP avec genévriers et bouleau (couche 9 de Saint-Thibaud) ; un deuxième (Sa1b) aux alentours de 13 000 BP dans lequel genévriers, bouleaux et quelques feuillus mésophiles comme le chêne, traduisant un réchauffement, ont été reconnus (couches 8 et 7 de Saint-Thibaud) ; un troisième stade (Sa1c) plus tardif, aux alentours de 11 000 BP, où le pin (type *sylvestris/uncinata*) prédomine, toujours

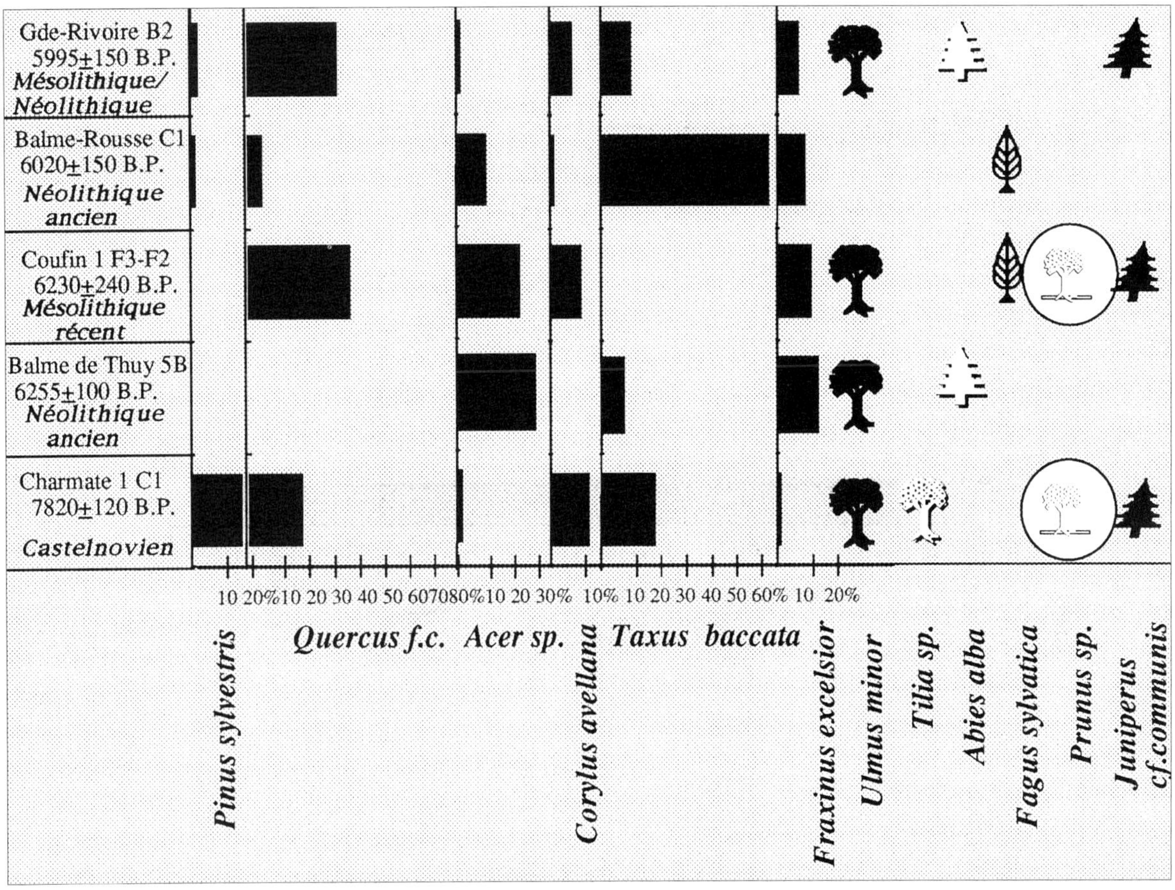

Figure 6. – Principales essences identifiées par les charbons de bois dans les différents niveaux occupés pendant la transition Méso-Néolithique dans les gisements du Vercors et de la Chartreuse.

accompagné de quelques bouleaux (couche 6 de Saint-Thibaud). Le stade suivant Sa1d couvre un millénaire environ entre 10 000 et 9 000 BP. Les résultats se fondent sur l'analyse des charbons issus de plusieurs gisements et montrent l'importance du pin. À la fin du millénaire, le chêne et les prunoïdées sont observés dans les sites, la végétation s'enrichit en espèces, le noisetier apparaît, ainsi que l'érable, l'orme et l'if. Si l'on se réfère aux datations C14 qui se chevauchent autour de 8 800 BP, vers cette époque un changement de végétation est donc observé. C'est la phase Sa2, qui se caractérise par le déclin de la courbe des pins, l'émergence de la chênaie caducifoliée et la diversification des taxons. Sans doute à la faveur d'un radoucissement du climat, la chênaie se développe dès 8 700 ± 100 BP – comme les résultats de la Grande-Rivoire, couche D, le suggèrent. La majorité des niveaux étudiés sont datés, cependant, du dernier quart du millénaire. Les résultats obtenus sont homogènes si l'on considère la dynamique globale ; des différences, liées à la position géographique des sites, restent malgré tout observables. La phase suivante (Sa3) est caractérisée par le déclin de la chênaie caducifoliée au profit d'une végétation dans laquelle l'if et le frêne vont prendre une place prépondérante, et où le sapin et le hêtre apparaissent. Mis à part la couche C1 de Charmate – datée de 7 820 ± 120 BP et qui se situe, chronologiquement, dans la continuité des niveaux précédents mais qui offre une végétation caractéristique de la phase Sa3 –, les autres niveaux étudiés se situent, chronologiquement, après un hiatus d'un millénaire et demi. Plusieurs hypothèses peuvent être émises afin de tenter d'expliquer ce changement dans la composition des végétations : soit la chênaie caducifoliée a perduré pendant le hiatus sur les autres gisements que Charmate, soit, comme semblent plutôt le suggérer les résultats de Charmate, la végétation a changé sous l'impulsion de facteurs qu'il s'agit de déterminer. Ceux-ci peuvent être de deux ordres : climatique ou anthropique. En effet, si l'on se réfère à l'écologie des espèces qui apparaissent dans cette troisième phase, il peut s'agir d'un rafraîchissement climatique qui a pour conséquence une disparition des espèces les plus mésophiles au profit d'espèces à affinités plus montagnardes. Cependant ces végétations se mettent en place en même temps que se dessine un changement dans l'économie et les stratégies de subsistance. Penser que ces deux phénomènes sont indépendants n'est pas possible. Le démontrer ne l'est pas non plus dans l'état actuel des recherches. Il s'agit avant tout, pour ces occupations, de pouvoir définir leurs économies. Il semble, en effet, que nous ayons affaire à une mosaïque de sociétés en voie de mutation. La prédation est encore le fondement de l'économie et l'impact de ces sociétés sur le milieu apparaît négligeable. Lié à un changement climatique il peut néanmoins souligner, voire renforcer, certains de ces changements.

Afin de caler la biozonation anthracologique proposée ci-dessus par rapport à la végétation régionale et de pouvoir cerner un éventuel impact humain sur le milieu, une comparaison entre les chronozones obtenues par les pollens en Jura méridional (Ruffaldi, 1993), dans le Bas-Dauphiné (Clerc, 1988) et la biozonation anthracologique est proposée (fig. 8). Rappelons que les résultats palynologiques ont été obtenus à partir de l'analyse de sites de tourbières. Il s'agit (fig. 1) de la tourbière du Cerin, située à 764 m d'altitude dans le Jura méridional, étudiée par P. Ruffaldi (1993), qui apporte des informations sur l'évolution de la végétation depuis le Tardiglaciaire. Des tourbières situées dans le Bas-Dauphiné et analysées par J. Clerc (1988). Elles se répartissent depuis la plaine jusqu'en situation de colline. Il s'agit de Hières-sur-Amby (212 m), Saint-Sixte (650 m), Saint-Julien-de-Ratz et le Grand-Ratz (650 m) et le Grand-Lemps (500 m). L'adéquation entre les résultats de l'anthracologie et ceux de la palynologie est intéressante à constater. La phase Sa1a avec des végétations à genévriers et bouleaux est attribuée au Dryas ancien mais la palynologie ne livre pas, pour cet épisode, de pollens arboréens. Sa1b, dans laquelle genévriers et bouleaux sont accompagnés de feuillus mésophiles, se corrèle bien avec l'épisode Bölling/Alleröd. Le Dryas moyen n'est pas reconnu dans les charbons. La phase suivante (Sa1c) à pin et bouleau serait plutôt attribuée au Dryas récent car, par la présence du bouleau et la disparition des mésophiles, elle marque un épisode de reprise du froid. À partir du Préboréal, phase Sa1d, les anthracozones se calquent sur les palynozones, les chefs de files des végétations sont les mêmes : pin dominant avec apparition du chêne et du noisetier, puis développement de la chênaie caducifoliée – bien marqué au Boréal et pendant une partie de l'Atlantique ancien –, puis régression de la chênaie avec, dans le même temps, l'apparition d'une phase à *Taxus*, accompagnée des premiers *Abies* et *Fagus*.

Pour les palynologues, l'installation de l'if s'effectue dans une chênaie en fin d'évolution à la faveur d'un accroissement de l'humidité. L'analyse des fluctuations du niveau des lacs d'après la sédimentologie montre une phase transgressive sur le lac du Cerin à la fin de l'Atlantique ancien, contemporaine de la phase régressive observée sur les lacs jurassiens et subalpins (Magny, 1991). L'optimum de *Taxus* se situe plus tardivement dans les tourbières du Bas-Dauphiné. De la même façon, en Vercors et Chartreuse l'apparition de *Taxus,* dans les charbons de bois, semble synchrone avec celle observée à Cerin mais l'optimum de l'if est contemporain de celui observé dans le Bas-Dauphiné. Si sapin et hêtre apparaissent en même temps que l'if, ce dernier joue un rôle beaucoup plus important par la suite dans les diagrammes anthracologiques. Il est difficile, en effet, pour l'anthracologie, de considérer l'if comme une simple transition entre l'optimum de la chênaie mixte et l'installation de la hêtraie sapinière. D'une part, son apparition est synchrone avec une nouvelle économie fondée sur la production ; d'autre part, en Vercors, la hêtraie-sapinière – même si les essences qui la composent sont présentes en courbes plus ou moins continues comme aux Sarrasins, à la Grande-Rivoire ou à la Balme-de-Thuy (Thiébault, 1988, 1994a, 1994b) – ne joue jamais un rôle prépondérant dans les spectres.

Les résultats obtenus par l'anthracoanalyse sont bien corrélés avec ceux de la palynologie régionale en ce qui concerne la fin du Tardiglaciaire et le début de l'Holocène jusqu'à la fin de l'Atlantique. Il est intéressant de constater que la plupart des changements observés dans la végétation sont synchrones avec les changements culturels : Sa1 Azilien-Mésolithique ancien, Sa2 est bien corrélé avec les occupations du Sauveterrien alors que Sa3 rassemble des niveaux de transition entre le

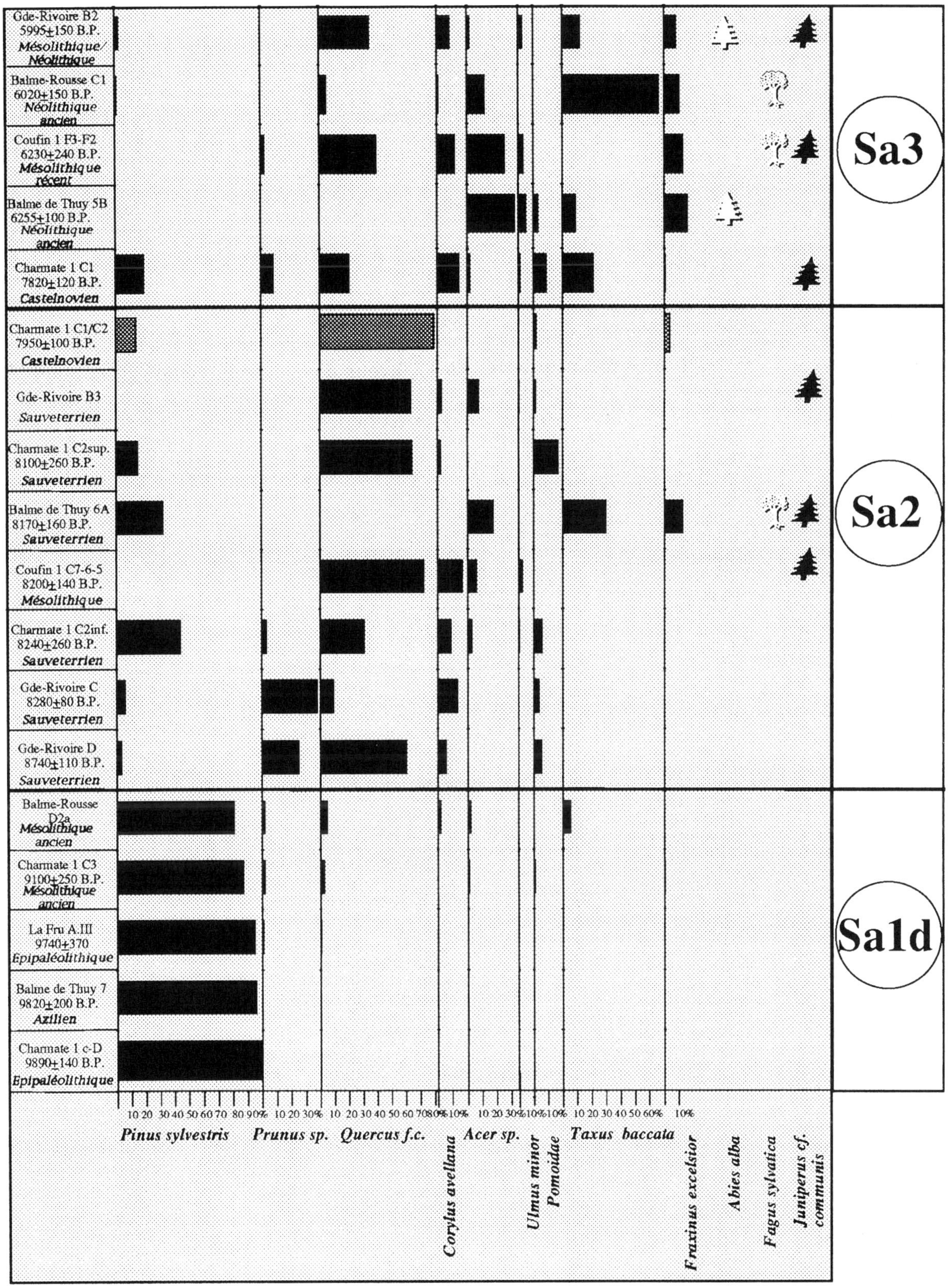

Figure 7. – Diagramme synthétique montrant l'évolution de la végétation dans la zone subalpine. Trois anthracozones sont proposées pour le début de l'Holocène : 10 000-6 000 BP.

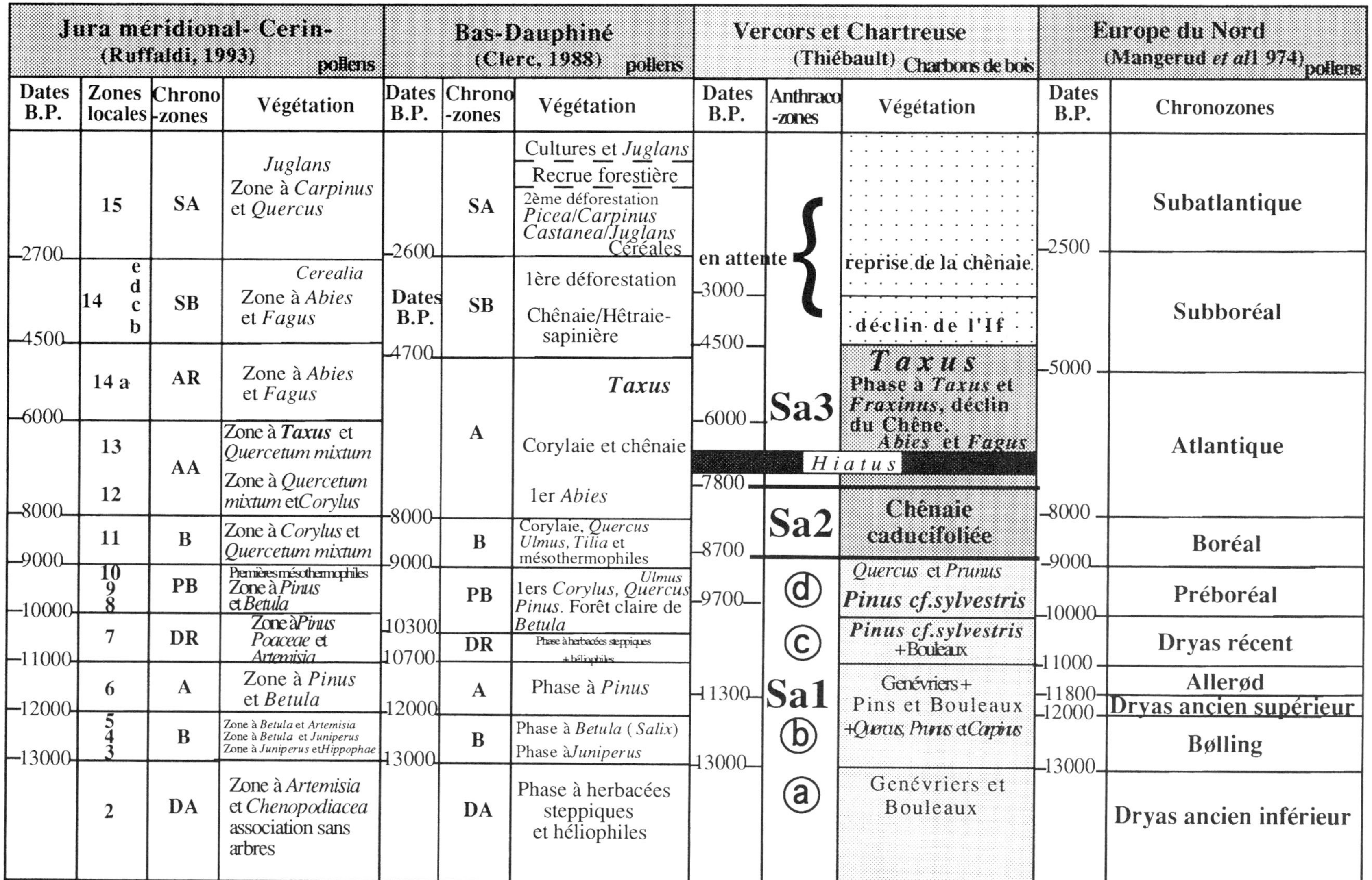

Figure 8. – Comparaison entre les chronozones obtenues par les pollens en Jura méridional, Bas-Dauphiné et Europe du Nord avec la première biozonation proposée par l'anthracoanalyse des gisements du Vercors et de la Chartreuse. Cette biozonation est surtout argumentée pour le Tardiglaciaire et le début de l'Holocène (d'après Ruffaldi, 1993).

Mésolithique et le Néolithique ancien dont l'attribution à Balme-Rousse et à la Balme-de-Thuy se fonde sur la présence de restes d'animaux domestiqués en contexte de chasse (Chaix et Bridault, 1994). Aller au-delà de cette observation revient à poser la question de savoir si les différents groupes humains sont tributaires d'un environnement ou non, et s'ils ont eu des réponses différentes aux modifications de l'environnement. Le hiatus observé entre la datation de Charmate (couche 1) et celle de la Balme-de-Thuy (couche SB) pourrait alors être ainsi expliqué. De plus, les études effectuées en archéozoologie par A. Bridault et L. Chaix (Chaix et Bridault, 1994 et ce volume) indiquent que les spectres de chasses se modifient entre les phases anciennes et le Mésolithique. Il apparaît que, pour la chasse, tous les biotopes ont été exploités et que les sites n'étaient occupés qu'à certaines saisons. Nous manquons d'indices supplémentaires pour aller plus loin et il s'agit maintenant de croiser les données acquises à partir des sites de grottes de collines et de basse montagne avec celles qui vont être obtenues sur les sites d'altitude. Ces derniers donneront des indices beaucoup plus fins sur les lieux d'approvisionnement, d'une part, et sur les fluctuations climatiques, d'autre part, notamment à ce moment charnière que constitue la période de transition entre le Mésolithique et le Néolithique.

CONCLUSIONS

Les résultats présentés ici montrent qu'il est maintenant possible, pour la fin du Tardiglaciaire et le début de l'Holocène, de proposer une biozonation anthracologique bien corrélée aux résultats de la palynologie régionale. Il apparaît que les changements de végétations sont synchrones des changements culturels. À la fin de l'Atlantique ancien, le passage d'une phase Sa2 – dominée par la chênaie caducifoliée – à une phase Sa1 – dans laquelle l'if et le frêne apparaissent pour se développer par la suite aux côtés du hêtre et du sapin – pose la question de l'impact de l'homme sur le milieu, et du rôle qu'il a pu jouer dans le développement de l'if, notamment pendant tout le Néolithique. Le décor végétal des derniers chasseurs-cueilleurs est maintenant dressé.

BIBLIOGRAPHIE

BINTZ (P.) *et al.*, Les grottes Jean-Pierre I et II à Saint-Thibaud-de-Couz. Ire part. : Paléoenvironnement et cultures du Tardiglaciaire à l'Holocène dans les Alpes du Nord. *Gallia Préhistoire,* t. 36, p. 145-266.

BINTZ (P.), Abri mésolithique du Pas de la Charmate à Châtelus (Isère). *In : Livret-guide de l'excursion : Préhistoire et Quaternaire en Vercors,* Ve Congrès international UISPP (XIIe commission), Grenoble, 1995, p. 104-117.

BUI-THI-MAÏ, GIRARD (M.), BINTZ (P.), VITAL (J.), Végétations, variations climatiques et évolution culturelle du Tardiglaciaire à l'Holocène à Choranche (Vercors, Isère). *Revue de Paléobiologie*, vol. VI, n° 2, 1987, p. 411-431.

CHAIX (L.), BRIDAULT (A.), Nouvelles données sur l'exploitation des animaux sauvages : de l'Épipaléolithique au Mésolithique final dans les Alpes du Nord et le Jura. *Preistoria Alpina,* Museo Tridentino di Scienze Naturali, vol. XXVIII, 1994, p. 115-127.

CLERC (J.), *Recherches pollenanalytiques sur la paléoécologie tardiglaciaire et holocène du Bas-Dauphiné.* Thèse de doctorat d'État de l'université d'Aix-Marseille, 1988, 179 p.

GINESTET (J.-P.), BINTZ (P.), CHAIX (L.), ÉVIN (J.), OLIVE (C.), L'abri sous roche de la Vieille-Église, la Balme-de-Thuy (Haute-Savoie), premiers résultats. *Bulletin de la Société préhistorique française*, t. 81, n° 10-12, 1984, p. 320-342.

MAGNY (M.), *Une approche paléoclimatique de l'Holocène : les fluctuations des lacs du Jura et des Alpes du Nord françaises.* Thèse de l'université de Franche-Comté, 1991.

MANGERUD (J.), ANDERSEN (S. T.), BERGLUND (B. E.), DONNER (J. J.), Quaternary Stratigraphy of Norden, a Proposal for Terminology and Classification. *Boreas* 3, 1974, p. 105-127.

PAUTOU (G.), Carte de la végétation de la France, n° 54. *Feuille de Grenoble*, éd. du CNRS, 1977.

PICAVET (R.), *L'abri sous roche de la Grande-Rivoire (Sassenage, Isère).* Mémoire de diplôme de l'EHESS, 1990, 216 p.

PION (G.) *et al.*, L'abri de la Fru à Saint-Christophe (Savoie). *Gallia Préhistoire,* t. 32, p. 65-123.

RUFFALDI (P.), *Histoire de la végétation du Jura méridional depuis le retrait du glacier würmien à partir des analyses palynologiques du lac de Cerin (Ain, France).*

Thèse de sciences, université de Franche-Comté, 1993, 254 p. + ann.

THIÉBAULT (S.), L'homme et le milieu végétal : analyse anthracologique de six gisements des Préalpes sud-occidentales aux Tardi- et Postglaciaire. *Documents d'archéologie française,* n° 15, 1988, 112 p.

L'exploitation des hautes terres : l'exemple des Préalpes sud-occidentales françaises : l'apport de l'anthracologie. *Actes*, colloque de Brescia 1993 : « Highland Zone Exploitation in Southern Europe », *Monografie di Natura Bresciana* 20, 1994a, p. 73-93.

Évolution de la végétation holocène à la Balme-de-Thuy (Haute-Savoie, France) : l'apport de l'anthracologie. *Revue de Paléobiologie,* vol. XIII, 1994b, p. 341-350.

VITAL (J.), BINTZ (P.) *et al.*, Les occupations protohistoriques et historiques du cirque de Choranche (Isère-Vercors). *Gallia Préhistoire,* t. 33, 1991, p. 207-267, 27 fig.

WEGMÜLLER (S.), *Pollenanalytische Unter-suchungen zur spät und postglazialen Vegetationsgeschichte der französischen Alpen (Dauphiné)*, Paul Haupe, Berne, 1977, 185 p.

APPROVISIONNEMENTS EN MATIÈRES PREMIÈRES DANS LES SITES MÉSOLITHIQUES DU VERCORS

RAW MATERIAL SUPPLY IN MESOLITHIC SITES IN THE VERCORS

Jehanne Affolter, Catherine Grunwald

Résumé. – La géomorphologie et les ressources en matières premières du massif du Vercors, massif montagneux qui appartient à la bordure nord-occidentale de l'arc alpin, sont brièvement décrites. Les sites mésolithiques, dont les matières premières siliceuses ont pu être analysées, sont situés dans ce contexte. Des constantes dans le comportement des populations mésolithiques vis-à-vis des matières premières sont dégagées. Elles permettent de mettre en évidence une évolution dans le choix des variétés de silex au cours du Mésolithique.

Mots clés : géomorphologie, ressources en matières premières, analyse pétrographique, sites archéologiques, choix des variétés de silex, barrière géographique, collecte opportuniste, approvisionnement organisé.

Abstract. – The geomorphology and the raw material ressources from the mountain range of the Vercors, located on the north-western edge of the alpine arc, are briefly described. Some mesolithic sites, whose raw material supply was studied by petrosedimentary analysis, are placed in this context. The behaviour of mesolithic people shows constant features with regard to raw materials. These bring to the fore an evolution in the raw material choice during the Mesolithic.

Key words : geomorphology, raw material survey, petrographic analysis, archaeological settlements, flint kinds choice, geographic barrier, opportunist gathering, organized supply.

Le massif du Vercors appartient à la bordure nord-occidentale de l'arc alpin. Il constitue une entité géographique particulière. Les groupes qui l'ont habité ont-ils eu le même comportement face aux matières premières durant tout le Mésolithique ?

CADRE GÉOGRAPHIQUE

Le Vercors est formé d'une dalle de calcaire urgonien bordée à sa périphérie de hautes falaises ; elle est profondément entaillée par les vallées de la Bourne et de la Vernaison. Sa surface est légèrement ondulée selon des plis orientés nord-sud (val de Lans, val de Romeyère-Vernaison) qui conditionnent deux axes principaux de circulation. L'altitude moyenne des plateaux est de 1 000 m, les sommets culminant à plus de 1 400 m ne sont pas rares. Les vallées, souvent encaissées et formant des gorges, se trouvent à environ 250 m d'altitude.

Deux rivières confluantes drainent ces plateaux : la Vernaison dans la moitié sud, la Bourne dans la moitié nord.

L'accès le plus aisé est le val de Lans, à l'extrémité nord du massif ; on y accède aussi par l'extrémité sud (col du Rousset) où la dalle urgonienne s'amincit, et par la façade ouest en empruntant quelques « pas ».

Ainsi, ce massif présente des contraintes au déplacement : on se trouve en moyenne montagne, avec de grandes étendues sans obstacles majeurs entrecoupées de vallées abruptes imposant de fortes dénivellations. Les cours d'eau sont des torrents encaissés difficiles à traverser.

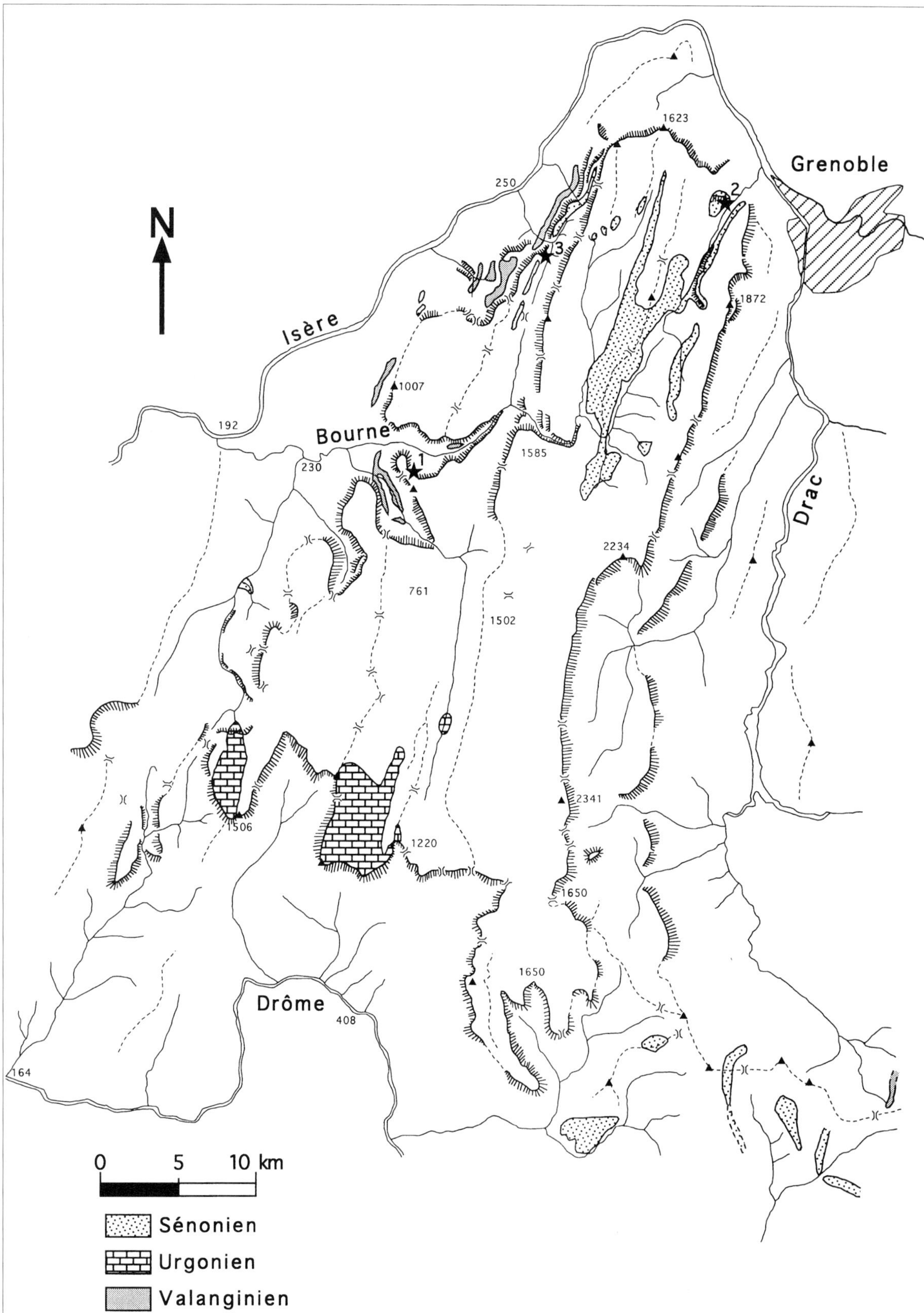

Figure 1. – Localisation des gîtes et des sites du Vercors. Sites archéologiques (★) – 1. Pas de la Charmate. 2. La Grande-Rivoire. 3. Pas de l'Échelle.

LES RESSOURCES EN MATIÈRES PREMIÈRES

Le Vercors contient trois niveaux principaux à silex (Grunwald, Affolter, 1995) : le Valanginien, l'Urgonien (Barrémo-bédoulien) et le Sénonien (fig. 1).

Le Valanginien n'affleure que sur le flanc nord-ouest du massif, et au fond de la basse vallée de la Bourne. Le silex se présente en fragments de bancs qui ont été silicifiés. Ils sont de qualité moyenne et présentent un microfaciès périrécifal (*sensu lato*) grossier.

Les niveaux à silex urgoniens sont limités à la partie sud du massif. Les silex s'y trouvent en gros nodules réguliers de bonne qualité. Leurs microfaciès sont variés et correspondent aux différents domaines de sédimentation d'une plate-forme carbonatée peu profonde aux eaux assez agitées.

Le Sénonien n'existe que dans la partie nord-est du Vercors. Le plus souvent, on le trouve en position secondaire dans les molasses miocènes ; les silex qu'il contient sont alors très faciles à récolter. Leur qualité et leur taille sont très variables et leurs microfaciès indiquent un milieu de sédimentation plus profond et plus calme.

Ainsi, les principaux gîtes de matières premières ont une répartition géographique limitée. Cette polarité des gîtes permet de mieux appréhender les déplacements et/ou les échanges de matériaux des populations qui ont fréquenté ces massifs.

LES SITES ANALYSÉS

Quelques sites ont fait l'objet d'une analyse pétrographique visant à identifier de façon qualitative et quantitative les matières premières qui y ont été apportées (fig. 1 et 2).

• Le Pas de la Charmate se trouve à 1 100 m d'altitude, au-dessus des gorges de la Bourne (Bintz, 1995). Cet abri sous roche a livré des niveaux du Mésolithique ancien, moyen et récent, datés respectivement d'environ 9 100, 8 300 et 7 900 BP. Le gîte de silex le plus proche est le gîte valanginien, qui affleure en contrebas à 450 m d'altitude.

• La Grande-Rivoire se situe à 580 m d'altitude, à l'entrée des gorges du Furon, qui donnent accès au val de Lans ; elles constituent le principal accès au Vercors par le nord. Des occupations du Mésolithique moyen et récent et du Néolithique ancien (datation 8 800 à 5 500 BP) y ont été découvertes. Des rognons de silex sénoniens affleurent dans les parois mêmes de la grotte.

• L'abri de l'Échelle est assez isolé, au nord-ouest du massif, à 990 m d'altitude. Des occupations du Mésolithique et du Néolithique ancien ont été mises en évidence dans ce site. Un affleurement de silex de qualité médiocre se trouve à proximité.

CHOIX DES MATIÈRES PREMIÈRES DANS LES SITES

Nous considérons comme local un silex provenant de moins de 5 kilomètres en terrain plat, c'est-à-dire dont le gîte se trouve à moins d'une heure de marche du site archéologique considéré. Lorsque du silex local existe, il est surtout utilisé au début des occupations mésolithiques (fig. 2). Dans les couches supérieures, ce silex local est délaissé au profit des matériaux exogènes. Il faut remarquer que ces silex locaux sont dans l'ensemble de qualité médiocre. Ce n'est donc pas la proximité d'un gîte de bonne matière première qui a guidé le choix de l'emplacement des sites.

Les silex exogènes, c'est-à-dire ceux qui se trouvent à plus d'une heure de marche des sites, sont utilisés différemment :

– le silex valanginien est peu apprécié (fig. 3). Ses affleurements sont peu accessibles depuis le haut du plateau, car ils se trouvent au fond de vallées étroites ou au milieu de

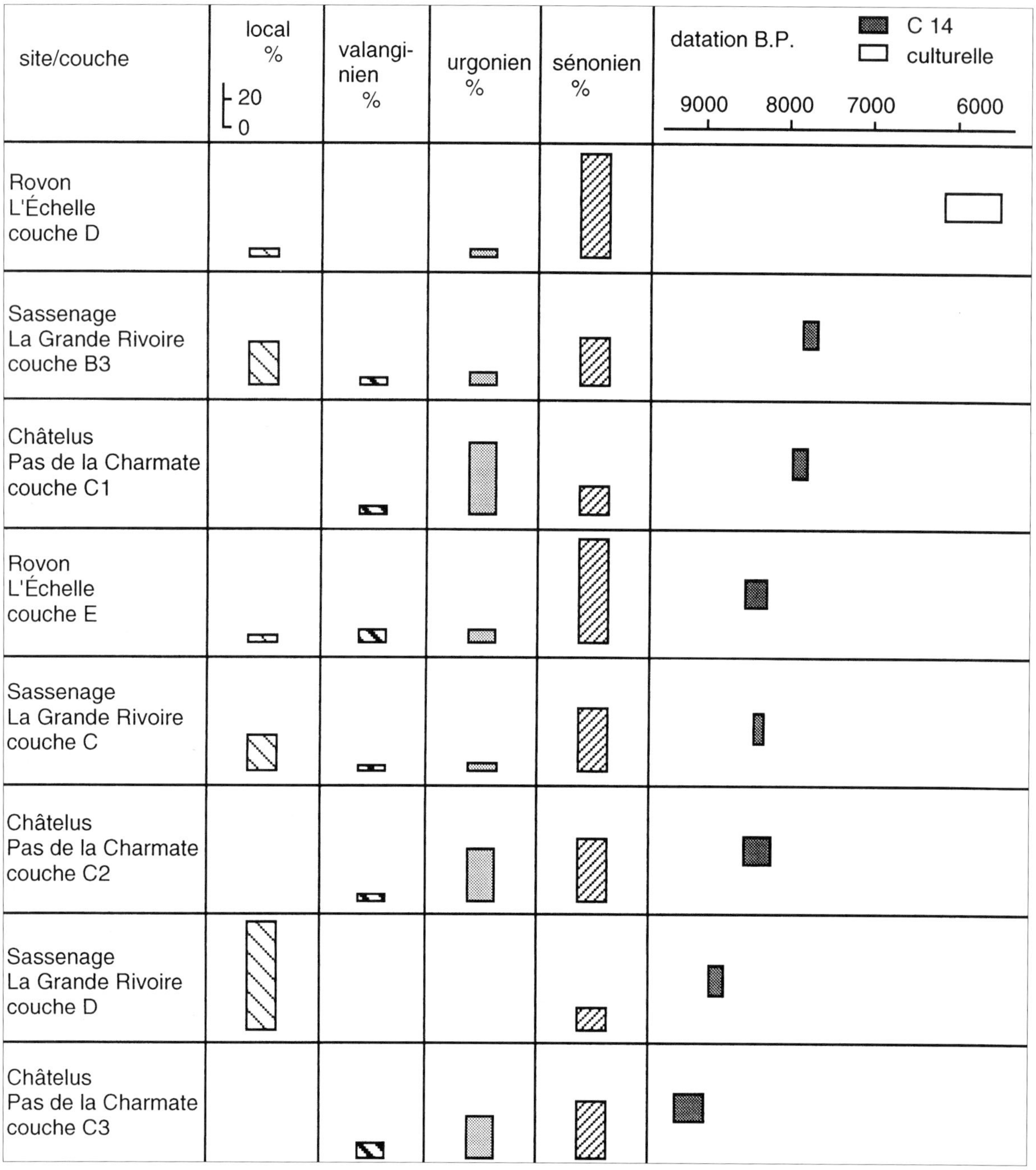

Figure 2. – Vercors : utilisation des principaux matériaux dans les sites mésolithiques.

falaises. Il est un peu employé au début des occupations, puis de moins en moins pendant les périodes plus récentes ;

– l'urgonien est surtout exploité par les occupants de la moitié sud du Vercors (fig. 4). Il fait son apparition dans le Nord du massif au Mésolithique moyen, puis est de plus en plus apprécié. Il reste cependant minoritaire dans les assemblages du Nord du massif. Cela est probablement dû au fait que les habitants de cette partie du Vercors devaient franchir les gorges de la Bourne pour atteindre ses affleurements ;

– le sénonien est utilisé dans tout le massif dès le Mésolithique ancien (fig. 5). Au cours du Mésolithique, il perd de l'importance au profit

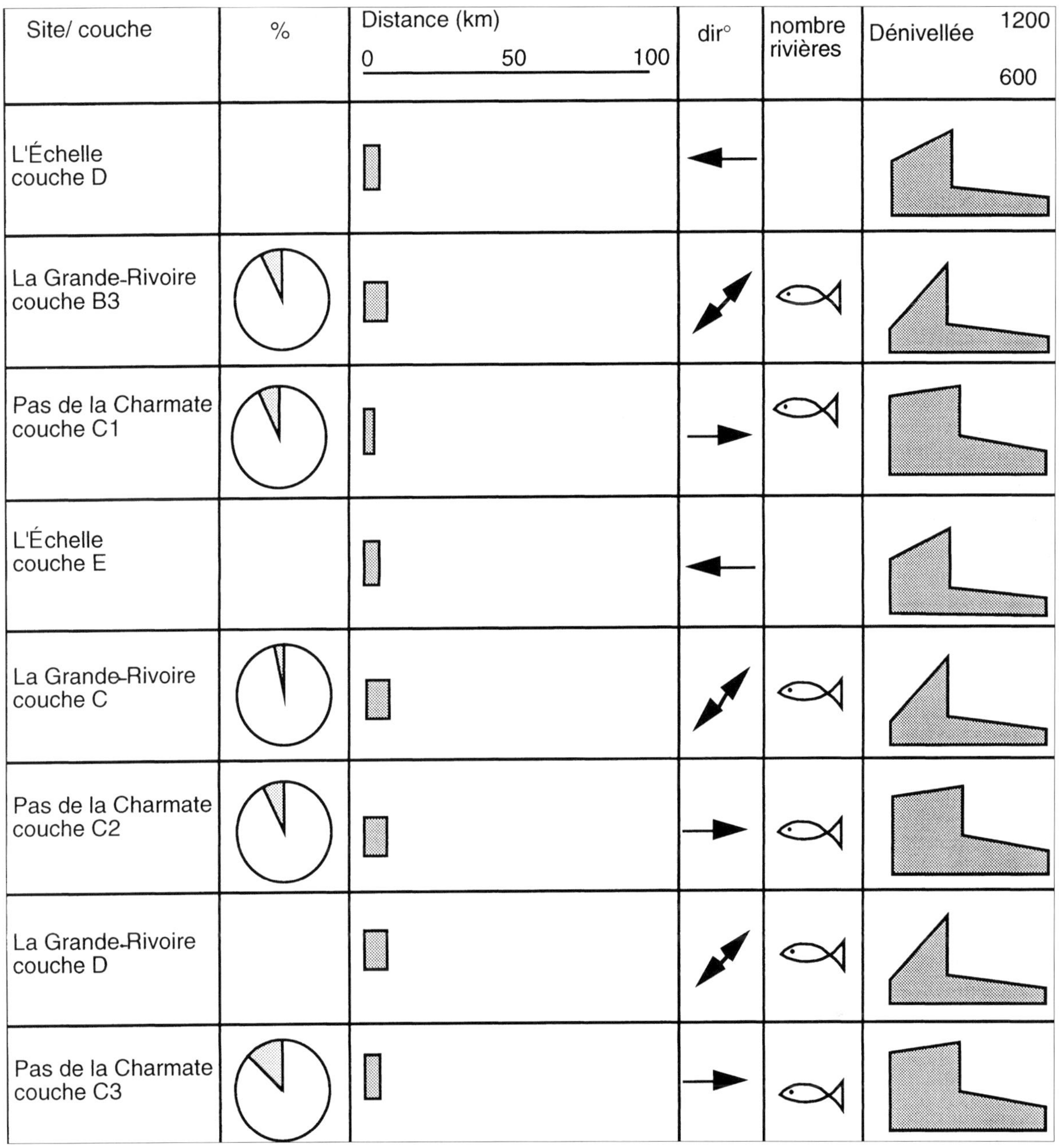

Figure 3. – Vercors : utilisation du silex valanginien au Mésolithique.

de l'urgonien dans les sites de la moitié sud du massif. Dans la moitié nord, bien que de plus en plus concurrencé par le silex urgonien, il reste largement majoritaire.

Les distances sont assez courtes, ce qui supprime cet obstacle des facteurs susceptibles d'intervenir dans le choix des gîtes. Comme cela a été souligné plus haut, les rivières sont peu nombreuses, mais très encaissées et difficiles à franchir. Les falaises ont joué un rôle de barrière géographique non négligeable ; les dénivellations sont très importantes. Le facteur essentiel de choix semble être un équilibre entre les dénivellations positives et négatives qu'il faut franchir pour atteindre les gîtes et en revenir.

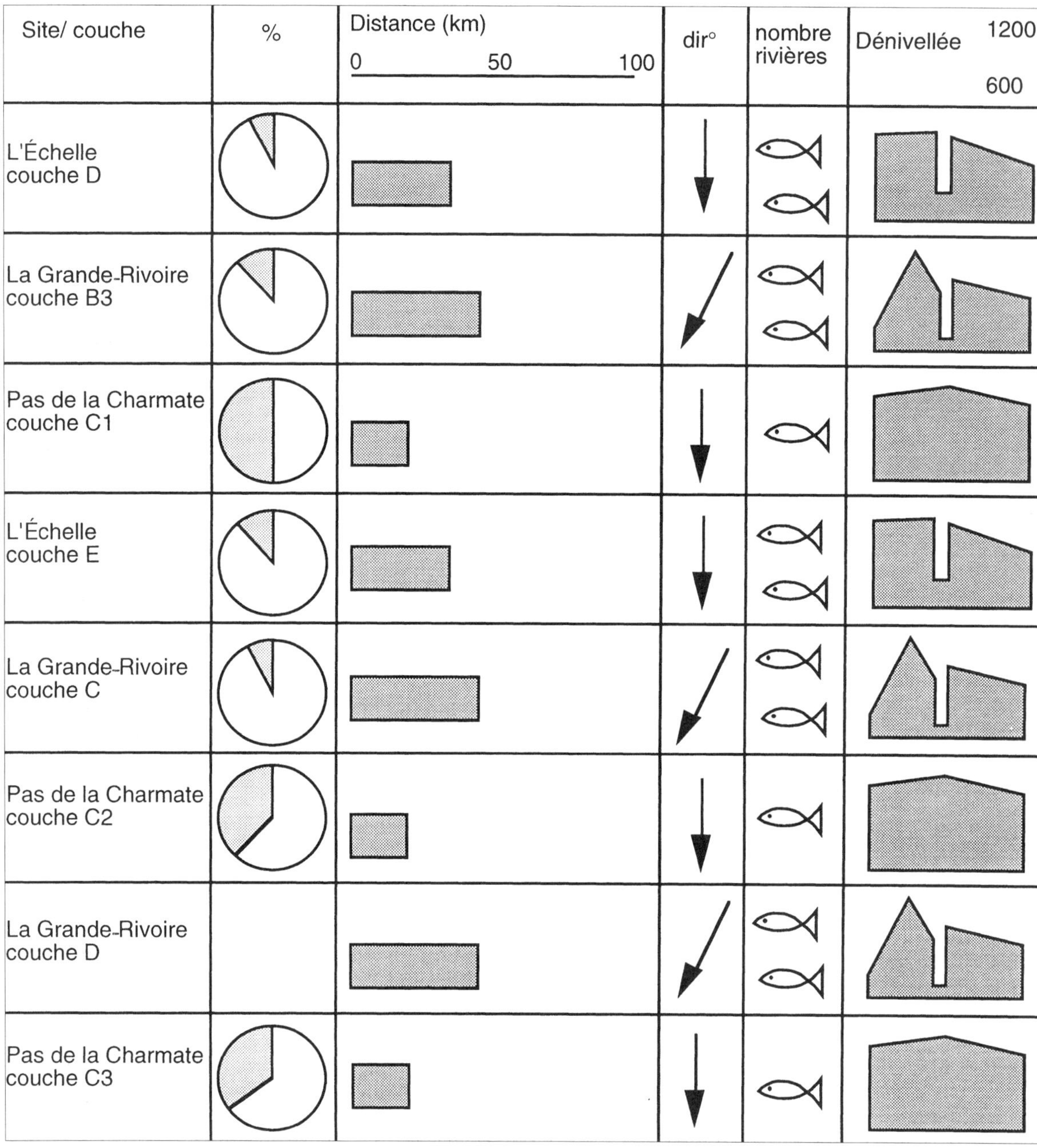

Figure 4. – Vercors : utilisation du silex urgonien au Mésolithique.

CONCLUSION

Au début du Mésolithique, les occupants du Vercors ne semblent pas s'inquiéter de choisir des matériaux particuliers pour servir de support à leur industrie. Où qu'ils aillent, ils se contentent de ramasser ce qu'ils trouvent. C'est une collecte opportuniste, ils ne se déplacent pas dans le but unique de chercher de la matière première, ils intègrent cette collecte aux autres activités qui nécessitent des déplacements.

Puis, petit à petit, des choix se laissent deviner ; ils correspondent à une recherche d'homogénéité des matériaux, qui pourrait bien être liée à la standardisation de l'industrie. En effet, pour fabriquer des séries de microlithes présentant des caractéristiques

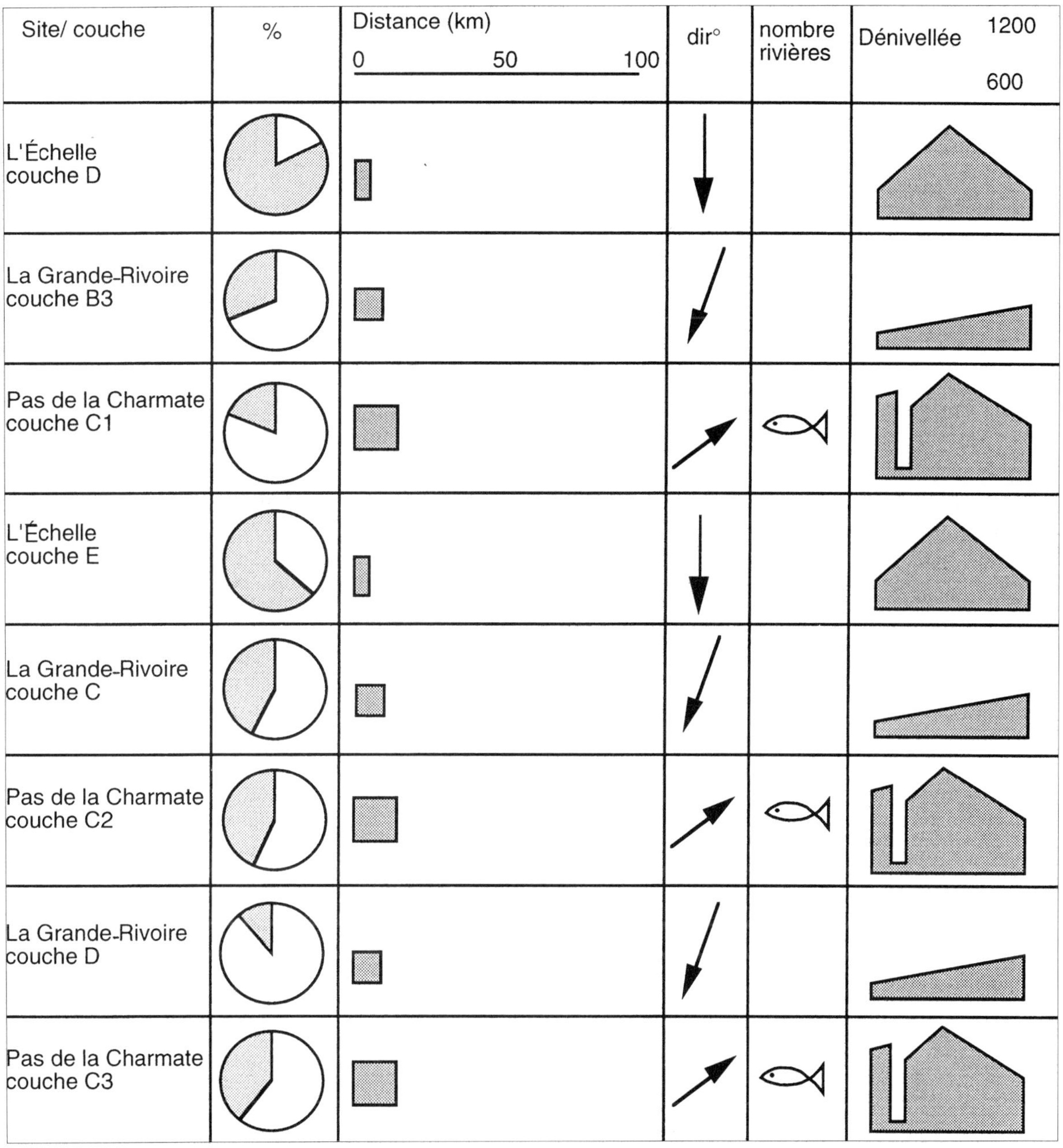

Figure 5. – Vercors : utilisation du silex sénonien au Mésolithique.

identiques (épaisseur du support, poids de l'armature obtenue...), il faut disposer de séries de nucléus identiques. Cependant, outre la qualité du support, on privilégie les gîtes qui réclament le moindre investissement physique, c'est-à-dire les gîtes pour lesquels le rapport distance/dénivellations/rivières à traverser est le plus favorable.

À la fin du Mésolithique, le spectre des matières premières se réduit. Des supports allongés et réguliers, nécessitant des matériaux homogènes, sont recherchés. Les matériaux locaux ne sont plus employés que s'ils sont de bonne qualité. Les gîtes peu étendus sont abandonnés, seuls les gîtes de grande extension sont exploités. Parmi ces gisements, c'est toujours celui qui nécessite le moindre effort physique qui est préféré, même si ce n'est pas le meilleur. Il ne semble pas y avoir de choix esthétique. Le gisement de Balme-

Rousse, un peu plus récent (Bintz, 1990), montre la même tendance au resserrement du spectre des matières premières.

Des choix de plus en plus spécialisés conduisent à la réduction des territoires parcourus à la recherche des matières premières lithiques. L'analyse des sites du Jura (Affolter, à paraître) révèle le même type d'évolution de la relation aux matières premières lithiques. Ce cheminement intellectuel, amorcé dès le Mésolithique, conduira à son terme final au développement de centres miniers au cours du Néolithique moyen. Ainsi, en ce qui concerne le concept d'approvisionnement en matières premières lithiques, ce n'est pas une coupure que l'on observe entre le Mésolithique et le Néolithique, mais au contraire une solution de continuité.

BIBLIOGRAPHIE

BINTZ (P.), Abri mésolithique du Pas de la Charmate à Châtelus (Isère). *Livret-guide de l'excursion : Préhistoire et Quaternaire en Vercors.* Ve Congrès international UISPP (XIIe commission), Grenoble, 1995, p. 104-117.

Les grottes Jean-Pierre I et II à Saint-Thibaud-de-Couz : paléoenvironnement et cultures du Tardiglaciaire à l'Holocène dans les Alpes du Nord, partie II. *Gallia Préhistoire,* t. 37, 1995.

BINTZ (P.), GRUNWALD (C.), Mésolithique et néolithisation en Chartreuse et en Vercors (Alpes du Nord) : évolution culturelle et économie du silex. *Europe,* Leuven University Press, 1990, p. 203-208.

GRUNWALD (C.), AFFOLTER (J.), Les ressources en matières premières siliceuses dans le Vercors. *Livret-guide de l'excursion : Préhistoire et Quaternaire en Vercors.* Ve Congrès international UISPP (XIIe commission), Grenoble, 1995, p. 41-43.

L'AULP-DU-SEUIL, UN SITE D'ALTITUDE DU MÉSOLITHIQUE ET DU NÉOLITHIQUE ANCIEN (SAINT-BERNARD-DU-TOUVET, ISÈRE) : ÉTUDES PRÉLIMINAIRES

L'AULP-DU-SEUIL, AN ALTITUDE SITE OF THE MESOLITHIC AND THE EARLY NEOLITHIC (SAINT-BERNARD-DU-TOUVET, ISÈRE, FRANCE) : PRELIMINARY STUDIES

Pierre Bintz, Jacqueline Argant, Louis Chaix, David Pelletier, Stéphanie Thiébault

Résumé. – Situé à 1 700 m d'altitude, au fond d'un vallon creusé dans un synclinal perché urgonien, isolé et difficile d'accès, ce site a livré trois abris sous bloc et une station de plein air. Nous présentons ici les résultats préliminaires des fouilles en cours de l'abri n° 1. La stratigraphie a permis de reconnaître quatre couches bien individualisées et calées chronologiquement. Les couches A et B correspondent aux périodes historique et protohistorique, la couche C1 au Néolithique ancien, alors que les couches C2, C3 et C4 se rapportent à un complexe mésolithique (phase moyenne pour C3 et C4 et récente, voire de transition pour C2). Les espèces chassées les mieux représentées sont le bouquetin, le cerf et le sanglier. Les données de la paléobotanique indiquent un environnement caractéristique de l'étage montagnard, un paysage boisé mais ouvert avec, au Mésolithique, une représentation des feuillus aujourd'hui absents du site indiquant des conditions climatiques plus tempérées.

Mots clés : Alpes du Nord, abri sous bloc, site stratifié d'altitude, Mésolithique, Néolithique ancien, céramique, faune, pollen, anthracologie.

Abstract. – Situated at the bottom of a small valley dug into an urgonian perched syncline, isolated and difficult of access, this site has yielded 3 blocshelters and 1 open-air settlement. We present in this paper the preliminary results regarding the excavation in progress of shelter 1. The stratigraphical survey, well developped, has allowed to recognize four well distinct layers. Layers A and B correspond to historic and proto-historic periods, layer C1 to the early neolithic level although layers C2, C3 and C4 are connected to a mesolithic complex (the middle phase for C3 and C4 and late phase or transition period for C2). Ibex, deer and boar are the most frequently hunted species. The fundamental idea of palaebotany shows the caracteristic environment of a mountain level, a wooded but open landscape with in the Mesolithic a broad-leaved trees representation, today absent in the site, that indicates a most temperate climate.

Key words : Northern Alps, blocshelter, stratified altitude site, Mesolithic, Early Neolithic, ceramic, fauna, pollen, anthracology.

PRÉSENTATION

Entouré de hautes falaises et difficile d'accès, le site se trouve au fond d'un vallon creusé dans un synclinal perché urgonien. Il a livré, dans le cadre d'une campagne de prospection thématique menée en 1992, 3 stations en abris sous blocs (ALP1, ALP2 et ALP3) et 1 station de plein air (fig. 1).

La fouille en cours de ALP1 a révélé la présence d'occupations humaines au Mésolithique moyen et récent, au Néolithique ancien et final et au Premier Âge du Fer.

LA STRATIGRAPHIE

Elle montre 4 ensembles sédimentaires principaux (fig. 2) :

– la couche A correspond à la couche humique à blocs ;

– la couche B est formée globalement d'un cailloutis terreux grisâtre à blocs. La sous-couche B1, se différencie par une texture plus grossière et la présence de blocs ; certains sont en grès d'origine exogène et ont pu appartenir à une structure ;

– la couche C est formée d'un cailloutis fin, homogène, à matrice argilo-silteuse très organique. Les nombreux charbons de bois confèrent à cette couche une teinte allant du gris (C1) au noir (C3) ;

– la couche D est formée d'un sédiment argilo-silteux jaune-ocre à cailloutis hétérométrique (D1), le tout reposant sur un cailloutis plus grossier (D2) constituant la base du remplissage.

LA FAUNE

Les analyses préliminaires (Bridault et Chaix, 1994, 1995, et présent ouvrage) indiquent que les espèces les mieux représentées sont le bouquetin (*Capra ibex L.*), le cerf (*Cervus Elaphus L.*) et un Suidé qui doit vraisemblablement être attribué au sanglier (*Sus scrofa L.*). Il faut en outre noter la présence du chamois (*Rupicapra rupicapra L.*), de l'ours (*Ursus arctos*) et du renard (*Vulpes vulpes*).

La présence de certains individus juvéniles permet une estimation des périodes de fréquentation situées entre août et septembre.

LA VÉGÉTATION

Étude anthracologique

Les charbons de bois analysés par S. Thiébault (1994, 1995, et présent ouvrage) appartiennent au pin (*Pinus* type *silvestris uncinata*), au bouleau (*Betula sp.*), à l'érable sycomore (*Acer pseudoplatanus*) et au nerprun des Alpes (*Rhamnus alpina*) dans la couche C2. À l'exception de l'absence du nerprun, les espèces observées dans la couche C1 sont identiques à celles de la couche C2. Les pins sont en progression dans la couche B2.

L'environnement donné par cette analyse semble caractéristique de l'étage montagnard et indique un paysage boisé mais ouvert.

Étude pollinique

Dans le groupe des Conifères, le pin (*Pinus* type *silvestris*) et le sapin (*Abies*) se rencontrent constamment avec une abondance des grains respective dans les niveaux D1 et C3 et B2 et C2 (Argant, 1995 ; Argant, présent ouvrage). L'épicéa (*Picea*), en revanche, n'apparaît qu'au niveau C3 et ne semble bien installé qu'au niveau B1. Les feuillus ne sont que faiblement représentés. Le noisetier (*Corylus*) est le plus constant et semble plus abondant en D1, alors que le tilleul (*Tilia*), l'aulne (*Alnus*) et le charme (*Carpinus*) n'apparaissent que dans les couches les plus anciennes, D1 et C2/C3.

Poacées et Renonculacées sont les taxons les mieux représentés chez les Herbacées.

Parmi les fougères, *Botrychium,* fougère indicatrice de pelouse, et *Selagina selaginoïdes* sont presque toujours notées mais surtout abondantes dans les couches B1 et B2. Elles sont compatibles avec un paysage de type « mosaïque » avec pelouses et bosquets de conifères.

L'ensemble « Mésolithique-Néolithique » apparaît homogène et correspond à une phase climatique assez clémente pour avoir permis l'installation de feuillus mésothermophiles à cette altitude, vraisemblablement le Boréal ou début de l'Atlantique. L'optimum de cette phase correspondrait aux couches C et D, les couches supérieures, B1 surtout, enregistrant un rafraîchissement du climat qui pourrait correspondre à la transition Atlantique-Subboréal.

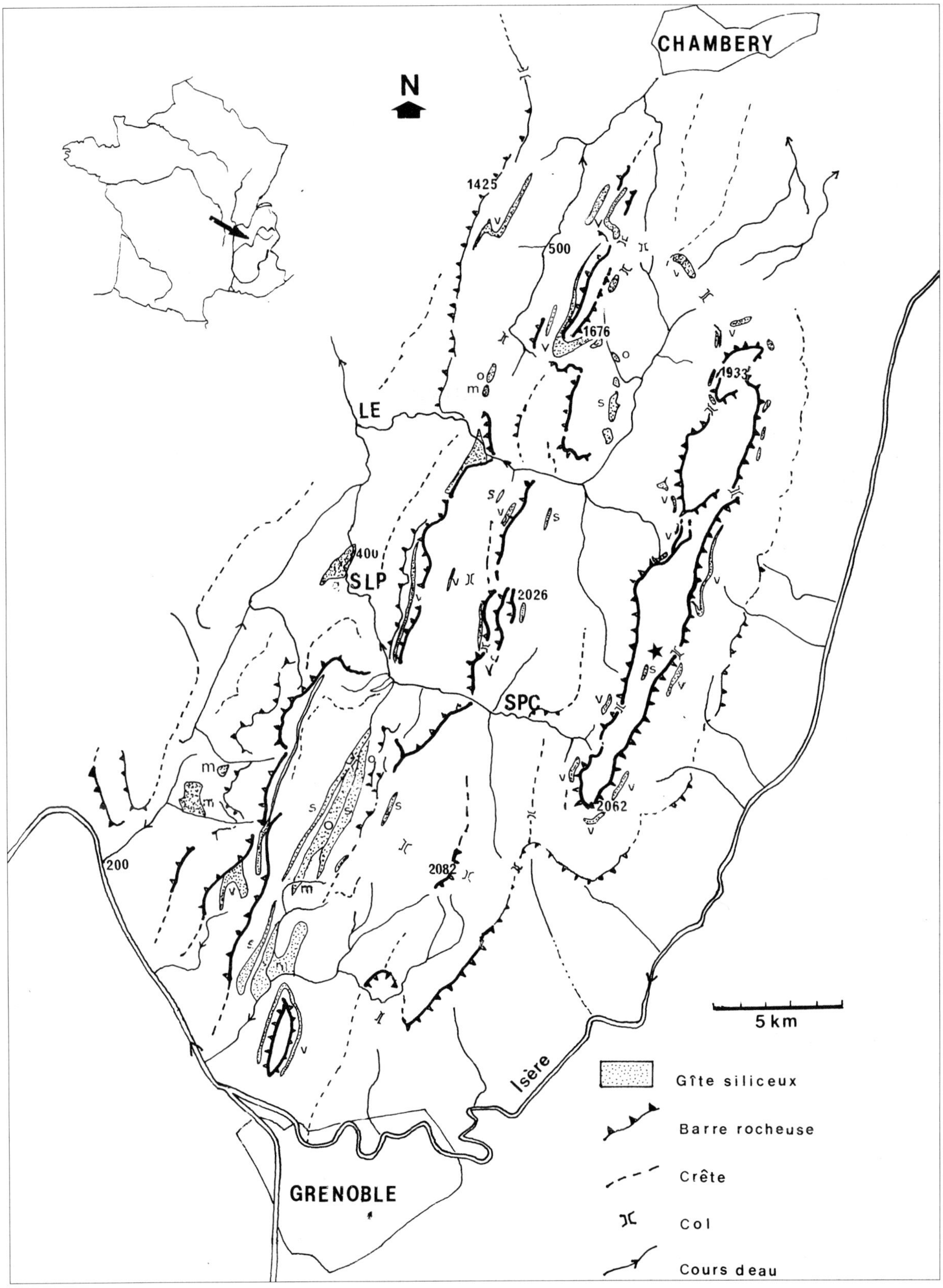

Figure 1. – Carte de la Chartreuse avec la localisation du site de l'Aulp-du-Seuil (étoile) et des affleurements des gîtes siliceux. m. Miocène. o. Oligocène. s. Sénonien. v. Valanginien. q. Quaternaire. SPC. Saint-Pierre-de-Chartreuse. SLP. Saint-Laurent-du-Pont. LE. Les Échelles.

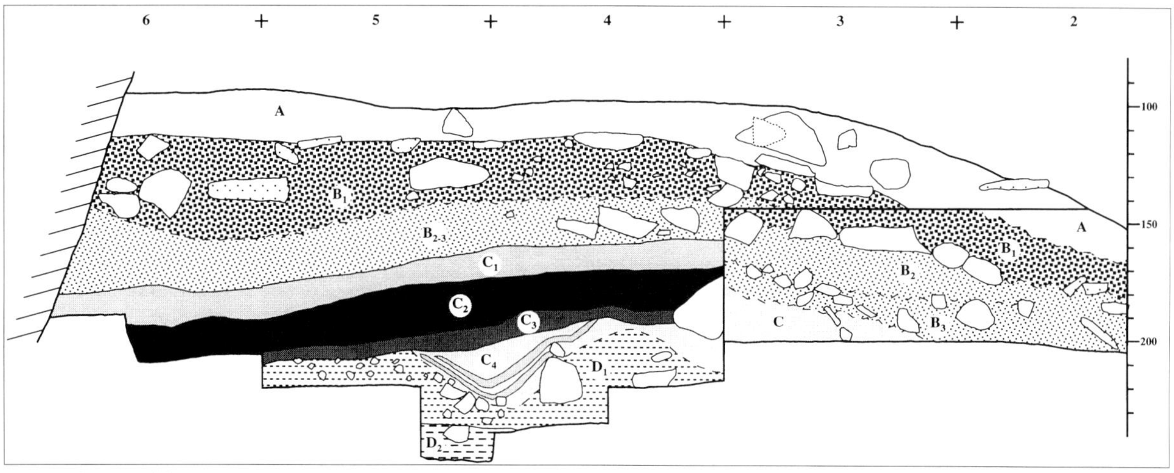

Figure 2. – Abri n° 1, coupe stratigraphique sagittale du secteur F-G 3-4-5-6. couches A et B1, périodes historiques et protohistoriques. Couches B2 et B3. Néolithique. Couche C1. Néolithique ancien à céramiques. Couche C2 transition Méso-Néolithique. couches C3 et C4. Mésolithique moyen à pointes de Sauveterre. Couche D. Couche stérile.

L'INDUSTRIE LITHIQUE

Riche en éléments de débitage mais relativement pauvre en outils, elle est façonnée en silex.

Les matières premières utilisées sont toutes des variétés locales de silex crétacés du Valanginien et du Sénonien.

On peut distinguer trois groupes de silex :

– le silex valanginien est constitué de plusieurs variétés de médiocre qualité. Facilement accessible, il affleure en une bande quasi continue sur tout le pourtour du synclinal perché Aulp-du-Seuil-Granier. Il représente 50 % des matériaux utilisés sur le site ;

– le silex sénonien (20 %) est de bonne qualité et d'origine plus lointaine puisqu'il se trouve essentiellement en Chartreuse occidentale ;

– le silex indéterminé (20 %) regroupe les pièces ayant subi des altérations secondaires (désilicification et altération thermique) postérieures au débitage, qui empêchent l'identification de leur origine (Pelletier, 1995).

Six niveaux d'occupations sont assez bien individualisés (fig. 3) :

– les couches A et B1 correspondent à des périodes historiques et protohistoriques ;

– la couche B2, du Néolithique final, a fourni des éléments du Campaniforme appartenant à plusieurs vases ;

– la couche C1, qui a livré une céramique imprimée associée à des flèches tranchantes et des bitroncatures, appartient au Néolithique ancien (fig. 3). Certains tessons présentent un décor d'estampages exécutés au poinçon, organisés en lignes parallèles, qui rappellerait éventuellement la structure du décor à la coquille du Cardial (détermination A. Beeching). Les datations par analyses isotopiques de la couche C1 et de son niveau équivalent à ALP3 ont donné : ALP1 C1 = Ly-7 092 : 5 590 ± 115 BP (4 699-4 178 av. J.-C.) ; et ALP3 C2/C3 = Ly-7 096 : 5 615 ± 105 BP (4 706-4 257 av. J.-C.) ;

– les couches inférieures appartiennent à un complexe mésolithique. La couche C2, qui comporte quelques bitroncatures, pourrait appartenir à une phase récente, voire à la transition Méso-Néolithique. Les niveaux C3 et C4 se rattachent au Mésolithique moyen stade ancien à scalènes irréguliers, quelques géométriques et des pointes de Sauveterre (fig. 3).

À ALP3, le niveau équivalant à C3 a donné : ALP3 C6 = Ly-7 093 : 8 160 ± 65 BP (7 378-6 950 av. J.-C.).

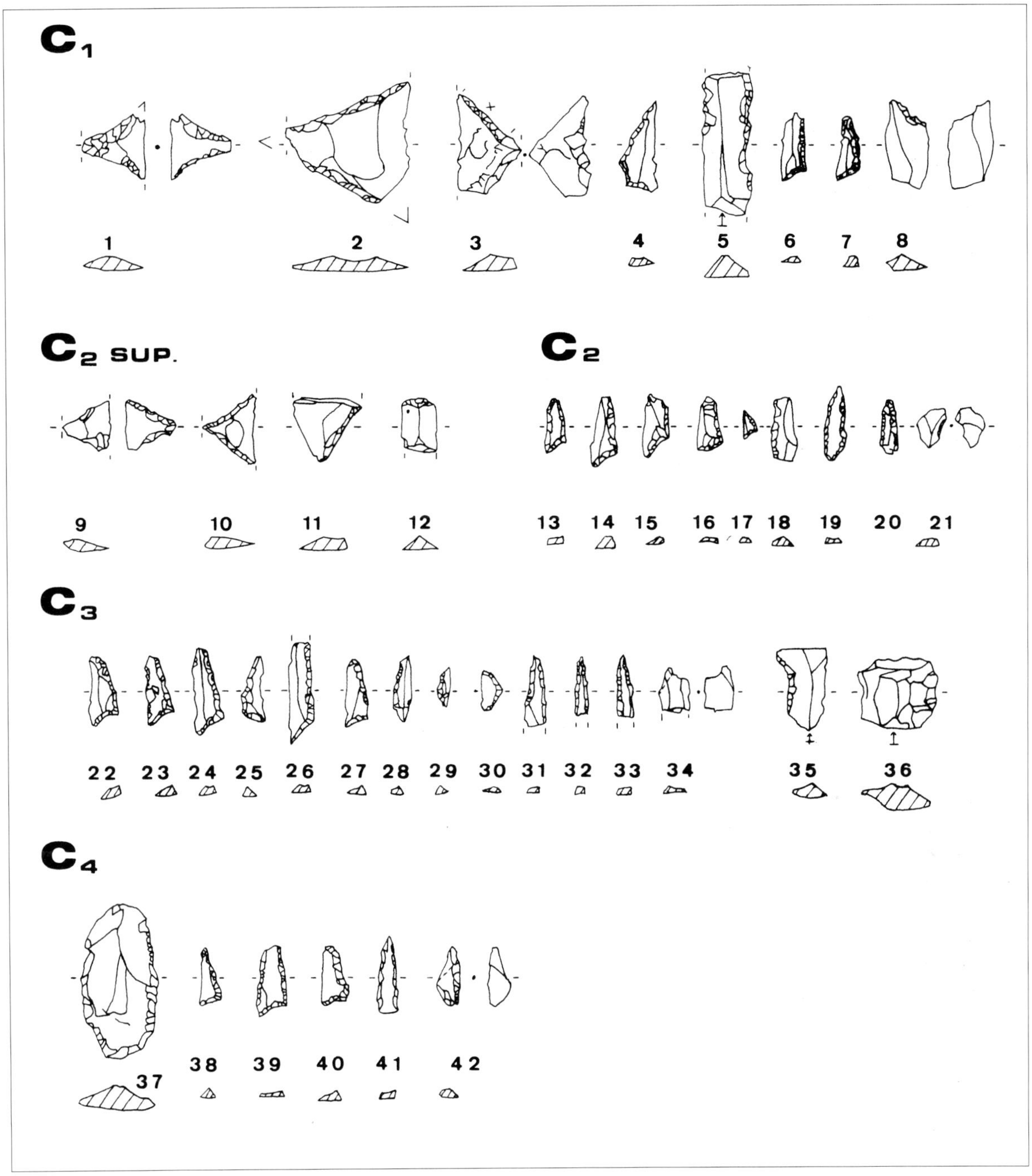

Figure 3. – Abri n° 1, industrie lithique, campagne de fouille 1994, 1995 (Dessin D. Pelletier). Couche C1. Néolithique ancien. Couche C2 sup. transition Méso-Néolithique. Couche C2. Sauveterrien. Couche C3 et C4. Sauveterrien.

CONCLUSIONS PROVISOIRES

Unique dans les Alpes françaises par sa situation géomorphologique, l'abri n° 1 de l'Aulp-du-Seuil représente un gisement du Mésolithique et du Néolithique ancien particulièrement bien documenté par les données culturelles et paléoenvironnementales calées chronologiquement.

L'abondance et la variété des vestiges lithiques et osseux, la forte densité de charbons de bois, indiquent une fréquentation

COUCHE	B1	B2	%1	%2	C1	%1	%2	C2	%1	%2	C3	%1	%2	C4	%1	%2
Eclats > 1cm	26	228	66,1	78,3	407	67	77,5	563	65,2	76,3	420	58	76,5	56	58	72,7
Lames	0	6	1,7	2,1	29	4,8	5,5	23	2,6	3,1	19	2,6	3,5	5	5,1	6,5
Lamelles	2	43	12,5	14,8	58	9,5	11	106	12,3	14,4	87	12	15,8	5	5,1	6,5
Débris	0	5	1,4	1,7	11	1,8	2,1	31	3,6	4,2	16	2,2	3	9	9,3	11,7
Microburin	0	3	0,8	1	4	0,6	0,8	2	0,2	0,3	1	0,1	0,2	1	1	1,3
Piquant trièdre	0	1	0,3	0,3	1	0,2	0,2	1	0,1	0,1	0	0	0	0	0	0
Coche techniques	0	1	0,3	0,3	2	0,3	0,4	6	0,7	0,8	3	0,4	0,5	1	1	1,3
Nucléus	0	4	1,1	1,4	13	2,1	2,5	6	0,7	0,8	3	0,4	0,5	0	0	0
Total 1	**28**	**291**	**84,3**	**100**	**525**	**86,4**	**100**	**738**	**85,4**	**100**	**549**	**75,7**	**100**	**77**	**79,4**	**100**
Eclats < 1cm	/70/	/2275/			/3757/			/4510/			/3627/			/895/		
Frag. indéterterminé	0	13	3,8		30	5		69	8		82	11,3		10	10,3	
Total 2	**28**	**304**	**88,1**		**555**	**91,4**		**807**	**93,4**		**631**	**87**		**87**	**89,7**	
Armatures géométriques	0	33	9,6		33	5,4		32	3,7		58	8		5	5,1	
Armatures non géométriq.	0	3	0,9		3	0,5		7	0,8		10	1,4		3	3,1	
Total 3	**0**	**36**	**10,5**		**36**	**5,9**		**39**	**4,5**		**68**	**9,4**		**8**	**8,2**	
Outillage commun	0	5	1,4		14	2,3		16	1,8		23	3,2		2	2,1	
Enlèvements irréguliers	0	0	0		2	0,3		2	0,2		3	0,4		0	0	
Total 4	**0**	**5**	**1,4**		**16**	**2,6**		**18**	**2**		**26**	**3,6**		**2**	**2,1**	
Total 5 Façonnage	**0**	**41**	**11,9**		**52**	**8,5**		**57**	**6,5**		**94**	**13**		**10**	**10,3**	
Total 2+5	**28**	**345**	**100**		**607**	**100**		**864**	**100**		**725**	**100**		**97**	**100**	
Taux de transformation	**0**	**0,1**			**0,1**			**0,06**			**0,1**			**0,1**		

Figure 4. – Abri n° 1, tableau récapitulatif de l'industrie lithique

répétée du site et son utilisation comme camp de chasse résidentiel. Les études ultérieures associant l'ensemble des stations du site sont susceptibles d'apporter d'importantes informations sur les motivations et les modalités d'occupation d'un territoire d'altitude de la montagne alpine. Ce site permettra également des comparaisons intéressantes avec les sites équivalents étudiés depuis une dizaine d'années sur l'autre versant de l'arc alpin, dans les Dolomites italiennes.

BIBLIOGRAPHIE

ARGANT (J.), *In* : BINTZ, *Rapport de fouille de L'Aulp-du-Seuil (Chartreuse), Saint-Bernard-du-Touvet (Isère) :* Les résultats préliminaires d'analyses polliniques, 1995.

BINTZ (P.), ARGANT (J.) *et al. À paraître Occupations territoriales du Mésolithique au Néolithique ancien en Vercors et en Chartreuse ; programme de prospection thématique et premiers résultats.* Premières Rencontres méridionales de préhistoire récente, Valence, 3-4 juin 1994.

CHAIX (L.), *In* : BINTZ, *Rapport de fouille de L'Aulp du Seuil (Chartreuse), Saint-Bernard-du-Touvet (Isère) :* Premiers résultats sur la faune, 1994 et 1995.

PELLETIER (D.) *(inédit), L'abri n° 1 de L'Aulp-du-Seuil (Chartreuse) : étude d'une industrie du Mésolithique et de la transition Mésolithique-Néolithique dans son contexte stratigraphique.* Mémoire de maîtrise, université de Grenoble II, 1995.

THIÉBAULT (S.), *In* : BINTZ, *Rapport de fouille de L'Aulp-du-Seuil (Chartreuse), Saint-Bernard-du-Touvet (Isère) :* Analyses anthracologiques, 1994 et 1995.

LES NIVEAUX DU MÉSOLITHIQUE AU NÉOLITHIQUE DE L'ABRI DE LA GRANDE-RIVOIRE (SASSENAGE, ISÈRE, VERCORS, FRANCE)

THE MESOLITHIC TO NEOLITHIC LEVELS OF LA GRANDE-RIVOIRE ROCKSHELTER (SASSENAGE, ISÈRE, VERCORS, FRANCE)

Régis Picavet

Résumé. – Située au nord-est du massif du Vercors, la station de la Grande-Rivoire est connue depuis 1986 (fig. 1). Environ 30 % du sédiment est encore en place. L'épaisseur du remplissage archéologique est d'environ 5 m et concerne : le Mésolithique moyen (Sauveterrien), le Mésolithique récent (Castelnovien), le Néolithique ancien (Épicardial), le Néolithique moyen (Chasséen), le Néolithique récent, le Chalcolithique, l'Âge du Bronze, l'Âge du Fer, le Gallo-Romain et l'époque médiévale. Les horizons du Mésolithique et du Néolithique ancien occupent une épaisseur de 2 m en moyenne. Dans les couches préhistoriques, aucun hiatus culturel ni sédimentaire n'a été mis en évidence. L'ensemble des vestiges mobiliers et des structures est bien conservé et autorise une approche pluridisciplinaire, en cours. L'industrie lithique du Sauveterrien (c. C, D et B3b) est représentée par des pointes à dos, des triangles isocèles et scalènes et des lamelles scalènes. Le débitage est de type microlithique à lamelles irrégulières et comprend des microburins. L'outillage en silex se limite à quelques troncatures et des retouches irrégulières, souvent denticulées, sur éclats. Les premiers trapèzes se rencontrent dans la partie sommitale de B3 (B3a), toujours associés aux scalènes. L'ensemble B2a/b est attribué au Castelnovien. On y trouve de rares trapèzes asymétriques et des troncatures. Le débitage est plus régulier et plus allongé qu'au Sauveterrien. L'outillage en silex comprend des lamelles à retouches directes et irrégulières, des troncatures, des grattoirs courts et quelques pièces lourdes, nucléïformes. C'est dans ces horizons que l'on rencontre les premiers bovidés domestiques. Le Néolithique épicardial est directement superposé au Castelnovien et comprend de nombreuses armatures triangulaires à doubles troncatures abruptes inverses portant ou non des retouches rasantes directes (flèches de Montclus).

Mots clés : Mésolithique, Néolithique, Sauveterrien, Castelnovien, Épicardial, Alpes du Nord, Vercors, domestication.

Abstract. – Situated NE of the Vercors massif, the settlement of La Grande-Rivoire has been known since 1986. About 30 % of the sediment is still present. The archaeological filling is about 5 m deep and regards : the Middle Mesolithic (Sauveterrian), the Late Mesolithic (Castelnovian), the Early Neolithic (Epicardial), the Middle Neolithic (Chassean), the Late Neolithic, the Chalcolithique, the Bronze Age, the Iron Age, the Gallo-Roman and the medieval era. Mesolithic and early neolithic horizons are on average 2 m deep. Prehistoric layers show no cultural or sedimentary hiatus. Material and structures are well preserved and admit of a multidisciplinary approach, in progress. The sauveterrian lithic industry (layers C, D and B3b) is represented by backed points, isoceles and scalenes triangles and scalenes bladelets. Stone artefacts are of microlithic type with irregular bladelets and include microburins. Flint tools are limited to a few truncations and irregular retouches on flakes, often denticulated. The first trapezes are found at the top of B3 (B3a), always associated with scalenes. The B2a/b set is attributed to the Castelnovian. It presents few asymetric trapezes and truncations. Stone artefacts are more regular and elongated than in the Sauveterrian. Flint implements include directly and irregularly retouched bladelets, truncations, short scrapers and a few nucleus shaped heavy artefacts. These horizons have yielded the first domesticated bovidae. The epicardial neolithic level overlays the castelnovian level and includes many triangular frames with double reverse abrupt truncations having or not direct flat retouches (montclusian arrows).

Key words: Mesolithic, Neolithic, Sauveterrian, Castelnovian, Epicardial, Northern Alps, Vercors, domestication.

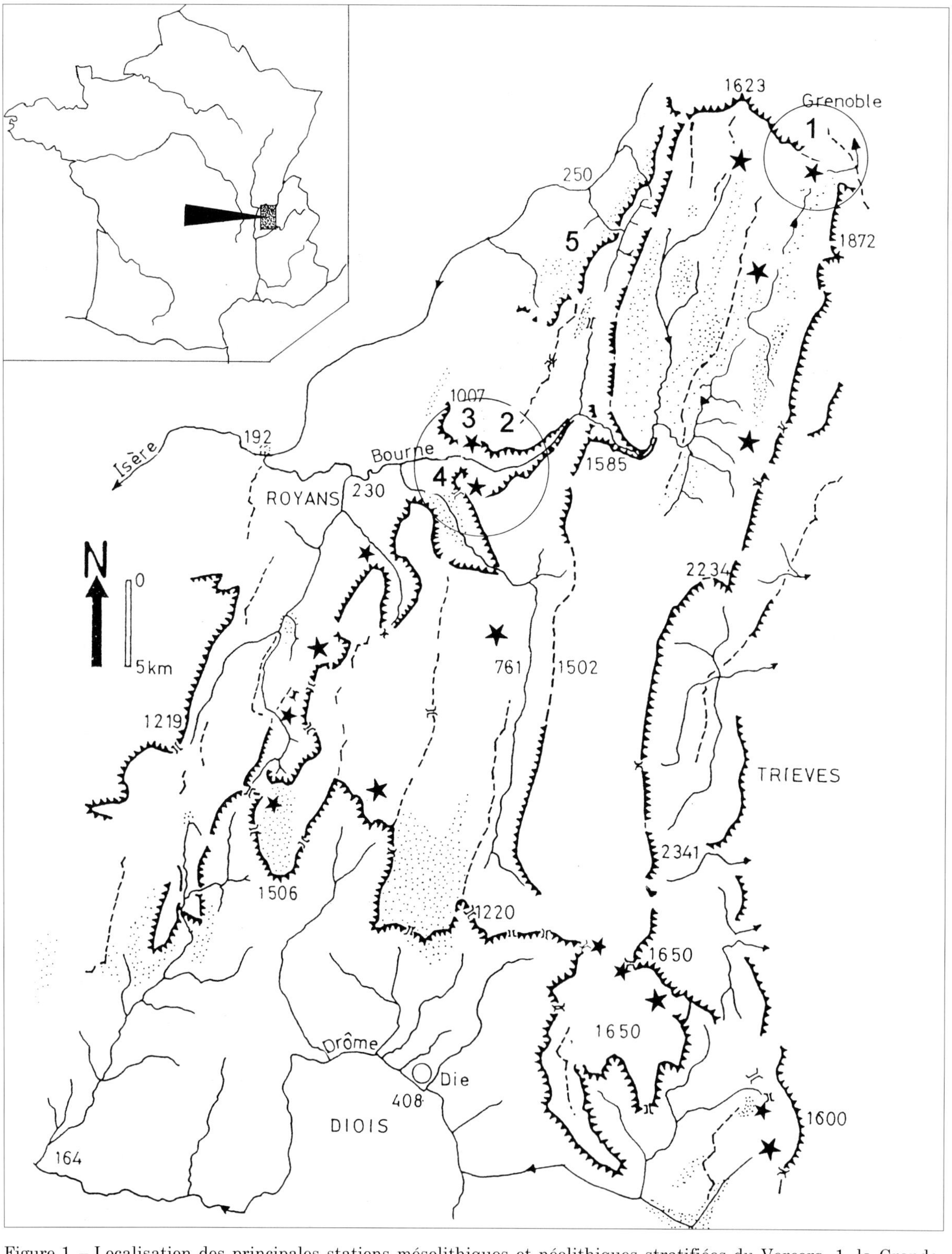

Figure 1. – Localisation des principales stations mésolithiques et néolithiques stratifiées du Vercors. 1. la Grande-Rivoire. 2. Coufin. 3. Balme-Rousse. 4. Pas de la Charmate. 5. Pas de l'Échelle. Les sites non numérotés représentent des stations de plein air.

Situé sur le versant nord du massif du Vercors, dominant la cluse de l'Isère à 580 m d'altitude, l'abri sous roche de la Grande-Rivoire se trouve sur la commune de Sassenage, Isère. Le gisement est exposé plein Sud. Il est surplombé par un escarpement de calcaire sénonien à silex d'une quarantaine de mètres de haut et se prolonge en contrebas par un fort talus d'éboulis qui descend vers la rivière – le Furon –, à une quinzaine de minutes de marche.

Découvert fortuitement et largement entamé par la pelle mécanique, le remplissage de l'abri a fait l'objet de cinq campagnes de fouille, de 1986, année de la découverte, à 1994. La stratigraphie, d'une puissance moyenne de 5,50 m, s'étend du Mésolithique moyen à l'Âge des Métaux. La séquence Mésolithique-Néolithique occupe une épaisseur de 3,50 m.

Les vestiges mobiliers et les structures sont remarquablement conservés et autorisent un large champ d'études et une approche chronoculturelle originale, notamment pour la transition Mésolithique-Néolithique, dont les données en milieu clos sont rares dans la région. L'étude chronologique est basée sur la typologie des industries, les analyses palynologiques et anthracologiques, ainsi que sur une série provisoire de 11 datations au radiocarbone. La séquence mésolithique n'est connue qu'à travers un sondage limité à 2,5 m^2 (fig. 2), alors que le Néolithique a été fouillé sur 12 m^2.

MÉSOLITHIQUE MOYEN (ENSEMBLE STRATIGRAPHIQUE D, C ET B3A/B)

La séquence débute par un Mésolithique (c. D et C) dont l'industrie microlithique comprend des grands scalènes, une pointe de Sauveterre, 3 lamelles à trois côtés retouchés (triangles de Montclus), deux isocèles et un segment de petite taille. À cette série (c. D) il faut ajouter deux pointes à dos courbe et une lamelle à bord abattu et à base retouchée qui confèrent à l'ensemble une touche ancienne.

Les niveaux **C** et **D** se réfèrent à un Mésolithique moyen daté du Boréal par l'anthracologie et le radiocarbone. Le niveau D est daté de 7974-7554 av. J.-C. (Ly-5 434), le niveau C est daté de 7467-7056 av. J.-C. (Ly-5 433).

Une récente étude de la provenance des silex (Affolter, ce volume) nous indique un approvisionnement local (silex sénoniens remaniés du Val de Lans) situé à une journée de marche.

La faune mammalienne (Chaix et Bridault, ce volume), comme dans l'ensemble du gisement, est très bien conservée et plusieurs connexions anatomiques ont pu être observées. On notera principalement la présence du cerf, du sanglier, du castor, du bouquetin et du chamois.

En continuité stratigraphique, l'ensemble **B3a/b** a livré un unique trapèze symétrique à troncatures directes (B3a), des scalènes et un fragment de lame à encoches multiples. L'ensemble se rapporte à un Mésolithique récent de « tradition » sauveterrienne. Nous n'avons pas encore obtenu de datages C14 pour ces niveaux.

Le matériau siliceux est récolté dans une aire maintenant beaucoup plus large, puisqu'on y trouve, en plus du Sénonien local du val de Lans, des silex en provenance du Vercors-Sud ainsi que d'autres matériaux de provenance plus lointaine.

La grande faune est représentée principalement par le cerf, le sanglier et, dans une moindre mesure, par de petits ruminants. La palette des espèces est plus grande que dans les niveaux inférieurs, et il faut noter l'omniprésence de l'ours ainsi que des restes de cistudes.

La variété des animaux chassés au Mésolithique nous montre une optimisation de l'exploitation du milieu par la fréquentation des zones humides, palustres ou d'eaux vives (vallée de l'Isère), des étages collinéen et montagnard ainsi que des pelouses alpines, la sélection des milieux étant sans doute dictée par les saisons (Chaix et Bridault, études en cours).

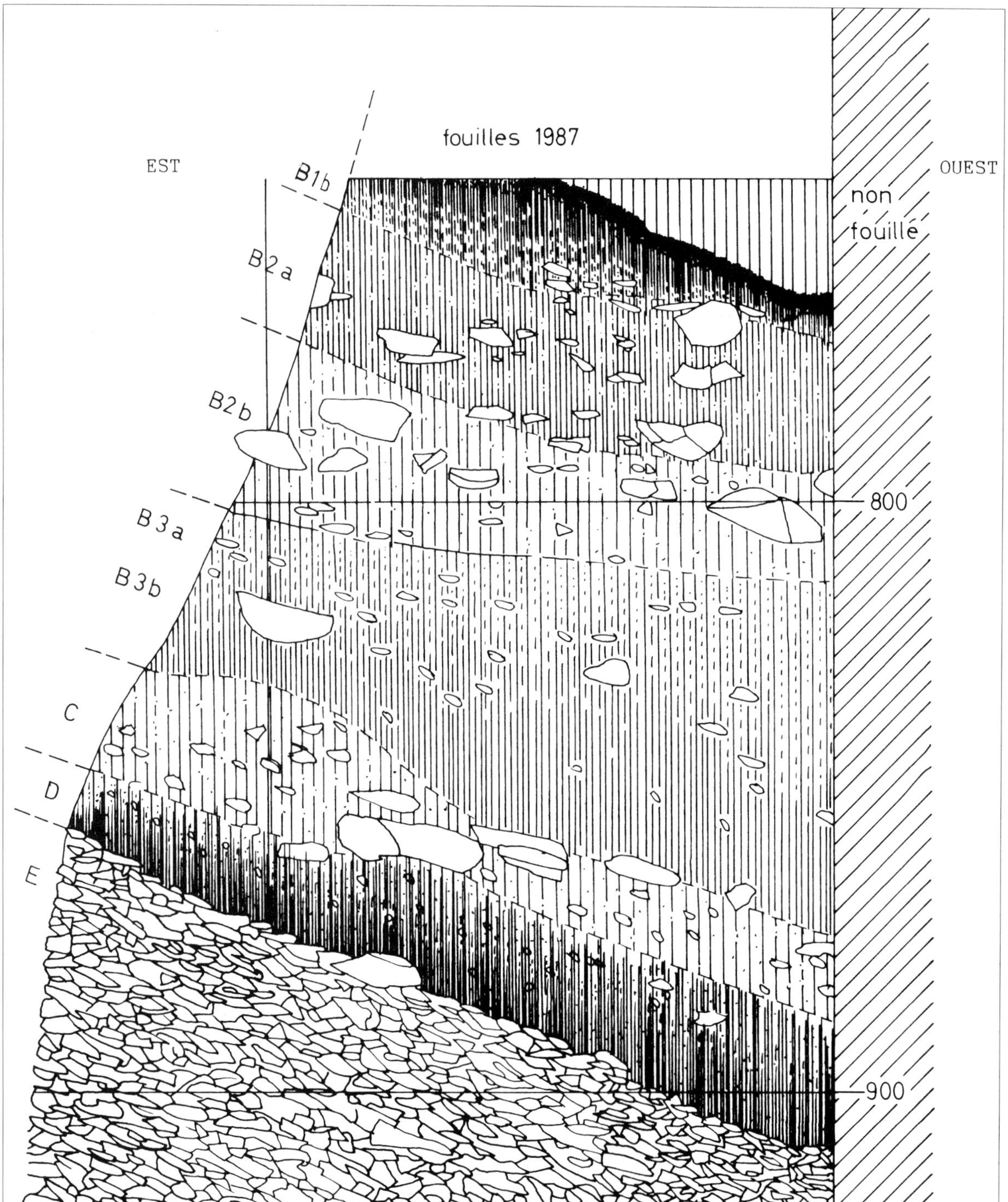

Figure 2. – La Grande-Rivoire à Sassenage (Isère, France) : stratigraphie schématique sud du sondage de 1990 dans les horizons du Néolithique ancien au Mésolithique. B1b. Néolithique ancien de tradition cardiale. B2a. « Méso-Néolithique ». B2b. Castelnovien. B3a/b. Sauveterrien récent. C et D. Sauveterrien. E. substrat stérile. Les densités de gris symbolisent la teneur en charbon de bois du sédiment.

MÉSOLITHIQUE RÉCENT ET « MÉSO-NÉOLITHIQUE » (ENSEMBLES STRATIGRAPHIQUES B2A ET B2B)

La couche **B2b** a livré des pièces géométriques à troncature(s) inverse(s) et retouches rasantes directes ou inverses, ainsi qu'un trapèze asymétrique et diverses troncatures sur lamelles. Cet ensemble est attribué à une phase récente du Castelnovien datée par le radiocarbone, l'anthracologie et la palynologie de la transition Atlantique ancien-Atlantique récent : 5760-5249 av. J.-C. (Ly-5 099). Il faut rappeler ici la petite surface concernée par le sondage dans les horizons mésolithiques (2,5 m^2). Les recherches futures s'attacheront, entre autres, à affiner la lecture stratigraphique des niveaux castelnoviens.

La faune identifiée dans cet horizon comprend essentiellement du cerf et du sanglier. Il faut noter le cas intéressant d'une mandibule d'ours, complète, portant des stigmates montrant une captivité prolongée de l'animal (Chaix, ce volume). Dans cet horizon, le bœuf domestique a été identifié (Chaix et Bridault, 1991, inédit).

La couche **B2a** se rapporte à un Néolithique ancien précéramique. La présence d'une armature rappelant la « pointe de Gazel » indique une probable filiation languedocienne de ce groupe de chasseurs-éleveurs (Bintz, Picavet, 1995). C'est dans ces horizons que l'on remarque la plus grande variété d'animaux, parmi lesquels le cerf est largement majoritaire. Une date C14 a été obtenue dans cet horizon : 5330-4906 av. J.-C. (Ly-5 185).

NÉOLITHIQUE ANCIEN (ENSEMBLE STRATIGRAPHIQUE B1)

En continuité stratigraphique avec les niveaux antérieurs mais assez nettement différencié du point de vue sédimentaire, l'ensemble **B1inf./B1b** appartient à un Néolithique ancien d'affinité cardiale caractérisé par une céramique typique dont les éléments les plus représentatifs sont des vases hémisphériques à décors de sillons verticaux soulignés, situés sous le col (fig. 3/4 et 6). D'autres éléments tels que les anses en ruban ou en boudin (fig. 3/3) ainsi qu'un cordon lisse, de section triangulaire, sont associés à ces vases. Les pâtes sont bien cuites, à dégraissant siliceux.

L'industrie lithique comprend des grattoirs arrondis sur supports laminaires, des racloirs souvent denticulés, et de nombreuses armatures triangulaires à troncatures inverses et retouches rasantes directes (flèches de Montclus). Plusieurs d'entre elles sont en quartz hyalin.

Du matériel de mouture en granite (meule et broyon) a été découvert à proximité d'un feu. Les foyers sont nombreux, remarquablement conservés, et montrent souvent des aménagements en cuvettes remplies de galets réfractaires. Certains d'entre eux ont une vocation culinaire indéniable et comportent, dans leur périphérie, de nombreux indices d'artisanat.

La faune mammalienne de l'horizon B1b comprend, outre une grande variété de taxons sauvages, le mouton, comparable à B2a (Chaix, comm. orale). Les niveaux B1b ont donné deux dates C14 : 5175-4420 av. J.-C. (Ly-4 447) et 5056-4737 av. J.-C. (Lyon/OxA 176).

NÉOLITHIQUE MOYEN (ENSEMBLE STRATIGRAPHIQUE B1 SUP., A3 ET A2)

L'ensemble stratigraphique **B1sup./A3** surmonte directement les niveaux épicardiaux sur plus de 1 m d'épaisseur. Ces niveaux sont attribués au Néolithique chasséen. Dans sa phase ancienne, la céramique chasséenne comprend des décors zonés, gravés à cuit, dont les tessons sont trop fragmentés pour autoriser des reconstitutions de formes (fig. 3/1, 2 et 5). Les autres vases sont de formes classiques, dérivées de la sphère ou à carène basse. Les préhensions portent quelquefois des perforations multiples ou sont constituées de simples boutons, souvent situés près du bord, ce qui pourrait être un indice d'influences du

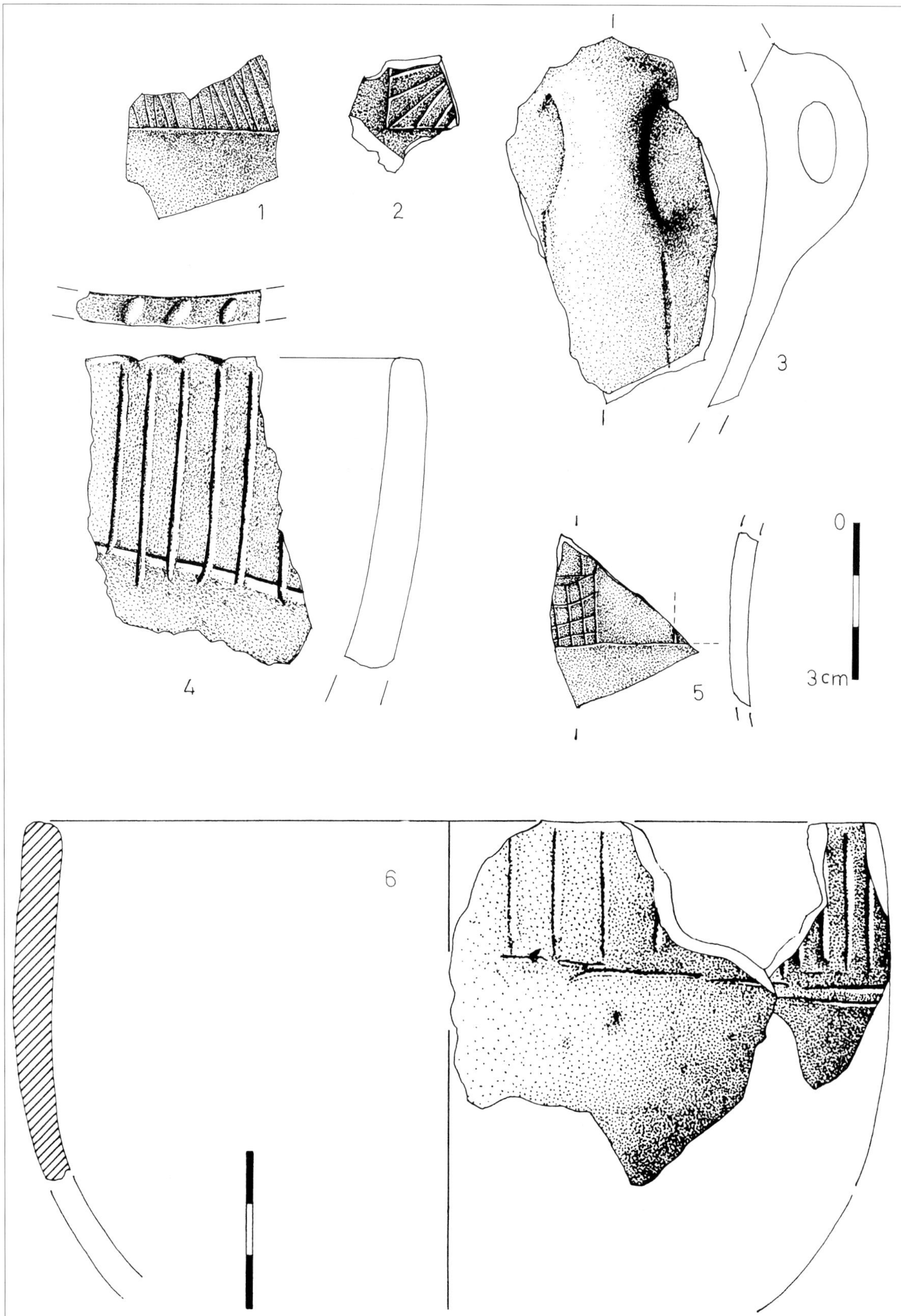

Figure 3. – La Grande-Rivoire à Sassenage (Isère, France) : céramique des horizons B1b. n° 3, 4 et 6. Épicardial et B1 sup./A3. n° 1, 2 et 5. Chasséen ancien.

périodes	cultures	ensembles strati.	réf.C14	dates C14 B.C.	dates calibrées av.J.C.	céra-mique	faune domest.
actuel à Médiéval	-	AOa	non-daté	-	-	+	?
Gallo-romain	-	AOa/b	non-daté	-	-	+	?
Age du Fer	-	AOc	Ly.5098	450 +/- 175	887 - 87	+	?
Age du Bronze	anc./moyen	AOd	Ly.5184	560 +/- 125	882 - 378	+	?
Chalcolithique	Campaniforme	A1	non-daté	-	-	+	?
Néolithique récent	Chasséen	A2 inf.	Lyon 137(OxA)	3080 +/- 70	3974 - 3661	+	?
Néolithique moyen	Chasséen	A3 sup.	Ly.6096	3185 +/- 55	4037 - 3803	+	?
Néolithique moyen	Chasséen	A3 inf./B1 sup.	Ly.4446	3740 +/- 100	4870 - 4400	+	?
Néolithique ancien	Epicardial	B1b	Ly.4447 Lyon 176(OxA)	3870 +/- 140 4050 +/- 70	5175 - 4420 5056 - 4736	+	ovis
Méso/Néolithique	-	B2a	Ly.5185	4145 +/- 80	5320 - 4804	-	-
Mésolithique récent	Castelnovien	B2b	Ly.5099	4700 +/- 140	5760 - 5249	-	bos
Mésolithique moy.	Sauveterrien	B3a/b	-	éch.insuf.	-	-	-
Mésolithique moy.	Sauveterrien	C	Ly.5433	6330 +/- 80	7467 - 7056	-	-
Mésolithique moy.	Sauveterrien	D	Ly.5434	6790 +/- 106	7974 - 7554	-	-

Tableau 1. – Récapitulation des dates C14 de la Grande-Rivoire.

Cortaillod. Les pâtes sont le plus souvent fines aux surfaces bien traitées, micacées, dans les tons gris à beige, plus rarement rouge.

L'industrie chasséenne du silex comprend de nombreux racloirs nucléïformes, épais et souvent denticulés, de fines lamelles en silex blond, translucide, et des lames plus épaisses qui sont quelquefois retouchées en grattoirs. Les armatures sont rares et représentées par deux pièces : une armature triangulaire à retouches couvrantes unifaces et bords légèrement concaves, et un segment de lame de section trapézoïdale appointé par retouches directes. L'origine des matières premières utilisées au Chasséen n'a pas encore été étudiée. La grande faune de ces niveaux nous montre que le cerf est largement majoritaire, suivi des petits ruminants, dont la part éventuelle des animaux domestiques n'a pas encore été précisée (étude en cours). On remarque une nette raréfaction du sanglier. La couche B1sup. a donné une date C14 de 4870-4400 av. J.-C. (Ly-4 446), la couche A3inf. de 4037-3803 av. J.-C. (Ly-6 096) et la couche A3sup. de 3974-3661 av. J.-C. (Lyon/OxA 137).

NÉOLITHIQUE RÉCENT (ENSEMBLE STRATIGRAPHIQUE A2SUP. ET A1)

L'ensemble stratigraphique **A2sup./A1** s'inscrit en continuité avec le Chasséen, dans la même tradition. La céramique y est un peu plus grossière et les formes sont plus simples, évasées ou à carène mousse. On note quelques boutons de préhension et des cordons lisses. On sait que le Campaniforme est présent sur le site car plusieurs éléments ont été découverts hors stratigraphie, dans les éboulis. Cependant, aucun élément céramique de cette culture n'a été pour le moment trouvé à la fouille.

L'industrie du silex comprend quelques éléments laminaires, des grattoirs courts, des racloirs denticulés. Comme dans les horizons inférieurs, les armatures sont rares : on note une pointe à ailerons équarris (A2) et un fragment de pointe foliacée (A1). Ces niveaux sont en cours de datation.

Du Néolithique moyen au Néolithique final, la faune mammalienne comprend de nombreux restes de petits ruminants dont la répartition entre animaux domestiques et animaux sauvages n'a pas encore été faite. Le cerf est abon-

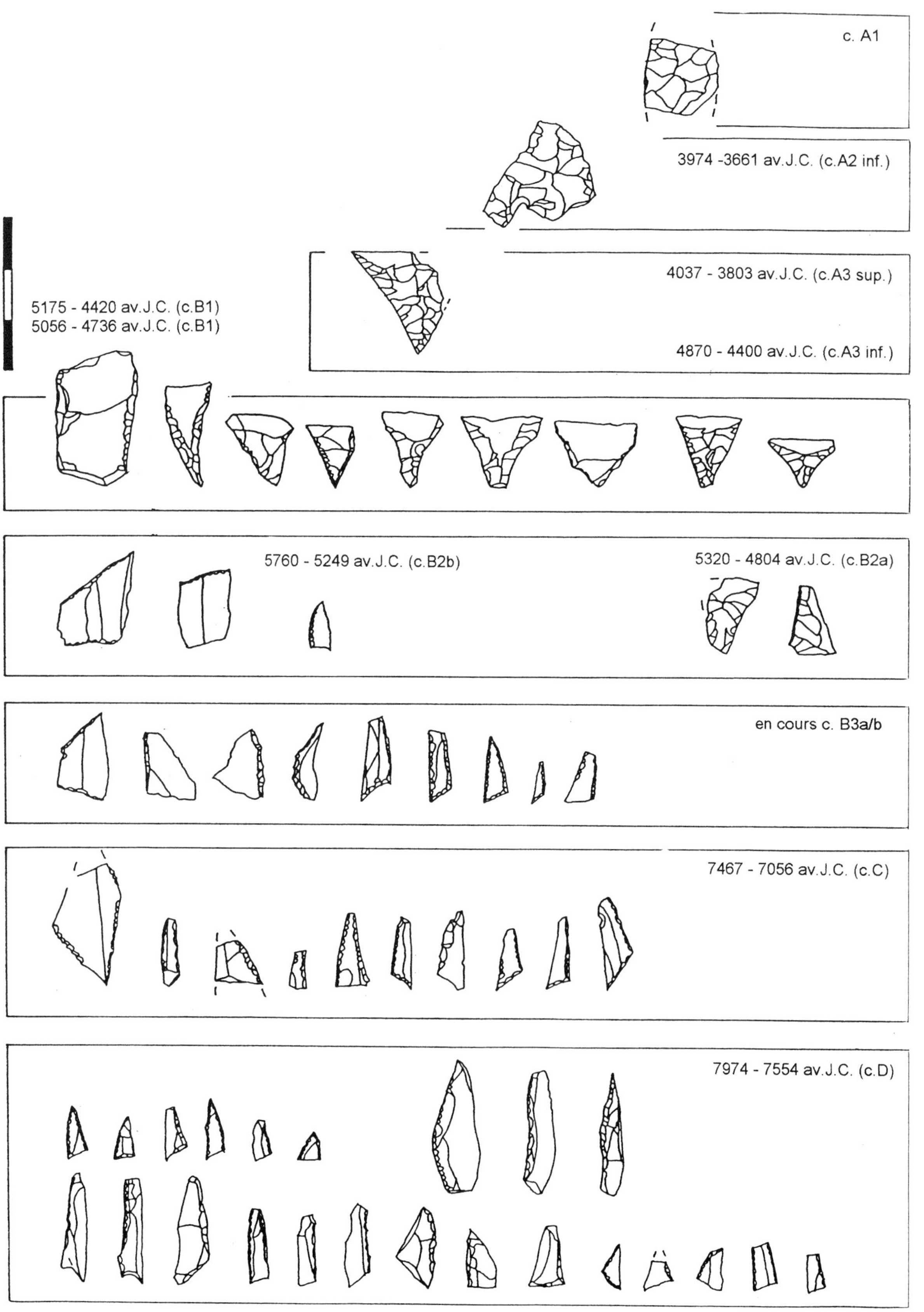

Figure 4. – La Grande-Rivoire (Sassenage, Isère) : évolution des armatures et dates C14 calibrées.

dant dans A2 et beaucoup plus rare dans A1. Il faut remarquer l'absence d'animaux typiquement montagnards tels que chamois et bouquetin, alors que de nombreux indices récoltés lors de prospections récentes laissent penser que les groupes de chasseurs du Néolithique récent fréquentaient les zones d'altitude, jusqu'à plus de 2 000 m.

CONCLUSION

La station de la Grande-Rivoire, à l'instar des gisements stratifiés du cirque de Choranche, propose une succession chronoculturelle intéressante permettant d'apporter des réponses au problème des datations et des attributions culturelles des stations de plein air découvertes en milieu montagnard. Par ailleurs, la bonne conservation des vestiges mobiliers et des structures permet une approche ethnographique des occupations, malgré la destruction d'une importante partie du remplissage. Les données paléobotaniques placent l'occupation du Néolithique ancien-Néolithique moyen au début de la deuxième moitié de l'Atlantique. On note la présence précoce du sapin dès le Néolithique ancien. La fréquence de cette essence semble s'estomper à l'Épicardial, où l'on constate une extension de l'if et du chêne à feuillage caduc auxquels sont associés le noisetier et le pin sylvestre.

Dans les niveaux castelnoviens, plusieurs faits notables sont à souligner, comme la présence précoce du bœuf domestique, ainsi que le cas d'un ours apprivoisé, ce qui laisse entrevoir la complexité insoupçonnée des relations entre l'homme et l'animal. La présence du mouton au Néolithique ancien de tradition cardiale, dans un contexte d'habitat où sont associés du matériel de mouture, de la céramique ainsi que de nombreuses structures culinaires, marque une installation des hommes plus pérenne qu'au Mésolithique, et indique des modes de vie qui semblent se prolonger à travers le Chasséen jusqu'au Néolithique récent.

BIBLIOGRAPHIE

BINTZ (P.), PICAVET (R.), Le Mésolithique et la Néolithisation en Vercors : évolutions culturelles et approche territoriale. *Actes*, table ronde de Chambéry 1992 : *Mésolithique entre Rhin et Méditerranée,* Association départementale pour la recherche archéologique en Savoie, Chambéry, 1994, p. 59-74.

BINTZ (P.), PICAVET (R.), ÉVIN (J.), Du Mésolithique au Néolithique ancien en Vercors et dans les Alpes du Nord. *Actes,* colloque d'Ambérieu-en-Bugey 1992 : « Chronologies néolithiques de 6000 à 2000 avant notre ère dans le bassin rhodanien », *Documents du Département d'Anthropologie de l'université de Genève,* n° 20, éd. Société préhistorique rhodanienne, 1995, p. 41-53.

PENON (S.) *(inédit), L'abri sous roche de la Grande-Rivoire : enregistrement sédimentaire du remplissage karstique holocène et environnement quaternaire.* Mémoire de maîtrise de géologie, Institut Dolomieu, université Joseph-Fourrier, Grenoble I, 1993, 52 p.

PICAVET (R.), L'abri sous roche de la Grande-Rivoire à Sassenage, Isère. Résultats préliminaires des campagnes de fouilles de sauvetage 1986 et 1987. *Cahiers du CRPV,* n° 3, 1988, p. 40-69.

Le site de la Grande-Rivoire à Sassenage, Isère. *ARENERA,* n° 6, 1991, p. 83-90, 5 fig.

(inédit) L'abri sous roche de la Grande-Rivoire à Sassenage, Isère. Approche diachronique et culturelle. Mémoire de diplôme de l'EHESS, Toulouse, 1991, 219 p.

THIÉBAULT (S.), L'exploitation des hautes-terres : l'exemple des Préalpes sud-occidentales françaises, l'apport de l'anthracologie. *Actes*, colloque de Brescia 1993 : *Highlands zone exploitation in southern Europe,* 1993, 24 p., 2 fig.

LE SITE DE PLEIN AIR TARDIGLACIAIRE DE VARENNES-LÈS-MÂCON (SAÔNE-ET-LOIRE, FRANCE)

THE LATEGLACIAL OPEN AIR SITE OF VARENNES-LÈS-MÂCON (SAÔNE-ET-LOIRE, FRANCE)

Harald Floss

Résumé. – Ce site de plein air a été découvert en 1967 dans une sablière exploitée pour la construction de l'autoroute A6. Il était interstratifié dans des formations sableuses sur la basse terrasse de la Saône et daté de l'interstade d'Alleröd.

Mots clés : habitat de plein air, vallée de la Saône, Alleröd, pointes à dos, Paléolithique final.

Abstract. – This open air site has been found in the year of 1967 at the time of the exploitation of gravels used for the construction of the motorway A6. It could be stratified in late glacial sediments above the younger terrace of the Saône River and dates at Alleröd-oscillation.

Key words : open air site, Saône Valley, Alleröd, backed points, Final Palaeolithic.

Le site de plein air de Varennes-lès-Mâcon se trouve à 5 km au sud de Mâcon (Saône-et-Loire, France) dans la vallée de la Saône à 172 m au-dessus du niveau de la mer (fig. 1). Découvert en 1967 à l'occasion d'extraction de sable, il a été fouillé sous la direction de Jean Combier. Depuis octobre 1993, l'auteur a la possibilité d'effectuer des recherches sur le site qui auparavant n'a jamais été entièrement étudié. Dans une stratigraphie constituée principalement par la basse terrasse de la Saône et par des sables probablement d'origine éolienne, on a pu observer plusieurs niveaux archéologiques, dont le niveau inférieur représente l'occupation principale du Paléolithique final, traité dans cet article (fig. 2). Latéralement, on a pu suivre la couche géologique contenant ce niveau principal en direction de la Saône au moyen de nombreuses coupes stratigraphiques. Avec cela, on a découvert, à 150 m du site, des foyers isolés plus ou moins contemporains du niveau principal. En se rapprochant de la Saône, on a pu observer également que la couche contenant le niveau principal du Paléolithique final se développait dans une tourbe constituant l'ancienne rive de la Saône. Cette tourbe a été datée de 11 860 ± 190 (Ly-849), 11 230 ± 90 (ETH-15 760), 11 305 ± 85 (ETH-15 761), 11 460 ± 90 (ETH-15 764) et 11 480 ± 90 BP (ETH-15 765). Des analyses polliniques et malacologiques, très prometteuses, sont en cours.

Au milieu de la surface fouillée d'environ 100 m^2, se trouve une concentration de vestiges dans un cercle d'un diamètre de 5 à 6 m (fig. 3). Tandis que tous les petits objets se trouvent concentrés au centre du gisement, les nucléus et les gros déchets se situent plutôt à la périphérie (fig. 4). Plusieurs observations plaident en faveur de l'existence d'un foyer central (fig. 5). La plupart des catégories d'outils, comme par exemple les grattoirs (fig. 6), se trouvent en majorité autour de ce foyer. Toutefois, il n'y a pas d'indications d'une habitation, il s'agit vraisemblablement d'une zone dense d'activités diverses de plein air. La couche principale a livré l'un des inventaires lithiques du Paléolithique final les plus riches d'Europe (180 688 pièces lithiques taillées). Parmi les matières premières domine un silex

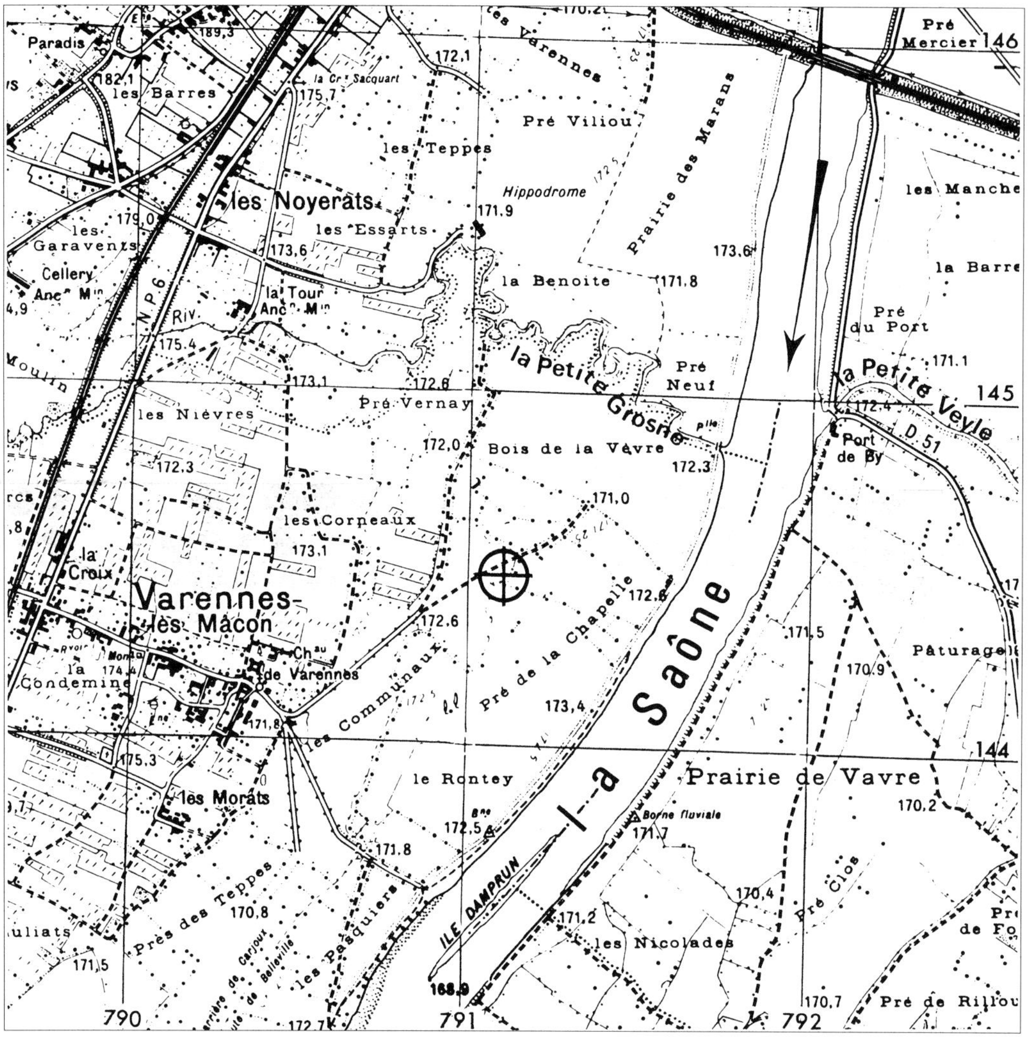

Figure 1. – Localisation du site paléolithique final de Varennes-lès-Mâcon, d'après la carte de l'IGN à 1/20 000, feuille Mâcon n° 6 (quadrillage Lambert de 1 km de côté) (d'après J. Combier, H. Floss 1994, fig. 1).

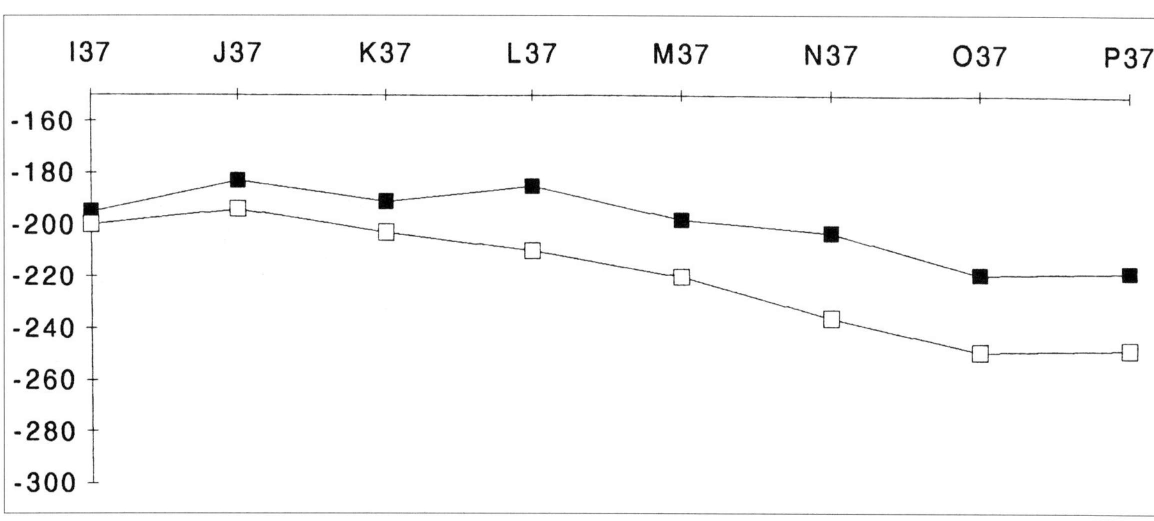

Figure 2. – Bord supérieur et bord inférieur de la couche principale (niveau IV) du site de Varennes-lès-Mâcon dans la coupe I37-P37.

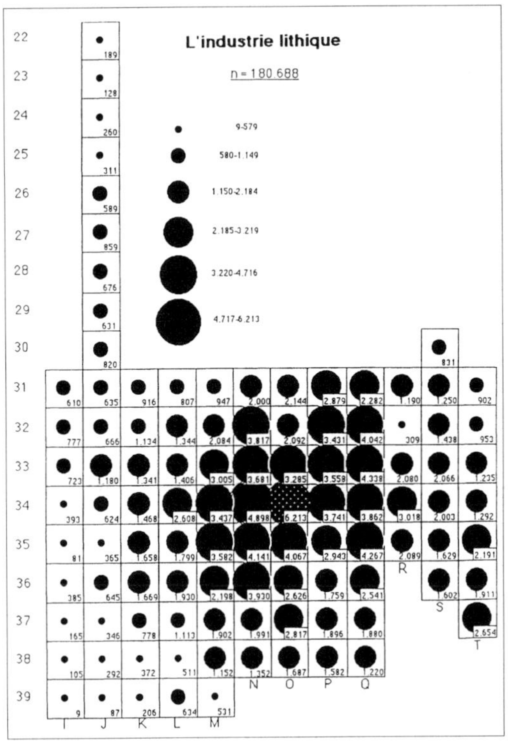

Figure 3. – Répartition de l'industrie lithique par mètre carré.

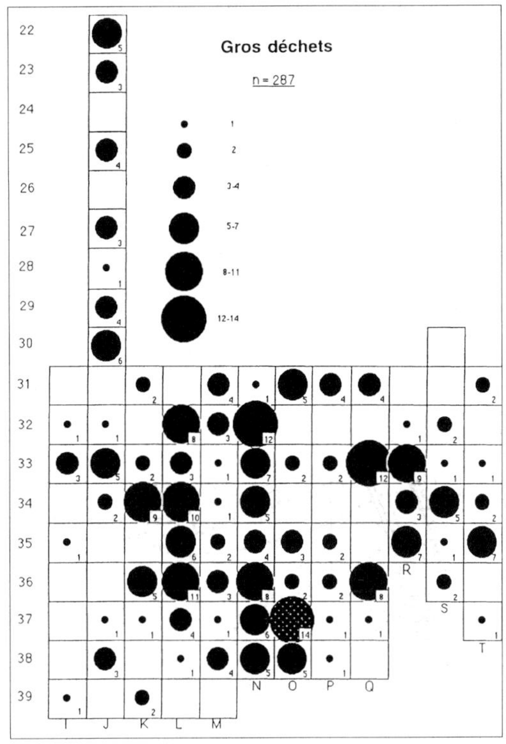

Figure 4. – Répartition des gros déchets par mètre carré.

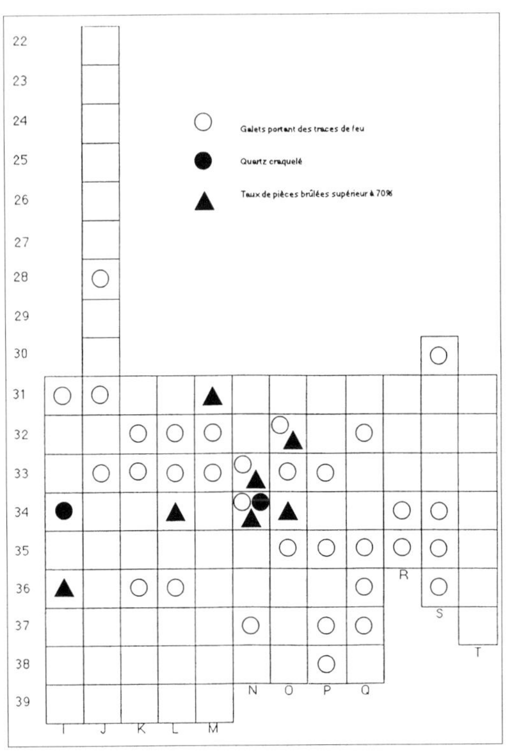

Figure 5. – Répartition des éléments prouvant l'évidence d'un foyer central.

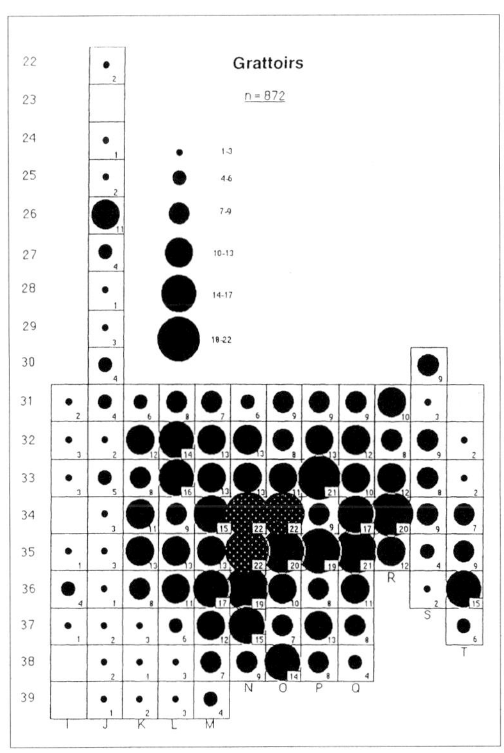

Figure 6. – Répartition des grattoirs par mètre carré.

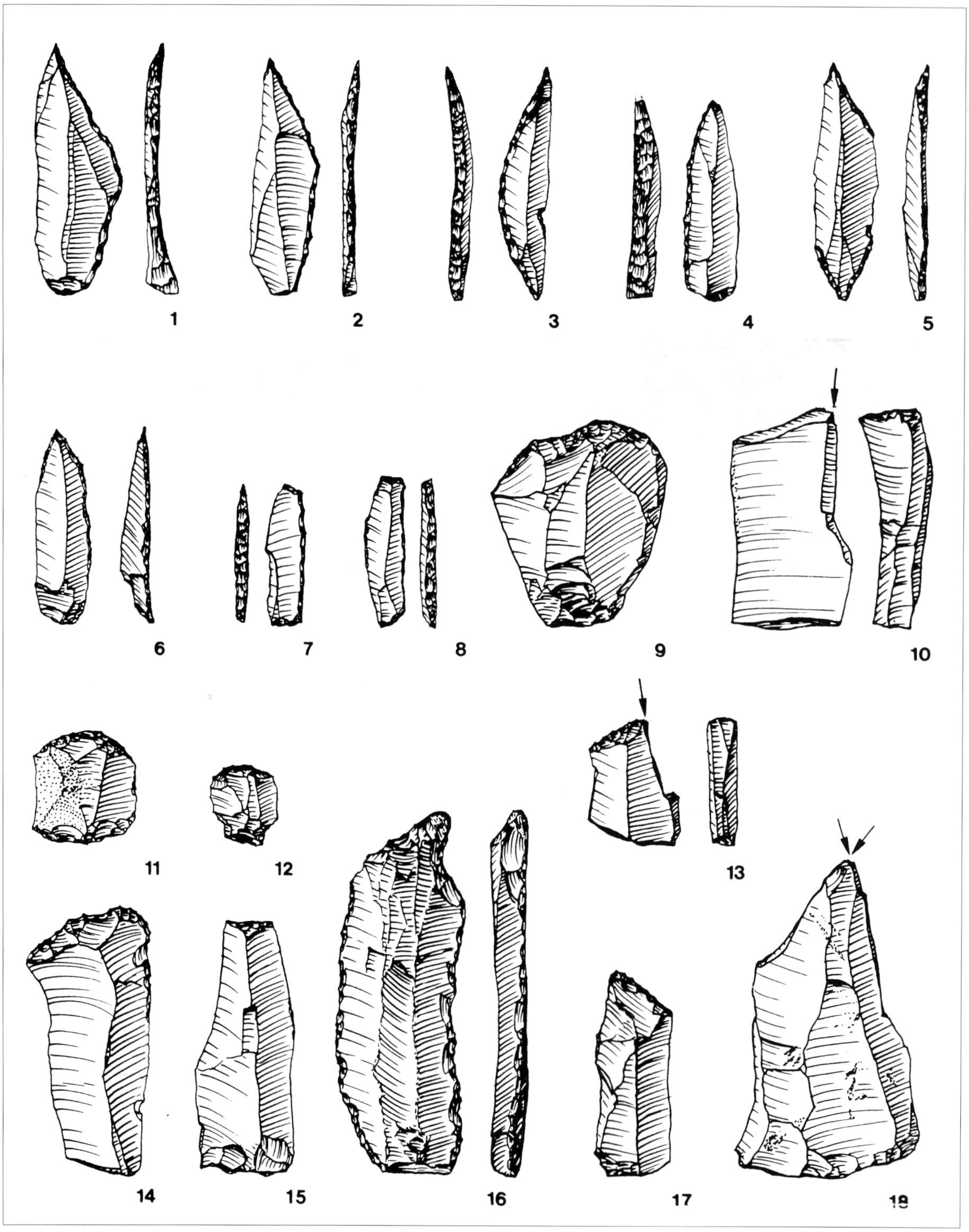

Figure 7. – Industrie lithique de Varennes-lès-Mâcon (couche 4). 1. pointe à cran. 2. pointe à dos anguleux. 3. bipointe. 4. pointe à dos ordinaire. 5. pointe à pédoncule. 6. fléchette. 7-8. rectangles. 9-12. grattoirs courts sur éclat. 11. grattoir double. 10-13-18. burins. 14. grattoir sur lame. 15-17. lames tronqués. 16. Zinken. Échelle 1 : 1, d'après J. Combier et H. Floss 1994, modifié.

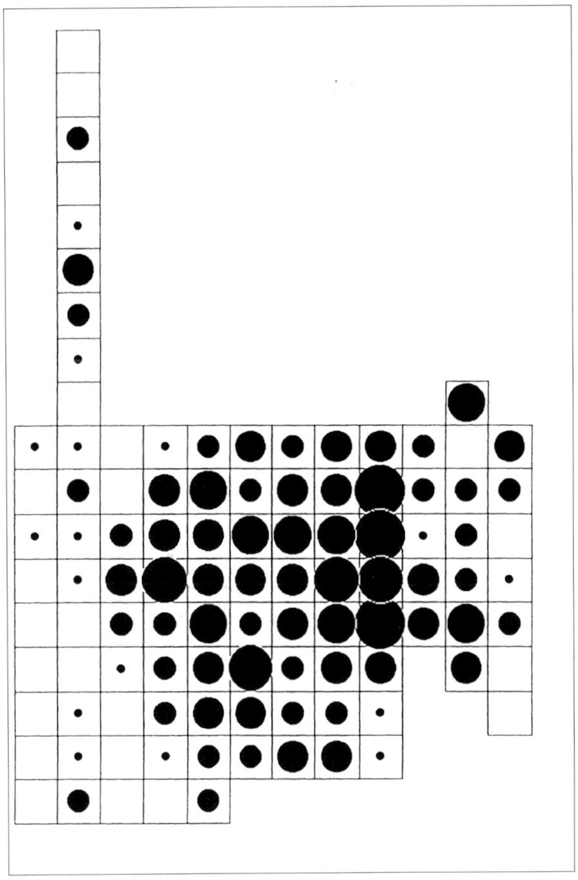

Figure 8. – Répartition des pointes à dos courbe par mètre carré

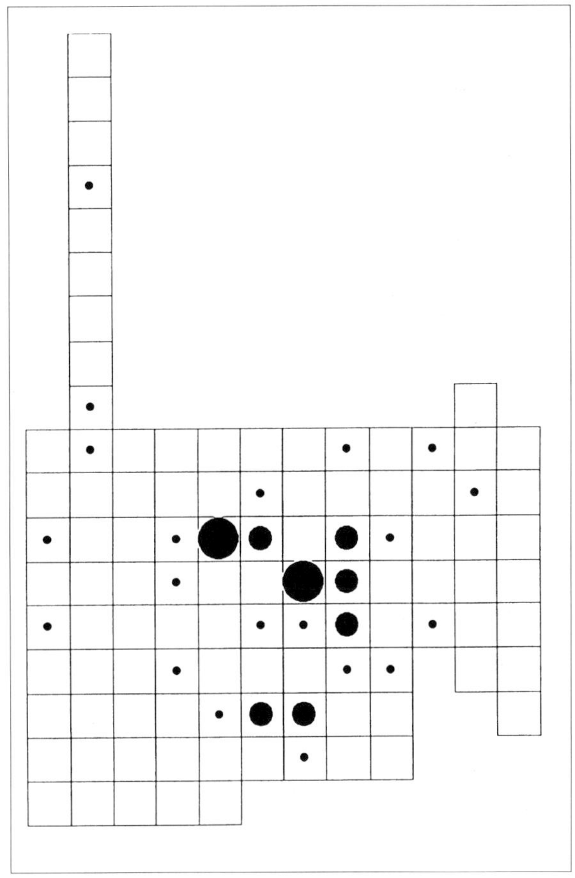

Figure 9. – Répartition des pointes à cran par mètre carré.

du Mâconnais dont les gîtes les plus proches se situent à 7 km du site. Il existe en outre de petites séries de matières premières d'origine exogène qui furent importées surtout sous forme de produits laminaires et d'outils. Parmi les 5 129 pièces retouchées, les pointes à dos dominent largement. Ces pointes montrent une grande variété typologique avec les pointes à dos courbe ordinaires (fig. 7, 4), les bipointes (fig. 7, 3), les pointes à base tronquée, à dos anguleux (fig. 7, 2), à cran (fig. 7, 1), à pédoncule (fig. 7, 5), les fléchettes (fig. 7, 6), etc. Dans l'ordre d'importance, ils suivent les grattoirs, surtout courts et sur éclat (fig. 7, 9-11-12), parfois sur lame (fig. 7, 14), les burins (fig. 7, 10.13.18), les pièces tronquées (fig. 7, 15-17), les perçoirs et Zinken (fig. 7, 16), les pièces esquillées et à encoche. Les pièces avec retouches partielles tiennent aussi une place importante. À côté de l'industrie lithique taillée, le site de Varennes-lès-Mâcon a livré une grande quantité de galets (150 kg) dont une centaine montrent des traces d'usure (percuteurs, retoucheurs, enclumes, galets esquillés et deux petites meules). En outre, des pigments de couleur ont une importance particulière. On compte presque 10 kg d'oxyde de manganèse et 1 kg d'hématite. De plus, il y a des éléments de parure (perles faites de segments de crinoïdes fossiles, un coquillage marin, etc.) et un galet et deux nucléus portent des traits gravés, l'un avec un décor en échiquier et deux avec des traits parallèles. Les conditions de conservation de la faune sont, comme attendu en milieu sableux, mauvaises. Malgré cela, on a trouvé quelques dents qui permettent une détermination taxonomique (sanglier et un bovidé – aurochs ?).

La datation du site de Varennes de l'interstade d'Alleröd est confirmée par la prédominance de pointes à dos ordinaires, par la présence du sanglier dans la faune et par un haut pourcentage de pièces lithiques brûlées, phénomène observé généralement dans les sites datant de l'Alleröd. Mais il existe également quelques rares éléments typologiques du Mag-

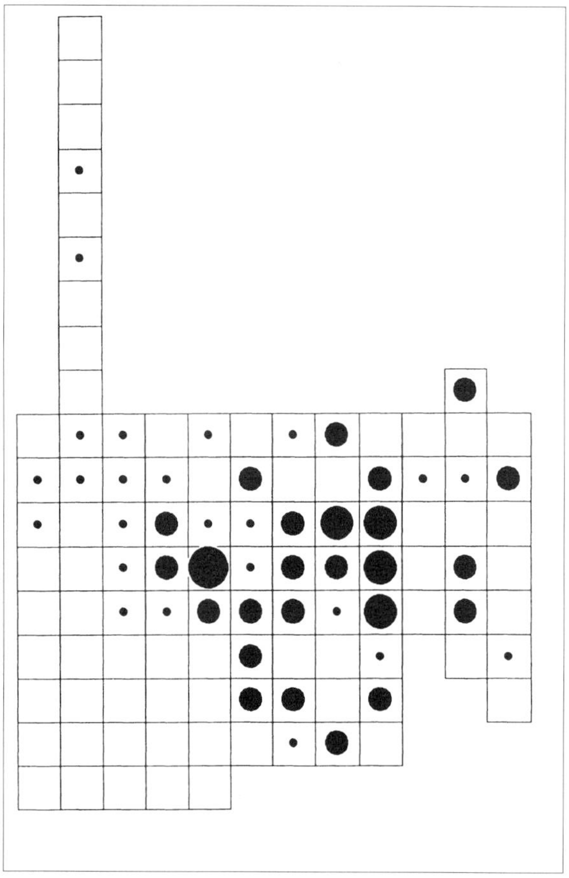

Figure 10. – Répartition des pointes à base tronquée par mètre carré.

dalénien final (Zinken, lamelles à dos, parmi celles-ci des rectangles (fig. 7, 7.8), vraies pointes à cran), qui ont provoqué la classification du site de Varennes dans une phase transitionnelle entre Magdalénien et Azilien (Combier, 1979 ; Combier et Floss, 1994). Néanmoins on constate l'existence de certains types de pointes (à base tronquée, à base rétrécie) qui tiennent dans le complexe de l'Azilien (au sens large) plutôt une position chronologique tardive. Dans cette hypothèse, on pourrait contester l'homogénéité de l'assemblage lithique du site de Varennes, qui est malgré cela démontrée par plusieurs arguments. À côté du fait que la totalité des vestiges proviennent d'un niveau stratigraphique bien défini (épaisseur maximale de 30 cm, fig. 2) il est intéressant, dans un site de plein air sur les rives de la Saône annuellement inondable, que tous les différents types de pointes cités montrent des répartitions spatiales quasiment identiques (comparer fig. 8 et 10). En outre, le choix des matières premières parmi ces différents types de pointes est également largement comparable, y compris les matières premières rares et exogènes (fig. 11).

En résumé, la position stratigraphique bien définie, les répartitions spatiales cohérentes et un traitement identique concernant les matières premières (fig. 11) comme aussi l'orientation sur leurs supports, prouvent qu'il s'agit d'un ensemble homogène. Varennes-lès-Mâcon représente un inventaire lithique très riche et peut-être seulement ces grands sites sont-ils aptes à démontrer la variété réelle des spectres typologiques existant dans cette période de transition et d'adaptation à un nouveau milieu climatique et à un nouvel environnement.

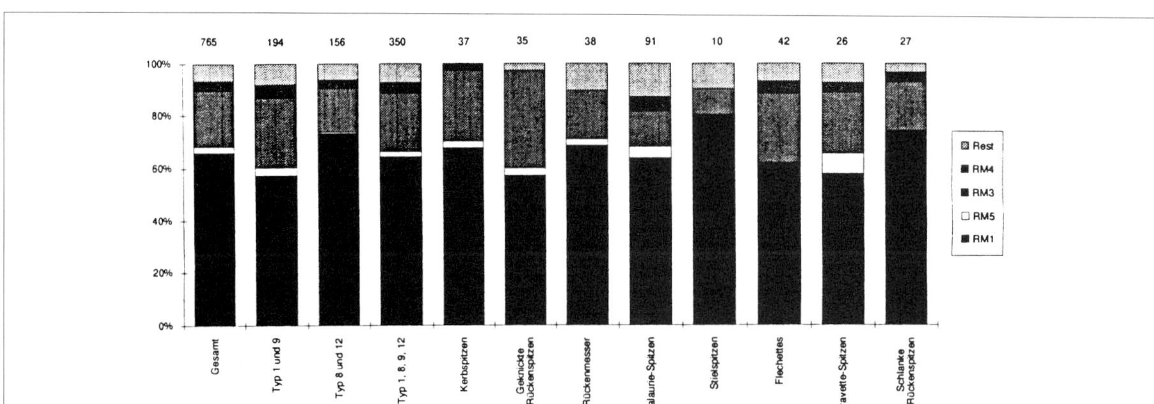

Figure 11. – Distribution des matières premières parmi les différentes sortes de pointes à dos (de gauche à droite : total, types 1 et 9 (pointes à dos allongées), types 8 et 12 (pointes à dos courbe trapues), types 1, 8, 9, 12, pointes à cran, pointes à dos anguleux, lamelles à dos, pointes à base tronquée, pointes à pédoncule, fléchettes, pointes de gravette, pointes à dos très mince. RM1 silex provenant des argiles à silex du Mâconnais, RM5 galets de terrasses, RM3 chaille oolithique Mâconnais, RM4 « Jaspe » provenant vraisemblablement du Bédoulien de Rochemaure (Ardèche)).

BIBLIOGRAPHIE

COMBIER (J.), Faciès et chronologie du Paléolithique final et de l'Azilien dans le sillon rhodanien. Actes, colloque international de Talence 1977 : *La fin des temps glaciaires en Europe : chronostratigraphie et écologie des cultures du Paléolithique final,* CNRS 271, 1979, p. 259-265.

COMBIER (J.), FLOSS (H.), Nouvelles recherches sur le site paléolithique final de Varennes-lès-Mâcon (Saône-et-Loire). *Travaux de l'Institut de Recherche du val de Saône mâconnais* 1, 1994, p. 77-99.

FLOSS (H.), Varennes-lès-Mâcon, un site du Paléolithique final dans la vallée de la Saône. Actes, CXIX^{e} Congrès national des sociétés historiques et scientifiques, Amiens 1994 : *Le Tardiglaciaire en Europe du Nord-Ouest*, CTHS, Paris, p. 311-323.

LE PREMIER PEUPLEMENT HOLOCÈNE DE LA CORSE

FIRST HOLOCENE COLONIZATION OF CORSICA

François de Lanfranchi, Jean-Denis Vigne et Michel-Claude Weiss

Résumé. – La culture prénéolithique a été définie à partir des travaux conduits dans cinq sites de Corse : deux en Haute-Corse et trois en Corse du Sud. Exception faite de Curacchiaghju, il s'agit de sites proches de la mer. L'économie est fondée sur la cueillette, la chasse et la pêche. Deux sépultures connues, l'une dans le Nord et l'autre dans le Sud, attestent la pratique de l'inhumation. Enfin, le premier peuplement holocène de la Corse invite à s'interroger sur l'origine géographique de ces premiers habitants de l'île après les grandes glaciations.

Mots clés : Méditerranée occidentale, insularité, Corse, Mésolithique, chasseurs-cueilleurs.

Abstract. – The « preneolithic » culture has been described from the excavations of five Corsican sites : two in the northern part of the island and three in the southern one. Except for Curacchiaghju, they are located near the sea. The economy was based on gathering, hunting and fishing. Two human skelettons, one in the North, the other in the South, testify burial practices. This first holocene colonization of Corsica also leads the authors to some discussions, namely about the geographical origin of these old postglacial islanders.

Key Words : Western Mediterranean, insularity, Corsica, Mesolithic, hunters-gatherers.

La culture prénéolithique corse est un ensemble de longue durée, au moins un millénaire (Strette, couche 24 : 9 140 ± 300 BP ; Curacchiaghju, couche 7 : 8 560 ± 170 BP et 8 300 ± 180 BP ; Araguina-Sennola, couche 18 : 8 520 ± 150 BP ; Monte Leone : 8 225 ± 150 BP ; sépulture de Pietracorbara : 7 840 ± 310 BP), assez original dans le contexte méditerranéen occidental et paraissant présenter une certaine homogénéité, à tout le moins dans le domaine de l'économie comme dans ceux de l'habitat et de l'équipement. La relative rareté des documents de ce premier stade d'évolution corse attesté avec certitude, en attendant la confirmation des indices paléolithiques du cap Corse, ne permet pas de donner une réponse satisfaisante à certaines contradictions apparentes de même qu'à la question de l'origine de ces communautés archaïques. Il n'en reste pas moins que le Prénéolithique – c'est l'enseignement de la stratigraphie – a pu jouer un rôle dans la formation des groupes initiaux du Néolithique, à partir du VIe millénaire BC.

1. LES DONNÉES

a. Sites et milieux concernés

Les vestiges de la culture prénéolithique corse ont été découverts dans six gisements des parties septentrionale et méridionale de l'île. Les paysages choisis sont au nombre de trois : zone calcaire basse et littorale, relief côtier et plateau granitique d'altitude élevée.

Au Prénéolithique de Corse, l'examen de la répartition des gisements de cette époque suggère que la très grande majorité d'entre eux est proche de la mer et aussi des points de passage les plus aisés avec les terres voisines que sont l'archipel toscan et les Bouches-de-Bonifacio. Quant à l'abri de Curacchiaghju, il donne l'occasion d'évoquer les relations avec l'intérieur du pays.

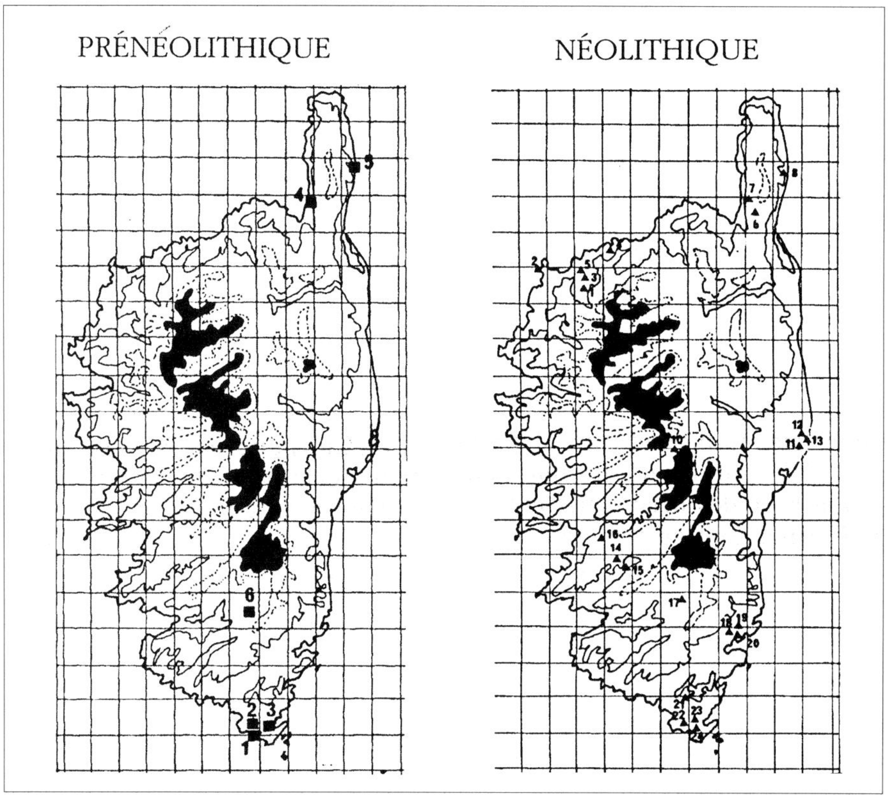

Légendes des figures

1 - Cartes de répartition des sites prénéolithiques et néolithiques.

Carte 1: Le Prénéolithiques de Corse.

1 - Araguina-Sennola;
2 - Monte Leone;
3 - Longone;
4 - Strette;
5 - Pietracorbara.

Carte 2: Le Néolithique ancien méditerranéen.

A-Haute-Corse.

Balagna

1 - Carcu;
2 - Porte Vecchie-Corsu;
3 - Monte Ortu;
4 - La Revellata;
5 - La Pietra.

Nebbiu et Capi Corsu

6 - Grotta Scritta de Saint-Florent;
7 - Strette;
8 - Pietracorbara.

Vizzavona et Niolu

9 - Grotte Southwell
10 - Abri Albertini

Côte orientale

11 - Terrina I;
12 - Casabianda I;
13 - Casabianda II.

B-Corse-du-Sud.

Taravo

14 - Basi;
15 - Filitosa (abri D');
16 - Pietrosella I.

Alta Rocca

17 - Curacchiaghju.

Porti Vechju-Figari

18 - San Ciprianu;
19 - Foce;
20 - Ortale;
21 - Bufua III.

Bonifacio

22 - Araguina-Sennola;
23 - Longone;
24 - Abri du Goulet.

Figure 1. – Carte de la Corse avec la position géographique des sites prénéolithiques et néolithiques.

En effet, dans l'aire méridionale de l'île, un modèle d'occupation de l'espace fondé sur l'exploitation des étages climatiques peut être inféré des informations recueillies. Le pays bonifacien est constitué par un plateau calcaire d'une altitude moyenne de 80 m et de vallées plus ou moins profondes. Dans celle de Saint-Julien (fig. 1), deux sites prénéolithiques bordent la voie primitive qui passe devant le couvent de Saint-Julien et traverse le plateau de Campu Romanellu. Le site de plein air de Longone jouxte les fontaines du même nom, dans la basse vallée, alors que l'abri de Monte Leone se trouve dans la partie haute. La seconde vallée concernée, celle d'Araguina-Sennola, est une voie qui permet d'accéder à la côte orientale de l'île. Au départ, un imposant abri sous roche a livré des documents prénéolithiques significatifs, dont surtout une sépulture, à la base de sa séquence stratigraphique. Ces préhistoriques anciens de l'île, implantés à proximité immédiate de la mer, exploitaient un environnement à la fois terrestre et maritime. Ils pratiquaient la chasse et la cueillette des végétaux dans le pays bonifacien, apêchaient et récoltaient les divers produits que la mer offre en abondance. Ils allaient chercher dans la région de Sotta, située à quelques kilomètres, la rhyolite et le quartz, deux roches locales à partir desquelles ils tiraient leur outillage composé de grandes lames et d'éclats. On doit à ces groupes la création d'un système d'exploitation du territoire fondé sur l'utilisation des ressources naturelles offertes par des étages climatiques différents : le mésoméditerranéen inférieur et le mésoméditerranéen moyen et supérieur. En effet, leur présence est bien attestée sur le site de Curacchiaghju, abri sous auvent situé à plus de 700 m d'altitude et qui, le premier, a révélé l'existence de la culture prénéolithique. L'utilisation de l'espace est donc fondée sur la complémentarité mer-montagne. Certes, l'on ne sait toujours pas quels étaient les moyens d'existence de ces groupes humains à la montagne car l'absence en Corse de grands mammifères durant l'Holocène (Vigne, 1988) semblerait éliminer l'hypothèse trop facile de l'implantation de campements de chasse en altitude. Dans ce domaine, l'absence de vestiges osseux (en particulier d'arêtes de poissons) ou végétaux se fait cruellement sentir. Quoi qu'il en soit des raisons qui ont poussé les prénéolithiques à découvrir et à occuper des points de l'intérieur de l'île, le fait est qu'il se produit une prénéolithisation de la Corse comportant le modèle d'exploitation de l'environnement que nous venons d'évoquer.

Dans la zone septentrionale de l'île, seuls deux gisements apparaissent. Il s'agit des abris de Pietracorbara dans le cap Corse et de Strette à Barbaghju. Ce dernier est une cavité assez vaste.

b. Une culture plutôt sommaire

L'aménagement de l'habitat semble avoir été des plus rudimentaires. Les prénéolithiques insulaires avaient une prédilection certaine pour les cavités naturelles et la transformation de leur abri ne nécessitait pas de gros travaux : un feu et sans doute quelques branchages suffisaient à rendre utilisable l'endroit qu'ils avaient choisi. À Strette, la couche 12B laisse voir quelques charbons de bois, ce qui indique la présence, plus ou moins proche, d'un foyer ; l'étendue de l'occupation préhistorique n'était guère importante, de l'ordre de 5 à 6 m^2. À Araguina-Sennola, la partie supérieure de la strate 18, c'est-à-dire 18A, désigne certainement une zone d'habitat, en raison de l'identification de plusieurs morceaux de charbon de bois et surtout d'un matériel lithique assez abondant. À Curacchiaghju, fut mis au jour un sol d'occupation constitué par un sédiment très charbonneux avec, au centre de l'aire fréquentée, un grand foyer. On ne repéra aucune structure de pierre ni aucun indice d'une modification quelconque des lieux. Par contre, la couche 5 de Longone a fourni des aménagements en relation avec un habitat (cabane ?). La première implantation humaine se fait à même l'affleurement calcaire. L'aire occupée montre un empierrement destiné à niveler le sol et réalisé par la juxtaposition de blocs calcaires. La présence de charbons et de cendres est un autre indice d'une anthropisation du site. Quant aux couches prénéolithiques de l'abri voisin de Monte Leone, elles sont certainement parmi les plus intéressantes de cette époque. Elles laissent voir des foyers et des déchets de repas, dont des restes de *Prolagus sardus*, qu'accompagnent des vestiges en rhyolite et quartz filonien, essentiellement des éclats de taille. D'autres aménagements semblent avoir été dégagés lors de la campagne de fouilles de 1995 (Vigne, ce volume).

L'équipement est peu élaboré. L'industrie lithique est grossière et, dans certains cas, ses produits ne se reconnaissent pas aisément. On distingue cependant de gros éclats, des lames frustes, ainsi que des grattoirs sur éclat ou sur bout de lame, des racloirs aussi.

Les roches choisies pour confectionner les divers objets ou esquilles sont d'origine locale (quartz, rhyolite, serpentinite, etc.). La rhyolite se prêtant fort bien à la taille et à la retouche, l'industrie de certains sites possédant un pourcentage relativement important de produits issus de cette roche – et nous pensons à Strette – montre un aspect plus élaboré que celui du matériel des autres gisements, et il est sans doute plus facile d'y reconnaître des outils. À Torre d'Aquila, l'industrie lithique, très fruste, privilégie les éclats. Le mobilier de cet abri présenterait les mêmes caractéristiques que celui de Strette : matière première (quartz, gabbro, serpentinite, rhyolite, grès) issue de l'environnement immédiat, prépondérance du quartz, taille rudimentaire, retouches très rares, nombreux éléments laissant voir une partie corticale, galets fréquents. Cependant, il convient de remarquer la présence de deux éclats en obsidienne et de deux petits éclats en silex blanc (Magdeleine, 1995). La position chronologique de ce matériel, pratiquement contemporain de celui du Néolithique ancien, expliquerait une telle originalité.

À Strette, cinq boulettes d'ocre attribuables à la couche 22 seraient à mettre en rapport avec l'usage de la parure, de même que quelques coquilles de colombelles perforées. Les fouilles de Torre d'Aquila, dans le cap Corse, ont donné trois coquilles de colombelles perforées à une extrémité. Monte Leone a procuré également, et en assez grand nombre, des colombelles perforées.

c. Les ressources d'origine animale et leur exploitation

Au début de l'Holocène, les ressources d'origine animale disponibles étaient sensiblement plus faibles en Corse que sur le continent. La faible extension du plateau continental réduisait l'abondance des poissons, sauf dans la région des Bouches-de-Bonifacio. Et si les mollusques marins et les oiseaux s'offraient en quantité comparable à celle du continent, on ne peut pas en dire autant des mammifères (Vigne 1988, 1992a), alors représentés par quatre espèces endémiques aujourd'hui disparues : le lapin-rat (*Prolagus sardus*), deux rongeurs de la taille d'un rat (*Rhagamys orthedon* et *Tyrrhenicola henseli*), et une musaraigne (*Episoriculus corsicanus*). Il s'y ajoutait le phoque-moine (*Monachus monachus*), qui pouvait être également abondant. Le cerf de

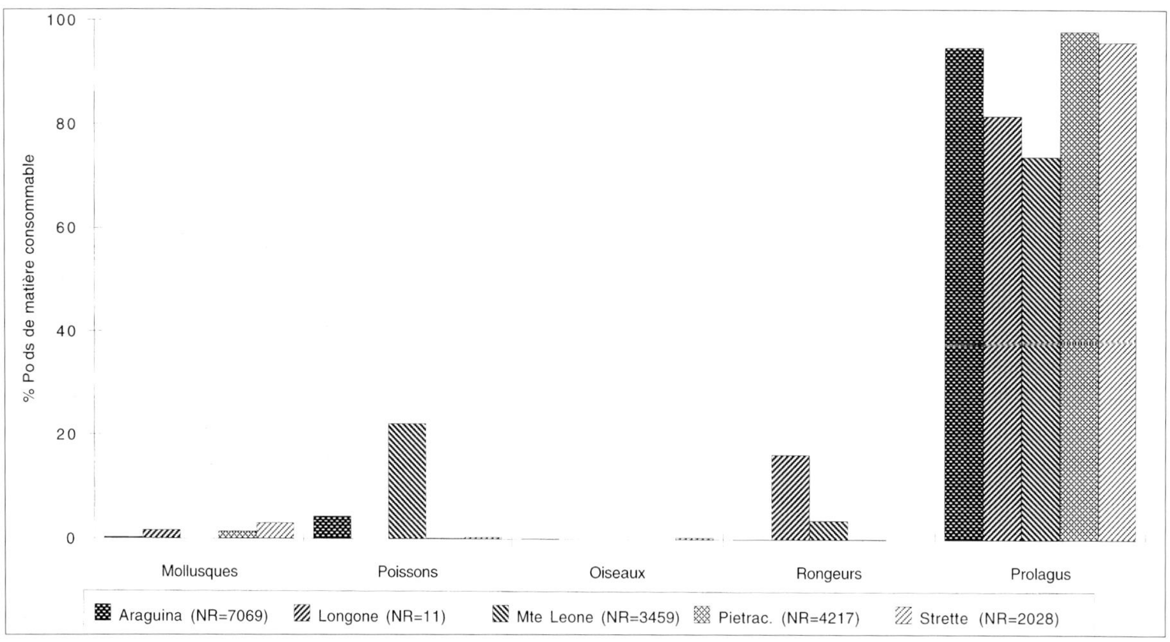

Figure 2. – Composition du régime alimentaire exprimé en poids de matière consommable (PMC, Vigne, 1992b) dans cinq des six sites prénéolithiques de Corse (d'après Vigne et Desse-Berset, 1995).

Caziot (*Megaloceros cazioti*) et *Cynotherium sardous* (petit carnivore de la taille du renard) étaient probablement déjà éteints au VIIIe millénaire av. J.-C. (Vigne, ce volume).

Sur les six sites prénéolithiques connus, cinq ont livré des quantités de faune suffisantes pour permettre une première approche de l'alimentation (Vigne et Desse-Berset, 1995). Tous les assemblages sont largement dominés par les restes de *Prolagus*, souvent porteurs de brûlures d'extrémités qui permettent d'affirmer qu'il s'agit de restes de consommation humaine (Vigne *et al.*, 1981). On trouve également de petites quantités d'ossements de deux rongeurs endémiques, également porteurs de brûlures d'extrémités. Les oiseaux sont toujours très rares. Les poissons sont abondants dans le seul site qui a fait l'objet d'un tamisage systématique sur maille fine (Monte Leone). Dans les autres, ils ne sont représentés que par quelques os de grande taille. Les mollusques marins sont abondants à Pietracorbara (Vigne, 1995) et à Strette, plus rares ailleurs.

Trois os de caprinés et cinq de porc ont été signalés avec réserve (Vigne, 1988) dans le niveau prénéolithique d'Araguina-Sennola. L'absence totale de tels indices d'élevage sur tous les autres sites, y compris les 19 m^2 fouillés au Monte Leone (Vigne, ce volume), confirme qu'il s'agit là vraisemblablement d'une erreur de manipulation postérieure aux campagnes de fouilles.

Une approche quantitative exprimée en poids de matière consommable (Vigne, 1992b, Vigne et Desse-Berset, 1995) a montré que *Prolagus* représentait entre 75 et 95 % de l'alimentation d'origine animale. Seuls les poissons (entre 5 et 25 %) et les petits rongeurs (5 à 15 %) apportaient un complément non négligeable (fig. 2). Il faut noter l'absence quasi totale de chasse au phoque-moine, pourtant représenté par un reste à Araguina-Sennola (Vigne, 1988), et au Monte Leone (Vigne, ce volume).

Il semble donc que les Prénéolithiques de Corse tiraient l'essentiel de leur subsistance de la capture du petit gibier terrestre et de la pêche côtière. Ces activités étaient pratiquées selon des modalités encore inconnues, mais l'absence des têtes de petits poissons, au Monte Leone, ainsi que des représentations squelettiques difficiles à interpréter pour *Prolagus* suggèrent la pratique de stockage de nourriture et, peut-être, une exploitation logistique saisonnière des ressources (Vigne et Desse-Berset, 1995), hypothèse que les fouilles et analyses ultérieures devraient tester.

Remarquons enfin que le Prénéolithique de Corse offre un cas rare de subsistance de chasseurs-cueilleurs sans grand gibier. Il est donc peu probable que la colonisation de cette île méditerranéenne ait été motivée par l'abondance des ressources animales.

2. LES CONTRADICTIONS OU INTERROGATIONS

a. Écart entre une civilisation matérielle pauvre et une anthropologie plus moderne

Lorsque l'on examine les documents de cette époque, ce qui surprend le plus, de prime abord, c'est l'écart, apparemment inexplicable, entre un équipement des plus sommaires, dans certains cas difficilement identifiable, et des restes osseux humains qui laissent voir les indices d'une réelle évolution permettant de les replacer sans peine parmi les vestiges des cultures occidentales contemporaines. Ainsi, d'un point de vue strictement anthropologique, la femme de Bonifacio ne se sépare guère des Mésolithiques européens : « Aucune valeur du test *t* ne distingue le crâne de Bonifacio des crânes bretons... Son taux d'éloignement de Penrose se montre aussi faible... Morphologiquement, il ressemble aussi fortement à ses contemporains bretons puisque selon H. Duday (1975), à la limite, on pourrait prendre le crâne de Bonifacio comme exemplaire type des séries bretonnes » (D. Ferembach, 1976). Cependant, selon quelques chercheurs, la pauvreté indiscutable de l'outillage lithique des Préhistoriques insulaires de cette époque fait qu'on les imagine mal à la pointe du progrès technique dans le domaine de la navigation (ils auraient amené dans l'île une tradition de taille et de retouche régressive ne correspondant que par certains côtés à ce que nous savons de l'équipement lithique des groupes voisins).

b. Différences entre les deux seules sépultures connues

L'étude des deux seules sépultures connues de ce stade d'évolution, celles d'Araguina-Sennola et de Pietracorbara, augmente nos interrogations. À Bonifacio, le corps a été disposé dans une légère dépression du sol de forme oblongue orientée globalement nord-est/sud-ouest et cernée de saillies ou blocs de taille parfois importante ; plusieurs d'entre eux reposent directement sur la roche en place. Un foyer se tient au-dessus de la sépulture. Précisons en outre qu'une avancée rocheuse surplombe l'extrémité nord-est de la cavité funéraire, là où se trouve la tête de l'individu inhumé. Le squelette lui-même, allongé sur le dos, le crâne en rotation forcée vers la droite, les bras le long du corps, les pieds joints, est recouvert d'une poudre minérale de couleur brun-rouge foncé. Certains indices font supposer que le cadavre a été très vite enseveli sous du sable. Le squelette de la couche 18 de l'abri d'Araguina-Sennola est celui d'une femme de 35 ans environ, de taille sous-moyenne (1,54 mètre), mésocéphale (indice crânien horizontal : 76,2), physiquement très handicapée. Selon Henri Duday, l'état buccal de cet individu, entre autres, est absolument déplorable.

La sépulture de Torre d'Aquila, à Pietracorbara, pose plus de problèmes qu'elle n'en résout. Identifiée par Jacques Magdeleine et Jean-Claude Ottaviani en 1990, elle serait attribuable, d'après ces fouilleurs, à un groupe ne connaissant pas encore l'agriculture et l'élevage, donc certainement prénéolithique. Notons que le niveau VIII de l'abri, considéré donc par les chercheurs précédents comme prénéolithique, a été daté de 7 840 ± 310 BP et même 6 820 ± 300 BP. Les restes humains, fragmentaires (en fait, la moitié supérieure d'un squelette), se trouvaient dans une cuvette très peu profonde. Le corps était placé sur le dos, dans le sens de la pente, la partie céphalique au niveau le plus bas. Quant aux avant-bras, ils étaient repliés, les mains vers le visage. L'individu inhumé aurait une taille voisine de 1,50 m ou 1,55 m. Claude Pierre Bouville, chargé de l'étude anthropologique, a déjà obtenu, et malgré de réelles difficultés, une belle reconstitution crânienne. Le front est haut. Pour lui, ce crâne est celui d'une femme brachycéphale (indice crânien horizontal : 80,2) de 45-50 ans dont la morphologie rappelle celle des Préhistoriques contemporains des îles ou du littoral méditerranéen et se différencie des populations continentales. Les commentaires de cet anthropologue nous intéressent au plus haut point. Il observe que le site chypriote de Khirokitia a donné, dans des niveaux du Néolithique précéramique, daté du VIe millénaire avant notre ère, des sépultures individuelles creusées dans le sol des habitations. Les individus inhumés, en position contractée, peuvent être nettement brachycrânes. À cette époque, « les groupes humains ne sont pas isolés, même sur les petites îles méditerranéennes. Il n'est donc pas étonnant que le brassage des gènes qui en résulte aboutisse à une grande homogénéité de la population... La sépulture de Pietracorbara est donc particulièrement intéressante du fait de la brachycrânie qu'elle révèle. Elle s'intègre bien au sein de ce que l'on connaît des populations des petites îles méditerranéennes, populations dont l'originalité est évidente par rapport aux populations continentales, sans que l'on en connaisse actuellement la raison ni le devenir ». (Bouville, 1995, p. 379-380).

Une remarque de Jacques Magdeleine nous retiendra un instant. Pour cet auteur, le squelette aurait été amputé du bassin et des membres inférieurs « soit par disparition des restes au cours des occupations successives de l'abri, soit – hypothèse qui d'après les observations lors des fouilles paraît plus probable – effective dès l'inhumation » (Magdeleine, 1991, p. 80). Tout récemment, l'auteur confirme son idée : « L'inhumation d'un corps incomplet, hypothèse qui peut paraître la plus invraisemblable, est pourtant celle qui correspond le mieux aux conditions de la découverte. » (Magdeleine, 1995, p. 375). Une telle amputation, dans ce cas accidentelle, caractérise également la sépulture du Ve millénaire d'Araguina-Sennola. Mais nous sommes là au Néolithique ancien, un Néolithique ancien bien situé en stratigraphie et parfaitement daté, tout comme le Prénéolithique du même gisement.

L'écart chronologique important (un demi-millénaire environ) séparant les deux inhumations doit faire réfléchir et donne l'occasion de poser la question de l'évolution de la culture prénéolithique, considérée jusqu'à maintenant comme étant relativement unie mais qui a dû nécessairement se transformer. Gageons que les indices d'une telle évolution ou d'une certaine diversification (et pour cela, l'étude fine des restes de Pietracorbara nous intéresse au plus haut point) apparaîtront bientôt.

3. LES INTERPRÉTATIONS, CONCLUSIONS ET PISTES DE RECHERCHE

a. Le problème de l'origine du Prénéolithique

Le décapage par F. Martini des strates du site de plein air de Sa Coa de Sa Multa, dans la commune de Laerru et l'examen des objets d'aspect clactonien, en silex local, issus de ces horizons très anciens du Nord-Ouest de la Sardaigne, nous invitent indiscutablement à envisager une nouvelle approche de la question du Paléolithique corso-sarde.

Pour Eugène Bonifay (1990), les migrations du Pléistocène moyen, par la zone toscane, n'ont pu se faire sans la participation des préhistoriques contemporains. Il plaide ainsi en faveur d'un peuplement humain de la Corse dès le Paléolithique ancien, en soulignant que la très faible densité de population n'a sans doute pas permis une implantation durable. Quant aux ancêtres directs de la dernière migration humaine, vraisemblablement entre 18 000 et 15 000 ans, par conséquent au Paléolithique supérieur, ils se seraient trouvés isolés en Corse lors de l'ultime remontée importante du niveau marin et pendant plusieurs milliers d'années auraient subi, du fait de l'insularité, une dégénérescence à tout le moins technique. La reprise récente des fouilles dans la grotte de La Coscia, à Macinaggio (Macinaghju) dans la commune de Rogliano, a donné, semble-t-il, des résultats non négligeables au chercheur. Dans cette vaste cavité d'environ 80 m de développement creusée dans le calcaire, « la campagne de fouilles de 1993 aurait conforté l'hypothèse de l'origine humaine des structures de combustion découvertes dans ce site et la présence, au début du Würm ancien, de l'homme de Néandertal en Corse » (Eugène Bonifay, 1994, p. 59). Les recherches de 1994 auraient confirmé cette analyse et apporté quelques rares indications sur un possible outillage lithique.

Si les indices, d'ailleurs souvent ténus et difficiles à interpréter, d'une éventuelle occupation paléolithique en Corse et surtout en Sardaigne nous conduisent à envisager de façon nouvelle la présence initiale de l'homme dans l'île, ils ne nous permettent nullement, du moins pour le moment, d'éclairer vraiment les aspects fondamentaux de la civilisation prénéolithique.

Si l'approche archéologique aboutit un jour à la confirmation d'une présence humaine au Paléolithique inférieur ou moyen, il ne faut pas oublier qu'à ce jour, aucun témoignage d'un Paléolithique supérieur n'a encore été signalé en Corse.

Au VIIe millénaire, époque du Prénéolithique de Corse, les apports extérieurs ne pouvaient se faire qu'au moyen de la navigation. Si nous acceptons pour notre région les chiffres obtenus à proximité des côtes du Midi méditerranéen français – et c'est pour le moment la position la plus avantageuse – nous constatons que le contour des côtes de la Corse et des îles de l'archipel toscan ne devait pas être fondamentalement différent de ce qu'il est aujourd'hui. En tenant compte des profondeurs actuelles, et abstraction faite des phénomènes divers ayant pu affecter cette zone et que seuls les paléogéographes pourront détecter et préciser, il apparaît que la Corse devait être séparée de Capraja, Elbe et Pianosa par une étendue d'eau à peine inférieure à celle que nous connaissons maintenant. Les îles de Pianosa et d'Elbe n'étaient pas réunies. Même au maximum de la grande régression würmienne, alors que la ligne de rivage se trouvait à – 120 m ou – 130 m, la Corse était très nettement détachée de l'île d'Elbe.

En réalité, les déplacements maritimes sont attestés en Europe dès la fin du Paléolithique. Dans la grotte Franchthi (Grèce), des vestiges en obsidienne datés de 9 000 BC proviennent de l'île de Melos (Cyclades), située à 150 km de là. Chypre était atteinte vers 8 000 BC. La navigation est donc clairement attestée en Méditerranée au moment où les premiers groupes insulaires choisissent les abris d'Araguina-Sennola, Curacchiaghju et Strette. G. Camps estime (Camps, 1988) que « dès le VIIe millénaire, l'homme était capable de franchir, sur mer, des distances de l'ordre de 50 kilomètres ». Il signale (Camps, 1976) qu'à la même époque, la Crète était peuplée.

b. Les relations avec les terres proches : Sardaigne et Toscane

Jointes à celles concernant la navigation, les données anthropologiques d'Araguina-Sennola pourraient venir à l'appui de l'hypothèse de l'origine étrangère des Prénéolithiques corses. C'est pourquoi nous nous attarderons un peu sur certaines remarques portant sur les auteurs d'industries sauveterroïdes du littoral ligure et du Nord de l'Italie qui, à l'instar des insulaires du VIIe millénaire, consommaient des rongeurs et des oiseaux ainsi que des mollusques. C'est la piste suivie par Carlo Tozzi (« L'abri prénéolithique de Porto Leccio, Sardaigne septentrionale », *IIIe Journées universitaires corses de Nice,* Centre d'études corses de Nice, Université de Nice, 1995) qui observe l'apparition d'industries indifférenciées en plusieurs points du littoral méditerranéen à la fin du Tardiglaciaire et au début de l'Holocène. Pour F. Martini, les industries des côtes tyrrhéniennes de l'Italie remontant au début de l'Holocène et caractérisées par un débitage peu laminaire au percuteur dur et la prépondérance des denticulés, des racloirs et des pièces écaillées pourraient être rattachées à un « Épipaléolithique indifférencié ». Cependant, quelques outils spécialisés, pointes et lamelles à dos, suggéreraient des relations avec l'Épigravettien ou le Sauveterrien.

L'ensemble de cette théorie repose donc sur l'arrivée dans l'île, à cette époque, de groupes montrant certaines affinités avec les Mésolithiques continentaux proches. Elle s'oppose à l'hypothèse développée un peu plus haut de migrations au Paléolithique, notamment au Paléolithique inférieur ou moyen, suivies d'un long isolement entraînant une dégénérescence technique (Bonifay, 1990).

CONCLUSION

Le premier Néolithique de l'île ne se propage pas dans une région déserte. La culture prénéolithique a donc marqué de son empreinte six sites : ceux de Curacchiaghju, Araguina-Sennola, Longone, Strette, Pietracorbara et Monte Leone. Or, les séquences stratigraphiques de ces gisements montrent, au-dessus des horizons prénéolithiques, plusieurs niveaux attribuables aux diverses phases du Néolithique insulaire – et c'est notamment le cas des cinq premiers – au Néolithique ancien méditerranéen. Le problème du substrat mésolithique ou prénéolithique se pose donc en Corse comme dans la plupart des régions de Méditerranée occidentale, et il nous paraît probable que les producteurs initiaux de l'île ont dû composer avec les groupes autochtones.

Quoi qu'il en soit, notre connaissance de la culture prénéolithique corse n'est pas vraiment satisfaisante. Le développement précédent l'indique clairement. De l'équipement matériel, on ne peut mettre en exergue que de rares outils. Les sites eux-mêmes sont trop peu nombreux pour autoriser une analyse efficace. Quant aux surfaces exploitées, elles sont plutôt négligeables, même si la fouille de Monte Leone corrige un peu cette lacune. Il serait donc nécessaire d'étendre les zones décapées des stations identifiées et surtout de rechercher de nouveaux horizons antérieurs au Néolithique. La découverte de tels sites ou couches nous donnerait l'occasion d'aborder le problème de l'origine des ethnies prénéolithiques insulaires avec des arguments plus diversifiés que les données actuelles, encore insuffisantes.

BIBLIOGRAPHIE

BONIFAY (E.), La grotte de la Coscia. *Bilan scientifique de la région Corse 1993*, Service régional de l'Archéologie, 1994, p. 59-60.

BONIFAY (E.), GAUTHIER (A.), WEISS (M.-C.), CAMPS (G.) *et al.*, Préhistoire de la Corse, CRDP, Ajaccio, 1990, 125 p.

BOUVILLE (C. P.), Préhistoire du cap Corse : les abris de Torre d'Aquila et Pietracorbara (Haute-Corse) - Anthropologie. *Bulletin de la Société préhistorique française,* t. 92, n° 3, 1995, p. 378-380.

CAMPS (G.), La navigation en France au Néolithique et à l'Âge du Bronze. *La Préhistoire française* 2, CNRS, Paris, 1976.

Préhistoire d'une île, les origines de la Corse, éd. Errance, coll. « Hespérides », Paris, 1988, 284 p.

DUDAY (H.), Le sujet de la sépulture prénéolithique de Bonifacio (Corse). *Cahiers d'Anthropologie*, Laboratoire associé 220 du CNRS, n° 1, 1975, 258 p.

FEREMBACH (D.), Les hommes du Mésolithique. *La Préhistoire française* 2, CNRS, Paris, 1976, p. 604-611.

LANFRANCHI (F. DE), La grotte sépulcrale de Curacchiaghiu (Levie, Corse). *Bulletin de la Société préhistorique française*, t. 64, 1967, p. 587-612.

Le peuplement des hauts bassins du Rizzanese et de l'Ortolo, des origines à l'arrivée des Romains. *Travaux de l'Institut d'Art préhistorique*, t. 15, 1973, université de Toulouse-Le Mirail, p. 213-257.

LANFRANCHI (F. DE), WEISS (M.-C.), DUDAY (H.), La sépulture prénéolithique de la couche 18 de l'abri d'Araguina-Sennola. *Bulletin de la Société des sciences historiques et naturelles de la Corse*, n° 606, 1973, p. 7-24.

LANFRANCHI (F. DE), WEISS (M.-C.), *La civilisation des Corses, les origines,* éd. Cyrnos/Méditerranée, Ajaccio, 1973, 182 p.

Araguina-Sennola, dix années de fouilles préhistoriques à Bonifacio. *Archeologia Corsa*, n° 2, Ajaccio, 1978, 167 p.

LUMLEY (H.), Les lignes de rivage postglaciaire des côtes méditerranéennes de la France. *La Préhistoire française* 2, CNRS, Paris, 1976.

LILLIU (G.), *La civiltà dei Sardi*, Nuova ERI, Torino, Terza edizione, 1988, 679 p.

MAGDELEINE (J.), Les premières occupations humaines de l'abri des Strette Barbaghju. *Archeologia Corsa*, n° 8-9, 1985.

Une deuxième sépulture pré-néolithique de Corse. *Bulletin de la Société préhistorique française,* t. 88, n° 3, 1991, p. 80.

Préhistoire du cap Corse : les abris de Torre d'Aquila et Pietracorbara (Haute-Corse). *Bulletin de la Société préhistorique française,* t. 92, n° 3, 1995, p. 363-377.

VIGNE (J.-D.), Les possibilités d'immigration mammalienne sur les îles de Méditerranée occidentale à la lumière de l'exemple corso-sarde. *IGAL, Documents et Travaux*, n° 11, 1987, p. 259- 261.

Les mammifères post-glaciaires de Corse. *Gallia Préhistoire* 26e suppl., CNRS, Paris, 1988.

Zooarchaeology and the Biogeographical History of the Mammals of Corsica and Sardinia since the Last Ice Age, *Mammal Review* 22, 2, 1992a, p. 87-96.

The Meat and Offal Weight (MOW) Method and the Relative Proportion of Ovicaprines in Some Ancient Meat Diest of the North-Western Mediterranean. *Riv. Studi Liguri*, A, 57, 2, 1992b, p. 21-47.

Préhistoire du cap Corse : les abris de Torre d'Aquila, Pietracorbara (Haute-Corse) – La faune. *Bulletin de la Société préhistorique française,* t. 92, n° 3, 1995, p. 381-389.

VIGNE (J.-D), MARINVAL-VIGNE (M.-C.), LANFRANCHI (F.), WEISS (M.-C.), Consommation du « lapin-rat » (*Prolagus sardus* Wagner) au Néolithique ancien méditerranéen, abri d'Araguina-Sennola (Bonifacio, Corse). *Bulletin de la Société préhistorique française,* t. 78, n° 7, 1981, p. 222-224.

VIGNE (J.-D.), DESSE-BERSET (N.), The Exploitation of Animal Ressources in the Mediterranean Islands during the Pre-Neolithic, the Example of Corsica. *In* : FISCHER (dir.) *Man and Sea in the Mesolithic (Oxbow Monograph, 53).* Oxford, Oxbow Books, 1995, p. 309-318.

WEISS (M.-C.), LANFRANCHI (F. DE), La Corse préhistorique. *In* : F. POMPONI (dir.), *Le Mémorial des Corses*, Ajaccio, 1981, p. 10-113.

L'ABRI DU MONTE LEONE (BONIFACIO, CORSE DU SUD) : VASTE SITE PRÉ-NÉOLITHIQUE EN CONTEXTE INSULAIRE

THE MONTE LEONE SHELTER (BONIFACIO, CORSICA) : LARGE PRENEOLITHIC SITE IN A MEDITERRANEAN ISLAND

Jean-Denis Vigne

Résumé. – Présentation des résultats préliminaires de la première fouille d'ampleur d'un site mésolithique en contexte insulaire méditerranéen.

Mots clés : Mésolithique, Corse, insularité, petit gibier, pêche.

Abstract. – For the first time in a Mediterranean island, a large Mesolithic site dated to the 8th millennium BC has been excavated (19 m^2). This paper presents the preliminary results, which bring confirmations and precisions to the previous data about the pre-neolithic colonization of Corsica.

Key words : Mesolithic, Corsica, insularity, small game, fishing.

Seules deux îles méditerranéennes vraies ont livré des preuves solides d'une présence humaine holocène antérieure au Néolithique : Chypre – avec le site d'Akrotiri-Aetokremnos, daté du Xe millénaire av. J.-C. – et la Corse, où une véritable colonisation (sépultures, utilisation exclusive des ressources locales) est attestée au VIIIE millénaire av. J.-C. par cinq sites de faible dimension (Pietracorbara, Strette, Curacchiaghiu, Araguina-Sennola et Longone ; Vigne et Desse-Berset, 1995 ; Lanfranchi *et al.*, ce volume).

En 1991, un sixième site, le grand abri du Monte Leone, a été découvert par F. de Lanfranchi et moi-même. Des sondages d'évaluation réalisés en 1992 ont montré qu'il s'étend sur plus de 80 m^2 et comporte une stratigraphie pré-néolithique de près d'un mètre d'épaisseur. Cet article relate les résultats préliminaires issus de la fouille du printemps 1995.

1. PRÉSENTATION DU SITE ET DE LA STRATIGRAPHIE

L'abri (alt. = 56 m) est situé au bord de la route, en haut du large vallon de Saint-Julien qui prolonge la ria de Bonifacio, aujourd'hui envahie par la mer. Au VIIIe millénaire av. J.-C., il était situé à environ 4 km du littoral. Il s'ouvre vers le nord, au pied d'une petite falaise ménagée dans les dépôts calcaro-gréseux du Miocène (« molasses »). Les couches prénéolithiques ont été recouvertes par une puissante formation de blocs et remblais substériles déposée au cours du Néolithique ancien (fig. 1). Leur dégagement à la pelle mécanique sur une douzaine de mètres de longueur a permis d'implanter une surface de fouille de 19 m^2 répartie en trois secteurs principaux et deux sondages (fig. 2).

Les trois secteurs de fouille et le sondage RS ont livré une succession de lentilles souvent très sombres qu'il a partout été possible de réunir en cinq couches principales. En dépit d'assez fortes bioturbations, ces dernières sont particulièrement bien individualisées dans le sondage RS (fig. 3) :

– la couche 5, composée de sables ou de petits blocs tombés de la voûte, est archéologiquement stérile ;

– la couche 4, sableuse, brun clair, est assez riche en gros charbons de bois et livre une faible quantité de témoins lithiques et de déchets de repas (ossements de *Prolagus*, de poissons ; un reste de phoque moine) ;

– la couche 3, limoneuse, brun sombre, est beaucoup plus riche en artefacts et en restes fauniques ;

– la couche 2 est presque noire, très riche en matériel archéologique, surtout dans sa partie terminale (couche 2a), où elle est constituée d'un véritable « magma » d'ossements de *Prolagus* ; plusieurs structures sont rattachées à cette phase d'occupation (*cf. infra*) ; cette couche a été datée en 1992 de 8 225 ± 80 BP (ETH-8 305 ; soit cal. : [7 433-7 035] av. J.-C.) ;

– la couche 1, constituée de l'épais remblais néolithique, débute par une vaste lentille limoneuse beige contenant quelques ossements d'animaux domestiques et tessons de céramique.

Cette stratigraphie suggère une succession d'occupations d'intensité croissante.

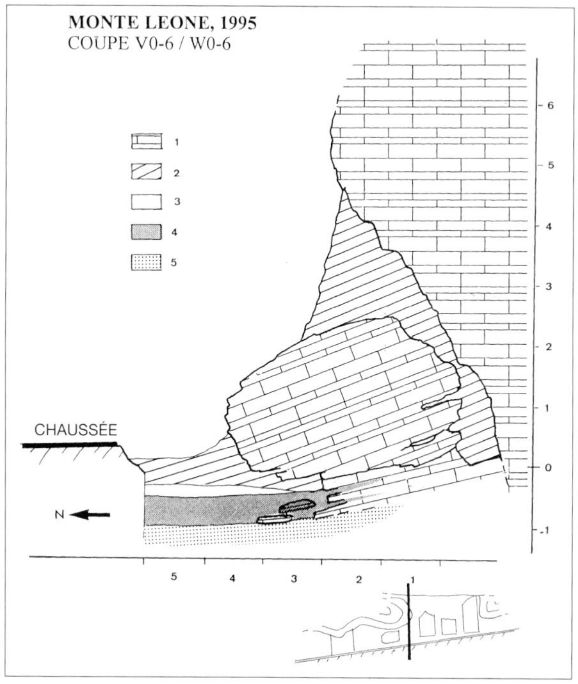

Figure 1. – Coupe générale de l'abri calcaire (1) du Monte Leone, montrant la position des couches prénéolithiques (4), sous les remblais néolithiques (2 et 3) et sur le sable stérile (5).

2. LES STRUCTURES ET L'ORGANISATION DU SITE

Structures de combustion

La fouille a livré deux indices de structures de combustion (fig. 2). Dans le sondage RS, une lentille cendreuse (de vidange) suggère la présence proche d'un vaste foyer (couche 2b). Dans le secteur WX, quatre pierres plates portant de fortes traces de chauffe viennent sans doute d'un foyer bouleversé ; elles sont associées à une nappe très riche en matériel,

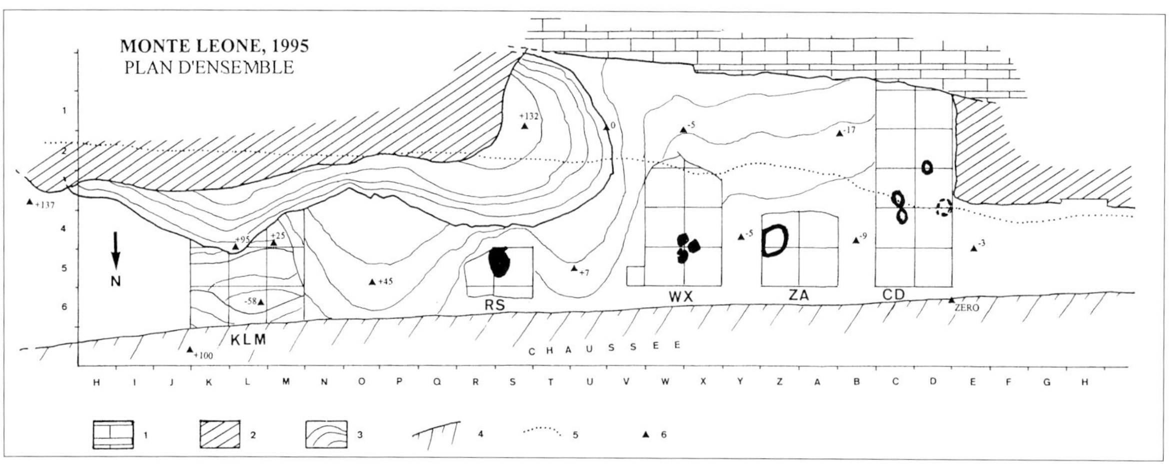

Figure 2. – Relevé planimétrique de l'abri du Monte Leone indiquant les zones fouillées (carroyage 1 m²) et la position des structures. 1. calcaire du fond de l'abri. 2. remblai néolithique non dégagé. 3. blocs et dalles calcaires d'effondrement du toit de l'abri. 4. limite du ballast de la route. 5. projection au sol de l'aplomb de l'abri. 6. altitude (en centimètres par rapport au zéro du site). En noir, les structures de combustion ; en cerclé noir, les fosses.

comportant de nombreuses petites pierres calcaires polyédriques portant des traces de chauffe. Il semble que cette région du site, qui est aussi celle où la stratigraphie est la plus développée (entre 80 cm et 1 m d'épaisseur), corresponde à la zone d'occupation domestique privilégiée.

Fosses de stockage

Dans la partie occidentale du site, alors que le remplissage prénéolithique s'affine jusqu'à 30 cm d'épaisseur, on note le présence de plusieurs fosses. La plus grande d'entre elles (secteur ZA ; Ø = 60-75 cm ; fig. 4) a été creusée sur 50 cm de profondeur au moins, lors du début de l'occupation de la couche 2. Ses parois verticales suggèrent une utilisation de courte durée. Elle a été rebouchée, probablement volontairement, à l'aide de petits blocs calcaires, puis de trois grosses pierres plates (max. 40 × 45 cm) dont le fort pendage souligne la structure, et de sédiment issu de l'extraction (US 35b sur la fig. 4). Plus à l'ouest, dans une région qui semble être en marge du site (secteur CD ; fig. 2), ont été creusées trois (peut-être quatre) petites fosses non appareillées de 20 à 30 cm de diamètre et de 15 à 35 cm de profondeur. Deux d'entre elles sont rapportables à la partie profonde de la couche 2, la dernière à l'occupation prénéolithique la plus récente (couche 2a). Aucun indice, pour l'instant, ne permet d'évoquer la fonction de ces fosses, mais les observations de fouille permettent d'exclure l'utilisation comme trou de poteau ou comme structure de combustion. L'hypothèse la plus vraisemblable est celle du stockage.

Même si la structuration du site apparaît comme assez peu élaborée, on observe donc une partition entre une zone « domestique » centrale et une zone périphérique où sont concentrées de probables structures de stockage.

3. LE MATÉRIEL

La totalité des sédiments en place, représentant plus de 6 m^3, a été conservée sous forme de refus de tamis (mailles 2, 1 et 0,5 mm) en vue d'échantillonnages ultérieurs par les différents spécialistes[1]. Ce travail n'en étant qu'à ses débuts, nous nous limiterons ici aux données préliminaires fondées sur les macrorestes relevés à la fouille.

Le matériel lithique (Tozzi, inédit) est composé d'un peu moins de 300 objets, soit un pour 20 litres de sédiment. Cette pauvreté est accentuée par le très petit nombre d'outils (environ 10 % des objets). Ils diffèrent peu de ceux décrits jusqu'à présent dans les sites prénéolithiques corses (Camps, 1988). Les microlithes et les armatures sont apparemment absents et le débitage laminaire très rare. Plus des trois quarts des témoins sont des éclats ou des déchets de taille. Les nucléus représentent 3 % et les blocs de matière première 8 %. Plus de la moitié des objets sont en quartz, et 40 % en roches volcaniques souvent collectées sous forme de galets de plage ; les granitoïdes fins ont aussi été utilisés (moins de 10 %). Le calcaire gréseux local a été débité sur le site afin de disposer de petites pierres polyédriques de chauffe, mais il n'a pas été taillé. Les roches d'importation sarde (silex, obsidienne), que l'on trouve dès le Néolithique ancien dans la région, sont absentes.

Quatre-vingt perles exclusivement réalisées dans de petites coquilles de l'espèce *Conus* étaient disséminées sur le site, de même qu'une vingtaine de restes humains peut-être issus de sépulture(s) bouleversée(s).

Certaines unités stratigraphiques sont riches en pollens. Les charbons de bois sont abondants dans les couches 4 et 3. Quelques semences carbonisées ont été détectées. Les mollusques terrestres sont également assez nombreux. Ces éléments devraient permettre une approche environnementale du site.

Les déchets alimentaires sont composés de plus de 400 restes d'invertébrés marins collec-

1. Datations : J. Donahue ; Sédimentologie : J.-E. Brochier ; Palynologie : Bui-Thi-Maï ; Anthracologie : C. Heinz et S. Thiébault ; Carpologie : M.-P. Ruas ; Paléo-parasitologie : F. Bouchet ; Malacofaune terrestre : J. André ; Malacofaune marine, parure : J.-D. Vigne ; Ichtyofaune : N. Desse-Berset ; Herpétofaune : S. Bailon ; Ornithofaune : J. Cuisin et J.-C. Thibault ; Mammifères : A. Bridault et J.-D. Vigne ; ADN fossile : F. Catzeflis, C. Hänni et M. Monnerot ; Anthropologie : H. David ; Industrie lithique : F. Briois, F. de Lanfranchi, S. Philibert et C. Tozzi.

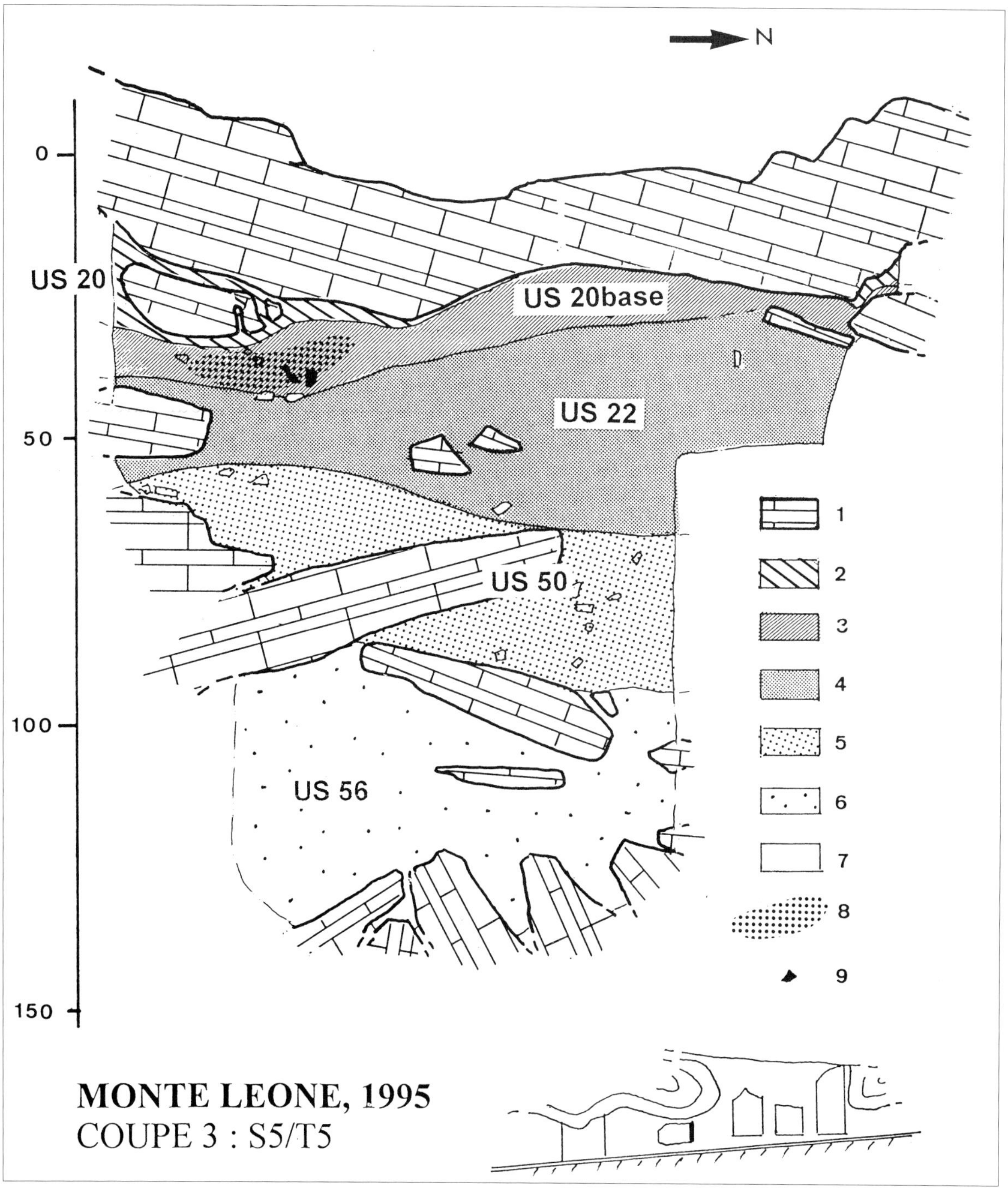

Figure 3. – Relevé de coupe du sondage RS de l'abri du Monte Leone. 1. calcaire. 2. limon néolithique. 3. limon prénéolithique très riche en ossements de *Prolagus*. 4. sédiment prénéolithique très sombre (couche 2). 5. limon sableux brun de la couche 3. 6. sable clair prénéolithique de la couche 4. 7. zone non fouillée. 8. « magma » d'ossements de *Prolagus*. 9. gros charbon de bois.

tés à part égale sur les côtes rocheuses battues (patelles, bigorneaux), et dans des milieux marins ou saumâtres abrités (moules, huîtres, palourdes). Il s'y ajoute de très nombreuses vertèbres de petits poissons (anguilles, sardines, pélamides, sars… ; Vigne et Desse-Berset, 1995) et quelques restes de captures de plus grande taille. Les ossements de grands oiseaux et de rongeurs sont rares. Ici comme dans les autres sites prénéolithiques, la faune se caractérise par la domination écrasante des ossements de *Prolagus*, dont beaucoup portent des brûlures d'extrémité témoignant de leur consommation. La grande faune de mammifères est totalement absente, à l'exception d'un métapode de phoque moine (*Monachus monachus*) trouvé dans la plus ancienne couche prénéolithique (couche 4).

En terme de quantité de matière consommable, ces vestiges fauniques dénotent une économie alimentaire fondée à plus de 80 % sur le petit gibier, le reste étant apporté par la pêche côtière ; les autres ressources sont d'un apport négligeable (Lanfranchi *et al.*, ce volume, fig. 1).

4. PRINCIPAUX APPORTS DE LA FOUILLE DU MONTE LEONE : PERSPECTIVES

Grâce à la surface fouillée, qui dépasse sensiblement la totalité de celles explorées jusqu'à présent sur les sites prénéolithiques corses, l'abri du Monte Leone constitue donc une pièce majeure de la connaissance du peuplement mésolithique des îles méditerranéennes. En premier lieu, il apporte la confirmation que d'importants groupes de chasseurs-cueilleurs étaient installés en Corse au VIIIe millénaire av. J.-C ; leur culture matérielle se limitait à quelques outils frustres sur roches locales, et à des perles stéréotypées en coquillages ; ils n'avaient à leur disposition aucun grand gibier terrestre. Les résultats des

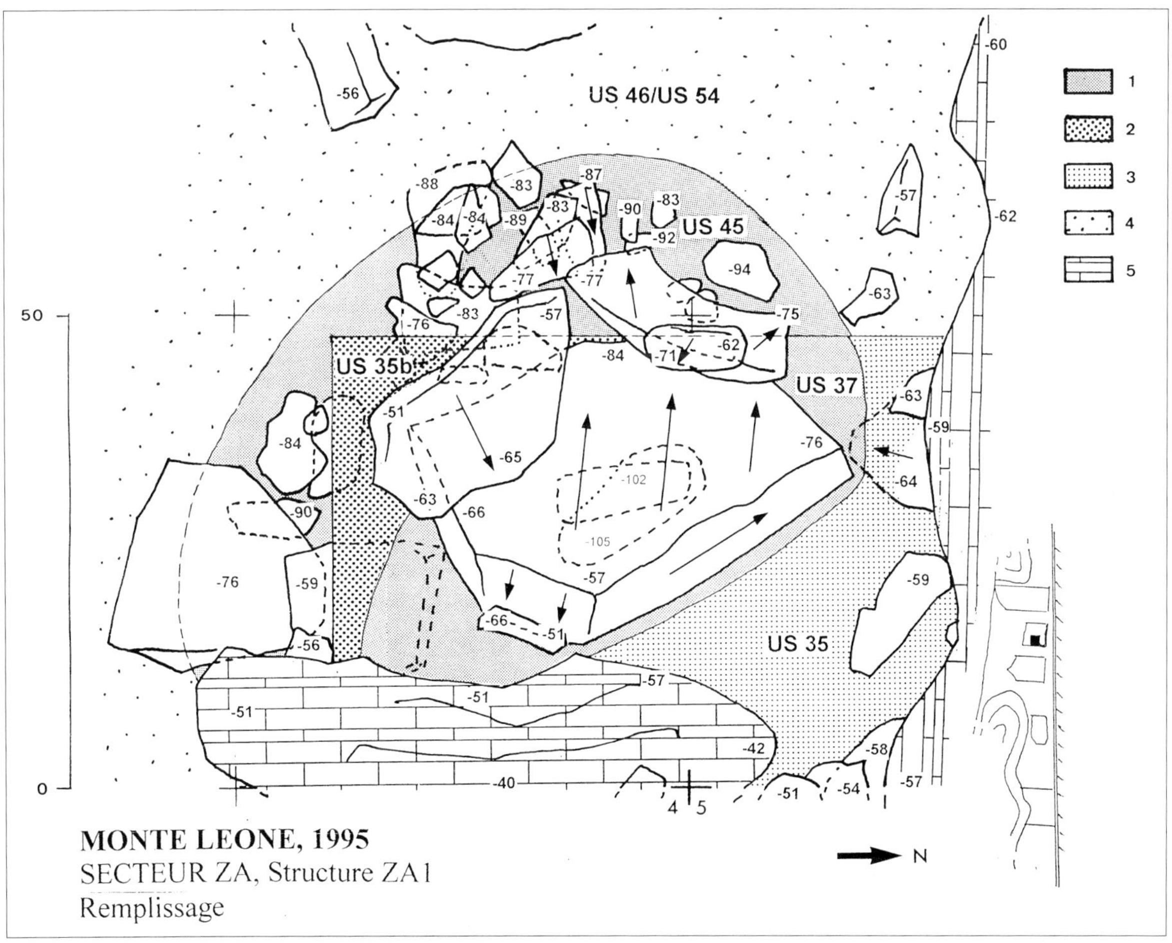

Figure 4. – Relevés planimétriques de la grande fosse du secteur ZA. Deux coupes horizontales sont superposées sur le dessin, l'une à z = –60 (encart nord-est), l'autre à z = –90 cm. 1. sédiment très sombre de la couche 2 et du remplissage de la structure. 2. sédiment plus clair, hétérogène, provenant du creusement de la fosse, rabattu dans sa partie sud au moment du rebouchage. 3. limon brun de la couche 3. 4. limon sableux clair de la couche 4. 5. dalles d'effondrement du toit de l'abri.

analyses préliminaires exposés ici permettent de préciser que ces groupes humains vivaient essentiellement de la capture du petit gibier terrestre (*Prolagus*), secondairement de la pêche. Les caractéristiques du site lui-même, notamment les structures de combustion et de stockage et leur organisation spatiale, suggèrent une forte parenté avec les sites mésolithiques contemporains du proche continent.

Les analyses ultérieures permettront d'aborder la question de la chronologie interne de l'occupation, mais surtout de préciser le statut de ce site, dans la perspective, classique au Mésolithique, de l'exploitation logistique d'un large territoire. Si l'économie de subsistance nous apparaît pour l'instant essentiellement fondée sur un petit nombre de ressources, il ne faut pas exclure l'utilisation de sites franchement littoraux (aujourd'hui submergés) ou plus montagnards, où d'autres ressources auraient pu être exploitées sans laisser de traces archéologiques dans les gisements de plaines côtières explorés jusqu'à présent (mollusques décoquillés et séchés, viande de phoque moine ou poissons séchés...). L'apparente absence de restes crâniens de petits poissons dans les dépôts du Monte Leone (Vigne et Desse-Berset, 1995) engage sur cette voie d'investigation.

BIBLIOGRAPHIE

CAMPS (G.), *Préhistoire d'une île. Les origines de la Corse*, éd. Errance, Paris, 1988, 284 p.

VIGNE (J.-D.), DESSE-BERSET (N.), The Exploitation of Animal Resources in the Mediterranean Islands during the Pre-Neolithic : the Example of Corsica. *In* : A. FISHER (dir.), Man and Sea in the Mesolithic, *Oxbow Monograph* 53, Oxbow Books, Oxford, 1995, p. 309-318.

L'ANALYSE DES DÉPÔTS DE CÉMENT DENTAIRE : UNE MÉTHODE D'APPROCHE DES STRATÉGIES DE CHASSE AZILIENNES

THE ANALYSIS OF DENTAL CEMENTUM BANDS : A METHOD TO APPROACH THE HUNTING AZILIAN BEHAVIOUR

Hélène Martin

Résumé. – La méthode d'analyse des dépôts de cément dentaire permet d'apprécier l'âge des animaux étudiés ainsi que la saison à laquelle ils sont morts. Ces dépôts se traduisent par des couches alternées de différentes densités qui se forment de manière cyclique tout au long de la vie de l'animal. Un dépôt large et translucide – ou zone – va se former durant la bonne saison, tandis qu'un autre mince et opaque – ou *annulus* – va se former durant la mauvaise saison. Observés sous un microscope à lumière polarisée transmise, ces différents dépôts vont donc nous permettre d'apprécier l'âge des animaux abattus par les chasseurs préhistoriques ainsi que la saison à laquelle ils l'ont été. Appliquée à l'étude d'un site azilien dans les Alpes du Nord françaises, La Fru, cette méthode nous a permis de mieux cerner le comportement cynégétique de ce groupe humain.

Mots clés : squeletto-chronologie, saisonnalité, chasse, Azilien, La Fru, Alpes du Nord.

Abstract. – The analysis of dental cementum bands allows us to estimate the age of the animals studied as well as their season of death. These deposits are layers of various density formed cyclicly all along the animal's life. Used to study one French azilian site, La Fru, this method let us better understand the hunting behaviour of this human group. Thus, the Azilian hunters who established their camp in La Fru rockshelter hunted around the site, killing red deer. Taking advantage of cynegetical opportunities offered by the environment, they both made opportune captures to the detriment of summer herds of hinds and young.

Key words : skeletochronology, seasonality, La Fru, hunting human behaviour, Azilian, Northern Alps.

I. INTRODUCTION

Les progrès réalisés dans le cadre des études scientifiques liées à l'archéologie ont fait apparaître de nouvelles perspectives en même temps que de nouveaux besoins, en particulier dans le domaine du comportement des chasseurs préhistoriques. Ce dernier, objet de nos recherches, a déjà été abordé de différentes manières : à travers l'étude des outils, produits directement fabriqués par l'homme, à travers également l'analyse des restes osseux et dentaires des animaux qu'il a consommés et, lorsque cela a été possible, à travers l'étude des sépultures qu'il a édifiées pour ses semblables.

De notre côté, nous avons essayé, par une autre approche, de mieux cerner le comportement du chasseur, à travers une étude portant à la fois sur les gibiers abattus et surtout sur les moments de l'année choisis par différents groupes de prédateurs pour abattre ces derniers. À travers leurs choix stratégiques, opérés en fonction d'une période, d'un lieu, d'un gibier, c'est leur mode de pensée qui se dessine et ce sont leurs gestes que l'on tente de retrouver.

Dans le cas qui nous occupe, nous nous sommes penchée sur le problème des saisons d'abattage du gibier sur un site des Alpes du Nord françaises afin de mieux comprendre les stratégies cynégétiques de ce groupe azilien.

II. PRINCIPE

Le cément est composé d'une trame organique, d'une phase minérale et d'eau. Le cément s'appose physiologiquement aussi longtemps que la dent est présente sur l'arcade dentaire et ce, indépendamment de la vitalité pulpaire, de telle sorte que l'épaisseur du cément augmente au cours du vieillissement.

Pour bien comprendre la méthode d'analyse des anneaux de cément dentaire, il convient de rappeler plusieurs points importants.

1. Localisation des dépôts

Les anneaux de cément dentaire présentent, sous le microscope à lumière polarisée transmise, une structure en couches alternées de différentes densités. Ces couches de cément se déposent tout au long de la vie de l'animal, le dépôt commençant au cours de l'éruption de la dent. Cette structure en couches se présente de la manière suivante :

– une couche large, ou zone (la terminologie utilisée ici est celle définie par J. Castanet, F. Meunier, H. Francilon-Vieillot au colloque de Bondy en 1992), est déposée durant la saison de croissance relativement rapide chez les animaux tempérés, c'est-à-dire la période estivale ;

– une couche mince, ou *annulus* se forme pendant la saison de croissance ralentie, c'est-à-dire la période hivernale. Sur des dents fraîches, en préparations colorées, on peut observer la ligne d'arrêt de cémentogenèse (LAC) située généralement au sein ou en bordure d'un *annulus*.

Cette disposition concerne les lignes dites principales ou primaires, qui sont des lignes bien définies, apparaissant en séquences régulières.

Cependant H. Grue et B. Jensen (Grue et Jensen, 1979) ont observé des lignes qu'ils ont définies comme lignes « secondaires », correspondant à toutes les lignes moins bien définies que l'on trouve chez toutes les espèces et se formant en séquences plus ou moins régulières tout au long de l'année. De son côté, J. Castanet observe que les LAC apparaissent parfois plus ou moins dédoublées et bifurquées localement et que la signification de ce phénomène est mal connue. Il précise : « On peut penser à des reprises et arrêts très momentanés de la croissance pendant une même période générale de faible activité ostéogénique. Cette disposition histologique peut constituer une transition avec un *annulus* typique. En pratique, une telle LAC complexe ne sera généralement comptée que pour un cycle de croissance » (Castanet, 1992, p. 263).

Les « lignes de rut », correspondant à la période du rut chez les mâles et les « lignes juvéniles », conséquence du sevrage chez les animaux jeunes, sont classées par H. Grue et B. Jensen (Grue et Jensen, 1979) dans la catégorie des lignes secondaires. Ces auteurs distinguent également des lignes de résorption qui forment la troisième catégorie. Irrégulières elles résulteraient de processus d'apposition réparative. On les trouve plus fréquemment sur la partie apicale de la racine des Ongulés, qui est une région, de même que celle inter-radiculaire sur les molaires, plus sujette à des pressions biomécaniques.

La zone apparaît translucide sous lumière polarisée tandis que l'*annulus* est sombre, opaque, sous cette même lumière. Une bande large translucide plus une bande mince opaque forment un cycle complet de croissance.

2. Explications relatives aux différences optiques

S. Stallibrass (Stallibrass, 1982) et B. Gordon (Gordon, 1984) estiment que l'*annulus*, « hivernal », doit sa densité optique à sa composante relativement plus grande en sels de calcium, tandis que la zone « estivale » est caractérisée par une plus grande teneur en collagène.

G. A. Klevezal et S. Kleinenberg (Klevezal et Kleinenberg, 1966) affirment pour leur part que la raison de la formation des anneaux de cément n'est pas un changement du taux de calcification mais un changement du taux de croissance du stroma organique (trame histologique) de la dent suivant les différentes périodes de l'année. Le taux de calcium restant constant, la zone à croissance plus lente sera plus intensément calcifiée que la zone à croissance plus rapide, la même quantité de sels de calcium devant être distribuée dans un plus petit volume.

D. Lieberman signale, à partir d'observations réalisées au microscope électronique, que sur des dents de Caprinés nourris sous contrôle, les dépôts de cément conservent des variations dans l'orientation relative des fibres de collagène qui reflètent des changements dans l'amplitude et la fréquence des forces occlusales utilisées dans la mastication de nourriture de qualité différente. Il considère que les changements de la vitesse de croissance des tissus reflètent également des variations dans le degré de minéralisation (Lieberman, 1993, p. 1162).

Nous avons pu, de notre côté (Martin, 1994), observer une différence d'orientation dans les cristaux d'hydroxyapatite. Les phénomènes caractérisant un minéral au microscope polarisant en lumière « naturelle » et en lumière polarisée parallèle dépendent :

- de son système de cristallisation ;
- de son indice de réfraction ;
- de sa biréfringence ;
- de l'orientation des cristaux dans la préparation.

Sur une dent fraîche, les dépôts de cément ont comme composantes principales des fibres de collagène et des cristaux d'hydroxyapatite. Ce phosphate de calcium a pour formule (PO 4) 3 OH Ca5 et cristallise dans le système hexagonal sous forme de prismes trapus ou au contraire très allongés. En lumière « naturelle », sa réfringence est assez élevée, c'est-à-dire que son relief sera assez marqué. L'hydroxyapatite est incolore et ses sections sont toujours très limpides. En lumière polarisée parallèle, sa biréfringence est très faible. L'hydroxyapatite aura donc des teintes gris-bleutées du début de l'échelle chromatique. D'un point de vue minéralogique, l'hydroxyapatite est aussi caractérisée par une extinction droite (c'est-à-dire suivant l'axe principal du cristal). Aussi les sections hexagonales de l'hydroxyapatite, c'est-à-dire les sections perpendiculaires à l'axe d'allongement du cristal, sont-elles toujours éteintes. Les zones sont constituées d'une multitude de cristaux apparemment orientés de manière différente car ils paraissent toujours éclairés quelle que soit la position de la platine. Les *annuli* nous apparaissent toujours éteints et ce, quelle que soit la position de la platine. Ainsi les différences optiques observées en lumière polarisée entre les dépôts estivaux et les dépôts hivernaux nous semblent devoir être interprétés comme le témoignage d'une orientation différente des cristaux d'hydroxyapatite.

3. Le déterminisme de la cémentogenèse

a. Le facteur environnemental

R. M. Laws, en 1962, considère comme déterminant le facteur environnemental, caractérisé par un climat plus strict en hiver, et la variation de la quantité de nourriture absorbée et de vitamines D ingérées (Laws, 1962).

Certains chercheurs (Low et Cowan, 1963 ; Mitchell, 1967 ; Aitken, 1975 ; Turner, 1977) ont considéré la réduction de la ration de nourriture durant la saison hivernale comme un facteur déterminant dans le processus de formation des anneaux de cément dentaire.

b. Le facteur physiologique

W. Low et I. Cowan (Low et Cowan, 1963), B. Mitchell (Mitchell, 1967), R. Aitken (Aitken, 1975), J. Turner (Turner, 1977) considèrent que l'abaissement global du métabolisme de base durant l'hiver semble présenter une réponse adaptée à la venue du stress nutritionnel. Les premiers, dans leur étude sur le cerf mulet (*Odocoileus hemionus* rafinesque), estiment que le rut et le stress nutritionnel durant l'hiver ont une influence directe sur la vitesse de dépôt du cément.

Des observations, réalisées par A. Saxon et C. W. F. Higham en 1969 sur des moutons domestiques et Javer en 1973 sur des cerfs à queue blanche nourris à volonté durant toute l'année, ont montré que ces deux groupes d'animaux réduisaient d'eux-mêmes leur ration de nourriture absorbée pendant l'hiver.

De son côté H. Kolb (Kolb, 1978) estime qu'il y a deux principaux cycles à prendre en compte : les changements hormonaux associés à l'activation et à la mise en sommeil des organes sexuels, ainsi que la séquence annuelle de mue.

J. Castanet (Castanet, 1982, 1992, 1994) considère que les rythmes de croissance squelettiques sont des rythmes endogènes influencés secondairement par tout autre rythme de l'environnement.

A. Saxon et C. F. Higham (Saxon et Higham, 1968) et A. Pike Tay (Pike Tay, 1991) estiment que les changements de rythme dans le métabolisme sont déclenchés par le photopériodisme.

c. Le facteur biomécanique

L'aspect biomécanique a été évoqué par plusieurs auteurs. Les observations de D. Lieberman (Lieberman, 1993, 1994), à partir d'un test effectué sur 6 chèvres nourries pendant 12 mois sous contrôle, montrent que la réduction de nourriture et le stress biomécanique peuvent être responsables des marques de croissance sur les chèvres domestiques. Ainsi, la réduction de nourriture peut affecter le degré de minéralisation et les changements dans le stress biomécanique influencent l'orientation des fibres de collagène. Les lignes de résorption (Grue et Jensen, 1979) résultant de processus d'apposition réparative se situent fréquemment sur la partie apicale de la racine des Ongulés, qui est un secteur (de même que la région inter-radiculaire sur les molaires) plus sujet à des pressions biomécaniques. En contrepartie ces mêmes auteurs ont relevé le même nombre de lignes sur une canine de renard totalement infonctionnelle que sur une prémolaire sortie et fonctionnelle du même animal. Par ailleurs ils signalent aussi que le premier dépôt est facile à distinguer car il ne se poursuit pas autour de l'apex de la racine. Mais surtout, ils sont les premiers à suggérer que les anneaux de cément sont présents aussi bien sur les dents déciduales que sur les dents permanentes, et que le nombre de lignes de croissance présentes sur les lactéales correspond approximativement à l'âge de l'animal en années (Grue et Jensen, 1979, p. 8). Ils soulignent également que n'est pas connu le temps que prend la formation d'une ligne primaire chez un individu particulier (par rapport aux autres individus). Et ils notent l'apparition du cément et des lignes de croissance cémentaires sur des dents qui n'ont pas encore percé de quelques Ongulés parmi lesquels l'élaphe.

Pour conclure ce chapitre, citons J. Castanet, qui considère le squelette en tant qu'enregistreur biologique, et qui note que « le phénomène de croissance rythmique apparaît comme un caractère intrinsèque des tissus dentaires et des corticales osseuses primaires ». Il précise que « les relais physiologiques (notamment hormonaux) entre les facteurs internes (génétiques) et externes, modulant la croissance de l'organisme et de son squelette, demanderaient à être analysés avec précision » (J. Castanet, 1992, p. 264) et préconise « des études expérimentales associant à l'élevage d'animaux en conditions contrôlées et variées, le marquage vital par fluorescence du squelette en croissance » (Castanet, *op. cit.*, p. 373). Il rappelle qu'il n'y a pas encore de résultats rigoureux sur le déterminisme des phénomènes de croissance cyclique : « On peut avancer qu'il s'agit d'un rythme endogène, synchronisé secondairement par le cycle des saisons ou tout autre rythme de l'environnement. » (Castanet, 1980, p. 372) Il discute longuement des facteurs pouvant être à l'origine des marques de croissance squelettique : « Le phénomène de croissance rythmique apparaît comme un caractère intrinsèque des tissus dentaires et des corticales osseuses primaires. La périodicité de ce rythme serait le plus souvent annuelle mais ni son déterminisme ni ses caractéristiques (sa phase en particulier) ne sont encore connus avec précision. » (Castanet, *op. cit.*, p. 375) Néanmoins il fait remarquer, à propos du cément dentaire des mammifères, qu'il est plus favorable que l'os pour l'évaluation de l'âge car ce tissu, généralement avasculaire, ne subit que peu ou pas de substitution haversienne, et recommande de bien tenir compte du décalage temporel entre la naissance de l'animal et la mise en place de la première ligne d'arrêt de croissance du cément.

4. La périodicité des anneaux de cément

H. Grue et B. Jensen (Grue et Jensen, 1979) apportent des éléments intéressants en ce qui concerne le cerf-élaphe. Ils observent que la période de formation de l'*annulus* chez environ deux mille animaux provenant d'Écosse (Mitchell, 1967), de Norvège et du Danemark (Grue et Jensen, 1979) correspond à une période allant de janvier à mai, avec des pics survenant plus tard en Scandinavie.

Pour les wapitis d'Amérique du Nord que H. Grue et B. Jensen ont regroupés sous le terme de « *Cervus canadensis* », la formation de l'*annulus* a lieu de mars à mai pour un échantillon canadien de vingt-deux animaux étudiés par D. Flook (Flook, 1970), tandis que pour un échantillon de trente-cinq animaux provenant d'Arizona (Smith, 1970), il se forme sur une période désignée sous le terme vague de « hiver-printemps ».

Après avoir examiné les dents d'animaux actuels abattus à tous les mois de l'année, G. A. Klevezal et S. Kleinenberg (Klevezal et Kleinenberg, 1967) ont pu prouver que l'*annulus* est formé durant l'hiver, le taux de croissance étant ralenti en cette saison.

A. Pike Tay (Pike Tay, 1989) a pu remarquer, à partir de ses propres données (soit 17 sujets) ainsi qu'à partir des données fournies par la littérature – soit un échantillon de deux mille cinq-cents cerfs environ (cerfs rouges d'Eurasie et wapitis américains) –, que la formation de l'*annulus* a lieu de janvier à début mai dans l'hémisphère nord, et d'août à octobre dans l'hémisphère sud. S'appuyant sur les remarques d'A. Spiess, elle raisonne en terme de pourcentage d'épaisseur des zones et des *annuli,* c'est-à-dire en termes de début, moitié, fin, d'été, de printemps, d'automne ou d'hiver. L'hiver correspond à la période allant depuis fin décembre/début janvier jusqu'à fin avril/début mai, le printemps couvre celle allant de la mi-mai à la mi-juin, l'été s'étend de la mi-mai jusqu'à la fin d'août, et l'automne couvre la période allant de septembre jusqu'à décembre.

En Nouvelle-Zélande, (Douglas, 1970), l'*annulus* se forme depuis la mi-juin jusqu'à mi-octobre, avec une pointe en août.

Ainsi nous pouvons retenir, malgré de très légères différences, que dans l'hémisphère nord et dans l'hémisphère sud l'*annulus* se forme pendant une période que nous regrouperons sous le terme de « mauvaise saison » et la zone pendant la « bonne saison ».

Pour sa part, J. Castanet (1992) estime que la majorité des « marques de croissance observées dans le tissu squelettique présentent une périodicité qui est, dans la plupart des cas, annuelle. Le bien-fondé des bases de l'analyse squeletto-chronologique comme critère d'âge est donc maintenant démontré expérimentalement chez d'assez nombreuses espèces de vertébrés. En général, une couche à croissance rapide plus un *annulus* et/ou une LAC représentent un cycle annuel de croissance » (Castanet, 1992, p. 263). Par ailleurs il estime que « le cément dentaire, pour les formes terrestres, fournit les meilleurs résultats ».

5. Autre facteur : la latitude

Le climat et la géographie sont des facteurs importants pour G. A. Klevezal et S. E. Kleinenberg (Klevezal et Kleinenberg, 1967). Ces auteurs estiment que le contraste visuel entre zones et *annuli* serait plus distinct chez les espèces vivant dans des régions aux différences climatiques saisonnières nettement marquées. J. Castanet signale lui aussi que les marques de croissance apparaissent souvent plus nettement marquées chez les animaux vivant en régime climatique contrasté (latitudes ou altitudes élevées) qu'en milieu sans saison marquée.

Ce n'est pas l'avis d'A. Pike Tay (Pike Tay, 1989) qui suggère que la différence de contraste serait plutôt le fait de différences génétiques entre populations que celui de l'habitat géographique. Elle ne note aucun décalage dans les cycles de formation des dépôts de cément entre 40° et 60° de latitude nord.

6. Limites de la méthode : estimation de l'âge et de la période de mort

A. Spiess (Spiess, 1988), dans une étude concernant un échantillon actuel formé de trente-cinq mandibules de cerfs avec dents jugales et deux-cents lames colorées d'incisives d'animaux dont la date de la mort est connue, constate que la vitesse d'accroissement de la zone n'est pas constante mais que, rapide au début, elle diminue ensuite au fur et à mesure que la « saison de croissance » s'achève. De plus il y aurait une légère diminution dans l'épaisseur des dépôts de cément depuis le premier (à avoir été déposé) jusqu'au dernier ; de la sorte il pense qu'il est inutile d'apporter une précision mathématique dans l'estimation de l'épaisseur des dépôts car cela fausserait les résultats.

Nous avons vérifié (Martin, 1994) que la vitesse de formation du cément, ainsi que l'ont déjà observé S. Stallibrass, (Stallibrass, 1982) et A. Spiess (Spiess, 1989), ne semble pas être uniforme. Rapide au début, elle ralentit ensuite.

Un problème de résorption cémentaire peut s'observer parfois, en cas de pathologies, également au niveau des dents en hyperfonction occlusale qui, de ce fait, sont soumises à des polymicrotraumatismes répetés. Ce phénomène peut empêcher un bon décompte des dépôts.

7. Conclusion

En conclusion, une citation de J. Castanet nous semble bien résumer le problème : « Les tissus osseux et dentaires des vertébrés constituent de fait un instrument d'investigation de « haute performance ». En effet, l'analyse squeletto-chronologique, même si elle n'est pas exempte de difficultés, est souvent la meilleure – sinon la moins mauvaise – méthode permettant de reconstituer la chronologie du déroulement des grandes étapes de la vie individuelle d'un animal, ainsi que certaines conditions du milieu dans lequel il évolue. » (Castanet, 1992, p. 273)

III. MÉTHODOLOGIE

La méthode que nous avons utilisée est la même que celle préconisée par B. Gordon (Gordon, 1988) et reprise par A. Pike Tay (Pike Tay, 1989). Tous les échantillons, soigneusement prélevés, ont été imprégnés d'une résine transparente qui durcit en une dizaine d'heures environ. Cette imprégnation se fait sous vide de manière à éviter la formation éventuelle de bulles d'air qui pourraient représenter une gêne pour la lecture des dépôts. Ensuite, à l'aide d'une scie à vitesse rapide, les spécimens ont été coupés verticalement, de manière que l'axe de coupe passe par le milieu de la (ou des) racine (s) de chaque dent. Les sections longitudinales sont en effet meilleures à plus d'un titre. D'une part, elles permettent l'observation d'un maximum de surface, et d'autre part elles permettent de minimiser les effets de réfraction de la lumière qui ont parfois tendance à écraser les dépôts observés sous le microscope et par conséquent à gêner un bon décompte de ces derniers. Dans la meilleure des deux moitiés ainsi obtenues, on prélève, à l'aide d'un microtome, une fine « tranche » de dent enrobée de résine, d'une épaisseur standard d'un demi-millimètre environ. Cette « tranche » est ensuite fixée sur une lame de verre, préalablement dépolie et chauffée légèrement. Puis elle est poncée sur un tour jusqu'à obtention d'une épaisseur qui peut varier de 50 à 150 mu. Chaque lame est ensuite soigneusement polie et régulièrement observée sous un microscope à lumière transmise, naturelle et polarisée. Le ponçage et polissage ne s'arrêtent que lorsque les couches de cément deviennent clairement lisibles. Les sections minces révèlent des couches minces et opaques pour les dépôts « hivernaux » et des couches larges et translucides pour les dépôts « estivaux ». Nous avons adopté le code de B. Gordon (Gordon, 1988). En effet, les bandes opaques observées sous lumière réfléchie apparaissent transparentes. Pour éviter toute confusion, nous appellerons donc seulement dépôts « opaques » les bandes apparaissant fines et sombres sous lumière polarisée. Une fois terminées, les lames sont observées à des grossissements de x40, x60, x100 et x200.

Cette méthodologie a été préalablement testée sur un échantillon de référence moderne (Martin, 1994) qui nous a permis de faire un certain nombre d'observations. Cet échantillon se compose de lames réalisées dans les dents de plus d'une centaine de Cervidés pour lesquels la date de la mort était connue. Pour nombre d'entre eux l'âge était également connu. Nous avons ainsi pu observer que les dépôts de cément sont présents à la fois sur les dents permanentes et sur les déciduales (Grue et Jensen, 1979), et qu'ils se déposent avant la complète éruption de la dent ; sur les lactéales, le nombre de dépôts correspond sensiblement à l'âge de l'animal (Grue et Jensen, *op. cit.*, obs. pers.).

De même que A. Pike Tay (Pike Tay, 1989) a observé qu'il n'y a pas de différence notable dans les temps de formation des bandes entre 40° et 60° de latitude nord (la période de formation de la ligne de « repos » dans l'hémisphère nord commençant généralement pour les carnivores autour d'octobre/novembre, tandis que pour les Cervidés et autres Ongulés, elle commence aux environs de décembre ou janvier suivant les espèces), nous avons pu observer que le début de la période de ralentissement de la cémentogénèse (début de la mauvaise saison) s'inscrivait, pour les Cervidés français, dans le même intervalle de temps que pour les cerfs d'Écosse (Mitchell, 1963) et les wapitis américains étudiés par A. Pike Tay (Pike Tay, 1989).

D'autre part, le cément est une substance relativement solide mais qui peut facilement être abîmée, soit lors d'un prélèvement soit, pour ce qui est des pièces fossiles, lors de leur long séjour dans la terre. Chaque fois que cela nous a été possible, nous avons donc prélevé des dents encore fixées dans la mandibule ou le maxillaire.

Par ailleurs la région la plus favorable à la lecture des dépôts de cément est la zone avoisinant le collet. Dans la région apicale, les couches deviennent plus sinueuses, plus diffuses, et sont beaucoup plus difficiles à dénombrer. Il n'en demeure pas moins indispensable d'examiner la totalité de la racine pour s'assurer que les premières bandes sont correctement déchiffrées.

Il n'est pas possible à ce stade d'établir une épaisseur standard, tel échantillon n'étant pas forcément lisible à la même épaisseur que le précédent. Par conséquent il convient d'être très prudent lors du ponçage et polissage et de vérifier fréquemment sous le microscope si les dépôts apparaissent clairement. Il est nécessaire d'arrêter ces manipulations dès que les bandes sont nettement lisibles. Continuer ces opérations reviendrait à rendre ces dépôts impossibles à déchiffrer. En ce qui nous concerne, les lames ont une épaisseur la plupart du temps égale ou voisine de 60 mu mais peuvent varier depuis 40 mu jusqu'à 80 mu. En outre, rappelons que les pièces que nous avons étudiées ont été conservées dans des sédiments et en partie fossilisées. Il n'y aura donc, non seulement pas de ressemblance entre deux gisements, mais encore, même à l'intérieur d'un même site, des différences pourront exister entre les différents niveaux, voire à l'intérieur d'un même niveau. On comprend donc aisément qu'établir une épaisseur standard de la lame terminée serait une erreur.

Par ailleurs, il est difficile d'estimer l'épaisseur relative d'une bande, la vitesse de dépôt du cément étant rapide au début pour ralentir ensuite (Spiess, 1988). Il convient d'être très prudent lorsqu'on compare l'épaisseur de la dernière bande à avoir été déposée à l'épaisseur de la précédente. En outre, il ne faut pas négliger dans ce domaine l'importance de la variation individuelle. Par conséquent, en tenant compte de tous ces facteurs, il ne nous paraît pas possible d'avoir une très grande précision en ce qui concerne l'estimation de l'épaisseur de la dernière bande. Tout juste est-il possible de préciser « début, moitié ou fin » de telle ou telle saison. Cette estimation est bien entendu très subjective et présente un risque d'erreur pouvant atteindre, selon nous, jusqu'à deux mois. Nous nous contenterons donc simplement de signaler « bonne » si l'animal a été abattu durant la bonne saison, « début ou fin de bonne » s'il est évident qu'il est mort en début ou à la fin de cette bonne saison.

Ainsi nos attributions saisonnières se feront en terme de bonne ou mauvaise saison, sans toutefois préjuger de leur durée respective.

Nous aurons ainsi :

- **DB** : début de bonne saison = printemps ;
- **B :** bonne saison = été ;
- **FB** : fin de bonne saison = automne ;
- **DM** : début de mauvaise saison = début d'hiver ;
- **M** : mauvaise saison = hiver ;
- **FM** : fin de mauvaise saison = fin d'hiver.

Il pourrait s'avérer très intéressant, à l'avenir, de mesurer systématiquement l'épaisseur des bandes de cément sur le matériel de comparaison, de manière à établir une sorte de référentiel pouvant à plus ou moins long terme aider à résoudre ce problème de l'estimation de l'épaisseur de la dernière bande, en tenant compte toutefois de la variation individuelle, qui est importante. On peut aussi penser que, sur ce problème, le système de traitement par images (Lieberman, Deacon, Meadow, 1989) peut se révéler très utile.

La méthodologie exposée ici conduit à une bonne estimation de l'âge et de la saison de mort des animaux étudiés.

À l'heure actuelle, ce type d'analyse s'avère la meilleure méthode d'approche de la gestion par l'homme préhistorique de son environnement, à condition d'avoir, au préalable, une bonne connaissance du milieu, des espèces concernées et de leur biotope.

Nous avons appliqué ce type d'analyse à des restes dentaires issus d'un gisement azilien français : le site de La Fru, en Savoie.

IV. APPLICATION À L'ÉTUDE D'UN SITE AZILIEN

1. Présentation du gisement : l'abri de La Fru

a. Le cadre géographique

L'abri sous roche de La Fru se trouve sur le bord occidental du massif de la Chartreuse, à une altitude de 570 m. Il est situé à la base d'une « petite corniche de calcaire urgonien appartenant à la couche à orbitolines du Bédoulien, d'orientation plein ouest. Il domine légèrement une petite plaine alluviale remplissant une dépression de 500 m de long sur moins de 100 m de large entre le massif calcaire de la Ravoire à l'ouest (603 m) et l'échine gréseuse de Gerbaix à l'est (667 m). II) » (Pion *et al.*, 1990).

b. Organisation et contexte

La séquence stratigraphique, peu épaisse, s'étend sur 1,50 m d'épaisseur qui représente 4 000 ans de préhistoire. Plusieurs couches ont été différenciées, correspondant à divers niveaux d'occupation humaine qui couvrent depuis le Magdalénien anté-Alleröd jusqu'au Mésolithique moyen de la fin du Boréal en passant par des niveaux de l'Azilien ancien du début de l'Alleröd et de l'Azilien récent de la fin Alleröd-début Dryas III (Pion *et al.*, 1990).

Nous nous sommes intéressées, dans le cadre de ce travail, à l'Azilien ancien.

Du point de vue typologique, ce niveau a livré une industrie sur support de lames et d'éclats laminaires alors que l'Azilien récent est constitué essentiellement d'outils façonnés sur éclat. Différentes datations radiocarbone ont été obtenues pour les niveaux aziliens anciens et s'échelonnent entre 11 680 BP (Ly-2 409) et 11 820 BP (Ly-2 408).

En ce qui concerne l'industrie osseuse, un fragment d'andouiller de cerf, vraisemblablement travaillé pour en faire un emmanchement, a été trouvé ainsi que plusieurs craches percées de cerf.

c. La faune

Elle a été étudiée par B. Caillat (Pion *et al.*, 1990). Dans l'Azilien ancien qui nous intéresse ici (comme d'ailleurs dans le récent), la faune forestière domine avec une nette prépondérance du cerf. Ce dernier est accompagné du chevreuil et du bouquetin, venant rappeler qu'on se trouve dans un écosystème de montagne. Le taux de représentation du chamois et du sanglier est assez faible et ne se démarque guère de celui des carnivores (la martre et le loup). La marmotte est présente également, mais en quantité négligeable.

B. Caillat (Caillat, *op. cit.*) note à propos du cerf qu'il semble être le gibier de choix des aziliens anciens (aussi bien que des récents) de La Fru qui chassaient des individus adultes, qu'ils ne consommaient vraisemblablement pas sur place.

2. Étude squeletto-chronologique : résultats

Le cerf étant l'animal le mieux représenté dans les niveaux aziliens anciens de La Fru, nous avons réalisé 18 lames dans les dents de ce dernier. Six d'entre elles se sont avérées totalement illisibles, la plupart en raison du mauvais état de conservation de leur cément radiculaire. Les douze autres, rapportables à onze individus au moins, se sont prêtées à une lecture correcte des dépôts de cément.

Nous avons obtenu les résultats suivants :

Le tableau 1 révèle que toutes les lames ont montré un dernier dépôt de cément translucide ou zone correspondant à la bonne saison. Par ailleurs, sur cet échantillon, les animaux concernés par les prélèvements sont des individus relativement peu âgés dont les plus jeunes ont moins de 1 an et les plus vieux 6 ans.

Le tableau 2 donne la synthèse des résultats obtenus.

Ainsi l'observation des 12 lames minces (correspondant à 11 individus au moins) qui se sont prêtées à une bonne lecture des dépôts de cément a montré que les animaux ont été abattus au cours de la bonne saison, c'est-à-dire la période estivale.

3. Interprétation

Les chasseurs aziliens anciens de La Fru sont avant tout des chasseurs de cerf, comme en témoigne le fort taux de représentation des restes de ce dernier (B. Caillat *in* Pion, 1990). Ceux-ci en effet, bien qu'ayant également capturé d'autres mammifères, notamment le bouquetin et le chevreuil, en ont fait leur gibier de prédilection. Les tranches d'âges observées ayant mis en évidence la présence de jeunes de moins de 1 an et de 1 à 2 ans, il est plus vraisemblable que les captures aient été réalisées sur des hardes estivales de femelles et de jeunes.

Rappelons qu'aucune lame n'a montré comme saison d'abattage la fin de la bonne saison ou le début de la mauvaise.

La technique de chasse utilisée ici est difficile à préciser. Cependant l'affût ou le piégeage, méthodes simples et sans danger, s'appliquant parfaitement à des captures au détriment d'animaux se rendant sur leur lieu de gagnage, peuvent avoir été utilisés.

CERF		BONNE SAISON			MAUVAISE SAISON		
Couche	Classes d'âges	Début	Bonne	Fin	Début	Mauvaise	Fin
C3	illisible	0	0	0	0	0	
	illisible	0	0	0	0	0	
	illisible	0	0	0	0	0	
	illisible	0	0	0	0	0	
	illisible	0	0	0	0	0	
	illisible	0	0	0	0	0	
	illisible	0	1	0	0	0	
	illisible	0	1	0	0	0	
C3	0 à 1 an	0	1	0	0	0	0
C3	1 à 2 ans	0	1	0	0	0	0
		0	1	0	0	0	
		0	1	0	0	0	
C3	2 à 3 ans	0	1	0	0	0	0
C3	3 à 4 ans	0	1	0	0	0	0
		0	1	0	0	0	
		0	1	0	0	0	0
		0	1	0	0	0	0
C3	5 à 6 ans	0	1	0	0	0	0
							12 BS

Tableau I

COUCHE		CLASSES D'ÂGES						TOTAL SAISONS
		illisible	0 à 1 an	1 à 2 ans	2 à 3 ans	3 à 4 ans	5 à 6 ans	
3	NB. LAMES	8	1	3	1	4	1	
	SAISONS	2 BS	1 BS	3 BS	1 BS	4 BS	1 BS	**12 BS**

Tableau II

V. CONCLUSIONS ET PERSPECTIVES

Le site étudié dans le cadre de ce travail est un site qui s'inscrit dans un milieu montagnard. Ainsi les chasseurs aziliens qui ont établi leur campement dans l'abri sous roche de La Fru ont tout naturellement chassé aux alentours du site, abattant des bouquetins et des cerfs. Cependant l'attention de ce groupe de prédateurs s'est portée préférentiellement sur le cerf. Profitant des opportunités cynégétiques offertes par le milieu, ils ont effectué des prélèvements opportunistes au détriment des hardes estivales de biches et de jeunes. Il peut, en effet s'avérer très rentable d'attendre à l'affût ces animaux qui se rendent, durant la période estivale, sur leurs lieux de gagnage ou encore de les piéger.

Par ailleurs, dans le cas de La Fru, il serait également intéressant d'observer les dépôts de cément présents sur les restes dentaires de bouquetins issus de ces mêmes niveaux afin de cerner avec encore plus de précision les stratégies cynégétiques mises au point par ces chasseurs en fonction du gibier convoité.

Ce type d'étude nous paraît être, actuellement, une des meilleures techniques d'approche du comportement de nos ancêtres préhistoriques. En effet, l'analyse des dépôts de cément dentaire nous permet d'apprécier la saison d'abattage du gibier sur un site et donc de cerner la période d'occupation de celui-ci. L'estimation concernant les tranches d'âges obtenues pour le gibier abattu s'avère riche en informations. La corrélation entre ces dernières et la (ou les) saison(s) d'abattage nous permet de mieux cerner le comportement des chasseurs préhistoriques, donc d'approcher davantage leur mode de pensée. Le fait que des cerfs ou des bouquetins aient été tués au printemps ou à l'automne n'est, en soi, que d'un intérêt limité. Par contre, pouvoir déduire de ces observations que les hommes ont mis au point une véritable stratégie cynégétique est d'un enseignement beaucoup plus important. Par conséquent, il nous semble d'ores et déjà capital de poursuivre ce type de recherche en développant d'une part les observations d'ordre méthodologique, et en étudiant d'autre part de plus en plus de sites de situations géographiques et chronologiques variées.

BIBLIOGRAPHIE

AITKEN (R.), Cementum Layers and Tooth Wear as Criteria for Ageing Roe Deer (*Capreolus capreolus*). *Journal of Zoology,* London, 175 (1), 1975, p. 15-28.

BAGLINIÈRE (J.-L.), CASTANET (J.), CONAND (F.), MEUNIER (F.), Terminologie en scklérochronologie chez les vertébrés. *Actes*, colloque national de Bondy, 4-6 mars 1991 : *Tissus durs et âge individuel des vertébrés*, 1992, p. 443-447.

BONNET (G.), KLEIN (F.), *Le cerf,* éd. Hatier, coll. « Faune sauvage »,1991, 261 p., nombreux dessins et photos.

BOULDOIRE (J. L.), VASSANT (J.), *Le sanglier*, éd. Hatier, coll. « Faune sauvage », 1989, 228 p., nombreux dessins et photos.

BURKE (A.), CASTANET (J.), Histological Observations of Cementum Growth in Horse Teeth and their Application to Archaeology. *Journal of Archaeological Science* 22, 1994, p. 479-493.

CARRICK (R.), INGHAM (S. E.), Studies on the Southern Elephant Seal *Mirounga leonina* L. II : Canine Tooth Structure in Relation to Function and Age Determination. *Wildlife Research* 7 (2), 1962, p. 102-118.

CASTANET (J.), Quelques remarques sur la méthode squelettochronologique chez les vertébrés supérieurs : oiseaux et mammifères. *Société zoologique française* 105 (2), 1980, p. 371-387, 1 schéma.

Nouvelles données sur les lignes cimentantes de l'os. *Archives biologiques* (Bruxelles) 92, 1981, p. 1-24.

Recherches sur la croissance du tissu osseux des reptiles. Application : la méthode squelettochronologique. Thèse de doctorat d'État, université de Paris VII, juin 1982.

CASTANET (J.), MEUNIER (F. J.), FRANCILLON-VIEILLOT (H.), Squelettochronologie à partir des os et des dents chez les vertébrés. *Actes*, colloque national de Bondy, 4-6 mars 1991 : *Tissus durs et âge individuel des vertébrés*, 1992, p. 257-280, 2 fig., 2 tabl.

CASTANET (J.), FRANCILLON-VIEILLOT (H.), MEUNIER (F. J.), RICQLES (A.), Bone and Individual Aging. *In* : B. K. HALL (dir.), *Bone. Bone Growth.* Boca Raton, FL : CRC Press., vol. VII, 1993, p. 145-283.

DOUGLAS (M.), Dental Cementum Layers as Criteria of Age of Deer in New Zealand with Emphasis on Red Deer (*Cervus elaphus*). *New Zealand Journal of Science* 13, 1970, p. 352-358.

EIDMANN (H.), Alterserscheinungen am Gebiss des Rothirsches. (*Cervus elaphus* L) *in Mitteilungen aus Forstwirschaft und Forstwissenschaft*, 1932, vol. III, Hannover.

Alterserscheinungen am Gebiss des Rothirsches als Grundlage zur exakten Bestimmung des Lebensalters, 1933, Hannover.

ERICKSON (J.) 1967, *Estimating Ages of Mule Deer.* M. S. Thesis, Colorado State University, Fort Collins.

FLOOK (D.), Causes and Implications of an Observed Sex Differential in the Survival of Wapiti. *Canadian Wildlife Service Report Series,* 1970, n° 11.

GASTON PHŒBUS, *Le livre de la chasse*, éd. Ph. Lebeau, 1986, 1988, 174 p.

GORDON (B.), *Tooth sectioning as an Archaeological tool.* National Museum of man, Archaeologial Survey of Canada, *Canadian Studies Report,* 1982, n° 14.

Selected Bibliography of Dental Annuli Studies on Various Mammals. *Zooarchaeological Research News,* suppl. 1984, n° 2, august.

GRUE (H.), JENSEN (B.), Review of the Formation of Incremental Lines in the Tooth Cementum of Terrestrial Mammals. *Danish Review of Game Biology* 11 (3), 1979, 48 p., 4 fig., 4 pl.

KLEINENBERG (S.), KLEVEZAL (G.), Age Determination in Mammals by the Structure of Tooth Cement. *Zoologicheskii Zhurnal* 45 (5), British Library Lending Division Translating Programme, RTS 3725, 1966, p. 717-724.

KLEVEZAL (G. A.), KLEINENBERG (S. E.), Age Determination of Mammals by Layered Structure in Teeth and Bone. *Israël Program for Scientific Translations*, Jerusalem, 1969, cat. n° 5433, 1967, p. 1-128.

KLEVEZAL (G.), PUCEK (Z.), Growth Layers in Tooth Cement and Dentine of European Bison and its Hybrids with Domestic Cattle. *Acta Theriologica* 32 (9), 1987, p. 115-128.

KOLB (H.), The Formation of Lines in the Cementum of Premolar Teeth in Foxes. *Notes from the mammal society,* n° 36, 1978, p. 259-269, 2 tabl.

LAWS (R. M.), Age Determination on Pinnipeds with Special Reference to Growth Layers in the Teeth. *Z. Saugetier K.* 27, 1962, p. 129-146.

LIEBERMAN (D. E.), DEACON (T. W.), MEADOW (R. H.), Computer Image Enhancement and Analysis of Cementum Increments as Applied to Teeth of *Gazella gazella. Journal of Archaeological Science* 17, 1990 p. 519-533.

LIEBERMAN (D. E.), *Mobility and Strain : the Biology of Cementogenesis and its Application to the Evolution of Hunter-Gatherer Seasonal Mobility during the Late Quaternary in the Southern Levant*, Ann Arbor, MI : University microfilms.

LOW (W.), COWAN (I.), Age Determination of Deer by Annular Structure of Dental Cementum. *Journal of Wildlife Management,* 27, 1963, p. 466-471.

LOW (V.), Teeth as Indicators of Age with Special Reference to Red Deer (*Cervus elaphus*) of Known Age from Rhum. *Journal of Zoology,* London, 152 (2), 1967, p. 137-153.

MANHES D'ANGENY (H.), *Le chevreuil,* éd. Le Lorrain, Metz, 1980, 270 p., 30 pl., 1 tabl.

MARTIN (H.), *Nouveaux milieux, nouveaux chasseurs : une approche des comportements au Postglaciaire à travers l'étude des saisons de capture du gibier.* Thèse en anthropologie sociale et historique de l'Europe, université de Toulouse-Le Mirail, 1994, 333 p.

MARTIN (H.), LE GALL (O.) *Sous presse* La faune, un indicateur des comportements humains. IIe partie : La chasse du cerf au post-Paléolithique : deux exemples. *Actes*, colloque de Treignes, Belgique.

MITCHELL (B.), Determination of Age in Scottish Red Deer from Layers in Dental Cement. *Nature,* n° 198, 1963, p. 350-351.

Growth Layers in Dental Cement for Determining the Age of Red Deer (*Cervus elaphus* L). *Journal of Animal Ecology* 36 (2), 1967 p. 279-293.

MONTULET (J.-P.), *Les cerfs du monde entier*, éd. Lechevallier, Paris, 1984, 208 p., nombreux dessins et tableaux.

NOVAKOWSKI (N. S.), Cemental Deposition as an Age Criterion in Bison, and the Relation of Incisor Wear, Eye-Lens Weight, and Dressed Bison Carcass Weight to Age. *Canadian Journal of Zoology* 43 (1), 1965, p. 173-178.

PIKE TAY (A.), Red Deer Hunting in the Upper Paleolithic of Southwest France : a Seasonality Study. PhD, New York University, 1989, 330 p., 34 fig., 14 tabl.

PION (G.), BILLARD (M.), BINTZ (P.), CAILLAT (B.) *et al.*, L'abri de La Fru à Saint-Christophe (Savoie). *Gallia Préhistoire*, t. 32, 1990, p. 65-123.

REIMERS (E.), NORDBY (O.), Relationship between Age and Tooth Cementum Layers in Norwegian Reindeer. *Journal of Wildlife Management* 32, 1968, p. 957-961, 3 fig.

SAXON (A.), HIGHAM (C. W. F.), A New Research Method for Economic Prehistorians. *Am. Ant.* 34 (3), 1969, p. 303-311.

SERGEANT (D.), PIMLOTT (D.), Age Determination in Moose from Sectioned Incisor Teeth. *Journal of Wildlife Management,* 23 (3), 1959, p. 315-321.

SERGEANT (D. E.), Age Determination of Land Mammals from Annuli. *Z. Seitschift fin Sauge trer kunde. Dtsch.,* 32 (5), 1967, p. 297-300.

SMITH (R.), – An Accurate Aging Method for Elk. *Wildlife Digest*, Arizona, abstract 5, 1970.

SPIESS (A.), Determining Season of Death of Archaeological Fauna by Analysis of Teeth. *ARTIC, Journal of the Artic Institute of North America,* 29 (1), 1976, p. 53-55.

Deer Tooth Sectioning, Eruption, and Seasonality of Deer Hunting in Prehistoric Maine. Tiré à part, préliminaire pour le LIVe congrès annuel de la Society for American Archaeology, Atlanta, 1988.

STALLIBRASS (S.), The Use of Cement Layers for Absolute Ageing of Mammalian Teeth : a Selective Review of the Literature, with Suggestions for further Studies and Alternative Applications. *Ageing and Sexing Bones from Archaeological Sites.* BAR, British series 109, edited by B. Wilson, C. Grigson, and S. Payne, 1982, p. 109-126, Oxford.

TURNER (J.), Cementum Annulations as an Age Criterion in North American Sheep. *Journal of Wildlife Management* 41 (2), 1977, p. 211-217.

VARIN (E.) 1980, *Chevreuil, cerf, sanglier,* éd. de l'Orée, Bordeaux, 270 p., nombreuses illustrations et photos.

VERLINDEN (C.), DE JANTI (P.), *Le cerf et sa chasse*, éd. Le Lorrain, Metz, 1980, 240 p.

TABLE DES MATIÈRES

EUROPE TEMPÉRÉE : DE LA BRETAGNE À L'ELBE

MONDE SEPTENTRIONAL : DE LA GRANDE-BRETAGNE À LA SCANDINAVIE

BALKANS ET EUROPE ORIENTALE

* *Les numéros de gauche renvoient à la carte géographique des articles.*

Impression Bialec S.A., 54000 Nancy - D.L. 48539 - 1er trimestre 1999